外国刑法理论的思潮与流变

陈家林　著

中国人民公安大学出版社
·北　京·

图书在版编目（CIP）数据

外国刑法理论的思潮与流变/陈家林著 .—北京：中国人民公安大学出版社，2017. 12

ISBN 978-7-5653-3131-2

Ⅰ. ①外…　Ⅱ. ①陈…　Ⅲ. ①刑法—法的理论—国外　Ⅳ. ①D914. 01

中国版本图书馆 CIP 数据核字（2017）第 293740 号

外国刑法理论的思潮与流变

陈家林　著

出版发行：中国人民公安大学出版社
地　　址：北京市西城区木樨地南里
邮政编码：100038
经　　销：新华书店
印　　刷：艺堂印刷（天津）有限公司

版　　次：2017 年 12 月第 1 版
印　　次：2017 年 12 月第 1 次
印　　张：44. 75
开　　本：787 毫米×1092 毫米　1/16
字　　数：954 千字

书　　号：ISBN 978-7-5653-3131-2
定　　价：150. 00 元

网　　址：www. cppsup. com. cn　www. porclub. com. cn
电子邮箱：zbs@ cppsup. com　zbs@ cppsu. edu. cn

营销中心电话：010-83903254
读者服务部电话（门市）：010-83903257
警官读者俱乐部电话（网购、邮购）：010-83903253
法律图书分社电话：010-83905745

作者简介

陈家林，男，湖南郴州人。现为武汉大学法学院教授、博士生导师、法学博士，兼任中国刑法学研究会理事、湖北省犯罪学会副会长。已出版专著四部，发表论文数十篇。教学科研成果曾多次获得省部级奖励。

目　录

第一章 刑事立法的新动向

第一节 刑事立法的活跃化

一、刑事立法活跃化的主要表现

20 世纪 80 年代以后，各国立法机关陆续开始重新制定刑法典或频繁修改刑法典，同时出台大量的单行刑法与附属刑法，刑事立法出现了明显的活跃化趋势。“凡是通过对刑法法规的解释来进行应对会感到困难或者不可能的场合，就会出现立法论。而实际上（这些立法论）现在也有为数颇多的被作为特别刑法规定而加以了具体化（现在被称为‘刑事立法的时代’）。”① 其主要表现为：

（一）犯罪化

将过去未被视为犯罪的行为犯罪化，是近年来各国刑事立法的一个重要特征。例如，德国 2007 年在刑法典中新增第 238 条“纠缠骚扰罪”，用于处罚无合法权限的持续性纠缠骚扰他人的行为；2015 年在刑法典中新增第 89 条 c“资助恐怖主义罪”、第 202 条 d“窝藏数据罪”、第 217 条“业务性促进自杀罪”等。而日本自 21 世纪以来的十几年也对刑法典进行了十余次修改，在刑法典分则中增设了不少新罪。例如，2001 年《日本刑法典》新设了“第十八章之二”，处罚“有关支付用磁卡电磁记录的犯罪”，即为了保护对支付体系的社会信赖，在刑法第 163 条之二到第 163 条之五追加规定了处罚对电磁记录的信用卡及其他支付用卡的非法制作、供给使用、转让、借让、输入、持有、准备非法制作等行为；2004 年新设“集团强奸罪”；2005 年新设“人身买卖罪”（第 226 条之二）；2011 年增设妨害强制执行行为（第 168 条之二）、妨害强制执行相关变卖等犯罪（第 168 条之三），增设第十九章之二“关于不正指令电磁记录的犯罪”；2017 年将强奸罪修改为“强制性交等罪”（第 177 条），将男性也纳入该罪的保护范围之内，同时增设“监护人猥亵及监护人性交等罪”（第 179 条），加强对未成年人性自主权的保护。

这些新设的犯罪往往还在并不长的时间内被修正。例如，《德国刑法典》第 261

① ［日］上田正和：《保护法益论（Rechtsgutstheorie）的前途与展望》，载《大宫法学评论》2011 年第 7 号。

条的洗钱罪，2008 年被修正了 3 次，2009 年被修正了 1 次，2010 年被修正了 1 次，2014 年被修正了 2 次，2015 年被修正了 3 次。日本的“危险驾驶致死伤罪”也是如此：2001 年，日本在刑法典伤害罪一章中新设有关“危险驾驶致死伤罪”的规定(第 208 条之二)。与作为暴力行为结果加重犯的伤害罪甚至是伤害致死罪一样，将因危险驾驶而造成重大死伤结果的情形作为加重处罚的构成要件。2007 年，又修正了刑法典第 211 条第 2 款，新设“驾驶机动车过失致死伤罪”。但到了 2013 年 11 月 20 日，日本又制定了“处罚有关驾驶机动车致人死伤等行为的法律”，并于 2014 年 5 月 20 日施行。该法律删除了刑法典中第 208 条之二“危险驾驶致死伤罪”以及第 211 条第 2 款“驾驶机动车过失致死伤罪”的规定，将类似行为的处罚移入特别刑法。该法主要包括 5 项内容：第 2 条“危险驾驶致死伤罪”、第 3 条“准危险驾驶致死伤罪”、第 4 条“发觉免脱罪”、第 5 条的“过失驾驶致死伤罪”及第 6 条“无证驾驶加重”。其中对原刑法典第 208 条之二的“危险驾驶致死伤罪”，在原有 5 种基本行为类型的基础上增加规定了在“通行禁止道路上”驾驶机动车和另 2 项“准危险驾驶致死伤罪”的类型。而原刑法典第 211 条之二的“驾驶机动车过失致死伤罪”则被更名为“过失驾驶致死伤罪”。再如，集团强奸罪是《日本刑法典》2004 年新设的罪名，但在 2017 年刑法典修正时被废止。

使用特别刑法与附属刑法来进行犯罪化是各国刑事立法的常见做法。仍以日本为例，为了保护儿童的生命、身体、性自由和健康心理，制定有《处罚有关儿童卖淫、儿童淫秽书刊行为以及有关保护儿童的法律》（1999 年）和《有关防止虐待儿童等的法律》（2000 年）；为了保护女性的身体、自由、名誉，制定有《有关防止配偶暴力以及保护被害人的法律》（2001 年）和《规制纠缠等行为的法律》（2000 年）；为了保护一般大众的生命、身体安全以及公共安宁，制定有《有关防止沙林等伤害人身的法律》（1995 年）和《有关对大量滥杀无辜的团体进行规制的法律》（1999 年）；为了保护平稳、健全的经济生活，制定有《有关有组织犯罪的处罚以及规制犯罪收益等的法律》（1999 年）、《处罚有关出于威胁公众等的目的犯罪行为而提供资金等的法律》（1999 年）和《防止犯罪收益移转的法律》（2007 年）；为了保障器官移植的妥当性以及人的尊严和生命、身体安全，制定有《有关器官移植的法律》（1997 年）和《有关规制克隆人技术的法律》（2000 年）；为了保护正常的电信通信秩序，制定有《禁止非法联网行为的法律》（2000 年）；为了保护个人隐私，制定有《有关防止通过提供隐私性画像记录等导致的被害的法律》（2014 年）。另外，日本近几年来新制定的行政刑法（附属刑法）也增设了大量行政犯罪。例如，2004 年重新制定的《不动产登记法》就规定了泄露秘密罪、提供虚伪的登记名义人确定情报罪、不正当取得登记识别情报罪、妨害检查罪等罪名与法定刑。

尤其值得注意的是，日本于 2017 年 6 月通过了《修改〈有关有组织犯罪的处罚以及规制犯罪收益等的法律〉等的一部分的法律》，并于 2017 年 7 月 11 日生效。这次修改实质上设立了所谓的“共谋罪”，并将其规定为《有关有组织犯罪的处罚以及规制犯罪收益等的法律》第 6 条之二。该条内容为：“（与恐怖主义集团及其他有组织犯罪集团实施的实行准备行为相伴随的重大犯罪实行的计划）第六条之二对于该当以下各号①行为，作为恐怖主义集团及其他有组犯罪集团（在团体中，指作为其结合关系基础的共同目的是实行附表三中所列犯罪的团体，以下各项相同）之团体性活动，二人以上计划通过以实行该行为的组织来实施的，在参与该计划的任何一人根据计划实施了筹备资金或物品、预先勘查相关场所等为实行所计划的犯罪的准备行为之时，处以该各号所规定的刑罚。但在着手实行前自首的，减轻或者免除其刑。

一、附表四所列犯罪中，规定了死刑或无期或者超过十年的长期惩役或者监禁的刑罚的，处五年以下惩役或监禁。

二、附表四所列犯罪中，规定了四年以上十年以下的长期惩役或者监禁的刑罚的，处二年以下惩役或监禁。

2. 对于前项各号所列犯罪的行为，以使恐怖主义集团及其他有组织犯罪集团获得不正当权益、或者维持或扩大恐怖主义集团及其他有组织犯罪集团的不正当权益为目的，二人以上计划该行为的实施的，在参与该计划的任何一人根据计划实施了筹备资金或物品、勘查相关场所等为实行所计划的犯罪的准备行为之时，与前项相同……”

由于《日本刑法典》历来以处罚既遂犯为原则、处罚未遂犯为例外，故对预备行为的处罚少之又少、慎之又慎。而该共谋罪的设立，通过该法的法律附表三和附表四，将规定在刑法典和各单行刑法、附属刑法中的 250 多个罪名作为该罪的处罚对象。这就远超出了刑法分则新罪设置的范畴，而构成对刑法总则重大原则的大幅度修改，其正面或负面价值均不容低估。

（二）处罚的早期化

刑事立法活跃化的一个重要表现就是处罚的早期化或称为刑法保护的早期化。各国近年来的刑事立法大量增加了未遂犯、危险犯、预备罪的处罚规定，逐渐使其由例外处罚类型变成常态处罚类型。

例如，对于经济犯罪，2001 年日本通过修改刑法对信用卡等支付用磁卡（尤其是电磁记录部分）给予了仅次于货币的严格保护。通过修改，将不当取得磁卡信息等制作准备行为以及其制作过程中的未遂行为纳入了处罚范围。对于网络犯罪，也对不当链接行为以及通过提供 ID、密码而助长不当链接的行为设置了处罚规定。此外，在环境领域与生命科技领域，为了防止子孙后代可能遭受到的巨大损害，刑法也将现阶段侵害性并不十分明确的行为纳入了处罚范围。再者，为了有效应对有组织犯罪、政治或宗教团体的犯罪行为，刑法也都提前了介入的时期。② 德国 2015 年

① 日本法律中的“号”相当于我国法律的“项”。在日本，“号”的标志是汉字数字“一”、“二”等，而款（日本称为“项”）则一般从第 2 款开始在每一段前面标注阿拉伯数字“2”、“3”等。

② ［日］井田良：《讲义刑法学·总论》，有斐阁 2008 年版，第 23 页。

6月生效的《对预备严重危害国家的暴力犯罪的追诉的修正法》，即扩张了第89条a“对预备严重危害国家的暴力犯罪”的犯罪构成。

前述日本共谋罪的设立，更意味着普遍意义的处罚早期化。虽然它名义上仅是为了处罚恐怖主义集团犯罪，但由于牵涉面非常宽，实质上近乎于将预备罪处罚常态化。

（三）处罚的重刑化

处罚的重刑化是近年来各国刑事立法的又一特征。重罚化主要表现为提高有期徒刑的最高期限，加重性犯罪、杀人罪、伤害罪及各种交通犯罪的法定刑，等等。例如，《日本刑法典》在修改时将有期惩役与禁锢的期限由1个月以上15年以下，提高为1个月以上20年以下；将死刑、无期惩役与禁锢减为有期惩役与禁锢的期限，由15年提高到30年；将加重有期惩役与禁锢的期限，由20年提高到30年；取消了死刑犯罪的时效规定。同时提高了妨害执行公务罪、破坏封印罪、强制猥亵罪、准强制猥亵罪、强制性交罪（原强奸罪）、准强制性交罪（原准强奸罪）、杀人罪、伤害罪、伤害致死罪、业务上过失致死伤罪等的法定刑。

（四）新刑罚制度的设立

随着时代的发展，犯罪现象与犯罪人也不断呈现出新的特征，刑事制裁的手段也需要与时俱进。各国立法机关也不断尝试设立新的刑罚制度。“诸外国，引入了周末拘禁、夜间拘禁、电子监视、社会服务令、损害赔偿令等多种刑罚与处分手段……伴随着社会的多样化，犯罪现象和犯罪人与百年前相比也明显地多样化，刑罚与为了处遇的处分制度也应当与此相应进行多样化。在医疗领域，将各种治疗方法组合并用的疗法被公认有效，那么犯罪者处遇的领域也应该尝试将多样的刑罚、处遇方法组合起来形成（新）组合处遇方法。”①

以缓刑为例，自英国、美国在20世纪80年代引进“刑的部分缓刑（执行犹豫）制度”以来，大陆法系的法国、奥地利、瑞士等国接受并实施了该项制度。东亚的日本、韩国主张引入部分缓刑制度的呼声不断高涨。2015年，日本修改刑法典，将原来的缓刑制度界定为“整体缓刑”，并与此相应正式在刑法典中引入了部分缓刑制度（另外，日本《关于对触犯药物使用等罪者部分缓刑的法律》规定了对使用毒品等犯罪的部分缓刑制度）。修正后的《日本刑法典》第272条之二规定：“下列行为人在受到三年以下惩役或者监禁宣告的场合，考虑到犯罪情节的轻重、犯人的遭遇以及其他情节，认定对于防止再次犯罪具有必要且相当性时，可以在一年以上五年以下的期间内暂缓执行其部分刑罚。一、之前并未被判处监禁以上刑罚的；二、之前虽然曾被判处了监禁以上刑罚，但该刑罚被宣告了缓刑的；三、之前虽然曾被判处了监禁以上刑罚，但在刑罚执行完毕或者被免除之日起五年之内没有被判处监禁以上刑罚的。根据前项规定未被暂缓执行的部分期间应当执行，被暂缓

---

① ［日］佐伯仁志：《制裁论》，有斐阁2009年版，第65页。

执行的部分刑罚的缓刑期间自应当执行的部分期间终了之日或者不必执行之日起计算。与前项无关，未被暂缓执行的部分期间执行终了或者不必执行时还有其他应该执行的惩役或者监禁时，根据第一项规定的暂缓执行的期间，自应当执行的惩役或者监禁执行终了之日或者不必执行之日起计算。”第272条之三到第272条之七则规定了部分缓刑的保护观察、撤销、期满的法律效果等内容。

日本的部分缓刑制度需要具备：（1）前科要件；（2）满足防止再犯罪的必要性、相当性要件；（3）刑期要件（3年以下惩役或者监禁宣告）。缓刑考验期是1年以上5年以下的，法官可以酌情决定是否附加保护观察。部分缓刑制度的增设意味着法官在要么判处实刑要么判处缓刑之外有了第三种选择，即对缓刑犯在宣告缓刑时区别犯罪情节选择适用“部分实刑加部分缓刑”。对判处缓刑的被告人，其刑期由“部分实刑”和“部分缓刑”组成。这样，一方面可以通过“部分实刑”使其意识到其犯罪的严重性，另一方面也可以通过“部分缓刑”对其实施教育矫正，达到犯罪的一般预防和特别预防的平衡和统一，实现监狱内的改造与监狱外的矫正的有机结合。

对于部分缓刑制度的设立，也有批评意见认为：只要运用好现有的假释制度，就完全可以实现监狱内外改造矫正的良性互动，完全没有必要再增设部分缓刑制度；部分缓刑制度导致犯罪人所遭受的“实刑部分+缓刑部分”超出了宣告的刑期，是对服刑人自由的额外剥夺，违反了责任主义；较之于原来的整体缓刑制度，部分缓刑制度明显重刑化，有导致对服刑人自由剥夺长期化的危险；在审理时判断被告人具有适用部分缓刑的必要性、相当性是非常困难的；部分缓刑制度使量刑复杂化，刑罚轻重的比较更为困难，与刑事诉讼法的上诉不加刑原则相关联，恐有损上诉人的权益。

时代的发展，需要建构新的刑罚制度。但新制度的设立需要事前斟酌其正当性与合理性，事后考察其实际运行效果。在这方面，国外的尝试或可以成为我国将来刑罚改革的借鉴。

二、刑事立法活跃化的社会背景

综合国外学者的分析，刑事立法活跃化的原因与背景主要是：“犯罪化的契机，主要有两点：一是社会高度复杂化，为了防止不特定多数人遭受侵害而实施的犯罪化（60年代以后）。另一个是国际社会的要求（80年代以后）。另外，重罚化的契机主要是，在价值观多元化、失去共识的社会中，对自己或许会成为被害人的不安感以及对被害人（遗族）的舆论的共鸣，导致意图将犯罪者从社会中加以排除（90年代以后）。正因为这些因素，现代的犯罪化与重刑化在不断推进。”[①] 具体而言，刑事立法活跃化的宏观背景是社会形势的变化即风险社会的来临（详见本书第二章第三节）。在微观上则主要有以下几点因素：

---

① ［日］玄守道：《对近时刑事立法的批判性检讨》，载《立命馆法学》2009年第5·6号。

（一）被害人及其家属的影响力

在很长一段时间里，刑法与民法和经济法的制定存在差异。制定刑法时往往不存在直接的利害关系团体，因而也就不存在这些利害关系团体影响立法的情况。但近二十年来，这种情况发生了很大的变化，代表被害人及其家属的团体对刑事立法的影响越来越大。日本就成立了所谓的“全国犯罪被害者之会”，并积极对立法施加影响。这种影响有两种途径：直接的途径是在议会审议相关法案时发表意见，间接的途径则是诉诸国民以争取舆论的支持。从目前的情况看，这两种途径的效果是明显的。例如，以由于高速公路上的追尾事故导致丧失两个幼儿的父母为主的交通事故的遗族及其声援者的署名活动，导致立法机关在刑法典中新设危险驾驶致死伤罪并规定较重的法定刑。再如，《少年法》的改正，也是神户儿童杀伤事故中的遗族的呼吁以及“少年事件被害当事人会”的活动等促成的。

被害人及其家属的呼声当然应在刑事立法中得到重视，这也是国家民主化的一个重要表现。但是从各国的现状来看，也存在问题。第一，由一个团体来代表所有的被害人及其家属是不妥的。被害人及其家属的感情与要求是多种多样的，如有的被害人家属基于反对死刑的理念就不赞成死刑。但由于通常情况下多数人是主张严厉处罚的，因而少数的声音往往会被淹没。而且，就被害人死亡案件而言，被害人的家属既代表死者的立场，其自身因家人逝世也备受精神、物质上的打击。因而，此时家属的主张是基于哪一种立场而提出的，也难以明确。再者，家属之间由于个人的性格及与被害人的关系亲疏，感情也不相同。何况杀人等案件常常发生在家族内部，此时家属的感情与要求就更加复杂。总之，目前往往缺乏对被害人及其家属呼声的细致化分析。第二，在刑事立法中，缺乏与代表被害人及其家属的团体相对抗的利益集团。在制定民事法律、经济法律时，由于存在资方与工会这样的对抗势力，所以即使利害关系者介入立法也能维持影响的相对平衡。而在制定刑事法律时，是不可能形成代表犯罪人与被告人的利益集团的。律师协会等组织终归属于“第三方”，不会与代表被害人及其家属的所谓“当事人”团体直接对抗。那么，能否期待法律专家这一群体发挥平衡的作用呢？在现实的情况下，如后所述，目前各国的专家群体都饱受媒体、舆论的指责，影响力较以往显著下降。何况从感情上说，要直接反驳代表被害人立场的观点本就不是件容易的事。尤其是当事件被政治化处理时，专家群体也就形成了所谓的“沉默的螺旋”效应。①

（二）国民的不安感

刑事立法活跃化的另一个主要原因是国民的不安感及由此引发的民众对刑事立法犯罪化、重刑化的强烈支持。其原因既有客观的一方，也有失真的因素。

---

① 沉默的螺旋是一个政治学和大众传播理论，由诺埃勒-诺依曼提出。沉默的螺旋理论指出，如果一个人感觉到他的意见是少数的，他比较不会表达出来，因为害怕被多数的一方报复或孤立。理论是基于这样一个假设：大多数个人会力图避免由于单独持有某些态度和信念而产生的孤立。

就客观因素而言，一方面，危险社会的到来加剧了人们的不安感。随着社会生活的复杂化、科学化、高度技术化，对于个人而言，社会成为一个巨大的“黑箱”，不可能对其进行主体性的控制。人们的生活主要依赖脆弱的技术手段。与此同时，个人行为所具有的潜在危险也飞跃性地增大，人们频繁地涉足未知领域，不知道下一个瞬间会发生何种灾难。在很多领域中，轻微的越轨行为就会引起巨大的损害。“作为危险社会的一员，从有组织犯罪、毒品犯罪、交通犯罪开始，不知道在什么时间就可能成为被害者的对犯罪的不安感处于广泛扩散的状况。”① 由此产生了刑法处罚早期化的意愿。另一方面，现代社会在其内部产生了不共有根本价值观的社会成员。针对与一般市民共存的，具有价值观上的根本差异的人所组成的邪教组织、恐怖集团等犯罪组织，人们为了保护自己的生活利益，要求尽早对这些组织的活动进行刑事规制。

但国民的不安也有被放大的成分。这主要来源于个人情感与媒体渲染的共鸣。首先，就媒体的渲染而言，一般国民主要是通过新闻媒体而了解犯罪动态。而媒体为吸引眼球往往会做出不符合事实的报道。这主要表现为：一是将问题简单化，一分为二，黑白分明。于是，在大多数新闻报道中，犯罪人被尽可能地描绘成十恶不赦之人，而对被害人的描述则极尽同情之能事。二是任意裁剪事实。媒体在取材时往往容易失去中立性，将自身置于被害人的立场，片面报道有利于被害人一方的事实。

其次，当我们反思为什么媒体热衷于渲染某些事实时，会发现它事实上迎合了当代人的情感需求。情感饥渴的现代人通过同情被害人及其家属的方式来释放自己的压力。但这种同情与共鸣往往建立在不真实的基础之上。一方面，同情的对象是被害人的家属而非被害人本人，这在杀人案件及其他死亡事件中尤为明显。因为这更容易具有代入感，人们既不愿设想自己死亡的情况，同时为家属争取正义的形象又更易引人支持。但这无形中将杀人、过失致人死亡等犯罪由针对生命的犯罪转化为针对感情的犯罪。而且，人们所设想的“遗族”，是被纯化后的形象，它包括血亲与姻亲，但不会包括情妇与情夫。呈现在人们脑海中的是理想中的家庭形象，却或许与真实相去甚远。另一方面，如果案件的被害人不符合人们心目中的形象，就难以引起共鸣与同情。例如，当被害人是外国人时，往往因不具有代入感而难有共鸣。

最后，人们对社会治安恶化的体验往往也与实际情况存在差距。以日本为例，民众普遍感觉犯罪增加、犯罪愈加暴力化，但现实情况是“日本交通事故的死亡人数从最糟糕的1970年的16000人减少至危险驾驶致死伤罪设立前1年即2000年的9000人。因杀人案件而死亡的人数从20世纪70年代的1200人降至2011年的420人，包括未遂在内的杀人案件2011年是1051件，连续3年刷新了战后最少纪录”。②

---

① ［日］高桥则夫：《刑法总论》（第3版），成文堂2016年版，第28~29页。

② ［日］松原芳博：《刑法总论》，日本评论社2013年版，第11页。

可见杀人案件基本上呈减少趋势，强盗（抢劫）案件的增加则主要是因为警察方面将恐吓、盗窃等案件作为强盗案件立案。因而，有学者将日本的所谓治安恶化称为“神话”，认为主要原因是对统计数据的片面介绍和对少数突发案件的过剩报导，引发人们“体感治安”的下降。[①] 而“体感治安”的下降又成为犯罪化、重刑化的推力。

（三）刑事立法的政治化

在相当长的一段时间内，国民及政治家对于与日常生活关联较小的刑法并不关心，所以刑事立法的决定权主要掌控在法官、检察官、律师、学者等所谓的专家集团手中。然而，近年来这一状况已有显著变化。如前所述，随着立法民主化的进展，专家集团的发言权相对减小，而立法的政治因素则大幅度增加。

首先，随着全球一体化的进展，产生了在实体法领域形成国际标准的要求和动向。各国之间的刑事国际条约大量增加，这些条约的目的在于填补处罚漏洞，提高打击效率，因而往往要求各国政府在犯罪实行之前的阶段就实施制裁，政府成为了积极推动立法的主体，并造成了处罚早期化的现象。这一现象还意味着在一国内部，可能会出现互相矛盾的两种（及以上）刑法原理。例如，市民刑法与敌人刑法的分化等。这种现象被学术界称为“特殊原理对一般原理的侵蚀”，造成了刑法内部的紧张关系。

其次，政治家、议员为迎合民意，往往成为刑事立法的主要推手。在普通民众要求加重处罚犯罪的情况下，政府或议员认为使刑法重刑化能够有助于赢得选举、安定政权，因而轻易地就作出修改立法的决定。

最后，政治家、议员为了推行某种政治理念，也可能推动刑事立法的废改立。以日本所谓“共谋罪”的设立而论：日本政府从2003年开始在国会中提出设立共谋罪的法案，受到了律师界、法学研究者群体、一般国民的激烈反对，在经历了2003年、2005年、2009年三度成为废案的挫折后，却仍然执着于设立该罪。官方的理由是，由于日本政府所缔结的《联合国打击有组织犯罪公约》（要求各缔约国针对“重大犯罪”设置共谋罪，作为批准该条约所必要的条件；同时2020年东京奥运会、残奥会的召开需要政府具备防范恐怖主义犯罪的能力。但实际上，日本共谋罪的规定并不仅仅针对国际有组织犯罪、恐怖活动犯罪，其范围远远超越了《联合国打击有组织犯罪公约》）要求设置共谋罪以防止重大犯罪的目的。该罪的设立极大地扩充了政府机关的权力，容易导致侦查机关对公民日常的隐私生活进行监视性侦查，极有可能会侵害到公民的基本人权。显然，该罪的设立服务于政治家、议员的政治理念。

（四）期待新的行为规范的形成

有一些犯罪化立法的出现，是立法者与普通市民期待新的行为规范出现的产物。

---

① 参见［日］滨井浩一：《日本治安恶化的神话是如何被制造出来的——治安恶化的实态与背景要因》，载《犯罪社会学研究》2004年第29号，第10页以下。

例如，日本现在的行政刑法被认为处于“通货膨胀”的状态。[①] 其目的就在于树立新的行政规范。这种趋势不断在强化，以至于现在对于禁止吸烟、禁止乱扔垃圾，民众也期待通过犯罪化的立法使这些行为规范被更权威、更迅速地确立。

（五）对警察权的信赖

在不少国家的民众心中，存在着警察具有解决社会问题的能力这种信赖感。于是，哪怕在私生活的领域，其也期待警察力量予以介入。例如，对跟踪骚扰、家庭内暴力、虐待儿童等行为的规制。[②]

总而言之，刑事立法活跃化的原因是：“在犯罪现象激增的背景下，对代表被害者的社会感情的顾虑以及与此相呼应的政府、政治家、官僚的迎合民意政策，或者说是因媒体报道而引发的人们对犯罪不安感的提升，再者也可以说是风险社会中人们回避风险行动的体现。换言之，就是犯罪问题的政治化、百姓化现象。”[③]

三、刑事立法活跃化的刑法应对

如何看待刑事立法的活跃化倾向，学术界的意见也不一致。一部分学者尤其是实务部分的专家，从用刑法保护市民利益具有必要性的角度，支持立法中的犯罪化与重刑化倾向。根据他们的意见，刑罚规定早已经不是对市民利益有损的害恶，而应该将其理解为对市民的“保护手段”。因此，对于立法者的期待就是制定为了市民利益的刑事立法。[④]

也有的学者认为，当前的刑事立法活跃化主要由不了解刑法的政客与民众所推动，架空了刑法的基本原则，动摇了刑法学的共通理解，是错误的现象。[⑤] 有的学者指出，迄今为止多数的“刑法介入早期化”的立法是向治安刑法的倾斜，“刑法学本来是以说明抑制国家刑罚权发动原理、划定刑事责任界限为课题的科学。既然如此，就一定是与实务呈现紧张关系的科学。要抑制实务的失控或对政治权力的屈从，这是刑法学本质的存在理由。迎合权力、权威是刑法学的自杀行为”。从而对刑事立法的活跃化以及支持这种活跃化立法的学说提出了尖锐的批评。[⑥]

但多数学者持折中的态度，一方面肯定其合理性，另一方面则指摘其不足，不过这些学者之间的看法也有分歧。

有的学者更多地肯定刑事立法活跃化的积极面，认为需要对刑法理论作一些反思。第一，刑法的基本原则必须随时代的要求而作修正。例如，基于责任主义的要

① ［日］阿部泰隆：《行政法体制》（下），有斐阁1997年版，第454页。

② 参见［日］嘉门优：《行为原理与法益论》，载《立命馆法学》2009年第5·6号。

③ ［日］守山正、安部哲夫编著：《初学者刑事政策》，成文堂2008年版，第46页。

④ ［日］小野正博：《为了预防犯罪的法理》，载［日］渥美东洋主编：《犯罪预防的法理》，成文堂2008年版，第130页以下。

⑤ ［日］内田博文：《日本刑法学的步伐与课题》，日本评论社2008年版，第230页。

⑥ ［日］上田宽、上野达彦：《未完成的刑法——苏联刑法是什么》，成文堂2008年版，序言部分。

求，结果加重犯至少对重结果要有过失，但过失不要说也并非完全没有道理，因而主张修正责任主义。第二，对于量刑水准的上升，学术界多持批评态度。但该学者认为，对法益的社会评价发生变化，即法益的价值发生变化时，刑罚的量也随之变化，这是合理的。第三，现在立法中所呈现出的刑法积极主义，完全可以认为是刑法学发展的结果。二战后的刑法学说，在批判报应主义的基础上，基本普及了功利主义（目的合理主义）。正是由于这种功利主义的法益保护思想，才产生了将刑法作为实现政策目的的手段的倾向。例如，为了反对恐怖主义、邪教团体、有组织犯罪、渎职、环境犯罪、经济犯罪，人们自然地期待刑法发挥作用。第四，谦抑主义（刑罚消极主义）意味着减少刑法的介入，但这也意味着市民要自己承担安全保护的责任。从而可能带来一种不公平：富人可以通过雇用保安等方式来实现自我防卫，而穷人则被迫承担被犯罪侵害的风险。换言之，一旦对谦抑主义运用失当，则会造成“安全”这一重要价值因经济能力不同而被不平等地分配，从而形成不平等的社会格局。基于以上论述，该学者认为，在刑法理论上有必要作一些新的尝试与努力。首先，有必要探索替代法益保护原则的刑事立法指导原理，即应将宪法、行政法中的比例原则运用到刑法中以制约国家公权力的行使。其次，有必要重新检讨刑法典与特别刑法的关系。再次，有必要合理区分国民不安感中真实与虚幻的部分。又次，有必要摆正“事前的预防”与“事后的处罚”的关系。事后的处罚对于预防犯罪的效果而言终归是间接的、非建设性的，应更倾向于事前预防。事前预防的确也有成本，会带来对一般市民权利与利益的侵犯，但这是社会成员为抑制犯罪而必须作出的自我牺牲。如果为节省事前预防的成本而加重事后的报应性处罚，会使社会陷于无可救药的困境。最后，所谓的“特殊原理对一般原理的侵蚀”是不可避免的，但应尽可能地将例外原理所支配的领域最小化。①

有的学者则更多地持晚近的立法持批判的态度。第一，法益概念应具有验证立法正当性的作用，因而其概念本身需明确。该学者对近来立法将“平稳”“信赖”“人的尊严”“公众的感情”等作为法益提出批评，认为会导致法益概念的稀薄化，变成对舆论的追认，而失去其应该具有的立法批判机能。在该学者看来，法益意味着人与事的连接，必须是在经验上可以把握的实体，同时该实体对人具有价值。因而，法益概念通过人与物的连接、价值与事实的连接，而为刑事立法赋予事实的基础与价值的正当性。凡是不能满足这种经验的现实性及与人的关联性的存在，都不能认为是刑法所保护的法益，都不能以此为理由使刑事立法正当化。第二，应从报应刑论、一般预防论、特别预防论这些刑罚目的理论的角度检视立法。最近的立法表现出两个不好的倾向：其一，满足报复感情这种朴素的报应思想。例如，危险驾驶致死伤罪及驾驶汽车过失致死伤罪这些罪名的设立，体现了强烈的满足报复感情的意图。但是，满足报复感情不是刑罚的目的。例如，就有被害人的遗族有时对无

① ［日］井田良：《围绕最近刑事立法的方法论的诸问题》，载《法学家》（ジュリスト）2008年第12期。

责任能力的加害者同样怀有报复感情，对仅有过失的加害者也希望判其死刑，但这都不为刑法所认可。作为刑罚正当化根据之一的报应，指的是行为人必须在自己的责任限度范围内忍受刑罚，这与报复感情的满足完全不同。其二，一般预防内容的两极化情形。一方面，如醉酒驾驶、酒后驾驶的重罚化，呈现出露骨的威吓思想。但是，这种直接的威吓难以具有持续的效果。如果要期待这种通过提高刑法所带来的震惊疗法所导致的预防效果，那必须间隔数年就提高刑罚。事实上，醉酒驾驶、酒后驾驶罪的法定刑上限经过数次修正后已经大幅度提升，至 2007 年修正时已经是初设时的 12 倍与 10 倍。这不能不让人担心国民对刑罚的敏感性下降这一反效果。另一方面，如《有组织犯罪处罚法》等法律那样，人们对其抑制犯罪的实际效果基本不关心，而仅是通过立法来消除国民的不安感。作为积极的一般预防理论的目的的“恢复对法秩序的信赖”、“规范的确证”换言之即打消人们的不安感。这意味着一种自我完结的刑罚体系的诞生：国民自己产生的不安感通过刑罚来作象征性的消解。这种在感情层面上自我完结的刑罚体系，既经不起实际效果的检验，也经不起价值正当性的检验，仅会导致整个社会走向情绪化。① 第三，近年来的重刑化将犯罪行为人视为“社会公敌”，否定其与“善良市民”之间立场交换的可能性，容忍对其适用超出其责任范畴的刑罚，其结果并不能带来“最恰当的预防效果”，从目的合理性上难以正当化。②

还有的学者针对理论和实践中出现的刑事立法效果论的观点指出，首先要确认的是，不能对通过刑罚威吓来进行行为规制的能力持过分期待。刑罚绝不是处理社会纷争的万能药。当务之急是要划定刑事立法的界限。此时，进行效果的比较，即通过刑事立法所确定的刑罚对某种行为进行处罚，其“利益与损失的衡量”当然有其不可否定之价值，但不能将其作为批判刑事立法的唯一标准。“其理由，首先是作为前提的刑事立法的效果，往往无法通过实证来加以解明。而且，立法者视为前提的效果往往有充满暧昧性的多种情况（特别是打消市民对于犯罪的不安的效果以及以规范形成力为前提的讨论，最终都难以进行合理的讨论），对这些效果来进行单纯的比较是非常困难的。”③ 从根本上说，仅仅考虑刑法介入是否有效来进行刑事立法规定的正当化是不对的。因为即使刑罚有效，但作为一服烈药的刑罚同样会有有害的副作用。因此，有效性只是处罚规定的必要条件，而不是充分条件。在此基础上，该学者提出，对现有新的立法在实践中机能的妥当性、效率性。刑罚实效性的分析当然必不可少，在缺乏这种效果时就必须控制刑罚的适用。但即使存在这样的效果，也不足以将刑法的介入正当化，还需要能够通过行为原理来加以正当化，即要求法益的侵害性、危殆化。这就意味着对法益需要做更深入的研究充实。④

---

① ［日］松原芳博：《刑事立法与刑法学》，载《法学家》（ジュリスト）2008 年第 12 期。

② ［日］松原芳博：《刑法总论》，日本评论社 2013 年版，第 13 页。

③ ［日］嘉门优：《行为原理与法益论》，载《立命馆法学》2009 年第 5·6 号。

④ ［日］嘉门优：《行为原理与法益论》，载《立命馆法学》2009 年第 5·6 号。

该学者还指出，不应该存在对警察能力的过分期待。一方面，对警察援助的期待会导致处罚规定的膨胀，另一方面也会使刑法的介入成为为个人服务的商业交易。在这个意义上，刑事制裁不过是代替其他制裁的手段而已。同时，也不应对刑法的规范形成力有不切实际的幻想。用刑罚来确保行政规范的有效性，并不比行政手段更为合适。归根结底，要确保规范的有效，需要的是工作透明的制度约束，犯罪化并不是解决问题的根本之策。而且以刑法来促使规范形成，有用刑法强制道德之嫌。①

第二节　刑事制裁体系的三轨化

一、单轨制时代的刑罚

在漫长的刑法发展历史上，刑罚长期被视为刑事制裁的唯一方法。所谓刑罚，“形式上说是作为犯罪的法律效果，由国家对犯人科处的一定的法益剥夺。其实质的意义……基于并合主义，是对犯罪的国家报应同时又追求一般预防与特别预防的目的”。② 近年来，也有学者基于修复的司法理念，认为“刑罚，是作为对犯罪的规范的报应而恢复被犯罪所侵害的法的平和的制度”。③

关于刑罚的研究，主要存在以下四个根本问题：④

首先，关于刑罚的本质（刑罚的实体或内容）。对此，存在认为刑罚的本质是以犯罪行为为理由而对犯人施加作为非难的痛苦的观点（报应刑论），以及认为是为了使行为人不再重返犯罪的防止再犯手段的观点（目的刑论）的对立。

其次，关于刑罚的根据，即刑罚作为法律效果是针对什么并以什么为契机而被科处的。对此，存在以实施的犯罪即行为作为科刑根据的立场（行为主义）和以行为人将来可能再犯罪的危险性作为科处根据的立场（行为人主义）。

再次，关于刑罚的目的。存在认为是预防一般人犯罪即一般预防的见解（一般预防论）和是预防犯罪人个人再犯罪的特别预防的见解（特别预防论）。

最后，关于刑罚的正当化理由。一种观点认为，在对犯罪行为施加非难的限度内，科处作为苦痛的刑罚是理所当然和正当的（报应刑论）。另一种观点认为，通过科处刑罚来防止犯罪实现有益于社会的目的才是刑罚正当化的理由（目的刑论）。

对以上四个问题，可列表如下：⑤

---

① 参见［日］嘉门优：《作为最后手段的刑法》，载［日］金尚均等编：《刑罚论与刑罚正义——日本德国刑事法对话》，成文堂2012年版，第242~243页。

② ［日］川端博：《刑法总论》（第2版），成文堂2006年版，第655页。

③ ［日］高桥则夫：《刑法总论》（第3版），成文堂2016年版，第532页。

④ ［日］井田良：《讲义刑法学·总论》，有斐阁2008年版，第541页。

⑤ ［日］井田良：《讲义刑法学·总论》，有斐阁2008年版，第541页。

	刑罚的本质	刑罚的根据	刑罚的目的	刑罚的正当化理由
报应刑论	对犯罪（在能够非难限度内的）起反作用	行为主义	一般预防	科处作为报应的不利益是正当的
目的刑论	防止再犯的合理的手段	行为人主义	特别预防	实现防止再犯这一对社会有益的目的

理论上一般持将“报应刑论+行为主义+一般预防论作为一个相互整合的见解，而将目的刑论+行为人主义+特别预防论作为与之相对立的见解”。①

从不同的角度，可以对刑罚的种类作不同的划分。例如，按受刑人被剥夺法益内容的不同，可以将刑罚分为生命刑、身体刑、自由刑、名誉刑与财产刑。生命刑也即死刑，是剥夺受刑人生命的刑罚。身体刑是伤害受刑人身体的刑罚，如笞刑、黥刑等。自由刑是剥夺受刑人自由的刑罚，如惩役、监禁、拘留等。名誉刑指的是剥夺受刑人一定能力的刑罚，如剥夺公权、停止公权等。财产刑则是剥夺受刑人一定数额财产的刑罚，如罚金、科料、没收等。在历史上，生命刑和身体刑曾是刑罚的中心。但在当今世界，身体刑因其残酷性有违现代文明理念，已被大多数国家的刑法所排斥。而生命刑也正被越来越多的国家废止或限制适用。刑罚的中心已经转向自由刑和财产刑。

应当注意的是，并非所有国家的刑法中都存在自由刑、财产刑和名誉刑，如日本现行刑法典中就不存在名誉刑，虽然日本也存在为了维持公法上的特别监督关系而被科处的作为惩戒罚的免职、停职、减薪、告诫等处分，并且伴随着刑罚的宣告，在其他法令中还规定有各种资格限制的情况，如就公职、其他一定的业务丧失资格，或者丧失选举权、被选举权、其他权利等，但这些在性质上都是行政处分，而非严格意义上的刑罚。《日本道路交通法》所规定的“反则金”，虽然事实上是罚金的代替物，但也不是刑罚。

二、双轨制时代的保安处分

（一）保安处分的概念与种类

所谓保安处分，是指以行为人所具有的社会危险性为基础，在对其进行社会保安的同时以改善、治疗行为人为目的的国家处分。②

对于犯罪这种侵害社会的行为，可以通过对行为人科处刑罚来期待抑制和矫正的效果。但侵害社会的行为并非都构成刑法上的犯罪，而且即使对于犯罪行为也不能总是希望仅通过刑罚就可以达到完全的抑制及矫正效果，因此有必要设立替代刑罚或补充刑罚的保安处分制度。

---

① ［日］井田良：《讲义刑法学 · 总论》，有斐阁2008年版，第541页。
② ［日］川端博：《刑法总论讲义》（第2版），成文堂2006年版，第714页。

在历史上最早提出有必要设立保安处分制度的是德国学者克莱因。1893 年由德国柏林大学刑法教授斯托斯（Carl Stooss，1849—1934）起草的《瑞士联邦刑法预备草案》（史称《斯托斯草案》）则最早展现了现代保安处分制度的轮廓。此后，经过菲利、李斯特等学者的努力，保安处分的影响日益扩大。1930 年《意大利刑法典》、1926 年《苏俄刑法典》、1932 年《波兰刑法典》、1933 年改正后的《德国刑法典》、1937 年《瑞士刑法典》等均采用了保安处分制度。

保安处分制度产生、发展的根本原因还是在于 19 世纪以后资本主义国家社会矛盾的尖锐化导致犯罪率上升，人们逐渐认识到仅以刑罚作为应对犯罪的手段是不充分的。同时，自然科学的飞速发展以及近代犯罪学的诞生，都促使人们重新思考犯罪的原因与对策问题。“当时的这种新的社会形势，可以毫不夸张地说正是支撑保安处分制度的重要基础。”①

具体而言，自由刑在实际执行中出现的所谓“自由刑的破产”这一状况，是人们深感必须采用保安处分制度的直接原因。“（1）基于道义责任论的报应刑，对于具有再犯危险性却没有刑事责任能力的人，不得不将其置于刑法范围之外；（2）对累犯只依靠报应的刑罚手段的话，在其被释放后还会产生问题；（3）为了镇压预防常习犯，必须给予个别的处置；（4）对于少年犯罪者也需要以改善为目标的处分；（5）必须设计弥补短期自由刑缺陷的制度；（6）对于具有责任能力的酒精中毒者、厌恶劳动者而言，必须采用刑罚以外的特殊手段。这些对道义的报应刑的反省都促进了保安处分制度的发展。”②

保安处分的目的在于治疗和改善行为人并进行社会防卫。按照新派学者的主张，保安处分的对象不限于实施了犯罪行为的人，处分的期间也应当一直延续到被处分者危险性完全消失为止。但新派的这种保安处分理念具有侵犯人权的显著危险，一旦为刑法所采用，将可能造成严重的后果。

在现代社会中，刑罚本身也趋于多样化。自由刑的执行方法，不再限于监狱内执行，还包括狱外执行、周末拘禁制、社区矫正等多种形式。对于在监狱等刑事设施中服刑的行为人，监狱方除了要求其劳动外，还会实施各种使服刑者再社会化的计划。对于实施了违法行为的精神病患者、药物中毒者，亦采取了强制入院治疗等措施。无论这些措施是否被称为保安处分，都无法否认其存在的合理性与必要性。

问题在于，新派所持的保安处分理念缺乏对被处分者的主体性和人权的尊重。因而，现代的保安处分应当对旧的保安处分理念进行重构，在尊重被处分者主体性的基础上，树立处分法定主义、违法行为处分均衡主义等基本原则。在确立保安处分制度时，应明确规定保安处分的种类，将再犯危险性的判断标准客观化、明确化，将保安处分的内容明确化。此外，还需要严格建立请求程序、审判程序、执行程序

① ［日］藤本哲也：《刑事政策概论》（全订第 6 版），青林书院 2008 年版，第 192 页。

② ［日］藤本哲也：《刑事政策概论》（全订第 6 版），青林书院 2008 年版，第 193 页。

方面的规章制度。[①]

各国的刑法理论一般都将保安处分区分为对人的保安处分与对物的保安处分。对人的保安处分又可以进一步区分为剥夺自由的保安处分和不剥夺自由的保安处分。

剥夺自由的保安处分，也被称为狭义的保安处分，是指将被处分者收容于一定的设施之中，以实现对其的改善、治疗和社会防卫的处分。将被处分者收容于监狱设施、治疗设施、劳动设施等就是如此。具体而言，剥夺自由的保安处分包括："（1）对危险的犯罪者的保安拘禁（《德国刑法典》第66条等）或预防处分（《日本刑法假案》第139条）；（2）对精神障碍者的治疗处分（《日本刑法改正草案》第97条以下）；（3）对酒精、毒品中毒者的禁绝处分（《日本刑法改正草案》第101条等）；（4）对厌恶劳动者的劳作处分（《日本刑法假案》第136条等）；（5）对人格障碍者、性犯罪者等的社会治疗处分。"[②]

不剥夺自由的保安处分，是指不将被处分人收容于设施内，而只是限制其自由或剥夺某类资格，预防其实施不法行为的处分。它具体包括："（1）职业禁止（《德国刑法典》第70条等）；（2）吊销驾驶执照（《德国刑法典》第69条等）；（3）善行保证（《日本刑法假案》第139条）；（4）行为监督（《德国刑法典》第68条等）。"[③] 剥夺自由的保安处分与不剥夺自由的保安处分合起来被称为广义的保安处分（即对人的保安处分）。

对物的保安处分，指以预防犯罪为目的，对有关联的特定物采取的保安处分。"对物的保安处分有：（1）没收（《意大利刑法典》第240条等）；（2）关闭营业所（《法国刑法草案》第71条第2款、第87条等）；（3）解散法人或停止业务（《法国刑法草案》第71条第3款、第88条等）。"[④] 包括对人的保安处分与对物的保安处分在内的保安处分概念被称为最广义的保安处分。

（二）保安处分与刑罚的关系

保安处分与刑罚的关系，主要涉及的是保安处分与刑罚在本质上是否相同的问题，对此存在认为两者同质的一元主义与异质的二元主义之间的争论。

一元主义认为，刑罚与保安处分都是为了达到社会防卫目的的手段，两者之间没有本质的区别。一元主义是新派学者的主张。其中又可以分为两种不同的观点。一种观点认为，刑罚本身可以发挥保安处分机能，从而主张保安刑与不定期刑。这被称为刑罚一元主义。另一种观点认为，应废除刑罚而以保安处分作为刑事制裁的唯一制度，这被称为保安处分一元论。1921年的《菲利刑法草案》和1926年的《苏俄刑法典》都以制裁或社会防卫处分的概念代替刑罚，采取的是保安处分一元论。"然而，前者未被立法，后者也已被废止。不过，1962年的《瑞典刑法典》采

---

① ［日］山中敬一：《刑法总论》（第3版），成文堂2015年版，第1147页。

② ［日］浅田和茂：《刑法总论》（补正版），成文堂2007年版，第527页。

③ ［日］浅田和茂：《刑法总论》（补正版），成文堂2007年版，第528页。

④ ［日］川端博：《刑法总论讲义》（第2版），成文堂2006年版，第716页。

用了将刑罚与保安处分统合于制裁观念的保安处分一元论。”[①]

二元主义认为，保安处分以预防将来的危险性为本质，与作为对过去行为的道义报应的刑罚具有根本性区别。1893年的《斯托斯草案》采用的即二元主义，在刑罚以外还规定了六种基本的保安处分和八种附随的保安处分。1909年的《德国刑法预备草案》及1933年《德国刑法典》采取的也是二元主义。

从目前的情况看，“将刑事制裁一元化为保安处分，将刑罚解消在保安处分之中的保安处分一元论，不是今日世界的趋势。毋宁说，刑罚与保安处分的二元主义才是世界的趋势”。[②]

在二元化的刑事立法框架之下，刑罚以罪责为基础，受到责任主义的制约，有多大的罪责才可以科处相对应的刑罚，而不能过度。相反，保安处分并不以责任为基础，而是以行为人的危险性为基础，即使行为人没有罪责，也可以对之适用保安处分。

如果采用刑罚与保安处分的二元主义，那么对于同一个人可能会产生刑罚与保安处分的竞合，此时应如何处理？对此存在并科主义、代替主义和择一主义的区别。

并科主义认为，如果刑罚与保安处分产生竞合，那么应以并科为原则，即对责任科处刑罚，对危险性科处保安处分。此时，又会产生先执行刑罚还是先执行保安处分的问题。《意大利刑法典》主张先执行保安处分，再执行刑罚。《日本刑法改正草案》第108条规定，原则上先执行刑罚，但法院在宣告时可以命令先执行保安处分。其第109条规定，被执行惩役或者禁锢的人，存在有必要执行保安处分的状况时，法院可以命令停止执行刑罚，而执行保安处分。

代替主义是指，如果行为人被并科刑罚与保安处分，可以先执行其中一种，当另一种没有执行必要时就可以免予执行。代替主义又包括任意的代替主义和必要的代替主义。《日本刑法改正草案》采用的是任意的代替主义。其第110条规定：“已经被执行刑罚的人，如果认为没有必要执行保安处分，法院可以解除保安处分。已经被执行保安处分的人，如果认为没有必要执行刑罚，法院可以免除执行刑罚的全部或部分。”

择一主义是指，在宣告阶段选择刑罚和保安处分的其中一种，也被称为宣告时的代替主义。在宣告以保安处分代替刑罚时，就不进行刑罚的宣告和执行，因此实际上是以保安处分代替刑罚的制度。[③]

日本学者多认为，如果将刑罚与保安处分二元主义贯彻化，那么并科主义有其价值。然而，由于刑罚与保安处分在执行方面具有共通的性质，所以实际上没有必要贯彻并科主义。为了不给被处分人带来不必要的人权侵害，采用必要的代替主义

---

① ［日］川端博：《刑法总论讲义》（第2版），成文堂2006年版，第716页。

② ［日］山中敬一：《刑法总论》（第3版），成文堂2015年版，第1145页。

③ ［日］川端博：《刑法总论讲义》（第2版），成文堂2006年版，第718页。

是妥当的。“应当采用的不是任意的代替主义，而是必要的代替主义。”①

三、刑事制裁第三轨可能性的探讨

在刑罚与保安处分二元主义成为各国通说之后，刑事制裁的体系也正式二元化。这一状况维持了近百年，人们也一直在探寻是否存在刑罚与保安处分之外的第三种刑事制裁手段。各国刑法典在刑法改革运动中，也增加了一些制裁手段的规定，如《德国刑法典》所规定的行为监督（第68条到第68条g）、吊销执照（第69条到第69条b）、禁止职业（第70条到第70条b）。但这些措施都具有保安处分的性质。

那么，赔偿能否作为第三轨呢？“在过去几年中，有一个问题被讨论得热火朝天，并且被作为时髦的研究项目加以探讨。这个问题就是，赔偿（Wiedergutmachung）是否能够作为新的惩罚形式，在刑罚和保安处分之外，发展成为刑法的‘第三条道路’？虽然现行法律中已经包含了将赔偿融入刑法的许多条文（第56b条，第57条第3款，第57a条第3款，第59a条第2款第1项，第46条第2款，《德国青少年法庭法》第15条、第45条、第47条），然而，这些条文在实践中还很少得到使用。与此相比，人们提出了很有说服力的理由，试图更广泛地把赔偿包含在刑法当中，因为这种办法比自由刑或者罚金刑的办法，能够更好地保护被害人的利益。在自由刑或者罚金刑这两种办法中，让行为人做出赔偿经常是无法实现的。经验性的调查研究也表明，在小的或者中等的犯罪行为中，在对行为人判处惩罚之外，受到损害的人，例如一般公众，通过行为人—受害人—相弥补（Täter-Opfer-Ausgleich）的形式进行的赔偿，没有办法或者仅仅能得到很少的重视。因此，在那些今天使用小额罚金进行处理的案件中，人们本来完全可以通过赔偿来免除刑罚的；对于严重的罪行，赔偿至少也能够引起缓刑或者必要的从轻处罚。赔偿的草案提出了一个完整的立法建议，使赔偿能够融入刑法的惩罚制度之中。在1994年12月1日生效的《与犯罪作斗争法》中，虽然没有包含这个建议，但是在新的第46a条的量刑条文中，已经接受这个关键的思想——在自愿的行为人——受害人相弥补中存在着从轻处罚或者免除处罚（Absehen von Strafe）的可能性。这个没有规定行为人—受害人相弥补应当如何进行的条文，仅仅是一种‘暂时性的、创设一个法定框架的有限努力’，从而把如何在惩罚制度中引入赔偿的问题，留给人们继续讨论。”②

支持将赔偿列入刑事制裁第三轨的观点认为，赔偿不再是一个纯粹的民法问题，因为它本质上有利于实现刑罚目的。具体而言，第一，赔偿具有重新社会化的功能。它强制行为人在对自己行为的后果进行深入分析后与被害人达成协议，并且认识被害人的合法利益。行为人能够将它——经常比刑罚还有效——作为必要的和应得的

---

① ［日］山中敬一：《刑法总论》（第3版），成文堂2015年版，第1145~1146页。

② ［德］克劳斯·罗克辛：《德国刑法学总论》（第1卷），王世洲译，法律出版社2005年版，第54~55页。

经历，并能够由此增进自己对法律规范的认识。第二，赔偿能够导致行为人和被害人之间的和解，从而使本来应当受刑事惩罚的人重新回归社会的工作，从根本上得以减轻。第三，赔偿对于一体化的预防非常有用。因此，它对法和平的重建具有意义重大的好处，因为只有在损害得到赔偿之后，被害人和一般公众——经常甚至不取决于惩罚——才会承认由这个构成行为造成的社会紊乱已经得到了消除。因此，“辅助性原则为赔偿作为一种我们惩罚制度中的第三条道路提供了法律政策方面的合理性基础。因此，就像在保安处分作为‘第二条道路’代替或者补充刑罚时，由于罪责原则的缘故，保安处分从特殊预防的必要性方面考虑是不恰当或者仅仅具有有限的恰当性那样，在将赔偿作为‘第三条道路’来减轻刑罚或者代替刑罚时，赔偿与未减轻的刑罚相比，却能够使刑罚目的和被害人的需求得到同样的或者更好的实现和满足”。①

不过，将赔偿视为刑事制裁第三轨却面临着一个现实的立法障碍。“目前这些都还是项目多于现实：一种（代替今日二元的）三元的刑法，只有在立法者以完全不同于今天的方式，在惩罚制度中考虑赔偿时，才有可能加以讨论。”②

在赔偿无法被视为刑事制裁第三轨的情况下，人们把目光投向了另一个在刑法中久已存在，但其价值在近年来才重新得以评估的制度，这就是没收。与赔偿的争议性不同，没收制度通过理论的研讨和立法的修改，在不长的时间里树立了其刑事制裁第三轨的地位。

四、作为第三轨的没收

（一）没收制度概述

各国刑法一般会就如何处置涉案财物规定没收制度。例如，《日本刑法典》第19条规定：“下列之物可以没收：一、组成犯罪行为之物；二、供犯罪行为使用或者将要供犯罪行为使用之物；三、犯罪行为所生或者因犯罪行为所得之物，以及作为犯罪行为的报酬所得之物；四、作为前款所列之物的代价所取得之物。没收以不属于犯罪人以外的人所有之物为限；但在犯罪后，知情人取得其物时，虽然属于犯罪人以外的人所有，也可以没收。”第19条之二规定了追征制度：“前条第一项第三款和第四款所列之物的全部或者其一不能没收时，可以追征其价款。”第20条规定了对没收的限制：“对于只能科处拘留或者科料的犯罪，如无特别规定，不得科处没收；但对于第十九条第一项第一款所列之物的没收，不在此限。”

从没收的对象来看，没收分为一般没收与特别没收。一般没收，是指剥夺犯罪人的全部财产所有权，即将犯罪人的所有财物收归国有，所以也称为全部没收。一

---

① 参见［德］克劳斯·罗克辛：《德国刑法学总论》（第1卷），王世洲译，法律出版社2005年版，第55页。

② ［德］克劳斯·罗克辛：《德国刑法学总论》（第1卷），王世洲译，法律出版社2005年版，第55页。

般没收有违背个人责任之嫌，故现在的刑法通常不采取一般没收制度。特别没收，是指仅将与犯罪有密切关系的特定物收归国有，也被称为特定没收或限制没收。现代各国刑法通常采取特别没收制度。

从刑法对没收规定的方式上看，没收可以分为必要没收与任意没收。必要没收是指根据法律的规定，法官必须科处没收而没有自由裁量的权限。任意没收，是指法官可以自由裁量决定是否科处没收刑。

任意没收的对象包括：（1）组成犯罪行为之物（组成物），即充足构成要件的法律上不可欠缺之物。所谓犯罪行为，指的是符合构成要件的行为，既包括符合基本构成要件的实行行为，也包括符合修正构成要件的教唆、帮助行为以及可罚的未遂、预备行为。组成犯罪行为之物包括赌博罪中的赌资、贿赂罪中的贿赂、伪造文书行使罪中的伪造文书。（2）供犯罪行为所用之物（供用物）。它指的是虽非犯罪行为不可缺少的要素，但属于供犯罪行为所用或以图供犯罪行为使用而准备之物。例如，杀人用的凶器、侵入住宅盗窃所使用的铁棍等。（3）犯罪行为所生之物（生成物）、犯罪行为所得之物（取得物）或作为犯罪行为的报酬而得到的物（报酬物）。犯罪行为所生之物是指因犯罪行为而制造出的物品，如伪造货币罪中的伪造的货币、伪造文书罪中伪造的文书等。犯罪行为所得之物是指在犯罪行为之时已经存在的，行为人通过犯罪行为而取得之物，如赌博所赢的金钱、通过恐吓行为取得的证书等。作为犯罪行为的报酬而得到的物是指作为犯罪行为的报酬而支付的金钱等物品，如实施杀人行为、堕胎行为所得到的酬金等。（4）犯罪对价物。这是指作为生成物、取得物、报酬物的对价而得到的物品，如卖掉盗窃来的物品所获得的金钱。（5）对社会具有危险性之物。这类物一般是违禁物或可能用作犯罪之物。例如，根据《德国刑法典》第 74 条的规定，“根据其性质和状况，该物品将危害公众，或者具有被用于违法行为的实施的危险”时，予以没收。再如，《奥地利刑法典》第 26 条第 1 款规定：“根据物的特点，没收有助于避免应受刑罚处罚行为的实施的，行为人用于此等行为之物，准备用于此等行为之物，或因应受刑罚处罚的行为所得之物，应予以没收。”

作为没收的对象，应具有以下特征：（1）必须是有体物，而不包括债权等。（2）所没收的物只限于犯罪人有所有权之物。属于犯罪人与他人共有的物，一般也不能被没收。不过即使是犯罪人以外的人所有之物，但属于犯罪后知情取得的，仍可以被没收。（3）没收的对象原则上是原物。如果原物灭失或失去同一性，就不能被没收。但金钱即使已经兑换，也不丧失其同一性，因而可以被没收。将因受贿而得来的衣料做成单衣，因不丧失其同一性，可以被没收；但如果将该衣料作为和服的表层，通过加工制成新的衣类的话，由于丧失其同一性，不能被没收。在没收主物时，可以没收从物，如没收匕首时，可以一并没收刀鞘。对文书作部分伪造时，如果真实部分与伪造部分能够分割，真实部分有效时，只没收伪造部分；如果不可能分割，真实部分也不具有独立效力时，可以全部没收。①

没收制度与追征制度往往是紧密相连的。追征是指在不能没收的情况下，命令行为人代之以向国库缴纳一定数额的金钱的处分。追征虽然不是刑罚，但作为一种换刑处分而比照作为附加刑的没收。

所谓不能没收，是指在判决的当时，在事实上或者法律上不能没收。例如，原物被犯罪人消费、丢失、毁坏或通过加工丧失同一性，或者已被第三者善意取得。

关于追征的数额，在其是金钱时，指的是金钱的数额；如果是物，则指的是物的客观的合理的价格。

（二）没收制度的传统属性

关于没收的属性，主要有刑罚说和保安处分说的争论。其中，有的学者主张尊重法律的规定，即没收的性质应以刑法立法的规定为依据，如《日本刑法典》第9条明确规定："……没收为附加刑。"日本刑法学界的通说以尊重现行刑法的有效性为主旨，认为没收属于刑罚的一种。②《意大利刑法典》明确将"没收财产"作为一种保安处分。③意大利学者亦将其列入"对财产的保安处分"。但也有的学者认为，无论刑法如何规定，依然应在学理上作独立判断。这些学者多主张区分没收的类型，将其分别视为刑罚或保安处分。例如，有的学者认为："现行法上，没收是附加刑，且属于刑罚这一点是明确的。但是，就其本质特性来看，其兼具刑罚和保安处分两方面的特性。首先，就刑罚的一面来看，没收主要旨在剥夺犯罪人因犯罪罪获得的利益，因犯罪所获之物、作为犯罪的报酬所得之物、对价物品即属此类。所以，对于这些物，不能没收时，可以追缴其价款（《刑法》第19条第2款）。从知情而取得该物的第三人那里实施没收，已经超出了纯粹意义上的刑罚的范围，但这也是基于剥夺不法利益的目的而扩张了没收的对象范围。而就没收具有作为保安处分性质的一面来说，则是对组成犯罪之物、供犯罪使用之物以及犯罪所生成之物的没收。这些没收的实施，旨在防止对象物被用于再犯，所以，不能没收时，实施追缴也就没有意义。鉴于此，对于组成犯罪之物和供犯罪使用之物，就不承认追缴。从这一点出发，对犯罪所生成之物承认追缴就存有疑问。具有保安处分性质的没收，由于着眼于对象物本身所具有的危险性，所以，既然原本就具有危险性，那么，不管对被告人可否科处刑罚，将该物作为没收之对象乃是自然的道理。而且，在该物属于第三人的场合，如果该物有再次被用于犯罪的危险性，那么，不问第三者是否

---

① ［日］川端博：《刑法总论讲义》（第2版），成文堂2006年版，第669~670页。

② 参见［日］木村龟二主编：《刑法学词典》，顾肖荣、郑树周等校译，上海翻译出版公司1991年版，第428页；［日］牧野英一：《日本刑法通义》，陈承泽译，中国政法大学出版社2002年版，第25页；［日］大塚仁：《刑法概说（总论）》（第3版），冯军译，中国人民大学出版社2002年版，第451页。

③ 参见《最新意大利刑法典》，黄风译注，法律出版社2007年版，第86~88页。

系知情而获得该物，都应将之作为没收的对象。”①

（三）没收制度的独立法律性质

近年来，没收制度所承担的剥夺因犯罪而获得的利益这一机能受到世界各国的普遍重视，没收制度也开始从刑罚与保安处分中独立出来而成为一种独立的法律效果，如德国刑法将没收规定为犯罪的法律效果，与刑罚、保安处分并列。

为什么没收会成为独立于刑罚与保安处分的法律效果，归根结底还是因为没收具有刑罚与保安处分都难以完整说明的性质。由于没收原则上包括犯罪物的没收与犯罪所得的没收两类，下面分别论述之。

1. 没收犯罪物。

没收犯罪物，是指没收违禁品、组成犯罪行为之物，或供犯罪行为使用或者将要供犯罪行为使用之物。

没收违禁品，传统理论认为属于保安处分。因为违禁品是任何人都不得持有的物品，这种物品对社会具有危险性（有被用于违法犯罪的危险），所以应当没收。而且，这种没收不以持有者是否具有责任为前提，即使持有者没有责任，也应当没收。这与刑罚以罪责为前提不同，具有明显的保安处分性质。

没收供犯罪所用的财物，一直存在刑罚说与保安处分说的争论。刑罚说的问题在于：第一，难以从罪责刑相适应的原则去论证在具体案例中当犯罪行为人使用犯罪工具或存在有犯罪所生之物时，为什么其所受到的刑罚制裁就必然要大于没有使用工具或没有犯罪所生之物的行为人。第二，如果供犯罪所用的财物不可分割，没收全部过于严厉，但又无法没收部分时，应当如何处理？日本刑法理论的通说与判例的做法是：“即使存在只能没收部分物的理由，但当物在物理上不能分割而不可能仅没收部分时，通常可以没收该物的全部。”② 但是，这种做法过于严厉，不符合罪刑相当原则，违反了“附加刑说”的本意。第三，难以解释对第三人的没收宣告。对于行为人的没收，需要其具备犯罪的全部要件，但对于无论是主观恶性还是行为不法程度都显然比行为人低微的第三人，也可以进行没收，从刑罚的角度难以解释。

保安处分说的问题在于，由于保安处分不需要考虑罪刑相适应原则，不需要将处分限定在责任之下，结果可能导致行为人遭受比刑罚更重的痛苦。保安处分说所要解决的问题是：当甲使用合法所有的 100 亿元资金操纵证券期货市场时，以什么理由和法律根据不没收该 100 亿元资金？当乙使用自己价值 100 万元的越野车撞毁他人价值 5000 元的简易房时，以什么理由和法律根据不没收该越野车？当丙容留他人在自己的房屋内卖淫时，以什么理由和法律根据不没收该房屋？日本采取的方法

---

① ［日］川上敏裕、金光旭：《刑事政策》，钱叶六等译，中国政法大学出版社 2016 年版，第 80 页。

② ［日］川端博、西田典之等编：《裁判例注释刑法》（第 1 卷），立花书房 2006 年版，第 70 页。

是鉴于其刑法典第 19 条规定的是对供犯罪所用的物“可以没收”，而不是应当没收。当没收违反比例原则时，法官就不判处没收。但这种处理授予法官过大的权力，是否妥当一直也有争议。

由于没收犯罪物的性质长期存在以上争议，因而也有学者认为，对行为人没收犯罪物具有类似刑罚的处罚意义，而对第三人的没收则是纯粹的保安处分，是一种犯罪预防手段。[①] 但也有学者认为，与其区分其性质，不如强调两种没收犯罪物的情形都具有国家对滥用财产权行为的干预性质，都是国家进行一般性预防的刑事政策宣示，即应该跳出刑罚与保安处分二元化的思维模式。没收犯罪物所涉及的根本问题是，行为人对于财产权的行使是否已经超出了法律所保障的财产权的合理限度。如果行为人行使财产权利时背离了使用财产的社会义务，其占有使用收益处分财产的权利即应当受到限制乃至剥夺。换言之，行为人滥用法律所赋予的权利，危害到社会秩序，即为国家提供了干预其财产权的合理基础。所以，没收犯罪物只是国家对于犯罪人不当行使财产权的一种干预，属于独立于刑罚与保安处分的法律效果。

2. 没收犯罪所得。

没收犯罪所得性质的争议，在学界更为激烈。认同刑罚说的学者认为，法律上的制裁，是指通过剥夺一定的利益，或者施加一定的不利益对违法行为作出否定评价，进而达到抑制违法行为目的的一切措施。据此，没收违法所得是对行为人利益的剥夺，因而是一种制裁，当然属于刑罚。然而，如果没收违法所得属于刑罚的话，那么只有当行为人的行为构成犯罪时，才能够适用刑法关于没收违法所得的规定，对于无责任能力人、没有达到责任年龄的人的违法所得就无法没收，这违背了任何人不得因自身的不法获得利益（Commodum ex injuria sua nemo habere debet）的法谚。

保安处分说认为，使利益状态比其在违法行为之前恶化的，才是制裁；仅仅使利益状态恢复到其在违法行为之前状态的，则不是制裁。据此，没收违法所得并不是一种制裁，当然不属于刑罚。而保安处分剥夺犯罪所得具有预防犯罪的作用。“保安处分的唯一目的是预防。”[②] 没收犯罪所得恰恰具有预防的功能。从一般预防上说，通过没收犯罪所得的法律行动，社会公众获得了不可能从犯罪中获益这种普遍印象，在树立法律权威的同时增强了人们守法的信念，抑制了潜在犯罪者试图通过不法行为谋取利益的犯罪动机。从特殊预防上说，剥夺犯罪所产生的直接和间接收益使犯罪人获取利润的企图完全落空，其费尽心思付诸实施的犯罪行为变得得不偿失，将来再次实施类似犯罪便成为没有多大意义的举动。因此，没收犯罪所得，

---

① Fischer, Strafgesetzbuch, 62. Aufl., 2015, § 74, Rn. 2; Herzog/saliger, in: Nomos Kommentar Strafgesetzbuch, Bd. I, 4. Aufl., 2013, § 74. Rn. 1.

② ［法］卡斯东·斯特法尼：《法国刑法总论精义》，罗结珍译，中国政法大学出版社 1998 年版，第 430 页。

一来是通过剥夺犯罪人通过犯罪行为获得的不法收益或者报酬而杜绝其再产生犯罪的念头，二来是通过剥夺犯罪人由犯罪活动产生的物品实现保护社会安全的目的，这都是围绕预防犯罪而展开的。所以，没收犯罪所得本质上仍是保安处分。但是，没收犯罪所得本质上是使犯罪人不得因自身的不法获得利益，并非仅仅是为了预防将来的危险性。将其视为保安处分也未必妥帖。

正因如此，现在的《德国刑法典》将没收犯罪所得视为独立的法律效果。《奥地利刑法典》也在总则第三章将没收与刑罚、预防性处分并列规定为犯罪的刑法后果。[①] 由于宣告没收不以有罪判决为前提，即使因为被告人逃匿、死亡或欠缺责任能力而无法被判处有罪，也不影响刑事没收的进行。而犯罪所得类似于不当得利，对犯罪所得的没收并非惩罚犯罪行为人的不法行为，而是对被犯罪行为扰乱的财产秩序进行干预，将由犯罪行为获取的不法利益从犯罪行为人手中再次夺走，因此犯罪所得的没收类似于民法上不当得利的返还，即属于一种“准不当得利返还请求的清偿措施”（quasikondiktionelle Ausgleichsmaßnahme）。[②]

当然，对没收犯罪所得的性质还可以根据没收本身的规定而作不同的理解。例如，1992 年之前的《德国刑法典》第 73 条以下规定对犯罪所得的没收采取的是纯利主义，即当时的《德国刑法典》用“财产利益”（Vermöegensvorteil）作为追缴客体，以纯利作为界定犯罪所得没收范围之依据。没收犯罪所得的标的限于作为不法行为的对价，或因实行不法行为所获得的财产利益。换言之，仅限于犯罪行为人、参与者或在特定条件下也包括第三人的纯获利（Nettogewinn）部分。所以，在计算时需要将实行犯罪行为的支出及成本从犯罪行为的整体收益（Gesamter1ös）中予以扣除。[③] 例如，毒贩为了购买毒品的花费（包括乘火车的费用）应从追缴客体中扣除。对于以纯利原则为基础所规范的没收犯罪所得制度，当时德国学界的多数见解认为其性质既非刑罚，也非保安处分，而是用以恢复利益归属原状之“准不当得利返还请求的清偿措施”。但 1992 年《德国刑法典》作了重大修改，改以总额原则作为计算没收犯罪所得范围的依据，即法律用中性词“某物”（etwas）代替了“财产利益”，法院不再考虑行为人为实施犯罪所承担的支出。按照联邦最高法院历来判决的观点，总额原则不同于纯利原则之处在于，计算没收时应以犯罪行为的整体收益为计算基础，而无须扣除成本及其他支出。一部分学者据此认为，法律的修改已使没收犯罪所得的规范目的及法律性质发生质变，即如果没收的范围超过了行为人的获利数额，针对犯罪人犯罪成本及其他支出部分的没收即具有刑罚的性质。[④] 但

---

① 《奥地利联邦共和国刑法典》，徐久生译，中国方正出版社 2004 年版，第 8~12 页。

② 参见［德］托马斯·伦纳：《德国的剥夺犯罪收益、剥夺利益及返还被害人》，［日］北尾仁宏、熊谷智大译，载《比较法学》第 50 卷第 2 号。

③ Wallschläger, Die strafrechtlichen Verfallsvorschriften: Eine rechtssys- tematische, verfassungsrechtliche und kriminalpolitische Analyse, 2002, S. 13.

④ 参见［德］汉斯·海因里希·耶赛克、托马斯·魏根特：《德国刑法教科书（总论）》，徐久生译，中国法制出版社 2001 年，第 954~956 页。

也有学者认为，犯罪所得的没收仍属于“准不当得利返还请求的清偿措施”。例如，立法者使用“某物”（etwas）一词，与《德国民法典》中关于不当得利规定的用词一致，可见立法者强化刑法与民法之间的关联性。而且，不当得利制度是为了弥补民事法领域中以责任为前提的损害赔偿制度的不足。因此，不当得利返还请求权的行使，原则上不以不当得利人有责任为前提，这与刑法没收犯罪所得不以有罪责之犯罪行为为必要相一致。①

对于上述理论分歧，德国联邦最高法院的见解则是，总额原则的采用并没有改变没收犯罪所得作为独立法律效果的性质，没有使其质变为类似刑罚或准刑罚的处置措施。首先，从德国刑法整体的规范体系来看，没收犯罪所得的规定与狭义没收共同构成独立的章节，并没有被归置于“刑罚”的篇章之内。其次，按照总额原则对于财产利益以外的部分进行没收，仅要求存在不法行为，无须以有责的犯罪行为为前提。再次，符合《德国刑法典》第73条第3款规定的要件时，也应该对第三人宣告没收。最后，采用总额原则确实会使行为人遭受经济上的损失，但没收犯罪所得的正当化基础在于对因先前不法行为而被非难的财产采取处置措施，并不涉及制裁或报应，因而不具有刑罚的属性。

此外，德国联邦宪法法院也认为，从立法修改时的各种立法资料来看，立法者显然并未意图通过修改没收犯罪所得的规定来谋求实现特定的处罚法律效果。立法者反而多次强调没收犯罪所得并非刑事制裁，而只是具有准不当得利性质的独立处置措施而已。换言之，修改法律的目的不在于施加作为刑罚的恶害，而是为了去除这些如果由犯罪行为人继续持有将诱使其再次实行其他犯罪行为的利益。因此，没收犯罪所得的目的，并不在于对当事人所实行的犯罪行为进行谴责，并进而对其施加报应式的惩罚，而在于谋求对财产进行规制及稳定规范。所以，德国联邦宪法法院认为没收犯罪所得规定的目的，并非在于谴责行为人所实行的犯罪行为，而在于消除违法状态，并避免该种违法状态继续延续。因此，通过这种预防性的立法，并未使没收犯罪所得产生刑罚制裁那样的效果，也不是为了彰显报应，而仅是恢复原本的秩序以实现正义。②

将没收犯罪所得视为独立的法律效果，还有一个非常实际的法律功效，即可以不受禁止溯及既往原则的限制。由于没收既非刑罚也不是保安处分，所以不必受到罪刑法定原则的约束，其时间效力由立法者自由决策，可以适用裁判时法（新法）。这也不违背法律的基本原则与精神，因为被没收者的财产原本就来路不正，不值得法律予以保护。而且通常行为人也会对违法所获取的财产采取隐瞒、掩饰等各种手段，可见其内心确信司法机关一定会追讨其不法所得，这种非法取得财产的状态不值得加以保

---

① Wallschläger, Die strafrechtlichen Verfallsvorschriften: Eine rechtssys- tematische, verfassungsrechtliche und kriminalpolitische Analyse, 2002, S. 36.

② 参见［德］托马斯·伦纳：《德国的剥夺犯罪收益、剥夺利益及返还被害人》，［日］北尾仁宏、熊谷智大译，载《比较法学》第50卷第2号。

护。仍以德国为例，《德国刑法剥夺财产法案》2017 年 4 月经国会通过、总统签署后，于 2017 年 7 月 1 日施行。考虑到新旧法一定会产生效力的问题，德国立法者放弃了 1975 年《德国刑法典》第 2 条第 5 款采用的没收从轻原则，而在立法理由中表态说，没收犯罪所得不具有刑罚性质，“没收依裁判时法”不抵触宪法明文规定的禁止溯及既往原则。因此，《德国刑法施行法》第 316 条 h 规定，新法具有溯及效力。

第二章　社会变迁与刑法理论的演进

第一节　资本主义的兴起与近代刑法理论的诞生

一、封建时代的刑法与刑法思想

刑法的历史源远流长，在世界上现存最早的成文法典《汉谟拉比法典》（公元前1700年左右）中就有大量刑法的内容。经过漫长的历史发展，由神圣罗马帝国皇帝查理五世于1532年下令制定的《加洛林纳刑法典》，集中世纪刑事司法思想之大成并将其成文化，成为当时欧洲最具代表性的法典。该法典有219个条文，其中大部分（142个条文）是关于刑事诉讼的规定，其余条文是关于刑法的规定。这些刑法条文强调国家对臣民的统治，带有浓厚的规范主义色彩。① 其内容除未遂罪、正当防卫、责任能力、过失等总则性规定之外，还规定了叛乱、渎神、背叛、纵火、抢劫、伪造货币、盗窃教会财产、施要巫术等个罪及其法定刑。该法典规定的刑罚非常残酷，死刑的执行方式有溺杀、绞首、斩首、火刑、车裂、活埋等，身体刑则包括割耳、切舌、断手断指、烙印等。该法典在实际运用时经过各邦法律的补充、修正，统治德意志长达2个世纪之久。

以《加洛林纳刑法典》中体现出的刑法思想为代表的封建制度下的刑法思想具有浓厚的神学的赎罪、伦理的报应色彩，刑法的目的在于一般威吓，即压制人们对于身份秩序的反抗，刑罚的执行是公开的。“（封建刑法）是基督教神学思想占绝对统治地位所导致的必然结果。为了维持现实的身份秩序、阶级秩序，神学的赎罪思想及伦理的报应主义思想同专断的一般威吓主义相结合，其影响甚至导致不合理的权威主义的纠问主义程序以及公开执行严酷的刑罚。”② “当时的刑法制度的特色可以列举为：（1）刑法与道德、宗教相结合（干涉性）；（2）因身份而作不平等的处理（不平等性）；（3）罪刑擅断主义（恣意性）；（4）苛酷的刑罚（苛酷性）。”③

① ［日］斋野彦弥：《基本讲义刑法总论》，新世社2007年版，第19页。

② ［日］中山研一：《刑法总论》，成文堂1982年版，第19页。

③ ［日］曾根威彦：《刑法总论》（第4版），有斐阁2008年版，第27页。

"其特征还可以再加上刑事程序中允许拷问。"①

二、资本主义的产生与启蒙刑法思想的萌芽

随着生产力的提高和商品经济的发展，14、15 世纪首先在地中海沿岸的威尼斯、佛罗伦萨等城市，随后在尼德兰、法国南部、莱茵河畔等地的一些城市出现了资本主义的萌芽。生产技术的进步推动了家庭手工业与农业的进一步分离，手工业成为独立的生产部门，手工业行业内部的分工也越来越细；社会经济结构也产生了变化，有特色的工业中心和农业区开始形成；自然经济逐步解体，商业和金融业日益兴盛，国内外市场不断形成和扩大。欧洲也由此开启了从封建社会向资本主义社会过渡的进程。

与社会的变迁相辅相成，启蒙运动在欧洲如火如荼地兴起。所谓启蒙，是指用理性对从前的思想与制度进行再检讨的批判的时代精神。当时西欧一些进步学者强烈批判中世纪的封建专制和教会权威，提出一系列要求自由与民主的思想理论，为此后的资产阶级革命奠定了思想基础。"以长远的眼光来看，在人类历史上或比法国革命更具意义的是影响和武装了那些领导或促成革命的人的智识运动：这就是所谓的'启蒙运动'"。② "启蒙运动的过程横跨整个 18 世纪，所以 18 世纪也被人们称为启蒙世纪。这个运动没有一个明确的组织核心，许多思想家都提出了不尽相同的主张，但是从本质上来说，这场思想革命的目的始终都是一致的。"③ 正如康德所说，"启蒙运动就是人类摆脱自己加之于自己的不成熟状态"。④ 启蒙运动的代表人物有格劳秀斯、霍布斯、洛克、孟德斯鸠、卢梭等。

启蒙思想"主要的观念是对传统权威和神学（尤其是宗教神学）体系的深刻怀疑，以及对人类理性力量和在人类福利上可作出无限进步的科学和技术知识的强烈信仰"。⑤ 归纳起来，启蒙思想有两大信条：第一，相信在物质的宇宙中存在自然法则，万物都受自然法则的支配，人类社会也受其支配。自然法则反映在人的头脑中，便是理性。理性是衡量一切的标准，凡是违理性的，都应予以反对。第二，相信人类过去充满了黑暗与愚昧，而人类未来则是一片光明。人类的进步是人类社会发展的规律。

"作为启蒙运动的收获之一，关于刑法和惩罚的基础、目标和标准的理论第一

---

① ［日］浅田和茂：《刑法总论》（补正版），成文堂 2007 年版，第 17 页。

② ［爱尔兰］J. M. 凯利：《西方法律思想简史》，王笑红译，法律出版社 2002 年版，第 240 页。

③ ［英］乔治·威尔斯、［美］卡尔顿·海斯：《全球通史》，李云哲译，中国友谊出版公司 2007 年版，第 327 页。

④ 转引自［德］埃里克·希尔根多夫：《德国刑法学——从传统到现代》，江溯等译，北京大学出版社 2015 年版，第 199 页。

⑤ ［爱尔兰］J. M. 凯利：《西方法律思想简史》，王笑红译，法律出版社 2002 年版，第 240 页。

次呈现了作为独立学科的面相。”① 在刑法问题上，启蒙思想家们提出了一系列有深远影响的见解。这些启蒙的刑法思想，其出发点在于追求刑法这一国家制度的合理的基础。因此：

1. 刑法必须与宗教相分离。刑法并非由来于神的意思，而是由社会契约所产生的国家所具有的合理的制度。孟德斯鸠指出：“人类制定的法律是我们行动的指导，所以应该是戒律，而不是劝说。宗教是我们内心的指导，所以是劝说多而戒律少。”② 可见他严格区分法律与宗教教规。

2. 刑罚的意义，不是报应，而是预防。格劳秀斯认为惩罚有三个目的：一是对罪犯的改造或矫治，二是对他人的警戒，三是对被害人的补偿。他同意柏拉图的观点，即正义施加惩罚并不是为了已经实施且无法挽回的邪恶行为，相反，它是要阻止相似的事情将来再次发生，即惩罚的目的并不是恢复原状而是作用于将来。格劳秀斯明确提出，惩罚的第一目的是改造。惩罚的目的就是使一个罪犯变成一个好人。除非为了得到某种好的结果，否则任何程度的痛苦都不能施加于他人的身上。仅仅出于满足憎恶感而实施的惩罚违反了自然法。③ 霍布斯也认为，刑罚的目的不是报复，而是“畏之以威”，使犯罪行为人知道犯罪要受到惩罚，从而能守法。

3. 国家刑罚权应受限制。国家的权力并非绝对，需要受到合理的限制，需要限制国家进行恣意的刑罚的权力。例如，洛克认为，既然刑罚权来源于全体公民让渡给国家的立法权，那么只有立法机关正式制定出来的、固定的，为人们普遍了解和同意的法律“才是是非、善恶的尺度”。国家必须以正式公布和被接受的法律来进行统治，法律对权贵和平民都应一视同仁，一律平等，不能例外。国家只能根据法律才能确定一个公民是否构成犯罪以及是否要受到刑罚和受什么刑罚处罚。如果国家法律没有规定某一种行为是犯罪，或者公民根本不知道这一行为是犯罪，那么国家就不能对他定罪处罚。④

三、古典刑法学派的形成

古典学派，又称为旧派，其中启蒙运动和资产阶级革命时期的旧派又被称为前期旧派或前期古典学派。⑤ 其代表人物有意大利的切萨雷·贝卡里亚（Cesare Bec-

---

① ［爱尔兰］J. M. 凯利：《西方法律思想简史》，王笑红译，法律出版社2002年版，第282页。

② ［法］孟德斯鸠：《论法的精神》（下），张雁深译，商务印书馆1982年版，第143页。

③ ［荷］格劳秀斯：《战争与和平法》，何勤华等译，上海人民出版社2005年版，第277～284页。

④ ［英］洛克：《政府论》（下篇），叶启芳、瞿菊农译，商务印书馆1983年版，第59页。

⑤ 显然，古典学派或旧派这一名称是相对于新派而言的，没有新派就没有“旧派”的称呼。意大利新派刑法学家菲利将从龙勃罗梭开始，与自己同类的观点称为新派、实证学派，而将自己所反对的，从贝卡里亚直至龙勃罗梭之前的见解称为旧派、古典学派。可见，新、旧派这一名称实质上起源于意大利。

caria，1738—1794）、德国的费尔巴哈（Paul Johann Anselm Feuerbach，1775—1833）、英国的边沁（Jeremy Bentham，1748—1832）等。

贝卡里亚是意大利著名刑法学家，古典刑事学派的创始人，代表作为《论犯罪与刑罚》。“近代刑法的基本思想，通过1764年匿名发表的一本小册子而在世界上广泛传播，这便是意大利的贝卡里亚所发表的《论犯罪与刑罚》一书。”[①] 书中贝卡里亚对旧制度激烈的批判，成为法国大革命的起因之一，而1791年的《法国刑法典》则较为集中地反映了贝卡里亚的思想。

贝卡里亚针对封建刑法的干涉性、恣意性、身份性和残酷性，提出了自己适应时代要求的进步的刑法理论。（1）反干涉性——刑罚权的根据在于社会契约论。贝卡里亚将刑罚权的根据置于社会契约论之上。“人们牺牲一部分自由是为了平安无扰地享受剩下的那份自由。为了切身利益而牺牲的这一份份自由总合起来，就形成了一个国家的君权。君权就是这一份份自由的合法保存者和管理者。”[②] “每个人都希望交给公共保存的那份自由尽量少些，只要足以让别人保护自己就行了。这一份份最少量自由的结晶形成惩罚权。一切额外的东西都是擅权，而不是公正，是杜撰而不是权利。如果刑罚超过了保护集存的公共利益这一需要，它本质上就是不公正的。刑罚越公正，君主为臣民保留的安全就越神圣不可侵犯，留给臣民的自由就越多。”[③]（2）反恣意性——罪刑法定主义。贝卡里亚认为，只有法律才能规定犯罪与刑罚，只有代表根据社会契约而联合起来的整个社会的立法者才拥有这一权威，任何司法官员都不能自命公正地对该社会的另一成员科处刑罚。法律条文应当明确和公开。“了解和掌握神圣法典的人越多，犯罪就越少。因为对刑罚的无知和刑罚的捉摸不定，无疑会帮助欲望强词夺理。”对法律的解释是一种弊端，而条文不明确的含混的法律是另一个弊端。如果“法律是用一种人民所不了解的语言写成的，这就使人民处于对少数法律解释者的依赖地位，而无从掌握自己的自由，或处置自己的命运”。[④]（3）反身份性——刑罚平等原则。凡法律上规定的对犯罪的刑罚，对任何犯罪的人，都必须平等地不可避免地适用。刑罚不能因身份不同而异，也不得用司法权以外的权力来妨碍司法权的正确行使。[⑤]（4）反残酷性——刑罚人道主义。贝卡里亚指出，“即使严酷的刑罚的确不是在直接与公共福利及预防犯罪的宗旨相对抗，而只是徒劳无功而已”，它也“违背了开明理性所萌发的善良美德”，“违背了公正和社会契约的本质”；历史上任何最新的酷刑都从未使决心侵犯社会的人们回心转意；对人类心灵发生较大影响的，不是刑罚的强烈性，而是刑罚的延续性。

---

① ［日］山中敬一：《刑法总论》（第3版），成文堂2015年版，第25页。

② ［意］贝卡里亚：《论犯罪与刑罚》，黄风译，中国大百科全书出版社1993年版，第8页。

③ ［意］贝卡里亚：《论犯罪与刑罚》，黄风译，中国大百科全书出版社1993年版，第9页。

④ ［意］贝卡里亚：《论犯罪与刑罚》，黄风译，中国大百科全书出版社1993年版，第15页。

⑤ ［意］贝卡里亚：《论犯罪与刑罚》，黄风译，中国大百科全书出版社1993年版，第72~74页。

一种正确的刑罚，它的强度只要足以阻止人们犯罪就够了。用死刑来向人们证明法律的严峻是没有益处的；为了阻止公民成为杀人犯，而安排一个公共的杀人犯，这是一种荒谬的现象。（5）反报应性——双重预防的刑罚思想。贝卡里亚反对报应性，他认为“刑罚的目的既不是要摧残折磨一个感知者，也不是要消除业已犯下的罪行……刑罚的目的仅仅在于：阻止罪犯再重新侵害公民，并规诫其他人不要重蹈覆辙”。①

费尔巴哈是刑事古典学派的重要代表，被西方刑法学者誉为“近代刑法学之父”。他从自由主义刑法的观点（社会契约论）出发，以个人的合理的行动为基础（功利主义），坚守人格的尊严（康德哲学），展开一般预防论。（1）心理强制说。在费尔巴哈看来，正是追求在犯罪时获得快乐的感性冲动促使人犯罪的。为了防止犯罪，就需要防止、抑制人的这种感性冲动，即科处作为害恶的刑罚，并使人们预先知道因犯罪而受刑的痛苦要大于因犯罪所能得到的快乐，才能抑制其在心理上萌生犯罪的意念。这就是费尔巴哈著名的“心理强制说”或“心理强制主义”，它是费尔巴哈刑法理论的核心，不仅是他所主张的罪刑法定主义的理论基础，也是他所主张的犯罪原因论、权利侵害说以及刑罚本质论、刑罚目的论的理论基础。因此，有的学者称他的学说为心理强制主义的刑法学说。②（2）罪刑法定主义。费尔巴哈认为：“如果没有法律所确定的刑罚就不应当存在犯罪。换言之，刑罚的苦痛是以犯罪为条件的。”“没有犯罪就不应当存在法律所规定的刑罚。换言之，刑罚的条件（必然的根据），只在于犯罪。”③ 费尔巴哈在1801年的教科书中，用拉丁语以简明的法谚形式对罪刑法定主义作了表述。这就是至今仍脍炙人口的如下三项原则，即无法律则无刑罚（Nulla poena sine lege）、无犯罪则无刑罚（Nulla poena sine crime）、无法律规定的刑罚则无犯罪（Nullum crimen sine poena legali）。（3）权利侵害说。费尔巴哈指出，犯罪是对权利的侵害，权利侵害是费尔巴哈犯罪概念的核心。费尔巴哈认为：“侵害由国家契约所保障，并由罚则所确保之自由者，就是犯罪人。因此，犯罪就是包含于罚则中的加害行为，也就是罚则中所规定的反对他人权利的行为。”④（4）主张确定的刑罚概念。费尔巴哈认为，刑罚要排斥不确定的未来，以确定的过去的行为作为本质。他认为：“实施处罚最大的根据在于过去所实施的违反法律的行为。因此，为了未来的作为或者不作为而对主体所施加的苦痛不是刑罚的特质。”⑤

边沁，英国法学家、哲学家、功利主义学说创始人。1789年，边沁出版了《道德和立法原则导论》，1802年出版了《立法理论》，这些著作使他获得世界性的声

---

① ［意］贝卡里亚：《论犯罪与刑罚》，黄风译，中国大百科全书出版社1993年版，第42页。

② ［日］正田满三郎：《刑法体系总论》，良书普及会1979年版，第11页。

③ ［日］庄子邦雄：《近代刑法思想史研究》，NTT出版1994年版，第29页。

④ ［日］西村克彦译：《近代刑法的遗产》（中），信山社1998年版，第58页。

⑤ ［日］庄子邦雄：《近代刑法思想史研究》，NTT出版1994年版，第24页。

誉。边沁主张功利主义，并以此为指导，系统阐述他的刑法观点。（1）刑法谦抑。边沁认为不能无限制地适用刑罚。他将不应适用刑罚的案件归纳为四类：第一，滥用之刑；第二，无效之刑；第三，过分之刑；第四，昂贵之刑。[①]（2）罪刑相称。边沁认为孟德斯鸠和贝卡里亚虽然提出了罪刑相称原则，但没有进行解释。为了弥补这一缺憾，他提出了计算这个原则的五个规则："第一个规则——刑罚之苦必须超过犯罪之利……第二个规则——刑罚的确定性越小，其严厉性就应该越大……第三个规则——当两个罪行相联系时，严重之罪应适用严厉之刑，从而使罪犯有可能在较轻阶段停止犯罪……第四个规则——罪行越重，适用严厉之刑以减少其发生的理由就越充足……第五个规则——不应该对所有罪犯的相同之罪适用相同之刑，必须对可能影响感情的某些情节给予考虑。"[②] 这样，罪刑相称原则进一步具体化了。（3）预防主义。边沁认为："惩罚的首要目的是防止发生类似的犯罪。过去发生的毕竟只有一个行为，而未来则未可限量。已经实施的犯罪仅涉及某一个人，类似的犯罪将可能影响整个社会。"[③] 边沁从预防方法的直接方法、间接方法等角度多方面地论述了对犯罪的预防，提出了系统的预防犯罪理论。边沁的预防主义，兼含一般预防和特殊预防。

在资本主义产生时期所形成的前期古典学派刑法理论的主要特色有：（1）确立罪刑法定主义；（2）区分刑法与宗教道德；（3）一般预防的目的刑论；（4）以犯罪和刑罚相均衡为必要的相对报应刑论；（5）客观主义犯罪论。这种刑法理论强调个人的权利与自由，明确划分国家权力的界限，在这个意义上，其是以个人主义与自由主义为基本思想的。

这种前期古典学派的刑法理论保障根据具有合理的预测能力的平等的同质的个人的预测可能性进行合理的计算、选择的活动自由，以最大多数的人的最大幸福的实现作为前提，反映了处在上升期的资本主义社会的构造。因此，当这种前提崩溃的时候，原样地维持这种理论就十分困难。但是前期古典学派刑法理论是在与绝对权力作斗争的过程中所产生的近代刑法理论，在历史上起了极其重要的作用。此外，认为刑法具有从国家权力中保护个人的权利、自由的人权保障机能，使这种基本理论本身就具有超越时代的意义。[④]

---

① ［英］吉米·边沁：《立法理论》，李贵芳等译，中国人民公安大学出版社 2004 年版，第 373～374 页。

② ［英］吉米·边沁：《立法理论》，李贵芳等译，中国人民公安大学出版社 2004 年版，第 376～378 页。

③ ［英］吉米·边沁：《立法理论》，李贵芳等译，中国人民公安大学出版社 2004 年版，第 322 页。

④ ［日］内藤谦：《刑法原论》，岩波书店 1997 年版，第 66 页。

第二节　资本主义的发展与刑法中的学派之争

一、19 世纪末资本主义社会的变化

19 世纪中后期，资本主义制度在世界范围内得以确立，自然科学也由此取得巨大进展。在 19 世纪下半叶，“主宰英国的培根哲学的狭隘精神、主宰德国的自然哲学的含糊性在本世纪前几十年中已让位于法国拉瓦锡、蒙日、拉普拉斯和居维叶等人教导的比较广阔也比较严格的方法”。[①] “人们将会公认，与别的时代相比，科学精神是本世纪思想的一个突出特征。实际上，有些人可能倾向于把科学看作是这个时代的主要特征。因此，本世纪可以恰当地称为科学的世纪。”[②] 19 世纪的科学发展与实验和应用技术的发展紧密连接，西方科学界力图基于机械世界观的经典力学解释模式，全面践行近代科学精神。

科学的发展带来了工业的巨大进步。以电力为主要标志的第二次工业革命，揭开了人类物质生产史上新的一页，加剧了资本积聚和集中的过程，带来了世界经济结构的变化和社会生产关系的变化。电力时代取代了蒸汽时代；“钢铁时代”代替了“纺织时代”；内燃机的发明和应用，使交通运输上的革命有了实现的可能；有机合成化学工业的兴起改变了人类的生活方式。这些新的工业技术要求产生大规模的企业，并使人口集中于广大的城市区域内。同时，新技术导致的生产过剩危机又加速了企业之间的兼并，因此导致了康采恩、托拉斯、卡特尔等垄断组织的形成。垄断企业使得工人集中于工厂，而工厂则集中于工业化城镇地区。另外，大量的殖民地使得海外廉价食品大规模进口，从而导致了农业危机。而农业危机又成为农村人口加速涌入城市的重要因素。结果是发生了历史上任何时代都未有的社会状况的巨变。大量增加的人口全都被城市所吸收，大都市大量出现，由此开始了世界城市化的进程。以法国为例，1830—1850 年每年有 4—5 万人离开农村，1886—1895 年每年平均达 11 万人，1896—1901 年每年平均达 13 万人。[③] 农村人口大规模进入城市，使得法国城市人口迅速膨胀，城市化进程不断加快。“1876 年乡村人口占全国人口的 67.6%，1896 年占 60.9%，1906 年占 57.9%。”[④] 德国亦是如此，随着工业化的进行，城市人口急剧增加。根据 1882 年的统计，德国有 42.5%的人口从事农、林、渔业，35.5%的人口从事工业，其他从事第三产业。到 1907 年，从事工业的人

---

① ［英］梅尔茨：《十九世纪欧洲思想史：第 1 卷》，周昌忠译，商务印书馆 1999 年版，第 255 页。

② ［英］梅尔茨：《十九世纪欧洲思想史：第 1 卷》，周昌忠译，商务印书馆 1999 年版，第 79 页。

③ 参见马生祥：《法国现代化（下）》，河北人民出版社 2004 年版，第 901~902 页。

④ ［英］克拉潘：《1815—1914 年法国和德国的经济发展》，傅梦弼译，商务印书馆 1965 年版，第 186 页。

口达 42.8%，从事农业的人口只剩下 28.6%，从事商业和运输业的人口为 13.4%。柏林 1870 年的人口为 91.9 万，1910 年达 210 万，包括城郊共 370 万。1871 年德国有 8 个城市人口达 10 万，1910 年这样的城市已有 18 个，其间，人口从 2 万增加到 10 万的城市，从 75 个增加到 223 个。[①]

快速发展的工业化与城市化，使得田园牧歌式的传统社会开始崩溃，平等的市民社会的秩序开始解体，失业、贫困等社会问题日趋严重。这导致了犯罪的急剧增多，特别是累犯、常习犯与少年犯罪大量增加，给社会治理提出了新的挑战。“现代化的进程发展给过去和现在各方面极不相同的国家带来共同的犯罪情况，犯罪是现代化进程中的一种代价，城市化和工业化是导致犯罪增加的主要原因。”[②]

二、近代学派的兴起

社会的急剧变革动摇了古典学派的国家观念，福利国家、预防国家取代了自由主义国家成为人们理想的国家形象。以自由主义的国家观为基础，认为犯罪产生于人的自由意思与理性的古典学派的刑法理论，无法应对犯罪激增的这种现实。另外，自然科学技术的迅速发展，使社会科学中也产生了以物理学、生物学为榜样，探求社会现象与社会进化的规律性的理论（社会进化论）。由此，刑法学中的近代学派（新派）应运而生。在新派看来，犯罪不是理性的人基于自由意思所实施，而是根据由素质与环境所决定的因果法则所产生的社会现象。因此，要预防犯罪，科学地解明犯罪原因以及科学地采取预防对策才是有效的手段。刑罚也应当在科学知识的指导之下追求犯罪预防的目的。

近代学派（新派），包括刑事人类学派与刑事社会学派。其中，刑事人类学派的代表人物有切萨雷·龙勃罗梭（Cesare Lombroso，1835—1909）和拉斐尔·加罗法洛（Rattaele Garofalo，1852—1934）。刑事社会学派的代表人物有恩里科·菲利（Fnrico Ferri，1856—1929）和冯·李斯特（Franz v. Lisit，1851—1919）。

近代学派（新派）的主要研究特点是：第一，实证的研究方法。龙勃罗梭将实证的、归纳的方法引入犯罪研究领域，通过将正常人与精神病人进行对比的方法，直接对犯罪人进行体质和心理方面的研究，在方法论上具有革命性意义。他也因此被尊称为“近代犯罪学之父”。加罗法洛批评古典学派的刑事学家们满足于抽象的理论而缺乏实验的研究，强调自己理论工作的“目的是在研究犯罪现象的科学中引入这种实验的方法”，[③] 菲利“不断宣称‘实验的’即通过调查推导的方法是唯一能够创造一个国家聪明地处理犯罪问题的知识的方法”[④]，认为“实证方法是获得知

---

① 姜德昌：《农业改革与德国的工业化》，载《史学集刊》1990 年第 3 期。

② ［美］路易斯·谢利：《犯罪与现代化》，何秉松译，中信出版社 2002 年版，第 67 页。

③ ［意］加罗法洛：《犯罪学》，耿伟、王新译，中国大百科全书出版社 1996 年版，第 6 页。

④ ［意］恩里科·菲利：《实证派犯罪学》，郭建安译，中国人民公安大学出版社 2004 年版，第 5 页。

识的钥匙”。[①] 第二，以罪犯为研究对象。古典学派研究的是抽象的“犯罪”，而近代学派研究的则是具体的“罪犯”。其中龙勃罗梭、加罗法洛偏重于对罪犯的人类学研究，菲利和李斯特则更侧重于社会学的研究。龙勃罗梭认为世界上存在生来犯罪之人，该种犯罪人具有生来就要犯罪的命运，是人类学上的一类变种（犯罪人类）。犯罪人具有与常人不同的身体与精神的特征。犯罪人是向野蛮人返祖（隔世遗传）的人或者是蜕化者。菲利也认为“在研究和理解犯罪之前，必须首先了解犯罪人”。[②] 在龙勃罗梭的影响下，菲利长期将犯罪人分为 5 类：一是生来性犯罪人或本能性犯罪人，二是精神病犯罪人，三是激情犯罪人，四是偶然性犯罪人，五是习惯性犯罪人。到了晚年，菲利又加上了第六类犯罪人，即过失犯。第三，重视对犯罪原因的研究。龙勃罗梭一生致力于对犯罪原因的研究。他从人类学的视角来研究犯罪人，认为“无论从统计学的角度看，还是从人类学的角度看，犯罪都是一种自然现象；用某些哲学家的理论说，同出生、死亡、妊娠一样，是一种必然的现象”。[③] 菲利将犯罪原因分为人类学因素、自然因素与社会因素，他指出：“无论哪种情况，从最轻微的到最残忍的，都不外乎是犯罪者的生理状态，其所处的自然条件和其出生、生活或工作于其中的社会环境三种因素相互作用的结果。”[④] 菲利强调犯罪是上述三种因素的“综合作用”，反对仅用其中某一种因素去解释犯罪。李斯特认为，犯罪原因应是二元的，即社会因素和个人因素。“任何一个具体犯罪的产生均由两个方面的因素共同使然，一个是犯罪人的个人因素，一个是犯罪人的外界的、社会的，尤其是经济的因素。”[⑤] 在理解犯罪原因时，李斯特将社会的原因优先予以考虑。第四，社会防卫的犯罪对策。龙勃罗梭反对对犯罪人进行道德上的归责。他用类比的方式指出，野兽吞噬人无论是出于邪恶的本性还是受自己生理机制的驱使，都不会妨碍人们杀死或禁锢该野兽。因此，只有依据防卫的权利人们才能对精神病人进行隔离。“以防卫必要性为依据的刑法理论才使自己较少地陷于矛盾之中。”[⑥] 菲利指出，“为了社会防卫的目的，我们必须求助于最有效的替代手段……我称这些间接的防卫手段为刑罚的替代措施”。作为刑罚的替代措施，菲利列举了经济领域、政治领域、科学领域、立法和行政领域、教育领域等的具体社会政策、福利政策。菲利认为，传统的刑罚是不够的，对行为人应科处作为对其“危险性”处置的“制裁”。李斯特积极提倡保安处分，他事实上采用了区分刑罚与保安处分

---

① ［意］恩里科·菲利：《实证派犯罪学》，郭建安译，中国人民公安大学出版社 2004 年版，第 27 页。

② ［意］恩里科·菲利：《实证派犯罪学》，郭建安译，中国人民公安大学出版社 2004 年版，第 127 页。

③ ［意］切萨雷·龙勃罗梭：《犯罪人论》，黄风译，中国法制出版社 2000 年版，第 319 页。

④ ［意］恩里科·菲利：《实证派犯罪学》，郭建安译，中国人民公安大学出版社 2004 年版，第 159 页。

⑤ ［德］李斯特：《德国刑法教科书》，徐久生译，法律出版社 2006 年版，第 12 页。

⑥ ［意］切萨雷·龙勃罗梭：《犯罪人论》，黄风译，中国法制出版社 2000 年版，第 323 页。

的二元论，认为刑罚是指“刑事法官根据现行法律就犯罪人的犯罪行为而给予犯罪人的痛苦（Uebel），以表达社会对行为及行为人的否定评价”。① 保安处分则“是指这样一些国家处分，其目的要么是将具体之个人适应社会（教育性或矫正性处分），要么是使不能适应社会者从社会中被剔除（狭义的防卫性或保安性处分）”。②

近代学派的基本思想可以概括如下：

1. 应当受处罚的不是行为而是行为人的危险性格（主观主义或行为人主义）；责任就是具有社会危险性的人处于应当承担社会防卫处分的地位（社会责任论）；犯罪行为虽然是处罚的要件，但它只是认识犯罪人的反社会性的一个资料而已（犯罪征表说）。

2. 刑罚不是报应，而是改造与教育，刑罚的目的必须是矫正行为人的反社会性，使其重返社会（目的刑主义）。刑罚的主要目的是矫正犯人的危险性格，因此刑罚和保安处分之间没有本质区别（一元主义）。

3. 刑罚是改造犯人，使其将来不再犯罪的手段（特别预防主义），费尔巴哈等人主张的对一般人的刑罚的预防效果（一般预防），不是刑罚的直接目的。以特别预防论为基础，从防卫社会的立场出发，建立刑法学的体系。

三、后期古典学派的坚持

在19世纪后半期这个混沌与分裂的时代，一部分学者尤其是德国的学者认为，与个人的理性相比，人们更寻求超越个人的民族精神，而民族精神来源于民族的历史。国家由民族发展而来，个人正因为属于其国家及民族才能享受自由。在这种时代精神下展开的国家主义与自由主义混合的，思辨的、哲学的刑法思想，就是后期旧派的刑法思想。③

为后期古典学派提供哲学根据的主要是康德和黑格尔。后期古典学派的主要代表人物则有德国的宾丁（Karl Binding，1841—1920）、比克迈尔（Karl von Birkmeyer，1847—1920）、贝林（Ernst Beling，1866—1932）、M. E. 迈尔（Max Ernst Mayer，1875—1923）等。

后期古典学派的基本思想有：（1）意思自由论；（2）犯罪现实说（犯罪是自由意思的外部的实现，具有现实的意义）；（3）行为主义（应当处罚的是各个犯罪行为）；（4）客观主义犯罪论（重视行为外部的侧面与行为的结果）；（5）道义责任论（将责任的基础求之于犯罪行为中恶的意思，由于行为人是基于自由意思而实施行为，因而可以对行为人进行道义上的非难）；（6）道义的报应理论（在承认上述道义的责任的基础上，对犯罪者科处与其犯罪行为相均衡的作为道义报应的刑罚）；（7）一般预防论（通过对犯罪者施加作为报应的刑罚，能够预防社会上一般人的犯

---

① ［德］李斯特：《德国刑法教科书》，徐久生译，法律出版社2006年版，第401页。

② ［德］李斯特：《德国刑法教科书》，徐久生译，法律出版社2006年版，第402页。

③ ［日］山中敬一：《刑法总论》（第3版），成文堂2015年版，第28页。

罪)；(8) 法秩序维持论 (刑罚能够维持国家的法秩序)。①

后期古典学派强调犯罪与刑罚的均衡，以客观主义的立场建构犯罪论，这反映了德意志第二帝国的自由主义的侧面。但后期古典学派认为，刑罚作为对具有道义责任的行为所科处的道义的报应，其本身是具有意义的，这种意义即在于显示国家在道义上的优越性，也就是显示国家的权威。这又反映了德意志第二帝国的国家主义、权威主义的侧面。后期古典学派的这两个侧面，反映了德意志第二帝国“作为官宪国家与法治国家的一种独特的混合形态”的特征，即强大的国家与市民在一定范围内活动的自由并存的实态。②

四、学派之争

(一) 德国的学派之争

从19世纪末到20世纪初，德国近代学派的学者对于古典学派的刑法理论进行了尖锐的批评，而后期古典学派的学者也展开了激烈的反驳。理论上将这一段争论的历史称为刑法学中的“学派之争”。

德国学派之争中新派的代表人物是李斯特，学派之争的序幕也始于他1882年在马尔堡大学作的题为“刑法的目的观念”的演讲。在该次演讲中，李斯特从目的刑、保护刑的立场对当时支配德国刑法学界的旧派的报应刑理论进行了激烈的批判。对于李斯特的批判，当时德国许多著名的旧派学者都持着沉默或者无视的态度。宾丁虽就李斯特对他所著的《刑法手册》提出的批判进行了激烈的反批判，但其论争主要是围绕着法益概念和行为概念所进行的，并未涉及一般意义上的学派论争。只有比克迈尔挺身而出，从拥护旧派刑法学的立场，就犯罪论与刑罚论的诸多本质问题与李斯特展开辩论。因此，德国学派之争的核心可以说是李斯特与比克迈尔之间的争论。

20世纪初期，学派之争达到最激烈的程度。围绕着《德国刑法典》的修改，旧派诸学者与新派诸学者之间产生了巨大的意见分歧。比克迈尔与李斯特的对立也在这次刑法典修正中得到了淋漓尽致的反映。1901年2月，比克迈尔在其就职的慕尼黑大学法学会上发表了专门的演讲，表示在刑事立法上绝不能允许旧派与新派进行理论上的妥协。而李斯特则在次年即1902年9月第26次德国法学家大会上，作了“应基于什么原理进行刑法典的修改”的专题报告，认为科学不允许妥协，而立法则必须进行妥协。在李斯特的这一态度的鼓励下，身为旧派学者的卡尔 (Wilhelm Karl, 1849—1932) 提出了一个议案，认为为了推进刑法的修改工作，有必要对学派论争进行某种程度的自制。李斯特欣然地接受了这一提议。相反，比克迈尔则认为这种提案是对祖国的犯罪，也是对自己学派的背叛，而坚决予以反对。比克迈尔的这种态度，既反映出他对自己立场的自信，同时也折射出在当时的刑法学界，旧

---

① ［日］内藤谦：《刑法原论》，岩波书店1997年版，第68页。

② ［日］内藤谦：《刑法原论》，岩波书店1997年版，第69页。

派的势力占据上风这一客观事实。

比克迈尔与李斯特的分歧在 1905 年、1906 年慕尼黑大学的演讲中得到了更充分和具体的体现。1905 年 12 月，当时任职于柏林大学的李斯特应邀前往慕尼黑大学法学会作了题为“报应刑与保护刑”的演讲，他分析、批判了比克迈尔刑罚理论的主要观点，认为新、旧两派实质上有可能进行妥协。而比克迈尔则于 1906 年 1 月在同一法学会作了题为“保护刑和报应刑”的演讲，反驳了李斯特的观点，认为新、旧两派不可能妥协。如果采用新派的刑法理论的话，无异于刑法自身的灭绝。

此后，1907 年，比克迈尔出版了名为《李斯特在刑法中还剩下什么》的著作，对李斯特的主张进行了彻底的批判。比克迈尔认为，如果否定意思的自由，那么刑法就丧失了存在基础，因此李斯特观点的结论必然是刑法的解体。1908 年，比克迈尔又与他人一起编撰有关批判刑法修改工作的论文集，并得到了以贝林为首的诸多旧派学者的支持，进而形成了一套批判新派、反映旧派刑法思想的丛书。比克迈尔自己也撰写了《对“应受处罚的不是行为而是行为人”这一刑法近代方向、原则的研究》一书，再次对李斯特的立场进行责难。

与此相应，李斯特在 1907 年发表了题为《有关刑法近代倾向的比克迈尔的警告》的论文，认为比克迈尔对自己的批判都失之偏颇，是对自己立场的不正确理解，从而表示希望两派能够妥协。许多拥护李斯特立场的新派学者也纷纷发表论文对以比克迈尔为代表的旧派观点进行指责，尤其是哥本哈根大学的托尔普（Torp）教授公开发表了题为《比克迈尔对李斯特》的论文，对比克迈尔进行了激烈的指责并表现出强烈的个人感情。此后，学派之争不时出现情绪化的倾向。

对于新派的批评，比克迈尔于 1908 年在《德国刑法讲义纲要》（第 7 版）附录中进行了反批判，尤其是对托尔普以谩骂的态度进行学术论争作了指责。

新、旧两派在进行学术论争时，也都建立了自己的学术阵地。李斯特所创立的《整体刑法学杂志》事实上成为新派的舆论阵地，而旧派学者则将早已存在的《法庭》杂志作为自己的机关杂志。此外，李斯特和普林斯、哈麦尔一起设立的国际刑事法协会，虽然也包含不少旧派学者，但在推进新派刑法理论的工作上发挥了很大的作用。第一次世界大战后，国际刑事法协会失去了国际性联络的能力，但其德国分会仍然存在，继续发挥重要的影响力。而旧派学者在一战后的 1925 年也另外成立了德国刑法协会，与新派组织相抗衡。

近代学派与古典学派在诸多方面存在对立，概言之，主要有以下几方面：

1. 意思自由论对意思决定论。古典学派认为人只要达到一定年龄并精神正常，就会具有为善避恶的自由意思。行为人明知犯罪是恶，仍然实施该行为，所以犯罪也是出于自由意思。与此相对，近代学派则认为世界上任何事物都受因果法则的支配，犯罪现象也不例外。犯罪是由素质和环境所决定的宿命的存在，认为人们可以对行为作出自由选择纯属幻想，因而主张意思决定论。

2. 道义的责任论对社会的责任论。由于古典学派认为人具有自由意思，能够在善恶之间作出选择，所以能够选择为善却为恶的犯罪人在道德上负有责任，即可以在道德上对行为人进行非难。近代学派反对古典学派的道义责任论，认为犯罪人之所以要负担刑事责任，不是由于应在道义上对他加以谴责，而是为了防卫社会的需要。在近代学派看来，所谓责任，是对社会有危险的人被社会科处作为社会防卫手段的刑罚的法律地位。

3. 客观主义对主观主义。古典学派认为，犯罪的大小轻重应依所实施的犯罪行为（客观的事实）的大小轻重而定，刑罚也应依此来科处。因此，犯罪的客观行为在认定犯罪上具有重要的现实意义。与此相反，根据近代学派的刑法理论，应当受到处罚的不是行为而是行为人，因此刑罚的轻重应与行为人的社会危险性大小相适应。如果将这种理论彻底化，那么只要能够识别行为人的社会危险性，无须行为人实际实施犯罪行为，就可以对其采取制裁措施。但这种理论容易导致侵犯人权之结果。因而，较多的新派学者仍然认为只有行为人实施了犯罪行为，才能认定为犯罪。但这种行为只是具有征表犯人的危险性的意义，而不是犯罪的本质要素。这便是新派的主观主义。

4. 报应刑论对目的刑论。报应刑论认为刑罚的本质是报应，即对过去所实施的一定的恶行（恶因）的反作用（恶果）。与此相反，新派认为刑罚完全是针对将来的犯罪，是防卫社会的手段，因而刑罚具有教化、改善犯罪人的目的。

（二）日本的学派之争

学派之争起源于德国，但并不局限于德国。“虽然时间有先后，炽烈程度有差别，但学派之争可以说是一个世界性的现象。”① 在德国之外的地区，犹以东亚的日本论争最为激烈，这种论争也对中国刑法理论的发展有相当大的影响。

日本的学派之争，在某种意义上是德国学派之争的延续。由于日本属于后发国家，其近代化初期的刑法理论几乎完全照搬欧洲国家的刑法理论。因而在日本，新派、后期旧派、前期旧派几乎同时展开其理论论述。而且，日本学派之争的时期，也正是日本天皇制国家形成和确立的时期，这是日本学派之争的特色和背景。

日本1882年的旧刑法以1810年《法国刑法典》为母本，其主要起草者波索纳德（Gustave Emile Boissonade，1825—1910）积极支持对前期旧派刑法理论进行修正的法国折中主义刑法理论，因而日本旧刑法也带有浓厚的折中主义色彩。折中主义的刑法理论，主张将报应思想与功利主义相结合。师从波索纳德的日本学者宫城浩藏（1850—1894）、井上操（1847—1905）博士积极宣扬波索纳德的刑法思想，使得明治初期的日本刑法理论受到法国折中主义刑法理论的强烈影响。

进入明治二十年（1887年）以后，随着日本传统社会的解体，犯罪率激增。以此为背景，一部分日本学者对旧刑法及作为其理论基础的折中主义刑法理论开始表现出怀疑的态度，认为折中主义的刑法理论不能有效预防日益增加的犯罪。率先批判旧刑法的是富井政章（1858—1935），而首先在日本介绍学派之争并积极推广新派思想的是胜本勘三郎（1866—1923）。在此后的学派之争中，代表新派刑法学的

① ［日］大塚仁：《刑法中的新旧两派理论》，日本评论社1957年版，第23页。

是牧野英一（1878—1970），此外还有宫本英脩（1882—1944）、木村龟二（1897—1972）。初期代表旧派刑法学的是大场茂马（1869—1920），此后小野清一郎（1891—1986）与泷川幸辰（1891—1962）成为旧派的代表。

日本新、旧两派主要是围绕是否主张罪刑法定主义、在犯罪论上是主观主义还是客观主义、在刑罚论上是围绕着教育刑论还是报应刑论而展开的。不过囿于所处的时代背景，两派观点并非都是绝对对立的，如牧野英一和小野清一郎都对罪刑法定主义持怀疑态度，都不反对类推解释；又如牧野英一主张教育刑的目的刑论，而小野清一郎和泷川幸辰虽然持报应刑论，但并不反对刑罚的目的。

综合日本学者的观点，与西欧刑法学派之争相比，日本的刑法学派之争具有如下几个特点：（1）在日本，新派的见解最早出现，而旧派的主张登场较迟，这与西欧诸国的顺序恰恰相反。（2）在日本，新派的其势力与德国新派势力相比强而有力，而且其理论也应当说比较彻底。（3）在日本，旧派的见解与西欧旧派的见解相比，对新派理论有不少妥协，可以说增加了折中的色彩。[①]（4）日本的学派之争是在近代天皇制国家及明治宪法的背景下展开的，因而无论是新派还是后期古典学派都表现出浓厚的国家主义、权威主义的色彩。[②]

五、学派之争的扬弃

学派之争到了20世纪20年代以后逐渐平息，其平息的主要原因有以下几点：

（一）两派对自身理论弱点的客观认识

学派之争所反映出的哲学的刑罚思想与科学主义的刑罚思想的对立，在两派中都有纲领化、观念化的倾向，因而都脱离了社会现实。

首先，古典学派的绝对报应刑过于观念化。当社会面临犯罪的威胁时，无法对预防犯罪起作用的刑罚既不功利也不合理，绝对的报应刑脱离了预防犯罪这一实践的目的，因而是脱离实际的。古典学派的刑罚论，以国家道义的优越性为前提，不符合自由主义、民主主义的国家体制。如果承认作为古典学派理论前提的形而上学的自由意思，就会丧失科学地解明犯罪这一人类行为起因的机会，妨碍科学的犯罪预防战略的发达。

其次，近代学派的犯罪观与刑罚观认为，犯罪原因在于犯罪行为者的性格，即在于生物学、社会学的因素。犯罪预防就在于除去这些导致犯罪的原因，它们并不将犯罪行为与刑罚（处分）之间的比例与均衡作为理论上的问题加以研究。根据这种纯粹的社会防卫论，处分的有无与轻重是与行为责任相对立的。即使没有犯罪的实行行为，只要有实施犯罪的危险性格，就可以成为刑事处分的对象。这意味着可以超越行为者所造成的法益侵害及应负责任而科处刑事制裁，从而使刑事制裁失去了客观的标准。这种刑事制裁的构想，违反了法治国家原理与自由主义，欠缺对人

① ［日］大塚仁：《刑法中的新旧两派理论》，日本评论社1957年版，第59~61页。

② ［日］内藤谦：《刑法原论》，岩波书店1997年版，第73页。

权的保障。

两派都意识到不能将自己的观点彻底化，因而为了适应刑事司法实践的需要，都走上了相对化与调和的道路，这被称为折中主义或综合主义。

（二）折中主义刑法思想的出现

在19世纪末之前，默克尔（Adolf Merkel，1836—1896）就已经走上了这种折中化的道路。在刑罚论部分，他不以哲学的观念论展开论述，而是立足于刑罚的现实从其社会的机能的观点进行论述。他认为只有正确的刑罚才能发挥预防犯罪、强化法意识、对行为者进行教育的作用。目的刑在预防犯罪的目的上有其正当化的依据，但这种目的必须符合正义的要求，这样，便形成了折中说。

古典学派从防止犯罪的立场出发，也意识到必须考虑犯人的人身危险性。所以，两派迅速达成妥协。德国刑法学出现了在正当报应的范围之内，承认一般预防和特别预防目的并存的并合说。同时，M. E. 迈尔主张分配说，认为刑罚的本质在于报应，虽然在立法阶段上是报应，在裁判阶段上是法的确认处于支配地位，但在行刑阶段则要以特别预防的理念作为指导，即试图克服上述学派之间的对立。同样，站在客观主义的立场上，但试图接纳近代学派主张的还有梅茨格尔。他认为，尽管刑法是犯罪人的大宪章，但为了保护社会利益，就必须以预防刑为基础，并将李斯特的见解作为其刑法理论的支柱。

这样，以古典学派为基础的折中说或者并合说成为有力学说。同时，科尔劳斯（Eduard Kohlrausch，1874—1948）、施密特（Eberhard Schmidt，1891—1977）等以近代学派的立场为基础而提倡的刑法理论对这种对立也起到了扬弃的作用。但是，不管在哪一种主张中，由于都以行为主义、客观主义为前提，因此，其差别只是在于行为背后所潜在的性格或者人格在多大程度上应当成为刑法评价的对象而已。后面将要叙述的梅茨格尔和博克尔曼（Paul Bockelmann，1908—1987）所倡导的人格责任论、韦尔策尔（Hans Welzel，1904—1977）所倡导的目的行为论，也都是为了消除新、旧两派的对立而提出的理论。

（三）立法的二元化倾向

学派之争时期的各国刑事立法，都在传统的古典学派理论的基础上，不同程度地吸收了近代学派的刑事政策的提案。例如，关于刑罚与保安处分的关系，古典学派主张针对“责任”的“刑罚”，近代学派主张针对“行为人危险性”的“保安处分”。经过学派之争的充分讨论，人们逐渐意识到有关刑法和刑罚目的的理解可以是多元的。因此，采取了刑法同时规定“刑罚”与“保安处分”的这种二元主义的立法方法，从而在立法上解决了这一问题。又如，近代学派所主张的限制短期自由刑，采用并扩大缓刑、假释的适用范围，扩大罚金刑的适用范围等，都不同程度地被立法所吸收。德国20世纪20年代以魏玛时代的社会国家论为背景，在行刑上强调回归社会的思想，近代学派更是成为立法的指导。

（四）国际刑法学会的成立

如前所述，李斯特希望从超国家的立场出发研究刑法，遂与比利时的普林斯以及荷兰的哈麦尔一道于1889年设立了国际刑事法协会。在李斯特去世之后，该学会的后身——国际刑法学会（association internationalede droit penal，AIDP）于1924年创立。不同学派的诸多学者积极参与国际刑法学会的活动，也是导致学派之争熄火的原因之一。

（五）纳粹刑法思想的兴起

导致学派之争平息的另一个十分重要的原因，就是纳粹法西斯刑法思想的兴起。纳粹的上台，使新、旧两派的学术之争以世人事先难以预料的形式被纳粹刑法思想所终结。

纳粹的法律思想，一般而言，是批判魏玛时代的法实证主义、缺少内容的形式主义、自由主义，而提倡法西斯的自然法思想、实质主义、民族共同体的思想。在纳粹上台的1933年1月，达姆（Georg Dahm，1904—1962）与夏夫斯泰因（Friedrich Schaffstein，1905—2000）发表了合著的《是自由主义刑法还是权威刑法》一书，书中要求复兴国家的权威，以强力的刑事司法取代软弱的刑事司法。这本小册子已经反映出了法西斯刑法思想的核心内容。①

纳粹刑法理论与教育刑相比，更强调由威吓来进行一般预防。法西斯刑法思想的核心在于贯彻全体主义、国家主义的刑法思想以取代个人主义、自由主义，而刑罚论则认为无论是报应刑还是教育刑都有立足于自由主义、个人主义限制国家的刑罚权的一面，都应受到批判，应当选择能够提高国家权力的理论。法西斯的刑法思想强调“赎罪思想”，但这并非赎罪报应，而是以威吓为手段的目的刑。刑法本身也是以维持政权为目的的彻底的目的刑法，也可以说是致力于消灭反对者的歼灭刑法。在犯罪论中，特别强调“全体的考察”的方法，排除传统的分析思考方法，以法西斯的世界观进行法解释，在刑法中提倡具体的秩序思想。通过适用这种全体的考察方法所形成的行为者类型思想（将民族共同体中具体的行为者类型化所形成的行为者类型作为刑法上的犯罪概念）、义务违反的犯罪思想（认为犯罪不是侵害法益而是违反义务）以及意思刑法（犯罪的主观意思就是犯罪的本质）都是法西斯犯罪理论的典型表现。

纳粹的刑法理论，一方面片面强调旧派报应刑理论的某一部分内容，认为行为人一旦违反对民族共同体的诚实义务，就可以对之施加道义上的非难。而刑罚的本质正在于这种赎罪的报应，从而将刑罚的威慑力无限扩大。另一方面又片面强调新派所主张的主观主义、社会防卫论、行为人主义等思想的部分内容，从而提出意思刑法论、民族共同体保护论等理论。“纳粹刑法对新、旧两派所作的这种折中，对两派而言都可以说是极具讽刺意味的命运。”②

---

① 在刑法学中主张纳粹思想的这种立场，被称为基尔学派。这是因为当时亲纳粹的达姆与夏夫斯泰因等法学家都集中于基尔大学。

② ［日］丸山雅夫：《学派之争》，载《刑法基本讲座》（第1卷），法学书院1992年版，第128页。

六、战后早期的刑法学

二战后，基于对纳粹和军国主义破坏民主、蹂躏人权罪行的反思，人们重新认识到人权保障的重要性，再度强调罪刑法定主义对于现代刑事法制的基础性意义。由于战后多国都在进行刑法典的修改或修改准备工作，因而如何兼顾古典学派刑法理论的人权保障要求与近代学派所提出的刑罚制度改革和有利于犯罪人复归社会的处遇措施，就再次成为刑法理论中的一个重要问题。而且，由于战后社会的价值观日趋多元化，在这样一种宽容的社会中如何重新界定犯罪圈的范围，即“犯罪化与非犯罪化”问题也引起了激烈的争论。在这样的社会背景下，刑法理论也发生了一些新的变化。

（一）现代新古典学派

现代新古典学派主张在后期古典学派的报应刑基本理论的框架内吸收近代学派的目的刑论的合理思想及刑事政策的主张。他们的基本立场是，维持有罪判决传统的报应刑性质，同时在刑罚执行阶段寻求适合犯罪者人格的处遇措施。在他们看来，刑法虽然是与有道义责任的犯罪行为相均衡的报应，但同时必须在此限度内考虑一般预防、特殊预防的目的。因此，不能单纯地认为刑罚是道义的非难与报应，作为报应的刑罚还必须能够提高一般人的规范意识，从而实现一般预防的目的；同时还必须促使受刑人悔悟与反省而实现特殊预防之目的。现代新古典学派认为，通过将刑罚限定在与责任相均衡的范围内，能够防止因无限制地追求犯罪预防目的而导致侵犯人权的结果。①

总之，现代新古典学派以自由主义、人权保障思想为出发点，主张抑制国家的权力。具体而言，在刑罚论部分重视近代学派所提出之问题，主张对刑罚的效果和局限性作合理的、经验科学的研究，重视以促使行为人复归社会为内容的特殊预防，同时兼顾一般预防之观点，主张排除形而上学的报应思想。在犯罪论部分则从人权保障的观点，批判地继承了前期古典学派及后期古典学派的客观主义遗产，对道义责任论提出疑问，同时主张维持与强化客观主义的犯罪理论。

（二）新社会防卫论

与现代新古典学派相对立，新社会防卫论试图从不同的视角阐述刑法理论问题。新社会防卫论的代表人物是法国的安塞尔。新社会防卫论以人道主义、人权保障为基本立场，力图结合近代学派的社会防卫论成果以及有关犯罪、犯罪人研究的其他学科的成果。与传统的社会防卫论相比，新社会防卫论有以下特色：第一，以保护个人为刑事政策的出发点，认为犯罪人也有复归社会的权利，国家则对犯罪人负有使其复归社会的义务。这种福祉政策的、保护主义的理念，与传统的认为要限制犯

① ［日］内藤谦：《刑法学说史（一）外国》，载［日］中山研一等编：《现代刑法讲座》（第1卷），成文堂1977年版，第137～138页。

罪人、防卫社会的刑事政策观显然不同。第二，认为彻底研究“人格”比研究“犯罪的危险性”更为必要。第三，反对战后出现的格拉玛蒂卡式的彻底否定刑法存在意义的激进社会防卫论，认为虽然应当排除妨碍实现新的社会处遇理念的极端法律主义思想，但必须尊重和维持刑法以及刑法理论所发挥的人权保障机能。同时，以处遇制度一元化为目的，对现行刑法以及刑法理论进行修正。这种修正的核心要点在于变革责任论、刑事审判程序的二阶段化、刑罚与保安处分的一元化等。

新社会防卫论与现代新古典学派有诸多不同。例如，新社会防卫论承认责任的观念，但其所指的责任不是外部的非难，而是能够为犯罪人复归社会发挥作用的“责任的意识”。又如，新社会防卫论认为，刑事政策活动的基础是正确认识犯罪人的“人格”，为此应当将刑事程序划分为有罪决定阶段和刑罚宣告阶段。再如，新社会防卫论认为，应当将犯罪者处遇制度一元化，如果适用刑罚对犯罪人改善有效就适用刑罚，如果适用保安处分对犯罪人改善有效就适用保安处分，如果两者并用更有效就可以同时适用刑罚与保安处分。

新社会防卫论在战后的法国、意大利等拉丁国家得到了有力的支持，对这些国家的立法也产生了重要的影响。①

（三）目的主义刑法学

战后的德国刑法学在消除纳粹刑法理论影响的同时，复归、继承和发展了20世纪30年代之前的刑法理论。对战后德国刑法理论产生重大影响的除了战前就已经活跃的梅茨格尔等之外，还包括稍晚一代的恩吉施（Karl Engisch，1899—1990）、加拉斯（Wilhelm Gallas，1903—1989）等学者。

从20世纪50年代开始，基于韦尔策尔所提倡的目的行为论的刑法理论在刑法学上刮起旋风。该理论从方法论上看，与促进战后自然法复兴的拉德布鲁赫（Gustav Radbruch，1878—1949）的“事物的本性”（Natur der Sache）相同，认为作为规范学的法律学也应当受到事物事先所包含的存在构造的约束。人类行为的存在构造在于“目的性”。这种从目的行为论立场出发构建刑法理论的观点，席卷了20世纪60年代的德国刑法学。目的行为论认为故意属于主观的构成要件要素和违法要素，缺乏主观就无法决定行为的类型与违法性。主观的违法要素是违法判断的重要对象。违法判断的对象不是结果而是行为。由此，行为无价值与结果无价值的概念开始分化，重视犯罪论中的行为无价值，导致传统的犯罪论受到大幅度的修正。

目的行为论在日本也得到了平野龙一（之后改变立场）、平场安治、井上正治等极富影响力的刑法学者们的支持，从而在当时的刑法学界占据了重要的地位。曾经提倡主观主义刑法学的木村龟二也一改以往的立场而转向支持目的行为论，可见这一理论在当时日本的影响之大。此后，目的行为论在福田平的倡导下得到了进一步的发展。建构在目的行为论基础上的目的主义刑法学也成为刑法无价值论在日本

---

① ［日］内藤谦：《刑法学说史（一）外国》，载［日］中山研一等编：《现代刑法讲座》（第1卷），成文堂1977年版，第138~139页。

20世纪60年代中叶之前一直占据绝对优势地位的主要原因之一。

第三节 风险社会的到来与刑法理论的应对

一、风险社会的概念

20世纪下半叶以来，人类社会出现了不同于传统社会的特征。今天的世界已经是一个高度信息化、网络化的社会。科学技术的发展在提高人们生活品质的同时，也使人类面临着日益增加的危险源。为了使生活更加舒适和便捷，人们更趋于依赖那些复杂且又脆弱的各类技术手段，因此进行主体性控制变得越来越难，同时个人行为所具有的潜在危险性与破坏力也飞跃性地增大，因而现代社会犹如一个潜藏着许多重大危险的巨大黑匣子。人们无法预知何时会遭遇何种危险，而危险一旦发生，则会造成难以估量的损失。因此，西方学者将现代社会形象地称为“风险社会”，并强调“风险社会”一词是21世纪的核心词汇。①

“风险社会”一词，最早出现在1986年德国学者乌尔里希·贝克（Ulrich Beck）所著的《风险社会》一书中，其英文原词为“Risk Society”。贝克根据其对人类社会变迁的宏观考察，将人类社会原则上划分为前现代社会、工业社会以及风险社会三种不同类型的社会形态。前现代社会是指工业革命之前的欧洲奴隶和封建式农耕社会，工业社会是指17世纪初到20世纪中期以前的古典式现代社会，风险社会则是指20世纪中期以后逐渐成形的所谓自反性（reflexive）现代社会。

在前现代社会中，人们日出而作、日落而息，生产力长期停留在较低的水平线上。由于人类对自然现象及其规律的认识有限，虽然人们顽强地按照自己的需要与目的对自然界进行改造，但这种改造的范围和效果有限。火灾、水灾、旱灾、地震、陨石、疾病等自然风险是对人们生存的最大威胁。这种威胁数千年间一直存在，人们对其规律的认识则始终没有本质性突破。因而应对这些灾害，只能依靠世代相传的生活经验，视过去、现在、未来如出一辙。一旦情势变更，旧的经验不再灵验，人们就会惶恐不安，将灾难与人自身的活动相关联。认为是自己的活动触怒上天，天降灾祸以示惩罚。天人感应、天人合一等都反映了古人面对风险所持的风险意识。古人信奉的是无为而治，相信只要自己不去招惹自然，自然就不会降祸于人类。无为而治、不行动即无风险正是这个时代人们心态的真实写照。

工业社会被贝克等人称为人类社会的第一次现代化，有时也被称作简单现代化、古典现代化。“简单现代化是现代化的第一个阶段，它的到来意味着：由工业化推动的社会发展带来了物质的繁荣，社会各个领域都在快速地进步，一切似乎都有明

① ［日］高桥则夫：《由对话解决犯罪》，成文堂2007年版，第34页。

确而光明的前途。”① 作为对前工业社会的历史反正，工业社会力图克服前工业社会所具有的生产力水平低下、愚昧专制、迷信等封建特征。随着启蒙思想运动的兴起，人们挣脱了中世纪宗教神学的束缚，在“理性至上”“人是万物的主宰”的口号下张扬人的主体性。人类充分发挥自己的聪明才智，科技水平不断进步，新的发明创造层出不穷，生产力迅速发展，工业革命风起云涌。人们上天入地，向一切未知领域进军。为了满足人类日益膨胀的物质欲望，人们致力于追求无节制的经济增长，沉醉于经济增长主义、科技主义所创造的消费主义、享乐主义的神话之中。自然被视为取之不尽用之不竭的资源库，从敬畏的对象转换为待征服的客体。与此同时，虽然火山、地震等自然风险因人们认识能力的提升而能被稍加规避，“人造风险”却在大量增加。火车、汽车、飞机等高速交通在便利生活的同时也带来交通事故的激增，开山铺路、采矿挖油伴随的事故率居高不下，热兵器时代战争中的阵亡者要比以往冷兵器时代所有战争中的死亡者还要多。不过总体而言，在工业社会这一历史时期，人们最为关心的是“利用自然或者将人类从传统束缚中解放出来的问题”。人们对科学技术仍有着崇高的信仰，科学技术和专家系统被当作解决问题的权威。“……对科学和进步完全信仰的格局，是20世纪上半叶工业社会现代化的一个特征。”② 社会大众相信对风险可以进行精确的计算和推测。“第一个阶段是工业社会的风险，其风险是以事故概念为前提的，如商船沉没、交通事故、矿难、失业等，事故发生在一定的地点、时间、人群中，因此其风险后果在一定程度上是可以由统计学加以描述和计算的，可以通过保险、保障制度等方式使其受到控制和处理。”③

贝克等人认为，“风险社会”是一个不同于早期工业化的新阶段，是现代化发展进程中因工业化出现问题而对其进行反思的新的历史时期。随着20世纪中期新科技革命的深入发展，信息技术、生物技术、核技术、新材料及新能源等在社会生活中得到普遍应用。在给人们生活带来前所未有的便利的同时，也蕴含着前所未有的超越局部地区和个别领域的强大破坏性，甚至可以从根本上威胁到人类自身的生存、发展、繁衍等终极利益。环境污染、资源危机、核武器及生化武器的威胁、化工产品的风险、生物基因工程的风险、高传染性及高致命性疾病的风险、网络风险、宇航技术的风险等，都严重威胁着人类社会的生存。“自从20世纪中期以来，工业社会的社会机制已经面临着历史上前所未有的一种可能性，即一项决策可能会毁灭我们人类赖以生存的这颗行星上的所有生命。”④ 不是外在自然，而恰恰是人类自己制

---

① ［英］安东尼·吉登斯：《现代性——吉登斯访谈录》，尹宏毅译，新华出版社2001年版，第181页。

② ［德］乌尔里希·贝克：《风险社会》，何博强译，译林出版社2004年版，第191页。

③ 程新英、柴淑芹：《风险社会及现代发展中的风险：乌尔里希·贝克风险社会思想述评》，载《学术论坛》2006年第2期；参见［德］乌尔里希·贝克：《世界风险社会》，吴英姿、孙淑敏译，南京大学出版社2004年版，第67~77页。

④ ［德］乌尔里希·贝克：《从工业社会到风险社会——关于人类生存、社会结构和生态启蒙等问题的思考》（上篇），王武龙编译，载《马克思主义与现实》2003年第3期。

造的新的风险危及人类的生存。有鉴于此，贝克等人提出，我们现在所处的时代已经和人类曾经经历过的各个历史时期有着本质性区别，从而将当今的社会定位为“风险社会”。与工业时代不同，人们对日益增长的风险的忧虑超越了对物质财富公平、合法分配的关心，民众开始对科技本身的发展逻辑和方法论原则进行质疑，科技的副作用成为社会普遍关注的问题。“第二个阶段是后工业社会的风险，这一阶段的风险的后果在时间、地点和人群上都是难以预测和控制的，如核灾难、化学、生物基因、生态以及金融风险等。”① 在这种背景下，人们开始对现代化进行反思。“在21世纪的门槛上，在发达的西方世界中，现代化业已耗尽了和丧失了它的他者，如今正在破坏它自身作为工业社会连同其功能原理的前提。处于前现代性经验视域之中的现代化，正在为反思性现代化所取代。……我们正在见证的不是现代性的终结，而是现代性的开端——这是一种超越了古典工业设计的现代性。”② 所谓“风险社会，指的是一组特定的社会、经济、政治和文化的情景，其特点是不断增长的人为制造的不确定性的普遍逻辑，它要求当前的社会结构、制度和联系向一种包含更多复杂性、偶然性和断裂性的形态转型”。③

二、风险社会的特征

（一）风险社会是对工业社会的转型与扬弃

1. 从“财富分配型社会”转型为“风险分配型社会”。

在风险社会中，社会分配逻辑已经发生了根本性变化。前工业社会毫无疑问是一个物质短缺、生产力不发达的社会。工业社会则以提升社会的生产力水平为第一要务，人们创造财富是为了免于饥饿，进行阶级斗争是为了争取财富的公平分配。对于工业社会而言，社会的驱动力可以概况为一句话：“我饿！”“传统社会的轴心原则是财富的生产和分配，在生产力发展中潜藏的威胁和风险则处于副作用的位置并被制度性地予以合法化。那时，‘短缺的专制’还统治着人们的思想和行动，社会生产的财富分配以及与之相适应的冲突占据着历史的前台。”④ 因此，工业社会的发展动力是基于财富生产与分配的社会不平等，人们最关心的是财富的生产以及财富如何公平合理地分配问题。

风险社会则代表着一个新时代的到来。由于科技的迅猛发展和社会经济的繁荣，饥饿和贫困问题已被局限于少数国家和部分地区，不再是全人类共同面临的核心问题。科技发展所带来的潜在的毁灭性风险逐渐为社会大众所了解和担忧，“我害怕”

---

① 程新英、柴淑芹：《风险社会及现代发展中的风险：乌尔里希·贝克风险社会思想述评》，载《学术论坛》2006年第2期；参见［德］乌尔里希·贝克：《世界风险社会》，吴英姿、孙淑敏译，南京大学出版社2004年版，第67~77页。

② ［德］乌尔里希·贝克：《风险社会》，何博强译，译林出版社2004年版，第3页。

③ Barbara, Adam, Ulrich Beck and Joost van Loon. The Risk Soeiety and Beyond: Critical Issues for SocialTheory. London: Sage Publications. 2000. p. 5.

④ Ulrich Beck, Risk society: Toward a New Modernity, London: SAGE Publicatios, 1992. P. 19-21.

成为了驱动社会进步与发展的主要原动力。人们关注的核心开始聚焦在风险的生产和分配之上。因此，整个社会的分配逻辑发生了巨大变化，即从短缺社会追求财富公平分配的逻辑演变为当今社会追求风险公平分配的逻辑。经济与科技的进步虽然仍是创造社会财富的主力，但这种进步已经被为风险生产的阴影所代替和笼罩。人们对生产力的提升不再是一边倒的欢呼，在发展的同时如何有效地规避风险成为人们力图解决的中心议题。“现代国家所面临的首要问题已经不是物质匮乏，而是风险以前所未有的多样性以及风险所造成的后果的严重性。也就是说，我的探讨前提是风险问题的扩大，物质分配问题已经不再是主要难题了，而风险分摊的逻辑才是所有国家必须费尽心思所要解决的问题。这也正是社会病因所在。”①

而且，基于全球的一体化，风险的影响也被全球化。在这种意义上，风险社会是一种世界风险社会。“在世界风险社会中，非西方社会与西方社会不仅共享相同的时间和空间——更重要的是——也共同分享第二现代性的基本挑战。”“所有民族国家由于科学技术的进步不可避免地发生社会转型：即由阶级社会向风险社会转型。因此，风险分摊的问题已经跃升为民族国家乃至世界国家的首要矛盾。”②

2. 对科技的反思成为社会主流意识形态。

科学技术极大地推动了人类社会的发展与进步。尤其是自工业革命以来，科学技术所带来的社会生产力的爆发性增长，确实给人们的生活带来了数不尽的益处。因此，作为代表着进步与神圣的科学，受到民众广泛的崇拜和信任。尽管在经济发展中也出现了一些问题，如工业污染等，但人们普遍相信，科学本身可以为这些问题找到原因并提供解决方案。这一时期被学界称为初级科学化时期。初级科学化是片面和不完全的科学化，人们虽然推崇科学怀疑精神，甚至提出了科学怀疑理论（Scientific skepticism），但这种怀疑针对的是科学研究的对象和科学研究的过程，对于科学本身和科学的推广应用人们则深信不疑。

自 20 世纪中叶以后，人们一方面见识到了核武器的毁灭性威力，另一方面也面临着各式各样环境生态的污染问题。于是不少社会思想家开始深切地反思全体人类面临的新挑战，这个挑战或许不是来自大自然本身，也不一定来自战争的威胁，而可能来自我们每日依赖的现代科技。“现代科学进步本打算解放自身，结果却危险地失去了它的地球之根、人类社区之根，以及它的传统之根。它的能量从创造转向了破坏。进步的神话引出了意想不到的不良后果……”③

人们逐步意识到，科技的发展是一把双刃剑：一方面提供给人类比以往任何时期都更为广阔的发展空间，给人们创造出快捷舒适的现代生活环境；但另一方面也

---

① 薛晓源、刘国良：《全球风险世界：现在与未来——德国著名社会学家、风险社会理论创始人乌尔里希·贝克教授访谈录》，载《马克思主义与现实》2005 年第 1 期。

② 薛晓源、刘国良：《全球风险世界：现在与未来——德国著名社会学家、风险社会理论创始人乌尔里希·贝克教授访谈录》，载《马克思主义与现实》2005 年第 1 期。

③ ［美］乔·霍兰德：《后现代精神和社会观》，载［美］大卫·格里芬：《后现代精神》，中央编译出版社 1998 年版，第 64~65 页。

蕴含着巨大的隐患和风险，足以将整个人类无情地推向毁灭的深渊。“一个因科学创新、技术进步、经济发展等而从头到脚都非常安全、舒适和健康的高度工业化社会，却恰好笼罩在与之相对立并形成鲜明对照的、足以让人类战战兢兢且惶惶不可终日的庞然怪物的阴影之中。这一庞然怪物正是人们以前从未见过的、足以让人类毁于一旦的、没有任何处理之可能性的巨大威胁和灾难。”① 人们发现，现代社会的不少风险正是来源于科学技术的发展，而科学技术本身也不得不面对各式各样的矛盾与挑战。科学知识本身的不确定性日益突出，科技在解决问题与制造问题之间左右为难。由于许多风险都是伴随科技进步出现的副产品，专家群体掌握的应对风险的知识也可能是非常有限的，往往在面临这些风险时束手无策。专家在面对这些新风险时所表现出来的“无知”，加之风险爆发存在的不确定性与偶然性，更助长了普通民众的恐慌和对科技的失望。同时，科研人员也并非生活在“真空”之中，科技活动不可避免地受到外部社会各种利益因素的强烈影响。功利化的倾向使得部分科研工作人员有意无意地偏离正确的研究轨道，对科学技术的潜在风险持忽略或默许的态度。用贝克的话说就是：“在严格的科学实践与其助长和容忍的对生活的威胁之间，存在一种隐秘的共谋。”

在风险社会中，民众对于理性、对于科学的态度发生了根本性的转折。贝克将民众的这种态度称为“反思科学化”。“反思科学化”是对初级科学化的超越，是全面和完全的科学化。“反思科学化”用理性的怀疑精神对科学理论及其适用结果加以审视，从而发现科学一方面可以成为解决人类所面临的某些风险难题的良方妙药，另一方面则恰恰是某些风险问题之所以得以形成的罪魁祸首。人为附加在科学身上的种种神圣光环开始褪色，科学万能的理念被打破，人们不再对科学抱有不合实际的幻想和迷信。科学所经历的这种“祛魅化”使得科学真理被彻底相对化，科学走下神坛，不再处于神圣不可置疑的地位。对科学及其推广应用的技术后果的批判与反思成为风险社会的重要特点之一。这也导致科技伦理意识成为公众和科研人员都必须具备的科学素养和道德准则。科技伦理问题不再仅是少部分精英人士才关注的问题，而成为社会政策和公共领域的重要议题。

3. 社会结构的“个体化”。

在传统的工业社会中，个人被以专业工作、核心家庭、阶级等方式划分成为社会再生产的基本单元。而风险社会根本性的结构特征则是“个体化”。这种“个体化”的结构特征显著表现为：第一，个人脱离以身份为基础的阶级。一方面社会经济的发展使得每个社会成员能够得到的教育、工作机会增多，跨区域流动成为可能；另一方面社会对劳动者素质的要求也不断提高，个体之间的竞争加剧。在这种状况下，每个社会成员更加侧重于自我选择、自我规划个人的生活。阶级阶层虽然仍然存在，但已不再受地域、行业的束缚而成为更宏观意义上的全球性划分；社会认同

① ［德］乌尔里希·贝克：《从工业社会到风险社会——关于人类生存、社会结构和生态启蒙等问题的思考》（上篇），王武龙编译，载《马克思主义与现实》2003 年第 3 期。

与社会冲突不再主要发生在工作场所，而更多地存在于性别、种族乃至年龄等的社会分层之中。因此，人们已不再能根据某人的阶层地位确定其社会认同和政治立场。第二，妇女摆脱传统家庭的角色。传统的家庭模式受到动摇，选择单身生活成为一种生活方式。“在19世纪，工业主义的胜利伴随着核心家庭的形成，核心家庭在今天又变得解传统化……”①

伴随着社会结构的个体化，人们的就业趋于灵活化，工作场所也变得不固定和多元化。工业社会时期，人们追求“终身雇用”，一个人往往在单一固定的工作场所中全职工作直至退休。而在风险社会中，就业模式变得分散而灵活，人们在享受这种自由的同时也会对这种不充分就业怀有一种较为普遍的不安全感。

4. 形成“有组织地不负责任”的机制。

工业社会的风险相对简单，通过安全控制机制可以对风险进行定位和追责。而风险社会中的风险是不能通过保险来分散的。它表现出多种多样的形式，风险形成的原因也纷繁复杂，往往呈现出多因多果的局面。由于责任主体众多，虽然在理论上每个主体都应当为出现的后果承担责任，但现实却是各个主体往往会相互推诿或集体失语，拒不承担责任。这就出现了所谓的“有组织地不负责任”的情况。“‘有组织地不负责任’概念有助于解释现代社会的制度为什么会在肯定认识到了灾难现实的同时却否认它的存在、隐瞒它的根源并阻碍对它的赔偿和控制，又是如何做到这一点的。换句话说，风险社会的特征就是一个悖论：一方面，保护环境的法律法规在大量产生，另一方面，显在的和潜在的环境破坏却日趋严重。而与此同时，看上去却没有任何人或组织需要对此负责。”② 因此，“根据有现有的因果关系、罪责及责任规则，不能对新风险进行归属”。

（二）风险社会的“风险”具有独特性

风险在人类社会中一直存在，但它在风险社会中的表现与过去已经有本质的不同。“我们所处的年代并不比以前更危险、更危机，但是危险的状况发生了变化。”③传统社会风险是一个局部性、个体性、自然性的外部风险，当代社会风险则是一种全球性、社会性、人为性的结构风险。具体而言：

1. 风险的人为性。

传统社会中的风险更多地表现为物质的匮乏和自然的灾害等“外在的”风险。而在风险社会中，尽管地震、台风等自然灾害仍然发生，但人类面临的风险更多地体现出人为的因素。人类制定的制度和创造的科技所带来的风险已经成为现代风险的主要类型。与大规模环境污染、全球变暖等相联系的风险都是人类行动和决策的

---

① ［德］乌尔里希·贝克：《风险社会》，何博强译，译林出版社2004年版，第121页。

② ［德］乌尔里希·贝克：《再谈风险社会：理论、政治和研究计划》，载［英］芭芭拉·亚当、［英］约斯特·房·龙等编：《风险社会及其超越：社会理论的关键议题》，赵延东等译，北京出版社2005年版，第341页。

③ ［英］安东尼·吉登斯：《现代化的后果》，田禾译，译林出版社2000年版，第115页。

产物，这些风险是人类生产活动的反映，是生产力高度发展的表现。于是，一个核心的悖论就产生了：人类试图通过现代化来掌控风险，但恰恰在这种现代化的过程中又产生了风险社会所面临的新型风险。而且，人类创造的风险已经足以毁灭人类自身，这是过去时代所从来没有过的情况。

2. 风险的不确定性和不可感知性。

与传统风险不同，现代风险往往难以被人通过感官直接察觉和感知。例如，新发明出来的药物或者医疗手段、转基因食品、各类杀虫剂对人畜健康乃至自然界的影响等，都是潜在和不确定的。它们是否会对人们的生活造成危害、何时发生危害、危害可能造成的后果严重程度，都难以在事前进行充分准确的评估和把握。人类从未经历过这种风险，因而也从未有过应对这种风险的经验和知识上的储备。在各个学科的公式与方程中，人们或许推导、计算过风险发生的概率，但这种纸面上的计算是否绝对准确无人知晓。人类的理性告诉我们，现代风险一旦实现，会对社会造成系统、不可逆的伤害。但这只是一种抽象的恐惧感，风险是否真会现实化，没有任何专家或智囊团能告诉我们确定的答案。所以，从某种意义上说，现代风险是不可预测、难以计算、无法确定的。

3. 风险的全球性。

现代风险的影响不再局限于特定的个人或团体，它不受时间、空间及牵涉范围的限制，日益呈现出区域化乃至全球化的特征与趋势。传统社会的风险，如饥荒、水灾、旱灾，其波及的主要是某些社会群体尤其是中下层人群，上层社会的君王权贵往往能够依靠权力、地位与财富躲避过这些风险而独自享受世外桃源般的奢侈生活。哪怕是某一国家爆发全国性战乱，周边国家也仍然能够通过封锁边境等手段“光荣孤立”，继续自己独善其身的生活。但现代风险，诸如核辐射、食品安全、环境污染等，则冲破了国界、种族、阶级的限制，它不再只是各个民族国家的内政，也往往迅速发展为全球性的问题。贵贱贫富、社会等级、国籍划分在面对这些风险时基本失去了其区分意义，没有哪个个人、群体或国家可以置身事外。几千年来，人们第一次在风险面前真正实现了“人人平等”。远在非洲的贫困小国爆发的埃博拉疫情能够让欧洲、北美的发达国家谈之色变，就是风险平等分配的最好示例之一。这种风险平等分配的逻辑冲击着因财富分配不均而形成的阶级社会不平等模式，全球性的“风险大同”成为可以预期并正在发生的事实。

4. 风险的制度性。

风险社会中的风险是与现代社会制度紧密相连的，现代化的制度为风险的形成和扩散提供了框架。“现代制度的建立与运行大大提高了人们认识和应对风险的能力，但因制度系统的复杂性所带来的制度功能部分失效，最终又成为更多、更大的风险不断产生的制度性根源。”① 从这种意义上说，风险已成为一种“制度性”风

① [德] 乌尔里希·贝克：《从工业社会到风险社会——关于人类生存、社会结构和生态启蒙等问题的思考》(上篇)，王武龙编译，载《马克思主义与现实》2003 年第 3 期。

险，风险的制度化反映了现代社会风险的特殊性。这本身就意味着一个巨大的悖论，即一方面，风险的形成来源于工业社会的各种制度设计，要规避这些风险必须增强各种社会制度的科学性、合理性；另一方面，人类认知的局限又使得为避免风险而建构的制度可能成为下一场风险的肇因者。因此，当代社会的风险控制形成了一种结构性困境的局面。

三、风险刑法的是与非

（一）风险刑法的概念

随着风险社会理论对社会科学研究的影响日渐加深，赖纳·沃尔夫（Rainer Wolf）最早尝试将贝克关于风险社会的思考应用于公法领域。不过风险社会这一命题在公法领域仅得到了部分的接受，且在法教义学上成果寥寥；与此相反，其在民法领域则已经成为了重要的阐释命题。例如，布吕格迈尔在环境责任法的讨论中，展示了风险社会的问题如何在实然的解释论层面和应然的立法论层面发挥作用。① 刑法学界也逐渐出现基于风险社会理论而引申出的风险刑法理论。1988 年，德国的彼得-阿列克西·阿尔布雷希特（Peter-Alexis Albrecht）教授在第 12 届刑事律师论坛开幕式上，以“从自由法治国走向社会干预国的刑法——刑事实体法的发展趋势”为题作了开幕演讲。其演讲的核心论点在于，在从 19 世纪的自由法治国向 20 世纪的社会福利国过渡的过程中，刑法的基本思想也从事后的镇压控制转向了事前的预防控制模式。② 这一演讲引起了学界的广泛关注和讨论。普利特维茨（Prittwitz）于 1993 年在《刑法与风险》一书中率先以专著的形式探讨“风险刑法”（Risikostrafrech）的概念，③ 进一步将风险刑法的研究推向学术研究的热点。

问题在于，到底什么是“风险刑法”。对此，多数学者的论述思路是：首先，论证当今社会已进入风险社会；其次，以此为前提，分析、检讨现有的刑法理论在应对风险时所呈现出的缺陷与不足；最后，提出应建构风险刑法理论。从现有资料来看，多数学者并未明确给出风险刑法的定义，而主要是通过特征的描述来介绍风险刑法的内涵。

在给风险刑法下定义的少数学者中，德国学者普里特维茨认为：“风险刑法是一种目的性刑法（Zweckstrafrecht），从传统对恶的不法评价发展至以危险性作为刑法对象。所谓的目的应解为风险的最小化，并涉及‘透过行为操控为法益保护’

---

① 参见［德］埃里克·希尔根多夫：《德国刑法学——从传统到现代》，江溯等译，北京大学出版社 2015 年版，第 242~246 页。

② ［德］埃里克·希尔根多夫：《德国刑法学——从传统到现代》，江溯等译，北京大学出版社 2015 年版，第 246 页。

③ 参见［德］克劳斯·罗克辛：《德国刑法学总论》（第 1 卷），王世洲译，法律出版社 2005 年版，第 19 页。

（或规范稳定）的功能。”① 哈塞默则将风险刑法称为象征刑法。象征刑法指涉的对象其实是20世纪80年代后期德国所出现的风险立法现象，即刑法在一个纯粹功能（风险）体系下的最大功能在于其象征性功能，而这种象征性的功能成为现代刑法的共通内涵，也可称为现代刑法（Modernes Strafrecht）。哈塞默将风险刑法、功能刑法、象征刑法、现代刑法视为交互使用的概念群，这也成为现代刑法的特征与危机。②

上述这些概念从不同的角度揭示了风险刑法的特点，如目的性、象征性、预防性等。不过，由于迄今为止各国的风险刑法理论都主要体现为以风险刑法为核心词汇的研究群体所形成的一种观点汇集的形态，细节之间差异很大，难以说成是一个正式的理论体系，因而研究风险刑法的主要观点能够更清晰地了解其具体主张。

（二）风险刑法理论的主要观点

归纳概括风险刑法理论倡导者们的观点，主要包括以下几方面内容：

1. 认为传统刑法理论无法有效应对风险社会。

在倡导风险刑法的学者看来，“风险社会”的到来昭示着新时代的诞生。既然社会形势已经有了重大而根本性的转折，仍然指望依靠旧有的学说和历史的经验去解决新出现的犯罪问题就是非常不现实，也是不可能奏效的。因此，有必要转换视角、改换思路，以全新的眼光重新审视现实中的犯罪问题并思考解决问题的新出路。“各种教义学机制，如因果关系、既未遂的理论、正犯与参与理论、故意和过失的理论，都被修改或被灵活化了；此外，法律语言并不准确。其五，由于在核心刑法中增添了各种非传统刑法意义上的、用以确保健康政策、经济政策和环境政策的刑罚威吓，以被害人和法益保护为导向的核心刑法已经被相对化了。”③

2. 主张法益概念应予虚化或扩张。

刑法一直被认为是一种保护法益的法律。传统刑法对法益的保护是以法益已经实际受到侵害或者存在被侵害的危险作为前提的。而风险刑法则主张尽可能淡化、稀释法益的内容，使其成为一个抽象的符号而非物质性的存在。因而刑法中“设置了大量表述模糊的公共法益”。④

3. 提倡积极的一般预防的刑罚目的观。

风险刑法理论认为，刑法对犯罪行为的应对，需要从“事后的应对转向事前的

① 转引自林宗翰：《风险与功能——论风险刑法的理论基础》，台湾大学法律学研究所2006年硕士学位论文，第53页。

② 转引自［日］新谷一幸：《哈塞默的“象征刑法与法益保护”》，载《修道法学》第17卷第2号，第182页。

③ ［德］埃里克·希尔根多夫：《德国刑法学——从传统到现代》，江溯等译，北京大学出版社2015年版，第250页。

④ ［德］埃里克·希尔根多夫：《德国刑法学——从传统到现代》，江溯等译，北京大学出版社2015年版，第250页。

抑制”。[①] 风险刑法实行严格的预防导向，不同于传统刑法的以报应为中心，而是以预防为核心，以全面预防代替事后的恢复，因此，风险刑法是一个超越传统人本思考范畴的刑法，被视为“向未来防卫”的刑法。在刑法领域，公众对于安全的现实需求会汇聚成刑事政策上的压力，最终通过目的的管道传递至刑法体系的内部，驱使刑法体系向预防目的的方向一路狂奔。进入20世纪中期，报应刑法的没落与特殊预防之矫治构想的失败已成为不争的事实，一般预防则脱颖而出成为各国刑法的首要目的。不管是在美国的讨论还是在斯堪的纳维亚半岛或是德国，都可以察觉到积极的一般预防、间接的或是整合的一般预防占了上风。刑事政策基本信念上的这种快速趋同，使得各国刑法体系在发展走向上表现出惊人的共同性。[②] 风险刑法的预防观念，从传统刑法的消极一般预防转为积极一般预防，反映了纯粹预防取向的刑法思维。消极一般预防是指通过刑罚的惩罚和威慑作用的预防，而积极一般预防反映在维护和加强对法律秩序的存在能力和贯彻能力的忠诚上，通过向民众宣示法秩序的不容侵犯，强化民众对法的忠诚和信赖。根据积极一般预防理念，刑罚正当性取决于刑法制裁下，使规范被遵守、保持安定的效应。因此，风险刑法关注的是行为人是否违反规范，而非是否制造实害。

4. 主张积极的犯罪化。

在风险社会中，风险刑法关注的重点是行为人所制造的风险，而且通过对这种风险的刑法禁止来减少和避免这种风险的实现。因而，风险刑法在规范上体现为立法者将刑法的防卫线向前推移，即为了防范风险，社会公众不得不接受国家权力的扩张，容忍了国家在更大程度上对自己社会生活的介入。“应对现代社会中的危险，就只能期待国家（国家权力）了。而在这个期待的背景中，存在着社会成员对于社会生活安全、平稳的敏锐的意识。也就是说，现代社会的社会成员对于安全的欲求极为强烈、对于暴露的危险非常敏感。社会成员热切希望除去、减少这种高度、广泛的危险，热切希望在这种危险现实化之前，国家介入社会成员的生活来除去、减少这种危险。因此，社会成员认为能够有效应对潜在的、广泛的、积累的、连锁的危险不是社会或者部分社会，只有通过他们的国家才能够实现……社会成员承认了国家为了迅速有效地应对危险而介入社会生活的倾向，为了使之正当化，例如，提出了‘为了维持安全的社会生活’、‘为了维持国家、社会秩序’、‘为了维持平稳的社会生活环境’或者‘为了下一代更加美好的社会生活环境’等各种各样的根据。可是，这些根据，最终在刑事立法中蕴含了承认将‘如果有危险就有刑罚’原则化、扩大化的危险。具有讽刺意味的是，社会成员用自己的一部分权利与自由来换取安全的社会生活。”[③] 国家的介入主要通过增设抽象危险犯的形式加以体现，即认

---

① ［日］小西由浩：《作为新风险的犯罪》，载《犯罪社会学研究》2006年第31号。

② 参见［德］许迺曼：《刑法体系与刑事政策》，载许玉秀、陈志辉合编：《不移不惑献身法与正义：许迺曼教授六秩寿辰》，台湾新学林出版股份有限公司2006年版，第59页。

③ ［日］关哲夫著：《现代社会中法益论的课题》，王充译，载赵秉志主编《刑法论丛》（第12卷），法律出版社2008年版，第339页。

为只要行为人制造了一定的风险，就可以入罪，而不必考虑具体的实害结果。“存在广泛的犯罪化前置，尤其是抽象危险犯。”①

同时，由于风险刑法理论认为，刑法是解决各种社会问题的恰当工具，从而导致了在真正的犯罪人——被害人领域之外进行全面的犯罪化。②

5. 倡导罪责功能化与客观化。

风险刑法理论提倡罪责功能化，认为刑法对风险的防范应由事后走向前台，不再把刑法中的责任界定为行为人在实施不法上存在的谴责可能性，将罪责的意涵从“可非难性”转换为“预防必要性”。主张责任不是行为人个人的问题，而是为了实现对法的忠诚的训练、对秩序的信赖的安定化而不可避免需要追究的东西。“对法律忠诚的顾虑是每个个人的工作，法忠诚中的欠缺，就是责任。”③ 归责就是为了分配责任的需要。

在犯罪论体系上，风险刑法理论主张将归责的判断前置到构成要件阶层，并且这种归责其实是一种客观归责。风险刑法试图从客观构成要件的类型化解决行为人的归责问题，以取代行为人主观归责要素所起的决定作用。风险刑法论者多主张客观归责理论。他们虽然认识到客观归责理论并非因风险刑法而形成，但主张客观归责理论可以解释风险刑法的归责基础。

（三）对风险刑法的质疑

对于风险刑法理论，学界也提出了不少质疑。虽然理论共识是刑法立法和理论必须随着时代的变化而相应调整，但是否需要构建完全不同于传统刑法理论的所谓风险刑法理论则还需慎重。

例如，阿尔布雷希特教授认为，解决风险社会问题的手段并非刑法，而是更为有效的政策，其最重要的组成部分是公开性的树立。因此，他并非呼吁发展“风险社会的刑法”，而是恰恰明确地反对动用刑罚手段来抗制“新风险”。与阿尔布雷希特相似，罗尔夫-彼得·卡利斯（Rolf-Peter Callies）同样认为，在风险社会和刑法的某种发展趋势之间存在特殊的关联。在现代风险社会中，处于国家控制作用之下的产品生产过程随时制造着各种危及身体、生命以及环境之存在的各种新的危险。在这样一个社会中，问题并不在于如何实现人类福祉之“善”，而是如何防止“至恶”，显然随着各种新的危险的产生刑法也在不断扩张其保护范围或者进行保护的前置。在卡利斯看来，这种预防思想终究会导致“在体系上将传统的法治国刑法置换为社会与集权国家灵活的控制工具”。

哈塞默也对风险刑法提出了尖锐的批评。但他认为，风险社会之刑法早就已经

① ［德］埃里克·希尔根多夫：《德国刑法学——从传统到现代》，江溯等译，北京大学出版社2015年版，第250页。

② ［德］埃里克·希尔根多夫：《德国刑法学——从传统到现代》，江溯等译，北京大学出版社2015年版，第249~250页。

③ ［日］松宫孝明编译：《雅科布斯著作集》（第1卷），成文堂2014年版，第67页。

不断地向前发展了："刑法突破了自由主义思考下的狭隘范围，在这个范围内，刑法仅仅用来确保'道德底线'。它日渐成为控制严重扰乱社会、国家秩序行为的工具"，"刑法的目的不再是抗制犯罪，而在于'为援助政策、环境政策、健康政策及外交政策提供辅助性的支持，逐项对具体法益侵害的报应促使了大面积对问题情境的预防'。"①

四、敌人刑法的对与错

与风险刑法这一相对中性、温和的概念相比，敌人刑法概念及理论的提出，可谓更是在学术界一石激起千层浪。敌人刑法是德国刑法学者雅科布斯在 20 世纪 80 年代提出的概念，此后他不断发展完善这一理论。敌人刑法对应的概念是市民刑法。

（一）市民刑法的基本思路

雅科布斯认为，市民刑法的目的不是保护法益，而是维持规范的妥当性。在市民刑法中，犯罪是对规范的不认可，而刑罚则是对犯罪行为的回应，即犯罪者的主张不能成为社会的标准，因而社会规范的形态不会因犯罪发生变化而将继续存续下去。

要实现市民刑法在社会中的上述功能，需要具备两个条件：

第一，法规范的妥当性。雅科布斯认为，市民刑法要发挥功能，该社会中的法规范必须已经是妥当的，即法规范要保障两个层面的安全：一是物理意义上的客观的安全，二是社会成员认识层面上的安全即主观层面上的认知安全。也就是说，规范在社会上的妥当，是在物理意义上的安全的前提基础上，社会成员对于大家遵从规范行动具有普遍性的信赖。这是市民刑法发挥功能的必要条件。

第二，人格体。从以上法规范的妥当性条件，可以推导出规范的接收方必须具有认知规范并照此行动的能力。也只有这些人才有可能违反规范，即对规范提出异议（犯罪）。雅科布斯将这种具有遵从规范和行动能力的人称为人格体。换言之，人格体就是承担权利义务的人。不过，由于人格体涉及与规范的关系，规范的前提条件就是人格体的前提条件，所以要成为人格体，除了具有遵从规范的能力，还需要自己的行为能够满足其他人格体对安全的需求。这就是市民的"最低限度的责任"。

（二）敌人刑法的主要逻辑

市民刑法的目的是维持规范的妥当性。市民刑法要发挥功能，需要这些规范是妥当的，而规范妥当性的前提是无论在法规范方面还是在人格体方面都能够保障认知的安全。于是，如果对市民刑法的前提本身，即认知安全本身造成危险，那就超越了市民刑法的框架，不能由市民刑法来加以应对，而需要与市民刑法不同的手段

---

① 参见［德］埃里克·希尔根多夫：《德国刑法学——从传统到现代》，江溯等译，北京大学出版社 2015 年版，第 248~249 页。

来加以应对。这就是敌人刑法。

敌人刑法以除去危险来保障认知安全为目的，具体而言，具有以下四个特征：第一，可罚性前置；第二，刑罚不予减轻；第三，从刑事立法转向斗争立法；第四，程序法保障的克减。在敌人刑法的框架里，刑罚是除去危险的手段，所以是一种处分，意味着预防性拘禁。

作为敌人刑法惩罚的对象，雅科布斯认为他们是“持续性地使法规范期待落空”“无法给予被作为人格体来对待的认知最低保障”的人。也就是说，敌人刑法中的敌人：第一，具有遵守规范的能力；第二，在自己的态度中不能提供或拒绝提供一定的认知安全的保障（推定亦可）。雅科布斯认为，那些拒绝在市民社会中承担最低限度的市民责任、拒绝加入市民社会的人，应该被作为敌人来对待。当然，对这些人并非全部予以歼灭。对其的处罚程度取决于：市民安全性的要求与敌人暴力的潜在能力。

（三）市民刑法与敌人刑法的关系

雅科布斯对市民刑法与敌人刑法的划分，基于其对人格体（市民）与非人格体（敌人）的划分。

市民，或者说人格体，作为理性的、自律的主体，能够预期其会遵守规范而行动。因此，其私人的领域受到法律的保护，刑法不能够介入其私人生活。刑法对人格体行为的介入，只有当该人格体超越了自己私人的领域而侵害或威胁到他人的人格时才被允许，这就是刑法所谓的事后规制。换言之，人格体以他人的存在为前提，在与他人共生的限度内其私人领域受到保障。于是，在市民刑法中，刑法所设定的人类形象是自律的、理性的人格体，刑法对其行为的介入受到限制，即刑法的介入范围受到内在的约束。犯罪，是人格体一时的瑕疵，对这种人格体施加适当的惩罚，能够使其重新遵从规范奠定行为动机，从而再次回归社会。因此，在市民刑法中，由于死刑没有为人格体的回归社会提供可能，所以应该被废止。

相反，在敌人刑法中，由于不能够期待敌人会遵从规范而行动，或者说其实可以预期到他根本就不会遵从规范。所以，对于市民而言应予保障的自由即私人领域，对于敌人而言是不予保障的，刑法应该尽可能早地介入，一切以除去敌人为必要。

（四）敌人刑法的理论渊源

雅科布斯认为，敌人刑法的概念并非只是自己的创造，事实上在启蒙思想家那里就已经有敌人刑法死刑的萌芽。他列举了卢梭、费希特（Fichte）、霍布斯、康德等许多哲学家的论述。例如，卢梭认为，攻击社会的法的犯罪者不再是社会的构成成员。这是因为他们将自己置于与国家的战斗状态。费希特也认为，从社会契约中脱离的人，丧失了作为市民以及作为人的完全的权利，丧失了全部的法律权利。“被作了有罪判决的人，被宣告为物即野兽。”雅科布斯指出自己并不打算接受卢梭和费希特的观点，因为他们的构想中市民和敌人的区分过于抽象，而且在法秩序原则上对于犯罪者也应该认可其权利。再者，犯罪者也有复归社会的权利，因此他们的人格即作为市民的地位仍然被保持。不能够因为其犯罪行为就简单地宣告其与社会诀别。雅科布斯指出，霍布斯也看到了这一点。霍布斯指出，市民原则上是不能放弃自己的市民地位的。但针对国家的犯罪则有所不同，因为这些犯罪者的本质是重返斗争状态，即解除了自己的服从契约。所以对他们不应作为臣民而应作为敌人加以处罚。卢梭和费希特认为所有犯罪者都是敌人，而霍布斯则认为敌人是违反体制者。康德也认为，“对于一个在没有法律的自然状态下夺走我必要的安全，是不现实的……持续威胁我的人的状态的无法则性，已经对我构成伤害，我可以强迫他与我一起进入共同的法律状态，或者他必须从我身边走开”。这意味着可以将其赶走（所谓预防性拘禁），没有必要将其视为人格体，而只需要当作敌人。

据此，雅科布斯认为，市民的权利对于霍布斯所说的国事犯或者康德所说的持续威胁者，都是不具有的。市民刑法是对所有人的法，而敌人刑法是敌人与对立者的法。对于敌人只能施加物理的强制直至战争，这种强制也受两点制约：第一，国家并不是要取消敌人所有的法律权利，如受到预防性拘禁处分的人，作为物的所有者的作用不能被否定。第二，国家并不是要将自己自由可做的事全部实施。因为不能堵塞以后缔结和平条约的可能性，即要做自我抑制。但这不改变对敌人的措施都属于单纯的强制手段这一结论。市民刑法是要维持规范的妥当性，敌人刑法是为了除去危险，在两者之间也还存在很多中间类型。①

（五）敌人刑法理论的争议

雅科布斯敌人刑法的概念提出以后，不仅在德国，在欧洲、美国、南美、东亚都引发了激烈的讨论。可以说敌人刑法已经是一个世界性的讨论议题。

赞成或否定敌人刑法的观点主要围绕着以下几个问题展开：

1. 敌人刑法是否现实存在。

雅科布斯强调，敌人刑法并非他的创造，也不是他积极推行的产品。他只是从各国近年来刑事立法发展的态势中提炼出敌人刑法的理念，旨在向学术界和立法者指出“皇帝实际上没有穿新衣”。所以雅科布斯强调敌人刑法是个描述性的概念。

例如，雅科布斯认为，德国刑法中有关剥夺自由的处分最明显地体现出敌人刑法的色彩，即保安监督（第 66 条以下）、收容于精神病院（第 63 条）、收容于戒除瘾癖机构（第 64 条）。再者，建立犯罪组织、建立恐怖组织（第 129 条、第 129 条 a、b）。又如，对于重大暴力行为的预备予以追诉的现行刑法的规定等。这些都是为了预防将来的不法而赋予的可罚性，而且它并没有区分行为人是否可以复归社会，所以，雅科布斯指出，一个清晰明确的敌人刑法，比起在整个刑法中四处混杂着敌

① 以上参见［德］雅科布斯：《市民刑法与敌人刑法》，［日］平山干子译，载《立命馆法学》2003 年第 5 号；［德］雅科布斯：《关于敌人刑法理论》，［日］玄守道译，载［日］金尚均等编《刑罚论与刑罚正义——日本德国刑事法对话》，成文堂 2012 年版，第 215~234 页。

人刑法的规定，以法治国的角度言之，是较少有危险的。[①]

对此，理论上有不同看法，反对敌人刑法的学者在具体观点上也有差异。例如，对于《德国刑法典》第 129 条 a 建立恐怖组织的规定，一部分学者认为，它仍然可以通过行为原理、责任原理等市民刑法的原理加以说明，例如，辛恩（Sinn）认为，就行为原理而言，恐怖组织的构造、固有的动力、成员对实施与其相连的实行行为的觉悟、组织的创设，成员的参与与支援等，都可以推导出行为不法。就责任原理而言，《德国刑法典》历来承认像谋杀罪这样具有特定目的的罪行应从重处罚，这从责任原理可以进行解释。所以，辛恩认为，运用传统刑法理论完全可以解释刑法第 129 条 a，不需要敌人刑法的概念。[②] 雅科布斯对此则不以为然，认为辛恩的说明根本不可能解决刑法第 129 条 a 的问题。

也有一部分学者认为，如曼努埃尔（Manuel Cancio Meliá）指出，刑法第 129 条 a 确实是敌人刑法的规定，但这种规定是不能正当化的，应该予以变更或删除。他认为，敌人刑法的概念是具有警告机能的，当我们发现刑法上的制度、规定与敌人刑法的概念相吻合时，就在警告我们应该变更或者删除该规定。[③]

无论具体观点如何，敌人刑法的理论犀利地指出了现行刑法上的部分规定用传统刑法理论难以解释和说明，这些规定是客观存在的，需要大家去面对而不是实行鸵鸟政策。从这个意义上说，敌人刑法的概念有其功绩。

2. 敌人的概念以及市民刑法与敌人刑法的区分是否明确。

雅科布斯理论中敌人概念的含混不清历来为众多学者所诟病。雅科布斯敌人理论的出发点是区分了市民与敌人，人格体与非人格体，但如何确定人格体与非人格体、市民与敌人这种区分的具体标准呢？雅科布斯虽然提出敌人是“持续性地使法规范期待落空”“无法给予被作为人格体来对待的认知最低保障”的人，但他也明确指出，其所采用的敌人刑法概念中的“敌人”，是针对被认为有危险的犯罪者，而不是针对政治对立意义上的敌人。但这些标准仍然过于模糊抽象。

关于敌人界限不清的问题，雅科布斯认为，市民刑法与敌人刑法只是两种理念类型，哪一种理念类型的存在都是正当的。但其纯粹具体的模式则不会在现实中出现，现实模式是介于这两者之间的，因此现实模式本身是不精确的。[④] 但如果这样的话，敌人刑法的理论如何在实践层面获得可操作性就成为问题。

---

① ［德］雅科布斯：《市民刑法与敌人刑法》，［日］平山干子译，载《立命馆法学》2003 年第 5 号。

② 转引自［日］玄守道：《所谓安全消防的日德讨论状况》，载［日］金尚均等编《刑罚论与刑罚正义——日本德国刑事法对话》，成文堂 2012 年版，第 200 页。

③ 转引自［日］玄守道：《所谓安全消防的日德讨论状况》，载［日］金尚均等编《刑罚论与刑罚正义——日本德国刑事法对话》，成文堂 2012 年版，第 201~201 页。

④ ［德］雅科布斯：《市民刑法与敌人刑法》，［日］平山干子译，载《立命馆法学》2003 年第 5 号。

3. 敌人刑法与法治国理念。

敌人刑法与法治国理念是否吻合，也是敌人刑法理论饱受质疑之处。批评者认为："这种敌人刑法观具有颠覆或终结启蒙主义或人道主义刑法发展方向的危险，在这点上其是现代刑法理论中最具争议和方向性倒退危险的刑法观。因为，在这里作为最后手段的刑法、具有片断性和补充性的刑法、具有谦抑性和限界机能的刑法秩序观将退却，仅剩下作为打倒对象的犯罪者、作为万人共怒之敌人的犯罪者。""对于敌人刑法能否全面与今天的法治国家刑法相融合，笔者怀有根本性的疑问。因为，在敌人刑法中，已经完全不具有法共同体成员对其共同体内发生的犯罪一起承担共同责任的余地，而是将其责任只转嫁给了敌人这一憎恶的对象，进而认为打倒此危险的敌人才是上策。我们不应该轻易地将'友人—敌人'这一政治关系的思考转化成刑法上的'市民—敌人'的关系。如果认识到这种差异，我们就应该警觉敌人刑法的背后实际上隐藏着试图逾越法治国家界限的刑罚权的危险。如果国家刑罚沦陷于此种诱惑，其也将同时丧失法的性格。这时，刑罚将变质为憎恶与恐怖的手段。"①

不过，雅科布斯毕竟是德国刑法学乃至世界刑法学著名的法学家，轻易地批评其违背法治原则似乎过于简单武断。从前述雅科布斯敌人刑法的出发点来看，规范的妥当性是有前提的，必须在现实中得以证立。因此，当现实发生变化，规范也会随之发生变化。雅科布斯反复强调自己的敌人刑法概念是描述性概念，即指明现实社会中已经出现了违背法治国原则的立法。对此如何理解才是问题的核心。如果不认可敌人刑法的概念，则必须在市民刑法中寻求其合理性的根据，完全无视理论与实践的悖论则无异于鸵鸟心态。或许这才是雅科布斯提出敌人刑法理论的真正意图。

---

① ［韩］金日秀：《风险刑法、敌人刑法与爱的刑法》，郑军男译，载《吉林大学社会科学学报》2015 年第 1 期。

第三章　罪刑法定主义的与时俱进

第一节　罪刑法定主义的渊源

一、罪刑法定主义的历史渊源

所谓罪刑法定主义，又称罪刑法定原则，指的是“什么样的行为是犯罪，对其应科处什么样的刑罚，都必须由国会事前制定的法律来加以规定的原则”。①

罪刑法定主义与旧时代的罪刑擅断主义直接对立。它最早的思想渊源，理论上的通说认为可以追溯到1215年6月15日英国确立的《大宪章》第39条。该条规定：“任何自由民，如果没有基于同一身份者的合法裁判并且根据国家的法律，就不受逮捕、监禁、没收财产、剥夺法律保护、流放国外，或使用其他方法的侵害……”不过，需要注意的是，这一规定对国王与自由人（贵族）之间的关系作出约束，是对国王权力过大的反弹，确认的是封建贵族的既得权利不可侵犯的“封建的自由”，与近代社会“市民的自由”有着本质的差异。因而，很难说是民主主义与自由主义的产物。②

资产阶级革命前后，启蒙思想家们的思想为罪刑法定主义的确定奠定了深厚的思想基础。英国的《权利请愿书》（Petition of Right，1682年）和《权利法案》（Bill of Right，1689年）相继确认罪刑法定主义。随后，1788年美国《宪法》第1条第9款第3项规定，美国国会“不得通过任何褫夺公权的法案或者追溯既往的法律”；第1条第10款第1项规定，各州“不得通过任何褫夺公权的法案、追溯既往的法律和损害契约义务的法律”，即以禁止事后法的形式规定了罪刑法定主义。1791年美国宪法第五修正案、1870年第十四修正案分别规定，“未经正当法律程序，不得剥夺任何人的生命、自由或财产”“无论何州未经正当法律程序不得剥夺任何人的生命、自由或财产”，从而确立了“正当程序原则”。

在欧洲大陆，1789年8月26日公布施行的法国《人权宣言》第8条规定，“除非根据在犯罪前制定公布且依法施行的法律，不得处罚任何人”。这一规定非常简

① ［日］井田良：《讲义刑法学·总论》，有斐阁2008年版，第31页。

② ［日］浅田和茂：《刑法总论》（补正版），成文堂2007年版，第48页。

洁地概括了法律主义与禁止事后法这些罪刑法定主义的主要内容。该条内容被纳入1795年《法兰西共和国宪法》。1810年法国《拿破仑刑法典》第4条规定，“无论何种违警罪、轻罪或重罪，均不得以实施犯罪前法律未规定的刑罚处罚之”，从而正式将罪刑法定主义写入刑法。法国刑法典的内容相继为德国、意大利等其他国家的刑法典所仿效。明治十三年（1880年），日本旧刑法以法国刑法典为蓝本，在其第2条规定：“法律无正条者，无论何种行为，均不得罚之。”

不过在20世纪，罪刑法定主义的发展遭遇到一定的挫折。1907年《日本刑法典》没有对罪刑法定主义作出规定。1922年《苏俄刑法典》第10条、1926年《苏俄刑法典》第16条均规定了类推制度。1935年《德国刑法典》第2条规定，“法律宣告可罚的行为或基于刑法典的基本思想及健全的民族感情值得处罚的行为，都应进行处罚”，也废除了此前刑法规定的罪刑法定主义，确立了类推制度。

二战结束后，罪刑法定主义在德、日、苏等国复苏。1949年《德意志联邦共和国基本法》取消了类推制度，1975年《联邦德国刑法典》第1条明文规定了罪刑法定主义。1946年《日本宪法典》第31条与第39条第1款都对罪刑法定主义作了规定。1960年《苏俄刑法典》第3条规定了罪刑法定原则，取代了原来的类推制度。

同时，罪刑法定主义也逐渐发展成一项国际法原则。1948年12月10日联合国大会通过的《世界人权宣言》第11条第2款明文对罪刑法定主义作了规定：“任何人实行当时根据国内法或者国际法不构成犯罪的作为、不作为，不认为是犯罪，不得科处比该犯罪实行时应适用的刑罚为重的刑罚。”随后，1966年12月6日联合国大会通过的《公民权利和政治权利国际公约》第15条第1款也作了类似规定。

“罪刑法定原则获得全球承认的理由在于，它为国家利益服务的同时，也为公民的自由服务。简单来说，每个公民必须能从法规中预见，什么是违法行为，以及由此要面临的刑罚。一方面，罪刑法定原则有助于厉行国家法律规章。当法律规章以书面形式明确具体地呈现在必须要遵守法律规范的个人面前时，就会使其了解国家禁止和允许的行为范围。另一方面，罪刑法定原则也让公民认识到只有当刑事处罚后果在一个行为发生之前由法律规定，该行为才会受到刑事制裁……国家借助罪刑法定原则可以更有利于执行它所颁布的法令。然而，国家也要付出相应的代价，在行使刑事权力的同时也会受到束缚——国家只允许在法定范围内行使刑事权力。一个行为即使在国家看来具有危害性，但是只要法律没有将这个行为明确规定为违法行为，国家就不能对其进行入罪。”①

需要重视的是，罪刑法定主义虽然已经在立法和理论中确立了其牢不可破的地位，但在实践中的情况则远没有那么乐观。“这个有着牢固理论基础的原则在很长时间里向实践转化的效果并不是很理想，直到现在也时常受到批判。1978年，许乃

---

① ［德］克劳斯·罗克辛：《德国刑法中的法律明确性原则》，黄笑岩译，载梁根林、［德］埃里克·希尔根多夫主编：《中德刑法学者的对话 罪刑法定与刑法解释》，北京大学出版社2013年版，第30页。

曼教授在其文章《罪刑法定》中提到，已经证明罪刑法定原则在实践中是一种假象，它已经受到立法和司法的严重削弱，也就是说，已经丧失了对它的一个适用标准。2008 年，罗奇在自己的文章中提到我们不要再自己骗自己了，刑事法律的明确性要求早就消失了。”①

二、罪刑法定主义的思想渊源

罪刑法定主义的思想渊源即罪刑法定主义的根据。它可以分为形式的根据与实质的根据。②

（一）罪刑法定主义的形式根据

人们历来是从形式的根据出发来奠定罪刑法定主义的基础。这种形式的根据又包括民主主义原理和自由主义原理两方面。

1. 民主主义原理。

罪刑法定原则的部分内容是以政治上的民主主义原理作为基础的。这种原理又可以区分为两种思想。

第一，三权分立理论。三权分立理论最早在 17 世纪由英国学者洛克提出，用以巩固当时英国的资产阶级革命成果。后来该学说不断传播，由法国学者孟德斯鸠最终完成理论构建，并得到了贝卡里亚等一大批刑法学者的赞成。三权分立理论认为，为了保证个人的自由，立法、司法、行政这三个国家机能应当由不同的国家机关分别掌握。如果同一批人同时执掌两种权力，这两种权力就没有相互的制约。同一个机构同时掌握两种甚至三种权力必将导致公民政治自由的丧失，必将带来灾难性后果。根据三权分立理论，审判机关只是“表述法律之口”，其任务只是适用立法机关所制定的法律。因此，事前必须要有严格规定犯罪与刑罚的法律。

第二，国民主权及议会民主制思想。这种思想认为什么样的行为是犯罪、对之应处以何种刑罚，应当由国民自己通过其投票选举的国会来加以决定，即必须由国会用法律的形式来加以规定。

在现代各国刑法理论中，人们往往更强调国民主权及议会民主制思想是民主主义原理的核心内容。这是因为三权分立理论否定法官解释法律的权力和自由裁量权，这显然不符合现代资产阶级各国的实际情况。而且，不采用三权分立理论的苏联等社会主义国家也认可罪刑法定主义。它们的思想根据显然在于国民主权思想。

2. 自由主义原理。

自由主义原理认为，为了确保人们行动的自由，必须在事前对犯罪与刑罚作出规定，使人们有所依据。否则人们就会因为不知道自己的行为是否合法而陷入无所

---

① ［德］克劳斯·罗克辛：《德国刑法中的法律明确性原则》，黄笑岩译，载梁根林、［德］埃里克·希尔根多夫主编：《中德刑法学者的对话　罪刑法定与刑法解释》，北京大学出版社 2013 年版，第 33 页。

② ［日］曾根威彦：《刑法总论》（第 4 版），有斐阁 2008 年版，第 13 页。

适从的地步。①

自由主义原理早期与费尔巴哈的心理强制说相联系。心理强制说认为，人具有追求快乐、逃避痛苦的本能，正是追求在犯罪时获得快乐的感性冲动促使人犯罪的。为了防止犯罪，就必须事先让人们知道因犯罪而受刑的痛苦大于因犯罪所能得到的快乐。因此，就有必要在事前将犯罪与刑罚法定化，并让一般民众能够知情。心理强制说将人理解为理性的存在，着眼于刑法对人心理上的作用。但是，它忽略了犯罪的社会病理侧面和犯罪者的生物学侧面。“由于存在无数的行政取缔法规，认为犯罪人会在事前对犯罪与刑罚进行比较，只相当于是一种拟制而已。”② 当然，由于社会上存在经过了合理打算的犯罪及犯罪人，因而心理强制说也并非完全没有道理。

现在人们对自由主义原理的理解强调它的可预测性内容，即只有将法律作事先的预告，国民才会知道自己的行为是否将在法律上受到处罚，这样才能确保国民的预测可能性，从而保障国民的行动自由。侵害预测可能性与行动自由的法律都应当被禁止。

（二）罪刑法定主义的实质根据

罪刑法定主义的实质根据在于人权保障原理。上述的民主主义与自由主义原理，虽然能够约束法院的恣意审判，从而为罪刑法定主义奠定基础，但是它不能从法制度的层面审视议会所制定的法律的内容，即无法在内容上对立法权作出限制，因而只是形式的原理。

“罪刑法定主义之所以时至今日仍然作为刑事立法和刑法解释学的指导原理而常保其生命力，并且其价值还在逐步提升，实际上是因为在这些形式的原理背后还有更高层次的普遍原理在支配。这种普遍的原理，就是指尊重人的自由、基本人权的思想，即从实质上保障以个人尊严为基础的权利和自由免受国家刑罚权恣意行使的侵害意义上的实质的人权保障原理。”③

第二节　罪刑法定主义形式内容的更新

与罪刑法定主义的形式根据和实质根据相对应，罪刑法定主义的内容也可以分为形式内容和实质内容。就形式内容而言，主要包括以下几个方面：

一、法律主义

所谓法律主义，是指犯罪与刑罚在形式上必须由法律来加以规定，即刑法的法源只能是法律。“只有依据法律的成文规定，才能够确立某一行为的可罚性，才能

---

① ［日］井田良：《讲义刑法学·总论》，有斐阁 2008 年版，第 32 页。

② ［日］大塚仁等编：《大注解刑法》（大コンメンタール刑法）（第 1 卷）（第 2 版），青林书院 2004 年版，第 33 页。

③ ［日］曽根威彦：《刑法总论》（第 4 版），有斐阁 2008 年版，第 14~15 页。

够将刑罚作为法律后果来威吓。”① 在理解法律主义时，有以下几个问题值得探讨。

（一）习惯法能否成为刑法的法源

所谓习惯法，是指“当一个社会中经常实施的某种事实被民众作为共通的规范意识（民众的法律确信）而加以遵守时，能因此被视为法律渊源的规范”。② 在民商事法律领域中，习惯法往往被视为法源。例如，日本2006年制定的《关于法律适用的通则法》第3条规定：“不违反公共秩序和善良风俗的习惯，在法律规定所认可的事项或关于法律未作规定的事项的范围内，与法律具有同一效力。”从而承认了习惯法的法源性，只是规定法令优先于习惯法。

不过，在刑事法领域，习惯法不能被视为刑法法源。“排斥习惯法”成为罪刑法定主义的一项基本内容。“在其他法律领域中，除了法律法（Gesetzesrecht）之外，还承认（没有写出来的）习惯法作为独立的法律渊源（Rechtsquelle）。然而，刑事可罚性不能通过习惯法来建立或者加重，这种法律上的规定当然能够得出这个结论：刑事可罚性只允许在法律上加以规定。”③

习惯法之所以被排除在刑法法源之外，是因为“其内容和效力发生时期都非常地不明了。行为人要知道其存在和内容比较困难。如果基于习惯法进行审判，会大幅度地认可法官的恣意判断，导致行为人的自由受到较大限制”。④

需要注意的是，排斥习惯法指的是不能由习惯法来决定犯罪与刑罚，并不排斥在解释刑法时通过习惯法来明确构成要件的部分内容。例如，《日本刑法典》第123条妨害水利罪的保护法益是水利权，“它既包括契约上的水利权，也包括习惯上认可的水利权。因此，为了明确水利权的有无及范围，有必要考虑习惯”。⑤ “习惯法，有的时候也能够成为刑法解释的基础。”⑥ 同时，排斥习惯法原则上并不反对从习惯法中推导出正当化事由，因为这种推论的结果是扩大而不是限制公民自由的范围。

不过，随着时代的发展，对法律主义的要求更为严格。现在很多学者认为，立法者应当尽快通过法律规定来确认这些正当化事由，以澄清法律规定的模糊。而且，很多实践所认可的习惯法上的正当化事由，如所谓的父母教育体罚权，在20世纪末逐渐丧失了实践的认可，在今日完全不予采纳。文献中的普遍观点也反对巴伐利亚州高等法院对一些污染水资源的行为采纳习惯法上的正当化事由。对一些符合地区风俗的犯罪行为，如在女人狂欢夜里剪领带的正当化事由也不再源自习惯法，而是源自佩戴领带者的同意，这体现了习惯法在一个高度法律化的现代社会中只是具有

① ［德］约翰内斯·韦塞尔斯：《德国刑法总论》，李昌珂译，法律出版社2008年版，第20页。

② ［日］山中敬一：《刑法总论》（第3版），成文堂2015年版，第70页。

③ ［德］克劳斯·罗克辛：《德国刑法学总论》（第1卷），王世洲译，法律出版社2005年版，第79页。

④ ［日］川端博：《刑法总论讲义》（第2版），成文堂2006年版，第46页。

⑤ ［日］井田良：《讲义刑法学·总论》，有斐阁2008年版，第34页。

⑥ ［日］山中敬一：《刑法总论》（第3版），成文堂2015年版，第70页。

民俗意义，并没有被法律所认可。[①]

（二）判例能否成为刑法的法源

所谓判例，“在广义上指的是裁判例（判决例），更准确地说，应指的是推导出判决结论的法律上的理由，即‘判决理由’”。[②]

在英美法系，判例具有约束力，因而不成文的判例法是法律的重要渊源。不过对于判例在法律上的地位，理论上仍有不同看法。法宣明说认为，法官作出判决并不是创造新的法律，而只不过是对已经存在的法律的发现与宣明。法创造说认为，法官具有创造法律的机能，法官通过判决所确立的法与立法者所制定的法基本具有同一的机能。

但在大陆法系，判例能否成为刑法的法源是一个有争议性的问题。一种观点认为，判例不是立法者所制定的法律，当然就不能成为刑法法源。“在刑法上，判例不能成为形式的法源。”[③] 另一种观点认为，作为判决理由部分的判例，对于此后具有法律争议的其他案件而言，能够成为判决根据即先例。因此，判例应被视为法源。“在大多数场合，判例能够补充成文法的内容，使其具体化、明确化，为国民提供行为准则，因此也不能说不是国民的行为规范。判例具有法源性，只是使法律具体化、明确化，而不能超出法律解释的框架，在这个意义上，判例不能说具有独自的法源性。”[④] “根据法律主义的要求，缺乏刑法法规依据或超越成文法规范围的判例当然不能被视为法源。然而，作为刑法法规核心的构成要件是抽象的，单独并不能充分实现行为规范与裁判规范的机能。将刑法法规内容具体化，赋予其实定法机能的就是判例。而且……由于承认判例具有一定的先例约束力，那么遵从先例判决就会实现法的安定性，被确立的判例也会具有告知国民何种行为应受处罚的机能。在此意义上，承认判例的法源性……非但不违反法律主义的要求，而且正是遵循罪刑法定理念的体现。因此，刑法判例在成文法规的范围内属于法源。”[⑤]

如果承认判例的法源性，那么具备什么条件的判例可以被视为法源？是否各级法院的判例都能够成为刑法的法源？一般认为，“判例要取得法源性，其意旨必须明确到能够作为法规范成为国民或法官行动指针的程度，也必须如同法律的稳定性一样具有相当程度的稳定性。在这个意义上，最不容易变更的最高法院的大法庭判决是最稳定的。而小法庭的判决如果其精神在一定期间内被反复重申，一定时间内不会变更的话，也能取得与法规同样的法源性。下级法院的判决也是一样。其实，

---

① 参见［德］洛塔尔·库伦：《罪刑法定原则与德国司法实践》，黄笑岩译，载梁根林、［德］埃里克·希尔根多夫主编：《中德刑法学者的对话　罪刑法定与刑法解释》，北京大学出版社2013年版，第114页。

② ［日］大谷实编：《判例讲义刑法Ⅰ总论》，悠悠社2001年版，第11页。

③ ［日］山口厚：《刑法总论》（第2版），有斐阁2007年版，第16页。

④ ［日］山中敬一：《刑法总论》（第3版），成文堂2015年版，第70页。

⑤ ［日］大谷实编：《判例讲义刑法Ⅰ总论》，悠悠社2001年版，第11页。

裁判例最初就是法院的有权解释的提示，不仅能成为国民行动的指针，而且经常在判决理由中被引用，几乎所有的法官在判决时都会考虑同种事实之前的先例。因此，在现实生活中，可以毫不夸张地说所有的裁判例都具有法源性。当然，判旨不明确、有被推翻可能性的判决不应被视为法源”。[①]

（三）委托立法能否成为刑法的法源

法律主义要求刑法的法源只能是法律，但这里的法律是否仅限于国家最高立法机关所制定的狭义的法律？换言之，行政机关能否出台规定犯罪与刑罚的规范性文件？这就涉及委托立法的问题。

所谓委托立法，又称委任立法，是指国家立法机关授权行政机关制定有关法规、规章的活动。在资本主义发展初期，根据严格的三权分立理论，立法权专属于议会，行政机关无权立法。不过，到了19世纪后期，由于国家事务日益复杂，专业性日益加强，仅靠议会立法难以应对复杂多变的社会形势。与此相对，行政机关则能够相对高效地制定一些专业性、技术性较强的法令规范。以英国政府1834年制定《修正济贫法》为标志，委托立法开始出现。到20世纪初，委托立法已成为西方国家的普遍现象，并通过宪法加以确认。

那么，当行政机关受委托制定立法时，能否在该法中设置规定犯罪与刑罚的条文（罚则），这取决于各国宪法的具体规定。例如，日本《宪法》第73条第6款规定，内阁为了实施宪法和法律，可以制定政令，“但政令除了有法律特别委任之外，不得设置罚则”。这意味着日本的行政机关在受到法律特别委托的情况下，可以制定规定犯罪与刑罚的罚则。

法律委任包括两类，一类是概括委任，一类是特别委任。在日本，明治宪法曾经允许概括委任，但根据战后的现行宪法，“法律的委任意味着该法律的具体的、个别的委任，即必须是所谓特别委任。与此相对，一般的、包括的委任（概括委任）是不被允许的”。[②]

即使是特别委任，也还存在委托的特定化程度问题。法律能否仅仅规定一定的犯罪与刑罚，而将该犯罪的全部或部分成立要件委托给行政立法。这就是所谓的“空白刑法法规”问题。例如，日本《国家公务员法》第102条第1款规定：“不得实施人事院规则所规定的政治行为。”第110条第1款第19项规定，对违反前述规定的处3年以下惩役或者10万日元以下罚金。而《人事院规则》第14-7条第6款第13项规定，政治行为包括“发行、传阅、公布、散发或者对多数人朗读或使其倾听，或者写作或编辑具有政治目的的有署名或无署名的文书、图画、音像、形象”。据此，针对所谓的“猿付事件”，即担任地区工会事务局局长的某地方邮局公务员（被告人）在日本众议院选举时，在公营布告栏中张贴了6枚社会党候选人的海报且还受托张贴184枚的事件，能否依据《国家公务员法》的上述规定对其进行

① ［日］大谷实编：《判例讲义刑法Ⅰ总论》，悠悠社2001年版，第12页。

② ［日］山中敬一：《刑法总论》（第3版），成文堂2015年版，第71页。

定罪量刑。一审、二审法院都认为被告人的行为符合《国家公务员法》的上述禁止规定，但认为像被告人这样的仅提供机械劳务的现职公务员，不利用自己的职务在工作时间之外实施无损害公正意图的行为，而且其行为属于工会运动的组成部分，对之科处刑罚超出了合理的必要最小限度。因而判决认为，如果适用《国家公务员法》的罚则即违反宪法，从而判决被告人无罪。但日本最高法院撤销了下级法院的判决，认为被告人有罪并判处罚金5000日元，同时在判决书中附了4名法官的反对意见。多数意见认为，“将确定政治性行为（的内涵）委任给人事院规则的《国家公务员法》第102条第1款，是委任（人事院）具体确定属于有损公务员政治中立性行为类型的政治行为，从该条款的合理解释来看，是可以理解的”。从而认为《国家公务员法》的这种委任立法没有超出宪法所允许的授权范围。不过，4名法官的少数意见认为，如果仅以惩戒处分来禁止政治性行为，是符合宪法的。但是用刑罚来禁止上述行为，则只应限于政治行为本身会直接造成国家、社会利益的重大损害或有重大损害危险的场合。《人事院规则》第14-7条第6款第13项不满足这一要件，因此《国家公务员法》第102条第1款的委任属于广泛的概括性委任，如果后果只限于惩戒处分则未必违宪，但后果是刑罚时应有另外的更严格的标准，无差别的一体委任违反宪法。①

目前，理论界的多数学者认为，“将犯罪成立要件的细节委托给法律以外的下位规范的空白刑法法规……此时法律本身有必要大致提示应当受处罚行为的轮廓，完全空白的委托欠缺委托的特定性，有违宪之嫌”。②

（四）地方性法规能否成为刑法的法源

目前，世界各国无论是联邦制国家还是单一制国家，都普遍允许地方议会进行立法。这种地方立法能否制定刑事规范，也是一个问题。

在德国，“作为刑法制定法渊源的法律，分别由联邦和各州制定……只有当联邦未行使立法权时，各州才有权进行刑事立法……但各州立法时，只要联邦法律没有明文允许有不同的规定，则必须受《刑法典》总则的约束……而分则部分的内容由《刑法典》进行独断规定，极少情况下才允许各州进行立法……总的来说，各州在刑事立法方面仅享有极小的空间”。③

在日本，根据其《宪法》第94条的规定，地方公共团体（即日本的都道府县及市町村）的议会可以在法律范围内制定条例。《地方自治法》第14条第3款规定：“普通地方公共团体，除法律有特别规定的以外，可以在其条例中规定，对违反条例者处2年以下惩役或禁锢，100万日元以下罚金、拘留、科料或没收之刑或者科处5万日元以下过料。”这一规定显然是一种概括委任。不过通说认为，条例

---

① ［日］浅田和茂：《刑法总论》（补正版），成文堂2007年版，第53~54页。

② ［日］曾根威彦：《刑法总论》（第4版），有斐阁2008年版，第16页。

③ ［德］冈特·施特拉藤韦特、洛塔尔·库伦：《刑法总论Ⅰ——犯罪论》，杨萌译，法律出版社2006年版，第50~51页。

不同于政令，它是由地方议会所制定的，因而满足作为罪刑法定主义基础的民主主义的要求。而且，只要它是事前公布并只在特定地域实施，也就符合自由主义的要求，因而实质上不违反罪刑法定主义。当然，对这些条例也应当从后述的明确性及实体正当的角度来加以批判性讨论。①

二、禁止事后法

所谓禁止事后法，又称禁止溯及既往，是指“对确立刑罚的法律规定以及对加重刑罚的法律规定，即不允许立法者也不允许法官对它们增加回溯力”。② 也就是说，某种行为如果在行为时不是犯罪或处刑较轻，就不允许根据此后制定的法律来将其认定为犯罪或科处更重的刑罚。在理解禁止事后法时，应注意以下几点：

（一）禁止事后法的限制

第一，基于预测可能性等自由主义及保障人权思想，禁止事后法是禁止对被告人不利的事后法的适用，但不禁止对被告人有利的事后法的适用。“根据罪刑法定主义的要求。原则上刑法法规的效力只及于施行后的行为。不过，溯及适用对犯人有利的法律，不违反罪刑法定主义。”③

（二）判例的变更与禁止事后法

判例的变更与禁止溯及既往之间的关系，是一个值得研究的问题。在英美法系，虽然判例具有约束力，但这一原理已经有了相当的缓和，即法院具有变更先例的权力。如果判例作了变更，那么这种变更的效力如何？法宣明说认为，这说明此前的判例所表明的法并非真正的法，而新判例所宣明的法才是当初的真正的法。因此，判例变更具有溯及效力。法创造说则认为，判例变更属于新的立法，因此与制定法一样不能溯及既往。在美国，禁止判例变更拥有溯及效力。

在大陆法系，新判例能否溯及既往是一个更复杂的问题。当判例向着不利于被告人的方向变化时，如某一行为过去的判例认为它不是犯罪，但后来的判例认为其构成犯罪，那么对于事后发现的，发生在有罪判例之前的行为，能否根据新的有罪判例作出有罪判决？对此，一种观点认为，判例也不能溯及既往。“判例事实上具有国民行动准则的机能，从保障被告人预测可能性的角度出发，应当禁止不利于被告的判例溯及既往。”④ 也有学者进而指出，“当有不利于被告的判例变更时，应对该事件适用此前的判例不进行处罚，而宣告将来要处罚该行为，即应采用所谓的宣

---

① ［日］浅田和茂：《刑法总论》（补正版），成文堂2007年版，第54页。

② ［德］约翰内斯·韦塞尔斯：《德国刑法总论》，李昌珂译，法律出版社2008年版，第21页。

③ ［日］藤木英雄著、船山泰范补订：《刑法》（第3版补订2版），有斐阁2008年版，第14~15页。

④ ［日］曾根威彦：《刑法总论》（第4版），有斐阁2008年版，第16页。

告的判决制度"。[1]"最后，在针对（迄今）有效存续的判例加以更改上，也不适用禁止溯及既往原则。"[2] 另一种观点认为，判例不是刑法的法源，判例的变更不是法律变更而只是发现法律的本来意思，即找到了更正确的解释。而且，根据三权分立原则，法官不过是在法律框架内进行解释，所以禁止溯及既往不适用于判例。"判例始终只是法律框架内作为对法律解释的实践活动，将其视同为法律……一律保护旧判例下的行为人，存在疑问。"[3] 日本最高法院也认为，根据行为当时最高法院的判例的意旨应当无罪的行为，根据此后变更的判例将其宣告为有罪，也并不违反《宪法》和罪刑法定主义。[4] 不过，这种观点的最终结论与前一种观点并无不同。因为即使承认判例可以溯及既往，但"行为人因为信赖变更前的判例而实施行为，对其加以处罚是不合适的。这时可以通过否定个别行为人的责任而承认免责从而解决这一问题（具体的信赖说）"[5]，即可以通过违法性错误问题来认定行为人无罪。

（三）保安处分与禁止事后法

禁止溯及既往是否也适用于刑罚之外的保安处分？有的学者认为，"禁止溯及既往这一规则并不适用于程序性的规定……而且，禁止溯及既往的要求也仅适用于刑罚制裁，而并不适用于矫正和保安处分（第 2 条第 6 款）"。[6] 以德国为例，《德国刑法典》第 66 条规定了保安监督，它是除刑罚外，针对要满足一定法定前提才能判处的重罪，并且与刑罚结合起来执行的制裁手段。最初法律规定对行为人首次判决保安监督的期限不得超过 10 年。然而，立法者在 1998 年 1 月 31 日颁布的法律废除了这个 10 年的期限。这样，就产生了一个问题：依照旧法被判决保安监督的行为人，在其对社会还存在危害性的情况下，是否可以依照新法在其超过 10 年期后继续关押下去。联邦宪法法院对此持肯定态度，并且列举出理由：禁止溯及既往只用于刑罚，并不适用于这样的非刑罚处分措施。《基本法》第 103 条第 2 款所要阻止的是，国家通过权力对一个行为进行事后的非难和入罪。但欧洲人权法院则于 2009 年 12 月作出了判决，认为在联邦德国 1998 年 1 月 31 日之前被判处保安居留的行为人超过 10 年期的继续关押是违反《欧洲人权公约》第 5 条自由权利第 1 款以及第 7 条禁止溯及既往规定的，并判处德国联邦政府向当事人支付 5 万欧元的损害赔偿。欧洲人权法院之所以作出这样的判决，是将刑罚的概念延伸到了保安监督。判决指出：为了维护《欧洲人权公约》第 7 条的规定，欧洲人权法院不能只观察表面现

---

① ［日］浅田和茂：《刑法总论》（补正版），成文堂 2007 年版，第 65 页。

② ［德］乌尔斯·金德霍伊泽尔：《刑法总论教科书》（第 6 版），蔡桂生译，北京大学出版社 2015 年版，第 29 页。

③ ［日］町野朔：《刑法总论讲义案Ⅰ》，信山社 1995 年版，第 45 页。

④ 日本最高法院 1996 年 11 月 18 日判决，载《最高裁判所刑事判例集》第 50 卷第 10 号，第 745 页。

⑤ ［日］井田良：《讲义刑法学·总论》，有斐阁 2008 年版，第 35 页。

⑥ ［德］乌尔斯·金德霍伊泽尔：《刑法总论教科书》（第 6 版），蔡桂生译，北京大学出版社 2015 年版，第 29 页。

象，而要重新评估一些问题：一个特定的制裁手段是否在本质上符合第7条规定中刑罚的意义。通过这种审核，就可以获得一个肯定的答案。依据在于，在德国，执行一个自由刑与执行一个保安监督，两者间不存在明显的区别。这个判决也受到欧洲法院其他判决的进一步支持。①

三、禁止绝对不确定刑

所谓禁止绝对不确定刑，是指刑法法规必须对法定刑的种类和分量（即刑种与刑度）作出规定。完全不规定法定刑的种类和分量（例如，只规定“犯……罪的，由法院判处刑罚”）或者只规定刑罚的种类而不规定刑罚的分量（例如，只规定“犯……罪的，判处惩役”），都违反罪刑法定主义。

根据罪刑法定主义的本意，与犯罪行为相对应的刑罚的种类和分量都应当由法律作出严格规定。将这一思想彻底化，那么刑罚就应当是绝对确定的，从而确保一般人的预测可能性，排除法官在量刑时的恣意性。但是，由于每个犯罪人的素质、性格、人格、生活环境、教育程度等都存在显著差异，完全确定的刑罚难以考虑犯罪人个人的全部情况，不符合刑罚的矫正目的，也违背“刑罚个别化”的理念，因此，除个别情况下，各国刑法一般不规定绝对确定的法定刑。

如果完全着眼于犯罪人的再社会化要求，那么就应当根据犯罪人的特殊情况来裁量刑罚。将这种思想彻底化，就是绝对不确定刑。“如果在量刑和行刑阶段正确运用绝对不确定刑，或许能够对犯罪人的再社会化起到合理作用。但是，如果恣意地加以运用，就会产生极端剥夺犯罪人自由的忧虑。”② “……完全不确定的刑罚是不允许的。例如，如果第303条是这么写的：‘违法损坏或者毁灭他人物品的人，应处以刑罚’，那么就是违反宪法和没有意义的。因为，在这里应当适用哪一种刑罚以及可以适用多么严厉的刑罚，在法律上仍然是不确定的。”③

现在各国刑法根据“刑罚个别化要求”和“人权保障机能”，采用的多是相对的不确定刑，即刑法在一定范围内允许法官选择刑种，同时规定刑罚的上下限。

有的学者还区分绝对不确定刑与不定期刑这两个概念。“必须区分条文中对刑罚的不确定规定与法院宣告不确定刑罚这两个概念。法院宣告不确定刑罚的制度被称为不定期刑制度。如果重视防止行为人再犯罪（特别预防），那么由于在判决时难以确定何种程度的刑罚能够防止再犯，因而应当事先不确定刑罚的期间（刑期），在行为人改造好之前都一直收容在监狱之中。但是，不定期刑的制度，由于具有使

---

① ［德］克劳斯·罗克辛：《德国刑法中的法律明确性原则》，黄笑岩译，载梁根林、［德］埃里克·希尔根多夫主编：《中德刑法学者的对话　罪刑法定与刑法解释》，北京大学出版社2013年版，第44~45页。

② ［日］川端博：《刑法总论讲义》（第2版），成文堂2006年版，第48页。

③ ［德］克劳斯·罗克辛：《德国刑法学总论》（第1卷），王世洲译，法律出版社2005年版，第80页。

受刑者地位不安定的缺点，因而对成年人采用这种制度的主张没有被认可。”① 日本《少年法》第 52 条规定，对于审判时未满 20 岁的少年，可以宣告相对的不定期刑，即“在其刑罚的范围内确定长期与短期而宣告之”。《改正刑法草案》第 59 条打算对常习累犯采用相对不定期刑制度，但草案未获通过。“总而言之，不定期刑的问题不是罪刑法定主义的问题。”②

四、禁止类推解释

所谓类推，是指以两个事实之间具有共通的要素为理由，将对其中一个事实而言妥当的结论推论为对另一个事实也妥当。所谓类推解释指的是使用类推这种方法来进行法律解释。③ 例如，《日本刑法典》第 134 条泄露秘密罪列举的主体是“医师、药剂师、药材商、助产士、律师、辩护人、公证人、担任宗教或祈祷职务者或者曾任此等职务者”，并不包含“护士”。如果认为护士与医师、药剂师一样都属于医疗工作者，从而适用该条处罚护士的泄露秘密行为，就属于对该条的类推解释。

现代各国刑法理论一般允许对刑法条文进行扩张解释，但同时认为类推解释已经不属于法律解释的范畴而成了法官立法，伤害了刑法的人权保障机能，因而应被禁止。然而，在司法实务中围绕禁止类推原则产生的争议最为繁多复杂。以至于“哈塞默和卡格尔在新版的《诺默斯刑法典注释》中明确写到司法实践并不重视对类推的禁止”。④ 日本学者也不无感慨地指出，“战后，在‘复活罪刑法定主义’的名义下，禁止类推成为通说延续至今……但从现实来看，我个人认为，不能不说是‘类推’的判例相继出现。我在给法科大学院解说判例时，曾叹息‘日本竟然轻视罪刑法定主义到如此地步了吗’”。⑤ 这些说法虽然有些夸张，但也揭示了禁止类推解释在实际运用时的困难与争议。

（一）禁止类推解释的意义

1. 积极意义说。

此说以明确区分类推解释和扩张解释为前提，积极评价禁止类推解释的意义。此说认为，“禁止类推解释是罪刑法定原则的要求”，“不允许将有关犯罪与刑罚的规定进行对行为人不利的类推解释。特别是对于构成要件的规定来说，不允许超越各法条所预想的法的犯罪定型范围的类推。即便是从刑事政策来看该行为是如何具

---

① ［日］井田良：《讲义刑法学 · 总论》，有斐阁 2008 年版，第 36 页。

② ［日］井田良：《讲义刑法学 · 总论》，有斐阁 2008 年版，第 36 页。

③ ［日］大塚仁等编：《大注解刑法》（大コンメンタール刑法）（第 1 卷）（第 2 版），青林书院 2004 年版，第 40 页。

④ ［德］克劳斯 · 罗克辛：《德国刑法中的法律明确性原则》，黄笑岩译，载梁根林、［德］埃里克 · 希尔根多夫主编：《中德刑法学者的对话　罪刑法定与刑法解释》，北京大学出版社 2013 年版，第 33 页。

⑤ ［日］浅田和茂：《从判例看罪刑法定主义的危机》，载《立命馆法学》2012 年第 5 · 6 号。

有处罚的适当性，也只是立法的问题”。[①] 而且，“类推这种论证方法与在可能的语义范围内进行扩张的论证方法相比，会使对法律条文的严格约束变得不可能。禁止类推解释可以说是罪刑法定原则的支柱”。[②]

2. 防止扩张说。

此说认为，重要的不是类推解释或扩张解释这种逻辑形式的划分，而是作为实质原理的“刑法独有的、更高层次的合目的性”。禁止类推解释的意义在于防止刑法法规的不当扩张。

此说认为，刑法的解释是否违反罪刑法定原则，“并不只是类推解释还是扩张解释这样的逻辑形式的问题”，“即便是扩张解释也不允许违反罪刑法定原则的基础性原理（即民主主义的要求和自由主义的要求以及在此基础上的人权保障的要求，进而考虑刑法的谦抑性，也就是所谓刑法的更高层次的合目的性）。相反，即便是采用类推解释的形式，也存在实质上不违反罪刑法定主义的情况。当然，采取类推解释这种形式，就其本身而言是不被允许的。因为，采用类推这种逻辑形式本身就包含着不当扩张刑法法规的危险”。[③]

根据此说，是否属于不被允许的解释要依据“刑法独有的、更高层次的合目的性”这样的实质的原理来判断。从解释的论理形式上主张“禁止类推解释”是没有意义的。可是尽管这样，类推解释由于自身论理形式就已经包含了不当扩张刑法法规的危险，因而是不被允许的。“换言之，此说是将禁止类推解释理解成为了压制具有不当扩张刑法法规危险的解释而设置的象征性的逻辑装置。”[④]

3. 心理约束说。

此说也以区分类推解释和扩张解释为前提，认为禁止类推解释的意义在于对解释、适用刑法法规的人的意识进行心理上的约束。

此说认为，“禁止类推原则的意义，首先在于指示法官在进行裁判时应当坚持的心理和主观的态度”。[⑤] 或者说，“禁止类推解释对于解释、适用法律的人的意识具有现实的约束意义”。[⑥]

4. 区别无意义说。

此说认为，类推解释和扩张解释在推论形式和逻辑形式上都没有本质的差异，因而区分两者没有意义。“解释与类推……并不形成对立。法律解释没有类推是不可能的。因此，很清楚的是，类推本身并不能被禁止，因而可容许的解释之界限须

① ［日］团藤重光：《刑法纲要总论》，创文社 1990 年版，第 57~58 页。
② ［日］山中敬一：《刑法总论》（第 3 版），成文堂 2015 年版，第 80 页。
③ ［日］平野龙一：《刑法总论 I》，有斐阁 1972 年版，第 77 页。
④ ［日］关哲夫：《刑法解释研究》，成文堂 2006 年版，第 267 页。
⑤ ［日］佐伯千仞：《刑事裁判与人权》，有斐阁 1957 年版，第 334 页。
⑥ ［日］内藤谦：《刑法总论讲义（上）》，有斐阁 1983 年版，第 33 页。

以其他方式确定。”[①]

在此说看来，类推解释和扩张解释都是对法律条文“本来固有的概念规定（定义）的扩张适用”，是“基于某种类似性、共通性而进行的适用”，两者的区别只不过是“名称不同而已”，“目的论的扩张解释和类推解释在推论形式上没有本质差异”。[②] 那么，“在刑罚法令中也必须在某种程度上允许类推。这是为了救济作为成文法宿命的语言的制约所导致的不合理性。为了使解释适应（法律）制定后的新事态，也有必要（进行类推解释）”。[③]

（二）类推解释与扩大解释的界限

1. 犯罪定型说。

此说认为，类推解释与扩大解释的区别在于，该解释是否在法律所预想的犯罪定型的范围之内。“不允许将有关犯罪与刑罚的规定进行对行为人不利的类推解释。特别是，对于构成要件的规定来说，不允许超越各法条所预想的法的犯罪定型范围的类推。即便是从刑事政策来看该行为是如何具有处罚的适当性，也只是立法的问题。不过，这么说并不意味着对于构成要件的规定仅能进行形式的文理解释，而是应当对各法条所预想的法的犯罪定型进行合理的解释。”[④]

此说的问题在于如何确定犯罪的定型，因为区分类推解释与扩大解释遇到障碍的案件，要么是由于科技改变了生活，使得较早的法律不能适应新的案件类型；要么是立法者由于知识的缺陷或者疏忽选择了有漏洞或不明确的表述。[⑤]

2. 法文语义说。

此说认为，类推解释与扩大解释的区别在于，该解释是否在“语言可能的意义”范围之内。关于如何确定“语言可能的意义”，又存在“纯粹语义说”与“理解可能性说”两种不同的观点。

纯粹语义说认为，“语言可能的意义”指的就是条文文字所表达的意义。“类推解释与扩张解释的区别在于，扩张解释停留在刑法的成文语言可能的意义范围之内，与之相对，类推解释超越了这个可能意义的界限，因而对于条文没有规定的事实也认为具有刑法规范的妥当性。就其他方面而言，扩张解释和类推解释在目的论的方法上是相通的。在这个意义上，也可以说扩张解释与类推解释之间的边界是不断变动的。然而，停留在成文语言可能意义的界限之内和超越这个界限的解释，两者之

---

① ［德］亚图·考夫曼：《类推与“事物本质”》，吴从周译，台湾学林文化事业有限公司1999年版，第147页。

② ［日］阿部纯二：《刑法的解释》，载［日］中山研一等编：《现代刑法讲座》（第1卷），成文堂1977年版，第116页。

③ ［日］植松正：《再订刑法概论Ⅰ总论》，劲草书房1974年版，第77页。

④ ［日］团藤重光：《刑法纲要总论》，创文社1990年版，第58页。

⑤ ［德］瓦尔特·佩龙：《德国视角下对解释与类推的区分》，王钢译，载梁根林、［德］埃里克·希尔根多夫主编：《中德刑法学者的对话　罪刑法定与刑法解释》，北京大学出版社2013年版，第184~186页。

间并不仅仅是量的差别而是具有质的差别。扩张解释是法律解释，而类推解释如果是由法官加以实施的，就不能忽视其属于法官造法即立法的性质了。”①

理解可能性说认为，在解释“语言可能的意义”时应重视一般人的理解可能性。“的确，不能否认扩张解释与类推解释的界限在一定程度上是流动的。但是，从罪刑法定主义的原则来看，两者的区别是具有重要意义的。大多数学说是以是否在‘语言可能的意义’界限之内来寻求两者的区别……其核心内容是妥当的。不过，所谓‘语言可能的意义’不应当由解释者的主观来左右，而必须由语言所具有的可能的意义（即使比日常用语的意义更宽泛，但不超越一般人（国民的平均层）的理解可能性的意义）来决定。”“对于法规没有明文规定的事项来说就是创制法律，是法官的立法。”②

对于法文语义说，质疑者认为，日常用语的界限通常不明确，无法确定某种解释是否仍处在这种界限之中，而且追问可能的文义往往也是徒劳无益的。尤其是随着欧洲各国移民的增多，导致越来越难以对概念在日常用语中的含义达成共识。③例如，《德国刑法典》第224条第1款第2号规定，行为人借助武器或者其他危险性工具对他人进行人身伤害，将被判处6个月至10年的自由刑。如果行为人将稀释的盐酸泼到他人脸上，可以视其为借助武器进行人身伤害吗？罪犯拎着受害者，将其头部撞到建筑物的墙上，这样的行为属于危险性人身伤害吗？德国联邦最高法院对前者判决认定盐酸属于武器的一种，因为化学武器在战争中的广泛应用是众所周知的；对后者则认为，将一面结实的墙壁、自然土壤或者一块岩石视为工具，有悖口语习惯。但“这两种法律适用方式都以类似性推论为基础。化学武器与有机械作用的武器类似。拎着头撞墙同拿危险性工具砸头类似。从法理学角度来看，这两种推理方式确实是相同的”。④

3. 预测可能性说。

此说认为，类推解释与扩大解释的区别在于是否在“国民预测可能性”的范围之内。根据如何判断“国民预测可能性”，此说又分为“纯粹预测可能性说”和“语义资料说”。

纯粹预测可能性说认为，在判断“国民预测可能性”时，不应以语言日常的、自然的意义为基准，而应以“关于行为处罚的一般国民的预测可能性”为基准。“从刑法严格解释的趣旨出发，即使具有处罚的必要性与合理性，而且在语言可能的

① ［日］木村龟二著、阿部纯二增补：《刑法总论》，有斐阁1978年版，第21页。

② ［日］内藤谦：《刑法总论讲义（上）》，有斐阁1983年版，第32~33页。

③ ［德］瓦尔特·佩龙：《德国视角下对解释与类推的区分》，王钢译，载梁根林、［德］埃里克·希尔根多夫主编：《中德刑法学者的对话　罪刑法定与刑法解释》，北京大学出版社2013年版，第182~183页。

④ ［德］克劳斯·罗克辛：《德国刑法中的法律明确性原则》，黄笑岩译，载梁根林、［德］埃里克·希尔根多夫主编：《中德刑法学者的对话　罪刑法定与刑法解释》，北京大学出版社2013年版，第37页。

范围之内……但如果其内容脱离了一般国民预测可能的范围，就应当理解为不允许这样的扩张解释。也就是说，以一般人的预测可能性为基准而允许扩张解释。……由此，当脱离一般人的预测可能性时，这个扩张解释就违反了《宪法》第31条。"①

语义资料说认为，在判断"国民预测可能性"时，应以"语言可能的意义"为判断的资料。"我认为是否超越了目的论解释的界限，要通过考虑是否实质地违反了罪刑法定原则的宗旨来决定。罪刑法定主义的最重要的机能是人权保障机能及确保该机能的预测可能性。因此，剥夺了国民预测可能性的解释，换言之，让国民感觉如同受到出其不意打击的解释是不被允许的。于是，在这种情况下，可以说法律条文所使用的语言的可能意义，是判断该解释是否剥夺预测可能性的资料。"②

语义资料说与法文语义说中的理解可能性说非常接近。但"两者的基点，一个在于'语言可能的意义'这种语义上，一个在于'国民的理解可能性'这种社会通念、常识上。由于思考方向存在差异，因而应该区分两者"。③

4. 形式与实质衡量说。

此说避免给刑法解释设定统一的界限，而是主张通过形式要素和实质要素的比较衡量来区分类推解释与扩大解释。例如，有学者主张将作为形式要素的"与语言本来意义的距离"和作为实质要素的"处罚的必要性"进行比较衡量，据此划定被允许的解释的范围。"结果，在判断解释允许的范围时，有必要将与语言本来的含义（核心部分）的距离及处罚必要性进行衡量。于是，为了将实质的正当性客观化，需要讨论：①犯罪论的体系化；②保护法益的分析；③社会的必要性；等等。进而，为了使这个判断容易化，需要区分：①谁都能从这个概念想到的内容（核心部分）；②该概念虽然可以涵盖这样的内容，但是一般人难以想到的边缘部分；③介于①和②的中间部分。对于②，应否定其构成要件符合性。对于①，在原则上承认其构成要件符合性的基础上，应考虑例外的限定处罚的情况（包括限定的合宪解释等在内）。对于③，应从保护法益的正面论述判断处罚的必要性。与罪刑法定原则的关系最为重要的是有关②的判断。"④

5. 合目的性说。

此说主张设定合目的性这种实质性制约原理来区分类推解释与扩大解释。认为无法区分类推解释和扩张解释的"区别无意义说"论者有支持此说的倾向。他们认为，通过形式的"犯罪定型"、"语言可能的意义"或者"一般人的理解可能性"不可能划定类推解释与扩张解释的界限，即"对解释者而言，只不过是将希望的结论置于可能的意义的范围之内，而将不希望的结论置于范围之外罢了"。⑤

---

① ［日］大谷实：《刑法讲义各论》（新版追补版），成文堂2002年版，第66页。

② ［日］福田平：《刑法解释学的基本问题》，有斐阁1975年版，第13页。

③ ［日］关哲夫：《刑法解释研究》，成文堂2006年版，第272页。

④ ［日］前田雅英：《刑法总论讲义》（第4版），东京大学出版会2006年版，第79页。

⑤ ［日］阿部纯二：《刑法的解释》，载［日］中山研一等编：《现代刑法讲座》（第1卷），成文堂1977年版，第115页。

此说认为："与其他法领域，尤其是与私法不同，'刑法由于存在罪刑法定主义，因而进行处罚必须要有法律上的依据。在这个意义上刑法法规当然对法官具有约束力。但是，由于刑法法规本来就具有的片段性（fragmentarisch），不可避免会产生法律的漏洞。罪刑法定主义要求即便是存在法律的漏洞也不允许使用习惯法、条例来补充'。当认为'类推只不过是一种解释方法而已'时，'这种推论程序如果仅限于特定法规的解释是没有问题的，但不允许完全没有法规依据的自由的法发现（freie Rechtsfindung）'。'换言之，某结论以特定的法规为根据，从这个法规中能够引出充分的理由，仅限于这个意义上，到底是使用类推解释的方法还是反对解释的方法，这就是解释的问题。'但是，'类推中最重要的是发现两个事项之间的类似性的观点。这个观点是从对结论的实质的、价值的考量中得出的。在此，当然要考虑个别法规的目的、法整体的目的。通过这一目的的制约，就不至于使类推导致语义的无限扩张。即便是考虑到目的也不能发现类似性的场合，当然就是法律留下的欠缺了。对此，按照罪刑法定主义的要求，法律的欠缺不能通过习惯法、条理、"自由的法发现"来进行补充'。"①

对这种"条文字面含义并不重要，法律目的和意义才是最重要的"的观点，质疑者认为："问题是，是否存在一个独立于法规的法律意义？首先，一个不尊重法律意义和目的的法官解释不会被视为类推，而会被视为一个法官自由的法律创制。但是，这个所谓的创制在所有法律领域里都是禁止的。从禁止类推的特定刑事界限来看，这样的反对意见与区别扩大解释和类推根本就没有联系。"②

6. 存疑即类推解释说。

此说认为，在司法实务中扩大解释和类推解释的区分十分困难，这时应该依照"存疑有利于被告"的原理，确定存疑属于类推解释，以树立严格解释的精神。③

以上各种学说很难说哪个绝对正确，但试图区分扩大解释与类推解释之间界限的努力值得肯定。

（三）对被告人有利的类推解释

禁止类推解释是为了保障国民的行动自由或保障被告人的权利，因而并不禁止对被告人有利的类推解释。例如，扩大正当化事由的类推解释就是被允许的，如《日本刑法典》第37条规定，紧急避险是"为了避免对自己或者他人的生命、身体、自由或者财产的现实危难，而不得已实施的行为"。将法律没有列举的"贞操"、"名誉"等类推为紧急避险保护范围之内的法益，就是对被告人有利的类推

① ［日］阿部纯二：《刑法的解释》，载［日］中山研一等编：《现代刑法讲座》（第1卷），成文堂1977年版，第118~119页。

② ［德］克劳斯·罗克辛：《德国刑法中的法律明确性原则》，黄笑岩译，载梁根林、［德］埃里克·希尔根多夫主编：《中德刑法学者的对话 罪刑法定与刑法解释》，北京大学出版社2013年版，第37页。

③ 参见［日］山中敬一：《刑法总论》（第3版），成文堂2015年版，第80页。

解释。

不过，即使是正当化事由的类推解释，也不是无限度地被允许。它需要满足法的安定性要求，确保国民的预测可能性。这种有利于被告人的类推解释必须能够从规范的立法目的和意旨中得到合理的说明。①

第三节　罪刑法定主义实质内容的进化

一、实质内容产生的背景

罪刑法定主义的古典形态以“议会是值得信赖的而法院不值得信赖”的思想为前提，因而主张以议会制定的法律为手段来限制法院裁判的权力，从而确保市民的权利与自由。

然而，如果议会制定的是“恶法”，即将不应当受到刑罚处罚的行为规定为犯罪，或者对某种犯罪规定与其性质不相称的重刑，那么即使法院遵照罪刑法定原则正确适用法律条文，也会出现侵犯人权的情况。即使是古典的罪刑法定主义也不会认为议会可以随意制定法律，但由于以信赖议会为前提，即认为议员作为市民的代表不会制定对市民不利的法律，因而即使议会真的制定出不合理的法律，也没有相应的矫正办法。

到了20世纪以后，司法国家思想在各国广泛传播。不少国家的宪法或相关法律作了调整，使法院拥有了对法令的审查权，即有权宣告某些不合适的法令违宪。这就意味着宪法期待法院能够在议会制定出不合理的法律时起到保护国民利益的作用。基于这种思想和制度的影响，罪刑法定主义也增添了新的内容，即刑法法规的明确性原则和刑法法规内容的适正原则。

二、刑法法规的明确性原则

（一）明确性的内涵

刑法法规的明确性原则，是指刑法法规必须具体而且明确地规定犯罪与刑罚的内容。这一原则是由美国的“由于不明确而无效的理论”（void for vagueness doctorine）发展而来的理论。德国《基本法》第103条第2款、日本《宪法》第31条等不少国家的宪法都明确或概括地承认明确性原则。

明确性原则意味着“没有明确的法律就没有犯罪与刑罚”（nullum crimen，nulla poena sine lege certa）。这种不明确性又包括狭义的不明确性和广义的不明确性。“被认为不明确的场合包括两种情况：（1）该条文能适用到何种地步，其边界的轮廓（外延）不清晰（狭义的不明确性）。（2）其界限在某种程度上而言是明确的，但（将明显的合法行为也纳入在内）涉及过广（过度的广泛性）。它们之间的相互区别

① ［日］山中敬一：《刑法总论》（第3版），成文堂2015年版，第82页。

是相对的、流动的。总之，违反明确性的法律，应作为违反宪法……而无效。”①

一般认为，明确性原则有以下机能：（1）对国民事前正当告知什么是犯罪的机能；（2）禁止侦查机关和法院恣意运用法规的机能。②

然而，由于刑法条文应当简洁，因而不可能对所有的犯罪行为都作出具体详细的规定。而且在现代复杂的社会中，事实上也不可能将所有有害行为用精密的法言法语加以记述。必须在一定程度和范围内使用概括的、抽象的概念或一般性的价值概念。再者，不少国家法定刑规定的幅度也相当大，如《日本刑法典》第199条规定的杀人罪，其下限是5年惩役，其上限则是死刑。“如果适用严格的标准，那么多数刑法法规都有违反宪法之嫌。因此，违宪无效还是应局限于达到明显暧昧、不明确程度的情形。”③

（二）日本的实践

在司法实务中，适用明确性原则的难点在于如何判断法规是否明确，即不明确性的判断标准是什么。日本通说与判例的观点是以一般人的理解能力为判断标准。“在具有通常判断能力的一般人的理解中，是否有可能判断出该行为在该具体情况下应否适用该刑法法规，应以此为判断基准。”④

从实际情况看，各国法院都较少直接宣告某刑法法规因不明确而无效。例如，日本虽然存在很多就法规是否明确、是否违反宪法而产生争议的案件，下级法院也有过以不明确为理由宣告法律无效的判例，但都被最高法院改判。日本最高法院迄今为止仍没有一例以不明确为理由宣告刑法法规无效的判例。

日本最高法院对于法规明确性存在争议的案件，大致通过以下五种方法来说明法规具有明确性。第一，认为条文在文理上并非不明确。例如，关于《轻犯罪法》第1条第31项“通过对他人业务的恶戏等加以妨害者”中的“恶戏”，法院认为“其本身在其所在的犯罪构成要件中是明确的”。第二，认为根据判例的积累和对法律条文的解释能够避免规定的不明确性。第三，认为在与具体案件的关联上，法律规定就该案而言是明确的，即认为审判是为了解决具体案件，因而即使法律条文有不明确之嫌，但就该案而言明确处于法律规定的范围之内，因而并非不明确。第四，认为法律条文中存在例示，因而是明确的。例如，针对《团体等规制法》第2条第7项中“暗杀等其他暴力主义”的明确性问题，法院认为暴力行为的内容已经通过例示的方法得到了某种程度的具体化。⑤ 第五，认为通过合宪的限定解释可以承认法规的明确性。例如，德岛市《关于集团行进与集团示威运动的条例》第3条第3

① ［日］井田良：《讲义刑法学·总论》，有斐阁2008年版，第38页。

② ［日］山中敬一：《刑法总论》（第3版），成文堂2015年版，第83页。

③ ［日］井田良：《讲义刑法学·总论》，有斐阁2008年版，第38页。

④ 东京高等法院1995年10月31日判决，载《判例时报》第1566号，第134页。

⑤ ［日］大塚仁等编：《大注解刑法》（大コンメンタール刑法）（第1卷）（第2版），青林书院2004年版，第57~58页。

项规定，准备游行示威的组织者必须“维持交通秩序”，否则要受到处罚。对这一规定的明确性，法院认为，可以限定解释为必须防止“超出一般在道路上秩序正常平稳的集会游行所带来的妨碍交通的程度更重的行为”，从而认为该条文具有明确性。[①]

（三）德国的实践

德国联邦宪法法院一直强调，在明确性要求的实践应用中要保证清晰性和严格性。所以到目前为止，只有在极例外的情况下，才会有刑事法规由于不明确性被解释成违宪。其中最具代表意义的是联邦宪法法院2002年对《德国刑法典》第43条a作为法律后果的财产刑规定因缺乏明确性而认定其违宪，故而宣布无效。此外，德国联邦最高法院在2004年也作出判决，以用职业或者团体方式偷逃税款（《缴税规定》第370条a）的构成要件不符合宪法意义上的明确性要求为由取消该构成要件。

德国联邦宪法法院认为，立法者已经对《德国刑法典》以前包含的严重不法行为的构成要件作了足够明确的说明。即便如此，人们还不是很清楚，到底哪些行为属于严重不法行为。宪法法院将法律明确性局限在两个构想上：第一，依据刑罚的高低和罪行的轻重来调整明确性要求。第二，如果一个法规没有明确规定一个行为的违法性，可以以判决作为补充使其明确。[②]

对此，有的学者提出质疑。例如，许乃曼认为，立法者制定的内容不明确的法律才是对罪刑法定原则最大的威胁。格佩特认为，如果立法者有可能通过立法技术将一个法律制定得更为明确，那么这样的法律或者对这个法律中任意规则的解释就有悖明确性原则。[③]

在德国，很多罪名构成要件的明确性问题经常在理论上引起讨论，如侮辱罪、强制罪、背信罪以及纠缠罪。[④] 目前多数学者大体赞成或完全赞成联邦宪法法院的裁判意见，并且尝试拉近明确性原则理论同司法实践应用的偏离距离，通过弱化对刑法明确性的要求，在逻辑上协调理论同实际的关系。所以，不能再将明确性要求理解为一种准确性要求，而要理解为一种指导性要求，它只是要求立法者指导性地划定行为的可罚性范围，但是不用尽善尽美，在法规中对每一个个案都足够详细地

---

① ［日］山中敬一：《刑法总论》（第3版），成文堂2015年版，第85~86页。

② 参见［德］克劳斯·罗克辛：《德国刑法中的法律明确性原则》，黄笑岩译，载梁根林、［德］埃里克·希尔根多夫主编：《中德刑法学者的对话　罪刑法定与刑法解释》，北京大学出版社2013年版，第46页。

③ 参见［德］克劳斯·罗克辛：《德国刑法中的法律明确性原则》，黄笑岩译，载梁根林、［德］埃里克·希尔根多夫主编：《中德刑法学者的对话　罪刑法定与刑法解释》，北京大学出版社2013年版，第47页。

④ 参见［德］洛塔尔·库伦：《罪刑法定原则与德国司法实践》，黄笑岩译，载梁根林、［德］埃里克·希尔根多夫主编：《中德刑法学者的对话　罪刑法定与刑法解释》，北京大学出版社2013年版，第120~121页。

进行总结。[①]

德国联邦宪法法院在2010年6月23日作出的决议中指出：最近的司法实践认为需通过立法者和法官的分工协作来明确刑法的意见并非只是考虑到需要弱化针对立法者所设置的明确性要求。确切地说，司法实践也认为，法庭应遵守明确性要求，并且赋予这个要求以崭新的含义。立法者的义务在于制定足够明确的法律来确定犯罪行为的可罚性，而法官的义务在于通过准确的法律解释尽量降低法规中的不明确性，也就是在制定一部足够明确的刑法的法律具体化过程中共同发挥作用。当人们一旦认可了法庭不仅在刑法应用中，也在刑法明确化的过程中所具有的作用，就会认可针对法庭的这个"准确要求"。[②]

三、刑法法规内容的适正原则

刑法法规内容的适正原则，也被称为适正处罚原则。其基本内容是"刑法不仅要在形式上规定犯罪与刑罚，而且其规定的内容也应当适当"。[③]

刑法法规内容的适正原则是从美国法中的实体正当程序理论（substantive due process）发展而来的，而美国的实体正当程序理论又是在明确性原则的发展过程中形成的。因此，刑法法规的明确性原则与刑法法规内容的适正原则具有密切的关系。

刑法法规内容的适正原则包括三方面的内容。

第一，刑法法规所设置的犯罪行为必须不能违背宪法保障人权的规定。某种刑法法规的内容如果违反了言论自由、法律面前人人平等、劳动基本权等宪法规定的基本权利，则必定违反了刑法法规内容的适正原则。例如，《日本刑法典》第200条规定的杀害尊亲属罪，被日本最高法院大法庭认为违反宪法，因而被废除。又如，对于日本地方议会所制定的取缔卖淫的条例是否会导致地域间的处罚不均衡、不统一问题，日本最高法院认为条例的制定权是宪法所赋予的，当初制定宪法时就会想到地域差别的问题，因而认为该条例合宪。

第二，刑法法规所设置的犯罪行为必须具有处罚的必要性和合理性。某个刑法法规的内容即使不直接违反宪法保障人权的规定，但如果欠缺处罚的必要性和合理性，便违反刑法法规内容的适正原则，应认为违宪且无效。

第三，犯罪与刑罚必须均衡。适正的刑法法规要求犯罪与刑罚之间必须均衡。对于均衡性的判断标准，有的学者主张以"对犯罪的社会伦理的评价"为基础，有

---

① 参见［德］洛塔尔·库伦：《罪刑法定原则与德国司法实践》，黄笑岩译，载梁根林、［德］埃里克·希尔根多夫主编：《中德刑法学者的对话　罪刑法定与刑法解释》，北京大学出版社2013年版，第122页。

② 参见［德］洛塔尔·库伦：《罪刑法定原则与德国司法实践》，黄笑岩译，载梁根林、［德］埃里克·希尔根多夫主编：《中德刑法学者的对话　罪刑法定与刑法解释》，北京大学出版社2013年版，第124页。

③ ［日］大塚仁等编：《大注解刑法》（大コンメンタール刑法）（第1卷）（第2版），青林书院2004年版，第61页。

的学者主张“犯罪与刑罚的均衡应以被侵害法益的重要性程度和从维持社会秩序角度来看处罚的必要性程度为基础进行判断”。[①] 判处刑罚时应考虑犯罪预防之必要，但如果过度考虑这一要素，则会产生侵犯人权之结果，反而违反罪刑均衡的要求。规定残酷刑罚的刑法因为违宪而无效，即使刑罚本身并不残酷，但如果与犯罪不相当，也违反了罪刑均衡的要求。罪刑均衡首先是立法时的问题，但同时也是审判时量刑的指导原理。“刑罚大概是国家权力作用中最严峻的制裁，特别是在与基本人权相关的事项上设置罚则时，必须慎重考虑。刑法法规从罪刑均衡以及其他各种观点来看显著不合理，无论如何都无法允许时，就必须进行违宪审查。”“法定刑必须考虑违法行为的违法性大小而加以制定。”[②]

从罪刑法定主义具体内容的内涵变化可以看出，人们关于罪刑法定主义的理解已经偏离了传统的、古典式的理解，而是“尝试着将一个法理认识同一个高度法律化的现代社会的实际需要联系起来思考，也使那些作为罪刑法定原则基础、没有发生改变的当代基本价值以符合现实的修正方式发挥出它们的作用”。[③] 毕竟，罪刑法定主义滥觞于17世纪，目的在于防止国家机关潜在的无边界的权力活动以刑法之名干涉公民的自由。“假如国家的刑事立法者不是以自我为中心的、完全不受约束的君主，而是‘我们’这些寻求保护和安全感的公民，又会怎样呢？刑法基于合法性原则而有意造成的（部分）失灵，是否仍旧是优势？或者不再是一种应受到指摘的‘处罚漏洞’？为什么刑法禁令不能通过类推，从而适用于立法者未能预见的类似事实？即便这些填补了漏洞，是否就可以提高文明社会，也即‘我们所有人’所追求的安全感？笔者完全相信，即使到了2050年法科学生和法官仍旧知晓并会引用罪刑法定这一基本原则。然而，他们也很有可能将罪刑法定原则视为是社会所期待的公正刑罚的异形和阻碍，结果就是他们对该原则的解释要明显比我们现在更严格。”[④]

---

① ［日］大塚仁等编：《大注解刑法》（大コンメンタール刑法）（第1卷）（第2版），青林书院2004年版，第63页。

② 日本最高法院1974年11月16日判决，载《最高裁判所刑事判例集》第28卷第9号，第393页。

③ ［德］洛塔尔·库伦：《罪刑法定原则与德国司法实践》，黄笑岩译，载梁根林、［德］埃里克·希尔根多夫主编：《中德刑法学者的对话　罪刑法定与刑法解释》，北京大学出版社2013年版，第130页。

④ ［德］托马斯·魏根特：《德国刑法向何处去？——21世纪的问题与发展趋势》，张志刚译，载赵秉志主编：《刑法论丛》（第1卷），法律出版社2017年版，第388页。

第四章 刑法任务的重塑

第一节 法益保护说和社会伦理秩序维持说的对立

刑法的任务是什么，理论上历来存在法益保护说和社会伦理秩序维持说两种不同的观点。

一、法益保护说的基本立场

法益保护说认为，“刑法的任务、目的在于保护人们在社会中的共同生活，具体而言，即保护个人的生命、身体、自由、名誉、财产等法益”。[①] 此说认为，犯罪必须是侵害法益的行为，没有法益侵害就没有犯罪。例如，杀人罪的保护法益是人的生命权，盗窃罪的保护法益是财物的所有权或占有，放火罪的保护法益是公共安全，等等。

法益保护说的前提是，必要解释什么叫作法益。法益，通俗地讲就是法律所保护的利益，即“个人、国家、社会认为有必要原样保持并应通过法律加以保护的一定的利益”。[②] 根据其主体的不同，法益通常可分为个人法益、社会法益与国家法益三大类。身体、生命、自由、名誉、财产等属于个人法益；公众的生命、身体、财产，对文书的社会信赖等属于社会法益；国家的存在、国家的作用、刑事司法作用等属于国家法益。基于现代国家尊重国民主权和基本人权的原则，生命、身体、自由、名誉、财产等个人法益应当是刑法优先保护的对象。公共安全、公共信用等社会法益不应被认为是超越个人的统一的社会利益，而应认为始终是个人利益的集合体。此外，国家也不应被视为超越个人的有自我目的的存在，而应视为保护个人法益的机构。[③] 法益包括“生活利益与法的要保护性两个要素。”[④]

一般认为，法益概念本身具有两个机能，即法益概念的解释规制机能和法益概念的立法规制机能。[⑤]

---

① ［日］高桥则夫：《刑法总论讲义案》，成文堂 2006 年版，第 5 页。

② ［日］井田良：《讲义刑法学・总论》，有斐阁 2008 年版，第 15 页。

③ ［日］曾根威彦：《刑法总论》（第 4 版），有斐阁 2008 年版，第 6 页。

④ ［日］关哲夫：《讲义刑法总论》，成文堂 2015 年版，第 38 页。

⑤ ［日］井田良：《讲义刑法学・总论》，有斐阁 2008 年版，第 15-16 页。

法益概念的解释规制机能是指法益能规制法院等司法机关对刑法的解释。司法机关在进行刑法法规解释时，应选择最能保护法条所意图维护的法益的解释，这就是所谓的目的论解释。因此，司法机关只有明确了刑法各条文的保护法益，才有可能在解释论上得出合理的结论。

法益概念的立法规制机能是指在进行刑事立法时，法益概念能使立法正当化并划定其合理性边界。只有当某种行为具有法益侵害性时，国家才能够将其规定为犯罪行为，没有法益侵害就没有犯罪。

法益保护说认为，刑法的任务在于保护法益，它“以个人主义、自由主义的国家观为基础，认为国家应发挥调整个人与个人之间的利害冲突，原则上仅处罚侵害他人权利、自由的行为的作用”。①

二、社会伦理秩序维持说的内涵与缺陷

社会伦理秩序维持说认为，犯罪的本质在于违反法规（刑法）背后的规范，刑法的任务即对这种规范的保护。早期的学者们一般将这种规范理解为社会伦理规范。例如，德国学者韦尔策尔认为，刑法的目的就在于维持社会伦理秩序。② 日本学者小野清一郎也认为，“刑法的本质和任务是对国民的现实的反道义行为进行惩罚报应，以彰显、证明道义”。③

社会伦理秩序维持说认为，国家本身具有实现某种伦理价值的目的，因此刑法的任务在于增强社会道德，通过处罚违反道德者的行为来实现和促进社会伦理秩序。社会伦理秩序维持说将国家视为国民道德的保护者，即以家长主义的国家观作为基础。

社会伦理秩序维持说与法益保护说的主要对立在于如何理解刑法与道德的关系。法益保护说认为，犯罪是侵害法益的行为，“立法者是为了保护一定的利益而制定法律，维持社会伦理只是附带的效果”。④ 而持社会伦理秩序维持说的学者认为，刑法的任务在于维持社会伦理秩序，保护法益只是派生的效果，即只要有必要，就可以仅以行为的不道德性为理由而将其规定为犯罪并进行处罚，从而肯定刑法的道德形成机能。⑤

由于通常的犯罪行为既侵害或威胁法益，又违反社会伦理，因此两说在实际结论上差异不大。不过对于风俗犯等明显违反一般人的伦理道德而是否具体侵害某种法益认识不一的犯罪，两说则存在显著差异。20 世纪 60 年代，各国刑法学界乃至整个法学界就围绕着所谓“无被害人的犯罪”、“自己就是被害人的犯罪” 的犯罪化与非犯罪化的问题展开了广泛而激烈的争论。譬如，刑法中处罚同性恋的规定是否

---

① ［日］山中敬一：《刑法总论》（第 3 版），成文堂 2015 年版，第 51 页。
② Hans Welzel, Das deutsche Strafrecht AT, 11. Aufl., 1969, S. 1.
③ ［日］小野清一郎：《新订刑法讲义总论》（增补版），有斐阁 1950 年版，第 18 页。
④ ［日］高桥则夫：《刑法总论讲义案》，成文堂 2006 年版，第 6 页。
⑤ 转引自［日］曾根威彦：《刑法总论》（第 4 版），有斐阁 2008 年版，第 7 页。

应当被废除、非配偶间的人工授精行为是否有必要被增设为犯罪，这些问题在欧美存在激烈的争论。日本也围绕着应否废除通奸罪、自己堕胎罪，卖淫、赌博、散布淫秽物品等行为是否应被定罪等问题进行了激烈的辩论。一般而言，社会伦理秩序维持说认为这些行为都是反伦理道德的行为，都应当通过刑罚进行处罚；而法益保护说认为诸如成人私下之间的性行为与赌博行为，不存在被害人或行为人自己就是被害人，因而缺乏保护法益，不应当受到处罚。

不过，各国立法多采取折中的态度。例如，日本刑法一方面废除了通奸罪，坚持不将同性恋、兽奸、卖淫等行为纳入刑罚处罚范围，另一方面又处罚嫖宿儿童、单纯赌博、贩卖淫秽物品等行为。因此，法益保护说和社会伦理秩序维持说中的部分学者也都对自己的观点作了一定的调整。例如，持社会伦理秩序维持说的学者如果将社会伦理理解为“不得侵犯他人的生活利益”这种道德规范，那么其就无异于法益的概念；而持法益保护说的学者如果将法益概念精神化，如将“健全的社会性风俗”、“优生遗传”等理解为法益，那么这种法益与社会伦理也就没有实质性区别。“如果将法益作价值的、观点的把握，如将前述社会伦理规范也包括在法益之内，那么法益概念就不具有任何的限定性意义，而只是对现行处罚规定进行说明并使其正当化，不具有对立法的制约机能。”① 当然，多数学者还是主张维持自己原有的观点，因而两说的差异并没有被消除。

从实际情况来看，认为刑法的任务在于保护法益的法益保护说现在是刑法学界压倒性的多数说。② 根据此说，不能运用刑罚来处罚单纯违反伦理道德等价值观的行为。其理由在于：第一，现代的法治社会是一个价值多元化的社会，只要不给他人带来困扰（即只要不侵害法益），就应当容忍行为人实施大部分普通民众并不喜好的行为。第二，伦理道德因人因地而异，从历史上看也是一个不断变化的范畴，并不适于成为通过刑罚加以保护的对象。第三，伦理道德应当是由个人基于自己的良心自发地遵守，而不应由国家来加以强制。③

第二节　法益保护说的危机与规范维持说的兴起

近年来，随着风险社会的到来，各国经济刑法、医事刑法、有组织犯罪对策法等法律大量增加，法益保护说受到越来越多的质疑，而规范维持说则替代了影响力日益衰退的社会伦理秩序维持说，成为与法益保护说分庭抗礼的学说。

一、法益保护说的危机

法益保护说在理论论争中取得了对社会伦理秩序维持说的优势地位，但法益保

---

① ［日］浅田和茂：《刑法总论》（补正版），成文堂 2007 年版，第 11 页。

② ［日］山中敬一：《刑法总论》（第 3 版），成文堂 2015 年版，第 50 页。

③ ［日］井田良：《讲义刑法学 · 总论》，有斐阁 2008 年版，第 21 页。

护说仍然面临着各种各样的批评。

（一）法益概念的模糊性

法益概念发展至今几乎成为刑法学最基础性的概念。多国通说认为，法益概念既是刑法建立刑罚正当化的前提条件，亦是特定的行为入罪化的实质标准。整部刑法可以说就是一部法益保护法。但法益概念的内涵与外延也一直饱受争议。“法益的定义至今仍然没有得到成功而明确的说明，因而不能提供一个可以在法律上作为基础的和内容上令人满意的界限。”①

如前所述，法益概念中最简洁的定义是“法所保护的利益”。但这个最简洁的定义却存在两个需要澄清的问题：第一，这里的“法”是指什么？第二，这里的“益”包括什么内容？

1. 法益的“法”。

围绕着法益中的“法”是刑法，还是包括刑法在内的整个法律体系，抑或是先于实定法的自然法的问题，理论界存在激烈的争论。

先法性法益概念认为，法益是一种先于法律而存在的概念，并不依赖于实定法而独立存在。在实定法规定之前，法益的实体就已经客观存在。所有的法益，都是一种生活利益，这些利益是社会本身的产物。人们不可能自行创设、发明法益，而只能够从社会生活中认识和发现法益。立法者将法益纳入法律的保护范围，其实只不过是对生活现实的一种描述罢了。

刑法性法益概念主张，法益概念来源于刑法的建构，是已然受到刑法保护的利益之总和。在任何刑法规范中，均可以找到其所保护的法益。而离开了现行有效刑法的承认与规定，任何利益都不会成为法益。因此，法益这一概念只有在实定刑法的范围内才有实际意义。

宪法性法益概念认为，法益是存在于宪法之后、刑法之前的概念。法益不由刑法来建构而应当在宪法的框架内进行讨论，即主张应当在宪法的框架下对利益进行规范评价，从宪法中寻找法益的内容。所谓法益，是“在以个人及其自由发展为目标进行建设的社会整体制度范围之内，有益于个人及其自由发展的，或者是有益于这个制度本身功能的一种现实或者目标设定”。②

先法性法益概念对于实现法益概念的立法规制机能是极具优点的。既然法益的实体内容在立法者立法之前业已存在，立法者就只能客观地描述这种法益而不能自主地创造法益。因此，刑事立法者只能将侵害客观存在的法益的行为规定为犯罪。某种行为如果没有侵害到法益而立法者将其纳入犯罪行为的范畴，那这种立法就是值得批评的。不过，是否真的存在这种所谓的先法性法益，尚值得怀疑。“在民主

① ［德］克劳斯·罗克辛：《德国刑法学总论》（第1卷），王世洲译，法律出版社2005年版，第14页。

② ［德］克劳斯·罗克辛：《德国刑法学总论》（第1卷），王世洲译，法律出版社2005年版，第15页。

国家中，(法益）的定义权只能存在于——受到宪法约束的——立法者，至少并不存在前实定法的、前宪法的事实前提……即，保护法益是民主的法律的组成部分，并不存在立法者摘录、描述的存在前提。"① 而且，先法性法益概念能否完整概括应当由刑法保护的利益范围则存在疑问。例如，即便认为有些利益，如人的生命、财产等是在法律制定之前就已经存在的，但是，有些利益（如税收制度、货币体系等）则是通过立法来创设的。因此，先法性法益概念难以合理概括刑法的保护范围，无法实现对利益的完整保护。

刑法性法益概念以实定刑法为依据，可以最大限度地概括现行法中犯罪的共性并实现法益概念的解释规制机能，这是其优点。但它却难以实现法益概念的立法规制机能。因为所有的刑事立法所规定的罪名，都会被认为侵害了某种法益，因而这些规定都是合理的。这就完全丧失了法益限制刑事立法权扩张与膨胀的功能性意义，而成为对现行法的单纯背书。因此，刑法性法益概念被认为"完全没有刑事政策意义，是对实体犯罪概念的一种牺牲，因为立法者自然会在每一个条款中追寻某种目的，所以当然就会有一个法益存在"。②

宪法性法益概念是目前受到较多学者支持的法益概念，它从宪法的角度为刑事立法的合理性提供了清晰明确的评价标准。"宪法规范为刑事立法者的选择设定了明确的界限，他们不能用刑罚来制裁侵害宪法性法益之外的利益的行为。从宪法性法益概念出发，可以推导出一系列具体的、可用的刑事政策标准：专横的刑罚威胁保护的不是法益，纯粹的思想性目标设定所保护的不是法益，纯粹违反道德行为所侵害的不是法益，而秩序违反行为侵害的则是法益，等等。"③ 但宪法性法益概念只能说明某种行为如果没有侵害法益就不应被刑法纳入犯罪范畴，而如何解释被纳入犯罪范畴的行为、法益概念在刑法解释论中如何发挥作用，这些显然都是刑法内部的问题，宪法性法益概念无法给予具体指导。

值得关注的是，德国宪法法院在 2008 年 2 月 26 日将有关《德国刑法典》第 173 条第 2 款第 2 句及第 3 款处罚成年兄弟姐妹之间性行为的规定解释为合宪。判决同时否决了用以限定刑罚边界的法益概念。判决指出，"与刑法的目的一样，由刑法来保护的法益的确定"也应留给立法者。"不能因为人们假想中先于立法者存在的法益，或是凌驾于立法者之上的存在所'承认'的法益，来限制立法者的这一权限。相反，如果是并且只要是……排除了预先实现某一特定目的的可能性，立法

① ［德］上田正基：《这种行为是真的应该处罚吗——宪法的刑事立法论序说》，弘文堂 2017 年版，第 48 页。

② ［德］克劳斯·罗克辛：《德国刑法学总论》（第 1 卷），王世洲译，法律出版社 2005 年版，第 14 页。

③ ［德］克劳斯·罗克辛：《德国刑法学总论》（第 1 卷），王世洲译，法律出版社 2005 年版，第 15 页。

者只受……宪法本身的约束”。[①] 这否定了存在先于立法者的法益概念，对德国刑法学产生了很大的冲击，判决几乎遭到了德国刑法学界的一致抵制。

由于先法性法益概念、刑法性法益概念以及宪法性法益概念都各有长短优劣，因而对于如何解释法益概念中的“法”，人们仍然没有取得一致的见解。

2. 法益的“益”。

就法益的“益”包括什么内容而言，见解也颇为分化。早期的学者，如 19 世纪初期的刑法学家费尔巴哈认为，犯罪是对权利的侵害。费尔巴哈的权利概念包括从国家契约中产生的国家权力与私人权利。他将犯罪限定为侵害权利的行为，从而要求进行事后的归责，这有利于限制国家权力的恣意，从而保障市民的自由。“它具有正确的思想内核。但是，用权利侵害来说明所有的犯罪（如将内乱罪解释为对国家权力的侵害等）是不可能的。”[②] “费尔巴哈的理论不仅承认人权还承认国家的权力，并且否定了社会（这一主体）都存在问题。”[③]

由于无法用权利的观念来解释实定法上的所有犯罪，权利逐步被其修正形态法益侵害说所取代。法益侵害说的倡导者毕尔巴模（Birmbaum，1792—1872）认为，犯罪是对作为权利对象的由国家所保护的“财”（Gut）的侵害或侵害的危险。也就是说，法益的“益”指的是“财”。毕尔巴模认为，刑法所保护的各种“财”，一部分是自然的供给，另一部分是人类社会的发展与市民相结合的产物，国家应该依靠权力给予生存在国家里的一切人相同的保障。毕尔巴模所说的“财”，基本上指的是一种具体的对象物。

毕尔巴模的观点此后得到宾丁和李斯特等的继承和发展。李斯特将法益从具体的事物提升为价值性概念，将法益与行为客体加以区分，从而实现了法益与“财”的理念分离。李斯特认为：“法益是指法所保护的利益。所有的法益都是生活利益，个人或共同社会的利益。产生这种利益的不是法秩序，而是生活。但法的保护使生活利益提升为法益。”[④] 李斯特将“益”解释为“利益”，既通俗易懂，又避免了“权利”概念的缺陷，而且由于他认为利益来源于生活，先于法律而存在，因而又能使法益概念发挥立法规制机能，因而产生了很大影响，成为法益概念的典型描述之一。

然而，李斯特将法益界定为利益，就开始使法益概念出现“去实体化”倾向。“益”是否包含行为与规范？“益”的价值主体指的是个人还是包含超个人的存在？目前在德国、瑞士、奥地利、意大利等国家中较有影响力的法益观，大体将“益”分别定义为“客体”、“状态”、“价值”、“利益”、“规范”、“规范运行”等，这之间到底存在什么区别？“进入 20 世纪以后，霍尼希（Richard Honig，1890—1990）

---

① 参见［德］埃里克·希尔根多夫：《德国刑法学——从传统到现代》，江溯等译，北京大学出版社 2015 年版，第 232 页。

② ［日］浅田和茂：《刑法总论》（补正版），成文堂 2007 年版，第 43 页。

③ ［日］生田胜义：《行为原理与刑事违法论》，信山社 2002 年版，第 59 页。

④ 转引自［日］大塚仁：《刑法概说（总论）》（第 4 版），有斐阁 2008 年版，第 91 页。

提倡将法益解释为各个刑法法规中所承认的立法目的，施温格（Erich Schwinge，1903—1994）将法益理解为刑法中的解释及概念构成的指标，这些观点都使法益的概念发生了重大的变化。”① 不清晰的法益概念无疑削弱了法益在刑法体系中的作用。

（二）法益概念的精神化

李斯特的法益概念严格区分行为客体与作为保护客体的法益，不过这也直接导致法益内容出现精神化倾向。到二战之前，法益概念的精神化倾向曾一度成为了法益理论最大的特色。学者受新康德主义的影响，更倾向于认同法益产生于社会共同体所认可的生活价值和文化价值，依据社会共同体的评价而形成。这就有可能使法益内涵逐渐由具体的利益而转化为某种价值观念。尤其在一些与道德关系较为密切的犯罪中，如何理解其法益就成为问题。例如，如果认为风化类犯罪的保护法益是“健康的两性风俗”，那么法益的概念就基本等同于社会价值观了。

“如果将法益理解为非物质的或者精神的，那么就无法提示所有犯罪共通的实质上不法的核心内容，也无法对立法者提示界限。这是存在问题的。这种没有内容的法益概念的代表，是沃勒斯（Wohlers）所主张的方法论的、目的论的法益概念。方法论的、目的论的法益概念将保护法益解释为‘在每一个刑法命题之中由立法者所认可的目的’，这就祛除了法益概念所有的实质内容。”② 这样的法益保护说无异于社会伦理秩序维持说的改头换面。

鉴于“法益是将需要刑法加以保护的事物具体化、对象化……它必须是在经验上可以把握的实体……法益概念承担着判定立法是否合适的功能、担负着判断犯罪是否成立的作用”。③ 为了实现法益的这些功能与作用，必须将法益限定为与个人有密切关联的、具体的利益。

众所周知，刑法中的法益可以分为个人法益、社会法益和国家法益。而生命、身体、自由、财产等个人法益是近代法治国家中刑法优先保护的法益。公共安全、信用等社会法益以及国家的政权、国家机关等国家法益都不是独立于个人法益而自我存在的，仅是不特定多数人的个人法益的集合体或者为保护个人法益才得以存在。不过，现在有一部分学者认为，与近代刑法中的社会法益不同，现代刑法中的公共法益，是为了保护诸如社会本身或“生态多元化”的环境体制、“自由经济秩序”的经济体制，具有独立的性质。这些法益不能还原于不特定多数人的个人利益，这些体制本身就是受到刑法保护的具有社会价值的东西。因此，在德国，有学者将不能被传统的国家、社会法益所必然包含的现代社会中复杂的社会利益称为“普遍法益”。这种“普遍法益”以保护社会体制或者对体制的信赖为基调，相对于保护个

---

① ［日］川端博：《刑法总论讲义》（第2版），成文堂2006年版，第60~61页。

② ［日］嘉门优：《行为原理与法益论》，载《立命馆法学》2009年第5·6号。

③ ［日］松原芳博：《危险社会与刑事法》，载《危险社会与法（法哲学年报）》，有斐阁2010年版，第86页。

人财产更侧重于保护资本市场免受破坏，相对于防止个人身体侵害更侧重于保护国民健康免遭危殆。[①]

日本也被认为出现了明显的法益概念精神化现象。例如，2000年制定的《禁止非法联网行为的法律》将其保护法益界定为“对网络系统的信赖”。“然而，这种‘系统’、‘信赖’都是观念性的、抽象的表述，以此来判断现实侵害的有无是十分困难的。”[②] “《有组织犯罪处罚法》（1999年）、《骚扰防止法》（2000年）将市民生活的平稳作为保护法益。但是，超越具体生命、身体、自由的‘平稳’，结果无外乎就是安心感。”[③] 日本近年来的刑事立法，陆陆续续地将诸如“社会生活的平稳”、“环境”、“竞争秩序”、“人的尊严”等都称为法益。立法和理论上经典的表述是：“×××这种利益是现代社会中特别重要的利益，所以对它进行侵害或使之危殆化的场合，使用刑事处罚这副猛药就是正当的。”[④] 而事实上这些犯罪的保护法益都不明确、抽象且暧昧，这被认为进一步稀释了法益的概念。

（三）法益标准的片面性

若采用单纯的法益保护说，就难以区分轻微违法行为与犯罪行为。法益保护说认为，只要法益受到了侵犯就是犯罪。可是法益概念并非刑法所独有，民法等法律同刑法一样存在法益的概念。在一些民事侵权案件中，民法意义上的法益受到了侵犯，然而却不可能将其视为犯罪。宾丁的名言“故意不履行合同（这种民事侵权行为），违法的程度肯定大于偷一个苹果或带一条无牙的狗在街上散步（等犯罪行为）”被意大利刑法学家安东里惹（Antolisei）借用来说明法益侵害不可能成为区分一般违法行为和犯罪行为的标准，[⑤] 这说明法益保护说有其局限性。

而且，法益保护说也被认为不能够圆满地说明刑法典中的某些规定。例如，过失致人死亡、故意伤害致人死亡以及故意杀人行为侵犯的都是他人的生命权，从法益侵害的视角看上述三种行为没有本质差别。但是，这三种犯罪的法定刑设置则有天壤之别。可见，此时立法者考虑的就不只是法益侵害，还包括行为人的规范违反性。

（四）法益标准的滞后性

法益保护说旨在保障人权，即只要没有对法益的侵害或者威胁，刑法就不能介

---

① 参见［日］曾根威彦：《刑事违法论的展开》，成文堂2013年版，第31页。

② ［日］松原芳博：《危险社会与刑事法》，载《危险社会与法（法哲学年报）》，有斐阁2010年版，第85页。

③ ［日］松原芳博：《危险社会与刑事法》，载《危险社会与法（法哲学年报）》，有斐阁2010年版，第86页。

④ ［日］上田正和：《保护法益论（Rechtsgutstheorie）的前途与展望》，载《大宫法学评论》2011年第7号。

⑤ 参见［意］杜里奥·帕多瓦尼：《意大利刑法原理》（注评版），陈忠林译，中国人民大学出版社2004年版，“译者序”第15页。

入。但随着风险社会的到来，社会生活日益复杂化、多样化。刑法如果不发挥其积极作用提前介入，就会出现打击不力的弊端而呈现出“马后炮”的色彩。例如，环境犯罪一旦造成恶劣后果就难以挽回。所以，有学者指出，在惩罚环境犯罪的实践方面，“传统刑法是落伍的。说刑法落伍是因为刑法的反应太迟钝了，因为损害已经既成事实了。其实，即便犯罪是一种工具犯或者危险犯，实际上人们的追诉总是要等到损害结果发生以后才开始……刑罚与已经发生的损害相比犹如抛石打天”。①

（五）法益标准的反作用

近来的刑事立法也让人感到法益保护原则在起反方向的作用，即法益保护原则原本是发挥谦抑性地抑制刑罚投入的作用，但现在这一作用方式似乎发生了反转：只要对法益保护有作用，就可以适用刑罚。而且，作为法益保护早期化的表现，原本的预备行为被作为既遂，而且也认可其未遂与预备的成立。法益保护原则原本意味着没有法益侵害就没有犯罪，但现在变形为有法益保护就认定为犯罪，这样的话，完全无法充分发挥划定行为可罚性边界的作用。②

二、规范维持说的兴起

规范理论在刑法学中早已存在，宾丁在其四卷本宏篇巨著《规范及其违反》中就将规范与刑法法规加以区别，认为规范是在论理上、时间上先于法规的行为的禁止或命令，犯罪的本质就在于对这种规范的违反。刑法法规不过是推测这种不成文的规范的手段而已，由此创设了规范说。③ 不过，20 世纪 20—30 年代的争论，主要围绕着两个方面展开：第一，不法的概念是违反评价规范还是决定规范。评价规范与决定规范这种分类是德国学者梅茨格尔所倡导的分类。他认为，所谓评价规范，是从刑法的角度对某种行为在刑法上是否属于无价值进行客观判断的规范。而决定规范，又称为命令规范或意思决定规范，是命令各个行为人作出遵守刑法而行为的意思决定的规范。第二，责任概念中的规范责任论，即是否需要从与法律规范关系的角度来理解责任。这些都是将规范理论运用到刑法各个具体问题的努力。

20 世纪 70 年代以后，规范理论开始渗透到刑法任务这一本源问题的讨论。经过考夫曼、雅科布斯等一大批学者的努力，规范维持说取代了早已衰落的社会伦理秩序维持说而成为法益保护说之外另一种颇具代表性的刑法任务学说。

规范维持说认为，法益保护说主张在法益受到侵害或者威胁的时候才进行刑罚的介入。这就意味着当刑罚发动时，法益已经受到侵犯甚至犯罪已经完成。这时的刑法充其量不过是事后的追诉与处罚法，对法益的保护实际上非常有限。因此，要

---

① ［法］戴尔玛斯-马蒂：《刑事政策的主要体系》，卢建平译，法律出版社 2000 年版，第 253 页。

② 参见［日］中村悠人：《关于刑罚正当化根据的考察——日本与德国刑罚理论的展开（1）》，载《立命馆法学》2012 年第 1 号。

③ 参见［日］浅田和茂：《刑法总论》（补正版），成文堂 2007 年版，第 23 页。

真正保护好法益，需要发挥好刑法事前的规范作用，即刑法在事先清楚地表明，任何社会成员都不得实施某项可能损害法益的行为，从而产生所谓行为规范的效果。倘若某个社会成员不理会刑法的行为规范，则制裁规范发动，对该行为人科以相应的刑事制裁。这种规范维持理论仍然是以保护法益为出发点的，只是更侧重于一般预防。它认为，行为规范的存在是为了使人们能够对自己的行动存在预期。这种行动预期显然并非维持社会伦理秩序的预期，而是自己的生命、身体、财产不受侵害的预期。换言之，行为规范的目的在于保护法益。“第一，通过行为规范保护法益是指事前的、预防式的法益保护。例如，即使对杀人犯处以刑罚被杀害者也无法复活，即使对毁损器物者科处刑罚物品也无法被修复。从法益保护的观点来看，刑法经常迟延登场。因此，通过行为规范保护法益的做法只是对将来具有意义。第二，由于行为规范是为了保护法益而设定的，所以在判断是否存在对行为规范的违反时，必须与法益相联系来进行判断……第三，法益保护是由行为规范而非制裁规范规定志向的。例如，在道路交通领域中，对交通规则的遵守并非出于对制裁的恐惧，而是来自对他人行动的预期与违反时自己遭受的损害的预期。”[①] 概括而言，它是一种以不反对刑法的目的是保护法益，但主张同时考虑行为的规范违反性的规范维持说，即认为犯罪是违反行为规范，进而指向法益的行为。

比上述观点走得更远的学说则认为，只要能够贯彻行为规范，防止行为人实施符合构成要件的行为，就可以有效保护法益。至于犯罪行为实施后是否真正侵犯了法益，仅是处罚轻重的刑事政策问题，与犯罪成立无必然关系，即行为规范所禁止的是危险行为，并不需要该行为必然引起结果。在这种观点看来，所谓“刑法保护法益”这种法益保护说的观点，其实完全可以用“刑法禁止特定行为”的规范论观点加以取代。因为犯罪是一种行为，只要能够发挥行为规范的作用，制止行为人实施符合构成要件的行为，就自然能够阻止犯罪的发生。例如，雅科布斯认为，刑法的任务不是保护法益，而是证明规范的有效性。犯罪行为代表着行为人否认规范，而刑罚的意义正是宣告“行为人的主张是不足为据的，并且规范一如既往地继续有效”。[②] 雅科布斯主张，刑法的任务是保护规范，防止规范自身受到破坏以及重建人们对规范的信赖都在保护范围之内。刑法保护法益只是现象，通过对侵害法益的行为进行惩罚，从而证明规范的有效，以促进国民认同和尊重规范，形成对法律的忠诚，防止规范网络被再次冲破，才是问题的实质。雅科布斯的观点完全否定刑法的法益保护目的，也得到了不少学者的赞同。例如，有学者明确指出，刑法的任务不在于保护法益，而应是规范的自我维持，即通过积极的一般预防实现对规范妥当性

① ［日］高桥则夫：《规范论与刑法解释论》，成文堂 2007 年版，第 8 页。

② ［德］雅科布斯：《刑法保护什么：法益还是规范效力?》，载《刑事法学的现实和发展：齐藤诚二先生古稀纪念文集》，信山社 2003 年版，第 17~37 页。

的保护。[①] 也有学者主张，刑法的目的有必要从法益保护转向“确证社会所固定的规范”。[②]

由此看来，规范维持说也分两类：一类不反对刑法的目的是保护法益，但主张同时考虑行为的规范违反性，即认为犯罪是违反行为规范，进而指向法益的行为；另一类则认为刑法的目的就是保护规范。

规范维持说虽然在法益与规范的关系上还存在一些需要澄清的问题，但对于法益保护说的冲击是客观有力的。

第三节　法益保护说的改造

在法益保护说看来，认为刑法的任务不是保护法益而仅是证明规范的有效性的观点并不合理。如果刑事处罚只为证明规范并非虚设而是真有效力，那么规范的存在本身才是重要的，谴责犯罪人就是为了维护规范，这无异于将人当作工具。法益概念历经百年发展，虽然还有缺陷，但它对刑法学的正面意义是无论怎么评价都不为过的。正如德国学者所说，“放弃法益保护原则的批判潜力将会使得刑法再次回到‘启蒙之前的水平’……不仅要坚持法益概念对于刑法学理的核心地位，而且法益理论的真正充实甚至就在眼前”。[③]

一、法益精神化的处理

法益概念的精神化一直是法益保护说面临的主要批评之一。事实上，法益概念从产生之初，就具有精神化（去实体化）的倾向。作为法益理论的重要倡导者和创始人之一的李斯特，就将毕尔巴模的“财”（Gut）的概念转换为“利益”，即严格区分法益与行为客体这对概念，使法益摆脱自然主义的建构而成为一种价值，成为抽象的、观念上的概念。“法益不需具有必要的物的具体现实性，财产所提供的物的使用权，或者通过强制禁止所保护的意志活动自由，都不是有形有体的对象，但是它们确实是经验现实的组成部分。”[④] 因此，可以说，作为通说的法益概念本身就是精神化的产物，对此无须过分指责。

当然，传统的法益概念对于精神化倾向还是设定了很多限制条件以防止其失控，即法益虽为利益，但这种利益应该是与个人相关的、具体的、现实的利益。而在现代社会中，法益内涵逐渐向超个人的普遍法益扩展，国家和社会公共秩序、环境等

---

① ［日］川口浩一：《德国的法益保护主义批判及其反论》，载《刑法杂志》2007年第1号。

② ［日］松宫孝明：《讨论法益论的意义及限界的意义——代问题提起》，载《刑法杂志》2007年第1号。

③ ［德］克劳斯·罗克辛：《刑法的任务不是法益保护吗?》，樊文译，载陈兴良主编：《刑事法评论》（第19卷），北京大学出版社2007年版，第150页。

④ ［德］克劳斯·罗克辛：《刑法的任务不是法益保护吗?》，樊文译，载陈兴良主编：《刑事法评论》（第19卷），北京大学出版社2007年版，第151页。

也逐渐被纳入刑法的保护范围，因此出现了风险刑法论者以及规范维持说支持者对法益概念上述变化的批评。然而，法益概念的核心在于其虽然脱离了自然主义的建构，但仍然是一种现实的存在。“基本权利和人权，像人格的自由发展、表达自由或者信仰自由，都是法益。对这些权利的克扣会导致社会生活中很现实的损害。同样，国家制度，像司法机构或者货币体系或者其他的公众法益，虽然不是有形有体的对象，但是它确实是生活所必要的现实，对它的损害会长远地危害社会的效能和公民的生活。”①

即便是德国学者所说的不同于国家、社会法益的所谓“普遍法益”，也并非独立于个人法益而存在。“即使假设社会体制是以社会组织、社会过程等形态存在，这里所说的‘社会’，也不是超个人的、统一的实体，而是个人利益与行动的各种各样的过程与作用的综合。归根结底还是由每个人的利益与行动在加以支撑。”② 的确，现代刑法理论即便承认社会体制具有独自的意义，这种体制也是为了每个具体的个人的生存和发展服务的，不能认为它具有与个人完全分离的独立的社会价值和意义。人类自身所创造出的体制不可能将人类排除在外，将个人淹没在这种体制之内是对近代人权、民主理念的背叛。

因此，重要的不在于是否承认超个人的法益，超个人的法益的存在本身是无可厚非的。在这点上，规范维持说并不能使概念变得更清晰。因为规范概念在概念的抽象化、精神化、空洞化上比法益概念走得更远。在理解法益概念时，应该确认个人法益是社会法益以及国家法益这些超个人法益赖以存在的基础和判断标准。只有能够还原成个人法益的社会法益以及国家法益才能成为刑法保护的对象。“现行刑法中内乱罪的处罚规定，实际上是保护国家利益的。这可解释为它是在保护可还原为国民利益的国家利益，所以绝不能把它看作国家利益脱离于国民利益而独立存在的例子……关于社会法益是大致相同的。社会法益能还原为为保护国民乃至居民的利益，只有它才应受到刑法法规的保护。”③

例如，“将由行政所设计的制度理解为保护法益是有疑问的。如果将立法者所制定的制度本身理解为保护法益，那么对立法者进行批评就非常困难。此外，诸如‘信赖’、‘公正’、‘健全性’这些抽象的法益也同样，它其实只是侵害对象，需要探寻其更实质的内涵。也就是说，有必要对该制度在现实社会中与什么样的利益保护相联系来进行实质的检讨，其内容本身才可能作为侵害对象而被认可是法益”。④

以此观之，刑法对超个人法益的保护，并非保护抽象的整体利益，而最终要落实到对个人的生命、身体、自由、财产等生活利益的保护。

---

① ［德］克劳斯·罗克辛：《刑法的任务不是法益保护吗?》，樊文译，载陈兴良主编：《刑事法评论》（第 19 卷），北京大学出版社 2007 年版，第 151 页。

② ［日］曾根威彦：《刑事违法论的展开》，成文堂 2013 年版，第 31 页。

③ ［日］西原春夫：《刑法的根基与哲学》，顾肖荣译，法律出版社 2004 年版，第 57、59 页。

④ ［日］嘉门优：《行为原理与法益论》，载《立命馆法学》2009 年第 5・6 号。

二、法益概念内涵的扩充

规范维持说否定或削弱法益概念的一个重要理由在于法益概念只保护当下的、具体的法益，而现代社会需要对未来的、次世代的利益加以保护，这在环境犯罪中的表现尤为突出。

关于环境犯罪的法益，理论上发展出多种见解。

（一）生态中心主义的法益论

生态中心主义的法益论认为，环境刑法的保护法益是生态学环境本身（包括水、土壤、空气）和其他环境利益（包括动物、植物）。① 例如，认为刑法的保护领域不仅是环境破坏给人的生命、健康带来危险的场合，而且应当将保护法益修正为生态圈与地球规模的环境；② 又如，认为环境破坏不仅影响现存的人类，还影响将来的人类，因而应当考虑承认环境本身成为独立的法益；③ 再如，认为刑法不过是从侧面对行政进行支援，为了培养环境意识，应当考虑保护环境法益的象征性立法，④ 即不是保护单纯独立的环境及大气、水等环境要素，也不是保护理想状态下的“自然环境”，而是将环境法益的保护内容确定为“自然体系”这一整体。“自然体系”作为一个整体得以存续，是环境要素、环境媒介互相作用与推动实现的。环境刑法的保护法益是生态系统本身。⑤ 因此，根据纯粹生态学的法益论，环境刑法即处罚侵害生态学的环境及需要保护的动植物的行为的法律。生态中心主义的法益论对人本主义法益观提出了质疑，进而提出非人本的法益观念（生态法益观）。例如，德国的施特拉腾韦特（Stratenwerth）教授认为，生态系统并没有预设人类的存在，也没有预设与人类相关的事项，生态系统自身就应当作为一种独立的保护对象。这种非人本主义的思维方式不再将人类当作唯一的利益归属体，亦不再将人类的利益当作唯一直接的保护对象。⑥ 日本学者伊东研祐教授也认为，环境刑法要放弃法益中的人类中心主义而提倡生态学的法益论。⑦

（二）人类中心主义的法益论

人类中心主义的法益论主张生态环境本身并不是受保护的法益，在这个不断恶

---

① ［日］中山研一、神山敏雄等：《环境刑法概说》，成文堂2003年版，第11页。

② ［日］前野育三：《现在的环境问题和刑法的作用》，载《西原春夫古稀祝贺论文集》（三），成文堂1998年版，第474页。

③ ［日］立石雅彦：《德国环境刑法的修改》，载《刑法杂志》第32卷第2号，第175、192页。

④ ［日］山中敬一：《环境刑法》，载《ジュリスト》第1015号，第124页以下。

⑤ ［日］伊东研佑：《环境刑法研究序说》，信山社2003年版，第60页。

⑥ Stratenwerth, Zukunftssicherung mit den Mitteln des Strafrechts?, ZStW105(1993), S. 690f.

⑦ 参见［日］金尚均：《现代社会中刑法的机能》，载《刑法杂志》第40卷第2号，第169页。

化的环境里，全人类的身体、健康及生命才是受保护的法益。[①] 该观点认为，环境的侵害必须要间接地同侵害身体、健康及生命的危险相关联，而与生命、身体、健康无关的作为纯粹公共财产的环境的保护不是法益，即生态环境本身之所以具有保护的意义，仅仅是因为基于维护人类健康和生存的需要。因此，该说又被称为生命、身体、健康的间接保护论或人格主义法益论。[②] 它与生态中心主义法益论相抗衡。构建于该学说基础上的环境刑法概念，是指处罚通过侵害环境而给生命、身体、健康带来危险的行为的法律。

（三）生态学的、人类中心的法益论

此理论承认空气、水、土壤、动物、植物等独立的生态学的法益。例如，日本学者町野教授认为，环境刑法的保护法益不仅指个人的生命、身体这一传统的个人法益，而且还包括所享有的自然环境的权利这一崭新的个人（或者社会）法益。但环境只有在与现在以及将来适合于人的环境条件的保护相关的利益的关系上才能够成为独立法益。[③] 也就是说，对生态环境的保护并不优先于对人类生存的保护，只有在生态学的法益和人本主义的法益相关联或不相抵触的情形下才可以成为刑法的保护法益。此法益论在德国居于通说地位。[④] 依据该说，环境刑法指的是处罚侵害了具有作为人类基本生活基础机能之环境的行为的法律。[⑤]

（四）下一代的生命、人类的公共财产论

下一代的生命、人类的公共财产论认为，环境犯罪是对下一代的生命的抽象的危险犯罪，同时又是对人类公共财产的犯罪。因此，环境刑法的法益是下一代的生命及作为人类生存不可缺少的环境财产这一人类公共财产。[⑥]

（五）健康论

健康论将人类的健康作为直接的保护法益，认为环境犯罪是侵犯人类健康的实害犯的集合。所以，要在环境犯罪中贯彻一般的刑法原则，克服情绪化的处罚要求，也必须努力将处罚对象限定在真正具有可罚价值的范围之内。[⑦] 因此该说认为，环境刑法是处罚通过造成环境破坏来侵害人类健康的行为的法律。

---

① ［日］中山研一、神山敏雄等：《环境刑法概说》，成文堂2003年版，第12页。

② ［日］伊藤司：《环境刑法总论——环境利益和刑法的规制》，载《政法研究》第59卷第34号。

③ ［日］中山研一、神山敏雄等：《环境刑法概说》，成文堂2003年版，第13页。

④ ［日］立石雅彦：《德国环境刑法的修改》，载《刑法杂志》第32卷第2号。

⑤ ［日］川端博、町野朔、伊东研祐：《环境刑法的课题与展望》，载《现代刑事法》第34号，第16页。

⑥ ［日］长井园：《环境刑法的基础、未来世代法益》，载《神奈川法学》第35卷第2号。

⑦ ［日］川口浩一：《环境刑法的基础理论》，载《奈良法学会杂志》第6卷第2号，第11页以下；第7卷第2号，第93页以下。

（六）个别的法益论

个别的法益论认为，不能统一地理解法益，必须寻找不同的构成要件中所存在的个别的保护法益。[①] 因此，该说提出应将实定法中的个别构成要件进行分类，并以此为基础分别加以保护。第一类是生态系的法益，第二类是生态的、人类中心的二重的法益，第三类是行政的法益，第四类是人类中心的法益。

上述各种环境犯罪法益的观点都仍处于激烈争论之中，但无论争论的最终结果如何，它至少提示人们，传统的“人类中心”的法益观，即认为环境刑法的保护法益是当下人类的生命、健康及公共财产的观点是需要变革的。刑法惩罚环境犯罪，不仅是要使生活在世上的这一代人免受环境破坏之苦，还需要基于“代际公平”的立场，为下一代人留下一个美好的生活环境。这种“下一代人的利益”在刑法上也应当被承认为一种法益。

三、对规范作用的重视

法益保护说是否需要借鉴规范维持说的合理之处，这在理论上仍存在巨大争议。不可否认的是，侵害法益的行为多种多样，但仅有其中的一小部分被纳入刑法调控的范围，而其他的行为即便侵害了法益，也未必属于犯罪。例如，向他人销售酒品而导致有人因酒后开车造成伤亡事故，对恐怖分子进行刑事追诉而导致其他的恐怖分子以此为诱因谋杀了某一政治人物，生产符合规定的汽车而该车日后发生死亡事故等，这些行为都最终侵害了法益，但却不是刑法意义上的杀害行为。“所以，可预见地引起某一结果，并非绝对地要在法律上对所引起的某一结果负责；并非所有能够避免的东西都在法律上必须被避免。刑法要惩罚的是在法律上与某一结果相联系的人，准确地说，只惩罚那些实施了某一行动而侵害了他人的权利、根据社会的前后关联即规范联系要对行为的后果负责的人。这些主体的行动才意味着权利侵害，才是犯罪行为。”[②] 这说明，对规范的考察是确立法益的必要一环。

而且，法益的确立也离不开对每个时期社会的状况、犯罪的动态、国民的意识等因素的考察。也就是说，作为确定刑事处罚范围（对象与界限）的保护法益，并非与当时的社会条件和国民的普遍意识无关。在那个特定的时点的具体的人类社会中，是否需要保护人们免受某种攻击行为，以及这种攻击行为应达到何种程度，这些都对于法益的形成起了具体的实质的作用。这就意味着在人类社会中，会不断有新的保护法益产生，也会不断有旧的保护法益消失。在当今社会，各种立法中“保护×××的平稳”、“维持对×××的信赖”的立法不断增加，这其实反映的是国民强烈期待不要发生侵害这些制度、体制的行为。在需要或期待由刑法来加以保护的利益多样化扩展的今天，既需要不断检验这些利益的内涵（由刑事法来进行保护的合理

---

① ［日］中山研一、神山敏雄等：《环境刑法概说》，成文堂2003年版，第14页。

② 参见［德］雅科布斯：《刑法教义学中的规范化理论》，载中国人民大学刑事法律科学研究中心组织编写：《现代刑事法治问题探索》（第1卷），法律出版社2004年版，第86页。

性与程度），也需要重视国民对为保护这些利益而树立行为规范的需求。从这个意义上说，法益保护论不能忽略规范的价值。基于这种考虑，有的持法益保护说的学者指出："保护法益在明确划定刑事处罚的范围（对象与界限）这一方面上，需要认识到，通过发动刑事处罚来保护的利益应基于社会状况的变化和国民意识来进行具体的实质的思考（实证的保护法益论）。另一方面，传统的保护法益论应作为国民应遵守的行为规范的形成机能而加以展开（行为规范化）……"① 这就意味着需要在法益保护说中纳入规范维持说的合理内涵。

不过，对法益保护说进行这样的改造，与规范维持说中也同时考虑法益的观点究竟有何本质的区别，又成为一个需要探讨的课题。

① ［日］上田正和：《保护法益论（Rechtsgutstheorie）的前途与展望》，载《大宫法学评论》2011年第7号。

第五章 犯罪论体系的演化

第一节 犯罪论体系的概念与类型

一、犯罪论体系的概念

刑法中的犯罪论不言而喻是讨论所有分则的犯罪所共通的“犯罪的一般成立要件”的理论。[①] 因此，犯罪论体系指的是“在一定的综合原理的指导下，对构成犯罪一般成立要件的各种个别认识、原理或理论说明进行整序，通过明确其内部的联系而使判断某种情况是否犯罪或是否符合犯罪成立要件的过程合理化、机能化的实践的认识体系”。[②]

理论上认为，犯罪论体系具有以下四个机能：

第一，为问题解决提供具有合理性和普遍妥当性的判断标准。“犯罪论如果能够提供具有合理性和普遍妥当性的解决问题的判断标准，就不仅能为各个具体案件的解决提供具体的妥当性，而且从逻辑的、价值的观点来看也是相互整合、首尾一致的。由此，能够保证各种情况下的刑法判断不流于处罚感情泛滥式（即因事件、因场合）的解决。”[③]

第二，价值判断合理化的机能。犯罪论通过高度的体系化，“能够将各种认识、见解、价值判断在相互关联中定位，从而明确各自之间的联系。由此，应排除在逻辑上不协调的价值判断，通过缩小可能采用的价值判断的‘允许领域’，而具有使整个价值判断合理化的机能”。[④]

第三，为刑事立法和刑法解释指明方向的机能。有了犯罪论，“就能够发现缺此就无法发现的新问题和解决问题的途径，从而丰富刑法学的议论。于是，通过价值判断的合理化，有可能为将来的刑法解释及刑事立法指明前进的方向”。[⑤]

第四，帮助并限制国家机关适用刑法的机能。“以上三个机能是犯罪论的本质

① 参见［日］山中敬一：《犯罪论的机能与构造》，成文堂2010年版，第3页。
② ［日］山中敬一：《刑法总论》（第3版），成文堂2015年版，第123页。
③ ［日］井田良：《讲义刑法学·总论》，有斐阁2008年版，第73页。
④ ［日］井田良：《讲义刑法学·总论》，有斐阁2008年版，第73页。
⑤ ［日］井田良：《讲义刑法学·总论》，有斐阁2008年版，第73页。

机能，通过这些机能的作用，能够期待它同时发挥整理、理顺和限定法院等国家机关刑法思维的机能。也就是说，通过事先明确实务官员判断的顺序和体系的框架，使对现实案件中所包含的多种事实和对其的评价在整体中的定位成为可能，为实务中的刑法判断提供指针。而且，由于理论上已经对各种问题在逻辑上、价值论上的整合性及刑事政策的合理性进行过考虑，所以对实务而言也具有减轻负担的意义。”①

二、犯罪论体系的类型

综观各国刑法理论中的犯罪论体系，从大的方面看可以分为两类，即平面的犯罪论体系和阶层的犯罪论体系。

（一）平面的犯罪论体系

1. 二元的犯罪论体系。

第一，客观的要素与主观的要素区分说。将犯罪区分为主观与客观两方面进行把握的做法由来已久。“实际上，以古罗马法的解释为基础而发展起来的中世纪以来的德国普通法（Gemeinrecht）的传统，直到 19 世纪中叶，都是分为‘客观的归属与主观的归属’（imputatio facti 与 imputatio iuris）两个方向，来判定某种事实能否说是犯人的‘过错’。”② 即便到了近代，仍有一些学者采用这种体系。例如，比克迈尔的犯罪论体系将犯罪分为“客观的构成要件”与“主观的构成要件”；赫尔穆特·迈尔的犯罪论体系将犯罪分为“客观的不法”与“主观的归责可能性”。③

第二，犯罪的行为与犯罪的心理区分说④。英美法系刑法理论通常认为，犯罪的构成要素包括犯罪的行为与犯罪的心理。⑤“当前刑法另一个基本的架构区分是犯罪心理—犯罪行为的区分，犯罪的犯罪心理一般包括承担责任所要求的可责的心理状态和可责的疏忽，而犯罪的犯罪行为是由其他的犯罪要件构成的，包括客观要素、因果关系要件、自愿作为要件或者在缺乏作为情况下的不作为责任的特殊要件。”⑥“英国刑法的结构与此类似，这一点在《英格兰及威尔士刑法典建议稿》中显而易见。该建议稿实际上是英国现行刑法的法典化，至少根据它的基本结构和原则来看

---

① ［日］井田良：《讲义刑法学·总论》，有斐阁 2008 年版，第 73 页。

② ［日］西原春夫：《构成要件的概念与构成要件的理论》，陈家林译，载《法律科学》2007 年第 5 期，第 62 页。

③ ［日］川端博：《刑法总论讲义》（第 2 版），成文堂 2006 年版，第 86 页。

④ 我国学者多将英美的犯罪论体系视为阶层的犯罪论体系。但日本学者普遍认为英美的犯罪论体系属于平面的犯罪论体系。

⑤ 参见［日］中山研一：《刑法总论》，成文堂 1982 年版，第 116 页。

⑥ ［美］保罗·H. 罗宾逊：《刑法的结构与功能》，何秉松、王桂萍译，中国民主法制出版社 2005 年版，第 5 页。

是这样。”①

“几乎不能想象存在一个完全不具有体系的法律。如果不想仅限于对个案纯粹的死记硬背，在知识传授时无论如何都需要一定的体系论。因此，判例法体系的刑法教科书中也存在明确的体系论，受到《模范刑法典》影响的美国刑法教科书自然首当其冲。得到普遍肯定的是区分犯罪行为与犯罪意图，其大致相当于德国对构成要件符合性、故意与罪责阶层的区分。此外，还有‘辩护事由’，讲究的美国刑法教科文献又将其分为正当事由（相当于德国的排除违法性事由）与宽免事由（相当于德国的免责事由）；然而，在大部分情况下并没有对两者进行详细区分。一种‘从案例到案例’的风格在美国司法实践以及大学解决案例的讨论中占支配地位：不遵循一个固定体系模式而直接阐述重要的认知观点。一个欧洲意义的‘刑法学’在美国是不存在的，一个依照德国模式的刑法体系在美国自然也是不存在的。”②

第三，行为与行为人的二元说。法国是世界上最早采取“行为—行为人”二元犯罪论体系的国家之一。法国犯罪论的体系首先“将广义的犯罪（crime，délit pénal）区分为狭义的犯罪（infraction）与犯罪者（délinquant）”。③“法国的二元论体系经历了漫长过程才最终形成，这一过程源起于古文明时期，数百年来经历衰落与复兴，直至20世纪才最终形成。”④

法国的犯罪论体系深受古典学派理论的影响，其平面式犯罪论体系的主要目的在于排除恣意性介入，充分发挥罪刑法定主义的机能。法国的犯罪成立要件有二：一是犯罪的特有构成要件，二是责任要件。其中，犯罪的特有构成要件包括事实要件和心理要件。事实要件是指刑法规定的表现犯罪意图或刑事罪过的事实或行为，而不是行为的结果。⑤事实要件主要区分非事实的单纯的思想活动与犯罪意图，保证刑法不惩治对客观事物不能造成危害的思想意图。只有当犯罪思想、意图或者决定通过某种行为或者事实从外部表现出来时，刑法才给予惩处。责任要件指应负刑事责任的主体要件和应负刑事责任的原因。法国犯罪论体系强调：其一，犯罪构成的事实要件之要素主要指行为及其他事实，不包括主观要素和主体身份等要素；其二，犯罪构成之心理要件要素仅包括故意和过失等，为纯主观的心理要素，不包括年龄等客观的主体要素；其三，责任要件既包括正当防卫等不负刑事责任的客观原因，也包括精神紊乱等不负刑事责任的主观原因。这种犯罪论体系，使犯罪未完成

① ［美］保罗·H. 罗宾逊：《刑法的结构与功能》，何秉松、王桂萍译，中国民主法制出版社2005年版，第5页。

② ［德］埃里克·希尔根多夫：《德国刑法学——从传统到现代》，江溯等译，北京大学出版社2015年版，第192页。

③ ［日］井上宜裕：《法国的犯罪论体系》，载《法律时报》2012年第1号。

④ 转引自2007年北京“全球化时代的刑法理论新体系”国际研讨会文件之二：《犯罪论体系》，中国政法大学2007年10月，第252页。

⑤ ［法］卡斯东·斯特法尼：《法国刑法总则精义》，罗结珍译，中国政法大学出版社1998年版，第214页。

形态以及以行为人分工形成的共犯形态，很容易纳入犯罪论体系，成为其中的一种特殊的要素形态，这在《法国刑法典》的规定中得到验证。“法国的一般性体系，可以说是反映罪刑法定主义、行为主义、责任主义，忠实于基本原理的体系。而且这一体系，按照从客观的要素到主观的要素，从形式的判断到实质的判断的顺序来最终考虑是否成立犯罪。主观面的实质的判断限定在必要不可欠缺的场合。在这个意义上，法国的一般性体系是拥护人权的体系。”①

德国也有学者采用行为与行为人的二元说，如坎托罗维奇（Hermann Kantorowicz）将可罚性行为定义为，“有责的人实施的、符合构成要件的不合法的行为”。在此基础上，把其区分为“客观的行为方面”和“主观的行为人方面”。客观的行为方面包括：行为、构成要件符合性、缺乏违法性阻却事由；主观的行为人方面包括：行为人、责任、缺乏一身性处罚阻却事由。拉德布鲁赫从目的论的犯罪论体系出发，区分犯罪和犯罪人，认为前者涉及“构成要件符合性”与“违法性”；后者主要涉及对犯罪人的“归责可能性”与“归责能力”。② 但是，这种二元说实质上仍是犯罪的阶层体系而非平面体系。

2. 四元的犯罪论体系。

四元的犯罪论体系是苏联及东欧社会主义国家所采用的犯罪论体系，并为现在的俄罗斯刑法理论所继承。

1958 年，A. H. 特拉伊宁在《犯罪构成的一般学说》一书中系统论述了著名的四要件理论，即犯罪构成因素包括表明犯罪客体的构成因素、表明犯罪客观方面的构成因素、表明犯罪主体的构成因素和表明犯罪主观方面的构成因素。③ 此后，这一犯罪构成要件理论在苏联以及后来的俄罗斯扎根。

“苏联的刑法则明确体现了一个更强烈的体系特性。它的刑法从 20 世纪 20 年代开始对许多国家都产生了重大影响，从波罗的海诸国、高加索地区、中亚再到中国。因此，中国的 1979 年《刑法》就明显受到了当时苏联的影响。这也反映在了犯罪构成上，可罚性前提被划分为四要件犯罪主体、犯罪主观方面、犯罪客体及犯罪客观方面。在‘犯罪主体’范畴要讨论的是在德国称为归责能力的问题；‘犯罪主观方面’包含了故意及过失的问题；‘犯罪客体’中探讨的问题是犯罪行为所侵害的利益；‘犯罪客观方面’则涉及犯罪实施的方式、因果关系及正当事由如正当防卫、紧急避险及同意。这些要件几乎不能相互联系，以至于它们的顺序排列完全无关紧要。此外，还要特别审核行为的‘社会危害性’。引人注目的是，许多东欧国家现在都避开了这种四要件模式。值得注意的是爱沙尼亚的发展，它在 19 世纪就已经受到了德国刑法以及沙皇俄国刑法的强烈影响，在十月革命以后就接受了苏联刑法的

① ［日］井上宜裕：《法国的犯罪论体系》，载《法律时报》2012 年第 1 号。

② ［日］川端博：《刑法总论讲义》（第 2 版），成文堂 2006 年版，第 87 页。

③ ［苏］A. H. 特拉伊宁：《犯罪构成的一般学说》，中国人民大学出版社 1958 年版，第 98 页。

四要件模式。现在，爱沙尼亚又回归到了德国的三阶层模式。格鲁吉亚也是如此。”①

日本学者夏目文雄、上野达彦亦采这种体系。针对日本通说的犯罪论体系，他们指出：“近年来刑法学展开了基于极为缜密的规范论理学的理论。但是，其过于形式主义的方向也使得刑法学的整体变得难以看透。现在，在讲解刑法学的时候，我们痛感到有必要鸟瞰其全体。采纳像本书这样的犯罪论构成的教科书未必很多，但今后要是或多或少能够成为针对规范主义刑法学的反省的话，就很荣幸了。”②

（二）阶层的犯罪论体系

阶层的犯罪论体系最具代表性的是德、日的犯罪论体系。其通说认为，犯罪论体系由构成要件符合性、违法性、有责性三个要素依次递进排列而成，这被称为三阶层犯罪论体系或三阶段犯罪论体系。此外，另有学者认为，构成要件与违法性不是独立的阶段，而应该合并在一起构成“类型的不法”，这样犯罪的成立就只有不法、责任两个阶层，这被称为二阶层犯罪论体系或二阶段犯罪论体系。另外，围绕着行为是否为犯罪成立的一个独立阶层，理论上也有不同看法。

三、犯罪论体系的优劣

平面的犯罪论体系和阶层的犯罪论体系之间是否存在优劣之分，国外学者的相关论述并不多见，但近年来主要是受到中国相关争论的影响，也出现了一些比较研究的论文。

（一）日本学者的看法

以日本为例，少数年长的在冷战期间受过苏联理论影响的学者认为，“犯罪客体、犯罪客观方面、犯罪主体、犯罪主观方面”这种平面的犯罪论体系优于“构成要件符合性、违法性、有责性”这种阶层的犯罪论体系。其理由是，两种体系虽然在实质上并没有大的差异，而且犯罪客体、犯罪客观方面、犯罪主体、犯罪主观方面这些要件在规范上又可以进一步区分为违法和责任，但是，构成要件符合性、违法性、有责性这种阶层的犯罪论体系在犯罪客体和犯罪主体的处理上存在体系上的缺陷。③ 具体而言，首先，阶层的犯罪论体系将客体排除在构成要件之外，这不合适。例如，有日本学者在介绍苏联关于犯罪客体的定义后指出，“我国（日本）将其作为‘行为客体’或‘保护客体’加以论述，但在进行体系性的反省这一点上，今后仍存在问题”。④ 并强调日本学术界实际忽视了这一缺陷，仅有少数学者在论述

---

① ［德］埃里克·希尔根多夫：《德国刑法学——从传统到现代》，江溯等译，北京大学出版社2015年版，第193页。

② ［日］夏目文雄、上野达彦：《刑法学概说（总论）》，敬文堂2004年版，前言。

③ ［日］夏目文雄、上野达彦：《刑法学概说（总论）》，敬文堂2004年版，第79页。

④ ［日］夏目文雄、上野达彦：《刑法学概说（总论）》，敬文堂2004年版，第77页。

法益概念时意识到这一问题。[①] 其次，阶层的犯罪论体系的通说“将责任能力作为责任（主观方面）的问题加以论述，但将其与主体加以分离论述是不妥当的”。[②]

但日本多数的学者认为，在比较两种犯罪论体系时，应注重以下几点：

第一，世界上不存在一种绝对正确的犯罪论体系，但这并不能否定犯罪论体系本身的意义。“对犯罪论体系的具体细节的理解，因人而异；而且，英美与法国等采取的是与德日根本不同的体系。刑法学中的犯罪论体系类似于语言学中的‘语法’。要构建思维以及相互交流，‘语法’是不可或缺的工具，但正如世界上存在多种语言那样，不可能存在一种完全‘正确的语法’。同样，由于彼此的关注点与历史背景不同，也可能存在数种犯罪论体系，探讨哪一种体系才是‘正确的体系’，这毫无意义。但是，犯罪论体系最好能做到：就体系内部而言，理论上不矛盾，具备尽可能将思维过程予以可视化，且可加以验证的明晰性；对体系外部而言，能更好地反映属于社会事实的犯罪的实质，有助于解释与适用刑法，并利于发现学问上的问题。在这种对内的‘理论性’与对外的‘功能性’这一点上，围绕犯罪论体系的应然状态的争论，仍未失去其重要性。”[③]

第二，事实上德国的犯罪论体系至少截至 19 世纪后半期都与现在的中俄犯罪论体系相似。这是因为 19 世纪后半期的德国刑法学仍然受到法国刑法理论的压倒性影响，而且俄罗斯的塔甘采夫也受到德国的费尔巴哈等人思想的影响。因此，中俄的四要件的犯罪论体系以及德日的三阶层体系，都可以说源于 19 世纪的法国刑法学。此后走上不同的发展道路，形成现在的局面。因而应从刑法的内在逻辑性来检验不同体系的优劣。

第三，“有必要对四要素的体系的历史意义进行再评价”。[④] 因为认为“犯罪构成要件是刑事责任的唯一基础”的苏俄刑法学的思路，有助于缩小法官的裁量余地，赋予制定法强烈的约束力。由此可见，两种犯罪论体系的区别，并不必然与计划经济向市场经济的转型挂钩。[⑤]

第四，检验某种犯罪论体系的优劣，应着重考察其对具体问题解决的圆满程度。具体包括：

1. 是否承认对无责任能力人的共犯。

举例而言，16 周岁的甲应邀为 13 周岁的乙的入室盗窃行为望风，此时应如何处理甲的行为。由于甲应邀为乙望风的行为不可能成立间接正犯，此时就面临是否承认对无责任能力人的共犯问题。德国自 1910 年 M. E. 迈尔提出“限制从属性”理论之后，认为共同犯罪是一种违法形态，而不是一种责任形态，故各参与人的责任

---

① ［日］夏目文雄、上野达彦：《刑法学概说（总论）》，敬文堂 2004 年版，第 80 页注 11。

② ［日］夏目文雄、上野达彦：《刑法学概说（总论）》，敬文堂 2004 年版，第 78 页。

③ ［日］松原芳博：《刑法总论专题研究（二）》，王昭武译，载《河南省政法干部管理学院学报》2010 年第 4 期。

④ ［日］刑法理论研究会：《现代刑法学原论（总论）》，三省堂 1987 年版，第 342 页。

⑤ ［日］松宫孝明：《犯罪论体系讨论的现代意义》，载《法律时报》2012 年第 1 号。

不会影响共同犯罪的成立。据此，甲与乙成立盗窃罪的共同犯罪，乙是正犯，甲是从犯，由于乙没有达到责任年龄，故不承担责任，但甲必须承担从犯的责任，从而圆满地解决了这一难题。法国犯罪论体系同样面临这一难题，但现在法国理论认为，共犯所从属的是正犯“行为”的犯罪性，没有必要充足正犯心理的、内部的要素以及属于责任能力的归责性要素。而英美刑法认为，虽然具有正当化的抗辩事由时不成立共犯，但在包括精神障碍等免责抗辩时，有可能追究共犯的责任。因此，德、日、法、英、美等犯罪论体系事实上都采用的是“限制从属形式”。日本学者认为，中、俄的体系将犯罪主体界定为达到刑事责任年龄的具有刑事责任能力的自然人，因而很难避免对上述处罚的空隙的指责。此时，是否应设立低于刑事责任能力层级的“行为能力”的概念，值得中、俄学者思考。①

2. 超法规的阻却事由的定位。

日本学者一方面认为“犯罪构成要件是刑事责任的唯一基础”的苏俄刑法学的思路有助于缩小法官的裁量余地，赋予制定法强烈的约束力，但同时他们又认为，如果贯彻这一主张的话，从逻辑上说就无法承认超越刑法规定的所谓“阻却犯罪性事由”。而中、俄等国在理论和实务上是承认诸如被害人承诺等超法规的正当化事由的，这是否意味着理论上的矛盾？

同时，日本学者还指出，中、俄等国认为行为符合犯罪构成是刑事责任的唯一基础。这意味着犯罪构成是犯罪成立的全部条件，即发生刑罚效果意义上的“保障构成要件”。这种一元的体系能否容纳超法规的阻却事由，在逻辑上也还有进一步讨论的空间。②

3. 主观的违法要素的定位。

由于德、日的犯罪论体系是以违法和责任作为支柱来加以建构的，因而如何区分违法性和有责性就成为德、日刑法学的一个重大课题。早期的“违法是客观的、责任是主观的”贝林式理解后来受到越来越多的挑战，因而是否承认以及在何种范围内承认主观的违法要素是德、日刑法犯罪论体系的争论焦点之一。受本国理论思维的影响，日本学者对于严格区分主观要素与客观要素的中、俄犯罪构成体系也表现出兴趣和疑问。③

（二）德国学者的看法

德国也有学者比较了英、美和中、苏（俄）犯罪论体系的优劣。他首先指出了英美体系的缺陷：第一，对文化的依赖性过强，缺乏普适性。“‘盎格鲁-撒克逊’模式几乎是无法输出的。原因在于，这种模式几乎不能脱离英美的法律文化而单独存在。就像‘盎格鲁-撒克逊’法系这样一种丰富而古老的法律文化几乎无法被全盘接受，或许这就是为什么美国刑法在美国以外的国家几乎不被接纳的原因。”第

① ［日］松宫孝明：《犯罪论体系讨论的现代意义》，载《法律时报》2012年第1号。

② ［日］松宫孝明：《犯罪论体系讨论的现代意义》，载《法律时报》2012年第1号。

③ ［日］松宫孝明：《犯罪论体系讨论的现代意义》，载《法律时报》2012年第1号。

二，存在大量刑事追诉、刑事判决及判决执行的漏洞。

对于苏联（俄国）的犯罪论体系，他一方面指出，“苏联的体系论意味着一个巨大的进步，它使得法律适用者受到一个特定结构的约束并限制法官的恣意。因为德国刑法既影响了十月革命前的俄国刑法，也继续影响了苏联的刑法”，另一方面又认为，“苏联模式被一系列国家所接受……在笔者看来，这种模式也具有上述系列的功能。然而，这种模式鉴于它的政治前提在今日被许多国家批判。这种四要件模式缺乏逻辑严谨性，而这恰恰是德国三阶层模式（构成要件符合性、违法性、罪责）值得称道的地方。此外，该体系通过‘社会危害性’标准为主观评价提供了进一步的空间，以至于这些功能都大大打了折扣”。

至于德国的体系，他则认为，“德国体系的优点在于对在标准体系中呈现的教义问题存在大量的解决方法。一代又一代的德国刑法学家拟定出解决方法，并对这些方法进行理论审核以及在实践案例中予以检验。因此，德国体系就包含了丰富的问题分析及问题解决方法的建议，这在国际比较中也是无与伦比的。德国体系通过将刑法问题精密结构化，以卓越的方式赋予检察官决定及法官判决适宜的结构，以此来达到法的安定性及保障国家权力（即立法权、行政权及司法权）的分立……德国体系的另一个优点在于其的远离政治性，也可将其称为政治中立性。当然，没有一种科学体系能保持完全的价值中立，即不让特定评价渗入体系之中。德国犯罪论体系是以法治国为目的而设定的，这就意味着预先设定审核结构并且法庭判决也要符合这种结构，以尽可能地排除法律适用的恣意性”。①

第二节　阶层的犯罪论体系的展开

关于德、日阶层的犯罪论体系发展史的划分，学术界有不同的观点。本书参考德国学者罗克辛及日本学者山中敬一的见解，按照五阶段说逐一介绍古典的犯罪体系、新古典的犯罪论体系、目的行为论的犯罪论体系、现代新古典的犯罪论体系以及目的理性的犯罪论体系。由于各体系的区别主要在于如何理解构成要件符合性、违法性和有责性之间的关系，而这些在后文中都将有详细论述，因而此处只是略作介绍。

一、古典的犯罪论体系

古典的犯罪论体系，是刑法理论史上第一个成形的犯罪阶层体系。它将犯罪的成立条件区分为构成要件符合性、违法性与有责性三个要件，逐一递进来认定犯罪，成为此后不少大陆法系国家广泛接受的理论，因而被称为古典的犯罪论体系。

古典的犯罪论体系的完整结构是由贝林于 1906 年发表的，但在此之前的 1881

① 参见［德］埃里克·希尔根多夫：《德国刑法学——从传统到现代》，江溯等译，北京大学出版社 2015 年版，第 196~197 页。

年，李斯特就已经在其《德国刑法教科书》中明确区分了违法性与有责性。后世因而将贝林与李斯特合称为第一个犯罪阶层体系的创造者，并将这一体系又称为“贝林-李斯特体系”。

古典的犯罪论体系是受自然主义的思维方式影响而形成的犯罪论体系。“将思想性的学术工作置于自然科学的精确性理想下。根据这个理想，刑法体系要被引导到可以计量的、从经验上可以证明的现实的构成部分上去。这种标准，要么只能是客观的外部世界的要素，要么只能是主观的内心在心理上的过程，因此，从这样的观点出发，由相互分离的客观因素和主观因素作为组成刑法体系的两个部分，这是很合适的。”①

具体而言，古典的犯罪论体系首先将犯罪区分为犯罪的主观面与客观面，构成要件与违法性属于犯罪的客观面，责任属于犯罪的主观面。各种要素与“是犯罪的客观的要素还是主观的要素”相对应，在阶层的定位上也有差异，这就是古典的犯罪论体系的基本特征。在这个体系中，故意与过失属于责任的要件。构成要件具有价值中立的记述的性质，与违法性判断相分离。因此，根据古典的犯罪论体系，即使符合了构成要件，也不能认为原则上可以推定出行为违法。②

古典的犯罪论体系在行为理论方面采用因果行为论，在责任问题上采用心理责任论。

古典的犯罪论体系关于构成要件中立性的理解受到许多学者的批评，到20世纪二三十年代就逐渐丧失了其影响力。但近来，理论上又出现了回归这种古典的犯罪论体系的动向。例如，日本的中山研一、浅田和茂等又重新采用古典的犯罪论体系。“用语上应区分构成要件与犯罪类型……构成要件作为体系的概念（犯罪的成立要件），始终应理解为从外部判断的客观的事物（违法行为的类型）……应当认为，构成要件是客观的违法类型，故意、过失是责任要素。”③ 其理论背景在于，意图对抗经过目的行为论洗礼的现代新古典学派的行为无价值论思路，固守将客观的因素归为构成要件与违法性，将主观的因素归为责任这一古典的体系。不过，对这种在现代复苏古典体系的努力，也有学者认为从最开始就不可能成功。“犯罪论体系，应当随着社会的发展和由此引发的新课题而变迁，牧歌的市民社会中的犯罪论体系，对于将现代危险社会中的犯罪现象体系化而言是无能为力的。”④

二、新古典的犯罪论体系

新古典的犯罪论体系在维持古典犯罪论体系基本框架的基础上，批判了其自然主义、实证主义的方法论，把新康德主义的认识论引入刑法方法论之中，根据刑法

① ［德］克劳斯·罗克辛：《德国刑法学总论》（第1卷），王世洲译，法律出版社2005年版，第123页。

② ［日］山中敬一：《刑法总论》（第3版），成文堂2015年版，第136页。

③ ［日］浅田和茂：《刑法总论》（补正版），成文堂2007年版，第95~96页。

④ ［日］山中敬一：《刑法总论》（第3版），成文堂2015年版，第136页。

自身的目的和价值观重新理解和评价古典犯罪论体系。因而，被称为新古典的犯罪论体系。

古典的犯罪论体系受自然主义的思维方式的影响。“在19世纪后半期，由于自然科学的发达，此前作为认识主体的人类也成为科学分析的对象。医学、精神医学、心理学、社会学等学问发展起来，连此前被认为由人的主体意志所支配人的行动，也陆续被证明与普遍受到因果支配的物是相同的。自然科学的发达使人类不断接近于物，产生了使人的主体性、尊严逐渐丧失的结果。在19世纪末，对这一思潮的心理抵抗以及与自然科学发达之间的幽怨情绪达到了极限。‘人不是物，而是主人!’这种内心的呼喊，在世纪转换之际成为一种哲学思想而突然兴起，很快就席卷德国的哲学界。这就是新康德学派的理论，它实际上也是构成要件论的思想背景。”[①]

新古典的犯罪论体系以新康德主义哲学为基础。新康德主义的“认识论除自然科学的观察和描述方法外，又提出了自己的精神学的理解和评价方法……将目的、价值和理想视为刑法的本质”。[②] 具体而言，“在人类思考形式的类型之中，新康德学派的哲学最好地表明了人类优先的想法。这是因为，连康德也在指出‘没有客观就没有主观’之后接着才说‘没有主观就没有客观’，但是，新康德学派却极端地仅仅说到‘没有主观就没有客观’。新康德学派的意思是，在人类的认识之前作为认识的对象而存在于外部的东西，都是既无名也无形的无秩序的混沌，是人类基于悟性的形式认识之后，才被整序，才成为具有意义的东西。通俗地说，桌子有各种各样的形状，人在认识之前已经具备包含着各种形状的桌子的‘桌子’这一普遍妥当的观念形象，因此，才能赋予这是桌子、这不是桌子的意义，在此基础上，才能作出这个桌子方便使用、这个桌子过大等价值判断。这样，新康德学派成功地恢复了被自然科学思想等同于物的人类的主体性与权威，因而被世间热情地接受，到20世纪初期，在各种学问领域得到应用。最明确地表现出把新康德学派运用到刑法学中的，是迈尔的构成要件论。”[③] 新古典的犯罪论体系的杰出代表是M. E. 迈尔和梅茨格尔。

新古典的犯罪论体系将古典的犯罪论体系的所有特征都纳入改良范围。首先，它试图改变古典的犯罪论体系中因果行为论的自然主义色彩，以适应自己的与价值相关的犯罪论体系。学者们为此作出了各种各样的尝试，直至施密特提出社会行为论的概念，这种努力才告一段落。其次，新古典的犯罪论体系对古典的犯罪论体系的最大变化在于构成要件的领域。新古典的犯罪论体系中的构成要件已经不再是纯粹的客观概念，它包含主观的要素，也包含需要法官评价的规范的要素。构成要件

---

① ［日］西原春夫：《构成要件的概念与构成要件的理论》，陈家林译，载《法律科学》2007年第5期，第67页。

② ［德］汉斯·海因里希·耶赛克、托马斯·魏根特：《德国刑法教科书（总论）》，徐久生译，中国法制出版社2001年版，第252页。

③ ［日］西原春夫：《构成要件的概念与构成要件的理论》，陈家林译，载《法律科学》2007年第5期，第67页。

符合性与违法性也具有了密切联系，M. E. 迈尔认为前者是后者的认识根据，是“烟与火的关系”；梅茨格尔进而认为，构成要件是违法性的实在根据，是违法行为的类型。再次，在违法性方面，新古典的犯罪论体系提出了实质的违法性论。借助于这种学说，其在理论上认可了法律规定以外的超法规的违法性阻却事由。最后，在责任问题上，新古典的犯罪论体系已经认识到免责的紧急避险中的客观情况能够阻却责任，从而提出了规范责任论。“在紧急避险情况下，尽管行为人具备责任能力和故意，责任非难可予以否定，因为在当时以其他方法不可能避免生命危险的情况下，法秩序并不要求英雄行为。”①

“在新古典犯罪论中，德国刑法学的影响力达到了最高点，并得到国际上的广泛承认。德国刑法学开始向意大利、西班牙、波兰、葡萄牙、希腊和拉丁美洲广泛传播。”②

不过，新古典的犯罪论体系此后也受到其他类型的犯罪论体系的挑战。“像迈尔的理论所呈现出的那种纯粹形式的理论此后逐渐销声匿迹了。其理由之一是，新康德学派的哲学被批判为过于以观念为中心，是理想主义的，脱离了现实的世界。特别是在经过了两次世界大战、对人类的愚昧有切身感受的欧洲，对存在主义哲学保持着亲近感，存在主义哲学是从生活于活生生的现实世界的人类本身出发的。其结果是，在刑法学的领域，自第二次世界大战结束之后，认为犯罪的第一要素不是构成要件而是人类的主体性‘行为’这种观点，在当时的存在主义思想的影响下，重新装扮后再次登场，这就是战后的‘行为论’。在德国，目的的行为论与社会的行为论兴起，展开了激烈的讨论。”③

三、目的行为论的犯罪论体系

目的行为论的犯罪论体系以现象学和存在主义哲学为理论基础。“这种哲学理论试图明确指出自然人存在的结构性原理，并且试图创设研究人的学术基础。”④“人们致力于探究每一个法形态所规定的‘事实结构’，并将刑法建立在‘事物本质’之上。”⑤

目的行为论的犯罪论体系的核心是目的行为论。从 20 世纪 30 年代开始直至二

---

① ［德］汉斯·海因里希·耶赛克、托马斯·魏根特：《德国刑法教科书（总论）》，徐久生译，中国法制出版社 2001 年版，第 256 页。

② ［德］汉斯·海因里希·耶赛克、托马斯·魏根特：《德国刑法教科书（总论）》，徐久生译，中国法制出版社 2001 年版，第 253 页。

③ ［日］西原春夫：《构成要件的概念与构成要件的理论》，陈家林译，载《法律科学》2007 年第 5 期，第 67 页。

④ ［德］克劳斯·罗克辛：《德国刑法学总论》（第 1 卷），王世洲译，法律出版社 2005 年版，第 123 页。

⑤ ［德］汉斯·海因里希·耶赛克、托马斯·魏根特：《德国刑法教科书（总论）》，徐久生译，中国法制出版社 2001 年版，第 259 页。

战后，韦尔策尔提出的目的行为论风靡一时，这种行为理论直接促使了犯罪论体系的变革。根据目的行为论，人的行为的本质是有目的的追求活动，即人以因果关系的认识为基础，在一定范围内预见自己的活动会产生一定的结果，据此设立各种各样的目的并选择达到目的的手段，朝着这些目的有计划地进行活动。目的性（意思的内容）是行为的本质要素。据此，故意对于行为而言就具有本质的意义，“故意不再仅是责任的形式，而是作为统制行为的因素在构成要件阶段也具有重要的意义。目的行为论的犯罪论体系使不法概念主观化，责任概念主观化、规范化。不法中的行为无价值观念被提到前台，与结果相比行为的形态对于犯罪的成立而言具有更重要的意义（人的不法论）”。[①]

概言之，目的行为论的犯罪论体系使犯罪论体系发生重大变化。它使故意、过失成为构成要件要素，而不是责任要素；不法不是单纯由结果无价值决定，而是由结果无价值与行为无价值共同决定。[②] 更具体而言，它使违法性认识从故意中脱离出来，成为责任概念的中心要素；将错误区分为构成要件的错误与禁止的错误；使教唆犯和帮助犯只有在故意的主行为情况下才能成立。[③]

现在，目的行为论的犯罪论体系随着目的行为论的衰落，影响力有所下降。但仍有不少学者，如希尔斯（Hirsch）、福田平、井田良等采用这种体系。

四、现代新古典的犯罪论体系

现代新古典的犯罪论体系也被称为新古典与目的论的结合体系。“这种组合通常是这样表现的，人们拒绝把目的性行为理论当作行为理论，但是，接受了其中最重要的体系性结论：把故意转移到主观性的行为构成之中。”[④]

具体而言，现代新古典的犯罪论体系在行为论上否定目的行为论，学者们多采用社会行为论，但也有采用因果行为论、消极行为论等行为理论的。在构成要件论上，现代新古典的犯罪论体系肯定构成要件的故意，承认故意及主观的违法要素对违法性的加重机能。在违法性论中，肯定行为无价值论。在责任论中，将故意的一部分留在了责任领域，而没有采用故意都属于构成要件的观点；违法性认识的可能性也属于责任。[⑤] 现代新古典的犯罪论体系维持并发展了新古典犯罪论体系对不法和责任的实体性理解，“不法是对构成行为的无价值评价，相反，罪责是对行为人

---

① ［日］山中敬一：《刑法总论》（第3版），成文堂2015年版，第137页。

② 参见［日］浅田和茂：《刑法总论》（补正版），成文堂2007年版，第33页。

③ 参见［德］汉斯·海因里希·耶赛克、托马斯·魏根特：《德国刑法教科书（总论）》，徐久生译，中国法制出版社2001年版，第261页。

④ ［德］克劳斯·罗克辛：《德国刑法学总论》（第1卷），王世洲译，法律出版社2005年版，第123页。

⑤ 参见［日］山中敬一：《刑法总论》（第3版），成文堂2015年版，第137页。

的无价值评价”。[①]

现代新古典的犯罪论体系实质上是一种行为无价值与结果无价值并存的二元论体系，得到了德、日不少学者的赞成，并成为理论上的通说。不过，亦有学者批评说，“这种体系是以刑法的行为规范的侧面为犯罪论构筑的出发点的，因此理论上作为行为无价值的犯罪体系能够一以贯之，但如果仔细考虑结果无价值的话，它仅仅起到处罚条件的作用。承认并存的通说，是在理论与刑事政策的妥当性的狭隘空间内保持危险的平衡”。[②]

五、目的理性的犯罪论体系

目的理性的犯罪论体系，也称问题思考的、机能主义犯罪论体系。它是20世纪70年代以来，由对古典的犯罪论体系抱有亲近感，并采用刑事政策的、机能主义的犯罪概念的学者们所提出的犯罪论体系。“他们的出发点是这样一个看法：刑法的体系性形成（die strafrechtliche Systermbildung）不是与本体的预先规定性（ontische Vorgegebenheiten）（行为，因果关系，物本逻辑结构，等等）相联系的，而只允许从刑法的目的设定性（Zwecksetzungen）中引导出来的。”[③] 目的理性的犯罪论体系的最杰出的代表者是德国学者罗克辛。日本的松宫孝明等也采用这种体系。

相对于之前的种种犯罪论体系理论，目的理性的犯罪论体系在方法论上有两个重要的指导原则：一是以新康德学派的规范论和新黑格尔学派的归责思想作为体系构造的基本方向；二是打破区分应罚性和需罚性的传统，体系构造的设计必须同时符合应罚性和需罚性的要求。

目的理性的犯罪论体系的理论体系的特征是，以抑止刑论即一般预防论这一刑事政策作为核心，使刑法的体系从道德伦理中解放出来，从合理性的、经验科学的角度加以建构。在方法论上，与体系的、逻辑的整合性相比更注重问题解决的思维方式。它立于以一般预防论为基础的刑事政策的刑法理论的立场，使古典的犯罪论体系成为其体系的基础。此外，虽然强调结果无价值论，但为了解决现代的各种问题而对各个具体的要素进行修正，并通过提出新的概念或在概念中增加新的内容，使犯罪论体系成为解决问题的装置。

目的理性的犯罪论体系在内容上有几个著名的创新：一是客观归责的理论。这个理论的雏形在1930年前后就已经由新康德主义和新黑格尔主义提出来了，但在当时并没有得到进一步的发展，并且很快就被人们遗忘了。目的理性的犯罪论体系的创造者们重新提出并诠释了该理论。二是把责任概念扩大到“负责性”。认为责任的内涵不只是非难可能性，还包括预防的必要。“在这里，对于罪责这个各种刑罚

---

① ［德］克劳斯·罗克辛：《德国刑法学总论》（第1卷），王世洲译，法律出版社2005年版，第125页。

② ［日］山中敬一：《刑法总论》（第3版），成文堂2015年版，第137页。

③ ［德］克劳斯·罗克辛：《德国刑法学总论》（第1卷），王世洲译，法律出版社2005年版，第123页。

必不可少的条件，总还必须补充进刑事惩罚的（特殊或者一般）预防必要性。因此，罪责和预防性需要是相互限制的，然后才能共同产生引起刑罚的行为人个人的'责任'。这种把传统的罪责范畴与预防性目标设定相结合的做法，对许多问题的解释有重要意义。”①

对目的理性的犯罪论体系，有学者批评说，它在追求问题解决的同时，“使传统的概念发生混乱，使体系丧失整合性，结果导致在体系上发生了丧失明确性和不适合逻辑思考的情况。例如，在相当因果关系的概念中加入新的要素，尽管是完全不同性质的，仍认为它属于相当因果关系，这招致混乱。又如，认为在正犯行为终了后，还存在实行着手，因而正犯的实行行为可以存在于正犯行为终了后。这些理论都招致了混乱”。②

目的理性的犯罪论体系仍是一种尚在发展的犯罪论体系，与此同时理论上也还存在各种其他的新体系。“德国刑法学在罗克辛以刑事政策为方针的目的合理主义刑法理论之后，雅科布斯的社会系统论的机能主义是否是刑法学前进的方向，也还没有确定，刑法学方法论也没有形成共通的认识。”③

总而言之，由于“犯罪论不是单纯的犯罪的成立要件论，而是如实反映对犯罪的基本看法的理论立足点。对犯罪的基本看法与对刑罚的基本看法是互动的，与对社会体系的看法相对应”，④ 因此，21 世纪的刑法学究竟应具有什么样的特征，到现在为止还不明确。⑤ “21 世纪的社会……与第二次世界大战刚结束的社会具有明显不同的特征。20 世纪末苏联解体，电脑网络社会或危险社会、环境社会的来临，都要求新的社会秩序，淘汰作为 19 世纪残余的一国主义、经济优先主义和无限制的自由主义。应对犯罪的方法也被要求有新的构想。然而，在这个时代里，到底什么样的犯罪论更为合适，现在谁也无法回答。”⑥

---

① ［德］克劳斯·罗克辛：《德国刑法学总论》（第 1 卷），王世洲译，法律出版社 2005 年版，第 123 页。

② ［日］山中敬一：《刑法总论》（第 3 版），成文堂 2015 年版，第 138 页。

③ ［日］山中敬一：《犯罪论的机能与构造》，成文堂 2010 年版，第 26 页。

④ ［日］山中敬一：《犯罪论的机能与构造》，成文堂 2010 年版，第 5 页。

⑤ ［日］山中敬一：《犯罪论的机能与构造》，成文堂 2010 年版，第 26 页。

⑥ ［日］山中敬一：《犯罪论的机能与构造》，成文堂 2010 年版，第 26 页。

第六章　行为理论的转换

第一节　行为论的体系性地位

一、行为的意义与机能

行为在现代刑法体系中占据核心的地位。“无行为则无犯罪”这一法谚充分说明了行为在认定犯罪时的重要意义。首先，从历史上看，主张犯罪是行为的观点具有排除近代以前身份刑法的历史功绩。如果外部行为相同的话，原则上就应当处以相同的刑罚，这就能够贯彻刑法面前人人平等的原理。其次，犯罪是行为意味着行为人的内心思想不能作为犯罪而被处罚。“思想不纳税”这一法谚，就包含了刑法不处罚思想这一含义。当然，如果行为人通过语言或行动表现出内心想法的话，就有可能会成为刑法意义上的行为。因此，刑法不处罚思想的含义，指的是思想的表现如果仍然属于实质的思想的范畴，就不能进行处罚。[①] 最后，犯罪是行为意味着行为人的性格或人格不能成为处罚的对象。因为，被科处刑罚的是行为人（犯罪人），但刑罚的对象则是（犯罪）行为，行为者的性格或人格不是被处罚的对象。不过，如后所述，现在也有不少学者放弃了个别行为责任论，而赞成性格责任论或人格责任论，因此，对行为人的性格或人格能否进行处罚已经成为一个具有争议性的问题。[②]

大陆法系普遍认为，犯罪是该当构成要件的违法的有责的行为，这里的行为当然包含了结果。这种包含结果在内的行为被称为广义的行为，而与结果相分离的“引起结果的行为”被称为狭义的行为。一般而言，行为论所探讨的是狭义的行为。

行为的机能，或称行为的功能，是指行为可能发挥的积极作用。一般认为，行为应具有如下机能：第一，界限机能。不是行为就不是犯罪，因而行为具有事先划定犯罪界限的机能。反射动作、睡眠中的动作、绝对强制下的动作就不属于刑法意义上的行为。第二，统一机能（分类的机能）。行为概念必须包含所有的犯罪，在此基础上能够划分出故意的作为犯、不作为犯、过失的作为犯、不作为犯。第三，

---

① ［日］平野龙一：《刑法总论Ⅰ》，有斐阁 1972 年版，第 106 页。

② ［日］平野龙一：《刑法总论Ⅰ》，有斐阁 1972 年版，第 106 页以下。

基本机能（定义的机能）。行为是进行构成要件符合性、违法性、有责性这些具体评价的基础，因而具有实质的内容。第四，结合机能。构成要件、违法性、责任是各自基于独立的标准来进行的独自的判断，而行为具有将其结合在一起的机能。

那么，如何理解这些机能的相互关系及优先顺序呢？一方面，行为要具有丰富的内容，就必须发挥界限机能（将很多情况从行为中加以排除），而且从基本机能的观点来看，行为必须具有一定的实体内容。另一方面，又必须只有让行为的内容尽量空泛才能包含各种类型的犯罪，从而发挥统一机能。而且，从结合机能的观点来看又必须先于刑法的评价。因此，界限机能、基本机能与统一机能、结合机能的要求是正好相反的。[①] 这种复杂的局面也是以下各种行为学说对立的根源之一。

二、行为论独立体系性地位的争论

“在刑法中最早使用行为概念的被认为是黑格尔学派的学者们。”[②] 黑格尔由于在《法哲学原理》一书中界定了行为的概念而被誉为“刑法中的行为概念之父”。[③] 黑格尔认为，“意志作为主观的或道德的意志表现于外在时，就是行为”。[④] 他还对行为在刑法中的意义作了详尽的说明。不过，黑尔格的行为概念只包括故意行为，不包括过失行为，而且他也不对行为与行为整体的归属（可罚性）进行区分。黑格尔学派的学者们，如阿贝克（Abegg）、贝尔纳（Berner）、凯斯特林（köstlin）都认为犯罪论的核心是行为概念。这个行为概念包括所为（das Tatmoment）和意志［被意欲的内容（die Gewollte）］以及二者之间的关系（Vermittelung dieser beiden Momenten），通过分析和总括这三个方面的内容来实现对于行为概念的把握，因此，这三个内容对于行为来说都是缺一不可的，如果缺少其中任何一个要素，行为本身就不存在；作为外界变动的行为与主体意志之间的关联性的判断被称为归责（Zurechnung），因此，行为判断与归责的判断是同一的。[⑤] 这就意味着，黑格尔学派的学者们虽然将过失行为纳入行为概念之中，但仍然不区分行为与可罚性，其所使用的行为概念与犯罪是同义的，在体系上并不占有独立的地位。

“行为在犯罪论体系中获得独立地位，是在所谓的李斯特—贝林体系登场之后。”[⑥] 同时，也由此产生了“犯罪论体系最初的位置是不是行为”的争议。[⑦] 概括

---

① ［日］佐伯千仞：《刑法讲义（总论）》，有斐阁1981年版，第141页。

② ［日］仲道祐树：《行为概念的再定位——犯罪论中行为特定的理论》，成文堂2013年版，第56页。

③ ［德］黑格尔：《法哲学原理》，范扬、张企泰译，商务印书馆1961年版，第119页。

④ ［德］黑格尔：《法哲学原理》，范扬、张企泰译，商务印书馆1961年版，第116页。

⑤ 参见［日］山口邦夫：《刑法中的黑格尔学派》，载《驹泽大学法学论集》第11号，第202~224页。

⑥ ［日］仲道祐树：《行为概念的再定位——犯罪论中行为特定的理论》，成文堂2013年版，第56页。

⑦ 参见［日］浅田和茂：《刑法总论》（补正版），成文堂2007年版，第90页。

目前理论界存在的各种观点，大体存在两种看法。

（一）犯罪论体系中独立的行为论

在贝林和李斯特创立的古典犯罪论体系中，行为开始具有了犯罪成立独立要件的地位。贝林将行为置于构成要件之前，指出："在方法论上，人们按照合目的的方式提出了六个有此特征的犯罪要素，其顺序和结构为：'构成要件符合性'需要置于'行为'之后，然后依次就是'违法性'——'有责性'——'相应的法定刑罚威慑'——'刑罚威慑处罚的条件'。构成要件符合性应当是先于违法性和有责性的，这样后续其他概念才能完全定义于刑法意义上。"① 李斯特在论述犯罪成立要件时，分别以作为行为的犯罪、作为违法行为的犯罪、作为有责行为的犯罪为题加以考察，② 并指出"本章以一般的行为概念为出发点，尽可能地不涉及行为的法律意义，因为犯罪是一个特定的相似的且作相应评价的行为。因此，行为是一个类概念，其特征必须在种概念的不同特征得到确定之前确定之"。③ 因此，日本学者认为，作为犯罪概念要素的中轴，先于构成要件的行为在李斯特的研究中就获得了独立的地位。④ 贝林和李斯特的见解被此后不少学者所继承。时至今日，主张犯罪论体系的出发点是行为的观点仍然非常强势。

如后所述，自构成要件的行为理论产生后，其便对独立的行为论即裸的行为论提出了猛烈的批评。但坚持独立行为论的学者并没有放弃自己的立场。在他们看来，赋予行为独立的体系地位具有理论和实践两方面的意义。

首先，从理论意义上说，它对于解释论的展开具有实际好处：（1）作为行为形态的作为与不作为，是在进行构成要件的评价之前就应该被认识的概念。的确，作为与不作为并非纯粹意义上的物理性概念，需要根据构成要件评价之前的社会的观念来加以区分。（2）作为（相当）因果关系事实基础的条件关系，显示的是作为构成要件评价对象的行为与结果之间的关系，属于行为论的范畴。（3）日本等国家的刑法典认可犯罪的实行与犯罪的预备之间的区别，那么为了明确实行行为、预备行为及预备之前的行为之间，有必要存在"行为"这样一种共通的上位概念。⑤

其次，从实践意义上看，它也有服务于刑法人权保障机能的现实价值。犯罪是行为这一命题，发挥着不将意思、思想作为处罚对象的法律政策的核心功能，从而防止立法者设置处罚思想的构成要件。"例如，在立法者要将行为以外的单纯的意

---

① ［德］恩施特·贝林：《构成要件理论》，王安异译，中国人民公安大学出版社 2006 年版，第 65 页。

② ［德］李斯特：《德国刑法教科书》（修订译本），徐久生译，法律出版社 2006 年版，第 176 页。

③ ［德］李斯特：《德国刑法教科书》（修订译本），徐久生译，法律出版社 2006 年版，第 176 页。

④ 参见［日］仲地哲哉：《构成要件论》，载［日］中山研一等主编：《现代刑法讲座》（第 1 卷），成文堂 1977 年版，第 239 页。

⑤ 参见［日］曾根威彦：《刑法总论》（第 4 版），弘文堂 2008 年版，第 47 页。

思、单纯的思想作为处罚对象，并确定这样的构成要件的场合，从构成要件论的立场或许也会非难这样的立法是不恰当的。然而，这意味着处罚对象只限于行为，并不包含单纯的意思、思想本身这一命题，在构成要件的评价之前就应当被承认。应当受处罚的不是单纯的意思、思想，而是作为其表现的行为这一命题，是超然于各个构成要件的，毋宁说它必须是设定各构成要件的指导原理。因此，应承认一般的行为概念，即裸的行为概念。”①

总之，在持此说的学者看来，“的确，即便通过行为论来划定犯罪的外部边界，并由此来排除犯罪性的情况也非常稀少，但是，它的意义在于可以显示出：犯罪是人的外部的行为，不应该追究思想与性格。而且，对这种外部的行为施加刑法的评价的这样一种构成，作为犯罪论体系更为安定，在指明犯罪是社会性事物这一点上也是有意义的……所以，犯罪论体系的第一要件，应该是行为论”。②

（二）构成要件中的行为论

如前所述，贝林等将行为纳入犯罪论体系并置于构成要件之前。而 M. E. 迈尔则于 1915 年在《刑法总论》中主张，犯罪是充足构成要件之事实，并提出在构成要件充足性的内容中理解行为。由此，行为的概念逐渐纳入构成要件之中，成为构成要件中的一种要素。这样，在以行为概念为出发点的犯罪论体系之外，诞生了以构成要件为出发点的犯罪论体系。

主张在构成要件中研究行为的学者，强烈批评了裸的行为论。例如，小野清一郎认为：“在刑法上所考虑的行为，是构成要件的行为，这种行为也是伦理性质的行为。刑法学也不能不把这一点作为构成要件中的核心要素来提出问题。与构成要件无关的行为，在刑法学中也没有考虑的必要。历来的刑法学者，几乎都是先于构成要件的（纯粹的）行为论出发，而与忽视行为的伦理意义和法的意义的实证主义和自然主义思想相结合，不仅如此，在体系上也陷于失误。刑法上的行为，归根到底就是构成要件的行为，即符合构成要件的行为，而这就是刑法中的犯罪的‘实例’。在构成要件中，不法行为的社会类型被当做法律概念加以规定，它是一种观念形象，是抽象的定型。然而，它也并不单纯是观念性的、抽象的，而是现实生活中直观的、活生生的、充满意义的观念形象。当某个具体的、个别的行为事实符合它时，那就是犯罪的实行，进而成为构成犯罪的行为。”③

在与裸的行为论学者经过长时间的争论之后，持构成要件的行为论的学者仍然保持着对其观点的批判态度：“在构成要件该当性之前，论述行为本身，称为‘裸的行为论’。行为是什么的哲学议论也许是精彩的，但对我国莫如说，认为裸的行为论是无意义的见解是有力的。因为，在刑法领域既然存在罪刑法定主义的原则，

---

① ［日］西原春夫：《刑法总论》（改订版）（上卷），成文堂 1993 年版，第 82 页。

② ［日］浅田和茂：《刑法总论》（补正版），成文堂 2007 年版，第 91 页。

③ ［日］小野清一郎：《犯罪构成要件理论》，王泰译，中国人民公安大学出版社 2004 年版，第 84～85 页。

那么不符合构成要件的行为就没有必要成为问题。”① 更具体而言，“以罪刑法定主义为基础的刑法，认为犯罪首先必须该当刑法法规所规定的构成要件，所以作为犯罪的构成要素，不是单纯的行为本身，而应该将‘该当构成要件的行为’视为问题。在犯罪论基础上应当被考虑的‘行为’，始终不过是刑法的判断对象，而不能称为判断犯罪成立与否的刑法的判断标准。因此，将行为视为独立的成立要件的立场，在这一点上是不妥当的”。②

第二节 行为的学说

犯罪是一种行为，如何理解行为的内涵，就成为刑法中的行为理论所要探讨的问题。由于行为既包括故意行为与过失行为，又包括作为与不作为，要在一个概念中包含各种具体行为形式，具有相当大的难度。因而，一百多年来学者们提出了各式各样的行为理论，形成了纷繁复杂的学说状况。其中具有较大影响力的主要有以下几种行为理论。

一、因果行为论

因果行为论是19世纪后半叶受自然科学与机械唯物论影响而形成的行为理论。这一理论的特点是将行为理解为一种因果事实，作为生理的、物理的过程来把握。因果行为论又包括两种不同的学说，即自然行为论与有意行为说。

（一）自然行为论

从后世学者的概括来看，自然行为论事实上包括两种观点。

第一种观点认为，行为是基于意思而引起的外部变动，或者对这种外部变动不予阻止。同时，这种观点对外部变动采取自然主义的理解，如李斯特认为，“行为（Handlung）是相对于外部世界的任意举止（Willkuerliches Verhalten），具体地讲这一任意行为能够改变外部世界，不论是造成某种改变的作为（Tun），还是造成某种改变的不作为（Unterlassen）”。③ 对于这种所谓的“改变外部世界”，李斯特作了极端自然主义的把握。比如侮辱罪，李斯特认为其行为是“通过引起空气的振动导致被攻击者的神经系统的生理学的反应”。④ 这样的话，行为不外乎是一种有意性的神经或肌肉的刺激，而完全不考虑行为的社会意义。⑤

对于这种观点，罗克辛指出，如果人们把侮辱表示为符合构成要件的、违法的

---

① ［日］前田雅英：《刑法总论讲义》（第4版），东京大学出版会2006年版，第60页。

② ［日］川端博：《刑法》，成文堂2014年版，第51页。

③ ［德］李斯特：《德国刑法教科书》（修订译本），徐久生译，法律出版社2006年版，第176~177页。

④ 参见［日］浅田和茂：《刑法总论》（补正版），成文堂2007年版，第100页。

⑤ 参见［日］山中敬一：《刑法总论》（第3版），成文堂2015年版，第147页。

和有罪责的“对空气振动的激发和在被攻击者的神经系统中推动了心理过程”，或者将伪造证书表示为“应受刑事惩罚的肌肉紧张”，这样不仅听起来可笑并且它确实是可笑的。[①]

值得注意的是，以李斯特为代表的这种观点仍然强调行为的有意性，即强调行为在客观上的举止性与主观上的有意性，把有意性与外部世界的变动性之间的关系描述为一个因果历程，而把与机械的或生理上的强制有关的行为，即无意性行为排除在行为概念之外。因此，其本质上是后述的有意行为说的一种，而不属于身体动作说。

第二种观点可称为身体动作说。它将行为理解为人的身体的动静，即纯肉体的外部动作。至于这种动作是否由意识所支配、支配动作的意识内容如何，则不是行为所要解决的问题，而是责任所要解决的问题。因此，单纯的反射动作、睡眠中的举动、幼童的动作都是行为。

身体动作说也受到很多批评。因为，将单纯的反射动作、睡眠中的举动、幼童的动作纳入作为刑法评价对象的行为概念中，是没有意义的。行为是作为主观面与客观面的复合体而存在的，排除主观面的行为正如贝林自己所承认的那样，属于“无血的幽灵”。[②] 不过，身体动作说并没有完全丧失其影响，直至现在，仍有一些学者支持这一理论。[③] 其理由主要在于，大多数国家的刑法都规定了类似于“心神丧失者的行为不可罚”的内容，这说明心神丧失者（无刑事责任能力者）也具有行为，因此，身体动作说和刑法的规定保持了协调。而且，身体动作说的支持者认为，迄今为止所有的行为论，都没有弄清楚究竟研究的目的是什么，因而还不如采用最没有限制的定义；而且，这一定义也可以发挥不处罚思想与人格的行为论的功能。

（二）有意行为说

有意行为说强调行为的有意性，认为行为是以某种意思为原因引起外部的动作，更以这种外部的动作为原因引起结果的因果关系的必然发展过程。有意行为说认为人的行为是“基于意思的身体动静”。“基于意思”指的是有意性，“身体动静”指的是有体性。因此，行为应当由“有意性”与“有体性”两个要素组成。[④] 而且，两者之间应具有原因与结果的关系。意思的内容不是行为论的问题，是故意的问题。[⑤]

---

① 参见［德］克劳斯·罗克辛：《德国刑法学总论》（第1卷），王世洲译，法律出版社2005年版，第151页。

② ［德］克劳斯·罗克辛：《德国刑法学总论》（第1卷），王世洲译，法律出版社2005年版，第151页。

③ ［日］平野龙一：《刑法总论Ⅰ》，有斐阁1972年版，第113页；［日］前田雅英：《刑法总论讲义》（第4版），东京大学出版会2006年版，第109页。

④ ［日］川端博：《刑法讲话Ⅰ总论》，成文堂2005年版，第66页。

⑤ 参见［日］仲道祐树：《行为概念的再定位——犯罪论中行为特定的理论》，成文堂2013年版，第56页。

有意行为说的优点在于，它能够较好地实现行为的界限机能，将不基于意思的反射动作、睡眠中的动作以及物理强制下的动作排除在行为范围之外。同时，有意行为说对行为的主观面与客观面只作一般的描述，不取代此后的刑法评价，在这一点上，能够实现行为的基本机能与结合机能。因此，有意行为说成为德国、日本19世纪以来的多数说。

对有意行为说的批判主要有两点：第一，有意行为说为了实现上述行为的基本机能与结合机能，避免在行为概念中过多论述有意性的实质内容而与后面的有责性判断相重复，因而虽然主张行为的有意性，但是又认为行为概念中的意识是价值中立或中性无色的。换言之，意识的内容如何不是行为概念所解决的问题，而是责任的内容。所以，有意性虽是行为的特征，但意识的内容却不是行为的特征。这样就使意识与意识的内容相分离，行为概念中的意识便成了毫无内容的、空洞的、抽象的概念。然而，从意识中排除意识的内容后，意识是什么呢？这是有意行为说难以解释的。第二，有意行为说难以发挥行为的统一机能。这主要表现在有意行为说难以解释不作为，其中最典型的难题是如何说明忘却犯也具有行为。所谓忘却犯，是指基于无认识的过失的不作为犯。具体而言，诸如铁路道口的工作人员忘记放下护栏导致火车发生事故，这样的不作为是否基于意思？有的学者认为在这种情况下，行为人没有强化自己不要忘记履行义务的记忆，没有为使自己容易想起而作努力，这种无关心的态度本身就是有意性，因而也应承认忘却犯具备有意性。① 然而很难认为基于忘却的不作为是有意的。如果彻底贯彻有意行为说，就会认为在这种场合因为不存在行为所以不是犯罪。例如，卡夫曼就认为虽然存在无意识的行为，但不存在无意识的责任，所以在无认识的过失的场合，不存在刑事责任。② 但这显然将不作为排除在行为概念之外，人为割裂了统一的行为概念。

二、目的行为论

目的行为论是由德国刑法学者韦尔策尔（Welzel）于20世纪30年代提出的行为理论，在德国得到了毛拉赫（Maurach）、布施（R. Busch）、尼塞（Niese）等人的支持，在日本得到了木村龟二、平场安治、福田平等人的赞同。

与因果行为论相对，目的行为论认为不应当将人的行为理解为由盲目的因果性所支配的行为，而是以目的性作为行为的本质。具体而言，目的行为论认为应把人的行为的本质作为有目的的追求活动来把握。目的性表现在，人以因果关系的认识为基础，在一定范围内预见自己的活动会产生一定的结果，据此设立各种各样的目的并选择达到目的的手段，朝着这些目的有计划地进行活动。目的行为论的特征在于强调行为的存在构造包括主观、客观在内的整体构造，目的性（意思的内容）是行为的本质要素。所谓行为是指“通过有目的的意思对包括外部的举动在内的因果

① ［日］植松正：《再订刑法概论Ⅰ总论》，劲草书房1974年版，第139页。

② 参见［日］甲斐克则：《责任原理与过失犯论》，成文堂2005年版，第127页。

进行支配操控”。

如果这里的“有目的的意思”指的是故意，“因果的支配操纵”指的是作为的话，那么犯罪就仅指故意的作为犯。如果目的行为论持这种主张的话，那么可以充分地实现界限机能和基本机能，但从一开始就放弃了统一机能及结合机能。然而，目的行为论也并不将过失犯、不作为犯排除于犯罪之外，那么它是如何解释的呢？

首先，关于过失犯。韦尔策尔最先认为，故意行为具有现实的目的性，过失行为具有潜在的目的性（以结果为潜在目的的有目的的行为）。在接受尼塞批判存在论上不存在潜在的目的性的观点后，韦尔策尔修正了自己的学说，认为过失行为是以构成要件上不重要的结果为目的的行为，此后很多的目的行为论者都遵循了这一观点。[①] 例如，在为了早点到达某地超速行车而致他人死亡的场合，不存在杀人的目的，但存在为了早期到达而超速驾车这一有目的的行为。[②] 然而，批评者认为“将这种在法律上毫无意义的目的性行为引入行为概念本身就有问题”。[③] 此外，将构成要件上不重要的结果作为目的，只能说明过失犯没有故意，而不能说明过失犯是目的行为。[④]

其次，关于不作为犯。不作为在存在论上是无，因此有批评意见认为，作为存在论意义上的行为论的目的行为论与之不相容。目的行为论中有学者主张，在不作为同时所进行的其他行为（散步、读书等）是有目的的行为，[⑤] 但这种其他的行为，与不作为犯的关系并没有实质的意义。于是，韦尔策尔又认为，不作为不是行为，而包括在人的行态（Verhalten）（根据目的统制意思在能力范围之内的，人身体上的积极的态度或消极的态度）之中，目的的行动力是行为与不作为共同的标志。[⑥]

然而，如果不作为不是行为而是行态的话，那么只要犯罪是行为，其行态的方式就应当属于行为的概念。这样的话，又与目的行为论的出发点（存在的行为论）相反，从而自相矛盾。

目的行为论在战后一段时间成为很有势力的学说。其主要背景在于当时的德国刑法学者们痛感实证主义的刑法学在法西斯统治面前的软弱，从而青睐于不受时代左右的存在主义刑法学。目的行为论从不同于新旧派论争的角度促使人们重新思考犯罪论体系，导致了德国犯罪论体系的重大变化（使故意、过失成为构成要件要素，而不是责任要素；不法不是单纯由结果无价值决定的，而是由结果无价值与行

---

① 参见［日］大塚仁：《刑法概说（总论）》（第4版），有斐阁2008年版，第102页。

② ［日］木村龟二著、阿部纯二增补：《刑法总论》，有斐阁1978年版，第157页。

③ ［日］团藤重光：《刑法纲要总论》，创文社1990年版，第111页。对此，福田平反驳说，虽然早期到达目的地这一目标在法律上没有意义，但超速行车这种具体的行为在法律上并非没有意义。参见［日］福田平：《全订刑法总论》（第4版），有斐阁2004年版，第61页。

④ ［日］浅田和茂：《犯罪论体系》，载副刊法学研究班：《司法考试系列刑法Ⅰ总论》，有斐阁1993年版，第9页。

⑤ ［日］木村龟二著、阿部纯二增补：《刑法总论》，有斐阁1978年版，第168页。

⑥ ［日］福田平：《全订刑法总论》（第4版），有斐阁2004年版，第62页。

为无价值共同决定）。可以毫不夸张地说，战后刑法学的主要论争都是由目的行为论所推动的。①

然而，韦尔策尔的目的行为论“尽管在德语国家、意大利、日本和拉丁美洲得到广泛讨论，但这种理论却未能赢得那些对它感兴趣以及精通它的人的多数认同。主要障碍在于，这种关于行为和意图的说服性理论只在有意图的犯罪领域有效，而在其他领域就会遇到困难”。② 由于前述的目的行为论的缺陷，该理论现在已经丧失了以前所具有的重要意义。

三、社会行为论

社会行为论是在20世纪30年代由德国学者修密特（Eberhard Schmidt，1891—1977）所提出的行为理论。此后得到了恩吉施（Engisch）、迈霍弗（Maihofer）、耶赛克、佐伯千仞、吉田敏雄、西原春夫等学者的赞同，成为一种有影响力的学说。

社会行为论着眼于行为的社会意义。它认为，为了正确地理解行为，不能只从自然的物理的方面理解行为，而必须从社会的意义上来把握，把行为的社会价值作为立论的基础。人在社会环境中的各种举动，有偏重于结果的引起的，有偏重于不实施特定的举动的，也有偏重于目的的追求的。这三种形态的举动，欲在其本体结构上求得共同的概念实非易事，而在价值判断上，并非没有相类似之处，即都是属于具有社会意义的人的举动。因其对社会有意义，才为法律所关心，而视之为行为。

社会行为论内部又有各种各样的观点。

第一种观点认为，行为是指“指向客观上预见可能的社会结果的、所有客观上支配可能的态度”。它的构成要素包括：（1）（在对世界能产生作用的意义上的）行为结果的预见可能性；（2）行为状况的支配可能性；（3）客观上对一般人而言是可能的；（4）对他者的社会的结果。这种结果不是指现实的结果，而是在客观的预见可能性与客观的支配可能性框架内的某种可能的社会的结果。③ 这种观点由德国学者迈霍弗提出。他将前述的目的行为论称为主观的目的行为论，认为这种主观的目的行为论存在缺陷，因而主张进行客观化的改造。他将自己的学说称为客观的目的行为论。但大多数学者认为，迈霍弗将行为的客观化标准求之于社会的意义，因而是社会行为论的一种类型学说。日本的伊东研祐也认为，行为是“指向客观上预见可能的具有社会重要意义的某种事象（目的）的发生而实施的，由人的意思来进行因果连锁的控制、利用或者因果过程的支配”。④ 与迈霍弗的观点较为类似。

这种观点排除了意思的要素，通过“客观上预见可能”将过失犯、通过“客观上支配可能”将不作为包含在行为之中。但是，有批判意见认为它并非行为论，而

① ［日］浅田和茂：《刑法总论》（补正版），成文堂2007年版，第33页。

② ［美］乔治·弗莱彻：《反思刑法》，邓子滨译，华夏出版社2008年版，第320页。

③ Werner Maihofer, Der Handlungsbegriff im verbrechenssystem, 1953, S. 178ff.

④ ［日］伊东研祐：《审判对象的设定与行为的社会意义——犯罪论中“行为的文脉”的拘束力》，载《三井诚先生古稀祝贺论文集》，有斐阁2012年版，第75页。

是相当于因果关系说或客观的归属理论。[①] 而且，它虽然强调社会意义，但在进行判断时，既不考虑现实的结果也不考虑行为人自身的主观，那么究竟是什么赋予行为以社会意义，是不明确的。[②]

第二种观点认为，行为是指“意思支配可能的具有某种社会意义的运动或者静止”。[③] 这种观点的特征是，以比较缓和的形式维持了意思的要素，从而从行为概念之中排除了反射动作或者物理强制下的动作。不过，也有批评者认为，作为犯罪论出发点的行为，只要能够划定犯罪的客观范围就行了，意思支配可能这一要件完全是过剩的。[④]

第三种观点认为，行为是指具有社会意义的人的态度。[⑤] 它的特征在于，从行为概念中排除了意思的要素，不是从存在论的层面而是从社会的价值评价的层面来理解行为。由此，它能够将过失犯及不作为犯包含在行为之中。这种观点也是社会行为论中影响最大的观点。

社会行为论的最大优点是它能够很好地发挥行为的统一机能，将故意行为、过失行为、作为、不作为都纳入行为的范畴之内。但社会行为论也存在缺陷。首先，它无法满足行为的界限机能。不可抗力、纯粹的反射性动作等也可能具有社会意义，但它们是对于刑法判断没有意义的现象。其次，它不能很好地发挥行为的结合机能。由于法律评价和社会评价是相互依存的，“社会性”这一范畴原本就属于构成要件领域，而不是位于构成要件之前，因而它不是位于刑法之前的行为概念所具有的因素。

四、人格行为论

人格行为论是二战后兴起的一种行为理论，德国的卡夫曼、罗克辛，日本的团藤重光、大塚仁等都支持这种学说，从而使其具有了较大的影响力。

人格行为论认为，行为是“行为者人格主体的现实化”，行为是在人格与环境的相互作用下依据行为人的主体的人格态度而形成的，并将主体的人格现实化。人的身体动静，只有与其主体的人格态度相结合，并能认为是其人格主体的现实化时，才能认为是行为。[⑥] 单纯的反射动作与受绝对强制的动作，不表明人格态度，所以不是行为。作为与不作为、故意行为与过失行为表明了行为人的人格态度，当然包含在行为之内。忘却犯也是与主体的人格态度相联系的不作为，仍然是行为。此外，

---

① ［日］浅田和茂：《刑法总论》（补正版），成文堂2007年版，第105页。

② ［日］仲道祐树：《行为概念的再定位——犯罪论中行为特定的理论》，成文堂2013年版，第64页。

③ ［日］西原春夫：《刑法总论》（改订版）（上卷），成文堂1993年版，第89页。

④ ［日］浅田和茂：《刑法总论》（补正版），成文堂2007年版，第105页。

⑤ ［日］佐伯千仞：《刑法讲义（总论）》，有斐阁1981年版，第145页。

⑥ ［日］团藤重光：《刑法纲要总论》，创文社1990年版，第67页。

也有学者将人格行为论与责任论中人格责任论相联系。①

人格行为论受到的主要批评是：第一，人格行为论在发挥行为的界限机能上仍有不足。例如，根据人格行为论的观点，精神病人的杀人举动也是其人格表现，因而是刑法上的行为。这便使行为包含了不具有社会意义的事件。第二，人格行为论有自相矛盾之嫌。人格行为论使用主体的现实化、主体的态度这种用语，显然意味着积极的、有意图的态度。但忘却犯却不具备这种态度，该说为了解释忘却犯，又认为忘却犯只要与主体的人格态度相连接就够了，其理论的整合性存在疑问。第三，什么是人格并不明确，刑法能否介入行为人的人格，也值得研究。第四，如果将人格行为论作为人格责任论的基础的话，那么站在批判人格责任论的立场上就无法采用这种行为论。第五，有的学者为了避免人格行为论的上述缺陷，在人格行为论的基础上加入了“有意性”、“具有社会意义”等内容。例如，大塚仁认为，“作为犯罪概念的基底的行为，是作为行为人人格的主体性表现的基于有意性的身体动静，是由一般人的认识性判断能够认可其社会意义的东西”。② 但这种修正被认为已经不属于人格行为论而变成了社会行为论的一种。③

五、否定的行为论

如上所述，迄今为止的各种行为理论都存在缺陷。因此，理论上开始出现新的见解，即否定的行为理论。否定的行为理论有两种类型：一种是主张全面抛弃位于构成要件之前并能够普遍适用的行为概念，而应当像拉德布鲁赫所主张的那样，将构成要件符合性作为刑法体系的基础概念。因为从行为概念中推导不出任何有实践意义的结果，事实上，不法和责任是更重要的刑法范畴。④ 这种观点怀疑能够为作为和不作为找到一个共同上位概念的可能性。“持这种观点的代表性论者认为，对于行为概念，以功能性的纯粹否定方式提出最基本的前提条件便已足矣，即把所有的与意志无关的身体动作，皆视为是‘非行为’而排除在外。”⑤ 但是，行为的问题并不能据此简单被消除。即使经常用符合构成要件的行为这种表述，那么伴随在“符合构成要件”这个标志上的行为是什么？而且，行为概念所具有的结合要素的机能也不是多余的。⑥ “可以构成作为和不作为的共同上位概念的，是人之举止(das menschliche Verhalten)。纯粹否定性行为说不能够满足要求，因为，如果对什么是‘行为自身’和对刑法对这个概念连接的含义并不明确，则将是很难在构成要

---

① ［日］团藤重光：《刑法纲要总论》，创文社1990年版，第104页以下。

② ［日］大塚仁：《刑法概说（总论）》（第4版），有斐阁2008年版，第106页。

③ ［日］浅田和茂：《刑法总论》（补正版），成文堂2007年版，第104页。

④ Bockelmann，Medizinische Welt，1972，S. 1310.；ders.

⑤ ［德］约翰内斯·韦塞尔斯：《德国刑法总论》，李昌珂译，法律出版社2008年版，第42页。

⑥ ［德］克劳斯·罗克辛：《德国刑法学总论》（第1卷），王世洲译，法律出版社2005年版，第159~160页。

件和不法的范围内对具体的行为给出足够的说明的。”①

目前有影响力的否定的行为论指的是另一种理论。它重视“避免可能性”与行为之间的关系，将不作为而不是作为视为刑法上归罪的基本范畴。

德国学者赫茨贝格（Herzberg）首先建构了否定的行为论的理论框架。②他在研究不作为犯时指出，如果没有一个上位概念来涵盖作为与不作为，“在与具体的法定构成要件的关系方面，则不可能将特定的不作为与积极的作为在行为这一标记上进行概念的均等整序……例如，‘杀’这一标志——它也是一个概念——将积极的行为与一定的不作为都包括在内”。基于这种问题意识，赫茨贝格认为作为与保证人的不作为，抽象化后都应该能够还原为一个上位概念。这个上位概念，需要满足如下三个要素：（1）两种行为形态在任意抽象程度上保持一致；（2）拥有能包含积极的作为与保证人的不作为这种限度上的具体性；（3）上位概念的正确性与说明力应当不低于其下位概念（作为与保证人的不作为）。根据这一认识，他在1972年提出了“处于保证人地位的人员可能回避而不回避”（das vermeidbare Nichtvermeiden in Garantenstellung）的概念。他举例说：A基于杀意用刀刺杀X，致X因流血过多处于濒临死亡的状态，X的儿子B与偶然经过的路人C都对X有救助可能性，B、C对此也知情但都未予以救助，X最终死亡。对这个例子，A、B构成故意杀人罪、C构成不救助罪（《德国刑法典》第323条c）这是没有问题的。但如何将积极作为的A与不作为的B同等包括在一个杀人这样的抽象的上位概念中，同时将C的不作为不包括在内，刑法解释学必须对此进行正当化说明。于是，就产生了两个问题：（1）使积极引起死亡和不阻止死亡在概念上保持一致；（2）将不具有保证人地位的人排除在外。为此，赫茨贝格大胆地进行了与通常认识不同的逆向思维，即传统的思路是将“不作为者与作为者同等对待”，作为是比不作为更重要的引起结果的形式，作为（大的概念）中包括不作为（小的概念）。但赫茨贝格则将不作为视为基础。例如，上例中关注的焦点不应该是A积极的刺杀，而是A在决定性的瞬间没有抑制（sich zurückhalten）住自己。他在这里使用了“避免”（Vermeiden）的概念，即A、B、C共同的特点是没有避免X的死亡。也就是说，A、B、C对于X的死亡都具有避免可能性（vermeidbar），但都没有进行避免（Nichtvermeiden）。于是，积极地引起死亡和不阻止死亡这种不作为，在对于死亡具有避免可能性而不避免这一点上是共通的。如此一来，拉德布鲁赫公式（认为作为与不作为是对置关系，即A与非A的关系）就被颠覆了。赫茨贝格认为拉德布鲁赫公式在引起结果这一问题上的表述是错误的，即在引发侵害法益的结果方面，作为与不作为都未能阻止结果的发生，是非A与非A的关系（都没有避免结果）。但是，这样一来还有一个问题没

---

① ［德］约翰内斯·韦塞尔斯：《德国刑法总论》，李昌珂译，法律出版社2008年版，第42页。

② 以下参见［日］仲道祐树：《行为概念的再定位——犯罪论中行为特定的理论》，成文堂2013年版，第97~110页。

有解决，即“不避免”这个概念并不能将C与A、B相区别。赫茨贝格认为C与B的唯一区别就是C不具有保证人地位。但传统观念并不认为作为犯的A需要保证人地位。赫茨贝格于是寻求如何说明A也具有保证人地位。他指出，传统观念是错误的。不仅保护特定法益不受侵害的人员是保证人，对于特定的危险源负有答责性的人员也是保证人。于是作为的行为人也是保证人，即保证人位于控制危险之轮的中心，该控制危险之轮同时也是社会答责性的范围，它越向外扩展，控制性便越弱，与之相伴，保证人的答责性也越容易被质疑。反之，越靠近中心区域保证人的地位也就越明显，而构成其内核的便是“这个人自己”。

1996年，赫茨贝格在论文中又对否定的行为论的内容进行了修正。他认为自己的否定的行为论核心部分可以维持，但公式是失败的。之所以失败，是因为：（1）这个公式不必要地超出了刑法的范围；（2）无法捕捉像不救助罪这样的通常不被视为保证人的不作为犯；（3）没有明示注意义务违反的基准；（4）与法律上没有使用的“不避免”的概念相比，法律上使用的“不作为”概念应更优先。于是，他提出了“违反注意义务的刑法上的不作为”（das sorgfaltspflichtwidrige und strafrechtlich miβbilligte Unterlassen）的新公式。概括而言，赫茨贝格对行为论的贡献可以概括为：（1）以“避免可能性”取代了“有意性”，从而摆脱了有意性对于行为论的百年束缚；（2）将“A（行为）与非A（非行为）”公式替换为“非A（不回避）与非A（不回避）”公式，从而为作为与不作为的统合提供了可能。

在赫茨贝格之后，贝伦特进一步完善了否定的行为论。他以弗洛伊德的精神分析学说为基础，依据自我统制理论阐述否定行为论的内涵，即从“超我”中发展出来的主观结构可以抑制人的破坏本能与攻击本能，这种自我遏制的统制结构不仅存在于个人之中，而且存在于集合体、社会体中。无数个人的自我统制结构结合起来便是社会的自我统制结构。例如，某一个体因为自我统制结构失效而实施了犯罪行为，那么，为了防止其他个体模仿此人的行为，便需要建立社会的反对统制系统，这便是刑法。既然犯罪的本质在于行为人自我统制结构的失效，那么，犯罪的本质便可以理解为不作为了——不阻止自我统制结构的失效。在任由本人的破坏本能表露出来这一点上，作为与不作为没有差别。刑法要求的是“扼制危险展开的行动”，在作为犯中，这种行动表现为阻止自己的危险态度；在不作为犯中，这种行动表现为阻止发生危险的紧急状态。

贝伦特指出，过去的行为概念强调的都是犯罪的作为面，而否定的行为论是将行为概念理解为不作为，从而呈现出完全不同的方向。因此，与目的行为论、社会行为论不同，起决定性作用的不是指向结果的行动力，而是要避免这种结果的“向反方向所施加的力”。结果回避的问题就成为“指向回避统制的人的现实的、心理的能力”（real-psychische Kapazität des Menschen zur Vermeidesteuerung）。这样理解的话，就不再需要证明“行为概念包括不作为”，因为否定的行为概念就是不作为的概念，即“不作为的概念能够包括积极的作为这种行为形式”。因此，贝伦特认为刑法中的行为就是“对于该当构成要件的状况可以回避时的不回避”

(vermeidbares Nichtvermeiden der tatbestandsmäßigen Situation)。贝伦特对于否定行为论中的“存在危险状况”、“存在回避可能性”、“不回避”等要素的实质内容，都从精神分析的视角给出了合理的解释。但是，反对统制机构是一个纯粹的内心经过，如果以此来赋予行为内涵的话，似有违反行为主义之嫌。再者，关于关键要素——“回避可能性”的判断方式，贝伦特也语焉不详。

否定的行为论也受到反对者的很多批评。首先，逻辑上存在缺陷。否定的行为论将作为转化为不作为，但积极作为犯中的回避，对于结果犯意味着不引起结果，对于举动犯意味着不实施特定的活动，这其实是在作二重否定，即所谓“不回避”，意味着“结果的不——不引起”、“活动的不——不实行”。“人们是否可以真的用这种否定的行为概念来赢得一种共同的基础因素，看来是真的值得怀疑的。即使人们不考虑赫茨贝格对一些不作为犯罪从一开始就放弃了行为的性质，这种怀疑也仍然存在，因为在积极性的结果犯罪中，‘避免’仅仅意味着‘不造成结果’。‘不避免’因此是‘不——不造成’结果。这种双重否定在逻辑上具有肯定的意义，用清楚的话说就是：造成结果。这种‘造成’与不作为犯罪中表现的不避免那样的‘不制止结果’在一起，正好就像做和让做那样，历来分明。肯定和否定因此并不处于相同的否定性上位概念之下，因为肯定在语言上能够作为双重否定来表达。贝伦特当然要把‘不作为的反控制’与心理性现实相联系，这种现实同样能够说明实施和不作为。但是，在这里所处的情况就像在自然的行为概念中所处的‘有意志’的情况一样。如果有人不知道一种刑罚保护的行为的要求（例如，一种上缴义务或者报告义务），因此在不作为中不能找到一个心理性基础，以至于这个上位概念的共同性既不能逻辑性地也不能心理性地作为基础显示出来。”① 其次，避免可能性属于结果归属的问题，将其纳入行为概念不合适。“在刑法上对不可避免性不负责任，无需新的认识，这是不言自明的。相反，刑法上具有重要意义的结果的可避免性并不是一个行为问题，而是其他事件归责于行为人的行为问题。”② 最后，存在违反行为主义的嫌疑。否定的行为论使用“不回避”这一概念，意味着实际的行为并没有实施而停留在内心，这岂不是违反了行为主义?③ “不作为的反控制在做出决定之前，就在自己心灵的领域中开始反对自身灵魂中的破坏性趋势，并且因此跨到纯粹的思想（cogitatio）范围中。”④

---

① ［德］克劳斯·罗克辛:《德国刑法学总论》（第1卷），王世洲译，法律出版社2005年版，第157页。

② ［德］汉斯·海因里希·耶赛克、托马斯·魏根特:《德国刑法教科书（总论）》，徐久生译，中国法制出版社2001年版，第273页。

③ 参见［日］仲道祐树:《行为概念的再定位——犯罪论中行为特定的理论》，成文堂2013年版，第134页。

④ ［德］克劳斯·罗克辛:《德国刑法学总论》（第1卷），王世洲译，法律出版社2005年版，第158页。

六、行为论的走向

从因果行为论、目的行为论发展到社会行为论、人格行为论、否定的行为论，在时间上并没有严格的承续性，各种观点也不存在后者替代前者的关系。但仔细梳理其脉络，大致可以认为这些观点遵循着从存在论到价值论的演进路径。因果行为论、目的行为论是存在论的行为理论；社会行为论、人格行为论、否定的行为论则是价值论的行为理论。各种行为理论的创始人和支持者都试图在行为这样一个概念中囊括各种具体行为形式，并为此闪耀出璀璨的智慧火花。

但各种刑法理论也都面临着自身难以说明的难题。有学者指出，行为理论曾经是刑法学研究中的一个热点问题。这是因为人们在刑法研究中对于哲学性思考过于执着，从而导致对行为本质的讨论过于白热化。20 世纪 70 年代以后，随着刑法学中刑事政策与意识形态对立的深刻化，人们从理论和实践两方面对行为论的界限机能提出质疑。从理论上说，人们认识到关于行为理论争论的重要性是极为有限的。从实务上说，因为单纯否认行为性而宣告无罪的实例极为罕见，大多是因为否认构成要件符合性而宣告无罪。因此，20 世纪 80 年代以后，关于行为理论的讨论基本消失了。①

不过在日本，随着法科大学院（law school）的设置，“连接理论与实务”这一口号对理论刑法学产生了巨大的影响，同时，近来重要判例的登场，其中也有“通过复数行为实现犯罪”的问题，因此，认为行为论以“行为的特定”这种形式引来了复兴也毫不夸张。而且，“行为的特定”论不仅成为分析事案时重要的视点，其与实务中“事案中局面的变化”这一判断相关联，也成为理论刑法学中无法回避的重要论点。这事实上意味着行为论，至少在日本，逐步转变为“实行行为论”。

---

① ［日］山中敬一：《构成要件论》，载《法学家》（Jurist）2008 年特集《刑法典百年》（No. 1348），第 12-13 页。

第七章　构成要件理论的展开

第一节　构成要件的概念

一、狭义的构成要件

构成要件的概念本身有多种含义。当人们将犯罪定义为“符合构成要件的违法、有责的行为”时，这时所说的构成要件就是犯罪成立的第一阶段要件，即作为犯罪成立的一部分要件的狭义的构成要件。

狭义的构成要件的概念，因学者们对构成要件与违法性、有责性关系的理解不同而存在相当大的差异。从最大公约数的角度来说，可以将狭义的构成要件定义为“通过解释刑法法规确定其含义而表明的各个犯罪行为的类型或观念形象”。[①]

在大陆法系国家，一般情况下人们所说的构成要件指的就是狭义的构成要件。需要注意的是，构成要件与刑法法规或刑法条文是不同的概念。“例如，杀人罪的客体在刑法条文中是‘人’，但作为构成要件要素的杀人罪的客体，则是‘作为自然人的他人’。”[②] 构成要件是对刑法条文作出解释后所明确的犯罪类型或观念形象。“比喻地说，刑法法规是餐馆的菜单上所书写的各种菜肴的名称，而构成要件则是由此所想到的各个菜肴的形象。”[③]

构成要件与构成要件符合性、符合构成要件的事实也是不同的概念。构成要件符合性，也被称为构成要件该当性，是指现实实施的行为符合构成要件。符合构成要件的事实则被称为构成要件符合事实或构成要件该当事实。

由于构成要件不同于刑法法规，所以一个刑法条文可能包含数个构成要件。例如，《日本刑法典》第202条就可以推导出教唆自杀罪、帮助自杀罪、嘱托杀人罪、承诺杀人罪四个不同的构成要件。

二、广义的构成要件

广义的构成要件是指作为法律上犯罪成立要件总称的构成要件，它既包括狭义

---

① ［日］井田良：《讲义刑法学·总论》，有斐阁2008年版，第87页。

② ［日］浅田和茂：《刑法总论》（补正版），成文堂2007年版，第110页。

③ ［日］井田良：《讲义刑法学·总论》，有斐阁2008年版，第87页。

的构成要件，也包括违法性、责任等法律所规定的全部可罚条件。

符合了广义的构成要件，就意味着构成犯罪。因此，广义的构成要件又被称为全构成要件（Gesamttatbestand）。由于广义的构成要件代表着刑法的罪刑法定主义或刑法的保障机能，因而也被称为保障构成要件（Garantietatbestand）。

为了避免广义的构成要件与狭义的构成要件概念发生混淆，有的学者认为广义的构成要件“还不如直接称为‘犯罪的成立要件’更为合适”。①

三、其他含义的构成要件

构成要件这一概念，除了广义与狭义之分外，学者们还在其他含义上使用构成要件概念。例如，采用消极的构成要件要素理论的学者认为，包括犯罪的特殊不法要素在内的构成要件被称为不法构成要件（Unrechtstatbestand）；这种不法构成要件之外的，包括正当化要素的构成要件被称为容许构成要件（Erlaubnistatbestand）。不法构成要件与容许构成要件合称为全不法构成要件（Gesamt-Unrechtstatbestand）。包括表明某种犯罪典型的责任内容的要素的构成要件称为责任构成要件（Schuldtatbestand）。不法构成要件与责任构成要件合称为犯罪构成要件（Delikttatbestand），它不包括正当化事由和责任阻却事由的要素。

第二节　行为构成要件理论

一、行为构成要件理论的创立

行为构成要件理论认为，构成要件划定犯罪轮廓的观念形象，是抽象的、一般的、形式的、价值中立的行为类型。构成要件中不包含违法性和有责性的判断。

行为构成要件理论的创始人是贝林。贝林在其1906年的《犯罪论》一书中认为，构成要件是“犯罪类型的轮廓”。为了防止法官在构成要件符合性判断上的恣意性，使构成要件为刑法的人权保障机能服务，贝林将主观的、规范的要素从构成要件中排除出去，认为构成要件是纯粹形式的、记述的、价值中立的行为类型。在贝林看来，“构成要件虽然是犯罪的‘型’，但不是包含故意、过失等主观侧面的‘犯罪类型’（Verbrechenstyp）。这样的话，贝林就将构成要件理解为犯罪类型中的所内含的‘客观的型’，即包括‘型’在内的‘轮廓’（Umriss）”。②

贝林一方面认为构成要件是犯罪类型的轮廓，另一方面又认为构成要件是纯粹客观的、形式的，但完全不包含主观的、规范的要素的构成要件显然难以完整地描绘出犯罪类型的轮廓。有鉴于此，1930年贝林在《构成要件的理论》一书中，大幅度地修改了此前的立场。他区别构成要件和犯罪类型，认为构成要件是从各本条的

① ［日］浅田和茂：《刑法总论》（补正版），成文堂2007年版，第109页。

② ［日］宗冈嗣郎：《犯罪论与法哲学》，成文堂2007年版，第82页。

犯罪类型中抽象出来的、在逻辑上先行于各本条的犯罪类型，而且是对犯罪类型加以规制的观念上的指导形象。由此，构成要件仅限于客观的、记述的要素上的立场，仍得以维持。[①]“在1906年的《犯罪论》中并没有明确界限的‘犯罪类型’与‘构成要件’在1930年的《构成要件的理论》中得到了完全的区分。构成要件是使犯罪类型成为‘犯罪类型’的逻辑的前提，是同时规制作为犯罪类型要素的违法和责任的‘观念的指导形象’。”[②] 也就是说，贝林认为，应当严格区分构成要件（例如，引起人的死亡）和犯罪类型（例如，杀人、过失致死），构成要件是规制犯罪类型中主观要素和客观要素的观念上的指导形象。

贝林的构成要件理论严格区分构成要件与违法性，构成要件没有违法性推定机能，杀人罪与过失致人死亡罪也属于同一构成要件。

二、行为构成要件理论的现状

目前，学术界仍有一些著名学者继承了贝林的这种构成要件理论。例如，日本的内田文昭、曾根威彦等都坚持构成要件的形式性和价值中立性，否定构成要件在逻辑上对违法性、有责性的推定机能，而仅承认构成要件对违法性、有责性的事实上的推定。认为构成要件是“划定犯罪轮廓的观念的形象（型）”，作为刑法体系的论理，构成要件均等包括违法行为与非违法行为。根据这一观点，在违法性判断阶段，违法性的判断不是单纯的、消极的违法阻却事由的判断，而需要积极的违法判断。[③]

不过，现在的行为类型说毕竟与贝林当时的理论还是存在一些区别的。例如，现在的行为类型说基于一个条文一个构成要件的原则，认为杀人罪与过失致人死亡罪的构成要件不相同，这显然不同于贝林的理论；又如，现在的行为类型说将构成要件的犯罪个别化机能彻底化，认为将行为意思构成要件化后的故意、过失是构成要件要素，这也不同于贝林的观点。他们认为，构成要件的故意是社会生活一般的（常识）意义上的“杀的意思”、“盗的意思”，与作为责任的“杀人的意思”、“盗窃的意思”不同。[④]

行为类型说面临的主要批评是：第一，难以说明立法者在形成构成要件时究竟是以什么作为指导形象来制定犯罪类型的。[⑤] 第二，在进行构成要件符合性判断时，其实是无法在不考虑行为违法性的有无及程度的前提下进行所谓价值中立的判断的。因为在划定构成要件所涉及的范围之时，必须从法益保护的角度对刑法法规进行目

---

① ［日］仲地哲哉：《构成要件论》，载［日］中山研一等编：《现代刑法讲座》（第1卷），成文堂1977年版，第234页。

② ［日］宗冈嗣郎：《犯罪论与法哲学》，成文堂2007年版，第83页。

③ ［日］曾根威彦：《刑法总论》（第4版），有斐阁2008年版，第58~59页；［日］内田文昭：《刑法Ⅰ》（总论），青林书院1997年版，第91页。

④ ［日］内田文昭：《刑法Ⅰ》（总论），青林书院1997年版，第91、112页。

⑤ ［日］山中敬一：《刑法总论》（第3版），成文堂2015年版，第162页。

的论的解释，即视情形进行扩张解释或缩小解释。形式的、价值中立的构成要件理论在解释方法上只能承认文理解释，因而无法被采用。此外，主张在犯罪认定的第二阶段即违法性判断阶段进行积极的违法性的确认，虽然可以认为对犯罪认定采用了更慎重的态度，却带来构成要件符合性判断变得散漫、无限定的危险。[①]

第三节　违法构成要件理论

违法行为类型说将构成要件理解为违法行为的类型。根据其内部对构成要件与违法性关系的强弱的不同理解，又可以细分为两种学说。

一、认识根据说的提出

认识根据说认为构成要件是违法性的认识根据。它是由 M. E. 迈尔在修正贝林观点的基础上提出来的学说。

贝林所持的构成要件的客观性与价值中立性的观点，在主观的违法要素与规范的构成要件要素被发现后，受到了极大的冲击。M. E. 迈尔指出，行为的主观要素不仅在责任阶段，而且在违法性的阶段就会影响行为的违法性。例如，正当防卫中的防卫意思这种主观的正当化要素以及不法占有的意思这种主观的违法要素就是如此。据此，M. E. 迈尔认为，构成要件除记述的要素以外，还包括规范的要素，并且在违法性要素中，除客观的要素外，还包括主观的要素。关于构成要件与违法性的关系问题，M. E. 迈尔认为，构成要件是违法性的认识根据，是“烟与火的关系”，某一行为符合构成要件，就能推定其具有违法性，构成要件具有违法性的推定机能。

M. E. 迈尔的理论得到了不少学者的赞成与发展，并成为现在德国、日本刑法理论的通说。此说的主要特征是区分构成要件与违法性，认为两者是原则（违法）与例外（违法阻却）的关系。构成要件具有违法性的推定机能，同时，构成要件符合性又独立于违法性，且必须在违法性之前进行判断。[②]

不过，现在的认识根据说由于学者们对违法性的理解不同，因而实质含义也有不同，具体可分为行为无价值型的违法行为类型说和结果无价值型的违法行为类型说。

行为无价值型的违法行为类型说认为，故意、过失是违法要素，因而将其类型化后就形成构成要件的故意与过失。因此，故意犯与过失犯在构成要件的阶段就存在区别。例如，杀人罪和过失致人死亡罪原本在行为构造上就具有差异，或者说故意使行为的违法性（法益侵害性）得到提升（有杀意比没有杀意更为危险）。福田平、中义胜等持这种观点。

---

① ［日］井田良：《讲义刑法学·总论》，有斐阁 2008 年版，第 91 页。

② ［日］曾根威彦：《刑法总论》（第 4 版），有斐阁 2008 年版，第 59 页。

结果无价值型的违法行为类型说认为，违法只限于物的法益侵害或危险，故意与过失还是责任的要素。因此，故意犯与过失犯属于同一的（两者共通的）构成要件。例如，杀人罪和过失致人死亡罪从客观上看没有差异，两者的差异只在于行为人在主观（责任）上的区别。内藤谦、中山研一、山口厚、浅田和茂等持这种观点。[①]

二、存在（实在）根据说的发展

存在（实在）根据说对构成要件与违法性的关系在认识根据说的基础上更进一步，认为构成要件是违法性的实在根据。存在（实在）根据说又可以分为以下学说。

（一）原则型、例外型说

原则型、例外型说在德国被称为新构成要件论，它是由梅茨格尔提出的学说。梅茨格尔将 M. E. 迈尔认为属于不真正构成要件要素的规范的要素从正面纳入构成要件的范畴，认为它属于真正的构成要件要素。同时，他也承认主观的构成要件要素。于是，符合构成要件的行为只要不存在特殊的违法阻却事由（正当化事由）就马上可以认为是违法，构成要件是违法性的实在根据。两者不是“烟与火的关系”，构成要件本身就是“火”。

梅茨格尔认为，构成要件符合性并不是一个独立的犯罪要素，而应当溶解于违法性之中。构成要件的判断同时就是违法性的判断。他的这种理论被德国学者称为新构成要件论。

（二）构成要件违法性解消说

此说将构成要件解消在违法性判断之中，即将犯罪的成立要件区分为一般的成立要件与特别的成立要件。构成要件意味着具体的犯罪类型，即“杀人的”或“窃取他人财物的”这样的特别成立要件，它是刑法各论的课题。刑法总论只需要探讨作为一般的成立要件的“行为、违法、责任”就已足够。[②] 也有的学者认为，“构成要件该当性显示的是作为规范违反性的违法性的内容，因此在犯罪概念这里并不是独立的概念要素，而应该在违法性这一概念要素内部加以论述”。[③]

对构成要件违法性解消说的主要批评是：作为违法行为类型的构成要件与违法评价，在概念上还是应当明确加以区别。以法益侵害行为作为观念形象的构成要件原则上是不法类型，但违法判断的独特性在于它具有对利益冲突状态中的法秩序的利害调整机能。[④]

---

① ［日］浅田和茂：《刑法总论》（补正版），成文堂 2007 年版，第 113 页。

② ［日］齐藤金作：《刑法总论》，有斐阁 1955 年版，第 71 页。

③ ［日］西原春夫：《刑法总论》（改订版）（上卷），成文堂 1993 年版，第 155 页。

④ ［日］山中敬一：《刑法总论》（第 3 版），成文堂 2015 年版，第 164 页。

（三）消极的构成要件要素理论

早在19世纪，默克尔（Merkel）就提出了消极的构成要件要素理论。此说将违法性解消在构成要件的判断之中。它将构成要件理解为不法构成要件，即类型化的不法。以此为出发点，所有能够影响违法性的有无和轻重程度的事项都是不法构成要件要素。换言之，此说使构成要件与违法性都丧失了独立的意义，而融合成一体化的“全不法构成要件”。构成要件包括积极的要素和消极的要素。过去在违法性阶段加以判断的违法性阻却事由即正当化要素，在消极的构成要件要素理论中被理解为消极的构成要件要素。也就是说，由于只有不存在正当防卫等正当化事由的情况才满足构成要件，所以在这个意义上，正当化事由属于消极的构成要件要素。“例如，‘不存在符合正当防卫的事实’是一个构成要件要素，当正当防卫成立时就应否定构成要件符合性。犯罪论大体可以分为构成要件符合性（不法）与有责性（责任）两个阶段（二分说）。”[①]

此说放弃了构成要件与违法性的区别，而主张其一体性。例如，持此说的日本学者就认为，杀人构成要件=（199条[②]）+（-35条[③]）及+（-36条[④]）等。[⑤] 消极的构成要件要素理论与过去的三阶层犯罪论体系诀别，而采用二阶层犯罪论体系。

消极的构成要件要素理论的提出，主要是为了解决刑法中的错误问题。例如，对于假想防卫而杀人的情况，原则型、例外型说等传统理论认为首先应肯定构成要件的故意，然后通过否定责任故意而使行为人成立过失致人死亡罪。但是，在构成要件、违法性阶段已经具有了故意杀人罪的构成要件与违法性，突然在责任阶段将过失致人死亡的责任视为问题，这是不合理的。即使重新回到构成要件阶段，由于具有故意也不符合过失致人死亡罪的构成要件，这就产生了所谓的“飞镖现象”。而消极的构成要件要素理论能够较好地解决这一问题。

消极的构成要件要素理论提出后，影响逐渐扩大。到20世纪60年代，已经成为了德国的多数说。但此后影响力开始衰退。现在德国越来越多的学者主张坚持三阶层犯罪论体系。在日本，一直只有少数学者，如植田重正、中义胜等支持消极的构成要件要素理论。目前倡导消极的构成要件要素理论最著名的学者是井田良。

主张三阶层犯罪论体系的学者对消极的构成要件要素理论提出了强烈质疑。因为他们认为，坚持构成要件、违法性、有责性的三阶层犯罪论体系也能够圆满解决错误的问题。而消极的构成要件要素理论则存在重大理论缺陷。构成要件符合性的判断，是判断行为是否符合刑法所预定的行为类型，对（通过行为实现、确保了何种利益等）具体情况的考虑姑且不被考虑在内，即对视野进行限定的判断。而违法

---

① ［日］井田良：《讲义刑法学·总论》，有斐阁2008年版，第91页。

② 《日本刑法典》第199条是分则杀人罪的规定。

③ 《日本刑法典》第35条是关于正当行为的规定。

④ 《日本刑法典》第36条是关于正当防卫的规定。

⑤ ［日］山中敬一：《刑法总论》（第3版），成文堂2015年版，第163页。

性（阻却事由）的判断是在考虑全部个别事实的基础上以利益衡量为内容，从法秩序整体的角度进行的具体的、非类型的判断。构成要件的判断与违法性的判断在性质上存在差异。根据通说的理解，“杀死蚊子”和“作为正当防卫而杀死他人”之间所存在的价值差异在犯罪论体系中也应当被表现出来，即前者并非侵害法益的行为，原本就不符合构成要件，后者则属于符合构成要件的法益侵害行为但被阻却了违法性。而根据消极的构成要件要素理论，两者都是不符合构成要件的合法行为，在体系上就无法进行区分了。

对这种批评意见，主张消极的构成要件要素理论的学者也作了一些反驳。他们认为，“消极的构成要件要素理论并非认为法益侵害行为与非法益侵害行为之间没有区别。只是从它们都是不具有违法性的行为（合法行为）的观点来看，可以大体上划在同一类型之中。其实在结论上与通说并没有太大的区别”。①

第四节　违法有责构成要件理论

一、违法有责构成要件理论的产生

违法有责行为构成要件理论认为，构成要件不仅是违法行为类型，而且也是有责行为类型。其特色是，构成要件不仅具有违法性推定机能，而且具有责任推定机能。与前两种学说不同，违法有责行为类型说并非源于德国的理论，而是日本学者提出的学说。“与德国的学说相比较，日本具有特征性的观点是，不仅从构成要件与违法性的关系的角度，而且也从构成要件与责任的关系的角度考察构成要件的性质的见解非常有力。”②

违法有责构成要件理论最有力的提倡者是日本学者小野清一郎。小野清一郎指出，“构成要件在将行为的违法性加以类型化的同时，也要将行为人的道义责任类型化，还要将违法并且有责的行为中具有可罚性的行为用法律概念加以规定……这种被刑法分则相应条款规定的特殊的、类型性违法的有责行为，即是构成要件。出现在前面的是构成要件，站在它后面的，是具有实体意义的违法性及道义责任”。③小野清一郎的构成要件理论后来为团藤重光的定型说所继承。“（构成要件）的法律特征是：从定型来看是违法的，而且从定型来看是将非难归于行为人的适当行为（根据场合有时是包含结果在内的广义上的行为），是违法类型的同时也是有责行为类型。总之，违法、有责的行为的法的定型就不外乎是构成要件。充足了这样的构成要件，就是犯罪成立的第一要件。”④ 团藤认为，故意、过失的本籍在责任论的领

① ［日］井田良：《讲义刑法学·总论》，有斐阁2008年版，第92页。

② ［日］山中敬一：《刑法总论》（第3版），成文堂2015年版，第161页。

③ ［日］小野清一郎：《犯罪构成要件理论》，王泰译，中国人民公安大学出版社2004年版，第28~29页。

④ ［日］团藤重光：《刑法纲要总论》，创文社1990年版，第118页。

域。构成要件的故意或构成要件的过失的构成要件中定型性的差异，由来于应归责于行为人的非难强弱的定型性上的差异。所以，构成要件的故意、过失具有将责任要素定型化的意义。此外，在确定作为构成要件的犯罪定型时，还经常需要顾虑期待可能性的有无、强弱。①

此后，西田典之、佐伯仁志等进一步发展了违法有责构成要件理论。例如，西田典之认为，“构成要件就是由各种各样的要素所构成的。于是，构成要件是可罚的行为类型。此外，构成要件的要素还是和行为的违法性、有责性相关的存在。在这个意义上，构成要件是违法、有责的类型……犯罪是可罚的违法行为、有责行为类型，那么构成要件当然就是违法构成要件与责任构成要件组合起来的违法、有责行为类型。在这种情况下，由于客观的责任要素当然被包含在故意的认识对象中，因此仅仅从故意规制机能这一点出发将构成要件理解为违法的构成要件是不正确的。另外，由于故意、过失等都是可罚的责任的类型化，当然都应该是责任构成要件的要素。于是，犯罪的成立与否，至少在观念上是按照违法构成要件该当性→违法阻却→责任构成要件该当性→责任阻却的顺序来进行的”。“上述构成要件理论的实益可以举出以下这些：第一，通过将构成要件作为可罚的违法、有责的类型，来保持其最重要的保障机能。第二，通过将构成要件理解为违法构成要件与责任构成要件的组合，使构成要件的犯罪个别化机能得以实现。第三，通过承认违法构成要件该当性的违法推定机能、责任构成要件该当性的责任推定机能以对应刑诉法第 5 条的诉讼法的机能……第四，由于没有必要承认所谓构成要件的故意，可避免逻辑上的矛盾。第五，最后，最重要的实益就是在共犯领域中确保保障机能。”②

违法有责构成要件理论在日本产生了重大的影响，甚至被部分学者认为是日本的通说。③

二、违法有责构成要件理论的分化

在违法有责构成要件理论内部，围绕着行为的主观方面尤其是故意、目的等主观的构成要件要素究竟既是违法要素也是责任要素还是仅是责任要素而非违法要素的问题，又可以分为以下两种观点。

第一，违法、责任要素说。此说认为故意、过失以及目的犯中的目的，既是赋予行为违法性或强化违法性的主观的要素，同时也是责任要素。小野清一郎、佐伯千仞、团藤重光、大塚仁、町野朔等持这种观点。

第二，责任要素说。此说贯彻“违法是客观的、责任是主观的”这一传统认识，认为行为的客观方面属于违法要素，而主观方面还是应当属于专门的责任要素，

---

① 参见［日］团藤重光：《刑法纲要总论》，创文社 1990 年版，第 137~138 页。

② ［日］西田典之：《构成要件的概念》，载［日］西田典之、山口厚编：《刑法的争点》（第 3 版），有斐阁 2000 年版，第 14~15 页。

③ ［日］山中敬一：《刑法总论》（第 3 版），成文堂 2015 年版，第 161 页。

即目的犯中的目的、故意等主观的构成要件要素，并不对违法性的有无、强弱产生影响，而是推定责任存在的要素。前田雅英、佐伯仁志、佐久间修等持这种观点。

三、对违法有责构成要件理论的质疑

主张违法有责行为构成要件理论的学者提出的一个重要理由是，在构成要件中必须考虑责任非难的可能性才能限定构成要件的范围。例如，《日本刑法典》第104条隐灭证据罪规定："隐灭、伪造或者变造有关他人刑事案件的证据，或者使用伪造、变造的证据的，处2年以下惩役或者20万元以下罚金。"该罪将犯人本人排除在犯罪主体范围之外。事实上，犯人本人隐灭、伪造证据与其他人隐灭、伪造证据对于刑事诉讼中证据的采用都具有同样的妨碍作用。但刑法考虑到无法对犯人实施上述行为进行非难（因而也就无法肯定责任），从而将其排除在犯罪主体之外。这就意味着责任可以限定构成要件的范围。不过，也有反对违法有责行为类型说的学者反驳说，由于规范已经明确地将犯人排除在针对对象之外，所以该行为已经欠缺了可罚的违法性。

对违法有责行为类型说的主要批评是：第一，构成要件至少无法推定出责任能力的有无，因而构成要件不能推定出责任。[①] 第二，违法性判断是消极的判断，而责任的判断无法仅通过责任阻却事由存否的判断加以完成。[②] 第三，构成要件作为犯罪论体系的第一个要件，是通过明确侵害法益或引起法益侵害危险的行为类型来事前预防犯罪的，并在行为人实施了符合构成要件的行为时，提示其已经具备了可以处罚的第一个条件。为了实现这一机能，就应当舍弃责任的要素。[③] 第四，如果不仅构成要件与违法性之间具有密切不可分的关系，而且构成要件与责任之间也具有密不可分的关系的话，就可能导致对犯罪的成立与否只进行一次性判断。[④]

第五节　构成要件要素的填充

所谓构成要件要素，是指组成构成要件内容的要素。由此可见，构成要件要素的概念不同于构成要件的概念。

构成要件要素既包括表明行为主体的要素，也包括表明行为的要素。对于刑法分则所规定的犯罪构成要件而言，如果缺乏这种"主体"与"行为"等构成要件要素，就不可能具备构成要件符合性。此外，行为客体、行为状况、因果关系、结果等一般都属于构成要件要素。换言之，行为、结果、因果关系、主体、客体、行为状况等构成要件要素通过排列组合，在形成各个具体犯罪构成要件的同时，也将犯

---

① ［日］浅田和茂：《刑法总论》（补正版），成文堂2007年版，第116页。

② ［日］西原春夫：《刑法总论》（改订版）（上卷），成文堂1993年版，第158页。

③ ［日］山中敬一：《刑法总论》（第3版），成文堂2015年版，第165页。

④ ［日］井田良：《讲义刑法学·总论》，有斐阁2008年版，第93页。

罪行为与非犯罪行为加以区分，并且将此罪与彼罪加以区分。在这个意义上，构成要件的各个要素都可以成为犯罪分类的标准。不过，由于学者们对于构成要件理论的理解不同，他们对构成要件要素的内容和各要素的定位的认识也不相同。这主要涉及是否承认主观的构成要件要素以及规范的构成要件要素的问题。

一、主观的构成要件要素的争议

构成要件要素中包括客观的构成要件要素，这是没有任何不同意见的。所谓客观的构成要件要素，是指构成要件要素内容中外观的、客观的要素。客观的构成要件要素包括行为、结果、因果关系、主体、客体、行为的状况、行为的条件等。问题在于，构成要件要素中是否包括主观的构成要件要素？如果包括，它具体指的是哪些内容？

（一）主观的构成要件要素存否之争

所谓主观的构成要件要素，是指构成要件要素内容中内心的、主观的要素。是否承认主观的构成要件要素，理论上存在四种观点。

第一，主观的违法要素（及主观的责任要素）肯定说。此说认为，主观的构成要件要素具有违法性的加重机能，是行为无价值的重要要素，因而是作为违法类型的构成要件所不可缺少的要素。① 此说是现在德、日的通说。

第二，主观的责任要素肯定说。此说认为，主观的构成要件要素作为责任要素时可以加以肯定，但不能承认其是违法要素。② 出于将犯罪类型特定化意图而采用价值中立的构成要件论的学者持此说的观点。

第三，主观的构成要件要素部分肯定说。此说将目的犯区分为“以结果为目的的犯罪”和“以后行为为目的的犯罪”，认为对于后者不得不承认主观的违法要素即主观的构成要件要素。同样，此说认为未遂犯的故意也是主观的构成要件要素。③

第四，主观的构成要件要素全面否定说。此说认为，如果承认主观的构成要件要素，会导致“刑法不健全的主观化”，因而应全面否定主观的构成要件要素。在此说看来，主观要素都是可以转换为客观的要素的。换言之，主观的要素都可以用客观的危险来加以代替。“从本书的立场即结果无价值型的违法行为类型说来看，构成要件的各要素，都与法益侵害或侵害危险有关，行为人的主观因素是责任的要素而不是违法的要素，因而也不是构成要件要素。”④

如上所述，通说承认主观的构成要件要素。根据通说的观点，主观的构成要件要素又可以分为一般的主观的构成要件要素和特殊的主观的构成要件要素。前者指的是任何构成要件原则上都必须具备的主观构成要件要素，即故意或过失。后者指

① ［日］团藤重光：《刑法纲要总论》，创文社 1990 年版，第 132 页。

② ［日］前田雅英：《刑法各论讲义》（第 4 版），东京大学出版会 2006 年版，第 56 页。

③ ［日］平野龙一：《刑法总论Ⅰ》，有斐阁 1972 年版，第 124~125 页。

④ ［日］浅田和茂：《刑法总论》（补正版），成文堂 2007 年版，第 117 页。

的是在特殊情况下需要具备的主观构成要件要素，一般认为包括目的犯的目的、倾向犯的倾向和表现犯的表现。作为一般的主观构成要件要素的故意与过失，后文中会有详细论述，这里简单地论述特殊的主观的构成要件要素。

（二）目的犯

所谓目的犯，是指以目的作为构成要件要素的犯罪类型。换言之，在这种犯罪类型中，作为犯罪成立的主观要件，除了故意之外还要求有特定目的的存在。例如，《日本刑法典》第77条内乱罪必须“以破坏国家的统治结构……为目的”；第148条伪造货币罪必须“以行使为目的”；第225条营利诱拐罪必须“以营利……为目的”；等等。

目的犯根据其目的的性质可以作出不同分类。首先，根据实施符合构成要件的行为能否实现该目的，可以将目的犯分为“断绝的结果犯”（Kupierte Erfolgsdelikte）[①]与“短缩的二行为犯”（unvollkommen zweiaktige Delikte）[②]。断绝的结果犯是指，目的通过行为人的构成要件的行为或作为该行为的附随对象能够自然而然地实现，不需要为了实现该目的而实施新的行为。例如，内乱罪的目的就是如此。短缩的二行为犯是指，实施符合构成要件的行为后，还需要行为人或第三人实施其他行为才能实现的目的。各种伪造罪和营利诱拐罪就是如此。日本有学者称前者为直接目的犯，称后者为间接目的犯。其次，根据目的是否属于犯罪的构成要素，可以将目的犯分为真正目的犯与不真正目的犯。真正目的犯是指目的的存在属于犯罪成立要件的犯罪，如伪造罪；不真正目的犯是指目的的存在仅仅是作为加重刑罚或免除刑罚事由的犯罪。最后，根据目的是否由法律明文加以规定，可以将目的犯分为明示的目的犯和暗示的目的犯。例如，《日本刑法典》中的盗窃罪、诈欺罪等所谓领得罪中的“不法占有意思”都是解释论上承认的目的，属于暗示的目的犯。[③]

目的犯的目的通常被视为超出了构成要件客观要素范围的“超过的内心倾向”，即目的不需要有符合构成要件的客观事实与之相对应，从而与故意不同。

通说认为目的犯中的目的属于主观的违法要素，因而也是主观的构成要件要素。例如，甲与乙都伪造货币，但甲具有行使的目的，乙没有行使的目的，那么只有甲的行为属于违法（犯罪），乙的行为不属于犯罪。认识到自己的行为是伪造货币的行为，这属于伪造货币罪的犯罪故意，而行使的目的则是超越故意的主观的要素（超过的内心倾向），能够为违法性奠定基础。[④]

不过，如前所述，也有的学者认为，仅短缩的二行为犯中的目的才属于主观的

① 这是日本学者大塚仁的翻译，平野龙一将其译为“变形的结果犯”。但山中敬一认为两种翻译皆不准确，应为“短缩的结果犯”。

② 这是日本学者大塚仁的翻译，平野龙一将其译为“二行为短缩为一行为的犯罪”。而山中敬一认为应译为“不完全的二行为犯”。

③ ［日］川端博：《刑法总论讲义》（第2版），成文堂2006年版，第109页。

④ ［日］团藤重光：《刑法纲要总论》，创文社1990年版，第132页。

违法要素。因为在伪造等犯罪中，仅凭客观的要素难以识别具有行使危险的伪造行为与不具有上述危险的伪造行为。此时，后一行为（行使行为）与前一行为（伪造行为）之间的关系不是由“客观的危险”而是由“目的”加以联系的。①

还有学者认为，目的犯的目的不是主观的违法要素而是责任要素。“目的犯中的主观要素，就不是违法要素，而往往属于道义责任。”“关于目的犯，我认为其特殊目的是本来就属于道义责任的主观构成要件要素。伪造货币、伪造文书，仅此就已是违法，然而又只有在具有行使的目的时，才开始构成伪造货币罪或伪造文书罪。这时，目的是主观构成要件这一点是没有怀疑的。”②

另有学者认为，目的可以理解为客观的危险，没有必要承认目的是主观的违法要素（主观的构成要件要素）。例如，在仓库里用印刷机大量印刷1万元的钞票成立伪造货币罪，但出于写真练习的目的而仿造1万元钞票的行为不成立伪造货币罪。这一点从行为人主观目的之前的客观的行为状况就可以得到确认。此外，伪造货币罪的法益是对货币的公共信用，只有通过行使行为才能侵害这一法益。在这个意义上，伪造货币罪是行使伪造的货币罪的危险犯，应只处罚具有行使危险的伪造货币行为。于是，伪造货币罪的成立应以客观上实施具有行使危险的伪造行为，主观上（作为故意）对此有认识为必要。“行使的目的”应当解释为客观的行使的危险，行为人有必要认识到这种危险（危险的认识），而没有必要认为它属于行为人主观的违法要素。

此外，未遂犯的故意是否属于目的而成为主观的违法要素也是一个问题。全面承认主观的违法要素的学者认为，所有的故意、过失都属于主观的构成要件要素，自然不必区分未遂犯的故意和既遂犯的故意，它们都属于主观的构成要件要素（主观的违法要素）。

但是，也有的学者认为，仅有未遂犯的故意属于主观的构成要件要素（违法要素），即在行为人基于杀意瞄准对方准备开枪时被捕的，是以此后的行为作为目的的目的犯；在已经开枪而没有打中的情况下，是以结果作为目的的目的犯。在未遂的情况下，如果不考察行为人的内心故意，就无法知道行为人究竟是出于杀人的故意开枪还是出于玩笑的故意开枪。出于杀人故意的枪击行为，显然会提高行为的危险性。因此，未遂犯的故意属于主观的违法要素。③ 不过，对此，也有学者认为，未遂犯属于具体的危险犯，因而应当通过对法益侵害危险有无的客观考察，在责任阶段再探讨有无故意的问题。④

（三）倾向犯

所谓倾向犯，是指只有当行为表现出行为人一定的内心倾向时才能成立犯罪，

① ［日］平野龙一：《刑法总论Ⅰ》，有斐阁1972年版，第124~125页。

② ［日］小野清一郎：《犯罪构成要件理论》，王泰译，中国人民公安大学出版社2004年版，第67~69页。

③ ［日］林干人：《刑法总论》（第2版），东京大学出版会2008年版，第103页。

④ ［日］浅田和茂：《刑法总论》（补正版），成文堂2007年版，第127页。

即行为人具有一定的内心倾向才成立犯罪的犯罪类型。

强制猥亵罪是典型的倾向犯。只有当行为人实施的行为表现出行为人具有刺激或者满足性欲的内心倾向时，该行为才符合强制猥亵罪的构成要件，才具有违法性。如果外表上属于强制猥亵行为，但行为人并没有刺激或者满足性欲的内心倾向，则不符合强制猥亵罪的构成要件。

德国刑法理论普遍将倾向犯的内心倾向作为主观的违法要素，日本过去的通说与判例也是如此。例如，日本最高法院曾经认为，行为人出于复仇的意图而强迫拍摄对方女性的裸照的行为，不构成强制猥亵罪。①

不过，现在的日本学者多认为，强制猥亵罪的保护法益是性的羞耻心，只要对此进行侵害并具有侵害的认识，行为人就应当构成该罪。相反，如果行为人并无加害对方性的羞耻心的意图，即使出于满足性欲的想法而实施行为，也不应当成立犯罪。这样的话，满足性欲这种意思，只不过是犯罪的动机而已，并非犯罪成立的要件。因此，内心倾向不属于主观的构成要件要素。

(四) 表现犯

所谓表现犯，是指只有当行为表现出行为人的心理过程、状态时才成立犯罪的犯罪类型。伪证罪是典型的表现犯，即证人的证言是陈述自己所经历的事实，是否属于“虚伪的陈述”，必须将证人的外部陈述与其内心的记忆加以对比才能确定。在这个意义上，表现犯中行为人的内心状态，属于主观的构成要件要素。

德国的刑法理论普遍承认表现犯，但日本的理论认识则不一致。通说采用的是主观说，认为虚伪陈述是指证人违反自己记忆的陈述，因而即使该种陈述因偶然的原因与外部事实相一致，也仍然属于虚假的陈述。据此，伪证罪属于表现犯。② 但是，客观说则认为，伪证罪侵犯的法益是国家的审判作用，因而虚伪陈述指的是违反客观真实的陈述。如果证人违反自己记忆作出陈述而该种陈述因偶然的原因与外部事实相一致，则不属于虚假的陈述。照这种观点，伪证罪不是表现犯。③ 也有的学者认为，违反自己记忆的心理状态是构成要件要素而不是违法要素。因为“违反自己记忆的陈述是‘伪证’，符合伪证罪的构成要件，但如果因为记忆的差错而使陈述的内容与客观真实相符合，那么由于不会导致法院的错误判断，因而不违法。相反，遵照自己记忆的陈述如果与客观真实不吻合，那么虽然不符合伪证罪的构成要件但属于违法”。④

① 日本最高法院 1970 年 1 月 29 日判决，载《最高裁判所刑事判例集》第 24 卷第 1 号，第 1 页。

② ［日］佐久间修：《刑法各论》，成文堂 2006 年版，第 398 页。

③ ［日］前田雅英：《刑法各论讲义》（第 4 版），东京大学出版会 2006 年版，第 474 页。

④ ［日］曾根威彦：《刑法总论》（第 4 版），有斐阁 2008 年版，第 86 页。

二、规范的构成要件要素之认可

（一）规范的构成要件要素的发现

自贝林始，记述的构成要件要素被公认为构成要件要素的种类。所谓记述的构成要件要素，是指无须加入法官等刑法解释者的评价或价值判断，而只需要根据对事实的认识就能确定的构成要件要素，如“人”、“建筑物”、“汽车”等。记述的构成要件要素也需要进行法律解释，但只要对某个概念作出一定的解释，就能够仅凭对事实的认识而确定其范围。例如，关于人的始期，存在一部露出说、全部露出说等多种学说的争论，但只要确定了其中任何一种标准，就能够自然而然地确定其对象究竟是胎儿还是人。

问题在于，贝林基于其所持的构成要件价值中立的观点，否定规范的构成要件要素的存在。所谓规范的构成要件要素，是指需要法官根据一定的文化价值判断标准进行规范的评价判断才能确定的构成要件要素，如“淫秽”、“他人之物”、“贿赂”等。对于规范的构成要件要素而言，即使存在确定的法律解释，某种事实是否符合该构成要件还是需要法官的价值判断。例如，即使将“淫秽”界定为“无益地兴奋或刺激性欲，损害普通人对性的正常的羞耻心，违反善良的性道义观念”,[①] 某种文书是否属于淫秽文书还是不能简单地加以判断。

在刑法中，完全否定规范的构成要件要素，构成要件作为犯罪类型或者犯罪类型观念的指导形象的功能就无法发挥。于是，从 M. E. 迈尔开始，规范的构成要件要素逐步被认可。可见，规范的构成要件要素的发现，与构成要件从行为类型演化为违法类型的认识紧密相连。一旦肯定构成要件是违法性的认识根据或存在根据，那么，构成要件就必然包含了评价要素，而评价要素正是规范的构成要件要素。

（二）规范的构成要件要素的类型

从不同的角度可以对规范的构成要件要素进行分类。不过由于对规范的要素存在分歧，所以对规范的要素的分类也缺乏定论。

梅茨格尔将规范的构成要件要素分为如下四类：一是法律的评价要素，即立法者要求法官参照刑法以外的法的评价或者法的概念的构成要件要素，如“他人的物”、“狩猎权”、“未成年人”、“商人”、“公务员”、“货币”、“财产”、“律师”等。二是一般文化的、社会的评价要素，即要求参照法律以外的对伦理的、社会的、经济的等一般文化的性质的评价的构成要件要素，如“淫秽”、“侮辱”、“损害”、“泄愤”等。三是量的评价要素，即为了确定界限，法官必须进行量的评价的要素，如“公然”、“微薄的价值”、“毁损”、“持有武器”、“放火”、“残废”等。四是主

① 日本最高法院 1951 年 3 月 13 日判决，载《最高裁判所刑事判例集》第 5 卷第 6 号，第 1026 页。

观的评价要素，即完全由法官基于主观裁量完成必要评价的构成要件要素。①

耶赛克和魏根特认为，属于规范的构成要件要素的有本来的法概念、与评价有关的和与意识有关的概念三类。其中，属于犯罪构成要件中法概念的有“婚姻”、“法定的赡养义务”、“数据”、“文书”、“财产利益”、“公务员”等。与评价有关的概念有“卑鄙的动机”、“暴力或其他专制手段”、“违反良好风俗”等。与意识有关的概念有“侵犯他人人格尊严”、“性行为”、“秘密”等。②

平野龙一将规范的构成要件要素分为四类：第一类是纯粹的法律概念，如妨害公务罪中的公务的“合法性”；第二类是与价值有关的概念，如“虐待”、“猥亵”；第三类是具有社会意义的概念，如“文书”、“住宅”；第四类是伴随事实判断的概念，如“危险”。③

概括而言，学者们对规范的构成要件要素包括法律的评价要素，文化的、社会的评价要素分歧不大。至于量的评价要素能否归入社会的评价要素值得探讨。能否承认完全由法官基于主观裁量完成必要的评价的所谓主观的评价要素也未有共识。

(三) 规范的构成要件要素的解释

基于罪刑法定主义的要求，构成要件应尽可能地使用记述的要素而非规范的要素。“以价值的评价为必要的规范的构成要件要素，从构成要件明确性的观点来看并非被期待的要素，对其的采用必须停留在必要最小限度范围之内。”④ 当由于立法技术的原因不得不使用规范的构成要件要素时，对其的解释应注意以下几点：

第一，如果由于使用了规范的要素而导致一般人无法从法律条文中读出什么样的行为属于犯罪行为，这种规范的要素的使用就违反了罪刑法定主义的明确性原则，也就违反了宪法。

第二，在对规范的要素进行解释时，应尽可能地将其还原为记述的要素而加以解释。

第三，对于不得不进行规范判断的要素，在解释时应注意不要使法官的判断与社会一般人的判断发生偏离，即应进行“行为人所属通常人领域内的平行评价”。

第四，如果该解释与具体案件中行为人的认识不一致，应对该事件进行调查并确定行为人是否认识到该构成要件要素的意义。⑤

不可否认的是，记述的构成要件要素与规范的构成要件要素的划分存在一定的不明确性。德国学者沃尔夫据此认为，所有的记述的构成要件要素都是规范的构成

① Mezger. Vom Sinn strafrechtlicher Tatbestände, Festschrift für, Träger, 1926, S. 225 ff. 转引自张明楷：《犯罪构成体系与构成要件要素》，北京大学出版社 2010 年版，第 195 页。

② 参见［德］汉斯·海因里希·耶赛克、托马斯·魏根特：《德国刑法教科书（总论）》，徐久生译，中国法制出版社 2001 年版，第 330 页。

③ ［日］平野龙一：《刑法总论 I》，有斐阁 1972 年版，第 168 页。

④ ［日］曾根威彦：《刑法总论》（第 4 版），有斐阁 2008 年版，第 69 页。

⑤ ［日］浅田和茂：《刑法总论》（补正版），成文堂 2007 年版，第 123-124 页。

要件要素，即记述的要素一旦在构成要件中得以采用，就不再是法律评价之前的事实素材而是法律事实，因而也都成为了规范的要素。① 但多数学者认为，这种广义的规范构成要件要素的概念不具有实际意义，还是应当区分两者，从而合理地对规范的构成要件要素进行解释。

① 转引自［日］山中敬一：《刑法总论》（第3版），成文堂2015年版，第189页。

第八章　实行行为论的新发展

第一节　实行行为概念的确定

一、实行行为的概念和功能

在多种多样的事实中，首先需要选择出作为刑法评价对象的“行为”，然后判断该行为是否该当刑法中某种犯罪的构成要件。如果该当，该行为即实行行为。因此，所谓实行行为，简单而言就是该当构成要件的行为。“实行行为，本来就意味着构成要件中行为人以动词形式表达的行为。‘杀人’、‘放火’、‘窃取’、‘通过欺罔获取财物’、‘实施猥亵行为’等就属于实行行为……这样，实行行为的范围及内容，形式上根据各自的构成要件的解释来决定，在其自身的某种意义上是明确的。”[①] 当然，这只是对实行行为所作的形式意义上的理解，至于其实质，则还需要作进一步的探讨。

实行行为的概念在日本等国被认为是刑法理论上最重要的概念之一。[②] 根据日本刑法理论的通说，实行行为具有以下几个功能：

第一，限定因果关系起点行为的功能。刑法中的因果关系指的是实行行为与结果之间的因果关系，如果行为只具有结果发生的极其轻微的危险，那么即使该行为引起了既遂结果，只要否定其属于实行行为，就可以否定构成要件该当性，而没有必要再判断因果关系的存否。例如，甲希望乙在列车事故中死掉，强行将乙推上列车，结果果真发生了列车事故造成了乙死亡，像这种场合没有必要判断因果关系，只要否定杀人罪的实行行为性就可以否定杀人罪的成立。[③]

第二，确定未遂犯成立时期的功能。《日本刑法典》第 43 条就未遂犯的要件规定为“着手实行犯罪，却未能实现”。按照以往的通说，实行行为的着手，就是区别未遂犯与预备罪的标准。

---

① ［日］西原春夫：《犯罪实行行为论》，戴波、江溯译，北京大学出版社 2006 年版，第 2 页。

② ［日］前田雅英：《刑法各论讲义》（第 4 版），东京大学出版会 2006 年版，第 125 页。

③ ［日］前田雅英：《刑法各论讲义》（第 4 版），东京大学出版会 2006 年版，第 114 页。

第三，区别正犯与狭义共犯的功能。《日本刑法典》第 60 条就共同正犯的要件规定为“二人以上共同实行犯罪”；第 61 条就教唆犯的要件规定为“教唆他人实行犯罪”。所以，过去的学说通常认为，犯罪的实行者才是“正犯”，实行行为的有无乃是区别正犯与狭义的共犯的标准。

二、传统的实行行为理论

最早将实行行为概念引入日本刑法理论的是小野清一郎。小野清一郎认为，实行行为是该当构成要件的行为。其机能包括：第一，根据《日本刑法典》第 43 条规定的“着手实行”，可认定未遂犯的成立，划清未遂与预备之间的界限。第二，根据《日本刑法典》第 60 条对“共同实行”的规定，可以认定共同正犯的成立，从未与狭义的共犯相区分，进而可以在解释论上统一理解上述两个规定中的“实行”概念。第三，在因果关系理论中，作为因果关系之起点的行为，不是造成法益侵害结果的所有行为，而仅限于实行行为。第四，处罚原因自由行为的前提条件是，以能认定同时存在责任能力的行为作为实行行为。①

不过，小野清一郎提出的实行行为概念并没有马上在日本取得通说地位，它地位的上升与巩固也经历了一个漫长的发展过程。在学派之争时期，新派主张主观主义理论，对于行为概念并不重视，充其量在现阶段承认行为对于认定行为人的危险性格能够起到征表的作用。“犯罪乃是恶性的征表，为了判处刑罚，虽有必要存在行为，但那是为了调和社会防卫与个人自由的保障，并非由于客观的行为本身具有意义。”在这种学术背景下，实行行为只是为了认定主观恶性而存在，在理论上居于附属性的地位。此后，随着旧派理论的胜出，实行行为才真正成为犯罪论中的核心要素。

二战后，团藤重光倡导定型说，他的理论在 20 世纪 60 年代中期以前基本成为日本的通说。团藤重光继承、发展了小野清一郎的构成要件的理论。他也认为，实行行为是“该当于构成要件的行为”，但力图尽可能地运用形式理论的方法来判断构成要件该当性。

按照定型说，构成要件该当性的判断是根据抽象的、定型性的标准所进行的判断。而行为则是人格主体现实化的身体动静。因此，应该根据作为人格之主体性现实化的行为是否符合以保护法益作为“尺度”的构成要件所“预想的定型”，来判断实行行为性。然而，到底如何判断定型，刑法预想的定型究竟是什么，这都是定型说没有解决的问题。而且，认为实行行为是该当构成要件的行为，是定型化的行为，其实并没有说明该当构成要件的实行行为的内涵究竟是什么。定型说认为，每个个罪中的实行行为，都必须结合个罪的构成要件来加以判断。但这是否会导致作为一般性理论的实行行为概念空洞化，一直受到质疑。而且认为实行行为就是该当

① 参见［日］小野清一郎：《犯罪构成要件理论》，王泰译，中国人民公安大学出版社 2004 年版，第 70 页以下。

构成要件的行为，也被认为是同义反复，并没有真正回答问题。

于是，一部分学者开始在维持实行行为是该当构成要件行为的基本认识的基础上，探寻对实行行为内容的揭示。

第二节　实行行为概念的演变

一、实行行为与危险概念的挂钩

考虑到定型说的缺陷，一部分学者试图将实行行为与法益侵害的危险联系起来。在他们看来，所谓实行行为，是指“具有法益侵害的现实性危险，在形式上和实质上都符合构成要件的行为”。[①] 这种观点一度发展成为日本的通说。

有实行行为必然有实行行为着手的概念，实行着手与实行行为概念密不可分。着手实行的行为就是实行行为，就具有法益侵害的现实性危险。但这种危险是一种什么意义上的危险呢？

众所周知，刑法中的危险又可以进一步划分为狭义的行为危险与结果危险。狭义的行为危险，指的是作为行为属性的危险，指行为本身所具有的能够导致危害结果发生的可能性。结果危险则指由行为造成的威胁法益的具体状态。

显然，通说对实行行为所理解的危险指的是行为的危险，这被称为“事前判断说”（基于事前判断的行为危险说）。据此，某一种行为要成为实行行为，就必须是已经着手了的行为，即跨越了预备阶段的行为。实行行为的着手是未遂犯与预备犯区别的主要标志，也是未遂犯成立的极为重要的条件。只要有实行着手，就具有行为的危险性，也就否定了成立不可罚不能犯的可能。于是，这之间的逻辑关系可以概括为“实行行为=实行着手=未遂犯的成立”的公式。

二、实行行为概念的危机

然而，将危险概念引入实行行为的理论，虽然充实了实行行为的内涵，但同时也带来了实行行为理论的危机。因为，既然具有实现构成要件危险的行为才是实行行为的实质路径逐步成为学界的通说，但其结果是，危险概念逐渐成为了犯罪论的核心要素，实行行为则慢慢丧失了其重要性，乃至出现了“实行行为不要论”。[②]

具体而言，一部分学者在区分行为危险与结果危险的基础上，对未遂犯中的危险等作了详尽分析，将未遂犯的处罚根据求之于结果无价值，于是与实行行为的危险相区分的“未遂阶段的危险”也成为值得探讨的问题。这便出现了所谓的“事后判断说”（基于事后判断的结果的危险说）。它主张对危险进行事后的、客观的判断，只有引起了发生既遂结果之危险的时点，才具有作为未遂犯的可罚性。按照该

---

① ［日］大谷实：《刑法讲义总论》，黎宏译，中国人民大学出版社2007年版，第125页。

② ［日］山口厚：《刑法总论》，有斐阁2001年版，第44页以下。

说，虽然在通常情况下未遂结果与实行行为是一致的，但在在隔离犯、间接正犯、原因自由行为以及共谋共同正犯等场合，行为与未遂结果之间存在时间上的偏差，这时，事前判断说所主张的着手实行了该当构成要件的行为是否就是实行行为，就需要打上问号。例如，它完全可能属于不能犯的行为，不成立犯罪，也就无所谓实行行为（详见本书第十七章）。于是，实行行为、实行着手、未遂犯成立这三者之间的关系就成为新的问题，“实行行为=实行着手=未遂犯的成立”的公式受到质疑。以隔离犯为例而言：

甲为杀死乙而给其邮寄有毒的馒头，邮递员在送达途中不慎将该物品掉落，抢食该馒头的小狗食用后死亡，从而使毒杀行为在到达乙宅前就发生。甲是构成杀人预备罪还是杀人未遂罪？

一种观点主张，将实行行为与实行着手加以分离，否定“实行行为=实行着手”的公式，而肯定“实行着手=未遂犯的成立”的公式。换言之，即“实行行为≠实行着手=未遂犯的成立”。这种观点认为，实行行为探讨的是行为时的事前危险，只要达到一定程度的危险就可以肯定“实行行为性”；而作为未遂要件的“实行着手”讨论的则是紧迫的危险这一事后的危险，必须在达到高度危险的场合才能肯定“实行的着手”。所以，当行为人实施自然的行为之后，在发生具体危险阶段（到达时）才认为有实行的着手（因而成立未遂犯），当初的自然行为也由此才转换成实行行为。① 这种观点对于“着手”的理解从文字来看确实有不自然之处，但持本说的学者认为，实行的着手只是一个单纯“划定未遂处罚阶段的时间性概念”，在发生具体的危险之前都处于预备的阶段。因而，也不违反罪刑法定主义。

另一种观点主张，将实行行为与未遂犯的成立加以分离，维持“实行行为=实行着手”的公式，而否定“实行着手=未遂犯的成立”的公式。换言之，即“实行行为=实行着手≠未遂犯的成立”。该观点认为，当实行着手时即肯定实行行为性，但这只是基于对法益的抽象的危险性的判断，只有当对法益发生具体的危险性时，才认可未遂犯的成立。②

上述两种观点，应该说都还是主张维持实行行为这一概念的，只是对其内涵和重要性产生了不同看法。在这个大框架的范围内，关于实行行为理论的争论，也出现了两种不同的路径：一是坚持认为实行行为本身仍然是解决刑法诸问题所不可或缺的概念，但同时认为此前的理论未能成功解决相关问题。“通过引入危险的概念，试图维持传统的实行行为概念的意义和机能的努力不得不说没有成功。这些见解，过于重视作为实行行为一个要素而已的危险，记过在实行行为着手以及不能犯的判断中并不能推导出合理的结论。或者说，由于对危险用语的使用方法欠妥当，作为

① ［日］浅田和茂：《刑法总论》（补正版），成文堂2007年版，第371页。

② ［日］高桥则夫：《刑法总论》（第3版），成文堂2016年版，第108页。

实际的判断标准缺乏明确性。”① 二是主张将实行行为的机能限于行为规范的观点。②

与这种争议不同，学术界还出现了更激进的观点，即认为犯罪论中根本无须实行行为的概念。在这种观点看来，因果关系论、未遂犯论以及正犯、共犯论原本应在各自不同的问题领域进行研究，但一直以来却在实行行为概念之下浑然成为一体，因而实行行为是有碍于对这些问题展开分析性研究的有害无益的概念，进而开始主张应构建不包括实行行为概念的犯罪论。③ 这些观点实质上是受到了德国客观归属论的影响，意图以结果归属为中心来重建刑法理论。

由此看来，一直被认为是刑法理论中最重要的概念之一实行行为的地位也在动摇，这也就是一部分日本学者所称的“实行行为概念的崩坏”。

第三节　一连串行为论

一、一连串行为论的出现

随着行为理论的衰退，实行行为成为刑法中重要的概念。但如上所述，实行行为的概念也面临不少争议。近年来，随着日本一系列重要判例的公布，“通过复数行为实现犯罪”的问题引发了人们的思考。以判例为素材，日本刑法学展开了对“一连串行为”的研究与讨论，这被视为犯罪论的新问题。有的学者因此认为，可以毫不夸张地说，行为论因“行为的特定”这种形式引来了复兴。而且，“行为的特定”论，不仅成为分析事案时重要的视点，其与实务中“事案中局面的变化”这一判断相关联，也成为理论刑法学中无法回避的重要论点。

“行为的特定”论，主要是与行为应该分断还是统合这一“行为的分割方式”相关联的问题。更广义地说，是与犯罪论中“分析的评价与统合的评价”这一问题相关联。这些都可以归纳到“一连串的行为”论之中。

二、一连串行为论的展开

“一连串的行为”的问题，产生于日本的判例之中。其涉及的范围，其实已远超过构成要件该当性中的实行行为范畴，而是在整个犯罪论体系中都有所体现。在这里，只是将问题作一集中归纳，具体说明在本书各相应部分均有解释。

（一）构成要件该当性阶段中的“一连串行为”

关于行为分割方式的问题，首先体现在“行为”的一连串性或者“实行行为”的一连串性这一点上。如果承认行为的独立体系地位，那么行为就是刑法评价的对

① ［日］中森喜彦：《论实行行为的概念》，载［日］三井诚等编：《铃木茂嗣先生古稀祝贺论文集》（上卷），成文堂2007年版，第191~199页。

② ［日］佐伯仁志：《因果关系》，载《法学教室》2004第287号。

③ ［日］高山佳奈子：《“实行行为”概念之问题》，载《法学论丛》第162卷第1~6号。

象，实行行为就是构成要件该当性的判断标准，因此，“行为的一连串性”与“实行行为的一连串性”，原则上应该加以区分。

1. 实行行为的分割方式。

被告人甲被妻子X骂作吃软饭的，情绪非常激动，从厨房里拿出菜刀冲向X，将惊慌失措要逃跑的X在起居室里仰面推倒，基于杀意用菜刀刺杀胸部数次。甲看到受了重伤的X想从大门逃出去，又手持菜刀追赶将其带回起居室。由于X表达了谢罪的意思，甲走到厨房将菜刀放回去。而在这个间隙，X又企图从阳台逃走，双脚站在阳台栏杆上，背朝阳台的外侧，膝盖呈弯曲的状态，准备顺着栏杆逃往邻居家。于是，甲意图用煤气中毒的方式杀死X而企图将X拖回来，便揪抓X，X在避开时失去平衡，从阳台（高级公寓的9层）坠落身亡。①

此案可称为“阳台坠落死亡事件”。本案中可以列出“刺杀行为”和“揪抓行为”两个行为。在理论上存在三种可能的分析路径：（1）只有刺杀行为是实行行为，揪抓行为是因果关系的介入事实；（2）刺杀行为是先行行为，只有揪抓行为是实行行为；（3）刺杀行为和揪抓行为都是实行行为。

东京高等法院的判决将刺杀行为和揪抓行为作为一连串的行为，而肯定了杀人既遂罪。其根据是：揪抓行为也是杀害行为的一部分。也就是说，两个行为因为杀意的连续性而成为“一连串的行为”。

2. 因果关系介入事由的分割方式。

被告人让一位相识的女性坐在副驾驶位，开着轿车行驶在高速道路上（单侧3车道道路）。因为对驾驶大型卡车同方向行驶的A的驾驶态度非常不满，在早上6点左右的黎明前，于没有照明设备的昏暗场所并有着相应的交通量的高速道路第3通行道上，让自己的车停车并迫使A的车停车。被告人步行到A车，在驾驶室门附近大声斥责。在A稍微打开驾驶室的门之时，被告人就把门打开登上踏板，边把手伸向引擎钥匙，边进入门的内侧用拳头殴打A的面部。A害怕被告人会夺取引擎钥匙，就将其从自车的钥匙孔拔出，放进裤子的口袋里。此后，被告人想把A拖到路上对其施加暴行，A也做了反击。早上6点7分左右，在第3通行道上行驶的B车和C车为了躲避A车，在向第2通行道作路线变更之际，C车从后面撞上了B车，C车在第3通行道上的A车前方约17米的地方、B车在C车的前方约5米的地方分别停了下来。因同乘人从C车下了车，被告人就停止了暴行。A回到了自己车上用手机拨通报警电话通报了被被告人殴打等事情。被告人在早上6点17分或18分，载着同乘的女性离开了现场。A想发动自己的车，但因找不到引擎钥匙，误认为是在遭受暴行之际被被告人扔了，就再次通报报警电话并搜寻了附近，结果才发现其放在了自己裤子的口袋里，于是就发动了自车的引擎。但是因为前方停着C车和B车，为了请求C车和B车让路就再次下车，开始走向C车（在早上6点25分左右），这时D驾驶的轿车与停止中的A车后部碰撞，D及同乘人3人死亡，同乘人1

① 东京高等法院2001年3月20日判决，载《判例时报》第1756号，第162页。

人负了需治愈 3 个月的重伤。[①]

此案可称为“高速道路停车事件”。案情概括而言：以在高速公路上的超车使其停车这一过失的实行行为为前提，然而，第三者因为忘记引擎钥匙的所在，在现场停留，以此为原因产生了后续车追尾导致死伤的结果。日本最高法院判决认为，诱发“忘记钥匙所在”是因为被告人的过失行为及“与此密切相连的一连串的暴行等”。这里，被告人的过失行为（停车行为）与暴行行为之间的关系并不必然明晰。由于暴行行为诱发了“忘记钥匙所在”，这样的话，这一事件中的暴行行为成为起因，该事件就不是过失的案件了。于是，要理解最高法院的思路，要不就是将因为实施暴行行为而持续停车作为“一连串的过失行为”，要不就是将接续过失行为的暴行行为作为被告人行为的介入事实，暴行行为也是过失行为所诱发的。无论如何，实行行为与“因果关系的介入事由”的分割，可以评价为暧昧不明。

3. 不作为犯中行为的分割方式。

被告人声称自己拥有通过用手掌拍打患者的患处就能将能量输送给患者从而提高其自愈能力的所谓“沙克蒂推掌”的特别治疗能力（以下称为沙克蒂治疗），从而聚集了很多信奉者。A 是被告人的信奉者，因脑内出血而住进了兵库县内的医院，由于意识障碍而处于需要吸痰和打点滴的状况，虽然没有生命危险，但需数周的治疗，而且估计治愈后也会留下后遗症。A 的儿子 B 也是被告人的信奉者，因希望父亲能够不留后遗症地康复而委托被告人对 A 进行沙克蒂治疗。被告人虽然没有对患脑内出血等严重疾病的患者实施过沙克蒂治疗，但因接受了 B 的委托，为了在其所在的千叶县的某宾馆内实施该治疗，在明知主治医生有暂时不让 A 出院的警告和 B 等家属希望得到主治医生的许可后再将 A 送到被告人处之意图的情况下，仍然指示 B 等人：“点滴治疗很危险，今天和明天是关键时刻，要在明天之内把 A 带来。”被告人将仍处于以点滴等医疗措施为必要状态的 A 从所住医院运送出来，对其生命产生了具体的危险。被告人受到 B 等人委托对被运送到上述宾馆的 A 实施沙克蒂治疗，被告人看了 A 的病情，虽认识到如果对 A 置之不理就有死亡的危险，但为了避免前述的错误指示露馅，就只能对 A 实施沙克蒂治疗。因此，被告人怀着未必的杀意，将摘除了吸痰和水分的点滴等对 A 的生命维持必要的医疗设施的 A 就那样放置了大约 1 天的时间，致使 A 因为痰引起的呼吸道闭塞而窒息死亡。[②]

本案可称为“沙克蒂治疗杀人事件”。它可以分为从医院的“带出行为”和宾馆的“不保护行为”。第一审将其视为作为与不作为的复合形态，作为一连串杀人罪的实行行为加以把握。与此相对，最高法院将前者判断为先行行为，将后者视为不作为实施的实行行为。也就是说，“被告人由于应归责为自己的事由使患者的生

---

① 日本最高法院 2004 年 10 月 19 日判决，载《最高裁判所刑事判例集》第 58 卷第 7 号，第 645 页。

② 日本最高法院 2005 年 7 月 4 日判决，载《最高裁判所刑事判例集》第 59 卷第 6 号，第 403 页。

命产生具体的危险，在患者被运入的宾馆中，笃信被告人的患者家属，将对重病的患者的照顾全面委托给被告人，被告人处于这样的立场”，因此通过先行行为和排他的支配为保证人的地位奠定了基础，而将宾馆中的不保护行为解释为杀人罪的实行行为。但是，为什么将带出行为定位为先行行为，并不必然明确。

（二）违法阻却阶段中的“一连串行为”

违法阻却阶段中的“一连串行为”成为问题的是正当防卫、防卫过当中行为的分割方式。代表性案例有“投掷烟灰缸事件”：被甲殴打的被告人，在（反击）殴打甲面部时，由于甲将铝制烟灰缸掷向被告人，被告人便殴打甲的面部，甲跌倒无法动弹（第一暴行），之后又对甲腹部施加脚踢等暴行（第二暴行），甲受到伤害，结果死亡（死因是第一暴行）。[①] 以及“拘留所暴行事件”：被告人因违反毒品取缔法的犯罪被起诉，被拘留所拘留期间，在该拘留所内的居室里，对同室的男性（以下称为受害者）用折叠桌子投掷（受害者一方将桌子推向被告人，因此被告人作为反击，将桌子推回去，这就是“第一暴行”），并实施用手数次殴打其面部的暴行（对被桌子推倒陷于难以反击和抵抗状态的受害者，用手数次殴打其面部，这是“第二暴行”），其结果是使该人负伤。[②]

对这两个相似案件，日本最高法院作出了截然不同的两种判决，使“一连串行为”的区分成为焦点问题（详见本书正当防卫一章）。

此外，正当防卫与共同正犯之间的关系成为问题的是“丹尼”事件：被告人甲，因为X对其友人Y女实施了拉扯头发等暴行，和乙、丙一起对其施加暴行。虽然想停下来，但由于X还显示出应战的气势，乙甩开丙的制止，对X进行殴打，导致X负伤。[③]

此案的判决肯定了甲、乙、丙的第一暴行存在共谋，但将其视为正当防卫。在此基础上，关于急迫性终了后的第二暴行，只对乙、丙肯定其与第一暴行之间的一连串性，就伤害罪成立防卫过当。对甲则将第一暴行与第二暴行分断处理，就后者认为必须存在“新的共谋”，由于不存在，所以甲无罪。于是，在与共谋的射程的关系上，认可了“一连串行为”的相对性。

（三）责任阻却阶段中的“一连串行为”

被告人饮酒的时候，和妻子X争吵，便殴打X的头部和面部，此后，被告人持续饮酒，结果导致深度酩酊陷入心神耗弱状态，并在这种状态下对X施加棒击头部

---

① 日本最高法院2008年6月25日判决，载《最高裁判所刑事判例集》第62卷第6号，第1859页。

② 日本最高法院2009年2月24日判决，载《最高裁判所刑事判例集》第63卷第2号，第1页。

③ 日本最高法院1994年12月6日判决，载《最高裁判所刑事判例集》第48卷第8号，第509页。

等暴行，它成为致命伤导致 X 死亡。[①]

此案可称为“棒击头部事件”。它涉及“实行途中责任能力丧失或减弱”的问题。此时，“行为的分断、统合的问题”与“作为责任非难对象的行为”之间的关系成为问题。在“棒击头部事件”中，给予致命伤的暴行的时点已经是心神耗弱之时了，但由于是同一机会基于同一意思所发动的，所以实行行为作为继续的或断续的实施的情况，在开始犯行的时点责任能力并没有问题，判决重视这一要素，而肯定其对伤害致死罪的完全责任能力。

（四）各犯罪类型中的“一连串行为”

被告人在深夜侵入被害者住宅，趁睡梦中的受害者因熟睡而处于心神丧失的状态，用手从内衣上面插入阴部，被害人发觉后对被告人用强烈的语气问道：“你是谁啊！”同时用双手抓住被告人所穿 T 恤的背部。被告人为了从现场逃跑，强力甩开被害人，结果使被害人负伤。[②]

刑法分则中的各个犯罪，当然会存在“一连串行为”成为问题的场合。例如，强制猥亵（强奸）致死伤罪中的“伴随行为”的问题。日本最高法院对于上例中实施准强制猥亵行为后，因为被害人意识到了而被抓住，为了逃离现场，拉扯被害人结果导致其负伤的行为，将其作为准强制猥亵行为的伴随行为，而认可强制猥亵致伤罪的成立。在这里，猥亵、奸淫的意思与逃走意思之间的连续性成为问题。后者的逃走意思如果是作为新的意思被发现的场合，应否定连续性，如果是因为被害人的抵抗而转化为逃走意思，则应肯定连续性。因此，这一问题也可以说是猥亵、奸淫行为与逃走行为能否评价为“一连串行为”的问题。此外，事后强盗罪中“强盗的机会”，特别是“现场回归型”的问题、强盗杀人罪中被害人死亡后的财产夺取问题等都是如此。

以上围绕“一连串行为”展开的判例都涉及“一连串行为”。那么，是否应该相应产生“一连串行为的理论”呢？有的学者持否定态度，认为一连串行为的讨论并没有提出具体的标准，应该以实质性观点即违法论、责任论为基础来加以讨论。但也有学者认为，刑法学的研究不应局限于大的议题，而应就具体的问题加以展开。一连串行为理论涉及刑法学的方方面面，应该作为新的问题而加以重视。于是，传统的实行行为理论又进一步深化为一连串行为的讨论。[③]

---

① 长崎地方法院 1992 年 1 月 14 日判决，载《判例时报》第 1415 号，第 142 页。

② 日本最高法院 2008 年 1 月 22 日判决，载《最高裁判所刑事判例集》第 62 卷第 1 号，第 1 页。

③ 参见［日］高桥则夫：《关于一连串行为论的诸问题》，陈家林译，2016 年辽宁大学法学院讲演稿（未刊载）。

第九章　危险犯理论的新趋势

第一节　危险概念的多义性

危险概念是一个非常多义的概念。① 它既可指称“行为人的危险”，又可指称“行为（广义）的危险”。而行为（广义）的危险又涉及行为（狭义）的危险与作为结果的危险。同时，危险不仅可从主观上去理解（主观的危险），还可从客观上去理解（客观的危险）。

一、行为人的危险

“行为人的危险”是指行为人的人身危险性。行为人的人身危险性表现在两个方面，即尚未犯罪者实施犯罪的可能性和有前科者再次实施犯罪的可能性。

近代学派（新派）的学者最先倡导“行为人的危险”概念，他们主张“应当受惩罚的不是行为而是行为人”，由此将刑法研究的中心由行为转向行为人。“行为人不是因为实施了一个行为而有罪，而是因为他是‘一个这样的人’而成为法定责难的对象。”②

近代学派的理论认为，刑法以防卫社会为目的，因此只要能检验出行为人具有人身危险性，即便他未实施任何危害行为，亦可对其适用刑罚或者保安处分。然而，一方面，从自然科学（医学）的角度，不说是19世纪，即便是21世纪的今天，对一个具体的自然人做人身危险性有无的检验都是无法实现的。在缺乏检验手段的情况下，会使人身危险性单纯成为一个标签被随意滥用，极容易发生侵犯人权的事件；另一方面，从社会科学的角度，如果对没有实施任何危害行为的人进行人身危险性的认定，会使刑法所有关于犯罪行为的规定失去意义。近代学派学者发现这一问题之后，提出了“犯罪征表说”，即只有在有外部的客观行为能够明确地表现出行为人具有人身危险性时，方可对其进行刑事处罚。这在一定程度上缓和了自己的理论与刑法之间的紧张关系。不过就近代学派的理论而言，客观行为并不具有独立的意

---

① ［日］木村龟二：《新刑法读本》，法文社1959年版，第263页。

② ［德］克劳斯·罗克辛：《德国刑法学总论》（第1卷），王世洲译，法律出版社2005年版，第107页。

义，对其的考虑只是权宜之计，刑法的重心始终应该在犯罪人的人身危险性上。"将来，随着犯人的人类学及心理学研究的发展，其结果如果能使检测一定的恶性不以一定的行为为必要，那么，现代的刑法也将归于消灭。"①

新派的理论在此后的历史发展中逐渐衰落，刑法的研究仍然以行为为中心而不是以行为人为中心，刑事处罚的依据也只能是犯罪行为而不能是行为人的人身危险性。"今天，对分则中行为构成的解说已经不再需要追溯到行为人刑法上的考虑了。"② 即便是受人身危险性理论影响而产生的诸如累犯、减刑、假释等制度，也都在客观行为的意义上被重新解释。"今天，人们在很大程度上一致认为，根据明确的行为动机或者态度加以安排的行为构成，也应当在行为刑法而不是行为人刑法的意义上加以解释。例如，'残暴的（grausam）' 杀死他人的行为是作为谋杀惩罚的（第 211 条）。在这里，根据司法判例，残暴是指'以冷酷无情的方式使被害人遭受特别强烈的疼痛，包括肉体上或者精神上的痛苦'。这种态度的确定，并不取决于行为人是否就是这样一种残暴的人。那是一种行为人刑法的规定。"③ 人身危险性被现代刑法理论视为评价行为人预防必要性大小的一个依据而不是施加刑事处罚的依据，即不能脱离行为来单独评价人身危险性，不能仅以存在人身危险性为理由来入罪，人身危险性主要影响的是刑罚轻重。

不过，在风险社会的背景下，人身危险性的概念又出现了被重新评价的趋势。对具有高度危险的犯罪人能否采取特殊的管控措施再次成为一个争论的话题。有的学者将美国的"梅根法" （Megan' s Law）以及《美国爱国者法案》 （USA PATRIOT）视为人身危险性概念复兴的重要标志。"梅根法"源自一个受性侵害的名为梅根的小女孩的案件，是一部规制具有性侵害高度危险的行为人的法律。它的主要内容是，要求犯有性侵害罪的人向警察机构登记，而警察必须以适当的方式向社区公布登记在册的性犯罪人的个人信息。《美国爱国者法案》则是针对恐怖主义的法案，它允许美国政府对被认为有高度恐怖嫌疑的人采取监听、监视、调查等措施，被认为是潜在恐怖分子的人会被执法机关或移民单位逮捕或者驱逐出境。因而《美国爱国者法案》也被风险刑法论者视为风险社会下刑法扩张适用的典型例证。

二、行为的危险

根据行为刑法的观点，刑法中作为定罪依据的应该是行为危险而不能是行为人危险。由于行为本身视其是否包含结果在内，又可以细分为狭义的行为与结果，因而行为的危险又可以进一步划分为狭义的行为危险与结果危险。

---

① ［日］牧野英一：《罪刑法定主义与犯罪征表说》，转引自马克昌主编：《近代西方刑法思想史略》，中国检察出版社 2004 年版，第 277 页。

② ［德］克劳斯·罗克辛：《德国刑法学总论》（第 1 卷），王世洲译，法律出版社 2005 年版，第 111~112 页。

③ ［德］克劳斯·罗克辛：《德国刑法学总论》（第 1 卷），王世洲译，法律出版社 2005 年版，第 111~112 页。

狭义的行为危险，指的是作为行为属性的危险，指行为本身所具有的能够导致危害结果发生的可能性。结果危险则指由行为造成的威胁法益的具体状态。在有的情况下，这两种危险比较容易区分。比如隔离犯，行为人通过快递向被害人邮寄包裹炸弹，邮寄行为本来就具有导致他人死亡的可能性，这就是行为的危险；而当炸弹被邮递到被害人手上时，就发生了结果的危险。在隔离犯之外的情况下区分则相对困难。

一般而言，行为无价值论者认可行为的危险和结果的危险的划分，而结果无价值论者之间则存在不同意见，但也有不少学者认可这种划分。“这两个危险概念的差异，在于成为危险判断对象的时点的差异以及由此所导致的判断基础的范围差异——在‘行为的危险性’中，应限定在行为时存在的事实；而在‘作为结果的危险’中，应将事态发生时的所存在的事实都作为危险判断应考虑的内容。此外，如果在‘行为的危险性’中只将‘行为’作为判断的基础，那么这种危险就比‘作为结果的危险’的内容更为抽象。即使不把判断基础的内容仅仅限定在‘行为’上，由于‘行为的危险性’并不经常意味着‘结果’的‘实现’，因此这种危险还是比‘作为结果的危险’具有更抽象内容的危险。”①

三、主观的危险与客观的危险

危险究竟是由客观事实决定的侵害结果发生的客观可能性，还是各个判断者主观观察的产物，不过是人类无知的体现？对此，存在客观的危险论和主观的危险论的说法。

在主观的危险论者看来，存在即必然。没有发生危害总有一些必然的原因，所谓的“可能性”仅仅是人的主观想象、无知的产物。在现实世界里只有“侵害”和“没有侵害”这两种情况，它们的发生与否都是注定的，不存在所谓的“侵害可能性”。既然一切都是注定的，没有发生的就必定不会发生。所谓的危险只不过是人们根据过去的经验而对未来所作的猜测。所以危险概念是“我们无知的产物”，② 正是因为我们对事物规律的认识存在缺陷，无法清楚地预见那些阻碍结果发生的因素，所以我们才会相信存在危险即“侵害的可能性”。从认识论的角度而言，危险的概念永远是一个主观世界的产物，它说明我们对事物发展过程的认识和理解尚不全面。

在客观的危险论者看来，危险是侵害发生的客观可能性。人们使用“危险”这一概念，并非说明人类的无知，相反它可能反映出人类知识和能力的增长。人们将一定的行为进行抽象，排除那些难于认识又罕见的因素，然后基于自己对事物规律的认识来判断该行为是否有可能发生一定的结果，如果可能发生，那么该行为就具有危险。

---

① ［日］山口厚：《危险犯研究》，东京大学出版会1982年版，第56~57页。

② A. Finger, Begriff der Gefahr und Gemeingefahr im Strafrecht, Festgabe fur Frank, Bd. 1, 1930, S. 237f.

第二节 危险犯的扩张

一、危险犯的概念

（一）结果的含义

危险犯是刑法理论根据结果的形态对犯罪的分类。刑法理论中结果的概念存在多重含义。一般而言，第一种意义上的结果是指对行为客体的有形的事实作用；第二种意义上的结果是引起对社会外界的影响这种含义上的外界的变更；第三种意义上的结果意味着法益侵害或侵害的危险。其中，具有重要意义的是第一种结果与第三种结果。第一种意义上的结果与行为客体直接关联，第三种意义上的结果与保护客体即法益相关联。①

犯罪的成立是否以结果为必要，理论上也有不同看法。有的学者认为，所有犯罪的成立都以结果的发生为必要，犯罪是侵害保护法益的加害行为类型，结果是所有犯罪共通的构成要件要素。即使是所谓的仅以行为成立的犯罪，如侵入住宅罪、伪证罪，也不过意味着结果与行为同时（或几乎同时）发生。没有结果就没有犯罪，所有的犯罪都是结果犯，而不存在欠缺结果的所谓单纯行为犯。② 有的学者则认为，结果的发生只是结果犯的构成要件，行为犯的成立不要求发生结果。③

上述两种观点的分歧在于对结果含义的不同理解。如果将结果理解为对行为客体的有形的事实作用，即前述第一种意义上的结果，则结果不是所有犯罪必须具备的构成要件要素。如果将结果理解为对法益的侵害或侵害的危险，即前述第三种意义上的结果，那么由于刑法以保护法益为目的，所以所有的犯罪都以结果的发生为必要。

（二）危险犯的定义

危险犯是与侵害犯相对应的概念。所谓侵害犯，是指以现实的法益侵害为必要的犯罪，如杀人罪，以侵害生命作为既遂的要件；所谓危险犯，是以发生法益侵害的危险为足够的犯罪类型，如放火罪就是公共危险罪，以不特定或多数人的生命、身体、财产等所谓公共危险的发生作为既遂的条件。④

（三）危险犯的分类

对于危险犯还可以作进一步的划分，其中通说将危险犯分为具体的危险犯与抽象的危险犯。关于具体的危险犯与抽象的危险犯的划分，理论上也有不同观点。

---

① ［日］高桥则夫：《刑法总论》（第3版），成文堂2016年版，第111页。

② 参见［日］山口厚：《刑法总论》（第2版），有斐阁2007年版，第45页。

③ 参见［日］大塚仁：《刑法概说（总论）》（第4版），有斐阁2008年版，第129页。

④ ［日］山中敬一：《法学院讲义 刑法总论》，成文堂2005年版，第80页。

第一种观点认为，具体的危险犯是刑法条文中明确规定以危险的发生作为构成要件要素的犯罪，抽象的危险犯则是不以发生危险作为构成要件要素的犯罪。“在抽象危险犯的情况下，人们必须只用构成要件来（明确）规定其要涵摄的相应案件事实情况不存在任何可能需要考察并主观地进行归属的危险之构成要件要素。”① 对于抽象的危险犯而言，立法者主要是为了禁止与一般的、抽象的法益侵害危险相关联的行为，危险的发生不过是立法者立法时的动机。② 对于这种观点，有的学者认为它只是形式上的区分，缺乏实质的意义。因为：“（1）危险的对象、基准不明确；（2）即使构成要件中缺乏对危险的记载，但如果以既遂犯为标准的话，那么可以说其未遂罪具有‘具体的危险犯’，其预备罪具有‘抽象的危险犯’的性质；（3）相反，即使构成要件中记载了‘危险’，但由于其是难以确定质的界限的量的概念，是不明确而需要解释的规范的要素。”③

第二种观点认为，具体的危险犯与抽象的危险犯的区别分别与“作为结果的危险”、“作为行为的危险”相对应。对于这种观点，也有学者进行了批评，认为抽象的危险犯欠缺“作为结果的危险”而只是危险的拟制，这是违反责任主义的，是对法益理论、结果无价值理论的误解。所谓“作为行为属性的危险”，从其先行行为来看也不过是“作为结果的危险”。而且，行为概念原本就包含结果在内，结果是犯罪不可欠缺的要件。④

第三种观点认为，具体的危险犯以法益侵害的现实的、具体的危险的发生为必要，而抽象的危险犯以法益侵害的抽象的危险发生为已足。⑤ 它们都以实质的危险的发生作为构成要件要素，但具体的危险犯的危险是高度的危险，抽象的危险犯的危险是比较缓和的危险。⑥ 这种观点是日本刑法理论的通说。

二、抽象危险犯的争议

（一）设置抽象的危险犯的长处

1. 实现法益保护的早期化。

刑法原则上以单独犯罪的既遂形态作为处罚的基本类型，未遂犯、预备犯、危险犯则是作为修正的犯罪形态而仅在部分场合下可罚。危险犯中一般处罚的也是具

---

① ［德］乌尔斯·金德霍伊泽尔：《刑法总论教科书》（第6版），蔡桂生译，北京大学出版社2015年版，第68页。

② ［日］山中敬一：《刑法总论》（第3版），成文堂2015年版，第174页。

③ ［日］长井圆：《放火罪的构成要件与危险概念》，载《现代刑事法》2003年第7号，第20页。

④ 参见［日］长井圆：《放火罪的构成要件与危险概念》，载《现代刑事法》2003年第7号，第20页。

⑤ 参见［日］前田雅英：《刑法总论讲义》（第4版），东京大学出版会2006年版，第102页。

⑥ 参见［日］山口厚：《刑法总论》（第2版），有斐阁2007年版，第46页。

体的危险犯，即对法益产生了具体的危险时才可罚。这就意味着刑法的介入时间是受到抑制的。

抽象的危险犯则意味着在行为产生抽象的危险时就可罚，这无疑提前了刑法的介入时间，也使得刑法对法益的保护实现了早期化、前置化。当我们认可刑法尤其是刑罚的预防目的时，也就必须承认如果在所有的犯罪中都固守实害犯或具体危险犯的模式，只有在法益已经实际受到损害或者处于高度危险之下刑法才能介入的话，对于法益保护而言，的确是非常消极和延迟的应对。从这个意义上说，一定范围内的抽象的危险犯的设置有其一定的合理性。

2. 克服侵害结果难以认定的问题。

实害犯或具体危险犯必须要对侵害的结果、具体的危险结果以及行为与结果之间的因果关系加以认定。以具体的危险犯为例，通说认为，公共危险的发生是构成要件要素（其实，即使将其理解为客观的处罚条件或者结果加重犯的重结果也是同样）。因此，诸如《日本刑法典》第 109 条第 2 款及第 110 条规定的放火罪[①]那样，如果放火、烧损与公共危险之间不存在因果关系的话就不成立该罪（没有处罚未遂的规定）。而且，作为其前提，放火与烧损之间也必须具有因果关系，即必须是放火导致烧损这一结果。这都导致在某些案件中存在举证上的诸多困难。而一旦将其设置为抽象的危险犯，问题就会简单得多。

（二）抽象的危险犯设置的弊端

1. 象征性立法的忧虑。

抽象的危险犯注重行为无价值的评价，以制裁手段恫吓、震慑带有社会风险的行为。这固然提前了刑法的介入时间，但同时有可能带来象征性立法的问题，即立法者设置抽象的危险犯，并不看重其是否能够实际起到抑制犯罪的效果，而是借由这么一种立法来进行政治姿态的宣传以消除国民的不安感。这意味着刑法的自我封闭与完结，即通过纸面上的法律来满足人们惩罚犯罪行为的需要。这种方式的刑事立法，既经不起实际效果的检验，也经不起价值正当性的检验，仅会导致整个社会走向情绪化。[②]

同时，抽象的危险犯所具有的象征性特点，也容易使其成为特定利益集团或社会阶层利用其地位、影响力来灌输某种价值观念的工具。

2. 降低举证责任的危险。

抽象的危险犯立法使得原则上只要能证明行为人实施了法定的行为，就可以认

---

① 《日本刑法典》第 109 条第 1 款规定："放火烧损现非供人居住而且现无人在内的建筑物、船舰或者矿井的，处二年以上有期惩役。"第 2 款规定："前款所列之物属于自己所有的，处六个月以上七年以下惩役，但未发生公共危险的，不处罚。"第 110 条规定："放火烧损前两条规定以外之物，因而发生公共危险的，处一年以上十年以下惩役。前款之物属于自己所有的，处一年以下惩役或者十万元以下罚金。"

② ［日］松原芳博：《刑事立法与刑法学》，载《法学家》（ジュリスト）2008 年第 12 期。

定其构成犯罪，这便克服了侵害结果及因果关系难以认定的问题，减轻了公诉方的证明责任。然而，刑事制裁毕竟涉及人的最基本的生命、身体、自由、财产等利益。对公诉方举证责任的豁免就意味着行为人入罪的可能性被极大提升。这种立法以及司法意义上的犯罪化如果不加以节制，就会走向以刑罚治国的误区。最终钝化人们对于犯罪行为的敏感程度，而造成适得其反的结果。

3. 与谦抑原则的冲突。

抽象的危险犯实现了刑法对于社会生活的提前介入，似乎是更全面地对法益进行了保护。然而，刑事制裁手段毕竟是最严厉的制裁手段，刑法的介入应该是在其他社会治理手段都用尽之后的迫不得已的选择。抽象的危险犯的大量适用有违反刑法最后手段性的嫌疑。例如，宾丁就曾认为，抽象的危险犯只是一种单独的不服从犯，不能纳入核心刑法的领域内。[①] 这一观点虽然有些极端，但也警示着人们抽象的危险犯有可能对人权保障所造成的制度化侵蚀。

三、过失危险犯的争议

在危险犯中，过失危险犯的正当性也是一个棘手的问题。国外刑法中存在过失危险犯的立法例，《德国刑法典》在 1975 年就出现了关于过失危险犯的立法，但其范围极为有限，其合理性也饱受争议。

近年来，一部分学者将过失危险犯视为刑法应对风险社会而做出的防线前移的绝佳例证之一而极力提倡。例如，德国学者许乃曼曾提出“从过失犯罪向危险犯的演进”的命题，并指出：“从公平和威慑效果的角度来看，传统的过失犯罪的概念都有欠缺，因为某一不谨慎的、极端危险的行为是否会造成损害后果，纯粹是偶然事件。只要行为人相信如果因为其行为的后果没有危害性而不会受到处罚，那么对行为人可能实施的处罚的威慑和预防效果就会大大削弱。对造成了严重损害后果的轻微过失犯罪行为处以重罚，而对造成轻微损害后果的重大过失犯罪不予处罚，都是错误的和不公平的。因此，所有欧洲国家对立法都已经摈弃了传统的过失犯罪的概念，现在都转而采纳了危险犯罪的概念。”[②]

过失危险犯可以进一步划分为过失的抽象危险犯与过失的具体危险犯。例如，《德国刑法典》第 306 条 f 规定了关于放火行为的过失的危险犯，其中就包含了过失的抽象危险犯以及过失的具体危险犯，因此德国刑法理论中同时肯定这两种危险犯的存在。

---

① 转引自［日］山口厚：《危险犯研究》，东京大学出版会 1982 年版，第 189 页。

② ［德］许乃曼：《传统过失刑事责任观念在当代社会中的弊病——新的趋势与展望》，王秀梅译，载《法学家》2001 年第 3 期。

第十章 从因果关系论到客观归属论

第一节 因果关系概说

一、因果关系的概念

因果关系是原因与结果之间的关系。它不仅是刑法学，也是任何一种理论具有出发点意义的概念。因果关系当然给人以原因在前结果在后的印象，但通常往往是发生结果以后再探究其原因。自然科学是探求因果关系的学问，社会科学也是以明确的因果关系作为前提的。

一般而言，刑法上的因果关系是符合构成要件的行为即实行行为与符合构成要件的结果即构成要件结果之间的原因结果关系。如果没有实行行为，就没有探究因果关系的必要。预备行为即使产生了结果，也不是故意犯中的因果关系问题。例如，妻子为了毒死丈夫，将毒药放在自己家里的书架上伺机下毒，但不料丈夫误认为它是普通药物自行喝下而死亡。由于只有杀人的预备行为，所以只涉及过失致人死亡罪的问题，不成立故意杀人罪既遂。[①] 毫无疑问，预备行为是实行行为的准备行为。虽然在德、日刑法中，关于预备罪是否存在实行行为的观念还存在争论。但无论如何，预备行为本身不具有引起作为其目的的结果的现实的、具体的危险性（不会产生结果）。因此，即使预备行为导致了结果的发生，也不过是过失犯成立与否的问题，不会成为故意犯的因果关系的问题。

二、因果关系的体系地位

关于因果关系的体系地位，大体而言，存在将因果关系定位为构成要件符合性要素的立场与将因果关系定位为行为论核心要素立场的对立。一般而言，前者会采取相当因果关系说，后者会采取条件说，但也并不必然如此。[②] 前者是从构成要件论的立场将因果关系理解为与构成要件符合性有关的内容，后者则认为与此无关。

---

① ［日］平野龙一：《刑法总论Ⅰ》，有斐阁1972年版，第134页。

② 例如，西原春夫就基于后者的立场采用折中的相当因果关系说。参见［日］西原春夫：《刑法总论》（改订版）（上卷），成文堂1993年版，第113页。

虽然存在这种犯罪论体系定位上的差异，但两种观点都认为因果关系所确定的是狭义的行为与结果之间的客观的事实关系（客观的归属），与违法和责任（主观的归属）是不同的问题。换言之，因果关系在体系上具有确定违法与责任判断的对象范围的机能。M. E. 迈尔与泷川幸辰曾经主张将因果关系的问题解消在责任论之中，即提倡因果关系不要论。但除这种观点之外，现在理论上的一般理解均是将因果关系和责任的问题作为不同的问题加以把握。

第二节　条件关系

一、条件关系的公式

条件关系的存在，是认定刑法上因果关系的事实基础。例如，甲在东京枪击 A，同时乙在大阪枪击 B 致其死亡。当对甲的行为进行违法评价时，B 的死亡结果是与其无关的。然而，其是否真的无关（是不是具有事实上的联系）还有赖于条件关系的判断。如果否定条件关系的话，就无须介入法律评价而可以直接否定结果归属。[①]

如后所述，刑法中的因果关系理论存在条件说与相当因果关系说的对立。相当因果关系说也是以条件关系的存在作为前提的。此外，后述的客观归属论也以条件关系的存在为前提。因此，条件关系存在与否的判断，不仅是条件说的问题，也是相当因果关系说、客观归属论的前提问题，即条件关系的存在与否是刑法因果关系的基础。

（一）条件关系的公式的内涵与问题

条件关系通常通过“没有前者（行为）就没有后者（结果）”（conditio sine qua non）这一公式来加以判断。该公式被称为条件关系的公式或“假定的消去法公式”。

根据条件关系的公式，假定不存在某行为就不会发生某种结果的话，就肯定条件关系的存在。例如，甲开枪打死乙。按照条件公式，如果没有甲的射杀行为，乙就不会死亡，所以甲的行为与乙的死亡之间具有条件关系。

条件关系的公式看起来简单明了，但也被认为存在一些问题：

首先，根据这一公式，即使除去某种情况结果仍可能发生，就应当否定因果关系。那么在什么样的场合下才能说发生了同样的结果呢？[②]

其次，这一公式要求必要条件，但条件关系是否要求必要条件呢？毋宁说，只要具备了充分条件，不就具有了条件关系吗？[③]

再次，这一公式看起来在形式上是明确的，但在不了解先行事态与后行事态之

---

① ［日］井田良：《讲义刑法学 · 总论》，有斐阁 2008 年版，第 117 页。

② ［日］山中敬一：《刑法总论》（第 3 版），成文堂 2015 年版，第 264 页。

③ ［日］山中敬一：《刑法总论》（第 3 版），成文堂 2015 年版，第 264 页。

间是否具有法则关系时，就无法适用。“借助于该公式不过只能指出已经被说明了的因果联系，换言之，人们是在答案不证自明的前提下运这个公式的。”① 例如，A在B的咖啡里加入一些粉末，B喝后死亡。只有在粉末的因果意义上的作用已经是清楚的情况下，将粉末视为引发结果的条件才是有意义的。相反，如果人们并不知晓粉末的化学成分或者并不了解它对人体会产生的作用，那么，人们就也不能通过抽掉摄入粉末的方式来确定粉末便是死亡的原因。“只有当‘如果相关举止（将粉末倒入咖啡）不存在，结果（B的死亡）就不会发生’这种虚拟的条件语句，能够被人们客观地、经得起检验地加以证实，从而可以肯定其真实性之后，人们才可以凭借这一‘若无前者，即无后者’的公式相应地证明因果关系的成立。”② 所以，在环境污染等公害案件、药物致害案件中，由于其发病原因不明，条件关系的公式就难以适用。于是有见解认为，条件关系的公式并非因果关系的发现公式，而只是事后的因果关系的确认公式。③

（二）条件关系的认定前提

为了避免上述问题，有的学者认为，在运用条件关系公式确定条件关系存在与否时，应具有以下前提：

第一，对行为、结果的考察都应进行具体的、个别的把握。例如，对于毒杀1小时后就会因病死亡的重病患者的行为，不能认为“即使不投放毒药其也会死亡，所以应否定条件关系”。即使确定重病患者1小时后必死无疑，毒杀其的行为仍然是明显的侵害生命的行为。在适用条件关系的公式时，不能将结果抽象为“大约会死亡”，而应理解为具体化了的时间、场所及死亡形态。

但对结果作具体的把握也有一定的限度。例如，甲用枪瞄准A的头部准备开枪时，与甲无关的乙先向A开枪但没有命中。A由于听到乙的枪声而改变了面部的朝向，结果甲的子弹从当初设想的反方向贯穿A的头部致其死亡。此时，能否认为如果没有乙的行为，A的死亡形态就会不一样，从而肯定乙的行为与A的死亡之间的条件关系？这显然是不应该的，因为这种形态的变化在刑法上是同价值的，没有差异。④

第二，禁止附加假定的事实。一般认为，在适用条件关系的公式时，应当以现实存在的事实为前提，仅除掉行为人实际实施了的实行行为来加以判断，而禁止附加假定的事实。⑤ 例如，使用双枪的行为人用右手之枪杀死了被害人，此时不能够以即使右手不开枪左手也会开枪从而导致同样的死亡结果为理由，否定开枪行为与

---

① ［德］乌尔斯·金德霍伊泽尔：《刑法总论教科书》（第6版），蔡桂生译，北京大学出版社2015年版，第80页。

② ［德］乌尔斯·金德霍伊泽尔：《刑法总论教科书》（第6版），蔡桂生译，北京大学出版社2015年版，第80页。

③ ［日］山中敬一：《刑法总论》（第3版），成文堂2015年版，第269页。

④ ［日］井田良：《讲义刑法学·总论》，有斐阁2008年版，第119页。

⑤ ［日］川端博：《刑法总论讲义》（第2版），成文堂2006年版，第140页。

结果之间的条件关系。

不过，在适用条件关系的公式时，是否应绝对禁止附加假定的事实仍然是一个问题。有的学者认为，如果对于作为犯形式主义地理解禁止附加假定的事实的原则，会导致不当的结论。例如，就所谓的“毒蛇案例”而言，当A被毒蛇咬伤，有救助义务者（如医生）B准备为其注射血清时，（没有救助义务的）甲破坏了血清封闭管导致A因无法注射而死亡。如果禁止附加“如果注射血清会怎样”这一假定的事实的话，那就会认为即使没有甲的行为A也会发生同样的死亡结果，从而不当地否定了条件关系。①

综上所述，“可以认为，即使设置‘具体的结果观’及‘禁止附加原则’这两个修正要件，也不能完全解消条件关系公式适用上的问题”。②

（三）条件关系的认定

“没有前者就没有后者”这种条件关系的存在与否在通常的情况下是比较容易确定的。但有的时候则并非必然如此。

1. 择一的竞合。

因果关系的择一的竞合，又被称为二重的因果关系，是指两个独立的行为即使任意除去其中之一仍会发生同一结果的情况。③ 例如：

不具有共犯关系的甲与乙基于杀意各自将达到致死量的毒药混入A的咖啡中，A饮用后死亡。

这时，选择性地除去甲或者乙的行为之一，都会发生A死亡这一结果。所以原样地适用条件关系公式，就会带来否定甲的行为与乙的行为同A的死亡之间的条件关系的结果。而如果否定条件关系，就会与后述重叠因果关系时肯定条件关系的存在不相协调，显失均衡。而且，甲与乙的行为各自都能独立地杀死A，仅因为两者行为偶然的竞合而否定条件关系，从而使两人承担杀人未遂的责任，其合理性值得怀疑。再者，在甲、乙都没有故意的情况下，由于过失犯不处罚未遂，所以甲、乙的行为都不可罚，这一结论的妥当性也存在疑问。④ 因此，理论上多数学说肯定条件关系的存在，但其理由则不一致，有较大影响的观点主要有两种：

一是条件关系公式修正说。这种观点在维持条件关系公式的同时，主张对之进行修正，从而肯定条件关系的存在，即在几个条件的场合，如果除去一个条件结果将发生、除去全部条件结果将不发生，则全部条件与结果都存在条件关系。⑤ 对此说的主要批评是，第一，此种情况并非共同正犯而是同时犯，应当分别论述甲、乙的行为与A的死亡之间的条件关系。而此说将甲、乙的行为作了整体把握，因此并

① ［日］井田良：《讲义刑法学·总论》，有斐阁2008年版，第120页。

② ［日］山中敬一：《刑法总论》（第3版），成文堂2015年版，第266页。

③ ［日］斋野彦弥：《基本讲义刑法总论》，新世社2007年版，第82页。

④ ［日］齐藤诚二：《特别讲义刑法》，法学书院1991年版，第12页。

⑤ ［日］前田雅英：《刑法总论讲义》（第4版），东京大学出版会2006年版，第171页。

不是对条件关系的公式进行修正，而是将同时犯拟制为共同正犯。[①] 第二，此说是先入为主的结果，即为了肯定条件关系而修正条件关系公式。[②]

二是具体的结果观说。这种观点主张在原样维持条件关系公式的基础上，对结果进行更具体的把握，从而肯定条件关系的存在。[③] 在判断条件关系是否存在时，不应当将作为对象的结果抽象化（不是单纯的A的死亡），而应根据时间、形态、附随情况等具体地、个别地理解现实所产生的结果。以此为前提，甲、乙各自投入达到致死量的毒药的情况与甲、乙其中一人投入致死量的毒药的情况相比，虽然都会发生A死亡的结果，但如果对结果作具体的把握的话，两者之间还是存在差异的。刚达致死量的毒药与致死量两倍的毒药，在死亡时刻、死亡形态等方面至少应当有微小的差别。如果对结果作更具体的把握的话，个别地观察甲或者乙的行为，还是应当肯定各自与结果之间具有条件关系。此说为了在维持公式的同时肯定条件关系的存在，尽可能地将结果作具体的把握。它虽然不可能解决所有的问题，但是，比起为了实践中难以发生的例外的例子而修正或者放弃条件公式的见解而言，一般认为更为妥当。

也有少数学者否定择一的竞合情况下条件关系的存在。其中有的学者认为，现实中不可能发生这种择一的竞合的案例，而且要证明两方面的条件同时起作用也是非常困难的，因而没有必要考虑这一问题。[④] 还有的学者认为，条件关系具有合理的刑事责任的限定机能，即条件关系不是事实关系，而是为了归责所规定的法律概念。条件关系的存在意味着如果控制该行为就不会发生该结果。而在择一的竞合的场合，即使控制该行为也不能避免该结果，所以不允许在这种情况下对结果进行归责。[⑤] 对于否定条件关系的结论违反常识与法感情的批评，这些学者认为必须立足于“存疑有利于被告”的原则。“在择一的竞合的案例中，对于甲与乙各自而言，只要无法否认另一方下的毒起了致命作用的可能性，就应当根据‘存疑有利于被告人利益’的原则，否定条件关系。”[⑥]

2. 假定的因果经过。

假定的因果经过，或称假定的原因，是指现实所实施的行为引起了结果，但即使没有该行为，也会由其他的事实引起同样的结果的情况。

---

① ［日］大塚仁等编：《大注解刑法》（大コンメンタール刑法）（第2卷）（第2版），青林书院1999年版，第121页。

② ［日］浅田和茂：《刑法总论》，成文堂2005年版，第141页。

③ ［日］冈野光雄：《条件关系存否的判断》，载《法学教室》（Law School）第29号，第8页以下。

④ ［日］井上祐司：《因果关系与刑事过失》，成文堂1979年版，第26页；［日］内藤谦：《刑法总论讲义（上）》，有斐阁1983年版，第256页。

⑤ ［日］町野朔：《因果关系论的现状与问题点》，载《刑法杂志》第22卷第1号，第122、130页。

⑥ ［日］井田良：《讲义刑法学·总论》，有斐阁2008年版，第123页。

以下几个案例是关于假定的因果经过的典型案例（或讲坛案例）：

例一，在死刑执行人将要按下执行按钮的瞬间，被害人的父亲甲为了向杀死自己孩子的死刑犯 A 复仇，将死刑执行人推到一边自己按下了按钮（或开枪射杀 A）。由于即使甲不按按钮（或者不开枪射击），在同一时刻死刑执行人也一定会按下按钮。①

例二，根据道路交通规则，超车的时候必须保持 1.5 米的距离。卡车的驾驶员甲在超越骑自行车的 A 时，仅保持了 0.75 米的距离，结果汽车的后轮将 A 轧死。然而，由于行为当时 A 已经处于酩酊状态，即使甲使汽车与 A 保持适当距离，发生同样事故的盖然性仍然很高②。

例三，列车的驾驶员甲疏于履行注视前方义务而未注意到幼儿 A，结果将其轧死。③

“假定的因果经过”与“择一的竞合”的相同点在于，没有该行为也可能会发生该结果，如果适用条件关系的公式的话，就会否定因果关系。但是，在择一的竞合的场合，在甲的行为（或乙的行为）之外，还现实存在能够引起同样结果的乙的行为（或甲的行为）。而在假定的因果经过的场合，并不存在这样的行为，这是两者的最大差异。

对于假定的因果经过，一般认为，判断条件关系的存在与否应当以现实存在的行为为对象，而不允许附加现实所不存在的假定的行为或事实。例如，甲驾车将闯红灯的 A 撞死，不能认为即使没有甲的行为也会有其他人驾车撞死 A，从而否定甲的行为与 A 的死亡之间的条件关系，而只能就现实存在的甲的行为与 A 的死亡结果来进行条件关系的判断。如果允许附加假定的事实来进行判断的话，就会产生很多否定条件关系的情况。然而，只要条件关系是行为与结果之间的客观的事实关系，这种判断就是错误的。④ 据此，上述三例均具有条件关系。但也有少数学者认为因果关系也是一种规范的归责判断，所以否定这种情况下条件关系的存在。⑤

3. 重叠的因果关系。

两个以上相互独立的行为，单独不能导致结果的发生，但合并在一起导致了结果的发生，就是重叠的因果关系。例如：

甲、乙二人没有意思联络，分别向丙的食物中投放了致死量的 50%的毒药，二

---

① ［日］山中敬一：《刑法总论》（第 3 版），成文堂 2015 年版，第 264 页。

② BGHSt. Bd. 11，S. 1. 德国联邦法院虽然认为甲的行为对 A 的死亡而言在机械的、自然科学意义上是一个条件，但否定刑法意义上的因果关系。

③ 日本大审院 1929 年 4 月 11 日判决，载《法律新闻》第 3006 号，第 15 页。大审院认为，即使甲注意到小孩而鸣笛并采取紧急刹车措施也难以防止结果的发生，所以不采取适当的措施不是死亡的原因，从而否定因果关系。此后日本还陆续出现了不少同样意旨的判例。

④ ［日］大塚仁等编：《大注解刑法》（大コンメンタール刑法）（第 2 卷）（第 2 版），青林书院 1999 年版，第 125 页。

⑤ ［日］町野朔：《刑法总论讲义案Ⅰ》，信山社 1990 年版，第 151 页。

人行为的重叠达到了致死量，丙吃食物后死亡。

在这种情况下，一般承认甲、乙的行为与结果之间具有条件关系，都构成杀人既遂。但也有学者持反对意见，认为甲的行为与乙的行为分别都不能导致结果的发生，在没有意思联络的情况下，将死亡结果归责于他们，这是不合理的。还有学者认为，虽然可以肯定条件关系，但由于能够否认相当因果关系，故对甲、乙只能认定为杀人未遂。①

4. 疫学的因果关系。

以公害案件中因果关系的证明问题为契机，理论上发展出疫学的因果关系理论。疫学的因果关系理论认为，某种因子与疾病之间的关系即使不能从医学、药理学进行法则性的、详细的证明，但根据大量统计数据的观察，当认为两者之间具有高度的盖然性时，就可以肯定两者之间存在因果关系。

为了能认定疫学疾病的起因与疾病之间具有因果关系，必须具备以下五个条件，即（1）关联的一致性；（2）关联的强固性；（3）关联的特异性；（4）关联的时间性；（5）关联的整合性。换言之，即疫学的四原则：（1）作为原因的因子是在发病的一定期间之前起作用的。（2）这种因子的作用程度越显著，患病率就越高；（3）这种因子的分布消长与疫学观察、记载的流行特性不矛盾；（4）该因子的作用机理与生物学并不矛盾。②

关于是否应在刑法学中适用疫学的因果关系理论，理论上有不同观点。否定说认为，疫学的因果关系理论不当地减轻了检察官的证明责任。既然在自然科学上都不能肯定因果关系的存在而只是一种推定，那就不能作为基础来认定刑法上的因果关系，否则就是对“存疑有利于被告”这一刑事审判的基本原则的违背。③ 肯定说则认为，只要能够证明高度的盖然性，达到排除合理怀疑的程度就应当承认疫学的因果关系。④“在认定因果关系时，当然应尽可能不限于疫学的证明，还应提供其他补强证据。而且，它应当是由检察官加以证明的，而不能进行举证责任的转换。事实认定方面也必须仔细进行，这是不言而喻的。只要遵守这些条件，那么根据疫学上被证明了的‘法则’来认可因果关系的存在，这种意义上的疫学的因果关系，与通常的因果关系并没有差异。”⑤ 肯定说是目前的通说。

二、合法则的条件公式

由于条件关系的公式存在上述问题，在德国，合法则的条件公式作为判断条件关系存在与否的理论，已经取代了传统的条件关系公式而成为通说。在日本，此说

---

① ［日］山中敬一：《法学院讲义　刑法总论》，成文堂2005年版，第124页。

② ［日］浅田和茂：《刑法总论》（补正版），成文堂2007年版，第143页。

③ ［日］浅田和茂：《刑法总论》（补正版），成文堂2007年版，第144页。

④ ［日］大塚仁等编：《大注解刑法》（大コンメンタール刑法）（第2卷）（第2版），青林书院1999年版，第128页。

⑤ ［日］山中敬一：《刑法总论》（第3版），成文堂2015年版，第274页。

也正变得有力。西田典之、山中敬一、井田良等学者都赞成此说。①

合法则的条件公式的经典表述是由耶赛克提出来的："在紧接着行为之后是否产生对外界的改变，且这种改变依据我们知晓的自然法则与行为是存在必然的联系的，并作为符合构成要件的结果。"② 也就是说，如果按照公认的自然法则，某个结果和某个行为之间存在不可避免的联系的话，那么之后，人们便可将该举止视为该结果的原因。③ 此说放弃了"没有前者就没有后者"这一条件关系公式，从"有前者就有后者"的观点肯定条件关系，即它主张区分一般性的因果关系（因果法则）和具体的因果关系。只有根据科学知识，在确定前后现象之间存在一般的合法则的关联后，才能进行个别的、具体的判断。也就是说，在认定因果关系时，首先确认存在一般的因果关系，即确认是否存在可以适用于特定个案的自然科学的因果法则，然后认定具体的因果性，即确认具体的事实是否符合作为上位命题的因果法则。所谓"合法则的条件"，不是指逻辑性条件，也不是指生活经验，而是指当代知识水平所认可的法则性关系。因果法则关系的存在必须得到当代最高科学知识水平的认可，如果根据这种科学知识难以理解，则不能认定因果关系。当然，这种法则不仅指自然法则，也包括经验法则。经验法则只要与科学法则不矛盾，就包含在内。

"通常认为，合法则性条件公式较之条件公式是更为优越的，这尤其体现在涉及超越的因果关系、假定的因果关系及累积的因果关系的相关案件中。"④ 例如，它避免了关于"禁止附加假定的事实"这一问题的争论。同样以毒蛇事件为例，甲对注射器所进行的损坏行为与被害者 A 的死亡之间存在可以根据自然法则加以说明的事实联系，即甲破坏血清封闭管的行为致使医生 B 无法注射血清从而导致 A 死亡，这种事实过程能够通过自然法则加以说明，所以应肯定条件关系。

有的学者认为，实际上通说的条件关系公式和合法则的条件关系公式在结论上是一样的，但后者的判断方法更加直接、简明，因而优于通说。正如毒蛇事例所显示的那样，适用条件关系的公式会招致混乱，引起误解。⑤

不过合法则的条件公式也被批评为以问答问，犯了循环论证的错误。而且，对择一的竞合的问题也不能提供圆满的解决方案。再者，合法则的条件公式的内涵也还有待进一步明确。"这种'合法则性关系'的具体内容却始终没有得到全面地阐明。有时，这种合法则性关系只被当做是一个空洞的公式被加以使用，以主张一个人们直觉推断的、不加详细证明的因果关系。而在另一些场合，对'合法则性关

① ［日］井田良：《讲义刑法学·总论》，有斐阁 2008 年版，第 120 页。

② ［德］汉斯·海因里希·耶赛克、托马斯·魏根特：《德国刑法教科书（总论）》，徐久生译，中国法制出版社 2001 年版，第 345 页。

③ ［德］乌尔斯·金德霍伊泽尔：《刑法总论教科书》（第 6 版），蔡桂生译，北京大学出版社 2015 年版，第 80 页。

④ ［德］埃里克·希尔根多夫：《德国刑法学——从传统到现代》，江溯等译，北京大学出版社 2015 年版，第 274 页。

⑤ ［日］井田良：《讲义刑法学·总论》，有斐阁 2008 年版，第 121 页。

系’的假定导致了以下结论，即条件公式以经验性知识的存在为前提。这个观点虽然正确但却不准确，因此，并不能满足法学的明确性要求。对合法则性关系的宣示意味着对经验的合法则性的援引。经验的合法则性意味着，原因与效果之间的关联并不是个别的、偶然的，而是一般的、普遍的。在这个意义上，人们将经验的合法则性称之为一般因果关系。但与过去一样，人们究竟将这种‘经验的合法则性’理解为什么，依然是不明确的。大部分的学者认为，应当限定在‘自然法则’的范围内，这种自然法则构成了一般因果关系的基础，但却没有进一步详尽地论述这种法则类型。”①

第三节　条件说

一、条件说的含义

条件说由德国学者布黎（Buri）所展开。由于布黎是德国帝国法院著名的法官，所以其对该说的展开给司法实务造成了很大的影响，迄今为止德国的判例、理论还是基本支持条件说。日本判例的主流从很早以来直到现在都立足于条件说，但理论上只有草野豹一郎、② 齐藤金作、江家义男等少数的学者支持条件说。

条件说是指，如果行为与结果之间具有“条件关系”的话，就认为两者之间具有刑法上的因果关系的学说。例如，X 出于毒杀的目的让 A 饮用毒药，但在药效发作之前，A 被 Y 射杀。由于不能说没有 X 的行为 A 就不会死亡，所以 X 的行为与 A 的死亡之间不存在条件关系，X 是杀人未遂（Y 是杀人既遂）。

在条件说看来，在促使结果发生的所有条件中，只要欠缺一个条件结果就不会发生，所以所有的条件都是结果发生的平等的原因，因而又被称为等价说、同等说、全条件同价值说、平等原因说。

二、对条件说的批评及反驳

一方面，条件说采用了论理的或自然科学的因果概念，对于因果关系的存在与否进行客观的、无疑义的确定，这是它的长处。只要因果关系论是为了确定行为与结果之间的客观的事实关系，就可以说条件说最符合这一要求。但另一方面，条件说也面临着诸多的批评。

第一，历来对条件说最重要的批评是关于结果加重犯的问题，即在结果加重犯的场合，由于通过责任来进行修正的机能失效，所以条件说会导致科处苛酷的刑事

---

① ［德］埃里克·希尔根多夫：《德国刑法学——从传统到现代》，江溯等译，北京大学出版社 2015 年版，第 274 页。

② 不过，草野豹一郎只是对于故意犯支持条件说，对于结果加重犯与过失犯则采用相当因果关系说。参见草野豹一郎：《刑法要论》，有斐阁 1956 年版，第 48 页。

责任。这一问题与结果加重犯的概念规定密切相关。在古代德国，成立结果加重犯，只需要基本行为与重结果之间存在因果关系，对重结果不需要过失。也就是说，学术界一般认为结果加重犯规定的是结果责任、偶然责任，所以不可能通过责任（过失）来进行修正。于是，不通过责任来进行修正就必须通过因果关系这一层次来发挥与过失同样的机能。因而在当时，以结果加重犯为例对条件说进行批判是正确的。但是，德国刑法通过1953年第三次的修改，规定处罚结果加重犯也以对重结果具有过失为必要（第56条），这样就在立法上解决了这一问题。日本是从彻底贯彻责任主义的观点出发的，通说认为对重结果以过失为必要。此外，刑法修改作业过程中的各草案也都持这一立场（预备草案第12条、改正假案第12条、准备案第21条、改正草案第22条）。因此，在结果加重犯的概念已经作了如上变化的现在，对于条件说的这种批评就不再正确。

第二，有批评意见认为，适用条件说会将条件的范围无限地追溯。例如，在甲使用手枪杀死乙的场合，甲的父母亲生育甲的行为，发明、制造、贩卖手枪者的行为都会被认为与被害者乙的死亡之间具有因果关系，这种结论是不符合常识的。因此，条件说不是一种有价值的划定因果关系范围的理论。对这一批评意见，持条件说的学者进行了反驳。其中布黎认为，在这种场合，虽然肯定存在因果关系但可以在违法或者责任的阶段否定犯罪性，因而不会产生不合理的结论。但多数持条件说的学者认为，即使不产生不合理的结论，对这种行为肯定刑法上的因果关系并将其作为责任的对象也是不妥当的，所以布黎的观点是错误的。正确的解释是：刑法上的因果关系以实行行为为起点，即实行行为与结果之间的问题，这种行为不应该在责任论中加以解决而应当从一开始就不成为刑法的对象。实行行为是对法益具有侵害危险性的行为，这种行为没有任何侵害法益的危险性，所以不能说是杀人罪的实行行为。

第三，有批评意见认为，在例外地预测到条件关系的发生并最终实现的场合，条件说会得出不合理的结论。例如，意图使小孩受雷击而死而让其在雷雨时外出游玩，结果果真被雷击中死亡的场合；或者意图使对方坠机而死而提供对方旅费让其旅行，结果对方果然坠机而死的场合。根据条件说，行为人都不能免除杀人罪的刑事责任。因为这种场合，行为人的行为与死亡之间具有条件关系，又具有杀人的故意。然而，条件说的支持者反驳说，根据条件说并不会产生这种结论。因为这种情况同样欠缺杀人罪的实行行为，与杀人犯的双亲的事例一样，不需要探讨条件关系（也不存在杀人罪的故意）。

第四，有批评者认为，在某些案件中，行为人虽然达成了所意图的目的，但行为人所认识的因果经过与现实的因果经过不一致时，条件说的结论不合理。例如，甲基于杀意向乙开枪致其受伤，乙在由救护车送往医院途中遭遇车祸死亡，或者在住院期间因火灾死亡的，批判意见认为，由于甲的行为（开枪行为）与乙的死亡（交通事故或者烧死）之间具有条件关系，甲又具有杀人的故意，所以不得不承认杀人罪的既遂。对此，条件说的论者提出了因果关系中断说的理论。其认为，在因果关系的进行中如果行为与结果之间介入了没有预想到的异常的事实或者第三者的行为，因果关系便中断，从而不能使结果归属于行为。例如，甲基于杀意让A服下毒药，在A由于中毒无法行动时乙开枪打死A，甲的行为与A的死亡之间的因果关系便中断了。

因果关系中断与因果关系断绝不是一回事，后者指对同一结果的先行行为没有产生效力时，而由与它没有关系的后条件引起结果产生的场合，先行的条件与结果之间没有因果关系。例如，甲基于杀意让A服下毒药，在A毒发之前乙开枪打死A，甲的行为与A的死亡之间，不存在没有前者就无后者的条件关系，所以没有因果关系。前者前行为与后行为有条件关系，后者前行为与后结果无条件关系。

对于因果关系中断说也存在以下批评意见：其一，因果关系只有存在或者不存在的问题，不存在因果关系途中被中断的问题。其二，采用条件说而认可中断论，无异于放弃条件说而自相矛盾（布黎也明确否定中断论）。条件说认为具有条件关系的所有条件都是等价值的，但一方面肯定条件关系，另一方面又承认其中断，不得不说这意味着对条件说的放弃。而且，条件说的长处在于对因果关系进行客观的、没有争议的（一义的）判断，采用中断论违反了这一本质，即中断论认为在行为与结果之间介入了没有预期到的异常情况的话，因果关系就中断。在进行这种认定时，就必然伴随有价值判断。什么是“没有预期的情况”、是否是“异常的”或者“偶然的”的情况，都不容易进行客观的判断，恐怕不得不以行为当时所有的情况为前提，以行为人或者一般人为基准进行判断。认定是否中断的判断，与相当因果关系有无的判断十分相似，可以说存在很大的判断者恣意判断的危险性。[①] 其三，与前述第二点批评意见相联系，因果关系中断论中已经出现了相当因果关系说思维方式的萌芽，因而应当发展、解消为相当因果关系说，即中断论与相当因果关系说，在通过限定因果关系的范围从而限定责任的范围的问题上具有同样的机能。因此，站在相当因果关系说的立场，是否承认因果关系中断的问题，正是相当因果关系有无的问题。因此，如果立于条件说而采用中断论的话，那么就不存在不采用相当因果关系说而主张条件说的积极的根据。[②]

第四节　相当因果关系说

一、相当因果关系说的概念

相当因果关系说，是指根据我们的社会生活经验对事物作一般性的考察，如果认为一定的行为产生一定的结果通常是相当的，就认为存在因果关系的学说。相当

---

① ［日］平野龙一：《刑法总论Ⅰ》，有斐阁1972年版，第139页以下。

② ［日］大塚仁等编：《大注解刑法》（大コンメンタール刑法）（第2卷）（第2版），青林书院1999年版，第97~98页。

因果关系说也被称为相当说、适当条件说、定型的因果关系说、一般观察说、一般化说。相当因果关系说是日本刑法理论的通说，但在德国，只有绍尔（Sauer）、海波尔（Hippel）等少数人采用相当因果关系说，法院在刑事审判中从不采用此说，但在民事审判中则采取此说。这是因为，德国刑法理论认为，刑法中的故意、过失、违法、有责等理论，已经足以解决条件说所存在的扩大处罚范围的问题；而民事上有所谓无过错责任或危险责任，故必须从严认定因果关系，不能采取条件说。

相当因果关系说的主要目标在于否定偶然的情况竞合、介入导致结果发生时的因果关系。相当因果关系说的提出，主要是为了避免适用条件说所产生的不合理结论，尤其是在结果加重犯的场合所产生的刑事责任扩大的不合理结论，而主张在因果关系的层次合理地限定责任的范围。因此，相当因果关系说本质上具有很强的责任论的性质。①

相当因果关系说也是以“条件关系”的存在作为前提与基础的，并从刑法的观点对之加以限制。因此，条件说与相当因果关系说并不是必然排斥的关系。两者的区别在于：条件说把所有条件均视为结果发生的原因，而相当因果关系认为只有对结果发生具有相当性的条件才是结果发生的原因。

相当因果关系说中的“相当”，是指该行为产生该结果在日常生活中是一般的、而不是异常的，或者说，在日常生活中，该行为一般会产生该结果。不过对于相当性的程度，学术界还是有不同的认识，存在“经验上的通常性”、“高度的盖然性”、“常见的可能性”、“某种程度的可能性”、“经验法则上可能的程度”等多种说法。一般而言，只要有超过50%的盖然性的话就可以认为具有相当性。②

二、相当因果关系说的类型

相当因果关系说内部根据其判断资料的不同，又可以分为主观的相当因果关系说、客观的相当因果关系说和折中的相当因果关系说三种。以下例而言：

甲用右脚踢乙的左眼部致其受伤（通常需治疗十日可痊愈），但因乙是脑梅毒患者，数日后死亡。③

主观的相当因果关系说（主观说）认为，应当以行为人行为时认识到的以及可能认识到的情况为基础来判断有无因果关系。上例中甲不了解乙的特异体质，其认识的只是殴打通常的健康人，而殴打健康人致其死亡不是通常发生的情况。因此，殴打行为与死亡结果之间没有因果关系。此说的主要缺陷在于使因果关系的有无完全依存于行为人的主观认识，即使一般人有可能认识、预见，但只要行为人没有认识就否定因果关系的存在，这使得因果关系完全丧失了其客观性。④

---

① ［日］冈野光雄：《刑法中的因果关系理论》，成文堂1977年版，第184页。

② ［日］高桥则夫：《刑法总论讲义案》，成文堂2006年版，第64页。

③ 日本最高法院1950年3月21日判决，载《最高裁判所刑事判例集》第4卷第3号，第469页。

④ ［日］山中敬一：《刑法总论》（第3版），成文堂2015年版，第276页。

客观的相当因果关系说（客观说）认为，应以行为当时在客观上存在的情况以及一般人可能预见的行为后发生的情况作为基础来判断有无因果关系。仍依前例，因为乙的特殊体质在行为当时已是客观存在的事实，而殴打特异体质者致其死亡是具有相当性的，因而肯定行为与死亡之间有因果关系。对此说的主要批评意见有：第一，“行为当时存在的情况”与“行为后发生的情况”的区分不明确；[①] 第二，如果以行为当时存在的所有情况作为判断基础，那可能会导致过于宽泛地认定因果关系。

例如，X 在 A 的咖啡中下了足以致死的毒药，A 毒发后外出求助，被不知情而正赶往 A 家欲杀 A 的 Y 杀死。

按照客观说，应将行为时的所有情况考虑在内，而在 X 实施行为时，Y 基于杀意正赶往 A 家，这一客观的事实也应被考虑在内。因而 X 的行为即使有 Y 的行为介入，对于 A 的死亡而言也还在相当性的范围之内，这显然不合适。[②] 为此，采用客观说的学者也有的对自己的学说作了修正，认为相当性的判断基础不应是“行为时存在的所有情况”而应是“谨慎的一般人、科学的一般人所能够认识的情况”。但这种修正的客观说被认为仍没有完全克服客观说的不合理性。[③]

折中的相当因果关系说（折中说）认为，应当以行为当时一般人所认识的情况以及行为人特别认识到的情况作为相当性判断的基础来确定有无因果关系。从前例来看，因为乙的特异体质一般人不能认识，行为人也没有认识，所以经验判断的对象，是殴打通常的健康人致其死亡是不是通常的。这样，本案例得到与主观的相当因果关系说同样的结论。但对于一般人能够认识，而行为人没有认识的案件，折中的相当因果关系说与主观的相当因果关系说的结论便不相同。折中说面临的主要批评是，违背了本来具有客观性质的因果关系的本质，[④] 且易得出不合理结论。例如：

A 知道 C 是血友病患者但 B 并不知道这一情况，A 基于杀人的故意教唆 B 去伤害 C，结果 C 因流血不止死亡。

根据折中说，应当肯定 A 的行为与 B 的死亡之间的因果关系，而否定 B 的行为与 C 的死亡之间的因果关系。这样因人而异的结论被认为不可思议。折中说的学者反驳说，因果关系具有划定罪与非罪的功能，当然意味着共犯的范围应根据各共犯人的认识而定，上例就应追究 A 杀人罪间接正犯或伤害致死的教唆犯的责任。但一方面否认被利用者、被教唆者 B 的行为与 C 的死亡之间的因果关系，另一方面又得出上述结论，难免存在疑问。[⑤]

目前，日本的主观的相当因果关系说已经完全衰落，折中的相当因果关系说属

---

① ［日］山中敬一：《刑法总论》（第 3 版），成文堂 2015 年版，第 277 页。

② ［日］井田良：《刑法总论的理论构造》，成文堂 2005 年版，第 57 页。

③ ［日］山中敬一：《刑法总论》（第 3 版），成文堂 2015 年版，第 278 页。

④ ［日］井田良：《刑法总论的理论构造》，成文堂 2005 年版，第 57 页。

⑤ ［日］冈野光雄：《刑法要说总论》（第 2 版），成文堂 2009 年版，第 57 页。

于通说，客观的相当因果关系说也是有影响力的学说。①

三、相当因果关系说的危机

相当因果关系说在日本学界属于通说，但司法实务界却基本不采用此说，原因主要在于其认为相当因果关系说对于行为后的介入事实的判断构造不明确。也就是说，无论是折中的相当因果关系说还是客观的相当因果关系说，针对行为后的介入情况，都主张从行为时对该事实进行预测，即将其转化成对介入事实的预测可能性的问题，结论受介入事实异常与否所左右。如果介入事实异常，就不将其纳入判断基础，而仅就行为时的危险性加以判断。但不纳入判断基础，就意味着该种介入事实如同未发生过，这样是否客观、是否合适呢？例如，甲将乙推下高楼，乙在坠落过程中被对面大楼抱有杀意的丙开枪击中死亡。判断甲的行为与乙的死亡之间的相当性时，由于甲实施推人行为时不可能预见到丙的开枪行为，所以丙的行为被排除在判断基础之外，甲的行为与乙的死亡之间就有相当性。问题是，乙确是被丙开枪打死的，丙的行为的危险性已经客观实现，完全忽略他的行为来进行相当性判断，显然不合适。

在日本，凸显出相当因果关系说判断构造缺陷并引发所谓相当因果关系说危机的主要有几个司法判例。

第一个是所谓“大阪南港事件”。案情是：被告人甲用洗脸盆与皮带击打被害人X的头部多次，致使其脑出血陷入昏迷状态。随后，甲用汽车将X转移至大阪南港的材料储存间抛弃后离去。第二天凌晨，X死亡。验尸结果表明，X在大阪南港的材料储存间昏迷期间，乙曾用角材再次对其头顶部进行了数次殴打。X的死因是脑出血，它是由甲最初的击打行为所导致的，但此后乙的行为也使已经发生的脑出血进一步扩大，提前了甲的死亡时间。对此案，一审、二审都认为，南港的再次殴打并非X死亡的原因，并且也不能证明确实是甲所为，所以，应当是第一次在食堂内的暴行导致了X死亡，甲仅构成伤害致死罪，从而判处甲4年有期徒刑。甲不服，认为既然南港的暴行对于受害人的死亡有影响，那么在食堂内的暴行与受害人的死亡之间就没有因果关系。日本最高法院驳回了上诉，认为“在犯人的暴行已造成属于被害人死因的伤害之时，即便其后第三者的暴行提早了被害人的死期，仍可肯定犯人的暴行与被害人的死亡之间存在因果关系”。②

第二个是所谓“夜间潜水训练事件”。案情是：作为潜水指导者的被告人甲和3名辅助指导者一起指导被害人等5名学习潜水者练习夜间潜水。甲在指导过程中，向听课生们展示了如何捕鱼之后，认为听课生会跟着自己前行，便在没有给3名辅助指导者任何指示的情况下自行前行。而听课生们因为被鱼群吸引了注意力，没有

---

① ［日］浅田和茂：《刑法总论》（补正版），成文堂2007年版，第136页。

② 日本最高法院1990年11月20日判决，载《最高裁判所刑事判例集》第44卷第8号，第837页。

注意到甲的离开。在甲离开期间，由于辅助指导者以及作为听课生的被害人的不合适的行动，导致被害人溺死。日本最高法院认为，甲的过失行为与死亡结果之间介入了第三者以及被害人不合适的行动，但甲当初的行为本身具有可能导致被害人死亡的危险性，而且，第三者以及被害人不合适的行动正是由甲的行为所诱发的，所以认为被告人的行为与被害人的死亡之间具有因果关系。[①]

"大阪南港事件"暴露出的主要问题是，根据相当因果关系说的传统判断模式，究竟是应该认为第三者故意的暴力行为的介入属于极端异常，所以否定相当性；还是应该认为，甲的第一暴行给予了致命伤，所以应当肯定相当因果关系？"夜间潜水训练事件"也是如此。相当因果关系说在解释介入因素时便显露出判断标准的不明确性。在有关"大阪南港事件"的最高法院决定出来后，最高法院的调查官大谷直人在解说该决定时指出，"迄今为止作为通说的相当因果关系说，将预见（预测）可能性作为相当性判断的实质标准，而从具体的影响力（贡献度）的观点进行讨论则不充分，对上述影响力与预见可能性的关系没有作出充分的说明"。"在此情形下，相当性说如何来处理介入情况的异常性，并不明确。以因果进程的通常性为标准的相当性说，与以行为对结果的贡献大小为中心来具体探究二者之间的联系的司法实务的做法并不相同。"[②] 相当因果关系说的危机这一说法由此提出。

概括而言，相当因果关系说的传统判断模式，对于能否对结果进行抽象以及抽象的程度、对于危险的现实化问题关注不够，从而难以得出有说服力的结论。

四、相当因果关系说的修正

为化解相当因果关系说的危机，日本学者探索对传统的相当因果关系说进行修正。修正的主要方向是纳入客观归属理论的合理内容，对相当因果关系说进行补充和重构。根据其侧重点的不同，又可以分为以下几种不同见解。

（一）综合判断说

此说主张，对行为后介入了其他行为产生结果的案件进行相当性的判断，需要将下述三点综合起来加以判断：

第一，实行行为所具有的危险性（结果发生力）的大小（广义的相当性）。同样是介入了医生的重大过失导致了被害人死亡的行为，成为问题的实行行为使被害人面临濒临死亡的重伤的场合，和只不过让被害人负有轻伤的场合相比，往往更容易对死亡结果进行归责。当然，不能仅仅依靠这种"行为所具有的导致结果发生的盖然性的程度"来判断因果关系。即使是使被害人身受半天后就会死亡的重伤，但在几小时之后由第三者将被害者故意射杀时，该死亡结果只能归属于射杀者，行为人只能承担未遂的刑事责任。

---

① 日本最高法院 1992 年 12 月 17 日判决，载《最高裁判所刑事判例集》第 46 卷第 9 号，第 683 页。

② 《最高裁判所判例解说刑事篇》（1990 年度），第 239 页以下。

第二，介入情况的异常性大小。这并不只是指介入情况是否只是单纯的突发事件的问题，而必须考虑介入情况在与实行行为的关系上具有多大程度的通常性。于是，实行行为是否诱发了介入情况（行为的危险性对介入情况发生的影响程度）也应被视为问题。具体而言：（1）行为人的实行行为作为诱因必然导致介入情况；（2）介入情况作为该行为的附随情况经常发生；（3）很少导致介入情况；（4）介入情况与实行行为完全无关。依次考虑上述情况，就比较容易否定因果性。

第三，介入情况对结果的影响程度也是进行归责判断时的重要因素。在由于已经发生的实行行为所导致的濒临死亡状态下，如果后面介入的暴行行为只是使被告人的死期稍稍提前，尽管看起来具体的死亡结果是由介入行为所导致的，也应当归责于当初的实行行为，即评价为行为危险性的现实化。相反，即使使被害人身负重伤，但如果介入了“故意的射杀”这样的压倒先行行为的情况，就应当否定使其负重伤的行为与死亡结果之间的因果关系。①

（二）危险的现实化说

此说认为，应该认可日本法院判例的立场，即将行为的危险性是否向结果现实地转化了（危险的现实化）作为基准面来展开因果关系的判断。（1）行为的危险性，以行为时所存在的事情为基础客观地加以判断。（2）因果经过的经验上的通常性本身并没有独自的意义，即便是欠缺此种经常性的场合，也可能肯定行为的危险性现实化为了结果。换言之，危险的现实化是判断的基准，而介入事情的预测可能性则只有在对危险的现实化的判断中有意义时才加以考虑。在作如上理解时，由于在判断实行行为（构成要件行为）的危险性向结果的现实化时当然也就包含着行为与结果间的事实上的关联的判断，所以，也就没有必要将因果关系分成事实的关联和规范的限定这样的两个阶段来加以考虑，直截了当地来追问有无危险性的现实化就足够了。②

（三）结果的抽象化说

此说认为，相当因果关系说基本上是妥当的，但存在几个问题需要修正和补充。

其一，必须通过明确结果归属的实质根据和基准对通说进行补充。刑法规范通过禁止某种行为回避结果现实化，被禁止行为的实质危险性现实地发生结果被确证时，就能肯定法的因果关系。

其二，从因果经过自身来看，虽然偶然地发生异常情况，若行为的危险性直接实现于结果中，在将结果归于行为正当化的程度内，行为的危险就被确证。对因果经过及结果发生样态抽象化到一定程度，在此限度内无视具体的介入情况，就此判断经验的通常性。

其三，以行为时作为标准时点，根据一定范围的基础情况进行预测判断（所谓

① ［日］前田雅英：《刑法总论讲义》（第4版），东京大学出版会2006年版，第185~186页。

② ［日］山口厚：《刑法总论》，有斐阁2016年版，第51~67页。

客观的事后预测）时，考察能否将探寻具体的因果经过及直至具体样态结果的过程作为行为危险的现实化或确证的过程评价。①

相当因果关系说要处理的难题主要是存在介入因素的场合。上述三种修正说各有特点，但实质都是为了解决存在介入因素时相当性的认定标准问题。不过，如果修正后的相当因果关系说将关注重点放在危险的现实化等问题上，那么实质上就在探讨把结果归属于谁的“可归责性”的问题，在逻辑上可能倒向客观归属理论，而不是传统意义上的因果理论。这之间的微妙平衡如何把握，就值得玩味了。当然，修正的相当因果关系说在归责基准、类型化程度、适用范围等方面与客观归属论毕竟存在较大的区别，正因如此，以相当因果关系说的修正形式部分吸收客观归责论的合理内涵的观点，在日本仍占据支配地位。②

第五节 客观归属论

一、客观归属论的概念与沿革

客观归属论，有的学者也将其译为客观归责论。所谓归属，是指将某些客观事物归属于行为主体，它源于拉丁语 imputatio。刑法中的归属具有两个方面的含义：一是客观发生的结果是由行为人的行为所导致的，即意味着客观的因果关系；二是客观发生的结果是由行为人的故意或过失所导致的。前者被称为“客观的归属”，后者被称为“主观的归属”。这里所论述的就是客观的归属理论。“由于这种归属对主观方面仍是全然不予考虑的，因而，称之为客观归属。它所考虑的，仅仅是人们是否可以将结果的造成认定为是对犯罪的客观构成要件的一种实现？”③

一般认为，客观归属论起源于黑格尔的法哲学思想。根据黑格尔的观点，只有将外部事实归属于主体即意思时，该外部事实才是行为人的作品。二战后，罗克辛对客观归属理论进行了细致的梳理与研究，他将客观归属理论集大成并使其成为了德国刑法理论的通说。德国学者曾这样概述客观归属理论在德国的发展：“客观的归属论席卷刑法教科书只是最近二三十年以内的事情，此前则并不引人注目……现在基本上听不到反对客观归属理论的声音……20 世纪最后 10 年，客观归属论继续其所向披靡的进军，已经如同解决刑法总论问题的魔杖，成为超级理论延续至今。”④

客观归属理论之所以在德国发展壮大，一个原因是德国实务界一直采用条件说，

① ［日］井田良：《讲义刑法学・总论》，有斐阁 2008 年版，第 124 页。

② 参见［日］吉田敏雄：《因果关系与客观归属》（下），载《北海学园大学学园论集》2010 年第 146 号。

③ ［德］乌尔斯・金德霍伊泽尔：《刑法总论教科书》（第 6 版），蔡桂生译，北京大学出版社 2015 年版，第 92 页。

④ ［日］山本雅子：《实质的犯罪论的考察》，成文堂 2007 年版，第 46~47 页。

而条件说容易导致无限追溯，需要予以限制；另一个原因则是故意杀人、过失致人死亡、故意伤害、过失致人重伤等行为缺乏定型性，当结果表现为他人伤亡时，引起该事实的行为是否属于刑法上的杀人、伤害等行为，会比较难以确定。“如第212条的杀人和第223条的身体侵害，法律在字面上只写明要导致结果，那么，就会有这样的问题：一方面，在犯罪的时点，行为需要满足哪些要求？另一方面，行为和结果之间需要具有何种关系，才可以将某个引发了结果的举止认定为与刑法有关地实现了构成要件？”① 于是，先从存在论的角度依据条件关系肯定与伤亡结果之间具有因果关系的行为是杀人、伤害行为，再通过规范评价，得出能否将该结果归属于该行为的结论。这便是客观归责理论的基本思路。

例如，针对“A把斧子给他那笨拙的邻居L，结果，L在劈木料的时候，不小心把自己劈伤了”。金德霍伊泽尔教授指出：“在给定的情况下，如果人们想要能够因果地解释结果的发生，那么，L对斧子的拥有就是不得不加以考虑的，因而，A将斧子外借就是造成身体侵害的一个原因。除此之外，如果A还估算到，他的邻居这么笨拙，会伤害到他自己，可仍然故意地将斧子借给他。那么，这又如何处理？而且，在这种情况下，A又无法援引正当化事由和免除罪责事由，那么，A就很可能因为故意实施身体侵害而遭受处罚。可是，这样的结论却是令人难以接受的，因为A可能根本没有义务来为他的邻居操这种心！对于这种日常的生活风险，他的邻居又不是不知道，因此，L用这种到处可以弄到的日常工具伤着自己，又关A什么事？不计任何代价来避免损害，这不是刑法的任务，因为那样会使得社会生活僵化而无法发展。在（某些）特定的条件下，社会交往必须不受制于刑法上的结果答责，而自由地向前发展。因此，特别是在有好几个都因果地参加了引发结果的事实流程的人时，所需要审查的问题就是是否这几个人中的每个人本来都必须出于避免结果的考虑，针对其贡献（Beitrag）实施不作为的做法，从而要为结果的发生承担责任？或者，是否别人可能要对此事情（完全或部分地）负责（Zuständigkeit），从而使自己从中摆脱干系。”② 显然，金德霍伊泽尔教授所提出的必须审查将结果归属于谁的行为，也是因为基于条件说不能否A的行为与L的身体伤害之间的因果性，同样，由于伤害行为缺乏定型性，无法否定借斧头给他人的行为是伤害行为，于是，借助于客观归属理论，使A不受处罚。

由于学术和实务状况的不同，日本学者对于客观归属理论的看法不一，但都十分重视对该理论的研究。“关于因果关系理论出现了所谓的‘相当因果关系的危机’，取代相当因果关系说的‘客观的归属论’变得有力。即使是采取相当因果关系说的学者，有的也因为客观归属论与相当因果关系说具有同样的内容，而对其持

---

① ［德］乌尔斯·金德霍伊泽尔：《刑法总论教科书》（第6版），蔡桂生译，北京大学出版社2015年版，第91页。

② ［德］乌尔斯·金德霍伊泽尔：《刑法总论教科书》（第6版），蔡桂生译，北京大学出版社2015年版，第92页。

好意的理解态度。另外，对客观归属论维持对立的立场的见解也认为有探讨该理论内容的紧迫性与必要性。总之，客观的归属论的意义、内容聚集了很多的关注。"[①] 总体而言，虽然山中敬一、齐藤诚二、铃木茂嗣、振津隆行、伊东研祐等学者赞同该理论，但反对者仍占多数，客观归属理论还没有在日本学术界占到主流地位。[②]

二、客观归属论的体系地位

作为一种新发展起来的理论，客观归属论与因果关系论之间的关系自然是一个无法回避的问题。

从德、日支持客观归属论的学者的论述来看，客观归属理论多是在论述完传统的因果关系理论之后加以说明的。"客观的归属论，是以因果关系为前提，并以此为基础，作为从法律的规定来对之加以限制的理论加以构想的。"[③] 似乎其与因果关系理论是两种截然不同的理论。但这些学者有的在教科书中为因果关系论和客观归属论安排共同的上位标题，如罗克辛教授在"归责于客观行为构成"中论述"因果关系的理论"和"进一步归责于客观行为构成"；[④] 有的则将因果关系与客观归属并列为章标题，互不隶属；[⑤] 还有的在"结果、行为与因果关系"（包括因果关系的机能、因果关系的证明、具体争议问题）之后论述"结果犯的客观归责"。[⑥] 日本不赞成客观归属论的学者则一般在介绍"因果关系论"时，列举条件说、相当因果关系说与客观归属论等理论，将客观归属论视为因果关系论的下位概念。[⑦] 观点的分歧似乎非常大。

或许可以这么认为，当将事实的因果关系的判断作为客观归属理论的一部分时，这种广义上的客观归属论包括了因果关系论和狭义的客观归属论；当将事实的因果关系的判断作为独立的因果关系问题加以理解时，客观归属论和因果关系论就是互不隶属的。而如日本通说那样认为因果关系理论包括了事实的因果关系的认定与法律因果关系的规范判断，也可以认为广义的因果关系论在相当程度上包含了狭义的客观归属论的主要内容。

持客观归属论的学者都是在构成要件该当性（行为构成）部分来论述客观归属

---

① ［日］立石二六编著：《刑法总论 30 讲》，成文堂 2007 年版，第 25 页。

② ［日］山本雅子：《实质的犯罪论的考察》，成文堂 2007 年版，第 46 页。

③ ［日］山中敬一：《刑法总论》（第 3 版），成文堂 2015 年版，第 257 页。

④ ［德］克劳斯·罗克辛：《德国刑法学总论》（第 1 卷），王世洲译，法律出版社 2005 年版，第 226~274 页。

⑤ 参见［德］汉斯·海因里希·耶赛克、托马斯·魏根特：《德国刑法教科书》（总论），徐久生译，中国法制出版社 2001 年版，第 336 页；［日］松宫孝明：《刑法总论讲义》（第 4 版），成文堂 2009 年版，目录。

⑥ ［德］乌尔斯·金德霍伊泽尔：《刑法总论教科书》（第 6 版），蔡桂生译，北京大学出版社 2015 年版，第 76~116 页。

⑦ ［日］日高义博：《德国总论》，成文堂 2015 年版，第 159 页。

理论的。“需要始终记住的是，客观归属乃是确定犯罪的客观构成要件时的一个审查步骤。”① 当然，客观归属论所论述的内容是否实质上已经侵入了违法、责任论等领域，则是一个尚存在激烈争论的问题。

三、客观归属论的内容

关于客观归属论的内容，各个学者对其的理解也不一致。基本形成共识的是，当与结果具有因果关系的行为制造出法律所不允许的危险（制造危险），而这种危险在该当构成要件的结果中得到实现（实现危险）时，可以承认该结果对该行为的客观的归属。②

1. 制造出法律所不允许的危险。

对与行为具有因果关系的结果进行客观归属，该行为必须制造出法律所不允许的危险。下列几种情况则排除客观的归属：

第一，减少危险。

行为人为被害人减少既存的危险时，即将因果经过修正为对被害人有利的状况时，排除结果的归属。例如，阻挡飞向他人头部的石头，结果使石头转而击伤危险性相对较小的肩部时，尽管阻挡行为对于肩伤而言具有因果关系，但也不能将该伤害结果客观上归属于该行为。“在这里必须排除一种结果归责，因为禁止这样一些行为本来就是不合理的，它们不仅没有使受保护的法益的状况变得更坏，反而是变得更好。虽然人们能够根据传统的理论，在违法性的观点下取消风险减小的情况，并在其中认可一种正当化的紧急避险（第 34 条），但是，这样做的条件就会是人们至少会把风险减小看成一种符合犯罪类型的法益侵害，而这一点正是这里所缺乏的。”③

减少危险与风险的替代不同。风险的替代，是指“当一个人不是减轻了一种现存的危险，而是通过另一种危险加以代替，并且，后一种危险的实现，在结果上对于被害人的损害，会比前一种危险所造成的更轻一些。例如，有人把一个孩子从着火的房子的窗户扔下来，因此给孩子造成了严重的伤害，但是，用这种方式救这个孩子总比让他被火烧死强；或者有人把他人关在房子里，不向他做任何解释，因为根据当时事态的状况，没有其他的手段能够使他‘不与他人交往’，从而保证他免受绑架”。④ 客观归属论者一般认为，风险的替代行为是一个符合犯罪类型的行为，

---

① ［德］乌尔斯·金德霍伊泽尔：《刑法总论教科书》（第 6 版），蔡桂生译，北京大学出版社 2015 年版，第 115 页。

② ［日］曾根威彦：《客观的归属论的理论的考察——以罗克辛的见解为中心》，载《西原春夫先生古稀祝贺论文集》（第 1 卷），成文堂 1998 年版，第 66 页。

③ ［德］克劳斯·罗克辛：《德国刑法学总论》（第 1 卷），王世洲译，法律出版社 2005 年版，第 247 页。

④ ［德］克劳斯·罗克辛：《德国刑法学总论》（第 1 卷），王世洲译，法律出版社 2005 年版，第 248 页。

是应当作为行为构成的完成对他进行归责的。此时，只能通过推定的承诺等原理来加以正当化。“在具体案件中，确定同一个危险的减轻和这个危险转而针对其他人之间的界限，自然是很困难的。然而，这并不会因此对区分的原则提出问题来，因为这种困难性是与到处可以见到的确定犯罪类型及其例外情况的界限，以及确定行为构成和违法性的界限一起发生的。”①

第二，没有制造危险。

当行为人的行为没有以在法律上重要的方式制造危险时，也应排除客观归属。例如，在雷雨天气怂恿他人外出散步，希望他人被雷击死，结果他人果真被雷击中致死，由于行为人的行为并未制造出危险，所以不能将死亡结果归属于他（雷击案）。促使他人进行其他各种正常的、在法律上没有重要意义的生活性活动的，如散步、游泳、爬山等都属于这种情况。虽然这些行为方式可能会导致一场不幸，然而这些是与社会相当性理论相适应的最小风险，是法律所忽略的风险，因此，以这种方式为原因而造成的结果，从一开始就是不可归属的。

第三，假定的因果关系。

假定的因果关系，通常不排除客观归责。罗克辛指出：“法律制度不能由于另外一个人已经准备好违反法律就应当收回自己的禁令。”② 在假定的因果过程中，代替性行为人的行为既可以是合法的，也可以是非法的，但都不能排除原行为人的客观归责。

第四，制造出被允许的危险。

行为人虽然已经制造出法律上具有重要性的危险，但当该危险是为法律所允许的危险时，则排除结果之归属，行为人不需对该结果负责。例如，遵守交通安全规则而发生事故致人死亡时，虽然具有因果关系，但由于行为人没有制造出法律所不允许的危险，所以排除结果之归属。

2. 实现法律所不允许的危险。

实行客观归属的前提是在结果中实现了由行为人所制造的不被允许的危险。因此，下列情形下排除客观归属：

第一，未实现风险。

行为虽然制造了法律所不允许的危险，但当结果的发生并不是由该危险所导致，而是偶然与危险同时发生时，排除客观归属。例如：

A 基于杀意枪击 B 致其轻伤，B 在医院治疗期间因火灾被烧死。由于 B 的死亡结果不能说是实现了 A 的枪击行为所制造的危险，所以 B 的死亡结果不能归属于 A 的行为。

---

① ［德］克劳斯·罗克辛：《德国刑法学总论》（第 1 卷），王世洲译，法律出版社 2005 年版，第 248 页。

② ［德］克劳斯·罗克辛：《德国刑法学总论》（第 1 卷），王世洲译，法律出版社 2005 年版，第 249 页。

这个例子以往都是用因果关系中断或者没有故意来解决的，但罗克辛认为这是一个客观归属的问题。

第二，未实现不被允许的危险。

即使实现了危险，但当这种危险并非不被法律所允许时，仍然不可归属于行为。换言之，只有实现不被允许的危险才是可归责的。例如，德国著名的山羊毛案（RGSt 63. 211）：

一家画笔厂的厂长没有遵照规定事先消毒，就给了他的女工们一些山羊毛进行加工。4 名女工因此被感染上炭疽杆菌而死亡。事后的调查表明，即便使用所规定的消毒剂消毒，仍无法杀死在当时欧洲并不曾有过的炭疽杆菌病毒。

因为行为人应尽的义务是无效的义务，因此，虽然违反义务而制造了危险，但该危险并未实现。“如果人们把这个结果归责于他，那么，他就要为违反一项即使履行了也没有用的义务而受到刑事惩罚。平等原则不允许这样做。”① 因此，一个人不能因违反了一项即使履行了也无法避免危险发生的义务而受到刑事惩罚，就成为了一个客观归属原则。

第三，结果不在注意规范保护范围之内。

结果虽然发生，也就是危险已经实现，但这一结果并不在注意规范保护范围之内的，仍然不具有客观上的可归责性。例如：

两个骑自行车的人，在路上骑着没有灯的自行车前后相随。前面那个人由于缺乏照明而撞上了迎面而来的一个骑车人。然而，只要后面那个骑自行车人在自己的车上安装了照明设备，那么这个事故本来是可以避免的。

在这个案例中，前面那个骑车人应对过失负责，后面那个骑车人则不具有可归属性。因为照明要求的目的在于避免自己的自行车直接造成事故，而不在于为另一辆自行车照明来避免其与第三辆自行车相撞。

第四，假定的合法的替代行为和危险增加理论。

合法的替代行为要讨论的是，如果行为人未违反注意义务，也就是实施合法行为，结果仍然会发生，在这种情况下对行为人是否具有可归属性？在前面所举的山羊毛案中，罗克辛认为是不可归属的，因为一个人不能因为违反一项即使履行了也没有用的义务而受到刑事惩罚。但合法替代行为的排除归属又不是绝对的，也就是说，只有当合法的替代行为肯定或者必然会导致这个结果时，才应当排除一种归属。但如果合法的替代行为并非肯定导致结果，换言之，违反注意义务的行为增加了危险，那就是可归属的。例如，对于前面已经提过的卡车司机案件：

一辆载重卡车的司机想要超越一辆自行车，但是没有遵守应当保持一定距离的要求，最近时与骑车人只有 75 厘米。在超车的过程中，这个喝醉了酒的骑车人，由于在酒精的作用下反应迟钝而把自行车向左骑过去，被挂斗车的后轮轧上了。最后

① ［德］克劳斯·罗克辛：《德国刑法学总论》（第 1 卷），王世洲译，法律出版社 2005 年版，第 254~255 页。

证明，如果卡车司机根据道路交通规定，与骑车人保持了足够的距离，那么，这个事故也仍然极有可能（或者有可能）发生。

对此，罗克辛认为卡车司机是可归属的。理由在于：在即使保持了所要求的距离，骑车人也会死亡的情况下，在这个过程中就实现了在超车过程中一般存在的危险，但是，立法者通过自己的许可为开车人接受了这种危险，因此，这个结果本来是不可以归责的。相反，如果行为人超越了允许性危险，并且现在出现了作为在超车过程中存在的危险所作用的结果，那么，这个结果作为一种禁止性危险的实现就是可以归属的。在此，罗克辛提出了危险增加理论，认为行为人超越了允许性危险，增加了危险，因而是可归属的。

3. 构成要件的保护范围。

在通常情况下，只要行为人制造并实现了法律所不允许的危险，就具有可归属性。但是，具体犯罪构成要件有特定的保护范围，如果所发生的结果不在构成要件的保护范围之内，则不能将结果归属于行为人。

第一，参与他人故意的自危行为。

参与他人故意的自危行为不具有可归属性。例如：

A 知道 B 具有自杀的意思而交给 B 达到足以致死量的海洛因，B 注射后死亡(海洛因交付案例)。

如果 B 明知注射行为的危险性仍然进行注射的话，可以排除 B 的死亡结果对 A 的归属。在这种情况下，A 的行为与 B 的死亡之间无疑具有因果关系，A 对 B 的死亡也具有未必的故意。而且，交付海洛因的行为是制造了法律所不允许的危险，而这种危险又被实现了。德国学者之所以认为排除客观归属，是因为德国刑法没有将自杀的故意的共犯（参与自杀）行为规定为犯罪，因此 A 的行为不构成杀人罪。杀人罪的构成要件的保护范围，受被害者的自我责任的限制，不包括对自杀具有未必的故意的所谓共犯。对于类似的案件，德国判例指出："单纯地诱发、使其能够或者要求促进这种自我危险化的人，并不会因为伤害罪或者杀人罪而成为可罚的人。"①

第二，同意他人造成危险。

在被害人意识到他人行为对自己法益的危险性，却同意他人实施给自己造成危险的行为时，不能将由此产生的结果归责于行为人。例如：

在狂风暴雨之际，乘客不顾摆渡人员的"危险"警告，执意要求摆渡人员运送其过河。摆渡人员在运送乘客过河时，渡船翻沉导致乘客死亡。

由于乘客认识到并接受了危险，故不能将结果归责于摆渡人员。那么在什么范围内，基于什么样的法律评价，可以将基于同意的危险行为与自陷危险行为同等看待，而不对行为人进行结果归属呢？罗克辛认为，当被害人具有与危险化者同等程度的对危险程度的认识，并且发生的侵害是承担风险的结果，而不是由于其他原因

---

① ［日］立石二六编著：《刑法总论 30 讲》，成文堂 2007 年版，第 30 页。

造成的结果时，基于同意的他人的危险化，可以与自己的危险化等同视之，对被害人发生的侵害成为规范保护目的之外的结果。①

第三，第三人责任范围。

第三人责任范围，是指在他人责任范围之内加以防止的结果，对此行为人不可归责。例如：

甲在夜间驾驶没有尾灯的货车，警察发现后将警车开到货车前面拦截该货车。为了保障后面车辆的安全，警察将打开的手电筒放在甲的货车后。之后，警察命令甲将货车开到下一个加油站，并准备开车跟随货车行驶，以保护该货车的安全行驶。在甲开车之前，警察将手电筒拿走。恰在此时，被害人的货车撞上甲的货车，被害人遭受重伤。

德国法院认定甲的行为成立过失致伤罪，但德国刑法理论认为，连警察都会犯错，一般民众更无注意义务，在本案中，警察已经继受了交通安全的维护义务，因此接下来发生的危险，都是警察的责任。②

第四，其他情形。

关于不符合构成要件的保护范围的其他情形，罗克辛举出了震惊性损害和结果性损害两种情形，并且认为在这两种情况下都可依构成要件的保护范围原则排除归属。

震惊性损害，是指一种犯罪行为不是在自然人身体上而是在精神上造成的健康性损害。例如，第三人得知一名亲近的人死亡或者严重伤害或其他有关的不幸时所遭受的休克、晕倒等精神上的损害。不能否认，过失杀死一个自然人也能够使与他亲近的人的健康遭受危险。但是，当人们想要在刑法上把这种影响归属于第一个原因人时，就太过分了，当然，这种归属要与民法上对损害结果的补偿问题相分离。在刑法上禁止杀人或禁止伤害的保护目的并没有消逝，而是不同于保护有关人免受精神震动给身体造成的影响，③ 即相对刑法中的杀人、伤害的禁止规范保护目的而言，对身体的作用对象之外的人，不保护其不受精神上的打击。

后果性损害是指如被害人由于受到伤害进而腿部被截肢，造成行动不便，在数年后，正是由于这种行动不便使其死于交通事故的场合。那么，虽然行动不便是由于数年前行为人的伤害行为所致，但死于交通事故这一结果不能在客观上归属于行为人过去的伤害行为，否则将使得刑事责任的追究变得毫无边际。虽然在后来的结果中，还是实现了一种通过第一次事故所制造的风险，但是，这名被害人更大的生活风险，应当已经在那种由于这个事故产生的刑事程序中，在量刑中得到了考虑，

---

① ［德］克劳斯·罗克辛：《德国刑法学总论》（第1卷），王世洲译，法律出版社2005年版，第268~269页。

② ［日］立石二六编著：《刑法总论30讲》，成文堂2007年版，第31页。

③ ［德］克劳斯·罗克辛：《德国刑法学总论》（第1卷），王世洲译，法律出版社2005年版，第273页。

因此，对这种类型在后来产生的结果就不需要再次进行刑法性威胁了。①

此外，作为后续损害，还可以举出交通肇事的被害人已经康复，但身体上还残留一些障碍，这个结果使被害者在大大低于一般平均寿命的20年后死亡的事例。在此，对于被害人20年后的死亡，事故惹起者是否承担过失致死的罪责，罗克辛认为，这里应该否定规范的保护目的性，因为平均寿命的减少，已经在过失伤害的罪责认定之际，即量刑时加以考虑了，没有必要对过失致死的结果要求事后的赎罪。因而，与发生疾病以前的状态完全不同，即使因一般的抵抗力减退产生了不合适的结果，该结果也不在《德国刑法典》第222条的保护目的范围之内。②

四、客观归属论的争议

客观归属论产生之后，产生了巨大的影响，但也受到了诸多的质疑。这种质疑在德、日的表现也不尽相同。

（一）德国的批评意见

德国学者争论的多是客观归属理论内部具体适用规则的合理性，对于客观归属理论本身一般不持异议。换言之，作为新生的理论，客观归责的理论体系中蕴含了一些不成熟的归责规则，德国的讨论主要就是为了梳理和完善这些规则，即宗旨是立足于完善而非否定客观归属理论。例如，针对客观归属理论通说重要支柱的风险降低规则，有学者指出，虽然风险降低学说所得出的结论在很大程度上是令人信服的，但导致这一结论的过程则还需要具体分析。

从通常意义上说，减少危险的情况包括：减少了某个结果发生的可能性、在量上减少了损害程度、使更不严重的结果发生。但这些并非都属于客观归属理论中“减少危险”这种排除归属的情况，因为它实际上包括三种情形：

第一，纯正的风险降低。例如，“由于莱茵河涨水，导致河水渗透到居住在岸边的E的住房的地下室里。邻居L发现了这一情况，而这时E又不在家，于是L自行将E的地下室窗户堵塞住”。案例中的L对E家情况的插手，只是阻止了更大的水患。由于人们即便不考虑L的举止也可以因果地解释E在事实上所遭受到损害，因此，L的举止也就不是具体结果的原因。更确切地说，如果我们要解释E所受到的损害，那么，地下室事实上已渗入的水就足以说明问题了。由于并没有引发结果，因此，L并未实现客观的构成要件，而并不是因为他减轻了一个由他引发的损害的风险。

第二，风险替换。例如，“R将O推到一边，这样O的脑袋就不会被上面落下

---

① ［德］克劳斯·罗克辛：《德国刑法学总论》（第1卷），王世洲译，法律出版社2005年版，第273页。

② Claus Roxin, Zum Schutzzweck der Norm bei fahrlässigen Delikten, in: Festschrift für Wihelm Gallas, 1973, S. 256. 转引自［日］饭岛畅：《关于罗克辛的客观归属论的生成过程（二）》，载《法学研究》第70卷第8号，第88页。

的砖头砸到了，但是，O 的肩膀仍然受了伤”。此时，要区分消失掉的损害和新发生的损害。由于 R 的插手，O 被砖头致命地砸中脑门的风险不是降低而是完全被清除了。而 R 事实上也引发了新的损害，即 O 的肩膀仍然受了伤，但这根本不是风险降低，相反，R 是急剧地提高了 O 肩部受伤的风险。这一行为是具有构成要件符合性的，只是因为 O 肯定会对救助表示合意，基于推定的承诺而否定了 R 的行为的不法性。换个例子，“X 将 Y 推到一边，这样 Y 的脑袋就不会被上面落下的砖头砸到了，但是，Y 的肩膀仍然受了伤。可是，X 本来可以用更大点的力气把 Y 推开的，这样 Y 就完全不会受伤了。然而，X 还是想，让这个他不太喜欢的 Y 受点小伤”。这时，如果 X 根本没有插手此事，那么，Y 甚至会被砖头砸死，因此，就故意杀人罪而言，X 既没有通过作为实现其构成要件，因为没有因果关系，也没有通过不作为来实现其构成要件，因为没有保证人义务。这样，他就只能因为没有提供救助，按照第 323 条 c 来承担责任。如果 X 并没有完全不作为，而只是至少愿意使出一半的力气来插手，那么，结论也不会发生变化。因为较之于死亡的结果威胁，最后发生的身体侵害显然能够通过推定承诺得到正当化；人们可以推定 Y 更愿意受伤，而不想死，因此，人们只能够谴责 X 没有按照第 323 条 c 来使 Y 免于受到身体侵害。

第三，创设新风险。例如，“在消防救助中，火焰将一个小孩困在楼房的高层里，这马上就要使他窒息而死。由于没有其他救助办法，虽然明知会造成严重的创伤，消防队员 F 仍将该小孩从窗户抛出，以使得他能活命”。风险降低学说认为，F 实现了身体侵害的构成要件。因为按照该理论的设定，他没有将已经存在的窒息风险减小，而是新创设了一个风险，即小孩会因为从窗户被抛下而受伤。可是，F 并不是可罚的，因为他的举止可以通过推定承诺的基本原理得以正当化。在该案例中，结果以及理由都是完全令人赞同的。

概括起来，风险降低学说所探讨的问题，有的是没有符合构成要件，有的是符合了构成要件而应当在违法性论探讨违法阻却的问题。它实际上包含了多种应当运用完全不同的原理来加以解决的情况，而不宜直接根据风险减低来排除结果的归属。这实际上是在批评客观归属理论的通说混淆了犯罪成立的不同阶段的任务，而这不仅具有犯罪体系论的意义，还会实际影响到具体案件的认定。“对风险降低理论所展开的批评绝非只涉及在犯罪论构造中为各种要素寻找定位，并以此追求教义学上的美观效果，实际上它对实践也会产生十分重要的影响。如果我们在因果关系中去解决损害替换的案件，并且在不考虑相关保护利益的情况下对损害加以计算，那就会忽视被害人的自我决定权。这样一来，如果某个医生违背病人明确的意志对其实施了手术，而手术又改善了病人的健康状况，那么医生的这种行为就会毫无顾忌地获得容许（这一结论与通说的观点并不一致）。同时，这种观点也根本没有回答应当根据何种标准来判断损害大小的问题。如果我们认为行为尚未实现客观的构成要件，那么被害人的优先权就无法发挥任何作用。但这与推定的被害人承诺这一违法阻却事由的基本原则相悖。根据该原则，对法益的评价应当与其所有者的意志相联系。”①

（二）日本的批评意见

日本对于客观归属论的赞否两派意见争论十分激烈。从反对的角度来进行概括，批评意见主要有：第一，客观归属论所列举的规范的标准大多具有歧义，其内容不明确，不适于作为构成要件符合性的判断标准。② 第二，规范的保护目的理论中所谓的目的、范围过于漠然，不适于作类型性判断。③ 第三，客观归属论有超出其合理范围的倾向。④ 第四，客观归属论将基础置于规范违反说之上，与采用结果无价值论的日本刑法理论相冲突。第五，无论是就整体理论框架还是个别结论而言，都没有必须采取客观归属论的必要。⑤ 第六，制造危险属于实行行为论的问题，而不是因果关系论的问题。第七，客观归属论是违法判断的问题，不应纳入构成要件的判断之中。第八，客观归属论实际上是将实行行为与因果关系的判断组合在一起的，因此并没有放弃实行行为论与因果关系论而采用客观归属论的必要。⑥ 第九，这一理论所提示的各种复杂的类型，作为说明结论的“事后的说明概念”是有效的，但作为判断基准则难以发挥功能。⑦

总而言之，持客观归属论的学者一般将客观归属论定位为构成要件符合性的问题，⑧ 但客观归属论所涉及的问题超越了构成要件论的内容，“客观归属论还不一定只是作为限定条件关系而代替（相当）因果关系论的理论。这里，它从因果关系论开始将犯罪论中的各种问题都纳入其中”。⑨ “这一理论，是不仅把因果关系论，还把实行行为论、违法性论、过失犯论、共犯论等都纳入射程的理论。”⑩ 因此，对客观归属论持批评意见的学者尖锐地指出，客观归属论所要解决的问题其实完全可以不借助于该理论而得到解决，而可以通过实行行为性的有无、相当因果关系的存在与否、违法评价、过失认定等加以解决。

1. 通过实行行为性的有无加以解决。例如，危险减少的情况，以前述石头案为例，可以通过否定阻挡行为的实行行为性而否定其构成要件符合性。没有制造法律所不允许的危险的情况，以雷击案为例，可以直接否定劝人外出行为的实行行为性。

---

① ［日］乌尔斯·金德霍伊泽尔：《风险升高与风险降低》，陈璇译，载《法律科学》2013年第4期。

② ［日］大塚仁：《刑法概说（总论）》（第4版），有斐阁2008年版，第232页。

③ ［日］林阳一：《刑法中因果关系论》，成文堂2000年版，第206页。

④ ［日］内田文昭：《刑法概要上卷》，青林书院1995年版，第388页。

⑤ ［日］林阳一：《刑法中因果关系论》，成文堂2000年版，第206页。

⑥ ［日］井田良：《刑法总论的理论构造》，成文堂2005年版，第63页。

⑦ ［日］关哲夫：《讲义刑法总论》，成文堂2015年版，第143页。

⑧ ［日］山中敬一：《刑法中的客观归属理论》，成文堂1997年版，第781页。

⑨ ［日］立石二六编著：《刑法总论30讲》，成文堂2007年版，第31页。

⑩ ［日］关哲夫：《讲义刑法总论》，成文堂2015年版，第143页。

参与他人故意的自危行为，以海洛因交付案为例，在日本由于有自杀关联罪的规定，所以直接构成帮助杀人罪；而在德国刑法中也没有必要借助于杀人罪的构成要件保护范围来加以解决，可以直接认定其行为不具有实行行为的危险性。

2. 通过因果关系论加以解决。例如，医院火灾的案例，由于火灾的发生无法预见，而这种介入事实所起的作用又极大，所以可以认为致人轻伤的行为与死亡结果之间不具有相当因果关系。自行车尾灯事件同样可以通过相当因果关系说加以解决。

3. 通过违法论加以解决。对于假定的因果经过的情况，虽然行为与结果之间具有因果关系，但如果该行为并没有提高法益侵害的危险性，就不能进行违法的评价。制造出法律所允许的危险的情况，可以通过优越的利益原则加以说明。同意他人造成危险的情况，可以通过被害人自我决定权的行使而作为违法论的问题加以解决。

4. 通过过失论加以解决。例如，山羊毛案，可以认为行为人对于炭疽杆菌导致的死亡缺乏预见可能性，从而否定过失的成立。结果不在注意规范保护范围之内的情况，如自行车照明案之所以不可罚，是因为行为人缺乏预见可能性，也就不具备主观的过失，而非不具备客观的归属。卡车案同样应通过否定行为人的预见可能性而认定行为不可罚。

对上述批评意见，持客观归属论的学者也进行了反驳。其主要理由是：[①]

第一，批评者所依据的相当因果关系说并不是比客观归属论更明确的理论。试图将复杂多义的问题全部通过是否“相当”这一所谓“明确”的标准来进行判断，结果只能是得出更不安定、更不合理的结论。持相当因果关系说的学者为了取得明确的结论，现在也在做类型化的努力，这反证了相当因果关系说原本就不明确。

第二，认为客观归属论属于规范主义并以此提出批评的见解，实质上忽视了刑法学正是以规范论为前提而展开的规范的解释学。客观归属论中的规范论不仅是行为规范论，也考虑了制裁规范论的侧面，比所谓的结果无价值论的规范论有更精密的分析。

第三，当行为人制造出危险并达到具体的危险状态时，的确与实行行为性相关联。但“行为”危险性的大小，在“危险的实现”判断中也发挥着重要的作用。因此，客观归属论不属于违法论。将这种结果不法与危险的行为联系起来，正好构成要件论所要探讨的问题。在这个意义上，客观的归属论与实行行为论并不是相互排斥的。

第四，有的学者，如前田雅英曾经主张相当的因果关系说，并对客观归属论持批评态度，但现在转而认为客观归属论更为合适。这也说明相当因果关系说存在缺陷。

五、对客观归属论的评价

客观归属论是一种尚在发展中的理论，如何将其进一步体系化仍然是客观归属

① ［日］山中敬一：《刑法总论》（第3版），成文堂2015年版，第290~291页。

论今后发展所面临的重要课题。

德国的客观归属论之所以取得通说的地位，其理论背景有以下三点：首先，因果关系论中的条件说在德国是处于支配地位的见解。其次，犯罪论中的目的行为论依然获得很强的支持。对于在目的行为论所倡导下的主观的构成，将客观归属论作为它的对立面进行阐述具有理论上的重要意义。[①] 最后，德国没有发展出成熟的实行行为概念。“（客观归属论的）内容与日本学说中实行行为性（及共犯行为性）的判断与因果关系的判断的组合相对应。战后德国刑法学与日本不同，并没有发展起来‘实行行为’的观念，而普遍认为构成要件的客观面是不受限定的。在这种学说状况下，客观归属论因为主张限制客观上的构成要件而得到支持。在此限度内，与日本的‘实行行为’概念担当了同样的机能而得到发展。”[②]

而日本的相当因果说占据通说地位，目的行为论也没有得到广泛支持，实行行为概念得到阐发，因此客观归属论在日本仍属少数说。“在我国，一般的理解是，刑法上的因果关系，不是止于事实的因果关系的判断，而是还有能否将结果归属于行为的法的判断。而且，最近的相当因果关系说，实质上吸收了客观归责理论的内容。尽管如此，客观归责理论之所以没有成为通说，是因为与条件说是通说的德国不同，在实行行为性与相当因果关系相组合是通说的我国，如果灵活地进行相当性的判断，实质上就能吸收危险的创出与其结果的实现这种客观归责理论的判断构造，反而没有必要采取分别的判断框架。此外，客观归责理论超出了传统的因果关系的范畴，其射程广泛，包含了过失犯论、正犯论与共犯论、刑法分则的解释等内容，这也是在采取客观归责理论方面显得犹豫的理由。”[③]

① ［日］曾根威彦：《客观的归属论的理论的考察——以罗克辛的见解为中心》，载《西原春夫先生古稀祝贺论文集》（第1卷），成文堂1998年版，第88~89页。

② ［日］井田良：《刑法总论的理论构造》，成文堂2005年版，第63页。

③ ［日］佐伯仁志：《因果关系（2）》，载《法学教室》2004年8月号。

第十一章　不作为犯理论的深化

第一节　不作为概说

一、作为与不作为的区分

（一）作为与不作为的区分标准

行为具有两种基本形式，即作为与不作为。作为和不作为不是单纯的运动与静止的对应关系，它们应当以一定的身体运动为标准，符合这个标准的态度是作为，不符合这个标准的态度是不作为。因此，作为与不作为的区分仅靠社会的判断还是不够明确，最终不得不根据刑法来加以判断。

作为与不作为的区分并不容易，因为即便在日常用语中，对同一个行为也可能使用完全不同的表达方式。例如，对于父母不营救落水的子女，既可以表述为“明明看到子女落水也不去营救”这种不作为，也可以描述为“明明看到子女落水却站在原地”这种作为。在刑法理论中这一问题就更加复杂，尤其是对于所谓作为要素与不作为要素综合存在的过失犯而言。例如，将大型冷藏柜放置在野地里，几个月后有小孩玩耍时钻进去窒息死亡，此时到底应该处罚的是随意放置冷藏柜的作为行为，还是对放置的冷藏柜不予保管的不作为行为？对此，理论上存在不同的观点。

1. 以非难重点作为区分标准的学说。

这种观点认为，应当详细分析刑法规范的内容，看规范非难的重点在哪一种行为方式上。[①] 如果非难的重点是作为，则属于作为方式，反之则是不作为。换言之，作为与不作为的区别，不在于事实问题，而在于评价问题。德国的判例即采取这一立场。例如，母亲没有关好煤气栓，没有采取防护措施就将 3 岁的小孩留在家中独自外出，结果小孩搬动煤气栓引发火灾而死亡。此时，母亲的过失行为究竟是“不注意而外出”这种作为行为，还是“因不注意而没有采取安全措施”这种不作为行为呢？德国法院认为，母亲即使外出，只要采取了安全措施就不会发生事故，所以外出这种作为，并不是事故的原因。本案是“不采取安全措施”这种过失构成的不作为。

① ［日］井田良：《刑法总论的理论构造》，成文堂 2005 年版，第 29 页。

2. 以因果关系的存在与否作为区分标准的学说。

此说认为，对结果犯而言，只要行为与结果之间存在因果关系就是作为，不存在就是不作为，即作为是引起指向结果的危险的因果力，或介入并利用其因果关系导致结果发生的行为。与此相对，不作为是在发生引起结果的具体危险时，对之不予干涉而引起结果发生的行为。①

3. 作为与不作为并非排他性的区别的学说。

此说认为，作为的判断应优先于不作为的判断，即首先看行为是否符合作为犯的条件，在不符合时再判断是否符合不作为犯的成立条件。②

（二）几种具体情况下的区分

1. 移除人工呼吸器。

对于疾病晚期患者（包括脑死亡患者），移除其人工呼吸器致其死亡的行为，是作为还是不作为，是近年来争论的热点问题之一。大致形成了以下几种观点：第一，讨论无意义说。这种观点认为，这种讨论没有实际意义。③ 第二，不作为说。此说认为，这种行为属于终止治疗行为，即消极地停止此前一直在进行的治疗。按照此说，从一开始就不为患者安装人工呼吸器的行为与安装后撤除的行为，在法律上应等同看待。当然，此说也指出，既然将这种行为视为不作为，那么要认定其符合杀人罪的构成要件，必须确认行为人具有保证人义务，即具有刑法上继续治疗的义务。④ 此说是目前日本的多数说。第三，作为说。此说以前述因果关系的存在与否作为基准，认为移除人工呼吸器的行为如果缩短了患者的生命，就是作为。但作为尊严死有可能阻却可罚的责任。⑤

2. 中断救助性因果流程。

所谓中断救助性因果流程，“是指本来存在某种条件，这种条件极有可能阻止结果的发生，而这时有人消除了这种条件，于是结果发生了”。⑥

例如，在水中，某块木板正向落水的S漂去，如果S抓住了这块木板就会得救，而这时A在水上出现了，他将木板撞了一下，木板偏离方向，不漂向S了。于是，S溺死。

理论上一般认为，应将行为人的行为认定为作为，因为行为人没有实施为避免构成要件实现而应实施的相应行为。⑦

---

① ［日］山中敬一：《刑法总论》（第3版），成文堂2015年版，第226页。

② ［日］山口厚：《刑法总论》（第2版），有斐阁2007年版，第77页。

③ ［日］齐藤诚二：《刑法中生命的保护》（3订版），多贺出版1992年版，第318页以下。

④ ［日］井田良：《讲义刑法学·总论》，有斐阁2008年版，第140页。

⑤ ［日］山中敬一：《刑法总论》（第3版），成文堂2015年版，第228页。

⑥ ［德］乌尔斯·金德霍伊泽尔：《刑法总论教科书》（第6版），蔡桂生译，北京大学出版社2015年版，第188页。

⑦ ［德］乌尔斯·金德霍伊泽尔：《刑法总论教科书》（第6版），蔡桂生译，北京大学出版社2015年版，第361页。

3. 中断自己的救助努力。

这是指行为人先创造了救助的机会，然后又排除了这种可能性。

例如，O 行将溺死，B 赶紧去拿附近放着的一个救生圈。当他正要将救生圈抛向 O 时，发现 O 是他的私人仇敌。因此，B 便不救助 O。O 溺死。

又如，O 行将溺死，B 赶紧去拿附近放着的一个救生圈并抛向他。这时，他认出 O 是他的私人仇敌。于是，在 O 马上要抓到救生圈时，B 又将救生圈从水中拖了回来。O 溺死。

当 O 根据《德国刑法典》第 323 条 C（不救助罪）的规定负有作为义务时，德国主流的观点认为，“在各种从已经完成的满足要求的试图中后退的，都是一个故意的实行性犯罪。也就是说，这个负有帮助义务的人，在他中断了一个自己亲手发起的救援性因果过程时，就像在我们的案例中……已经扔出救生绳时，就是实行性行为人了”。①

但也有不少学者，如罗克辛、金德霍伊泽尔等认为应区分不同的情况。“一个表现为从满足所要求的试图中后退的作为，应当归入不作为犯罪的行为构成……只有当这个对要求的满足从试图进入完成阶段时，也就是说，只要这个救援因果过程到达被害人身边时，才存在着一个实行性犯罪……对此，这个处于危险中的人不需要在身体上把这个救援手段‘握在手里’……只要这溺水者在没有外来帮助时就能够自己抓到救生绳，这就足够了。当这个有行为义务的人在这个阶段……重新抽回救生绳时，在死亡结果发生中，他就对一个故意的杀人犯罪而负有罪责了。”② “如果行为人在救助陷入危境的客体之前中断了自己有义务实施的救助努力，则整体上成立不作为。但是，如果行为人已经开始救助处于危境中的客体，换言之，后者具有了受救助的现实可能性，而行为人却又消除了这种救助可能性，情况就不同了。在这种情况下，行为人通过积极作为的方式，主动地改变了处于危境者本已存在的更为有利的情形。”③

二、不作为犯的概念和种类

一般而言，以作为的形式实现构成要件的犯罪是作为犯，以不作为的形式实现构成要件的犯罪是不作为犯。④ 不作为犯又可以进一步分为真正不作为犯与不真正不作为犯，有的学者也称为纯正不作为犯与不纯正不作为犯。“这里的‘真正’，是指将不作为以不作为犯进行处罚，在这个意义上属于其本物。‘不真正’则是指将

---

① 参见［德］克劳斯·罗克辛：《德国刑法学总论》（第 2 卷），王世洲主译，法律出版社 2013 年版，第 499 页。

② ［德］克劳斯·罗克辛：《德国刑法学总论》（第 2 卷），王世洲主译，法律出版社 2013 年版，第 498~499 页。

③ ［德］乌尔斯·金德霍伊泽尔：《刑法总论教科书》（第 6 版），蔡桂生译，北京大学出版社 2015 年版，第 361 页。

④ ［日］山口厚：《刑法总论》（第 2 版），有斐阁 2007 年版，第 73~74 页。

不作为按照与作为犯同样的规定进行处罚，在这个意义上属于伪物。”①

如何给真正不作为犯与不真正不作为犯下定义本身就是一个有争议性的问题。②德国的通说认为：“按照传统的见解，将纯正的不作为犯理解为不实施法律所要求的行为的犯罪行为是正确的……虽然实施法律所要求的行为，可能最终防止被作否定评价的结果发生。但是，立法者并未将避免结果的发生规定为不作为行为人的义务，因而，也不能将特定结果的发生作为构成要件的要素。因此，纯正不作为犯是纯粹行为犯的对应物……相反，在不纯正的不作为犯情况下，‘保证人’被赋予了避免结果发生的义务。结果的发生属于构成要件，违反避免结果义务的保证人，应当承担构成要件该当结果的刑法责任。因此，不纯正的不作为犯是结果犯的对应物。”③ 日本也有学者认为，“真正不作为犯，采取的是不实施法律所规定的作为义务而成立的‘举动犯’的形式……而这里的不真正不作为犯则是‘结果犯’”。④但日本学者多认为，“在这种观点看来，只有结果犯才能成立不真正不作为犯，行为犯不能成立不真正不作为犯。但通常认为，作为行为犯的侵入住宅罪也可以成立不真正不作为犯。所以，这种观点是不正确的”。⑤ “把单纯举动犯与结果犯的区别移入不作为犯的领域，没有特别的意义。”⑥ 日本的通说认为，“真正不作为犯，是指构成要件从一开始就以不作为形式规定的犯罪……不真正不作为犯，是指以不作为形式实施通常以作为犯形式规定的构成要件的犯罪（基于不作为的作为犯）”。⑦根据日本通说的观点，所有法律规定的作为犯都可能存在不真正不作为犯的形式。比较而言，笔者认为日本通说的观点更为可取。

三、不作为犯和罪刑法定主义

（一）真正不作为犯与罪刑法定主义

德、日刑法典中规定的真正不作为犯数量都极少。以《日本刑法典》为例，《日本刑法典》中的真正不作为犯只有第107条规定的多众不解散罪、第130条后段的不退去罪、第218条后段的保护责任者遗弃罪三罪。但在行政刑法法规中则存在各种不申告罪（《所得税法》第241条的不提出申告书罪，《水质污浊防止法》第5条、第32条的特定设施设置的不届出罪等）、不携带罪（《道路交通法》第95条、第120条第2号的不携带驾驶证罪，《外国人登录法》第18条之2第4号的登录证

① ［日］中山研一：《口述刑法总论》（补订版），成文堂2005年版，第93页。

② ［日］平山干子：《不作为犯与正犯原理》，成文堂2005年版，第9页。

③ ［德］汉斯·海因里希·耶赛克、托马斯·魏根特：《德国刑法教科书（总论）》，徐久生译，中国法制出版社2001年版，第727页。

④ ［日］中山研一：《口述刑法总论》（补订版），成文堂2005年版，第95页。

⑤ ［日］日高义博：《不作为犯的理论》，王树平译，中国人民公安大学出版社1992年版，第83页。

⑥ ［日］正田满三郎：《刑法体系总论》，良书普及会1979年版，第63页。

⑦ ［日］浅田和茂：《刑法总论》（补正版），成文堂2007年版，第104页。

明书不携带罪等)、记账义务违反（《古物营业法》第 17 条、第 29 条的记账义务违反,《水质污浊防止法》第 14 条第 2 项、第 33 条第 3 号的污浊负荷量记载义务违反）等众多的真正不作为犯规定。

刑法典中的真正不作为犯，由于有法条明文规定在何种情况下将不作为作为处罚对象，因而只是针对具体案件会产生事实认定与可罚性的问题，一般不会发生与罪刑法定主义相冲突的问题。不过，也有学者认为，《日本刑法典》第 218 条保护责任者遗弃罪使用的是“对老年人、幼年人、身体障害者或者病人负有保护责任的人”的用语，其主体范围缺乏明确性，会产生与后述不真正不作为犯同样的问题。①

与此相对，行政法规中的真正不作为犯则存在着是否违反罪刑法定主义的疑问。例如，不申告罪是否违反拒绝自证其罪的权利（沉默权)，属于形式犯的不携带罪是否有值得处罚的必要性，处罚法律没有明文规定的不携带罪、记账义务违反罪这样的过失犯是否与罪刑法定主义相冲突，等等。有的学者认为，将此类行为犯罪化会带来诸多难题，从立法论的角度看还不如将其非犯罪化，通过行政制裁来进行处理。②

（二）不真正不作为犯与罪刑法定主义

对于不真正不作为犯而言，由于法律并没有明确规定其作为义务，没有明确规定其实行行为，因而德国学者考夫曼（Armin Kaufmann)、日本学者金泽文雄等都认为处罚不真正不作为犯是一种类推解释，违反罪刑法定主义。具体而言，作为犯是违反了“不得去做某事”的禁止规范，不作为犯是违反了“应该去做某事”的命令规范，属于不作为犯的一种类型的不真正不作为犯违反的是命令规范却适用违反禁止规范的作为犯的规定，这是对刑法法规的类推适用，违反罪刑法定主义。③

对这种观点，德、日的通说一方面肯定其积极意义，即它将作为犯与不作为犯构造上的差异加以明确，从而有助于使人们对于构成要件上实行行为并不必然明确的不作为犯，尤其是不真正不作为犯的成立持一种谨慎的态度;④ 另一方面认为，法条中所使用的诸如“杀”这样的用语，是可以包含由不作为引起死亡的这种情况，作这种解释并没有超出词语可能的语义范围。⑤ 例如，故意杀人罪这样的构成要件，不仅包含作为的形态也包含不作为的形态。⑥ 例如，对被害人负有特定义务的人故意不履行救助义务导致被害人死亡的情况，不仅违反应该去救人这样的“命令规范”，而且其结果也间接地违反了不得杀人这样的“禁止规范”。因此，不真正

① ［日］井田良:《刑法总论的理论构造》，成文堂 2005 年版，第 32 页。

② ［日］浅田和茂:《刑法总论》（补正版)，成文堂 2007 年版，第 104 页。

③ ［日］金泽文雄:《不真正不作为犯的问题性》，载《佐伯千仞博士还历祝贺·犯罪与刑罚（上）》，有斐阁 1968 年版，第 235 页。

④ ［日］立石二六编著:《刑法总论 30 讲》，成文堂 2007 年版，第 40 页。

⑤ ［日］盐见淳:《不作为论》，载［日］西田典之、山口厚编:《刑法的争点》（第 3 版)，有斐阁 2000 年版，第 18 页。

⑥ ［日］平野龙一:《刑法总论 I》，有斐阁 1972 年版，第 149 页。

不作为犯也是因为违反了规定作为犯的“禁止规范”而受到处罚。换言之，以处罚作为犯为原则的刑法法规不仅包含禁止规范也包含命令规范。①

对于通说的观点，新近也出现了不同意见。有的学者认为，即使像故意杀人罪这样的法条规定可以作出如上解释，但有的条文的表述，如诈欺罪中的“欺骗他人使之交付财物”、放火罪中的“放火”，明显是以作为的方式加以规定，将不作为也纳入处罚范围是否逾越扩张解释的限度仍然是一个问题。② 有的学者指出，如果认为所有犯罪的构成要件都包括作为与不作为两种形式的话，那么也有可能导致不真正不作为犯与真正不作为犯之间的关系变得不明确。③ 在这些学者看来，不作为犯处罚界限的不明确性是一个基本事实。在判断是否成立不真正不作为犯时，必须考虑在什么情况下由不作为所实施的行为能够与作为所实施的行为同等看待。然而，只要法律对于可罚的不作为的要件没有明文规定，那么这种判断就不得不是一种正面的类推判断。不过不真正不作为犯成立与否的判断是一种类推解释，并不当然意味着刑法解释上能够广泛地承认类推，因为不能将例外的现象作为原则加以推广。④

概括上述通说与反对意见的观点，它们的分歧在于处罚不真正不作为犯是不是一种类推解释。通说认为它不是类推，而反对意见则认为是一种例外情况下的类推。但两种观点都有一个共同点，即都认同必须处罚不真正不作为犯。

之所以必须处罚不真正不作为犯，归根结底是基于法益保护的思想。在社会生活中，一方面必须禁止人们通过作为来侵害法益，另一方面又必须命令人们积极地去维持法益。这种倾向在社会日益高科技化、复杂化的今天显得尤为重要。如果否定不真正不作为犯的可罚性的话，现代社会中的法益保护就会变得不可能。当然，要求人们保护法益又不能完全排除人们选择行为的自由。两者之间如何协调就是不真正不作为犯的难点所在。这既是立法者的任务，更是判例、学说的任务。

有的国家试图通过立法来解决处罚不真正不作为犯与罪刑法定主义之间的冲突。例如，《德国刑法典》第 13 条规定：“①行为人不防止刑法的构成要件结果的，只有当其在法律上必须保证该结果不发生，而且该不作为与因作为而实现法定的构成要件相当时，才依法受处罚；②不作为犯的刑罚可以根据第 49 条第 1 款减轻处罚。”《奥地利刑法典》第 2 条、《西班牙刑法典》第 11 条、《日本刑法改正草案》第 12 条也有类似规定。不过，也有不少学者认为这种做法并没有实际解决问题。因为罪刑法定主义是为了保障国家刑罚权发动的预测可能性，所以如果条文中没有相当明确地规定何种范围的不作为能够成为处罚对象的话，还是不符合罪刑法定主义的要求。⑤

---

① ［日］镇目征树：《刑事制造物责任中不作为犯论的意义与展开》，载《本乡法政纪要》1999 年第 8 号，第 345 页以下。

② ［日］井田良：《刑法总论的理论构造》，成文堂 2005 年版，第 33 页。

③ ［日］松宫孝明：《刑法总论讲义》（第 4 版），成文堂 2009 年版，第 89 页。

④ ［日］井田良：《刑法总论的理论构造》，成文堂 2005 年版，第 36 页。

⑤ ［日］井田良：《刑法总论的理论构造》，成文堂 2005 年版，第 34 页。

比较可行的做法是通过理论上的研究明确不真正不作为的成立条件，从而最大限度地避免对处罚不真正不作为犯的批评。因此，不真正不作为犯的成立条件问题就成为不作为犯论的核心。

第二节 不真正不作为犯成立条件概说

一、不真正不作为犯成立条件之争论

成立不真正不作为犯需要具有哪些要件，学者的概括有多有少。德国学者耶赛克等在“不作为犯的构成要件”标题下列举了八项：(1) 存在构成要件该当的状况；(2) 未发生可期待行为与个人的行为能力；(3) 不纯正不作为犯的结果和因果关系；(4) 不纯正不作为犯情况下的保证人地位（第一个同等地位标准）；(5) 行为要素中的相当性（第二个同等地位标准）；(6) 不作为犯罪情况下的故意；(7) 不作为犯情况下的过失；(8) 在不作为犯情况下的可期待性。[①] 日本学者浅田和茂的看法基本与耶赛克等相同，认为有以下几项：(1) 不作为；(2) 作为义务；(3) 作为可能性；(4) 与作为的同价值性（等置性）；(5) 结果的发生与因果关系；(6) 故意。[②] 高桥则夫则认为不真正不作为犯的成立条件只有两项：(1) 作为义务；(2) 实行行为性。[③]

仔细分析上述各种观点，可以发现其实差异并不像字面反映的那么巨大。就作为可能性而言，有的学者认为，没有作为可能性就不产生作为义务，所以将作为可能性包含在作为义务之中。而有的学者则认为作为义务一般被作了类型化的理解，与作为可能性不同，因而应将作为可能性作为独立的要件。

有的学者认为，作为可能性实际上又包括：行为能力（如子女落水时，父母是否会游泳）、作为可能性（会游泳的话，是否水流湍急有危险）、结果避免可能性（将孩子救上来有无苏醒的可能性）等不同层次的内容。[④] 但也有的学者认为，没有作为能力的人不产生作为义务。而只有在作为比较容易的场合，才能认可不作为犯的成立，因而作为可能性应当是与作为义务不同的另一要件（不作为的构成要件该当性等于实行行为性的问题）。结果避免可能性则是不作为与结果之间的因果关系的问题。因此，能够独立成为不作为犯成立要件的只有作为可能性。[⑤]

关于同价值性，一种观点认为，它属于不真正不作为犯的成立条件。另一种观点认为，“如果认为基于同价值性才使适用作为犯的条文处罚不作为犯成为可能的

---

① ［德］汉斯·海因里希·耶赛克、托马斯·魏根特：《德国刑法教科书（总论）》，徐久生译，中国法制出版社2001年版，第737~767页。

② ［日］浅田和茂：《刑法总论》（补正版），成文堂2007年版，第104页。

③ ［日］高桥则夫：《刑法总论讲义案》，成文堂2006年版，第53~58页。

④ ［日］山中敬一：《刑法总论》（第3版），成文堂2015年版，第237~238页。

⑤ ［日］浅田和茂：《刑法总论》（补正版），成文堂2007年版，第153页。

话，就意味着承认类推，是不正确的。这一要件只是意味着该条文也适用于不作为（构成要件该当性），而不意味着独立的要件。于是，在判断作为构成要件该当行为的不作为成立与否时，处于其中心位置的是作为义务”。① “等价性只是不真正不作为犯的构成要件的解释原理，既不是作为义务的限定原理，也不是限定不作为犯成立的独立原理。”②

关于结果与因果关系，由于单纯行为犯（举动犯）的成立只需要积极的作为，所以不真正不作为犯中成为问题的只有结果犯。如果欠缺因果关系则成立未遂。

关于不作为犯的故意，有的学者认为不真正不作为犯与作为犯不同，仅有未必的故意还不足够，还必须具备确定的故意。③ 但多数学者认为，虽然这种观点有利于限制不真正不作为犯的成立范围，然而对于同一条文所规定的故意犯罪，对故意作出不同的解释缺乏充足的理由，还是应当立足于从客观要件上限制不真正不作为犯的成立。④

二、作为义务的体系地位

对于不真正不作为犯而言，并不是只要不作为与构成要件的结果之间具有因果关系，就能够肯定构成要件符合性。例如，当幼儿落水时，路人甲即使能够救助而袖手旁观，致使该幼儿死亡，甲的行为也不成立故意杀人罪。“理论上一致认为，没有作为义务的人的不作为即使导致了结果的发生，也不成立不真正不作为犯。”⑤由此可见，作为义务对不真正不作为犯而言属于最核心的问题之一。

那么这种不真正不作为犯的作为义务在大陆法系的犯罪论体系中应如何定位呢？对此，也存在不同的观点。

（一）违法性说

这种观点认为，必须根据具体的案件情况来判断是否存在作为义务，因而作为义务是与实质的违法性有关的问题，属于违法性的范畴。根据这种观点，由于作为义务的有无属于违法性阶段判断的范畴，因而路人不救助落水幼儿的行为符合故意杀人罪的构成要件，只是在违法性阶段再根据作为义务的有无判断其是否阻却违法。⑥

对于违法性说，学者们提出了以下几点批评意见：第一，违法性说认为所有的不作为只要引起了结果的发生就符合构成要件，这使得犯罪主体的限定非常困难。构成要件无法发挥区分罪与非罪的界限机能、类别机能。同时也使得构成要件失去

---

① ［日］浅田和茂：《刑法总论》（补正版），成文堂 2007 年版，第 153 页。
② ［日］山中敬一：《刑法总论》（第 3 版），成文堂 2015 年版，第 238 页。
③ ［日］藤木英雄：《刑法判例百选》（第 2 版），有斐阁 1984 年版，第 178 页。
④ ［日］浅田和茂：《刑法总论》（补正版），成文堂 2007 年版，第 153 页。
⑤ ［日］浅田和茂：《刑法总论》（补正版），成文堂 2007 年版，第 154 页。
⑥ ［日］立石二六编著：《刑法总论 30 讲》，成文堂 2007 年版，第 46 页。

了违法性的推定机能。[①] 第二，根据违法性说，对不真正不作为犯而言，只有违法的不作为才符合构成要件，这样的话就会颠倒构成要件符合性与违法性的判断顺序。[②] 第三，根据违法性说，如果行为人负有作为义务而误认为自己没有该义务，因而不实施作为的，属于违法性的错误。但是，这种错误实际上是关于作为义务发生与否的基础性前提事实的错误，应当认为属于事实错误。例如，误认为落水的自家孩子是别人家的孩子因而不实施救助行为的人，首先产生的是对事实的认识错误，接下来才是对自己不作为的法律评价的误信。[③]

（二）保证人说

为了避免上述违法性说的缺陷，德国学者那格拉（Nagler）在 1938 年撰写了题为《由不作为实现的作为的问题性》的论文，首次提出了保证人说。保证人说认为，只有负有防止结果发生的法律上的作为义务的人，即处于保证人地位的人的不作为才符合构成要件。简言之，保证人说是将作为义务定位于构成要件阶段的见解。不过这种保证人说后来又发展成两种不同的见解。

1. 统一说（统和说）。

此说认为，法律上导致作为义务产生的基础性事项（保证人地位）与由此产生的防止结果发生的作为义务（保证人的作为义务）是一体的，可以将其称为“保证义务”。这种保证义务属于构成要件要素。这是保证人说的最初形态，德国学者将其称为统一说。[④] 一般认为，这一见解的价值在于将保证人地位（导致作为义务发生的基础性事项）在体系上定位于构成要件，承认构成要件中的作为与不作为必须具有等价值性。

2. 区别说。

此说认为，应当区分“保证人地位”与“保证人义务”，前者是构成要件要素，后者是违法要素。例如，在父亲不救助落水的幼儿致其死亡的案件中，父亲这一地位是应当救助这一法定义务产生的基础性事项，即“保证人地位”，而应当救助这一义务是基于父亲这一保证人地位所产生的“保证人义务”。这一见解现在是德国判例、理论上的通说，日本的福田平、内藤谦、川端博等众多学者也支持此说。[⑤]

3. 两种保证人说与错误问题的处理。

以上两种保证人说的区别主要体现在对错误问题的处理上。以下面两个案件为例：(1) 父亲甲误认为落水的自家的幼儿乙是别人家的孩子而未实施救助，导致乙死亡；(2) 父亲甲明知落水的是自己的幼儿乙，但误以为自己没有义务救助乙，因而没有救助，导致乙死亡。

---

① ［日］川端博：《刑法讲话Ⅰ总论》，成文堂 2005 年版，第 151 页。

② ［日］浅田和茂：《刑法总论》（补正版），成文堂 2007 年版，第 153 页。

③ ［日］曾根威彦：《刑法的重要问题（总论）》（第 2 版），成文堂 2005 年版，第 242 页。

④ ［日］齐藤诚二：《关于不真正不作为犯》，载《受验新报》第 408 号，第 19 页。

⑤ 参见［日］立石二六编著：《刑法总论 30 讲》，成文堂 2007 年版，第 47 页。

根据“统一说”，(1)、(2) 两种情况都属于关于构成要件要素的错误，因而阻却故意，甲仅成立过失致人死亡罪。根据区别说，在 (1) 的场合，甲是关于保证人地位的错误，即构成要件要素的错误，阻却故意，因而甲仅成立过失致人死亡罪；在 (2) 的场合，甲是对于应当救助乙这种义务即保证人义务的错误，属于禁止错误。根据责任说，如果这种错误具有避免可能性的话，就不阻却故意，甲成立故意杀人罪。①

4. 两种保证人说的检讨。

两种保证人说产生以后，各自的支持者都对对方进行了批评。简言之，从统一说的立场来看，区别说主张区分保证人地位与保证人义务，但这实际上是非常困难的。② 而且，“如果认为仅有保证人地位是构成要件要素的话，那其内容就过于抽象，也无法充分发挥构成要件的违法性推定机能。因此，应当认为两者（保证人地位与保证人义务）都是没有记述的规范的构成要件要素”。③

而从区别说的立场来看，保证人这一学说的发展轨迹正在由统一说转向区别说，区别说符合保证人说的发展方向。保证人地位与保证人义务能否进行区别和区别是否困难，是两个不同的问题。④ 而且，虽说两者的区别通常不是那么容易，但并非完全不可能。此外，区别说在关于作为义务错误的理解上，主张行为人如果认识到自己的保证人地位，但由于良心或法感情上的迟钝而没有意识到自己的保证人义务时，应当作为故意犯加以处罚，这显示了正确的方向。⑤

虽然两说在理论上存在上述差异，但就司法实践而言，通常行为人如果认识到自己处于保证人地位的话，就会意识到自己负有保证人义务。行为人意识到自己处于保证人地位但误认为自己没有保证人义务的情况，是极其罕见的。⑥ 因此，两说在实际适用上并不会出现太大的差异。

第三节 形式的作为义务论向实质的作为义务论的转换

一、形式的作为义务论

成立不作为犯，需要行为人负有作为义务。真正不作为犯的作为义务内容由法条明文作了规定，而不真正不作为犯的作为义务产生根据则需要理论研究加以确定。

---

① 参见［日］立石二六编著：《刑法总论 30 讲》，成文堂 2007 年版，第 47 页。

② ［日］前田雅英：《刑法的基础 总论》，有斐阁 1993 年版，第 68 页。

③ ［日］立石二六：《刑法总论》，成文堂 2006 年版，第 131 页。

④ ［日］福田平：《不真正不作为犯中保证者的义务的错误》，载《团藤重光博士古稀祝贺论文集》（第 1 卷），有斐阁 1983 年版，第 145 页以下。

⑤ 参见［日］曾根威彦：《刑法的重要问题（总论）》（第 2 版），成文堂 2005 年版，第 244 页。

⑥ ［日］齐藤诚二：《关于不真正不作为犯》，载《受验新报》第 408 号，第 27 页以下。

对此，存在各种不同学说。

德、日刑法学的通说曾经认为，作为义务的产生根据主要有三个方面：一是基于法令产生的义务，如基于民法产生的亲权者的监护义务。二是基于合同、事务管理产生的义务，如保姆基于其与幼儿家长之间的合同产生的保护义务、没有义务的人将病人带回自己家里产生的治疗保护义务。三是基于习惯、条理产生的作为义务。由于习惯、条理的内容不明确，所以必须对其内容加以类型化，但学者们的观点并不一致。有的学者认为它包括四类，即基于监护人地位的作为义务（如雇主在一同居住的受雇人生病时负有保护他的义务）、基于管理人地位的作为义务（如房屋的占有者或所有者在其房屋起火时负有灭火义务）、基于卖主等地位产生的作为义务（在贩卖具有抵押权登记的不动产时卖主必须告诉买主其不动产有抵押权的负担）、基于先行行为产生的作为义务（由于自己实施的先行行为产生了发生结果的急迫危险，行为人必须承担防止该结果发生的义务）。[①] 有的学者列举了基于先行行为产生的防止义务、诚实信用上的告知义务（当交易的对象因为不知道一定的事项而陷入错误可能蒙受损害时，负有如实告知该事项的义务）、管理者的防止义务、习惯上的保护义务（如当同居人、雇用人因病无法行动时）。[②] 有的学者则不提基于习惯、条理产生的作为义务而只提先行行为。[③]

形式的法义务说，将非刑法法规中的义务作为刑法上的作为义务的根据。但是，这些民法上、合同上、事务管理上的作为义务违反，各自均具有相应的民法上的责任，将其直接转化为刑法上不真正不作为犯的作为义务，则是不恰当的。例如，父母对于未成年的子女在民法上负有教育监护的义务，这可以成为作为义务的发生根据，但是，如果家中15岁的子女因为营养不良而面临死亡的困境，其父母明知此事而撒手不管，以致孩子死亡，对于该父母显然不能马上以故意杀人罪定罪。因此，有必要对作为义务的发生根据作实质性的讨论。

二、实质的作为义务论

实质的作为义务论又可以进一步分为实质一元说和实质多元说。

（一）实质一元说

1. 先行行为说。

此说认为，作为犯与不作为犯构造上的差异在于，作为具有原因力，不作为则不具有自然意义上的原因力，只不过是利用既存的因果关系（因果流）。因此，不作为要与作为等价，不作为者必须在该不作为实施之前，亲自设定朝向侵害法益的因果关系。因此，本说又被称为“实质的原因设定理论”。按照这一见解，不作为者如果存在基于故意或过失的先行行为，那么对此后的不作为，就可以认定成立不

---

① ［日］大塚仁：《刑法概说（总论）》（第4版），有斐阁2008年版，第153~155页。

② ［日］高桥则夫：《刑法总论》（第3版），成文堂2016年版，第157页。

③ ［日］木村龟二著、阿部纯二增补：《刑法总论》，有斐阁1978年版，第197页。

作为犯。例如，因过失而引起交通事故后，对于被害人可能死亡存在认识并接受，而从事故现场逃跑的人，就构成不作为的杀人罪。[①]

本说的主要问题在于，“它一方面将不真正不作为犯的成立范围扩展得过宽，另一方面又限制得过窄”。[②] 具体而言：第一，在结果加重犯中，只要行为以后行为人对加重结果的发生具有故意，就成立故意的不作为犯，这显然扩大了处罚范围。第二，它对先行行为作了双重评价。因为具有故意或过失的先行行为已经成为刑罚处罚的对象，然而又以此为理由认定成立不真正不作为犯。例如，按照本说，行为人在交通事故致使被害人重伤后逃跑，除了成立业务上致死伤罪之外，还成立不作为的故意杀人罪或保护责任者不保护罪。这种双重评价显然不合适。第三，在司法实践中存在行为人并没有先行行为但仍然具有刑法上的作为义务的情况。例如，妻子不小心将蜡烛打翻导致起火，丈夫明知火势可能蔓延到他人住宅仍然放置不管的情况。再如，根据收养合同收养他人的人故意饿死养子，也没有基于故意、过失的先行行为，但仍应追究其不作为杀人罪的罪责。[③] 第四，此说会导致将教唆犯、帮助犯不当地转化为不作为的故意正犯。[④]

2. 事实上的承担说。

此说认为，如果法益的维持具体依存于某人，那不作为者与结果之间就有依存关系。也就是说，对事实上维持法益的人，就发生作为义务。例如，母亲反复给小孩供应食物，就有事实上的承担行为。事实上的承担行为的认定标准，首先，具有意图维持法益的行为，即需要有防止结果发生的条件行为的开始与存在（结果条件行为的开始与存在）；其次，存在由不作为者反复继续实施事实上的承担行为的事实（行为的反复性与继续性）；最后，该行为对于法益具有排他性的保护（排他性的确保）。[⑤]

根据本说，将小孩带到池边散步的父亲，在小孩落水后不予救助，该父亲没有意图救助法益的行为，而且，即使想救助，如果有他人在场，那也无法确保排他性，故不成立不作为犯。此外，在交通事故中，最初就有遗弃的故意，将被害人搬进车中，途中产生杀意的情况，既没有意图维持法益的行为，也没有反复继续性，就不成立不作为故意杀人罪，这些结论显然不妥。[⑥]

（二）实质多元说

1. 结果因果经过支配说。

此说认为，不作为要与作为同价值，不作为者应掌握朝向结果的因果关系（因

---

① ［日］日高义博：《不真正不作为犯的理论》，庆应通信 1979 年版，第 152 页以下。

② ［日］山中敬一：《刑法总论》（第 3 版），成文堂 2015 年版，第 241 页。

③ ［日］浅田和茂：《刑法总论》（补正版），成文堂 2007 年版，第 156 页。

④ ［日］曾根威彦、松原芳博编集：《重点课题刑法总论》，成文堂 2008 年版，第 44 页。

⑤ ［日］堀内捷三：《不作为犯论——作为义务的再构成》，青林书院新社 1978 年版，第 249 页以下。

⑥ ［日］山中敬一：《刑法总论》（第 3 版），成文堂 2015 年版，第 242 页。

果流)，即需要具体的、现实的支配因果经过。其类型有：第一，事实上具有排他的支配的场合，即不作为者基于自己的意思，在具有排他的支配或设定排他的支配的情况下，就有作为义务。第二，具有支配领域性的场合，即虽不是基于支配的意思，但事实上支配指向结果的因果经过。本说将这种情况称为支配领域性。属于这种类型的有父子关系，建筑物的所有者、租借者、管理人这样基于身份关系、社会的地位而负有社会生活上的继续保护管理义务的情况。第三，具有规范的支配的场合，即不作为者处在应当作为的地位，仅存在这种规范性的要素。这种情况是否承认对结果的支配地位存在疑问。例如，孩子落水时，还有很多可以救助的人，而仅认为父亲有作为义务，追究其杀人罪的罪责，这是有疑问的。其结论是如果仅有规范性的要素，那便不承认对结果的支配。①

本说的主要问题在于结果因果经过支配的概念本身不明确。②

2. 机能的二分说。

该说主张，按照作为义务的发生根据，将作为义务分为两类，如阿部纯二将不作为共犯中的作为义务区分为直接保护法益的义务和犯罪阻止义务。中义胜则区分直接的结果回避义务和直接的结果回避义务以前的义务。其中，所谓直接的结果回避义务以前的义务包括监护义务者违反监护义务不阻止被监护者犯罪和安全管理义务者违反安全管理义务不阻止第三者利用危险的被管理物，如武器、毒物等。显然中义胜虽然使用的是直接的结果回避义务以前的义务，但其实质就是犯罪阻止义务。日本学者山中敬一主张机能的二分法，他认为可以将作为义务分为两类：③

第一类是“法益保护型”的义务类型。这是指处于保护该法益的关系而产生作为义务。根据其保护义务的产生根据，又分为规范的根据，制度的、任意的根据以及机能的根据。

A. 基于规范的保护关系而产生的作为义务。

这是指法律为了不使特定的人或物受到法益侵害的威胁，或者为了阻止迫近其之威胁，而对特定的人科以保护义务。例如，亲子关系、夫妻关系、兄弟姐妹血缘关系等家族共同体内部的监护义务、相互协力扶助义务、扶养义务等。其根据在于民法等规范。但是，如果不是共同生活，即使是亲子、夫妻、兄弟姐妹、血族，也不具有刑法上的保证人地位。这里所说的规范的保护关系，需要基于一定程度的、继续的、社会的身份或者地位，因而不包括交通事故中加害者与被害者这种偶然产生的关系。

B. 基于制度的、任意的保护关系而产生的作为义务。

这是指不作为者与被害者之间基于合意而设定事实上承担保护机能关系的情况

---

① ［日］西田典之：《不作为犯论》，载［日］芝原邦尔等编：《刑法理论的现代的展开·总论》（Ⅰ），日本评论社 1988 年版，第 89 页以下。

② ［日］山中敬一：《刑法总论》（第 3 版），成文堂 2015 年版，第 243 页。

③ ［日］山中敬一：《刑法总论》（第 3 版），成文堂 2015 年版，第 244~247 页。

以及企业、组织中负有这种保护机能的情况。例如，与托儿所签订契约，保姆与儿童之间的关系；游泳馆中游泳指导员与学生的关系等。此外，对所保护的物品或设施也存在这种保护关系。例如，仓库的警卫对库内的商品即事实上承担任意的或制度的保护机能。另外，也包括“危险共同体”的关系，如登山队的成员之一遇到危险时，其他的成员就对其具有保护义务。

C. 基于机能的保护关系而产生的作为义务。

这是指被害人的法益，由不作为者的先行的法益维持行为而机能地加以支持，如果没有这种法益维持行为，法益就会被侵害，即法益依存于特定人的作为。例如，拾到弃婴每日喂其牛奶的人，放弃喂养而让孩子饿死的情况。再如，偶然发现交通事故中受到重伤的被害者，将其搬入自己的车中想送往医院，途中改变主意而将被害人弃在半路，因他人发现太迟而死亡的情况。

第二类是“危险源管理监督型”的义务类型。这是指具有管理、监督危险源的义务而产生作为义务。具体又包括：

A. 基于对危险物、设备的管理义务而产生的作为义务。

对危险物、设备进行管理的人，因不履行其义务而导致对被害人产生现实的危险时，即具有作为义务。例如，狮子的饲养员因管理过失而导致铁栏松动，狮子跑出铁笼准备侵犯被害者时，饲养员能够阻止而不阻止，构成不作为的伤害罪。再如，老饭店的经营者，发现漏电的情况而不让顾客避难，以即使出现死亡也没有关系的态度放任不管，成立不作为的杀人罪。

B. 基于对人的行为的监督义务而产生的作为义务。

第三者基于故意或过失而实施违法行为，对之负有监督义务的人对该行为不加阻止，成立不作为的正犯或共犯。例如，5 岁的小孩穿着钉子鞋跳上别人的高级轿车，父亲对此不加阻止构成器物毁坏罪的正犯。但是，如果第三者是具有任意性及合理的判断能力的成年人，能否成为共犯需要进行谨慎的判断。

C. 基于不可罚的先行危险制造行为而产生的作为义务。

这是指对自己行为的结果没有明确的认识（限于未发生结果的情况），实施了本身不可罚的制造危险行为，此后未注意到行为的危险性而放任不管的类型。例如，过失地监禁他人，马上意识到这一点但有意识地不释放他人而继续监禁的情况。

此说的主要问题在于，法益保护型的义务类型尚可以从刑法的保护机能中推导出来，但危险源管理、监督型义务类型的根据何在则难以解释。而且，规范的根据、任意的根据、机能的根据这些分类方法的基础及相互关系都不明确。[①] 也有学者批评说，这一学说实质上只是作了分类而已，但机能的类型化分类并不能推导出作为义务的发生根据，所以，说到底不过是“有义务者承担作为义务”这样的同义反复而已。[②]

---

① ［日］浅田和茂：《刑法总论》（补正版），成文堂 2007 年版，第 153 页。

② ［日］关哲夫：《讲义刑法总论》，成文堂 2015 年版，第 123 页。

三、形式、实质综合的作为义务论

有学者认为，形式的作为义务论和实质的作为义务论都难以全面说明作为义务的产生根据，因此提倡将实质和形式相结合的所谓综合考量说。该说认为，应将法令、契约等形式的事由和危险承受、制造危险等实质的事由进行综合的考量，即通过对复合的多要素的考察来判断作为义务的有无。①

对此，也有学者批评说，综合考量不过是一种判断方法而不是判断标准，此说最终不过是将判断标准完全委托给判断者的一种方法论。②

① ［日］前田雅英：《刑法总论讲义》（第 4 版），东京大学出版会 2006 年版，第 131 页。
② 参见［日］关哲夫：《讲义刑法总论》，成文堂 2015 年版，第 124 页。

第十二章　故意理论的发展

第一节　故意体系地位的变动

故意在犯罪论体系中的地位存在一个变化的过程。最初，故意被理解为与过失相并列的主观要素，属于责任论的范畴。但随着主观的违法要素被发现以及根据目的行为论而展开的人的不法论的兴起，故意作为一种主观的违法要素的认识得到普及，不少学者将故意定位在构成要件阶段。但是否所有的故意都能隶属于构成要件又成为新的问题。“今天，德国刑法学已经普遍认可了主观方面不法元素的存在。尚还争议的只是对于故意（Vorsatz）作为主观方面构成要件特征，是应当属于行为不法（Handlungsunrecht）范围，或者还是依照传统学说只是对责任形式（Schuldform）起决定性作用这个问题。”①

于是，被定位于构成要件的故意被称为“构成要件故意”，被定位在责任阶段的故意被称为“责任故意”。承认构成要件故意的见解与只将其定位在责任阶段的见解之间存在激烈对立，而认为故意分属构成要件与责任的见解（二重的故意）也是有力的学说。②“现在，关于故意的体系地位，大体可以分为：作为违法要素的构成要件要素说、作为责任要素的构成要件要素说、作为责任要素而不作为构成要件要素说。”③

一、责任要素说

责任要素说是传统的通说。这种学说原本以“心理责任论”为基础，认为责任是行为人对外部事实（特别是法益侵害的引起）的心理关系。故意与过失是不同的“责任形式”或“责任种类”。此后，随着心理责任论逐渐被“规范责任论”所取代，故意（以及违法性意识）被理解为主观的责任要素，而与作为客观的责任要素

---

① ［德］约翰内斯·韦塞尔斯：《德国刑法总论》，李昌珂译，法律出版社 2008 年版，第 81 页。

② ［日］山中敬一：《刑法总论》（第 3 版），成文堂 2015 年版，第 313 页。

③ ［日］佐伯仁志：《故意·错误论》，载《理论刑法学的最前线》，岩波书店 2001 年版，第 98 页。

的期待可能性相并列。①

责任要素说面临的最大批评是，它不认可构成要件的故意与过失，导致故意杀人与过失致人死亡符合同一的（广义的杀人罪）构成要件，甚至不可罚的过失盗窃也符合盗窃罪的构成要件，这样的话，构成要件的罪刑法定主义机能就难以发挥。对此，责任要素说的支持者主要提出以下两点反驳理由：第一，应当区分构成要件与犯罪类型。根据罪刑法定主义的观点，故意犯与过失犯被作为不同的犯罪类型而加以区别。而构成要件作为体系的概念（犯罪的成立要件），始终应当被理解为从外部进行判断的客观的违法行为的类型。② 犯罪类型是包括犯罪一切要素的全体的类型，它可以分为两个侧面：从违法的侧面看，是可罚的违法类型；从责任的侧面看，是可罚的责任类型。③ 第二，责任要素说在犯罪认定的结论上不会发生任何问题。“例如，用装有子弹的手枪对准对方心脏射击致使对方死亡的场合，如果行为人知道手枪中装有子弹是故意杀人，如果不知道则是过失致死。从外观看，两者的行为、结果没有差异，所以不应当在构成要件阶段加以区别。商店门口的存伞处有很多雨伞，行为人误以为他人的伞是自己的而拿走的行为（明知是他人的伞而拿走的行为也是同样），符合盗窃罪的构成要件且违法（也可能是正当防卫），但在没有故意的情况下就不是犯罪（这种情况下由于不存在过失盗窃的犯罪类型，所以如果知道是过失就不会起诉）。犯罪论体系是为了合理地认识（并非认定）‘什么是犯罪’，因此在明确其成立要件的基础上还要探寻其相互的关系。客观地理解违法（包括违法的判断对象），可以说是一种稳定恰当的体系。应当认为构成要件是客观的违法类型，故意、过失是责任要素。”④

责任要素说是最严格地坚守物的不法观（结果无价值论）的立场的学说。⑤ 一般而言，现在提倡这种学说的学者多认为构成要件是违法行为的类型而不是违法、有责行为类型，从而使故意既不是违法要素也不是构成要件要素，而仅是责任要素。同时，此说认为，违法性的实质是法益的侵害与危险的引起，法益侵害的有无与行为人的意思无关，因而基本上不承认主观的违法要素；只是在作为构成要件要素的结果是法益侵害的危险时，例外地认为行为者的行为意思（不是故意）通过对法益侵害有无程度的影响而属于违法要素。⑥

二、作为违法要素的构成要件要素说

构成要件要素说是随着目的行为论的兴起而出现的学说。现在，随着目的行为

---

① ［日］井田良：《刑法总论的理论构造》，成文堂 2005 年版，第 71 页。

② ［日］中山研一：《刑法总论》，成文堂 1982 年版，第 188 页。

③ ［日］佐伯千仞：《刑法讲义（总论）》，有斐阁 1981 年版，第 125 页。

④ ［日］浅田和茂：《主观的违法要素与犯罪论——从结果无价值的立场》，载《现代刑事法》1999 年第 3 号，第 46 页。

⑤ ［日］川端博：《从疑问开始的刑法 I》，成文堂 2006 年版，第 48 页。

⑥ ［日］山口厚：《刑法总论》（第 2 版），有斐阁 2007 年版，第 30~35 页、第 95 页。

论的衰落，主张故意是构成要件要素的学者多是从提倡消极的构成要件要素的角度来加以论证的。

目的行为论认为，实现构成要件结果的目的是行为的本质要素，所以，故意是行为的要素。因此，所有故意犯的故意都是构成要件的要素。由于构成要件是违法性判断的对象，因此故意也是违法性的要素。

那么故意是不是责任要素呢？构成要件要素说的学者对此持否定态度。“具有故意之所以可能受到较重的责任非难，只不过是反映违法性严重程度的差异。故意对责任的影响，不过是通过违法性的间接的影响。故意是作为规范违反要素的违法评价的对象的本质部分，而不是与控制动机有关的责任的问题。应当认为故意是违法要素而不是责任要素。”①

对于构成要件要素说，批评者指出，“故意比过失处罚更重，对此有必要从责任的量上的差异加以说明。为此，作为行为人所引起的违法的量与责任的量的中介，将故意定位为责任要素是不可欠缺的”。②

三、作为责任要素的构成要件要素说（二重的故意说）

二重的故意说认为，一方面在构成要件的阶段就应当区分故意犯与过失犯，故意、过失都是类型化的主观态度，因而属于构成要件的一部分；另一方面，故意又反映行为人反规范的态度，因而最终当然应该在责任阶段加以考虑。换言之，构成要件的故意，是将本来作为责任类型的故意加以类型化。在这个意义上，构成要件是责任的类型。③“将故意归纳为主观方面不法构成要件，并非意味着它必然就是在责任范围内不再具有任何意义。更多的是要从这个角度出发，即故意在犯罪系统中要行使一个双重功能（Doppelfunktion），即（如同主流观点对于‘过失’的概念很早就得出认识那样）既是作为举止形式（Verhaltensform），又是作为责任形式（Schuldform）。”④

对于此说，有学者批评说：“将故意、过失作为一般的构成要件要素是存在疑问的。首先，即使从保障构成要件的角度看，如果将故意、过失包含在构成要件之中，那么会产生实质性问题。这是因为将故意、过失包含在构成要件概念之下，构成要件就失去了规制故意、过失概念的机能，结果就无法决定构成要件的外部范围……再者，将故意、过失作为责任要素，就会使构成要件的故意、过失与责任的

---

① ［日］井田良：《刑法总论的理论构造》，成文堂2005年版，第72页。

② ［日］佐伯仁志：《故意·错误论》，载《理论刑法学的最前线》，岩波书店2001年版，第101~102页。

③ ［日］团藤重光：《刑法纲要总论》，创文社1990年版，第134页；［日］大塚仁：《刑法概说（总论）》（第4版），有斐阁2008年版，第178页；［日］内田文昭：《刑法Ⅰ》（总论），青林书院1997年版，第114页；［日］板仓宏：《刑法总论》，劲草书房1994年版，第240页。

④ ［德］约翰内斯·韦塞尔斯：《德国刑法总论》，李昌珂译，法律出版社2008年版，第84页。

故意、过失割裂。如果认为责任故意的认识、预见对象只限于违法性阻却事由该当事实的话，就会产生责任故意的实体究竟是什么、责任‘故意’是否仅具有非常空虚的内容的疑问。”①

第二节　故意的认识内容

一般认为，故意的认识对象是构成要件的不法，即客观的构成要件要素以及正当化事由的事实的前提。构成要件要素以外的事实、主观的构成要件要素（故意、目的）、全体的违法评价、责任要素、责任阻却事由、处罚条件等犯罪成立要件，不是故意的对象。

一、需要认识的内容

（一）行为

行为是构成要件的核心要素。作为符合构成要件的客观事实，无论是作为还是不作为，当然都是认识的对象。例如，母亲将婴儿独自放在家中而外出旅行导致婴儿饿死的案件，要成立杀人罪的故意，该母亲必须认识到不对婴儿进行保护这种不作为的存在，至于对旅行的事实的认识则不重要。

（二）结果

对于结果犯而言，要成立故意必须对结果有认识，这一点理论上没有分歧。那么成立危险犯的故意是否需要对危险有认识？对此有不同的观点：

第一种观点认为，无论是具体的危险犯还是抽象的危险犯，都不需要对危险有认识。②

第二种观点认为，具体的危险犯中的危险是构成要件要素，所以需要认识；而抽象的危险犯中的危险是拟制的危险，所以不需要认识。③

第三种观点认为，无论是具体的危险犯还是抽象的危险犯，都需要对危险有认识。④

一般认为，第一种观点忽略了具体的危险犯中的危险是构成要件要素，所以难言正确。第二种观点是日本长期的通说。但如前所述，现在也有不少学者认为抽象的危险犯不是形式犯而是实质犯，因而危险的存在并非拟制而也是构成要件的内容，因此提倡第三种学说。

① ［日］山口厚：《对佐伯仁志“故意・错误论”的评论》，载《理论刑法学的最前线》，岩波书店2001年版，第126页。

② ［日］香川达夫：《刑法讲义（各论）》，成文堂1996年版，第167页以下。

③ ［日］团藤重光：《刑法纲要各论》，创文社1990年版，第182页以下。

④ ［日］内田文昭：《刑法各论》，青林书院1996年版，第456页以下。

（三）因果关系

故意的成立是否需要对因果关系有认识是一个有争议的问题。传统的通说是认识必要说，但现在也出现了一种比较有力的学说，即认识不要说。

认识必要说认为，成立故意应当对因果关系有认识，但并没有必要详细认识到所有的因果经过，只要有对因果经过的基本部分的认识就足够了。[①] 关于因果关系的错误究竟是阻却故意的“错误”问题，还是属于相当因果关系或客观归属的问题，理论上有不同看法，但这并不意味着故意的对象不需要因果关系的认识。“因果关系的认识当然对于故意成立是不可缺少的，但这种错误并没有重要到能够阻却故意。”[②]

认识不要说认为，在犯罪之际，并不总是要求行为人认识到因果经过的概要情况，而只要对包含有结果发生危险性的实行行为有认识就足够了。而且也不应该因为实行行为与结果之间的因果关系超出了相当性的范畴就否定故意的成立。对因果关系有无认识，并不能决定犯罪类型是否特定。“即使对现实发生的因果经过的重要部分没有预见，也不能说就没有故意。意图杀死他人而使对方负轻伤，在送往医院途中因为救护车事故而死亡的场合，（行为人）对‘事故死’这一因果的重要部分即使没有预见也仍然具有杀意。在杀死对方的意图之下，如果有用刀砍这种适于杀人的行为（实行行为性）的认识，即使对现实突发的因果经过没有认识，行为人也会面临规范问题。”[③] 而且，认识不要说认为，“如果要求行为时必须认识到因果关系的基本部分的话，那么在实际因果关系与其认识发生重大偏差的情况时，会因为重大的错误而否定故意，这就带来连未遂犯都不能成立的不当的结果”。[④]

有学者站在认识必要说的立场指出，认识不要说并不是真正认为故意的内容不包含对因果关系的预见。因为如果完全不需要对因果关系的预见的话，那么诸如念咒语杀人这样的迷信犯的心理状态也会被视为故意。因此，认识不要说的实际主张是“行为人虽然必须认识到一定的因果经过，但它没有必要有外界的对应物存在。在讨论故意是否存在时，完全没有必要将因果经过的客观面与主观面加以对照而考虑其差异的程度”。[⑤]

（四）行为主体

成立故意必须对行为主体有认识。在一般的犯罪中，行为人对于自己属于作为犯罪主体的“人”当然会有认识，因而不会发生认定上的问题。

身份犯中的身份属于客观的构成要件要素，所以成立故意必须认识到身份的存在。例如，已经具有某种身份的人，认为自己还没有身份时，即没有故意。不过，

---

① ［日］山中敬一：《刑法总论》（第3版），成文堂2015年版，第315页。

② ［日］山中敬一：《刑法总论》（第3版），成文堂2015年版，第315页。

③ ［日］前田雅英：《刑法总论讲义》（第4版），东京大学出版会2006年版，第229页。

④ ［日］前田雅英：《刑法总论讲义》（第4版），东京大学出版会2006年版，第229页。

⑤ ［日］井田良：《刑法总论的理论构造》，成文堂2005年版，第66页。

常习犯虽然也是身份犯的一种，但常习性通常被认为行为人的属性而非行为的属性，所以故意的成立不需要对常习性有认识。①

（五）行为客体

当行为客体作为构成要件要素被规定时，故意的成立当然需要对其有认识。例如，杀人罪必须认识到其对象是“人”，行贿罪必须认识到其对象是“公务员”。

（六）违法性的认识

根据故意的认识内容是仅包括事实还是也包括规范的评价（法秩序整体的评价），故意概念的含义存在区别。理论上存在认为故意仅包括对事实的认识的见解以及认为还包括违法性意识或其可能性的见解的对立。这就是所谓的故意说与责任说的对立。每种见解又各包含两种学说。故意说包括：（1）严格故意说，认为故意除了对事实的认识之外，还包括对违法的认识，即包括违法性的意识。（2）限制故意说，认为故意除了对事实的认识之外，还包括认识到违法的可能性，即要求有违法性意识的可能性。责任说认为，故意仅需要对事实的认识就能成立，违法性意识的可能性是与故意不同的另一种责任要素。在其内部，根据将关于正当化事由的事实的前提的错误定位为事实的错误还是禁止的错误（违法性的错误），又区分为严格责任说和限制责任说。具体包括：（1）严格责任说，认为关于正当化事由的事实的前提（正当化事情）的错误是“禁止的错误”，当行为人陷于错误时，如果有相当的理由，那么就不是故意，而仅是阻却责任。（2）限制责任说，认为关于正当化事由的事实前提的错误是“事实的错误”，是阻却故意。②

（七）正当化事由的事实的前提

只要不采用严格责任说，那么它就应当成为故意的对象。因此，如果对此发生误认就成立阻却故意。关于它是阻却构成要件的故意，还是阻却作为责任要素的故意，存在不同学说。

二、故意中事实认识的程度

故意的成立需要认识到上述事实，但构成要件的事实往往具有各种各样的含义（意义）。因此，对事实的认识也包含着对含义的认识，那么这种含义的认识要达到何种程度呢？这主要涉及规范的构成要件要素的问题。例如，对散布淫秽文书罪中的“淫秽”的认识需要达到何种程度才能认为具有本罪的故意？不过由于记述的构成要件要素与规范的构成要素的区别是相对的，记述的构成要件要素也或多或少会受到规范的评价，内容难以确定的情况不在少数。因此，事实上所有的构成要件要

① ［日］团藤重光：《刑法纲要总论》，创文社1990年版，第272页。
② ［日］山中敬一：《刑法总论》（第3版），成文堂2015年版，第313～314页。

素都必须认识到其含义。①

以散布淫秽文书罪为例，一般而言，对事物的认识包括以下阶段：第一，物体的认识，即认识到记载该文字的文书的存在。第二，该文书的语言学或文学的含义。例如，对英文淫秽小说的认识以行为人能够阅读英文为必要。第三，对该文书所具有的社会意义的认识。例如，认识到该小说是一般所说的"下流的"或"黄色的"这种社会评价。这就是所谓的"对意义的认识"。第四，认识到该文书符合刑法关于淫秽文书的规定。②

故意的成立以达到上述第三阶段"意义的认识"为必要。这是因为，只有达到这一认识才会直面"禁止实施该行为"的规范的问题。而第四阶段的"淫秽性"的认识则是违法性认识的问题。"只要对违法性的认识不采取上述故意说，就只不过是责任的问题。"③

综上，故意的成立需要认识到构成要件要素的意义。而这种意义的认识不要求像法官那样完全理解法律的专业含义，而只需具有社会的一般意义的理解，即一般人基于社会常识所作的理解。这就是梅茨格尔所说的"行为人所属外行人之间的平行评价"或韦尔策尔所说的"行为人意识中的平行评价"。④

第三节　故意的本质

成立故意是仅需要认识因素还是同时需要意志因素，这就是故意的本质问题。故意的本质实质上涉及的是故意的认定标准，即故意与过失的区别，尤其是有认识的过失与未必故意之间的区别。

传统学说中存在意思主义与表象主义⑤（认识说）的对立。意思主义以意欲的要素作为故意的本质，表象主义则将知的要素作为故意的本质。⑥ 意思主义过去也被翻译为"希望主义"，它认为应以行为人是否存在意图使结果发生的意思（意欲、希望）来认定是否存在故意。表象主义则以对事实的认识作为中心，只要存在着该种事实，或者认识到某种事实发生的概率的程度，就认为存在故意。现在的学说对立是以上述两种立场作为中心轴而展开的。

---

① ［日］大塚仁等编：《大注解刑法》（大コンメンタール刑法）（第3卷）（第2版），青林书院1999年版，第144页。

② ［日］高桥则夫：《刑法总论》（第3版），成文堂2016年版，第175页。

③ ［日］山中敬一：《法学院讲义　刑法总论》，成文堂2005年版，第158页。

④ ［日］大塚仁等编：《大注解刑法》（大コンメンタール刑法）（第3卷）（第2版），青林书院1999年版，第119页。

⑤ "表象是日语对于德语Vorstellung的翻译，即使对日本人而言也是一个理解起来十分困难的词语。大致可以理解为将外界的事实投影在自己的心中。"参见［日］立石二六编著：《刑法总论30讲》，成文堂2007年版，第148页。

⑥ ［日］立石二六编著：《刑法总论30讲》，成文堂2007年版，第148页。

一、可能性说、盖然性说与风险理论

可能性说站在彻底的表象主义的立场。此说认为，只要对结果发生的可能性有具体的认识（预见）而仍然实施行为，就具有故意。此说排斥意思的因素，即使行为人并不希望结果发生，但只要对结果的发生有具体的认识，就认为存在故意。因此根据本说，有认识的过失就没有存在的余地。对于此说的批评意见主要有：第一，在日常生活中经常存在即使认识或者预见到盖然性程度很低的事情的发生，但在行动时并不将其计算在内，并不是真正地接受结果的发生的情况。让行为人对这种认为有可能发生的情况承担故意责任显然不妥。① 例如，行为人赶着参加某个会议而在公路上超速行驶，结果引发事故致使被害人死亡。行为人对于自己超速可能引起事故当然具有认识，但如果以此认定行为人成立故意杀人罪显然不当。第二，如果一般人不能认识到结果的发生，但行为人具有特别谨小慎微的性格，从而认识（预见）到某种结果发生的可能性，那么对其适用故意犯罪的规定，显然是不必要地扩张了故意的范围。②

盖然性说认为，要成立故意，不仅需要认识到结果发生的可能性，还应当认识到其盖然性。③ 这里所说的盖然性，是指超过50%的可能性，但并不要求“高度的盖然性”或“接近确切程度的盖然性”。④ 这一学说认为“强调意思的要素有导致刑法过度心情化的危险”,⑤ 因而仍然将故意的核心理解为知的要素。但与可能性说相比，本说显然缩小了故意的成立范围。根据本说，故意与过失的分水岭在于所认识到的结果发生可能性的程度。仅认识到结果发生的可能性，是有认识的过失；认识到结果发生的盖然性，是未必的故意；认识到结果确定会发生，是确定的故意。

对于盖然性说的主要批评有：第一，故意犯罪刑法原则上予以处罚，而过失犯罪刑法原则上不予处罚，两者之间存在重大的差异。而此说认为故意与过失只存在认识层面的程度之差，这是致命的缺陷。⑥ 第二，“可能性与盖然性”的区别是不明确的，其标准实际上不过只有量上的区别。⑦ 对此，也有学者反驳说，只要将盖然性理解为按照普遍的法益尊重的感觉达到应当停止这种行为的程度的可能性，那么基准就是明确的。而恰恰是容认说自身认为在没有盖然性的认识的情况下也可以认可故意的成立，其判断缺乏客观性与合理性。⑧ 与此相比，盖然性说的“误差”更

---

① ［日］山中敬一：《刑法总论》（第3版），成文堂2015年版，第329页。
② ［日］立石二六编著：《刑法总论30讲》，成文堂2007年版，第153页。
③ ［日］齐藤信治：《刑法总论》，有斐阁2003年版，第107页。
④ ［日］山中敬一：《法学院讲义　刑法总论》，成文堂2005年版，第132页。
⑤ ［日］前田雅英：《刑法总论讲义》（第4版），东京大学出版会2006年版，第207页。
⑥ ［日］立石二六编著：《刑法总论30讲》，成文堂2007年版，第153页。
⑦ ［日］中山研一：《口述刑法总论》（补订版），成文堂2005年版，第215页。
⑧ ［日］齐藤信治：《刑法总论》，有斐阁2003年版，第107页以下。

小。[①] 但也有学者认为，盖然性是高是低这种认识，不过是单纯的行为人在实施行为时在何种程度上将其考虑在内的征表而已，并不是构成要件的不法实现意思的内容。因此，难以认为盖然性说正确。

风险理论也是在可能性说的基础上发展出来的理论。它认为，如果行为人的某个决定与法秩序的风险原则不相容，就表明其有意地设置不被允许的风险，应当认定为故意，即“一个人在认识了行为构成性的风险时进行行为的，是故意的行为”。[②]“按照这种观点，从能具有某种特定的故意危险（VorsMzgefahr）的行为情状中，行为人必须同时判断出，在这种情状中，并不存在过失。所谓故意危险，是指对某种风险的设想。具体来说，在正常情况下，创设该种风险可以引发结果，因而，如果谁有意地设置这种风险，那么人们就只能认为，他做出了侵犯法益的决定的表示。这意味着行为人预见结果所凭借的那些事实情状，必须同时在客观上也是能够有效地引发结果的、公认的事实前提。因而，如果行为人有意识地创设这样的一种故意风险，那么他便是间接故意的。”[③]

风险理论与可能性说的主要不同在于，它并不像后者一样建立在行为人对危险的判断上，而是建立在客观的风险原则之上，并遵照这种原则来评判行为。在这里需要注意的是，可能性说也是按照客观的标准来衡量行为人的判断的。具体而言，这一理论要求：行为人在实施相应行为时，也需要基于事实的判断根据，认为从该种事实根据中是可能具体地实现某个构成要件的。所以，如果行为人超乎寻常地小心谨慎，那么，不管按照何种观点，在他的行为中，就都不成立故意了。因此，风险理论可以理解为是对于可能性说的进一步的发展。“风险理论”努力追求在客观归属的术语中来理解故意的对象（亦即对于实现某个构成要件的设想）。如果某个不容许的风险会在结果中实现，而创设这样一种风险就代表着客观归属中不法的成立，而同时，若人们（在既遂的故意犯中）还想使行为的客观方面与行为的主观方面实现对应，那么，对于被人们认定成是“特定的不容许风险之创造”的相应案件事实情况，行为人必须认识和设想到。所以，如果行为人根据他自己对于相应的行为情状和因果上的合乎法律性的判断，从而知道他的行为正体现了实现某犯罪的构成要件的具体风险的创造，那么，他的行为就是故意的。[④]

风险理论被认为可以很好地说明为什么故意行为在原则上需要受到比过失更重的刑罚处罚：故意的行为人在实施行为时，就认为某构成要件之实现的具体风险已经存在，而过失的行为人则不然，他是由于不够谨慎因而未能认识到他所创设的危

---

① ［日］前田雅英：《刑法总论讲义》（第4版），东京大学出版会2006年版，第285页。

② 参见［德］克劳斯·罗克辛：《德国刑法学总论》（第1卷），王世洲译，法律出版社2005年版，第302页注97。

③ ［德］乌尔斯·金德霍伊泽尔：《刑法总论教科书》（第6版），蔡桂生译，北京大学出版社2015年版，第144页。

④ 参见［德］乌尔斯·金德霍伊泽尔：《刑法总论教科书》（第6版），蔡桂生译，北京大学出版社2015年版，第144~145页。

险的范围和程度。这样，故意的行为人虽然明明知道结果发生的具体风险，而且他不相信构成要件的不实现（过失行为人则是错误地估算了相应的案件事实情况，从而相信构成要件不会实现），却仍然继续行事。因而，这表明，较之于过失犯罪，故意犯罪在法忠诚上的赤字更为严重。①

风险理论建立在可能性说的基础之上，因而仍然排斥意思的因素，其在这一点上受到批评。“……不愿意让存在于行为人自己态度中的意愿性因素作为这种因素来使用，而是——与可能性理论的代表人物相类似——在自己的风险意识的概念中加以接受时，这就仅仅是一种（矫揉造作的）概念性变换，对两种方案的相互一致性不会有任何事实上的改变。”②

二、希望说与容认说

希望说认为，成立故意需要行为人对构成要件结果的发生持意欲或者希望的态度。这是希望主义的原本形态。但现在绝大多数学者认为，本说不承认作为不确定故意的未必的故意，将有未必认识的情况基本都视为有认识的过失，这是不合适的。

容认说认为，故意的成立不仅需要有对结果的预见，而且还必须容认、认可、忍受该结果的发生。这一学说是基于意思主义的立场，将容认、认可等意欲的要素作为重点，来考虑故意内容的立场。本说认为应尽可能地排除“希望”这种情绪性的评价要素，是现在日本的通说。

容认说在知的要素之外还要求情绪的、意欲的要素，因而被不少学者认为是正确的学说，值得提倡。③ 但容认说内部又存在两种观点：一是要求具有积极的容认，即发生结果也没有关系的立场；④ 二是认为只要有消极的容认，即结果的发生是没有办法的或即使发生也不介意的立场。⑤ 积极的容认说在德国也有类似观点，即如果行为人对于构成要件的实现具有明确的认识的话，也就是假定其具有确定的故意的话，还是否会实施同样的行为，以此为基准进行判断，如果得出可能的结论，就存在积极的容认。这被称为弗兰克公式（第一公式）。消极的容认说认为对于附随发生的结果持无关心的态度时就存在故意。无关心说就是如此。

对于容认说也存在以下批评意见：第一，在实务上判断是否存在容认这种内在的心理状态是非常困难的。第二，容认说只强调心理的容认，在认识到结果发生的盖然性很低的情况下实施行为的，只要有容认也被认为存在故意，这会导致故意的成立范围过广；相反，尽管认识到结果发生有高度的盖然性，但只要没有容认就否

---

① ［德］乌尔斯·金德霍伊泽尔：《刑法总论教科书》（第6版），蔡桂生译，北京大学出版社2015年版，第148页。

② ［德］克劳斯·罗克辛：《德国刑法学总论》（第1卷），王世洲译，法律出版社2005年版，第302~303页。

③ ［日］团藤重光：《刑法纲要总论》，创文社1990年版，第295页。

④ ［日］团藤重光：《刑法纲要总论》，创文社1990年版，第296页。

⑤ ［日］小野清一郎：《新订刑法讲义总论》，有斐阁1950年版，第153页。

定故意，这意味着意思没有反映在行为之中，而仅是以单纯的希望作为判断基准。①第三，所谓容认，实际上是“情绪的附随物”而不是意思的要素。“即使认为成立故意需要有意思的要素，但实施行为的意思已经是意思的要素，在此之外不应再要求意思的要素……这种超越行为意思的‘意思的要素’不过是单纯的情绪的要素。由此来决定故意的有无，可能会导致不管认识的内容如何而仅以‘不介意他人之事的恶的性格’为根据认定故意的成立。”② 第四，考虑周到的人可能负重的责任，不作什么考虑的人几乎可能不负责任，这是不合适的。③

三、实现意思说

实现意思说主张将实现结果的意思（实现意思）与避免结果的意思（避免意思）加以对比，看到底具有哪种意思来区分未必的故意与有认识的过失。这种见解由韦尔策尔、考夫曼等持目的行为论的学者所提倡，④ 后来影响逐渐扩大。

实现意思说的出发点是通过否定作为责任要素的故意从而排除故意中的情绪的要素，只承认作为构成要件的故意，将故意理解为实现意思。“实现意思说将故意的内容理解为实现意思，以对所发生的结果是‘认真地考虑’、‘计算进去’还是只是轻率地‘信赖’结果不会发生为区分标准。也就是说，将构成要件结果的发生计算在内，认真地加以考虑的场合是未必的故意，只是单纯地‘信赖’结果不会发生的场合是有认识的过失。”⑤

考夫曼认为，在行为人认识到结果发生的可能性的场合，行为人具有避免结果发生的控制的意思，就不是未必的故意。也就是说，行为人在实施可能导致结果发生的行为时，为了避免已经认识到的有可能会发生的附随结果而采取了避免措施的时候，就是有认识的过失。与此相对，不采取反对措施任其发生，甘受这种结果的，是故意。考夫曼的学说认为没有投入避免意思的是未必的故意，因而又被称为避免意思不投入说。⑥

实现意思说在日本也得到了不少学者的支持与完善。例如，高桥则夫认为，“有必要在构成要件的故意（违法故意）的层面上考虑故意的认识要素与意思要素的相互关系。在这个意义上，存在操纵指向结果发生的行为的实现意思的场合即肯定故意的实现意思说是妥当的。实现意思是指，预见到朝向结果发生的因果经过，实现所意图的结果，避免非意图的附随结果而实施适当手段的行为的统制意思。作为实现意思的下位规范，有：①所认识事实的实现可能性程度，②实现计划的意思

---

① ［日］山中敬一：《刑法总论》（第 3 版），成文堂 2015 年版，第 331 页。

② ［日］山口厚：《刑法总论》（第 2 版），有斐阁 2007 年版，第 198~199 页。

③ ［日］川端博：《从疑问开始的刑法Ⅰ》，成文堂 2006 年版，第 67 页。

④ ［日］中义胜：《讲述犯罪总论》，有斐阁 1980 年版，第 113 页；［日］川端博：《刑法讲话Ⅰ总论》，成文堂 2005 年版，第 107 页。

⑤ ［日］川端博：《刑法讲话Ⅰ总论》，成文堂 2005 年版，第 107 页。

⑥ ［日］山中敬一：《刑法总论》（第 3 版），成文堂 2015 年版，第 331 页。

的存否与程度，③将结果纳入算计的意思的存否与程度，④避免结果发生的意思的存否与程度，⑤结果避免措施的存在与程度，等等。”①

山中敬一以实现意思说为基础，提出了所谓实现意思形成说，即作为出发点而言，实现意思说基本上是妥当的。“这里的实现意思，是指预见到朝向结果发生的因果经过，实现所意图的结果，避免非意图的附随结果而投入适当手段的对自己行为的操纵意思。在操纵指向法益侵害结果的行为的实现意思形成时，就认可存在未必的故意。实现意思的有无，不是单纯的情绪的意欲，而是以认识的、知的要素为前提，视其将对客观的危险的认识在何种程度上真挚地计算进行为形成之中，在何种程度上相信能避免法益侵害结果来加以判断。是否存在这种指向法益侵害行为的实现意思的形成，是故意和过失的分水岭。这种观点可以命名为实现意思形成说。”② 据此，在结果发生的盖然性高的场合，如果行为人对之有认识且没有确实能避免结果发生的自信而实施行为，那么就具有实现意思的形成，不能否定未必的故意。在结果具有发生可能性时，将这种可能性真挚地加以计算而形成实现意思，也具有未必的故意。反之，尽管认识到结果发生的高度的盖然性，但行为人具有凭自己驾驭行为的能力能够避免结果发生的自信，就不具有实现意思的形成。这种自信，不是指单纯的“愿望”，而是现实投入的避免意思。

考夫曼的实现意思说也受到一些批评。例如，中义胜指出，“即使行为人采取了避免措施，但并没有仅此就一定能够避免结果发生的自信时，认定为过失是不正确的。只有在确信能够避免的情况下才能否定未必的故意”。③ 金德霍伊泽尔认为，“这种理论的合理之处在于，如果某个人努力避免某事，那么代表他不想促成此事。但是，反过来说，如果某个人不想避免某事，那么也不代表他因此就想促成此事……因此，对于如何使得间接故意的内容更为精确化而言，‘避免理论’并没有任何优于‘可能性理论’的积极贡献；‘避免理论’只是从消极的方面表述了不成立故意的一种情形”。④ 罗克辛也认为，“人们从考夫曼的标准中，没有得到比一种（可以驳倒的）标志更多的东西。一方面人们经常在没有使用特别的谨慎规则时，就轻率地相信自己的幸运之星（请想想这种案件，把没有熄灭的烟头扔在容易起火的东西上面!）；另一方面，在行为人自己不相信自己努力的结果而仍然继续行为之处，所使用的努力也不能排除故意。因此……就存在着这种情况：行为人对自己的抑制力进行了‘分配’，并且用这种方式希望：自己在下一步中认真算计过的被害人的死亡，是能够避免的。这种抑制力不能解除故意行为的谴责：对考虑了相反因素的人，尽管算计到50%很可能会失败，也只能作这样的处理：他从一开始就对行为构成的实现作了50%的有成功可能的估计，并且通过自己的行为表明：他没有能

① ［日］高桥则夫：《刑法总论》（第3版），成文堂2016年版，第179~180页。

② ［日］山中敬一：《刑法总论》（第3版），成文堂2015年版，第332~333页。

③ ［日］中义胜：《讲述犯罪总论》，有斐阁1980年版，第112页以下。

④ ［德］乌尔斯·金德霍伊泽尔：《刑法总论教科书》（第6版），蔡桂生译，北京大学出版社2015年版，第145页。

够放弃自己的计划”。[①] 换言之，罗克辛也认为，行为人即使投入了避免意思，采取了避免措施，但计算后认为只有50%成功率的行为人，与一开始就认为结果发生只有50%概率的行为人相比，并没有给予有利处理的必要。

四、动机说

动机说重视行为人的认识对于行为动机形成过程的影响。此说认为，行为人尽管认识到结果会发生但并未由此产生停止该行为的动机（反对动机）而仍然实施行为，就存在故意。[②] 也就是说，行为人如果认识到会发生某种结果，就直接面对禁止实施该行为的刑法规范，此时行为人可以选择不实施该行为（能够形成反对动机）。如果行为人仍然选择实施能够引起该结果的行为，就意味着行为人存在犯罪故意。此说的特征在于将“认识与意思决定相联系”，并将其作为故意的根据。

动机说也衍生出不同的形态，如有的学者从容认说的角度来提倡动机说，即通过对结果发生的认识能否成为抑制行为的动机来说明容认的心理构造。[③] 也有的学者从盖然性说和容认说两方面来提倡所谓动机控制说，即认为故意的本质是尽管认识预见到了该当构成要件的违法事实，但仍然不控制构成要件的实现这种主观的态度。[④]

对于动机说的主要批评是：将动机形成过程作为问题不当地介入到人的相当内心的部分；而且，动机说是基于将故意定位为责任要素的观点所提出的学说，从构成要件要素说的观点来看，在事实故意之中掺入责任非难的要素，与构成要件故意的内容不相容。[⑤]

第四节　故意的种类

根据不同的标准，可以对故意进行不同的分类。由于各国情况不同，各国刑法学者对故意的分类也不尽一致。例如，德国学者冈特·施特拉藤韦特、洛塔尔·库伦等将故意分为直接故意、间接故意与附条件的故意三种。[⑥] 俄罗斯学者斯库拉托

---

① ［德］克劳斯·罗克辛：《德国刑法学总论》（第1卷），王世洲译，法律出版社2005年版，第300~301页。

② ［日］平野龙一：《刑法总论Ⅰ》，有斐阁1972年版，第188页；［日］曾根威彦：《刑法总论》（第4版），弘文堂2008年版，第166页；［日］中山研一：《刑法总论》，成文堂1982年版，第365页；［日］大谷实：《刑法讲义总论》，黎宏译，中国人民大学出版社2007年版，第155~156页。

③ ［日］井上正治：《过失犯的构造》，有斐阁1958年版，第140页。

④ ［日］庄子邦雄：《刑法总论》（第3版），青林书院新社1996年版，第348页。

⑤ ［日］川端博：《从疑问开始的刑法Ⅰ》，成文堂2006年版，第68页。

⑥ ［德］冈特·施特拉藤韦特、洛塔尔·库伦：《刑法总论Ⅰ——犯罪论》，杨萌译，法律出版社2006年版，第127页。

夫等将其分为直接故意与间接故意、临时故意与预谋故意、确定故意与不确定故意、可选择故意。[①] 意大利学者杜·帕多瓦尼将其分为开始故意、伴随故意与事后故意，实害故意与危险故意，一般故意与特殊故意，直接故意与可能故意、选择故意。[②] 法国学者卡·斯特法尼等将其分为一般故意与特定故意、单纯的故意与情节加重的故意、确定的故意与不确定的故意、直接故意与可能故意。[③] 他们的分类有同有异，可以互相补充，使故意的分类更趋完善。

一、侵害故意与危险故意

侵害故意与危险故意，与危险犯中的故意和侵害犯中的故意相对应。侵害故意是以一定的法益侵害为故意的对象，危险故意是以一定的法益侵害的危险为故意的对象。

具体的危险犯中的危险故意，当然有必要认识或预见到具体的危险。抽象的危险犯中的危险故意，存在以下不同学说：（1）危险的发生不是构成要件要素，所以只要对其他的构成要件要素有认识就足够。（2）抽象的危险犯是以没有达到具体的危险程度的漠然的危险作为要件，所以危险故意也与之相对应。（3）抽象的危险犯中也有必要发生与具体的危险同样的危险，但其发生是法律上的推定。危险故意则不是推定，而以对具体的危险的故意为必要。[④]

关于未遂犯的故意，有的观点将其理解为以作为结果的危险发生为必要的犯罪，所以只要有危险故意就够了。[⑤] 有的学者则认为，未遂犯的故意不仅需要危险故意，还要求侵害故意。[⑥]

二、确定的故意与不确定的故意

（一）确定的故意

确定的故意，是指认识到一定的行为事实或一定的结果发生是确实的，或者认识到其高度的盖然性。当然，对于将来发生的事实的认识要做到完全确实，的确是很罕见的。因此，理论上一般认为，只要具有高度的盖然性，就可以说有确定的故意。[⑦] “具有引起该当构成要件的结果的意图、目的，通常就被认为有确定的故意。

① ［俄］斯库拉托夫等主编：《俄罗斯联邦刑法典释义》（上册），黄道秀译，中国政法大学出版社2000年版，第49页。

② ［意］杜里奥·帕多瓦尼：《意大利刑法学原理》（注评版），陈忠林译，中国人民大学出版社2004年版，第191~192页。

③ ［法］卡·斯特法尼等：《法国刑法总论精义》，罗结珍译，中国政法大学出版社1998年版，第259页。

④ ［日］山中敬一：《刑法总论》（第3版），成文堂2015年版，第322页。

⑤ ［日］平野龙一：《刑法总论Ⅰ》，有斐阁1972年版，第310页。

⑥ ［日］山中敬一：《刑法总论》（第3版），成文堂2015年版，第323页。

⑦ ［日］山中敬一：《法学院讲义　刑法总论》，成文堂2005年版，第152页。

但即使没有意图、目的，也可能有确定的故意。例如，以骗取火灾保险金为目的秘密地在自家放火，知道有老人在家睡觉而仍然实施放火行为导致老人死亡，尽管没有杀人的目的，但仍然具有杀人罪的确定的故意。”①

一般而言，构成要件的故意只需要是不确定的故意就已足够，但对于某些犯罪而言，例外地以确定的故意为必要。例如，要成立虚假告诉罪的故意，需要行为人认识到申告事实的虚伪性。而对这种虚伪性的认识，只有未必的认识是不够的，还需要对事实的虚伪性有确定的认识。②

（二）不确定的故意

不确定的故意，是指认识到犯罪的实现是不确定的。这种不确定的故意，又可以分为概括的故意、择一的故意和未必的故意。

1. 概括的故意。

概括的故意，是指行为人认识到结果发生是确实的，但结果发生的对象不特定，即对象的个数以及哪个对象发生结果是不确定的情况。例如，向一群人投掷炸弹的情况就是如此。对于这种情况，德、日刑法理论一般认为，行为人对于死亡者承担故意杀人既遂，对于负伤者以及虽未负伤但具有致死的具体危险的人承担故意杀人未遂的责任。

2. 择一的故意。

择一的故意，是指确实会针对数个对象中的某一个对象发生结果，但究竟是谁不确定的情况。③ 例如，意图杀死 10 名来客中的 1 人而向 10 个咖啡杯中的 1 个下毒，然后提供给客人，但究竟哪一杯有毒，谁会喝下有毒的咖啡都不清楚的情况就是如此。此外，当这种对象涉及不同的构成要件时，也被认为属于择一的故意。例如，出于伤害的故意向站在窗前的人扔石头，行为人也认识到可能会砸坏玻璃，但认为怎么样都行的情况。

对于择一的故意应如何处理，理论上的看法不尽一致。首先，对于同一构成要件内的择一的故意。第一种观点认为，只对发生结果一方才认可故意的成立。以上述咖啡下毒案为例，这种观点认为，“如果以客人准备喝咖啡的时点作为实行着手的时点的话（我就是这样认为的），那么在这个时点具有致死的具体危险的只有死亡的客人 1 人，所以对其余 9 人不成立杀人未遂。此前的阶段虽然存在预备罪的个数问题，但由于行为人只有杀 1 人的目的，所以还是应当认为只成立一罪”。④ 第二种观点认为，应对所有的对象都存在故意。上例中对死亡者成立故意杀人既遂，对

① ［日］浅田和茂：《刑法总论》（补正版），成文堂 2007 年版，第 300 页。

② ［日］大塚仁等编：《大注解刑法》（大コンメンタール刑法）（第 3 卷）（第 2 版），青林书院 1999 年版，第 144 页。

③ 现在的德国刑法认为择一的故意，是指确实不知道会实现复数的不同的构成要件中的哪一个的情况。例如，确实不知道某一财物是存在占有者还是占有脱离物的情况，或者以打中窗子前站立的人或打破玻璃都可以的意思扔石头的情况。

④ ［日］浅田和茂：《刑法总论》（补正版），成文堂 2007 年版，第 301 页。

其他人成立故意杀人未遂。[①] 其次，对于不同构成要件的择一的故意。第一种观点认为，“由于原本就存在两种不同的故意，所以应认为对实现的结果成立既遂，对未实现的成立未遂”。[②] 第二种观点认为，只应当承认对实现一方的故意。但也有学者批评这种观点说，如果双方构成要件都没有实现的话，那么就无法确定对哪一方具有故意。[③]

3. 未必的故意。

未必的故意，是指认识到结果发生本身不是确实的，而是有可能发生且并不属于有认识的过失的情况。

对于是否有必要划分概括的故意、择一的故意和未必的故意，学术界也有不同看法。一种观点认为，概括的故意与择一的故意的场合都存在未必的故意，因而这两个概念是没有必要存在的。“从概念上说，未必的故意是探讨针对数个对象、结果的发生是否不确实的问题。而概括的故意与择一的故意，是行为对象的特定性的问题。如果用未必的故意的概念来说明概括的故意与择一的故意的事例的话，那么每一个行为对象是否存在未必的故意就是一个问题。因此，在存在概括的故意的场合，也会存在未必的故意，所以在理论上使用概括的故意的概念并没有特别的意义。因为针对哪个对象发生结果是不确实的问题，就是关于该对象是否存在未必的故意的问题。择一的故意的概念，如果采用后述的‘数故意说’的话，行为对象的数量就不会左右故意的个数，数个对象都存在故意，因此这一概念就是没有意义的。而如果采用择一的故意说的话，结论也是任何一方都存在未必的故意，这一概念也没有特别的价值。”[④] 另一种观点则认为，“概括的故意与择一的故意都涉及结果确实会发生的情况，与未必的故意属于不同的问题领域，因而具有独立论述的意义”。[⑤]

三、事前的故意、事后的故意、附条件的故意

（一）事前的故意与事后的故意

事前的故意与事后的故意是德国刑法提出的概念，但传到日本后产生了不同的理解。

1. 第一种理解。

这种观点认为，故意必须是正犯在实施实行行为时所具有的主观心态。因此，实行行为之前的所谓事前的故意与实行行为终了之后的所谓事后的故意，都不是刑

---

① ［日］西田典之：《日本刑法总论》，刘明祥、王昭武译，中国人民大学出版社 2007 年版，第 170 页。

② ［日］山中敬一：《法学院讲义　刑法总论》，成文堂 2005 年版，第 152 页。

③ ［日］佐伯和也：《关于择一的故意》，载《关大法学论集》2004 年第 4、5 合并号，第 308 页以下。

④ ［日］山中敬一：《刑法总论》（第 3 版），成文堂 2015 年版，第 323~324 页。

⑤ ［日］浅田和茂：《刑法总论》（补正版），成文堂 2007 年版，第 301 页。

法上的故意。这种理解是德国学者对于事前的故意与事后的故意所采用的理解。①在日本也有木村龟二、山中敬一等少数学者持这种观点。

例如，行为人原计划首先威胁对方，在对方不妥协的情况下再枪杀他。但在掏枪准备实施威胁行为时，不小心扣动扳机将对方打死的情况，就仅是事前的故意。由于不具有实行行为的故意，所以行为者只承担过失致人死亡罪的责任。然而，故意也并不需要必须存在于实行行为的始终。只要在实施导致结果发生的必要且重要部分时具有故意即可。因此，行为人为了杀死对方而安置炸弹，即使在爆炸前放弃了杀害的故意或者在爆炸瞬间处于睡眠状态，也成立故意犯。由于过失致使他人遭受足以致死的重伤的行为人，在实行行为终了之后到死亡之前，即使希望被害人死亡，也仅是事后的故意。当然，如果后面的行为构成不作为犯的话，则另当别论。而结合犯，如以暴力、胁迫行为与夺取行为两个行为的实施为必要的强盗罪，有必要对两个行为都具有强盗的故意。②

2. 第二种理解。

这种观点将事前的故意等同于韦伯的概括故意，事后的故意视为不作为犯中的故意。③ 这是现在日本刑法学的通说。具体而言：

事前的故意，是指行为人误以为第一个行为已经完成了犯罪，为了防止他人发觉或出于其他目的，而实施第二个行为，实际上是第二个行为才导致行为人所预期的结果，也被称为韦伯的概括故意。例如，甲以杀人故意勒乙的脖子，致乙休克，甲误认为乙已死亡，为了消灭罪迹，甲将乙扔入河中，实际上乙是被淹死的。这种情况通常被作为因果关系的错误来处理。

事后的故意，是指行为人没有故意地实施了特定行为之后，才产生了故意，其后放任事态自然发展，导致了结果的发生。例如，医生开始动手术后，对患者产生了杀意，中途停止手术放置不管，导致患者死亡。

3. 第三种理解。

这种观点对于事后的故意的理解与第二种观点相同。但认为应区分事前的故意与韦伯的概括故意。认为所谓事前的故意，是指“事前认识到犯罪整个的事实而实施行为的场合”。④

有的学者从第一种理解出发，认为“后两种观点都是不对的（事前的故意与事

---

① ［德］克劳斯·罗克辛：《德国刑法学总论》（第1卷），王世洲译，法律出版社2005年版，第311~312页。

② ［日］山中敬一：《刑法总论》（第3版），成文堂2015年版，第325页。

③ ［日］高桥则夫：《刑法总论》（第3版），成文堂2016年版，第188页；［日］大塚仁：《刑法概说（总论）》（第4版），有斐阁2008年版，第186页；［日］前田雅英：《刑法总论讲义》，东京大学出版会2006年版，第205页；［日］佐久间修：《刑法讲义（总论）》，成文堂1997年版，第104~105页。

④ ［日］川端博：《刑法总论讲义》（第2版），成文堂2006年版，第185页；［日］大谷实：《刑法讲义总论》，黎宏译，中国人民大学出版社2007年版，第157页。

后的故意）。这一概念指的是实行前或者实行后的‘故意’，即不存在故意的情况……这一概念是德国刑法所展开的概念，恣意地加以变更而使用会带来混乱”。[①]

（二）附条件的故意

附条件的故意，在德国被称为附条件的行为意思。德国学者认为附条件的行为意思有三种不同的含义：其一，还没有下决意的状态（所以不是故意）；其二，行为的决意依存于假定的事实的状态（具有故意）；其三，保留中止的决意的状态（具有故意）。日本则一般从后两种含义的角度去理解附条件的故意。由于第一种情况并非故意，所以这里也只论述后两种情况。

1. 第一种理解。

这种观点认为，所谓附条件的故意，是指“犯罪的实行与一定的条件相联系的情形”[②] 或“实行犯罪的意思虽然是确定的，但其实行与一定的条件相关的情形”。[③] 例如，作好杀死对方的准备，如果与对方协商不成功就杀死对方的情况就是如此。

对于这种理解，有的学者认为它不过意味着实行着手之前的“故意”，[④] 而且有可能包含前述第一种理解的“事前故意”的情况，是不妥当的。例如，“明天如果下雨就去偷伞”这种想法，虽然也意味着犯罪的实行与一定的条件相联系，但却不应当认为是附条件的故意。[⑤]

2. 第二种理解。

这种观点认为，附条件的故意应当是指在实施共犯行为、预备行为或者实行着手之时，是否还需要自己实施一定的行为与一定的条件相联系的情况。它主要涉及结合犯、预备罪与共谋共同正犯的问题。例如，甲与乙共谋抢劫丙，由乙实施抢劫行为，并约定好如果丙进行激烈反抗的话就杀死丙。结果由于丙抵抗激烈，乙杀死了丙。对此，日本判例指出：“谋议的计划内容中，即使需要一定的情况发生才杀害被害人，但实行这一杀害计划的被告人的意思本身是确定的，由于被告人容认杀害被害人的结果，所以被告人的故意成立。”[⑥]

---

① ［日］山中敬一：《刑法总论》（第 3 版），成文堂 2015 年版，第 325 页。

② ［日］大塚仁：《刑法概说（总论）》（第 4 版），有斐阁 2008 年版，第 185 页。

③ ［日］前田雅英：《刑法总论讲义》（第 4 版），东京大学出版会 2006 年版，第 209 页。

④ ［日］堀内捷三：《关于行为意思与故意的关系》，载《警察研究》第 55 卷第 8 号，第 60 页。

⑤ ［日］山中敬一：《法学院讲义　刑法总论》，成文堂 2005 年版，第 153 页。

⑥ 日本最高法院 1984 年 3 月 6 日判决，载《最高裁判所刑事判例集》第 38 卷第 5 号，第 1961 页。

第十三章　过失理论的演变

第一节　过失犯概述

一、过失的概念

什么是过失，部分国家的刑法典明确作了规定。例如，《瑞士刑法典》第 18 条规定：“（3）行为人由于违反义务过失地未考虑行为之结果，或者对行为之结果未加注意者，是过失犯罪。根据当时的情形和个人情况，行为人应当注意但未加注意的，即为过失。”《奥地利刑法典》第 6 条规定：“（1）根据其精神和身体状况，应当注意而未注意，因此未认识到他可能实现与法定构成要件相适应的案件事实的，是过失行为。（2）虽认识到可能实现与法定构成要件相适应的案件事实，但不想实现与法定构成要件相适应的案件事实的，同样是过失行为。”《意大利刑法典》第 43 条第 1 款规定：“当行为人虽然预见到结果，但不希望其发生，该结果因疏忽、轻率、无经验或者未遵守法律、规章、命令或纪律而发生时，重罪是过失的或者违背意愿的。”

此外，德国、日本等很多国家的刑法典没有对过失下定义，而交由理论研究去加以解决。德国学者耶赛克等认为：“由于违反注意义务实现刑法规定的构成要件，且违反义务没有认识到会发生构成要件结果，或者虽然想到会发生构成要件结果，但违反义务地相信，此等结果将不会发生，行为人的行为是过失行为。因此，过失并非故意的减轻的形式，而是与故意不同的概念。”① 日本学者则多认为，所谓过失，是指“应当认识到符合一定构成要件的事实的发生且法律上要求其加以避免，因为不注意（也就是违反注意义务）而导致发生这样的事实的情况”。②

与故意的规定方式相同，关于过失的两种立法例也各有短长。明文规定过失的概念避免了理论上不同学说的争论对司法实践所造成的困扰。但法定化的规定方式一则容易落后于时代的发展，二则受立法技术所限，法条的概括也未必准确。例如，

---

① ［德］汉斯·海因里希·耶赛克、托马斯·魏根特：《德国刑法教科书（总论）》，徐久生译，中国法制出版社 2001 年版，第 675~676 页。

② ［日］中山研一：《刑事法小辞典》，成文堂 1996 年版，第 29 页。

意大利学者杜·帕多瓦尼就对本国刑法关于过失的规定持批评态度："因为，(1) 作为这个定义核心的否定性因素（'不是出于行为希望'的结果)，并非在所有过失罪中都存在（实际上有些过失犯罪也是纯粹的行为犯）……（2）在有些情况下，危害结果也可能是行为人希望发生的结果，法律之所以将这种情况规定为过失，是因为行为人实施行为时主观上有疏忽、不谨慎、无经验等原因。属于这类的情况有，各种排除犯罪性行为过失地超过了必要的限度……为了解决上述问题，有必要重构过失的概念，使之能够将所谓的'不纯正'过失也包括在内。从这个角度讲，可以将犯罪的过失定义为'缺乏任何构成犯罪故意的必要因素的情况'。"①

同样，刑法典不规定过失的定义，虽然为理论研究预留了较大的空间，但毕竟不利于司法标准的统一。

二、过失犯的例外处罚原则

人类社会从何时开始处罚过失犯罪，这从刑法史的角度来看是一个饶有兴趣的问题。一般认为，欧洲从罗马法时代开始就有处罚过失犯的规定，而中国处罚过失犯的历史可以追溯到周代，日本则是学习唐律之后制定了自己的处罚过失犯的规定。② 不过，真正近代意义上的过失犯规定则是资产阶级革命以后的产物了。

在历史上，过失犯主要涉及的是日常生活中由于不注意而引发火灾或对火药、枪支等处理不当而造成的人员死伤等偶发的、小规模的事件，因而多数可以通过民事赔偿等方式解决纠纷，只有在涉及重大法益侵害的情况时才例外地进行刑罚处罚。因此，刑法理论研究的焦点也集中在故意与过失的界限问题上（未必的故意理论)，过失与无过失之间的界限则不为人所关注。进入20世纪以后，随着高速交通运输的发展，过失犯大量增加，形式也多样化，刑法研究终于开始关注过失与无过失的界限，也就是过失的积极内容的问题。③"过失犯罪的实践意义，随着日益增多的技术化和由此产生的危险（尤其是在道路交通中，以及在生产和管理中)，呈现出跳跃式增长的态势；在所有的犯罪行为中，已经有大约一半是过失犯罪了。"④

尽管过失犯罪的数量和形态出现了大量的增长，但人们一般还是认为，故意犯罪是一种积极的反规范的行为，而过失犯罪则是消极的反规范的行为，两者之间在责任上存在差异。因此，各国刑法都普遍以处罚故意犯作为原则、以处罚过失犯作为例外。例如，《奥地利刑法典》第7条规定："（1）本法只处罚故意行为，但法律另有规定的除外。(2) 对行为后果的发生行为人至少有过失的，行为人始受处罚。"

---

① ［意］杜里奥·帕多瓦尼：《意大利刑法学原理》（注评版)，陈忠林译，中国人民大学出版社2004年版，第193~194页。

② ［日］大塚仁等编：《大注解刑法》（大コンメンタール刑法）（第3卷）（第2版)，青林书院1999年版，第277页。

③ ［日］浅田和茂：《刑法总论》（补正版)，成文堂2007年版，第335页。

④ ［德］克劳斯·罗克辛：《德国刑法学总论》（第1卷)，王世洲译，法律出版社2005年版，第712页。

《德国刑法典》第15条规定："本法只处罚故意行为，但明文规定处罚过失行为的除外。"《日本刑法典》第38条第1款也规定："没有犯罪故意的行为不处罚，但法律有特别规定的，不在此限。"

一般而言，过失犯的处罚只限于法律有特别规定，不仅适用于刑法典，同时也适用于特别刑法与行政刑法。问题在于，如日本刑法典所使用的"法律有特别规定"，是仅限于法律的"明文"规定，还是也包括从法律的目的、精神所推导出的应当处罚过失犯的解释，或是还包括从各个法条的文理解释所推导出的应处罚过失犯的精神？

对此，大陆法系的刑法理论一般认为，刑法典中的过失犯必须有法条的明文规定。但刑法典以外的行政刑法所规定的犯罪，如果没有明文规定处罚过失，能否视为过失犯进行处罚，存在不同学说。

第一，积极说。该说认为，"法律有特别规定"指的是从法律的精神看认为其应当包含过失犯的情况。[①] 其理由是：（1）行政犯是国家为了实现行政目的而将违反行政管理法规的行为犯罪化；（2）法令对于从事一定业务或具有一定特殊地位的人往往规定特别的注意义务，如果懈怠了注意义务导致发生违反法令的状态，那么即使没有故意也应受处罚；（3）行政犯与刑事犯存在本质性差异。但这种观点也广受批评，因为：（1）这是行政优先、刑罚万能主义的反映，有无视国民人权之嫌；（2）根据罪刑法定主义，必须要有明确的构成要件规定才能对过失犯进行处罚，单纯的法律特别注意义务的规定并不能成为过失犯的处罚根据；（3）根据罪刑法定主义，无论是刑事犯还是行政犯都应当适用刑法关于犯罪与刑罚的基本原则，没有理由对行政犯作不同处理。更何况不少学者认为刑事犯与行政犯没有本质的差异，而只有违法的量上的差异或法益的区别。[②]

第二，消极说。该说认为，必须彻底贯彻罪刑法定主义，法条没有明文规定就不能处罚过失犯。[③] "只要行政犯也是'犯罪'，当然必须服从于刑法的基本原则……处罚没有明文规定的过失犯，是违反罪刑法定主义的，应当毫无例外地加以禁止。"[④] "立法者应当设置处罚过失犯的明确的规定，如果立法者懈怠于此，就应当自己承担司法判断拒绝处罚（过失犯）的危险。"[⑤]

第三，中间说。该说认为，即使法条没有明文规定，但如果根据对具体构成要件的文理解释认为它包含着处罚过失犯的意旨，就可以对过失犯进行处罚。[⑥] "对法

---

① ［日］美浓部达吉：《行政刑法概论》，劲草书房1949年版，第111~112页。

② ［日］大塚仁等编：《大注解刑法》（大コンメンタール刑法）（第3卷）（第2版），青林书院1999年版，第285页。

③ ［日］木村龟二著、阿部纯二增补：《刑法总论》，有斐阁1978年版，第79页；［日］山口厚：《刑法总论》（第2版），有斐阁2007年版，第225页。

④ ［日］浅田和茂：《刑法总论》（补正版），成文堂2007年版，第337页。

⑤ ［日］山中敬一：《刑法总论》（第3版），成文堂2015年版，第382页。

⑥ ［日］福田平：《全订刑法总论》（第4版），有斐阁2004年版，第124页。

律没有明文规定的过失犯能否进行处罚，最终应当对该行为的类型的意义、实现形态（通过过失行为来加以实施的情况是否较多）、规定该构成要件的法规的形式构造、法定刑，乃至该法规与其他法规的关联性等进行综合判断，看该构成要件能否被视为规定了过失行为来加以决定。”① 但也有学者批评此说“这一立场最终是根据综合的基准来对构成要件进行解释，但具体解决的标准不明确，是各种学说中结论最不一致的”。②

第二节 过失的理论

关于过失理论的争论，是刑法学理论中争论最激烈的领域之一。这种争论一方面涉及整个犯罪论的本质，促使人们重新思考构成要件、违法与责任论之间的关系；另一方面又直接与交通案件、公害案件、医疗事故等现代型犯罪现象相关联，对司法实务工作产生了巨大的影响。现在有影响的过失理论主要有以下几种。

一、旧过失论

旧过失论，也称传统的过失论。之所以被称为旧过失论，是由后述的新过失论者所取的名称。需要注意的是，虽是“旧”过失论，但现在也有不少支持者。

旧过失论认为，不需要在构成要件、违法性阶段区别故意与过失，故意与过失的区别只是在责任阶段，过失是与故意并列的责任条件或责任形式。过失与故意一样属于主观的心理状态。过失意味着行为人不注意的心理状态，而这种不注意是指违反注意义务。所谓注意义务，是指使自己精神紧张从而预见到结果发生的义务，它以结果的预见可能性为核心。在旧过失论看来，过失犯非难的根据在于，行为人尽管能够认识、预见到犯罪事实，但因为不注意而没有预见，因而也就没有采取避免结果发生措施导致结果发生。换言之，旧过失论是以结果预见义务为中心的过失论，把因不注意而没有预见结果解释为过失的本质。

在犯罪论体系问题上，旧过失论认为故意、过失都是责任形式，构成要件符合性、违法性阶段故意犯与过失犯则是共通的，因而是一种结果无价值论的学说。③

根据旧过失论，只要发生了某种法益侵害的结果，又能确定行为与结果之间的因果关系，就可以认为该行为“违法”。如果能够肯定行为人违反了主观的注意义务（有可能预见到法益侵害的发生），就可以追究行为人的“责任”，从而成立过失犯罪。对此，存在两点批评意见：

第一，仅因为引起了法益侵害的结果就将该行为认定为违法，是不合适的。例

① ［日］团藤重光编：《注释刑法》（2），有斐阁 1981 年版，第 311~312 页。

② ［日］大塚仁等编：《大注解刑法》（大コンメンタール刑法）（第 3 卷）（第 2 版），青林书院 1999 年版，第 291 页。

③ 参见［日］高桥则夫：《刑法总论》（第 3 版），成文堂 2016 年版，第 216 页。

如，甲照章驾车在绿灯时通过十字路口，而乙则闯红灯强行左转导致与甲的车相撞，乙当场死亡。按照旧过失论的体系，因为甲的行为与法益侵害结果有因果关系，所以不得不将甲的行为评价为违法，只是因为其没有结果发生的预见可能性所以不具有责任。但将遵守交通规则安全行驶的行为评价为违法，显然是不可思议的。①

第二，旧过失论认为只要法益侵害结果与行为人主观的不注意的心理态度之间具有因果关系，就成立过失犯。这是只将作为行为人"内心要素"的过失作为结果发生的原因，而完全没有考虑过失的"行为"的性质。②

考虑到上述批评意见，旧过失论的学者对自己的观点也作了部分修改，这就产生了修正的旧过失论。

修正的旧过失论一方面维持了过失属于责任要素这一基本的观点，另一方面纠正了传统的旧过失论完全不重视实行行为的观点。它重视过失犯的实行行为，并将其界定为"对于结果发生具有实质上不被允许的危险的行为"。过失犯的实行行为，属于构成要件符合性的问题，而结果的预见可能性，是有责性的问题。"（以前的观点）曾经完全不将实行行为性视为问题，而将所有与结果（发生）具有因果性的行为作为对象。但是，战后的旧过失论并不是原样维持、沿袭'仅仅重视作为责任要素的预见可能性的理论'，而是在预见可能性之外，还认识到了分析过失犯的实行行为的内容的必要性，通过'客观性预见可能性的存在'来限定过失的成立范围，将实质上不被允许的危险行为作为过失的实行行为。"③

对于修正的旧过失论，也有学者批评说，它在体系上的定位不明确，而且因没有区分过失和危险这两个概念而容易招致混乱。④

二、新过失论

新过失论是20世纪初登场、二战后进一步发展起来的一种理论。新过失论的特点有以下三点：（1）过失不只是责任的问题，同时也是违法性及构成要件的问题。⑤（2）将旧过失论以结果预见可能性为中心的过失概念变更为以结果避免义务为中心的过失概念。认为即使有预见可能性，但只要行为人履行了结果避免义务就不成立过失犯。新过失论将遵守"社会生活上必要的注意的行为"设定为标准行为，以此来设定结果避免义务，使之成为客观的注意义务。过失的违法要素就是违反这种客观的注意义务，即偏离了标准行为。由于过失是没有采取一定的避免措施，因而过失犯是不作为犯。相当于作为义务的结果避免义务在构成要件中没有规定，所以，

① ［日］井田良：《刑法总论的理论构造》，成文堂2005年版，第114页。
② ［日］川端博：《从疑问开始的刑法Ⅰ》，成文堂2006年版，第108页。
③ ［日］前田雅英：《刑法总论讲义》（第4版），东京大学出版会2006年版，第272页。
④ ［日］山中敬一：《法学院讲义 刑法总论》，成文堂2005年版，第192页。
⑤ ［日］山中敬一：《刑法总论》（第3版），成文堂2015年版，第388页。

过失犯的构成要件是开放的构成要件。[①]（3）新过失论重视医疗行为、交通运输行为的社会价值，通过缓和结果避免义务来限定过失犯的处罚范围。[②]

新过失论承认二重的过失，即构成要件符合性、违法性阶段的客观的过失（构成要件过失）和责任阶段的主观的过失（责任过失）。前者是以一般人、平均人为标准的客观的注意义务违反，后者是以行为人本人为标准的主观的注意义务违反。前者是确定不遵守客观上社会生活所必要的注意的行为，后者是判断行为人本人不注意的心理状态。[③]

新过失论中过失犯违法性的核心不求之于法益侵害，而求之于“偏离标准行为”，即违反结果避免义务，因而明显是基于行为无价值论的学说。[④]

新过失论产生的理论背景在于被允许的危险理论与信赖原则，它们一起发挥了将过失犯的成立限定在一定的合理范围的作用。[⑤] 但由于现在旧过失论等也都在适用被允许的危险理论与信赖原则，所以将在后文中再详述之。

三、新新过失论

20 世纪 60 年代后期，受公害、药害、企业灾害等现象的触动，新过失犯论内部出现了新的动向，即将此前新过失论所主张的处罚限定论调整为处罚扩张论。一方面，它将预见可能性的概念尽可能扩大，只要有某种程度的危惧感就够了；另一方面，它将结果避免义务通过设定社会必要的行为准则而客观化。这就意味着行为人只要违反了客观的行为准则就违反了结果避免义务，就属于违法行为。为了将这种学说与新过失论相区别，学者们一般将其称为危惧感说、不安感说或新新过失论。

新新过失论的理论特色有以下三点：（1）同新过失论一样，以结果避免义务作为过失犯的核心；（2）鉴于被害法益的重大性，非常严格地认定结果避免义务的内容，这与新过失论正好相反；（3）作为结果避免义务的前提，它不要求具体的结果预见可能性，而只要求有某种不安感、危惧感。如果从形式上理解过失犯论的构造，那么新新过失论属于新过失论的一种，但如果从实质上看，新新过失论则是与新过失论方向恰好相反的学说。[⑥]

新新过失论是以公害犯罪、大规模火灾、食品中毒、药害等现代型过失犯罪为模型所构建的过失理论。如果将这种理论应用于交通事故的处理，那么由于很容易

---

① ［日］前田雅英：《刑法总论讲义》（第 4 版），东京大学出版会 2006 年版，第 265～266 页。

② ［日］前田雅英：《刑法总论讲义》（第 4 版），东京大学出版会 2006 年版，第 266 页。

③ ［日］团藤重光：《刑法纲要总论》，创文社 1990 年版，第 314 页；［日］大塚仁：《刑法概说（总论）》（第 4 版），有斐阁 2008 年版，第 201 页。

④ ［日］中山研一：《口述刑法总论》（补订版），成文堂 2005 年版，第 245 页。

⑤ ［日］浅田和茂：《刑法总论》（补正版），成文堂 2007 年版，第 338 页。

⑥ ［日］前田雅英：《刑法总论讲义》（第 4 版），东京大学出版会 2006 年版，第 270 页。

认定存在危惧感，从而会极端地扩大过失犯的成立范围。[①] 有鉴于此，新新过失论的提倡者主张此说与追究企业干部过失责任的企业组织体责任论（即使各个行为者并没有过失，但只要认定企业组织体存在过失，就可以让其成员承担过失责任）一起使用；[②] 同时还主张此说只适用于现代型的过失犯罪，认为过失应符合生活关系的实际情况，即提倡所谓的“生活关系别过失理论”（按生活关系分类的过失论）。[③]

新新过失论自提出后受到了很多批评：第一，这是一种立足于行为无价值一元论的过失理论，使过失犯的处理接近于结果责任，违反了责任主义。[④] 第二，企业组织体责任论违反个人责任原则，而生活关系别过失理论则是一种过于随意的解释。[⑤]

从司法实践看，日本的法院实际上只有在森永牛奶案中采取过新新过失论。[⑥] 其后还有判决明确否定新新过失论。例如，札幌高等法院于 1976 年 3 月 18 日就医疗事故案件所作的判决指出：“对结果发生的预见，不能只是怀有内容不特定的、一般的、抽象的危惧感或不安感的程度，而意味着要对特定的构成要件的结果及其导致结果发生的因果关系的基本部分有预见。”[⑦]

值得注意的是，新新过失论毕竟是从新过失论发展起来的一种理论。新过失论将预见可能性定位于推导出结果避免义务的前提条件，即过失犯的核心内容是违反了结果避免义务的行为。但如果没有任何科以避免义务的契机的话，就不能被科以避免义务。因而作为科以结果避免义务的前提，就要求存在预见可能性。但是，如果只要是赋予结果避免义务的契机即可的话，就不会必然要求对构成要件该当事实存在具体的预见可能性。这是因为，如果对某种危险性有认识之可能，就完全有可能以此为契机而赋予结果义务。在此意义上，如果彻底贯彻新过失论的逻辑，势必

---

① ［日］山中敬一：《法学院讲义　刑法总论》，成文堂 2005 年版，第 191 页。

② ［日］藤木英雄：《刑法讲义总论》，弘文堂 1975 年版，第 249 页。

③ ［日］板仓宏：《刑法总论》，劲草书房 1994 年版，第 285 页

④ ［日］山口厚：《刑法总论》（第 2 版），有斐阁 2007 年版，第 227 页。

⑤ ［日］浅田和茂：《刑法总论》（补正版），成文堂 2007 年版，第 340 页。

⑥ 1955 年，森永乳业德岛工厂制造的奶粉中混入了砒霜，导致许多婴儿死伤（据称死者超过 110 人、患病者超过 1 万人）。这一事故发生的原因在于该工厂从 1953 年开始一直从有信用的药店购买一种叫作第二磷酸苏打的提高粉乳溶解度的安定剂，但在 1955 年 4 月至 7 月，该工厂从该药店购入了另一种含有砒霜的第二磷酸苏打“松野制剂”，从而导致事故发生。德岛地方法院基于新过失论，以制造方法本身不能生产出有害物质、信赖了药店等为理由，否定了工厂厂长、制造科长的过失责任。但高松高等法院认为“这种情况下的预见可能性不要求是能看到具体的因果关系的可能性，只要有达到某种虽无法特定但无法完全忽视危险存在程度的危惧感就够了”，从而认定制造科长成立业务上致死伤罪。参见［日］浅田和茂：《刑法总论》（补正版），成文堂 2007 年版，第 340 页。

⑦ 札幌高等法院 1976 年 3 月 18 日判决，载《高等裁判所刑事判例集》，第 29 卷第 1 号，第 78 页。

会走向危惧感说。[①] 因此，近年来日本主张新过失论的学者对危惧感说的主张进行重新评价绝非偶然。例如，高桥则夫认为“构成要件的结果，并不为过失犯中的行为规范奠定基础。因此，即使没有对结果的具体的预见可能性也可能肯定过失犯的行为规范违反，这种危惧感说的基本思路应该被评价为具有充分的理由。（抽象的预见可能性说这一名称或许是贴切的）”。[②] 井田良也认为，只要肯定预见可能性的法益关联性，就应当支持危惧感说。[③]

（四）三种过失理论的区别

以上三种过失理论各有特色，日本学者曾绘表罗列其区别：[④]

过失的意义	旧过失论	新过失论	不安感说
体系论	责任要素	违法要素	违法要素
注意义务	以预见义务为中心	以避免义务为中心	以避免义务为中心
预见可能性	具体的	（具体的）	不安感
处罚范围	—	限定	扩大

第三节　注意义务

一、注意义务的内容

过失，是指因不注意而没有认识到犯罪事实，注意义务是过失的核心概念。一般认为，注意义务包括结果预见义务和结果避免义务两个方面。所谓结果预见义务，是指应当预见的义务，也就是使精神紧张以预见到结果的义务；结果避免义务是以预见义务为前提，在预见到结果发生之时采取避免结果发生的行动的义务。[⑤] 但不同的过失理论对于注意义务的理解并不相同。总体而言，存在结果预见义务说、结果避免义务说以及将两者合并考虑的混合说之间的对立。[⑥]

1. 结果预见义务说。

结果预见义务说是旧过失论的主张。此说认为行为人尽管能够预见犯罪事实，但因为精神欠缺紧张导致没有预见，因此实施行为而发生结果，就值得进行刑法上的非难。对于结果预见义务说，新过失论者提出了以下批评：第一，过失犯中存在

① 参见［日］桥爪隆：《过失犯的构造》，载《法学教室》2014 年第 10 号。
② ［日］高桥则夫：《刑法总论》（第 3 版），成文堂 2016 年版，第 217~218 页。
③ ［日］井田良：《变革时代中的理论刑法》，庆应义塾大学出版社 2007 年版，第 154 页。
④ ［日］前田雅英：《刑法总论讲义》（第 4 版），东京大学出版会 2006 年版，第 270 页。
⑤ ［日］山中敬一：《法学院讲义　刑法总论》，成文堂 2005 年版，第 189 页。
⑥ ［日］曾根威彦：《刑法总论》（第 4 版），弘文堂 2008 年版，第 171 页

"有认识的过失"的形态，这种过失形态中的行为人已经尽了自己的预见义务。因此，认为过失的内容只有结果预见义务显然不能涵盖所有的过失类型。① 第二，坚持结果预见义务说的旧过失论认为，过失犯在构成要件符合性、违法性阶段与故意犯没有本质的区别，那么即使行为人履行了法律上所要求的注意义务而且结果的发生是不可避免的，最终其所产生的法益侵害结果还是会被评价为违法，这是不合适的。②

对此，结果预见义务说的学者也提出了自己的反驳：第一，有认识的过失虽然曾经预见到结果的发生，但很快因为不注意而将其打消，因而并没有充分尽到结果预见义务。而且，有认识的过失，虽然认识到结果发生的可能性，但并没有认识到该种情况下具体结果的发生，在这一点上与无认识的过失没有差异。③ 第二，从旧过失论所立足的结果无价值论来看，侵害法益的行为如果不存在其他优越的利益，那么即使是无过失（偶然或不可抗力）也是违法。如果认为无过失地侵害他人正当法益的行为合法的话，反而会带来不允许进行正当防卫的问题。④

不过，即使将注意义务的内容限定为结果预见义务，也不意味着违反预见义务马上就具有过失责任。由于过失是与故意相并列的责任非难的对象，履行了注意义务（结果预见义务）就能够预见到结果，预见到结果就可能认识到行为的违法性从而形成反对动机。这样的话，行为人尽管有可能因为认识到是违法行为而停止下来，但仍然因为不注意而没有停止。因此，结果预见义务在刑法上所具有的意义是形成反对动机的第一步。⑤

2. 结果避免义务说。

结果避免义务说是新过失论的主张。它认为结果避免义务（或同时包括结果预见义务）是注意义务的内容。所谓结果避免义务，是指应当采取适当措施避免特定结果发生的外部的、客观的义务。但这种观点也受到旧过失论者的批评。在旧过失论者看来，具有客观性的结果避免义务，原本是所有的结果犯，包括故意犯与不作为犯所共同的义务，而非过失犯所固有的义务。如果将结果避免义务纯粹理解为应采取外部避免措施的义务的话，就与不作为犯的作为义务没有区别了，而且也脱离了"注意"这一意味着使精神紧张的主观性用语的本意。

鉴于上述批评，新过失论中也有学者将结果避免义务的概念调整为"应当考虑采取结果避免措施的义务"，从而强调结果避免义务属于主观方面的义务。⑥

---

① ［日］西原春夫：《过失犯的构造》，载［日］中山研一等编：《现代刑法讲座》（第3卷），成文堂1979年版，第15页。

② ［日］井田良：《刑法总论的理论构造》，成文堂2005年版，第114页。

③ ［日］真锅毅：《现代刑事责任论序说》，法律文化社1983年版，第328页。

④ ［日］曾根威彦：《刑法的重要问题（总论）》（第2版），成文堂2005年版，第178页。

⑤ ［日］山口厚：《问题探究刑法总论》，有斐阁1998年版，第161页。

⑥ ［日］西原春夫：《刑法总论》（改订版）（上卷），成文堂1993年版，第198页。

二、预见可能性

无论是结果预见义务说还是结果避免义务说，都一致认为结果预见可能性是过失的成立条件。因为没有预见可能性，也就谈不上“应当预见结果发生”或“预见结果发生以后应当采取措施加以避免”。但是，由于以上两说对于预见可能性的作用理解不同，所以关于预见可能性的对象、程度、内容等也有不同见解。

1. 预见可能性的程度与内容。

关于预见可能性的程度，存在具体的预见可能性说和危惧感说两种不同的观点。

具体的预见可能性说是现在大陆法系的通说，无论是旧过失论还是新过失论都持这种观点。这是因为，对于旧过失论而言，它以结果预见义务为核心，预见可能性同过失的成立紧密相连。因此，它对预见可能性的内容和程度都提出了高度的要求。虽然不要求对因果系列的具体细节有预见可能性，但至少要对结果有相当程度的具体的预见。对于新过失论而言，它立足于结果避免义务说，虽然预见可能性只具有为选择结果避免措施提供标准的机能，但如果不以结果的具体的预见可能性为前提的话，就无法决定应当采取什么样的结果避免措施。

当然，新旧过失论对于预见可能性内容的理解还是存在区别的。旧过失论认为过失是与故意相并列的责任形式或要素，因此认为预见可能性是行为人如果使自己精神紧张就能够预见到结果的发生，即从主观上理解预见可能性（主观的预见可能性）。而新过失论认为预见可能性是采取结果避免措施的前提条件，因而主要探讨以一般人为标准的客观的预见可能性的问题。修正的旧过失论也将预见可能性的内容客观化，使其与过失行为的危险性相联系。“这种过失行为的危险性，也可以说成结果的客观的预见可能性。”① 但它是将客观的预见可能性作为结果预见义务的前提，而不是如新过失论那样作为结果避免义务的前提，因而还是属于旧过失论的范畴。

危惧感说是新新过失论的观点。它认为“成立预见可能性，不需要以对导致结果发生的具体的因果经过的预见为必要，只要达到一般人有某种结果可能发生的具体的危惧感的程度就够了”。② 但如前所述，这种观点被认为违背了责任主义的要求。

2. 预见可能性的对象。

过失犯中预见可能性的对象与故意犯一样，指的是“犯罪事实”，即包括结果本身以及行为与结果之间的因果关系。

首先，关于结果的预见可能性。与故意犯一样，过失犯虽不要求对结果的详细的形态有精确的认识，但对于结果的发生本身必须有认识。问题在于，这种认识涉及具体客体（对象）时，是仅包括实际的认识，还是也包括可能性认识？例如，被

---

① ［日］平野龙一：《刑法总论Ⅰ》，有斐阁1972年版，第194页。

② ［日］藤木英雄：《刑法讲义总论》，弘文堂1975年版，第240页。

告人鲁莽驾车除了造成坐在副驾驶座的人受伤外，还造成在被告人并不知情的情况下自己爬进后车厢的两人的死亡。对此案，日本的法院认为“对被告人而言，当然应当认识到自己鲁莽驾车的行为有可能会造成伴有人员死伤的事故，因此即使被告人对于自己的后车厢内前述两人乘车的事实没有认识，也不妨碍其构成针对这两人的业务上过失致死伤罪”。[①] 不过，对此也有不少学者认为，法院基于“法定符合说”得出了上述结论，它的结论与危惧感说实质上没有区别。[②] 而“从具体的符合说的立场来看，必须对被侵害的对象有具体的预见可能性”。[③]

其次，关于因果关系的预见可能性。通说认为，需要认识到特定的构成要件的结果以及行为与结果之间因果关系的“基本部分”、“本质部分”，而不需要对所有的因果过程都有认识。不过，与过失犯一样，也有少数学者认为不需要现实的因果关系的预见可能性。“因果关系的预见可能性对于过失责任而言不重要。行为时，在结果之外还要求对因果经过的基本的部分有预见可能性，这是不妥当的。有了对结果的预见可能性，因为没有对现实的因果经过的预见而否定责任，是不合理的。”[④]

3. 预见可能性的判断标准。

关于预见可能性的判断标准，基本上存在主观说、客观说、折中说和能力区别说四种观点。

主观说立足于道义责任论，认为应以行为人本人的能力为标准，这是一种彻底贯彻行为责任主义的学说。[⑤] 主观说面临的最大问题在于如果行为人的能力超出普通人应该如何处理。对此，有主观说的学者主张：“在通常人不能预见而行为人有预见可能的场合，由于法律一般是以通常人为对象加以制定的，因而应当认为这种情况下不能施加法的非难。”[⑥] 根据主观说，一贯轻率的人就可能免除过失的责任，这是否合适还值得斟酌。

客观说立足于社会责任论，认为应当以一般人的能力为标准。客观说原本是新派学者的主张，其基本理由是基于社会防卫的必要，没有达到通常人能力的人因为对社会存在危险所以应受处罚。[⑦] 不过，现在主张客观说的显然都是基于行为刑法的立场。本说以一般人的能力为标准，至于什么是一般人，有的学者主张以社会一

① 日本最高法院 1989 年 3 月 14 日判决，载《最高裁判所刑事判例集》第 43 卷第 3 号，第 262 页。

② ［日］中山研一：《口述刑法总论》，成文堂 2005 年版，第 248 页。

③ ［日］山口厚：《刑法总论》（第 2 版），有斐阁 2007 年版，第 235 页。

④ ［日］前田雅英：《刑法总论讲义》（第 4 版），东京大学出版会 2006 年版，第 285 页。

⑤ 参见［日］西原春夫：《刑法总论》（改订版）（上卷），成文堂 1993 年版，第 209 页。

⑥ ［日］浅田和茂：《刑法总论》（补正版），成文堂 2007 年版，第 342 页。

⑦ 参见［日］牧野英一：《刑法总论》，有斐阁 1949 年版；［日］木村龟二著、阿部纯二增补：《刑法总论》，有斐阁 1978 年版，第 250 页。

般的通常人如果处于行为人的具体地位与状态时可被期待程度的注意能力为标准,[①]也有的学者主张指的是与行为人同样立场的通常人，即根据职业、社会地位等被类型化的一般人。“它不是指以全体国民为分母的平均人，而必须是行为人所属生活领域的一般人。如果行为人是汽车驾驶员那就是‘一般的汽车驾驶员’，如果行为人是医生那就是‘一般的医生’。”[②] 客观说受到的主要质疑在于强人所难，不符合责任主义的原则。

折中说试图调和主观说和客观说，但其内部又有非常复杂的不同学说。大致而言，第一种观点主张以一般人的能力为上限，如果行为人的能力低于一般人则以其本人的能力为标准。[③] 第二种观点认为，注意义务的内容应按照各种生活领域客观地加以确定，如医生的注意义务、汽车驾驶员的注意义务等基本都由成文法规作了规定，从而形成过失认定的标准。但在具体判断时还必须考虑行为人能否遵守这些规则，如身体残疾、色盲、近视等肉体缺陷，知识缺乏等精神问题乃至疲劳、不快、兴奋等心理因素等可能使行为人缺乏预见能力。[④] 第三种观点认为，关于知的能力以行为人为标准，而注意的程度则按照客观标准。[⑤] 第四种观点认为，构成要件的过失是以平均人为标准的“客观的过失”，而责任过失则是以行为人本人为标准的“主观的过失”。[⑥]

能力区别说则对预见能力作出分类，其中又包括多种学说。其一，认为使意思紧张的努力这种作为心理作用的“注意”本来是以通常人为标准的，但作为其结果的“预见”，则应考虑行为人的身体条件、知识、经验、认识能力，采取主观的标准。[⑦] 根据此说，即使同等程度的紧张意识，也不可避免地因为人身体条件等的区别导致认识范围不同，故应以各人为基准判断预见可能性。其二，认为生理方面（疲劳、醉酒、兴奋、近视等）适用主观的标准，而规范心理方面（轻率性）适用客观的标准。[⑧] 能力区别说旨在说明，不能因为行为人在日常生活中粗心大意、丢三落四而免除其过失责任。

在日本，近年来广泛讨论的药害艾滋案件涉及预见可能性的判断标准问题。案情大致是：身为血友病患者的被害人接受了大学医院非加热浓缩血液制剂的输血治

---

① 参见［日］木村龟二著、阿部纯二增补：《刑法总论》，有斐阁 1978 年版，第 250 页。

② ［日］高桥则夫：《刑法总论》（第 3 版），成文堂 2016 年版，第 234 页。

③ 参见［日］小野清一郎：《刑法概论》（增订新版），法文社 1960 年版，第 128 页；［日］团藤重光：《刑法纲要总论》，创文社 1990 年版，第 319 页。

④ 参见［日］不破武夫：《刑事责任论》，弘文堂书房 1948 年版，第 192 页；［日］井上正治：《过失犯的构造》，有斐阁 1958 年版，第 76 页。

⑤ 参见［日］宫本英脩：《刑法大纲》，弘文堂书房 1935 年版，第 155 页。

⑥ 参见［日］大塚仁：《刑法概说（总论）》（第 4 版），有斐阁 2008 年版，第 209 页。

⑦ ［日］曾根威彦：《刑法的重要问题（总论）》（第 2 版），成文堂 2005 年版，第 160 页。

⑧ ［日］平野龙一：《刑法总论 I》，有斐阁 1972 年版，第 106 页；［日］曾根威彦：《刑法总论》（第 4 版），弘文堂 2008 年版，第 174 页。

疗，并因为该血液制剂而感染了艾滋病并因此死亡，作为被告人的安部英，则是帝京大学的副校长、血友病治疗的权威和日本厚生省艾滋病研究班的负责人。东京地方检察院起诉安部英作为这一医疗领域的专家，在得知美国使用非加热浓缩血液制剂引发艾滋病的情况后，仍然对患者投用，从而未能预防该血友病患者感染艾滋病，属业务上过失致死罪。关于注意义务的判断，究竟应以“一般的血友病治疗医生”为标准还是如被告人这样的“血友病治疗权威”为标准，在审理过程中发生了激烈的争论。东京地方法院判决认为，被告人尽管有结果预见可能性，但程度很低，并因此否定了其违反结果避免义务，从而宣告其无罪。[①] 在判决中，东京地方法院关于预见可能性的判断以被告人（血友病的最高权威）为标准，关于结果避免可能性的判断则以“通常的血友病医生”为标准，其关于过失标准的思路并不明确。学界一部分学者认为，应以“作为厚生省艾滋病研究班的负责人能够接触到国内外最新的资料，作为最高权威能够决定基本的治疗方针的处于指导立场的医生群体做平均”；[②] 而有的学者则认为所谓一般人，不是指国民全体的平均，也不是指最高权威者，而只能是行为人所属生活领域的一般人，即通常的血友病治疗医生。当然，即便以通常的血友病治疗医生为一般人标准，也应考虑行为人的特别认知。在本案中，被告人对于非加热浓缩血液制剂导致艾滋病感染的危险性有充分认识或者说应能够认识，以这个认识可能性为基础，来判断通常的血友病医生会如何行为。如果通常的医生会选择放弃使用非加热浓缩血液制剂，则可以肯定行为人违反了结果避免义务。[③]

第四节　被允许的危险理论与信赖原则

一、被允许的危险理论

被允许的危险理论是 19 世纪末德国发展起来的一种理论，它的标志性口号是“如果禁止一切危险，社会就会停滞”。因此，被允许的危险理论是以对社会有益为理由而允许企业活动、高速交通、医疗、科学实验、体育运动等具有法益侵害危险的行为的理论。

被允许的危险理论所坚持的是即使付出一定的牺牲也要以科学发展等社会整体的利益优先的价值观。[④] 换言之，它是根据对社会的有用性使公法益优先于个人的生命、身体的保护等私法益，因而对个人自由具有危险的一面。但这并不意味着这一理论的宗旨是即使侵害到少数人的生命、身体也没有关系，而只是在如果遵守一

---

① 东京地方法院 2001 年 3 月 28 日判决，载《判例时报》第 1763 号，第 17 页。

② ［日］板仓宏：《关于药害艾滋第一审判决》，载《现代刑事法》2001 年第 3 卷。

③ ［日］高桥则夫：《刑法总论》（第 3 版），成文堂 2016 年版，第 235~237 页。

④ ［日］盐谷毅：《关于信赖原则的序论的考察》，载《神山敏雄先生古稀祝贺论文集》（第 1 卷），成文堂 2006 年版，第 90 页。

定的规则通常就不会发生危险结果这样的条件下，允许危险行为的存在。而且，如果对具体结果的发生有预见可能，就不允许实施该行为，换言之，被允许的危险理论所允许的只是一般意义上的危险行为，如高速交通、医疗等，而不是个别的有结果发生具体危险的行为。①

一般而言，行为无价值论是从“客观的注意义务的欠缺、减轻”或“社会相当性”的思想来理解被允许的危险。② 由于社会生活中所必要的危险行为，在许多情况下都具有法益侵害的预见可能性，因此，按照旧过失犯，一旦发生结果就应以过失犯论处，这显然不符合被允许的危险理论的宗旨。因此，被允许的危险理论强调要考察行为是否具有相当性或行为人是否没有履行客观的注意义务，这恰好就是新过失论的思想。可见，被允许的危险理论对于新过失论的产生功不可没。

在体系地位上，持社会相当性说的行为无价值论者一般认为被允许的危险是违法阻却事由。例如，福田平指出：“如果法将引起法益的侵害或者危险的行为都作为违法予以禁止，我们的社会生活就只能立即静止。因为我们在从事社会生活时，存在无数的伴随有法益侵害危险的行为，而且，在这样的行为中，有不少是我们的社会生活不可缺少的。显然，为了营造我们的社会生活而存在的法，并不是将所有的法益侵害作为违法而予以禁止……只有脱离了社会相当性的法益侵害才是违法的。”③ 但将被允许的危险视为违法阻却的一般性原理可能存在问题：为什么当行为的危险被允许时，该行为造成的法益侵害结果，也是被允许的？有的行为虽然符合构成要件，但因为保护了更为优越的法益，所以阻却违法性；有的行为即使其本身是被允许的，但如果造成了法益侵害结果，只要法益侵害结果没有被正当化，就不可能排除犯罪的成立。④ 于是，现在持法规范违反说的行为无价值论者多认为被允许的危险行为是阻却构成要件该当性的事由。“即使发生了法益侵害结果，但在履行了社会生活上、客观上要求的注意义务时，就已经否认了构成要件该当性（类型的不法）。这不仅是‘被允许的危险’领域的法理，而且是具有一般妥当性的法理。”⑤ “因此，容许的风险阻止了违反谨慎义务而导致的归属的成立，但是，虽然称为‘容许的’（这可能会产生误解），该容许的风险根本不是正当化事由。只有允许整体地实现构成要件并进而特别地允许促成结果的容许规范，才是正当化事由。这还意味着，遭受正当举止之侵害的人，有义务接受这种侵害；若他对此加以反抗，那么他的行为就可能成立违反的攻击，对于这种攻击，人们有权按照第32条实施紧

---

① ［日］浅田和茂：《刑法总论》（补正版），成文堂2007年版，第346页。

② ［日］中义胜：《过失犯中被允许的危险法理与危险的分配》，载《日冲宪郎博士还历祝贺》，有斐阁1966年版，第49页。

③ ［日］福田平：《全订刑法总论》（第4版），有斐阁2004年版，第141页。

④ ［日］山口厚：《问题探究刑法总论》，有斐阁1998年版，第185页。

⑤ ［日］井田良：《刑法总论的理论构造》，成文堂2005年版，第114页。

急防卫。”[①]

此外，修正旧过失论也是在借鉴了被允许的危险理论的基础上对旧过失论作出的修正。[②] 它将过失犯的实行行为界定为对于结果发生具有实质上不被允许的危险的行为，是为了避免旧过失论所存在的问题。前面已经提过的，甲照章驾车在绿灯时通过十字路口，而乙则闯红灯强行左转导致与甲的车相撞，乙当场死亡的案例。按照旧过失论的体系，因为甲的行为与法益侵害结果有因果关系，所以不得不将甲的行为评价为违法，只是因为其没有结果发生的预见可能性所以不具有责任。但将遵守交通规则安全行驶的行为评价为违法，显然存在问题。因此，修正的旧过失论试图通过将“被允许的危险”作为违法性阻却事由而使上述甲的遵守了客观注意义务的行为合法化。当然，作为结果无价值论的修正旧过失论不是从“社会的相当性”而是从“利益衡量”的角度来进行理解被允许的危险，即构成要件、违法阶段的过失行为是对法益侵害具有“实质的危险性的行为”，所谓被允许的危险就是将这种“具有实质的危险性的行为与其他的法益救济相比较，基于利益衡量而被允许的原则”。“本来意义上的‘被允许的危险’，是指实施具有实质危险的行为，在与救济其他法益的关系上被允许的情形。例如，救护车为了救助受伤者而加速行驶时，加速行驶以救助受伤者的可能性，与加速行驶导致他人伤害的危险进行比较衡量，在前者优越的限度内，后者的危险是被允许的。在医生做手术的场合，对同一个手术治愈疾病与该手术的危险进行比较衡量的结果，有时即使冒一定危险，手术也是适法的。在这种场合，虽然具有实质的危险，但也被允许。”[③] 但是，如果超速的救护车没有致行人伤亡，不管是否抢救了患者的生命，都没有必要作为被允许的危险看待。如果超速的救护车导致行人伤亡，则不能一概以被允许的危险为根据，否认行为的构成要件该当性与违法性。被允许的危险只是一种事前判断，与结果无价值论采用事后判断的立场不一致。因此，也有学者认为，被允许的危险理论与结果无价值论的立场的整合性值得怀疑，“被允许的危险理论还是与行为无价值论、新过失论的立场更为接近。而从结果无价值论、修正旧过失论的立场则难以承认被允许的危险。”[④]

二、信赖原则

所谓信赖原则，是指“当行为人在实施某种行为时，如果存在信赖被害者或第三者采取适当行动的情况，因被害者或第三者不适当的行动而导致结果发生的，行

① ［德］乌尔斯·金德霍伊泽尔：《刑法总论教科书》（第6版），蔡桂生译，北京大学出版社2015年版，第334~335页。

② ［日］井田良：《刑法总论的理论构造》，成文堂2005年版，第114页。

③ ［日］平野龙一：《刑法总论Ⅰ》，有斐阁1972年版，第199页。

④ ［日］盐谷毅：《关于信赖原则的序论的考察》，载《神山敏雄先生古稀祝贺论文集》（第1卷），成文堂2006年版，第90页。

为人对此不负责任的原则”。[①] 信赖原则肇始于1935年12月9日德国法院的判决，20世纪50年代前半期信赖原则被介绍到日本，此后逐渐发展为日本理论与实务界的通说。信赖原则原本是适用于交通过失案件的原则，是为了适应道路交通的高速化、效率化，适当减轻交通参与方注意义务负担而产生的原则。现在信赖原则则扩大到医疗活动、企业活动等领域。“信赖原则不是交通事故特有的法理，而是对防止危险具有分工合作关系的所有领域都适用的法理。”[②] 信赖原则是被允许的危险理论的具体化，在分担危险负担的意义上，又以危险分配的法理为其内容。

（一）在犯罪论体系中的地位

关于信赖原则在犯罪论体系中的地位，存在多种观点。

第一种观点认为，信赖原则是结果预见可能性的否定原理。这种观点认为，过失行为是对结果发生具有实质上不被允许的危险的行为。“这种过失行为所具有的危险性，也可以说是结果的客观的预见可能性。在有危险性的场合，如果是一般人就应当可以预见到结果的发生……上述这种预见可能性，就是具有‘某种程度高度的’预见可能性。”而依据信赖原则，“被害人采取这种行动的盖然性很低，因而被告人的行为就不具有实质的危险性，所以不成立过失犯。因此，信赖原则不过是明示性地表示过失犯的一般的成立要件，而不是特别的原则或要件”。[③]

第二种观点认为，信赖原则是否定刑法上的预见可能性的原理。这种观点认为，信赖原则是“从事实的自然的预见可能性中挑选出刑法上的预见可能性的原理”。也就是说，“认定刑事过失时的预见可能性，始终应该是刑法上的概念。这不仅因为自然的预见可能性具有难以认定的不明确性，而且刑法上预见可能的情况，还是应当是从刑法上看因其预见而发生应当采取结果避免措施的义务的情况”。[④]

第三种观点认为，信赖原则是限制预见义务范围的规范的原理。这种观点认为，“现在违反交通规则的行为频繁出现，因此难以说适用信赖原则就会使所有这些情况都属于不可能预见的情况。信赖他人会遵守交通法规而加以驾驶的行为（实际上）是一种危险行为。然而，由于不承认这种信赖关系就无法确保交通的安全与圆满进行，所以在通常情况下（在适度的危险的场合）（信赖原则）提供了即使没有预见他人的违反行为也没有关系的标准。于是，信赖原则是在一定条件下限制直接预见义务的标准”。[⑤]

第四种观点认为，信赖原则是限制结果避免义务的原理。“关于信赖原则的体系的定位……应当认为是在有预见可能性的情况下，减轻注意义务（结果避免义

① ［日］高桥则夫：《刑法总论》（第3版），成文堂2016年版，第230~231页。

② ［日］藤木英雄：《刑法讲义总论》，弘文堂1975年版，第248页。

③ ［日］平野龙一：《刑法总论Ⅰ》，有斐阁1972年版，第194页。

④ ［日］西原春夫：《刑法总论》（改订版）（上卷），成文堂1993年版，第205页。

⑤ ［日］金泽文雄：《过失》，载［日］我妻荣等编：《刑法的判例》（第2版），有斐阁1973年版，第77页。

务）的负担。在体系上是认定注意义务（结果避免义务）的一个基准要素。”[①]

第五种观点认为，信赖原则是使以预见义务和结果避免义务为内容的“客观的注意义务”具体化的方法的原则。“通过肯定客观的预见可能性与客观的结果避免可能性，才能够施加社会生活上必要的注意义务……信赖原则作为交通案件中使社会生活上必要的注意的内容具体化的方法的原则，为其具体化提供了思考上的基准。”[②]

以上五种学说也有学者将其归纳为两类，即前两种观点将信赖原则作为认定过失犯中预见可能性有无的标准，后三种观点将信赖原则作为在有预见可能性的前提下，认定有无结果避免义务的标准。

关于信赖原则体系地位的争论，有的学者认为它们具有实质性的意义。例如，不同学说在行为人违反了交通法规的情况下是否还能适用信赖原则的问题上态度不一。前两种学说往往肯定其适用，而后三种学说则有否定其适用的倾向。[③] 但也有的学者对此持谨慎态度，认为这些学说对立“是否会带来超越单纯的说明方法的不同而具有实质性的结论的差异，这一点还必须通过具体的案例来加以检验”。[④]

（二）信赖原则的适用条件

适用信赖原则需要具备一定的条件，以交通案件为例，“首先作为一般的客观的要件：①汽车的高速度和畅通交通的必要性；②交通环境的完善；③交通教育、交通道德的普及。其次具体的客观的要件，应分为车辆对车辆及车辆对步行者进行类型性的分析。作为主观的要件有：①信赖的存在；②信赖的相当性。其中，①是意味着对其他交通参与者遵守交通秩序采取适当的行动存在现实的信赖，它是一种无意识的预见程度，即只要不存在积极的不信任、相当程度的怀疑就可以了。②则意味着①的信赖从该具体的交通情况来看在社会生活上是相当的”。[⑤]

理论界一般认为，信赖原则存在以下例外情况。

第一，当对方是幼儿、老人、残疾人、醉酒者时，应当否定信赖原则的适用。这是由于他们属于不具有遵守规范的能力及没有自我保存、避免他害能力的人，所以通常就认为他们不具有遵守规范的相当性。这一点，在德、日刑法理论中不存在争议。例如，日本东京高等法院 1967 年 9 月 21 日的判决认为，在不是车对车的关系，而是对无心地在道路上或者其附近玩耍的孩子的关系的机动车交通事故中，本身存在难以适用信赖原则的因素。[⑥] 当然，对于相对方是上述特殊群体的场合，也

---

① ［日］藤木英雄：《刑法讲义总论》，弘文堂 1975 年版，第 249 页。

② ［日］福田平：《全订刑法总论》（第 4 版），有斐阁 2004 年版，第 121 页。

③ ［日］川端博：《从疑问开始的刑法Ⅰ》，成文堂 2006 年版，第 118 页。

④ ［日］中山研一：《刑法总论》，成文堂 1982 年版，第 383~384 页。

⑤ ［日］川端博：《刑法总论讲义》（第 2 版），成文堂 2006 年版，第 211 页。

⑥ 东京高等法院 1967 年 9 月 21 日判决，载《东京高等裁判所刑事判决时报》第 18 卷第 9 号，第 261 页。

不是绝对地不适用信赖原则。在存在某些客观的条件下，如在幼儿、老人有成年人陪同的情况下，也是可以允许适用信赖原则的。日本最高法院 1970 年 7 月 28 日的判决指出："原审法院仅以被害人是 4 岁的幼儿为由否定了信赖原则的适用，然而这种否定的理由是不妥当的。因为根据记录的情况，从本事故现场附近的道路和交通状况来看，在客观上并非不可能预见到下了巴士的人会直接横穿马路，即便被告人信赖不会存在这种不遵守交通秩序的人，但这种信赖从上述具体的交通情况来看，也不能说在客观上是相当的。"① 由此可见，必须根据案件发生的实际情况，具体地分析是否具有相当性。

第二，在对方有采取违反义务行动的具体的先兆的场合，应当否定信赖原则的适用。这是因为这些先兆就证明了对方的轻率性与不道德性，因而很容易认识到对方会采取不适当的行动，当然也就不能适用信赖原则。对此，日本最高法院 1967 年 3 月 16 日的判决认为，被告人已经发现对向车违反交通规则，如果仍然根据交通规则行进的话，很有可能发生死伤的交通事故。但是由于被告人没有采取鸣笛、改道或者停车等适当的回避行动，而造成了相对方死亡的事故，因此，应当承担业务上过失致死的罪责。② 德国学者罗克辛教授也指出："当一个汽车驾驶员注意到别人没有尊重自己的先行权时，他就必须减速停下，不允许在信赖自己的'权利'中继续开行。"③

第三，在违反义务的行动频发的场合，应当否定信赖原则的适用。例如，在住宅区密集，道路狭小的路段；在商业街、学校门前等人流繁多的路段；在交通安全设施不完备的路段；在行车道和人行道未作区分的路段等场合，作为机动车的驾驶者，不得轻易信赖其他交通参与者会采取适当的行动。因为，从一般社会经验上来说，在上述这些交通状况比较复杂的场合中，交通参与者不遵守交通规则的情况是经常发生的。在经验上能够预见到相对方的违反交通规则的行动时，就理所当然地要求行为人必须尽到完全的注意义务，以避免侵害他人生命、身体的结果发生。

第四，如果是自己有违反义务的行动，能否适用信赖原则，对此有不同看法。首先，可以肯定的是，并非任何违反义务的行动都排除信赖原则的适用。在行为人违反交通规则的行为与结果的发生没有因果关系时，如行为人只是忘了带驾照等情况，完全可以适用信赖原则。其次，当行为人违反交通规则的行为，如超速行驶、无视信号灯等行为是结果发生的起因时，是否仍然能够适用信赖原则，刑法理论和司法实践对此存在争议。一种观点认为，"在行为人违规行为对其他交通参与者来说已是既成事实，以至于信赖其他参与者会将其违反规则的行动考虑在内的想法具有相当性的场合；以及在无论自己是否违反规则，凡是信赖相对方适当行动具有相

---

① ［日］西田典之等：《判例刑法总论》，有斐阁 2006 年版，第 286 页。

② 日本最高法院 1967 年 3 月 16 日判决，载《判例时报》第 480 号，第 67 页。

③ ［德］克劳斯·罗克辛：《德国刑法学总论》（第 1 卷），王世洲译，法律出版社 2005 年版，第 718 页。

当性的场合，都应当承认对信赖原则的适用”。[①] 另一种观点认为，“如果行为人自己违反了交通法规，还允许其信赖他人不会违反交通法规，给这种信赖以免责的法律效果，这是违反公平、正义的”。[②] 这两种观点分别与前述对信赖原则体系定位的五种不同观点相联系。日本最高法院的基本立场是赞成前一种观点，即行为人有违反交通规则的行为也不必然否定信赖原则的适用。当然，如果是行为人自己违反义务的行动诱发了对方违反义务的行动，那么只要行为人违反义务的行动与结果之间具有相当因果关系，就不应适用信赖原则。

第五节　过失犯的实行行为

过失犯的实行行为是过失犯成立客观方面的要件，但它却长期不被视为问题。因为按照旧过失论，只要发生的结果与行为人主观上不注意的心理态度之间具有相当因果关系，就成立过失犯。它只将作为行为人内心的心理状态的“过失”作为结果发生的原因，而完全忽视过失“行为”（过失犯的实行行为）的性质。到了新过失论，才开始重视过失的“行为”属性。此后，修正旧过失论也强调过失犯实行行为的重要性。

一、过失犯实行行为的行为形态

对此，新旧过失论存在不同看法。新过失论将遵守“社会生活上必要的注意的行为”设定为标准行为，过失的实行行为就是偏离了这种标准行为而没有采取结果避免措施的不作为。而修正旧过失论则认为，过失犯的实行行为是对于结果发生具有实质上不被允许的危险的行为。

例如，在限速 40 公里的道路上行为人以 60 公里的速度行驶结果将 A 撞死。新过失论认为，不从 60 公里减速到 40 公里的这种不作为，是对应该 40 公里行驶的这种标准行为的偏离的“具有落差”的态度，它就是过失犯的实行行为。但修正旧过失论则认为，以 60 公里这种危险速度行驶的作为是过失犯的实行行为。[③]

不过，值得注意的是，现在也有持新新过失论见解的学者认为过失犯的实行行为是作为而不是不作为。例如，日本学者高桥则夫指出“过失犯的实行行为是作为还是不作为是一个问题。例如，枪支误射杀死他人的场合，或许存在这样一种图式，即根据旧过失论，过失犯的实行行为与故意犯一样，应求之于不小心开枪杀害他人的作为。而根据新过失论将过失犯的实行行为理解为违反结果避免义务的行为，结果就求之于应当不命中对方但没有去做的这种不作为。但是，本书立足于新新过失

---

① ［日］西原春夫：《交通事故与过失的认定》，成文堂 1975 年版，第 96 页。

② ［日］土本武司：《关于信赖原则的考察（下）》，载《研修》第 431 号，第 77 页。

③ ［日］曾根威彦：《刑法的重要问题（总论）》（第 2 版），成文堂 2005 年版，第 173～174 页。

论的立场，认为实行行为在故意犯与过失犯中是共通的，所以在上例中，实行行为是开枪行为等于作为。另外，违反注意义务是懈怠了结果避免行为等于不作为。原本在违反注意义务之时，只要存在抽象的危险，就可以肯定当时存在实行行为。对结果避免行为与实行行为进行比较，如果两者不一致，该行为就应该受到‘违反注意义务’的评价。违反注意义务，只要与行为同时存在就足够了，没必要与实行行为同时存在。因此，过失犯的实行行为，既存在作为的场合，也存在不作为的场合”。①

二、阶段的过失中实行行为的认定

在注意义务属于阶段性累加的情况下（阶段的过失），如何认定过失犯的实行行为也是一个问题。例如，行为人酒醉后超速行驶，因为没有认真注视前方而导致交通事故，此时应认为哪个时点的行为是过失犯的实行行为?

过失并存说认为，饮酒行为、超速行为、不注视前方的行为等，都是与结果发生具有相当因果关系的危险行为，因而应当认为所有这些危险行为都是实行行为。②

直近过失说（过失阶段说）认为，只有不注视前方这一最后的行为才是实行行为。③

主要行为说认为，在整体把握几个所能想到的危险行为的基础上，认定一个主要的、具有实质性危险的过失行为为实行行为。④

折中说认为，仅遵照上述某一种学说进行判断，是不合适的。具体而言，如果饮酒和超速都并非直接原因，只要注视前方本可以回避事故，则只有注视前方才是过失，将其他的过失行为视为背景情况即可；反之，如果是因醉酒而引起不注视前方，这些行为便具有有机的关联性，可以将其视为一体认定为过失。总之，在行为人存在几个过失行为的场合，既有应以直近的一个过失行为作为过失的情形，也有因过失行为之间的有机关联性而相互并存，认定为一个过失的情形。⑤

日本的司法判例对于阶段过失中实行行为的认定标准也不尽一致。直近过失说仅对与事故具有关联的一个行为提起公诉，在诉讼法上具有实践的价值。日本札幌高等法院 1971 年针对交通事故案件提出，以现实发生的法益侵害结果为起点来进行因果连锁的追溯，检讨被告人的作为或不作为使因果流程改变的最初的分歧点中被告人的结果预见以及避免的可能性，如果得出否定的结论的话则再按顺序往上一阶

---

① ［日］高桥则夫：《刑法总论》（第 3 版），成文堂 2016 年版，第 239 页。

② ［日］西原春夫：《刑法总论》（改订版）（上卷），成文堂 1993 年版，第 201 页。

③ ［日］川端博：《刑法总论讲义》（第 2 版），成文堂 2006 年版，第 230 页。

④ ［日］前田雅英：《刑法总论讲义》（第 4 版），东京大学出版会 2006 年版，第 274 页。

⑤ ［日］西田典之：《日本刑法总论》，刘明祥、王昭武译，中国人民大学出版社 2007 年版，第 213 页。

段进行同样的检讨,[①] 从而成为明确采用直近过失说的最先的判例。但与此同时,采用过失并存说的判例也不在少数。[②]

第六节 过失的种类

关于过失的分类,德国刑法理论认为,过失可以分为无意识的过失和有意识的过失。同时,认为故意和过失处于一种等级关系之中,即使是在过失的内部,也能够区分出较强硬和较软弱的形式,即轻率、简单和微小的过失。[③] 意大利刑法理论将过失划分为一般过失与特殊过失、无认识过失与有认识过失。[④] 俄罗斯刑法理论将过失分为轻信过失和疏忽过失。[⑤] 日本刑法理论则一般将过失分为无认识过失与有认识过失、单纯过失、重过失与业务上过失,管理、监督过失等。[⑥] 比较上述观点,可以发现无认识过失与有认识过失的分类为各国刑法理论所认可,而德国、日本学者的分类相对全面、周延。

一、有认识的过失与无认识的过失

根据行为人对犯罪事实有无认识,可以将过失分为有认识的过失与无认识的过失。但不同的学说实质上对这两种过失分类的标准并不一致。"如果根据容认说,有认识的过失与无认识的过失的区别在于对结果有无认识。根据本说,预见义务在有认识的过失中不被考虑,而只在无认识的过失中成为问题。与此相对,根据新认识说(盖然性说),两者的区别在于前者对结果发生的可能性有认识,但欠缺对结果发生的认识;而后者连结果发生的可能性都没有认识到。"[⑦]

区分有认识的过失与无认识的过失有无实际意义,学者们认识不一。德国学者罗克辛一方面认为两者区分的"首要的实践意义在于恰当地划分与有条件故意的界

---

① 札幌高等法院 1971 年 3 月 20 日判决,载《高等裁判所刑事判例集》第 18 卷第 2 号,第 117 页。

② 参见东京高等法院 1969 年 8 月 4 日判决,载《判例时报》第 242 号,第 313 页;大阪高等法院 1985 年 4 月 10 日判决,载《判例时报》第 564 号,第 269 页等。

③ [德] 克劳斯·罗克辛:《德国刑法学总论》(第 1 卷),王世洲译,法律出版社 2005 年版,第 727~734 页。

④ [意] 杜里奥·帕多瓦尼:《意大利刑法学原理》(注评版),陈忠林译,中国人民大学出版社 2004 年版,第 199~202 页。

⑤ [俄] 斯库拉托夫等主编:《俄罗斯联邦刑法典释义》(上册),黄道秀译,中国政法大学出版社 2000 年版,第 53~57 页。

⑥ [日] 大塚仁等编:《大注解刑法》(大コンメンタール刑法)(第 2 卷)(第 2 版),青林书院 1999 年版,第 359~364 页;[日] 浅田和茂:《刑法总论》(补正版),成文堂 2007 年版,第 349~353 页。

⑦ [日] 大塚仁等编:《大注解刑法》(大コンメンタール刑法)(第 2 卷)(第 2 版),青林书院 1999 年版,第 364 页。

限……相反，有意识和无意识过失的区别并不具有重要的意义。立法者在任何地方都没有把这个区别与不同的法律后果联系在一起”，另一方面又认为“在相同条件下，有意识的过失当然比无意识的过失更具有需要刑罚性，因此，这种区别在量刑中会发挥影响”。①

二、单纯过失、重过失与业务上过失

这是根据刑事责任的轻重对过失犯所作的分类。

单纯过失，也称普通过失、通常过失，是指在构成要件上没有特别限制的一般性过失。

什么是重过失，理论上存在多种观点：（1）稍微注意说。认为重过失指的是违反注意义务程度很显著的过失，即行为人只要稍微地注意就能够避免结果发生的过失。②（2）重大结果说。认为重过失指的是对于重大结果发生的可能性很高的事态行为人懈怠了自己的注意义务的情况。③（3）综合说。认为应综合上述两种情况加以判断。④（4）有认识的过失说。认为有认识的过失是重过失，无认识的过失是通常过失。⑤

业务上过失，指的是由于违反业务上的注意义务所构成的过失。所谓业务，通说认为是指基于社会生活上的地位而反复、继续从事的事务。但也有学者认为应除去“基于社会生活上的地位”这一要件，以将作为娱乐的狩猎等行为排除在业务之外。

大陆法系国家刑法一般规定，对业务过失犯罪加重刑罚。至于其理由则存在不同看法：（1）特别注意义务说。认为从事业务的人与通常人相比被科以特别高度的注意义务，如果加以违反就要承担更重的责任。⑥（2）一般预防说。认为为了严厉警戒一般的业务人员而加重刑罚。⑦（3）违法性说。认为此类犯罪被害法益通常是重大而且多数的，所以违法性程度较高，应加重刑罚。⑧（4）预见能力说。认为业务人员比通常人具有对更广范围的结果的认识和预见能力。⑨（5）行为性质、法益侵害危险性说。此说认为业务过失之所以加重刑罚，是因为其业务的关系，即该种

---

① ［德］克劳斯·罗克辛：《德国刑法学总论》（第1卷），王世洲译，法律出版社2005年版，第727页。

② ［日］团藤重光：《刑法纲要总论》，创文社1990年版，第346页。

③ ［日］大塚仁：《刑法概说（总论）》（第4版），有斐阁2008年版，第218页。

④ ［日］西原春夫：《刑法总论》（改订版）（上卷），成文堂1993年版，第213页。

⑤ ［日］泷川幸辰：《刑法各论》，世界思想社1951年版，第50页。

⑥ ［日］团藤重光：《刑法纲要总论》，创文社1990年版，第320页。

⑦ ［日］植松正：《再订刑法概论Ⅰ总论》，劲草书房1974年版，第308页。

⑧ ［日］宫本英脩：《刑法大纲》，弘文堂1935年版，第292页。

⑨ ［日］佐伯千仞：《刑法讲义（总论）》，有斐阁1981年版，第263页。

业务的行为性质、法益侵害的危险性更高。[①]

对于特别注意义务说，有学者批评说，特别高度的注意义务具有非常抽象的性质，在实施危险行为的时候实际上不可能区分高度注意、低度注意和普通注意。而且无论是业务人员还是普通人注意义务都应当是同样的。对于一般预防说，有学者认为这是纯粹从刑事政策的角度来说明重刑的理由，放弃了刑法上的责任原理。对于违法性说，有批评意见认为单纯过失有时被害法益也很重大，但为何刑法规定的刑罚不重，此说难以解释。对于预见能力说，有学者批评说，所谓业务人员的认识和预见能力更强是没有依据的。[②] 相比而言，行为性质、法益侵害危险性说着眼于“业务”本身，认为业务是一种责任加重身分，得到了较多的赞同。

三、管理、监督过失

在大规模的火灾、食品、药品、医疗事故中，除了追究直接行为人的过失责任之外，还涉及管理者或监督者的过失责任问题。广义的监督过失指的是处于监督地位者的过失责任，它包括狭义的监督过失和管理过失。

狭义的监督过失，是指对人的指导、指挥、监督不适当而构成的过失。例如，工厂厂长对工人指导、教育不充分，导致该工人因过失引起事故，因而追究该厂长的过失责任。狭义的监督过失属于间接防止型过失。监督过失中由于存在直接引起结果的行为人，所以要追究直接行为人背后的监督者的过失责任，必须要求该监督者有可能预见到直接行为人的过失行为。但是，在工作中，一般情况下人们都会相信直接行为人会实施正确的行为。因此，要肯定监督者的预见可能性，必须要求该监督者已经发现直接行为人有实施过失行为的先兆，如技术尚不熟练容易出错或处于过度疲劳的状态等。除此之外，一般认为监督者可以合理地信赖直接行为人会实施适当的行为，从而否定预见可能性。

管理过失，是指管理者对于物质设备、机构设置、人员体制等准备、管理不周而导致结果发生所构成的过失。例如，酒店、公寓因为没有设置灭火装置而导致火灾发生，从而追究经营者的过失责任。管理过失属于直接介入型过失。“但管理过失中，如果管理者向部下作了灾害预防的指示，而这种指示在具体的案件中是否充分成为焦点时，管理过失与狭义的监督过失就具有共通的性质，两者的类型发生了交错。”[③] 因此，两者的区分也只具有相对的意义。

在管理过失中，灾害预防机制不充分并不会直接导致灾难的发生，而只有当其他过失行为、自然灾害或他人的故意行为导致危险发生时，灾害预防机制的缺陷才会成为结果发生的原因之一。因此，对最终灾难结果的预见可能性就以预见到危险

---

① ［日］浅田和茂：《刑法总论》（补正版），成文堂2007年版，第350页。

② ［日］大塚仁等编：《大注解刑法》（大コンメンタール刑法）（第2卷）（第2版），青林书院1999年版，第361页。

③ ［日］山口厚：《刑法总论》（第2版），有斐阁2007年版，第240页。

发生作为条件。那么如何认定这种条件呢？日本的最高法院在新日本饭店火灾案件中认为，“就 24 小时向不特定的多数人提供住宿便利的酒店而言，总是包含着发生火灾的危险……一旦发生火灾……很可能给不熟悉建筑物构造、逃生路线的客人带来死伤的危险，应该说，是很容易预见到这一危险的”。① 这就意味着只要对发生火灾有抽象的预见，就具有预见可能性。对此，一部分学者批评它是一种危惧感说的观点，会导致结果责任。“即使对万一发生火灾会导致惨剧有预见可能，但只要对火灾发生本身没有具体的预见可能性，就不应认定为过失。”② 但另一部分学者则持肯定态度，他们认为酒店等场所灾害预防机制存在缺陷所具有的危险，不同于驾驶汽车这种意义上的危险，而是类似于驾驶漏油的汽车所具有的危险。“汽车驾驶具有一般的危险，确实不能由此认定存在预见可能性，然而，在驾车者对于自己的汽车油箱漏油存在认识的场合，即使发生事故的概率很低，仍很容易地预见到，一旦发生火灾就会出现死伤的结果。由于并未采取防火措施，因而能肯定行为人对于所发生的或扩大的火灾事故的结果具有预见可能性，这一点与前面的油箱漏油的情况并无不同。”③

管理、监督过失的实行行为是作为还是不作为，理论上也有不同看法。日本的判例虽然指出违反确立安全体制的义务的行为是此类案件的过失行为，但并未明示其是不作为。不过，日本的理论通说认为管理、监督过失的实行行为是疏于确立安全体制的不作为。④

---

① 日本最高法院 1993 年 11 月 25 日判决，载《最高裁判所刑事判例集》第 47 卷第 9 号，第 242 页。

② ［日］浅田和茂：《刑法总论》（补正版），成文堂 2007 年版，第 353 页。

③ ［日］西田典之：《日本刑法总论》，刘明祥、王昭武译，中国人民大学出版社 2007 年版，第 228 页。

④ ［日］高桥则夫：《刑法总论》（第 3 版），成文堂 2016 年版，第 240 页。

第十四章　错误论的铺陈

第一节　错误的概念和种类

一、错误的概念

所谓错误，是指行为人主观的认识和客观的实际情况不一致。国外学者原则上在故意之后论述错误，而非论述完过失之后再来讨论错误的问题。① 可见，刑法理论总是在与故意犯的关联上讨论认识错误，并不在与过失犯的关联上讨论认识错误。② 于是，错误论与故意论的关系，就成为重要问题。

一种观点认为，错误论是对故意实施的行为整体（包括发生结果）的评价，具有与故意论不同的独立的作用，因而具有与故意论不同的原理。③ 这种观点的实质是，在不能根据故意论认定行为人对构成要件事实具有故意时，可能或者可以根据错误论认定行为人对构成要件事实具有故意。于是，错误论成为认定故意的另一途径。

另一种观点认为，错误论是故意论的反面。因为“刑法学中所讨论的错误，并非主观面与客观面之间存在不一致的所有情形，而是限于故意（犯）的成立与否成为问题的场合。客观面发生了某种重大的事项（如发生了人死亡的结果），主观面对一定的事态具有认识时，主观面的这种认识，可否认为是与该客观事实相对应的故意（如杀人罪的故意），才是刑法中的错误论的问题”。④

---

① 参见［日］高桥则夫：《刑法总论》（第3版），成文堂2016年版；［日］关哲夫：《讲义刑法总论》，成文堂2015年版；［日］山中敬一：《刑法总论》（第3版），成文堂2015年版，第408页；［德］乌尔斯·金德霍伊泽尔：《刑法总论教科书》（第6版），蔡桂生译，北京大学出版社2015年版。

② 参见张明楷：《刑法学》（第5版），法律出版社2016年版，第268页。

③ ［日］佐久闻修：《错误论中的结果归属理论》，载《福田平、大塚仁博士古稀祝贺论文集》，载《刑事法学的综合检讨》，有斐阁1993年版，第146页。

④ ［日］井田良、丸山雅夫：《案例刑法》（第2版），日本评论社2004年版，第112页。

二、错误的类型

刑法上一般将错误分为事实的错误（又称构成要件的事实的错误或构成要件的错误）与违法性的错误（又称法律的错误或禁止的错误）。事实的错误，是指行为人所认识的犯罪事实与现实发生的客观的犯罪事实不一致的情况。违法性的错误，是指行为人虽然不欠缺事实的认识，但误认为自己违法的行为不违法的情况。理论上一致认为事实的错误阻却故意，而只需要探讨是否成立过失犯的问题。与此相对，根据将违法性的错误视为故意的问题还是责任的问题，其法律效果也不一样。故意说认为违法性的错误阻却故意而只涉及过失犯的成立与否问题。责任说则认为具有违法性错误时如果有“相对的理由”，即阻却责任，行为人既不成立故意犯也不成立过失犯。

事实的错误与违法性的错误在一般情况下较易区分，但正当化事由的错误（关于违法性阻却事由事实前提的错误），如假想防卫，究竟是事实的错误还是违法性的错误一直存在争论。日本通说将其视为事实的错误，但认为是违法性错误的学说也一直得到不少学者的支持。① 关于违法性的错误，本书将在责任论中论述，这里只论述事实的错误。

根据不同的标准，可以对事实的错误再进行分类。

首先，根据错误是否处于同一构成要件范围之内，可以将事实的错误分为具体的事实错误和抽象的事实错误。具体的事实错误，是指行为人所认识的事实与实际发生的事实之间的不一致属于同一构成要件范围之内的错误。例如，甲开枪射杀乙，但却打中了乙身边的丙，这里的错误就属于故意杀人罪的构成要件范围之内。抽象的事实错误，是指行为人所认识的事实与现实所发生的事实分别属于不同的构成要件的错误。例如，甲开枪射杀乙，却只打中乙所有的贵重物品，此时这种错误就是与故意杀人罪和器物损坏罪相关的抽象的事实错误。

其次，根据错误的对象的不同，可以将错误分为方法的错误、客体的错误、因果关系的错误。方法的错误，是指由于攻击手段的失误而使结果发生于其他客体之上的情况。例如，前述的甲开枪射杀乙，但却打中了乙身边的丙的情况即是如此。客体的错误，是指行为人所认识的客体与现实的客体在同一性上发生差错的情况。例如，甲误将丙当作乙加以杀害的情况即是如此。因果关系的错误，是指行为人所认识的事实与实际发生的结果虽然一致，但其因果过程却不一致的情况。例如，甲出于杀意将乙将甲推入河中，本欲使其溺死，但乙实际上因头部与桥墩严重撞击而死亡即是如此。

---

① ［日］井田良：《刑法总论的理论构造》，成文堂2005年版，第147页。

第二节　具体的事实错误

一、方法的错误

方法的错误，是指由于攻击手段的失误而使结果发生于其他客体之上的情况。举例而言：

甲开枪射杀乙，但却打中了乙身边的丙。

对此存在具体符合说（又称具体的法定符合说）与法定符合说（又称抽象的法定符合说）的对立。

（一）具体符合说

具体符合说认为，成立故意犯罪行为人所认识的犯罪事实与实际发生的事实必须具体地相符合、相一致。根据具体符合说，上例中甲的意图是杀死乙，所以只有当事实上杀死乙时才是故意杀人罪的既遂。而现在甲以杀死乙的意图导致了丙的死亡，甲对于丙的死亡阻却故意，不成立故意杀人罪，如果存在过失则成立过失致人死亡罪。对于乙而言，甲实施了杀人行为却没有达到杀害结果，所以成立故意杀人未遂。甲的一个行为同时触犯了两个罪名，属于观念的竞合（想象竞合）。

具体符合说的实质性理由有以下两点：第一，采用具体符合说能够比较容易地认定阻却故意，从而不是以既遂犯而是以未遂犯（以及过失犯）对行为人进行处罚，这能够减轻刑罚，符合刑法谦抑主义的要求。但是，也有学者认为，当客体是财物时，具体符合说会产生处罚的间隙，即造成无法处罚的情况，这显然不合理。例如，甲扔石头欲毁坏乙的财物却打中了丙的财物致其损毁。根据法定符合说，无论是乙的财物还是丙的财物，都属于刑法所说的他人之物，因而甲的行为成立器物损坏罪。然而，根据具体符合说，甲的行为对乙的财物而言属于器物损坏罪的未遂，对丙的财物而言属于过失损害器物，但无论是器物损坏罪的未遂还是过失损害器物，现行刑法都没有设置任何的处罚规定，因而最终甲的行为不成立犯罪。可见，具体符合说不能满足当罚性的要求。① 第二，具体符合说非常吻合作为责任要素的故意的性质。责任论原本就是以行为人主观的情况作为基础而对行为人施加责任非难，所以作为其判断的对象的主观要素应当尽可能地详细。也就是说，如果不具体地考察各个行为人的主观因素就无法准确地把握行为人的故意。因此，在判断是否存在故意时，行为人现有的具体的认识具有决定性的意义。但是，也有学者指出，现在德、日的通说是将事实的故意作为“构成要件的故意”加以处理，因而关于构成要件事实的“认识”与“结果”不一致的构成要件事实的错误也应当在构成要件符合性的层面上加以论述，因此应重视故意的“构成要件要素”的特征而不是作为责任要素的特征，也就是应重视其定型的、抽象的性质，这就与是否符合法律所规定的

① ［日］川端博：《事实的错误的理论》，成文堂2007年版，第27页。

“概念”相联系。换言之，是否成立构成要件的故意，只需要看一定的事实是否在故意概念的范围之内，而不需要行为人的具体认识与发生的结果完全一致。①

（二）法定符合说

法定符合说认为，成立故意犯罪只需要行为人所认识的犯罪事实与实际发生的事实在法定的构成要件的范围内相符合、相一致就够了，没有必要达到具体的符合。按照法定符合说，上例中甲需要承担故意杀人罪的罪责。这是因为刑法关于故意杀人罪的规定所禁止的是杀人的行为，至于被害者具体是乙还是丙，在法律上并不重要。在法定的构成要件“人”的范围内，具体的人的个性不被视为问题，所以甲只成立故意杀人罪一罪。但法定符合说也面临着并发事例的处理问题。例如：

（1）X 所发射的子弹穿过他意图杀死的 A 的身体同时打中了 B，造成 A、B 死亡，此时，X 的行为除了对 A 成立故意杀人既遂之外，是否还应承认对 B 也成立故意杀人既遂。同样的问题还存在于以下情况：（2）X 的子弹造成了 A 的伤害与 B 的死亡；（3）造成了 A 的死亡与 B 的伤害；（4）没有打中 A 但造成了 B 的死亡（方法错误的典型例子）；（5）没有打中 A 但造成了 B 以及 F 的死亡。

对此，法定符合说中存在数故意犯说（数故意说）与一故意犯说（一故意说）的对立。数故意说认为，故意没有个数，所以只要基于杀人的故意产生了杀人的结果，就应当认为都成立故意犯。上例中，在（1）的场合，应当承认对 A 及对 B 的杀人既遂，因为即使如此认定，由于是同种类的犯罪的观念竞合，所以不会产生处断刑上的差异，也就不会产生不合适。在（2）的场合，对 A 成立杀人未遂，对 B 成立杀人既遂。在（3）的场合，对 A 成立杀人既遂，对 B 成立杀人未遂。在（4）的场合，对 A 成立杀人未遂，对 B 成立杀人既遂。在（5）的场合，对 A 成立杀人未遂，对 B 及 F 成立杀人既遂。对于数故意说，有批评意见认为，刑法规定杀死一人应只成立杀人罪一罪，对故意的判断也应遵此进行。只有杀一人的故意而认定其成立数个杀人罪，有违反罪刑法定主义的嫌疑。

与此相对，一故意说认为，杀人罪中故意的个数是非常重要的，因此，对于只有杀一个人的故意的行为人，不能够认为其成立两个杀人罪。上例中，在（1）的场合，X 对其意图杀害的 A 成立杀人既遂，对于 B 则不需要讨论错误的问题，如果有过失成立过失致人死亡罪。在（2）的场合，成立对 A 的过失伤害与对 B 的杀人既遂的观念竞合。在（3）的场合，与（1）的情况一样，成立对 A 的杀人既遂与对 B 的过失伤害。在（4）的场合，只成立对 B 的杀人既遂。在（5）的场合，对 B、F 的哪一个成立杀人既遂还不明确。对于一故意说，也有批评意见认为，如在使 A、B 都受重伤时，或许一故意说认为对 A 成立杀人未遂，对 B 成立过失伤害。但如果此后 B 死亡，则对 A 成立过失伤害，对 B 成立杀人既遂。如果在此后 A 又死亡，则对 A 成立杀人既遂，对 B 成立过失致死。故意在 A、B 之间摇摆，显然不自然。②

① ［日］川端博：《事实的错误的理论》，成文堂 2007 年版，第 28 页。

② ［日］浅田和茂：《刑法总论》（补正版），成文堂 2007 年版，第 311~312 页。

二、客体的错误

客体的错误，是指行为人所认识的客体与现实的客体在同一性上发生差错的情况。例如。

甲本欲杀乙，但在黑夜里误将丙当作乙加以杀害。

对此，无论是法定符合说还是具体符合说都认为不阻却故意，但其理论基础不一样。法定符合说认为，在客体错误的情况下，行为人的认识与实际结果在构成要件的概念范围之内是相吻合的。具体符合说则认为，错误理论的实际意义即在于肯定客体错误时故意犯罪的既遂。前例中甲成立故意杀人罪的既遂，因为甲出于杀死（乙）“这个人”的意图而杀死了（丙）“这个人”，作为行为对象的“人”与死亡的“人”之间是具体的一致和吻合的，所以不阻却故意。①

三、因果关系的错误

因果关系的错误，是指行为人所认识的事实与实际发生的结果虽然一致，但其因果过程却不一致的情况。因果关系的错误主要有三种情况：狭义的因果关系错误、事前的故意（韦伯的概括故意）和构成要件的提前实现。

（一）狭义的因果关系错误

狭义的因果关系错误，是指结果的发生不是按照行为人对因果关系发展所预见的进程来实现的情况。例如：

甲出于杀意将乙推入河中，本欲使其溺死，但乙实际上因头部与桥墩严重撞击而死亡。

对此，首先涉及因果关系的错误是否阻却故意的问题。少数学者持肯定看法，但多数学者认为因果关系的错误只涉及成立既遂还是未遂的问题，并不影响故意本身的成立。据此，只要能够肯定实行行为与结果之间的相当因果关系，就是犯罪既遂，否则即为犯罪未遂。也就是说，“没有必要积极地讨论是否成立故意，而应将因果关系的错误问题还原为相当因果关系的有无问题”。②

（二）事前的故意

作为因果关系的错误问题加以讨论的主要是事前的故意问题。所谓事前的故意，也称韦伯的概括故意，是由韦伯在1825年的论文中提出来的问题。它是指行为人误以为第一个行为已经完成了犯罪，为了防止他人发觉或出于其他目的，而实施第二个行为，实际上是第二个行为才导致行为人所预期的结果。例如：

甲以杀人故意用细麻绳紧勒熟睡中的乙的脖子，致乙休克，甲误认为乙已死亡，为了消灭罪迹而将乙运至海滩丢弃，实际上乙是吸入细沙窒息而死。

---

① ［日］川端博：《事实的错误的理论》，成文堂2007年版，第29~30页。

② ［日］冈野光雄：《刑法要论概说》（第2版），成文堂2009年版，第220页。

对此，理论上有不同看法：

第一，概括的故意说（单一行为说）。此说认为，应将行为过程作整体的把握，从而可以认为这种情况就相当于行为人基于单纯的杀人故意而实现杀人结果的情况。换言之，第一行为的故意包括第二行为，因而成立故意犯罪的既遂。

第二，纯粹的因果经过错误说。此说将第二行为作为相当因果关系判断中的行为后的介入事实，如果对其有预见可能，则承认因果关系的存在。由于这种因果关系的错误处于相当因果关系的范围之内，因此能够肯定故意杀人既遂的成立。① 这是现在日本的多数说。

第三，行为计划说。此说认为，应依照行为人的计划来处理韦伯的概括故意问题，即在一般情况下应认定为一个故意行为偶然产生了过失的结果，但如果行为人实施第一个行为时就有实施第二个行为的计划，那么则可以例外地认定为故意犯罪的既遂。“对这种案件，以行为人的认识情况为前提，由于当初的实行行为的危险性已经消灭，而由行为人没有认识到的别的原因导致结果的发生，所以，第二个行为导致结果发生并非对第一个行为危险性大小的确证，而只能认为该结果不过是故意行为实施时偶然产生的过失的结果。例外地应承认既遂的情况是，当初就预定为了处理‘尸体’而要实施第二个行为……即只限于根据行为人当初的计划，无论何时发生结果都可以的情况（也就是说，第一个行为的时点发生结果，还是第二个行为的时点发生结果，不过是结果发生的形态变化而已的场合）。”②

第四，未遂犯、过失犯并合说。此说认为，在韦伯的概括故意的情况下，行为人实施的不是一个行为而是两个行为，所以不是因果关系的错误问题，而应认为第一行为是未遂犯，第二行为是过失犯，二者是并合罪。③

第五，相当因果关系说。此说认为，只需要通过相当因果关系的有无来作出判断就足够了。如果第一行为与结果具有相当因果关系，则认定为故意杀人既遂（大部分都是这种情况），否则只能认定为故意杀人未遂与过失致人死亡的观念的竞合。④

第六，原因中的故意行为说。此说认为，当原因行为称为结果行为发生的原因时，就与原因自由行为的理论非常类似。对第一个杀人行为的责任非难可以成为对第二个行为责任非难的根据。“没有第一个行为就不会有成为死亡原因的第二个行为，所以对行为人不实施第一个行为的期待就与期待其不实施第二个行为是一样的。”⑤

第七，客观归属说。此说认为，由于第一行为制造了结果发生的危险，在这种危险存续期间，第二行为是以由此诱发的行为人的动机关联而产生的，因而应肯定

① ［日］川端博：《从疑问开始的刑法Ⅰ》，成文堂2006年版，第102页。

② ［日］井田良：《刑法总论的理论构造》，成文堂2005年版，第185页。

③ ［日］曾根威彦：《刑法总论》（第2版），弘文堂2008年版，第168页。

④ ［日］齐藤信治：《刑法总论》，有斐阁2003年版，第154页。

⑤ ［日］中野次雄：《刑法总论概要》，成文堂1992年版，第125页。

危险实现关联，所以应承认客观的归属。但是，如果第一行为制造的危险几乎平常化之后而实施第二行为的，如行为人射击的子弹没有击中，但被害人装出死亡的样子，行为人误信被害人死亡，将其扔入河中，导致被害人溺水死亡的，应否定危险实现关联。第一行为是未遂，第二行为是过失致死罪。此外，基于中止的动机实施第二行为，但中止失败而发生结果的场合，也应否定危险实现关联。①

（三）构成要件的提前实现

所谓构成要件的提前实现，又称“结果的过早发生”或“过早的既遂”，是指行为人意图在第二个行为时发生犯罪结果，但实际上在第一个行为结果就已经发生的情况，即比行为人的意图更早的阶段发生构成要件结果的情况。构成要件的提前实现与韦伯的概括故意正好相反。②

构成要件的提前实现又可以分为两种情况，即第一行为尚处于预备阶段的情况及处于未遂阶段的情况。③ 前者如妻子准备在晚饭时毒死丈夫而在威士忌中下毒并将毒酒藏在架子上。结果碰巧丈夫提前下班，自己随意将酒打开喝下而死亡。后者如日本横滨法院的判例：被告人意图自杀，在自身封闭的木制小屋中洒了大量汽油，准备最后抽烟点火。不料汽油气化后遇火燃烧，导致房屋被全部烧毁。对于前者，理论上一致认为不构成杀人既遂罪，而成立杀人预备罪与（重）过失致死罪，存在争议的仅是其理论构成。对于后者，判例和通说认为具有放火罪的实行着手，又发生了具体的危险，成立放火罪的既遂；也有学者认为是未遂。此外，对于其理论构成也存在争议。

但是，也有学者认为构成要件的提前实现仅限于后一种情况，即仅限于实行着手后的情况。德国理论也有这种倾向。④ 实际上这两种观点的差异并不大。因为理论上真正存在问题和值得探讨的主要是实行着手后的情况。

近年来，德、日均有关于构成要件的提前实现的典型案例。例如，德国联邦法院2002年4月10日判决的“空气注射案件”。被告人A等3名酒友，意图用注射空气的方法杀死X。在实施殴打X脸部、将毛巾堵住其嘴等暴力后，A在X肘部附近实施了注射行为。但后来查明，X并非因为被注射空气死亡，而是因咽喉部骨折导致的窒息死亡。

法院认为，基于杀意实施暴行行为时，就属于实行着手。用暴力致使对方不能反抗的行为与注射空气的行为是一体的行为，其过程中出现的因果关系的偏差并不重要，因而肯定杀人既遂的成立。⑤

---

① ［日］山中敬一：《刑法总论》（第3版），成文堂2015年版，第373页。

② ［日］高桥则夫：《规范论与刑法解释论》，成文堂2007年版，第61页。

③ ［日］高桥则夫：《规范论与刑法解释论》，成文堂2007年版，第61页。

④ ［日］山中敬一：《刑法总论》（第3版），成文堂2015年版，第373页。

⑤ BGH NStZ 2002，475.

日本最高法院于2004年3月22日对所谓的“哥罗仿[①]事件”作出判决。案情是：A意图杀死丈夫V并伪装成事故死亡而骗取保险金，请被告人B实施杀人行为。B为了得到酬金而答应，后又召集了C、D、E3人让他们去直接实施犯罪。C、D、E3名实行犯按照计划，首先将染了大量哥罗仿的毛巾堵住V的鼻子使其昏迷（第一个行为），然后将V运到2公里外的港口，并将B叫来，一起将V抬到V自己的汽车驾驶座上，将汽车推入海中（第二行为）。根据事后调查的结果，V的死因究竟是溺水死亡还是因吸入过量哥罗仿窒息死亡无法确定。在实施第二个行为时，V有可能已经死亡。此外，虽然从客观面上看，第一个行为是具有高度致死危险性的行为，但B和3名实行犯对第一个行为就会导致V死亡的可能性没有认识。

第一审认为，A、B及3名实行犯成立杀人既遂罪（本案还涉及保险诈骗问题，法院认为他们成立杀人既遂罪与诈骗罪的共同正犯，判决甲、乙无期惩役，3名实行犯各判处20年、18年、13年有期惩役）。对此判决，除一名实行犯外，其余4人都提出上诉。理由是，在实施麻醉行为时没有杀人故意，应当是伤害致死罪。此后将被害人推入海中的行为，是杀人罪的不能犯。

第二审认为，麻醉行为并非只是单纯为绑架被害人并将其运至港口的行为，而是与将其推入海中这一计划的直接杀人行为有密切关系的行为，能左右后行为的成功与否，具有重要意义。因此，应将其视为杀人的实行行为的一部分。被告人认识到了麻醉行为的重要性，不缺少杀人的实行行为性的认识，因而应肯定该行为的杀人的实行行为性。此后将被害人推入海中的行为，即使被害人当时已经死亡，也是实行行为开始后到结果发生前因果关系流程的错误而已。对第二审的判决，A、B还是不服，上诉到最高法院。

最高法院认为，“被告人B及3名实行犯对于第一行为本身导致V死亡的可能性没有认识。但从客观上看，第一行为是具有导致人死亡的高度危险性的行为”。“3名实行犯的杀人计划是，首先用哥罗仿麻醉V，利用其昏迷状态将其运到港口，连人带车推入海中。第一行为对于第二行为实施的确实容易性而言可以说是必要和不可或缺的。如果第一行为取得成功，实施此后的杀人计划就不存在特殊的障碍。第一行为与第二行为具有时间场所上的接近性。据此，第一行为是第二行为的密接行为，3名实行犯在开始实施第一行为的时点就明显认识到杀人的客观危险性，所以认为该时点就具有杀人罪的实行着手是相当的。而且，从使V吸入哥罗仿而麻醉到将汽车推入海中，3名实行犯是着手于这一连串的杀人行为才达到其目的。因此，即使与3人的认识不同，在第二行为的时点V已经由于第一行为而死亡，也不缺少杀人的故意。应认为3名实行犯成立杀人既遂的共同正犯。由于3名实行犯是与2名被告人基于共谋而实施上述杀人行为，所以2名被告人必须承担杀人既遂的共同正犯的罪责。”

此案件，日本最高法院首先将其分为“用哥罗仿的麻醉行为”和“推入海中的

① 一种麻醉剂，德文原名Chloroform。

行为”两个行为，然后从实行行为性及故意两个方面进行论述，并对两者都持肯定态度。肯定实行行为性的理由是：（1）第一行为的“必要不可欠缺性”（条件关系）；（2）第一行为与第二行为之间不存在特殊的障碍；（3）时间场所上的接近性。根据这三点，认为第一行为与第二行为是密接的行为，开始实施第一行为的时点就明显有杀人的客观危险性。肯定故意的理由则是：将第一行为与第二行为定位为“一连串的杀人行为”，认为只有着手于这一连串行为才能达到目的，因此不缺少杀人的故意。

对最高法院的这一判决，学者们意见不一。有的学者认为应当成立杀人预备与重过失致死罪。① 有的学者认为应成立杀人未遂罪与重过失致死罪。②

首先，就第一行为是否就是杀人罪的实行行为的问题，有的学者表示赞同。“如果考虑行为人的整体计划，同时考虑到第一行为本身就是危险的行为，那么可以认为第一行为是第二行为的直前行为，能肯定两者之间的连续性。此外，只要第一行为取得成功，实施第二行为就变得容易（排除了障碍）。所以肯定结果发生的自动性也是可能的。于是，对认为实施第一行为的时点就具有杀人的实行着手的结论我表示支持。”③ 但也有学者表示反对。其认为，最高法院论述实行行为性的第一个理由（“必要不可欠缺性”）可以成立。但第二个理由，即以“第一行为与第二行为之间不存在特殊的障碍”来论证实行着手是不成立的。举例而言，行为人在被害人预定要路过的道路边的五金店买了菜刀（第一行为），然后按照计划在被害人路过时杀死被害人（第二行为）。第一行为与第二行为之间也没有特殊的障碍，但买菜刀的行为始终只是预备行为。在该学者看来，实行着手必须是根据行为人的认识，能够发生直接现实的危险行为。换言之，第一行为后的在时间、场所上密切接近的行为，以预定并不介入日常行为或第二行为为必要。而本案中，第一行为之后介入了汽车运输这一日常行为和推入海中这一危险行为，与瞄准后只剩下扣扳机的情况显然不同。④

其次，就是否应当区分未遂的实行行为与既遂的实行行为的问题。有的学者认为，未遂的实行行为时点与既遂的实行行为时点可以是不同的，即未遂的实行行为可以在既遂的实行行为之前的阶段加以认可。作为既遂犯构成要件要素的实行行为与未遂犯的实行行为并不要求必须同一。其根据在于，未遂犯属于处罚的早期化，所以实行着手的时点也被早期化了。因此，本案的第一行为只是未遂犯的实行行为而不是既遂犯的实行行为。⑤ 对此，也有学者批评说，作这种区分是不对的，但也

---

① ［日］浅田和茂：《刑法总论》（补正版），成文堂2007年版，第377页。

② ［日］山口厚：《实行的着手与既遂》，载《法律教室》第293号，第104页；［日］林干人：《结果的过早发生》，载《判例时报》第1869号，第3页。

③ ［日］井田良：《刑法总论的理论构造》，成文堂2005年版，第400页。

④ ［日］山中敬一：《刑法总论》（第3版），成文堂2015年版，第377页。

⑤ ［日］山口厚：《实行的着手与既遂》，载《法律教室》第293号，第104页；［日］林干人：《结果的过早发生》，载《判例时报》第1869号，第3页。

没有提出有说服力的理由。①

最后，就杀人的故意问题而言。学者们都认为，该问题与实行行为的认定直接相关。“故意的问题，不过是实行着手问题的反映。”② 也有学者虽然赞成判例对杀人故意的认定，但指出应作更细致的论证，即应区分行为决意和故意这两个不同的概念。本案的目的在于骗取保险金，因此通过第一个行为就导致被害人死亡，显然是被告人等希望避免的结果。如果将故意的内容解释为实现意思，那么就只能说该案行为人实施第一个行为时不存在故意。“然而，行为决意和故意是不同的。行为决意与故意虽然具有密切的内在联系，但也有重要差异，即行为决意存在于故意行为之前，是指向故意行为的意图的状态，也就是‘实施故意行为的决意’……那么像本案这样的情况，在使被害人吸哥罗仿的行为时存在故意吗？从结论上说，我认为可以肯定（杀人着手）的故意。关于这一点，又进而涉及实行行为的性质与故意的关系问题……故意以对构成要件结果的认识要素及对（实行）行为的性质的认识要素”这两种要素为必要……又可以分为……（1）预备故意；（2）未遂故意；（3）既遂故意……本案中，（被告人）只有（1）与（2）的认识，但发生了（3）的事实，即以未遂的故意发生了既遂的结果。根据第38条第2款（未遂构成要件与既遂构成要件之间的错误），应成立杀人未遂罪（虽然也成立重过失致死罪，但作为包括一罪被杀人未遂罪所吸收。进而，第二行为的杀人未遂罪也被第一行为的杀人未遂罪所吸收）。③

第三节　抽象的事实错误

一、抽象的事实错误概述

抽象的事实错误是指行为人所认识的事实与现实所发生的事实分别属于不同的构成要件的错误。例如，甲开枪射杀乙却只打中乙所有的贵重物品，此时这种错误就是与故意杀人罪和器物损坏罪相关的抽象的事实错误。

抽象的事实错误也可以分为客体的错误与方法的错误。例如，以为是狗而开枪，结果打死的是人，就属于前者；为了杀人而开枪，因未瞄准打死了狗，就属于后者。抽象的事实错误由于构成要件上存在两个不同的客体，因而不存在因果关系的错误问题。

关于抽象的事实错误，有的国家刑法有明文规定，如《德国刑法典》第16条第2款规定：“行为人行为时误认为具有较轻法定构成要件的，对其故意犯罪只能依较轻之法规处罚。”《日本刑法典》第38条第2款规定：“实施了本应属于重罪的

① ［日］浅田和茂：《刑法总论》（补正版），成文堂2007年版，第377页。
② ［日］山中敬一：《刑法总论》（第3版），成文堂2015年版，第379页。
③ ［日］高桥则夫：《规范论与刑法解释论》，成文堂2007年版，第72~74页。

行为，但行为时不知道属于重罪的事实的，不得以重罪处断。”

二、抽象符合说

抽象符合说认为，即使行为人所认识的犯罪事实与现实发生的犯罪事实的罪质不同，也不阻却故意的成立。它抽象地把握所有构成要件的区别，认为抽象的事实错误至少在与轻罪的关联上认定故意犯的成立。但是，对故意进行抽象化时的基本观点存在分歧。

牧野英一主张在轻罪的限度内认定故意。首先，以轻的甲罪的故意实现了重的乙罪的事实时，属于轻的甲罪的既遂与重的乙罪的过失的观念的竞合。例如，以损坏器物的故意致人死亡时，是器物损坏罪的既遂与过失致死罪的观念的竞合。其次，以重的甲罪的故意实现了轻的乙罪的事实时，是对重的甲罪的未遂与对轻的乙罪的既遂，将二者合一按较重的罪处断。例如，以杀人的故意损坏了器物时，包含了杀人罪的未遂与器物损坏罪的既遂，应按重罪即杀人罪的未遂进行处理。[①]

宫本英脩主张可罚的符合说。此说提出了三个命题：第一命题是对认识的事实设想成立未遂犯，第二命题是对发生的事实设想成立过失犯，第三命题是对现实发生的事实设想成立故意犯的既遂。其中第一命题与第二命题是观念的竞合关系，第三命题与前两个命题之间是法条竞合的择一关系。根据此说，以轻的甲罪的故意发生了重的乙罪的事实时，可以设想轻的甲罪的未遂、重的乙罪的过失、重的乙罪的既遂三个命题，由于受到《日本刑法典》第 38 条第 2 款“实施了本应属于重罪的行为，但行为时不知道属于重罪的事实的，不得以重罪处断”的限制，所以应在其范围内择一重罪处断。例如，以损坏器物的故意致人死亡时，设想器物损坏罪的未遂、过失致死罪、杀人罪的既遂这三个命题，根据《日本刑法典》第 38 条第 2 款，只能在器物损坏罪既遂的刑罚限度内处罚。而在以重的甲罪的故意发生了轻的乙罪的事实时，设想重的甲罪的未遂、轻的乙罪的过失与轻的乙罪的既遂三个命题，而按照择一的重罪处断。例如，以杀人故意发生了损坏器物的结果时，能够设想杀人罪的未遂、过失器物损坏罪与器物损坏罪的既遂，而按照重的杀人罪的未遂处断。[②]

草野豹一郎认为，以轻的甲罪的故意发生了重的乙罪的事实，属于轻的甲罪的未遂与重的乙罪的过失的观念的竞合，如果刑法没有对乙罪的过失犯处罚规定，那么不管有无未遂犯的处罚规定，都要按照轻的甲罪的未遂进行处理。例如，以损坏器物的故意致人死亡时，可以设想器物损坏罪的未遂（本来不可罚）与过失致死罪的观念的竞合，按照器物损坏罪的未遂进行处理。当对于所发生的重的事实没有过失犯的处罚规定时，如以遗弃病人的故意遗弃了尸体时，由于不存在处罚过失犯的规定，所以按照遗弃罪的未遂处罚。而以犯重的甲罪的意思实现了轻的乙罪时，属于重的甲罪的未遂与轻的乙罪的过失的观念竞合，在乙罪没有处罚过失犯的规定时，

① ［日］牧野英一：《刑法总论》（下卷）（重订版），有斐阁 2001 年版，第 574 页以下。
② ［日］宫本英脩：《刑法大纲》，弘文堂 1935 年版，第 143 页。

按照甲罪的未遂处断。当重的甲罪也没有处罚未遂的规定时，其责任限于对乙事实的故意犯罪的刑罚限度之内。例如，以杀人故意发生了损坏器物的结果时，属于杀人罪的未遂与过失器物损坏罪的观念竞合，按照杀人未遂处断。而以伤害的故意造成器物损坏的结果时，虽然属于伤害罪的未遂与过失器物损坏罪的观念竞合，但由于刑法没有处罚伤害未遂的规定，所以其刑罚只能限于器物损坏罪的程度。①

植松正主张合一的评价说。此说进一步推进了故意的抽象化，它否定了对预见事实的未遂犯与实现事实的过失犯的观念竞合这种思路，认为应进行合一的评价而只对其中的一个重罪进行处罚。首先，以轻的甲罪的故意发生了重的乙罪的事实时，对甲罪的既遂与故意的乙罪进行合一的评价而只成立故意的乙罪，但受《日本刑法典》第 38 条第 2 款的限制，处断限于甲罪既遂的法定刑之内。例如，以损坏器物的故意致人死亡时，成立杀人罪的既遂，但处以器物损坏罪的法定刑。其次，当以犯重的甲罪的意思实现了轻的乙罪时，可以设想甲罪的未遂与乙罪的故意犯，将两者进行合一的评价而从重罪处断。例如，以杀人的故意发生了损坏器物的结果时，按照杀人未遂进行处断。②

抽象符合说的上述几种观点都受到了批评：牧野说被认为忽视了“犯罪类型”这一刑法的特性而有违反罪刑法定主义之嫌；宫本说被认为扩大了可罚的评价；草野说认为即使刑法没有处罚未遂的规定也可以进行处罚，同样被认为违背了罪刑法定主义；植松说对于没有故意的行为也认定为故意犯罪，被认为违背了责任主义。③因此，现在支持抽象符合说的学者已经不多了。

三、法定符合说

法定符合说认为，只要行为人所认识的事实与现实的事实处于同一构成要件内，就可以认定故意，因此，抽象的事实错误原则上阻却故意。但是，由于各国刑法所规定的犯罪之间往往有一定的重合关系，完全无视这种重合关系也不妥当。因此，法定符合说认为，抽象的事实错误在一定的范围内不阻却故意的成立。围绕这一范围，理论上形成了多种学说。

（一）构成要件符合说

此说将法定的符合标准求之于构成要件，认为当不同的构成要件具有重合时，在重合的限度内成立故意。此说因对“重合”限度的理解不同，又存在不同见解。

1. 严格符合说。

此说严格地理解构成要件的重合，认为只有当刑法法规具有法条竞合的情况时

① ［日］草野豹一郎：《刑法要论》，有斐阁 1956 年版，第 94 页以下。

② ［日］植松正：《现代刑法概论 I 总论》，劲草书房 1986 年版，第 276 页。

③ ［日］浅田和茂：《刑法总论》（补正版），成文堂 2007 年版，第 321 页。

才属于构成要件的重合。[1] 但不少学者批评此说过于狭隘地理解了重合的范围。[2]

2. 形式的符合说。

此说原则上从形式上理解构成要件的重合，但同时认为也包含部分实质重合的情况。在此说看来，除了构成要件具有加重、减轻关系之外，盗窃与强盗、恐吓与强盗、伤害与杀人、盗窃与侵占脱离占有物、胁迫与恐吓、杀人与伤害致死等都具有重合关系。概言之，本说以具有基本及派生、加重及减轻关系的构成要件为出发点，将重合关系扩大到构成要件要素具有相当部分的实质共通性的情形。[3]

3. 实质的符合说。

此说将构成要件的重合理解为“保护法益的共通性以及构成要件的行为的共通性”。这一见解不将重合求之于构成要件要素的共通性，而是对各构成要件进行类型性的抽象化，看各自的“法益”以及“行为样态”是否符合社会观念上的共通的类型，从而极大地扩宽了重合的范围。[4] 此说是日本现在的通说，但也有学者批评此说无视构成要件的定型性，是对罪刑法定主义的否定。[5]

4. 实质的同质性说。

此说认为所谓构成要件的重合是指具有实质的同质性。这包括以下两种情况：其一，一个构成要件内涵性地包摄其他构成要件；其二，具有构成要件的外延的包摄性。前者如同意杀人与杀人、杀人与伤害、盗窃与侵占脱离占有物、盗窃与强盗、恐吓与强盗、伤害与死体损坏等。外延的包摄性是指即使不被相同的概念所包摄，但只要被相同构成要件所规定的概念所包摄即可。例如，教唆对方使用“印章”伪造公文书，而对方使用公务员的“署名”伪造公文书时，虽然印章与署名是不同的概念，但由于是在相同构成要件中的择一性的规定，所以具有构成要件性的符合。此外，虽然被规定在不同的条文，但只不过是因立法技术上的原因而以另外的条文加以书写时，也被认为实质上是构成要件的符合。例如，公文书的有形伪造与无形伪造、持有麻醉药品与持有海洛因的符合等就是如此。[6] 本说受到的批判是，明显扩大了构成要件符合性的范围，可能使构成要件弛缓。[7]

（二）罪质符合说

此说将法益及犯罪方法作为基准，考虑日常生活的实际情况来认定罪质的符合。此说认为，即使不具有加重、减轻等构成要件的重合性，但只有罪质相同就能够认定故意的成立。在此说看来，故意是指向一定的法益侵害，但这种“法益”不要求

---

① ［日］香川达夫：《刑法讲义（总论）》，成文堂 1995 年版，第 268 页。
② ［日］内藤谦：《刑法讲义总论（下）Ⅰ》，有斐阁 1991 年版，第 976 页。
③ ［日］团藤重光：《刑法纲要总论》，创文社 1990 年版，第 426 页。
④ ［日］大塚仁：《刑法概说（总论）》（第 4 版），有斐阁 2008 年版，第 197 页。
⑤ ［日］山中敬一：《刑法总论》（第 3 版），成文堂 2015 年版，第 356 页。
⑥ ［日］平野龙一：《刑法总论Ⅰ》，有斐阁 1972 年版，第 178~180 页。
⑦ ［日］山中敬一：《刑法总论》（第 3 版），成文堂 2015 年版，第 356 页。

是精密的法学概念，而是只要一般人基本上在等同意义上考虑的法益，即使法益侵害的方法多少有些不同，但也认定符合。例如，遗弃尸体罪与普通遗弃罪的构成要件不同，在严格的法律意义上法益也不相同，但从日常生活的实际情况来看，行为人至少包含扔掉处于生死不明状态的人的意思，这一点无论是在抛弃尸体还是遗弃活人的情况下都是共通的，所以可以认为罪质是在同一范围内的，故能够肯定故意的成立。①

罪质符合说的问题在于作为其理论核心的“罪质”概念不明确，即此说所称的罪质，既不由作为法律概念的法益所决定，也不由构成要件的关联性所决定。也就是说，其范围的确定难以明确。②

（三）法益侵害与危险符合说

此说将法定符合的标准求之于法益侵害与危险的符合。在此说看来，立法者为了制止对法益的侵害与危险而规定犯罪与刑罚。但并非所有侵害或者威胁法益的行为都要被规定为犯罪，立法者通过对主体、客体、行为形态等的限定来规定作为处罚对象的违法类型。成立故意犯罪的既遂，行为人必须认识到该构成要件的事实并加以实现。但如果立法者为了保护同一法益，规定了择一的数个构成要件时，那么跨越不同构成要件的错误就是“非本质的错误”。因此，只要是具有对同一法益的侵害或危险，就可以认定重合。③

（四）不法与责任符合说

此说认为，行为人即使没有认识到符合构成要件的事实，但只要对作为构成要件实质内容的不法与责任有认识，就可以肯定故意的成立。因此，即使行为人所认识的事实与现实发生的事实在构成要件上不相符合，但只要各个构成要件之间的不法、责任的内容相符合，就可以肯定故意犯罪的成立。此说认为，杀人罪与器物损坏罪、伤害罪与毁坏尸体罪之间由于不法的质不同，不存在不法、责任内容的符合。此外，以非法占有目的为必要的盗窃罪与不以此为必要的毁坏财物罪，虽然不法内容是一致的，但责任内容不同，所以不能承认符合性。与此相对，公文书伪造罪和虚伪公文书作成罪之间，在转移财产的动机方面具有共通性，在责任内容方面也相符合。④ 但批评者认为本说使构成要件概念空洞化，因而受到了批判。⑤

日本的判例曾经采用罪质符合说，但近来最高法院的判例则采用了构成要件的符合说中的实质的符合说。⑥

---

① ［日］西原春夫：《刑法总论》（改订版）（上卷），成文堂1993年版，第227页。
② ［日］川端博：《事实的错误的理论》，成文堂2007年版，第108页。
③ ［日］林干人：《刑法总论》，东京大学出版会2000年版，第269页。
④ ［日］町野朔：《关于法定的符合（下）》，载《警察研究》第54卷第5号，第8页。
⑤ ［日］山中敬一：《刑法总论》（第3版），成文堂2015年版，第357页。
⑥ ［日］川端博：《事实的错误的理论》，成文堂2007年版，第124页。

第十五章　违法性论的发达

第一节　违法性概说

一、违法性的概念

违法性是指行为违反法律，即行为不为法律所允许。

违法性是犯罪论体系中刑法评价的第二阶段，其主要任务是对符合构成要件的行为从实质的、客观的角度判断是否违法。由于只有符合构成要件的违法行为才存在责任问题，所以如果行为阻却违法性的话，就没有必要进行责任判断，该行为就不是犯罪。

大陆法系刑法理论通说认为，构成要件是可罚的违法行为类型，所以行为如果符合构成要件原则上就推定其违法。这样违法性论的第一个课题就是探讨否定这种推定的事由，即违法性阻却事由。

德、日刑法理论中的违法性论过去往往只论及违法性的存否，即违法性阻却事由的有无问题。但现在也有不少学者认为，违法性论中除了违法性的存否问题之外，在具有违法性的场合，还有一个违法性的程度问题。对量刑而言，犯罪的程度是重要的基础。而犯罪的程度取决于违法性的程度与责任的程度。因此，在违法性论中必须考虑违法性的程度问题。此外，保安处分与行为人的责任无关而是着眼于其行为的危险性加以科处，因此可以认为行为的危险性主要指的是违法性的程度。违法性的程度在这个意义上也是非常重要的。因此，违法性论的第二个课题是探讨违法性的程度问题。

违法性是所有犯罪成立所不可或缺的要素。刑法对某些犯罪有时会使用“无正当理由”、“非法”等词语来明示其违法性。但无论是否使用这种措辞，违法性的存在都是犯罪的一般成立要件。因此，应当认为“无正当理由”、“非法”等用语对犯罪的成立而言只是增加语气上的强调而已。①

行为要么是违法的，要么是适法的。不过有的学者认为，在违法行为与适法行为之间还存在诸如吃饭、散步等并不能成为法律评价对象的行为。他们将这些行为

① ［日］木村龟二著、阿部纯二增补：《刑法总论》，有斐阁1978年版，第238页。

称为放任行为。[①] 但多数学者认为，如果对上述行为进行不法侵害，则被害人有权实行正当防卫，这就表明这些行为仍然是受法律保护的，因而应属于适法行为的范畴。[②]

二、违法性的本质

（一）形式的违法性和实质的违法性

形式的违法性是指行为违反法秩序或法规范。默克尔（Merkel）、宾丁等人就是这样理解违法性的。默克尔在1867年公开发表的论文中指出，违法是指否定法，即违反客观的法秩序自身。宾丁则在其著作《规范及其违反》中提出了著名的规范说，即犯罪不是违反刑法法规本身，而是违反了作为刑法规范前提的规范。因此，作为违反法律规定及由法律推导出的规范的违法性，应当从形式上加以确定。[③]

形式的违法性是一种实定法中心主义的考虑，即对是否违法作形式上的判断。由于构成要件具有违法推定机能，所以符合构成要件的行为只要没有违法性阻却事由，就可以说是形式上违法。而且，如果强调实定法中心主义的话，违法性阻却事由原则上也应限于法律的规定（不过有学者认为，根据法秩序的统一性，民法等其他法律的违法性阻却事由也可以适用于刑法[④]）。

实质的违法性是从实质上探求违法性的根据。作为违法性阻却事由，刑法一般规定了法令行为、正当业务行为、正当防卫、紧急避险等。通过探讨这些情况为何阻却违法性从而阐明违法性的本质，那么在欠缺这种违法性的实质的场合，即使没有法律的规定也可以认为其不违法（超法规的违法性阻却事由）。根据这种理解，实质的违法性与形式的违法性的区别在于是否认可超法规的违法性阻却事由。

对于这种观点，有批评意见认为，形式的违法性是违反整体的法秩序。由于是对以宪法为顶点的实定法秩序的违反，所以形式的违法性与实质的违法性只是对同一事物是从形式的方面加以定义还是从实质的方面加以说明的区别，两者是一

---

① ［日］宫本英脩：《刑法大纲》，弘文堂1935年版，第43页；［日］牧野英一：《刑法总论》（上卷）（重订版），有斐阁2001年版，第342页；［日］小野清一郎：《新订刑法讲义总论》，有斐阁1950年版，第132页。

② ［日］泷川幸辰：《犯罪论序说》，王泰译，法律出版社2005年版，第45页；［日］佐伯千仞：《刑法讲义（总论）》，有斐阁1981年版，第164~165页；［日］吉川经夫：《刑法总论》，法律文化社1996年版，第124页。

③ ［日］大塚仁等编：《大注解刑法》（大コンメンタール刑法）（第2卷）（第2版），青林书院1999年版，第167页。

④ ［日］木村龟二著、阿部纯二增补：《刑法总论》，有斐阁1978年版，第242页；［日］大塚仁：《刑法概说（总论）》（第4版），有斐阁2008年版，第354页。不过大塚仁认为，“两者分别从形式的、外表的观点和实质的、内容的观点追求违法性的本质，通过对它们进行一并考察，才能解明违法性的本质”。

致的。[①]

的确，判断实质的违法性的最终依据也是宪法。如果认为违反以宪法为顶点的整体法秩序是形式的违法性的话，那么两者也可以说是一致的。但是，即使违法性的最终判断基准是宪法，但实质的违法性并不是直接从宪法中推导出来的，而是根据对刑法目的的解释推导出来的。这是划定违法性阻却事由这种类推所允许的领域的妥当基准，在这个领域内的确存在法的欠缺，所以两者的层级是不一样的。因此，毋宁说形式的违法性如其文字所描述的那样，是将违法界定为形式的违反法规定更为合适。[②]

实质的违法性大致可以分为规范违反说和法益侵害说，此外也存在二元说的观点。

规范违反说以宾丁的规范论为其基本框架，着眼于刑法法规背后的规范（但宾丁本人并没有明确规范的实质，因而停留在形式的违法性论的层级）。此后，经由M. E. 迈尔的文化规范说最终确定了规范违反说的内容。

在日本，也有不少学者持规范违反说。例如，小野清一郎认为，“违法性的实质是违反国家的法秩序的规律、目的”。[③] 团藤重光认为，违法性“是对社会伦理规范的违反”。[④] 此外，牧野英一认为，违法性是“违反公共秩序或善良风俗”[⑤]，木村龟二认为，违法性是“违反国家所承认的社会生活的目的”[⑥] 等都基本属于规范违反说。这些学说的共同点在于将焦点集中于刑法的行为规制机能。

法益侵害说将实质的违法性定位为对法益的侵害或者威胁。此说吸取了贝卡里亚的社会侵害说、费尔巴哈的权利侵害说的精华，由毕尔巴莫的法益侵害说奠定基础，由李斯特最终确立。

在日本，泷川幸辰主张违法性是“对生活利益的侵害（或危险）”,[⑦] 佐伯千仞主张违法性是“对法益的侵害或者威胁”,[⑧] 平野龙一认为违法性“是对法益的侵害危险”,[⑨] 这些都属于法益侵害说的观点。他们的共同点在于将焦点集中于刑法的法益保护机能。

此外，还有的学者认为，法益侵害说与规范违反说并非截然对立的学说。例如，作为法益侵害说代表人物的李斯特在法益侵害之外，也考虑规范违反说的内容；而作为规范违反说代表人物的M. E. 迈尔则是以法益保护作为当然的前提而论述文化

---

① ［日］山中敬一：《刑法总论》（第3版），成文堂2015年版，第440页。

② ［日］浅田和茂：《刑法总论》（补正版），成文堂2007年版，第169页。

③ ［日］小野清一郎：《新订刑法讲义总论》，有斐阁1950年版，第119页。

④ ［日］团藤重光：《刑法纲要总论》，创文社1990年版，第170页。

⑤ ［日］牧野英一：《刑法总论》（上卷）（重订版），有斐阁2001年版，第232页。

⑥ ［日］木村龟二著、阿部纯二增补：《刑法总论》，有斐阁1978年版，第246页。

⑦ ［日］泷川幸辰：《犯罪论序说》，王泰译，法律出版社2005年版，第53页。

⑧ ［日］佐伯千仞：《刑法讲义（总论）》，有斐阁1981年版，第174页。

⑨ ［日］平野龙一：《刑法总论Ⅰ》，有斐阁1972年版，第51页。

规范违反说。同样，在日本被视为规范违反说的代表人物的小野清一郎、团藤重光、牧野英一、木村龟二等也都没有完全忽视法益侵害这方面的内容。因此，法益侵害说与规范违反说立足于共通的基础，将两者并用才能正确地把握违法性的实质。[①]“违法性的实质是违反国家、社会的伦理规范，给法益造成侵害或者威胁。”[②]

对这种观点，也有学者认为它虽然强调二元说，但实质上将重点置于规范违反，本质上仍属于规范违反说的一种类型。[③]

（二）客观的违法性论与主观的违法性论

主观的违法性论溯源于英国分析法学创始人奥斯丁的命令说。奥斯丁认为，法是主权者的命令，从而与道德等其他规范相区别。1867年德国的默克尔率先提倡主观的违法性论，得到了费尔内克（Ferneck）等学者的赞同，在一段时期内成为很有影响力的学说。

主观的违法性论认为，法规范是对行为人的命令规范，违法就是对这种命令规范的违反。由于命令规范所针对的对象只能是能够理解规范的内容从而据此作出意思决定并加以行动的人，因而只有这些人的行为才能进行违法的评价。精神病人等无责任能力人的行为不能认定为违法行为。

主观的违法性论使违法与责任成为一体，根据其理论，由于无责任能力的人的行为不违法，所以不能对其进行正当防卫。

对于主观的违法性论，有学者批评说它忽视了违法性观念与责任观念本质上的区别，违反了“违法是客观的，责任是主观的”这一基本命题。而且不允许对无责任能力人的侵害行为进行正当防卫，显然也不利于保护被侵害者的利益。

为客观的违法性论提供理论基础的是梅茨格尔。他认为法规范的确可以分为禁止与命令规范（意思决定规范）。但在这种禁止与命令规范之前还存在评价某种行为是否与客观的法秩序相矛盾的评价规范。评价规范所针对的是所有的人，违反这种评价规范的就是违法，它与责任能力无关，应进行客观的判断。违反决定规范的则是责任的问题。梅茨格尔的这种观点明确提出了“无责任的违法”这一概念，而且也合理地说明了犯罪论体系中为何违法性判断在责任判断之前的问题，因而得到了很多学者的赞同。

值得注意的是，在客观的违法性论中，也有部分学者认为评价规范所针对的不仅是人，而且也针对动物和自然界。因此，动物的侵袭、自然灾害只要侵害到法益，就具有违法性，可以对其实行正当防卫。但多数学者认为，规范始终是针对人类社会的，违法评价的是人的行为。

此外，客观的违法性论中还有学者认为，规范所针对的是人，作为规范的构造

---

① ［日］大塚仁等编：《大注解刑法》（大コンメンタール刑法）（第2卷）（第2版），青林书院1999年版，第168页。

② ［日］大塚仁：《刑法概说（总论）》（第4版），有斐阁2008年版，第356页。

③ ［日］浅田和茂：《刑法总论》（补正版），成文堂2007年版，第170页。

无论是违法还是责任都与评价规范与决定规范有关。违法阶段的决定规范针对的是一般人，所以是客观的；而责任阶段的决定规范针对的是行为人个人，所以是主观的。[①] 这一主张实质上与下面要说的行为无价值、结果无价值的讨论有关，即违法中的评价规范违反意味着结果无价值（法益侵害），而决定规范违反意味着行为无价值。这样，违法就不仅意味着结果无价值，也意味着行为无价值。可见这种观点属于违法的二元论。

从学说史上看，客观的违法性论产生在前，主观的违法性论产生在后，但现在德、日客观的违法性论是通说。

（三）行为无价值论与结果无价值论

行为无价值与结果无价值概念的对立肇始于韦尔策尔。他指出："并不是与行为人的内容相分离的法益侵害就可以说明不法，行为只有作为一定的行为人的作品时才是违法的。行为人设立何种目标，采取什么客观行为，行为人以什么心情实施行为，在这种场合行为人负有什么义务，所有这些，与可能发生的法益侵害一起，决定行为的不法。违法性是对与一定的行为人有关的行为的否定，不法就是与行为人有关的'人的'行为的不法……法益侵害（结果无价值）只有在人的违法行为中（行为无价值中）才具有意义。人的行为无价值是所有刑法上犯罪的一般的无价值。"[②]

自韦尔策尔将这两个概念作为对立的概念加以提出后，造成了自学派之争后的刑法理论的又一次大分化。"曾经的刑法学，以旧派刑法学和新派刑法学为界分为两派，展开了学派之争……但是，这种学派之争，在战后迅速地终结。现在可以说是新派还是旧派已经完全不再是一个问题。近年来与学派之争相类比的，则是关于违法实质的从 20 世纪 60 年代后期开始的行为无价值与结果无价值的论争。"[③]

行为无价值论与结果无价值论的争论涉及刑法方方面面的问题，下面进行专门论述。

第二节　行为无价值论与结果无价值论的对立

一、行为无价值论与结果无价值论的概念

（一）行为无价值与结果无价值的概念

行为无价值（Handlungsunwert）与结果无价值（Erfolgsunwert）都是约定俗成的专业术语。所谓"无价值"一词，译自德文"Unwert"，其含义为"负面价值"，

---

① ［日］日冲宪郎：《违法与责任》，载日本刑法学会编：《刑法讲座》（第 2 卷），有斐阁 1963 年版，第 87 页。

② ［德］韦尔策尔：《目的的行为论序说》，福田平、大塚仁译，有斐阁 1962 年版，第 42 页。

③ ［日］崛内捷三：《刑法的关键词》，载《法学研究班》（法学セミナー）第 379 号，第 36 页。

即“恶”。于是，究竟应该译为“行为无价值与结果无价值”还是“行为反价值与结果反价值”，日本关西地区和关东地区的学者存在一定的分歧。关西地区的刑法学者多认为“反价值”的译法更为合适。[①] 而东京等关东地区的学者则多使用“无价值”一词。“Unwert 是指没有价值，而非违反价值。虽然有违反规范的事物，但却没有违反价值的事物，因此，还是应使用‘行为无价值’、‘结果无价值’的表述。”[②]

行为无价值，指的是行为人的行为在刑法上没有价值（具有刑法所否定的负面价值）。行为无价值所说的行为，是与结果相分离的行为，同时还包括与行为密切相关的行为意图（目的、动机、故意、过失等）以及行为实施时的形态、行为人的身份等。所谓“无价值”，存在多种含义：有的学者认为，行为“无价值”是指行为违反国家的道义、社会伦理秩序、公序良俗或者行为缺乏社会的相当性；有的学者认为，行为“无价值”是指行为违反与伦理道德无关的，保护法益所需要遵守的行为规范；有的学者认为，行为“无价值”是指行为人具有侵害法益的志向性；有的学者认为，行为“无价值”是指行为具有侵害法益的一般危险。[③] 近年来，主张行为违反与伦理道德无关的保护法益所需要遵守的行为规范的观点成为行为无价值概念的主流。据此，行为无价值的概念包括法益侵害的样态与主观违法要素两方面的内容。前者是指行为违反规范时所表现出的具体形态，后者是指实施行为时需要对违法事实有所认识。目前，理论界对于是否应当承认主观违法要素仍存在激烈争议。[④]

结果无价值，指的是行为人行为所造成的结果在刑法上受到负面评价，即引起刑法所否定的事态。刑法的法益保护机能意味着任何人都不得对他人的法益加以侵犯，因而所有侵犯法益之结果都为刑法所谴责。

（二）行为无价值论的概念与内涵

行为无价值论，又称人的不法论或人的违法论，其特征在于认为行为人的目的、故意、义务违反等与法益侵害一起成为违法判断的对象。

1. 一元的行为无价值论。

一元的行为无价值论肇始于韦尔策尔，此后阿明·考夫曼（Armin Kaufmann）、柴林斯基（D. Zielinski）等进一步完善了一元的行为无价值论。在日本，采用一元的行为无价值论的学者很少，增田丰教授算是代表性人物。

一元的行为无价值论将行为无价值的内容求之于“志向无价值”，[⑤] 主张行为无

---

① ［日］佐伯千仞：《刑法讲义（总论）》，有斐阁 1981 年版，第 174 页。

② ［日］平野龙一：《刑法的机能性考察》，有斐阁 1984 年版，第 15 页。

③ 参见［日］松原芳博：《人的不法论中的行为无价值与结果无价值》，载《早稻田法学》2003 年第 3 号，第 263 页。

④ ［日］山中敬一：《刑法总论》（第 3 版），成文堂 2015 年版，第 444 页。

⑤ 参见［日］增田丰：《由规范论对责任刑法的再构建》，劲草书房 2009 年版，第 107 页。

价值完全可以单独决定不法，而结果无价值只不过是处罚条件而已。具体而言，只有行为才是刑法禁止的对象，为了防止一定的结果发生，规范所要求的是禁止或命令其所针对的对象实施一定的行为，结果不是直接禁止的对象。不法的实体是指向法益侵害的主观的企图（志向无价值）。决定不法重要的是，行为人基于什么样的心情实施行为，而结果的发生只是偶然的产物，对于违法性论而言并不重要。[①] 因此，未遂犯才是犯罪的基本类型。故意、过失属于主观的违法要素，由于构成要件是违法类型，因而也是构成要件要素（构成要件的故意、过失）。[②]

一元的行为无价值论的理论构成简单明快，但批评者认为这种观点违背了客观的违法性论当初的出发点，有陷入心情刑法之嫌。[③] 毕竟如果只是处罚行为人的内心，显然违背了行为刑法的基本原则，于是一元的行为无价值论的学者也认为，仅有内心的决意还不足以进行处罚，必须存在外部的行为。但是，“在理论上，一方面立足于一元的人的不法论，同时将行为的外部的遂行纳入不法的内容是困难的……对于立足于命令规范论、排除偶然的契机的一元的人的不法论来说，行为的外部的遂行，是不能成为处罚根据的，充其量只能将其解释为与‘结果’一样，只不过是错误的意思的征表。这样的‘犯罪征表说’实质上是违反行为主义的，这可以说是通过学派的对立所获得的共识”。[④] 一元的行为无价值论将刑法的任务仅在与行为规范的关联性上加以理解，却无法说明刑法为什么要设立行为规范，忘记了刑法的任务是保护法益这一基本的出发点，是过度的“行为规范论”。[⑤]

2. 二元的行为无价值论。

二元的行为无价值论，又称二元的人的不法论、违法二元论。它认为行为无价值论与结果无价值论两者均是不法判断需要考虑的因素。这种理论主张，违反评价规范而对法律所保护的利益造成侵害或威胁的是结果无价值，违反了以通常人作为对象的决定（命令）规范则为行为无价值。认定不法原则上要将两者综合起来加以考虑。例如，故意杀人和过失致人死亡从结果无价值的观点来看没有区别，但这明显与人们的法感觉相矛盾。因此，在违法论中必须将二者评价上的差异作为问题来考虑。

二元的行为无价值论具有以下几个特征：其一，认可主观的违法要素，即主观要素可以影响违法性。其二，只是违反行为规范就可以被视为不法。其三，所谓违反行为规范，是指行为人不遵守通常人都会遵守的规范。[⑥]

（三）结果无价值论的概念与内涵

结果无价值论立于法益侵害说，从客观上理解违法，认为违法判断的对象应尽

① ［日］日高义博：《违法性的基础理论》，成文堂 2005 年版，第 54 页。
② ［日］浅田和茂：《刑法总论》（补正版），成文堂 2007 年版，第 173 页。
③ ［日］日高义博：《违法性的基础理论》，成文堂 2005 年版，第 55 页。
④ ［日］松原芳博：《犯罪概念与可罚性》，成文堂 1997 年版，第 192~193 页。
⑤ 参见［日］山中敬一：《刑法总论》（第 3 版），成文堂 2015 年版，第 446 页。
⑥ 参见［日］山中敬一：《刑法总论》（第 3 版），成文堂 2015 年版，第 447 页。

可能地限于客观因素。不法的内容，意味着客观的法益侵害或威胁，行为无价值的要素应还原为法益侵害或威胁。故意、过失属于责任的要素，因此故意杀人与过失致人死亡在违法论的层次上没有区别。由于结果无价值论认为责任非难的理论前提在于引起法所不允许的事实，所以又被称为因果的违法论。同时，它认为违法评价与人的行为无关而只是对一定事态的单纯评价，因而也被称为物的违法论。

结果无价值论认为只要发生了法益侵害或威胁的事实，就可以进行违法评价。例如，甲照章驾车在绿灯时通过十字路口，而乙则闯红灯强行左转导致与甲的车相撞，乙当场死亡。结果无价值论主张，只要甲的行为同法益侵害的结果具有因果关系，那么甲的行为就是违法（只是因为其没有结果发生的预见可能性所以不具有责任）。换言之，结果无价值论认为主观的认识不应当影响违法的有无，唯有如此才能确保违法判断的明确性、可视性，从而严格区分违法判断和责任判断。①

结果无价值论的另一个理论支柱是主张严格区分法律和道德，认为应从刑法的判断中排除对伦理的考虑。②

近年来，也有学者提倡所谓的“危险无价值论”，认为“行为无价值与结果无价值的对立，在显现出不同的理念方面虽然有益，但在分析违法性时容易引起观念上的对立，并且过于简单划一，不完全符合实际中的具体情况，因而需要提供更严密的分析工具……结果无价值论者……认为结果无价值中的‘结果’就包含‘危险’的概念，然而法益侵害的危险毕竟不同于现实的侵害结果，应当认为产生结果发生的客观的‘危险’才是无价值。因此，虽未达到结果无价值，但产生了结果发生的客观危险，对于不法而言就具有重要的意义，这就是危险无价值。危险无价值，根据对‘危险’的不同理解，也可以分为准抽象的危险行为无价值和意味着发生具体危险的危险结果无价值”。③“作为可罚性前提的不法的根据，不仅在于结果无价值，而且还在于‘危险’的存在。这种危险无价值的概念具有独立的意义。此时，行为者的义务违反性、故意、心情等对于‘危险’的认定都没有影响。只有对结果发生的现实的客观的危险性，才是危险无价值的判断基准。”④不过多数学者不认为该种危险无价值论与结果无价值论存在本质的区别，将结果发生的具体危险视为结果的一种类型，统一以结果无价值加以概括，在逻辑上更加简单明快。⑤

二、行为无价值论与结果无价值论的主要区别

因为一元的行为无价值论已经基本丧失了影响力，所以这里主要论述二元的行为无价值论与结果无价值论的对立。

首先，二元的行为无价值论与结果无价值论的主要对立在于将故意、过失理解

① ［日］井田良：《刑法总论的理论构造》，成文堂2005年版，第3页。
② ［日］井田良：《刑法总论的理论构造》，成文堂2005年版，第3页。
③ ［日］山中敬一：《刑法总论》（第3版），成文堂2015年版，第445页。
④ ［日］山中敬一：《刑法总论》（第3版），成文堂2015年版，第448页。
⑤ ［日］浅田和茂：《刑法总论》（补正版），成文堂2007年版，第174页。

为违法要素还是责任要素。[①] 由于结果无价值论中也有一种有力的学说，主张未遂犯中的故意需要被视为主观的违法要素，[②] 所以“是否将既遂犯中的故意一般性理解为违法要素就成为所谓行为无价值论和结果无价值论的分水岭”[③]。结果无价值论认为，“如果将既遂情况下的故意也理解为违法要素的话，那么故意存在本身就值得进行社会伦理的非难，就是违法”，这显然不合适。“法益侵害的危险能够也应当进行客观的判断。”[④] 相反，二元的行为无价值论认为“存在故意会提高法益侵害的危险，因而应将其理解为违法要素”。[⑤]

其次，二元的行为无价值论与结果无价值论对刑法规范性质的理解不同。二元的行为无价值论主张刑法是或主要是行为规范。“刑法在构成要件、违法性之层面，对行为发挥评价规范的机能，其结果是对一般人具有作为行为规范的性格……作为刑法规范对象的一般人要避免刑法所禁止的行为，实施刑法所命令的行为。正是在这一点上，刑法发挥作为行为规范的机能……所以，刑法不只是单纯以裁判官为对象的裁判规范。”[⑥] 结果无价值论则认为刑法只是裁判规范。在结果无价值论看来，刑法是行为规范的观点虽然通俗易懂，“但它们所理解的违法一词却偏离了日常用语本身的含义……问题在于，为何国民的行动以及与之相连的一般预防的效果能够决定‘违法论’。只有在进行责任非难并加以处罚时，国民才会以法院的判决来确定自己的行为准则。如果确立了‘某种行为虽然违法但绝对不处罚’的判例，那么对于国民的行为就不能起到制止的作用。我们说‘做这件事是好还是坏’时，这里的‘好坏’就与刑法解释论中责任论的领域有密切的联系。行为规范性并不是由‘事前让一般人知道违法’来进行担保。要使一般预防的效果更广泛，首先是条文的文言，然后更进一步是从以前的裁判的先例中推导出来的（规范）”。[⑦]

再次，二元的行为无价值论与结果无价值论在违法性的判断标准（应以科学的一般人为标准还是以社会一般人为标准）以及违法性的判断时间（事后判断还是事前判断）上存在差异。结果无价值论认为，违法判断应该是从事后由法官（科学的一般人）对引起法所不希望的客观事态的确认，即刑法所进行的是事后处理。而二元的行为无价值论重视行为时点刑法对一般民众是否合法的提示、告知机能，因而强调行为时的判断（事前判断），而不考虑行为后才查明的事实，注重行为人（以及置于行为人地位的一般人）的判断。[⑧]

---

① ［日］浅田和茂：《刑法总论》（补正版），成文堂2007年版，第174页。

② ［日］平野龙一：《刑法总论Ⅰ》，有斐阁1972年版，第314页。

③ ［日］井田良：《刑法总论的理论构造》，成文堂2005年版，第9页。

④ ［日］浅田和茂：《刑法总论》（补正版），成文堂2007年版，第174页。

⑤ ［日］浅田和茂：《刑法总论》（补正版），成文堂2007年版，第174页。

⑥ ［日］川端博：《刑法总论讲义》（第2版），成文堂2006年版，第489~490页。

⑦ ［日］木村光江：《结果无价值与行为无价值之对立构造的意义、机能及射程》，载《现代刑事法》1999年第3号，第31页。

⑧ ［日］井田良：《刑法总论的理论构造》，成文堂2005年版，第11页。

最后，二元的行为无价值论与结果无价值论在刑法与道德关系的理解上也存在差异。结果无价值论强调区分刑法与道德的重要性，将刑法的任务限定为保护法益，因而刑法的判断也只限于某种行为所带来的法益侵害或危险。与此相对，行为无价值论认为，道德规范的存在是社会存续的前提条件，因而应当通过刑罚的手段来维护道德。

值得注意的是，行为无价值论与结果无价值论的对立是相对的，学者们在论争中不断调整自己的立场。因此，“两者的对立是一种模式，但不应将其作图表式的、僵硬的理解”①。

三、结果无价值论面临的主要质疑

结果无价值论在日本有成为通说之势，但也受到来自行为无价值论的激烈批评。

（一）主观的要素能否彻底排除

结果无价值论主张排除主观的要素以确保违法判断的明确性，但其理由也不相同。一种观点认为，主观要素的认定非常困难且不确定，所以如果重视它的话会带来恣意认定犯罪的危险；另一种观点认为，主观的要素可以还原为客观的事实，所以应将还原后的客观的要素作为违法要素。

但行为无价值论的学者则批评说：第一，对于犯罪的认定而言，完全排除主观的要素是不可能的。因此，如果不将主观要素作为违法要素，那就只能作为责任要素，但即使作为责任要素还是无法避免认定程序上的复杂性。而且，“如果所有的主观要素都可以还原为客观的要素的话，那作为责任要素的故意也成了客观的要素，作为犯罪要素的主观的要素就根本不应当存在了”。② 第二，刑法中某些条文就蕴含着主观要素。例如，考察“窃取”、“诈骗”等构成要件要素，其概念本身就含有主观要素。误将他人的伞当作自己的伞拿回家、在计算费用时多要了1万日元等，如果认为它们属于“窃取”、“诈骗”，承认构成要件该当性，则会被认为违反了罪刑法定主义。③ 第三，认可动机、目的、过失、故意等的主观违法要素地位具有现实的意义。刑法中某些犯罪的成立需具备特定目的，如“以非法占有为目的”、“营利的目的”等，这些目的属于主观的违法要素及主观的构成要件要素，对于行为的违法性具有决定性作用。例如，甲与乙都伪造货币，但甲具有使用的目的，乙没有使用的目的，那么只有甲的行为属于违法（犯罪），乙的行为不属于犯罪。认识到自己的行为是伪造货币的行为，这属于伪造货币罪的犯罪故意，而使用的目的则是超越故意的主观的要素（超过的内心倾向），能够奠定违法性的基础。④

在结果无价值论者看来，故意、过失原则上不属于主观违法要素。然而，这会

① ［日］高桥则夫：《刑法总论》（第3版），成文堂2016年版，第250页。

② ［日］井田良：《刑法总论的理论构造》，成文堂2005年版，第6页。

③ ［日］井田良：《刑法总论的理论构造》，成文堂2005年版，第5页。

④ ［日］团藤重光：《刑法纲要总论》，创文社1990年版，第132页。

面临许多理论难题。首先，构成要件被视为犯罪类型，如果不将故意、过失作为构成要件要素，故意杀人、故意伤害致死、过失致人死亡这三种犯罪的构成要件就完全一样了，构成要件是犯罪类型的观点也就无法成立。其次，在未遂的情况下，如果不考察行为人的内心故意，就无法知道行为人究竟是出于杀人故意开枪还是出于玩笑的故意开枪。出于杀人故意的枪击行为，显然会提高行为的危险性。因此，结果无价值论者又不得不承认未遂犯的故意属于主观的违法要素，[①] 从而导致理论上明显的破绽。而且，既然认可了未遂犯故意的主观违法要素地位，那么又如何能够否定既遂犯故意的同等性质呢？

（二）如何看待行为方式在刑法中的作用

结果无价值论主张完全依据行为所带来的法益侵害或危险来判断违法。但是，这又面临着两个问题：第一，即使是侵犯同一种法益的行为，也会根据不同的行为形式被规定为不同的罪名。“只要我们看一下通常的犯罪构成要件，就会发现，众多犯罪类型的不法内容不仅仅是由于破坏或危害了被法律所保护的行为客体所决定的，而且也是由于行为实施的方式和方法决定的，相关犯罪种类的固有的应受处罚性恰恰存在于其中。例如，在刑法中，对财产的保护不是针对每一种想象的损害，而只是针对特定的非常危险的犯罪种类来规定的。以欺骗的方式造成的财产损害是诈骗（第 263 条），以强制方式造成的财产损害是勒索（第 253 条），以违反诚信的方式造成的财产损害是背信（Untreue）（第 266 条），以剥削方式造成的财产损害是暴利（Wucher）（第 302 条 a）。并没有一般性的财产损害犯罪（Allgemeines Vermoegensschaedigungsdelikt）……”[②] 第二，某些情况即使不影响某种行为的法益侵害性或危险性，但从法益保护的角度来说也应当纳入刑法判断的考虑范围。[③] 例如，身份犯的情况。保护责任者遗弃罪比单纯遗弃罪处罚要重，从法益保护的观点来看是合理的。但是，诸如遗弃重病在床、没有独立生活能力的被害人的场合，是被害人的儿子实施遗弃行为还是邻居实施类似的行为，在行为的具体法益侵害性或危险性这一点上并没有任何区别。这就意味着必须考虑身份的因素，而身份隶属于“人”的因素，难以被结果无价值论所包含。

（三）体系一致性的问题

结果无价值论追求判断明确性的立论值得肯定，但这种理论在很多问题上无法得到彻底贯彻，而不得不作出诸多妥协和修正，从而不断吸收行为无价值论的核心内容。

例如，在未遂犯等危险判断的问题上，按照结果无价值论的思路，应当以科学的一般人的眼光、以行为时存在的所有客观事实为资料，判断是否存在结果发生的

① ［日］林干人：《刑法总论》（第 2 版），东京大学出版会 2008 年版，第 103 页。

② ［德］汉斯·海因里希·耶赛克、托马斯·魏根特：《德国刑法教科书（总论）》，徐久生译，中国法制出版社 2001 年版，第 295 页。

③ ［日］井田良：《刑法总论的理论构造》，成文堂 2005 年版，第 9 页。

危险性。若肯定其具备法益侵害的危险，就属于未遂犯；如果否定的话则不是犯罪。然而，任何事物的发生与否从事后看都是必然的，按照上述观点，没有发生实际结果的行为就不具有法益侵害的危险性，这显然是荒谬的结论。例如，误认为尸体为睡着的人而加以杀害的行为，由于尸体是无论如何不可能被杀死的，所以按照结果无价值论的思路，就应该是无罪的行为（客观的危险说）。“如果对事后所查明的行为时的客观情况无限制地加以考虑，那么由于不发生结果总是具有某种客观的原因，因而只要不发生结果就意味着行为没有危险，就可能都被视为不能犯。”① 换言之，“如果忠实地遵照客观的危险说，是否存在可罚的未遂的余地就会存在疑问”。②

正是因为意识到了如果以行为时的所有客观事实作为基础并事后判断行为的具体危险，那所有的未遂犯都将变成不能犯，因此，结果无价值论者纷纷对自己的理论作出修正。例如，日本学者山口厚主张，“首先以法益侵害的不发生为前提，然后根据科学的法则来确定何种事实取代现存的事实就能够导致结果的发生，最后再讨论能够引起法益侵害的这种假定事实在何种程度上能够存在，从而进行具体的危险判断，即以假定的事实替代现存的事实，然后根据科学的一般人的观点来判断这种假定事实存在的可能性”。③ 换言之，山口厚认为，对现实生活中并不存在的事实，应当首先考虑其在多大程度上有存在的可能性，若存在的可能性极大，那么就以这个事实作为危险性判断的基础。④ 对这个假定的事实存在的可能性，需要以通常的、一般性的观点而不是科学的、纯客观的立场加以判断，即站在科学的一般人的立场上来判断，考虑具体情况，尽可能地符合事实，这也就是所谓的“从事后的立场进行具体的危险判断”。⑤ 然而，这种观点主张对假定事实的存在可能性进行判断，但只有进行事前判断才可能存在所谓的假定事实，如果进行事后判断，则根本不可能有所谓的假定事实。因而它事实上不是事后判断，而是事前判断。而且该说实际上也是根据一般人的危险感作出判断。“本说，不是客观的危险说的修正，而是具体的危险说的修正版。”⑥ “此见解中危险判断的方法与具体危险说的差异，基本上可归结为只是表述形式的差异而已。”⑦ 所以，从结论上看，所谓的结果无价值论最终实质演变成了行为无价值论。

（四）与现代社会需求的适应性问题

首先，结果无价值论可能导致处罚范围的不当扩大。并非所有侵害或者威胁法

---

① ［日］井田良：《讲义刑法学·总论》，有斐阁 2008 年版，第 414 页。

② ［日］山中敬一：《刑法总论》（第 3 版），成文堂 2015 年版，第 787 页。

③ ［日］内山良雄：《不能犯论——从客观的危险说立场出发》，载《现代刑事法》2000 年第 9 号，第 53 页。

④ ［日］山口厚：《危险犯研究》，东京大学出版会 1982 年版，第 165 页。

⑤ ［日］山中敬一：《刑法总论》（第 3 版），成文堂 2015 年版，第 788 页。

⑥ ［日］山中敬一：《不能犯论中危险判断的构造——二元的危险预测说之提倡》，载《现代刑事法》2000 年第 9 号，第 60 页。

⑦ ［日］井田良：《讲义刑法学·总论》，有斐阁 2008 年版，第 415 页。

益的行为都会被规定为犯罪。“现代社会充满了法益侵害及其危险，不能够以事后发生的结果为理由将其全部视为违法。刑法应该在考虑社会生活现实的基础上将是否脱离一定的规则（行为无价值性）作为违法判断的重要基准。”①

其次，结果无价值论也可能导致处罚范围的不当限缩。以偶然防卫为例，即行为人主观上没有防卫的意思，但其所实施的行为在客观上恰好制止了不法侵害的情况。例如，甲在乙的房间内放置了遥控炸弹且正准备从远处遥控引爆时，乙在不知情的情况下基于杀意开枪打死了甲。又如，甲正准备开枪杀丙时，不知情的乙基于杀意开枪打死了甲。在这些案例中，乙的行为在客观上都满足了正当防卫的要件，但主观上只有攻击的意思而没有防卫的意思，那么乙的行为能够被认定为正当防卫吗？结果无价值论者如果将自己的观点严格贯彻的话，应当认为该行为欠缺结果无价值，因而是无罪的行为。但即便法律不反对偶然防卫的结果，其行为的反价值性是昭然若揭的，不作犯罪处理并不合理。

再次，结果无价值论还可能导致刑法对社会的干预过于迟缓。结果无价值论者基本上反对刑法保护的早期化，认为是刑法过度介入社会生活的表现，不利于保障公民的人权。但是，刑法在现代社会的部分领域内将干预的时间提前，具有一定的合理性和必要性，因而不应过分拘泥于实害或具体危险的产生，只要符合相应的条件，便应该加大对抽象危险行为的惩处。正如结果无价值论者所承认的那样，“抽象的危险在很大程度上是重视行为本身的危险性”的，因此，各国立法中抽象危险犯不断增多的趋势也对结果无价值论提出了挑战。

最后，结果无价值论将刑法规范主要理解为面向法官的裁判规范，容忍国家机关较大的自由裁量权，期待国家机关作出正确的判断，带有浓厚的官僚主义的色彩。而21世纪应该强调以制定法为手段的法律规则的可视性，刑法规范应被理解为广大国民与国家机关的行为规范，人们基于个人的自我责任原则指导自己的行为。②

总之，法益具有体系内在的机能与体系批判的机能，行为无价值论与结果无价值论在重视哪一种机能上存在分歧。例如，对于赌博罪等从侵害原理比较难以说明的处罚规定，以及遗弃罪与保护责任者遗弃罪这样从侵害法益的差异难以说明的规定，行为无价值论重视体系内在的机能，从规范的角度加以解释，而结果无价值论试图维持体系批判的机能，结果导致了法益的观念化、精神化、抽象化。这种倾向在现代社会中表现得更为突出。“在环境问题、经济问题等相对应的领域，生物多样性的环境体制、证券市场公正性的经济体制等，都是体制本身被刑法所保护。将这些体制作为保护法益时，法益就从本来的实体的利益转向以抽象的规范为内容……进而，随着生命科学的发展，克隆技术的诞生、胚胎干细胞的处理等，说明需要建立新的法律机制的领域陆续出现。在这些领域里进行刑事规制时，保护法益的确定也是困难的课题。今后，在坚持结果无价值论的场合，在维持法益的体系批

---

① ［日］井田良：《刑法总论的理论构造》，成文堂2005年版，第13页。

② ［日］井田良：《刑法总论的理论构造》，成文堂2005年版，第12页。

判机能的同时，能在何种程度上阻止法益的抽象化、松弛化，能否提示刑罚以外本来的社会统制手段，都将成为课题。”①

四、行为无价值论面临的主要挑战

行为无价值论在与结果无价值论的长期论战过程中，也做了一些自我调整和扬弃，但仍有不少需要进一步澄清的地方：

（一）行为无价值论的去伦理规范化

行为无价值论中流传最广、影响最大的观点是认为行为违反的是社会伦理规范，因而，也被批评为混淆了刑法与道德关系。其实，刑法规范与社会伦理规范在相当程度上是重合的，两者的原理在很多方面有共通之处。因而认为犯罪侵害了社会伦理秩序的观点虽有不足，但并非毫无道理。结果无价值论如果完全否定刑法规范所包含的道德因素，成为“无异于‘倒脏水将小孩一起倒掉’的学说”②。不过，刑法规范与道德规范毕竟不同，并非所有的道德规范都被纳入了刑法规范。而且，现代社会存在多元化的道德伦理，刑法不宜轻易地进行干涉。刑罚作为一种重大痛苦，也不是维持道德的适当手段。各国刑法对于既遂、未遂犯一般都区别对待，可它们违反的道德规范并无不同。因而，对违法性本质的认识仅仅停留在社会伦理规范违反上的行为无价值论难以与社会发展和法律规定相一致。因此，现在的部分行为无价值论学者提倡对行为无价值论去伦理规范化。例如，井田良教授所主张的行为无价值论，一方面排除伦理主义和道德主义的立场；另一方面从通过规范来实现一般预防的观点出发，将提示行为规范作为违法论的任务，将处罚的根据求之于行为人违反行为规范这一行为无价值。京都大学的盐见淳教授所提倡的行为无价值论，也将违法性的实质理解为违反规范。他同时强调，行为无价值论的发展方向应该是：排除行为无价值论中的道德要素，引进法益侵害的视角。盐见淳教授从此立场出发，提倡重构法益侵害的概念，认为“在社会中产生的对法益安全的信赖的动摇”才是法益侵害。换言之，法益侵害的实质在于行为所造成的社会对法益的安全感的动摇。

（二）明晰行为无价值和结果无价值的关系

行为无价值论主张同时考虑行为无价值和结果无价值，但两者之间的关系或者说先后次序如何，则存在暧昧不明之处，结果无价值论学者对此多有批判。较多二元行为无价值论学者主张“行为无价值以结果无价值为前提，同时使作为结果无价值的事态的行为上的意义更为明确”。③ 但如果这样的话，意味着二元论在结果无价值的基础上再考虑行为无价值，其成立违法的范围就应当窄于结果无价值论，但事实上却恰好相反。例如，对于偶然防卫，彻底的结果无价值论认为其不是犯罪，但是二元论认为其成立犯罪既遂。因此，结果无价值论者认为行为无价值论自相矛盾。

---

① ［日］曾根威彦、松原芳博编：《重点课题刑法总论》，成文堂 2008 年版，第 65~66 页。

② ［日］井田良：《刑法总论的理论构造》，成文堂 2005 年版，第 8 页。

③ ［日］大塚仁：《人格的刑法学的构想》，载《法学教室》1990 年第 113 号，第 23 页。

近年来，也有行为无价值论者主张“行为无价值是违法的基本，如果有行为无价值就具有处罚的基础，如果没有就不能进行处罚。作为附加的要素或者为了对处罚进行限定，有时也要求结果无价值”。[①] 但这种观点显然是将结果无价值作为点缀来加以使用的，何时才需要考虑结果无价值仍不清楚。而且，井田良教授的这一立场也被批评为“完全有可能发展到仅凭行为无价值来决定违法性的一元性行为无价值论的立场，但因为这一立场在日本的刑法解释论中完全行不通，所以，不得不在结论上采取了以行为无价值和结果无价值双方来判断违法性的二元性行为无价值论”。[②]

第三节　可罚的违法性理论的兴衰

一、可罚的违法性理论的概念与体系地位

可罚的违法性理论是指刑法中的违法性应当是具有值得科处刑罚程度的实质的违法性的理论。根据这一理论，行为除了在形式上符合构成要件之外，还必须在量上达到了一定的严重程度，在质上值得科处刑罚，才属于刑法上的违法。

可罚的违法性理论萌芽于罗马法的“法不管微事”思想。在刑法理论上最初使用“可罚的违法性”这一用语的是日本学者宫本英脩。宫本将犯罪的成立条件分为（基于主观的违法论的）规范的违法性与（基于谦抑主义要求的）可罚性分别加以考察，从而提出可罚的违法性理论。[③] 此后，佐伯千仞进一步发展了可罚的违法性理论。他立足于客观的违法性论区分违法与责任，分别附加规范的违法与责任的因素从而探讨可罚的违法、责任的问题。[④]

从日本刑法理论的论述来看，可罚的违法性理论主要涉及三个层面：（1）立法论。立法者在设置构成要件（犯罪类型）时，需要考虑到该种行为有必要且适于适用作为重大恶害手段的刑罚。从这个意义上说，构成要件是可罚的违法行为的类型化。例如，近亲相奸、通奸等行为，不值得动用刑罚，所以不能作为可罚的违法行为加以类型化。这种构成要件形成阶段时的可罚的违法性判断，可以说是立法论背景下的政策性的价值判断。（2）构成要件的解释。由于构成要件是可罚的违法行为类型，所以在进行构成要件解释时，欠缺可罚的违法性的行为就不能被视为可罚的违法行为类型（构成要件）。于是，可罚的违法性就成为构成要件解释的指导原理。（3）可罚的违法阻却。行为即使该当构成要件，但如果不具有可罚的违法性，则在违法性阶段作为可罚的违法阻却事由阻却犯罪的成立。[⑤]

---

① ［日］井田良：《刑法总论的理论构造》，成文堂 2005 年版，第 15 页。

② ［日］山口厚：《日本刑法学中的行为无价值论与结果无价值论》，金光旭译，载《中外法学》2008 年第 4 期。

③ ［日］宫本英脩：《刑法大纲》，弘文堂 1935 年版，第 105 页。

④ ［日］佐伯千仞：《刑法讲义（总论）》，有斐阁 1981 年版，第 122 页。

⑤ ［日］山中敬一：《刑法总论》（第 3 版），成文堂 2015 年版，第 450~451 页。

在解释论上，由于学者们对上述后两点的认识不一，因而关于可罚的违法性的体系地位，理论上也存在不同看法：第一种观点认为，可罚的违法性应作为构成要件该当性的问题加以处理，即某一行为如果不具有构成要件所预设的达到可罚程度的违法性，就不应认为该行为符合构成要件。① 第二种观点认为，可罚的违法性意味着刑法上的违法性（实质的违法性），是违法性阶段应讨论的问题。② 第三种观点认为，可罚的违法性在构成要件该当性和违法性两阶段都可能成为问题，即将可罚的违法性分为绝对轻微型与相对轻微型两类，前者是阻却构成要件该当性的问题，后者是阻却可罚的违法的问题。③

对于第一种观点，有的学者认为它使构成要件实质化，从而丧失了其保障机能。同时，在构成要件中考虑可罚的违法性，会颠覆构成要件符合性、违法性、有责性这一犯罪论成立体系。④ 对于第二种观点，也有学者批评，认为会导致国家法秩序内部的评价产生矛盾。⑤ 至于第三种观点，则也会遇到前两种批评意见。对第二、第三种观点而言，意味着必须承认“可罚的违法性阻却事由”的概念，它与违法性阻却事由之间是什么关系，需要更慎重地加以讨论。对此，多数学者主张，可罚的违法性阻却事由并不是完全阻却违法性，也就不能使该行为“正当化”，仅仅是因为没有达到可罚的违法性从而不成立犯罪。它与违法性阻却事由完全使行为适法化不同。⑥

二、可罚的违法性理论的理论前提

一般认为，可罚的违法性论是从实质的违法性的概念以及不法是可以划分阶段的有程度性的概念的见解发展而来的。此外，它还考虑刑罚的效果，从谦抑主义的刑罚观出发分析对违法行为处罚的必要性。因此，它是一个目的论的概念。⑦ 可罚的违法性理论的特征在于：“第一，对违法性作实质的考察以限定处罚范围。第二，解释时加进了值得处罚这种实质的以及政策的判断。第三，把实质的以及政策的判断始终作为违法性问题来看待。第四，认为存在广义的轻微性要件。”⑧

可罚的违法性理论与违法究竟是统一的还是相对的这一问题直接相联。它所要探讨的是诸如民法上违法的行为是否有可能在刑法上属于适法行为、行政法上违法的行为是否可能在刑法上不违法等问题。

德国占主流地位的是违法的统一性论或称违法一元论。这种理论认为违法是指

① ［日］藤木英雄：《刑法讲义总论》，弘文堂 1975 年版，第 117 页。
② ［日］前田雅英：《刑法总论讲义》（第 4 版），东京大学出版会 2006 年版，第 98 页。
③ ［日］井田良：《讲义刑法学 · 总论》，有斐阁 2008 年版，第 247 页。
④ ［日］中山研一：《刑法总论》，成文堂 1982 年版，第 235 页。
⑤ ［日］山中敬一：《刑法总论》（第 3 版），成文堂 2015 年版，第 460 页。
⑥ ［日］中山研一：《口述刑法总论》（补订版），成文堂 2005 年版，第 118 页。
⑦ ［日］山中敬一：《刑法总论》（第 3 版），成文堂 2015 年版，第 449 页。
⑧ ［日］前田雅英：《可罚的违法性论研究》，东京大学出版会 1982 年版，第 7~8 页。

对整体法规范、法秩序的违反。任何违法行为都将破坏整体法秩序，在一个法领域中被认定为违法的行为，绝对不可能在其他法领域被认定为合法行为。

日本的通说是违法的相对性或称违法多元论。这种理论认为不同的法领域甚至同一法领域对于违法性的评价都是不同的。例如，劳动法与刑法、民法与刑法因其不同的目的、政策对于违法性的评价当然不同。即使是刑法内部，对于不同的犯罪也承认违法的相对性。①

违法一元论经常受到批评。因为民法上成为损害赔偿原因的行为或者公务员法上成为惩戒对象的行为显然都不限于犯罪行为，可见违法性的判断应当根据不同的法领域分别进行。而且，刑法中的违法性是犯罪成立的条件之一，对其的判断当然必须加入“值得科处刑罚”、“科处刑罚是恰当的”这种刑法所特有的目的论的考量。因此，刑法上的违法性当然与其他法领域的违法性不同。

不过也有学者认为，上述批评意见实际上没有正确理解在德国广为接受的违法一元论的思想。违法一元论的前提是行为规范论。行为规范论认为法律是行为规范，即指引人们行动的规则。为了向国民明示行为基准，法规范必须统一地向国民宣告什么样的行为是被允许的，什么样的行为是被禁止的。如果某种行为一方面被禁止另一方面又被允许，那么遭受该行为侵害的人是否能够进行反击、周围的人（如警察或路人）能否制止该行为都不明确，法律就失去了作为调整复数参与人利害关系基准的意义。因此，统一的一般性的违法性观念是有价值且不可或缺的。例如，作为正当防卫前提条件的“不正当”侵害行为，只需要具备一般的违法性而不需要符合构成要件。盗窃一张卫生纸的行为即使不符合盗窃罪的构成要件，但对于这种行为当然可以进行正当防卫。因此，德国所主张的违法一元论的真正含义是，从法秩序整体的统一的角度视为违法的行为会带来什么样的法律后果，应由各个具体的法律领域根据其目的、政策的考虑分别加以决定。就刑法而言，某种违法行为是否应犯罪化、应设置多重的法定刑都应当根据刑事政策加以决定。诸如单纯的不履行债务或者通奸这样在民法上违法的行为在刑法上并不是犯罪，这只不过说明法律效果的多元性，而不是对违法一元论的反证。②

一般认为，违法多元论是可罚的违法性理论的前提。不过如果按照上述观点理解违法一元论的话，由于构成要件是刑法基于自己独特的刑事政策的考虑而加以设置的，所以在构成要件符合性阶段也必须对违法性的量与质进行刑法特有的判断。也就是说，即使行为在形式上符合一定的构成要件，但只要不具备构成要件所设定的违法性就应否定构成要件符合性。于是，即使以被害的轻微性为理由否定构成要件的符合性，但该行为在整体法秩序上仍是违法的行为，所以在一定范围内可以对之进行正当防卫。这样，至少在构成要件的阶段，违法一元论与违法多元论的理解就没有差异了。

① ［日］山口厚：《刑法总论》（第2版），有斐阁2007年版，第177页。
② ［日］井田良：《刑法总论的理论构造》，成文堂2005年版，第143页。

三、可罚的违法性的量与质

（一）可罚的违法性的量的问题

可罚的违法性的量可以分为绝对轻微型与相对轻微型。关于其区分标准，有的学者认为，“前者是指仅以违法的轻微性来否定可罚性的情况。后者仅以轻微性还没有达到否定可罚性的程度，而必须考虑目的、手段等才使违法性减少到否定可罚性程度的情况”。[①] 不过也有的学者认为可以更简明地说明两者之间的差异：“从法益侵害说的立场来看，前者是指法益侵害的程度轻微不值得科处刑罚的情况；后者是指侵害法益本身虽然难言轻微，但它只不过稍微地超越了保全法益，所以不值得科处刑罚的情况。”[②]

绝对轻微型的典型案例诸如日本的“一厘事件”。烟农违反日本当时的烟草专卖法的规定，吸食了应该交给政府的价值 1 厘钱的 3 克烟草。对此案件，大审院认为，“零细的违反法律的行为只限于在特殊的情况下才应认为犯人具有危险性。在共同生活的观念中，只要认为没有对要求法律保护的法益造成应置于刑罚制裁之下的侵害，就没有必要根据刑法法规对其科处刑罚制裁”，从而宣告被告人无罪。[③] 二战后，对于旅店老板为住客储购香烟的行为，最高法院认为其“应当被认为是社会共同生活上被允许的行为”，从而否定其违反了烟草专卖法成立的贩卖烟草罪及准备贩卖烟草罪。[④] 但该判决到底是认为此种行为不符合“贩卖”或“准备贩卖”的特征而否定构成要件该当性，还是肯定构成要件该当性但否定可罚的违法性，判旨并未表达清楚，理论界存在多种解读可能。

来看所谓的“魔法电话（Magic Phone）案件”：被告人受公司成立初期帮了不少忙的 A 的推荐，购买了 2 台所谓的“魔法电话”，据 A 介绍，只要将该“魔法电话”装在一般电话机上，凡打往该电话机的电话均不会被收费。被告人将其中 1 台装到公司办公室的电话机上之后，为了试验是否真有此功效，让职员从公用投币电话机上往此电话机打电话，结果，职员投入公用电话机内的 10 日元果真被退了回来。被告人担心有违法律，经律师劝告之后，将 2 台“魔法电话”均放进柜内收好，未再使用。对此，第一审否定了可罚的违法性，但第二审则认为构成伪计妨害业务罪（《日本刑法典》第 233 条）及《有线电器通信法》第 21 条的妨碍有线电器通信罪。并指出，原判基于阻却可罚的违法性或阻却违法性而进行的无罪宣判，是对有关违法性阻却事由的误认和对法令的错误解释适用。最高法院支持了二审的判

---

① ［日］前田雅英：《刑法总论讲义》（第 4 版），东京大学出版会 2006 年版，第 297 页。

② ［日］浅田和茂：《刑法总论》（补正版），成文堂 2007 年版，第 179 页。

③ 日本大审院 1910 年 10 月 11 日判决，载《大审院刑事判决录》第 16 卷，第 1620 页。

④ 日本最高法院 1957 年 3 月 28 日判决，载《最高裁判所刑事判例集》第 11 卷第 3 号，第 1275 页。

决，因为该罪是危险犯，并不需要现实地妨碍了业务，“不能够否定行为的违法性”。[①] 大内恒夫法官在补足意见中，针对辩方援引“一厘事件”以及“旅店老板为住客储购香烟事件”的判例指出，“……那些判例，都是被害法益轻微、对社会危害很小，或者社会共同生活上不妨允许的行为，而且还是在那种情况下一般人也可能犯的细微的违反法律的行为。与本案的情况完全不同，不适于作为先例”。[②] 此案虽然涉及是否符合“妨害”这一构成要件该当性的问题，但判决的指导思想还是可罚的违法性观念。此外，对于行为人窃取寺院的功德箱内 2 日元的案件，判决也认为成立盗窃罪。“本案的被害物件是国内基本的支付手段，根据全部的经济价值之基准，其经济价值本身就是金钱，无论数量如何，都具有在社会通念上值得保护的内容，这一点是明确的。因此，本案被害物件之 2 日元，属于刑法上的财物……本案的行为，参照其动机、样态、被害程度等，从法秩序整体来看终究不能认为其没有达到适用刑罚程度的违法性”。[③]

由此看来，日本判例对于绝对轻微型案件的把握也趋于严格。在具体判断时，会综合考虑违法的量、预防的必要性等因素，即在可罚的违法性背后还隐含了有无可罚的责任的观念。

相对轻微型的典型案例诸如日本的“札幌市营电车事件”。札幌市当局在 1 年多的时间里拒绝和工会进行团体交涉，并打算破坏罢工行为启动电车。作为工会成员的被告人听说这一消息后与其他约 40 人聚集在车库内的电车前，阻止其出库，进而被以威力业务妨害罪起诉。日本最高法院认为被告人“实施这一行为的经过及目的只是让他人接受自己的观点，其时间，包括互相推挤的时间在内也只有 30 分钟，难以认为是不当的长时间，而且在这期间也没有诉之武力。况且，时间也发生在实际上仍属于私营企业的札幌市电的没有乘客的车库内”，从而维持了适用《劳动组合法》第 1 条第 2 款认为无罪的原判决。[④]

但在之后所谓的“久留米车站事件”中，日本最高法院认为，对符合构成要件该当性的争议行为，在判断其刑法上的违法阻却事由的有无时，应综合考虑行为在争议活动之际所实施的事实、行为的具体状况以及其他诸多情况，从法秩序全体的立场出发判断是否被容许。在本案中，铁路公安职员再三督促工会成员退去离开，后者不仅拒绝反而将数十杯水泼在公安职员身上，使其在寒夜中衣着湿透，并且在第二次泼水时混入石炭、尿液等物，最终使得部分公安职员负伤。综合考虑上述情况，工会成员的行为已经构成公务执行妨害罪。该判决的判断方法，形成了所谓的“久留米车站事件方式”，即对争议行为的正当性评价需要考虑诸多情况，从法秩序

---

① 日本最高法院 1986 年 6 月 24 日判决，载《最高裁判所刑事判例集》第 40 卷第 4 号，第 292 页。

② ［日］奥村正雄等：《判例教材刑法 I 总论》，成文堂 2013 年版，第 169 页。

③ 神户地方法院 2006 年 3 月 14 日判决，载 LEX/DB28115177。

④ 日本最高法院 1970 年 6 月 23 日判决，载《最高裁判所刑事判例集》第 24 卷第 6 号，第 311 页。

全体的立场出发判断行为是否被容许，这一判断方法对之后的司法审判产生深远影响。在此后的“日本铁工所事件”、“光文社事件”等事件中，法官都从法秩序全体的立场出发，根据动机目的、所为的具体样态、周围的客观状况以及其他诸多情况进行判断，认为上述行为的攻击性和威压性已经超出能被容忍的纠察的合理界限，具有刑法上的违法性，从而改变了原审的无罪判决。

（二）可罚的违法性的质的问题

可罚的违法性的质的问题，可以分为构成要件符合性的问题与违法的方向性问题两类。

构成要件符合性的问题是指违法行为的质不适于科处刑罚的情况。例如，通奸行为在民法上是违法的，但不具有可罚的违法性。[①]

违法的方向性问题是指诸如无医生执照的人成功实施外科手术这样的情况，虽然违反了医师法而具有（可罚的）违法性，但并不具有作为伤害罪的可罚的违法性（当然，如果手术失败就可能成立业务上过失致死罪）。在这种情况下，其行为自身违法，但这种违法是针对医师法的违法，而不是针对伤害罪的违法。[②]

可罚的违法性的质的问题实质上涉及的是违法的多元论与一元论的问题。如前所述，在日本存在严格的违法一元论、缓和的违法一元论和违法相对论三种观点。日本最高法院在“国劳桧山丸事件”中采取的是违法一元论的立场。“根据《公劳法》第17条第1款，公共企业体等的职员不得实施同盟罢工、怠业以及其他阻碍业务正常运营的行为。鉴于公共企业体等对国家经济和国民福祉的重要性，其职员与一般劳动者不同，受到争议行为禁止的限制。这一规定并不违反《宪法》第28条，该意旨已经被法院的判例承认。那么公共企业体等的职员的争议行为被禁止，争议权本身也就被否定了，则对于此类争议行为没有探讨正当性界限的余地，也就不得适用《劳动组合法》第1条第2款的规定。”[③] 判决认为只要违反了《公劳法》第17条第1款，就绝对不存在适用《刑法》第35条（正当行为）规定的余地，显然是严格的违法一元论的立场。但此后，随着可罚的违法性理论的展开，在“东京中邮事件”中，日本最高法院改变了立场，认为违反《公劳法》第17条不能直接得出公共企业体等的职员的争议行为在刑法上就一定是不正当的，《公劳法》的法律效果仅限于其内部（如解雇），不能延伸至其他法律对该行为的定性。因此，刑事违法性的认定要综合考虑具体行为的目的、手段以及后果等，劳动法上的违法性不具有决定意义，违法具有相对性，从而将作为刑事制裁对象的违法性的质视为问

---

① ［日］佐伯千仞：《刑法讲义（总论）》，有斐阁1981年版，第179页。

② ［日］浅田和茂：《刑法总论》（补正版），成文堂2007年版，第180页。

③ 日本最高法院1963年3月15日判决，载《最高裁判所刑事判例集》第17卷第2号，第23页。

题。[①] 但随后，以“全农林警职法事件”为契机，日本最高法院对于可罚的违法性理论转趋消极。[②] 在“名古屋中邮事件中”，日本最高法院又改变了在“东京中邮事件”中的立场，认为违反了《公劳法》第 17 条第 1 款的行为不能适用《劳动组合法》第 1 条第 2 款的规定，即违反《公劳法》第 17 条第 1 款的争议行为该当刑法或其他罚则的构成要件，不得适用《劳组法》第 1 条第 2 款，只要不存在其他特殊的违法阻却事由，就应在刑法中评价为违法。[③]

总结日本司法机关对于可罚的违法性理论的运用情况，可以看出，实务中各级法官对于该理论的运用争议颇多，立场摇摆不定。日本最高法院从 20 世纪 70 年代以后，对可罚的违法性理论态度也趋于严格，不少下级法院以欠缺可罚的违法性为理由而宣告无罪的案件被最高法院改为有罪判决。这一方面与日本最高法院的人事变动和政治理念的变化有关，另一方面“这些最高法院的判决，要为下级法院裁判例中广泛承认可罚的违法性理论的倾向刹车。这些判例的动向，并不是要向全面否定可罚的违法性理论的方向摆舵，而可以被理解为是在指明方向，即要对每个刑法法规中视为问题的违法性的质与量的问题进行具体的斟酌，对欠缺可罚的违法性因而不成立犯罪的场合进行严格的判断”。[④]

第四节 违法性阻却的一般原理

行为即使符合构成要件但如果欠缺实质的违法性则阻却违法。因此，违法性阻却原理与实质的违法性是表里关系。

关于违法性阻却事由是否存在统一的原理，理论上看法不一。认为存在统一原理的，主要存在目的说、社会相当性说、法益衡量说、优越的利益说等学说。其中目的说与社会相当性说是从规范违反说推导出来的学说，而法益衡量说与优越的利益说是从法益侵害说推导出来的学说。

一、目的说与社会相当性说

目的说认为，如果行为是为了达到国家承认的共同生活的目的而采取的适当手段，就是正当的。持目的说的多数学者主张衡量型目的说，即将目的的客观价值与手段所产生的法益侵害进行比较衡量。例如，“为了确保表达自由和国民的知情权，何种程度的报道是被允许的”，就意味着将表达自由和被害者的名誉等根据具体情

---

① 日本最高法院 1966 年 10 月 26 日判决，载《最高裁判所刑事判例集》第 20 卷第 8 号，第 901 页。

② 日本最高法院 1973 年 4 月 25 日判决，载《最高裁判所刑事判例集》第 27 卷第 4 号，第 547 页。

③ 日本最高法院 1977 年 5 月 4 日判决，载《最高裁判所刑事判例集》第 31 卷第 3 号，第 182 页。

④ [日] 日高义博：《刑法总论》，成文堂 2015 年版，第 218 页。

况进行比较，看何种情况更为优越。但也有持目的说的学者主张重视手段型目的说，如“保护环境权的目的虽然是正当的，但如果使用暴力手段则绝对不能被正当化”，就意味着只有采取适当的手段，才能认为是正当化事由。重视手段型目的说强调行为的反伦理性。①

对于目的说，也有一些学者提出批评：“如果‘正当的目的’包括正当的意图、动机的话，就会使违法性阻却判断考虑了主观的要素。此外，是否属于‘相当的手段’，必须以社会伦理或公序良俗为标准进行规范的判断，但其内容过于概括、抽象和多义，难以作为解释的指导原理、一般基准而加以运用。”②

社会相当性说认为，在社会生活中历史地形成的社会伦理秩序的范围内，被这种秩序所允许的行为（社会的相当行为），就是正当的。根据此说，只有脱离社会相当性的法益侵害行为才是违法的，而符合社会相当性的行为即使侵害了法益也不违法。进言之，构成要件是违法行为的类型，也就是不具有社会相当性的行为的类型，因而在类型上符合社会相当性的行为，阻却构成要件符合性。③

对于社会相当性说的主要批评意见在于，其过分强调了社会伦理秩序的问题，过于抽象、概括和多义。此外，对于认为社会相当性是构成要件符合性的阻却原理的观点，也有学者批评说，在对构成要件符合性的判断中加入社会观念和日常性、通常性等判断是过分考虑了价值的判断。④

二、法益衡量说与优越的利益说

法益衡量说主张对法益进行衡量，具体又包括两个原则：其一，优越的利益原则，即在法益冲突的情况下，对侵害法益和保护法益进行比较衡量，如果后者比前者优越就认为不违法。其二，利益不存在原则，即在被害人同意的场合，由于不存在值得保护的利益因而不违法。

法益衡量说面临的主要问题：只要不是同种类的法益，就难以进行比较衡量。例如，很难绝对地说身体法益就总是优于财产法益。因此最终的判断标准还是得求之于宪法的价值秩序，针对各案进行个别的具体的实质衡量。而且，在紧急避险等情况下，保护法益和侵害法益如果相等，怎样处理也是一个问题。

优越的利益说认为，如果保护法益比侵害法益具有更优越的要保护性，就阻却违法。具体而言：（1）根据一般的价值顺序进行法益的比较衡量；（2）对保护利益的危险程度；（3）保护法益与侵害法益的量与范围；（4）为了保护法益所采取的法益侵害手段的必要性程度；（5）作为手段的行为的方法、形态所具有的法益侵害的危险性程度；等等。在考虑以上这些关于冲突法益的要保护性的所有客观的外部的

---

① ［日］前田雅英：《刑法总论讲义》（第4版），东京大学出版会2006年版，第295页。
② ［日］浅田和茂：《刑法总论》（补正版），成文堂2007年版，第176页。
③ ［日］福田平：《全订刑法总论》（第4版），有斐阁2004年版，第143、149页。
④ ［日］内藤谦：《刑法讲义总论》（中），有斐阁1986年版，第309~310页。

情况的基础上，通过实质的、具体的利益（价值）衡量，如果认为保护法益的要保护性（所保护的利益）大于侵害法益的要保护性（被侵害的法益），就阻却违法性。

本说是对法益衡量说的发展。如果将法益作为具有事实基础的客体加以明确限定而理解的话，（2）～（5）的要素都不属于法益本身的内容，所以需要从法益的要保护性角度加以理解。①

是否区分法益衡量说和优越的利益说，理论上也有不同看法。有的学者认为"上述观点中（1）与（3）是法益衡量，（4）是法益衡量的前提。（2）、（5）是在事前对要保护性进行的判断，所以将危险性的程度视为问题。但违法性的判断应该是客观的事后判断，从这一立场来看，结果仍只需要对所保护的法益与侵害的法益进行比较衡量就够了"，②"优越的利益说……也被称为法益衡量说"。③

---

① ［日］内藤谦：《刑法讲义总论》（中），有斐阁1986年版，第313页。

② ［日］浅田和茂：《刑法总论》（补正版），成文堂2007年版，第178页。

③ ［日］平野龙一：《刑法总论Ⅰ》，有斐阁1972年版，第106页。

第十六章　违法性阻却事由的扩展

第一节　违法性阻却事由概说

一、违法性阻却事由的概念

所谓违法性阻却事由，是指排除符合构成要件的行为的违法性的事由。根据德、日的犯罪论体系，符合构成要件的行为通常就是违法的，不过在例外的情况下，行为虽然符合构成要件，却不违法。这些例外的情况，就被称为违法性阻却事由或违法阻却事由。

违法性阻却事由能否被称为正当化事由，理论上意见不一。第一种观点认为，违法行为与正当行为之间存在法律上自由的领域，即所谓的放任行为。所以正当化事由意味着行为是合法的，而违法性阻却事由则意味着行为在法律上因没有重要性而被放任，两者是不同的概念。① 第二种观点认为，违法性阻却事由和正当化事由这两个概念并没有实质性区别。“所谓‘正当化’，应解释为具有正当的权利，与‘不违法’相比正当性更强。但在刑法中，不违法就是正当，必须注意两者是同一含义……构成要件符合性与违法性阻却事由之间，不存在法律上自由领域理论的存在空间。”② 第三种观点认为，在判断是否有阻却违法性时，存在完全阻却违法性而使行为正当化的情况（这被称为正当化事由）以及并不完全存在阻却违法性但因为没有达到可罚的违法性程度所以不处罚的情况（这被称为可罚的违法性阻却事由）。因此，如果将违法性阻却事由与可罚的违法性阻却事由作为相对应的概念的话，那么违法性阻却事由就等同于正当化事由。③ 相比较而言，第三种观点比较清晰地阐述了违法性阻却事由、正当化事由以及可罚的违法性阻却事由之间的关系，较为可取。

---

① ［日］金泽文雄：《违法与适法及法的空虚领域》，载《平场安治博士还历祝贺·现代的刑事法学》，有斐阁1977年版，第169页。

② ［日］山中敬一：《刑法总论》（第3版），成文堂2015年版，第463页。

③ ［日］浅田和茂：《刑法总论》（补正版），成文堂2007年版，第187页。

二、违法性阻却事由的分类

如何对违法性阻却事由进行分类，理论上一直存在不同的观点。

M. E. 迈尔将违法性阻却事由分为与不法的斗争、保护正当的利益、特权行为三类。其中，与不法的斗争是指基于国家机关或特定团体职务上的权限而实施的行为，包括正当防卫与自力救济行为。保护正当的利益，是指作为排除国家干涉的自由领域的被害人承诺或对不同意治疗的反对者所实施的治疗行为，也包括惩戒等教育行为。特权行为则包括一般不被允许但却得到行政上许可的行为或议会中的报告行为等。①

梅茨格尔将违法性阻却事由分为基于利益欠缺原则的违法性阻却事由与基于优越的利益原则的违法性阻却事由。前者包括被害人承诺及推定的承诺等行为，后者则又可以分为基于特别行为权限的行为（如正当防卫、紧急避险、自力救济等）、基于特别行为义务的行为（如基于公务员职务上的义务的行为、合法拘束命令的行为、基于惩戒权的行为、义务冲突等）以及基于利益衡量原则的行为（包括安乐死、治疗行为等）。②

对于上述分类方式，有的学者持反对意见。“梅茨格尔所表示的各范畴和与其相符合的各违法性阻却事由的性质，是完全相对的。”③ “它们都只是以若干共通的要素为中心所进行的分类，在方法论、体系上难说是确实的，也缺乏实际意义。”④

日本有的学者将违法性阻却事由（正当化事由）分为紧急的正当化事由（紧急行为）与常态的正当化事由（一般的正当行为）。前者是指在紧急情况下为了保护自己或第三者的利益而侵害他人的法益的行为；后者则是指在通常的事态下即被允许的行为，如依据法令的行为、正当业务行为等。⑤ 不过也有学者认为，将依据法令的行为、正当业务行为称为一般的正当化事由是不妥当的，而且这些行为也并非必然都是常态的，所以常态的正当化事由这一表述也不科学。⑥

现在看来，将违法性阻却事由分为法定的违法性阻却事由和超法规的违法性阻却事由的做法得到了大多数学者的赞同。所谓法定的违法性阻却事由是指法律有明文规定的违法性阻却事由。各国刑法基本都明文规定了正当防卫与紧急避险。有的国家还明文规定了其他一些违法性阻却事由，如《瑞士刑法典》第 32 条规定：“法

---

① ［日］大塚仁等编：《大注解刑法》（大コンメンタール刑法）（第 2 卷）（第 2 版），青林书院 1999 年版，第 199 页。

② ［日］大塚仁等编：《大注解刑法》（大コンメンタール刑法）（第 2 卷）（第 2 版），青林书院 1999 年版，第 199 页。

③ ［日］大塚仁：《刑法概说（总论）》（第 4 版），有斐阁 2008 年版，第 378 页。

④ ［日］木村龟二著、阿部纯二增补：《刑法总论》，有斐阁 1978 年版，第 255 页。

⑤ ［日］高桥则夫：《刑法总论》（第 3 版），成文堂 2016 年版，第 262 页；［日］曾根威彦：《刑法总论》（第 4 版），弘文堂 2008 年版，第 98 页。

⑥ ［日］浅田和茂：《刑法总论》（补正版），成文堂 2007 年版，第 186 页。

律义务、职务义务或职业义务要求的行为，或者法律许可之行为或申明不处罚之行为，不构成重罪或轻罪。”《日本刑法典》第35条规定：“依照法令或者基于正当业务而实施的行为，不处罚。”所谓超法规的违法性阻却事由是指虽然法律没有明文规定，但理论和实务上认可的违法性阻却事由。有的行为虽然符合构成要件，也没有法定的违法性阻却事由，但因其实质上并不违反整个法秩序的精神，因而仍然具有阻却违法性。由于超法规的违法性阻却事由是朝着阻却处罚方向上所进行的类推解释，所以不违反罪刑法定原则。

第二节　正当防卫

一、正当防卫概说

一般而言，正当防卫是指为了保护自己或者他人的权利免受正在进行的紧迫的不法侵害而采取的必要防卫行为。各国刑法基本都对正当防卫及其法律后果作了规定，如《德国刑法典》第32条规定：“（1）正当防卫不违法。（2）为使自己或他人免受正在发生的不法侵害而实施的必要的防卫行为，是正当防卫。”《日本刑法典》第36条规定“为了防卫自己或者他人的权利，对于急迫的不正当侵害不得已所实施的行为，不处罚。”日本刑法对正当防卫所规定的“不处罚”，就意味着属于正当化事由或违法性阻却事由，而不是指构成犯罪但不处罚。①

关于正当防卫的正当化根据，存在三种不同的观点：第一，保全自己利益说。此说认为正当防卫是为了在紧急情况下保护自己的法益。在此说看来，保全自己是基于人本能的超越时代的自然法上的权利。所谓“正当防卫无历史”的格言就代表着这种个人主义的思维方式。② 第二，法确证的利益说。此说认为不法侵害是对法的侵害，而正当防卫是对这种不法侵害行为的反击，以此来证明法律的存在及权威。此说来源于法治国家的思维方式，所谓“正当防卫是正对不正的关系”或“法没有必要向不法让步”的法谚就反映了这种思维方式。③ 第三，二元说。此说认为应将上述两说结合起来说明正当防卫的正当化根据。④

分析上述三种观点可知，保全自己利益说反映了正当防卫个人权利的性质，而法确证的利益说代表着正当防卫中社会权利的性质，二元说则主张同时反映正当防卫的个人权利与社会权利的性质。相比较而言，二元说更为全面。不过也有学者认为，虽然正当防卫同时具有个人权利与社会权利的属性，但作为其正当化根据还是应以保全自己利益说为基础，将正当防卫视为个人的基本权利。至于对法秩序的确

① ［日］浅田和茂：《刑法总论》（补正版），成文堂2007年版，第218页。

② ［日］泷川幸辰：《犯罪论序说》，王泰译，法律出版社2005年版，第59页；［日］香川达夫：《刑法讲义（总论）》，成文堂1995年版，第171页。

③ ［日］团藤重光：《刑法纲要总论》，创文社1990年版，第232页。

④ ［日］山中敬一：《刑法总论》（第3版），成文堂2015年版，第480~481页。

证不过是个人权利的一种反射性效果。[①]

就正当防卫的正当化根据与违法性阻却事由的一般原理的关系而言，法益衡量说往往强调正当防卫的个人权利的性质，进而根据优越的利益原则主张侵害者的法益在防卫的必要限度内丧失其法益性。[②] 目的说、社会相当性说往往强调正当防卫的社会权利的性质，但也并不必然否定正当防卫的个人权利的性质。[③] 优越的利益说则认为正当防卫兼有个人权利与社会权利的性质。[④]

二、正当防卫的成立要件

（一）急迫不法的侵害

1. 急迫。

急迫意味着侵害正在实施或直接面临，德国刑法理论称之为侵害的“现时性”。“如果利益伤害即刻就会直接发生（或者说，迫在眉睫）、已经开始或者还在继续，那么，我们才可以说‘攻击正在发生’（即‘现时性’）。”[⑤] 对于将来的侵害或者过去的侵害所进行的反击不是正当防卫。因此，对侵害是否开始以及是否已经终了的判断，对于正当防卫而言十分重要。

首先，急迫性的开始。

侵害如果在实行着手前具有紧迫的危险性，就可以认定为具有急迫性，与是否成立预备罪无关。“从客观上看，当相应法益已经陷入具体危险时，可以说攻击即刻发生。从形式上讲，在这里并不需要攻击行为已经达到力图的阶段。关键之处在于，如果利益拥有者再继续等待而不采取行动的话，将（明显地）失去行动机会。”[⑥]

为了防止将来的侵害而提前展开攻击，欠缺急迫性。不过，为了预防将来的侵害而准备防卫工具，不阻碍急迫性的成立。例如，屋主为了防止侵入住宅等侵害行为，在围墙上放置碎玻璃片、布置有刺的铁丝网等，如果在侵害行为实施时起到了作用，就可以认为满足急迫性要件。即便侵入者因此负伤，屋主也成立正当防卫。[⑦] 当然，这种预防性防卫不能突破轻重关系界限，对当事人不能造成严重的损害。[⑧]

---

① ［日］浅田和茂：《刑法总论》（补正版），成文堂2007年版，第219页。

② ［日］平野龙一：《刑法总论Ⅱ》，有斐阁1975年版，第228页。

③ ［日］大塚仁：《刑法概说（总论）》（第4版），有斐阁2008年版，第380页。

④ ［日］山中敬一：《刑法总论》（第3版），成文堂2015年版，第480~483页。

⑤ ［德］乌尔斯·金德霍伊泽尔：《刑法总论教科书》（第6版），蔡桂生译，北京大学出版社2015年版，第163页。

⑥ ［德］乌尔斯·金德霍伊泽尔：《刑法总论教科书》（第6版），蔡桂生译，北京大学出版社2015年版，第163页。

⑦ 参见［日］日高义博：《刑法总论》，成文堂2015年版，第231页。

⑧ 参见［德］约翰内斯·韦塞尔斯：《德国刑法总论》，李昌珂译，法律出版社2008年版，第182页。

其次，急迫性的结束。

对于继续犯，学术界一致认为只要违法的侵害状态还在继续，侵害就没有终了。对于状态犯如何认定侵害的终了则存在不同看法。一种观点认为，急迫性的终了时点应与犯罪既遂的时点一致。以盗窃罪而言，根据通说（即取得说）的观点，盗窃犯只要将小型的物品拿到手，盗窃罪就已经既遂。追赶盗窃犯并夺回自己物品的行为属于既遂后的行为，不是正当防卫，而是自救行为。① 另一种观点认为，急迫性的终了时点与犯罪既遂的时点并不需要保持一致。对此，有的学者表述为，“既遂意味着犯罪形式的终了，应将犯罪实质的终了视为问题。到此阶段之前，可以说仍然存在急迫性的问题”。② 有的学者则表述为，“应区分形式的既遂与实质的既遂（事实上的终了）”。③ 两种观点对于终了与既遂的对应关系的理解存在微妙的差别，但两者一致认为在状态犯实质终了之前，如在盗窃犯最终达到确保盗窃物品这一目的实现之前的时点，侵害仍在继续，能够实施正当防卫。

问题在于，在实务中如何认定急迫性已经终了？日本法院通过一系列判例对此加以明确。例如，受到A殴打脸部等暴行的X，将A摔倒在地，从背后骑在A身上，掐住A的脖子将其杀死。对此案件，判决认为，考虑到A攻击中断之前的行为状况，以及X骑在A身上后A仍然有很大力气挣扎，所以A还保持相当的攻击力。A日常粗暴成癖，可以预想会有再度的侵害，而且从A攻击中断后到X将其绞死之间的时间极短，所以急迫不正的侵害并未结束。④ 又如，作为事实夫妻的丈夫A在酒醉后三个小时左右的时间用高尔夫球杆断续地殴打妻子X头后部，在A中断暴行闭目养神时，X用刀刺入A颈部杀死A。判决认为，考虑到在中断之前A一直实施暴行，且A具有酒后施暴的癖好等因素，应将一连串暴行做整体考察，从而认为暴行虽然临时停止但继续反复实施的危险仍然存在，所以承认急迫不正的侵害。⑤ 再如，在文化住宅二楼公共厕所小便的X，突然被A从背后用铁棍击打头部。X欲夺过铁棍，与A扭打在一起。期间X两次大声求救，但无人理睬。此后，X夺过A的铁棍，也击打到A的头部一次。两人再度扭打。A又夺回了铁棍，X往一楼方向逃跑，A在后面追打，因跑得太急，身体前倾，上半身超出了护栏，挣扎着要保持平衡，但手里仍然握着铁棍。X发现后折回来将A的左脚抬起，A于是坠落至一楼，受到需住院治疗三个月的伤害。对此案件，一、二审认定A身体陷入不自由状态

---

① 参见［日］小野清一郎：《新订刑法讲义总论》，有斐阁1950年版，第131页；［日］团藤重光：《刑法纲要总论》，创文社1990年版，第237页；［日］大塚仁：《刑法概说（总论）》（第4版），有斐阁2008年版，第382页；［日］大谷实：《刑法讲义总论》，黎宏译，中国人民大学出版社2007年版，第255页；［日］佐久间修：《刑法讲义总论》，成文堂1997年版，第196页。

② ［日］高桥则夫：《刑法总论》（第3版），成文堂2016年版，第274页。

③ ［日］山中敬一：《刑法总论》（第3版），成文堂2015年版，第484页。

④ 东京高等法院1994年5月31日判决，载《判例时报》第1534号，第141页。

⑤ 名古屋地方法院1994年7月11日判决，载《判例时报》第1539号，第73页。

时，急迫性终了；最高法院则认为A的攻击意欲仍然强烈巩固，从而肯定急迫的延续性。[①]

总结日本的判例可知，法官在判断侵害继续性时需考虑的重要因素有：第一，攻击中断后攻击者再度攻击的可能性客观存在。此时，作为判断基础的重要资料有攻击中断前攻击的状况、攻击者还持有凶器、攻击者攻击意思没有消失、攻击者平时的状况等。第二，防卫者防卫的能力受到很大的打击，而攻击者仍然保持攻击力。第三，从当时的攻击中断到针对预想的再度攻击之间的时间、场所上的接近性。

再次，急迫性与主观认识。

行为人已经预见到侵害的发生，是否仍具有急迫性？日本曾经有判例持否定态度，认为如果充分预见到了对方的侵害，并且在作了充分的准备后前往与对方见面，这种侵害就不能说是急迫的。[②] 但现在的判例则认为对侵害的预期并不否定急迫性。“即使被告人已经在某种程度上预期到侵害行为的发生，也不应理解为立即丧失侵害的急迫性。”[③] 日本学术界对此也有两种不同的观点。多数学者认为对侵害的预期不否定急迫性的成立。“因为如果因侵害的预期而否定急迫性的话，就会认为行为人在预见侵害发生时具有采取避免措施的义务。但即使预见到侵害，被攻击者也没有避免义务。”[④] “（被攻击者）没有忍受自己外出的自由或待在家中的自由这些正当利益受到侵害的义务。”[⑤] 少数学者则认为被攻击者具有避免侵害的义务，对于应当事前采取措施解决利益冲突的情况，应否定侵害的急迫性。[⑥] 但这种少数说被认为存在方法论上的问题。

判断急迫性时是否应考虑反击者主观的意思？日本曾经有判例认为，“不是单纯地不躲避所预期的侵害，而是以利用该机会积极地实施对对方的加害行为的意思等待侵害来临的，已经不具备侵害的急迫性要件”。[⑦] 这就意味着具有积极的加害意思时就否定急迫性的成立，即承认主观因素对急迫性概念的影响。一些学者也支持判例的这一立场。[⑧]

---

① 日本最高法院1997年6月16日判决，载《最高裁判所刑事判例集》第51卷第5号，第435页。

② 参见日本最高法院1949年11月17日判决，载《最高裁判所刑事判例集》第3卷第11号，第1801页；日本最高法院1955年10月25日判决，载《最高裁判所刑事判例集》第9卷第11号，第2295页。

③ 参见日本最高法院1971年11月16日判决，载《最高裁判所刑事判例集》第25卷第8号，第996页。

④ ［日］山中敬一：《刑法总论》（第3版），成文堂2015年版，第485页。

⑤ ［日］山口厚：《问题探究刑法总论》，有斐阁1998年版，第53页。

⑥ ［日］桥爪隆：《正当防卫论的基础》，有斐阁2007年版，第324页。

⑦ 日本最高法院1977年7月21日判决，载《最高裁判所刑事判例集》第31卷第4号，第747页。

⑧ ［日］团藤重光：《刑法纲要总论》，创文社1990年版，第235页；［日］庄子邦雄：《刑法总论》（第3版），青林书院新社1996年版，第227页。

概括日本判例的观点，可以看出判例对于急迫性是分三个阶段加以把握的：第一，存在客观的急迫不法的侵害；第二，对侵害有无预见；第三，预见到侵害及积极的加害意思的有无。否定急迫性的是第三阶段的情形，即对侵害有充分的预期且有积极的加害意思的场合。①

对判例的观点，也有不少学者，如大塚仁、内藤谦、曾根威彦等认为应从客观上判断侵害的急迫性，而不应以反击者的主观意思为判断标准。因为侵害的急迫性是正当防卫的前提条件问题，而积极的加害意思是防卫意思或防卫行为的相对性问题，不应将两者混为一谈。日本判例之所以认为反击者主观的意思影响急迫性的判断，是因为“判例将防卫意思的内容作为极其抽象的理解，导致不得不将积极的加害意思的问题移到急迫性的问题之中”。②

2. 不法。

所谓不法，就是违法，在日本刑法中表述为“不正”，但学者们都将其解释为违法。作为正当防卫前提条件的不法，不是犯罪的成立要件，所以它指的是一般意义上的违法，包括民事法、行政法上的违法，与作为犯罪成立条件之一的违法性的含义不同。③ 例如，通奸行为在大多数国家已经不被作为犯罪处理，但诸如在现场目击妻子通奸的丈夫即使发表了属于毁损名誉的言论，在一定范围内也成立正当防卫。④

对于精神病患者等无责任能力人而言能否实施正当防卫？主观的违法性论认为法律规范所针对的是有责任能力的人，无责任能力人的行为不是违法行为，所以持否定态度。而客观的违法性论持肯定态度。“有争议的是，是否攻击必须也是有罪责的？主流观点根据第 32 条第 2 款的法律表述认为，只需要一个违法行为即可，而毋需有罪责。但是，这种观点，也限制针对无罪责行为人的防卫权，不过，不是在‘攻击’这个概念层面，而是在防卫的需要性……上予以限制。相反，按照一种流传的少数说，要成立可以施加紧急防卫的攻击，必须以有罪责的举止为前提。这种观点的理由在于，只有有罪责的行为才挑战了法秩序的效力，而紧急防卫（也）就是为了保卫这种法秩序。也仅有有罪责的行为者才需要承担他的冲突的所有成本，这种成本包括防卫者给他引起的利益损失。因而，对于无罪责的攻击，需（类比《民法典》第 228 条）适用正当化（防卫性）紧急避险的规则。”⑤ 也就是说，目前少数说认为，这种情况不能进行正当防卫，而只能进行紧急避险。而主流的观点认为，只要是客观上违法的攻击行为，就可以对之进行正当防卫，不需要是有责的攻

① ［日］高桥则夫：《刑法总论》（第 3 版），成文堂 2016 年版，第 276~277 页。

② ［日］高桥则夫：《刑法总论讲义案》，成文堂 2006 年版，第 115 页。

③ ［日］内藤谦：《刑法讲义总论》（中），有斐阁 1986 年版，第 339 页。

④ ［日］浅田和茂：《刑法总论》（补正版），成文堂 2007 年版，第 222 页。

⑤ ［德］乌尔斯·金德霍伊泽尔：《刑法总论教科书》（第 6 版），蔡桂生译，北京大学出版社 2015 年版，第 163 页。

击。但这种情况有时需要受到作为正当防卫基本原理的法确证原理的限制。[①] “当出现儿童、明显发生认识错误的人或者明显无罪责的其他行为人的攻击性举止时，通常认定需要对防卫权加以限制。依照少数说，在这种场合，就已经需要否定攻击的存在了。主流观点虽然认定此时成立违法的攻击，但也援引权利滥用思想或一般的最低限度的团结原则来限制这时的防卫权。这样，受攻击者必须躲避或者仅仅采取‘防御防卫’，只是在无可奈何的时候，才可以采取缓和的‘攻击防卫’。这也基本上同样适用于第 21 条意义上至少（明显）已减弱罪责能力的人，因为在这种情况下，明显存在限制权利的利益。”[②]

3. 侵害。

侵害是指对他人的权利造成实害或者危险。无论是故意行为还是过失行为、作为还是不作为都可以构成侵害。那么侵害是只限于人的行为，还是包括人的行为之外的动物等侵害事实呢？这主要涉及对物防卫的问题。这里需要说明的是，如果是人基于故意或者过失将动物作为自己侵害他人的工具，那么这种侵害就是人的行为本身的侵害，因而完全可以对之进行正当防卫，这不是对物防卫的问题。而如果是自然现象或者无主的野生动物诸如雷击、蚊叮虫咬、野狗等的攻击、损害，将其击退、打死等行为都不符合刑法中的任何一种罪名，因而没有必要考虑正当防卫的问题。因此，对物防卫实际上探讨的是有主动物自发地侵袭他人时能否成立正当防卫的问题。对此存在不同观点：

第一，对物防卫否定说。此说认为，侵害应限于人的行为。动物以及不被视为行为的人的举动，都不是“侵害”，所以对其的反击不是正当防卫。当然，如果存在危险的话，则可能成立紧急避险。[③]

第二，对物防卫肯定说。此说认为，正当防卫中的“侵害”不仅包括侵害行为也包括侵害状态，因此，对不属于人的行为的动物侵害等也可以进行正当防卫。[④]

对物防卫否定说与肯定说争论的背后存在着违法性论上的对立。对物防卫否定说（紧急避险说）认为法规范以人的行为为对象，所以只有人的行为才存在是否违法的问题。而肯定说（正当防卫说）将违法理解为对法益的侵害或者危险，因而动物的侵袭只要产生了法益侵害的危险，就是违法。

对于否定说而言，面临的最大问题在于紧急避险的成立条件需要考虑利益均衡

---

① 参见［日］山中敬一：《刑法总论》（第 3 版），成文堂 2015 年版，第 488 页。

② ［德］乌尔斯·金德霍伊泽尔：《刑法总论教科书》（第 6 版），蔡桂生译，北京大学出版社 2015 年版，第 173~174 页。

③ ［日］团藤重光：《刑法纲要总论》，创文社 1990 年版，第 237 页；［日］福田平：《全订刑法总论》（第 4 版），有斐阁 2004 年版，第 155 页。

④ ［日］平野龙一：《刑法总论Ⅱ》，有斐阁 1975 年版，第 232 页；［日］曾根威彦：《刑法总论》（第 4 版），弘文堂 2008 年版，第 101 页；［日］浅田和茂：《刑法总论》，成文堂 2005 年版，第 223 页；［日］前田雅英：《刑法总论讲义》（第 4 版），东京大学出版会 2006 年版，第 336 页。

和补充性要件，所以严于正当防卫。因此，如果将对物防卫的情况认定为紧急避险，那就意味着对动物等的侵袭所进行的反击要比对人的行为所进行的防卫受到更严格的限制，这显然不合适。因此，也有的否定说论者认为对物防卫虽然不是正当防卫，但应当比照正当防卫处理，即所谓的“准正当防卫说”。[①] 还有的否定说论者认为，对物防卫属于民法规定的防卫的紧急避险，所以在刑法上阻却违法。“显然，就所谓对物防卫而言，正当防卫说与紧急避险说都是不妥当的。在此应注意的是，《民法》第720条第2款在物成为危险源引起危难的场合，就损坏该物的行为否定了损害赔偿责任，而且不以法益的均衡和补充性为要件。其基础是如下思路，即在作为危险源的物产生了危险的事态时，遭遇这种无缘无故的危险的人，应当可以通过损坏此物而逃避危难；另一方面，物的所有者在自己的物产生了危险的事态的场合，有时也必须承担该物遭受损坏的风险。这样的思路应当是具有说服力的。而且，对民法上合法而否定民事责任的行为，刑法以刑罚予以禁止是矛盾的，所以，适用《民法》第720条的事例，在刑法上也必须将该行为视为合法行为。这是与《刑法》第37条的情形相区别的特殊的紧急避险，可以效仿德国的学说称之为防卫（防御）的紧急避险。这虽然不是正当防卫，但只要是对物的损坏，就不以法益的均衡和补充性为要件。”[②] 不过，这些观点虽然名义上都否认对物防卫是正当防卫，但实质上又认为其不应当受到紧急避险法益的均衡和补充性要件的限制。对此，有学者批评说既然如此，还不如直接承认对物防卫。[③]

对于肯定说而言，面临的最大难题在于“肯定对物或动物的正当防卫，从通常的感觉来看会觉得很不可思议……正当防卫始终调整的应是人与人之间的利益冲突……而且如果将法确证的原理作为正当防卫的原理的话，对物或动物进行法的确证也是没有意义的”。[④] 因此，有学者修正肯定说，一方面认为应肯定对物防卫，另一方面认为对物防卫仍是对“人”的防卫，即物的所有者、管理者即使没有过失，但因为其所有者、管理者的地位而必须忍受正当防卫的反击。“这些人基于其所有权或占有权对物进行事实上的管理、支配，因此作为其反射效果，对自己支配、管辖范围内或阵营内的危险物所实施的侵害，有忍受出于法确证需要的防卫行为的义务。”[⑤] 但也有学者认为与其采用这种观点，还不如直率地承认只要有法益侵害就是违法。[⑥]

（二）自己或他人权利的防卫

这里的权利是指法律所保护的利益，即法益，包括生命、自由、财产、名誉等

---

① ［日］大谷实：《刑法讲义总论》，黎宏译，中国人民大学出版社2007年版，第257页。

② ［日］井田良：《刑法总论的理论构造》，成文堂2005年版，第168~169页。

③ ［日］浅田和茂：《刑法总论》（补正版），成文堂2007年版，第223页。

④ ［日］山中敬一：《刑法总论》（第3版），成文堂2015年版，第490页。

⑤ ［日］山中敬一：《刑法总论》（第3版），成文堂2015年版，第491页。

⑥ ［日］浅田和茂：《刑法总论》（补正版），成文堂2007年版，第223页。

多项内容，并不限于法令上一定要冠有“权利”这一名称的内容。一般的人格权也属于“权利”。不是为了自己的权利而是为了他人的权利所进行的正当防卫也被法律所认可，理论上多称之为“紧急救助”。

从字面上看，“他人的权利”当然包括国家法益与社会公共法益。但正当防卫中所保护的权利是否应解释为保护国家法益与社会公共法益，理论上有不同看法。可以肯定的是，对于财产等个人法益而言，如果其主体是国家，那么当然可以对侵害其权利的行为（如对国有财产的盗窃）实施正当防卫。如果社会法益、国家法益中附随有个人法益的话，对后者也可以实施正当防卫（如对放火或虚假告诉行为的正当防卫）。

问题在于，能否承认保护单纯的社会（公共）法益或国家法益而实施的正当防卫呢？

首先，就社会（公共）法益而言，一般认为公共法益本身不属于正当防卫所指的“权利”。例如，对于无证驾驶者，只要没有给其他人带来具体的危险，就不允许私人以无证驾驶为理由使用武力阻止其驾驶。又如，对于书店贩卖淫秽书籍的行为，行为人以强力毁弃该书籍的行为也不是正当防卫。这是因为，维护国家秩序或公共生活的安全、防止公民滥用宪法或法律所赋予的权利等属于国家机关的任务，只有当某种行为既侵害公共法益同时也侵害个人法益时，才允许个人进行正当防卫。例如，对公共场合的露阴行为允许个人进行强制其穿衣等正当防卫行为。

其次，就能否允许私人出于保护国家法益的目的进行正当防卫（所谓的“国家正当防卫”或“国家紧急救助”）的问题，存在两种不同的观点：

否定说认为，个人为了国家法益所实施的防卫行为不应包含在正当防卫的概念之中。其理由有：第一，正当防卫的正当化根据之一是个人的自我保护原则，国家法益的保护显然不属于这种情况；第二，防卫国家、社会法益是国家的任务；第三，私人实力的介入会招致混乱，也有政治上被滥用的危险；[①] 第四，从正当防卫的历史来看，它即使在个人法益中也是从生命、身体等法益逐渐扩大到一般的个人法益，不应再作扩大解释。[②]

肯定说认为，在不能期待国家公共机关救助的非常紧迫的情况下，应例外地允许个人为国家利益所进行的正当防卫。[③] 日本最高法院的判例即持此态度。[④] 德国主流观点也认为，“对于个人而言，只有特定范围内的国家利益才可以（为保护它而）

---

① ［日］浅田和茂：《刑法总论》（补正版），成文堂 2007 年版，第 224 页。

② ［日］山中敬一：《刑法总论》（第 3 版），成文堂 2015 年版，第 493~494 页。

③ ［日］团藤重光：《刑法纲要总论》，创文社 1990 年版，第 239 页；［日］福田平：《全订刑法总论》（第 4 版），有斐阁 2004 年版，第 157 页；［日］大谷实：《刑法讲义总论》，黎宏译，中国人民大学出版社 2007 年版，第 258 页；［日］川端博：《刑法总论讲义》（第 2 版），成文堂 2006 年版，第 348 页。

④ 日本最高法院 1949 年 8 月 18 日判决，载《最高裁判所刑事判例集》第 3 卷第 9 号，第 1465 页。

进行紧急防卫。对此，需要作出如下的区分：①为保护应归国家所有的个人法益（如所有权、财产、占有），可以采取紧急防卫。②相反，不可以为保护公众法益和公共秩序，而采取紧急防卫，因为在这时，个体的权利并未受到直接的威胁……③仅当现实的（existenziell）国家利益受到了直接的威胁，而且主管机构在该特定场合又无法保护这一国家利益，那么，这时，为了保护作为主权象征的国家法益，才可以采取紧急防卫［所谓的‘国家紧急防卫’（Staatsnotwehr）］。”①

（三）防卫的意思

1. 防卫意思必要说与不要说。

成立正当防卫是否需要具有防卫意思，存在防卫意思必要说和不要说的争论。

防卫意思必要说认为，成立正当防卫必须具有防卫意思。其主要理由有：第一，行为是主客观的统一体，所以成立正当防卫除了需要具备客观要件，还需要具有作为主观的正当化要素的防卫意思；第二，对于基于积极的加害意图而引起所预想的结果的情况，如果认为成立正当防卫的话，就意味着保护实施不法行为的侵害者，这是不妥当的；第三，从各国刑法的表述来看，一般都有“为了保护……”这样的用语，这说明应当具有防卫意思。② 必要说是通说，一般认为，它是由二元的或一元的行为无价值论所引申出的结论，与将故意视为积极的主观违法要素（主观的构成要件要素）的立场是表里关系。

防卫意思不要说认为，成立正当防卫不以具有防卫意思为要件。其主要理由有：第一，是否违法应从客观上加以判断，而不应受行为人的主观因素所影响；第二，防卫行为在很多情况下都是反射性的动作，如果采取必要说就会显著缩小正当防卫的成立范围；第三，法条中“为了防卫”这样的表述应理解为客观的要件，即侵害行为必须先于防卫行为；第四，采用必要说会否定过失的正当防卫，这是不妥当的。③ 防卫意思不要说是由结果无价值论所引申出的结论，与将故意视为责任要素的立场是相通的。

2. 防卫意思的内容。

防卫意思本来指的是保护自己或他人的权利免受不法侵害的意思。对其具体内

---

① ［德］乌尔斯·金德霍伊泽尔：《刑法总论教科书》（第6版），蔡桂生译，北京大学出版社2015年版，第162页。

② 参见［日］团藤重光：《刑法纲要总论》，创文社1990年版，第238页；［日］大塚仁：《刑法概说（总论）》（第4版），有斐阁2008年版，第390页；［日］大谷实：《刑法讲义总论》，黎宏译，中国人民大学出版社2007年版，第261页；［日］立石二六：《刑法总论》（第2版），成文堂2006年版，第145页。

③ 参见［日］平野龙一：《刑法总论Ⅱ》，有斐阁1975年版，第242页；［日］前田雅英：《刑法总论讲义》（第4版），东京大学出版会2006年版，第338页；［日］山口厚：《刑法总论》（第2版），有斐阁2007年版，第124页；［日］山中敬一：《刑法总论》（第3版），成文堂2015年版，第494页；［日］西田典之：《刑法总论》，弘文堂2006年版，第159页；［日］浅田和茂：《刑法总论》（补正版），成文堂2007年版，第227页。

容，又存在两种不同观点：

认识说认为，所谓防卫意思指的就是防卫认识。有的学者认为，只要认识到存在急迫不法的侵害就具有防卫认识；① 有的学者则认为，除了认识到急迫不法的侵害，还需要有“应对击破不法侵害的意思”② 或“在认识到急迫不法侵害的基础上对之加以避免的单纯的心理状态”。③

目的说认为，防卫意思指的是防卫的意图或动机，即在认识到存在急迫不法的侵害的基础上，还需要具备防卫的意图或动机。

采取防卫意思必要说的学者现在多认为防卫意思指的就是防卫认识。④ 这是因为，如果将防卫意思理解为防卫目的，那么在狼狈、惊愕、激愤、兴奋等情况下实施的反击行为就因不具有积极的“为了防卫”的动机，而不具有防卫意思，但这显然缩小了正当防卫的成立范围。因此，防卫意思应局限于防卫认识。这样看来，由于实践中多数防卫者都认识到了防卫状况（除了后述的实际上罕见的偶然防卫），因此防卫意思必要说与不要说实际上并没有太大的区别。

对于防卫意思与攻击意思并存的情况，理论上一般认为不能就此认定不具有正当防卫所要求的防卫意思。如果与攻击的意思相比，防卫的意思处于优越的支配地位，那么仍然应认为具有防卫意思；如果攻击的意思占据优越地位，则否定了行为的正当性。⑤ 日本的判例也认为，在判断是否成立正当防卫时，“并不以完全出于防卫的意思为必要，即使并存着附随性的攻击的意思，只要防卫意思与之相比处于主要地位就不妨碍正当防卫的成立”。⑥

3. 偶然防卫。

体现防卫意思必要说与不要说差异的典型事例是偶然防卫。所谓偶然防卫，是指行为人主观上没有防卫的意思，但其所实施的行为在客观上恰好制止了不法侵害的情况。例如，甲在乙的房间内放置了遥控炸弹，正准备从远处遥控引爆时，乙在不知情的情况下基于杀意开枪打死了甲。又如，甲正准备开枪刺杀丙时，不知情的乙基于杀意开枪打死了甲。

在这些案例中，乙的行为在客观上都满足了正当防卫的要件，但主观上只有攻击的意思而没有防卫的意思，那么乙的行为能够被认定为正当防卫吗？对此，理论上存在多种观点。

---

① ［日］野村稔：《刑法总论》（补订版），成文堂 1998 年版，第 225 页。

② ［日］庄子邦雄：《刑法总论》（第 3 版），青林书院新社 1996 年版，第 239 页。

③ ［日］大塚仁：《刑法概说（总论）》（第 4 版），有斐阁 2008 年版，第 390 页。

④ ［日］大塚仁：《刑法概说（总论）》（第 4 版），有斐阁 2008 年版，第 390 页；［日］川端博：《刑法总论讲义》（第 2 版），成文堂 2006 年版，第 350 页。

⑤ ［日］庄子邦雄：《刑法总论》（第 3 版），青林书院新社 1996 年版，第 240 页。

⑥ 大阪高等法院 1965 年 5 月 29 日判决，载《下级裁判所刑事判例集》第 7 卷第 5 号，第 805 页。

第一种观点认为，偶然防卫的行为不符合正当防卫的要件，应成立该犯罪的既遂犯。[①] 一般而言，这种观点是立足于行为无价值论或违法二元论的立场，主张防卫意思必要说的学者所坚持的观点。德国早期的判例及部分学者如韦尔策尔等学者持这种观点。“按照早先的判例之见解和部分学术文献中的主张，要成立正当化，也必须具备主观的正当化要素。这样，由于行为人不成立主观的正当化，也就使其行为在整体上是违法的，故而，就需要按照既遂的违法行为对其加以处罚。”[②] 日本的大塚仁、大谷实等也持这种学说。批评者则认为，“让行为人对客观上并不存在的不法承当责任是没有道理的”。[③]

第二种观点认为，这种情况成立正当防卫，行为人无罪。持这种观点的学者有的是基于传统的、客观的违法性论的立场而主张防卫意思不要说，[④] 有的则是基于彻底的结果无价值论的立场而主张防卫意思不要说。[⑤]

第三种观点认为，行为成立未遂犯。违法二元论（防卫意思必要说）以及结果无价值论（防卫意思不要说）的立场都有学者持这种观点。

就前者的立场而言，德国、日本多数的违法二元论学者认为，偶然防卫存在行为无价值、欠缺结果无价值。“偶然防卫的行为从事前看有杀人的危险，具备行为无价值；而从事后、客观的立场看则欠缺结果无价值，所以成立杀人罪的未遂。”[⑥] “如果行为人没有认识到存在正当化情形的事实性前提条件，那么，就不能对其在主观上加以正当化……A 针对正在发生的违法攻击，依照紧急防卫所需要的方式进行了防卫：对对方实施了身体侵害。但是，这种情形他并没有认识到，因而，他并不具备主观的正当化所必要的防卫意思。不过，他的行为在客观上是容许的，因而根本没有实现结果不法。首先，因为这种仅在主观上符合了不法之事实性前提条件的情形是和（不能犯）力图的前提条件相对应的，故而，根据主流见解，将第 22 条及下一条（相应地）适用到这种情形中，便是合理的。”[⑦] 也有少数学者认为，偶

---

① 参见［日］团藤重光：《刑法纲要总论》，创文社 1990 年版，第 238 页。

② ［德］乌尔斯·金德霍伊泽尔：《刑法总论教科书》（第 6 版），蔡桂生译，北京大学出版社 2015 年版，第 277 页。

③ ［德］乌尔斯·金德霍伊泽尔：《刑法总论教科书》（第 6 版），蔡桂生译，北京大学出版社 2015 年版，第 277 页。

④ ［日］植松正：《再订刑法概论 I 总论》，劲草书房 1981 年版，第 167 页；［日］香川达夫：《刑法讲义（总论）》，成文堂 1995 年版，第 164 页。

⑤ ［日］前田雅英：《刑法总论讲义》（第 4 版），东京大学出版会 2006 年版，第 339 页；［日］中山研一：《刑法总论》，成文堂 1982 年版，第 281 页；［日］山口厚：《刑法总论》（第 2 版），有斐阁 2007 年版，第 124 页（但山口厚一方面认为基于结果无价值论的立场，防卫意思不是正当防卫的要件，偶然防卫成立正当防卫；另一方面又认为，当出现实现构成要件而不成立正当防卫的情况时，有理解为成立未遂犯的余地）。

⑥ ［日］中义胜：《讲述犯罪总论》，有斐阁 1980 年版，第 136 页。

⑦ ［德］乌尔斯·金德霍伊泽尔：《刑法总论教科书》（第 6 版），蔡桂生译，北京大学出版社 2015 年版，第 276~277 页。

然防卫的情况既存在行为无价值，也存在结果无价值，但需要准用犯罪的未遂规定。"有见解认为，偶然防卫的场合缺乏结果无价值，仅存在行为无价值，因而肯定其成立未遂犯。但是，未遂犯也要同时存在行为无价值与（对法益的具体危险意义上的）结果无价值，仅有行为无价值不能为未遂犯提供根据。在偶然防卫的场合，由于不存在防卫意识，所以不能认定其具有反击行为的性质，但是，就其结果而言是正当防卫，所以既存在行为规范违反，也发生了构成要件的结果。但这种结果不能被视为'违法的'结果，制裁规范只能在未遂的限度内发动，因此可以准用该犯罪的未遂规定。也就是说，由于发生了构成要件的结果，不是纯粹的未遂犯，由于产生了防卫的结果，结果无价值减少，所以应按照未遂犯处罚。"①

就后者的立场而言，有学者认为在偶然防卫中行为人不过是没有认识到构成正当防卫的客观事实，与认为尸体是活人而开枪的情况一样，没有发生"违法的结果"，即使行为人有引起违法结果的想法，也不过是根据具体情况成立犯罪未遂。②也有学者认为，偶然防卫的情况，行为人实现了构成要件属于违法，但其违法并没有达到科处既遂所预定的法定刑的程度，所以应考虑为未遂。③

第四种观点认为，偶然防卫应区分为"防卫自己权利的正当防卫类型"和"防卫他人权利的紧急救助类型"。前一类型以防卫意思为必要，没有防卫意思的所谓防卫人的利益与被侵害者的利益一样，是不值得法律保护的利益，因而不存在"正对不正"的关系，不能认定为正当防卫。由于被侵害人的利益也在法律保护范围之外，所以偶然防卫者罪责的违法性程度仅达到未遂的程度。与此相对，在后一类型中，尽管偶然防卫人没有防卫的意思，但其结果保护了第三者的利益，所以应当认为其行为成立正当防卫。这时，冲突的两个利益（被侵害者与第三者）之间具有正当防卫的"不正对正"的关系，所以基本上不需要防卫意思。④

第五种观点认为，这种偶然防卫的情况属于不能犯，因而不成立犯罪。例如，有学者从防卫意思必要说出发，认为作为既遂犯处罚根据的结果无价值指的不是"构成要件的结果"而是"不法结果"，所以当行为人没有防卫意思时，虽然完全实现了行为无价值，但结果无价值却因为客观存在的正当化事由而被消灭。针对强调偶然防卫中"构成要件结果"的发生的见解，这种观点批评它是"自然主义"的见解，从而主张将偶然防卫作不能犯处理。⑤

为了更清晰地说明关于偶然防卫的各种观点，下面列表加以阐述：⑥

---

① ［日］高桥则夫：《刑法总论》（第3版），成文堂2016年版，第285页。

② ［日］平野龙一：《刑法总论Ⅱ》，有斐阁1975年版，第243页；［日］西田典之：《日本刑法总论》，刘明祥、王昭武译，中国人民大学出版社2007年版，第129页。

③ ［日］内田文昭：《刑法概要》（中卷），青林书院1999年版，第91页。

④ ［日］曾根威彦：《刑法总论》（第4版），弘文堂2008年版，第104页。

⑤ ［日］吉田敏雄：《关于防卫意思》，载《刑事法学的课题和展望·香川达夫博士古稀祝贺》，成文堂1996年版，第191页。

⑥ ［日］立石二六编著：《刑法总论30讲》，成文堂2007年版，第68页。

学说	违法性的实质论	防卫意思的必要与否
既遂罪说	行为无价值论或违法二元论	必要说
不可罚说	结果无价值论	不要说
未遂罪说	违法二元论	必要说
	结果无价值论	不要说
二分说	结果无价值论	必要说（仅对“紧急救助型”不需要防卫意思）
不能犯说	人的违法论	必要说

（四）防卫的必要性与相当性

成立正当防卫还要求行为具有必要性与相当性。所谓防卫的必要性，是指防卫行为是排除侵害所必要的行为。与紧急避险中的补充性要件不同，它不以行为人没有其他办法为必要。对于不法侵害，行为人即使可以采取躲避等其他方法但不躲避而实施反击的，也符合防卫的必要性。

所谓防卫的相当性，意味着并非只要行为是防卫所必要的行为就是法律所允许的行为，而必须在相当的程度范围之内。相当性的判断对象是防卫行为还是防卫结果，理论上有不同看法。现在比较多的学者认为应将上述两方面内容结合起来，即一方面要考虑法益的相对的权衡，另一方面需要考虑防卫手段的相当性。① 具体而言：（1）相对的法益均衡。相当性首先意味着防卫行为所保护的法益与所侵害的法益没有显失均衡。与紧急避险不同，正当防卫对侵害人所造成的侵害即使超过所保护的法益也可以被正当化。但这种正当化不是无限制的，仍然需要考虑法益之间的平衡。例如，为了保护几块豆腐而剥夺他人生命的行为，无论具有多大程度的必要性，都超越了相当性。（2）行为的相当性。这是指防卫手段的危险性与侵害手段的危险性大致相当，也被称为“武器对等的原则”。它的判断实质上与“防卫手段的必要最小限度性”的判断相重合。例如，对于徒手的进攻以日本刀进行反击、对于使用木棍的攻击以猎枪反击，是不具有防卫行为的相当性的。不过，在实际的司法判决中，往往不是从形式上把握“武器对等的原则”，而是根据具体案例从实质上加以判断。例如，对于如下案件，即双方因停车的问题产生纠纷，年轻力壮的一方欲徒手殴打对方，对方迫不得已从车内取出菜刀加以威胁，日本法院认为该威胁行为始终是一种防御性行为，具有相当性。②

在存在复数的反击手段时，一般认为防卫人应选择侵害程度低的手段。当然，如果该手段本身具有危险性或该手段确实无法进行防卫，则也应允许选择其他的

① ［日］前田雅英：《刑法总论讲义》（第4版），东京大学出版会2006年版，第351~352页；［日］中山研一：《口述刑法总论》，成文堂2005年版，第150页。

② 日本最高法院1989年11月13日判决，载《最高裁判所刑事判例集》第43卷第10号，第823页。

手段。

问题在于，如果手段具有相当性，却产生了重大的结果，能否认为具有相当性呢？例如，行为人为了挣脱被对方扭住的手臂而将对方推倒，不料对方头部撞到汽车的保险杆上造成需治疗 45 天的伤害。对此案件，日本下级法院曾认为属于防卫过当。但日本最高法院认为，“只要针对侵害行为的防卫手段具有相当性，即使反击行为产生的结果偶尔超过了所意图侵害的法益，该反击行为也不失为正当防卫行为”，从而推翻了原判决。

对此判决，第一种观点认为，它是基于行为无价值而不是结果无价值所作出的判断。[①] 第二种观点认为，只有无论是根据事后的结果衡量还是事前的危险衡量都无法使其正当化时，才否定防卫行为的相当性。[②] 第三种观点认为，根据结果无价值论的立场，如果预想外的重大结果与防卫行为之间不具有相当因果关系，就只需要判断行为本身的相当性。如果具有相当因果关系，则由于正当防卫是在紧急状况下行使权利的行为，所以即使侵害法益大于保护法益，只要两者之间不存在显著差异，仍然是合法的。[③]

关于防卫行为的必要性与相当性的关系，近来有的学者认为，成立正当防卫只需要必要性的要件，而不需要相当性这一要件。其主要理由有：第一，从德、日刑法的立法沿革看，相当性不是正当防卫的要件。第二，根据“相当性”要件来对正当防卫进行限制，主要适用于保护法益与侵害法益欠缺大致均衡的情况。对除此之外的挑拨防卫以及无责任的攻击等需要限制防卫行为的情况，如果要用“相当性”加以说明的话，相当性要件的内容就会相当空虚和不明确。第三，在正当化事由一般根据的问题上采用目的说或社会相当说的学者认为，相当性属于正当防卫的要件还比较容易让人理解，但如果采用利益衡量说等其他学说，就难以说明自己基于何种理由认为相当性要件包括“行为样态的相当性”这一内容。换言之，将相当性作为正当防卫的要件与利益衡量原理相矛盾。[④]

对这种观点，多数学者认为如果不将相当性作为正当防卫的要件，那么就无法在法益显著不均衡的情况下限制正当防卫的成立，其结论不妥当。值得注意的是，这种多数说原则上认为必要性的判断与客观上是否是“为了防卫”的判断相重合，所以必要性判断实际上没有什么作用。[⑤] 但也有学者指出，必要性和相当性要件是从正当防卫的合法性根据中分别推导出来的，“必要性要件也具有限定机能，这是从正当防卫的第一个违法阻却根据‘自己保护原则’中衍生出来的……相当性要件所进行的限定，是从正当防卫的第二个违法阻却根据‘正的确证（法秩序保护原

① ［日］团藤重光：《刑法纲要总论》，创文社 1990 年版，第 238 页。

② ［日］林干人：《刑法总论》，东京大学出版会 2000 年版，第 200 页。

③ ［日］浅田和茂：《刑法总论》（补正版），成文堂 2007 年版，第 233 页。

④ ［日］山中敬一：《刑法总论》（第 3 版），成文堂 2015 年版，第 514 页。

⑤ ［日］前田雅英：《刑法总论讲义》（第 4 版），东京大学出版会 2006 年版，第 351 页。

则）’中衍生出来的”，从而强调了必要性要件的限定机能。[①]

三、特殊情况下正当防卫的成立与否

（一）防卫行为与第三者

防卫行为必须是对攻击者的反击。但是，在司法实践中往往会出现防卫结果侵害第三者法益的情况。这又包括几种不同类型：第一种类型是防卫行为的结果发生于第三者；第二种类型是侵害者利用第三者之物；第三种类型是侵害者将第三者作为工具加以利用；第四种类型是防卫者利用第三者之物。这些情况是分别成立正当防卫、紧急避险抑或是普通犯罪吗？国外学者历来将此问题作为正当防卫与紧急避险的界限问题加以讨论。由于学者之间对于违法性的本质、正当防卫与紧急避险的正当化根据、是否需要防卫意思与避险意思等有不同理解，因而结论也不相同，存在激烈的争论。

1. 防卫行为的结果发生于第三者。

这是指虽然防卫人的行为指向不法侵害人，但因为各种因素导致防卫行为的结果发生在无辜的第三者身上。

例如，A 开枪攻击 X，X 使用石块还击。石块没有击中 A 却导致路过的行人 B 死亡，或者在击中 A 的同时还导致 B 的死亡（以下简称案例 1）。

又如，A 绑架 B，以其为挡箭牌准备炸毁某座商场，X 在不得已的情况下开枪打死了 A，但同时造成 B 重伤（以下简称案例 2）。

理论上对这种情况的定性问题存在不同的看法。

一是正当防卫说。

此说认为，正当防卫行为是权利行为，是保护法秩序所必需的行为。由于它属于一种对社会有益的行为，所以只要防卫人为避免侵害第三者的权利作了充分的考虑，即使最终结果发生于第三者身上，也不是违法行为。[②] 此外，根据行为无价值论的观点，由于防卫者的反击行为针对不法侵害者而言是一种防卫行为，因而只要其能被作为正当防卫而合法化，那么对于所发生的结果也应当进行整体的评价。对于同一行为，不能一方面认为对侵害人而言属于正当行为，一方面又认为对第三者而言属于违法行为。[③] 按照这种观点，上例中 X 的行为对 A 是正当防卫，对 B 而言，由于原本也是基于正当防卫所产生的行为，因而也不失合法性。

有的学者认为将这种情况理解为正当防卫是不妥当的。因为从第三者的角度来看，他并没有进行不法侵害，所以对他而言，防卫人的行为不具有反击侵害的性质。因此，第三者也完全没有忍受反击行为的义务。况且防卫人的行为发生在第三者身

① ［日］高桥则夫：《刑法总论》（第 3 版），成文堂 2016 年版，第 289 页。

② ［日］中野次雄：《刑法总论概要》，成文堂 1992 年版，第 193 页。

③ ［日］川端博：《刑法总论讲义》（第 2 版），成文堂 2006 年版，第 348~349 页。

上并不会带来防卫的效果，也就欠缺作为防卫行为的适合性。①

二是防卫过当说。

此说认为，防卫行为的结果产生于第三者身上，意味着超越了正当防卫的构造，虽然是违法的行为，但应当属于防卫过当，应适用减免刑罚的规定。②

对此说，有学者批评说，防卫过当以对防卫行为所针对的对象引起不法侵害的状况为前提，而这种情况显然不是由第三者实施不法侵害，因而它与防卫过当的构造明显不同。③

三是假想防卫说。

此说认为，防卫行为对第三者造成损害是假想防卫的问题。其中，有的学者认为，在这种情况下，实际上存在急迫的不法侵害，而且行为也在防卫的相当性范围之内，只是由于错误而对其他对象造成了损害结果，这是假想防卫的一种。其中既有对象的错误，也有方法的错误；行为人主观上可能有过失，也有可能没有过失，而成为紧急避险的问题。④ 而有的学者则认为由于这种行为属于假想防卫，所以排除防卫者的故意责任。⑤ 日本也有判例采用这种观点。⑥

对这种观点，有学者批评说，将这种情况认定为假想防卫，与理论上一般理解的假想防卫的概念并不吻合，是对假想防卫概念的不当扩张，容易招致混乱。而且由于假想防卫并不是一种正当化事由，所以行为人的行为针对第三者而言应当是违法的。一方面认为它违法，另一方面又承认紧急避险的成立，显然自相矛盾。⑦

四是紧急避险说。

此说认为，正当防卫是对急迫的不法侵害行为的反击，如果反击行为的结果发生于第三者身上，那么就不属于对不法侵害的反击，不是正当防卫，相反，符合紧急避险的条件，应成立紧急避险。此说在日本是多数说，牧野英一、团藤重光、大塚仁、大谷实等学者都持这种观点。此外，还有学者主张区分防卫人的反击行为与反击结果，认为反击行为虽然作为正当防卫被正当化，但结果的违法性只有作为紧急避险才能被阻却，因而提倡与正当防卫相混合的紧急避险说。⑧

对紧急避险说的批评主要有两点：第一，紧急避险是行为者侵害无辜第三者的法益，是“正对正”的关系，根据优越的利益原则而成立。因此，要成立紧急避险，需要侵害第三者法益的行为能够避免现在的危险，或至少存在避免的可能性。紧急避险，需要存在行为人或者忍受现在的危难，或者牺牲第三者法益的二者择一

---

① ［日］山中敬一：《刑法总论》（第3版），成文堂2015年版，第507页。

② ［日］中野次雄：《刑法总论概要》，成文堂1992年版，第193页。

③ ［日］山中敬一：《刑法总论》（第3版），成文堂2015年版，第507页。

④ ［日］团藤重光：《刑法纲要总论》，创文社1990年版，第242页。

⑤ ［日］前田雅英：《刑法总论讲义》（第4版），东京大学出版会2006年版，第337页。

⑥ 大阪高等法院2002年9月4日判决，载《判例时报》第1114号，第293页。

⑦ ［日］内藤谦：《刑法讲义总论》（上），有斐阁1983年版，第386页。

⑧ ［日］野村稔：《刑法总论》，全理其、何力译，法律出版社2001年版，第233页。

的关系。这里所论述的事例，并没有这样的关系，因而不是紧急避险。① 不过也有学者认为这种批评意见并不妥当。就第一点批判而言：首先，案例 2 的情况是有可能存在上述这种二者择一的关系的，因而应当肯定紧急避险的成立。具体而言，如果 A 以 B 为人质并向 X 实施侵害，X 为了防卫而开枪反击，由于存在正当防卫的必要性，所以在无法避免对 B 的侵害的情况下，应当认为对 B 的伤害属于紧急避险。其次，就案例 1 而言，虽然不存在不侵害 B 就不能避免危险的关系，但是，X 的行为是为了对抗 A 急迫不法的侵害而实施的防卫行为，这种防卫行为具有必要性，在该防卫行为不可避免地对第三者产生侵害结果的场合，可以认为是为了避免危险而不得不实施的行为。因此，反对者的批判不过是为对紧急避险的构造作事后的观察而作的判断。例如，在狭窄道路上行走的 X 为了躲避突然冲进来的汽车，撞坏 A 家的大门以避免危险，而在弹跳过程中踢起来的树枝将正在门内玩耍的小孩 B 弄伤。这时，不但在 A 的关系上（损坏财物）应当承认紧急避险，在与因不注意而伤害的 B 的关系上（过失伤害）也应当承认紧急避险。在这种场合，当然即使不伤害到 B 也可能能够避免危险。但避险行为所带来的危险范围内的结果，也应当解释为包含在避险行为的范围之内。② 第二，防卫人的行为是基于防卫意图而实施的防卫行为，如果认为他对第三者成立紧急避险的话，该行为为何又成为基于避险意思而实施的避险行为呢？换言之，即防卫意思和避险意思何以并存于一个行为之中。③

五是犯罪成立说。

此说认为，对第三者法益的侵害既没有起到保护所要保全的法益的作用，也不存在或者忍受现在的危险，或者牺牲第三者法益的二者择一的关系，更没有带来避险的效果，因而不属于紧急行为，原则上应当成立犯罪。但持此说的学者同时也认为，由于在很多情况下不能期待防卫人不侵害第三者的法益，因而欠缺期待可能性。根据期待可能性的理论，防卫人的行为虽然违法，但一般能够阻却责任的成立。④

对这种观点，有批评意见认为，一概将防卫人的行为认定为犯罪，显然是对防卫人提出了过于严厉的要求，没有全面把握事实状况，具有片面性，与大众的法理念也不吻合。而且，否定行为人的行为属于紧急状态下所实施的紧急行为，是对紧急避险的构造作事后的观察，这并不妥当。因为防卫人只实施了一个防卫行为，不能够将该行为分解为对侵害人的防卫行为和对第三者的法益侵害行为而认为后者不属于紧急行为，从而作出单独的评价。行为人是否具有防卫意思或避险意思，应立足于行为时加以判断，而不应作事后的判断。再者，如果根据期待可能性理论来否定行为人行为的犯罪性的话，由于对期待可能性本身能否作为独立的排除犯罪性事由理论上还存在相当大的争议，因而采用该说也不具备充分的说服力。

---

① ［日］曾根威彦：《刑法的重要问题（总论）》（第 2 版），成文堂 2005 年版，第 61 页。

② ［日］山中敬一：《刑法总论》（第 3 版），成文堂 2015 年版，第 509 页。

③ ［日］香川达夫：《刑法解释学的诸问题》，第一法规出版社 1981 年版，第 124 页。

④ ［日］奥村正雄：《防卫行为与第三者的法益侵害》，载《现代刑事法》2003 年第 12 号，第 44 页。

此外，犯罪成立说要求避险效果的存在，这也被认为是一种过剩的要求。例如，行为者为了躲避迎面撞来的汽车而跳进临街的店铺，损害了店主的财物，但仍被汽车撞成重伤。此时，虽然没有产生避险的效果，但损坏财物这一行为仍然应作为紧急避险而被正当化。[①]

六是综合分析说。

此说认为，对防卫结果产生于第三者的情况有必要作进一步的分析。首先，存在防卫行为对第三者而言并不符合紧急避险要件的情况。例如，盗窃犯偷走了被害人的钱包，被害人当场发现并立即追赶。被害人虽然知道可能误伤他人，但为了抓住盗窃犯而将手中的伞投向盗窃犯，却误中第三者致其负伤，由于并不具备紧急避险所要求的“正在发生的危险”的条件，因此不能成立紧急避险。这种不符合紧急避险要件的情况，防卫人对第三者成立故意犯或者过失犯。

对于像案例2（A绑架B，以其为挡箭牌准备炸毁某座商场，X在不得已的情况下开枪打死了A，但同时造成B重伤）这样的对攻击者能够成立正当防卫的情况，由于不存在其他方法，即满足了紧急避险补充性要件，即使对第三者的侵害存在未必的故意，但由于存在正当防卫行为的必要性，所以可以肯定紧急避险的成立。对侵害第三者存在过失的情况也是如此。而且，即使防卫结果最终没有发生在攻击者身上，如对于持刀行凶刺向防卫者心脏的行为人，防卫者用随手拿到的日本刀反击但没有砍中对方而致附近的第三者负伤，也应认为对第三者成立紧急避险。

对于对攻击者没有产生正当防卫效果的情况，如向攻击者开枪却打中行人B的情况，由于针对第三者而言，并非没有其他的方法，所以没有满足补充性的要件，原则上对第三者不成立紧急避险。在这种场合下，如果对B的侵害存在未必的故意，那么成立故意犯；如果没有的话，那么根据具体符合说，对B成立过失犯罪。[②]

2. 侵害者利用第三者之物。

这是指侵害人使用第三者所有之物攻击他人，他人在反击过程中将该物损毁的情况。例如，实施急迫不法侵害的行为人A将第三者B所有的古董花瓶作为侵害的工具，X为了防卫用木棍加以反击，结果将该花瓶打碎。又如，A驱赶B所饲养的名贵犬攻击X，X在反击时不得以将该犬的腿骨打折。在防卫人X对不法侵害人A成立正当防卫的场合，对无辜的第三者B的所有物造成损害的行为也能被正当化吗?

对于这种情况，学术界没有争议地认为应当予以正当化，但其理由则各不相同，存在紧急避险说与正当防卫说的对立。

一是紧急避险说。

此说认为，既然防卫行为是针对不法侵害的反击行为，那么其对象就应当限定为侵害者的法益。第三者并没有实施不法侵害行为，所以其法益也是正当的，防卫

---

① ［日］山中敬一:《刑法总论》（第3版），成文堂2015年版，第510页。

② ［日］山中敬一:《刑法总论》（第3版），成文堂2015年版，第510~513页。

人与第三者的关系是“正对正”的关系，因而只能成立紧急避险。[①]

紧急避险说将防卫行为的对象限定在侵害者的法益，重视防卫行为与侵害行为基本形态的区别，在形式论理上是简单明了的，因而也得到了不少学者的赞同。但是，对此说也存在以下批判意见：

第一，如果从防卫意思、避险意思必要说的立场来采纳紧急避险说的话，那么它在解释防卫意思与避险意思的关系上存在问题。首先，假如防卫人在反击时直接击中侵害人，而没有对第三者之物造成任何损害，那么理论上毫无异议地认为防卫人的行为应当成立正当防卫。但按照紧急避险说的逻辑，则应当是对侵害人成立正当防卫，对第三者之物成立紧急避险，这种结论显然不妥。其次，如果防卫人的反击行为在伤害不法侵害人的同时也毁损第三者的所有物，那么结论是对侵害人成立正当防卫，对第三者成立紧急避险。但这样的话就难以说明防卫意思与避险意思的区别。[②]

第二，不应当仅从结果无价值的角度将该类型行为理解为防卫者与第三者之间的正当利益的对立关系，即“正对正”的关系，而应当同时重视“人”的要素，要充分注意到第三者之物已经成为不法侵害人实施侵害行为的手段。因此该类型行为实质上应当是“侵害行为对侵害排除行为”的关系，即“正对不正”的关系。[③]

第三，如果按照紧急避险说，就要求具备补充性原则。所以在防卫人刺伤不法侵害人的同时毁损第三者的所有物的情况下，就要求后者是唯一的办法，因而就可能会要求防卫人避免损害第三者的所有物而只对侵害人实施反击，这显然过于严酷。[④]

二是正当防卫说。

此说认为，第三者之物已经成为侵害人所实施的急迫不法侵害的一部分，所以防卫人的行为是对侵害人的“侵害”所进行的反击，当然成立正当防卫。采用一元的结果无价值论的学者以及采用二元的行为无价值论的学者有很多都主张采用正当防卫说，从而使本说成为德、日的多数说。不过一元的结果无价值论和二元的行为无价值论在如何理解“侵害”的含义上还是存在区别的。

具体而言，二元的行为无价值论学者将第三者的所有物视为不法侵害人“侵害行为”的一部分，重视“人”对“人”的关系。[⑤] 相反，一元的结果无价值论学者则认为第三者的所有物属于不法侵害人所挑起的“法益侵害”的一部分，而“法益侵害”不限于人的行为，还包括自然现象以及动物的侵袭，因此，这些学者认为该类型并不是“人”对“人”的关系，而是“人”对“物”的关系。既然存在法益侵害的状态，那么防卫人的反击行为当然成立正当防卫，只不过这是特殊的正当防

① ［日］草野豹一郎：《刑法要论》，有斐阁 1956 年版，第 60 页。

② ［日］香川达夫：《刑法解释学的诸问题》，第一法规出版社 1981 年版，第 132 页。

③ ［日］川端博：《正当防卫权的再生》，成文堂 1998 年版，第 212 页。

④ ［日］山中敬一：《刑法总论》（第 3 版），成文堂 2015 年版，第 512 页。

⑤ ［日］香川达夫：《刑法解释学的诸问题》，第一法规出版社 1981 年版，第 132 页。

卫，即“对物防卫”。[①] 对这种观点的批评意见主要是：对物防卫指的是不存在利用所有物的行为人而由所有物自发进行攻击的情况，而这里所探讨的问题显然存在利用所有物的侵害者，因而不符合对物防卫的概念。[②]

3. 侵害者利用第三者之人身。

这是指侵害人使用第三者之人身作为工具攻击他人的情况。例如，A 突然将 B 推出去撞击 X 意图使 X 受伤，X 在不得已的情况下推开 B 导致 B 受伤的情况就是如此。此时，不法侵害人是利用无过失行为或欠缺行为性的他人的身体动作实施侵害，是一种典型的间接正犯形态。

此类型与前一类型有相似之处，即都是侵害人利用第三者来实施侵害行为。但前一类型是利用第三者之物，此类型是利用第三者的人身，人身权利自然重于财产权利。因此是否需要作出与前一类型不同的处理，就成为一个需要探讨的问题。

一是紧急避险说。

对侵害者利用第三者之物持紧急避险说的学者认为该类型的情况也应当成立紧急避险。因为第三者并非有意识地实施不法侵害，他的举动欠缺行为性，其法益是正当的，防卫人与第三者的关系是“正对正”的关系，因而成立紧急避险。而且，这些学者们认为，采用紧急避险说更有利于保护第三者的人身权利。因为紧急避险要求行为人在不得已的情况下才能实施，如果有其他可以避免危险的方法，如有条件逃跑或直接对抗危险实施正当防卫时，则不允许进行紧急避险，这就能充分地保护第三者的人身免受不该有的伤害。

二是正当防卫说。

此说认为，在这种情况下显然第三者成为了侵害人的侵害工具，侵害人是间接正犯。间接正犯同样具有实现构成要件现实危险的实行行为，被利用者的举动就是这种危险性的具体体现。“利用者的实行行为包含被利用者这一主体的行为。将利用者的行为与被利用者的行为视为完全不相容的异质的行为，将实行行为局限于一个人的身体运动的见解，缺乏对刑法中实行行为概念的规范的把握，是一种自然主义的见解。”[③]

据此，第三者被利用来进行攻击时就成为“侵害行为的一部分”，所以防卫者的反击行为属于正当防卫，第三者对防卫行为具有忍受的义务。同时，成立正当防卫受到相当性要件的限制，因而可以避免不当的结论。[④]

对于此说，批评者认为，虽然在不少情况下的确可以通过相当性要件来限定正

---

① ［日］平野龙一：《刑法总论Ⅱ》，有斐阁 1975 年版，第 233 页；［日］山中敬一：《刑法总论》（第 3 版），成文堂 2015 年版，第 512 页。

② ［日］奥村正雄：《防卫行为与第三者的法益侵害》，载《现代刑事法》2003 年第 12 号，第 42 页。

③ ［日］西原春夫：《间接正犯的理论》，有斐阁 1962 年版，第 207 页。

④ ［日］川端博、日高义博、井田良：《正当防卫的正当化根据与成立范围》，载《现代刑事法》2000 年第 1 号，第 5 页。

当防卫的成立范围，但由于对正当防卫的相当性要件的要求不如紧急避险严格，因此也不要求具备补充性要件。那么在由人的无过失行为或者欠缺行为性的举动产生危险的情况下，对方即使有躲避侵害的可能性，但仍然能够进行正当防卫，这会得出不合理的结论。“这是因为，由支配管理范围内的物所产生危险的场合，所有者、管理者对于防卫行为，从法确证的观点来看有忍受义务，但这并不能合理说明具有无过失或欠缺行为性的人本身也应为了法确证而忍受防卫行为。牺牲第三者的生命、身体法益情况的正当化，应作为紧急避险来加以理解。”①

4. 防卫者利用第三者之物。

这是指诸如 A 用铁棍攻击 X，X 用 B 的椅子加以防卫，结果该椅子被 A 损坏这种防卫者为了防卫利用第三者之物，而导致其法益被侵害的类型。关于这一类型，紧急避险说是处于支配地位的学说。因为第三者的法益侵害不是攻击者而是防卫者所导致的，防卫者为了避免攻击行为所产生的危险而将该危险转嫁给第三者，第三者既与危险无关，自己又未实施任何违法行为，所以其与防卫者之间是“正对正”的关系，符合紧急避险的条件。不过近年来也有少数的学者开始对紧急避险说提出质疑，认为这种情况不是单纯的紧急避险而是正当防卫。②

对紧急避险说而言，如何解释防卫意思与避险意思的关系也是一个问题。一般认为，紧急避险说是从防卫意思、避险意思不要说的立场推导出来的。“如果对正当防卫采用防卫意思必要论的话，对紧急避险也应采用避险意思必要论……基于防卫意思而实施的正当防卫行为，为何会变成需要避险意思的紧急避险，这不能不说存在疑问……所以我们应当认为紧急避险说是与防卫意思、避险意思不要论联系在一起的。如果采取必要说的立场的话，那么这种情况下的防卫意思、避险意思就会变得有名无实。”③

不过，也有学者认为从防卫意思、避险意思必要说的立场也可以得出紧急避险的结论。“防卫意思是以反击急迫不法的侵害、保全被侵害法益为内容的意思。避险意思则是以从正在进行的危险中保全被侵害法益而牺牲他人法益为内容的意思。防卫意思的核心是直接面对侵害，而避险意思的核心是为避免危险而侵害第三者法益……在‘避险’这一词语的日常理解中，‘为躲避危险而迁往他处’的消极行为意味非常强烈。但刑法上的紧急避险行为则是为保全被侵害法益而实施的对第三者的积极法益侵害行为。为了保全被侵害法益和积极的法益侵害行为，这两点是防卫行为与避险行为所共通的。两者决定性的差异是行为的‘方向’或‘对象’不同。”④

---

① ［日］奥村正雄：《防卫行为与第三者的法益侵害》，载《现代刑事法》2003 年第 12 号，第 44 页。

② ［日］齐藤信治：《刑法总论》，有斐阁 1995 年版，第 189 页。

③ ［日］内藤谦：《刑法讲义总论》（上），有斐阁 1983 年版，第 384 页。

④ ［日］川端博：《正当防卫权的再生》，成文堂 1998 年版，第 227 页。

（二）自招侵害与正当防卫

行为人的故意或者过失行为引起对方对自己实施侵害，就是能否进行正当防卫即所谓的自招侵害的问题。其中如果存在有意的挑拨行为，即行为人意图以正当防卫为借口侵害他人而有意地挑拨对方对自己实施攻击，从而利用该机会加害对方的情况，理论上称为挑拨防卫（又称挑发防卫）。

一般认为，自招侵害的情况原则上不成立正当防卫，但学者们对其理由的论述不尽一致。

1. 防卫意思否定说。

此说认为，自招侵害尤其是挑拨防卫的情况行为人不具有防卫意思，所以不成立正当防卫。① 对此说，批评者认为，防卫意思是对实施防卫行为时行为人主观方面所作的评价，与实施挑拨行为时的意思无关。而且，完全有可能出现攻击意思与防卫意思并存的情况。② 再者，只要有对付攻击的意思存在，就应当认为有防卫意思。因此，即使从防卫意思必要说的立场出发，也应当认为存在防卫认识，即防卫意思。③

2. 急迫性否定说。

此说认为，当在实施防卫行为之前存在对侵害的预期和积极的加害意思时，应否定急迫性的存在。因为正当防卫和紧急避险都是为了合理解决利益冲突而设立的制度，因而出于提升社会利益的考虑，根据优越的利益原则，在侵害成为现实之前的阶段避免利益冲突、确保双方利益是最合理的选择。所以在行为人通过挑拨性言行招致侵害或者主动前往侵害现场这样的充分预见到侵害存在的场合，只要控制自己的言行或不前往现场不成为行为人特别的负担，行为人就应负有避免侵害的义务。④

日本曾有判例持此说的观点，但现在的判例已经改变了立场，学术界多数学者也认为对侵害的预期并不否定急迫性。因为即使预见到侵害，被攻击者也没有避免义务，特别负担的有无只应根据违法行为的有无加以确定，此说有过分侵害公民行动自由之嫌。⑤

3. 权利滥用说。

此说认为，想以正当防卫为借口侵害对方而故意地进行挑拨，是权利的滥用，很难认为是正当防卫。并且，用违法的挑拨行为招致了对方的侵害行为，因为该侵

---

① ［日］团藤重光：《刑法纲要总论》，创文社 1990 年版，第 111 页；［日］藤木英雄：《刑法讲义总论》，弘文堂 1975 年版，第 249 页；［日］大谷实：《刑法讲义总论》，黎宏译，中国人民大学出版社 2007 年版，第 264 页。

② ［日］中空寿雅：《自招侵害与正当防卫论》，载《现代刑事法》2003 年第 12 号，第 29 页。

③ ［日］浅田和茂：《刑法总论》（补正版），成文堂 2007 年版，第 235 页。

④ ［日］山口厚：《问题探究刑法总论》，有斐阁 1998 年版，第 53 页。

⑤ ［日］生田胜义：《行为原理与刑事违法论》，信山社 2002 年版，第 251 页。

害行为本身是正当防卫，所以对其不能实施正当防卫。①

对此说，批评者指出，权利滥用说认为基于主观上的挑拨故意而实施的防卫行为属于对权利的滥用，其理由是什么，并没有给予详细的说明。禁止滥用权利只是一般意义上的法律原则，在具体案件中基于何种根据限制正当防卫的成立，此说并没有加以明确。② 而且，在刑法解释中随意地承认权利滥用这种一般性的原则，是很危险的。③

4. 相当性说。

此说认为，应综合考虑侵害行为与防卫行为的大小轻重，在相当性判断中解决自招侵害是否成立正当防卫的问题。具体而言，如果行为人有意地挑拨对方，然后借口反击实施加害行为，那么，通常情况下，这种所谓的反击行为是不必要的，与攻击行为显著不均衡，因而缺乏防卫的必要性与相当性，属于违法行为。而当单纯的故意、过失实施挑拨行为时，由于挑拨者面对攻击时也有反击的必要性，因而可以认可正当防卫的成立。总之，应根据正当防卫的“不得已”标准（相当性判断标准）解决这一问题。④

对此说，批评者认为其论证过程仍然不够周密。如果仅就防卫行为来看具有相当性，那么为何最终又考虑之前的挑拨行为而否定其相当性，其根据并没有得到合理的说明。⑤

5. 社会相当性说。

此说认为，如果防卫行为不具有社会相当性，就不是正当防卫。因为在实施防卫时，如果该种行为欠缺社会相当性，在实质上就具有违法性。如果将这种行为当作正当防卫的话，反而会引起扰乱法秩序的结果。具体而言，故意招致不法侵害然后实施正当防卫而侵害对方权益的，一般不具有社会相当性。但是，当过失的挑衅行为并未严重脱离社会相当性的范围，或者对方使用非常严重的侵害手段反击自己轻微的挑衅行为时，对这种反击，也能实施正当防卫。⑥

如前所述，刑法理论上对于正当防卫等违法性阻却事由的正当化根据问题存在不同意见。有的学者认为社会相当性说过分强调了社会伦理秩序的问题，过于抽象、概括和多义，不是一种可取的理论。因此，也就对此说持否定态度。⑦

6. 原因中的违法行为说。

此说认为，应区分防卫行为与挑拨行为。对挑拨行为所引起的对方对自己的侵

---

① ［日］大塚仁：《刑法概说（总论）》（第4版），有斐阁2008年版，第385页。

② ［日］山中敬一：《刑法总论》（第3版），成文堂2015年版，第521页。

③ ［日］前田雅英：《刑法总论讲义》（第4版），东京大学出版会2006年版，第331页。

④ ［日］浅田和茂：《刑法总论》（补正版），成文堂2007年版，第235页。

⑤ ［日］山中敬一：《刑法总论》（第3版），成文堂2015年版，第521页。

⑥ ［日］福田平：《全订刑法总论》（第4版），有斐阁2004年版，第157页；［日］大谷实：《刑法讲义总论》，黎宏译，中国人民大学出版社2007年版，第265页。

⑦ ［日］山中敬一：《刑法总论》（第3版），成文堂2015年版，第521页。

害实施防卫，这是正当的。但此前的挑拨行为，则是刑法处罚的对象。换言之，挑拨行为并不影响此后的行为是否成立正当防卫，但挑拨行为根据其实施时的心态是故意还是过失，分别成立故意犯或过失犯。①

对此说，批评者提出两点质疑：

第一，既然认为防卫行为是正当的，那么为什么正当防卫行为所引起的合法的结果会同时成为挑拨行为既遂的违法性基础呢？对此，持此说的学者解释说，因果过程中的一部分行为被评价为合法，并不必然意味着引起结果的此前的行为丧失违法性。“即使在防卫行为的时点存在正当防卫的状况，但只要在挑拨行为的时点不符合正当防卫的要件，那么被侵害法益在与防卫行为的关系上就丧失其‘法益性’，而在与挑拨行为的关系上并不丧失其‘法益性’。”因此，与侵害结果存在因果关系的复数行为应分别探讨其违法性阻却问题。② 不过，批评者又反驳说，以论者所持的结果无价值论的立场为前提，既然正当防卫行为所引起的结果被合法化，那么引起防卫行为的挑拨行为的结果也应认为被合法化了。③ 而且，挑拨行为与防卫行为是同一个人基于同一个意思决定实施的行为，不应该将其分开来作违法性评价。④

第二，此说认为只有当挑拨行为与法益侵害之间存在相当因果关系时，挑拨行为才能成为处罚对象。这实质上过度限制了正当防卫的成立范围。而且，此说以结果的发生为理由处罚挑拨行为，至于挑拨行为自身的法律性质却不予重视。这会导致逮捕等行使权利行为、基于过失的侮辱等本来不可罚行为以及预备行为也会成为处罚对象。这显然不妥。⑤

7. 正当防卫内在限制说。

此说认为，自招侵害能否成立正当防卫的问题应当求之于正当防卫的基本思想。根据个人保全原理，行为人基于积极加害的意图引起对方的攻击，对方的攻击行为虽然违法，但挑拨者自己是引起攻击的原因，因而不允许他通过行使正当防卫权来保护自己。根据法确证原理，法确证者在法律上必须是清白的。对于有意挑起违法行为的人，不允许其以“法”的立场来实施拥护法秩序的行为。具体而言，如果挑拨者只是单纯地预测到对方的攻击或因为过失实施挑拨行为，那么原则上应认可正当防卫。但如果是故意实施违法的挑拨行为，那么应根据具体情况适用补充性原则，只有在没有其他方法可以避免的情况下，才允许实施正当防卫，因为此时法确证的

---

① ［日］山口厚：《刑法总论》（第2版），有斐阁2007年版，第121页。

② ［日］山口厚：《自招的正当防卫状况》，载《法学协会百周年纪念论文集》（第2卷），有斐阁1983年版，第753页。

③ ［日］曾根威彦：《刑法的重要问题（总论）》（第2版），成文堂2005年版，第44页。

④ ［日］中空寿雅：《自招侵害与正当防卫论》，载《现代刑事法》2003年第12号，第29页。

⑤ ［日］中空寿雅：《自招侵害与正当防卫论》，载《现代刑事法》2003年第12号，第29页。

利益减少了。①

对此说，批评者认为，运用个人保全原理加以说明与权利滥用说无异，强调法确证原理则存在疑问，也缺乏法条上的根据。②

8. 防卫行为否定说。

此说认为，自招侵害引起对方的反击，对这种反击进行的再反击行为在客观上不属于防卫行为，因而不能成立正当防卫。具体而言，由于挑拨行为与防卫行为之间的因果关联性很强，因此可以将它们整体视为一个行为。在实施挑拨行为的时点就可以认为已经开始了防卫行为，而这种行为并不能说是“为了防卫”的行为，而是积极的加害行为。③

对此说，批评者认为，将与挑拨行为具有强烈因果联系的反击行为不视为防卫行为，缺乏实质的根据和充分的说明。④

9. 对名誉侵害的正当防卫说。

此说认为，如果对挑拨行为不进行反击，被挑拨者的名誉就会面临重大危险。因此，应当承认因挑拨行为而受到侮辱者对名誉侵害的正当防卫权，在此限度内挑拨者的利益丧失了法律的保护。⑤

对此说，批评者认为，作为对名誉侵害所实施的防卫，不应当包括侵害对方身体的权利。⑥

10. 侵害的不正性否定说。

此说着眼于自招侵害中利益冲突的产生原因，认为挑拨者（防卫行为者）与被挑拨者（攻击者）之间的关系是“不正”对“不正”的关系，而正当防卫是“正”对“不正”的关系。自招行为不具有任何正当利益，只是单纯的挑拨行为。因此，在所谓自招侵害的案例中不存在作为正当防卫前提条件的不法侵害，应当将这种对等的利益冲突状况通过紧急避险加以解决。⑦

对此说的批评意见在于，如果挑拨行为是“不正”的话，那么在相当的范围内被挑拨者的攻击就应当是“正”的。如果超出这一合理范围，被挑拨者的行为与挑拨者的防卫行为又可能构成“不正”对“正”的关系。⑧

---

① ［日］山中敬一：《刑法总论》（第3版），成文堂2015年版，第523页。

② ［日］浅田和茂：《刑法总论》（补正版），成文堂2007年版，第235页。

③ ［日］前田雅英：《刑法总论讲义》（第4版），东京大学出版会2006年版，第332～333页。

④ ［日］山本辉之：《对自招侵害的正当防卫》，载《上智法学论集》第27卷第2号，第167页。

⑤ ［日］松宫孝明：《刑法总论讲义》（第4版），成文堂2009年版，第140～141页。

⑥ ［日］浅田和茂：《刑法总论》（补正版），成文堂2007年版，第235页。

⑦ ［日］高山佳奈子：《正当防卫论》（下），载《法学教室》第268号，第70页。

⑧ ［日］中空寿雅：《自招侵害与正当防卫论》，载《现代刑事法》2003年第12号，第31页。

（三）斗殴与正当防卫

在斗殴过程中有无正当防卫是正当防卫论中的一个重要问题。

德国的刑法理论与判例一般认为，在相互斗殴时，由于相互同意他人的殴打，因而缺乏违法性，故任何一方都不是正当防卫。日本战前的大审院曾经援用自古以来的“斗殴无防卫”的法理，认为斗殴中没有正当防卫观念存在的余地，一概否认斗殴中的正当防卫。[①] 但这种做法被批评为不当限制了正当防卫的成立范围。因此，日本战后的判例作了修正，认为在斗殴过程中也可能成立正当防卫。例如，日本最高法院曾明确判决，在斗殴过程中，如果一方明示且实际中止斗殴，另一方仍然进行攻击时，属于存在急迫不法侵害的情况，中止的一方可以进行正当防卫。[②]

日本学术界具有代表性的观点认为：“斗殴时由于存在互相的挑拨行为，所以在很多情况下只对一方认可成立正当防卫是不合理的。在这些场合，也难以说成是客观上‘为了防卫而实施行为’，因此应否定正当防卫的成立。在此意义上，斗殴无防卫的法理具有合理的一面。但是，如果在斗殴中，从此前的过程看一方的攻击已经属于新的、另一个侵害的开始，或者攻击发生了质的急剧加重（如从徒手变为使用刀具），那么就存在成立正当防卫的余地。”[③]

四、防卫过当

（一）防卫过当减免刑罚的依据

所谓防卫过当，是指防卫行为超越了防卫的必要性或相当性。由于正当防卫没有严格的法益均衡的要求，所以一般认为只有在保护法益与侵害法益存在显著不均衡的情况时，才成立防卫过当。

对于防卫过当，各国刑法规定的效果不完全一致，但都认为防卫过当较之普通犯罪应减免刑罚。那么其根据何在呢？理论上存在多种观点：（1）违法减少说。此说认为，虽然防卫过当没有完全满足正当防卫的条件，但毕竟不同于一般的法益侵害行为，它是指向不法侵害的防卫行为，所以违法性减少了。[④]（2）责任减少说。此说认为，防卫过当是在紧急状况下由于恐怖、惊愕、狼狈、兴奋等“心理的例外状况”而导致的过当，因此其非难可能性减少。[⑤]（3）违法、责任减少说。此说认为，防卫过当在反击急迫不法侵害的限度范围内违法性得到减少，而它又是由于恐

---

① 日本大审院 1932 年 1 月 25 日判决，载《刑事判决录》，第 11 卷，第 1 页。

② 日本最高法院 1957 年 1 月 22 日判决，载《最高裁判所刑事判例集》，第 11 卷第 1 号，第 31 页。

③ ［日］前田雅英：《刑法总论讲义》（第 4 版），东京大学出版会 2006 年版，第 334 页。

④ ［日］前田雅英：《刑法总论讲义》（第 4 版），东京大学出版会 2006 年版，第 355 页；［日］町野朔：《假想防卫・防卫过当》，载《警察研究》第 50 卷第 9 号，第 52 页。

⑤ ［日］平野龙一：《刑法总论Ⅱ》，有斐阁 1975 年版，第 245 页；［日］佐伯千仞：《刑法讲义（总论）》，有斐阁 1981 年版，第 204 页。

怖、惊愕、狼狈、兴奋而导致的过当，因此责任也相应减少。[①]（4）可罚的责任减少说。此说继承、发展了违法、责任减少说，认为在“由于违法减少导致的责任减少”、“期待可能性的减少”等之外还须考虑“处罚必要性的减少”。具体而言，防卫过当的行为人认识到了不法侵害的存在，因而具有法确证的动机，这种动机在进行可罚的责任判断时必须加以考虑。因而从特殊预防的角度看，对防卫过当的行为人进行处罚的必要性减少。从一般预防的角度看，防卫过当是在心理动摇的状况下基于人性的弱点而实施的行为，他人一般不会模仿，因而一般预防的必要性也减少。同时，处罚防卫过当的行为人以达到平息社会舆论的必要性也不大。因此，非难可能性与处罚必要性的减少导致期待可能性的减少进而导致可罚的责任减少。至于为什么不将自己的观点称之为可罚的责任、违法减少说，论者认为违法性减少与责任减少是相互联系的，违法性减少可以在责任减少中加以说明。[②]

由于防卫过当以存在急迫不法侵害为前提，是针对这种侵害的反击行为，所以毋庸置疑其违法性得到减少。不过违法性减少说虽然能够合理地说明防卫过当中刑罚减轻的立法规定，但如何解释刑罚免除的规定则有一定的困难。对此，持违法性减少说的部分学者认为，当过当的程度很轻而没有达到可罚的违法性时，应免除刑罚。不过多数学者还是认为有必要附加责任减少来说明刑罚免除的问题。责任减少说并不否认防卫过当违法性减少这一事实，它如果认为违法性减少与责任减少是相互关联的话，就与违法、责任减少说一样了。对于可罚的责任减少说，有学者认为，可罚的责任与可罚的违法性一样，也包含量的问题与质的问题。前者指的是规范的责任没有达到一定的程度，后者指的是欠缺处罚的必要性。而防卫过当中刑罚的减免只需要考虑前一问题即可。[③]

防卫过当的减免刑罚的效果只及于行为人自身，这是因为责任减少只对当事人产生作用。

（二）质的过当与量的过当

防卫过当可以分为质的过当与量的过当。所谓质的过当，是指反击行为超出了防卫的必要性与相当性的情况，也被称为强度的过当。所谓量的过当，是指在不法侵害人的侵害行为结束之后仍然继续反击行为的情况，也被称为时间的过当或范围的过当。[④]

量的过当是否属于防卫过当的一种类型，理论上有不同看法。德国学者一般持

---

① ［日］团藤重光：《刑法纲要总论》，创文社1990年版，第241页；［日］大塚仁：《刑法概说（总论）》（第4版），有斐阁2008年版，第395页。

② ［日］山中敬一：《刑法总论》（第3版），成文堂2015年版，第535页。

③ ［日］浅田和茂：《刑法总论》（补正版），成文堂2007年版，第237页。

④ 少数学者将攻击之前的所谓预防防卫也纳入量的过当中加以讨论，但同时又认为这种情况不是正当防卫的问题，而是能否成立紧急避险的问题。参见［日］山中敬一：《刑法总论》（第3版），成文堂2015年版，第528页。但多数学者认为，与其如此还不如不将其视为量的过当的问题。

否定态度。日本学者对量的过当的认识不尽一致：对防卫过当减免刑罚的根据持违法减少说的学者认为，在所谓量的过当中并不存在保护被侵害者正当利益这一违法性减少的前提，所以它不属于防卫过当；持责任减少说的学者认为在这种情况下行为人内心的动摇与质的过当没有区别，所以存在责任减少的事实，应认定为防卫过当；持违法、责任减少说的学者认为在量的过当中虽然不存在违法减少，但存在责任减少，所以应肯定防卫过当成立的可能性，并准用防卫过当的规定；[①] 持可罚的责任减少说的学者也以可罚的责任减少为理由肯定其属于防卫过当的一种类型。[②]

日本判例的立场是将侵害终了前后的行为作为一连串的行为从整体上加以把握，从而肯定防卫过当的成立。[③] 受此影响，通说的观点也认为在量的过当中，“虽然已经不存在正当防卫的状况，但如果防卫者的行为与已终了的攻击存在直接的时间上的接续关系，可看作一连串的行为，则属于防卫过当。如果明显属于另一个行为的话，则不是防卫的过当的问题了”。[④]

关于量的过当尤其是“一连串行为”的判断，日本法院近来有一些值得关注的判例，如“投掷烟灰缸事件”。

在被告人因 A 的召唤向其走过去靠近之际，A 突然挥拳殴打过来。尽管被告人进行了躲闪，但还是被 A 抓住腰部推到了附近的墙上。A 为进一步把被告人夹在自己身体和墙壁之间，在双手紧抓墙壁用力将被告人推向墙壁的同时，用膝盖和脚踹了数回被告人。此时，被告人也一边抱着 A 的身体一边用脚反复蹬踹被告人。在二人扭打过程中，Q 和 R 逼近过来，被告人为避免一对三的局面，就对 Q 等威胁道：“我是黑道的。”同时，被告人为摆脱被 A 挤压在墙上的局面，向 A 的面部打了一拳。向后退了两步的 A 随即操起身边的铝制烟灰缸（直径 19cm、高 60cm 的圆柱形）掷向被告人。被告人一边躲过烟灰缸一边迅速用右拳打向了因掷烟灰缸身体姿态有些踉跄的 A 的面部，致使 A 后脑先着地，仰倒在地上失去意识动弹不得（以下，把目前为止的被告人对 A 的暴行简称为“第一暴行”）。由于被告人过于激愤，在充分认识到 A 昏迷不醒仰躺在地上的状况下，仍旧嘴里边喊“太小看我了，你以为你能打过我吗”，边用脚踹其腹部或用力踩踏其腹部等，甚至还实施了用膝盖撞其腹部等的暴行（以下，把此阶段被告人对 A 的暴行简称为“第二暴行”）。此第二暴行造成 A 肋骨骨折、脾脏破碎、肠壁膜破损等伤害。尽管 A 被急救车送往附近医院救治，但在六小时后终因头部颅骨骨折造成蛛网膜下腔出血而死亡。此死因的伤害是由第一暴行造成的。

第一审判决认为，被告人为防卫自己的身体，以防卫之意思超越防卫限度对 A 实施了第一暴行与第二暴行，致使其造成头部颅骨骨折、肠壁膜破损等伤害，并在

---

① ［日］高桥则夫：《刑法总论》（第 3 版），成文堂 2016 年版，第 298 页。

② ［日］山中敬一：《刑法总论》（第 3 版），成文堂 2015 年版，第 528 页。

③ 日本最高法院 1959 年 2 月 5 日判决，载《最高裁判所刑事判例集》第 13 卷第 1 号，第 1 页。

④ ［日］山中敬一：《刑法总论》（第 3 版），成文堂 2015 年版，第 529 页。

医院因此伤害导致的外伤性蛛网膜下腔出血而死亡，因而成立基于防卫过当的伤害致死罪，判处被告人惩役三年六个月之刑。

对此，被告人提出了上诉，但控诉审的判决却认定被告人的第一暴行成立正当防卫，但对于第二暴行，认为由于A的侵害明显终了且也不能认定防卫意思的存在，因而不存在成立正当防卫或防卫过当的余地，被告人应该在第二暴行所产生的伤害限度内承担责任，进而撤销了第一审判决，认为被告人针对其基于正当防卫行为造成后脑着地失去意识的A实施用脚踹或踩踏其腹部甚至用膝盖撞其腹部等的暴行，导致的A肋骨骨折、脾脏破碎、肠壁膜破损等伤害，成立伤害罪，判处被告人惩役两年六个月。

对于控诉审判决，被告人又提起了上告，认为不应分裂开第一暴行与第二暴行，应作整体性评价，既然前者行为成立正当防卫，那么作为整体就应该认定成立正当防卫进而判决无罪。对此，日本最高法院作出了如下判断：因第一暴行倒地的A对于被告人而言并不具有进一步实施侵害行为的可能性，被告人是在认识到此种情况的基础上主要基于攻击之意思实施的第二暴行，因此很明显第二暴行并不充足正当防卫的要件。而且，两暴行尽管在时间上和场所上具有连续性，但在A侵害行为的继续性及被告人防卫意思的有无这点上，明显存在性质上的不同，从被告人在作出上述发言之后针对无抵抗状态的A实施相当过激的第二暴行这点来看，应该认为两暴行之间存在断绝，因而不能认定是在针对急迫不正之侵害继续实施反击行为之际，其反击行为超过了量的限度。如果是这样，将两行为做整体性考察，认定成立一个防卫过当就是不妥当的。对于成立正当防卫的第一暴行，尽管无法追究罪责，但对于第二暴行，则没有成立正当防卫或防卫过当的余地，据此造成的对A的伤害，被告人应该承担伤害罪的责任。① 归纳最高法院的意见，关于量的过当，它不是采用将第一暴行与第二暴行视为一连串的行为加以统合，对伤害致死罪成立过当防卫的处理方法，而是将第一暴行视为正当防卫、第二暴行视为单纯的违法行为加以分断，否定一连串的行为，而只就第二暴行导致的伤害结果成立伤害罪。这时，虽然也具有时间、场所的接近性，但第二暴行已经是专门基于攻击意思了，以这一点作为否定行为一连串性的根据。

又如，对于所谓的“拘留所暴行事件”。

被告人因违反毒品取缔法的犯罪被起诉，被拘留所拘留期间，在该拘留所内的居室里，对同室的男性（以下称为“被害者”）用折叠桌子投掷（被害者一方将桌子推向被告人，因此被告人作为反击，将桌子推回去，这就是“第一暴行”），并实施用手数次殴打其面部的暴行（对被桌子推倒陷于难以反击和抵抗状态的受害者，用手数次殴打其面部，这是“第二暴行”），结果使该人负伤。

日本最高法院认为，“被告人对被害人施加的暴行，就急迫不正的侵害而言是

① 日本最高法院2008年6月25日判决，载《最高裁判所刑事判例集》第62卷第6号，第1859页。

一连串的、一体的，基于同一防卫意思可以认定为一个行为。所以从整体来考察作为一个防卫过当而成立伤害罪的判断是相当的”。[①] 因而判决肯定第一暴行与第二暴行之间的一连串性，从而成立对伤害罪的防卫过当。

“投掷烟灰缸事件”将两个行为分断理解，考虑的是侵害不存在继续性以及不存在防卫意思这两点。而“拘留所暴行事件”则认为侵害的继续性仍然存在，而且是基于同一防卫的意思所实施的行为，从而将两个行为视为一连串的行为。这意味着不仅是侵害的继续与否，意思是否具有一贯性也对行为的分断与统合的判断具有重要意义。这些判决，也引发了日本学界对于“一连串行为”标准的激烈讨论。

（三）故意的过当与过失的过当

防卫过当还可以分为故意的过当与过失的过当。所谓故意的过当，是指行为人对自己的行为超出防卫的限度这一事实有认识的情况。所谓过失的过当，是指行为人因不注意而欠缺该种认识的情况。曾经有少数学者认为防卫过当只限于对过当事实有认识的情况，因而不承认过失的防卫过当。[②] 但现在通说认为即使对过当事实欠缺认识，也属于防卫过当。

故意的防卫过当毫无疑问成立故意犯罪。如何处理过失的防卫过当则存在不同意见。有的学者认为这种情况是所谓的假想防卫，阻却故意的成立。[③] 也有的学者认为，即便在过失的防卫过当的场合，行为人毫无疑问对符合构成要件的事实有认识，所以应当在其认识的范围内成立故意犯，适用防卫过当的规定。[④] 当然，按照这种观点，过失的过当这一名称就显得不那么准确了。

（四）防卫过当的成立条件

成立防卫过当，首先，以存在正当防卫状况（急迫不法侵害）为前提。本来如果持彻底的责任减少说的话，在因误认为存在紧急状况而导致陷入恐怖、惊愕、狼狈、兴奋等心理状态时，也可以认为成立防卫过当。但现在通说将这种情况理解为后述的假想防卫过当的问题。其次，需要防卫行为（或结果）存在质或量的显著过剩。再次，需要有对正当防卫状况（急迫不法侵害）的认识。与正当防卫不同，为了承认防卫过当中责任的减少，防卫认识是不可或缺的。最后，对于过当需要行为人具有故意或者过失。防卫过当通常是故意犯罪，但一般认为也包括过失防卫过当的情况。

---

① 日本最高法院2009年2月24日判决，载《最高裁判所刑事判例集》第63卷第2号，第1页。

② ［日］平野龙一：《刑法总论Ⅱ》，有斐阁1975年版，第247页。

③ ［日］平野龙一：《过失的防卫过当》，载《警察研究》第42卷第7号，第113页。

④ ［日］大谷实：《刑法讲义总论》，黎宏译，中国人民大学出版社2007年版，第268页。

五、假想防卫与假想防卫过当

（一）假想防卫

对于所谓假想防卫，存在广义与狭义的不同理解。狭义的假想防卫是指客观上不存在急迫不法的侵害（正当防卫的状况），但行为人误认为存在从而实施所谓的正当防卫的情况（即对正当防卫状况的误认）。这也是假想防卫的典型情况。广义的假想防卫指的是对构成正当防卫要件的事实发生误认而实施所谓正当防卫的情况。它包括“对正当防卫状况的误认”以及“对防卫行为的误认”这两种情况。

1. 对正当防卫状况的误认。

这是狭义的也是典型的假想防卫的情况。例如：

甲出于开玩笑的心理，躲在暗处手持一本杂志在其朋友乙经过时突然跳出来吓唬他。乙误认为遭遇歹徒而猛击甲头部致使其受伤。

对于狭义的假想防卫应如何处理，理论上有不同意见。

一是事实的错误说。

此说认为，对正当防卫状况的误认属于事实错误，阻却故意，如果行为人具有过失则成立过失犯。这是通说的观点。不过对这种情况是阻却构成要件的故意还是阻却违责任的故意，事实的错误说内部又有不同观点。

持消极的构成要件要素理论的学者立足于限制责任说，认为正当化事由属于消极的构成要件要素。因而对其事实发生误认时属于对构成要件要素的事实错误，阻却构成要件的故意。[①] 由于消极的构成要件要素理论属于少数说，所以现在持这种观点的学者已经非常少了。

将故意仅定位为责任要素的学者否定构成要件故意的概念，认为无论是对构成要件的事实，还是对正当化事由的事实前提的错误都否定责任故意。[②] 对此说的质疑主要在于，否定构成要件的故意会损害构成要件阶段故意的个别化机能。[③]

认为故意既属于构成要件要素也属于责任要素（二重的故意说）的学者认为，在这种情况下行为人没有抵触规范的意识，不具有直接的反规范的人格态度，因而阻却责任故意。[④] 对此说的批评意见主要在于，具备了构成要件故意的行为为何因为对违法阻却事由发生误认而成立过失犯。虽然持本说的学者认为这种批评意见是夸大了故意犯与过失犯的本质差异，但批评者仍然认为此说并没有回答自己的

---

① ［日］植田重正：《刑法要说总论》，三和书房 1964 年版，第 113 页；［日］中义胜：《讲述犯罪总论》，有斐阁 1980 年版，第 137 页。

② ［日］浅田和茂：《刑法总论》（补正版），成文堂 2007 年版，第 324 页；［日］中山研一：《刑法总论》，成文堂 1982 年版，第 117 页。

③ ［日］山中敬一：《刑法总论》（第 3 版），成文堂 2015 年版，第 474 页。

④ ［日］团藤重光：《刑法纲要总论》，创文社 1990 年版，第 308 页；［日］大塚仁：《刑法概说（总论）》（第 4 版），有斐阁 2008 年版，第 395 页。

疑问。[①]

二是准故意说。

此说认为，当行为人认识到构成犯罪的事实但由于过失而没有认识到行为的违法性时，属于关于违法性的错误，应作出与故意犯同样的处理。在过失较轻时减轻或免除故意犯的刑罚。这是一种很古老的学说，不过现在仍然拥有支持者。[②]

对此说的主要批评意见在于，它混淆了事实错误与违法性错误的界限。[③]

三是严格责任说。

此说将关于正当化事由的事实前提的错误界定为了禁止错误，如果行为人本来能够避免该种错误，则作为故意犯加以处罚，但可以减轻其责任；如果行为人不能避免该错误，则阻却责任。[④]

此说将刑法中的错误分为构成要件的错误与禁止错误（违法性的错误）。禁止错误与故意的成立与否无关，而属于责任问题。违法性意识的可能性属于与故意不同的另一种责任要素。因此，不仅关于违法性评价的错误属于禁止错误，关于正当化事由的事实前提的错误也属于禁止错误。此说认为，只要行为人认识到符合构成要件的事实，就会面临规范的问题。关于正当化事由的事实前提的错误，无外乎就是将法律所禁止的误认为是法律所允许的违法性错误。

对此说的主要批评意见是，构成要件作为违法行为的类型，其构成要件的故意至少需要具有提示行为人认识到自己的行为违法的功能，即构成要件故意具有唤起违法性意识的提诉机能。而假想防卫中的行为人认为自己的行为是在进行正当防卫，因而不具有构成要件的故意。[⑤]“将关于正当防卫要件本身发生误解的情况（当然是违法性的错误）与假想防卫这样的‘关于违法阻却事由的前提事实的错误’作同样的处理，不能不说是一种不好的规范主义。”[⑥]

四是不法阻却说。

此说认为假想防卫阻却不法，其又包括两种不同的观点：

第一，二元的限制故意说。

此说认为违法性意识的可能性是故意的要素。以此为前提，在正当化事由的事实前提发生错误时，以处于行为人地位的一般市民为标准判断这种错误是否可以避免。如果这种误信是不可避免的，则属于正当防卫；如果存在过失，则成立过失犯。

---

① ［日］山中敬一：《刑法总论》（第2版），成文堂2008年版，第442页。

② ［日］立石二六：《关于假想防卫的一种考察》，载《变动期的刑事法学·森下忠先生古稀祝贺》（上），成文堂1995年版，第255页。

③ ［日］山中敬一：《刑法总论》（第3版），成文堂2015年版，第474~475页。

④ ［日］西原春夫：《刑法总论》（改订版）（上卷），成文堂1993年版，第467页；［日］福田平：《全订刑法总论》（第4版），有斐阁2004年版，第204页；［日］大谷实：《刑法讲义总论》，黎宏译，中国人民大学出版社2007年版，第269页。

⑤ ［日］山中敬一：《刑法总论》（第3版），成文堂2015年版，第476页。

⑥ ［日］高桥则夫：《刑法总论》（第3版），成文堂2016年版，第303页。

此说的实质根据在于鼓励市民与犯罪行为作斗争，即如果将市民认为排除危险所必需的防卫行为以实际上不存在不法侵害为理由认定为违法行为，那么一般市民在是否与违法行为作斗争的问题上就会变得犹豫甚至逃避，从而间接地帮助了不法分子的行为。①

第二，二元的严格责任说。

此说从人的不法论的立场出发，认为应以行为时为标准对正当化事由事实前提的存在与否进行事前判断。如果从一般人的角度看该错误是无法避免的，即不存在客观的过失时，就应当认为客观上存在正当化事由。如果错误能够被避免，则与严格责任说一样肯定故意犯的成立。②

二元的限制故意说与二元的严格责任说的共同点在于，如果一般人认为正当化事由的事实前提存在，那么就认为其在客观上真实存在。这是以行为无价值论作为基础的思维方式。但批评者认为，客观上并不存在的事实不会因为一般人认为其存在就真的存在，这些学说的出发点就有问题。③

2. 对防卫行为的误认。

这又包括两种情况：（1）实际上存在急迫不法的侵害，但行为人对过当事实没有认识。例如，针对不法侵害，行为人误以为自己在使用木棒进行防卫，但实际上使用的是斧头；又如，被害人酒醉后闯入被告人的住宅用铁制火钳行凶，被告人扼住被害人的颈部致其死亡，但对于自己使用的力度竟然能够使人致死，被告人并无认识。对此，日本法院认为，“打算实施与防卫相当的行为，但因为错误而超出了相当性程度，这无外乎是所谓的对防卫行为的误认。与误认为存在急迫不正的侵害事实一样，在理论上被作为假想防卫的一种类型加以论述”，从而否定故意责任。④（2）实际上不存在急迫不法的侵害，行为人对过当事实没有认识。在上述判例中，假设被告人对急迫不法的侵害也发生误认，那么就属于这种情况。⑤ 实际上，（1）、（2）这两种情况都存在防卫过当的问题。

“对防卫行为的误认”是否属于假想防卫，理论上尚有不同看法。有的学者认为这属于“过失的防卫过当”。过失的防卫过当具有违法性减少的性质，而假想防卫不具有违法性减少的性质，因此“对防卫行为的误认”不应当作为“假想防卫”的问题加以处理。⑥

（二）假想防卫过当

假想防卫过当是指客观上不存在急迫不法的侵害但行为人误认为存在因而实施

① ［日］藤木英雄：《刑法讲义总论》，弘文堂 1975 年版，第 173 页。

② ［日］川端博：《刑法总论讲义》（第 2 版），成文堂 2006 年版，第 384 页。

③ ［日］山中敬一：《刑法总论》（第 3 版），成文堂 2015 年版，第 478 页。

④ 盛冈地方法院 1961 年 3 月 1 日判决，载《下级裁判所判例集》第 3 卷第 3、4 合并号，第 252 页。

⑤ ［日］山中敬一：《刑法总论》（第 3 版），成文堂 2015 年版，第 537 页。

⑥ ［日］曾根威彦：《刑法的重要问题（总论）》（第 2 版），成文堂 2005 年版，第 116 页。

反击行为，但即使所误认的侵害真的存在，该反击行为也超出了防卫的必要性与相当性的情况。

1. 假想防卫过当的性质。

假想防卫过当的情况是成立故意犯还是过失犯，理论上有不同看法。

一是故意犯说。

有的学者对违法性意识采取严格责任说，从而认为假想防卫本身属于违法性错误，因此不阻却故意。而假想防卫过当处于假想防卫的延长线上，当然应成立故意犯。① 不过通说认为假想防卫属于事实错误，所以不支持这种观点。

有的学者认为假想防卫阻却故意是以防卫行为具有相当性为条件的，如果欠缺相当性则不能阻却故意。② 但批评者认为，如果对防卫行为欠缺相当性具有认识，当然不应当阻却故意的成立。但误认为自己的行为是相当的而实际上实施了超出相当性的行为，则应当认为阻却故意。③

二是过失犯说。

此说遵循通说的见解，将假想防卫理解为事实错误。以此为出发点，在假想防卫过当的场合，由于行为人如果不误以为存在急迫不法侵害就不会实施过当的防卫行为，所以对急迫不法侵害的误认这一点对全部行为具有支配力，这便使整个行为具有了过失犯的性质。④

对此说，批评者认为，如果行为人对于过当的事实没有认识，那当然应当认为全部行为构成过失犯。但如果行为人对于过当的事实有认识，即对作为违法性基础的事实有认识，那就无法否认故意犯的成立。此外，在一般的防卫过当中行为人如果对过当事实有认识就成立故意犯，如果假想防卫过当反而不成立故意犯罪，两相对比就会显失均衡。⑤

三是二分说。

此说认为假想防卫过当存在故意犯的类型与过失犯的类型。行为人认识到行为超出防卫的程度的，是"故意的假想防卫过当"。由于行为人对作为防卫行为违法性基础的过当事实存在认识，所以成立故意犯。行为人没有认识到行为超出防卫程度的，是"过失的假想防卫过当"。此时，行为人对急迫不法侵害的误信与对过当性的误信相重叠，属于二重的过失犯。二分说是现在德、日的通说。

---

① ［日］阿部纯二：《假想防卫过当》，载［日］福田平、大塚仁编：《演习刑法总论》，青林书院新社 1983 年版，第 133 页。

② ［日］船田三雄：《关于对杀人未遂罪承认假想防卫过当的事例》，转引自［日］曾根威彦：《刑法的重要问题（总论）》（第 2 版），成文堂 2005 年版，第 119~120 页。

③ ［日］町野朔：《假想防卫·防卫过当》，载《警察研究》第 50 卷第 9 号，第 46 页。

④ ［日］石原明：《对杀人未遂罪承认假想防卫过当的事例》，载《法学论丛》第 81 卷第 1 号，第 101~102 页。

⑤ ［日］曾根威彦：《刑法的重要问题（总论）》（第 2 版），成文堂 2005 年版，第 116 页。

2. 假想防卫过当的效果。

由于学者们对防卫过当减免刑罚的根据理解不同，因而对假想防卫过当能否减免刑罚的认识也不尽相同。

一是违法减少说。

此说认为，假想防卫过当中由于客观上不存在急迫不法的侵害，所以违法性不会减少，因而也就不能进行刑罚的减免。

二是责任减少说。

此说认为责任减少的根据在于行为人由于恐怖、惊愕、狼狈、兴奋等心理的例外状况而导致非难可能性减少。因此，即使客观上不存在急迫不正的侵害，但如果行为人的心理状态发生了与实际存在急迫不法侵害同样的动摇，那么作为防卫过当就有减免刑罚的余地。而且，由于在责任减少的层面上急迫不法侵害的存在与否并非问题所在，所以可以直接适用刑法关于防卫过当减免刑罚的规定。

三是违法、责任减少说。

此说认为防卫过当刑罚减免的根据在于违法减少与责任减少。具体到假想防卫过当又分为两种不同观点。

一种观点认为，刑罚减免的核心在于责任减少。在假想防卫过当中，由于违法性没有减少，所以不能直接适用刑法关于防卫过当刑罚减免的规定，但由于存在责任的减少，因此应当准用该规定。① 又由于缺乏违法性的减少，因此不应当免除刑罚，只能够减轻刑罚。②

另一种观点重视假想防卫过当中违法性没有减少这一事实，重视与单纯的假想防卫之间的均衡，从而认为假想防卫过当不能准用防卫过当减免刑罚的规定，而只能通过一般的期待可能性理论来认可责任的减少与阻却。③

四是可罚的责任减少说。

此说认为，假想防卫过当可以准用刑法关于防卫过当减免刑罚的规定，因为此时非难可能性减少，处罚的必要性低下。而且，考虑到缺乏违法性减少的事实，所以不应当承认刑罚的免除。同时，为了避免处罚的不均衡还必须考虑与假想防卫之间的平衡，即假想防卫过当不应当比单纯的假想防卫刑罚更轻。④

第三节　紧急避险

一、紧急避险的概念

紧急避险，是指为了避免对自己或者他人的生命、身体、自由或财产的紧急危

① ［日］内藤谦：《刑法讲义总论》（中），有斐阁 1986 年版，第 379 页。
② ［日］前田雅英：《刑法总论讲义》（第 4 版），东京大学出版会 2006 年版，第 396 页。
③ ［日］曾根威彦：《刑法的重要问题（总论）》（第 2 版），成文堂 2005 年版，第 122 页。
④ ［日］山中敬一：《刑法总论》（第 3 版），成文堂 2015 年版，第 541 页。

险而不得已损害其他利益的行为。紧急避险与正当防卫都属于紧急行为的类型。两者最大的差别在于：正当防卫是对不法侵害的防卫，即“正（反击者）对不正（攻击者）”的关系，而紧急避险是两个合法利益之间的冲突，即“正（回避者）对正（第三者）”的关系。

紧急避险的观念比正当防卫的观念产生得要晚。盖布（Geib）在1862年指出：“正当防卫无历史。”这一名言正好说明正当防卫是古老的制度。罗马法与日耳曼法只是允许单个的紧急避险行为，并没有关于紧急避险的一般概念。虽然在中世纪的教会法中，有“紧急时无法律”（Necessitas nonhabet legem）的法律格言，但并不存在关于紧急避险的特别规定。《加罗林纳刑事法典》仅规定，在濒临饥饿时，为了自己或妻子的生命而盗窃的，由法律家决定。此后，1810年的《法国刑法典》、1851年的《普鲁士刑法典》都只是规定心理受强制时的行为不构成犯罪，1871年的《德国刑法典》也没有规定紧急避险。正因为如此，德国刑法理论起先认为紧急避险是超法规的违法性阻却事由。

现在，各国刑法典一般都规定了紧急避险。但各国民法典也规定了紧急避险，刑法上的紧急避险与民法上的紧急避险并不完全相同。一般来说，民法上的紧急避险只是承认针对物实施避险，针对人实施避险在民法上都是违法的；此外，民法上的紧急避险也不要求法益的权衡。[①]

二、紧急避险的本质

关于紧急避险的本质，即紧急避险不受处罚的根据或称紧急避险的法律性质，存在多种学说。

（一）违法阻却一元说

此说认为，紧急避险行为阻却违法，即紧急避险属于违法性阻却事由。此说是日本刑法学的通说。根据此说，紧急避险行为属于合法行为，所以不能对之实施正当防卫（但多数论者认为可以以紧急避险来对抗紧急避险）。违法阻却一元说的主要论据有：其一，刑法规定为了他人的法益也可以实施紧急避险，而如果认为紧急避险属于责任阻却事由的话就难以解释这一点。其二，如果紧急避险属于责任阻却事由，就没有必要要求法益间的均衡，但法律却对紧急避险的法益均衡有明确的规定。[②]

对于违法阻却一元说的主要批评意见有：第一，为什么侵害与危险无关的第三者的法益的行为能够被视为合法行为？此说将紧急避险行为视为合法行为，那么被避险的无辜的第三者就无法对之实施正当防卫，这对第三者的保护显然是不充分的。对此，持违法阻却一元说的学者往往反驳说，即使将紧急避险行为理解为合法行为，被转嫁危险的第三者还是可以通过紧急避险行为来与之对抗，因而不存在对第三者

---

① ［日］前田雅英：《刑法总论讲义》（第4版），东京大学出版会2006年版，第359页。

② ［日］浅田和茂：《刑法总论》（补正版），成文堂2007年版，第244页。

法益保护不充分的问题。不过批评者又反论说，用合法的紧急避险行为来对抗合法的紧急避险行为，意味着承认一种放任状态，这是不妥当的。[①] 第二，违法阻却一元说是建立在优越的利益原则的基础之上的。当避险行为所保护的法益大于所损害的法益时，毫无疑问可以根据优越的利益原则将其正当化。问题是根据日本及其他多国刑法，只要避险行为所引起的损害没有超出所要避免的损害时就成立紧急避险，这当然包括避险行为所保护的法益等于所损害的法益的情况，此时如何解释该行为阻却违法？对此疑问，违法阻却一元说内部提出了多种观点：（1）放任行为说。这种观点认为，当法益价值相等时，属于放任行为。[②] 但批评者认为，所谓放任行为，是以“法的自由领域”的理论为基础的，在法益已经陷于冲突状态并产生了侵害结果的情况下，显然只能存在合法与非法之分，不可能有放任行为的存在余地。[③]（2）不违法说。这种观点认为，优越的利益说只要求保护的法益不能小于损害的法益。当保护的法益大于损害的法益时，当然存在优越的利益；当保护的法益等于损害的法益时，由于无法进行法益优劣的权衡，就应当认为法益归零，仍然不违法。只有保护的法益小于损害的法益，即出现“负法益”的情况才是违法。[④] 对这种观点，有学者批评说，优越的利益说从其字面含义来看就意味着只有当一方的利益“优越”于另一方的利益时才能阻却违法，同等（归零）的情况下是无所谓“优越”的。此说显然歪曲了优越利益说的概念。[⑤]

（二）责任阻却一元说

此说认为，紧急避险行为侵犯了他人的正当法益，所以是违法行为。只是由于无法期待行为人实施合法行为，所以阻却责任。[⑥] 此说强调保障被避险者权利的必要性，即紧急避险的本质在于行为人将自己面临的危险转嫁给第三者。如果将这种转嫁行为合法化，认为第三者必须忍受这种转嫁危险的行为，那么就不符合正义的基本要求。[⑦]

责任阻却一元说强调紧急避险的本质在于将危险转嫁给无辜的第三者，重视对第三者权益的保护，这一方面值得肯定。[⑧] 但责任阻却一元说也受到以下几方面的责难：第一，如果采用优越的利益原则，那么牺牲他人较小的利益来拯救较大的利

---

① ［日］井上宜裕：《紧急行为论》，成文堂2007年版，第6页。

② ［日］宫本英脩：《刑法大纲》，弘文堂1935年版，第101页。

③ ［日］山中敬一：《关于“法的自由领域”的批判性考察》，载《关西大学法学论集》第32卷第3、4、5合并号，第31页以下。

④ ［日］平野龙一：《刑法总论Ⅱ》，有斐阁1975年版，第230页；

⑤ ［日］内藤谦：《刑法讲义总论》（中），有斐阁1986年版，第409页。

⑥ ［日］植松正：《再订刑法概论Ⅰ总论》，劲草书房1974年版，第207~213页；［日］泷川幸辰：《犯罪论序说》，王泰译，法律出版社2005年版，第103页。

⑦ ［日］植松正：《再订刑法概论Ⅰ总论》，劲草书房1974年版，第208~209页。

⑧ ［日］井上宜裕：《紧急行为论》，成文堂2007年版，第6页。

益的行为就应当被正当化。[①] 第二，此说认为紧急避险阻却责任的根据在于缺乏期待可能性。但各国刑法一般规定紧急避险所引起的损害不能超过所要避免的损害，即强调法益的均衡性。如果仅以期待可能性为标准，那么这一法益均衡的要件就是多余的。因此，此说有忽视紧急避险客观方面性质之嫌。法益冲突、法益均衡属于违法性的问题，所以紧急避险基本上还是应当属于违法性论的范畴。[②] 第三，刑法规定，为了保护他人的法益也允许实施紧急避险。如果紧急避险是责任阻却事由，那就应当只限于保护自己、家属或具有亲密关系人的法益，因为只有在这种情况下才可能欠缺期待可能性。而刑法规定的他人也包括与行为人毫无关系的他人，这就否定了责任阻却事由说。[③] 第四，此说将避险行为认定为违法行为，那么他人就可以对之实施正当防卫，这会导致对避险行为人保护的不充分。对此，责任阻却一元说的学者认为正当防卫也需要具备相当性要件，因而不会得出不合理的结论。不过批评者又反驳说，仅靠相当性要件是不能真正解决这一问题的。[④]

（三）二分说

二分说认为，将紧急避险一概视为违法阻却事由或责任阻却事由都是片面的，应将两者结合起来说明紧急避险的性质。二分说在日本虽然不是通说，但也具有很大的影响力。德国现行刑法对于紧急避险的规定则明显采取二分说。二分说又可以分为以违法阻却为原则的二分说和以责任阻却为原则的二分说。

1. 以违法阻却为原则的二分说。

此说认为，紧急避险原则上属于违法阻却事由，例外情况下则属于责任阻却事由。它又可以进而分为两种不同观点。

第一，法益同价值时阻却责任说。这种观点是以优越的利益说为基础，以违法阻却说为轴心的学说。[⑤] 它认为，紧急避险原则上属于违法阻却事由，在保护法益和损害法益同价值时则属于责任阻却事由。其主要理由是：法益之间可以进行大小的衡量，当保护法益大于损害法益时，这一结果对社会有利，可以适用优越的利益原则阻却行为的违法性；当保护法益等于损害法益时，由于不存在优越的利益，因而不得不承认行为的违法性，但由于缺乏期待可能性，因此阻却责任。[⑥]

对这种观点，持违法阻却一元说的学者批评说，在法益同价值的场合同样应该阻却违法性。而且以缺乏期待可能性为理由来论证阻却责任，和责任阻却一元说面

---

① ［日］山中敬一：《刑法总论》（第 3 版），成文堂 2015 年版，第 549 页。

② ［日］井上宜裕：《紧急行为论》，成文堂 2007 年版，第 7 页。

③ ［日］井田良：《讲义刑法学 · 总论》，有斐阁 2008 年版，第 299 页。

④ ［日］井上宜裕：《紧急行为论》，成文堂 2007 年版，第 7 页。

⑤ ［日］立石二六编著：《刑法总论 30 讲》，成文堂 2007 年版，第 77 页。

⑥ ［日］佐伯千仞：《刑法讲义（总论）》，有斐阁 1981 年版，第 205 页；［日］中义胜：《讲述犯罪总论》，有斐阁 1980 年版，第 142 页；［日］内藤谦：《刑法讲义总论》（中），有斐阁 1986 年版，第 424 页；［日］中山研一：《口述刑法总论》（补订版），成文堂 2005 年版，第 158 页。

临同样的问题。[①] 将同一法律条文规定理解为不同的犯罪阻却事由也被部分学者批评为不合适。[②]

近来，日本有学者基本立足于以违法阻却为原则的二分说，但从违法统一性（民法中的违法行为在刑法中也被认为违法）的角度作了修正，提出了所谓的“以违法阻却为原则的三分说”，即在具有优越利益的场合阻却违法性；其中民法上违法的场合阻却可罚的违法性；在法益同价值的场合阻却责任。[③] 这种观点被认为并没有完全解决以违法阻却为原则的二分说所面临的问题。

第二，生命对生命、身体对身体对立时阻却责任说。这种观点是以违法阻却说为轴心，但不以优越的利益说为基础的学说。[④] 它认为，紧急避险原则上属于违法阻却事由，在生命与生命、身体与身体相对立时则属于责任阻却事由。其主要理由是：刑法规定紧急避险所引起的损害不能超过所要避免的损害，这显然不是优越的利益说的表达方式，而意味着只要保护法益大于或者等于损害法益就成立紧急避险。而且，生命与身体属于人格的根本要素，无法进行比较衡量。因此即使是在紧急状态下侵犯他人的生命、身体，也都是违法的，只是阻却责任而已。[⑤] 在这种观点中也有学者认为，只有生命对生命的场合才属于责任阻却事由。[⑥]

对这种观点，批评者认为，虽然生命与生命之间无法进行比较衡量，但对身体的伤害程度则有进行比较衡量的余地。[⑦] “当身体对身体的场合存在利益间的重大差异时，应当肯定通过比较衡量来阻却行为的违法性。例如，本来可能会负重伤的人通过使第三者负有轻微伤而成功避险，这就存在类似于生命与身体相对立时的‘利益间的重大差异’。仅因为是身体对身体的情况就否认比较衡量，是矫枉过正了。”[⑧]

2. 以责任阻却为原则的二分说。

此说认为，紧急避险原则上属于责任阻却事由，但当存在冲突、对立的法益之间具有显著差异时，就例外地阻却违法。其主要理由是，刑法对紧急避险所规定的“不得已”这一条件并非意味着“没有其他办法”，而是指缺乏实施其他合法行为的期待可能性。[⑨]

此说的优点在于承认避险行为在法益间存在显著差异时能够合法化，从而兼顾

---

① ［日］曾根威彦：《刑法的重要问题（总论）》（第2版），成文堂2005年版，第127页。

② ［日］山口厚：《刑法总论》（第2版），有斐阁2007年版，第137页。

③ ［日］浅田和茂：《刑法总论》（补正版），成文堂2007年版，第246页。

④ ［日］立石二六编著：《刑法总论30讲》，成文堂2007年版，第77页。

⑤ ［日］木村龟二著、阿部纯二增补：《刑法总论》，有斐阁1978年版，第269页。

⑥ ［日］庄子邦雄：《刑法总论》（第3版），青林书院新社1996年版，第227页。

⑦ ［日］曾根威彦：《刑法的重要问题（总论）》（第2版），成文堂2005年版，第127页。

⑧ ［日］立石二六编著：《刑法总论30讲》，成文堂2007年版，第80页。

⑨ ［日］森下忠：《紧急避险的法律性质》，载［日］中义胜编：《论争刑法》，世界思想社1976年版，第70页。

了避险行为者与被转嫁危险的第三者之间的平衡。[①] 但除此之外，此说面临着与责任阻却一元说同样的批评。而且也有学者认为，此说并没有明确界定在何种情况下法益之间存在显著差异。[②] 有学者虽然认为后一批评意见不具有决定性的说服力，因为的确存在法益间有显著差异的情况，如为了躲避火灾而闯入他人住宅；但同时也认为此说面临着将这种法益间有显著差异的情况类型化，从而使标准明确化的任务。[③]

（四）可罚的违法阻却说

此说着眼于刑法与民法关于紧急避险规定的相互关系，其内部又可以分为两种观点。

1. 可罚的违法阻却事由和正当化事由区分说。

这种观点认为，各个法领域的违法概念应作统一理解。民法上违法的行为当然在刑法上是违法的。民法规定只有当紧急避险中的危险来源于人的不法行为时，才可以免除避险人的赔偿责任（被害者当然可以向不法行为人提出损害赔偿要求）。因而只有在这种情况下，紧急避险才是合法的，即属于正当化事由。而在其他原因（如人的合法行为、动物侵袭等）导致危险的场合，避险人负有赔偿义务，因而在民法上是违法的，当然在刑法上也是违法的，只是阻却可罚的违法性。[④]

对这种观点的主要批评意见有：第一，作为其依据的《日本民法典》第 720 条本身在立法论上就存在问题。许多学者认为其第 1 款和第 2 款的内容不均衡，合理性值得怀疑。第二，根据这种观点，当避险行为阻却可罚的违法性时，理论上一般认为被避险人可以进行正当防卫。虽然正当防卫需要具备一系列的条件，但在实践中对于这种情况能否合理划定正当防卫的成立范围，是值得怀疑的。第三，将避险行为区分为可罚的违法阻却事由和正当化事由，会导致两者之间的不均衡。因为如果紧急避险行为属于不可罚的违法行为，那么被避险者就可以对之实施正当防卫。而当紧急避险行为属于合法行为时，被避险者只能实施再避险。然而，危险是否来源于人的不法行为对于被转嫁危险的第三者而言并没有任何区别，由此将第三者的行为性质作不同认定是不妥当的。[⑤]

2. 统一的可罚的违法阻却事由说。

这种观点认为，将物所引起的危险转嫁给第三者的行为属于不法行为，与此相关联，将人的不法行为所引起的危险转嫁给第三者也应当认定为不法行为。民法上

---

① ［日］井上宜裕：《紧急行为论》，成文堂 2007 年版，第 9 页。

② ［日］山中敬一：《刑法总论》（第 3 版），成文堂 2015 年版，第 555 页。

③ ［日］井上宜裕：《紧急行为论》，成文堂 2007 年版，第 9 页。

④ ［日］曾根威彦：《刑法的重要问题（总论）》（第 2 版），成文堂 2005 年版，第 129～130 页。

⑤ ［日］井上宜裕：《紧急行为论》，成文堂 2007 年版，第 13 页。

的紧急避险行为属于违法行为，因而所有的紧急避险都是可罚的违法阻却事由。①

对这种观点，批评者认为：第一，《日本民法典》明确区分了将物所引起的危险转嫁给第三者和将人的不法行为所引起的危险转嫁给第三者的行为，前者是违法行为并不能推导出后者也是违法行为的结论。第二，这种观点将所有的紧急避险都视为违法行为，因而都可以对之实施正当防卫。虽然持此说的学者认为正当防卫因为有相当性要件的限制所以不会产生不合理的结论，但是否所有的情况都能够通过相当性加以规制是存在疑问的。② 第三，将人的不法行为所引起的危险转嫁给第三者的场合，应当承担赔偿责任的是不法行为人而非避险行为人。因此，从事后看避险者的行为，应当认定不违法。③

（五）可罚的违法阻却与可罚的责任阻却说

这种学说实质上也属于二分说的类型之一，只是由于它产生的时间较晚，且有自己独特的见解，所以单独予以论述。

此说认为，在保护法益优越于损害法益时，阻却违法或（在其他非刑事法律视之为违法的情况下）阻却可罚的违法性；在利益同等的情况下，阻却可罚的责任。利益同等时之所以阻却可罚的责任，是因为此时虽然不能根据优越的利益原则将其合法化，但其违法性已经在很大程度上得到了阻却，残余的违法部分已经很少。根据二重的责任减少原则，不仅不法减少引起责任减少，而且基于心理压迫所固有的责任也低下化，两者同时起作用责任也就显著减少。再加上对处罚的必要性考虑，显然缺乏一般预防、特殊预防的必要，因而阻却可罚的责任。④

对此说，也有学者认为，判断紧急避险的法律性质时只需要考虑责任的阻却与否，在是否成立避险过当时，才应当进而判断是否存在可罚的责任。⑤

三、紧急避险的成立要件

（一）存在对法益的现实危险

1. 保护法益。

与正当防卫仅规定为了保护“权利”不同，各国刑法一般对紧急避险的保护法益作了明确规定。例如，德国刑法规定的是“自己或他人的生命、身体、自由、名誉、财产或其他法益”；瑞士刑法规定的是“自己或他人的法益，尤其是生命、身体、自由、名誉、财产”；日本刑法规定“自己或他人的生命、身体、自由或财产”；等等。德国、瑞士刑法的规定显然可以涵盖所有法益，而日本刑法在列举之后并没有诸如“其他法益”的措词，因而在理论上产生了例示规定说和限定列举说

① ［日］生田胜义：《行为原理与刑事违法论》，信山社2002年版，第291~293页。
② ［日］井上宜裕：《紧急行为论》，成文堂2007年版，第13页。
③ ［日］浅田和茂：《刑法总论》（补正版），成文堂2007年版，第246页。
④ ［日］山中敬一：《刑法总论》（第3版），成文堂2015年版，第556页。
⑤ ［日］浅田和茂：《刑法总论》（补正版），成文堂2007年版，第247页。

两种不同观点。

例示规定说认为，立法者之所以对紧急避险的保护法益作出与正当防卫不同的规定，其目的就在于限制保护法益的范围。所以，紧急避险的保护法益应限于刑法明文列举的生命、身体、自由、财产四类法益。[①] 限定列举说则认为，没有理由将贞操、名誉等排除在紧急避险的保护法益之外。而且，由于罪刑法定主义允许对被告人作有利的类推解释，因而应当将其他与列举法益具有同样重要性的法益解释为“身体”、“自由”的内容。[②] 例示规定说曾经在日本较有影响力，但现在限定列举说属于通说。

保护法益的主体是自己或他人，这里的“他人”是否包含国家法益及公共（社会）法益也存在争论。通说认为，为了保护国家或社会法益可以实施紧急避险。[③] 但也有不少学者持反对意见，他们认为法条所列举的“自己或他人的生命、身体、自由或财产”都是个人法益，因而不包括国家的存在与安全等国家、社会法益。[④] 当然，如果公共团体或国家成为个人法益的主体，就能够成为紧急避险的保护对象（例如，为了保护国有财产免受火灾而实施紧急避险）。[⑤]

2. 危险。

所谓危险，是指对法益的实害或危险状态。与正当防卫中的“不法侵害”不同，紧急避险中的危险不限于人的违法行为，还包括自然现象以及动物的侵袭等。即使是他人的合法行为，也可以成为紧急避险中危险的来源。当然，如果行为人有忍受危险的义务则除外。例如，行为人不能以将要面临科处刑罚的危险、被逮捕的危险为理由进行紧急避险。由社会状况所引起的对法益的侵害或威胁也属于危险，这被称为“社会的危险”，可以对之实施紧急避险，但将这种危险转嫁给无辜的第三者应限于法律允许的特殊情况。

受他人胁迫而去实施犯罪行为的情况能否称为“危险”，这被德、日刑法理论称为“强制紧急避险”的问题。例如：

甲以杀死乙相威胁要求乙去殴打或杀死丙，如果乙果真实施了殴打或杀害行为，乙的行为是否属于紧急避险，丙能否对其实施正当防卫？

第一种观点认为，被胁迫者（乙）的行为已经分担了犯罪行为，跟胁迫者（甲）的行为已经结为不可分的一个整体，因而不成立紧急避险。其行为是违法的，

---

① ［日］齐滕金作著、内田一郎增补：《刑法讲义》，成文堂 1996 年版，第 139 页。

② ［日］山中敬一：《刑法总论》（第 3 版），成文堂 2015 年版，第 557 页。

③ ［日］团藤重光：《刑法纲要总论》，创文社 1990 年版，第 247 页；［日］大塚仁：《刑法概说（总论）》（第 4 版），有斐阁 2008 年版，第 401 页；［日］大谷实：《刑法讲义总论》，黎宏译，中国人民大学出版社 2007 年版，第 274 页；［日］川端博：《刑法总论讲义》（第 2 版），成文堂 2006 年版，第 366 页。

④ ［日］内藤谦：《刑法讲义总论》（中），有斐阁 1986 年版，第 429 页；［日］木村龟二著、阿部纯二增补：《刑法总论》，有斐阁 1978 年版，第 260 页。

⑤ ［日］浅田和茂：《刑法总论》（补正版），成文堂 2007 年版，第 248 页。

第三者（丙）当然可以对之实施正当防卫。① “‘强制紧急避险’在任何情况下都免除罪责（第35条），而不可以正当化，因为行为人沦为了犯罪工具，并因此犯下了不法。进一步地说，如果第三人（C）只能针对强制者（A）实施防卫，却不能针对事实上实施了侵犯的被强制者（B）防卫，就可能会动摇法秩序的效力。”②

第二种观点认为，仅仅分担了一部分犯罪行为并不能成为否定紧急避险成立的理由。受他人胁迫也是一种危险，只要满足了紧急避险的其他条件，就可以成立紧急避险，阻却违法。第三者（丙）不能对之实施正当防卫，但可以实施紧急避险。③ “应当让被强制者成立正当化。这种观点是更为合理的。该观点认为，在第34条中，不管危险来自哪里，都是不重要的。对于被强制者而言，是谁造成了威胁他生命的危险，并没有什么区别，因此，在‘强制紧急避险’的情况下，当他因避险而侵犯第三人利益时，他有权要求法律同志……的团结。”④

第三种观点认为，强制紧急避险并非具有独特性的问题，应当通过一般的紧急避险理论加以解决，即紧急避险理论的构建需要同时考虑到不处罚避险行为人和保护被转嫁危险的第三人的利益。此观点将紧急避险分为只有保护法益主体一方遭遇危险和保护法益与侵害法益双方都遭遇危险两种不同类型，当仅有保护法益主体一方遭遇危险时，保护法益必须明显大于侵害法益才能阻却违法。因而，在强制的紧急避险的情况下，只有受到生命威胁而去实施盗窃等保护法益显著优越的情形才成立紧急避险。⑤

强制紧急避险的问题与关于紧急避险本质的理解问题密切相关。作为日本通说的违法阻却一元说或以违法阻却为原则的二元说乃至违法阻却三元说，都采取上述第二种观点，认为这种行为阻却违法，因而成立紧急避险，第三者不能对之实施正当防卫。当第三者反击时，应按照事实错误理论成立过失犯，或因缺乏期待可能性而无罪。⑥ 但批评者认为，这种观点显然与民众的法感觉不吻合。问题的根源在于违法阻却一元说等学说过于宽泛地承认了违法阻却的范围，错误论不可能本质性地解决这一问题。这一问题属于违法性的层面，而非责任层面的问题。因而根据以阻却责任为原则的二分说等学说，提倡第三种观点。⑦

德国刑法理论中关于强制紧急避险也存在阻却违法说、不阻却违法说、折中说

---

① ［日］桥田久：《受强制行为的法的性质（1）（2）》，载《法学论丛》第131卷第1号，第90页以下；第4号，第91页以下。

② ［德］乌尔斯·金德霍伊泽尔：《刑法总论教科书》（第6版），蔡桂生译，北京大学出版社2015年版，第34页。

③ ［日］山口厚：《问题探究刑法总论》，有斐阁1998年版，第9页。

④ ［德］乌尔斯·金德霍伊泽尔：《刑法总论教科书》（第6版），蔡桂生译，北京大学出版社2015年版，第34页。

⑤ ［日］井田良：《刑法总论的理论构造》，成文堂2005年版，第187~189页。

⑥ ［日］浅田和茂：《刑法总论》（补正版），成文堂2007年版，第251页。

⑦ ［日］井上宜裕：《紧急行为论》，成文堂2007年版，第112页。

的争论。但与日本刑法不同，德国刑法明确将紧急避险区分为阻却违法的紧急避险（第34条）和阻却责任的紧急避险（第35条），因而强制紧急避险即使不阻却违法，还能够通过第35条免除避险人的责任。而日本刑法不存在因免责而不处罚的规定，因而只能通过期待可能性理论来超法规地承认阻却责任，但日本法院基本不承认超法规的责任阻却事由，从而导致日本关于强制紧急避险的讨论较德国更为激烈。①

3. 危险的现在性。

这是指法益侵害的状态现实存在或法益侵害的危险非常迫近。紧急避险中危险的现在性与正当防卫中侵害的急迫性是否是相同含义，理论上有不同见解。通说认为两者同义。② 但也有学者认为，现在性的含义比急迫性更广：第一，虽然还不能说非常迫近，但按照经验，其自然转化的结果就会是迫切的状态，此时便可以说是现在的危险。例如，山间小屋的主人听到房客在共谋抢劫银行，在没有其他阻止的方法的情况下，让客人喝下安眠药，自己下山通报。在这一案例中，侵害还不具有急迫性，因而不能对之实施正当防卫。但可以肯定危险的现在性，因而可以进行紧急避险。第二，所谓继续的危险的情况，即行为已经长时间继续，既有可能随时转变为侵害，也有可能在很长时间以后才会转化为侵害。例如，以某隧道经常存在温度上升、有毒气体泄漏等使乘务员窒息、呼吸困难、遭遇火灾等危及生命身体的危险为理由而消减30%的列车通过数等行为，日本法院解释为紧急避险。这便是继续的危险的情况。当然，对于这种将危险的现在性作扩大解释的做法，持此观点的学者认为需要特别谨慎，除了一般的要件之外，还必须严格适用补充性要件。③ 亦有学者认为，急迫性不意味着犯罪的着手，只要事情继续发展就必然导致侵害行为的发生，又满足补充性要件的话，就可以肯定急迫性的存在。因而上述山间小屋的案件应承认存在侵害的急迫性，他人可以进行正当防卫。④

（二）避险行为与避险意思

1. 避险行为。

避险行为可以分为向第三者转嫁危险的“攻击的紧急避险”和向引起危险的人避险的“防御的紧急避险”。通常情况下的紧急避险都属于前者。但诸如为了避免孕妇的生命危险而不得已牺牲胎儿的生命、他人所进行的攻击欠缺违法性或急迫性导致对其的反击不能成立正当防卫等情况，就属于防御的紧急避险。

2. 避险意思。

与正当防卫一样，成立紧急避险是否需要有避险的意思也是一个问题，对此同

① ［德］阿尔宾·埃泽尔：《从德国的角度看日本法中的正当化和免责》，［日］浅田和茂译，载《法学杂志》第45卷第3、4号，第797页。

② ［日］高桥则夫：《刑法总论》（第3版），成文堂2016年版，第310页。

③ ［日］山中敬一：《刑法总论》（第3版），成文堂2015年版，第561页。

④ ［日］浅田和茂：《刑法总论》（补正版），成文堂2007年版，第251页。

样存在必要说[①]和不要说[②]的争论。也有学者认为，当紧急避险阻却违法时，不需要避险意思；当紧急避险属于责任阻却事由时，由于责任属于行为人的内心问题，所以需要避险意思。[③]

对紧急避险是否需要避险意思的分歧主要体现在对偶然避险的认定上。例如，向他人家中投掷石块将玻璃打碎，碰巧挽救了因煤气中毒而昏迷的他人性命。对此，避险意思必要说认为不成立紧急避险，而不要说则认为成立紧急避险。

过失行为能否成立紧急避险，必要说一般持否定态度，不要说则持肯定态度。但现在也有必要说的学者肯定过失的避险行为。[④]

过失行为能否成立紧急避险主要涉及两类问题：其一，认识到紧急状态的存在而基于避险意思实施避险行为，但因为过失而引起结果的情况，即行为人认识到危险，但对避险行为的结果缺乏认识。例如，行为人越过马路中间线后为了避免和对向车发生碰撞而左打方向盘，结果撞上后面骑单车的人使其负伤。对此，日本法院判决行为人存在过失，但该行为属于为了避免现在的危险而不得不实施的行为。其二，没有认识到紧急避险的状况而基于过失的偶然避险的情况，即没有避险的意思而实施过失行为，偶然发生了避险结果的情况。对这种情况，必要说一般认为不成立紧急避险。[⑤]

根据避险意思必要说，只需要避险人自己具有避险意思。因此，为了他人利益而实施的避险行为即使违反该人的意思，也成立紧急避险。

（三）法益均衡

成立紧急避险，必须要求所欲避免的损害不能超过所造成的损害，即要求侵害法益不能超过保护法益，这就是法益均衡原则。

在进行法益的比较时，一般应以保护该法益的各罪的法定刑的轻重为标准加以判断。在通常情况下，生命法益重于身体法益，身体法益重于财产法益，但也不能绝对而论。例如，为了避免轻微的国家法益或社会法益损害而牺牲他人的生命、为了避免轻微的身体伤害而毁损他人特别昂贵的财产，就不符合法益权衡的原则。[⑥]因此，应当在认定保护法益与侵害法益各自的性质、程度、主观及客观价值的基础

---

① ［日］大塚仁：《刑法概说（总论）》（第4版），有斐阁2008年版，第404页；［日］大谷实：《刑法讲义总论》，黎宏译，中国人民大学出版社2007年版，第277页。

② ［日］平野龙一：《刑法总论Ⅱ》，有斐阁1975年版，第242页；［日］曽根威彦：《刑法总论》（第4版），弘文堂2008年版，第114页；［日］前田雅英：《刑法总论讲义》（第4版），东京大学出版会2006年版，第362页；［日］山口厚：《刑法总论》（第2版），有斐阁2007年版，第142页。

③ ［日］浅田和茂：《刑法总论》（补正版），成文堂2007年版，第252页。

④ ［日］大塚仁：《刑法概说（总论）》（第4版），有斐阁2008年版，第404页。

⑤ ［日］山中敬一：《刑法总论》（第3版），成文堂2015年版，第564页。

⑥ ［日］大塚仁等编：《大注解刑法》（大コンメンタール刑法）（第2卷）（第2版），青林书院1999年版，第465~466页。

上，根据一般人的标准进行合理的判断。①

德国学者罗克辛对阻却违法性的紧急避险的法益权衡问题进行了较为详尽的分析，提出了以下权衡的要点：刑罚幅度的比较、法益的价值取向、法益的损害程度、生命之间没有权衡、威胁性危险的程度、自律原则、法定的原则、紧急状态中的过错、特定的义务地位、避险人的不法活动、避免或造成的损害对相关人员的个人意义、由避险者产生的危险等。②

在进行法益的比较衡量时，应否根据紧急避险的不同类型作不同处理，也是一个有争议的问题。

一种观点认为，由于攻击的紧急避险侵害的是无辜的第三者的法益，所以保护法益仅仅优越于损害法益还不充分，还要求保护法益显著优越于损害法益。而在防御的紧急避险的情况下，由于被侵害的对象就是危险的来源，所以只要求保护法益优越于损害法益就够了。③ 但批评者认为，这种观点属于超越法条规定的对被告人不利的类推解释，违反了罪刑法定主义。④

另一种观点认为，在攻击的紧急避险的情况下，由于第三者不仅受到现实的法益侵害，而且自己的人格自律性也受到侵害。因此，侵害法益等于两者的总和，自然会变重从而影响法益的衡量。也就是说，如果保护法益不是显著优越于侵害法益，就不符合法益均衡的要件。⑤ 但批评者认为，自律性属于侵害法益本身的内容，不应理解为附加的另一种情形。即使将其理解成不同的事物，但不仅难以进行比较衡量，而且这种所谓自律性的侵害属于构成要件之外的法益侵害，无法为之奠定处罚的基础。⑥

在生命法益对生命法益的情况下（即所谓危险共同体的情况），能否承认紧急避险？例如，一根绳子已经无法承受 2 名登山者的重量，马上就要崩断。此时处在上端的人割断自己后面的绳子，导致处于下端的人摔死而自己得救。又如，所谓的“木犀草（Mignonette）号事件”。“木犀草号”是英国籍船只，于 1884 年 7 月 5 日在从英国驶往澳大利亚途中遇难沉没。4 名船员驾救生艇侥幸逃生，在公海上漂泊。在失事后第 20 天，即已经断食 9 天、断水 7 天后，2 名水手将 4 人中最年轻且身体最弱的 1 人杀死。其余 3 人靠分吃其尸体维持生命，终于在 4 天后获救。2 名杀人

① ［日］高桥则夫：《刑法总论》（第 3 版），成文堂 2016 年版，第 313 页。

② ［德］克劳斯·罗克辛：《德国刑法学总论》（第 1 卷），王世洲译，法律出版社 2005 年版，第 475~493 页。

③ ［日］吉田宣之：《违法性的本质与行为无价值》，成文堂 1992 年版，第 102 页；［日］小田直树：《紧急避险与个人的自律》，载《刑法杂志》第 34 卷第 3 号，第 1 页以下。

④ ［日］浅田和茂：《刑法总论》（补正版），成文堂 2007 年版，第 253 页。

⑤ ［日］山中敬一：《刑法总论》（第 3 版），成文堂 2015 年版，第 566~567 页。

⑥ ［日］山口厚：《刑法总论》（第 2 版），有斐阁 2007 年版，第 147 页。

者的行为是否属于紧急避险，也是一个问题。[①]

德国学者往往根据刑法二分法的规定，认为在不能期待行为人忍受危险的情况下，牺牲他人生命以保护自己、亲属或者其他关系密切的人的生命的，属于阻却责任的紧急避险。

日本一部分学者认为，这种情况有的属于阻却违法的紧急避险。“的确，生命的比较是一个危险的问题。它可能导致对生命价值的高低进行区分，发展到极端就会变成纳粹的‘不具有生存价值的生命’这种思路。但是，为了拯救多数人的生命，在没有其他任何办法的情况下牺牲少数的生命，即使在伦理上值得非难，但不能说具有必须处罚的违法性。当然，由于这种情况以必须没有其他任何办法这一严格的要件为必要，所以实际上基本不会存在。但无论如何，违法性的判断应当是冷酷的。”[②] 但另一部分学者认为，“生命属于不允许进行价值衡量的绝对的法益，所以即使是牺牲 1 人的生命来拯救 10 人的生命，也不能阻却行为的违法性”。[③] 它只是阻却责任[④]或阻却可罚的责任[⑤]，根据日本现行刑法不可罚。

（四）不得已

紧急避险是损害他人的正当利益，即“正对正”的关系，因此，只有在不得已的情况下才允许紧急避险。对此，各国刑法都有明文规定，如德国刑法要求“别无他法可以避免”，意大利刑法要求“不能以其他方法加以避免”，奥地利刑法与日本刑法要求“不得已”。

日本通说将不得已解释为避险行为的补充性与相当性。还有学者认为不得已指的是必要性（最小限度手段性、手段适合性）和补充性。[⑥] 不过，对补充性的判断实质上可以包含对必要性判断的内容，而最小限度手段性、手段适合性则分别属于补充性和相当性的内容，因而通说还是具有一定的合理性。

避险行为的补充性是指没有其他方法能够避免正在发生的危险。当然它并不意味着要求绝对没有其他的方法，而是指根据具体的情况在现实中没有其他可能的方法。如果事后从形式上看，要求绝对无其他避险方法，那么几乎就没有成立紧急避险的余地。[⑦] 因此，补充性的判断基准应当是以一般人为标准的事前判断。[⑧]

---

① 英国法院认为如果承认这种情况成立紧急避险，就会使法律与道德完全背离，因此以谋杀罪判处 2 名被告人死刑。但由于公众舆论多认为 2 人无罪，因而最终由维多利亚女王实施特赦，将死刑减为 6 个月监禁，罪名则维持不变。

② ［日］前田雅英：《刑法总论讲义》（第 4 版），东京大学出版会 2006 年版，第 360~361 页。

③ ［日］浅田和茂：《刑法总论》（补正版），成文堂 2007 年版，第 254 页。

④ ［日］浅田和茂：《刑法总论》（补正版），成文堂 2007 年版，第 254 页。

⑤ ［日］山中敬一：《刑法总论》（第 3 版），成文堂 2015 年版，第 570 页。

⑥ ［日］山中敬一：《刑法总论》（第 3 版），成文堂 2015 年版，第 562 页。

⑦ ［日］内藤谦：《刑法讲义总论》（中），有斐阁 1986 年版，第 433 页。

⑧ ［日］高桥则夫：《刑法总论》（第 3 版），成文堂 2016 年版，第 312 页。

避险行为的相当性是指避险行为是避免危险所适当的手段。行为具备了补充性及法益均衡的要件，但如果不具备相当性的话，还是不能成立紧急避险。例如，由于拯救重伤患者的唯一办法是紧急输血，所以对行人进行强制采血的行为，或者天降大雨时，有钱人家的小姐为了保护自己高价的裙装，将穿着普通衣服的他人的雨伞夺去使用的行为，虽然都具备补充性与法益均衡要件，但从被侵害法益的所有者的人格尊严的角度出发，不能认为符合相当性的要求。①

此外，相当性还意味着避险行为的最小限度性。例如，为了躲避火灾，既可以闯入邻居家中也可以逃往空地，此时闯入邻居家中就缺乏补充性。当闯入邻居家中是唯一的避险方法时，如果只破坏一部分围墙就能够逃生而将整面围墙都推倒的，虽然具有补充性但不具备相当性。②

四、特殊情况下紧急避险的成立与否

（一）自招危险

对自己招致的危险能否实施紧急避险是一个值得研究的问题。例如，行为人因过失导致火灾，为避险而闯入他人住宅（过失的自招危险）；或者，在旅店中打开煤气企图自杀，当屋内充满煤气后又反悔，为逃生而打碎旅店高价的玻璃门（故意的自招危险）。这些行为能否被视为紧急避险，理论上有不同看法。

1. 全面肯定说。

对紧急避险的法律性质采取责任阻却说的学者认为，能否进行紧急避险应当根据非难可能性的有无加以判断。因此即使自招行为属于违法行为，但只要具备紧急避险的其他要件，就可以成立紧急避险。否则的话，上述失火案例中的行为人就只能在犯罪与死亡之间进行选择，这过于残酷。③

2. 全面否定说。

此说认为，紧急避险中的危险是指偶然的事实或者不基于行为人的有责行为的危险状态。行为人自己故意或者过失的行为不属于紧急避险中的危险。④ 此说的主要依据是日本旧刑法第 75 条的规定，随着刑法的修改，现在已经没有支持者了。

3. 折中说。

此说认为，对于故意招致的危险不能成立紧急避险，而对于过失招致的危险则可以成立紧急避险。⑤ 但批评者认为，诸如前述打开煤气企图自杀的案例，不认可紧急避险是不合适的。

---

① ［日］高桥则夫：《刑法总论》（第 3 版），成文堂 2016 年版，第 315 页。

② ［日］浅田和茂：《刑法总论》（补正版），成文堂 2007 年版，第 255~256 页。

③ ［日］江家义男：《刑法总论》，千仓书房 1952 年版，第 108 页；［日］植松正：《再订刑法概论 I 总论》，劲草书房 1974 年版，第 213 页。

④ ［日］大场茂马：《刑法总论 · 下卷》，中央大学 1917 年版，第 581 页。

⑤ ［日］木村龟二著、阿部纯二增补：《刑法总论》，有斐阁 1978 年版，第 272 页；［日］森下忠：《紧急避险研究》，有斐阁 1960 年版，第 269 页。

4. 个别处理说。

此说认为，无论自招行为属于故意还是过失，都应当根据具体的案件进行个别化的处理。至于如何处理，又有不同见解。

第一种观点认为，紧急避险的成立除了法律明文规定的要件之外，还需要避险行为具有相当性。据此，自招危险能否成立紧急避险，应当从这种相当性的角度进行具体的判断。①

第二种观点认为，紧急避险行为必须是从整体来看不得已的行为。因此，自招危险能否成立紧急避险，也应当看它是否具备不得已这一要件。现实中的自招危险多数欠缺这一要件。②

第三种观点认为，如果难以预见自己的行为会招来危险，那么就有紧急避险成立的余地；如果已经预见危险或者容易预见危险，仍然实施行为招致危险，则不允许实施紧急避险。③

第四种观点认为，自招危险应当通过作为违法性的一般原理的“社会相当性”加以解决。④

第五种观点认为，如果行为人基于利用紧急状态的意图而招致危险，则不允许进行紧急避险；如果由于偶然的事件而招致危险，则应当允许紧急避险。概言之，成立紧急避险，需要在综合考虑被保护法益的优越性、招致危险的情形、避免危险的举措等因素的基础上，根据国家的、社会的伦理规范加以确认。⑤

对个别处理说的各种观点都存在反对意见。例如，对于相当性说和综合考察说，批评者认为它过于暧昧不清；对社会相当性说，批评者认为社会相当性本身作为违法阻却的一般原理就存在问题。

5. 原因中的违法行为说。

此说认为，应区分招致危险的行为与避险行为。避险行为本身成立紧急避险，但由于原因行为即招致危险的行为违法，所以应当就最终引起的法益侵害结果承担故意或者过失的责任。⑥ 对此说，存在与挑拨防卫情况同样的批评意见。

（二）特别义务者与紧急避险的成立

日本、韩国、意大利等国刑法规定，紧急避险不适用于业务上负有特别义务的人。特别义务者主要指的是警察、消防员、船员、医生、护士等根据其职务性质，负有与危险作斗争义务的人。刑法之所以作出这种规定，“显然是因为这些人本身

---

① ［日］佐伯千仞：《刑法讲义（总论）》，有斐阁1981年版，第208页。

② ［日］团藤重光：《刑法纲要总论》，创文社1990年版，第249页。

③ ［日］西原春夫：《刑法总论》（改订版）（上卷），成文堂1993年版，第251页。

④ ［日］福田平：《全订刑法总论》（第4版），有斐阁2004年版，第166页。

⑤ ［日］大塚仁：《刑法概说（总论）》（第4版），有斐阁2008年版，第402~403页；［日］内藤谦：《刑法讲义总论》（中），有斐阁1986年版，第436页。

⑥ ［日］平野龙一：《刑法总论Ⅱ》，有斐阁1975年版，第235页；［日］山口厚：《刑法总论》（第2版），有斐阁2007年版，第149页。

负有救助他人的义务”,[①] 所以不允许他们以紧急避险为借口来将危险转嫁给他人。

但是，这一规定并不意味着在任何情况下，负有特别义务的人都不能实施紧急避险。通说认为，特别义务者为了救助他人的法益可以实施紧急避险。即使是为了救助自己的法益，也有成立紧急避险的余地。例如，消防员在天花板要坍塌时紧急闯入他人住宅的行为，应作为紧急避险免除可罚性。“承担危险的义务并不是一种牺牲的义务，而仅仅是一种风险义务，在人们确切地或者极其可能地预见到死亡或者一种严重的健康损害时，即使存在一种特定的义务地位，躲避这种危险也是可以通过第 34 条（关于阻却违法性的紧急避险）加以正当化的。”[②]

不过，由于日本等国的刑法条文规定的是“不适用”紧急避险，那么如何理解通说与条文之间的关系呢？一种意见认为，刑法条文的规定过于僵化，应当予以删除。[③] 另一种观点则认为，刑法条文规定的只是排除紧急避险的适用，类似行为可以通过职务行为加以正当化。[④]

五、假想避险与避险过当

（一）假想避险

假想避险是指虽然不存在紧迫的危险但行为人误认为存在，并实施所谓避险行为的情况。例如，看见白烟以为是火灾而擅自闯入他人住宅，但实际上是干冰融化所导致的白烟。又如，两名登山者借助一根绳索登山，处于上端者误认为前面的绳子马上就要崩断，而割断自己后面的绳子，导致处于下端的人摔死，但实际上该绳索完全可以支撑两个人的重量。

关于假想避险的处理，《德国刑法典》第 35 条第 2 款作了明确规定，即“行为人行为时，误认为有第 1 款规定不负责任的情况，仅在他能够避免该错误时，才予处罚。并可依第 49 条第 1 款减轻处罚”。德国学者耶赛克、魏根特认为，在行为人对紧急避险的事实的前提条件（例如，危险的程度或种类、存在更加缓和的手段、处于危险之中的人与亲属的同一性）存在错误认识的场合，若错误是不可避免的，可以免责；相反，如果错误是可以避免的，则必须减轻处罚。[⑤]

日本刑法没有假想避险的规定，所以学者们根据对紧急避险法律性质理解的不同，对假想避险的处理也不相同。将紧急避险理解为违法阻却事由的学者，认为假

---

① ［意］杜里奥·帕多瓦尼：《意大利刑法学原理》（注释版），陈忠林译，中国人民大学出版社 2004 年版，第 160 页。

② ［德］克劳斯·罗克辛：《德国刑法学总论》（第 1 卷），王世洲译，法律出版社 2005 年版，第 486 页。

③ ［日］浅田和茂：《刑法总论》（补正版），成文堂 2007 年版，第 247 页。

④ ［日］小田植树：《特别义务者与紧急避险》，载《变动期的刑事法学·森下忠先生古稀祝贺（上）》，成文堂 1995 年版，第 295 页。

⑤ ［德］汉斯·海因里希·耶赛克、托马斯·魏根特：《德国刑法教科书（总论）》，徐久生译，中国法制出版社 2001 年版，第 585 页。

想避险（如前述干冰事例）与假想防卫一样，属于关于违法性阻却事由事实前提的错误，阻却故意。如果行为人有过失则成立过失犯。对紧急避险采用责任阻却说的学者（或采用以违法性阻却为原则的二分说、三分说等认为诸如前述登山事例属于责任阻却事由时）会认为假想避险不同于假想防卫，属于对责任阻却事由的错误问题。由于假想避险行为人的心理状态与真正存在危险时的心理状态是一样的，因而否定期待可能性（登山事例，行为人的行为属于符合构成要件的违法行为，但因缺乏期待可能性而无罪）。①

（二）避险过当

避险过当是指避险行为超过其限度的情况，它不仅包括违反均衡性原则的情况，也包括违反补充性、相当性原则的情况。对于避险过当，《日本刑法典》第 37 条第 1 款的规定是："可以根据情节减轻或者免除处罚。"避险过当同防卫过当一样，存在质的过当与量的（时间的）过当的情况。

避险过当减免刑罚的根据与防卫过当基本相同，也存在违法减少说，责任减少说，违法、责任减少说，可罚的责任减少说等多种学说的对立。

当假想避险和避险过当竞合时就被称为假想避险过当。它是指客观上不存在急迫的危险但行为人误认为存在因而实施避险行为，但即使所误认的危险真的存在，该避险行为也超出了避险限度的情况。关于假想避险过当的处理，一般认为与假想防卫过当的处理相同。

第四节　被害人承诺与危险接受

一、被害人承诺

（一）概念与体系地位

所谓被害人承诺，又称权利人承诺或被害人同意，是指作为法益主体的被害人同意他人侵犯自己法益的情况。早在罗马法时代，就有"经承诺的行为不违法"的法谚。现代各国刑法对被害人承诺也多有表述。例如，《意大利刑法典》第 50 条规定："经可以有效地处置权利的人同意，对该权利造成侵害或者使之面临危险的，不受处罚。"

被害人承诺是阻却构成要件符合性还是阻却违法性，在大陆法系存在激烈的争论。

一种观点认为，部分被害人承诺阻却构成要件符合性，部分被害人承诺则阻却违法性。1953 年，德国学者吉尔兹（Geerds）在其博士论文中明确提出被害人承诺应包括阻却构成要件符合性的承诺和阻却违法性的承诺。他将前者称为合意

① ［日］浅田和茂：《刑法总论》（补正版），成文堂 2007 年版，第 259 页。

(Einverständnis)，将后者称为同意（Einwilligung）。此后，这种观点在德国刑法学界产生了很大的影响，成为了一种有力的学说。

另一种观点认为，所有被害人承诺都属于构成要件符合性阻却事由。德国的罗克辛、齐普夫、施密特霍伊泽尔（Schmidhäuser），日本的山中敬一等持这种观点。

还有一种观点认为，被害人承诺原则上属于违法阻却事由（正当化事由）。[①] 这是德、日的通说。在这种观点看来，被害人承诺的法律效果有多种：(1) 承诺在刑法上无效。有的承诺在刑法上不具有意义。例如，对幼女的奸淫行为和对儿童的猥亵行为，即使存在被害幼女或儿童的承诺，也不能阻却犯罪的成立。这是因为法律拟制幼女或儿童缺乏性方面的同意能力，这一拟制也不允许反证。(2) 承诺属于减轻类型的事由。有的被害人承诺能够减轻刑事责任。例如，故意杀人、强制堕胎的行为在大陆法系刑法中属于严重犯罪，但如果得到了被害人的承诺，则虽然仍构成犯罪，但构成的是同意杀人罪、同意堕胎罪等减轻类型的犯罪。(3) 承诺阻却构成要件符合性。某些犯罪以违反被害人意思作为构成要件的内容。例如，侵入住宅罪中的侵入意味着违反住宅权人的意思而强行进入，强奸罪也意味着违背被害妇女的意愿。这些场合如果存在被害人的承诺，那么也就不属于侵入或强奸行为了。(4) 承诺阻却违法性。除了上述三种类型之外的被害人承诺属于违法阻却事由，伤害罪是其代表。

(二) 被害人承诺的有效要件

1. 承诺的内容。

有效的被害人承诺只限于被害人能够处分的个人法益。单纯的国家法益、社会法益不能作为处分的对象。虽然是个人法益，但如果同时包含有国家、社会法益的内容，那么一般认为承诺也不能阻却违法性。[②]

承诺的对象是行为还是结果，理论上有不同看法。现在的通说认为，承诺的对象不仅包括行为，还包括构成要件的结果。“特别是对结果的同意的有无，对能否认可同意的有效性具有决定性意义。仅有对行为的同意，不能认为对法益侵害的引起也有同意。”[③]

对于过失犯而言，一般认为，不仅需要被害人承诺了危险，还需要被害人承诺了结果。例如，知道司机酒后驾驶仍然同意乘坐该车的人，即使对因事故而受伤的“危险”存在承诺，但并没有承诺“伤害”这一结果，因而不能认为存在过失致伤罪的承诺。[④] 但另一种有力的观点认为，基于被害人的自我决定权，被害人具有选择实施具有一定风险的行为的自由（或者因忍受风险而能够享受更高利益的自由）。

---

① ［日］川端博：《从疑问开始的刑法Ⅰ》，成文堂2006年版，第168页。

② ［日］立石二六编著：《刑法总论30讲》，成文堂2007年版，第86页。

③ ［日］山口厚：《刑法总论》（第2版），有斐阁2007年版，第154~155页。

④ ［日］山中敬一：《刑法总论》（第3版），成文堂2015年版，第215页。

因此，即使事后危险变成了现实，但由于否定了行为不法，因而不能成立过失结果犯。① 日本法院也有采用这种观点的判例，如被告人在赛车场练车时，因操作失误而发生事故，致使同车的赛车练习指导员死亡。对此，法院认为这项运动本身就伴随有风险，因而被害人在认识、预见到这种危险的情况下仍然同乘赛车，可以认为被害人接受了相伴的危险。因此当该危险转化为实害时，就属于阻却违法性的根据（泥地赛车同乘者死亡案）。②

2. 承诺的主体。

有效的被害人承诺以被害人具有承诺能力为条件。承诺能力指的不是被害人事实上或自然的意思，而是指充分理解法益侵害的意义、范围、效果的“认识能力”与“判断能力”。不过，由于承诺并非法律行为（如契约），所以不以民法上的行为能力为必要。明显缺乏认识与判断能力的幼儿、精神病患者的承诺无效。

对于成年人而言，承诺能力不应限定为具体犯罪的责任能力。只要充分知晓承诺的事实前提，一般就认为具有承诺能力。没有刑事责任能力的未满 14 周岁的未成年人，一般认为其不具有承诺能力。14 周岁以上的未成年人的承诺能力则应根据具体的法益种类加以判断。

当法益主体本人欠缺承诺能力时，应否承认法定代理人等的代理承诺？一种观点认为，承诺权不具有由代理人代理行使的性质，当法定代理人或者监护人基于管理权而作出承诺时，不是承诺权的代理行使，而是承诺权者基于自己的权限而作的承诺。③ 另一种观点认为，承诺虽然以法益主体本人行使为原则，但如果本人欠缺承诺能力，则法定代理人所进行的承诺原则上有效。这一点对亲权者基于民法上的监护权或财产管理权所作的代理尤为妥当。不过这种代理不能侵犯本人的利益或造成重大的身体伤害。④

3. 承诺的任意性与真实性。

所谓承诺的任意性，是指承诺必须是出于承诺者内心自由的意思决定，而非受到强制、胁迫所作出来的。例如，通过暴力、胁迫等手段迫使被害人同意他人杀死自己，这种承诺无效，行为人成立故意杀人罪而非教唆自杀、帮助自杀等自杀关联罪。

所谓承诺的真实性，是指承诺必须是出自承诺者真实的意思。诸如戏言、玩笑性的承诺，不属于有效的承诺。

如果行为人因受欺骗或基于错误而作出承诺，该承诺是否有效呢？德国的通说在考察这一问题时，是以欺骗作为中心加以考察的，认为只要存在欺骗这一事实，

---

① ［日］井田良：《刑法总论的理论构造》，成文堂 2005 年版，第 197 页。

② 千叶地方法院 1995 年 12 月 13 日判决，载《判例时报》第 1565 号，第 144 页。

③ ［日］西原春夫：《刑法总论》（改订版）（上卷），成文堂 1993 年版，第 275 页。

④ ［日］山中敬一：《刑法总论》（第 3 版），成文堂 2015 年版，第 217 页。

承诺即无效，体现出行为无价值论的色彩。[①] 而日本的学者多认为被害人是否被欺骗并不重要，本质的问题在于被害人基于有瑕疵的意思所作的承诺是否有效，因而应将重点放在基于错误的承诺的效力问题上。对此，又存在多种观点。

第一，本质的错误说。此说又称为条件关系错误说、重大错误说。它认为如果被害人没有陷于错误就不会作出承诺的话，承诺便是无效的，即如果存在“被害人若知道真实情况就不会作出这种承诺”的条件关系，该承诺就是无效的承诺。[②] 这是日本刑法理论与司法判例的通说。“判例、通说认为，存在对被害人的意思决定具有重要影响的错误时，该同意无效，行为不能适法化。被害人不是因为受到犯人的欺罔就不会表示同意，只要该欺罔对于被害人的意思决定起了决定性影响（即使存在欺罔、错误，如果对被害人的意思决定不重要时，通说认为该同意是有效的），该同意就不符合被害人的真意，行为不能合法化。我也基本认为这种观点是妥当的。”[③] 例如，行为人隐瞒强盗的故意而敲门问“有人在家吗”，主人回答“请进”，行为人于是进入住宅抢劫。对此，日本法院判决认为构成侵入住宅罪。[④]

第二，法益关系错误说。此说认为，与法益有关的事实发生错误，作出的承诺无效。而如果仅仅是动机方面的错误，则承诺有效。此说在日本属于一种颇有影响力的学说。[⑤] 具体而言：A. 法益意义、范围的错误。有效的被害人承诺需要法益主体认识到法益的意义及放弃该法益的意义和范围。如果对这一点存在错误，则承诺无效。例如，欺骗严重的精神病患者自杀，谎称自杀后能够复活。如果被害人因此自杀，那么属于对所放弃的法益的意义（生命的意义）认识错误，承诺无效。B. 具体的客体错误。对具体的客体的同一性认识发生错误时，该承诺原则无效。例如，打算同意他人毁弃自己价值 1000 日元的手表却错误地同意他人毁弃另一只价值 10 万日元的手表，这种承诺无效。C. 行为者的同一性错误。关于所承诺的对象方的错误，属于法益关系的错误，其承诺原则无效。例如，被害人同意甲取走自己的宝石时，乙将该宝石拿走了。此时乙的行为不在承诺的范围之内，因而不存在有效的承诺。D. 反对给付的错误。关于反对给付的错误，是动机的错误而不是关于法益意义的错误。因此，该承诺有效。例如，谎称会支付对方 5000 元而骗取对方献血，实际上并未支付。由于被害人对于所放弃的内容即“伤害”的结果有明确的认识，因而

---

① ［德］冈特·施特拉藤韦特、洛塔尔·库伦：《刑法总论 I——犯罪论》，杨萌译，法律出版社 2006 年版，第 152 页。

② ［日］大塚仁：《刑法概说（总论）》（第 4 版），有斐阁 2008 年版，第 419 页；［日］大谷实著：《刑法讲义总论》，黎宏译，中国人民大学出版社 2007 年版，第 237 页；

③ ［日］井田良：《刑法总论的理论构造》，成文堂 2005 年版，第 198 页。

④ 日本最高法院 1949 年 7 月 22 日判决，载《最高裁判所刑事判例集》第 3 卷第 8 号，第 1363 页。

⑤ ［日］平野龙一：《刑法总论 II》，有斐阁 1975 年版，第 257 页；［日］浅田和茂：《刑法总论》（补正版），成文堂 2007 年版，第 208 页；［日］山口厚：《刑法总论》（第 2 版），有斐阁 2007 年版，第 158 页以下。

不是关于法益关系的错误，该承诺有效。E. 目的、缘由的错误。当被害者对于法益放弃的目的、动机存在认识错误时，不属于法益本身的错误，因而属于有效的承诺。例如，欺骗对方自己也会在其死后自杀而使对方同意死亡，由于对方对死亡本身有明确的认识，因而该承诺有效。[①] F. 紧急状态的错误。欺骗对方更优越的利益存在迫切的危险而使其承诺放弃较低的法益，该承诺是否有效？例如，病人得了胃溃疡但欺骗他说是胃癌，使其同意动手术切除部分胃器官；又如，欺骗对方说他养的狮子马上要破栏而出咬人，使对方同意射杀该狮子；等等。对此，一种观点认为，这属于动机的错误，不是法益关系的错误。[②] 不过由于其在价值上不是基于自由的判断，因而该承诺无效。另一种观点则认为，这仍然属于法益关系的错误，是无效的承诺。[③]

4. 承诺的表示与对方的认识。

关于被害人承诺的方式，存在意思方向说和意思表示说的对立。意思方向说认为，承诺只需要存在于行为人的内心。[④] 意思表示说则认为，承诺应当以某种方式表现于外部。[⑤]

不过，由于意思表示说认为只要从外部能够认识到被害人存在承诺，即使承诺的方式是默示的，也不影响承诺的有效性。因此，意思方向说和意思表示说在实际中的差异并没有理论表现的那么大。“两者之间在如何理解自我决定的自由问题上存在差异。意思方向说认为，自我决定的自由只需要存在于内心就够了。但自我决定的自由，并非单纯停留在个人的、内心的层面，还必须在社会的、法的层面具有实体性。此外，为了与事后承诺明确加以区分，意思表示说是妥当的。”[⑥]

有效的被害人承诺是否以行为人认识到被害人存在承诺为必要？意思方向说必然与认识不要说相联系，[⑦] 而意思表示说通常会得出认识必要说的结论。[⑧] 但也有学者虽然持意思表示说，却同时提倡认识不要说。这是因为，认识必要说将对承诺的认识视为主观的正当化要素，而对违法性采取客观立场的学者，多反对主观的正当

① 不过，日本法院判例对此持否定态度。判例认为在这种情况下行为人构成杀人罪而非帮助自杀罪。参见日本最高法院 1958 年 11 月 21 日判决，载《最高裁判所刑事判例集》第 12 卷第 15 号，第 3519 页。

② ［日］山中敬一：《刑法总论》（第 3 版），成文堂 2008 年版，第 219~221 页。

③ ［日］浅田和茂：《刑法总论》（补正版），成文堂 2007 年版，第 208 页。

④ ［日］平野龙一：《刑法总论Ⅱ》，有斐阁 1975 年版，第 250 页；［日］内藤谦：《刑法讲义总论》（中），有斐阁 1986 年版，第 594 页；［日］曾根威彦：《刑法总论》（第 4 版），弘文堂 2008 年版，第 126 页。

⑤ ［日］木村龟二著、阿部纯二增补：《刑法总论》，有斐阁 1978 年版，第 285 页；［日］山中敬一：《刑法总论》（第 2 版），成文堂 2008 年版，第 207 页。

⑥ ［日］高桥则夫：《刑法总论》（第 3 版），成文堂 2016 年版，第 325 页。

⑦ ［日］内藤谦：《刑法讲义总论》（中），有斐阁 1986 年版，第 594 页。

⑧ ［日］木村龟二著、阿部纯二增补：《刑法总论》，有斐阁 1978 年版，第 285 页。

化要素这一概念，因而主张不要说。[①]

认识不要说与认识必要说在对具体案件的处理上存在差异，这主要体现在被害人存在承诺而行为人对此没有认识的情况中（所谓的消极错误）。例如，被害人其实同意对方杀死自己，但行为人并没有认识到这一点而杀死对方，即以杀人的故意实施行为，实际上实现了同意杀人罪的结果。认识不要说认为，只要存在承诺就不能成立故意杀人既遂，从结果无价值论的立场看，不存在保护法益而认定其行为构成未遂也是不妥当的。因此，行为人的行为作为杀人罪而言属于无罪的不能犯，只成立同意杀人罪。与此相对，认识必要说或者从行为无价值论的立场出发，认为不存在主观的正当化要素，所以成立杀人既遂；或者从二元论的立场出发，认为虽然实行行为是杀人行为，但结果却是同意杀人，不属于杀人罪本来的结果，因而减轻违法性构成杀人未遂。[②]

5. 承诺的时间。

关于承诺的时间，存在不同观点。一种观点认为，承诺必须存在于行为时，事后的承诺不阻却犯罪成立，而事前的承诺必须延续到行为时；[③] 另一种观点认为，承诺以结果发生时存在为充分和必要条件。因为承诺意味着保护法益丧失其法益性和保护价值，所以应以结果发生时为标准。[④] 前者是通说。

承诺通常是个别的，但也包括事前的、概括的承诺。例如，进入百货公司、政府办公大厅的行为，就属于得到了看守人员事前的、概括性的同意。[⑤]

（三）推定的承诺

所谓推定的承诺，是指行为时不存在被害人现实的承诺，但在被害人假如知道了事实，当然会作出承诺的情况下，推定被害人的意思所实施的行为。

德、日学者普遍将推定的承诺分为两种类型，一种是为了被害人利益而实施的推定的承诺行为，有学者将其称为内部的利益冲突类型。例如，邻居外出，家中水龙头破裂，为避免财物损失而闯入其家关闭水阀；或者火灾发生时闯入邻家搬出贵重物品；或者对意识不清的急病患者实施必要的手术；等等。另一种是为了自己或第三者利益而实施的推定的承诺行为，有学者将其称为利益放弃类型。例如，下雨时擅自闯入亲友家取伞，或者擅自进入朋友的空住宅中住宿等。

德、日刑法理论的通说认为，推定的承诺阻却违法性。但对其根据存在多种见解：“（1）认为推定的承诺处于被害人承诺的延长线上，应当根据被害人承诺的法理加以说明。（2）认为推定的承诺属于民法上的事务管理，所以缺少违法性。（3）

---

① ［日］山中敬一：《刑法总论》（第3版），成文堂2015年版，第213页。
② ［日］高桥则夫：《刑法总论》（第3版），成文堂2016年版，第325页。
③ ［日］高桥则夫：《刑法总论》（第3版），成文堂2016年版，第324页。
④ ［日］山口厚：《刑法总论》（第2版），有斐阁2007年版，第156页。
⑤ ［日］山中敬一：《刑法总论》（第3版），成文堂2015年版，第216页。

认为推定的承诺属于超法规的紧急避险，所以不具有违法性。”① （4）认为推定的承诺属于被允许的危险，因而阻却违法，即推定的承诺属于事前对被害人意思的假定，即使事后证明这种假定是正确的，也不能否认在事前的阶段有误判的可能。因此，推定的承诺只是对被害人知情后会表示同意的一种“盖然性判断”，要冒一定的风险，因而只能根据被允许的危险的原理加以正当化。② （5）认为推定的承诺同时包含有被害人承诺与紧急避险双方的要素，是处于两者之间的独特的法律制度。在为了被害人优越的利益而无法立即获得其承诺的情况下，以及根据其与被害人的关系能够合理地推定能得到被害人承诺的情况下，这种推定的承诺能够正当化。③

此外，也有少数学者认为，推定的承诺本身不能阻却违法性。因为在实际上没有得到被害人承诺（违反被害人的意思）的情况下，显然存在法益侵害，不能正当化。但也不意味着需要处罚这种行为。如果被害人没有承诺而行为人误认为存在承诺，属于对违法性阻却事由事实前提的错误，如果法条没有处罚过失犯的规定（侵入住宅罪、盗窃罪等），就不能进行处罚。即使法条有处罚过失犯的规定（过失伤害罪），但多数欠缺期待可能性，因而阻却责任，所以推定的承诺的理论是无用的理论。④

推定的承诺与“假设的承诺”是两个不同的概念。假设的承诺是起源于民法领域的概念，它是德国联邦法院针对医疗手术中的告知义务而适用的一种承诺形式。举例而言：

手术后，医生 Y 将钻尖落在病人 B 的骨骼里。由于不想暴露这个人为失误，Y 佯装还有另外一种情况，需要再做一次手术。这样，通过做这第二次手术，Y 把钻尖拿了出来。

假设的承诺不能适用推定的承诺原理加以正当化。因为它不符合推定的承诺的前提条件。要成立推定的承诺，必须无法取得病人的明确承诺或者只有通过极不合理的手段才可以得到这种承诺。而假设的承诺本来可以很容易地询问对方的意见，因此不能援引推定的承诺的法理。

德国的判例认为，在假设的承诺的场合，重要的仅仅是：病人在得到本应得到的告知时，本来就会对手术同意的；至于外在的表达，或者仅仅是这种表达的可能性，则并非必要。如果无法排除这种（假设）承诺，那么，就必须适用“有疑义时，作有利于被告的解释”这一原则，宣告医生无罪。理论上也有学者赞成这种观点，如认为，在这种情况下，至多侵害到了病人的自决权，也有人认为，在这种情形下，至少可以肯定医生成立未遂，因为假设承诺并非阻却对他人实施侵犯的义务违反性，而是排除既遂罪不法的成立。

---

① ［日］立石二六编著：《刑法总论 30 讲》，成文堂 2007 年版，第 92 页。

② ［日］齐藤诚二：《关于“推定的承诺”的法理》，载《警察研究》第 49 卷第 11 号，第 21 页。

③ ［日］山中敬一：《刑法总论》（第 3 版），成文堂 2015 年版，第 618 页。

④ ［日］浅田和茂：《刑法总论》（补正版），成文堂 2007 年版，第 212 页。

但相当多的人持反对的观点，因为，没有告知病人，就损害到了病人的意思。而且，根本就不可能事后得知病人本来假设会作出的决定。每个人的决定都必须是自由的，否则，就剥夺了人的自决权，因而，不得有明确的法律严格地限制应当如何作出决策，所以，这里所涉及的就根本不是什么适用决疑规则来解决证明上的疑难的问题。意思的真实形成这一过程，并不会因为它可能会或者也许令人可信地会和别人的意思相一致，从而丧失自己存在的价值和法律意义。而且，即使能够肯定（权利人）会作出假设的承诺，但是，这种假设并不足以事后取消损害法益时已经实现的不法，就像财物的所有人事后同意别人的盗窃，并不能取消盗窃时已实现的不法一样。因此，虽然不是病人的任何轻微的错误都可导致将医生论处身体伤害，但是，医生所需说明的治疗内容，却补充性地受此限制。

在犯罪认定的体系上，可以根据是将真实承诺理解成阻却构成要件还是将之理解成正当化事由，分别将假设的承诺的问题放在构成要件阶层或者放在违法性阶层来处理。但如果放在违法性阶层处理，那么，假设承诺不可以作为正当化事由，而只能作为阻却刑罚的事由（从缺乏义务违反性的关联的角度）引入到客观的正当化构成要件的层面上加以讨论；否则，就会掩盖无法满足真实承诺或推定承诺的前提条件这一事实，且没有任何后果。例如，在上述案例中，不能认为，Y 在知悉案件事实情况后，直接让 B 再次动手术，这样 Y 自己就可以通过认为可能成立假设承诺，并援用这个法律概念摆脱干系。B 本来也有可能求助于另一个医生来做这个客观上有必要做的手术，但是，求助于其他医生，并不影响 Y 所为的具体侵犯的成立。①

二、危险接受

（一）危险接受概述

所谓危险接受，也被称为危险引受、被害人自陷风险、自冒风险、自担风险。而危险接受理论探讨的是作为法益主体的被害人认识到行为的一般危险性，被害人虽然对该危险行为的实行可能会给自己的生命或身体健康造成抽象的危害后果抱有一种漠然的畏惧感，却依然置身于具有危险内在的行为之中，结果造成法益侵害后果被现实化的情形下行为人的罪责问题。②

一般认为，危险接受理论具有如下特征：（1）被害人和行为人都对法益侵害后果发生的可能性存在认识，都不希望结果的发生，甚至期待结果的不发生；③（2）

---

① 参见［德］乌尔斯·金德霍伊泽尔：《刑法总论教科书》（第 6 版），蔡桂生译，北京大学出版社 2015 年版，第 198~200 页。

② ［日］恩田祐将：《刑法中的危险引受与过失犯的成否》，载《创价法学》2008 年第 30 卷，第 123 页。

③ ［日］田中优辉：《关于被害人的危险引受》，载《法学论丛》第 173 卷第 1 号，第 50 页。

实害结果的发生是由行为人和被害人不注意的态度相互作用，共同引起的；（3）被害人“过失地”参与了结果发生；（4）危险接受理论要解决的是行为人是否需要对法益侵害的结果承担刑事责任的问题。①

根据不同的标准，可以对危险接受作出不同分类。日本学者恩田祐将把危险接受分为广义的危险接受和狭义的危险接受。其中，“广义”是指危险接受中承诺的对象不仅及于行为还及于概括的结果，如一些符合社会相当性的运动所导致的法益侵害行为。狭义的危险接受分为：（1）行为人对于构成要件该当行为具有优越的知识，处于有利地位，而被害人却是外行人的场合；（2）被害人对于构成要件该当行为具有优越的知识，处于有利地位，而行为人却是外行人的场合；（3）对于该当行为的相关知识，被害人和行为人处于相同的水平的场合。② 不过，这种对结果也有承诺的所谓广义的危险接受完全符合被害人承诺的理论，显然不是典型的危险接受的类型。日本学者吉川敏雄认为危险接受从广义上可以分为三种类型：其一是狭义的自发的自己危险化，其二是自己危险化的参与，其三是基于合意的他者危险化。③ 由于狭义的自发的自己危险化不具有刑法学上的意义，所以现在学界通行的做法是将危险接受分为自己危险化的参与和基于合意的他人危险化两类。

所谓自己危险化的参与，是指被害人将自己的法益置于危险之中，实施了正犯的行为，行为人参与其中，最终导致了法益侵害结果的产生。④ 例如，甲将自己使用的海洛因交付给乙，乙在知道海洛因危险性的情形下给自己注射了，并因此而死亡（海洛因案）。

所谓基于合意的他人危险化，是指虽然行为人的行为给被害人造成了实害结果，但是被害人认识到也同意行为人所带来的危险。例如，德国著名的“梅梅尔河案件”。行为人作为职业的渡船人清楚地认识到了在梅梅尔河已经涨水，并且在暴风雨这种恶劣的天气条件下开船过河是十分危险的，但是行为人经不住乘客的再三恳求，于是在向乘客充分说明了可能存在的危险后决定尝试过河，结果轮渡倾覆，乘客死亡。又如，日本著名的“坂东三津五郎河豚中毒案”。被害人是著名的歌舞伎演员，行为人是具有河豚处理资质的厨师。行为人应被害人的要求为其提供了被害人最爱的河豚的肝脏，结果被害人食用后中毒而死。被害人对于食用河豚的肝脏存在导致死亡的可能性的认知也是十分清楚的。再如，前述“泥地赛车同乘者死亡案”。初学赛车的被告人在有七年赛车经验的被害人的指导下，在没有铺装的泥土道路上练习赛车。在练习的过程中，被害人坐在车上指导被告人以其从未使用过的

① ［日］盐谷毅：《被害者的承诺与自我答责性》，法律文化出版社 2004 年版，第 178 页。

② ［日］恩田祐将：《刑法中的危险引受与过失犯的成否》，载《创价法学》2008 年第 30 卷，第 129 页。

③ 参见［日］吉川敏雄：《关于基于合意的他者危险化》，载「日」冈野光雄等编：《西原春夫先生古稀祝贺论文集》（第 1 卷），成文堂 1998 年版，第 407 页以下。

④ ［日］林慎一郎：《关于被害人的危险引受》，载《立命馆法政论集》2004 年第 2 号，第 45 页。

驾驶方法开车，由于高速驾驶减速不足，被告人失去对方向盘的控制，导致赛车在陡峭的下坡转弯处未能完全转弯，冲到了防护栏的柱子上，柱子撞到被害人胸部，致其当场死亡。

（二）危险接受与被害人承诺的关系

危险接受与被害人承诺都是从被害人责任的视角出发，研究其对行为人刑事责任的影响问题。由于刑法理论长期关注的是被害人承诺问题，因而在危险接受问题被纳入讨论议程后，其是否能被被害人承诺理论所包容，就成为一个富有争议的问题。

问题的核心在于，被害人承诺的对象究竟是行为还是结果。理论上的通说认为，被害人承诺的对象不仅包括行为，还包括构成要件的结果。对于过失犯而言，不仅需要被害人承诺了危险，还需要被害人承诺了结果。如果这样理解的话，危险接受就显然与被害人承诺不同。在危险接受的场合，被害人虽然认识到了行为的危险性，但并没有承诺实害结果的发生。

不过，也有学者认为，被害人承诺的对象只需要是行为，“自己决定权的内容，不仅包括允许自己的利益受到损害的自由，而且包括会使自己的利益遭受危险的自由，即具有通过甘冒风险而享受超越风险的某种利益的自由……代表性的事例有柔道、拳击等格斗性运动和医生的危险手术等。在这样的场合，可能以被害人知道行为具有一定的危险而同意为由，在此限度内否定被害人的法益的刑法保护……实行行为是‘具有超出被允许的危险之上的危险的危险行为’，被害人对该危险的同意，使被害人遭受该危险而适法化”。[①] 还有学者认为，被害人承诺的对象必须包括结果，但在所谓危险接受的例子中，被害人实际上也承诺了结果。因为在过失犯的场合，大多会发生当事人预想外的结果，被害人对所发生的结果本身存在明确承诺的情形较少。因此，在过失犯的场合，承诺的内容较为抽象即可阻却违法。也就是说，虽然被害人严格而言对结果发生没有承诺，但自己积极地置身于高度危险时，就可以说对于由该危险当然预测到的结果存在承诺。[②] 确实认识到行为对自己法益的危险而承诺该行为的人，事后提出没有考虑实害结果的发生，是不自然的、非现实的。换言之，在危险接受的场合，应当肯定被害人承诺了实害结果。[③]

然而，从事实上看，被害人只是同意了自己所认识的危险，而没有同意危险的现实化。因此，也有很多学者认为不应将危险接受与被害人承诺混同。

（三）危险接受的理论根据

1. 被害人承诺说。

如前所述，一部分学者认为被害人承诺理论可以作为危险接受的理论根据。例

---

① ［日］井田良：《被害者同意》，载《现代刑事法》2008年第14号。

② ［日］前田雅英：《被允许的危险》，载［日］中山研一等编：《现代刑法讲座》（第3卷），成文堂1979年版，第46页。

③ ［日］岛田聪一郎：《被害者的危险引受》，载［日］山口厚编：《特写刑法总论》，成文堂2003年版，第140页以下。

如，德国学者韦伯认为被害人对危险行为的同意，有正当化效果，同意是否违反公序良俗是判断同意的有效性与行为人犯罪阻却可否决定性的关键。[①] 在日本也有学者从被害人承诺的角度来理解危险接受，如林干人教授提出“准同意说”或称“危险同意说”，他认为危险接受的问题可以放到被害人同意的“延长线”上理解。虽然危险接受与被害人承诺的主要区别在于，危险接受中被害人对于危害结果发生的可能性认识程度低一些，被害人对于结果的发生也不期待，但是这些对扩张被害人承诺并适用于危险接受的影响并没有那么重要。被害人即使对于结果发生的可能性认识的程度不高，但哪怕是抽象的认识也可以说是存在认识的，尽管如此，被害人仍然基于自身的自由意志将自己的法益置于危险之中，就足以产生与被害人承诺同样的违法阻却效果，故行为人无须承担刑事责任。[②]

对此说，反对的意见也很多。例如，罗克辛认为，在致人死亡的危险接受中，被害人对死亡没有同意，其要么是相信死亡结果不会发生，要么是没有想到死亡结果。同意的对象行为说是错误的，结果说才是合理的。此外，同意也不能阻却过失不法行为，这是因为，注意义务的违反并不依存于被害人的态度。再加上，结果属于过失的杀害行为，在同意中必须予以考虑。[③] 盐谷毅也认为，原本用被害人同意正当化对生命的侵害或者危及生命程度之重大身体侵害就是不妥当的。所以，讨论被害人危险接受案例中行为人是否阻却犯罪，应当检讨被害人同意以外的理论。[④]

2. 社会相当性说。

日本学者十河太郎教授主张将社会相当性说运用到危险接受中，他认为如赛事运动一样，只要遵守规则，即使发生被害人没有预期的结果，也可以社会相当性否定其违法性。体育运动不管是职业比赛还是业余选手的切磋，对于身体健康的促进以及社会娱乐、社交等都有十分重要的作用，但在如篮球、体操等体育运动中存在很高的运动伤害的风险。不过为了发扬体育精神和促进身体健康，全面禁止体育运动是不现实的，因此即使发生了行为人没有预期的法益侵害结果，如果构成要件该当行为符合该活动的规则，那么社会相当性也可以作为危险接受的违法阻却事由。所以十河太郎教授对于泥地赛车同乘者死亡案的判决结果，即行为人无须承担刑事责任是认同的。[⑤] 日本学者奥村正雄也主张社会相当性理论，他认为被害人危险接

---

① 参见［日］盐谷毅：《被害者的承诺与自我答责性》，法律文化出版社 2004 年版，第 266 页。

② ［日］林干人：《刑法总论》（第 2 版），东京大学出版会 2008 年版，第 174 页。

③ 转引自［日］盐谷毅：《汽车竞走事件中的危险引受》，载《立命馆法学》2012 年第 5・6 号。

④ ［日］盐谷毅：《关于自己危险化的参与和基于合意的他人危险化》，载《立命馆法学》1996 年第 246 号。

⑤ 参见［日］十河太郎：《危险引受与过失犯的成否》，载《同志社法学》第 50 卷第 30 号。

受本身不阻却行为人的违法性，但是可以作为社会相当性判断的一个要素。①

对此说的批评主要集中在对于社会相当性概念本身的模糊与过于广泛上。

3. 责任阻却事由说。

日本学者神山敏雄主张危险接受可以作为责任阻却事由。其以体育赛事为例，认为在以下两种情形下危险接受可以根据被害人承诺的存在而阻却违法性：一是在遵守体育规则的情况下发生伤害结果；二是虽然有违反体育规则的行为，但由于在外部、客观上看起来有侵害生命危险的危险行为，导致伤害结果的可能性并不明显的情况。

但是，在外部、客观上看起来并不明显的存在可能侵害生命危险的危险行为，却导致了死亡结果或者是濒临死亡的重伤结果的场合之下，是不能利用被害人承诺来解决的。而且，在体育运动中没有比生命更加重要的利益存在，此时危险接受理论的适用就具有了意义。比赛双方在正规的比赛之中产生了死亡的结果，他们对于比赛的危险性都是有一定认识的，如果将该死亡结果归责于行为人，从比赛、竞技的角度来看对行为人来说是过于残酷了。在这种情况下的危险接受一律再对行为人进行刑法上的谴责是没有价值的，所以此时将其作为责任阻却事由进行处理是合理的。②

但是所谓的责任阻却事由，一般认为是在行为人不得已才作出该行为时，刑法才给予其宽恕，在危险接受事例中很少存在行为人不得已的情况，因此该观点也很难说明危险接受。

4. 自我答责说。

自我答责说认为，作为一个有理性的自由人应该为自己的行为及其产生的后果负责，如果某一种后果可以归属为被害人，那么对于参与某种后果进程的行为人就应当免责。

德国学者（Zaczyk）从违法性的角度论证被害人自我答责，其指出刑法上所谓的不法是对每个具体的人之人格的攻击，是对个人自由的缩减。针对自己的自我伤害缺乏法的特定人格相关性。因此，在刑法的意义上破坏自己的财物不是毁损财物，自杀也不是杀害。因此被害人自我答责分为有意识的自我侵害和自我危险化。在有意识的自我侵害事例中，被害人是行为的中心，也是其目标，被害人自身制造了意识、行为及结果之统一体。在这一类事例中原则上阻却行为人答责。在自我危险事例中则不存在意识、行为及结果的统一体。③

日本学者盐谷毅也认为，危险接受的特征是对危险行为的实行与结果的发生被

① 参见［日］奥村正雄：《被害者的危险引受与过失犯的成否》，载《清和法学研究》第6卷第1号。

② ［日］神山敏雄：《危险引受的法理与体育事故》，载《宫泽浩一先生古稀祝贺纪念论文集》（第3卷），成文堂2000年版，第17页。

③ 转引自［日］盐谷毅：《被害者的承诺与自我答责性》，法律文化出版社2004年版，第320~322页。

害人与行为人存在共同过失。刑法是以保护法益为第一目标的社会制度，为了保护法益，刑法不仅期待行为人不侵害法益，也期待作为法益主体的被害人自身不要随便地使法益陷入危险中。在自由主义的法秩序中保持法益不陷入危险的第一次管辖属于被害人自身，在此意义上被害人的优先答责性是重要的。一般来说，被害人常常属于被攻击的客体，但在被害人以特别的样态与行为人共同造成了结果的发生时，在一定的条件下，也可以认为被害人是所产生结果的第一归属人。被害人自我答责的成立有以下几个要件：一是危险认识。这里指的是被害人对行为的危险性和特定构成要件的结果发生的可能性有完全的认识。二是自我答责能力。被害人对自身法益危险的判断所必要的辨认和控制能力。三是自我答责的态度。被害人不能仅仅是放任行为人，至少要与行为人有同等程度以上的对结果发生之积极的态度。① 除此之外，日本学者山中敬一、增田丰、松生光生等也使用了自我答责概念以说明危险接受。

第五节　其他违法性阻却事由

除了正当防卫和紧急避险以外，还有其他一些违法性阻却事由。对此各国刑法的具体规定不尽相同，下面介绍几种主要的违法性阻却事由。

一、法令行为

所谓法令行为，是指基于成文的法律或者命令的规定作为权利或者义务而实施的行为。对此，不少国家的刑法作了明确的规定。例如，《日本刑法典》第 35 条规定："依照法令或者基于正当业务而实施的行为，不处罚。"《德国刑法典》第 36 条关于"议会言论"规定：联邦议院、联邦大会或州立法机关的成员，任何时候都不得因其在会议团体或委员会的表决和言论，而在会议团体之外被追究责任。新《法国刑法典》第 122-4 条也规定："完成法律或者条例规定或允许之行为的人，不负刑事责任。完成合法当局指挥之行为的人，不负刑事责任，但此种行为明显非法者，不在此列。"

一般而言，法令行为之所以阻却违法性，是因为制定该法令时立法者已经进行了法益衡量并作出允许该行为合法化的判断。不过，行为即使得到了其他法令的允许，但从实质的违法性的角度考察是否真的阻却刑法上的违法性，还需要进行个别的考察。有的时候法令行为虽然不可罚，但并非属于违法性阻却事由（正当化事由），而是属于可罚的违法性阻却事由或者可罚的责任阻却事由。

此外，即使是法令形式上所允许的行为，但如果行为人滥用该权利，那么行为也可能属于违法。

法令行为通常可以分为职务（职权）行为、权利（义务）行为，基于政策理由

① ［日］盐谷毅：《汽车竞走事件中的危险引受》，载《立命馆法学》2012 年第 5・6 号。

的行为，法令有明示适法性的注意性规定的行为三类。[①] 除此之外，有的学者认为还包括劳动争议行为，从而形成四分说。[②] 有的学者认为还应当包括宪法上的权利行为，形成五分说。[③]

（一）职务（职权）行为、权利（义务）行为

职务（职权）行为，是指公务员根据法令行使属于自己职务或职权的行为。例如，执行死刑或自由刑；逮捕犯罪嫌疑人、被告人；搜索住宅；等等。这些行为虽然各自符合杀人罪、监禁罪、侵入住宅罪等犯罪的构成要件，但阻却违法性。

这些职务行为如果不符合法定的要件，则可能属于违法行为，对方也因此可以对之实施正当防卫。问题在于根据上级的违法命令所实施的行为，是否阻却违法性。通说认为，由于命令的内容是违法的，所以，不能认为执行违法命令的行为是违法性阻却事由。但是，根据具体案情，有时能够认为行为人缺乏适法行为的期待可能性，从而阻却责任。

权利（义务）行为，是指个人（私人）基于法令所赋予的权利或义务而实施的行为。例如，一般人逮捕现行犯；校长、教师对学生的惩戒行为；亲权者对未成年人的惩戒行为；犯罪被害人的告诉；等等。这些行为虽然形式上符合逮捕罪、暴行罪、名誉毁损罪的构成要件，但阻却违法性。

《日本学校教育法》第 11 条规定，禁止体罚。因此教师体罚学生的行为属于违法。但亲权者的惩戒行为则没有上述限制，因而亲权者可以行使一定程度的有形力，当然它必须在监护、教育所必要的范围之内。如何判断这一合理范围呢？日本判例有的认为“只要是惩戒所适宜的手段，也可以认可打掷行为”[④]，有的则认为“必须是社会一般人根据具体的案情认为是妥当适合的”。[⑤] 德国刑法理论一般是以是否基于“教育的动机”作为标准进行判断，“轻微的侵犯身体（如轻打耳光之类的），则无论如何是允许的（或者已经就不符合构成要件），只要是有教育权的人为了特定的教育目标，（作为最后手段）而对自己的孩子适当地采取的措施”。[⑥] 但日本学者多认为这种主观标准不可取，应考虑客观的力量的强度和相当性来划分惩戒行为合理的界限。如果亲权者正当的惩戒行为（暴行）超出合理限度给孩子造成伤害时，虽然在暴行罪的限度内阻却违法性，但对于致伤结果应承担过失伤害罪的责任。[⑦]

---

① ［日］团藤重光：《刑法纲要总论》，创文社 1990 年版，第 203 页。

② ［日］内藤谦：《刑法讲义总论》（中），有斐阁 1986 年版，第 472 页。

③ ［日］浅田和茂：《刑法总论》（补正版），成文堂 2007 年版，第 188 页。

④ 札幌高等法院函馆支部 1953 年 2 月 18 日判决，载《高等裁判所刑事判例集》第 6 卷第 1 号，第 128 页。

⑤ 东京高等法院 1960 年 2 月 13 日判决，载《下级裁判所刑事裁判例集》第 2 卷第 2 号，第 113 页。

⑥ ［德］乌尔斯·金德霍伊泽尔：《刑法总论教科书》（第 6 版），蔡桂生译，北京大学出版社 2015 年版，第 206 页。

⑦ ［日］浅田和茂：《刑法总论》（补正版），成文堂 2007 年版，第 189 页。

对于私人逮捕现行犯而给嫌犯造成需治疗一周的伤害的案件，日本最高法院认为“根据社会一般观点处于逮捕所需的必要和相当的限度之内”，从而判决行为人无罪。[①] 对于私人为了逮捕现行犯而闯入他人住宅的行为，名古屋高等法院则认为私人并无逮捕现行犯的“义务”，因而判决行为违法。[②]

（二）基于政策理由的行为

这是指某种行为本来是违法的，但由于一定的政策上的理由，法令特别规定排除其违法性的情况。例如，根据《赛马法》发售赛马券，或者根据《自行车竞技法》发售赛车券，或者根据《彩票法》发行彩票的行为，虽然符合刑法规定的赌博罪或发售彩票罪的构成要件，但按照各自的法律阻却违法性。

这些行为实质上都在培养人的不劳而获的观念，这一点并不因是公共团体、银行实施还是个人实施而有区别。因此，从法益的观点要使这些行为合法化，实际上是不可能的。理论上一般认为这是基于政策理由而阻却这些行为的合法性，但其政策内容并不明确。如果仅仅是确保地方财政收入而使赌博合法化，其理由明显不充分。而且一方面鼓励公营赌博，另一方面又禁止私人赌博，显失均衡，也会助长非法赌博行为的蔓延，为黑社会组织的发展提供温床。因而也有学者主张单纯赌博罪非犯罪化。[③]

无论如何，这些行为原本是对社会有害的行为，只是基于其他政策上的考虑而例外地被加以容忍。但这些被容忍的行为所受的社会伦理评价，与被禁止的行为并没有差异。[④]

（三）法令有明示适法性的注意性规定的行为

这是指某种行为从社会伦理或利益衡量的观点来看就是合法的，但是法律又设置了注意性的适法规定。例如，根据《母体保护法》而实施的人工流产、根据《尸体解剖保存法》而实施的尸体解剖行为等，原本不需要这些法律就能够阻却违法性，不过法律又特别明示了适法性。

（四）劳动争议行为

所谓劳动争议行为，是指劳动者为了实现其主张而实施的罢市、罢工、关闭工厂等妨碍正常经营活动的行为。《日本宪法》第28条规定：“保障劳动者的团结权、团体交涉以及进行其他团体活动的权利。”据此，只要劳动者为行使团结权、团体交涉权以及争议权而实施的争议行为，即使符合犯罪的构成要件，也不具有违法性。日本的《劳动工会法》第1条第2款则明确规定，劳动工会的团体交涉以及其他行

① 日本最高法院1975年4月3日判决，载《最高裁判所刑事判例集》第29卷第4号，第132页。

② 名古屋高等法院1951年3月3日判决，载《高等裁判所刑事判例集》第4卷第2号，第148页。

③ ［日］浅田和茂：《刑法总论》（补正版），成文堂2007年版，第189~190页。

④ ［日］山中敬一：《刑法总论》（第2版），成文堂2008年版，第559页。

为，是为提高劳动者的地位而实施的正当行为，适用《刑法》第 35 条。不过该款但书又明确规定：“无论什么场合，不得将实施暴力理解为劳动工会的正当行为。”如果将这里的实施暴力理解为暴行罪中的暴行，那么它就不能阻却暴行罪的违法性。但现在理论上一般认为，这里的暴力应当是比暴行罪中的“暴行”程度更高的“不法行使力量”。[①]

争议行为只要是正当的，即使符合一定犯罪的构成要件，也不具有违法性。那么什么样的争议行为才是正当的呢？这需要进行具体的判断，即应对通过争议行为所要保护的劳动基本权与争议行为所侵害的一般的基本人权进行比较衡量，考虑前者是否具有优越的利益。用日本判例的话说，即“一般的基本的人权与劳动者的权利的调和”。[②]

具体而言，正当的劳动争议行为首先必须具有目的的正当性。当劳动争议的主要目的是提高劳动者的经济地位时，其目的显然是正当的。为了实现政治目的而实施的劳动争议行为，通说认为难以说是正当目的。[③] 不过，也有学者认为，如果劳动争议的主要目的是提高劳动者的经济地位，而附随有政治上的要求时，应视为正当目的。[④] 另有学者认为，当政治上的要求直接会带来劳动者经济地位的提高时，也属于正当目的。[⑤] 其次，正当的劳动争议行为应当具有手段的相当性。作为争议的手段，有同业罢工、消极怠工、接管工厂、罢市、封锁工厂等形态。在刑法上成为问题的主要有同业罢工及附随的阻扰上班、接管工厂等行为。

同业罢工行为本身不是犯罪，但在日本有邮电职员因罢工被以不处理邮件罪而起诉的案例。

阻扰上班的行为多数符合“威力业务妨害罪”的构成要件。日本判例的立场是：用和平的手段劝说工人不去上班而实施或继续罢工的，属于合法的争议手段。如果是使用了有形力来进行阻扰，则应当综合各种情况加以判断。[⑥] 在进行这种判断时，可罚的违法性理论能起到重要的作用。

接管工厂是指排除经营者而由劳动者自行组织生产活动的行为。日本的判例认为这种行为动摇了企业主的私有财产的根基，而禁止实施这种行为。[⑦]

公务员、国有企业的职员能否实施劳动争议也是一个问题。根据日本的《国家

---

① ［日］内藤谦：《刑法讲义总论》（中），有斐阁 1986 年版，第 479 页。

② 日本最高法院 1950 年 11 月 15 日判决，载《最高裁判所刑事判例集》第 4 卷第 11 号，第 2257 页。

③ ［日］团藤重光：《刑法纲要总论》，创文社 1990 年版，第 213 页。

④ ［日］福田平：《全订刑法总论》（第 4 版），有斐阁 2004 年版，第 172 页。

⑤ ［日］内藤谦：《刑法讲义总论》（中），有斐阁 1986 年版，第 482 页。

⑥ 日本最高法院 1975 年 11 月 25 日判决，载《最高裁判所刑事判例集》第 29 卷第 10 号，第 928 页。

⑦ 日本最高法院 1950 年 11 月 15 日判决，载《最高裁判所刑事判例集》第 4 卷第 11 号，第 2257 页。

公务员法》、《地方公务员法》等法律，禁止公务员实施联合罢工、怠工或者其他争议行为，或者使政府效率低下的怠工行为。但是对其争议行为本身没有规定处罚原则，仅对共谋、唆使、煽动、策划实施争议行为规定了处罚原则。对这种不处罚实体行为（争议行为），而只处罚前阶段行为或周边行为的立法，有的学者从立法的科学性角度提出了质疑。①

根据日本的《特定独立行政法人等的劳动关系法》之规定，国有企业的职员也没有劳动争议权，但这些法律中没有处罚共谋等争议行为的规定，只在《特别事业法》中对某些行为，如邮电工作人员不处理邮件的行为设置了罚则。那么对这些罢工行为能否适用《劳动工会法》第1条第2款而加以正当化呢？日本判例现在基本上持肯定态度（参见第十五章第三节）。

（五）宪法上的权利行为

宪法上的权利行为，也属于法令行为中的一种权利行为（也有学者将其视为超法规的违法阻却事由）。关于这一点，日本有两个著名的判例。

第一个判例是所谓的波波罗剧团事件。1952年在东京大学的波波罗剧团在校内演出期间，学生发现有便衣警察进入，便对之采取行动，没收了便衣警察的日记本，并从中发现了警察长期对学校实施的侦查活动。此后，这些学生被以违反暴力行为等处罚法第1条的名义起诉。第一审认为，比较衡量《宪法》第23条所规定的学术自由、大学自治和警察个人的法益，无疑前者更为重要，因而宣告学生无罪。一审显然是将学生们的行为理解为依照法令（宪法）的行为，二审也支持这一判决。但日本最高法院认为，学术自由、大学自治意味着教授等其他研究者的自由与自治，学生自治要视其效果才能被认可。本案的表演是一般公众都可以买票进入的，因而警察的进入不能说是侵犯了大学的学术自由和自治，从而将案件发回重审。这以后，一、二审都作出了有罪判决。②

第二个判例是所谓的舞鹤事件。1953年，在舞鹤归国者救护局宿舍，约700名从中国返回的人员召开归国者大会。晚上8点半左右，会议转为不公开，但救护局的职员甲被发现仍留在现场旁听。乙、丙两人在会场询问甲后，拿走了甲的笔记，又在食堂继续询问甲。凌晨1点左右乙回家，丙将甲带到另一房间进行监视。到凌晨2点左右，甲被其他职员救出。此后，乙、丙被以监禁罪起诉。第一审从行为目的的正当性、手段方法的相当性、保护法益与侵害法益的均衡等方面考虑，认为对甲身体自由的侵害，并没有超越对集会、结社、思想、表现侵害的程度，从而认为乙无罪，丙的行为虽然过当但免除刑罚。不过二审推翻了一审的意见，认为这种行为要正当化，还需要“按照行为实施时的具体情况属于紧急而不得已，不可能有其他代替手段或者其他代替手段显著困难”，从而增加了补充性要件，并以此认定两

① ［日］内藤谦：《刑法讲义总论》（中），有斐阁1986年版，第490页。

② 日本最高法院1963年5月22日判决，载《最高裁判所刑事判例集》第17卷第4号，第370页。

人有罪。最高法院也认为，被告人的行为“超出了社会通念所允许的限度，难以作为《刑法》第 35 条正当行为而阻却违法性。”①

从这两个判例来看，日本司法界对宪法上的权利行为的定性还存在争议。

二、正当业务行为

所谓正当业务，是指即使没有法律上的根据，也能认定为正当的业务。所谓业务，是指在社会生活上反复、继续实施的行为，并不要求一定是职业。在刑法上，正当业务行为成为问题的主要涉及以下几类情况：

（一）体育运动

摔跤、拳击、柔道等体育运动，经常会符合暴行罪的构成要件，但一般认为阻却违法性。其主要理由便是因为它们属于正当业务行为。不过如何判断体育运动正当化的范围呢？过去刑法理论上对这一问题的探讨很少。从各国判例看，也很少有关于体育运动刑事责任方面的内容。这主要是因为：第一，基于体育运动的文化特质，构建并实现了体育团体内部独立有效的裁判权。第二，国家一般也尽可能地遵照体育运动的这种文化特质，从而有意识地控制国家审判权的直接介入。而且国家的法律解释学也认可这一做法。第三，由于体育运动几乎难以避免自己或他人受伤，所以要证明对方具有伤害的意图或过失都是很困难的。②

近年来，随着体育运动的蓬勃发展及由之带来的对生命、身体侵害危险的加大，德、日刑法学界在正当业务行为的框架下，对体育运动排除违法性理由的探讨进一步深入，并形成了多种学说。当然，这些学说都以对体育规则的遵守的有无、程度作为基础。因为体育规则不仅能够保证体育运动富有魅力地顺利开展，也同时顾虑到了参与者身体安全的保护。

1. 被害者承诺说。

此说认为，体育伤害应以参与者确实的承诺为出发点。如果是故意严重地违反规则而引起伤害，则超出了承诺的范围。如果是过失地（如过度热心、轻率等）违反规则，除非造成特别重大的伤害，否则都应当根据被害者承诺而正当化，这样处理也不违反公序良俗。不过，当参与者的承诺中明确包含严重违反规则的行为，或者由于过失违反规则所产生的重大结果完全属于所承诺的危险的现实化时，都可以通过承诺加以正当化。③

2. 社会相当性说。

此说认为，在竞技规则范围内的行为，属于符合社会共同生活所承认的观念或

---

① 日本最高法院 1964 年 12 月 3 日判决，载《最高裁判所刑事判例集》第 18 卷第 10 号，第 698 页。

② ［日］须之内克彦：《对体育事故法律处理的现状》，载《中山研一先生古稀祝贺论文集》（第 4 卷），成文堂 1997 年版，第 137 页。

③ Jescheck, u. a., (Hirsch) StGB Leipziger Kommentar, 10. Aufl., 26 Lfg., 1981 § 226a, Rnd. 12.

要求的行为，因而该行为具有社会相当性。此外，竞技活动中从一开始就无法避免地作为经验积累的违反规则的行为（轻过失行为），也属于体育运动中具有相当性的行为，应该被允许。因此，只要是遵守规则的体育活动，或者虽然违反了规则但属于轻过失的行为，就具有社会相当性。①

还有持此说的学者进而认为，具有社会相当性的行为不是仅指行为的社会通常性，而应进行具体的目的论式的体系性考察。某些行为，如果按照一般社会生活的秩序要求必须科处刑罚，但作为体育运动行为的组成部分，则应当被允许，否则会损坏该运动的正常运行。例如，橄榄球中的身体接触是这项运动不可缺少的部分，因而其可罚的伤害程度，应高于日常的一般行为。②

3. 被允许的危险说。

此说认为，体育伤害的现象多种多样，因此有必要寻求多元的解决方法。应当从结果、规则、行为者的内心态度三个要素的不同排列组合方式来进行探讨，而主要应依据被允许的危险的法理，即遵守规则的行为，无论所造成伤害的形态或程度，都能够以具备社会相当性或缺少义务违反性为理由宣告无罪；而有意地造成伤害的情况，无论是否违反规则，都是违法行为，只是在《德国刑法法》第228条③的范围内存在根据具体的承诺而正当化的可能性。对于违反规则所造成的伤害，由于它既不具有社会相当性也缺乏对伤害的个别的、具体的承诺，所以只能根据被允许的危险的法理加以正当化。于是，在这种情况下，违反规则的程度就成为问题。原则上只能是轻微地违反规则的行为才能根据被允许的危险法理而正当化，重大的规则违反行为则不能据此正当化（但如果存在承诺，可以在《刑法》第228条的限度内加以正当化）。④

从以上各说看，德、日刑法学对于体育运动正当化根据的探讨有突破传统的正当业务行为限制的趋势，而日益将其作为一种独立的违法阻却事由加以处理。

（二）律师的辩护活动

律师的辩护活动只要在正当业务行为的范围之内进行即可，即排除行为的违法性。在司法实践中，律师的辩护活动主要涉及以下两类问题：

1. 律师的真实义务问题。

如何理解律师的真实义务，这是刑法理论长期探讨的问题。例如，被告人已经承认自己就是真正的犯人，此时律师是否还可以在法庭上为其作无罪辩护？毫无疑问的是，即使被告人已经供认，但如果这种供认本身并不一定正确，证据也不充分，

---

① Zipf, H., Einwilligung und Risikoübernahme im Strafrecht, 1970, S. 97ff.

② Dölling, D., Die Behandlung der Körperverleytung im Sport im System der strafrechtlichen Sozialkontrolle, ZStW Bd, 96, 1984, S. 57ff.

③ 《德国刑法典》第228条是关于“同意”的规定，即“在被害人同意的情况下所为之伤害行为，仅在该行为尽管被害人同意但违反良好风俗时，才是违法行为”。

④ Eser, A., Zur strafrechtlichen verantwortlichkeit des Sportlers, insbesondere des Fußballspielers, JZ 1978, s. 371ff.

那么律师当然可以作无罪辩护。问题是，如果发现了此前未发现的、对被告人不利的证据，律师该如何处理就成为难题。理论上一般认为，即使将这种事实告诉警察、检察官或者法院，也应阻却泄露秘密罪的违法性；而如果不告诉，也不成立隐灭证据罪（如果积极地取得并毁灭该证据，则可能成立隐灭证据罪）。

如果律师阻止真正犯人的自首，而让替身继续参与审理程序并最终结案，此时能否追究律师的隐匿犯人罪的刑事责任？理论上一般认为，律师对所接手的案件具有尽最大善意的职责，因此这是不被允许的行为。但该行为是否需要作为隐匿犯人罪加以处罚，则是另外的问题。一种观点认为，在律师地位提高、律师自治已经确立的现代社会，这种情况交由律师协会进行惩戒处分就足够了。①

2. 辩护活动与名誉毁损罪的成立。

律师的辩护活动可能符合名誉毁损罪的构成要件，此时能否阻却违法性，应看该行为是否在正当业务行为的范围之内，即应根据利益衡量的原则加以确定。②

对此，日本曾有著名的所谓“丸正名誉毁损事件”。1955 年 5 月，静冈县丸正运输店的女性经营者在店中被杀，警察逮捕了长途卡车司机甲、乙。两人在一审和二审判决中都被认定为有罪。在此事件的二审审理过程中，作为律师的丙、丁认为真正的犯人是被害人的兄弟。他们在提出上诉书的同时，还召开记者会，说明上诉书的内容。在上诉被驳回之后，两名律师又出版了名为《告发》的著作，提出同样的主张。

后来，被害人的兄弟以名誉毁损罪起诉丙、丁，两人在一审、二审中都被认定为有罪。于是，他们向日本最高法院提出上诉。但是，最高法院驳回了丁的上诉（丙在上诉期间死亡）。最高法院认为：“要适用《刑法》第 35 条（即正当行为的规定——笔者注），不仅该行为必须是为了辩护而实施的行为，还需要考虑行为的具体状况等各种情况，它必须是从法秩序整体的角度得到认可的行为。”具体而言，必须考虑：(1) 其行为是否是具有法律根据的职务活动；(2) 和实现辩护目的之间具有什么样的联系；(3) 在被告人自身实施的场合，违法性是否被排除等因素。据此，最高法院认定：“（被告人的）该行为，属于诉讼之外的救援活动，和辩护目的之间的联系具有显著的间接性，超出了正当辩护活动的范围。”③ 不过，也有学者认为，“虽然揭发真犯人并非辩护活动轻易应该做的事情，但问题在于，日本刑事审判的现状要不这么做，冤案就难以昭雪。考虑到辩护活动与法院外的支援活动如果不能结合地进行，就难以达到目的的现状，那么就很难说（上述律师的院外活动）与辩护目的的关联是间接的”。④

---

① ［日］浅田和茂：《刑法总论》（补正版），成文堂 2007 年版，第 194 页。

② ［日］山中敬一：《刑法总论》（第 3 版），成文堂 2015 年版，第 612 页。

③ 日本最高法院 1976 年 3 月 23 日判决，载《最高裁判所刑事判例集》第 30 卷第 2 号，第 229 页。

④ ［日］浅田和茂：《刑法总论》（补正版），成文堂 2007 年版，第 195 页。

（三）新闻机关的采访活动

新闻机关的采访活动，是保护新闻自由、国民知情权的必不可少的活动。在很多情况下，当采访活动与被采访报道对象的隐私、名誉或公务员的保守秘密义务发生冲突时，也应当保护采访活动的顺利开展。这就涉及采访活动作为正当业务行为的界限问题。

1. 拒不透露消息来源行为的定性。

在新闻记者被以证人身份传唤，要求说明新闻来源时，记者拒不说明，是否成立拒绝作证罪？对此，日本曾有相关判例，即所谓的“石井记者事件”。

1949年4月26日，《朝日新闻》报道了税务署职员受贿事件的逮捕执行情况。由于报道的内容和实际情况极其接近，因此怀疑检察院内部或者法院内部有职员泄露了消息。于是就将报道该新闻的记者石井召到法院进行证人询问，但石井以替消息来源保密是新闻记者的义务为理由拒绝回答，结果，被以拒绝作证罪（《刑事诉讼法》第161条第1款）起诉。

日本最高法院认为，作证义务是国民的重大义务，《宪法》第21条[①]并没有赋予新闻记者特别的权利，因此，否定了拒绝作证权。[②]

对此判决，有学者认为，如果不承认记者的采访自由和保守消息来源的权利，那么就不可能充分地获取情报。特别是就公务有关的事项，为了保证国民的知情权，该项权利是不可或缺的。应当由法律从正面对这项权利加以认可。[③]

2. 采访手段的合法性问题。

记者为了获取新闻而打探国家秘密，甚至劝说、诱导公务员说出所知秘密，是否超出了采访活动作为正当业务行为的范围？日本的最高法院曾针对所谓的“外务省泄密事件”作出过专门判决。

该案的大致案情是：甲是日本每日新闻社东京本社编辑局政治部的记者，负责外务省的报道。在1972年日美就冲绳归还给日本一事达成秘密协议的过程中，被告人利用其和外务省女性审议官乙在旅馆有性关系的事实，让乙将有关冲绳回归日本的谈判资料提供给他。事情暴露后，乙被以泄露秘密罪、甲被以该罪的教唆犯起诉。一审法院判决乙的罪名成立，而甲的行为作为采访活动不失其正当行为性，因而宣告甲无罪。但二审法院改判甲构成犯罪。

此后，最高法院认为，“新闻机关有关国政的采访行为在探知国家秘密这一点上，与公务员的保密义务存在对立抗拒，有时候还伴有诱导、唆使的性质。为此，仅因为新闻机关出于采访的目的而唆使公务员泄露秘密，便马上推定该行为具有违

---

① 《日本刑法典》第21条规定：“保障集会、结社及言论、出版等其他一切形式的表现自由。不允许对其进行检阅，不得侵犯通信秘密。”

② 日本最高法院1952年8月6日判决，载《最高裁判所刑事判例集》第6卷第8号，第974页。

③ ［日］浅田和茂：《刑法总论》（补正版），成文堂2007年版，第196页。

法性，是不合适的。新闻机关反复执拗地劝说或要求公务员的行为，只要是真正出于报道的目的，其手段、方法比照法秩序的整体精神具有相当性，能为社会观念所认可，便应该认为该采访行为是欠缺实质违法性的正当业务行为。但是，即使是新闻机关，无疑也没有在采访中不当侵害他人权利、自由的特权。如果采访的手段、方法伴随有行贿、胁迫、强要等触犯一般刑罚法令的行为，理所当然不被允许；即便其手段、方法并未触犯一般刑罚法令，但如果严重蹂躏了作为采访对象个人的人格尊严，按照法秩序的整体精神，不为社会观念所认可，也必须说是逾越了正当的采访活动的范围，具有违法性”。从而认为被告人甲的行为已经逾越了正当的采访活动的范围。①

从此案判决来看，一审重视的是对国家秘密和国民知情权的比较衡量，从而宣告甲无罪；而最高法院重视的是采访活动手段、方法的相当性。将违法性阻却原理求之于社会相当性的学者多数支持最高法院的判决。② 而以法益衡量作为违法性阻却基本原理的学者一般认为，最高法院的判决将伦理判断混入法律判断之中，是不妥当的。③ “基本上应将作为被告人行为目的的报道利益，与由此产生的国家（即全体国民）的不利益加以衡量，再加上秘密不得不勉强公布的必要性、紧急性如何，有无其他的手段、方法等因素，进行实质的违法性判断”，④ 从而基本赞同一审的判断。

（四）治疗行为

1. 治疗行为的概念与性质。

治疗行为是指出于治疗的目的，采用医学上得到认可的方法对患者身体所实施的医疗措施。大陆法系刑法理论一般区分治疗行为与医疗行为两个概念。例如，日本学者认为，医疗行为除了治疗行为之外，还包括预防、发现疾病等诊断观察行为。⑤ 意大利学者也认为，合法的医疗手术包括：“（1）治疗性行为；（2）治疗——实验性行为；（3）纯粹实验行为；（4）纯粹美容行为。”⑥ 显然，其中第一种属于治疗行为，后三种则不属于治疗行为。日本学者一般认为，纯粹美容的手术不能以治疗行为为理由加以正当化，而只能根据被害人承诺的一般理论来加以正当化。而治疗——实验性行为以及纯粹实验行为属于人体试验的范畴，有其特殊性，应单独研究。所以这里只探讨治疗行为的问题。

治疗行为中常见的截肢、开腹等外科手术，是否符合伤害罪的构成要件，理论

---

① 参见［日］恒光徹：《采访活动的界限——外务省泄密事件》，载《判例刑法百选Ⅰ（总论）》（第5版），有斐阁2003年版，第38页。

② ［日］大谷实编：《判例讲义刑法Ⅰ（总论）》，悠悠社2001年版，第45页。

③ ［日］内藤谦：《刑法讲义总论》（中），有斐阁1986年版，第527页。

④ ［日］前田雅英：《刑法总论讲义》（第4版），东京大学出版会2006年版，第314页。

⑤ ［日］山中敬一：《刑法总论》（第3版），成文堂2015年版，第601页。

⑥ ［意］杜里奥·帕多瓦尼：《意大利刑法学原理》（注评版），陈忠林译，中国人民大学出版社2004年版，第144页。

上有不同看法。第一种观点认为，这种行为是为了维持或增进患者的健康而实施的，因而不符合伤害罪的构成要件（治疗行为非伤害罪说）;① 第二种观点认为，构成要件应尽可能地进行客观的、形式的判断。这些外科手术行为本身符合伤害罪的构成要件，但作为治疗行为，属于正当业务行为的一种，因而阻却违法性（治疗行为伤害罪说）;② 第三种观点认为，如果并非重大的伤害又存在被害者的同意，那么治疗行为便不符合伤害罪的构成要件。如果是摘除内脏、取出眼球、截肢等得到患者同意而又影响到身体重大机能的治疗行为，则符合伤害罪的构成要件，但作为正当业务行为阻却违法性（折中说）。③ 目前，第二种观点是日本的通说。

2. 治疗行为的要件。

一般认为，治疗行为的要件包括治疗的目的、医学适应性与医术正当性、患者的同意三个方面。

第一，治疗的目的。

治疗的目的是否属于治疗行为的必备要件，存在必要说和不要说的对立。必要说又可以进一步分为主观说和客观说。主观说认为治疗行为需要行为人主观上具有治疗目的，即治疗目的属于主观的正当化要素。基于试验目的而实施的行为即使偶然取到了治疗效果，也不能作为治疗行为而正当化。④ 客观说认为，治疗目的是医学适应性所客观征表的目的。美容整形手术、变性手术等不具有医学适应性的行为，就没有治疗目的。⑤ 不要说则认为，除医学适应性和医术正当性之外不再需要“治疗目的”。⑥

第二，医学适应性与医术正当性。

所谓医学适应性，是指该治疗行为是维持患者生命、健康所必要的行为。所谓医术正当性，是指该治疗行为采用了现代医学所公认的方法，按照现代的医疗技术属于正当的。如果所采用的方法是在现代医学上没有得到普遍认可的方法，但偶然收到了治疗的效果，此时，一部分学者认为，该行为如果属于治疗的最后手段，那么应承认具备医术的正当性;⑦ 但另一部分学者认为，这种情况已经属于人体试验行为，不能按照治疗行为加以正当化。⑧

---

① ［日］金泽文雄:《医疗与刑法》，载［日］中山研一等编:《现代刑法讲座》（第 2 卷），成文堂 1979 年版，第 125 页。

② ［日］浅田和茂:《刑法总论》（补正版），成文堂 2007 年版，第 197 页。

③ ［日］山中敬一:《刑法总论》（第 3 版），成文堂 2015 年版，第 601 页。

④ ［日］木村龟二著、阿部纯二增补:《刑法总论》，有斐阁 1978 年版，第 289 页；［日］福田平:《全订刑法总论》（第 4 版），有斐阁 2004 年版，第 175 页。

⑤ ［日］山中敬一:《刑法总论》（第 3 版），成文堂 2015 年版，第 602 页。

⑥ ［日］内藤谦:《刑法讲义总论》（中），有斐阁 1986 年版，第 531 页；［日］浅田和茂:《刑法总论》（补正版），成文堂 2007 年版，第 198 页。

⑦ ［日］山中敬一:《刑法总论》（第 3 版），成文堂 2015 年版，第 603 页。

⑧ ［日］甲斐克则:《被验者保护与刑法》，成文堂 2005 年版，第 12 页；［日］前田雅英:《刑法总论讲义》（第 4 版），东京大学出版会 2006 年版，第 312 页。

医术正当性要求治疗手段必须具有相当性。例如，幼儿在看牙医时紧张得不敢张嘴，此时牙医拍打了该幼儿的脸颊，致其面部受到需治疗 5 日的跌打伤。对此法院认为，牙医的行为如果要作为正当业务行为而正当化，“不仅需要该力量的使用是单纯出于治疗目的，而且其形态程度也必须在社会相当性的范围之内”。[①] 又如，医生为了减缓患者冻伤的疼痛而长期使用麻醉药，法院对此认为“一般而言有形成药物依赖性的危险。因此长时间随意反复地使用麻醉药，即使其名义是为了镇静、缓和患者的疼痛，但欠缺使用麻醉药的必要性和相当性”。[②]

第三，患者的同意。

治疗行为以患者的同意为要件。未经患者同意的所谓“专断的治疗行为”，如果具备医学适应性与医术正当性，应如何处理？例如，乳腺病患者在手术前明确表示一旦诊断为癌症，宁可死亡也不接受乳腺全切手术。但医生在确诊后为了防止癌细胞的转移而按照医学上的正确方法切除了患者的乳房。对此，第一种观点认为，它仅仅侵犯的是患者的自由决定权，即属于对自由的侵害。如果手术成功，则不可罚，仅是不法行为；如果失败，仅在患者有明示的反对意见的情况下成立过失犯。[③] 第二种观点认为，第一种观点有一定的道理，但刑法并没有专门的侵犯意思自由的犯罪的构成要件规定。考虑到现在“患者利益的自我觉醒”、“自我决定权的展开”，有必要确认专断的治疗行为的法益侵害性。因而，无论在治疗上有多充分的理由，都成立伤害罪。[④] 也有学者认为，成功的手术一般缺乏可罚的违法性。[⑤] 第三种观点认为，成功的专断治疗行为，阻却结果的违法性，但仍有行为的违法性，因而成立伤害未遂（暴行罪）。[⑥]

患者的同意以医生的说明作为前提，这就是“知情同意原则”（informed consent）。医生的说明义务包括手术行为对身体的侵袭，治疗的种类、目的、替代手段、紧迫度，侵袭的结果（包括术后的状态、失败的概率、附随效果的危险性等）及必要性，等等。在医生尽了自己的说明义务之后，患者可以行使同意或不同意的权利。同意的权限原则上属于患者自己。同意以患者具有同意能力、对治疗行为的意义和效果了解为前提。在患者意识不清无法行使同意权时，只要患者曾有过同意的意思，便可以援用推定的同意。患者家属的意见在用于推定患者的意思时，不属于代理。在患者属于幼儿或精神病人时，由其亲权者或监护人代行同意。但年少者与精神病人并非一定没有同意能力，对此应进行具体的判断。同意需出于患者的自

---

① 大阪高等法院 1977 年 12 月 23 日判决，载《判例时报》第 897 卷，第 124 页。

② 钏路地方法院 1972 年 4 月 5 日判决，载《刑事裁判月报》第 4 卷第 4 号，第 717 页。

③ ［日］金泽文雄：《医疗与刑法》，载［日］中山研一等编：《现代刑法讲座》（第 2 卷），成文堂 1979 年版，第 136 页。

④ ［日］前田雅英：《刑法总论讲义》（第 4 版），东京大学出版会 2006 年版，第 309～310 页。

⑤ ［日］浅田和茂：《刑法总论》（补正版），成文堂 2007 年版，第 199 页。

⑥ ［日］野村稔：《刑法总论》（补订版），成文堂 1998 年版，第 256 页。

愿，强制、胁迫、欺罔所造成的同意是无效的。

三、安乐死、尊严死

安乐死（euthanasia）与尊严死（death of dignity），在德国被称为临死介助（Sterbehilfe）。日本也有学者认为安乐死与尊严死的表述本身就带有肯定评价的意味，因而中立意义上的临死介助更为合适。[①] 不过基于约定俗成的习惯，日本多数学者还是使用安乐死与尊严死这种说法。

（一）安乐死

1. 概念与类型。

所谓安乐死，是指在患者濒临死亡，承受难以忍受的剧烈的身体痛苦时，基于其嘱托而实施的消除其痛苦或提前其死期的行为。[②] 根据安乐死是否会伴随有生命的缩短，通常可以分为以下四类：

第一，纯粹的安乐死。这是指不会带来生命的短缩，而单纯以减少、去除死亡痛苦为目的而实施的行为。例如，对于马上就要过世的患者使用麻醉药，减轻其临终前的痛苦。纯粹安乐死属于合法的治疗行为，因而不产生刑法上的问题。[③]

第二，间接的安乐死。这是指以去除、减缓死亡痛苦为目的而采取的措施，其副作用造成了生命的缩短的情况，也称为治疗性安乐死。一般认为，间接安乐死属于合法行为。至于其理由有各种观点。第一种观点认为，虽然间接安乐死的行为符合同意杀人罪的构成要件，但只要符合一定的要件就具有社会相当性，因而阻却违法。[④] 第二种观点认为，间接安乐死属于治疗行为，因而阻却违法。[⑤] 第三种观点认为，这是基于患者的自我决定权的行为，除了具有减缓、去除痛苦的利益之外，也失去了对患者生命加以监视保护的必要性。[⑥]

第三，消极的安乐死。这是指为了不延长直面死亡的患者的痛苦而不采取或者终止维持生命的治疗措施。[⑦] 一般认为消极安乐死也属于合法行为。其根据在于，由于患者行使拒绝治疗的自我决定权，所以医生也就不具有作为义务。[⑧] 不过，消极的安乐死也可能产生后述尊严死的问题，因而近来成为很多国家讨论的热点问题

---

① ［日］浅田和茂：《刑法总论》（补正版），成文堂2007年版，第213页。

② ［日］川端博：《刑法各论讲义》，成文堂2007年版，第29~30页。

③ ［日］日高义博：《违法性的基础理论》，成文堂2005年版，第97页。

④ ［日］团藤重光：《刑法纲要总论》，创文社1990年版，第226页。

⑤ ［日］内藤谦：《刑法讲义总论》（中），有斐阁1986年版，第536页。

⑥ ［日］甲斐克则：《临死介助与刑法》，载《犯罪与刑罚》第9号，第104页。

⑦ ［日］只木诚：《积极的安乐死与缓和医疗》，载［日］井田良等编：《山中敬一先生古稀祝贺论文集》（下卷），成文堂2017年版，第41页。

⑧ ［日］金泽文雄：《刑法与道德》，一粒社1984年版，第218页。

之一。[①]

第四，积极的安乐死。这是指为了免除患者的痛苦，而提前结束其生命的情况。[②] 积极的安乐死是否属于违法行为，理论上有不同看法。

第一种观点认为，积极的安乐死仍然违法。因为生命是至高无上、不可取代的利益，无论基于何种理由，缩短人生命的行为都不能正当化。只能根据具体案件的情况认为它阻却责任。[③]

第二种观点认为，在积极的安乐死中，行为人既具有责任能力也具有违法性意识的可能性，并非不具有遵从规范作出意思决定的可能性，因而不是纯粹的阻却责任事由。但由于缺乏处罚的必要，因而阻却可罚的责任。这也就意味着必须严格限定积极的安乐死阻却可罚的责任的要件。[④]

第三种观点认为，积极的安乐死只要符合一定的条件，就能够阻却违法性。至于其理由，又有以下不同论述：

有的学者以法益衡量说或优越的利益说为前提，认为将缩短残存的极有限的生命这种法益侵害的程度与消除难以忍受的肉体痛苦这种利益进行比较衡量的话，显然后者的利益更为优先。再加上存在被害人的承诺，因而应当阻却违法。[⑤] 这是一种结果无价值论的观点。

有的学者从社会相当性说的角度出发，认为在患者濒临死亡的情况下，尊重患者的自我决定权，缩短其本已短暂的生命来免除其死前的痛苦，这符合人道主义的精神，具有社会相当性。[⑥] 这是一种行为无价值论的观点。

还有的学者将自己的观点称为跛行的结果无价值论，认为如果不存在结果无价值就不存在违法性，但违法性的判断又不限于结果无价值，还必须考虑违法性减少方向上的行为无价值性。因此，对于积极的安乐死而言，虽然患者的剩余生命已经短暂，但第三者人为缩短这种生命的行为，尽管存在被害人承诺，仍然具有结果无价值性。不过由于其目的是消除患者的痛苦，又尊重了患者的自我决定权，只要手段具有相当性，就应当认为减少了行为无价值性，因而阻却违法。[⑦] 这实际上是一种二元论的观点。

2. 积极的安乐死的合法化条件。

积极的安乐死合法化需要具备哪些条件，刑法学界看法不一。日本曾经在两个

---

① ［日］只木诚：《积极的安乐死与缓和医疗》，载［日］井田良等编：《山中敬一先生古稀祝贺论文集》（下卷），成文堂 2017 年版，第 39 页。

② ［日］日高义博：《违法性的基础理论》，成文堂 2005 年版，第 98 页。

③ ［日］曾根威彦：《刑法总论》（第 4 版），弘文堂 2008 年版，第 127 页；［日］浅田和茂：《刑法总论》（补正版），成文堂 2007 年版，第 214 页。

④ ［日］山中敬一：《刑法总论》（第 3 版），成文堂 2015 年版，第 743 页。

⑤ ［日］前田雅英：《刑法总论讲义》（第 4 版），东京大学出版会 2006 年版，第 321 页。

⑥ ［日］福田平：《全订刑法总论》（第 4 版），有斐阁 2004 年版，第 176 页。

⑦ ［日］日高义博：《违法性的基础理论》，成文堂 2005 年版，第 101 页。

与积极安乐死有关的案件判决中，对此作了详细的说明。

第一个是名古屋高等法院的判决。案情是：被告人的父亲因脑出血致全身不遂，长期卧病在床。且食欲减退，身体逐渐衰弱，四肢弯曲，只要稍微移动就会极端疼痛，加上常常打嗝两三小时而不停止。在此痛苦欲绝的情况下，其父亲不时大叫“我要早死”、“杀了我”。有一天医生告诉被告人，其父亲的生命只剩七天到十天。被告人于是认为帮助父亲提前结束生命、免除病痛是自己能够最后为父亲尽孝的行为。便在牛奶中掺入农药，由不知情的母亲喂食，导致其父亲毒发身亡。

对此案，判决指出安乐死合法化的条件包括：（1）根据现代医学知识和技术，确诊患者得了不治之症，且濒临死亡。（2）患者有难以忍受的肉体痛苦，其疼痛达到任何人看了都难以忍受之程度。（3）必须仅以减缓患者的死亡痛苦为目的。（4）在患者仍然意识清楚、能表明意思的场合，必须有本人的真挚的嘱托或者承诺。（5）原则上由医师执行。若不能由医师执行，必须存在足以认可无法由医师执行之特别情况。（6）执行方法在伦理上必须是妥当的，能够被接受的。法院认为此案中被告人的行为不符合第五、第六个要件，因而成立《日本刑法典》第202条规定的受嘱托杀人罪，判处其惩役1年，缓期3年。①

从名古屋高等法院判决指出的第四个条件看，本人的同意并非安乐死正当化的绝对要件。而第二、第三个条件则意味着为了拯救处于难以忍受的痛苦中的人而实施的杀害行为不违法。因此，日本学术界认为，这一判决的理论核心并不在于尊重本人的意愿，而是基于对人类的同情和人道主义的动机。但以对人类的同情为理由而将杀害行为正当化，与纳粹政权的“抹杀无价值生命”的所谓“慈悲杀人”具有相同的论理。因而，该判决被认为违背了二战后对纳粹非人道行为真挚反省的国际潮流。而且，到1995年横滨法院的判决之前，日本的法院基本上都根据名古屋法院提出的六个条件进行安乐死合法与否的判断，而没有任何一个案件作出了无罪判决。因而名古屋法院的判决被评价为“事实上的安乐死禁止判决”。现在日本学术界基本没有学者赞成这一判决的理论论述。②

第二个是横滨地方法院的判决。案情是：被告人甲是东海大学附属医院的医生，负责某癌症晚期患者乙的治疗。乙当时的情况是生命只剩下短暂的几天时间，呼吸急促如鼾声，对疼痛刺激全无反应。在乙的长子丙的强烈要求下，甲于午夜零时停止了对乙的输液等治疗行为。此后，丙又恳求甲，表示希望让父亲能稍舒适地离世，以便早点将乙的遗体带回家。甲听后为了抑制乙如鼾声般的呼吸，明知可能加速乙的死亡，仍然于下午7时使用了有抑制呼吸副作用的镇静剂和抗精神病药物，药量为通常情况下的2倍。然而，乙的呼吸仍然急促。丙再次质问甲，甲决定按照丙的要求结束乙的生命。下午8点35分左右，甲基于杀意给乙注射了通常用量2倍的具

① 名古屋高等法院1962年12月22日判决，载《高等裁判所刑事判例集》第15卷第9号，第674页。

② ［日］日高义博：《违法性的基础理论》，成文堂2005年版，第152页。

有引起心脏骤停副作用的药物，继而又注射了未经稀释的能引起心脏停止跳动的另一种药物，导致乙死亡。法院判决甲成立故意杀人罪，在酌情减轻的基础上，判处甲2年惩役，缓刑2年。[①]

此判决的重要意义，首先，横滨地方法院在判决书中改变了名古屋判决对积极安乐死所提的六个条件，即变更了名古屋判决中的“人道主义”论理，而根据“患者自我决定权”的理论重新界定了积极安乐死的条件。[②] 横滨地方法院认为，医生进行的积极安乐死应具备以下四个条件：（1）患者面临难以忍受的肉体痛苦。（2）患者的死亡不可避免，且死期临近。（3）所有消除、缓解患者肉体痛苦的方法都已用尽，除了死亡没有其他替代手段。（4）患者有明示的意思表示承诺缩短生命。其次，判决书在“旁论”中对非起诉对象的中止治疗行为以及间接的安乐死的成立要件也作了详细的论述。关于中止治疗行为的论述将在后面尊严死的内容中介绍。判决认为间接的安乐死以治疗行为性及患者的自我决定权为依据，因而只需要具有患者的推定的意思即可，也就是认可根据患者事前的意思表示或家属的意思表示所进行的推定。而积极安乐死以紧急避险的法理和自我决定权为依据，患者必须具有明示的意思表示。[③]

对比名古屋高等法院提出的六个条件和横滨地方法院提出的四个条件，可以看出第一、二个条件是共通的。关于消除、缓解患者肉体痛苦这一条件，名古屋高等法院是专门作为目的加以规定的，而横滨地方法院则进而要求没有其他替代手段这一补充性原则。名古屋高等法院认为患者明示的意思表示并非成立安乐死的必备条件，而横滨地方法院则认为这是必不可少的要件。名古屋高等法院要求安乐死原则上由医生实施，但也允许特殊情况下不由医生实施。横滨地方法院判决则没有明示这一要件。不过，学者们多认为横滨地方法院所判之案件本身就是由医生实施，而从其他要件的表述看也意味着以医生实施为前提。此外，名古屋高等法院要求执行方法在伦理上必须是妥当的，能够被接受的。这一点在横滨的判决中没有明示。不过，对于名古屋高等法院的这一要求，当时就有学者批评为过于模糊。学术界也认为横滨地方法院的第三个要件就已经考虑了执行方法的合理性问题。[④]

由于横滨地方法院的判决认为积极的安乐死以患者明示的意思表示为前提，所以也有学者认为“本判决事实上封杀了末期医疗中的安乐死”，因为末期患者往往已经不可能作明确的意思表示。[⑤]

日本迄今为止在司法审判上存在8件安乐死案件，最后全部认定被告人构成杀

---

① 横滨地方法院1995年3月28日判决，载《判例时报》第1530号，第28页。

② ［西班牙］赫塞·昂帕特（José Llompart）、［日］秋叶悦子：《人的尊严与生命伦理·生命法》，成文堂2007年版，第153页。

③ 横滨地方法院1995年3月28日判决，载《判例时报》第1530号，第28页。

④ ［日］立石二六编著：《刑法总论30讲》，成文堂2007年版，第98页。

⑤ ［日］町野朔：《“东海大学安乐死判决”备忘录》，载《法学家》（ジュリスト）第1072号，第108页。

人罪或嘱托杀人罪，不过所有的被告人都被判处了缓刑。①

（二）尊严死

1. 概念。

所谓尊严死，有广义、狭义的不同理解。狭义的尊严死是指对没有治愈希望的、处于生命晚期状态的患者停止维持生命的治疗，使其保持人的尊严而体面地迎接死亡。广义的尊严死，则还包括对陷于不可逆转的、意识丧失状态的所谓植物人停止特别治疗措施的情况。②

尊严死与安乐死存在区别。首先，尊严死针对的是处于人工维持生命状态下的患者。患者并非正在经历难以忍受的剧烈痛苦，因而也就不存在减缓、消除死亡痛苦的问题，而是停止无益的延命治疗的问题。停止治疗的行为会提前患者的死亡时间，符合杀人罪或故意杀人罪的构成要件，是否违法就值得探讨。其次，在人工维持生命的状态下，患者不能作出停止治疗自然死亡的明确意思表示。所以被害人承诺的认定较之安乐死更为困难。③

2. 性质。

关于尊严死的性质，存在多种观点。

第一，构成要件符合性阻却说。此说认为，取走人工呼吸机等行为，属于由作为方式实施的不作为犯。在患者虽然没有脑死亡，但脑部机能已经没有恢复希望的情况下，不符合杀人罪的构成要件。④

第二，违法性阻却说。此说认为，处于生命晚期的人应当具有选择以何种方式迎接死亡的自我决定权。医生遵照患者的自我决定权而中断治疗的行为，属于合法行为。⑤

第三，责任阻却说。此说认为，生命是具有绝对性的价值，无论以何种理由都不允许缩短其时间。停止延命治疗的行为意味着缩短生命，因而是违法的，只能作为责任阻却的问题加以考虑。⑥

第四，可罚的责任阻却说。此说认为，取走生命维持装置行为，不阻却违法。但由于该患者的生命本身已经无法得到救助，又存在明示的或推定的患者的意思表示，在缺乏确保人的尊严的同时又能延长生命的手段时停止治疗行为，期待可能性减少，也欠缺处罚的必要性，因而阻却可罚的责任。⑦

---

① ［日］只木诚：《积极的安乐死与缓和医疗》，载［日］井田良等编：《山中敬一先生古稀祝贺论文集》（下卷），成文堂2017年版，第42页。

② ［日］高桥则夫：《刑法总论》（第3版），成文堂2016年版，第336页。

③ ［日］日高义博：《违法性的基础理论》，成文堂2005年版，第103页。

④ ［日］齐藤诚二：《刑法中生命的保护》，多贺出版1987年版，第341页。

⑤ ［日］町野朔：《患者的自我决定权与法》，东京大学出版会1986年版，第184页以下。

⑥ ［日］团藤重光：《刑法纲要总论》，创文社1990年版，第227页。

⑦ ［日］山中敬一：《刑法总论》（第3版），成文堂2015年版，第750页。

3. 合法性条件。

如果根据患者的自我决定权将尊严死合法化，那么其就必须具备相应条件。前述横滨地方法院判决对停止治疗行为作了阐述。判决指出，停止治疗行为（所谓的尊严死），根据患者自我决定权理论（终止无意义的治疗而使患者在保持人的尊严的情况下迎接自然死亡）以及医生的治疗义务不包括上述无意义的治疗这种理论，在一定条件下是被允许的。具体而言，它应当具备以下条件：（1）患者患有不可能治愈的疾病，没有恢复希望并处于无法避免死亡的晚期状态。“由于判断患者是否处于不可避免的死亡状况在医学上是存在困难的，因此应由复数的医生反复作出诊断。”（2）存在患者停止治疗的明确意思表示。如果不存在明确的意思表示，则承认对患者意思的推定。患者自己事前的意思表示是认定推定意思的有力证据。如果不存在事前的意思表示，也允许根据家属的意思表示来推定患者的意思。（3）作为停止治疗的对象，包括药物疗法、人工透析、人工呼吸机、输血、补充营养水分等治疗疾病的措施与疗法，也包括维持生命的治疗措施。①

参考横滨地方法院的判决，学者们多认为尊严死应具备如下条件：（1）患者处于医学上恢复不能的状态。（2）以某种形式确认了患者终止治疗迎接自然死亡的意愿。（3）终止治疗是基于医学判断而采取的措施，因而医生应进行必要事项的记录。（4）停止治疗当然包括停止积极的治疗，但由于其方法本来就是人为的，因而根据病情也可以采取停止鼻孔插管或静脉注射等补充营养的措施。②

如果患者意思清楚明确，如患者从一开始就拒绝使用呼吸机，医生遵照患者的意愿不进行治疗，那么即使患者死亡，这种作为（或不作为）都是合法的。医生尊重患者希望中断已经开始的人工延命治疗意愿而停止治疗的情况也是如此。问题在于，这种情况（例如，关闭输氧设备的行为）属于作为还是不作为？对此，多数学者认为其属于不作为。

如果患者已经无法表达自己的意思，此时应如何处理？这就涉及所谓事前的意思表示（living will）的问题。

日本尊严死协会大力推广的《尊严死宣言书》表示，由于本宣言书是在笔者意识正常状态下制作的，因此，“只要在我意识状态正常的时候，自己没有制作废除或者撤回该宗旨的文书，就一直有效”，另外，“在我数月以上陷入所谓植物人状态的时候，请对我放弃一切维持生命的措施”。对此宣言书，有学者批评说它是非常危险的宣言。因为它可能导致只要患者曾经有过书面的尊严死宣言，此后只要没有书面撤回，即使患者具有意识，其意思表示也被忽视的局面。有鉴于此，日本尊严死协会1990年又编写了《尊严死——为了充实的生活》，对尊严死宣言书作了若干修改。例如，明确指出“在我丧失意识，头脑不清，无法决定自己的命运时，本书作为我的意思表明文书，希望得到承认”。“本书只要我没有撤回就一直有效，而我

---

① 横滨地方法院1995年3月28日判决，载《判例时报》第1530号，第28页。

② ［日］加藤久雄：《医事刑法入门》，东京法令出版2005年版，第484页。

随时可以撤回本书。”从而缓解了人们对前一宣言书的担忧。但什么是头脑不清，其标准仍然是含糊的，他人仍有可能以患者头脑不清为理由否定患者后来撤回尊严死的意思表示，所以并没有消除所存在的基本问题。①

此外，日本学术会议1994年5月26日在《死亡与医疗特别委员会报告——关于尊严死》中就终止延长生命医疗提出如下条件：（1）从医学上看，患者已经陷入了不可能恢复的状态（仅仅是处于植物人状态还不充分）。（2）患者在具有意思能力时，表明了希望尊严死的意思（该意思表示在任何时候都可以撤回）。（3）终止行为作为基于医学判断而采取的措施，应由医生进行（希望是在患者近亲属同意的基础上进行）。②

日本存在实质上涉及尊严死判断的判决，即所谓“川崎协同医院事件”。心肺停止的病人经过抢救后恢复了心肺功能，但意识没有恢复，大脑脑干机能严重受损，一直处于昏迷状态，通过人工呼吸机维持生命。作为被告人的主治医师，向病人的妻子及家属说明了病人意识难以恢复处于植物状态的可能性很高的事实，病人家属表示病人一旦呼吸恶化就不用人工呼吸机。数日后，病人妻子请求拔管。被告人认识到病人可能因此死亡仍实施了拔管行为。看到病人呼吸困难的样子还指示护士静脉注射肌肉松弛剂，病人呼吸和心跳随后停止。对此案日本最高法院认为：“在拔管之前，没有实施判断患者剩余生命时间所必需的脑电波等检查，发病至此时只有两周时间，对其恢复可能性及剩余生命时间等都没有作出准确判断。被害人在案发时虽然处于昏迷状态，本案的拔管也是基于家属的请求，但这种请求……并不是建立在充分告知被害者病情等准确情况的基础之上，也不能认为上述拔管行为是基于被害人的推定的意思。因此，上述拔管行为不符合法律上许可的治疗中止行为。”“本案的拔管行为与注射肌肉松弛剂的行为合起来构成杀人行为。”③

本案显然不符合安乐死的条件。它并非单纯的中止治疗，还包括注射肌肉松弛剂的行为，只能是属于尊严死范畴的问题。但也明显不符合尊严死合法化的条件。

四、自救行为

所谓自救行为，是指自己或他人的权利受到违法侵害，在无法通过法律程序等待国家机关的救助，而如果不马上采取适当的保全行为，就不可能或者明显难以恢复权利的情况下，依靠自己的力量救济权利的行为。④ 例如，失主某日在路上看到盗窃犯驾驶自己的汽车，在犯人企图逃跑时，强令其停车并使用武力夺回该车的行为，就是一种自救行为。

---

① ［日］浅田和茂：《刑法总论》（补正版），成文堂2007年版，第216页。

② ［日］死亡与医疗特别委员会：《死亡与医疗特别委员会报告——关于尊严死》，载《法学家》（ジュリスト）第1061号，第70页。

③ 日本最高法院2009年12月7日判决，载《最高裁判所刑事判例集》第63卷第11号，第1899页。

④ ［日］山中敬一：《刑法总论》（第3版），成文堂2015年版，第584页。

自救行为也是一种紧急行为。它与正当防卫的区别在于，正当防卫是在侵害正在发生时实施的，而自救行为是在侵害终了之后，仅有不法的法益侵害状态延续时所实施的。在此意义上，正当防卫属于事前救济，自救行为则属于事后救济。本来，在法治国家中，权利的救济只能通过法定的程序加以进行，原则上不允许自力救济。但是，在等候国家机关的救济已经不可能或非常困难的情况下，只要不动摇法律的稳定性和人们对法秩序的信赖，应当允许严格条件下自救行为的合法化。在此意义上，自救行为属于超法规的违法阻却事由。

在自救行为中，侵害一方的权利状态尚未确定，属于负面利益。而自救行为人的利益根据个人的权利保全原则和法确证原则属于正面的利益。在衡量双方的基础上追求优越的利益，就是自救行为正当化的根据。①

对于自救行为的要件，一般认为必须具备以下条件：（1）存在对权利的违法侵害。（2）如果不实施自救行为，恢复权利事实上不可能或显著困难。（3）行为具有恢复权利的效果。（4）行为具有相当性。（5）法益具有均衡性。② 有的学者在此基础上还增加“基于自救意思而实施”这一要件。③

五、义务冲突

（一）概念

所谓义务冲突，是指同时存在互不相容的多项义务时，为了履行其中的某项义务，而不得已不履行其他义务的情况。例如，两名未成年子女同时落水，父亲只能拯救其中的一人；或者两名病危患者被同时送往医院，但医院仅有一台人工呼吸机，只能抢救其中一人的情况。就前者而言，父亲对两名子女都负有救助义务；就后者而言，医生对两名患者都负有诊治义务，但他们都只能履行其中一项义务。

（二）类型

根据不同的标准，可以对义务冲突作不同的分类：首先，根据冲突产生的原因，可以将义务冲突分为论理的义务冲突与实质的义务冲突。论理的义务冲突是指法律上的义务之间发生的抽象的、论理的冲突；实质的义务冲突是指与具体状况相联系的事实上的两个以上法律义务发生冲突，且不能同时履行的情况。不过，也有学者认为，论理的义务冲突可以通过对法律条文的规范论理的解释来加以解决，因而该种冲突只不过是一种表面现象。④ 其次，根据相冲突的义务的不同类型，可以将义务冲突分为：（1）数个不作为义务的冲突。这是指行为人具有数个不作为义务，而哪一个都无法履行的情况。例如，德国卡尔斯鲁厄州高等法院 1983 年 8 月 22 日曾审判过这么一个案件：当汽车驾驶员意识到自己因疏忽而进入高速公路的逆向车道，

---

① ［日］内藤谦：《刑法讲义总论》（中），有斐阁 1986 年版，第 445 页。

② ［日］浅田和茂：《刑法总论》（补正版），成文堂 2007 年版，第 216 页。

③ ［日］川端博：《刑法总论讲义》（第 2 版），成文堂 2006 年版，第 372 页。

④ ［日］山中敬一：《刑法总论》（第 3 版），成文堂 2015 年版，第 579 页。

那么就处于不能停车、不能前进、不能后退、不能拐弯的进退失据的状态。此时，无论行为人选择哪一种行为，都违反法律的禁止规定（所谓天才驾驶员案例）。[①]（2）作为义务与不作为义务的冲突。这是指行为人同时负有作为义务与不作为义务，只能履行其一的情况。例如，医生为了避免其他人受到感染而违反保守秘密的义务，将因职务而得知的秘密泄露给他人的情况。（3）作为义务与作为义务的冲突。这是指行为人同时负有两个以上作为义务，只能履行其一的情况。例如，两名未成年子女同时落水，父亲只能拯救其中的一人的情况。

上述三种类型是否都属于刑法中的义务冲突？德国学者耶赛克持肯定态度。[②]日本学者多认为数个不作为义务冲突的情况，如前例中如果司机采取调头的方式，属于紧急避险。而作为义务与不作为义务冲突的情况，日本判例认为也属于紧急避险的问题。因而，义务冲突真正涉及的只有作为义务与作为义务相冲突的情况。[③]不过，也有学者认为后两种情况都属于义务冲突。[④]

（三）要件

一般认为，义务冲突的成立条件包括：（1）同时存在数个不相容的义务。（2）冲突状况的引起不能归责于行为人。即使同时存在数个义务，但如果有充分的可能逐一履行的话，就不存在义务冲突的问题。（3）为了履行一方的义务除了侵犯其他义务外别无办法。这又被称为补充性要件，是义务冲突的本质要件。虽然同时存在数个不相容的义务，但如果可以通过对某项义务采取代替措施从而履行其他义务的话，就不具备补充性要件。例如，子女两人同时落水，但如果能够委托他人救助其中一个而自己救助另一个的话，就欠缺补充性要件。

在义务冲突的成立条件中，值得研究的是，义务的范围是否包含道德义务？例如，证人在前往法院出庭作证的路上为了救助素不相识的落水儿童而导致无法按时出庭作证，此时行为人的行为是否违法呢？

第一种观点认为，义务冲突中的义务只限于法律义务。“关于冲突的两个义务的范围虽然有所议论，但都应该理解为法律义务。”[⑤] 日本最高法院也采取这一立场。例如，对于新闻记者不愿意泄露新闻来源的案件，最高法院认为刑事诉讼法并没有赋予新闻记者拒绝作证权，所以支持了原审的有罪判决。判决认为保守材料来源的秘密是新闻界一般公认的社会伦理上的义务，但不是作为法律判断对象的义务，因而不成立刑法中的义务冲突。[⑥]

---

① OLG Karlsruhe，Juristenzeitung，1984. 240.

② ［德］汉斯·海因里希·耶赛克、托马斯·魏根特：《德国刑法教科书（总论）》，徐久生译，中国法制出版社 2001 年版，第 442 页。

③ ［日］山中敬一：《刑法总论》（第 3 版），成文堂 2015 年版，第 580 页。

④ ［日］大塚仁等编：《大注解刑法》（大コンメンタール刑法）（第 2 卷）（第 2 版），青林书院 1999 年版，第 302 页。

⑤ ［日］木村龟二著、阿部纯二增补：《刑法总论》，有斐阁 1978 年版，第 276 页。

⑥ 日本最高法院 1952 年 8 月 6 日判决，载《最高裁判所刑事判例集》第 6 卷，第 976 页。

第二种观点认为，义务冲突中的义务不仅包括法律义务，也包括道德义务。[①]

第三种观点认为，虽然单纯的道德义务或宗教义务不能成立义务冲突中的被履行义务，但那些与法律具有某种联系或受到法律承认的道德义务也可以成为义务冲突中的义务。[②]

（四）解决基准

一般认为，解决义务冲突的问题，应遵照以下原则：（1）牺牲价值高的义务而履行价值低的义务，属于违法行为。（2）牺牲价值低的义务而履行价值高的义务，属于合法行为。（3）同价值的义务任意履行其中之一，都是合法行为。

牺牲价值高的义务而履行价值低的义务，属于违法行为。但根据具体情况，有探讨责任阻却或减少的余地。[③]

牺牲价值低的义务而履行价值高的义务的情况之所以阻却违法，是基于“优越的利益原则”或“选择较小损害的原理”。

同价值的义务任意履行其中之一的情况之所以阻却违法，是基于“不可能情况下无义务”的原理。如果行为人同时履行两个义务是不可能的，法律就不会赋予他们这种义务。[④] 也有学者认为这种情况属于不可抗力，从而否定不作为的实行行为性。[⑤]

不过，也有少数学者认为同价值的义务任意履行其中之一，不能阻却违法，而是阻却责任。例如，对于紧急避险的性质采取在生命对生命、身体对身体的情况下阻却责任的违法性阻却二分说，认为同样情况下的义务冲突属于阻却责任。[⑥] 德国学者耶赛克等也认为，等价的义务冲突有三类情况，即作为义务与不作为重合、两个等价的作为义务冲突和两个等价的不作为义务冲突。在这些场合，因为是不能衡量的义务或等价义务之间的冲突，无论怎样选择都是违法的，所以行为的合法化被否定，但可能成为阻却责任事由。[⑦]

---

① ［日］大嶋一泰：《义务冲突》，载［日］阿部纯二等编：《刑法基本讲座》（第3卷），法学书院1992年版，第105页。

② ［日］森下忠：《义务冲突的法律构造》，载《法经学会杂志》第32号。第6页。

③ ［日］关哲夫：《讲义刑法总论》，成文堂2015年版，第248页。

④ ［日］团藤重光：《刑法纲要总论》，创文社1990年版，第204页。

⑤ ［日］浅田和茂：《刑法总论》（补正版），成文堂2007年版，第263页。

⑥ ［日］木村亀二著、阿部纯二增补：《刑法总论》，有斐阁1978年版，第265页。

⑦ ［德］汉斯·海因里希·耶赛克、托马斯·魏根特：《德国刑法教科书（总论）》，徐久生译，中国法制出版社2001年版，第443~445页。

第十七章　有责性的变革

第一节　责任理论概述

一、责任的概念

“责任”这一用语在刑法上有两种含义。广义的责任意味着行为人必须接受刑法处罚的法律地位，即刑事责任。它是一个与政治责任、社会责任相对应的概念。狭义的责任，即有责性，是指对行为人意思决定的非难可能性，[①] 它以客观上存在违法事实为前提，是德、日犯罪论体系中刑法评价的第三阶段。对于符合构成要件的违法行为，还需要从具体的、实质的、主观的观点进行刑法上的有责性评价。所以，责任是指对符合构成要件的违法行为就处罚必要性问题从非难可能性的观点进行的评价。

二、责任主义的含义

“没有责任就没有刑罚”这种责任主义是近代刑法的基本原则之一。责任主义可以分为广义的责任主义和狭义的责任主义。狭义上的责任主义指的是行为人只有兼备责任能力与故意或过失等条件时，才能受到非难并被追究责任。该原则也被称为“归责中的责任主义”，其标志性口号是“无责任则无刑罚”。广义的责任主义除了包含狭义的责任主义，还包含“量刑中的责任主义”。“量刑中的责任主义”是指“刑罚必须与责任之量成比例”，即责任是量刑的基准。[②]

一般认为，责任主义还可以分为消极的责任主义与积极的责任主义。当责任主义被作为限定犯罪成立的原理时，被称为消极的责任主义（“无责任则无刑罚”）。与此相对，有责任就一定要科处刑罚的原理被称为积极的责任主义（“有责任则有刑罚”）。[③] 不过，也有学者认为“责任在成为刑法根据的同时，也具有限定刑罚的

---

① ［日］藤木英雄著、船山泰范补订：《刑法》（第3版补订2版），有斐阁2008年版，第50页；［日］林干人：《刑法总论》（第2版），东京大学出版会2008年版，第38页。

② ［日］川端博：《刑法总论讲义》（第2版），成文堂2006年版，第55页。

③ ［日］曾根威彦：《刑法总论》（第4版），有斐阁2008年版，第133页。

机能，因而这样区分二者，并不妥当”。[①] 但区分消极的责任主义与积极的责任主义的观点还是主流观点。

积极的责任主义认为，即使没有特殊预防与一般预防的必要也应当对行为人科处与其责任相对应的刑罚。刑法学通说否定这种积极的责任主义而提倡消极的责任主义。“消极的责任主义的主旨在于，没有责任时不应科处刑罚。不仅如此，即使在有责任时，从一般预防、特殊预防的观点来看，其他制裁或处分适当时，就应当控制刑罚的适用。”[②]

一般认为，（消极的）责任主义的主要内容包括：第一，没有非难可能性的行为不受处罚。换言之，只能对符合构成要件的违法行为科处刑罚。这是最广义的责任主义，也是各责任要素解释、判断时的指针。这里的非难可能性针对的是行为人本人的行为，意味着只能就行为人个人的行为对其加以非难，即所谓个人责任。第二，没有故意与过失的行为不受处罚，即所谓主观责任。它意味着仅有客观的法益侵害或者危险还不能对行为人进行处罚，只有当这些发生的法益侵害或者危险能够在主观上归责于行为人时，才能够追究行为人的责任。结果责任以及英美法系所采用的严格责任（具备一定的客观状况即拟制具有故意或过失）被大陆法系学者认为违背责任主义。第三，刑罚的量不能超出责任的量（量刑中的责任主义）。[③] “‘责任’概念在量刑中的主要作用，在于针对过度的预防考虑设定限定，在此意义上发挥‘刑罚限定机能’。”[④] “责任主义……不仅意味着科处刑罚必须以存在责任为前提，而且意味着刑罚不得超出责任的量。这种将责任的存在作为刑罚的条件，责任的量限定刑罚的量（量刑中的责任主义）的原则，称为消极的责任主义。”[⑤]

责任主义包括主观责任和个人责任。主观责任指的是“不能仅以客观上发生了法益侵害或侵害的危险为理由来处罚行为人，只有当行为人具备了责任能力、故意或过失（心理的责任）并且具有适法行为的期待可能性时，才有可能非难行为人并对其进行处罚”。[⑥] 主观责任是与客观责任、结果责任相对应的概念。坚持主观责任便预示着将客观责任和结果责任排除在外。个人责任是指“只能就行为人自己实施的个人行为对其进行非难，不能以行为人属于某一团体为理由使其为他人的犯罪承受处罚”。[⑦] 个人责任同团体责任相对应而存在。在古代日耳曼盛行的氏族间的血亲复仇、中世纪欧洲盛行的没收财产以及在日本的律令制中，连坐（关于官吏的公罪，一起从事公务的同一官府内的官吏共同处罚）与缘坐（处罚犯人的家族或家

---

① ［日］大谷实：《刑法讲义总论》，黎宏译，中国人民大学出版社 2007 年版，第 282 页。

② ［日］西田典之：《新版共犯与身份》，成文堂 2003 年版，第 284 页。

③ 参见［日］曾根威彦、松原芳博编集：《重点课题刑法总论》，成文堂 2008 年版，第 108 页。

④ ［日］城下裕二：《量刑理论的现代的课题》，成文堂 2007 年版，第 4 页。

⑤ ［日］山中敬一：《刑法总论》（第 3 版），成文堂 2015 年版，第 622 页。

⑥ ［日］曾根威彦：《刑法总论》（第 4 版），有斐阁 2008 年版，第 133 页。

⑦ ［日］曾根威彦：《刑法总论》（第 4 版），有斐阁 2008 年版，第 134 页。

人）均为团体责任的典型表现。近代以来，团体责任被个人责任所取代。

三、责任主义的贯彻

一般认为，责任主义有以下三种表现形式：第一，不能就行为人没有责任的“行为”对其科处刑罚；第二，不能就行为人没有责任的“结果”来加重其刑罚；第三，不能仅以行为人的“危险性”作为刑罚的加重原因。①

在刑法解释学上，对于以下问题与责任主义的关系，存在争议：

第一，结果加重犯中基本行为与加重结果之间的关系，即对于重结果是否要求行为人要有过失？“从责任主义的角度来看特别成为问题的是被称为结果加重犯的犯罪类型。”②

第二，关于法人犯罪的代罚规定与两罚规定，能否理解为对业主或法人实行无过失责任？对此，理论上存在无过失责任说、过失拟制说、过失推定说、转嫁处罚说等多种观点，其中哪些符合责任主义，哪些违背责任主义？

第三，各国刑法都规定对故意犯以外的犯罪的处罚“以法律有特别规定为限”，这是否意味着只要有法律的规定，即使没有过失也能够作为犯罪加以处罚？

第四，作为责任或责任故意的要件是否要有违法性认识或违法性认识的可能性？理论上存在的违法性意识不要说是否违反责任主义？

第五，判断过失存在与否的标准与责任主义之间的关系应如何理解？关于过失的成立标准存在主观说、客观说、折中说三种不同观点，这些观点是否都符合责任主义的要求？

第六，期待可能性的判断标准与责任主义之间的关系应如何理解？关于期待可能性的判断标准存在平均人标准说、行为人标准说、法规范标准说等不同观点，这些观点是否都符合责任主义的要求？

第七，处罚“原因自由行为”是否违背责任主义？如果不违背，如何解释两者之间的关系？③

第八，量刑时责任与预防之间的关系应如何理解？作为量刑基准的责任主义，意味着刑罚必须与责任的轻重成比例。但现在各国在量刑时都考虑行为人的性格与犯罪的动机等因素，这是否违反责任主义？

第九，客观的处罚条件是否是责任主义的例外？所谓客观的处罚条件，是指即使构成了犯罪，但只要不存在该要件就不能进行处罚的条件。理论上一种很有影响的观点认为客观的处罚条件不是主观故意的认识对象，是责任主义的例外，如何看待这种观点？④

---

① ［日］曾根威彦：《刑法总论》（第4版），有斐阁2008年版，第134~135页。

② ［日］井田良：《讲义刑法学·总论》，有斐阁2008年版，第40页。

③ ［日］大塚仁等编：《大注解刑法》（大コンメンタール刑法）（第3卷）（第2版），青林书院1999年版，第9~11页。

④ ［日］川端博：《刑法总论讲义》（第2版），成文堂2006年版，第60~61页。

第二节　责任观念的演变

一、责任非难本质的演变

关于责任非难的本质，首先产生的是道义责任论。道义责任论从意思自由论的立场出发，认为人具有选择意思的自由。因此，当行为人能够选择其他合法的行为，具有“他行为可能性”时，仍然选择不实施合法行为而实施符合构成要件的违法行为，就可以对行为人进行道义上的非难。刑罚就是作为这种非难的体现的报应刑。道义责任论是旧派刑法学的责任论。

随着新派刑法学的兴起，社会责任论应运而生。社会责任论从意思决定论的立场出发，认为人是由素质和环境所决定的宿命的存在，人没有选择合法行为避免违法行为的自由，即没有意思自由。犯罪人之所以要负担责任，不是从道义上对他加以谴责，而是为了防卫社会的需要。所谓责任，是对社会有危险的人被社会科处作为社会防卫手段的措施的法律地位。新派刑法学提倡社会责任论，他们一般主张用特别预防的保安处分取代刑罚的地位。

道义责任论与社会责任论的对立随着学派之争的结束逐渐走向缓和。旧派学者很早就开始否定前述的绝对的自由意思论，而提倡相对的意思自由论，即人们的意思一方面受到素质和环境的制约，另一方面在最终的意思决定阶段又存在自由的意思决定的余地。这样，修正的道义责任论也就应运而生。修正的道义责任论认为责任是就自由范围内的行为，按照社会伦理而对行为人所施加的道义上的非难。与此相应，刑罚也由绝对的报应刑转变为考虑教育、改善内容的相对的报应刑。

从新派的立场看，也逐渐修正了先前意思决定论的观点。他们将此前的意思决定论称为严格的意思决定论，而提倡所谓柔软的意思决定论，即人的意思虽然遵循因果法则而被决定。但人是否自由并不在于是否被决定，而在于根据什么被决定。具体而言，人的精神构造或人格具有生理的层面和规范心理的层面。前者是由素质和环境所决定的，而后者则具有自由性。基于这种柔软的意思决定论，学者们也提倡以一般预防、特别预防为根据的要求罪刑均衡的抑制刑论。①

现在，在德、日刑法理论中，法的责任论成为一种有影响力的观点。法的责任论认为刑法中的责任非难，是从作为社会统治手段的法的立场所进行的非难。法的责任论的前提是认为刑法的任务在于保护法益，因而法的责任就是对违反法规范行为所进行的非难。由于刑法上的责任是从法的立场所进行的非难，所以与社会伦理上的道义非难并不完全一致。例如，13 岁少年所实施的违法行为也具有道义上的非难可能性，但不具有刑法上的责任。反过来说，确信犯往往是基于社会伦理的义务感而实施行为，因而难以进行道义上的非难，但可以进行法律上的非难使之成为处

---

① ［日］浅田和茂：《刑法总论》（补正版），成文堂 2007 年版，第 270~271 页。

罚对象。法的责任论意味着当可以使用刑罚这一手段进行非难，即具有值得处罚的责任时，就具有刑法上的责任。在这个意义上，属于可罚的责任。

法的责任论认为人的意思并非无原因的，而是受到因果法则的支配，从而与传统的认可形而上学的无限制自由的道义责任论具有明显区别，而与社会责任论较为接近。但它又认为，只有当行为人具有自我决定的自由，即保留有实施其他行为的可能性时才可以进行责任的非难，因而又与道义责任论如出一辙。①

法的责任论，试图将报应刑论的长处——即明确体现客观主义意义上的罪刑均衡这一刑罚限定原理——纳入其中，同时又排斥其道义、伦理色彩这一缺点。不过，也有学者批评说，法的责任论在诀别道义责任论这一消极意义上内容是清晰的，但其积极意义上的内容则不明确。而且，如果这种“非难”不是伦理上的非难，而是价值中立的非难的话，那么其能否被称为“非难”也存在疑问。②

二、责任非难对象的分歧

在责任非难的对象是什么的问题上，存在行为责任论、性格责任论与人格责任论的对立。

行为责任论认为责任非难的对象是一个一个的犯罪行为，当然也就包括指向各行为的意思，因而也被称为个别行为责任论或意思责任论。行为责任论遵循了近代刑法基本原则之一的行为原理的要求，到目前仍是德、日刑法理论的通说。根据行为责任论，思想与人格不属于责任非难的对象。同一行为也不因行为人的不同身份而受不同的非难。

性格责任论认为责任非难的对象不是各个具体的行为，而是行为人的具有社会危险性的性格，也被称为社会责任论。性格责任论认为应受处罚的不是行为而是行为人，行为不过是行为人危险性格的“征表”。行为人即使没有实施犯罪行为，也可能被追究责任。这种性格责任论与人权保障的观点直接相冲突，现在已经不再有支持者。

人格责任论认为责任非难的对象是行为人自主形成的人格。它是 20 世纪 30 年代末 40 年代初由德国学者梅茨格尔和博克尔曼所提出的理论。人格责任论认为人格包括受素质和环境所决定的宿命的部分以及行为人有责形成的部分，可以对后一部分人格进行非难。具体而言，梅茨格尔的理论被称为行状责任论。它认为有责的人格形成责任，是由日常生活的行为状况所导致的。只要这种行为状况可以改变，就可以对人格进行非难。博克尔曼的理论被称为生活决定责任论。它认为人格责任的基础在于行为人采取何种生活态度的这种决断，强调意思责任的要素。

---

① ［日］曾根威彦：《刑法总论》（第 4 版），有斐阁 2008 年版，第 139 页；［日］平野龙一：《刑法总论 I》，有斐阁 1972 年版，第 60 页。

② 参见［日］曾根威彦、松原芳博编集：《重点课题刑法总论》，成文堂 2008 年版，第 113 页。

日本学者团藤重光进一步发展了人格责任论。他认为，责任第一次应当是行为责任，必须以行为人的行为为基础。但在行为的背后存在受素质和环境制约，同时也是通过行为人的主体性努力而形成的人格，可以就这种人格形成中的人格态度对行为人进行非难。在这个意义上，第二次应当考虑人格形成责任。团藤重光将人格形成责任与行为责任结合起来，将其统称为人格责任。①

人格责任论的提出主要是为了合理解释常习犯加重法定刑的根据，同时致力于使不定期刑正当化。但也有学者批评说，不仅对行为而且对人格都要进行道义上的非难，这种积极责任主义的思想过于苛刻。而且，“人格形成的过程是很复杂的，几乎不可能区分行为人有责的部分与无责的部分。这样看来追究人格形成的责任是存在疑问的”。②

此外，日本学者平野龙一还提出了实质的行为责任论。他以缓和的决定论为出发点，认为人的意欲，一方面要遵从法则，另一方面又是左右结果的一个要素。此说与人格责任论不同，人格责任论认为，行为人越具有人格相当性，自由意思的余地就越小，责任就越轻。与此相对，此说认为，人格、环境的性质本身影响责任的轻重。“如果行为是作为人格与环境的相互作用的必然结果而产生的，那么，只要环境并不异常，此人或者具有同样人格的人，实施犯罪行为的危险就大。”“原则上，越是人格相当，换言之，规范的人格层的‘特质’越相当，责任就越重。”此说认为，缓和的决定论意味着，人的自由不是是否被决定的问题，而是被什么决定的问题；“在刑法上，可以通过社会的非难来决定就是自由的”，“刑罚也利用了人的意志所具有的法则性，从而使将来的行为人以及一般人在相同事态下不实施犯罪行为”。③ 对这种观点，也有学者批评说，它实质上是一种性格责任论，与新派的思想相通。只要行为具有人格相当性，责任就变重，这不是个别行为的非难，而是对人格或性格的非难。④

三、责任要素内容的演进

在责任要素的内容方面，责任观念经历了从结果责任论到心理责任论到规范责任论再到部分学者提出功能责任论等新的责任理论的演变过程。

（一）结果责任论

结果责任论是人类最早形成的一种责任观念，它的着眼点在于行为造成的危害结果，而不在于行为人在主观上是否认识到这种结果。不需要主观过错的“绝对责任”大量地存在于17世纪以前的法律中。“‘无犯罪意图的行为不受处罚’……这一观念在古代世界并非颠扑不破的真理。事实上，在古希腊人的认识中，意图与惩

---

① ［日］团藤重光：《刑法纲要总论》，创文社1990年版，第259~264页。

② ［日］福田平：《全订刑法总论》（第4版），有斐阁2004年版，第185页。

③ ［日］平野龙一：《刑法的基础》，东京大学出版会1969年版，第28、29、44页。

④ ［日］山中敬一：《刑法总论》（第3版），成文堂2015年版，第633页。

罚的不相关性是通过传说表达的。例如，在俄狄浦斯的故事中，俄狄浦斯无意识中杀害了自己的父亲（这一事件是他还是婴儿时促使父亲抛弃他的预言的实现），尽管弑父非出于他的自愿，但恶名与罪行还是一起降临到他身上。”①

结果责任完全以客观后果来追究责任，因而也就意味着：第一，不仅是人的行为，风雨雷电等自然现象如果造成了损害后果，同样需要承担刑事责任。“如果一头牛误伤了一个男人或女人，致其死亡，那么，该牛同样要被砸死，而且它的肉不能被食用。”“有一次，一个小男孩掉进一口盛满牛奶的锅里溺死了，这口锅就被没收了”。② 第二，只要属于某个团体的行为人实施了犯罪行为，那么该团体中的其他成员均要因此承担刑事责任。这就是所谓的团体责任。第三，结果责任并非不区分故意与过失，但故意、过失的意义仅在于处罚的轻重不同，而并非犯罪成立的必备要素。

（二）心理责任论

心理责任论是取代结果责任论而兴起的责任理论，它在刑法史上具有不可低估的意义。因为心理责任论强调，不能仅因为发生了客观后果而这种后果与人的行为有关就可以进行处罚，人需为之负责的是与自己的主观相联系的事物，这一原则奠定了现代意义上的责任基础，克服了人的物化，在刑法中体现了人的尊严。

心理责任论是自然主义的责任论，受到实证主义哲学的直接影响。它认为责任能力是责任的前提，故意、过失是责任的种类。就具体内容而言，心理责任论主张行为人的心理关系是责任的实体。根据不同的心理关系，责任形式可分为故意与过失，责任即包括故意、过失两种责任形式的心理态度。19 世纪末的德国犯罪论体系认为，犯罪的客观要素属于不法，主观要素属于责任。而心理责任论就是同该犯罪论体系适应的责任理论。

心理的罪责概念将罪责理解成精神事实，因此，不得不纠缠于（至少在法律上无法解决的）人类的意志自由问题而不得其解。③ 由于心理责任论没有明确作为故意与过失的上位概念的责任的实质，难以说明紧急避险阻却责任的根据，也难以解释无认识的过失，所以到了 20 世纪以后逐渐为规范责任论所取代。

（三）规范责任论

规范责任论是受新康德主义哲学思想影响而产生的责任理论。它从与法律规范关系的角度来理解责任，主张作为故意与过失上位概念的责任，其实质在于非难可能性。在进行非难可能性的判断时，仅有故意、过失、责任能力是不够的，还要求

① ［爱尔兰］J. M. 凯利：《西方法律思想简史》，王笑红译，法律出版社 2002 年版，第 31~32 页。

② ［英］J. W. 西塞尔·特纳：《肯尼刑法原理》，王国庆、李启家等译，华夏出版社 1989 年版，第 6~7 页。

③ ［德］乌尔斯·金德霍伊泽尔：《刑法总论教科书》（第 6 版），蔡桂生译，北京大学出版社 2015 年版，第 210 页。

行为人在行为时存在实施合法行为的期待可能性。也就是说，要对行为人进行非难，必须能够期待行为人在当时不实施违法行为而实施其他合法的行为。

规范责任论并不意味着全盘否定心理责任论，而是以心理责任论为前提建立起来的理论。[①] 将期待可能性作为核心的规范责任论是一种实质性的责任概念，它在许多国家已成为压倒性的通说。

规范责任论也受到一些批评，如认为它没有回答是什么决定了行为人能够按照法律的要求去行动。“规范的罪责概念将罪责看成是个规范的结构，而该规范的结构是建立在社会对于自由和可答责的行为的理解之上的，故而，虽然将罪责视为规范的结构并没有错，但是也使得这种罪责概念具有高度的不确定性，而且显得内容空洞。”[②] 因此，学界又出现了功能责任论等新的责任理论的主张。

（四）功能责任论

功能责任论近年来产生了很大的影响。雅科布斯是功能责任论的最早提倡者之一。他认为，责任的根据在于预防的目的，所谓责任是指一般预防的负责（Generalpräventive Zuschreibung）。雅科布斯认为，刑罚是由目的决定的，只有目的才能为责任概念赋予内容。处罚犯罪是为了维持人们对一般性规范的信赖，即教化人们遵守规范所认可的事情。换言之，刑罚的目的在于一般预防，它的内容不在于威吓，而在于使被犯罪行为破坏的社会秩序逐步安定化（积极的一般预防）。从这种刑罚目的出发，责任概念不是仅面向将来的概念，而是为了使刑法发挥作用，使秩序安定化地面向现在的概念。犯罪行为背叛了法共同体的预期，使法共同体失望；这一失望要通过认定使法共同体失望的行为有责来弥补。在追究行为的有责性的场合，成为问题的是违法行为是否属于对法欠缺忠诚性的表现，行为人能否与其行为的违法性拉开距离。换言之，在责任中对行为人的动机而言，哪些重要的因子属于行为人的任务范围之内，哪些因子是其无法支配的，区分这一点非常重要。雅科布斯的责任概念依存于社会体制，只有与具体的社会体系相联系才能使责任概念具体化。

雅科布斯理论的创新性在于将预防纳入责任范畴内，主张责任与预防具有共同的本质，它们都是由行为人是否忠诚于法规范、在何种程度上忠诚于法规范所决定的。“责任和预防只是同一个事物的不同侧面。”但他的观点也受到不少批评。这些批评意见集中体现为以下几点：

第一，以预防取代报应，将人工具化。雅科布斯从一般预防的观点放弃或牺牲了责任原理的可罚性限定机能。在功能的责任概念中，责任不是行为人个人的问题，而是为了实现对法的忠诚的训练、对秩序的信赖的安定化而不可避免需要追究的东西。这使个人成为服务于社会稳定的工具，体现了将个人手段化的思想，违反了人

---

① ［日］浅田和茂：《刑法总论》（补正版），成文堂2007年版，第272页。

② ［德］乌尔斯·金德霍伊泽尔：《刑法总论教科书》（第6版），蔡桂生译，北京大学出版社2015年版，第210页。

的尊严。[①]

第二，方法论上的循环论证。雅科布斯主张罪责与其行为可能性无关，而仅是表明行为人欠缺对法的忠诚，所以社会认为行为人需要对这种欠缺负责。这是一个依靠循环论证建立起来的归责理论，将罪责单纯当作刑法归责的结论，即借罪责解释归责，同时以归责解释罪责，最后无论如何提不出任何本质的理由。[②] 为什么规范稳定是必要的，怎样的规范稳定才需要借助于刑法，这些问题雅科布斯都没有给予真正的回答，即“难以找出一个标准来确定：什么对于秩序信赖的稳定是必要的，及何种对秩序的破坏不必以刑罚的手段加以处理”。[③]

第三，缺乏法的实效性。雅科布斯强调预防概念的重要性，将罪责完全取决于法官对恢复秩序信任的必要性，而非取决于行为人的错误行为。以罪责来决定不法的内涵，最终会动摇人们对法规范的信赖，引起社会体系的恐慌，而使社会体系几乎不能稳定。[④]

罗克辛也被归类为功能责任论的提倡者。与雅科布斯完全以预防需求来展开责任理论不同，罗克辛主张以答责性取代原来的责任阶层作为犯罪论体系的第三阶层，即答责性是责任和预防必要性的上位概念，只有同时具备责任和预防必要性，才可适用刑罚。他认为责任是指尽管存在规范的应答可能性，但仍然实施不法行为，即当行为人行为时：（1）其精神状态处于能应答规范号召的状态；（2）心理上具有做出以规范为指导的行为决定之可能性；（3）在具体案件中存在成年人都具备的心理控制的可能性，这时就能肯定行为人的责任。这种责任不是不可能证明的假说，而是涉及经验科学的智识。责任是经验的材料与规范的材料的混合。首先，原则上控制能力与规范的应答可能性是根据经验认定的。与此相对，实施适法行为的可能性，则是规范的要求。简言之，他主张以行为人对规范的反应能力作为罪责的实质基础，并以需罚性作为罪责阶层的建立基础（应罚性属于不法阶层）。他认为，将预防需求的必要性纳入答责性的阶层，并不会破坏罪责原则的功能。罪责是刑罚的前提，没有罪责，即使预防需求再大，刑罚制裁也不能被合法化。预防的必要性只是对进一步限制刑法的干涉，对罪责行为可罚性的限制是依据预防必要性的要求而不是罪责原则作出的。[⑤]

---

① ［日］山中敬一：《刑法总论》（第3版），成文堂2015年版，第631页。

② 参见［德］许乃曼：《刑法上故意与罪责之客观化》，郑昆山、许玉秀译，载《政大法学评论》第50期。

③ ［德］克劳斯·罗克辛：《德国刑法学总论》（第1卷），王世洲译，法律出版社2005年版，第567页。

④ ［德］克劳斯·罗克辛：《德国刑法学总论》（第1卷），王世洲译，法律出版社2005年版，第567页。

⑤ ［德］克劳斯·罗克辛：《德国刑法学总论》（第1卷），王世洲译，法律出版社2005年版，第565页。

对罗克辛的这种观点，有的学者指出，其在刑罚论中采用预防论是不可取的。[①] 虽然罗克辛主张“罪责”与“预防必要”共同引起答责性，批评者则认为，“预防”已将“罪责”全面架空，最后只有“预防需求”一个要素来真正决定刑罚。罗克辛只是以巧妙的表述掩盖了“预防”的优先地位。

在日本，功能责任论往往以可罚的责任论的形式出现。可罚的责任论认为，规范责任论提出责任不仅包括是非善恶的辨别能力等内发的责任，还包括影响意思决定的外部情况的异常性这种外发的责任，极大地推进了责任论的研究。不过，将这种内发的责任与外发的责任都作为非难可能性而置于一个统一的责任概念之中，有掩盖问题本质之嫌，从而主张区分狭义的责任与可罚的责任两个概念。[②]

狭义的责任是指人基于自己内心的意思作出符合法律规范要求的意思决定的可能性（适合规范的意思决定可能性）。狭义的责任以意思自由为前提，当然这种意思自由是一种法律拟制的自由。法律规范既是行为规范也是决定规范，规范只有针对能够理解其命令内容的人才能发挥其功能。因此，作为非难可能性的责任，就以能够遵照规范作出意思决定的主观的、心理的可能性为前提。结果预见可能性、责任能力、违法性意识的可能性等属于狭义责任的范畴，如果欠缺这些要素，就阻却责任。

而可罚的责任探讨的是，在利益冲突状况下，从处罚必要性的观点出发法律能够在何种程度上期待行为人实施合法行为。也就是说，即使存在狭义的责任，但如果行为人处于利益冲突状况中，其不法或责任显著降低，从处罚必要性或处罚均衡性的关系上看，法律完全不能期待行为人停止违法行为，那么可罚的非难可能性就减少或者消失。

这样看来，可罚的责任理论实质上是将传统上作为规范责任论核心的期待可能性问题定位为可罚的责任问题，与规范责任论并不存在本质的差别。但支持可罚的责任论的学者认为，既然规范的违法需要考虑可罚的违法性，那么责任同样存在质与量的问题。因此，如果缺乏可罚的责任，就不能判处刑罚；而如果可罚的责任减轻，也就可以相应减轻刑罚。这样，可罚的责任概念就只是对否定或减轻刑罚起作用的概念，而非加重刑罚的根据。可罚的责任的有无、程度应根据各个具体的责任要件加以判断。[③]

（五）商谈责任论

商谈责任论试图建立罪责和规范的合法性二者之间的内在关联。“按照这种概念，行为人不仅是法律上责难的（规范）接收者，他还是缔造这种被他破坏的规范的主人，这种缔造规范的活动，存在于法治国的民主之中。在一个民主的社会中，自治而有人格的每个个人（personen）对于其利益（可能的）应当得到怎样的协调

---

① ［日］山中敬一：《刑法总论》（第3版），成文堂2015年版，第632页。
② ［日］山中敬一：《刑法总论》（第3版），成文堂2015年版，第634页。
③ ［日］浅田和茂：《刑法总论》（补正版），成文堂2007年版，第279页。

和处理有着相应的理解（Verstindiwng），当这种理解以法律的形式明确表示出来后，就成为了各种规范。当行为人作为规范的缔造者这个角色时，他和别人之间就确定（或固定）了这种理解，因此，他也只能以理解（‘交谈’）的方式，与法律规范发生偏离。在民主社会中，每个人都可以谋求各种规范的改变，但是，也必须诚实（loyal）地注意到他人权利（Recht der anderen）的存在，交往性地参加这种理解的过程。如果行为人（以能够被归属的方式）破坏了规范，那么，他就否定了规范赖以存在的根基——诸参加者的理解。按照这种观点，对于各种利益冲突之间合法协调存在行为人的理解和其他人的理解，而行为人不按照其他人的理解来行事，因此，针对其他人（在整个理解中）所占份额（或‘股份’），行为人就通过自己犯罪的形式表现出了他的不诚实，而这种缺乏诚实，便是实质的罪责。进一步说开去，如果按照这种方式来理解，那么，民主社会的刑法中罪责，就会和神权政体或专制政体下刑法中的罪责有所不同。”①

第三节　责任能力

一、责任能力的概念

什么是责任能力，不同的责任理论会给出不同的回答。

道义责任论认为，责任能力是能够对行为人施加道义非难的资格。作为归责能力，基本上与意思自由同义。道义责任论采用保安处分一元论的观点，认为责任能力的有无在刑法上不具有重要意义；而采用刑罚与保安处分二元论的观点，认为责任能力是指行为人适于科处刑罚的特性，即刑罚适应性。

心理责任论认为故意、过失属于责任的种类，责任能力（归责能力）是行为人具有故意或者过失的能力，因而属于责任的前提。

如前所述，规范责任论属于现在德、日刑法学的通说。规范责任论中的责任能力是指有责行为能力，即行为人认识、辨别是非以及照此行动的能力。

二、责任能力的体系地位

关于责任能力的体系地位，存在责任要素说和责任前提说两种对立的观点。

责任要素说认为，责任能力是与故意、过失、违法性意识的可能性相并列的责任要素。② 其结论是：(1) 责任能力是与各个行为有关的责任要素；(2) 在责任能

---

① ［德］乌尔斯·金德霍伊泽尔：《刑法总论教科书》（第6版），蔡桂生译，北京大学出版社2015年版，第211页。

② ［日］团藤重光：《刑法纲要总论》，创文社1990年版，第276页；［日］福田平：《全订刑法总论》（第4版），有斐阁2004年版，第190页；［日］西原春夫：《刑法总论》（改订版）（上卷），成文堂1993年版，第450页；［日］曾根威彦：《刑法总论》（第4版），有斐阁2008年版，第146页；［日］大塚仁：《刑法概说（总论）》（第4版），有斐阁2008年版，第447页。

力的判断基准上，重视心理学的要素；（3）根据犯罪的不同种类，责任能力也具有相对性，即承认所谓部分责任能力的概念；（4）责任能力的判断在故意、过失的判断之后进行。[①]

责任前提说认为，责任能力不是有关各个行为的能力，而是作为其前提的一般的人格能力。[②] 其结论是：（1）责任能力是与各个具体行为相独立的行为人的一般的能力；（2）在责任能力的判断基准上，重视生物学的要素；（3）否定部分责任能力；（4）责任能力的判断先于故意、过失的判断。[③]

责任前提说的主要理由是：（1）如果像责任要素说所主张的那样，责任能力是各个犯罪的责任要素的话，那么责任能力最终也就归于期待可能性的问题，失去其作为独立责任要件的意义。（2）人格是统一的东西，就单一的行为人而言，不能说其在某一行为上有责任能力，而在其他行为上没有责任能力。[④]（3）对刑事未成年人这样欠缺责任能力的人，完全没有讨论是否存在故意、过失的必要。[⑤]（4）《日本刑法改正草案》将有关责任能力的规定置于故意、过失之前，就意味着认可了责任前提说。[⑥]

责任要素说的主要理由是：（1）责任能力是以生物学为基础所进行的判断，与行为人的人格无关，所以不能解消在期待可能性判断之中。（2）责任前提说以非难可能性前提的有无判断为中心，无法考虑非难可能性的强弱。[⑦]（3）应当承认，诸如好诉症这样的患者，对虚伪告诉罪等没有责任能力，但对其他的犯罪具有责任能力。[⑧]（4）责任前提说可能导致忽略犯罪事实的认定而先进行责任能力的判断，这从保障精神病人的人权角度看不合适。[⑨]（5）日本和德国现行刑法在故意、过失之后规定责任能力，与责任要素说的观点一致。[⑩]

虽然责任前提说与责任要素说存在以上差异，但由于现在德、日刑法都规定对

---

① ［日］山中敬一：《刑法总论》（第3版），成文堂2015年版，第641页。

② ［日］小野清一郎：《责任能力的人类学的解明（2）》，载《法学家》（ジュリスト）第368号，第121页；［日］平野龙一：《刑法总论Ⅱ》，有斐阁1975年版，第281页；［日］川端博：《刑法总论讲义》（第2版），成文堂2006年版，第401页；［日］大谷实：《刑法总论》，黎宏译，中国人民大学出版社2008年版，第291页。

③ ［日］山中敬一：《刑法总论》（第3版），成文堂2015年版，第641页。

④ ［日］川端博：《刑法总论讲义》（第2版），成文堂2006年版，第401页。

⑤ ［日］立石二六编著：《刑法总论30讲》，成文堂2007年版，第118页。

⑥ ［日］法制审议会刑事法特别部会编：《改正刑法草案附同说明书》，法务省刑事局1972年版，第105页。

⑦ ［日］山中敬一：《刑法总论》（第3版），成文堂2015年版，第641页。

⑧ ［日］高桥则夫：《刑法总论》（第3版），成文堂2016年版，第349页。

⑨ ［日］中山研一：《口述刑法总论》（补订版），成文堂2005年版，第190页。

⑩ ［日］大塚仁等编：《大注解刑法》（大コンメンタール刑法）（第3卷）（第2版），青林书院1999年版，第28页。

责任能力的判断应采取生物学与心理学相混合的方法，因而两说也有妥协的趋势。[①]而从实务的观点看，对于没有故意、过失的行为人就不可能去追究其刑事责任能力的有无问题，同时由于责任能力有无的判断比期待可能性、违法性意识的判断更为容易，因而也就通常先进行责任能力的判断。就此而言，只要知道责任能力是责任的要件就足够了。[②]

三、责任能力的判断标准

责任能力实质上包含两方面的内容。其一是行为人的精神是否正常，即是否具有精神病；其二是行为人是否具有认识自己行为的性质并控制自己行为的能力。前者是生物学的要素，后者是心理学的要素。在判断责任能力的有无时是否应同时考虑这两方面的要素，理论上有不同观点，各国也有各自的立法，从而形成了以下三种标准：

1. 生物学标准。这种标准认为在判断行为人有无刑事责任能力时，只需要考虑行为人是否具有精神疾病。1810 年的《法国刑法典》第 64 条即采用生物学标准。1954 年美国哥伦比亚特区法院所确立的德哈姆规则（Durham Rule）认为“当被告人自己的违法行为是因为精神疾病或缺陷所导致时，不负刑事责任”，明显采用的也是生物学标准。[③]

2. 心理学标准。这种标准认为在判断行为人有无刑事责任能力时，只需要考虑行为人是否具有认识、辨别自己行为的性质以及照此行动的能力。英国在 1843 年确定的姆纳坦规则（M’ Nahgten Rule）中认为“以精神障碍为理由而提出抗辩要得以成立，必须被告人在行为时由于精神疾病而不知道自己行为的性质，或者虽然知道行为的性质但不知道行为的反伦理性”。姆纳坦规则采用的是心理学标准，此后美国多数州也都遵照姆纳坦规则进行责任能力的判断。但由于姆纳坦规则不考虑行为人对自己行为的控制能力，使得无责任能力的成立范围过于狭隘。因此美国采用姆纳坦规则的州也对其作了扩展，提出“不能控制规则”（Irresistible Impulse Rule），即“被告人由于精神障碍而产生无法抵抗的冲动，不能控制自己的行为时，不负刑事责任”。[④]

3. 混合标准。这种标准主张同时使用生物学方法和心理学方法进行责任能力的判断。《德国刑法典》第 20 条、《瑞士刑法典》第 10 条、《日本刑法典》第 39 条、《法国刑法典》第 122 条之 1、《美国模范刑法典》第 4. 01 条都采用混合标准。

较之于生物学标准，混合标准能够详细探讨精神疾病的严重程度及其对行为人具体行为的影响程度。有些精神疾病对行为人实施具体行为并不产生影响，如果单

---

① 例如，采用责任前提说的平野龙一就认为对故意、过失的判断应先于对责任能力的判断。

② ［日］大塚仁等编：《大注解刑法》（大コンメンタール刑法）（第 3 卷）（第 2 版），青林书院 1999 年版，第 29 页。

③ 转引自［日］高桥则夫：《刑法总论》（第 3 版），成文堂 2016 年版，第 350 页。

④ 转引自［日］高桥则夫：《刑法总论》（第 3 版），成文堂 2016 年版，第 350 页。

纯采用生物学标准，就可能误将其认定为无责任能力人，混合标准则能够避免这种错误。较之于心理学标准，混合标准能够通过精神医学的研究来探讨精神障碍的程度和作用方式，使责任能力有无的判断有科学的标准，确保法的安定性。由于混合标准的上述优点，现在混合标准已经成为国际通行的标准。

根据混合标准，如果谁在实施行为时，由于病理性的精神障碍、深度的意识障碍、智力低下或者其他严重的精神异常，而无能力为行为的不法负责，或根据这一洞察而行事，那么，他的行为是没有罪责的。因而，需要从两个阶层来确认是否满足无罪责能力这一前提条件：首先需要考察的是，是否有在生物学意义上存在这四种情况（意识障碍等）中的任何一种。如果是，那么，其次就要考察，是否行为人因为这种生物学意义上的原因，而在心理上没有能力为行为的不法负责，或根据这一洞察行事。因而，这种无罪责能力是建立在没有能力洞察或者控制行动这种心理因素之上的，而这种心理因素又必须以特定的生物学原因为基础。①

需要注意的是，刑事责任能力的概念最终属于法律概念，因此最终都必须由法院来对行为人生物学的要素以及心理学的要素进行判断。医学机构的鉴定结论对法院没有强制约束力，是否采用取决于法院的合理裁量。②

四、无责任能力与限定责任能力

各国刑法一般是以消极的方式规定刑事责任能力的，即不是直接规定刑事责任能力的定义，而是从反面规定欠缺刑事责任能力的情况（无责任能力）与刑事责任能力减低的情况（限定刑事责任能力）。例如，《日本刑法典》第39条规定："心神丧失人的行为，不处罚。心神消耗的人的行为减轻处罚。"第41条规定："不满十四周岁的人的行为不处罚。"《德国刑法典》第19条规定："行为人行为时不满14岁的，无责任能力。"第20条规定："行为人行为时，由于病理性精神障碍、深度的意识错乱、智力低下或其他严重的精神病态，不能认识其行为的违法性，或依其认识而行为的，不负责任。"

（一）无责任能力

一般而言，无责任能力包括两种情况：一是刑事未成年，二是由于精神障碍而导致缺乏辨认和控制行为的能力。

1. 刑事未成年。

关于刑事责任年龄的起点，德国、意大利、日本等国规定为14周岁，瑞士规定为15周岁，西班牙规定为18周岁。英美法系国家则普遍对刑事责任年龄起点规定较低，如英国规定为10周岁，加拿大规定为12周岁。刑事责任起点年龄的规定是立法中的一种刚性规定，不允许反证。这是因为这些儿童在体力、智力的发展方面

① 参见［德］乌尔斯·金德霍伊泽尔：《刑法总论教科书》（第6版），蔡桂生译，北京大学出版社2015年版，第216页。

② ［日］山中敬一：《刑法总论》（第3版），成文堂2015年版，第646页。

存在个体差异，难以进行个别的判断，需要由法律作出统一的规定。而且，从刑事政策的角度看，为了这些儿童将来的成长，也不宜对之科处刑罚。

2. 由于精神障碍而导致缺乏辨认和控制行为的能力。

由于精神障碍而导致无责任能力的情况，在日本被称为心神丧失。判例认为所谓心神丧失，是指“由于精神障碍而陷于没有辨识事物是非善恶的能力，或者没有遵照这种辨识而行动的能力的状态”。①《日本改正刑法草案》第16条更将日本理论和判例的通说条文化，规定“因精神障碍而不能辨别行为的是非或者没有能力遵从其辨别而行动的人的行为，不处罚。因精神障碍导致前项规定的能力明显降低的人的行为，减轻处罚”。如前所述，多数国家认为在判断有无刑事责任能力时，既需要考察生物学的要素，也需要考察心理学的要素。

精神障碍作为生物学要素在认定有无责任能力时起重要的作用。那么什么是精神障碍呢？德、日学者一般认为，精神障碍有广狭两义。广义的精神障碍指的是一切精神疾病，而狭义的精神障碍则包括精神病、意识障碍、智力障碍和精神病质。

第一，精神病。所谓精神病，是指由于脑部或身体其他部位有器质性变化或中毒性变化而精神异常的情况。医学上过去往往将精神病分为外因性精神病（如脑梅毒、毒品导致的中毒性精神病等）和内因性精神病（如精神分裂症、躁郁症等）。这种以原因为中心所作的分类近年来逐步被以症状为中心的分类方法所取代。例如，世界卫生组织的“精神和行为障碍诊断标准”（ICD-10）就是如此。

不少精神医学研究者认为，如果确认行为人的确患有精神病，那么法院就“作为原则，应无条件地认为属于无责任能力”。所谓“无条件”，意味着不需要考虑心理学的因素；而“作为原则”就意味着在症状较轻或缓解期的情况下应例外地考虑心理学的因素。② 但法学界一般认为法官应独立进行判断，不受医学机构鉴定结论的约束。也有少数学者出于限制法官自由裁量权的考虑，主张“缓和的事实上推定”，认为如果具有生物学要件就事实上推定存在心理学要件。③

第二，意识障碍。这是指自我意识或对外界的意识不清晰的状态。它既包括由于脑部的器质变化或中毒等导致的病变，也包括昏昏欲睡、睡迷糊、疲劳、兴奋、激情等正常的情况。意识障碍存在性质、程度上的差异，能对刑事责任能力产生影响的仅是病理状态或高度的意识障碍。德国刑法1962年修正草案规定影响刑事责任能力的必须是“与精神疾病同价值的意识障碍”，这多少意味着排除兴奋、激情等情形而只限于病理情况。但现行德国刑法规定的是“深度的意识障碍（错乱）”，意味着即使属于正常情况，但只要是深度的，就影响刑事责任能力。④

对于刑事案件而言，意识障碍主要涉及酩酊和激情行为两类。

---

① 日本大审院1931年11月3日判决，载《大审院刑事判例集》第10卷，第682页。

② 转引自［日］平野龙一：《刑法总论Ⅱ》，有斐阁1975年版，第290页。

③ ［日］浅田和茂：《刑法总论》（补正版），成文堂2007年版，第284页。

④ ［日］平野龙一：《刑法总论Ⅱ》，有斐阁1975年版，第291~292页。

所谓酩酊，可以分为单纯酩酊（或称普通酩酊）与异常酩酊。异常酩酊又可以分为复杂酩酊与病态酩酊。理论上一般采取三分法，即单纯酩酊属于完全责任能力，复杂酩酊属于限定责任能力，病态酩酊属于无责任能力。实务上虽多照此处理，但也有单纯酩酊、病态酩酊被认定为限定责任能力的情况，因而不能机械地一一对应。

关于激情行为，一种有力的学说认为，只有同时伴随有身体的障碍（炎症等）或生理的特殊情况（失眠、饥饿等），才能够对刑事责任能力产生影响。但也有学者认为，应针对行为人个别地加以讨论。因为某些处于长期的纠葛状态，即进入所谓“激情通道”的典型激情行为人，即使不处于饥饿等生理条件下，也可能完全丧失控制能力。

第三，智力障碍。这是指由于先天或其他原因导致的智力发展不足，过去也被称为“精神薄弱”或“精神迟滞”。一般人的智商（IQ）大致上是常态分布，以100为平均值，而智商在70以下者都属于智能障碍。具体而言，又可以分为轻度智力障碍（IQ 55~69）、中度智力障碍（IQ 40~54）、重度智力障碍（IQ 25~39）、极重度智力障碍（IQ 不满 24）。这种分类与责任能力的判定虽不能一一对应，但理论上也有不少学者主张IQ不满70的原则上属于限定责任能力，不满50的原则上属于无责任能力。

第四，精神病态。精神病态，也有不少精神病专科医生称之为“人格障碍”或“行为障碍”。实务上一般认为，只有在其达到与精神病同等的严重程度或者合并有意识障碍、智力障碍等其他症状时，才可以认为有减免刑事责任的余地。单纯的精神病态不仅不属于无责任能力，也不属于限定责任能力。[①]

（二）限定责任能力

1. 概念与意义。

限定责任能力是指由于年龄或其他精神障碍导致行为人辨认和控制自己行为的能力显著减弱的情况。

在有责任能力和无责任能力之间是否存在中间类型，各国刑法理论自古以来就有争议。社会责任论者将责任能力理解为刑罚适应性，当然否定限定责任能力的概念。道义责任论中也有学者认为，人是否有自由意思只存在有与无两个答案，不存在第三种范畴，所以不承认限定责任能力这一概念。[②] 但现在多数学者基于相对的非决定论或缓和决定论，认为自由意思的程度千差万别。因此，对于自由意思受到明显限制的人，有必要考虑减轻刑事责任。虽然从理论上说，即使没有限定责任能力这一概念，也可以将这类人统一视为具有完全责任能力人，从而根据其自由意思受制约的程度来考虑刑事责任和刑罚的轻重。但在有责任能力和无责任能力之间设

---

① ［日］立石二六编著：《刑法总论30讲》，成文堂2007年版，第122页。

② ［日］大谷实：《刑事责任的基础》，成文堂1968年版，第192页。不过，现在大谷实已经改变观点，转而承认限定刑事责任能力。参见［日］大谷实：《刑法总论》，黎宏译，中国人民大学出版社2008年版，第292页。

立定型化的限定责任能力这一概念作为减轻刑罚的事由，可以使责任轻重的判断更加统一、慎重和仔细。在这个意义上，限定责任能力这一概念，并不是由责任原理当然推导出的概念，而是基于政策的、实践的刑罚个别化的要求而产生的概念。①

2. 类型。

限定责任能力主要包括以下几种情况：

第一，刑事未成年。在未成年人达到刑事责任年龄的起点，构成犯罪的情况下，各国刑法一般都对其刑事责任作不同于成年人的规定。例如，《荷兰刑法典》第 8A 章专门对已满 12 岁未满 18 岁、已满 16 岁未满 18 岁、已满 18 岁未满 21 岁的未成年人，作了不适用刑法典某些条款或从轻或减轻刑罚的规定。②《日本刑法典》第 41 条仅规定不满 14 岁的人的行为不处罚。但《日本少年法》实质上修正了刑法关于刑事责任年龄的规定。根据多次修正后的少年法，对未满 18 岁的人应进行刑罚的必要的减轻。

第二，心神耗弱。由于精神障碍而导致限定责任能力的情况，在日本被称为心神耗弱。所谓心神耗弱，是指由于精神障碍而使自己辨别事物的是非善恶或者照此行动的能力显著减弱的情况。③ 其生物学的要件与无责任能力（心神丧失）一样，只是行为人并未因此完全丧失而只是显著减弱辨认和控制自己行为的能力。对于心神耗弱，日本刑法规定“减轻刑罚”，即作了必要的减免的规定。但学术界也有学者认为应修改现行法的规定，将其变更为任意的减免。《日本刑法改正草案》第 15 条第 2 款，将限定责任能力规定为裁量的减轻，但该草案第 16 条第 2 款则恢复为必要的减轻。《德国刑法典》第 21 条规定，“行为人认识行为违法性的能力，或者依其认识而行为的能力因第 20 条规定的原因而显著减弱的，可依第 49 条第 1 款减轻其刑罚”，即作为任意的减免规定。

第三，瘖哑者。所谓瘖哑者，是指先天或幼儿期丧失听觉和语言功能的人，即又聋又哑的人。刑法理论过去认为，又聋又哑的人由于丧失了听能、语能等重要的生理功能而影响其受教育的程度，影响其知识和智力的开发，并进而影响其刑法意义上的辨认或控制自己行为的能力。因此，不少国家对瘖哑者视为限定责任能力者。例如，《韩国刑法典》第 11 条规定：“聋哑人的行为，得减轻处罚。”《意大利刑法典》第 96 条规定：“处于聋哑状态的人在实施行为时因其残疾而不具有理解或意思能力的，是不可归罪的。如果理解或意思能力严重降低，但未完全丧失，刑罚予以减轻。”《日本刑法典》第 40 条本来规定“瘖哑者的行为不处罚或减轻其刑”，但现在考虑到聋哑教育的发达，设置这样的规定会限制聋哑者的权利，助长不恰当的差别，所以在 1995 年刑法用语的现代化修改过程中，删除了该条的规定。

---

① ［日］大塚仁等编：《大注解刑法》（大コンメンタール刑法）（第 3 卷）（第 2 版），青林书院 1999 年版，第 31 页。

② 《荷兰刑法典》，于志刚、龚馨译，中国方正出版社 2007 年版，第 50 页。

③ ［日］前田雅英：《刑法总论讲义》（第 4 版），东京大学出版会 2006 年版，第 378 页。

五、部分责任能力

所谓部分责任能力（partielle Schuldfähigkeit），是指行为人对一部分行为具有责任能力，而对另一部分行为不具有责任能力的情况。对部分责任能力持肯定态度的学者往往还区分为狭义的部分责任能力和广义的部分责任能力两个不同概念。狭义的部分责任能力，是指由于行为人“能力的方向”，而使责任能力因犯罪种类相对化。例如，有好诉妄想症的患者，对诬告罪等没有责任能力，但对其他的犯罪具有责任能力。广义的部分责任能力，是指由于行为人“能力的程度”，而使责任能力因犯罪种类相对化。例如，行为人因其智能的限制，不知道法律不允许伪造文书，但知道法律不允许杀人、盗窃等行为。狭义的部分责任能力主要涉及的是责任能力中的生物学要素，广义的部分责任能力主要涉及的是责任能力中的心理学要素。

需要注意的是，英美法系中也有部分责任能力（partial responsibility）的概念，但它实质上指的是责任能力的减弱。例如，行为人不具有成立谋杀罪所必须具备的预谋程度的责任能力，但具有杀人的责任能力，因而可以作为故杀罪加以处罚。在没有限定责任能力制度的英美法系中，部分责任能力的概念实际上不过是减轻诸如谋杀罪（特别是死刑）的技巧性方法。①

德、日刑法没有关于部分责任能力的明文规定，日本判例对此则持肯定态度。如前所述，是否承认部分责任能力，学术界也有不同的观点。不过，即使持肯定态度的学者也多认为，对部分责任能力的认定在实务中应非常慎重。②

第四节　原因自由行为

一、原因自由行为的概念

所谓原因自由行为，也称原因中的自由行为，是指行为人由于故意或者过失使自己陷入无责任能力或限定责任能力状态，并在这种状态下实施了直接引起构成要件结果的行为。例如，行为人为了杀人而大量饮酒，使自己陷入无责任能力的状态并实施了杀人行为；又如，证人为了作伪证，在向法庭宣誓前服用大量精神药物，导致其在作伪证时处于无责任能力状态。

原因自由行为的理论就是探讨在上述情况下能否追究行为人刑事责任的理论。根据责任主义的原则，只有当行为时行为人具有责任能力才能够追究行为人的刑事责任。这被称为“实行行为与责任能力同时存在的原则”（简称为“同时存在原则”）。而在原因自由行为中，行为人虽然在实施原因行为时具有责任能力，但在实施结果行为时却不具有责任能力或责任能力显著减弱，那么是否应当追究行为人

① ［日］平野龙一：《刑法总论Ⅱ》，有斐阁1975年版，第288页。
② ［日］山中敬一：《刑法总论》（第3版），成文堂2015年版，第643页。

的刑事责任？如果追究，又如何与“实行行为与责任能力同时存在的原则”相协调呢？理论上对此存在多种不同观点。

二、原因自由行为可罚性否定说

在近代刑法确立责任主义原则之前，原因自由行为的可罚性不存在任何问题。意大利法学、德国普通法学都认可原因自由行为的可罚性，19世纪初德国各邦刑法典都曾普遍设置原因自由行为的处罚规定。① 但从1851年《普鲁士刑法典》开始，对这种行为的可罚规定就不复存在了。1871年的《德国刑法典》也没有设置类似规定。即便是现行德国刑法，也没有在总则中设置原因自由行为的一般性处罚规定，而只是在分则中有个别规定。日本现行刑法亦没有关于原因自由行为的规定。否定原因自由行为可罚性的否定说就是导致这种立法现象的原因之一。

否定说的主要理由不尽一致，大致而言，有以下几点：

第一，认为所谓原因自由行为的概念是一种自相矛盾的概念，是一个伪命题。例如，在普鲁士王国拟定刑法典时，有议员认为应设置处罚原因自由行为的条款。但司法大臣萨维尼（Savigny）则驳斥该提案并认为：“该提案因限于内部之矛盾，实在难以赞同。行为人如果意图犯罪，借饮酒自陷于酩酊，而在完全丧失心神状态时实行犯罪，这是明显矛盾的说法。因为如果他完全陷于丧失心神，则他应该已经不能按照之前所作出的决意来实行其之前所意图之行为，如果他仍然可以遂行其以前所曾决意并意图之行为时，则属于他并未丧失心神之证据，自不能免于归责，即使没有特别规定，法官也可以对其加以处罚。”②

第二，认为根据责任主义和罪刑法定主义，无法承认原因自由行为的可罚性。例如，日本学者浅田和茂指出：“为原因自由行为奠定可罚性的充分根据是非常困难的。‘行为与责任能力同时存在的原则’是责任主义的要求，将这里的行为解释为作为处罚对象的‘实行行为’，是罪刑法定主义的要求。只要严格维持责任主义与罪刑法定主义，那么就只能放弃对其的处罚（否定说）。罪刑法定主义与责任主义是最重要的近代刑法基本原则，现在已经看不到否定这种原则的学说了。尽管如此，肯定原因自由行为可罚性的学说仍处于压倒性地位，这只能说是一种奇妙的现象。”③

第三，主张通过立法来解决原因自由行为的可罚性问题。例如，日本学者平川宗信认为，设置专门的条款对原因自由行为的构成要件作出规定，是最合适的解决问题的方式。“原因自由行为的处罚规定与未遂犯、共犯同样，无外乎是作为构成

---

① ［日］佐伯千仞：《原因自由行为》，载日本刑法学会编：《刑事法讲座》（第2卷），有斐阁1952年版，第300页。

② 转引自［日］佐伯千仞：《原因自由行为》，载日本刑法学会编：《刑事法讲座》（第2卷），有斐阁1952年版，第300~301页。

③ ［日］浅田和茂：《刑法总论》（补正版），成文堂2007年版，第293~294页。

要件的修正形式加以规定。”①

对于否定说，现在多数学者认为，仅以理论上难以说明为理由是片面和草率的，也没有考虑刑事政策的妥当性。此外，虽然立法可以作为解释论的补充，但对于在解释论上存在困难的问题仅仅通过立法来强行作出规定，在刑事政策上也难言合适。② 因此，现在各国通说都是在认可原因自由行为的可罚性前提之下，致力于理论上的合理解释，即持肯定说的态度。

三、原因自由行为可罚性肯定说

原因自由行为的难点在于“近代责任原理对于犯罪行为与责任同时存在的绝对要求，与基于罪刑法定主义的要求重视划定成罪行为明确界限的所谓构成要件理论之间的相克与矛盾”，③ 即责任原理与严密的实行行为概念之间的冲突与矛盾。

为了解决这一矛盾，理论上提出了两种不同的解决路径。其一被称为构成要件模式或原则路径，其二被称为例外模式或修正路径。

（一）构成要件模式

构成要件模式意图固守同时存在原则，而扩大实行行为的概念。大陆法系刑法学中关于原因自由行为的构成要件模式说历来指的是间接正犯类似说，即认为原因行为只要具备因果性与正犯性两个条件，就可以被评价为构成要件符合行为，能够对此限度内发生的结果追究故意既遂犯的责任。但现在也有学者提出了新的构成要件模式说，即因果关联、责任关联说。④

1. 间接正犯类似说（原因行为说）。

此说认为，间接正犯是行为人将他人作为工具加以利用，而原因自由行为是行为人将自己无责任能力的状态作为工具加以利用，两者存在类似之处。正如间接正犯中的利用行为属于实行行为那样，原因自由行为中的原因行为也属于实行行为，这样处罚原因自由行为就完全符合了“实行行为与责任能力同时存在的原则”。

此说是刑法学界关于原因自由行为的传统通说。德国的罗克辛、雅科布斯，意大利的帕多瓦尼，日本的小野清一郎、团藤重光、大塚仁、香川达夫、佐久间修等均持此说。例如，罗克辛认为“一名行为人是绝不会在全部构成行为的完成过程中都需要具有归责能力的……对于故意和有罪责的完成行为来说，仅仅需要这名行为人在实施开始时，就着手在责任的状态中进行这件事。因此，他必须是在未遂开始时就是有罪责能力的……就像在间接实行人中，仅仅在工具离开自己的控制范围才

---

① ［日］平川宗信：《原因自由行为》，载［日］中山研一等编：《现代刑法讲座》（第2卷），成文堂1979年版，第294页。

② ［日］山中敬一：《刑法总论》（第3版），成文堂2015年版，第666页。

③ ［日］佐伯千仞：《刑法中的违法性理论》（复刻版），有斐阁2007年版，第320页。

④ ［日］山口厚、井田良、佐伯仁志：《理论刑法学的最前线》，岩波书店2001年版，第139~153页。

存在未遂一样，在原因自由行为中，是在把自己这个人置于无罪责能力的状态中时，这种未遂才开始的：这个行为人使自己成为其自己的、无责任的工具，并且从无罪责能力的出现开始时，才不再掌握进一步的过程”。① 帕多瓦尼指出，原因自由行为“按通行的说法，通过原因中的行为，主体将自己变成了自己实施犯罪的工具。因此，行为人对自己在无能力状态中实施的行为应承担何种责任，从根本上说取决于主体使自己陷入无能力状态时的心理态度”。② 团藤重光也认为“间接正犯是将他人作为工具加以利用，而原因自由行为是将自己无责任能力的状态作为工具加以利用，两者的区别不过如此”。③

间接正犯类似说也受到了很多学者的批评：

第一，此说过早地认定了犯罪的实行着手，是不合理的。因为原因行为（如饮酒行为）不过是预备行为，将其作为诸如杀人等犯罪的实行行为显然不妥。而且，如果将原因行为视为实行着手的话，那么如果行为人意图利用自己酒醉的状态来实施杀人行为，但由于饮酒过量而睡着，结果什么也没有干时，仍然成立杀人罪的未遂，就显然是不符合社会观念的。

第二，此说难以合理说明当行为人自陷于限定责任能力时是否适用原因自由行为理论的问题。一方面，根据间接正犯的理论，并不存在利用限定责任者的间接正犯。如果据此否定该种情况下原因自由行为理论的适用，那么行为人就应作为限定责任者减轻其刑。但行为人处于限定责任能力状态需要减轻责任，而当行为人处于更严重的丧失责任能力的状态则需要根据原因自由行为的法理追究行为人的完全责任。这显然是不连贯的，会导致处罚的不均衡。另一方面，如果认为当行为人自陷于限定责任能力时也能够适用原因自由行为的法理的话，就会导致承认二重的实行着手，即在实施原因行为时点存在实行着手，而在限定责任能力状态下开始实施犯罪行为也是实行着手，这是不妥当的。④

第三，此说与共犯理论难以协调。德、日刑法学通说在共犯的从属性问题上采取的是限制从属性说，即成立狭义的共犯（教唆犯或帮助犯）只需要正犯实施了符合构成要件的违法行为，而不要求正犯的行为具有有责性。因此，利用无责任能力人实施符合构成要件的违法行为，利用者成立教唆犯而不是间接正犯。同样，原因自由行为中行为人利用的是自己无责任能力的状态，因而应当成立的不是间接正犯而是“对自己的教唆犯”。⑤ 这样的话，间接正犯类似说就失去了其存在的基础。

针对以上批评意见，持间接正犯类似说的学者也对自己的理论作了修正。尤其

---

① ［德］克劳斯·罗克辛：《德国刑法学总论》（第 1 卷），王世洲译，法律出版社 2005 年版，第 601~602 页。

② ［意］杜里奥·帕多瓦尼：《意大利刑法学原理》（注评版），陈忠林译，中国人民大学出版社 2004 年版，第 175~176 页。

③ ［日］团藤重光：《刑法纲要总论》，创文社 1990 年版，第 161 页。

④ ［日］浅田和茂：《刑事责任能力研究》（下卷），成文堂 1999 年版，第 137 页。

⑤ ［日］前田雅英：《刑法总论讲义》（第 4 版），东京大学出版会 2006 年版，第 382 页。

是针对第一点批评意见，有学者指出“问题的要点在于原因行为是否具有作为实行行为的定型性”。[①] 如果原因行为（如饮酒行为）本身不具有构成要件的定型性，就不具有实行行为性。但如果作这种修正的话，对于故意犯罪就难以承认原因行为的定型性，而对于定型性要求不那么严格的过失犯与不作为犯则容易认可原因行为的定型性。可是，对于过失犯等而言，只要行为人意识到自己饮酒后会陷入酩酊状态，就具有防止结果发生的注意义务，并没有援引原因自由行为理论的必要。[②] 为了解释故意犯中原因自由行为的适用，有学者指出“有必要……把实行行为的观念理解为包含着实现犯罪的现实危险性的东西，即没有这种危险性的就不是实行行为，就不应当看成原因自由行为。即使是想饮酒陷入心神丧失状态去伤害他人，如果是没有饮酒经验的人，他能否随意地进入心神丧失状态并在那种状态下使他人负伤，并不清楚，在这种情形下，可以说饮酒行为中未必包含着实现伤害罪的现实危险性。但是，如果是有严重酒癖、一醉酒就总是意识不清、就会殴打旁边的人使其受伤这种特殊人物的话……就必须说其饮酒行为中包含有伤害的现实危险性。因此，即使这种人因为泥醉而没能伤害人，也不妨认为成立暴行罪”。[③] 但对此，又有学者批评说“即使曾经有过施加危害的经历，也不可能认定在单纯饮酒行为中具有侵害法益的具体危险”。[④]

2. 因果关联、责任关联说。

此说又可以分为以下三种观点：

第一，正犯行为时责任说。此说认为，虽然正犯与实行的“同一性”是共犯论的基础，但还是应当承认其是可以分离的。只要实施正犯行为时具有责任能力，即使实施实行行为时丧失了这种能力，也不影响责任的追究。同时存在原则只需要存在于正犯行为与结果之间。[⑤] 更具体而言，此说将原因自由行为区分为意思不连续型（原因行为时的意思与结果行为时的意思不连续）与意思连续型（原因行为时的意思与结果行为时的意思相连续）两种。在前者的情况下，诸如饮酒这样的行为与犯意的发生之间很难说具有相当因果关系，所以一般而言饮酒行为不能被视为原因行为。在后者的情况下，只要具有责任能力状态时的犯意被原样实现，那么即使实行行为时没有责任能力，也可以就结果追究责任。[⑥]

对此说的主要批评意见是：此说颠覆了传统的将正犯行为与实行行为作同一理

① ［日］团藤重光：《刑法纲要总论》，创文社 1990 年版，第 161 页。

② ［日］前田雅英：《刑法总论讲义》（第 4 版），东京大学出版会 2006 年版，第 382 页。

③ ［日］大塚仁：《犯罪论的基本问题》，冯军译，中国政法大学出版社 1993 年版，第 90~92 页。

④ ［日］浅田和茂：《原因自由行为——全面否定说的展开》，载《现代刑事法》2000 年第 12 号，第 43 页。

⑤ ［日］平野龙一：《犯罪论的诸问题》（上）（总论），有斐阁 1981 年版，第 127 页。

⑥ ［日］平野龙一：《刑法总论Ⅱ》，有斐阁 1975 年版，第 303 页。

解的见解，只会徒然招致概念上的混乱。① 而且此说关于相当因果关系的说明与论者所持的客观的相当因果关系说不吻合。此外，如果将意思连续作为要件的话，那么原因自由行为就只限于故意犯的情况了。②

第二，相当原因行为时责任说。此说进一步发展了正犯行为时责任说。它提出了实行行为的二元说，即认为实行行为包含两类，即作为因果关系起点的实行行为与作为未遂行为的实行行为。前者只要求对于结果发生具有一般的危险性，后者则要求有具体的危险性。原因自由行为中的原因行为就属于前者。具体而言，与结果具有相当性的原因行为属于问责的对象，如果能够认可原因行为与结果行为及结果之间的因果关联与责任关联，就可以肯定可罚性。作为因果关联，为了肯定原因行为具有相当程度的危险性，有必要存在诸如一酩酊大醉就实施暴行这种性格倾向的特殊情形。作为责任关联，需要行为人认识到原因行为有引起结果行为、结果的危险性，认识到该危险性向结果行为、结果的实现，以及对所发生的结果行为、结果的认识。③

对此说的主要批评意见是：实行行为传统上指的是未遂处罚的开始时点，此说无视这种传统用法，恣意地对概念加以定义，会招来混乱。而且，如果认为原因行为只要对结果行为、结果具有相当的危险性，又具有故意、过失，就属于实行行为的话，那么原因自由行为以外的预备行为，都可能被视为实行行为。例如，制订杀人计划、准备菜刀并最终实施杀人行为的人，在预备阶段其准备行为就具有相当的危险性，而且又具有杀人的故意。按照此说，该预备行为就已经是“作为因果关系起点的实行行为”。进言之，为帮助他人实施杀人行为而准备凶器的人，因其具有相当的危险，又实现了这种危险，对结果行为、结果也具有故意，那么按此说就应当被视为实施了“作为因果关系起点的实行行为”，在对他人产生具体的危险时，就可以作为杀人未遂加以处罚。这些结论显然都是不合理的。④

为了避免这种实行行为二元说所招致的混乱与批评，有学者指出，实行行为即实行着手的时点在于原因行为时，结果行为不应被称为实行行为而只是单纯的未遂结果。“实行着手，是指具有法益侵害一般危险性的行为，在这个意义上意味着开始实施作为（相当）因果关系起点的实行行为。”因此，原因自由行为中的原因设定行为就是实行行为。只要这种实行行为与法益侵害或危险之间具有相当因果关系，行为人在此时点具有责任能力及故意、过失，那么即使这种行为本身不具有可罚性，当该时点的故意、过失通过法益侵害行为（引起结果行为）得到实现时，即具有可罚的违法性时，就可以追究行为人的责任。⑤ 不过，对这种观点，仍有学者批评说，

① ［日］山中敬一：《刑法总论》（第3版），成文堂2015年版，第662页。

② ［日］浅田和茂：《刑法总论》（补正版），成文堂2007年版，第293页。

③ ［日］山口厚：《关于“原因自由行为”》，载《团藤重光博士古稀祝贺论文集》（第2卷），有斐阁1984年版，第162页。

④ ［日］山中敬一：《刑法总论》（第3版），成文堂2015年版，第664~665页。

⑤ ［日］曾根威彦：《刑法总论》（第4版），有斐阁2008年版，第152页。

它破坏了实行行为等于未遂成立这种传统的观点，招致了理论上的混乱，而且与共犯理论也不一致。①

第三，事后的实行行为时责任说。此说认为“制造出危险的事前的潜在的实行行为，在具体危险发生这一事后的时点就被评价为实行行为”。以此为前提，“原因自由行为中行为人‘本来的’潜在的实行行为，应求之于最终的制造危险行为即‘结果行为’的开始。这种潜在的实行行为，是符合构成要件的行为，但不具有责任能力。这种潜在的实行行为，是原因行为时就‘支配可能’的行为的连续。从原因行为时来看，这种潜在的实行行为在无责任能力状况下也不会产生规范的障碍，是一种任由因果进程发展的因果事态。在此意义上，潜在的实行行为是原因行为在客观上、因果关系上支配可能的行为。潜在的实行行为可以说是被原因行为所支配的因果的结果。不仅如此，它还是被原因行为时的故意、过失在主观上‘支配可能’的行为……原因行为与潜在的实行行为相连续，并将其作为自己的一部分。取得潜在的实行行为资格的原因行为，在事后实施结果行为的时点就成为‘实行行为’（正犯行为）”。②

简言之，此说的基本主张是原因行为只有在对结果行为具有支配力，同时又不介入规范的障碍（单独的正犯）的情况下才属于实行行为。这就避免了相当原因行为时责任说承认两个实行行为的缺陷。但此说仍然无法合理说明为什么对结果行为具有支配力的原因行为就可以被视为实行行为。

（二）例外模式

例外模式主张通过修正同时存在原则而避免扩展实行行为的概念。“按照例外模式的解释，‘原因自由行为’意味着，若行为人认可罪责能力的失去，那么，他就不得于行为时再援引他欠缺罪责能力来抗辩：如果行为人已经预见到，或者本来能够或必须预见到，他其后会在该种状态下实施犯罪，而仍然促成罪责能力的失去，那么，成立‘原因自由行为’。”③ 例外模式之所以例外，是因为它主张通过修正同时存在原则而避免扩展实行行为的概念。

例外模式代表性的观点是同时存在原则缓和说（结果行为说）。此说认为，虽然实行行为是行为人在无责任能力状态下所实施的结果行为（在这个意义上被称为结果行为说），但责任能力则不以存在于实行着手的时点为必要。同时存在原则缓和说由德国学者赫鲁什卡（Hruschka）率先提出。他认为在原因自由行为中，作为评价对象的并非自由的原因行为，而是不自由的结果行为，但自由的原因行为是其归责的理由。日本同时存在原则缓和说的先驱者是佐伯千仞。佐伯千仞指出，责任能力以及故意、过失不过是非难可能性的推定根据。对于无责任能力时的举动，参

---

① ［日］山中敬一：《刑法总论》（第3版），成文堂2015年版，第665页。

② ［日］山中敬一：《刑法总论》（第3版），成文堂2015年版，第666~667页。

③ ［德］乌尔斯·金德霍伊泽尔：《刑法总论教科书》（第6版），蔡桂生译，北京大学出版社2015年版，第221页。

考借鉴有能力时行为人的意思态度，仍然可以追究行为的非难可能性。①

赫鲁什卡和佐伯千仞都对同时存在原则的绝对性提出了质疑，但他们并没有详细说明为什么责任能力不需要存在于实行行为时而只需存在于行为时。后来的学者就致力于对这一问题作出解答，而形成了多种学说。

1. 原因行为时支配可能性说。此说认为，由于实施原因行为时对结果行为有“支配可能性”，所以追究原因自由行为的责任，虽然形式上好像违反了责任与实行行为同时存在的原则，但与这一原则产生的实质理由则是紧密相连的。为什么原因行为对结果行为具有支配可能性呢？此说认为，有责任能力时行为人对于无责任能力时的实行行为（病态酩酊或注射麻药后的杀伤行为等）是具有认识或认识可能性的，由此能够对是否饮酒或注射麻药以及进而具有因果关联性的实行行为具有支配性或支配可能性。因此，在原因行为的时点，行为人对于是否实施实行行为仍具有“通过行为人的规范意识进行抵抗或抵抗可能性”。②

对于此说，有学者批评到，为什么只要实施原因行为时对结果行为具有支配可能性就可以追究行为人的刑事责任，本说仍然没有加以明确。原因行为是不具有构成要件符合性的行为，为什么仅以其对实行行为具有支配可能性，就将其作为符合构成要件的行为来追究其责任，此说也没有解释清楚。③

2. 意思决定行为时责任说。此说认为，只要行为开始时的最终意思决定能够贯穿到结果发生的整个行为，那么如果在最终的意思决定时具有责任能力，即使现实的实行行为即引起结果的行为时丧失了责任能力，也不影响将其作为有责任能力者追究责任。具体而言，此说认为，规范责任论中的责任判断指的是从意思决定规范的立场对意思决定所进行的非难。因此责任能力也必须存在于行为人作出实施行为的意思决定之时。刑法上的行为是特定意思的实现过程，一个行为由一个特定的意思贯穿始终。这便可以得出如下结论：第一，对于行为的责任能力，只需要存在于作出该行为的最终意思决定之时即可。第二，责任能力不需要存在于违法行为开始之时，而只要存在于包含该违法行为在内的整体行为开始之时即可。第三，当行为人在有责任能力的状态下预见到自己会在无责任能力的状态下实施一定的行为时，只要这种预见从一般人的角度看并非不合理，那么就可以作为被实现的行为的前提。④

对于此说的主要批评意见是，“责任能力不是事前控制行为的问题，而是同时控制行为的问题。不能将只不过存在控制意思决定的场合与存在同时控制的场合完全等同”。⑤

---

① ［日］佐伯千仞：《刑法中的违法性理论》（复刻版），有斐阁 2007 年版，第 322 页。

② ［日］中义胜：《讲述犯罪总论》，有斐阁 1980 年版，第 172 页。

③ ［日］山中敬一：《刑法总论》（第 3 版），成文堂 2015 年版，第 661 页。

④ ［日］西原春夫：《犯罪实行行为论》，成文堂 1997 年版，第 170 页、第 156~160 页。

⑤ ［日］平川宗信：《原因自由行为》，载［日］中山研一等编：《现代刑法讲座》（第 2 卷），成文堂 1979 年版，第 284 页。

3. 禁止滥用法理说。此说认为，当结果行为属于实行行为时，对于从一开始就以实施犯罪的意思而引起自己陷入无责任能力或限定责任能力的状态的行为人，如果允许其以同时存在原则作为抗辩的理由，就属于对法理的滥用。[①]

对此说的主要批评意见是，“将原因自由行为的法理理解为抗辩权，在具有实现犯罪意图的场合否定这种抗辩权，与正当防卫中权利滥用论的援用禁止一样，是过于轻易地还原为一般性法理，是不妥当的”。[②]

四、实行行为开始后陷入无责任能力或限定责任能力情况的处理

前面所涉及的原因自由行为的问题都是原因行为疑似实行行为的情况。那么如果行为人在有责任能力的情况下着手实施实行行为，在实行过程中陷入无责任能力或限定责任能力的状况，并最终实现了当初追求的犯罪结果，该如何处理？例如，行为人使用锤子殴打被害人意图致其死亡，但见到被害人血流满面的情况受到刺激而丧失了责任能力，在此状态下继续殴打致使被害人死亡。又如，行为人在家喝酒时与妻子发生争吵并殴打妻子，此后边打边喝，暴力强度不断加大。在使妻子遭受致命伤时，行为人已经陷入心神耗弱状态，即限定责任能力的状态。[③]

对上述情况，应如何处理呢？总体而言，理论上存在三种不同的解决思路。[④]

第一，认为可以适用原因自由行为的法理。由于实行行为的本质部分，即与结果有直接因果关系的行为是在无责任能力或限定责任能力的状态下实施的，因而与原因自由行为的事例一样，原因行为时点的责任能力可以涉及无责任能力或限定责任能力状态下的行为。对这种观点，批评者认为，只要实行行为时具有责任能力，这种实行行为又是对结果客观归属可能的行为，那么就可以针对结果追究行为人的责任。这不违反同时存在的原则，也就没有适用原因自由行为理论的余地。而且，原因自由行为理论要求有责任能力时的行为与无责任能力时的行为具有行为的连续性或统一性，而在这种情况下是不需要的。

第二，认为当完全责任能力状态下所实施的实行行为与责任能力低下后所实施的实行行为可以被视为“一体”或“一个”时，可以肯定责任能力低下后所实施的引起结果的行为也具有责任能力。此说的主要问题是，一体性的判断标准不明确，为什么具有一体性时就可以肯定完全刑事责任能力，论证也不充分。

第三，认为这种情况与韦伯的概括故意的事例一样，应作为因果关系的错误或客观归责的问题加以解决。此说是德国的通说。“若行为人是在开始力图（Versuchsbeginn）后，才陷入无罪责能力的状态的，那么，就不需要用‘原因自由行为’这个概念来证立可罚性。在这种情形下，已经有了力图的可罚性，如果故意创

① ［日］丸山治：《“原因自由行为”小考》，载《内田文昭先生古稀祝贺论文集》，青林书院 2002 年版，第 167 页。

② ［日］山中敬一：《刑法总论》（第 3 版），成文堂 2015 年版，第 666 页。

③ 长崎地方法院 1992 年 1 月 14 日判决，载《判例时报》第 1415 号，第 142 页。

④ ［日］山中敬一：《刑法总论》（第 3 版），成文堂 2015 年版，第 666 页。

设的风险进一步实现于结果，那么，这种既遂是可以归属于他的。”①

尽管存在以上不同思路，但从本质上说，这一问题与如何理解责任能力与实行行为同时存在原则密切相关。

强调责任能力对行为同时控制的观点认为，责任能力有必要延续到实行行为终了之时。因此，对于在有责任能力的情况下着手实施杀人行为、在无责任能力状态下给予对方致命伤的情况，应区分有责任能力状态下的杀人未遂与无责任能力状态下的杀人既遂，后者是无罪的。如果是在有责任能力的情况下着手实施杀人行为，在限定责任能力状态下给予对方致命伤，那么应区分完全责任能力状态下的杀人未遂与限定责任能力状态下的杀人既遂。未遂被既遂所吸收，因而应考虑必要的减刑。②

强调责任能力对行为事前控制的观点认为，只要在最终的意思决定时具有责任能力就足够了。③ 日本法院的判例针对前述丈夫杀妻的案件指出，只要是基于同一机会以同一意思所实施，实行行为处于继续或断续进行的状态，那么就不能认为行为人的非难可能性程度减弱，就不存在对行为人进行刑罚的必要的减轻的实质根据。④

第五节　违法性意识及其可能性

一、违法性意识及其可能性概说

违法性意识，又称不法意识，是指认识到自己的行为是违法的意识。违法性意识是否是犯罪成立的必要条件，其在犯罪论体系中如何定位，理论上一直存在争议。违法性意识的问题大多是作为违法性的错误问题从反面加以论述的。

违法性的意识，究竟是指行为人认识到自己行为的有害性，还是指认识到行为的不法性，抑或是指认识到行为的可罚性，理论上存在激烈的争论。

（一）前法律的规范违反的意识

此说认为，违法性意识的内容是指行为人意识到自己行为的“反条理性”、“反社会性”、“违反国民的道义”、“违反人伦”或“违反作为法规范基础的国家、社会的伦理规范”等。阿图·考夫曼（Arthur Kaufmann）、泷川幸辰、小野清一郎、庄子邦雄、大塚仁等持此说。

对此说的主要批评意见是：此说导致禁止的内容的轮廓过于漠然而不明确，这种意义上的“违法性”意识非常广泛。现代社会中社会伦理的评价多元化，仅以伦

---

① ［德］乌尔斯·金德霍伊泽尔：《刑法总论教科书》（第6版），蔡桂生译，北京大学出版社2015年版，第220页。

② ［日］浅田和茂：《刑法总论》（补正版），成文堂2007年版，第297页。

③ ［日］高桥则夫：《刑法总论》（第3版），成文堂2016年版，第364页。

④ 长崎地方法院1992年1月14日判决，载《判例时报》第1415号，第142页。

理作为评价标准是危险的。伦理只不过是判断实质的违法性的一个手段而已。[①]

（二）法律上禁止、命令违反的意识

此说认为，违法性意识是指认识到自己的行为不为法律所允许。这里的法律指的是实定法，即包括刑法在内的所有法律。“之所以存在违法性认识就值得（对行为人）进行强烈非难，是因为（行为人）在直面法规范的命令、禁止时仍然决意实施违法行为。因此，认为需要行为人认识到自己的行为在法律上不被允许的解释是妥当的。”[②] 此说是德、日的通说。大谷实、川端博、山中敬一等均持此说。

（三）刑法违反的意识

此说认为，违法性意识是指认识到自己的行为违反刑法。“作为保障刑法上的行动自由的要件，违法性意识指的是认识到（自己的）行为为刑法所禁止……另一方面，对法定刑的认识则是多余的（不必要的）要求。因为（刑法）并不保障实施轻微犯罪的自由。在这个意义上，法定刑的错误不导致违法性意识的丧失。”[③] 山口厚、高山佳奈子等持此说。

（四）可罚的刑法违反的意识

此说认为，只要作为犯罪成立要件的违法性意味着可罚的违法性，那么违法性意识也就不能仅指前法律的规范违反的意识或法律上禁止、命令违反的意识，而必须指的是可罚的违法性的意识，即在认识到自己的行为违反刑法的基础上，还包括对法定刑、法律效果的认识。不过，此说也不要求积极的“法定刑的认识”，而是当行为人误以为自己实施的是轻罪而实际上属于重罪时，要求在轻罪的限度内处罚。[④] 町野朔、浅田和茂、西田典之等持此说。

对于后两种学说，批评者认为，行为规范的对象是一般人，不应将这种行为规范的内容限定为刑法规范。[⑤]

二、违法性意识的学说

理论上对于违法性意识是否是犯罪成立所必需的条件存在分歧，而违法性意识本身指的是必须有关于违法性的现实意识还是只需要违法性意识的可能性，观点也不统一，呈现出非常复杂的学说对立状况。

（一）违法性意识不要说

1. 传统的不要说。

传统的违法性意识不要说认为，只要对犯罪事实具有认识就成立故意责任，违

---

① ［日］山中敬一：《刑法总论》（第3版），成文堂2015年版，第704页。
② ［日］川端博：《刑法总论》（第2版），成文堂2006年版，第424页。
③ ［日］山口厚：《刑法总论》（第2版），有斐阁2007年版，第249页。
④ ［日］浅田和茂：《刑法总论》（补正版），成文堂2007年版，第325页。
⑤ ［日］高桥则夫：《刑法总论》（第3版），成文堂2016年版，第368页。

法性意识不是故意的成立要件。因而即使存在违法性的错误，也不阻却故意的成立。同样，违法性意识的可能性也不是故意的成立要件。

不要说的主要理论根据有：第一，自罗马法以来的法律传统。罗马法中就有“不知法律有害”、“任何人不能因不知法律而受到宽恕”等法谚，这说明是否违法应由国家决定，国民有知道法律的义务。[①] 第二，只要对构成犯罪的事实有认识，就具有产生通常的抑制感情或反对动机的期待可能性，所以具有法律上的责任，对该犯人能够进行非难和处罚。第三，只要是具备法律判断能力的有责任能力的人，就具备能够认识到违法性的能力，因而也就没有讨论违法性意识可能性问题的必要。[②]

针对不要说的上述论据，反对该说的学者提出了相应的批评：第一，传统不意味着一定具有正当性。上述罗马法的法谚与现代法律思想背道而驰，是一种权威主义的法律观，不适用于现代的自由主义、民主主义国家。而且，如果处罚完全没有认识到法律规范的人，是过于苛刻的必罚主义的体现，明显违背责任主义。[③] 第二，的确，在通常情况下行为人认识到了犯罪事实就会具有违法性意识，但例外地会存在行为人没有可能认识到违法性的情况，此时行为人就难以作出适法行为的决定。如果要将其作为故意犯进行处罚，是一种心理责任论的观点，与现在通行的规范责任论不相容。第三，违法性意识的问题不能完全还原为责任能力的问题。具有责任能力的人也可能在具体的情况下，因种种因素的影响而无法认识行为的违法性。责任能力的存在与违法性意识可能性的存在并非完全重合的概念。在行为人没有认识到违法性的场合，还存在两种不同情况：其一是行为人的精神状态使其无法判断自己的行为是否违法，其二是行为人的心理状态认为其行为不违法。因此，不能将两个概念等同。[④]

2. 自然犯、法定犯区别说。

此说主张区分自然犯（刑事犯）和法定犯（法定犯）。自然犯成立犯罪故意不以具有违法性意识为必要，而法定犯则以违法性意识为必要。此说是以社会责任论为出发点而提倡的学说。在此说看来，自然犯是将在构成要件设定之前就已经属于反社会的行为规定为犯罪，因而只要行为人对犯罪事实有认识，就表现出自己的反社会的性格。而法定犯的行为本身原本不是犯罪，只是国家出于政策的考虑将其设置为犯罪。因此，行为人在认识到犯罪事实之外，还需要认识到行为的违法性，才表现出反社会的性格。[⑤]

对此说的主要批评意见是：自然犯与法定犯的区别是相对的，理论上并没有明

---

① ［日］浅田和茂：《刑法总论》（补正版），成文堂2007年版，第332页。

② ［日］松原久利：《违法性的错误与违法性意识的可能性》，成文堂2006年版，第8页。

③ ［日］山中敬一：《刑法总论》（第3版），成文堂2015年版，第694页；［日］浅田和茂：《刑法总论》（补正版），成文堂2007年版，第332页。

④ ［日］松原久利：《违法性的错误与违法性意识的可能性》，成文堂2006年版，第8页。

⑤ ［日］牧野英一：《刑法总论》（下卷）（重订版），有斐阁2001年版，第589页。

确的界限，这种区分也缺乏法条上的根据。将违法性意识的问题依存于这种本身就不合理的概念区分之上，是不妥当的。[①]

3. 实质的故意论。

近年来，实质的故意论在德、日刑法学界逐渐成为一种有力的学说。此说认为所谓故意，并不是形式上对犯罪事实的认识，而是对所有使故意非难成为可能的犯罪事实的认识。这种实质的故意概念，意味着“如果是一般人，就能够意识或认识到该犯罪类型的违法性”。[②] 据此，在判断是否成立故意时，就已经考虑了违法性意识的可能性问题。因而，在故意之外再去探讨违法性意识或其可能性的问题就失去了必要性。[③] 不过，此说也不否认存在例外的情况，即行为人具有故意但误认为自己的行为被法律所允许而无法予以非难。对这种情况，此说认为应作为例外的（超法规）的责任阻却事由，按照期待可能性的问题加以处理。[④]

对此说的主要批评意见有：第一，根据一般的分析方法，故意是对各个具体行为的认识，应当与行为整体的法律评价加以区别，而此说恰恰与此背道而驰。故意的确具有对违法性意识可能性的提诉机能，故意也有必要进行某种程度的规范化。但如果将事实的故意及其所具有的提诉机能与违法性意识的可能性完全融合，这种实质化理论会使概念丧失明确性。[⑤] 第二，期待可能性是与违法性意识不同的另一个责任要件，两者必须加以区分。[⑥] 第三，从罪刑法定主义、构成要件的故意规制机能、故意的犯罪个别化机能的观点出发，应当将故意的成立范围限定在对符合构成要件的客观事实的认识上，在此范围内承认故意的提诉机能。[⑦]

（二）违法性意识必要说

1. 严格故意说。

此说认为，违法性意识属于故意的要素，故意的成立以违法性意识的现实存在为必要。违法性的错误阻却故意。如果刑法有处罚过失犯的规定，而行为人对违法性错误又存在过失，应作为过失犯加以处罚。

严格故意说立足于规范责任论，其主要理由是：故意责任的本质在于对法规范有意识地反抗。行为人在对犯罪事实有认识的前提下，如果具有违法性意识，那么就会产生阻止其实施违法行为的反对动机。行为人突破这种反对动机的束缚仍然决意实施违法行为，就是其承受较重的责任非难的根据。故意犯之所以处罚重于过失

---

① ［日］山中敬一：《刑法总论》（第3版），成文堂2015年版，第697页。

② ［日］前田雅英：《刑法总论讲义》（第4版），东京大学出版会2006年版，第225页。

③ ［日］前田雅英：《刑法总论讲义》（第4版），东京大学出版会2006年版，第214、225页；［日］木村光江：《刑法》（第2版），东京大学出版会2002年版，第103、114页。

④ ［日］前田雅英：《刑法总论讲义》（第4版），东京大学出版会2006年版，第221页；［日］木村光江：《刑法》（第2版），东京大学出版会2002年版，第114页。

⑤ ［日］山中敬一：《刑法总论》（第3版），成文堂2015年版，第695页。

⑥ ［日］曾根威彦：《刑法的重要问题（总论）》（第2版），成文堂2005年版，第216页。

⑦ ［日］松原久利：《违法性的错误与违法性意识的可能性》，成文堂2006年版，第9页。

犯，就因为故意中包含有违法性意识。“违法意识本身，正是故意与过失的分水岭。”①

对严格故意说的主要批评意见是：第一，常习犯因其规范意识的麻木，从而无法由规范意识而产生对违法行为的抵抗感。根据严格责任说，那么这些人由于其不具有违法性意识或违法性意识的程度降低，就应当不处罚或减轻其责任。这便无法说明刑法加重其责任的根据。第二，激情犯在行为时并未自觉意识到其行为被禁止，行为人又具有责任能力，因此并不存在压制自己的违法性意识而实施行为的状况。根据严格故意说，激情犯的行为就不可罚了。第三，对于确信犯而言，很难设想行为人会具有“实施恶的行为”的意识，根据严格故意说就无法说明其可罚性。第四，刑法对大多数行政犯并没有设置处罚过失犯的规定，根据严格故意说，如果欠缺违法性意识就不可罚，那么就无法达到行政取缔的目的，会产生处罚上的间隙。第五，证明违法性意识的存在是很困难的。

对上述批评意见，严格故意说的论者也提出了反驳意见：第一，常习犯也存在潜在的违法性意识。第二，激情犯也同样存在潜在的违法性意识，至少通常情况下行为人在行为之前熟知违法性。第三，确信犯也存在违反现行法秩序的意识，所以应认可其违法性意识的存在。第四，在刑法规定有罚金刑等一定的场合，应当解释为可以处罚过失犯。或者（在其他情况下）从罪刑法定主义的角度出发，基于立法上的规定不得不承认其不可罚。第五，对犯罪事实的认识可以事实上推定存在违法性意识，因此只要没有需确认违法性意识不存在的特殊的情况，就应肯定违法性意识的存在。②

对严格故意说的反驳意见，批评者再次进行了驳斥：首先，严格故意说的前三点反驳，已经偏离了严格故意说本来的主张。因为严格故意说的基本观点是，只有当行为人具有现实的违法性意识时，才有可能形成反对动机，并进而突破这种反对动机而实施行为。严格故意说中故意所必需的违法性意识，是指行为人认识到自己的行为不为规范所允许，便是恶的行为。而严格故意说的前三点反驳意见，已经将违法性意识朝缓和的方向修正，导入了拟制性的要素。其次，严格故意说的第四点反驳意见认为不得不承认过失犯的不可罚，这相当于不当地放任了有责行为。而如果在刑法没有处罚过失犯的规定情况下处罚过失犯，又不当地扩大了过失犯的处罚范围。最后，只要认为违法性意识属于故意的要件，那么违法性意识的存在就属于刑事诉讼法所规定的需要证明的“构成犯罪的事实”，因此检察官就必须证明其存在，而这是非常困难的。根据严格故意说所提出的第五点反驳意见，如果处于需要确认违法性意识不存在的特殊的情况下，被告人仍然至少具有提出证据的责任。③

① ［日］小野清一郎：《刑法概论》（增订版），法文社 1956 年版，第 116 页。

② ［日］松原久利：《违法性的错误与违法性意识的可能性》，成文堂 2006 年版，第 12 页。

③ ［日］松原久利：《违法性的错误与违法性意识的可能性》，成文堂 2006 年版，第 12 ~ 13 页。

2. 违法性过失准故意说。

为了避免严格故意说的上述缺陷，一部分学者认为虽然故意的成立以违法性意识为必要，但当行为人因为过失而欠缺违法性意识时，可以与故意犯同样地处罚。这被称为违法性过失准故意说或修正说。

此说将因过失而不具有违法性意识的情况称为“法律的过失”或“违法性的过失”，认为“法律的过失”虽然是过失，但其责任非难则与故意责任相近。

对此说的主要批评意见是：故意与过失是对相互排斥的概念，将其作同等处理存在论理上的矛盾；① 而且为什么仅对这种情况下的过失与故意犯同等处罚，此说没有作出积极的说明。②

（三）违法性意识可能性必要说

1. 限制故意说。

此说认为，故意的成立不以违法性意识为必要，只需要具有违法性意识的可能性即可。因此，行为人即使欠缺违法性意识，但只要具有违法性意识的可能性，就不阻却故意。

限制故意说的提倡者大多持人格责任论。例如，团藤重光认为，故意责任的本质“不在于意识到规范并意欲违反其之意思，而在于人格态度的直接的反规范性”，即行为人只要认识到犯罪事实，就会产生违法性意识，其结果就会形成反对动机而具有实施合法行为的可能性。行为人在这种情况下仍然实施违法行为，那么就可以对其进行故意的责任非难。但是，如果违法性意识的欠缺并非没有道理的话，那么就不能对其施加非难。限制故意说的这种思路与后述的责任说是共通的。

对限制故意说的批评意见主要有：第一，将可能性这种过失的要素引入故意概念之中，会使故意与过失混同。第二，为什么只有在欠缺违法性意识的场合才考虑人格形成责任，在欠缺事实认识的场合则不考虑人格形成责任，此说没有加以合理说明。③

2. 责任说。

上述各种学说都认为违法性意识或其可能性属于故意的成立要件之一。而责任说则认为故意仅指对犯罪事实的认识，违法性意识的可能性是与故意不同的另一个独立的责任要素。责任说首先是由韦尔策尔、木村龟二、福田平等目的行为论的学者所提倡的，不过现在也有不少学者从非目的行为论的立场提倡责任说。责任说得到德国现行刑法第 17 条的认可，成为德国的通说。在日本，责任说也逐渐成为理论上的通说。

责任说内部也有不同的观点，有的观点还互相对立。概括德、日学者的论述，

---

① ［日］木村龟二著、阿部纯二增补：《刑法总论》，有斐阁 1978 年版，第 310 页。

② ［日］大塚仁等编：《大注解刑法》（大コンメンタール刑法）（第 3 卷）（第 2 版），青林书院 1999 年版，第 139 页。

③ ［日］松原久利：《违法性的错误与违法性意识的可能性》，成文堂 2006 年版，第 18 页。

大致可以根据不同的标准分为以下两类：

第一，本来的责任说与修正的责任说。本来的责任说认为，故意、过失指的仅是构成要件的故意、过失，违法性意识的可能性是故意犯、过失犯所共通的独立的责任要素。修正的责任说认为，故意、过失也是责任要素，违法性意识的可能性是与之相独立的、故意犯、过失犯所共通的责任要素。

对本来的责任说的主要批评意见是：在犯罪论体系上将故意、过失从责任论移至构成要件、违法性论中，导致责任的概念空虚化。对修正的责任说的主要批评意见是：违法性意识也是心理活动的一种形式，应当作为责任判断的对象。行为人如果认为自己的行为为法律所允许，仍然将其视为故意犯，是不妥当的。

第二，严格责任说与限制责任说。在责任说内部，根据将关于正当化事由的事实的前提的错误定位为事实的错误还是定位为禁止的错误（违法性的错误），又区分为严格责任说和限制责任说。严格责任说认为，关于正当化事由的事实的前提（正当化事情）的错误是“禁止的错误”。限制责任说认为，关于正当化事由的事实前提的错误是“事实的错误”，阻却故意。

由于责任说认为，违法性意识的可能性不仅是故意犯，也是过失犯所必需的责任要素，这样，它便达到了与限制故意说同样的结论，但避免了混淆故意与过失这一限制故意说的理论缺陷。不过，限制故意说认为如果缺乏违法性意识的可能性，那么就不成立故意犯，但还存在成立过失犯的余地。而责任说则认为违法性意识的可能性是故意犯、过失犯共通的责任要素，因而一旦欠缺违法性意识的可能性，就阻却责任。对此，批评者认为这种结论缺乏法律条文上的根据，是不合理的。①

三、违法性的错误

违法性的错误，又称法律的错误或禁止错误，是指行为人虽然不欠缺事实的认识，但误认为自己违法的行为不违法的情况。

（一）违法性错误的类型

一般认为，违法性错误包括以下类型：

1. 直接的禁止错误。这是指关于禁止规范存在的错误。例如，误认为自己的行为不违法而加以实施的情况就属于此类错误。

2. 间接的禁止错误。这是指行为人认识到自己的行为被法律所禁止，但错误地认为自己的案件中存在正当化规范（阻却违法事由）。这又包括两种情况：其一，客观上没有容许规范的存在而行为人误认为有，因而认为自己的行为属于容许规范所允许的合法行为（所谓容许的错误）。其二，行为人误解容许规范的界限，而将容许规范的适用范围扩张至其行为（所谓容许界限的错误）。

3. 包摄的错误。这是指对构成要件要素作出错误解释，从而误认为自己的行为不违法的情况。包摄的错误不是事实错误，不阻却故意。一部分包摄错误属于禁止

① ［日］立石二六编著：《刑法总论30讲》，成文堂2007年版，第139页。

错误，如向主管行政机关正式地询问，得到该行为是合法行为的回答后再实施该行为，但实际上该行为违法的情况即是如此。不过，并非所有的包摄的错误都属于禁止错误。

4. 有效性的错误。这是指行为人虽然知道禁止规范，但错误地认为它已经失效的情况。

（二）违法性错误的避免可能性判断

如果行为人发生违法性的错误是无法避免的，即行为人不可能认识到违法性时，行为人的行为就应当免责。例如，《德国刑法典》第 17 条明确规定："行为人行为时没有认识其违法性，如该错误认识不可避免，则对其行为不负责任。如该错误认识可以避免，则依第 49 条第 1 款（即特别之法定减刑理由——笔者注）减轻处罚。"

根据责任说，"行为人认识到实施了刑法上违法的事实时，通常就能期待直接唤起其违法性的意识。因此，要承认免责，必须存在行为人不得不相信自己的行为合法从而使根据刑法追究责任无法被正当化的事实。在这个意义上，就有必要认为（行为人）陷入违法性错误具有相当的理由"。①

在判断违法性的错误是否存在相当的理由时，行为人从谁那里、基于何种状况、如何取得关于自己行为违法性的信息等情况是重要的基础性资料。

一般而言，基于从政府部门负责该项事务的人员处得来的情报所进行的合理的判断应当解释为具有相当的理由。这是因为，虽然公权力所进行的解释并非必然正当，但只要它是面向国民所进行的解释，就必须基于真挚的态度进行充分的酝酿。因而，对于信赖公权力的解释而加以行动的国民应给予尽可能的保护。例如，日本法院曾经对违反垄断法的案件，以存在通产省的行政指导和公正交易委员会的承认为理由，认为行为人的违法性错误具有相当的理由。②

如果行为人不是从国家机关而是从律师、学者等法律专家处得到有关违法性的信息，基于对专家的信赖而实施行为，最终却违反了法律，这种违法性错误是否具有相当的理由？原则上，基于对私人的信赖而产生的违法性错误不能认为具有相当的理由。因为诸如律师、学者等关于法律解释、适用的意见并没有得到社会的绝对信赖，因而行为人还应当有从他处探讨行为违法性的机会。但是，也不能一概排除例外的情况。例如，不具有法律知识的人向律师协会提出咨询，根据该协会的回答而误认为自己的行为合法时，这种误信就应当认为具有相当的理由。

当行为人因信赖法院判决对刑法法规的解释而错误地认为自己的行为为法律所允许时，由于判决具有一定的权威和法形成力，因此信任与自己的行为属于相同事实的判例是具有相当理由的。如果上下级法院的判例不一致，行为人相信了前者时，

---

① ［日］井田良：《讲义刑法学·总论》，有斐阁 2008 年版，第 379 页。

② 东京高等法院 1980 年 9 月 26 日判决，载《高等裁判所刑事判例集》第 33 卷第 5 号，第 359 页。

一旦发生违法性错误能否认为具有相当的理由？部分学者持肯定态度。[①] 但也有学者认为，对于判例的解释在专家之间也经常会产生意见分歧，因此行为人根据自己对判例的独自理解所作的解释很难说具有“相当的理由”。[②]

四、违法性的错误与事实的错误的界限

根据严格故意说，无论是事实的错误还是违法性的错误都阻却故意，其法律效果是一样的，因而区分二者并没有实际意义。但只要采用严格故意说之外的其他学说，事实的错误与违法性的错误的法律效果就明显不同了。事实的错误阻却故意，而违法性错误则不一定阻却故意。因此，两者就有区分的必要。

某种情况究竟属于违法性的错误还是事实的错误，在某些情况下会产生争议。这主要是因为“事实”与“法律”都具有多义性与不明了性，即“事实”不仅包括记述的要素，也包括规范的要素，这便使事实与法律的区别变得暧昧。而“法律”不仅包括刑法法规，也包括民法等其他法规，也使得其含义变得不明确。[③]

“在从事实的错误到违法性的错误的光谱之间，粗略地可以定位为5个阶段：（1）自然的、物理的事实的错误；（2）社会意义的错误；（3）规范的事实的错误；（4）规范的评价的错误；（5）法的概念的错误（涵摄的错误）。其中从（1）到（3）都是事实的错误。”[④]

所谓自然的、物理的事实的错误，是指对自然的、物理的存在发生了感觉、知觉上的错误。例如，将人误认为是狗，这是典型的事实的错误。

所谓社会意义的错误，是指对物理存在、社会制度或价值的社会意义的内容发生了精神上的理解错误。由于对事项的社会意义的认识，只要有行为人所属的外行人领域的平行评价就够了。所以，只有在对这样的平行评价存在错误时，才是社会意义的错误。对社会意义的认识与对该行为的社会危害性、法益侵害性的认识具有密切的联系。因此，如果发生了社会意义的错误，就阻却故意。例如，贩卖淫秽文书的行为人误以为其贩卖的不是淫秽文书，并以为其他人都认为该文书不属于淫秽文书，这就属于社会意义的错误。

所谓规范的事实的错误，是指对由民法、行政法等法律赋予意义的事实的认识错误。由于社会意义也包括法律意义，所以规范的事实的错误广义上也属于社会意义的错误的一种类型。例如，盗窃罪的构成要件中的“他人”这一要素，原本就必须进行社会意义的理解。但该“他人”的要素，如果不进行法的性质的理解就不可能得出正确结论。“公务员”、职务的“合法性”等带有法律色彩的概念同样如此。规范的事实的错误也属于事实的错误。

---

① ［日］大谷实：《刑法总论》，黎宏译，中国人民大学出版社2008年版，第317~318页。

② ［日］川端博：《刑法总论讲义》（第2版），成文堂2006年版，第435页。

③ ［日］川端博：《刑法总论》（第2版），成文堂2006年版，第263页。

④ ［日］山中敬一：《刑法总论》（第3版），成文堂2015年版，第715页。

所谓规范的评价的错误，是指行为人对其行为的违法评价存在认识错误。这是典型的违法性的错误。它包括对禁止规范存在与否的认识错误、与容许规范的存在、界限有关的错误、有效性的错误等情况。

所谓法的概念的错误，是指虽然理解了行为的社会意义，但对法律条文的意义产生了误解。例如，行为人将他人笼中的小鸟放走，误以为其行为不属于器物损坏罪中的“损坏器物”即是如此。这种情形不影响器物损坏罪的故意。[①]

第六节　期待可能性

一、期待可能性概说

所谓期待可能性，是指根据行为时的具体情况，有能够期待行为人不实施违法行为而实施其他合法行为的可能性。期待可能性的理论认为，如果不能期待行为人实施其他合法行为，就不能对行为人的行为进行非难，也就不能追究刑法上的责任。[②] 期待可能性的理论是规范责任论的核心理论。

期待可能性的理论，来源于 1897 年 3 月 3 日德国帝国法院第四刑事部对所谓“癖马案”的判决。

该案案情为：身为马车夫的被告人，从 1895 年起受雇于经营马车出租业的雇主。在受雇期间，被告人驾驭双辔马车，而其中一匹马为绕缰之马，经常用尾巴绕缰绳，并用力压低缰绳。被告人曾向雇主提出更换此马，但雇主拒绝其要求并命令其继续使用该马。被告人害怕被解雇只好从命。1896 年 7 月 19 日，被告人在驾驶马车时，该马尾巴绕住缰绳导致失控而飞奔，致一名行人受伤。

检察官以过失伤害罪提起公诉，但原判法院宣告无罪，检察官不服提出上诉，案件移至德国帝国法院。帝国法院驳回上诉，理由是，不能期待被告人不顾自己的职位，违反雇主的命令而拒绝使用此马，因此，被告人不负过失责任。

以此案例为契机，1907 年弗兰克（Frank）发表论文《论责任概念的构成》，开始提倡期待可能性理论，这种观点此后得到了弗罗伊登达尔（Freudenthal）、修米特（E. Schmidt）、梅茨格尔等著名学者的支持和完善，在德国成为一种有影响力的学说。虽然在纳粹时期，这种理论被认为会导致刑法的软化而受到强烈批评，但并没有丧失其影响力。

期待可能性的理论经过木村龟二、佐伯千仞、泷川幸辰等学者的介绍，在日本也得到了认可。虽然日本学者对于期待可能性的理解存在分歧，但没有学者彻底否定该理论。

日本采用期待可能性理论的有名判例是 1933 年 11 月 21 日日本大审院对“第 5

---

① ［日］山中敬一：《刑法总论》（第 3 版），成文堂 2015 年版，第 716~717 页。

② ［日］林干人：《刑法总论》（第 2 版），东京大学出版会 2008 年版，第 334 页。

柏岛丸事件”所作的判决。

该案案情为：被告人是持有乙种二等驾驶员执照的海员，从1932年6月起受雇于广岛县一航运业主，担任第5柏岛丸号（载重9吨）的船长，从事旅客运输业务。该船的乘客定额为24名，如超载则有倾覆危险。而在1932年9月13日早晨6时左右，该船却载乘客128名从港口出发。上午10时许行驶在濑户内海时，另一船只从右后方超越第5柏岛丸号，两船相距约16米。第5柏岛丸号的一部分乘客为了避免浪水溅身，便从右边移向左边，致使船向左边倾斜。又由于载客过多，船尾吃水较深，海水从船尾浸入，使船颠覆，导致28人死亡，8人受伤。

原审认定被告人属于业务上过失致舰船覆没罪与业务上致死伤罪的想象竞合犯，判处其6个月的禁锢。大审院则认为量刑不当，改判处300日元罚金。其理由是：乘客不顾船员阻止争先恐后上船；负责维持治安的警察没有制止乘客登船；该船的航行费用，需要超过乘客定额数倍的船票费，才能弥补其收支平衡；被告人就超载乘客的危险曾再三向船主提出忠告，但船主不予采纳。这都说明被告人是不得已超定额运载乘客的，因而所处的刑罚相当轻。

二、期待可能性的适用范围

理论上虽然有少数学者认为欠缺期待可能性属于违法性阻却事由，但德、日压倒性的通说认为欠缺期待可能性阻却责任。那么，欠缺期待可能性视为阻却责任事由是以刑法明文规定为限还是也包括超法规的责任阻却事由呢？对此理论上存在不同的观点。

（一）一般性超法规责任阻却事由说

此说认为，即使不存在法律的明文规定，欠缺期待可能性也属于超法规的责任阻却事由。在日本刑法理论中，此说属于压倒性的通说。“理论上一致认为，即使没有特别规定（因而，是超法规的），也可以以期待可能性程度低为理由承认责任减少，以期待不可能性为理由承认阻却责任。”①

（二）限定的责任阻却事由说

此说主张对期待可能性理论的适用持慎重甚至限制的态度。在最近的德国刑法学理论中，期待可能性理论已经不具有独自的意义，而只是作为对现行法律若干规定的解释理由。“第33、35条从法律上对免除罪责的事由进行了规范化的规定，这些免除罪责的事由中明定了各种特定的条件，如果符合这些条件，那么这时，按照刑法典的评价，要求当事人具备符合规范的动机就是一种期待不可能。倘若人们还想在这些规定之外，就符合规范之行为的期待不可能性，再给出个免除罪责事由的一般性规定，（恐怕）原则上是不可能了。原因还尤其在于这样一个阻却罪责的标

① ［日］井田良：《讲义刑法学·总论》，有斐阁2008年版，第388页。

准也过于模糊或者鉴于第 35 条已规范化的利益衡量而显出其之多余。”[①] 不过，“人们普遍认可的是，在不作为犯领域和过失犯的某些特定领域，援用期待不可能性来限制可罚性是合理的”。[②]

受德国刑法学的影响，日本也有学者主张限制性地适用该理论。此说具体又可以分为以下三种观点：

1. 法律规定说。

此说主张，欠缺期待可能性对于过失犯而言属于超法规的责任阻却事由，对于故意犯而言则应限于法律有特别规定或对法律规定合理解释的范围之内。[③]

此说的实质根据在于，责任阻却事由本来就属于刑法的例外情况，应严格地加以解释。将欠缺期待可能性视为超法规的责任阻却事由的通说见解，会导致刑法规制机能的弱化及刑法秩序的松弛。

对此说的主要批评意见是：如果将欠缺期待可能性作为故意犯的责任阻却事由只限于法律有明文规定的情况，那么当在某些案件中的确存在不能对行为人加以非难的情形时，就无法发挥期待可能性理论的功能。我们应避免和防止期待可能性理论被滥用，但如果因此对期待可能性理论作不当限制，就属于矫枉过正。[④]

2. 未必的故意、间接故意说。

此说认为，欠缺期待可能性对于过失犯全面阻却责任，对于故意犯而言则只有在未必故意、间接故意的情况下才阻却责任。“就故意而言，在什么范围内欠缺期待可能性能成为责任免除的理由，我认为至少应全面否定直接故意可以因缺乏期待可能性而免除责任。如弗兰克所举之例，主人跟仆人说只要他扔石头打破邻家的窗户就可以休假，如果仆人将主人的命令加以实施，不能够免除其故意的责任。”[⑤]

此说与上述法律规定说面临同样的批评意见。而且，此说将直接故意与未必故意、间接故意的情况加以区分，但并没有解释其合理根据，因为直接故意同样会遇到难以对行为人施加责任非难的情况。[⑥]

3. 量刑事由说。

此说认为，欠缺期待可能性属于刑法上的法定的责任阻却事由，但不属于超法

---

① ［德］乌尔斯·金德霍伊泽尔：《刑法总论教科书》（第 6 版），蔡桂生译，北京大学出版社 2015 年版，第 212~213 页。

② ［德］乌尔斯·金德霍伊泽尔：《刑法总论教科书》（第 6 版），蔡桂生译，北京大学出版社 2015 年版，第 212~213 页。

③ ［日］木村龟二著、阿部纯二增补：《刑法总论》，有斐阁 1978 年版，第 329 页。

④ ［日］福田平：《全订刑法总论》（第 4 版），有斐阁 2004 年版，第 221 页。

⑤ ［日］团藤重光等编：《泷川幸辰刑法著作集》（第 5 卷），世界思想社 1981 年版，第 442 页。

⑥ ［日］川端博：《刑法总论》（第 2 版），成文堂 2006 年版，第 442 页。

规的责任阻却事由。它只具有统一量刑标准的机能。①

对此说的主要批评意见是：虽然期待可能性是一个包含“程度”的概念，因而其可以作为量刑事由起作用。但如果遇到其极限，即遇到期待不可能的事态时，就超出了单纯的量刑的框架。②

综上所述，作为期待可能性理论诞生之地的德国，现在对于期待可能性理论的适用已经转为持慎重甚至限制的态度，将期待可能性理论视为对现行法律若干规定的解释理由。而日本的通说理论则将欠缺期待可能性视为超法规的责任阻却事由。

不过值得注意的是，虽然日本下级法院积极地承认期待可能性理论，但日本的最高法院的态度则极为暧昧。日本最高法院没有直接从正面肯定期待可能性理论的判决，但也没有正面否定该理论的判决。对下级法院以欠缺期待可能性为理由宣告无罪的“三友煤矿案件”，最高法院以欠缺可罚的违法性为理由维持了无罪判决；对下级法院以欠缺期待可能性为理由宣告无罪的“东芝川岸工厂事件”，最高法院以否定构成要件符合性的形式维持了无罪判决，但回避了是否采用期待可能性理论的问题。

日本的最高法院为何采取这种踌躇的态度呢？这是因为在最高法院看来，期待可能性理论缺乏实定法的根据，其理论根据、适用基准也不明确。不过，由于现在日本法院对于可罚的违法性的理论采用了日趋严格的态度，因而期待可能性理论的重要性在学者们看来反而会相应提高。③

三、期待可能性的体系地位

关于期待可能性或期待不可能性在犯罪论体系中如何定位的问题，少数学者认为它属于违法性阻却事由。但考虑到期待可能性的沿革及其与规范责任论的关系，将其定位为责任论的观点属于压倒性的通说。不过，在责任论内部，如何理解期待可能性与故意、过失等其他责任要素的关系，存在不同的观点。

（一）故意、过失的构成要素说

此说认为，故意、过失属于责任的要素。故意责任、过失责任都包含非难可能性的要素，欠缺期待可能性时阻却故意责任、过失责任。例如，“弗罗伊登达尔认为期待可能性作为伦理的责任要素，是被故意、过失所包摄的要素。E. 修米特认为期待可能性作为与规范的意思决定相关的规范的责任要素，是故意、过失共通的要素”。④ 泷川幸辰、团藤重光等也持这种观点。

此说的主要理由是：就故意犯而言，行为人仅仅认识、接受犯罪事实并实施行

---

① ［日］八木国之：《新派刑法学的现代的展开》（增补版），酒井书店 1991 年版，第 47 页。

② ［日］川端博：《刑法总论》（第 2 版），成文堂 2006 年版，第 442 页。

③ ［日］林干人：《刑法总论》（第 2 版），东京大学出版会 2008 年版，第 337 页。

④ ［日］浅田和茂：《刑法总论》（补正版），成文堂 2007 年版，第 356 页。

为，还不足以据此对行为人的人格态度进行充分的评价。为了对行为人进行非难可能性的判断，有必要考察行为人在具体情况下的人格态度而非抽象的人格态度。因此，即使具有对犯罪事实的认识、承认（有的学说还认为包括违法性认识），但如果在具体的情况下实施该行为并非没有道理时（不能期待不实施该行为时），就不能对行为人加以非难。因此，必须认为期待可能性属于故意的成立要件。就过失犯而言，只要过失的内容也是非难可能性，那么期待可能性的理论就适用于过失责任。而且较之于故意责任，具有更强的合理性。[①]

对此说的主要批评意见是：期待可能性属于客观的责任要素，责任故意、责任过失属于主观的责任要素，两者应区别对待。[②]

（二）独立的责任要素说

此说认为，期待可能性是与责任能力、故意过失相并列的独立的责任要素。此说的主要理由是：欠缺期待可能性不具有责任，在这个意义上期待可能性的存在属于责任的前提要件。反过来说，期待可能性的不存在属于免责原因。此说主张，作为客观责任要素的适法行为的期待可能性应当与作为主观责任要素的责任故意、责任过失相区别，而独立地加以对待。[③] 弗兰克、戈尔德斯密特（Goldschmidt）、福田平、大塚仁等持此说。

对此说的主要批评意见是：如果认为期待可能性是独立的责任要素的话，那么公诉机关对每一个案件都必须积极证明存在期待可能性，这既不合理也不符合司法实务的实际情况。

（三）期待可能性不存在属于责任阻却事由说

此说认为，责任能力、故意、过失属于“责任的原则要素”，期待可能性的不存在属于“责任的例外要素”，即在此说看来，责任能力与故意或过失合在一起构成责任的原则类型。如果存在责任能力及故意或过失，原则上就推定能够期待行为人实施合法行为。因此一旦行为人实施了违法行为，就可以对其施加非难。但是，如果存在打破这种推定的具体情况，即例外地缺乏期待可能性时，就不能对行为人施加非难。所以，期待可能性的不存在属于责任阻却事由。耶赛克、魏根特、佐伯千仞、平野龙一、中山研一、浅田和茂、野村稔、川端博等持此说。

此说的主要优点在于“思考经济上以及诉讼程序上都是有益的，在实践中也是妥当的”。[④] 对此说的主要批评意见是：此说实际上是将期待不可能性视为“消极的责任要素”。但是期待可能性不仅关系到责任的存在与否，对于决定责任的轻重程度也起重要的作用。因此，单纯将其视为消极的责任要素不能说明期待可能性程度

① ［日］团藤重光：《刑法纲要总论》，创文社1990年版，第439页。
② ［日］立石二六编著：《刑法总论30讲》，成文堂2007年版，第192页。
③ ［日］大塚仁：《刑法概说（总论）》（第4版），有斐阁2008年版，第478页。
④ ［日］川端博：《刑法总论》（第2版），成文堂2006年版，第443页。

低时对减轻责任所起的作用。①

事实上，第二种观点与第三种观点只是解释上的区别，在实践中并没有实质性差异。②

（四）可罚的责任阻却、减少说

此说认为，欠缺期待可能性并不是使责任消失，而仅仅是使可罚的责任消失。不仅如此，当期待可能性减少时，可罚的责任也减少。此说同样将期待可能性定位于责任的阶段。③

四、期待可能性的种类

（一）法定的期待不可能或可能性减低的情况

如前所述，期待可能性在德国刑法中作为责任的阻却和减轻事由原则上限于法律有规定的场合。这主要是因为《德国刑法总则》第35条第1款规定："为了使自己、亲属或其他关系密切者免受正在发生、不可避免地威胁生命、身体或自由的危险，实施违法行为的，不负责任。如果该危险是行为人自己所引起或者本人处于某种法律关系之中，能够期待其担当该危险，则上述规定不适用；但是，如果行为人没有顾及其法律关系且承担该危险的话，则可依据《刑法》第49条第1款的规定减轻刑罚。"这意味着将免责的紧急避险规定为责任阻却的一般原理，因而也就没有另外提倡超法规的责任阻却事由的必要了。④

在德国刑法分则中也有一些关于无期待可能性的规定，如第258条第5款规定："为使对其本人所判处、执行的刑罚或保安处分全部或部分无效的，不以使刑罚无效罪处罚。"第258条第6款规定："为有利于家属而实施上述行为的，不处罚。"第139条第3款规定："对其亲属的犯罪行为虽未告发的，如已真诚努力阻止犯罪的实施或避免犯罪结果产生，则不负刑事责任。"

日本刑法总则中欠缺德国免责的紧急避险这样的作为责任阻却一般原理的规定，但不少条文实际上蕴含了期待可能性的思想：（1）刑事被告人湮灭自己的刑事被告案件证据的行为不作为证据隐灭罪的处罚对象（第104条）；（2）关于犯人隐匿罪及证据隐灭罪的亲属间的特例（第105条）；⑤（3）承认防卫过当、避险过当具有减轻、免除其刑罚的可能性（第36条第2款、第37条第1款但书）；（4）《盗犯等防止法》第1条第2款规定，即使没有对生命、身体、贞操的现实危险，但由于行为

① ［日］大塚仁：《刑法概说（总论）》（第4版），有斐阁2008年版，第478页。

② ［日］曾根威彦：《刑法总论》（第4版），有斐阁2008年版，第160页。

③ ［日］山中敬一：《刑法总论》（第3版），成文堂2015年版，第732页。

④ ［德］A. 埃斯尔（Eser）著、［日］浅田和茂译：《从德国的视角看日本法值得正当化与免责》，载《大阪市立大学法学杂志》第45卷第3、4联合号，第409页。

⑤ 《日本刑法典》第105条（有关亲属犯罪的特例）规定："犯人或者脱逃人的亲属，为了犯人或者脱逃人的利益而犯前两条之罪的（藏匿犯人等、隐灭证据等），可以免除刑罚。"

人恐怖、兴奋或狼狈而当场杀、伤了犯人不处罚；（5）从刑事立法上看，一些犯罪的法定刑设置较低，也被视为考虑到期待可能性的要求，如《日本刑法典》第97条规定的单纯脱逃罪、第212条规定的自行堕胎罪、第152条规定的伪造通货取得后知情行使罪。①

（二）超法规的期待不可能或可能性减低的情况

德国早期刑法理论承认无期待可能性是超法规的责任阻却事由，但现在的主流观点则持否定意见。“假如认可了这样的如此模棱两可的，在前提条件和界限上都不确定的免除责任事由，将对法律的不安全性开启大门。”② 不过，德国现在的通说也认为，在一定的具体情况下承认超法规的期待可能性具有意义。“特别是对于过失或者不作为犯，在这里有必要对谨慎义务和作为义务的范围作符合实际的限制……依照绝大多数论者的观点，在特别不同寻常的冲突情况中对超法律的免除责任事由也有予以认可的空间。例如，在纳粹德国期间，当时在精神病院里工作的医务人员面临不可回避的选择：要么是挑选出少数几个精神病人（将他们列入所谓的迁转名单），参与希特勒命令的‘安乐死行动’，而由此拯救其他的大多数精神病人；要么是拒绝参与这个违法的秘密行动，有可能造成的后果是纳粹政权的追随者将取代他们，使得消灭行动为所欲为。一部分医务人员带着极大地良心责备选择了所说的第一种方式。”③ 在这种特别且几乎不可解脱的义务冲突中，也应当以“超法律的免除责任紧急状态”的方式免除这些医务人员行为的可罚性。④ 此外，理论上能设想到的例子还包括其他一些极端的例外情况，“比如，为了拯救多数人，而以个体或少数人群作为牺牲的代价。一个能够想到的例子就是，击落一架被恐怖分子劫持并作为恐怖工具加以利用的客机”。⑤

日本的通说承认无期待可能性是超法规的责任阻却事由。日本学者认为，超法规的期待可能性事由主要有以下几种情况：（1）违法拘束命令。例如，军队中上级对部下的命令（上级的违法命令），具有要求后者绝对服从的性质。在该命令违法时，按照该命令而采取行动的下属的行为应如何处理，理论上存在违法性阻却事由说和责任阻却事由说之间的对立。有学者认为，既然是将违法命令付诸执行的行为，就不能否定该行为是违法的。因此，应将其视为由于欠缺期待可能性而阻却责任。（2）强制行为。这是指诸如被人用枪逼着实施犯罪这样的不能抵抗之下的强制行

---

① ［日］曾根威彦：《刑法总论》（第4版），有斐阁2008年版，第161页。

② ［德］约翰内斯·韦塞尔斯：《德国刑法总论》，李昌珂译，法律出版社2008年版，第244页。

③ ［德］约翰内斯·韦塞尔斯：《德国刑法总论》，李昌珂译，法律出版社2008年版，第244页。

④ ［德］约翰内斯·韦塞尔斯：《德国刑法总论》，李昌珂译，法律出版社2008年版，第245页。

⑤ ［德］乌尔斯·金德霍伊泽尔：《刑法总论教科书》（第6版），蔡桂生译，北京大学出版社2015年版，第213页。

为。日本现行刑法对此未作规定。由于物理强制下的行为不是刑法上的行为，这里涉及的只是心理强制下的行为。有学者认为，在不能成立紧急避险时，就属于欠缺期待可能性的阻却责任事由。（3）义务冲突、安乐死。这些都属于阻却违法性事由，但是即便在不属于阻却违法性事由的场合，如果没有期待可能性的话，也应当看作超法规的阻却责任事由。① 此外，还有学者认为，如极端贫困下的轻微盗窃行为、害怕失业而实施的行贿行为等，也属于超法规的无期待可能性的情况。②

五、期待可能性的判断标准

所谓期待可能性的判断标准，就是指以什么为标准来判断行为人是否具有期待可能性。这是期待可能性理论中争议最大的问题，理论上存在多种学说。

（一）行为人标准说

此说认为，应当以行为人本人的能力为标准，根据行为时行为人的具体情况来决定其有无实施其他合法行为的可能性。

在此说看来，期待可能性理论的本意就在于针对行为人人性的弱点而给予法律的救济，因而其存在与否的判断标准，也应当求之于行为人自身的立场。而且，刑法中的责任就是对实施了符合构成要件的违法行为的行为人所施加的“人格的非难”，所以应当从行为人个人的立场来加以考虑。因此，期待可能性的判断标准，也应当以行为人为标准。③

也有学者以此说为基础提出了修正的行为人标准说，即“由于法规范对行为人的期待不应当超出对通常人的期待，因此其上限应根据通常人的标准来加以划定”。④ 此外，还有学者提出另一种修正说，即将行为人理解为行为人所属的类型人，进行某种程度的客观化、类型化。在他们看来，行为人标准说“并非是以纯粹的行为人个人为标准……而是以行为人本人所属的类型人（由本人的年龄、性别、经历等构成）为标准”。⑤

对此说的主要批评意见是：任何人实施某种具体行为，都是由内外部因素所决定的必然选择。因此也就不具备实施其他合法行为的可能性，即不具有期待可能性。如果以行为人为标准，就不可能进行责任的非难。⑥

对此批评意见，持行为人标准说的学者也反驳说：考虑行为人自身的具体情况，并不意味着只偏重行为人的主观，无条件对其加以肯定的感伤主义，而是将行为人的能力在客观的能力上限中作评价与判断。由于是以基于平均人观念的责任能力的

---

① ［日］大谷实：《刑法总论》，黎宏译，中国人民大学出版社 2008 年版，第 324 页。

② ［日］西原春夫：《刑法总论》（改订准备版）（下卷），成文堂 1993 年版，第 479 页。

③ ［日］大塚仁：《刑法概说（总论）》（第 4 版），有斐阁 2008 年版，第 478~479 页。

④ ［日］团藤重光：《刑法纲要总论》，创文社 1990 年版，第 329 页。

⑤ ［日］植田重正：《期待可能性》，载日本刑法学会编：《刑法讲座》（第 3 卷），有斐阁 1963 年版，第 27 页。

⑥ ［日］川端博：《刑法总论》（第 2 版），成文堂 2006 年版，第 445 页。

一般性规定为前提，所以对于有责任能力的人不能期待其实施合法行为的事态并不多见。因此，即使以行为人为标准，也不会导致刑法的软骨化。[①]

（二）平均人标准说

此说主张，将平均人（通常人、一般人）置于行为当时行为人的地位，以他们有无实施合法行为的可能性为标准来判断有无期待可能性。如果对处于行为人状态下的平均人，能够期待其实施适法行为，则该行为人也具有期待可能性；如果对处于行为人状态下的平均人，不能期待其实施适法行为，则该行为人也不具有期待可能性。“必须对促使行为的动机和抑制行为的动机的强度进行认定，而且根据经验看是否每个人在这种情况下都像行为人那样行为，对此，绝不能以特别的内心的英雄主义为前提条件，绝不需要以特别之心理缺陷为前提条件。主审法官将会设想一个平均国民类型，并从该立场出发来检测合法行为的合理性。”[②] 此说在日本是通说。

对此说的批判意见主要有：（1）责任非难意味着对行为人个别的、一身的非难，应以行为人本人的可能性为限度。如果对一般人能够进行期待但对行为人本人不能予以期待，此时仍然进行非难就是不合适的。[③]（2）道义责任论是以行为人个人为标准判断是否具有非难可能性，平均人标准说偏离了这一理论，属于社会责任论了。[④]（3）平均人的概念过于抽象、暧昧和不明确。[⑤]（4）责任能力的观念就已经是以平均人的观念为基础形成的了，如果期待可能性的有无也以平均人为标准，则是概念的重复。[⑥]

针对上述批评意见，持平均人标准说的学者也提出了反驳：平均人是责任判断的法律基准要素，依此而被施加责任非难的仍然是行为人。因此，以平均人为标准所判断的责任并非行为人以外的其他人的责任。而且，认为平均人概念不明确的批评意见也不适用于作为社会学的类型概念的平均人。[⑦]

（三）国家标准说

此说认为，“期待”这一概念是以期待方与被期待方的对立为前提和出发点的概念。因此有必要着眼于这一紧张关系，将关注的重点从被期待的客体转向期待主体。前面两种主张，都是从被期待的一方提出判断标准，而国家标准说则将期待可能性理解为“期待者（国家）与被期待者（个人）之间在现实情况下的紧张关系”，主张从期待一方提出判断标准，即主张以国家或者国家的法秩序的具体要求

① ［日］川端博：《刑法总论》（第2版），成文堂2006年版，第445页。
② ［德］李斯特：《德国刑法教科书》，徐久生译，法律出版社2006年版，第312页。
③ ［日］曾根威彦：《刑法总论》（第4版），有斐阁2008年版，第161页。
④ ［日］中山研一：《刑法总论》，成文堂1982年版，第396页。
⑤ ［日］山中敬一：《刑法总论》（第3版），成文堂2015年版，第734页。
⑥ ［日］大塚仁：《刑法概说（总论）》（第4版），有斐阁2008年版，第479页。
⑦ ［日］川端博：《刑法总论》（第2版），成文堂2006年版，第447页。

为标准，来判断是否具有期待可能性。

在国家标准说中还有一种重要的学说叫作“类型的行为情况标准说”。这种观点认为“与其他学说的‘行为人’、‘平均人’相对应，本说的标准是法律独自评价的附着类型的‘行为情况’”。作为结论，此说主张将各种有细微差别的法律独自的评价标准，与作为其前提的各种情况（侵害法益、行为人的身份、危难等各种行为情况的要素）相关联。从而找出评价标准的类型，将具体事件适用该类型标准，得出对该事件的法律独自的（关于期待可能性有无的）评价。①

对此说的主要批评意见是：（1）期待可能性的根本思想是意图针对人性的弱点而给予法的救济，此说则违反了这一思想。（2）国家标准说明确了期待可能性的判定主体是国家，这一点是正确的，但对于判断对象即行为人的能力及具体行为状况的考虑则不充分。②（3）此说对于法律在何种情况下能够期待行为人实施合法行为这一问题给出的回答是，法秩序能够期待时就具有期待可能性，这无异于以问题回答问题，犯了循环论证的错误。③

（四）三种学说之间的关系

传统的观点一直认为，有关期待可能性判断标准的行为人标准说、平均人标准说、国家标准说是互相排斥的。即便如此，三者之间的争论也很难导致结论上的重大区别。“这是因为，即使采用一般人标准说或者国家标准说，也必须基于行为人个人相关的具体情况及行为人的能力进行非类型性的判断。”④

现在，有越来越多的学者认为“行为人标准说、平均人标准说、行为事实的类型的把握、国家标准说，并非相互矛盾的，而只不过是层次的不同，都是妥当的”。⑤ 其理由是：

首先，责任的实质是非难可能性。根据“汝能为之事为之”这一原则，应当以行为人本人的可能性来划分责任非难的界限。因此，期待可能性的标准也应当以行为人标准说为依据。但这里成为问题的，不是行为人内心的、精神的能力的有无，而是行为的外部的、客观的状况，即是否存在能够期待行为人实施其他合法行为的状况。为了便于实务界掌握这种外部状况，就有必要进行类型化处理。

其次，平均人标准说有合理性。与过失的判断相同，如果通常人不可能预见但行为人能够预见，此时由于法律是以通常人为对象加以制定的，因而要承认规范的责任而否定可罚的责任的话，平均人标准说就是妥当的。

最后，国家标准说也具有合理性。从国家标准说中国家这一期待者的立场出发，

① ［日］佐伯千仞、米田泰邦：《总合判例研究丛书刑法（22）期待可能性》，有斐阁 1964 年版，第 297 页。

② ［日］曾根威彦：《刑法总论》（第 4 版），有斐阁 2008 年版，第 161 页。

③ ［日］川端博：《刑法总论》（第 2 版），成文堂 2006 年版，第 445 页。

④ 参见［日］曾根威彦、松原芳博编集：《重点课题刑法总论》，成文堂 2008 年版，第 120 页。

⑤ ［日］浅田和茂：《刑法总论》（补正版），成文堂 2007 年版，第 359 页。

行为人即使从心理上看具有责任，但如果没有值得科处刑罚程度的非难可能性，就要求国家一方的谦抑。期待可能性最终需要从国家的立场考虑是否存在必须行使刑法权的事态。①

总之，行为人标准说、平均人标准说、国家标准说“这些学说只是在把握了问题的部分侧面这一点上具有正确性，其对立并无重要意义。就身体的、心理的条件等行为人的能力而言，必须以具体的行为人为基准，而不可能以一般人为基准。但这并不意味着以‘因为是这个行为人所以没办法’为理由而肯定责任的阻却。‘平均人’也不意味着统计学意义上的平均人，而仅是在何种程度上可以期待适法行为的意义上加以援用，纯粹是规范的概念。合法行为的期待可能性，应当在何种程度上能够期待这种期待方与被期待方的‘紧张关系’中加以判断，它可以说是规范的问题。结果就只能以行为人的能力为前提，对能否期待行为当时行为人通过发挥其能力而不实施违法行为进行判断”。②

六、期待可能性的错误

期待可能性的错误，包括以下四种情况：第一，不存在会导致丧失期待可能性的外部行为状况而行为人误认为存在（所谓积极的错误）；第二，存在会导致丧失期待可能性的外部行为状况而行为人对此没有认识（所谓消极的错误）；第三，存在会导致丧失期待可能性的外部行为状况，行为人也认识到了上述事实，但误认为它不能阻却期待可能性；第四，虽然不存在上述事实，但行为人误认为能够阻却期待可能性。其中，第三种情况当然阻却期待可能性，第四种情况当然不能阻却期待可能性。换言之，这两种情况下行为人的认识错误在刑法中意义不大。因而，理论上存在争议的主要是前两种情况。

（一）期待可能性的积极的错误

对于积极的错误，理论上存在以下不同的观点：

1. 阻却故意说。此说认为，期待可能性的积极的错误属于事实的错误，即期待可能性属于故意的构成要素，当期待可能性的错误不可避免时，阻却期待可能性，因而也阻却故意。③

2. 阻却责任说。此说认为，期待可能性是与故意、过失不同的责任要素，因而期待可能性是划定有责任能力者非难可能性的外部界限的原理，应属于禁止的错误，与违法性错误适用同样的标准。当错误可以避免时，不阻却责任；当错误无法避免时，阻却责任。但期待可能性的错误与故意的成立与否无关。④

---

① ［日］浅田和茂：《刑法总论》（补正版），成文堂2007年版，第358~359页。

② ［日］山口厚：《刑法总论》（第2版），有斐阁2007年版，第251~252页。

③ ［日］团藤重光：《刑法纲要总论》，创文社1990年版，第331页。

④ ［日］西原春夫：《刑法总论》（改订准备版）（下卷），成文堂1993年版，第432页；［日］川端博：《刑法总论》（第2版），成文堂2006年版，第449页。

3. 过失犯成立说。此说认为，期待不可能性属于责任阻却事由。如果行为人的错误是基于过失，则应从“原因自由行为”的角度考察整个行为，看是否成立过失犯。例如，甲、乙两人因海难事故落水后争抢同一块木板，该木板的浮力本来可以承受两人但甲误认为只能承受一人，因而奋力将乙推开，致使乙死亡。此时，从原因自由行为的角度考察整个行为，甲如果是因为不注意误认为自己有生命危险，为排除危险而致使乙死亡，那就构成过失致死罪。[①]

4. 规范责任层面的责任阻却或减弱说。此说与过失犯成立说同样，将期待不可能性定位为责任阻却事由。但此说认为“如果认为期待不可能性阻却责任的理由在于把外部的行为情况反映到行为人的内心的话，那么在有关期待可能性的积极的错误的场合，就应该直截了当地以行为人的心理状态来判断期待可能性的有无。也就是说，不应当以错误是否基于过失、错误是否不可避免为标准，而应当以是否存在足以否定期待可能性的心理状态为标准。这样理解的话，在有关期待可能性的积极的错误的场合，就应当承认在规范的责任层面具有责任的阻却或减弱”。[②]

以上四说中，前三说是传统的观点，对期待可能性的体系地位采用不同立场的学者分别从自说的角度对他说提出批评。其中值得注意的是对第三说的批评意见。反对者认为，应当区分犯罪的过失与对行为前提事实的过失。例如，在第三说所举案例中，甲的过失是针对木板的承受力的判断而言的，他将乙推入水中的行为无疑是出于故意，对乙的死亡结果也有预见，因此甲不可能成立过失致死罪。[③] 而且，从逻辑顺序上看，应当是在责任能力、故意、过失已经确定之后，再根据期待可能性的有无来判断是否阻却责任。换言之，期待可能性的错误不可能影响到故意与过失的认定。[④]

第四说是最近新出现的观点，也得到了一些著名学者的支持。例如，日本学者曾根威彦就修改了自己在教科书第三版中将期待可能性的基础事实作为责任故意对象的观点，转而赞成上述第四说。他指出，即使实际上不存在会导致丧失期待可能性的外部事实，但只要它反映到了行为人的内心，就同样阻却责任。例如，《日本刑法典》第 244 条所规定的亲属相盗例属于责任减少事由，如果误将第三者之物当作亲属之物而加以窃取的话，阻却普通盗窃罪的责任，而应与实际窃取亲属之物一样，适用亲属相盗例。[⑤]

（二）期待可能性的消极的错误

对于期待可能性的消极的错误，理论上一般认为，由于行为人对会导致丧失期待可能性的外部行为状况没有认识，所以不能阻却责任，即可以无视这种错误。

---

① ［日］佐伯千仞：《刑法讲义（总论）》，有斐阁 1981 年版，第 281 页。
② ［日］浅田和茂：《刑法总论》（补正版），成文堂 2007 年版，第 361 页。
③ ［日］齐藤信宰：《刑法中的错误论研究》，成文堂 1989 年版，第 227~228 页。
④ ［日］浅田和茂：《刑法总论》（补正版），成文堂 2007 年版，第 361 页。
⑤ ［日］曾根威彦：《刑法总论》（第 4 版），有斐阁 2008 年版，第 162 页。

不过有的学者认为，在例外的情况下期待可能性的消极的错误也会阻却责任。这种例外的情况指的是存在“不允许反证的责任阻却事由”或者“客观的或推定的责任要素”。例如，《日本刑法典》第105条规定亲属之间藏匿犯人、湮灭证据的行为不处罚。那么当行为人不知犯人与自己具有亲属关系而加以藏匿时，该学者认为，首先推定行为人知道这种亲属关系，其次当行为人意识到亲属关系的存在时就会陷入法律要求与亲情羁绊的精神纠葛之中，最后推定其会选择后者。经过这样的不允许二重反证的推定之后，能够肯定其阻却责任，即可以适用《日本刑法典》第105条的规定。①

对上述观点，也有学者认为，在这种情况下存在规范的责任，而应当否定可罚的责任，即只要能够认可在行为人的心理状态中具有期待可能性，那么就应当肯定非难可能性。不过如果最终查明行为人与所藏匿的犯人之间具有亲属关系，那么对行为人就不存在特别预防（防止再犯）的必要性。而且，这种错误在司法实践中也是极为罕见的，因而也缺乏一般预防的必要性。因此，行为人虽然具有非难可能性，但不具有非难的必要性。②

① ［日］佐伯千仞：《刑法中的期待可能性思想》，有斐阁1985年版，第486页。

② ［日］浅田和茂：《刑法总论》（补正版），成文堂2007年版，第361页。

第十八章 未遂犯论的嬗变

第一节 未遂犯的存在领域

一、未遂犯的存在阶段

未遂犯，一般认为是指已经着手于犯罪的实行但未达既遂的犯罪形态。犯罪从其完成的时间顺序看可以划分为不同的阶段："①行为人决意实施犯罪行为（也包括制订周密的计划的情况）；②为了实施犯罪行为而准备工具、赶赴犯罪现场等犯罪实行的（物的）准备；③着手犯罪的实行（开始实行行为）；④实行行为终了；⑤构成要件的要素全部实现（尤其是发生了结果）。""瞬间决意实施并马上实行的犯罪，其①、②阶段几乎同时或在很短的时间内接连发生，但即使这样，在进入③阶段前也必定经由①、②阶段。"[①]

从各国刑法的规定来看，一般而言，第一阶段因其还不属于刑法意义上的行为，所以不成为刑法的处罚对象。只是在两人以上就实施特别严重的犯罪展开谋议时可以例外地作为阴谋犯加以处罚。第二阶段是预备阶段。所谓预备行为，是指以实施特定的犯罪为目的而进行的物的准备行为。刑法对于某些严重的犯罪也处罚其预备行为。不过，刑法真正强烈关心的是实行着手以后的阶段，即第三阶段以后的情况。[②]

概括以上内容，第一、第二阶段可以称为"预备、阴谋"阶段，第三、第四阶段属于"未遂"阶段，第五阶段属于"既遂"阶段。[③] 整个犯罪的实施过程，也就是指向犯罪结果的法益侵害的危险逐步升高的过程，因而可以被视为危险的实现过程。[④] 与上述犯罪发展阶段相对应，形成了既遂犯、未遂犯、预备犯与阴谋犯（日本刑法理论习惯称为预备罪与阴谋罪）等各种犯罪形态。各国刑法原则上不处罚预备犯和阴谋犯。因为：第一，法益侵害的危险性小；第二，难以证明犯罪意思；第

---

① ［日］井田良：《讲义刑法学・总论》，有斐阁 2008 年版，第 392 页。

② 参见［日］井田良：《讲义刑法学・总论》，有斐阁 2008 年版，第 392~393 页。

③ ［日］立石二六编著：《刑法总论 30 讲》，成文堂 2007 年版，第 199 页。

④ ［日］曾根威彦：《刑法总论》（第 4 版），有斐阁 2008 年版，第 210 页。

三，刑事政策的考虑。[①] 当然，在例外的情况下，刑法也处罚预备犯与阴谋犯。例如，日本刑法典中规定的预备罪有：内乱预备罪（第78条）、外患诱至和外患援助预备罪（第88条）、私战预备罪（第93条）、放火预备罪（第113条）、货币伪造等预备罪（第153条）、非法制作支付用卡电磁记录预备罪（第163条之4）、杀人预备罪（第201条）、准备凶器集合以及集结罪（第208条之3）、勒索赎金目的的绑架等预备罪（第228条之3）、强盗预备罪（第237条）；规定的阴谋罪有：内乱阴谋罪（第78条）、外患阴谋罪（第88条）以及阴谋私战罪（第93条）。此外，在特别刑法中、附属刑法也有一些处罚预备犯的规定。但总体而言，预备犯的处罚属于例外。因而，刑法真正作为常态加以处罚的首先就是未遂犯。

未遂犯有最广义、广义、狭义三种不同的含义。狭义的未遂犯是指着手实施犯罪的实行行为，但由于自己意志以外的原因（即意外的障碍）导致犯罪没有既遂的情况，也被称为障碍未遂。广义的未遂犯除了狭义的未遂犯之外，还包括着手实施犯罪的实行行为后基于自己的意志而停止犯罪导致犯罪没有既遂的中止犯（中止未遂）的情况。狭义的未遂犯与中止犯在没有发生结果这一点上比既遂犯的违法性有所减少，但它们都以结果发生的可能性（法益侵害的危险性）的存在为必要。而最广义的未遂犯除了狭义的未遂犯与中止犯之外，还包括连结果发生的可能性都不存在的不能犯（不能未遂）在内。

二、未遂犯的成立范围

从刑法理论上看，哪些犯罪具有成立未遂犯的可能性是一个值得研究的问题。存在分歧的主要涉及以下犯罪形态。

（一）过失犯

传统的观点否定过失犯的未遂，其主要理由有：第一，结果是过失犯的本质属性。过失犯以结果的发生作为成立的条件，因而不存在所谓过失犯的未遂问题。第二，如果承认过失犯的未遂，那么在结果未发生的情况下，难以确定究竟是过失伤害还是过失致死，即难以进行犯罪的个别化。[②] 第三，未遂以故意为必要，过失的行为人不具有实施重罪或者轻罪的犯罪决意，所以不存在过失未遂。[③] 这种观点长期以来在德、日刑法学中处于通说地位，现在仍然有耶赛克、香川达夫、野村稔等学者支持这种见解。

然而，现在日本刑法学的通说则主张在理论上承认过失犯的未遂概念。因为对于过失犯仍然可以区分出结果与行为两个不同的概念，从而承认实行行为的观念。

---

① ［日］大塚仁等编：《大注解刑法》（大コンメンタール刑法）（第4卷）（第2版），青林书院1999年版，第19页。

② ［日］香川达夫：《刑法讲义（总论）》，成文堂1995年版，第304页。

③ ［德］汉斯·海因里希·耶赛克、托马斯·魏根特：《德国刑法教科书（总论）》，徐久生译，中国法制出版社2001年版，第616页。

“过失行为也可以说存在实行的着手，因而在思维中也可以说存在过失犯的未遂。例如，由于过失在食物中混入毒物，但因无人食用而没有发生结果；或者过失将烟头扔到油库，因被人发现而未发生大的后果等，都是这方面的例子。”① 佐伯千仞、团藤重光、大塚仁、大谷实、川端博、山中敬一、林干人等都持这种观点。

不过由于各国现行刑法都没有设置处罚过失犯的未遂的规定，因而上述争论的实际意义有限。

（二）举动犯

举动犯是否存在未遂也是一个有争议的问题。一种观点认为，举动犯是行为人只要实施一定的身体动静就完成的犯罪，因而不存在未遂的余地。② 大塚仁、香川达夫、川端博等持此说。另一种观点则认为，举动犯只是不以在时间、场所上与实行行为相分离的结果的存在为必要，即举动犯是行为终了与构成要件充足相一致的犯罪，也存在未遂的可能。例如，侵入住宅罪是举动犯，当行为人的身体侵入住宅时犯罪就既遂，但在之前的时点就已经存在实行着手。所以在实行着手与结果发生之间存在未遂。③ 野村稔、大谷实、福田平、山中敬一等持这种观点。

（三）结果加重犯

结果加重犯是否存在未遂的问题，包括以下两个不同的论点：第一，基本犯没有既遂但发生了重结果时，是否属于结果加重犯的未遂；如果行为人对于严重结果具有故意时，结论是否同一？第二，行为人对严重结果的发生有认识并着手实施基本犯的实行行为，但最终严重结果没有发生时，是否成立结果加重犯的未遂。如果基本犯也是未遂，结论是否同一？④ 围绕这两个问题，理论上形成了多种学说。

1. 否定说。

否定结果加重犯有未遂的人认为，对结果加重犯而言，加重结果是构成要件的结果，只要发生了构成要件的结果，就不可能存在未遂。否定说现在处于日本判例和理论通说的立场。⑤

2. 肯定说。

德国的通说肯定结果加重犯的未遂。⑥ 肯定说在日本刑法中也有一定的法条根据。例如，《日本刑法典》第 240 条规定了强盗致死伤罪、第 241 条规定了强盗强奸致死罪，这两条规定的显然是结果加重犯；该法第 243 条又规定：“……第 238 条至第 241 条犯罪的未遂，应当处罚。” 这就肯定了强盗致死伤罪、强盗强奸致死伤罪

---

① ［日］黑木忍：《实行的着手》，信山社 1998 年版，第 46 页。

② ［日］川端博：《刑法总论》（第 2 版），成文堂 2006 年版，第 467 页。

③ ［日］山中敬一：《刑法总论》（第 3 版），成文堂 2015 年版，第 754 页。

④ ［日］川端博：《刑法总论》（第 2 版），成文堂 2006 年版，第 467 页。

⑤ ［日］川端博：《刑法总论》（第 2 版），成文堂 2006 年版，第 468 页。

⑥ ［德］约翰内斯·韦塞尔斯：《德国刑法总论》，李昌珂译，法律出版社 2008 年版，第 355 页。

这两种结果加重犯存在未遂。不过肯定说内部对于结果加重犯未遂的成立范围又有不同意见。

第一，故意的结果加重犯存在未遂。此说认为，当行为人对加重结果存在故意，而加重结果最终又没有实现时是未遂。“关于结果加重犯的未遂，应分不同的情况讨论。对加重结果没有故意时，不可能有未遂。但对加重结果有故意时，不管基本行为是未遂还是既遂，只要加重结果没有发生，就属于结果加重犯的未遂。”① 不过日本的通说否定故意的结果加重犯，认为对加重结果存在故意时，不是结果加重犯而是单纯的故意犯。②

第二，基本犯未遂，但发生了重结果时，属于结果加重犯的未遂。例如，这种观点认为，就强盗致死罪而言，行为人最终没有夺取到财物但导致了被害人死亡，成立强盗致死罪的未遂。不过此说在日本属于极少数说，③ 日本的判例和理论通说都认为应当成立强盗致死罪的既遂。因为对结果加重犯而言，加重结果是构成要件的结果，只要发生了构成要件的结果，就不可能存在未遂。④

第三，既然过失犯具有未遂，那么结果加重犯也具有未遂。此说认为，结果加重犯是由作为基本犯的故意犯或过失犯，和对于加重结果的过失犯相结合而形成的犯罪。因此，在实施了足以引起加重结果的危险的行为但没有发生加重结果的场合，能够看作结果加重犯的未遂。⑤

（四）不作为犯

一般认为，不真正不作为犯属于结果犯，当然存在未遂。例如，以不作为形式实施杀人行为，自实行着手后到结果发生前，都存在成立未遂犯的可能。⑥

问题在于真正不作为犯是否存在未遂。德、日历来的通说认为，真正不作为犯是一种举动犯，在作为义务成立的同时就达到既遂，没有考虑未遂的余地。M. E. 迈尔、泉二新熊、大场茂马等均持此观点。

不过，如前所述，现在不少学者认为举动犯也存在未遂。而且，真正不作为犯也并非在作为义务成立的同时就达到既遂。因为即使成立了作为义务，为了认定违反该义务还需要经过一定的让行为人能够采取作为行为的时间。因此，诸如日本刑法中的不退去罪，被要求退去的人只有经过退出所必要的时间后仍不退出才是既遂，在此之前被推出门外的，则成立不退去罪的未遂。木村龟二、大谷实、川端博、山中敬一等均持此观点。

---

① ［日］木村龟二著、阿部纯二增补：《刑法总论》，有斐阁 1978 年版，第 372 页。
② ［日］山中敬一：《刑法总论》（第 3 版），成文堂 2015 年版，第 754 页。
③ ［日］小野清一郎：《新订刑法讲义各论》，有斐阁 1950 年版，第 244 页。
④ ［日］川端博：《刑法总论》（第 2 版），成文堂 2006 年版，第 468 页。
⑤ ［日］大谷实：《刑法总论》，黎宏译，中国人民大学出版社 2008 年版，第 337 页。
⑥ ［日］山中敬一：《刑法总论》（第 3 版），成文堂 2015 年版，第 755 页。

(五) 危险犯

危险犯是否存在未遂应区分具体的危险犯与抽象的危险犯，下面分别论述。

就具体的危险犯而言，由于危险的发生属于构成要件要素，所以如果没有发生具体的危险就不成立既遂。而诸如日本刑法等并没有设置处罚具体危险犯未遂的规定，所以实质上不存在处罚具体危险犯未遂的问题，这也是具体危险犯的特质所在。①

就抽象的危险犯而言，危险的发生不属于构成要件要素，因而达到何种状态才是既遂就成为问题。日本的通说认为，抽象的危险犯的成立不以证明各个具体的现实危险发生为必要，只要确认存在符合构成要件的事实就拟制存在危险。因此，只要确定存在符合构成要件的事实，就属于既遂。“公共危险”的发生与否不成为问题。

与此相对，另一种有力的学说认为，抽象的危险犯也以某种程度危险的发生为必要。根据此说，抽象的危险就并非对危险的拟制，而是具有实质的内容。这样理解的话，具体的危险犯与抽象的危险犯之间就不存在本质的区别。②

第二节　未遂犯的处罚根据

处罚未遂犯意味着将刑法的处罚范围扩张到法益侵害之前的阶段。那么进行这种处罚范围扩张的根据何在呢？理论上存在两种对立的见解，即主观的未遂论和客观的未遂论。

一、传统的主观未遂论与客观未遂论

传统的主观未遂论虽然并非必然属于主观主义刑法（近代学派）的固有理论，但从历史上看多是由基于主观主义刑法学立场的学者加以提倡的。主观主义将行为视为行为人意思及性格的表现。因此，只要行为人将主观意思通过实行行为表现于外部，就体现出行为人的危险性，就可以进行处罚，而不以结果的发生为必要。如果将这种理论贯彻到底，那么即使行为人没有实施客观行为，但只要具有危害社会的性格或危险的意思，就可以进行处罚。犯罪行为就不过属于这种危险性格或意思的征表。纳粹时代的意思刑法，虽然不属于近代学派，但就是仅以这种危险意思作为未遂犯的处罚根据的。不过，事实上大多数主观主义学者都没有彻底贯彻主观主义的理念，而是对理论作了一定的修正，即并非单纯处罚犯罪意思的危险性，而是同时强调实行行为的“征表性”，行为人的危险性格必须通过一定的行为表现于外部，才能对之进行处罚。在主观的未遂论看来，既遂与未遂在表现行为人的危险性格方面没有差异，因此两者之间没有本质差别，未遂犯应当与既遂犯受到同等的

① [日] 川端博：《刑法总论》(第2版)，成文堂2006年版，第469页。

② [日] 川端博：《刑法总论》(第2版)，成文堂2006年版，第469~470页。

处罚。

传统的客观未遂论是客观主义刑法理论在未遂犯理论内的反映。它肇端于德国，由费尔巴哈所首创。本来按照纯粹的客观未遂论的思想，只要没有发生犯罪结果，就不应该处罚该种行为。但结果是否发生往往具有偶然性，将行为的处罚与否完全系于这种偶然性上，从犯罪预防的角度看是不合理的。因此，客观未遂论都认可对未遂犯的处罚并将其处罚根据求之于行为的一定的危险性。但对于这种危险性是否应当进行纯客观的判断，则又存在各种各样的学说。有的学者主张，客观主义刑法理论也并非在犯罪论中完全排斥主观因素，所以危险性的概念也不能不考虑主观因素。但有的学者则对此持否定态度。即使是主张在危险概念中考虑主观因素的学者，对于应在何种程度上纳入主观因素也存在分歧。因此，客观未遂论的焦点问题就在于危险概念的界定。根据客观未遂论的见解，发生了犯罪结果的既遂与未发生结果的未遂存在本质上的差异，所以未遂犯的刑罚较之于既遂犯应进行必要的减轻。

二、现代的客观未遂论与主观未遂论

二战后，主观主义刑法思想逐渐退出历史舞台，客观主义刑法理论占据了绝对的主导地位。由此，建立在主观主义基础之上的主观未遂论也逐渐消亡。“我国（日本）的主观未遂论，在理论上有一段时间被有力主张，但实务基本没有接受这种观点，在与立法的关系上影响也有限。此外，我国的主观未遂论，是由作为归结的将犯罪的本质求之于行为人的危险性的主观主义刑法理论所提倡的，随着该刑法理论的衰退这种未遂论也失去了支持。”①

“本来，主观的未遂论并不必然与将行为人的危险性视为犯罪本质的立场相连接。”② 现代的主观未遂论，也承认客观的行为才是刑法理论的核心，不再将未遂犯的处罚根据求之于行为人的危险性格，因而已经属于客观主义内部的一种学说。“客观未遂论原本虽是客观主义刑法学的思考方法在未遂论中的反映，但在今天，在客观主义的前提下，其内部又划分为客观的未遂论与主观的未遂论。”③

现代的主观未遂论的特点是：“（它虽然）不像主观主义刑法中的主观未遂论那样将未遂的处罚根据求之于性格或意思，但与结果的发生相比，现代的主观未遂论将未遂犯的处罚根据求之于行为的危险性，从而表现出与主观主义的亲近性。如果将这一见解极端化，那么就是只处罚行为无价值。行为无价值意味着行为具有规范违反性。本来的主观未遂论认为只要具有行为无价值就可以处罚未遂犯，并不考虑结果发生的危险性，而只从行为的主观的、规范的无价值性加以判断。但实际上，（现代的主观未遂论）一般都要求具备行为无价值与结果无价值两方面的因素。换

① ［日］佐藤拓磨：《未遂犯与实行的着手》，庆应义塾大学出版会株式会社 2016 年版，第 44~45 页。

② ［日］佐藤拓磨：《未遂犯与实行的着手》，庆应义塾大学出版会株式会社 2016 年版，第 45 页。

③ ［日］山中敬一：《刑法总论》（第 3 版），成文堂 2015 年版，第 756 页。

言之，也考虑客观的结果发生的危险性（危险无价值）。在这个意义上，主观的未遂论也不仅考虑行为无价值，还考虑结果无价值，从而可以说接近于客观的未遂论。”①

现代的客观未遂论从结果无价值论的立场出发，将未遂犯的处罚根据求之于法益的客观危险性，并且尽可能地从危险概念中排除主观的要素。危险概念中主观的要素主要有两方面的意义：一是作为危险判断对象的“主观”，即在进行危险性的判断时，作为判断对象的行为人的主观意思是否应发挥重要作用的问题。二是在进行危险性判断时，判断资料是否应限定在行为人认识、预见到的事实范围之内，即行为人的主观是否应作为划定判断基底的标准而发挥重要作用的问题。如果彻底贯彻客观的未遂论的话，这种主观的要素就应当被排除在危险性概念之外。②

在现代社会中，采用主观未遂论还是客观未遂论，原因当然很多，但不应忽视各国具体的立法和司法环境。例如，客观未遂理论在20世纪前十年在德国学术界还是占据统治地位的理论，③但随着立法的修改，主观未遂论因与法律相协调而成为主流学说。“人们主张，它从1975年起就是现行法律的基础。刑法改革特别委员会这样说：‘在新的刑法典中明显得到承认的主观未遂理论。’”④而在日本，“主张主观的未遂论是完全不现实的事情。对此，可能有批判意见会认为，学说理论的恰当与否与法律实务和法律学说传统无关。但作为现实问题而言，绝不能轻视后者的影响力”。⑤

三、未遂犯的处罚根据与处罚强度

就未遂犯的处罚范围而言，各国刑法大致有以下几种类型：第一，处罚所有故意犯罪的未遂。例如，《奥地利刑法典》第15条第1款规定：“对故意行为的刑罚威慑除适用于实行终了的行为外，同样适用于未遂及未遂之每个参与人。”第二，处罚重罪的未遂。例如，《德国刑法典》第23条第1款规定：“重罪的未遂一律处罚；对轻罪的未遂的处罚以法律有明文规定为限。”第三，只有在刑法分则或其他刑法法规有明文规定的情况下才处罚未遂。例如，《日本刑法典》第44条规定：“处罚未遂的情形，由各本条规定。”

对未遂犯的处罚原则，有同等主义、必减主义与得减主义三种学说和立法例。

同等主义，即规定未遂犯与既遂犯同样处罚，这是传统的主观未遂论的结论。

---

① ［日］山中敬一：《刑法总论》（第3版），成文堂2015年版，第756页。

② ［日］山中敬一：《刑法总论》（第3版），成文堂2015年版，第757页。

③ 参见［德］克劳斯·罗克辛：《德国刑法学总论》（第2卷），王世洲主译，法律出版社2013年版，第259页。

④ 参见［德］克劳斯·罗克辛：《德国刑法学总论》（第2卷），王世洲主译，法律出版社2013年版，第261页。

⑤ ［日］佐藤拓磨：《未遂犯与实行的着手》，庆应义塾大学出版会株式会社2016年版，第45页。

例如，旧的《法国刑法典》第 2 条规定：“已着手于犯罪行为之实行……而不遂者，按既遂犯之刑罚处罚之。” 1994 年生效的法国现行刑法没有类似的明文规定，但理论上认为该法典第 121–4 条中保留了这一原则。

必减主义，即规定未遂犯的处罚应轻于本罪的既遂犯，这是客观未遂论的归结。例如，《意大利刑法典》第 56 条第 2 款规定：“未遂犯处罚之程度如下：法定刑为无期徒刑时，未遂犯应处 12 年以上有期徒刑，其他情形，以依本刑减轻 1/3 至 2/3 处罚之。” 意大利学者杜·帕多瓦尼在解释上述条款时说：“根据刑法典第 56 条第 2 款，对犯罪未遂应比照既遂犯减轻处罚。法律规定减轻标准只是针对法定刑而言的。所以法官必须在此框架内，根据一般的量刑原则，决定具体刑罚。例如，假如既遂罪法定刑刑期为 1 年至 3 年，那么按最大限度减轻最低刑和最小限度降低最高刑后，相应的犯罪未遂的刑期就应是 4 个月至 2 年。”①

得减主义，也称折中主义，即规定未遂犯的处罚可以比照既遂犯从轻处罚，也可以根据具体情况不从轻处罚。例如，《德国刑法典》第 23 条第 2 款规定：“未遂可比照既遂从轻处罚（第 49 条第 1 款）。”《日本刑法典》第 43 条也规定：“已经着手实行犯罪而未遂的，可以减轻处罚……” 一般认为，这是一种对主观未遂论与客观未遂论进行折中的做法。

第三节　未遂犯的成立条件

各国学者都是根据本国的刑法规定来归纳未遂犯的成立条件的。例如：

德国刑法理论根据其刑法典第 22 条的规定，认为未遂具有三个本质性要素：“一定的行为决意、对构成要件实现的直接开始和行为既遂缺失。”② 换言之，未遂有三个条件：一是行为人有犯重罪或轻罪的决意；二是已经开始实行犯罪；三是未达既遂。

日本刑法理论通常根据其刑法典第 43 条的规定，认为成立未遂有两个条件：“一是已经着手实行犯罪，二是未达既遂。”③ 也有的学者还会加上第三个要件，“法益发生具体的危险”。④

法国学者认为，未遂犯有如下三个要件：“‘已经着手实行犯罪’以及‘并非自愿放弃犯罪’是犯罪未遂的两项必备条件。第三个要件是指‘犯罪结果有可能发生’。” 该学者同时指出，第三个要件是否是未遂的必备要件，理论上长期存在不同

---

① ［意］杜里奥·帕多瓦尼：《意大利刑法学原理》（注评版），陈忠林译，中国人民大学出版社 2004 年版，第 274 页。

② ［德］约翰内斯·韦塞尔斯：《德国刑法总论》，李昌珂译，法律出版社 2008 年版，第 339 页。

③ ［日］川端博：《刑法总论》（第 2 版），成文堂 2006 年版，第 453 页。

④ ［日］高桥则夫：《刑法总论》（第 3 版），成文堂 2016 年版，第 386 页。

见解。现在的法国判例已经不将其作为未遂的要件之一。①

比较上述各国观点可以发现，法国刑法理论将并非自愿放弃犯罪作为未遂犯成立的条件之一加以论述，而德、日刑法理论则由于因己意而中止是中止犯的成立条件，故而不在未遂犯的成立条件中说明非自愿性。此外，德国刑法理论强调犯罪决意是未遂犯的成立条件，日、法等国刑法理论则不在未遂犯的成立条件中讨论这一问题。"犯罪结果有可能发生"或"发生具体危险"主要涉及未遂犯和不能犯的区分问题，多数学者是在不能犯的认定中再展开论述的。

综合而论，未遂犯的成立需要三个条件：第一，犯罪的决意；第二，实行的着手；第三，未达既遂。

一、犯罪的决意

犯罪决意是德国刑法理论认为未遂成立的首要条件。德国学者认为，每个未遂的成立，均以行为人具有行为决意为其基础。这个主观上的不法要素，包含指向所有的客观方面特征的故意和其他的主观方面的构成要件特征。②

犯罪的决意必须是彻底作出的决意。如果行为人对于是否实施行为还没有作出决定，那么就不具有犯罪的决意。但如果行为决意已经存在，只不过要将其付诸实施还需要等待一定的条件出现，那么应认定为具有犯罪决意。凡对于犯罪既遂而言具有直接故意就已足够的，也同样适用于未遂。③"对于尚不具备行为决意，只不过是打听完成行为的条件之人，不具有故意（仅具有行为倾向）。但是，如果决意已经最终形成，只是等待行为人意志以外的决定实行行为的开始的条件成就的，那么，行为意志是无条件的（基于不确定的事实根据的行为决意）。如果行为人具有考虑中止的可能性，同样是无条件的行为意志（带有保留中止的行为决意）。"④

德国学者指出，诸如"邮局职员私拆信件，以便了解其内容后再决定是否值得贪污的，尚不能认定为贪污未遂（第246条）。当然已满足第354条第2款第1项的规定。相反，如果盗窃行为人抱着这样的行为决意进入一栋房子，即能够使用的物品一概拿走，成立盗窃未遂。但如果行为人决意实施盗窃行为，想先行确认能否在房子内找到值得一偷的东西的，同样成立盗窃未遂。如果行为人勒索未遂，准备使用暴力的，具有抢劫故意。在预定开往国外的卡车脚垫下私藏外币，如果没有得到输出许可的，虽然具有外币犯罪行为的绝对的意思，但还不能认为是带到国外的实

---

① ［法］卡·斯特法尼等：《法国刑法总论精义》，罗结珍译，中国政法大学出版社1998年版，第232~243页。

② ［德］约翰内斯·韦塞尔斯：《德国刑法总论》，李昌珂译，法律出版社2008年版，第340页。

③ ［德］约翰内斯·韦塞尔斯：《德国刑法总论》，李昌珂译，法律出版社2008年版，第340页。

④ ［德］汉斯·海因里希·耶赛克、托马斯·魏根特：《德国刑法教科书（总论）》，徐久生译，中国法制出版社2001年版，第615~616页。

行行为的开始”。[①]

日本学者虽然不将犯罪决意作为未遂单独的成立条件，但同样探讨未遂犯的故意问题。日本学者认为，“未遂犯的故意与既遂犯的故意存在若干差别。首先，未遂犯的故意有超过构成要件的部分，即未遂犯的不法内容是产生法益侵害的危险。而故意则不限于此，还必须包括法益侵害。换言之，仅仅产生危险的意思还不充分。例如，明知对方从不接受他人馈赠之物而给其邮寄有毒的果子，对方果然拒收。即使产生了法益侵害的危险（因为有客人等打开食用的可能性），但由于没有促使结果发生的意思，因此应认为不成立未遂犯”。[②]

此外，日本学者也认为附条件的故意可以成立未遂犯。“另一方面，只要基于促使结果发生的意思，即使这种意思只是附条件的，也能成立未遂犯的故意。例如，用枪指着对方，如果对方动的话就开枪，此时成立未遂犯。如果该手枪走火的话，能否认定为既遂犯就是一个问题。即使承认该行为符合了杀人既遂罪的构成要件，但能否认为具有故意仍有疑问。由此可见，有必要注意未遂犯与既遂犯的故意存在若干差异。”[③]

二、实行的着手

“未遂还要求，犯罪决意已付诸实施，且实施行为不再是纯粹的预备，而是已表现为真正的实行行为的开始。”[④] 实行着手是未遂犯与预备犯区别的主要标志，也是未遂犯成立的极为重要的条件。日本多数学者在论述未遂犯的成立条件时，往往只论述实行着手一个问题，[⑤] 由此可见其重要程度。

通过实行着手这一相对明确的概念来划定刑法处罚的界限，始于法国共和历4年牧月22日（1796年6月10日）的法律。牧月法规定，“由外部的行为所表明并伴随有实行的着手的重罪的未遂，在不过是因与行为人意思无关的偶然的事情导致中断的场合，与重罪同样处罚”。[⑥] 这一规定是“实行的着手”这一近代未遂制度的核心概念在法国刑法中的首次登场。此后，1810年的拿破仑刑法典沿袭了牧月法的内容并对世界各国刑法产生了巨大的影响。[⑦] “原则上仅以实行着手以后的行为作为

---

① ［德］汉斯·海因里希·耶赛克、托马斯·魏根特：《德国刑法教科书（总论）》，徐久生译，中国法制出版社2001年版，第616页。

② ［日］林干人：《刑法总论》（第2版），东京大学出版会2008年版，第355页。

③ ［日］林干人：《刑法总论》（第2版），东京大学出版会2008年版，第355页。

④ ［德］冈特·施特拉腾韦特、洛塔尔·库伦：《刑法总论Ⅰ——犯罪论》，杨萌译，法律出版社2006年版，第258页。

⑤ 参见［日］井田良：《讲义刑法学·总论》，有斐阁2008年版，第395页；［日］浅田和茂：《刑法总论》（补正版），成文堂2007年版，第368页；［日］林干人：《刑法总论》（第2版），东京大学出版会2008年版，第345页。

⑥ ［日］青木人志：《不能犯论的日法比较》，载《刑法杂志》第34卷第3号，第352页。

⑦ ［日］末道康之：《法国刑法中的未遂犯论》，成文堂1998年版，第49页。

处罚的对象，是近代刑法的特色之一。”①

实行着手涉及许多具体的问题，下文将详加论述。

三、未达既遂

成立未遂犯，必须是犯罪“未得逞”，即犯罪没有完成。未遂犯在这一点上与作为完成形态的既遂犯相区别。

（一）未遂的两种形态

未遂又可以分为着手未遂和实行未遂两类。所谓着手未遂，又称未终了未遂，是指行为人虽然已经着手实施犯罪的实行行为，但该实行行为并未实施终了从而导致犯罪未达既遂。所谓实行未遂，又称终了未遂、欠效犯，是指实行行为已经实施终了，但所预期的构成要件并未发生从而导致犯罪未达既遂。例如，意图射杀他人，准备扣动扳机尚未击发就被制止的属于着手未遂，而击发后子弹未命中目标的是实行未遂。②

划分着手未遂和实行未遂是否具有实际意义，理论上看法不一。有的学者认为“刑法并不将这种区别视为重要”。③ 有的学者则认为“这种区别，对于中止犯（中止未遂）的成立与否具有意义”。④

（二）实行行为的终了

区分着手未遂和实行未遂的标准在于实行行为是否终了。那么如何判断实行行为的终了时点呢？德国刑法理论存在行为计划说、个别行为说以及全部行为说三种不同学说，日本刑法理论则存在主观说、修正的主观说、客观说、遮断说以及折中说等不同见解。日本的主观说基本对应德国的行为计划说，客观说基本对应个别行为说，而折中说则基本对应全部行为说。

主观说认为应以行为人的计划、认识内容为标准来决定实行行为的终了时点。例如，在用手枪杀人的场合，如果行为人计划开一枪的话，那么开一枪后实行行为就终了。而如果行为人计划开两枪，那么，只有开完第二枪才是实行行为的终了。牧野英一、宫本英脩、泷川幸辰、佐伯千仞等学者采用主观说。

客观说主张以行为的外部形态或发生结果的现实危险性为标准区分实行行为是否终了。例如，手枪中有八发子弹，行为人只开了一枪，并导致被害人极为轻微的伤害。客观说认为，向被害人开一枪的行为本身就属于足以致人死亡的行为，即具有发生结果的现实危险性，故不管行为人主观上如何考虑，该杀人行为已经实行终了。植松正等采用客观说。

遮断说主张以是否引起了“不遮断因果关系就发生结果”这种状态为标准区分

① ［日］井田良：《讲义刑法学·总论》，有斐阁2008年版，第395页。

② ［日］前田雅英：《刑法总论讲义》（第4版），东京大学出版会2006年版，第135页。

③ ［日］曾根威彦：《刑法总论》（第4版），有斐阁2008年版，第211页。

④ ［日］川端博：《刑法总论讲义》（第2版），成文堂2006年版，第467页。

实行行为是否终了。如果引起了“不遮断因果关系就发生结果”这种状态，实行行为就终了；反之，实行行为则没有终了。

折中说主张将行为时的客观事实与行为人的主观内容综合起来进行客观判断，以决定实行行为的终了时点。胜本勘三郎、平野龙一、福田平、大塚仁以及大谷实等学者采用折中说。

在德国，行为计划说、个别行为说以及全部行为说三种观点势均力敌。从日本典型判例对上述学说的采用情况来看，几乎很少有采用主观说的，有部分判例采用客观说，但是大多数判例采用的是折中说。

第四节　实行着手的认定

虽然实行着手的概念是一个相对明确的概念，但理论上对于实行着手时点的认定也存在各种各样的学说，形成了纷繁复杂的学术争论的局面。

一、实行着手与行为人的主观

对实行着手的判断，主要涉及两个问题：第一，应该以什么为基准来进行判断；第二，在判断实行着手的有无时，是否应当将行为人的主观面纳入考察范围。如果应该，应将何种程度的主观面加以纳入。这些问题，传统上一直与如何理解未遂犯的处罚根据，进而与刑法中违法性的本质如何理解具有紧密的关系。

不过，对实行着手时点的判断，主要是为了区分预备行为与未遂行为，因而应具有其相对的独立性。例如，就第一个问题而言，实行的着手与未遂犯的处罚根据尤其是不能犯中危险的判断还应该是不同内容的两种判断，不宜完全混同。就第二个问题而言，传统上争议的是应否承认主观的违法要素，尤其是应否将未遂犯的故意作为主观的违法要素。但在现在的结果无价值论中，也出现了不承认未遂犯的故意是主观的违法要素的见解，而仅认为“行为意思”是主观的违法要素。[①] 而在这种见解中也有一部分观点认为，在判断实行着手时应将行为人的犯罪计划纳入考虑的范畴（行为意思说）。这就导致实行着手时点的判断与行为人主观因素的关系不能像以前那样，仅从违法性论中加以演绎即可解决。因此，对于故意、犯罪计划与实行着手三者之间的关系，就有必要细加梳理。[②]

在判断实行着手时应否考虑故意？行为无价值论一般认为故意影响行为的危险性，因而应纳入考虑范畴。结果无价值论中有的观点认为应该考虑故意，[③] 有的则

---

① 参见［日］铃木左斗志：《实行的着手》，载［日］西田典之、山口厚编：《刑法的争点》（第3版），有斐阁2000年版，第89页；［日］高山佳奈子：《故意与违法性意识》，有斐阁1999年版，第150页以下。

② 参见［日］佐藤拓磨：《未遂犯与实行的着手》，庆应义塾大学出版会株式会社2016年版，第99~101页。

③ ［日］平野龙一：《刑法总论Ⅱ》，有斐阁1975年版，第314页。

认为完全不应当考虑主观的要素，而应进行纯粹客观的判断。①

那么在判断实行着手时是否应考虑犯罪计划呢？传统上折中说认为应考虑行为人的犯罪计划。但现在客观说内部关于是否应考虑犯罪计划的争论也十分激烈。由此形成了复杂的理论状况：（1）行为人主观方面一律不加以考虑的见解；（2）考虑故意，不考虑犯罪计划的见解；（3）考虑行为意思，不考虑犯罪计划的见解；（4）考虑故意，进而考虑犯罪计划的见解；（5）考虑行为意思，进而考虑犯罪计划的见解。②

概括而言，在对实行着手的判断中是否应该考虑行为人的主观因素，理论上的学说似乎走过了从完全肯定到完全否定再到部分肯定的发展历程。时至今日，哪怕在客观说中也难以完全排除对主观因素的考量，所争议的无外乎考察的范围与程度而已。

二、实行着手的判断标准

（一）主观说

所谓“主观说”，基本上是主观主义刑法理论的主张。它认为未遂犯实行着手的判断，应以行为人主观的犯罪意思为认定标准，故又称为“意思标准说”。换言之，主观说认为“犯罪之本质，在于行为人主观的危险性格”，自然也认为对实行着手的判断不能脱离行为人主观的意思。只要行为能够表现出行为人的危险性格，犯罪即已着手。但在主观说中根据对如何理解行为者犯意的内容的不同，又可以作进一步的划分。

1. 纯主观说。

纯主观说，主要由德国学者博克尔曼（Bockelmann）所主张，认为应完全按照行为人的主观意思来认定行为是否着手。如果行为人依据其主观的犯罪决意或拟订的犯罪计划，认为其行为已经是开始实施犯罪构成要件的行为，或者其行为对其犯罪计划已经具有加工作用时，就属于实行着手。而不以其行为属于严格意义上的构成要件行为为必要。③ 换言之，按照纯主观说的观点，行为人是否着手，完全取决于其主观意思，客观行为之意义仅仅在于证明犯罪决意的存在而已。

纯主观说受到不少学者批判，因为这种学说对于实行着手的认定完全流于主观之擅断，会导致“意思刑法”，违背罪刑法定的基本原则。

2. 修正的主观说。

修正的主观说（或称变通主观说、新主观说）认为，实行之着手，虽以行为人主观的犯罪意思为准，但认定这种主观的犯罪意思，仍必须依靠客观的行为。至于

① ［日］中山研一：《刑法总论》，成文堂1982年版，第411页。

② 参见［日］佐藤拓磨：《未遂犯与实行的着手》，庆应义塾大学出版会株式会社2016年版，第111页。

③ 转引自［日］木村龟二著、阿部纯二增补：《刑法总论》，有斐阁1978年版，第345页。

如何通过客观行为来判断行为人主观上犯意的存在，又存在以下几种观点：

第一，犯意认识说。

犯意认识说认为，如果根据行为人的客观行为足以确定地认识到行为人主观犯罪意思之存在，即为实行之着手。在日本，这种学说以牧野英一为代表，故又称为牧野说。

牧野英一认为，“犯罪概念的要点必须求之于其主观的方面，将犯罪理解为犯意的表现时，着手就是犯人遂行其犯意的某种状态。据此，如果通过其遂行的行为能够确定犯意成立，那么就是着手。学者们或者将着手理解为意思的客观化，或者理解为根据行为能够识别犯意，或者理解为能够确定犯意的确定性与遂行性，其实都不外乎是这个意思”。①

犯意认识说在确定实行着手的时点时，认为“犯罪概念的要点必须求之于其主观的方面，将犯罪理解为犯意的表现”，并站在这种立场来进行判断。但是对犯意认识说的观点，学者们提出了以下批判：

其一，预备阶段的犯意与实行阶段的犯意是一样的，而且犯意在预备阶段与实行阶段也必须是共通的。因此，根据犯意认识说，行为人只要实施犯罪的预备行为，并且明确地通过这种预备行为表现出实施犯罪的意思时，就应当具备了犯罪实行着手的要件，所以应以预备的着手作为犯罪实行的着手。例如，以杀人的意思购买匕首，在这一时点就已经明确表现出杀人的意思，根据牧野英一的观点就应当认定为杀人的着手。但如果这样的话，就会显著扩大成立犯罪的犯意，而且也不可能明确区分预备与未遂，甚至预备与未遂的概念都可以不要，这就会颠覆整个刑法理论。

其二，犯意认识说为了避免这样的批判，引入了“其遂行的行为能够确定犯意成立”这一意思客观化的理论。认为不是在预备阶段，而是在“通过其遂行的行为能够确定犯意成立”时，才承认实行的着手。然而“遂行的行为”的含义并不明确。牧野英一认为它与“意思的客观化”、“通过行为能够识别意思”、“犯意的确实性与遂行性”同义。如果这样的话，那么这种见解实际上还是通过外部的行为来对内部的意思即犯意作客观的判断。不是通过内部的意思本身，而是通过外部的具体行为来加以判断，这已经不是主观说，而是客观说了。②

总之，犯意认识说站在主观说的立场，却又不得不以外部的客观行为为标准来确定实行的着手，这已经显示出本说的局限性。③

第二，犯意飞跃的表动说。

这是日本学者宫本英脩的观点，故又称为宫本说。此说认为，“犯人在行为之际直接面临着所预见的法益侵害，为了克服其意识中的感情障碍，必须有犯意的进一步的飞跃的紧张。犯意紧张到这种程度时，其意思表动就能以充分的惯力踏上完

---

① ［日］牧野英一：《日本刑法》，有斐阁 1950 年版，第 198 页。

② ［日］植松正：《再订刑法概说 I 总论》，劲草书房 1974 年版，254 页。

③ ［日］团藤重光：《刑法纲要总论》，创文社 1990 年版，第 263 页。

成犯罪的轨道，如果没有特别的障碍，当然就处在可能到达结果的状态”。因此，到达这样程度的“具有完成力的犯意的表动”或者“犯意的飞跃的表动”，就是实行的着手。“犯罪实行的着手，是有完成力的犯意的表动，或者说这种犯意的表动是犯意的飞跃的表动。详言之，即进一步的飞跃的紧张的犯意的表动。”①

宫本英脩对为什么要以行为者的主观犯意为标准来确定实行的着手作了解释。他认为，未遂没有发生结果，所以如果重视行为的客观面的话，应当减轻处罚。但是日本刑法却规定未遂犯也可以与既遂犯同等处罚，可见刑法重视的不是结果的发生，而是未遂与既遂共通的行为者的犯意。基于这样的理由，宫本英脩认为在确定实行着手时，应以行为者的犯意为基础。

同样立足于主观主义，但犯意飞跃的表动说与犯意认识说存在重大的差异。犯意认识说认为根据外部的行为能够确证犯意的存在时，就是实行的着手。由于求之于“意思的客观化”，所以被批判为脱离了主观主义的立场，而与客观主义没有任何区别。与此相反，犯意飞跃的表动说则从“犯意的紧张度”这一主观的方面来判断实行着手的时期，从而避免了受到与犯意认识说一样的批判，也使本说成为彻底贯彻主观主义的理论。

犯意飞跃的表动说最大的特色在于纯粹根据行为者内部的犯意来确定实行的着手。但对这种见解，也存在以下批判：

其一，犯意在预备、未遂上是共通的，而且是同一的，以实行的着手为界限来作不同的处理是不妥当的。

其二，犯意飞跃的表动说虽然以行为者犯意的紧张度来确定实行的着手，但这种犯意的飞跃的表动究竟发生在行为者行为的哪一阶段并不明确。宫本英脩曾对此解释说，“行为者在行为之际直接面临着所预见的法益侵害的场合”才产生犯意飞跃的表动。但这种解释不能让人满意。例如，就侵入住宅盗窃而言，行为人的行为可以分为以下几个阶段：（1）侵入住宅盗窃的准备；（2）到达目标住宅；（3）打开住宅的门；（4）侵入住宅内部；（5）开始物色行为；（6）发现目的物；（7）取得目的物等。宫本英脩认为，在直接面临盗窃罪的法益侵害的“（5）开始物色行为”、“（6）发现目的物”阶段，产生了犯意的飞跃的表动，因而属于实行的着手。然而，一般来说在第三个阶段即打开住宅的门时，行为者最为紧张，应当在这个阶段承认犯意的表动。但宫本英脩并不采用这种观点，从而与事实相违背。

其三，根据宫本说来确定实行的着手时，会产生以下的矛盾：一是常习犯人具有反社会的性格，而主观主义在刑法上特别重视这一点。然而，常习犯人在实施犯罪时并不会产生犯意的飞跃的表动，而通常只是机械的冲动。因此，宫本说按照行为者犯意的飞跃的表动来确定实行的着手时点，对于主观主义最重视的常习犯人的实行着手时点却无法加以说明。二是宫本说不能解释日本的不能未遂（不能犯）的情况。日本通说认为在不能未遂的场合，尽管行为者产生了犯意的飞跃的表动，但

① ［日］宫本英脩：《刑法大纲》，弘文堂 1935 年版，第 178~179 页。

其行为并不成立未遂，从而也否定实行的着手。三是宫本说不能说明过失犯的实行着手时点。是否承认过失犯的未遂在理论上是一个问题，但如果承认这一点的话，由于过失犯不会产生犯意的飞跃的表动，因而宫本说难以确定过失犯的实行着手时点。

综上，主观说中无论是重视行为者性格的危险性的见解，还是意思的紧张度的见解，都存在缺陷。因此，现在的支持者越来越少，纯粹的主观说的论者已经没有了。

（二）客观说

所谓客观说，基本上立足于客观主义刑法理论，认为未遂犯之可罚性基础或刑罚理由，在于行为人所实施的行为，在客观上有可能导致符合构成要件的结果发生，或者对于刑法所要保护的法益有造成侵害之危险。客观说内部又可分为多种学说。

1. 形式的客观说。

形式的客观说完全从形式上考察，以行为人开始实施符合构成要件的行为为实行的着手。根据不同学者说明的差异，又可以分为：

一是构成要件一部分行为说。

此说认为，从客观的形式上考察，如果行为人已经开始实施符合该定型的犯罪构成要件（或犯罪构成事实）之一部分行为时，即为实行的着手。例如，小野清一郎认为："所谓犯罪的实行，在我看来，乃是符合构成要件的行为。又所谓犯罪之'着手'，应理解为以实现犯罪构成要件事实的意思而开始其实行。"[①]

团藤重光是现代日本构成要件一部分行为说的代表人物，他的学说又被称为"定型说"。团藤认为："关于着手实行虽然客观上存在种种学说，但我们认为只能依据定型说来加以考虑，只有这样才能明确着手时期。因此，'实行'是指符合基本构成要件的行为，这种行为的开始就是着手实行。为证明存在实行行为的开始，第一，必须就基本的构成要件存在构成要件故意，如果一开始就存在使犯罪终了于未完成的意思，则不能成立未遂罪。第二，至少要实施符合基本构成要件之行为的一部分，而且以此为已足。"[②]

构成要件一部分行为说的基本思想认为，既然实行行为是符合基本的构成要件的行为，那么开始实施这种行为就应是实行的着手。据此，杀人罪的实行的着手时点，是开始杀害行为时；而盗窃罪的实行的着手时点，是开始侵害占有行为时。

构成要件一部分行为说被批判为对实行的着手作了过迟的认定。例如，在侵入住宅盗窃的场合，行为人的行为可以分解为：侵入有目的物的房间，接近放有目的物的箱子，开始物色行为，以手接触目的物、持有目的物等。根据构成要件一部分行为说，盗窃罪的实行着手是"至少有必要实施符合基本构成要件的一部分行为"，因此，只有在行为人实施"手接触到目的物的行为"时才应当承认盗窃罪的实行着

① ［日］小野清一郎：《新订刑法讲义总论》，有斐阁1950年版，第182页。

② ［日］团藤重光：《刑法纲要总论》，创文社1990年版，第355页。

手，此前的物色行为仍然属于犯罪预备行为。又如，在以枪杀人的场合，按照构成要件一部分行为说，只有扣动扳机时才是杀人行为，才属于实行的着手，此前的拔枪行为、瞄准行为都只是预备行为。这样的观点无疑很难得到一般人的赞同。“即使是形式的客观说，要求严格意义上实施了构成要件一部分行为的观点也是极少数的，其理由是如盗窃罪的认定那样……过迟地认定实行的着手。”①

构成要件一部分行为说的学者也意识到这一问题，于是主张通过扩张解释“构成要件行为的内涵”来回避这一指责。例如，团藤重光意识到这一问题后，提出：“不过，即便其行为自身没有显示出构成要件的特征，但从整体看可以被认为属于定型的构成要件内容的行为的话，就可以将其解释为实行的着手。”② 基于这种修正，他认为在上述入室盗窃的场合，“接近衣柜开始物色行为”时，就应当承认盗窃罪的着手。此外，“在扒窃的场合，手伸向被害人的口袋接触其外侧时就是着手”。然而，这种将不属于构成要件该当行为（一部分的行为，如物色行为）也认定为实行行为的修正已经明显地超出了团藤的定型说的范围。

二是密接行为说。

密接行为说，又称为“密切接近构成要件行为说”。此说致力于弥补、修正构成要件一部分行为说过迟地认定实行的着手，难以有效保护法益的缺陷。认为行为人的行为即使在严格意义上并不属于构成要件行为的一部分行为，但只要“直接密切接近构成要件之行为”，就可以认为已经着手实行。

植田重正是密接行为说的代表人物，他指出：“本说主要是从重视对行为结果的客观的危险性的立场来构成实行着手的概念，因此一般认为实行着手是指实施该当构成要件的一部分的行为或者与此密接不可分的行为。这里该当构成要件一部分的行为，是指成为构成要件内容的一部分的行为。例如，在杀人罪、盗窃罪或伤害罪中，杀、窃取、伤害等行为的类型，社会观念认为属于其部分行为的情况——即用手枪杀人时的射击行为、手伸入他人怀中的行为、用棒殴打袭击的行为等——这种行为属于该当构成要件一部分的行为。因此，在行为的手段被视为构成要件的要素的场合，如强盗罪中的暴行胁迫、诈骗罪中的欺骗等，根据上面的分析，着手这些手段时就是该当构成要件一部分的行为。因此，以强盗的意思侵入住宅，由于家人在熟睡中没有使用暴力胁迫而窃取财物时，并非强盗罪的着手，而仅仅成立强盗的预备与盗窃的既遂。尤其是，即使是该当这样的构成要件一部分的行为，但其界限在上述的社会观念之外时，诸如为了强盗而侵入住宅物色财物，其行为在严格意义上是否属于该当构成要件一部分的行为（即窃取行为）还有疑义，但作为与窃取行为密接不可分的关联行为，同样应解释为盗窃的实行着手。这种行为在达到了该当构成要件一部分或者与之密接不可分的程度时，通常只要不存在特殊的情况，结

① ［日］佐藤拓磨：《未遂犯与实行的着手》，庆应义塾大学出版会株式会社 2016 年版，第 130 页。

② ［日］团藤重光：《刑法纲要总论》，创文社 1990 年版，第 355 页。

果的发生就会自动展开，其成否就仅由外部的偶然因素来掌握了。因此对结果的危险性，与之前的阶段相比，更进一步且具有重大的必然性，在此限度内应承认实行的着手。”①

此外，植田重正对实行的着手还特别追加说明如下：“第一，过去的客观说有仅仅纯粹地、客观地考察构成要件的倾向，但这种理解并不妥当，而应从国民一般的经验的角度来加以考察。第二，判例对于以杀人的目的邮送毒药的场合，认为实行的着手并非行为者委托邮送之时，而是毒药到达被害人住宅之时。按照这种见解，如让完全不知情的佣人送毒药的场合，实行的着手不是行为人本人让他人送之时，而是毒药到达对方之时。然而利用完全不知情的人的情况，在我们的日常生活中与利用工具没有区别。将其视为共犯行为违反一般人的经验判断。因此，命令佣人送毒药之时，就应当理解为实行的着手。如案例这样的情况，行为人委托邮送之时，就应当理解为实行的着手。”②

植田重正观点的特征在于严格解释构成要件的行为。所谓“严格”，并非单纯严厉的意思，而是保持在“日常用语”的范围之内的同时，根据“社会通念”来作判断。据此，植田认为，所谓该当构成要件一部分的行为，是实施属于构成要件内容的行为的一部分。例如，盗窃罪中的“窃取”，在扒窃的场合意味着“手伸入他人口袋的行为”。至于此前的行为，包括“手接触他人口袋外侧的行为”都不包括在内。因为在日常用语上，“窃取”是指“手伸入他人的口袋而握有财物”。即使还不到这一步，但至少要到“手伸入他人的口袋”才在窃取一词的含义之内。之前的物色行为，是已经超越窃取含义的概念，即物色行为不是“该当构成要件一部分的行为”，而是“与此密接不可分的行为”。

如前所述，团藤重光将“物色”行为包含在“该当构成要件的行为”之中。植田重正则将物色行为置于构成要件之外，可见他的理解更为严谨。同样的物色行为，一种学说将其包含在构成要件该当行为之中，另一种则将其置于构成要件该当行为之外，这是由于构成要件该当行为的概念有广义和狭义之分。但是在判断一个概念是过广还是过窄时，其标准应是通常使用的日常用语。植田说以日常用语的含义内容为标准，而团藤说的理解则过于广泛，因此植田重正的观点应当说更为精确。

对于植田说的追加说明，现在的学者则认为没有特别强调的必要。这是因为，“首先，过去的客观说的确有纯粹地、客观地考察构成要件的倾向，但最近的诸说，则有从国民一般经验的角度加以考察的倾向。而客观说也由形式的客观说扩大到实质的客观说。因而没有特别强调这一问题的必要。其次，关于邮送毒物的杀人的实行行为的着手时间的问题，判例一贯采用的是到达时期说。然而，在客观说中现在发送时说占了多数。这样理解的话，植田说追加说明的部分在现在并不成为问

---

① ［日］植田重正：《刑法要说总论》，三和书房 1964 年版，第 128 页。
② ［日］植田重正：《刑法要说总论》，三和书房 1964 年版，第 128 页。

题”。[①]

有学者对密接行为说也提出了批判，认为它是对实行观念的不当缓和。“无论如何接近，都不是实行本身的开始，即只要没有跨入实行就是预备阶段，还没有迈入未遂的阶段。只要还没有开始杀人的行为、放火的行为，就不能说有杀人、放火的着手。”[②]“将实施与实行行为密接的行为也扩张为着手的范围，不仅不当地使概念暧昧化，而且使得未遂与预备的区别更加困难。并且也有必要明确与实行行为密切的行为能扩张到什么地步。这样，作为抽象的、形式的定义，始终应由实行行为的开始与否来决定着手的有无。”[③]

2. 实质的客观说。

实质的客观说的立场是重视对行为结果的客观危险性。其中最有影响力的观点认为，只有实施的行为具有引起结果的迫切危险性时，才属于实行的着手。

实质的客观说最近在日本已经发展成了多数说，大塚仁、大谷实、川端博、曾根威彦、前田雅英、山口厚等都持此说。最高法院也有判例采用了实质的客观说。[④]

持实质的客观说的学者指出：“处罚未遂犯，是因为其行为对结果的发生有具体的危险性。这种危险性，不是行为者性格的（主观的）危险性，而是行为所具有的侵害法益的客观的危险性。未遂犯不是抽象的危险犯，而是具体的危险犯。这种危险具有迫切性时，就成为未遂与预备相区别的实质的理由。将具有这种内容的学说称之为实质的客观说，基本上是妥当的。”“本来，即使是迫切的危险，其程度仍然有很大的幅度。因此为了明确这一点，有必要作形式的或时间的限定，但却没有必要一定要是具有构成要件特征的行为。我国的判例，以‘该当构成要件的行为或与之密接的行为’作为要件，在这个意义上是妥当的。这种具有结果发生的迫切危险性的行为，就是实行的着手。德国改正刑法认为‘开始实现构成要件或与之直接密接的行为’就成立未遂犯，美国学者所称的‘危险的接近性’（dangerous proximity）也是同一意思。”[⑤]

在实质的客观说内部，对于进行危险性判断时应否考虑行为人的主观因素也存在不同看法。第一种观点认为，完全不应当考虑主观的要素，而应进行纯粹客观的判断。[⑥] 第二种观点认为，仅应当考虑故意或者过失。例如，平野龙一指出：“在判断行为的危险性时，应在何种程度上考虑行为人的主观呢？也有的学说完全不考虑行为人的主观而只作纯粹的客观的判断。但是，将枪口对准对方（着手未遂），是杀人的实行行为，还是伤害的实行行为，或者是胁迫的实行行为，不考虑行为人的

① ［日］黑木忍：《实行的着手》，信山社 1998 年版，第 34 页。

② ［日］小野清一郎：《刑法概论》，学文社 1956 年版，第 158 页。

③ ［日］大塚仁：《实行的着手》，载《综合判例研究丛书刑法（3）》，三省堂 1996 年版，第 9 页。

④ ［日］井田良：《讲义刑法学·总论》，有斐阁 2008 年版，第 397 页。

⑤ ［日］平野龙一：《刑法总论Ⅱ》，有斐阁 1975 年版，第 313 页。

⑥ ［日］中山研一：《刑法总论》，成文堂 1982 年版，第 411 页。

主观就不能加以判别。再者，开枪而未射中（实行未遂），是杀人未遂还是伤害未遂，如果不考虑行为人的主观就不能判别。不仅如此，如果有杀人的目的，那么行为人的身体也会为了达成目的而作适当的调整。在未遂的场合，故意之所以（结果的认识）是主观的违法要素，正因为必须将故意考虑进去来判断行为的客观的危险性。”[①] 第三种观点则认为，应当将行为人的意图、计划以及性格的危险性都纳入考虑的范围。[②]

对于实质的客观说，批评者认为，如果考虑行为人的主观面，就已经偏离了客观说的本意；如果不考虑行为人的主观面，则不可能进行实质的危险性存在与否的判断。[③]

3. 实质的、形式的客观说。

此说认为，未遂犯的处罚根据在于结果发生的实质的（具体的）危险。在这个意义上，实质的客观说作为实行着手的判断标准是合理的。但是，刑法条文中所说的实行，意味着实施符合构成要件的行为，因而也应该吸收形式的客观说的标准。据此，只有在具有实行行为且引起了结果发生的实质危险的场合，才成立可罚的未遂犯。实行行为的存在是罪刑法定主义的要求，结果发生的实质的危险是未遂犯的处罚根据，两者缺一不可。

此说的特色在于区分实行行为与实行着手这两个概念。例如，在邮局邮寄有毒的水果意图毒死他人，将水果箱交给邮递员的行为，此说认为邮寄行为是实行行为，但不能仅凭这一点就断定成立未遂犯。只有在毒水果到达对方手上，对方开始食用时，才产生实质的危险，才是实行着手，此后才成立未遂。[④]

4. 事后的溯及评价说。

此说基本上以实质的客观说为出发点，但主张调和实质的客观说中各种不同的观点。此说认为，刑法既是行为规范又是裁判规范，所以只有在同时违反这两种规范时，才能确定实行的着手。

仍以前例说明：在邮局邮寄有毒的水果意图毒死他人，将水果箱交给邮递员的行为，从事前看就是有发生结果的危险性的行为，但这种制造危险的行为还不是实行行为。此后，当水果箱寄到被害人家时，就发生了具体的危险状态。在这一时点，制造危险的行为就属于“实行的着手”了。因此，事前的制造危险的行为属于具有成为实行行为可能性的潜在的实行行为，当事后发生了具体的危险时，再往回追溯，就可以认为这种潜在的实行行为已经明显化，而成为实行行为。也就是说，潜在的实行行为，通过事后的追溯在能够被评价为实行行为的时点，就是实行的着手。因而，在上面的案例中，如果水果箱在邮寄途中丢失，那就不属于实行着手。此外，

---

① ［日］平野龙一：《刑法总论Ⅱ》，有斐阁 1975 年版，第 314 页。
② ［日］佐伯千仞：《刑法讲义（总论）》，有斐阁 1981 年版，第 317 页。
③ ［日］西原春夫：《刑法总论》（改订准备版）（下卷），成文堂 1993 年版，第 325 页。
④ ［日］浅田和茂：《刑法总论》（补正版），成文堂 2007 年版，第 371~372 页。

作为潜在的实行行为的制造危险行为，还必须具备正犯性的要件。在故意犯的场合，如果介入了具有规范障碍性的行为，就不是这里所说的制造危险行为。例如，A 在酒吧与他人发生争执，用悬挂在酒吧墙上的猎枪将对方杀死。悬挂猎枪的行为与他人死亡之间介入了具有规范障碍性的行为，即 A 的开枪行为，因而不是实行行为。①

事后的溯及评价说为了解决实行行为与实行着手分离所导致的违和感而引入了“潜在的实行行为”这一概念。但这一概念的内涵及其必要性也被认为还存在不明确之处。②

（三）折中说

折中说认为，在确定实行的着手时，只重视行为者的主观面或只重视行为的客观面都是不妥当的，从而提倡综合主观面与客观面的第三种学说。本来，“犯罪是主观、客观相统一的综合的行为，因而实行的着手也必须从这两方面来加以考察。在客观上被构成要件类型化的故意，在进一步飞跃、凝结、固定化时，与预备的故意相区别。据此，主观说、客观说不过是观念的差异，虽有一些不同，但在实际适用时并没有那么大程度的差异”。③“主观说与客观说的对立，并非因为具有实益的东西，而只是在说明的形式上有差异。”④

具体而言，折中说从行为者的整体计划出发，以法益侵害的危险性是否迫切为基准来确定实行着手。折中说的特色在于，在确定实行着手时考虑行为者的犯罪计划。折中说内部立场也不尽一致，有的属于从主观说向客观说接近的学说，有的则属于从客观说向主观说接近的学说。这里主要介绍影响较大的主观的客观说以及个别的客观说。

1. 主观的客观说。

主观的客观说以木村龟二为代表。他认为，“根据主观的客观说，应以行为人的‘整体的计划’为基础，对构成要件的保护法益造成直接危险的行为明确地表现出行为人的犯罪意思时，就是实行的着手。纯主观说与主观的客观说的区别在于，前者是在行为人的犯罪意思所认识到的情况下，根据行为人的见解，认为行为人实施了实现构成要件的行为时，就是实行的着手；与此相对，后者是在行为人的犯罪意思所认识到的情况下，并非根据行为人的见解，而是实施了客观上具有直接侵害法益的危险的行为时，才是实行的着手。后者考虑到了作为未遂犯本质要素的危险概念，因而是妥当的”。⑤

此外，木村说对于主观的客观说的内容作了更详细的说明。“主观的客观说是

① ［日］山中敬一：《刑法总论》（第 3 版），成文堂 2015 年版，第 765 页。

② ［日］武田诚：《隔离犯・间接正犯的实行着手时期》，载［日］井田良等编：《山中敬一先生古稀祝贺论文集》（上卷），成文堂 2017 年版，第 581～598 页。

③ ［日］柏木千秋：《实行的着手》，载［日］平野龙一等编：《判例演习刑法总论》，有斐阁 1973 年版，第 143 页。

④ ［日］植田重正：《共犯的基本问题》，三和书房 1952 年版，第 63 页。

⑤ ［日］木村龟二著、阿部纯二增补：《刑法总论》，有斐阁 1978 年版，第 345 页。

对主观说与客观说的统合，但以主观说为基础是其特色。韦尔策尔针对过去的客观说即‘一般的客观说’，称之为‘个别的客观说’。从主观的客观说立场来看，行为人以打开手枪的保险、瞄准、杀人的意思，从口袋中取出手枪时就是杀人罪的着手，没有必要等到打开保险。而在盗窃罪中，以进入房间窃取财物的意思进入房间，在房间前站立的时候就是实行的着手。或者，以盗窃的意思毒杀看门狗的行为就是实行的着手。在这种场合直接的危殆化并不意味着行为非要在时间、场所上接近行为的结果。因此实施邮送恐吓文书的行为就是恐吓罪的实行的着手。再者，也没有必要成立具体的危殆化，以行为者认识的事实为基础来进行危殆化的判断，因此，相信空枪中装填有子弹而对对方开枪的行为就是杀人罪的实行行为。另外，行为人以损伤被害人的眼睛为目的而准备投掷胡椒，同时为逃走而让汽车处在开动状态，结果被害人与预期相反，没有出现，这时仍然成立强盗罪的未遂”。[①]

主观的客观说以主观说为基础，是主观说向客观说接近的例子。主观说与主观的客观说的区别在于，前者在判断实行着手时点的时候，认为行为者的外部行为是行为者犯意的外在表现，而后者则认为作为犯意外部表现的行为者的行为，不在于行为者而在于被视为客观的法益侵害的危险行为。此外，实质的客观说与折中说的区别在于，前者在判断行为的危险性时，将其作实质的、一般的判断，而后者则以行为者的整体计划为基础进行个别的判断。

主观的客观说也受到一些批评。由于该说强调行为人的犯罪计划，那么难以说明没有犯罪计划的临时起意犯罪的着手问题。

而且该说“对于没有整体计划的过失犯的说明也是十分困难的。犯罪不仅包括故意犯罪，还包括过失犯罪……犯罪的着手，是“着手犯罪的实行”，无论是故意犯还是过失犯，都存在实行着手的场合。只能适用于故意犯，不能适用于过失犯的理论，只能说是缺乏一贯性的理论。[②]

对此，持主观的客观说的学者反驳说，在故意犯的场合刑法有处罚未遂犯的规定，而在过失犯的场合，并不存在处罚过失犯未遂的规定，因而该说并非缺乏理论的一贯性。但反对者针对这一辩解又作了反驳。“的确，由于不存在处罚过失犯的规定，因而实际上不成为问题……但过失行为也可以说存在实行的着手，因而在思维中也可以说存在过失犯的未遂。例如，由于过失在食物中混入毒物，但因无人食用而没有发生结果，或者过失将烟头扔到油库，因被人发现而未发生大的后果等，都是这方面的例子。在理论上，如果肯定过失犯的未遂的成立的话，那么就有必要建构不仅适用于故意犯，也能适用于过失犯的共通的实行着手理论。是故意犯还是过失犯的问题，是犯罪内部的问题，而不是犯罪本身的问题。”[③]

---

① ［日］木村龟二著、阿部纯二增补：《刑法总论》，有斐阁 1978 年版，第 346 页。

② ［日］黑木忍：《实行的着手》，信山社 1998 年版，第 45 页。

③ ［日］黑木忍：《实行的着手》，信山社 1998 年版，第 46 页。

2. 个别的客观说。

个别的客观说认为，如果按照行为人拟订的犯罪计划所实施的行为，对于法益造成直接、迫切的具体危险，就是实行的着手，[①] 即应以行为人主观的犯罪计划，以及对法益侵害的危险的直接、迫切性两个标准来认定实行着手。“在法益受到具体的危险威胁是直接的、紧迫的情况下就能够认定实行的着手。根据行为者的犯罪计划，在他把自己的行为介于危及法益之中的时候，对法益的威胁还是间接的，并且欠缺紧迫性，这样还不能认定是实行的着手。对法益的威胁是直接的，但是在其危险性还并不紧迫的场合下也不能认定是实行的着手。危险到底是不是直接的以及紧迫的，必须要以行为时的客观状况为前提来进行客观的判断。在此意义上，‘按照行为者的犯罪计划，对于该构成要件所要保护的客体构成的威胁是直接的、紧迫的时候’，应该确定为实行的着手。”[②]

此说虽然强调行为人主观计划的重要性，但最重视的还是行为对法益的直接的、迫切的威胁。根据该说，如果妻子在丈夫外出时往丈夫的酒瓶中下毒，准备等丈夫回家后再倒毒酒给丈夫喝，那么由于在妻子的计划中，还有自己的行为介入其中(倒酒的行为)，还可以选择倒与不倒，所以下毒的行为不是实行行为，而是预备行为。但如果妻子的计划是期望丈夫自己倒酒又应如何处理呢？该说认为，虽然此时对于丈夫生命法益的侵害危险已经是直接的危险，但还没有达到迫切的危险的程度，所以下毒行为仍属于犯罪预备行为。可见，该说最重视的不是行为人主观的计划，而是客观的危险。

个别的客观说最大的问题在于，难以合理地划分危险的“直接性”与“迫切性”，因而在适用时就难以得出合理的结论。

3. 直前行为说。

此说也被某些学者称为“迫切性、自动性说”。[③] 此说认为，认定实行的着手应特别重视行为人犯罪计划中的构成要件行为——“直前行为”。盐见淳认为：“行为人开始实施犯罪构成要件行为之前的‘直前行为’时，即为实行的着手。而所谓‘直前行为’，是指从机能上考察行为人的客观行为，该行为实施后在一定时间内自动地（或自然地）达到构成要件行为的状态，或者在时间上接近于构成要件的行为。不过在有被害人存在的犯罪类型情况下，直前行为原则是应伴有该被害人的介入。”[④] 例如，在入室盗窃的情况里，尽管行为人主观上的盗窃故意已经很明确了，但如果行为人没有实施侵入住宅的行为，那么就没有实行的着手。因为对入室盗窃而言，侵入住宅的行为是犯罪构成要件行为（即窃取财物之行为）之前的“直前行为”，行为人既然没有开始实施犯罪构成要件的“直前行为”，就不能认为有实行的

① ［日］西原春夫：《刑法总论》（改订准备版）（下卷），成文堂 1993 年版，第 279 页。

② ［日］野村稔：《刑法总论》（补订版），成文堂 1998 年版，第 329 页。

③ ［日］立石二六编著：《刑法总论 30 讲》，成文堂 2007 年版，第 202 页。

④ ［日］盐见淳：《关于实行的着手（三）》，载《京都大学法学论丛》第 121 卷第 6 号，第 18 页。

着手。又如，行为人埋伏于道路边的小树林准备抢劫被害人的案件。此时行为人的行为即使可以说已经达到抢劫罪的构成要件行为的直前行为的地步，但因行为人除非确认被害人已出现，否则不会开始其攻击行为，所以此时行为人所实施的直前行为，必须有被害人的介入。本例中只有在被害人出现于行为人埋伏之处时，才可以说其行为具备了实行的着手，如果被害人一直没有出现，那么即使行为人有犯罪的故意，也不能认为其行为已经属于强盗之着手。①

此说的特色在于考虑到被害人的介入。对于此说，批评者认为：首先，此说对于实行着手的见解已脱离刑法规定的文义解释。因为刑法规定的是“着手犯罪的实行”，这说明“着手”意味着开始实施该实行行为，而不能将该行为之前的行为认定为着手。② 其次，此说的见解未能克服实质客观说的问题。因为所谓“直前性”的判断，仍必须介入实质的危险判断。③

井田良也赞成直前行为说，但他对该说提出了自己的修正。井田指出，根据罪刑法定原则，实行的着手意味着开始实施符合构成要件的行为。因而最低限度也需要行为人故意地实施构成要件行为的直前行为或密接行为，若再往前追溯，就逾越了解释的界限。在这个意义上应当以形式的客观说作为基础。但为了将直前行为的概念明确化、具体化，又有必要援用实质的客观说中“法益侵害或实现构成要件的现实危险性”的标准。因此，应当并用形式的标准和实质的标准来确定实行着手的时点。作为未遂犯处罚理由的“危险性”的内容，包括两个不同的标准。第一，结果发生（或构成要件实现）的时间上的迫切性。例如，作为射杀行为的直前行为的瞄准行为、作为斩杀行为的直前行为的挥舞大刀的行为，都是杀人行为的实行着手。第二，至结果发生不存在障碍，换言之即结果发生的自动性。当结果发生具有自动性时，行为人就已经实施完了实现构成要件所需行为的重要部分，所以从行为不法的角度上能够肯定未遂犯的处罚。例如，基于杀人的目的将几个月后才爆炸的定时炸弹放在不容易被发现的地方，就属于实行的着手，而不应认为直到爆炸前的时点还是预备。总之，“只要具备结果发生的时间的迫切性或自动性，就认为具有实行的着手”。同时，在确定实行着手的时点时，还必须考虑行为人的计划。应根据行为人的计划判断实现构成要件所需行为的主要部分是否完成。④

三、几种特殊犯罪的着手

（一）不作为犯

不作为犯实行行为的着手，应当是尽管产生了作为义务，但行为人仍然故意不

---

① ［日］盐见淳：《关于实行的着手（三）》，载《京都大学法学论丛》第121卷第6号，第18页。

② ［日］浅田和茂：《刑法总论》（补正版），成文堂2007年版，第370页。

③ ［日］大越义久：《实行的着手（上）》，载《法学研究班》（法学セミナー）第408号，第63页。

④ ［日］井田良：《讲义刑法学·总论》，有斐阁2008年版，第397~399页。

实施作为行为之时。关于作为义务的产生时期，则应当区分真正不作为犯与不真正不作为犯加以讨论。

诸如不解散罪、不退去罪等真正不作为犯，在提出作为要求时就产生了作为义务。其根据在于，虽然在作为义务发生之前已经存在一定程度的法益侵害的危险，但如果行为人实施作为就能够避免该危险。例如，像不保护罪这种法律没有明确规定作为义务发生时间的真正不作为犯，当行为人处于义务者的地位，或倘若不特别实施义务者的作为就会发生法益侵害之危险时，就产生作为义务。①

对不真正不作为犯而言，当出现结果发生的现实的或具体的危险时，就是实行的着手。不过，认定在哪一个时点发生危险仍然是一个难题。与作为犯不同，不真正不作为犯不能将实行着手的标准求之于某种积极的身体动作，而只能以行为客体所面临的危险程度作为标准。对此，主要存在三种不同的观点。

第一种观点认为，作为义务是命令规范，因而有可能实施作为的最初的时点就是实行的着手。赫茨贝格（Herzberg）、牧野英一、齐藤诚二等持这种观点。根据此说，对于母亲不给婴儿食物意图饿死该婴儿的案件，在最初不给食物的时点就已经是不作为的杀人罪的未遂。

第二种观点认为，在能够履行作为义务的最后的瞬间是实行的着手。阿明·考夫曼（Armin Kaufmann）、宗冈嗣郎、中山研一等持此说。

第三种观点认为，当行为客体所面临的直接危险迫近之时，或已经存在的危险增加之时，或危险虽未迫近但因果过程的支配控制权已经被放任的时点，属于实行的着手。西原春夫、野村稔等持此说。“如果母亲怀有杀意而不给孩子喂奶，那么即使一两次不喂奶，也可以认定为违反了作为义务，但是据此并不能立刻说是实行的着手。如果该母亲继续不喂奶，那么即使孩子没有立刻死亡，但只要到了出现生命危险的阶段，就可以认定为实行的着手。”② 此说介于前两说之间，但它将危险性的程度抽象化，认为只要发生了危险，即使还有其他救助的方法，不实施最初救助的时点就是实行的着手。③

（二）原因自由行为

关于原因自由行为实行着手的认定，存在下面几种不同观点。

1. 原因行为时说。

此说认为，原因自由行为的实行着手，在行为人开始实施原因设定行为之时。因为原因自由行为是指行为人由于故意或者过失使自己陷入无责任能力或限定责任能力状态，并在这种状态下实施了直接引起构成要件结果的行为。在行为人实施结果行为之时，已经不具有责任能力。如果认为此时才是实行着手的话，就违背了行为与责任同时存在的原则。因此只能将之前行为人具有责任能力时所实施的原因设

① ［日］川端博：《刑法总论讲义》（第2版），成文堂2006年版，第464页。

② ［日］西原春夫：《犯罪实行行为论》，成文堂1998年版，第23~24页。

③ ［日］野村稔：《未遂犯研究》，成文堂1984版，第312页。

定行为的时点视为实行的着手。

原因行为时说的理论根据在于，将原因自由行为视为间接正犯或认为两者极其类似。对此，批评者认为，此说不当地扩大了实行行为的范围，过早地认定了实行的着手；而且，即使认为原因自由行为与间接正犯类似，也只限于行为人完全陷入无责任能力状态的情况，当行为人处于限定责任能力的状态时，就无法适用间接正犯的理论；再者，即使是间接正犯，也不存在将利用行为视为实行着手标准的必然性。①

2. 结果行为时说。

此说认为，原因自由行为的实行着手，在于行为人开始实施结果行为之时。此说面临的主要问题在于如何说明与行为和责任同时存在原则相协调。为此，学者们提出了多种多样的理由，但也都难说十全十美。

3. 个别化说。

此说认为，原因自由行为的实行着手，有时是行为人开始实施原因行为之时，有时是行为人开始实施结果行为之时。“这里也应以是否引起构成要件结果发生的现实危险作为标准，引起结果发生的现实危险的时点就是实行的着手。因此，在不作为犯及过失犯适用原因自由行为的法理时，由于原因行为本身具有结果发生的现实的危险性，因而应将原因行为的开始时点视为实行的着手。与此相对，在故意的作为犯的场合，原因行为本身极少引起结果发生的现实的危险，应将结果行为的开始之时视为实行的着手。”②

第五节 不能犯

一、不能犯概述

所谓不能犯，又称不能未遂，其意大致指的是行为人在某些错误认识的情况下实施了不可能完成犯罪之行为的情况。这一概念，发端于 19 世纪的德国刑法学，费尔巴哈最先将不能犯的理论作为刑法体系上的问题加以研究。③ 此后，大陆法系国家将其视为刑法理论中的一个重要问题而加以研究，英美法系国家对此问题也多有论述。问题在于，虽然各国刑法及刑法理论均在使用不能犯（犯罪不能）一词，但其含义却并不相同，有的国家规定不能犯无可罚性，如《意大利刑法典》第 49 条第 2 款、《奥地利刑法典》第 15 条第 3 款以及《日本刑法改正草案》第 25 条等；有的国家规定不能犯与普通未遂同等处罚，如《新加坡刑法典》第 511 条；有的规

---

① ［日］黑木忍：《实行的着手》，信山社 1998 年版，第 121~123 页。

② ［日］川端博：《刑法总论讲义》（第 2 版），成文堂 2006 年版，第 465 页。

③ 参见［日］渡边真男：《不能犯中的危险性概念——德国学说概观》，载《法学政治学论究》1991 年第 9 号，第 170 页。

定不能犯是未遂，但可以减、免刑罚，如《德国刑法典》第23条第3款、《韩国刑法典》第27条等。

不能犯的理论归根结底是为了划分罪与非罪的界限，即将构成未遂犯的行为与不构成犯罪的行为加以区别。从这个意义上说，各国刑法对于不能犯的不同理解，实质上也就代表了对犯罪成立范围的不同态度。为了论述的方便，笔者在这里按照日本刑法理论的做法，将不能犯的概念与狭义的未遂犯的概念对立起来，即不能犯意味着无罪的行为。“所谓不能犯，是指行为人主观上虽然打算着手实施犯罪，但实际上却不可能发生结果，因而不可罚的情况。”①

二、不能犯的学说

所谓不能犯的学说，是指有关区分不能犯与未遂犯的标准的学说。不能犯的学说非常复杂，大致可以分为主观说与客观说两大类。下面要介绍的纯粹主观说、抽象的危险说、印象说等属于主观说的范畴，而绝对的不能、相对的不能说，具体的危险说，客观的危险说，修正的客观的危险说等属于客观说的范畴。

（一）纯粹主观说

纯粹主观说将未遂犯的处罚根据求之于行为人性格的危险性，只要行为人将犯罪意思明显表现于外部，就可以作为未遂犯加以处罚，因而原则上否定无罪的不能犯之成立。不过，大多数持纯粹主观说的学者认为意图以超自然的方法实施犯罪的迷信犯不可罚。

纯粹主观说的集大成者是德国学者布黎（Buri）。布黎的理论核心在于对因果关系理论采用条件说，认为所有条件对结果发生都是起同等程度、同等价值的作用，原因无大小之分。而且，他从自然科学的角度来考察因果关系，因此，如果结果并未发生，就不存在客观的因果关系。据此，未遂的可罚性根据只能存在于犯意之中。未遂以基于犯意开始实行外部的行为的时点为标准。外部的行为如果已经表明了犯罪的意思，就存在“法的平稳的危险化”或者“对法所保护的秩序的反抗”，无论是否具有结果发生的危险性，都应当肯定可罚性。不过，布黎将所谓的迷信犯排除在可罚未遂的范畴之外，“迷信犯不存在实际的力量，而只属于信仰、迷信、观念、空想，无法在科学的认识以及生活的经验上得到证明，法官也不会承认其为现实的结果的原因……尽管它表现于外部，但不具有可罚的行为的价值”。②

在法国，1897年萨莱耶（Saleilles）在《试论未遂特别是实现不能的未遂》一文中最先主张主观说；次年即1898年，加莱（Gallet）在题为《可罚的未遂的概念——批判的检讨》的博士论文中论证了主观说的正确性。此后该说迅速得到其他学者的支持，并最终为最高法院所采纳，成为判例至今仍采用的学说，占据了法国

① ［日］川端博：《刑法总论讲义》（第2版），成文堂2006年版，第484页。

② ［日］渡边真男：《不能犯中的危险性概念——德国学说概观》，载《法学政治学论究》1991年第9号，第188页。

的通说地位。法国主观说展开的背景有三：其一，本国传统的影响。法国大革命前旧制度下的学说传统就是主观说。其二，受到德国布黎的主观说以及该说指导下的德国帝国法院判例的影响。其三，受到发端于意大利的实证主义刑法理论即主观主义刑法理论的影响。①

宫本英脩是日本纯粹主观说的代表。他认为“既然有了犯意的飞跃的表动，就不管其未能既遂的原因如何，通常应认定为未遂”。根据宫本的上述基本观点，迷信犯的行为也反映出行为人的危险性格，也应以未遂犯论处，但宫本却认为迷信犯不可罚。对此，他解释如下：“基于上述立场时应考虑迷信犯（如丑时参拜）的情况。这种情况与普通的未遂罪的性质颇有差异，即实行犯罪时因迷信而依赖于超自然的方法的人，一般来说，行为人的性格怯懦，是不敢采取其他的自然方法的人。换言之，采取各种自然方法的具有反规范性格的人，很少采取这种超自然的方法；只有在一切现实的自然方法面前感到恐惧的人，才借助超自然的方法。若果真如此，则这种行为人在性格上没有以现实手段实施犯罪行为的危险。因此，基于这种性格实施的行为也没有任何抽象的危险，其行为不可能违法。故可以将这种迷信犯作为放任行为而不以犯罪论处。基于这一见解，所谓不能犯，结局仅限于迷信犯。如果以自然的方法犯罪而结果没有发生时，通常构成未遂犯。”②

纯粹主观说面临的主要批评是：

第一，纯粹主观说来源于主观主义刑法理论，过于偏重行为人的危险性，而没有考虑行为的危险性判断。③

第二，按照纯粹主观说的思路，迷信犯也表现出了行为人的危险性格，应当作为犯罪加以处罚。但多数持纯粹主观说的学者则否定迷信犯的可罚性，从而自相矛盾，难以首尾一致。④ 对此，也有学者认为应当维持纯粹主观说理论上的一贯性，迷信犯同样也反映出行为人的主观犯意，因而应加以处罚。例如，法比安（Fabian）认为处罚未遂在于预防犯罪，基于这种预防主义的观点，他认为只要行为人以外部行为表现出犯罪的意图，即使手段具有迷信性，也不能以此为根据认定为不可罚。对于认为迷信犯不可罚的法院的判例，法比安批判说，“这只能说是向客观主义的单纯的让步，即使这种观点有深远的实务上的动机，也改变不了让步这一本质”。⑤ 法比安承认肯定迷信犯的可罚性，“可能会引起民众的误解，甚至会导致我们的主观的未遂论在法的世界里失去信用。但是，理论的考察同满足现实生活的需要相比，更重要的是要满足理论本身的一贯性……处罚迷信犯虽然是一种非常严厉的结论，但绝不是不正确的结论”。⑥ 奥托（Otto）也认为，诸如想用念咒语的方法杀人的迷

---

① 参见［日］末道康之：《法国刑法中的未遂犯论》，成文堂 1998 年版，第 165 页以下。

② ［日］宫本英脩：《刑法大纲》，弘文堂 1935 年版，第 192～193 页。

③ ［日］立石二六编著：《刑法总论 30 讲》，成文堂 2007 年版，第 225 页。

④ ［日］川端博：《刑法总论讲义》（第 2 版），成文堂 2006 年版，第 486 页。

⑤ ［日］宗冈嗣郎：《客观的未遂论的基本构造》，成文堂 1990 年版，第 99 页。

⑥ ［日］宗冈嗣郎：《客观的未遂论的基本构造》，成文堂 1990 年版，第 100 页。

信犯，从未遂的标准来看，也是一种构成犯罪的行为，只不过人类在心理反应上不认为基于迷信的行为也可以构成犯罪；事实上，迷信犯和其他的未遂犯没有什么区别，至于其法律上的效果，法官应适用不能未遂中关于免除刑罚的规定。[①] 然而，不处罚迷信犯是国民的一般法感情，任何理论都不应当背离这种基本情感。

（二）抽象的危险说

抽象的危险说，也称为主观的危险说，其基本观点是，以行为人在行为当时所认识的事实为基础，从一般人的立场来判断危险的有无。如果按照行为人的计划实施行为具有发生结果的危险性，那么就是未遂犯；即使按照行为人的计划实施行为也不具有发生结果的危险时，则是不能犯。

抽象的危险说的理论渊源可以追溯到普通法的时代。凯斯特林（Köstlin）、赫尔辛那（Halschner）等学者在著作中就有类似的构想。巴尔（Bar）在1859年提出，某种手段如果根据一般的思考法则或者自然法则，不能实现行为人所设想的犯罪结果，那行为人的意思就只不过是单纯的希望而已。哈伯林（Häberlin）也试图用行为人犯罪意图的“实效性”来限定可罚未遂的范围。[②] 在这种逻辑背景和主观主义传统之下，德国学者科勒尔（Kohler）于1890年首先提出了“计划的危险说”，从而明确了抽象的危险说的基本内容。德国学者芬格（Finger）最终完成了抽象的危险说的理论建构。他指出，有的行为尽管按照行为人的意图加以实施，但如果这种行为完全不能够引起结果，那么与其他没有危险的情况一样，不具有社会的意义。例如，行为人意图杀人，在实施时却误将白糖当作砒霜，这种行为是可罚的，因为在实行的时点按照行为人所认识的事实是不能否定其行为能够引起所意图的结果。相反，使用咒语杀人的行为则不可罚。两者的区别仅仅在于前者的知性具有危险的性格。据此，芬格揭示了抽象的危险说的基本内涵：立足于实行的着手时点，以行为者的主观认识为基础，考虑其行为是否具有引起所意图的结果的抽象的危险。[③]

在日本，牧野英一、木村龟二、齐滕金作、冈野光雄等学者提倡抽象的危险说。在他们的努力下，抽象的危险说在二战前乃至战后初期都是一种具有较大影响力的学说。[④] 但现在抽象危险说在日本的影响力已经微不足道。

与纯粹的主观说一样，抽象的危险说也以行为人认识到的事实作为判断的资料。但纯粹主观说是由行为人本人来进行判断，而抽象的危险说则从（科学的）一般人的角度进行判断，从而合理地说明了不处罚迷信犯的理由。“抽象的危险说的基准明确，而且与行为无价值论具有整合性。当行为人按照其认识，为实现违反刑法规范的事实而实施行为时，如果放任这样的行为，就会丧失刑法规范的效力。因而也

① ［日］宗冈嗣郎：《客观的未遂论的基本构造》，成文堂1990年版，第100页。
② ［日］宗冈嗣郎：《客观的未遂论的基本构造》，成文堂1990年版，第103页。
③ ［日］宗冈嗣郎：《客观的未遂论的基本构造》，成文堂1990年版，第106页。
④ ［日］西原春夫等编：《判例刑法研究》（第4卷），有斐阁1981年版，第73页。

可以认为会产生处罚的要求。”①

然而，抽象的危险说也受到了不少批评：

第一，抽象的危险说重视行为人的认识内容，而过于轻视“行为”的客观性质。“‘行为人’的危险应该是责任论中的问题，不应当在未遂犯的领域内讨论。这是因为，未遂犯论应该是从结果发生的危险性这一观点来探讨作为‘行为’属性的危险。责任论中‘行为人’的危险作为与法秩序相敌对的危险性格（法敌对性）才具有重要性。”②

第二，抽象的危险说扩大了未遂犯的处罚范围。“除了迷信犯之外基本上不认可不能犯的存在，在结论上与纯粹主观说没有区别。”③“即使以行为无价值论作为前提，如果一般的普通人已经发觉不存在作为危险基础的事实，就没有必要肯定规范违反性。作为刑罚目的的一般预防，是通过刑法规范来对一般人起作用的。如果一般的普通人能够因此防止危险的行为，一般预防就得以实现。诸如行为人误将它物当作砒霜（而下毒）的行为，只要一般人知道那是白糖（刑法就不应禁止该行为）。如果刑法对此加以禁止，那就是过分地考虑了刑罚的一般预防目的。”④

第三，抽象的危险说混淆了未遂犯的性质。“未遂犯通常被理解为作为侵害犯的既遂犯的具体的危险犯。应当根据具体的事实关系来进行危险性的判断，抽象的危险说偏离了这一点而将抽象的危险视为问题，这不妥当。”⑤

（三）绝对的不能、相对的不能说

绝对的不能、相对的不能说的基本观点是，如果在任何情况下都没有发生结果的客观的危险性，就属于绝对的不能，是不能犯。如果只是由于具体的情况而导致缺乏结果发生的客观的危险性，就属于相对的不能，是未遂犯。

绝对的不能、相对的不能说认为，绝对的不能与相对的不能有以下区别：

1. 客体的绝对不能，是指不存在客体或者说缺少构成犯罪的主要要素的情况。例如，误认为尸体为睡着的人而加以杀害的行为，试图杀死死婴的行为，对误信怀孕的女性实施堕胎的行为，误认自己之物为他人之物而加以盗窃的行为，等等。

2. 手段、方法的绝对不能，是指行为者所使用的手段在本质上不能导致结果发生的情况。例如，将无毒的物质误认为毒药而用之于毒杀的行为；毒药在行为人不知时中和而毒性全失，行为人仍用之毒杀的行为；用没有堕胎效力的物质实施堕胎的行为以及意图盗窃而所用梯子过短不能发挥作用的场合；等等。

3. 客体的相对不能，是指现实中虽然存在客体，但不在行为者所认为的地方以及早已不存在的情况。例如，试图复仇而朝曾见过客体的房间开枪，其人却因偶然

① ［日］井田良：《讲义刑法学·总论》，有斐阁2008年版，第411页。

② ［日］川端博：《刑法总论讲义》（第2版），成文堂2006年版，第487页。

③ ［日］浅田和茂：《刑法总论》（补正版），成文堂2007年版，第385页。

④ ［日］井田良：《讲义刑法学·总论》，有斐阁2008年版，第411页。

⑤ ［日］川端博：《刑法总论讲义》（第2版），成文堂2006年版，第487页。

的因素在另一个房间；强盗集团试图从某家盗出家具，但在他们不知道的时候家具已经被运走了；试图窃取钱包而被盗对象忘记带钱包的场合；等等。

4. 手段、方法的相对不能，是指所使用的手段本身虽然能实现犯罪计划，但因其手段并未发挥充分的作用，导致行为并未实现行为者所意图的犯罪计划。例如，未能充分掌握手枪的使用方法而没有达到杀人的目的、盗窃犯未能打开金库的门而没有达到目的等场合。

绝对的不能、相对的不能说溯源于费尔巴哈的不能犯理论。1808 年，费尔巴哈在由他起草的所谓《费尔巴哈刑法典草案》第 60 条规定，“未遂，在外部行为与所意图的犯罪之间没有任何关联时，即依据自然法则犯罪绝对不可能发生时，不罚（不能犯）”，从而首次对不能犯理论作出了体系性的、概括性的回答。此后，米特迈尔（Mittermaier）、贝尔纳（Berner）进一步发展了费尔巴哈的思想，提出了绝对的不能、相对的不能说。

绝对的不能、相对的不能说对其他国家的刑法理论也产生了重大影响。法国的奥托兰（Ortolan）支持本说并使其从 19 世纪后半期到 20 世纪初成为法国最高法院的判例理论。比利时的豪斯（Haus）、日本的泷川幸辰等都支持此说。二战前日本法院的判例也基本上持绝对不能、相对不能说的立场。

对绝对的不能、相对的不能说的主要批评意见是：

第一，将不能区分为绝对的不能、相对的不能没有任何的依据。“因不存在犯罪的客体或欠缺犯罪成立不可缺少的要件而使犯罪不能实行的情况，与犯罪客体现实存在但不在行为者所认为的场所或已经不存在而使犯罪不能完成的情况，两者并没有任何现实的区别。将前者作为绝对的不能而不可罚，并不符合理论常识，因为两者都不能实现行为者的意思。”

第二，绝对的不能、相对的不能的区分不明确。“此说犯了前提不当的错误，即在论述绝对的不能时，将具体的情况作了极端的抽象化而探询一般的危险性。而在论述相对的不能时，则以具体的情况为前提探询危险性。”①

由于绝对的不能、相对的不能说存在上述缺陷，进入 20 世纪后此说在法国失去了支持。不过在比利时，康斯坦（Constant）等学者继续支持绝对的不能、相对的不能说。康斯坦在其体系书第 5 版（1953 年）中指出，学说、判例中应当区分绝对的不能与相对的不能。比利时司法实践也不处罚绝对不能的情况（例如，刺杀尸体的行为，对未怀孕的妇女实施堕胎的行为，误认为毒药而将无毒的物质混入食物的行为，盗窃自己的所有物的行为）。

（四）具体的危险说

具体的危险说的基本观点是：“以行为当时一般人能够认识的事实以及行为人特别认识到的事实为基础，站在一般人的角度判断具体的结果发生的危险性，如果危险性被肯定就是未遂犯，被否定则为不能犯。基于事前的立场，以行为时的事实

① ［日］山中敬一：《刑法总论》（第 3 版），成文堂 2015 年版，第 783 页。

为基础，从一般人的立场来判断危险性，在这一点上与抽象的危险说有共通之处。但不仅以行为人认识到的事实为基础，还以一般人能够认识的事实为基础，则与抽象的危险说不同。”①

具体的危险说创始于李斯特，此后得到科里古斯曼（Kriegsmann）、海波尔（Hippel）的发展，最终由亨克尔（Henkel）完成。在日本，此说在二战前即得到日本众多学者的支持，成为力压抽象的危险说的主流学说。二战后随着抽象的危险说的衰弱，因此具体的危险说“成为现在最有力的见解。该说与因果关系论中的通说（相当因果关系说的折中说）也相符合”。② 日本刑法学界的很多著名学者，如西原春夫、平野龙一、大塚仁、福田平、大谷实、香川达夫、藤木英雄、川端博、野村稔等都持具体危险说。

在日本，采用具体危险说主要有两种路径。其一是从定型说的思路推导出具体的危险说，如小野清一郎、团藤重光、板仓宏等。例如，团藤重光认为，行为“要说成是定型的不能，必须从科学的立场和社会通念两方面来看，都没有结果发生的危险”。③ 他以普通的一般人的危险感作为判断危险的基准，以行为的具体事实为判断资料，立足于行为时来判断有无危险。④ 其二是以行为规范论为依据推导出具体危险说。例如，川端博认为，“将刑法理解为以一般人为对象的行为规范（评价规范），那么一般人的角度及行为时的状况就具有极其重要的意义，结果的违法性也应该以行为时的情况为基础来进行判断”。⑤

具体的危险说受到反对者激烈的批评。这些批评意见主要集中在两方面，即对具体危险说危险判断的资料设定方法的质疑和对具体危险说危险判断基准的批评。

首先，就具体危险说的判断资料，批评者认为，“具体的危险说以行为人特别认识的事实以及一般人可能认识的事实这种二元的结构来设定危险基准的判断公式，而这两方面实际上每一方面都存在问题”。⑥

第一，当行为人特别认识的事实以及一般人可能认识的事实不一致时，以哪一方面作为危险判断的资料不明确。⑦

第二，考虑行为人的特别认知，意味着在一般人没有认识的情况下，将由行为人的认识有无左右危险的认定，从而有损危险概念的客观性。⑧

第三，只要考虑行为人特别认识到的事实这一因素，就不可避免地属于事后判

---

① ［日］山中敬一：《刑法总论》（第3版），成文堂2015年版，第785页。

② ［日］前田雅英：《刑法总论讲义》（第4版），东京大学出版会2006年版，第149页。

③ ［日］团藤重光：《刑法纲要总论》，创文社1990年版，第171页。

④ ［日］团藤重光：《刑法纲要总论》，创文社1990年版，第168页。

⑤ ［日］川端博：《刑法总论讲义》（第2版），成文堂2006年版，第490页。

⑥ ［日］内山良雄：《不能犯论——从客观的危险说的立场》，载《现代刑事法》2000年第9号，第50页。

⑦ ［日］中山研一：《刑法总论》，成文堂1982年版，第424页。

⑧ ［日］山口厚：《危险犯研究》，东京大学出版会1982年版，第107页。

断，而非具体的危险说所标榜的事前判断。“具体的危险说论者使用了行为人‘特别认识到的事情’的用语，并把它解释为‘只有行为人才认识到的客观的实在的事实’的意思。按照这种理解，如果行为人认识到一般人无法认识到的客观的事实（如被害人的特殊体质），并实施了犯罪的，不是不能犯而构成可罚的未遂。但是，如果这样的话，就有必要确认行为当时行为人所认识到的事情是否是‘特别认识到的事情’。这种确认，是以行为人的认识事情与客观的事实一致或者不一致为前提的。然而，判断行为人认识的事情是否是客观实在的事情，如果不考虑行为后判明的事实的话，是没有办法进行的。只有在事后确认行为的当时实际存在的事实，才可能判定与行为人的认识是否一致。经过这种过程来确认‘特别认识到的事情’，无非就是事后判断。因此，只要具体的危险说把行为人的认识事情限定在‘特别认识到的事情’上，就无法回避事后判断。”①

其次，就具体危险说的判断基准，批评意见认为：

第一，在判断所用手段性质的危险时，如果需要运用科学知识的话，适用一般人基准就非常困难。② 例如，行为人以为硫黄可以致人死亡而使人服用硫黄的案件，持具体危险说的学者的结论就不尽一致。福田平教授认为，“硫黄没有杀害力，换言之，服用硫黄致死的可能性并不存在，这是常识性认识”。③ 而平野龙一教授则认为，听到让一般人服用硫黄的事情就会感到危险。④ 又如，向血管注射空气试图杀人的案件，⑤ 由于当时人们都不知道还存在这样一种杀人方法，所以以行为人一般人为基准进行危险的判断也是很困难的。⑥

第二，如果一般人没有感到危险，但从科学的角度看是有危险的场合，使用一般人基准就会得出错误的结论。⑦ 只进行事前判断，从而将客观上完全没有结果发生的危险的行为也判断为危险。相反，客观上有危险的行为，只要行为人不知道一般人也不能知道的话，就从判断基底中除去，从而判断为无危险。结果就是在保护一般人的危险感，从而使危险概念抽象化、规范化。

第三，将现实中不存在的客体假定为存在而认定为危险，这使客体及法益过度

① ［日］内山良雄：《不能犯论——从客观的危险说的立场》，载《现代刑事法》2000年第9号，第51页。

② ［日］山口厚：《危险犯研究》，东京大学出版会1982年版，第69页。

③ ［日］福田平：《全订刑法总论》（第5版），有斐阁2011年版，第245页。

④ 参见［日］平野龙一：《刑法总论Ⅱ》，有斐阁1975年版，第327页。

⑤ 日本最高法院1962年3月23日判决，载《最高裁判所刑事判例集》第16卷第3号，第305页。

⑥ 在此案审理过程中，一位鉴定人的鉴定结论认为向静脉注射70cc以下的空气不可能致人死亡，另一位鉴定人认为即使注射300cc的空气也不一定致人死亡。但两份鉴定结论都认为即使注射空气没有达到致死量，如果被害人患有疾病，仍存在死亡的可能性。

⑦ ［日］山口厚：《危险犯研究》，东京大学出版会1982年版，第70页。

抽象化，轻视了作为危险性的事实的基础。[1] 例如，甲以杀害 X 的意思误将稻草人当作 X 而开枪，如果一般人处于当时的情况也会认为是 X 的话，那么哪怕实际上损害的只是稻草人，甲也成立故意杀人未遂罪，这是过度的预防主义，并不妥当。[2]

（五）客观的危险说

客观的危险说的基本观点是，“以行为当时存在的所有的客观事实为基础，从科学的一般人的立场来进行结果发生的危险性判断。如果肯定具有危险性，就是未遂犯。如果否定的话则是不能犯”。[3]

客观的危险说是对绝对的不能、相对的不能说的继承和发展，因而也有不少学者将绝对的不能、相对的不能说称为客观的危险说。

持客观的危险说的学者，在判断基准（科学的判断）、判断时点（事后判断）与判断方法（对客观事实不进行抽象）方面意见是一致的，只是在应否将行为人的主观内容纳入判断资料的问题上意见不一，有的持肯定态度，有的持否定态度。

客观的危险说受到的主要批判是，“如果对事后所查明的行为时的客观情况无限制地加以考虑，那么由于不发生结果总是具有某种客观的原因，因而只要不发生结果就意味着行为没有危险，就可能都被视为不能犯”。[4] 换言之，“如果忠实地遵照客观的危险说的主张，是否还有可罚的未遂的余地就存在疑问”。[5]

（六）修正的客观的危险说

修正的客观的危险说，是以客观的危险说为基础，并对之进行修正的学说。但学者们对客观的危险说所作的修正内容并不相同。

1. 假定的事实说。

此说是日本学者山口厚的观点。山口厚原则上赞同客观的危险说，但他也意识到客观的危险说存在一个最大的缺陷，即如果以行为时的客观事实为基础事后判断行为的具体危险，那么，所有的未遂犯都将变成不能犯。为此，他主张对客观的危险说作出修正。

山口厚强调，“首先以法益侵害的不发生为前提，然后根据科学的法则来确定何种事实取代现存的事实就能够导致结果的发生，最后再讨论能够引起法益侵害的这种假定事实在何种程度上能够存在，从而进行具体的危险判断，即以假定的事实替代现存的事实，然后根据科学的一般人的观点来判断这种假定事实存在的可能

① ［日］高桥则夫：《不能犯·中止犯·未遂的教唆》，载《现代刑事法》2000 年第 9 号，第 104 页。

② ［日］高桥则夫：《刑法总论》（第 3 版），成文堂 2016 年版，第 400 页。

③ ［日］山中敬一：《刑法总论》（第 3 版），成文堂 2015 年版，第 786 页。

④ ［日］井田良：《讲义刑法学·总论》，有斐阁 2008 年版，第 414 页。

⑤ ［日］山中敬一：《刑法总论》（第 3 版），成文堂 2015 年版，第 787 页。

性”。[①] 换言之，山口厚认为，对现实中并不存在的事实，应首先考虑其在多大程度上有可能存在，如果存在的可能性很大，则以这个事实为基础来判断危险性。[②] 对于这个假定事实的存在可能性的判断，不是从纯客观的、科学的立场出发，而是从通常的一般性的观点来进行。也就是从科学的一般人的立场出发，考虑该具体情况，尽可能符合事实，这就是所谓的“从事后的立场进行具体的危险判断”。[③]

对于该说的主要批评意见有：第一，该说主张对假定事实的存在可能性进行判断，但只有进行事前判断才可能存在所谓的假定事实，如果进行事后判断，则根本不可能有所谓的假定事实。因而它事实上不是事后判断，而与具体危险说一样，是事前判断。而且该说实际上也是根据一般人的危险感作出判断。“本说，不是客观的危险说的修正，而是具体的危险说的修正版。”[④] “此见解中危险判断的方法与具体危险说的差异，基本上可归结为只是表述形式的差异而已。”[⑤] 第二，假定事实的判断标准乃至假定事实本身存在的合理性都有疑问。“山口的学说主张对假定事实进行多次考虑，即先考虑存在何种假定事实时可能发生侵害结果，再考虑假定事实的存在可能性，还要考虑假定事实存在可能性的程度，但从哪些方面考虑假定事实（如什么场合从行为人一方考虑假定事实、什么场合从被害人一方考虑假定事实）、如何考虑假定事实，其基准并不明确，甚至可以说是随意的。”[⑥] “如何判断假定事实是否充分可能存在，更根本的是，为何要有假定事实，它在不能犯的判断中是否重要，应当说都没有给予说明。”[⑦]

2. 客观的事后预测说。

这是日本学者前田雅英的观点。前田雅英认为，“危险性的有无，以实行行为时存在的客观事情为基础，以实行时为基准，由法官从一般人的视点科学地、合理地进行判断……是从行为时进行的‘合理的（科学的）结果发生的概率的判断’……这种说法虽然看起来好像与事后进行的客观的判断没有区别，但就像前天的天气预报与第二天的天气有时有很大不同一样，行为时的客观的、合理的判断与事后判断是不同的”。“虽说是合理的（科学的）事后预测，但在危险性判断这种规范性判断中，没有必要连细微的具体的个别情况也考虑，还是有必要进行某种程度的抽象化。如果在客观的所有事实的基础之下，对 A 这个人的状态进行科学的细密的检讨的话，某个行为对他而言会导致死亡还是会有帮助应当可以 100% 的断定。

---

① ［日］内山良雄：《不能犯论——从客观的危险说立场出发》，载《现代刑事法》2000 年第 9 号，第 53 页。

② ［日］山口厚：《危险犯研究》，东京大学出版会 1982 年版，第 165 页。

③ ［日］山中敬一：《刑法总论》（第 3 版），成文堂 2015 年版，第 788 页。

④ ［日］山中敬一：《不能犯论中危险判断的构造——二元的危险预测说之提倡》，载《现代刑事法》2000 年第 9 号，第 60 页。

⑤ ［日］井田良：《讲义刑法学 · 总论》，有斐阁 2008 年版，第 415 页。

⑥ ［日］野村稔：《未遂犯研究》，成文堂 1984 年版，第 264 页。

⑦ ［日］山中敬一：《刑法总论》（第 3 版），成文堂 2015 年版，第 788 页。

但是在现实的医疗现场经常可以听到‘这个手术有50%的死亡率’这样的话。这是因为在该类手术的场合，考虑因年龄、性别、强健度等个别化的患者的情况，以被作了一定的抽象化的患者为前提，不是以神的眼光，而是以人的眼光进行判断的结果。所以即使以客观的所有事情为基础，该行为导致结果的发生还是要以概率的形式来表现，因此结果发生的可能性就有成为问题的充分余地。”①

对于为何要进行行为时的判断，前田雅英指出，立法者在立法时就作了政策性的决定，即只处罚在行为时具有一定危险的行为。只要这种政策决定没有不当，那么在结果发生前需要以未遂进行处罚的场合，就必须以行为时的危险判断为必要。于是，危险的有无，应以实行行为时存在的客观情况为基础，以实行时为基准，由法官根据一般人的视点，通过科学地、合理地判断结果发生的概率来加以判定。②

与传统的客观的危险说相比，此说扩大了未遂犯的成立范围。例如，对于甲夜入乙家对着躺在床上的乙开枪，虽然命中但事实上乙已经在甲开枪前10分钟因心脏病死亡的案例，客观的危险说认为属于不能犯。而此说认为“不能完全说没有客观的危险性，因而有成立未遂犯的余地。因此，此说除了在将主体的不能视为不能犯方面残留有客观的危险说的特征之外，在其他领域内都缩小了不能犯的成立范围，而广泛肯定未遂犯的成立”。③

对此说的主要批评是，“此说已经认可了行为时的事前判断，因而相当程度地脱离了客观的危险说的标准。然而事前判断并没有被贯彻。例如，在客体不存在的场合就不是事前判断，而是将事后所查明的情况包含在内进行判断……而且，此说对于‘客观的事实的抽象化’程度的理解也是恣意的……此说使事前判断与事后判断恣意地相混淆”。④“此说的问题在于，对于危险的判断是事前判断还是事后判断，观点是流动的。而这一点，也与（论者）引入构成要件的实质的解释相关联。”⑤“此说，将危险判断的资料限定为行为时的客观事实，但在具体适用场景时又修正了这一基准，承认对行为时的客观事实也进行抽象化，但又没有提示抽象化的基准。不得不说与绝对的不能、相对的不能说具有同样的问题。”⑥

3. 一般的危险感说。

这是日本学者曾根威彦的观点。曾根威彦指出：“未遂犯中的危险判断，是以侵害法益的事实可能性为基础的价值评价。危险的判断基础是纯粹客观的、物理的事实，在此意义上说，不能采取以行为时行为人或一般人认识到的事实作为判断基

① ［日］前田雅英《刑法总论讲义》（第4版），东京大学出版会2006年版，第153页。

② ［日］内山良雄：《不能犯论——从客观的危险说立场出发》，载《现代刑事法》2000年第9号，第53页。

③ ［日］日高义博：《违法性的基础理论》，成文堂2005年版，第172页。

④ ［日］山中敬一：《刑法总论》（第3版），成文堂2015年版，第790页。

⑤ ［日］日高义博：《违法性的基础理论》，成文堂2005年版，第173页。

⑥ ［日］佐藤拓磨：《未遂犯与实行的着手》，庆应义塾大学出版会株式会社2016年版，第73页。

础的具体危险说。但另外，既然危险概念本来就含有某种价值的要素，危险性的判断自身就不得不带有价值的、评价的性质。从此意义上说，将危险判断视为纯粹基于科学法则的物理判断是不适当的。如果考虑上述几点的话，那么：其一，如果没有行为人及一般人关于判断基础的误信，即如果以客观存在的、物理的事态为前提（例如……没有装子弹），则在社会经验上一般不会感到有危险的情况，属于不能犯（绝对不能）；其二，即使没有误信，而以客观的、物理的事态（例如……注射没有达到致死量的空气）为前提也感到有危险的情况，属于未遂犯（相对不能）。前者没有发生具体的危险，后者则发生了具体的危险。”① 换言之，曾根威彦主张，在判断危险的时候，不应该以纯粹的科学的物理法则作为基础，而应该强调科学的一般人的危险感，即以客观存在的事实为前提，从社会经验上判断是否感到危险，如果感到就是未遂，没有感到就是不能犯。

此说“在维持客观的危险性说事后判断这一判断形式的基础上，不将危险判断的基准求之于科学的物理的法则，而将一般人的危险感视为问题，从而对客观的危险说作出理论修正”。② 但此说也受到批评：“提出‘一般人的危险感’这已经超出了客观的危险说的范畴。此外，也会导致非常不明确的判断。”③ 的确，该说以客观的危险说为基础，又兼采了具体的危险说中的一般人判断基准，因而事实上集中了两说的缺陷。故此，在日本，除了内山良雄等少数学者外，支持者并不多。

4. 二元的危险预测说。

这是日本学者山中敬一的观点。山中敬一认为，未遂犯的成立需要有实行行为性，而是否具有实行行为性需要通过对制造危险的判断（事前的危险预测）与具体的危险状态发生的判断（假定的危险预测）这两个阶段的判断才能确定。不能犯的判断也同样如此。“不能犯，形式上具有实行行为的外观，但实质上不具备潜在的实行行为或者没有发生具体的危险状态。”④

第一，事前的危险判断。作为事前的危险判断，应以科学的一般人的认识可能性以及行为人本人的认识为基础，从客观上探究具体危险发生的可能性。例如，出于盗窃的目的将手伸入他人口袋的行为，从事前看具有危险性；让他人服用未达致死量的毒药、抢夺警察未装子弹的手枪并开枪的行为等，都是具有危险性的行为。这一阶段的判断与具体的危险说的结论是一样的，但不能犯的危险判断不限于这种事前的危险判断。

第二，假定的因果预测判断。假定的因果预测判断，是基于行为人行为的因果过程，考虑实行行为之前的全部情况，对实行行为时结果发生的客观的盖然性的大

---

① ［日］曾根威彦：《刑法总论》（第4版），弘文堂2008年版，第225页。

② ［日］日高义博：《违法性的基础理论》，成文堂2005年版，第173页。

③ ［日］山中敬一：《不能犯论中危险判断的构造——二元的危险预测说之提倡》，载《现代刑事法》2000年第9号，第60页。

④ ［日］山中敬一：《不能犯论中危险判断的构造——二元的危险预测说之提倡》，载《现代刑事法》2000年第9号，第63页。

小所进行的判断。现实中的行为当然已经确定没有发生结果，但到实行行为之前的阶段仍然存在发生结果的客观可能性，如果这种结果发生的客观盖然性很高，就能够认为实行行为时存在具体的危险状态，属于未遂犯；如果客观盖然性极低，就是不能犯。[①]

举例而言，误把制作精美的手枪模型当作真枪而向人射击的行为，根据事前的判断属于制造危险行为，但是否发生具体的危险状态则还是一个问题。从事后来看，手枪模型是不可能杀人的，所以原则上应否定具体的危险状态的存在。但有时根据情况，诸如手枪模型与真枪放在一起，行为人仅因偶然而拿手枪模型射击的时候，在日常经验上由于认为使用真枪射击的假定的可能性很高，所以可以肯定结果发生的假定的盖然性。因此，假定的危险判断，是将实行行为之前的事实以及之后的事实作为判断资料而作的判断。对于抢夺警察的手枪并射击，但手枪中无子弹的案例，虽然有假定存在装有子弹的可能性因而不是不能犯的见解，但在实行行为之前的抢夺手枪的时点，手枪中是没有子弹的，因而是不能犯。又如，对于砂糖壶上贴有砒霜的标签，行为人认为装的是砒霜而用之杀人的行为，虽然能够承认事前的制造危险，但如果以所有的资料作事后判断的话，在日常经验上，不能够仅凭贴着的标签假定砂糖壶中装有砒霜，所以是不能犯。

对于空床的案例，山中敬一认为，如果被害人连续几天都不在这里睡，那么根据经验床上有人的可能性就低，是不能犯；反之，如果只是由于当天被害人因心情原因跑到隔壁的房间去睡，由于是一种偶然因素，则成立未遂。[②]

山中敬一的不能犯理论也受到了一些质疑。有的学者指出，“当假定的所预测的行为与现实的行为在行为的时间、场所、样态等方面都不同，是另外一个行为时，不应当依据这样的行为来进行危险判断。当假定的事实本身是另一个行为时也是如此”。而山中敬一的观点从正面肯定可以依据与行为人现实行为样态不同的行为来判断危险性，“这种超越问责行为同一性的危险判断，将危险过度抽象化，已经超越了以结果发生的具体危险为依据的未遂犯的范围”。[③]

（七）印象说

印象说是当代德国刑法理论关于不能犯问题的通说。德国理论界在对不能犯的问题进行了长期的争论之后，有的学者试图调和主观理论与客观理论之间的对立。他们希望在克服李斯特的具体的危险说的缺点的同时，缓和布黎的过度的主观说，而寻求两说的折中的立场，印象说也就因此应运而生。

印象说溯源于克里斯（Kries）及巴尔（Bar）的学说。众所周知，克里斯是相

---

① ［日］山中敬一：《刑法总论》（第3版），成文堂2015年版，第791~792页。

② ［日］山中敬一：《不能犯论中危险判断的构造——二元的危险预测说之提倡》，载《现代刑事法》2000年第9号，第63页。

③ ［日］和田俊宪：《未遂犯》，载山口厚编著：《刑法总论》，成文堂2003年版，第201~202页。

当因果关系说的创始人。他根据相当因果关系说的构造来理解结果发生的可能性，即危险性。然而，克里斯却认为区分可罚的未遂犯与不可罚的不能犯不能适用这种“危险概念”。在他看来，可能性程度究竟达到多大程度才是危险，是一个难以判断的问题。因此危险性无法作为事物本质的严格限定标准。他对试图从危险性的角度来限定可罚的未遂的观点提出了质疑，认为未遂的可罚性的本质在于犯罪的意思，客观的危险性只是考察“社会中是否存在犯罪行为的印象”的因素之一。危险概念只是提供作为未遂构成要件本质的“心理的印象”的理论的基础，二者不是同一层次上的东西。

巴尔的未遂理论也持同样的见解。巴尔认为，应当承认行为的印象是制约未遂的可罚性的独立的原理。根据巴尔的观点，首先，在现实的层面上，由于承认因果决定论，因而应当否定所谓抽象的、潜在的因果性，即所谓的“客观的”危险性的概念。这样，将未遂的可罚性根据求之于“意思”的主观的理论原则上是正确的。其次，在认定犯罪意思的层面上要求具有犯罪行为的“印象”。巴尔认为，应当从经验的层次上对“印象”加以判断，即虽然现实中没有发生犯罪结果，但判断者按照结果发生的方向，认为与行为有关的各种情况与经验相吻合，容易作出修正时就具有犯罪行为的印象。反之，对于无法作出修正的情况，则属于一种完全愚昧的行为，是不可罚的不能犯。

无论是克里斯还是巴尔，都认为危险概念具有程度上的差别，因而在本质上并不明确，从而不主张用“危险说”来限定可罚未遂的范围。但他们并不反对作为危险概念基础的盖然性的思考方法。事实上，他们所主张的作为可罚未遂的限定因素的“印象”就是以盖然性概念为基础的。

梅茨格尔对克里斯与巴尔的观点作了认真的分析，他认为危险说原则上是正确的。在此基础上，基于刑法的一般预防目的的考虑，他又认为未遂的可罚根据在于“行为的印象动摇了法益的安全性”。因此，梅茨格尔的观点与克里斯及巴尔不同，他将危险说与印象说直接联系起来，从而使印象说成为危险说中的一种学说。

具体而言，梅茨格尔根据构成要件欠缺理论，对欠缺构成要件所要求的主体、客体、方法、时间的空间关系的场合，认为从一开始就不可罚。而对其他场合则考虑一般预防的目的，以动摇法益的安定性为要件，处罚未遂犯。“在这个意义上，印象说可以说将危险性的思考转换为社会心理学的思考。”① 也就是说，印象说所重视的是行为者对法的敌视意思（法敌对性），当行为人的行为给外部以开始可罚的行为的印象时，换言之即给予侵害法秩序的印象时，就存在“危险”，就成立未遂。

梅茨格尔的印象说提出之后，迅速得到了众多刑法学者的支持，罗克辛、耶赛克、金德霍伊泽尔等都支持印象说。

耶赛克指出，成为未遂可罚性标准的，应是行为人敌对的法律意识。但这种法律意识“并非仅仅是作为现象理解的敌对意识，而是被作为从行为中产生的对社会

---

① ［日］团藤重光：《刑法纲要总论》，创文社 1990 年版，第 168 页。

有深刻影响来理解的敌对法律意识。如果对计划的、并开始实施的严重的犯罪不加以处罚，将会动摇公众对法秩序有效性的信赖。由于行为人忽视了重大障碍，使行为不能既遂的，同样具有这样的效果。因为已经显示行为人有实施该行为的能力，结果不发生是基于偶然的原因。无论是可能犯未遂还是不能犯未遂，均会造成对社会的危害，对法律所保护的法和平意识的危害，在可能犯未遂的场合，还会增加对于被保护的行为客体的危害。从作为刑法任务的一般预防中诞生的该学说，在今天占有统治地位"。①

金德霍伊泽尔认为，"在折中的各种学说中，占据支配性地位的是所谓的印象说。根据印象说，仅当已落实的法敌对意思在客观上动摇了对法秩序的效力的信任和动摇了法安全性的感觉之时，力图才是应罚的。准确而言，印象说是建立在积极的一般预防理论基础之上的。该理论认为，刑罚的目标在于强化对法秩序的忠诚和信任；刑罚应当维护相互遵守制裁化了（sanktioniert）的举止规范的期待。根据这种见解，仅当力图已经恶化了规范的效力（亦即使得遵守规范的信任落空）之时，才应当处罚力图。具体而言，当行为人以其举止（明确地）表达他不想遵守规范的时候，指的就是这种情况。在这种意义上，人们也能将不能犯力图视为对规范的违反。例如，行为人以杀人意图扣动步枪的扳机，他错以为该步枪是实弹的"。②

德国学者一般将印象说视为折中说，但也有不少人认为印象说实质上属于主观说。"至少在未遂犯的处罚根据上，印象说与纯主观的见解完全一致。"③ 另外，印象说又试图对纯粹主观说作一定的限制，强调未遂犯必须动摇公众对法秩序的信赖，即引入一般人的观点，因而"它的构造与抽象的危险说相符合"。④ "抽象的危险说，虽然在日本几乎没有了支持者，但在德国，'印象说'却成为了通说。"⑤ "对于德国主张的印象说，我国有学者主张它类似于具体的危险说，也有学者认为它类似于抽象的危险说。作为说明现行德国刑法典未遂规定的印象说，后者的理解是正确的。这是因为《德国刑法典》第 23 条第 3 款的规定，是对具体危险说认为不可罚的行为仍成立犯罪为前提所作的规定。"⑥

（八）事实的不能、法律的不能说

事实的不能、法律的不能说是存在于法国、美国的学说，但两国对此说内容的理解并不完全相同。此说在法国是少数说，而在美国则是判例和理论的通说。

---

① ［德］汉斯·海因里希·耶赛克、托马斯·魏根特：《德国刑法教科书》，徐久生译，中国法制出版社 2001 年版，第 635 页。

② ［德］乌尔斯·金德霍伊泽尔：《刑法总论教科书》（第 6 版），蔡桂生译，北京大学出版社 2015 年版，第 286 页。

③ Berz, Formell Tatbestandsverwirklichung und materieller Rechtsgüterschutz, 1986, S. 40f.

④ ［日］宗冈嗣郎：《客观的未遂论的基本构造》，成文堂 1990 年版，第 136 页。

⑤ ［日］井田良：《讲义刑法学·总论》，有斐阁 2008 年版，第 411 页。

⑥ ［日］佐藤拓磨：《未遂犯与实行的着手》，庆应义塾大学出版会株式会社 2016 年版，第 54 页注 18。

1. 法国的事实的不能、法律的不能说。

法国的事实的不能、法律的不能说由噶罗德（Garraud）所提倡。噶罗德认为所谓事实的不能的场合，不过是由于与行为者意思相独立的事情导致结果的不能发生，并没有特别加以考虑的必要。但是，在法律的不能的场合，原本就不存在未遂犯。

在可罚的未遂犯中，行为者的努力在于实现犯罪的结果，在结果不可能实现的场合以及犯罪对象并不存在的场合，就不过只是没有效果的无力的行动。每个犯罪都包含有一定数量的犯罪成立不可缺少的要素，如果缺少这些要素，犯罪本身就不存在。盗窃自己所有物的行为不成立盗窃罪，对未怀孕的妇女的堕胎行为也不成立堕胎罪；如果所用的物质完全无毒不成立毒杀罪，刺杀的人已经死亡的不成立杀人罪；意图杀死的婴儿已经死亡的也不构成杀婴罪（1994 年法国新刑法典没有杀婴罪的规定）。在这些场合，试图实施犯罪的努力最终都没有达到结果，因而只存在法律上不可能实现的故意，犯罪在法律上是不可能实现的。因为不存在构成犯罪的要素，或者说不能存在，这与未遂犯也一样（法律的不能的场合）。但是，犯罪者的意思在通常情况下能够实现结果，这种意思尽管无效但行为者因与其完全无关的事情而获得利益是违反正义与理性的（事实的不能的场合）。

法律的不能、事实的不能说将结果不发生的理由区别为法律的原因与事实的原因，符合法国的司法体制。根据法国的审判制度，最高法院原则上只对与法律有关的问题作出判断，具有法律审的性质，而与犯罪事实有关的事项，原则上属于下级审的权限。因此，问题究竟是与事实有关还是与法律（法解释）有关，这种区别就十分重要。这样，将不能区分为事实的不能与法律的不能这种思维方式对法律工作者而言非常容易被接受。正因如此，事实的不能、法律的不能说虽然在法国是少数说，但也得到了不少著名学者的支持。

2. 美国的事实的不能、法律的不能说。

在美国普通法中，存在两类犯罪不能（不能犯），即事实不能与法律不能。法律不能，可以作为免罪辩护的理由；事实不能，视为普通未遂，不可以进行免罪辩护。由于事实不能与法律不能的区分对于行为人的定罪与否具有重要的意义，因而澄清两者之间的区别是十分重要的。遗憾的是，在美国这种区分同样是“非常复杂而且令人迷惑的领域”。①此外，根据学者们的意见，美国犯罪不能中还存在一类犯罪不能，即固有不能（Inherent Impossibility）。

所谓法律不能，一般是指“行为人认为某种行为是一种犯罪而实施该行为（如走私一种新的避孕药进入美国），但事实上并没有任何法律规定该行为为犯罪，这就是普通法下的真正的法律不能，行为人不能被确认为有罪。因为虽然行为人显示出自己破坏法律的意图，但他实际上没有违反任何特定的法律，因此他并没有犯罪

---

① Richard G. Singer、John Q. La Fond：《Criminal Law》，中国方正出版社 2003 年版，第 268 页。

所要求的犯罪意图”。[①]

所谓事实不能，是指“行为人意图犯罪，但由于其对客观的事实情况不了解或者客观条件超过其控制而使行为人不可能完成其所意图的犯罪。在这种情况下，尽管行为人不可能完成犯罪但仍然属于未遂。例如，被告人违反了某特别法试图出售一种外国的避孕药给便衣警察而被逮捕。此后经过检验发现，尽管行为人认为自己在出售外国的避孕药，但他却被自己的同伙所蒙骗，所出售的其实是糖丸，这就是事实不能。由于某种被告人所不知道的事实（药物是糖丸），他不能完成出售外国避孕药的行为，但他仍然成立出售禁药的未遂”。[②]

所谓固有不能，根据美国学者的解释，是指下面一种情况：行为人意图杀死对方但所使用的方法依其属性就不能完成所意图的犯罪——诸如在木偶身上扎针。虽然行为人明显表现出一种危险的态度并试图完成他的犯罪意图，但他的行动是毫无指望的，不值得进行定罪与监禁。固有不能不是普通法上的辩护理由，作为被告，其无罪的希望在于普通法要求行为的存在，而被告所采取的愚蠢的行动显然不符合这一要求。[③] 从学者的解释来看，美国刑法中的固有不能大致相当于大陆法系的迷信犯。

在美国刑法判例中，1906 年的杰夫案（People v. Jaffe）是一个关于法律不能的著名的案件，该案件集中显示出法院在认定法律不能时的困惑和犹豫。[④] 在该案中，作为交易对象的财物虽然曾经被盗但后来又物归原主了，被告人并不知道这一情况，仍误信该财物为赃物而加以购买。后来被告人被以收受赃物罪的未遂起诉。纽约高等法院否决了这一起诉，认为该财物在行为人购买时已经丧失了赃物性，因此行为人的行为不可能发生法律上的犯罪结果。即使行为人在不知情的情况下实施了自认为能够实现犯罪意图的所有行为，也不能成立犯罪。可见，这一判例明确了“法律不能”可以成为抗辩事由（defense），并论证了“法律不能”理论的合理性。杰夫案在理论上存在诸多争议，如所引用的判决表示的那样，由于法院认为被告人的主观认识并不起太大的作用，这首先明显脱离了自曼斯菲鲁德以来普通法判例的主流，因此此案在主观主义一边倒的英美国家中也成为各种讨论兴起的契机。根据通说，被告人有犯罪的认识，而且事实也如被告人想定的那样的话，就构成犯罪，有行为的着手，就具备充分的未遂责任。因此，通说对杰夫案持批判态度。此外，也有学

---

① Richard G. Singer、John Q. La Fond：《Criminal Law》，中国方正出版社 2003 年版，第 268 页。

② Richard G. Singer、John Q. La Fond：《Criminal Law》，中国方正出版社 2003 年版，第 269 页。

③ Richard G. Singer、John Q. La Fond：《Criminal Law》，中国方正出版社 2003 年版，第 270 页。

④ Richard G. Singer、John Q. La Fond：《Criminal Law》，中国方正出版社 2003 年版，第 269 页。

者认为这种情况并非法律不能而应当是事实不能。①

值得注意的是，美国法律协会的《模范刑法典》（The Model Penal Code）对于法律不能、事实不能以及固有不能作出了自己的规定。

"《模范刑法典》第5条第1款要求行为人所实施的必须是犯罪行为。因此，如果行为人自认为所实施的是犯罪行为而实际上不是，那么行为人不构成犯罪未遂。在《模范刑法典》中，法律不能并不是一项真正的辩护理由，而宁可说其要求起诉者证明存在一项定罪条文来惩罚被告人所意图完成的行为。"②

"根据《模范刑法典》，事实不能也不是未遂的辩护理由……在杰夫案中，被告人应被确认为购买或收受赃物罪的未遂，因为他相信交易对象是被偷的财物，而且如果他的想法是事实的话，那么他将会实施目标犯罪。同样，一个被告人如果相信被害人还活着而对之开枪，即使被害人已经死亡被告人也会成立谋杀罪的未遂。"③

"《模范刑法典》也不允许以固有不能作为辩护理由，但是当被告人的行为依其属性不可能完成犯罪，这种行为本身以及被告人本人没有公共危险时，其允许法庭驳回起诉。事实上，大多数这类案件早在起诉阶段就被排除出起诉范围了。"④

从上可知，《模范刑法典》事实上并没有采用普通法的传统观点区分法律不能与事实不能，而是认为犯罪不能原则上不能作为免罪辩护的理由，从而更广泛地承认未遂犯的范围。这在某种意义上更符合英美法系一贯的重视主观的法律传统。"现代社会专注于行为人的内心态度的正当性在于，在给他人造成损害的故意之下实施的行为，代表了对法秩序的一种否定。通过决定实施犯罪并根据这种决定实施行为，某个人就将自己置于反对社会共同体的地位上。在《模范刑法典》制定者们的实用主义的语言中，这个表现了对他人权利敌意的人，就变得如此危险，以致不能让人容忍。刑法的目的应当是通过迅速地消灭那些表现为法律秩序敌人的人，来保护那些遵守秩序的公民的权利。"因此，"《模范刑法典》的制定者们对自己在指导刑法时从注重危险行为转向注重危险行为人的这个转变，并没有表现出任何的不安"。⑤

---

① Richard G. Singer、John Q. La Fond：《Criminal Law》，中国方正出版社2003年版，第269页。

② Richard G. Singer、John Q. La Fond：《Criminal Law》，中国方正出版社2003年版，第270页。

③ Richard G. Singer、John Q. La Fond：《Criminal Law》，中国方正出版社2003年版，第271页。

④ Richard G. Singer、John Q. La Fond：《Criminal Law》，中国方正出版社2003年版，第271页。

⑤ ［美］乔治·P. 弗莱彻：《刑法的基本概念》，蔡爱惠等译，中国政法大学出版社2004年版，第235页。

三、不能犯理论争论的实质

（一）学说争论的焦点

关于不能犯的各种学说，其实都是判断行为有无危险的学说，因而各种学说争论的问题就是如何判断危险。概括而言，在具体判断上，各种学说争论的焦点如下：

1. 判断资料的选择。

在进行危险有无的判断时以什么事实为判断资料，各种学说选择不一。就能够成为判断资料的事实而言，大致有如下三种：（1）行为人本人认识到的事实；（2）一般人能够认识到的事实；（3）客观存在的所有事实。[①] 纯粹主观说与抽象的主观说、印象说都主张将（1）作为判断基础；具体的危险说主张结合（1）、（2），即以一般人可能认识到的事实以及行为人特别认识到的事实作为判断基础；客观的危险说与修正的客观的危险说主张以（3），即行为时乃至行为后客观存在的事实作为判断基础。

例如，以为尸体是活人而向之开枪。纯粹主观说与抽象的主观说、印象说认为，行为人认识到的事实是向活人开枪，以此为基础判断危险时，必然得出该行为具有危险的结论。具体的危险说认为，如果行为当时一般人认为尸体是活人，那么就以一般人的认识为基础判断危险的有无，自然该行为具有危险。客观的危险说与修正的客观的危险说一般认为，客观事实是向尸体开枪，而这种行为完全不可能致人死亡，故没有危险。问题是根据客观危险说的这种看法，那么所有的未遂犯都会变成无罪的行为，因此各种修正的客观的危险说都主张对事实作一定的抽象化处理。但这种抽象化应到什么程度，又因学者而异。相反，其余各说的学者则反对对事实进行抽象化处理。

2. 判断时点的选择。

在判断危险时，是应进行事前的判断，即站在行为时的立场进行判断，还是应进行事后判断，即站在行为后（判断时）的立场进行判断？

纯粹主观说、抽象的主观说、印象说、具体的危险说都主张事前判断。在客观的危险说与修正的客观的危险说论者中，多数人主张事后判断，少数人赞成事前判断。例如，甲向躺在床上的乙开枪，但乙实际上已经因心脏病死亡。如果站在行为时的立场进行判断，会认为甲的行为具有致人死亡的危险，因为甲开枪时乙可能是活人；如果站在行为后的立场进行判断，会认为甲的行为没有危险，因为甲实施开枪行为时乙已经死亡。

3. 判断基准的选择。

在判断有无危险时是以行为人的认识为基准，还是以一般人的认识（危险感）为基准，抑或以科学的因果法则为基准？具体地说，某种行为是否具有导致实害结果发生的可能性，行为人的认识、一般人的认识与科学的因果法则的结论并不一定

---

① ［日］前田雅英：《刑法总论讲义》（第4版），东京大学出版会2006年版，第151页。

完全相同，在这种情况下，以什么为判断基准就成为焦点问题，而且如何认定一般人的认识也成为问题。纯粹主观说主张以行为人的认识为基准，即行为人认为具有危险的行为就具有危险；抽象的危险说、具体的危险说与定型说一般主张以普通的一般人的认识为基准；客观的危险说与修正的客观的危险说一般主张以科学的因果法则或科学的一般人的认识为基准。

日本学者前田雅英曾将在日本存在的各种学说的不同观点列表说明：[①]

	判断资料	基准时	基准
纯粹主观说	本人	行为时	本人
抽象的危险说	本人	行为时	一般人
具体的危险说	一般人+本人	行为时	一般人
客观的危险说	客观的事实	行为时	科学的一般人
纯粹客观说	客观的事情	事后的	科学的

（二）学说争论的本质

上述有关不能犯的各种学说，其实都只是一个具体认定方法的问题。在各种学说的背后，还有着更深层次的理论上的问题，即刑法的基本立场问题。这种立场上的分歧最初与主观主义及客观主义的学派之争相联系，其后转换为客观主义内部的立场争论。

不能犯理论的争论最初与学派之争存在密切联系。概括而言，在二战前有关不能犯的学说之中，纯粹主观说、抽象的危险说属于新派刑法思想在不能犯领域内的反映。而绝对的不能、相对的不能说、具体危险说等则是旧派刑法理论的反映。

二战后，随着学派之争的平息，新派刑法思想已经退出了历史舞台。各国学者都开始从客观主义的角度来诠释有关不能犯的各种学说。某些理论，如抽象的危险说，虽然在产生时带有浓厚的主观主义色彩，但学者们现在都是在客观主义的范畴内对之进行解释。因而，有关不能犯理论的争论主要涉及对客观主义的不同理解，即刑法规范是行为规范还是裁判规范、违法性的根据是行为无价值还是结果无价值、违法性的实质是规范违反说还是法益侵害说。

从各国现状看，德国现行刑法规定不能犯可罚，理论上的通说则为印象说。法国目前的通说是主观说。英美刑法理论的通说也是主观说。“多数的外国，如德国、英美、法国，主观说都是有力学说。”[②] 而日本则几乎没有采用主观说的学者，理论上主要表现为具体的危险说与（修正的）客观的危险说的对立。“如我们（日本）这样，学说和判例都采用客观说，并且对此基本不存异议的状况，在世界各国中基

① ［日］前田雅英：《刑法总论讲义》（第4版），东京大学出版会2006年版，第151页。

② ［日］林干人：《刑法总论》（第2版），东京大学出版会2008年版，第356页。

本上是独一无二。”[1] 日本的这种选择有复杂的背景，不过至少可以肯定的是，未遂犯与不能犯的关系应因时因地而定，“未遂犯的处罚范围因国家与时代而有所不同。最近英国因为犯罪的急剧增多而缩小不能未遂的范围就是其象征”。[2]

从更深层次看，主观说在大多数国家占据通说地位，是否意味着在不法（危险）的判断事实上并无法完全客观化，这一点仍值得观察。

---

① ［日］林干人：《刑法总论》（第2版），东京大学出版会2008年版，第357页。

② ［日］前田雅英：《刑法总论讲义》（第4版），东京大学出版会2006年版，第153页。

第十九章　中止犯论的争讼

各国刑法一般都有关于中止犯的规定，但具体内容不尽一致。德、日刑法中的中止犯，指的是“已经着手实行犯罪但基于自己的意思中止犯罪而使犯罪未达既遂的情况”。① 俄罗斯刑法中规定的中止犯，则是指“如果行为人明知有可能将犯罪进行到底而终止犯罪的准备或终止直接实施犯罪的行为（不作为）”的情况。② 两者最主要的区别在于，德、日刑法中的中止犯必须发生在着手实行犯罪之后，而俄罗斯刑法规定的中止犯可能发生在着手之前的预备阶段。

如果将中止犯限定在着手实行之后，就会涉及中止犯与未遂犯的关系问题。对此，主要有两种不同的立法例：

一是将中止犯与未遂犯分别规定。采取这种规定方式时，“中止未遂”的概念没有存在的余地。例如，德国1871年刑法典的第43条规定了未遂犯，第46条规定了中止犯。现行德国刑法典承继了1871年刑法典的这一立法模式，在第22条、第23条中规定了未遂犯，在第24条中规定了中止犯。与此类似，奥地利刑法典也在第15条规定了未遂犯，第16条规定了中止犯。

二是将中止犯规定为广义未遂犯的一种，即广义的未遂犯中包含障碍未遂与中止未遂等类型。例如，《日本刑法典》第43条同时规定未遂与中止，“已经着手实行犯罪而未遂的，可以减轻刑罚，但基于自己的意志中止犯罪的，应当减轻或者免除刑罚”。

各国刑法对于中止犯的法律后果的规定也不相同。德国、奥地利、希腊等国刑法规定不处罚中止犯，日本、韩国、瑞士、意大利等国刑法规定减轻或免除处罚。

第一节　中止犯的法律性质

中止犯的法律性质，通常又被称为中止犯的“立法理由”③ 或中止犯的“刑罚减免根据”④ 问题。它讨论的是为什么立法者对中止犯罪的行为人要给予不处罚或

---

① ［日］井田良：《讲义刑法学·总论》，有斐阁2008年版，第420页。

② ［俄］斯库拉托夫等主编：《俄罗斯联邦刑法典释义》（上册），黄道秀译，中国政法大学出版社2000年版，第70页。

③ ［日］平野龙一：《刑法总论Ⅱ》，有斐阁1975年版，第332页。

④ ［日］林干人：《刑法总论》（第2版），东京大学出版会2008年版，第364页。

减轻、免除处罚的优待。对此，理论上大体上存在三种主张：第一种是政策说，即认为对中止犯的优待代表了立法者所希望实现的政策目的。具体而言，又存在着“黄金桥”理论、恩典褒奖说、刑罚目的说等不同的学说。第二种是法律说，即从刑法理论的角度论证中止具有消灭、减少行为的可罚性的效果。法律说具体又包括消极的构成要件要素说，违法性阻却、消灭、减少说，责任阻却、消灭、减少说，当罚性、可罚性阻却说以及刑罚阻却、消灭说。第三种是并合说，即将政策说与法律说结合起来说明中止犯的法律性质。其中包括违法性减少、消灭说与政策说的并合，责任减少、消灭说与政策说的并合以及违法、责任减少、消灭说与政策说的并合。此外，近年来理论上也出现了一些新的看法。下面就依次介绍几种主要的理论。

一、政策说

（一）“黄金桥”理论

“黄金桥”理论的基本观点是将中止犯的法律性质求之于防止犯罪的刑事政策，即立法者规定不处罚或减免处罚中止犯，是因为立法者力图促使行为人在既遂前终止犯罪而为其架设了回归法秩序的“后退的黄金桥”。

“黄金桥”理论的渊源可以追溯到费尔巴哈，李斯特则进一步发展了费尔巴哈的思想。李斯特认为“在越过不受处罚的预备行为与可罚的实行行为的界限的瞬间，为未遂所规定的处罚就具体化了。这一事实不会改变，不能溯及废止，也不能抹杀。然而，立法从刑事政策的根据出发，可以架设‘后退的黄金桥’。立法将任意的中止规定为刑罚消灭事由，正是如此”。[①]

“黄金桥”理论提出后一度得到了很多学者的支持，但也受到了不少批评。

第一，“黄金桥”理论只能期待对知道该中止犯规定的人产生效果，但是这部分人只占少数。例如，德国学者博克尔曼在调查了德国有关中止犯的判例后发现，行为人因为知道中止犯的规定而停止犯罪的事例一件都不存在。另外，德国另一位学者乌尔真海姆（Ulsenheimer）不仅调查了德国，还调查了奥地利、瑞士的一些未公开的判例，同样没有发现因知道中止犯的规定而停止犯罪的情况。

第二，此说主张中止犯规定的作用在于防止犯罪，但不能否定它具有相反的效果，即如果行为人知道即使自己实施了犯罪但只要中止就不会受到处罚，那么反而有可能鼓励行为人走上犯罪的道路。从这个意义上说，中止犯的规定有防止犯罪与促进犯罪的两面性，是双刃之剑。因此，仅以该规定具有防止犯罪的目的来加以说明是片面的。

第三，如果采用此说的话，那么就无法承认不能未遂的中止，从而导致不合理的结论。因为不能未遂从一开始就确定不能发生结果，不值得通过中止犯的规定来促使行为人实施中止行为，也没必要由此来阻止结果的发生。

由于“黄金桥”理论存在上述缺陷，所以该说虽然从1882年至1956年一直属

---

① 转引自［日］町田行男：《中止未遂的理论》，现代人文社2005年版，第13页。

于德国判例的“通说”，但现在德国采用该说的学者却在逐渐减少，判例也放弃了该说。不过，在法国现在此说仍然占据着支配性的地位。[①]

在日本，“黄金桥”理论被称为刑事政策说。日本学者通常不主张仅用此说来说明中止未遂的法律性质。因为日本刑法对中止犯处罚的规定与德国刑法的规定不同，德国是不处罚，而日本则是减轻或免除处罚。因此，日本学者认为此说不仅存在上述缺陷，还不符合日本刑法的规定。“对于德国那样的不处罚中止犯的法律制度而言，还可以期待刑事政策的效果。但对仅限于刑罚的必要减免的我国中止犯规定而言，则不相符合。”[②]“现行法上关于中止行为是免除还是减轻刑罚的选择是裁量的、事后的选择，所以不能期待充分的刑事政策效果。因而，刑事政策说不妥当。”[③]

不过，值得注意的是，日本学者虽然不主张仅用此说来说明中止未遂的法律性质，但不少人却并不否认此说有一定的合理性。“对中止未遂的宽大处理是基于政策的考虑，否定这一点是困难的。”“成立中止犯时，中止以前所产生的事实往往已经符合了其他犯罪的既遂犯构成要件。例如，在成立杀人的中止未遂的案例中，有时已经发生了符合伤害罪既遂的事实。此时，尽管无法否定伤害罪的成立，但量刑时则可以在伤害罪的量刑水准之下处刑，甚至有可能判处免除刑罚这种最轻的有罪判决。只要达到了伤害的既遂，就没有探讨违法性或责任减少的余地。这时非但不追究伤害的事实，反而通过中止给予恩典，是为了引导行为人避免实施侵害生命这一更重法益的行为。不能否定中止犯规定政策的侧面。”[④]

（二）恩典褒奖说

恩典说将中止犯的立法理由理解为对中止者的恩典，即立法者因行为人停止犯罪而给予其不处罚的恩典。恩典说由德国学者博克尔曼首创。

由于“‘恩典’在概念上不以任何的功劳为前提”，[⑤] 而中止犯的规定则并非如此，因此，批评者认为，将恩典与中止犯联系起来的观点是错误的。为了避免上述批判，博克尔曼将“恩典”这一用语改为“褒奖”。他认为，承认褒奖与报偿的前提在于接受方实施了相应的“行为”，即“仅在你做了好事的时候才给予褒奖”。因此，他认为将褒奖、报偿与相应的功劳联系起来绝没有错。这样，恩典说逐步演化为褒奖说、报偿说、功劳说，并得到了一些学者的支持。例如，提倡报偿说的耶赛克指出，“自动中止犯罪并阻止既遂，或者为实现此目的而真诚努力者，即使犯罪本来就不可能既遂，同样能够部分地再次消除其行为在社会中对法律动摇的影响，从而能得到宽大处理。再加上这样的因素，即他通过应当受到赞赏的行为，将未遂

---

① ［日］町田行男：《中止未遂的理论》，现代人文社 2005 年版，第 15 页。

② ［日］浅田和茂：《刑法总论》（补正版），成文堂 2007 年版，第 389 页。

③ ［日］川端博：《刑法总论讲义》（第 2 版），成文堂 2006 年版，第 472 页。

④ ［日］井田良：《讲义刑法学·总论》，有斐阁 2008 年版，第 421 页。

⑤ Ulsenheimer, Grundfragen des Rücktritts vom Versuch in Theorie und Praxis, 1976, S. 76.

不法在一定程度上得以抵消。当然，法律只要求中止犯罪，并不要求中止动机的特别伦理价值”。①

但是，褒奖说仍受到批评，这主要表现在：第一，刑法并非为了给予犯罪者以褒奖而设立中止制度。② 第二，给予中止者以不处罚的褒奖可能过于宽大，即如果中止者应比非中止者得到褒奖的话，那么从未实施犯罪者（无辜的人）就更应当得到褒奖。因此，如果按照褒奖的观点，中止者与非中止者之间在刑法的处理上应存在区别，那么中止者与无辜者之间也应有差别。但是，德国的刑法典不处罚中止，结果就将中止者与从未犯罪者同等对待了。这说明完全没有考虑褒奖，由此就可以推断出立法者不处罚中止，应当是基于褒奖以外的理由。③ 第三，恩典褒奖说没有真正回答中止犯法律性质的问题。它不过是将法律上所书写的内容换一种说法。重要的问题在于，为何立法者要用不处罚自愿中止的方式给予中止者以“回报”，或给予不处罚这一“恩典”。但是该说并没有回答这一问题。④

恩典褒奖说是在批判“黄金桥”理论的背景下出现的理论，在日本几乎没有学者支持这种学说。

（三）刑罚目的说

刑罚目的说将中止犯的立法理由求之于刑罚目的的消灭，即在行为人中止犯罪的场合，立法者视之为所意图的刑罚目的得以消灭，从而设立此种规定。

持刑罚目的说的学者的具体主张又有不同，大致分为三类。

1. 认为作为刑罚目的的特别预防与一般预防两者皆无必要。例如，罗克辛认为，对于中止犯而言，“从一般预防的根据来说，不要求处罚。因为结果没有发生，行为人在决定的时点自己显示出对法的忠实，因而没有提供坏的例子。而且特别预防上的感化也是不必要的，因为行为人由中止行为而复归合法性。由未遂行为所显示出的一时的迷茫，只要行为人自愿地断绝了引起结果的念头，就不具有给予刑法上制裁的充分的根据。而且责任清算也是多余的。这是因为行为人将未遂所蕴含的责任通过自己任意的中止而亲自加以偿还，即进行了‘清算’”。此外，“关于‘犯罪者的意思’，行为人尽管欠缺外部障碍但仍在决定性的瞬间没有选择实行犯罪，显示出行为人的意思‘已经不具有达到既遂的强度’”。⑤

2. 认为作为刑罚目的的特别预防是不必要的，即行为人即使不通过刑罚的改善，也具有自己回归合法性世界的能力，从而也就不存在将来实施犯罪的危险性，

① ［德］汉斯·海因里希·耶赛克、托马斯·魏根特：《德国刑法教科书》，徐久生译，中国法制出版社 2001 年版，第 645 页。

② Schmidhäuser, Strafrecht, Allgemeiner Teil, 2. Aufl., 1975, S. 625, Rn. 13.

③ Herzberg, Grund und Grenzen der Strafbefreiung beim Rücktritts vom Versuch, Festschrift für Lackner, 1987, S. 343f.

④ 参见［德］克劳斯·罗克辛：《德国刑法学总论》（第 2 卷），王世洲主译，法律出版社 2013 年版，第 367 页。

⑤ 转引自［日］山中敬一：《中止未遂研究》，成文堂 2001 年版，第 9 页。

因此没有特别预防的必要。例如，布洛伊（Bloy）认为不处罚中止是因为，“未遂的行为人，没有借助他人之手而自己重返了对社会而言的正确形态，因而处罚就是不必要的”。①

3. 认为作为刑罚目的的一般预防是不必要的，即中止者虽然曾经通过犯罪实行的着手表现出否定法的态度，但此后在犯罪完成前“亲自证明了对法的忠实”或者“回归了合法性”，显示出对法的忠实的态度，维持了法的妥当性，因此没有必要通过对行为人科处刑罚来向一般人显示对他当初实施不法的否定。例如，施米德霍伊泽（Schmidhäuser）认为，“根据法秩序固有的道德上的要求，法律对违反了法秩序的人因在行为过程中适宜地自我修正而设立特别的规定是合适的。这种场合表明中止者在行为经过中，恢复了具体行为的合法性。承认不处罚也不会损害刑罚的一般预防的目的”。②

德国联邦法院在1956年2月28日关于强奸未遂的判决中正式放弃了“黄金桥”理论，而采用了刑罚目的说。法院认为，之所以法律不处罚中止犯，“是因为无论为了使行为人将来不实施犯罪，还是为了威吓他人，或者是恢复被侵害的法秩序，刑罚都是不必要的。行为人适宜地放弃犯罪决意，法律也不再归责于他……只有这样，法律才能实现了第一目的（特殊预防的目的）与正义的思想”。③

日本也有一些学者很早就开始提倡刑罚目的说。例如，小野清一郎认为，“对中止犯之所以承认刑罚的减轻，如前节所述主要是出于政策的考虑，即在一般预防上，以使着手犯罪者为了得到刑罚的减免而避免犯罪达到既遂为目的，在特别预防上，由于行为人恶性的减小而减轻其刑罚”。④ 不过，小野后来放弃了有关特别预防的观点。近年来，受德国学说的影响，伊东研祐等学者又重新提倡刑罚目的说。⑤

刑罚目的说受到的主要批评是：即使成立中止犯，也并不能保证实施中止的行为人将来不会再犯罪，因而认为其没有特殊预防或一般预防的必要，是过于“大胆的刑事政策”。⑥

二、法律说

法律说将中止犯不处罚或减免处罚的根据求之于犯罪成立要件中某些内容的减少或消灭。具体而言，主要包括以下几种学说：

---

① 转引自［日］町田行男：《中止未遂的理论》，现代人文社2005年版，第21页。

② Schmidhäuser, Strafrecht, Allgemeiner Teil, 2. Aufl., 1975, S. 623f, Rn. 69.

③ BGHSt. 9. 48. ff.

④ ［日］小野清一郎：《刑法总则草案与中止犯》，载《丰岛博士追悼论文及遗稿集》，严松堂1933年版，第288页。

⑤ ［日］伊东研祐：《积极的特别预防与责任非难》，载《刑事法学的课题与展望·香川达夫博士古稀祝贺》，成文堂1996年版，第275页。

⑥ ［日］野泽充：《中止犯论的历史的展开（5）》，载《立命馆法学》2003年第291号，第190页。

（一）违法性阻却、消灭、减少说

违法性阻却、消灭、减少说在德国被称为违法性阻却、消灭说，在日本被称为违法性减少说。[①] 这主要是由于德日两国对中止犯法律效果规定的不同。由于日本刑法规定中止犯只能减免刑罚，因而不能承认违法性的阻却或消灭。“如果违法性消灭的话，犯罪本身就不成立了。日本刑法认为中止犯成立犯罪而仅是进行刑的减轻免除……因此在日本法下不能承认违法性的消灭。”[②]

德国的宾丁、黑格勒（Hegler），日本的平场安治等支持此说。此说认为，行为人基于自己的意思中止犯罪，使得违法性减少、消灭或被阻却。其中又包括两种不同思路：其一，认为故意属于主观的违法要素，行为人通过基于自己意志的中止行为消除了这种主观的违法要素，从而减少、消灭了违法性。其二，认为行为人通过中止行为减少、消灭了已经产生的危险状态，从而使现实的危险性得以丧失。

违法性阻却、消灭、减少说受到的主要批评是：

第一，此说的第一种思路以承认主观的违法要素为前提，批评者则认为这一前提本身就存在问题。“总之，本书的立场是，既遂的场合自不必说，即使是未遂的场合，故意也属于责任要素而不是违法要素，所以我们不赞成违法性减少说。”[③] 不过，由于主观的违法要素问题本身就是一个有争议的问题，“如果认为未遂犯的故意不是主观的违法要素，这一批判可以说具有相当的理由。但通说认为它是主观的违法要素……从这一立场看能够肯定由于主观的违法要素的消灭而导致违法性减少。因此，上述批判不一定妥当”。[④]

第二，此说的第二种思路将中止犯的法律性质求之于减少、消灭了结果发生的危险而使违法性减少。批评者则认为这无法说明中止犯与未遂犯法律后果的差异。“未遂犯与中止犯都是着手实行犯罪从而产生了法益侵害的危险，但都没有发生结果，在这一点上具有完全相同的构造……未遂犯中结果的不发生是由于意外的障碍，中止犯则是基于自己的意思中止犯罪。但无论是因为障碍还是基于中止行为，都同样使行为的违法性减少。并不能说中止犯的违法性比未遂犯更加减少。”[⑤] 对这一批评，也有学者反驳说，“的确，从结果发生的危险消灭这一观点来看，中止未遂与障碍未遂是完全一样的。但是如果着眼于其过程的话，两者则有明显的差异。举例而言，T 基于杀意让 O 饮用毒药：（1）此后 T 基于自己的意思（任意地）让 O 服用解药而避免了 O 的死亡；（2）与 T 无关，O 自己服用了解药而消除了对他生命的危险。比较这两种情况，虽然在消灭结果发生的危险这一点上是同一的，但其过程则

① ［日］町田行男：《中止未遂的理论》，现代人文社 2005 年版，第 57、63 页。

② ［日］平野龙一：《中止犯》，载《刑事法研究》（第 2 卷），有斐阁 1981 年版，第 144 页。

③ ［日］浅田和茂：《刑法总论》（补正版），成文堂 2007 年版，第 390 页。

④ ［日］川端博：《刑法总论讲义》（第 2 版），成文堂 2006 年版，第 473 页。

⑤ ［日］曾根威彦：《刑法总论》（第 4 版），有斐阁 2008 年版，第 227 页。

有明显的差异，即O死亡危险的消灭，在（1）的情况下是由T的中止行为即遵守法律的行为而引起的，与此相对，在（2）的情况下则并非如此。因此，从危险消灭原因的观点出发，也能够区分中止未遂与障碍未遂”。①

第三，此说违反了违法性评价的性质，即“对一个事实的违法评价是固定的，所以对变化了的事实所作的违法评价，是与先前的评价不同的另一个评价，它不能影响到对先前事实的违法评价”。② 对此，也有学者反驳说：“的确，如果将实行行为与中止行为理解为完全独立的无关的行为，那么要事后变更对违法行为的评价则是很困难的。然而，两者在内容上并非无关。这是因为，中止行为是使实行行为丧失实效性的否定行为。因此，即使认为事后的中止行为减少了违法性，也不能说违反了违法性评价的性质。”③

第四，此说在中止犯与共犯的关系上会产生矛盾。批评者认为，如果承认违法性减少说，只要采取通说的限制的共犯从属性说，就必须承认正犯的中止行为可及于所有的共犯人，但这明显违反了中止犯的“一身专属的效果”。也就是说，既然承认“违法起连带作用，责任分别起作用”，就必须以结果不发生为由对全体共犯人均承认其违法性的减少，这显然不妥当。④ 但是，也有学者认为，并不会因为承认违法性减少说就会违反中止犯的“一身专属的效果”。例如，町田行男指出，如果在共犯的处罚根据问题上采用可罚性借用说的话，就必须承认上述批判的正确性。因为如果共犯本身并不可罚，其可罚性是从正犯处借用来的话，那么由于中止使正犯的违法性减少的话，当然也应承认共犯违法性的减少。但是，现代刑法中根据个人责任的原则，已经不能采用这种共犯论。之所以处罚共犯，是因为其自身行为的可罚性。因此，即使中止使正犯的违法性减少，但只要不会因此使共犯独自的违法性减少，那么中止的效果就不及于共犯。他还认为对采用违法性说在正犯中止时就不能处罚共犯的批判，是针对在共犯的处罚根据问题上采用可罚性借用说的观点，是否定个人责任的原则的。⑤

（二）责任阻却、消灭、减少说

责任阻却、消灭、减少说在德国被称为责任阻却、消灭说，在日本被称为责任消灭、减少说或责任减少说。⑥

责任阻却、消灭、减少说的基本观点是将故意理解为责任要素，认为行为人通过放弃犯罪的故意而消灭或减少了责任。由于刑法理论关于责任的本质存在争议，因此，对于责任阻却、减少、消灭的解释也不一样。

---

① ［日］町田行男：《中止未遂的理论》，现代人文社2005年版，第64~65页。

② ［日］木村静子：《中止犯》，载日本刑法学会编：《刑法讲座》（第4卷），有斐阁1964年版，第25页。

③ ［日］川端博：《刑法总论讲义》（第2版），成文堂2006年版，第474页。

④ ［日］香川达夫：《中止未遂的法的性格》，有斐阁1963年版，第72~79页。

⑤ ［日］町田行男：《中止未遂的理论》，现代人文社2005年版，第61~62页。

⑥ ［日］町田行男：《中止未遂的理论》，现代人文社2005年版，第67、74页。

有的学者从心理责任论的立场出发，认为中止使未遂的有责性消灭。“作为未遂的可罚性必须具备两个要件，一是与法律相抵触的外部行动，二是违反刑法法规的恶的意思。因此，未遂的刑罚是以上述两个本质的要件统合下的一个行为为条件的。以此为前提，如果上述两个要件中任何一个被回溯废弃或否定，那么可罚性就必然消失。外部的行动不能被回溯，而与外部的行动不同，意思可以被回溯废弃……如果行为人在中途停止，并变更或放弃其意思，在这种情况下，既存的意思可以因被回溯而失去意义。”① 不过，针对这种意思可以被回溯废弃的观点，批评者认为，“从经验上来分析犯罪事实的话，犯意是一种心理的事实。只要着手犯罪，这种心理的、物理的事实就永远是一个事实。认为它可以废弃只不过是一种拟制而已”。②

有的学者从规范责任论的角度提倡责任阻却、消灭、减少说。例如，韦尔策尔认为，对中止犯不处罚的根据在于“中止显示出中止者责任的微小性”。③ 香川达夫也指出，即使行为人一度作出了违反法律义务的犯罪意思决定，但行为人通过主体性的介入，在“恢复已被破坏了的法的义务的意欲”支配之下实施中止行为，就意味着行为人意欲的内容发生了变化，即违反法的义务的意欲转变为符合法的义务的意欲，因此，对其的评价也必须发生变化，即责任由存在变为消灭。④

有的学者从人格责任论的角度提倡责任阻却、消灭、减少说。例如，团藤重光认为“中止犯减免刑罚的根据在于中止行为显示的人格态度，使得责任减少。这种责任事后减少的观点，只有在以人格形成责任为核心的动态犯罪理论前提下才成立。采取这种观点时，应注意以下两点立法论：第一，中止的动机是基于道德上的悔悟时，由于责任消灭而不成立犯罪；第二，实施了真挚的中止行为时，即使犯罪达到既遂，至少也应任意减轻刑罚”。⑤

对责任阻却、消灭、减少说的主要批评意见是：

第一，根据此说，成立中止犯需要行为人出于悔悟或其他伦理动机而中止，因为这样才能减少或消灭行为人的可非难性，但这使中止犯的成立范围过窄。⑥ 对此批评，也有学者反驳说，责任阻却、消灭、减少说并不会必然导致上述结论，因而这一批判意见并不具有充分的说服力。⑦

第二，根据此说，只要行为人放弃了犯罪故意，即使犯罪最终既遂，也应当承

---

① Zachariae, Lehre vom Versuch der Verbrechen, 1836-1839, S. 240（1997复刻版）。

② ［日］小野清一郎：《刑法总则草案与中止犯》，载《关于刑罚的本质及其他》，有斐阁1955年版，第278页。

③ Welzel, Das Deutsche Strafrecht, 11. Aufl., 1969, S. 196.

④ ［日］香川达夫：《中止未遂的法的性格》，有斐阁1963年版，第97~98页。

⑤ ［日］团藤重光：《刑法纲要总论》，创文社1990年版，第270~271页。

⑥ ［日］井田良：《讲义刑法学·总论》，有斐阁2008年版，第423页。

⑦ ［日］浅田和茂：《刑法总论》（补正版），成文堂2007年版，第391页。

认责任减少。[①] 不过，对此也有学者反驳说，将中止犯限于未遂的场合，是现行法的制约，因而也不存在什么问题，这一批判意见也非决定性批判。[②]

第三，在实行着手的时点就已经存在的责任，为什么在事后能够被减少或消灭，此说并没有给出有说服力的解释。[③] “至少就刑的免除而言，必须考虑刑事政策上放弃处罚这一因素。”[④]

第四，中止犯存在违法性减少的侧面，此说全面否定这一点，是不妥当的。[⑤]

（三）可罚的责任减少说

此说认为中止犯减少了可罚的责任，是日本学者山中敬一、浅田和茂等主张的学说，但他们的观点也不尽相同。

浅田和茂认为，“中途放弃的故意（并非事后消失或减少）可以被评价为从一开始就没有那么强烈，由此可以减少非难可能性，当其不具有可罚的量或质时就可以免除刑罚（实质上无罪）。故意地强度这一点，虽然是可罚的责任的量的问题，但在中止犯的场合，有可能认为在行为时已经缺少特别预防的必要性，这就可以作为可罚的责任的质的问题加以考虑（可罚的责任减少说）”。[⑥]

山中敬一认为，只有定位于可罚的责任的要件之内，才有可能找到中止犯减免刑罚的具有说服力的根据。之所以中止未遂的减免根据在于可罚的责任的减少，是由于为了防止结果发生的事后行为（中止行为），使违反禁止规范的可罚的责任比障碍未遂减少。尽管行为的不法一旦表现于外部，就不可能根据事后行为而变更，但是，由于事后行为（中止行为）防止了结果的发生，考虑到这种行为，就应当减少可罚的责任。因为妨碍了法益侵害结果发生的人，不仅减少了未遂的责任，而且对于事后显示出遵守规范态度的人，从处罚的必要性上看也应减少。[⑦] “架设‘后退的黄金桥’不是引诱行为人的返回，而是对度过该桥回归合法性的行为人给予相应的褒奖。在这个意义上，是事后的褒奖（褒奖说）。”[⑧]

山中敬一的观点以褒奖说为基础，加入了刑事政策的观点，因而严格来说应当属于后述的并合说的一种类型。与此相对，浅田和茂认为中止犯的成立不限于值得褒奖的情况，是一种纯粹的法律说。

（四）违法、责任减少说

违法、责任减少说认为，中止犯包括中止行为、结果不发生这种违法性减少要

---

① ［日］平野龙一：《刑法总论Ⅱ》，有斐阁1975年版，第334页。
② ［日］浅田和茂：《刑法总论》（补正版），成文堂2007年版，第391页。
③ ［日］浅田和茂：《刑法总论》（补正版），成文堂2007年版，第391页。
④ ［日］山中敬一：《刑法总论》（第3版），成文堂2015年版，第805页。
⑤ ［日］川端博：《刑法总论讲义》（第2版），成文堂2006年版，第475页。
⑥ ［日］浅田和茂：《刑法总论》（补正版），成文堂2007年版，第391页。
⑦ ［日］山中敬一：《中止未遂的研究》，成文堂2001年版，第67~72页。
⑧ ［日］山中敬一：《刑法总论》（第3版），成文堂2015年版，第806~807页。

件以及任意性这种责任减少的要件。因此，中止犯的法律性质应该从违法减少与责任减少两个方面加以说明。[①] 川端博、佐伯仁志、井田良等持此说。

有的学者联系刑法的目的来论述违法、责任减少说的理论基础。“刑法的目的在于法益保护，为此不仅要禁止法益侵害行为，根据场合还有必要要求避免法益侵害行为……对于一般的犯罪可以考虑违法与责任两个成立要件，如果合理地考虑通过规范来进行法益保护这一目的的话，那么中止犯也应当从违法与责任两个方面来确立成立要件……正如具备违法与责任才成立犯罪那样，具有违法减少和责任减少才成立中止犯这种‘负犯罪’（带减号的犯罪）。中止犯的规定，是为了切断通常的犯罪构成要件而确定特别的‘负犯罪’的要件。”[②]

尽管违法、责任减少说在某种程度上弥补了单纯违法减少说与责任减少说的缺陷，但是由于单纯的违法减少说与责任减少说本身就存在尚未解决的问题，所以，将两说合并来进行说明，不仅旧的问题依然存在，而且又产生了新的问题。因此，违法、责任减少说也受到了批判。

三、并合说

并合说认为，应当综合刑事政策说与法律说来说明中止犯减免刑罚的理由。并合说产生的背景在于学者们在方法论上的转变。德国学者在早期倾向于在犯罪体系外考察并探求中止犯的立法理由，而日本则倾向于在犯罪体系内考察中止犯的立法理由。但是，现在的德国刑法理论将中止犯的立法理由问题分为“根据”问题与“体系”问题，分别加以论述。而“根据”问题与“体系”问题，它们又分别与目的论的说明及范畴论的说明相对应。作为“根据”问题的“黄金桥”理论、恩典褒奖说、刑罚目的说等理论，是说明“为了……”中止犯不可罚。与此相反，“体系”问题则是给予因果的说明，即“因为……”中止犯不可罚。与德国相似，有些日本学者也因为认识到仅在犯罪体系内考察中止犯的立法理由是不全面的，因此，采用的是二元说明方法的学说，即在采用违法减少说、责任减少说或者违法、责任减少说的同时，援用刑事政策的理由。并合说内部又存在多种不同观点。

（一）违法减少说与政策说结合的并合说

此说认为应同时采用违法减少说与政策说来说明中止犯的立法理由。平野龙一、西原春夫、大谷实、福田平、立石二六等学者采此说。例如，大谷实指出：“未遂犯的处罚根据在于引起结果的现实危险，一旦产生故意，并且着手实行，就已经造成了危险，在事后放弃故意，或者亲自防止结果发生的场合，属于在事后减少发生结果的现实危险或者行为的反社会性，应当将其看作违法性的减少，因此，违法性减少说基本上是妥当的。但是，我国刑法对于中止犯，并不是一律规定不可罚或者免除刑罚，而是希望通过宽大处理，在未然之中防止完成犯罪，换句话说，并非完

---

① ［日］井田良：《讲义刑法学・总论》，有斐阁 2008 年版，第 424 页。

② ［日］井田良：《讲义刑法学・总论》，有斐阁 2008 年版，第 424 页。

全没有一般预防的效果，因此，将违法减少说与刑事政策说相结合的综合说是妥当的。”①

对违法减少说与政策说结合的并合说的批判，主要是针对违法减少说本身存在的问题。

（二）责任减少说与政策说结合的并合说

该说认为应同时采用责任减少说与政策说来说明中止犯的立法理由。植松正、中山研一、冈野光雄、前田雅英、曾根威彦等学者采此说。例如，前田雅英认为："说起来还是认为基于自己的意思而中止就会使责任减轻的责任减少说是妥当的。对于基于自己的意思而中止的行为人，可以认为从国民的规范意识考察，其非难减弱了。”“进而共犯的场合，一人中止不影响其他参与者，违法性减少说难以说明这一点。”“但是，仅用责任减少说还不能说明中止犯的减免。通过对基于自己的意思而停止的行为人的褒奖，意图对着手实行者以及一般人产生一般预防的效果，这种政策性规定的性质无法否认。不管责任如何减少，只要发生了结果就不会给予刑法将中止犯限定为未遂的情况。”②

对责任减少说与政策说结合的并合说的批判，主要是针对责任减少说本身存在的问题。

（三）违法、责任减少说与政策说结合的并合说

该说又被称为综合说。它主张同时采用违法、责任减少说与政策说对中止犯的立法理由进行说明。大塚仁、藤木英雄、板仓宏等学者采此说。例如，大塚仁认为："刑法第 43 条但书是以对刑事政策的考虑为背景，类型地规定了由于行为人的中止而减少违法性和责任的情形。”③

关于综合说，也有学者提出了批判。例如，山中敬一指出："此说意图在除构成要件该当性之外的所有的犯罪成立条件之中为中止犯找到位置。但这样的综合说，放弃了犯罪的阶段的构成及分析的思考，成为了整体直观的思考，是不恰当的。认为所有的规范的评价都被减少，并进而混入刑事政策的思考，并且其根据在体系上也散在任何地方，这不外乎是欠缺体系化的努力。”④

四、行为变更说

行为变更说是德国学者雅科布斯提出的学说。雅科布斯认为中止犯属于未遂的一种，它不是障碍未遂而是具有特殊性的未遂。“中止犯的特殊性在于仍处在正在进行的状态，因而存在有变更可能性的行为。”因此，雅科布斯认为未遂的处罚根据在于未遂已经实现了某种事物，即带来了“未遂不法”，但他并不将其解释为

① ［日］大谷实：《刑法讲义总论》，黎宏译，中国人民大学出版社 2008 年版，第 350 页。
② ［日］前田雅英：《刑法总论讲义》（第 4 版），东京大学出版会 2006 年版，第 159 页。
③ ［日］大塚仁：《刑法概说（总论）》（第 4 版），有斐阁 2008 年版，第 258 页。
④ ［日］山中敬一：《刑法总论》（第 3 版），成文堂 2015 年版，第 806 页。

“客观的法益的危殆化”。雅科布斯认为既遂的不法并不是法益侵害，而是“规范侵害”，即“意味着不被允许的危险的行为”。不被允许的危险行为与刑法有关，规范就是禁止这种行为的。未遂也可以说是不被允许的危险，因而未遂也是完全的规范侵害。

中止犯能否再度消除完全的规范侵害呢？雅科布斯认为，中止是已经存在可罚的行为之后所实施的“事后行为”。但是，中止显然并不是已经完成的行为之后发生的事后行为，而是尚未完成的行为的反方向的续行行为，是“特别的事后行为”。它的特色不在于未遂行为开始后才发生，而在于未遂行为仍具变更可能。当然，这种行为的变更，是在行为成为可罚之后产生的。一旦产生了未遂这一事实是不能由中止溯及消灭的。行为人只是能够改变这种事实将来的明确性。

他进一步解释道：一旦形成未遂，尽管行为人在未遂后立即中止，也不值得任何的奖励，而不过是对义务的履行。德国现行刑法完全不处罚这种行为，只是因为立法者不想关闭通过刑罚威吓使行为人返回的道路。中止虽然不能消除未遂，但它可以终止未遂阶段。中止部分属于未遂的反面。在中止的场合，规范侵害不过短时间的存在。中止是可以归属于行为人的业绩，规范侵害阶段的短暂性，也属于行为人的业绩。因此，中止即使存在“残存的不法”，但还是可以进行宽恕、放弃刑罚。他还认为，规范侵害的最小化，可以发生在犯罪的任何阶段。因此，中止是犯罪任何阶段的行为变更。

据此，雅科布斯认为中止不是刑罚减灭事由，而是在犯罪论的所有阶段都存在的由多种因素相糅合的复杂现象。中止犯的立法理由原本在于：（1）某种犯罪中未遂与中止的行为关联；（2）构成要件与未遂（试行）的放弃以及责任与任意性等各自相反的关系；（3）对中止的刑事政策的考虑。

对行为变更说，也有学者提出批评。例如，日本学者山中敬一认为，行为变更说将中止犯定位为犯罪论所有阶段的问题，是不正确的。因为，由此所产生的结果不法，即使在此后实施面向将来的取消行为，也没有理由会被减少，在违法论的阶段，行为的违法评价没有变更的可能。而且雅科布斯自己也认为，“一旦产生了未遂这一事实是不能由中止溯及消灭的”，这也说明了这种不法是无法消除、无法变更的。山中敬一认为，只有责任评价才能受事后行为的影响。对行为变更说主张的构成要件该当性、不法、责任都“最小化”这一事实，他认为这里只是“规范侵害的最小化”，并不意味着规范侵害的完全丧失，仍存在残存的部分，而对其“不处罚”，就必须说明理由，行为变更说却没有对此进行说明。再者，“规范侵害”、“行为变更可能性”的含义并不明确。①

五、责任履行说

责任履行说将中止犯的立法理由求之于不法回复义务的履行，即认为中止者虽

① ［日］山中敬一：《中止未遂的研究》，成文堂2001年版，第51页。

然通过犯罪行为曾经产生过不法，但其履行了回复不法的义务，以此为理由，立法者设置了不处罚的规定。最近提倡这一学说的是赫茨贝格（Herzberg）。他认为犯罪行为是归责可能的不法的形态。刑法规定就是因这种行态而发生的国家的强制规定。这种类似的关系在民法、行政法中也可看到，即由于违反契约或违反行政法这些不法的形态，而产生强制规定。这些规定并不以施加强制作为目的，强制仅是排除不法的手段而已。因此，如果不法消灭了，这些强制规定也就消失了。中止犯的规定，就是根据一般的法原则，即行为人停止了作为强制规定发生事由的不法的形态，从而履行了可以归责于他的避免结果的义务，强制规定（刑法规定）就是为消灭这一原则而设立的。当任意的中止者通过可以归责于他的行为履行其责任时，就从国家的强制规定中解放出来。这里所说的责任（Schuld），并不是指刑法上的非难可能性，而是指债务者应当亲自履行其所欠债权的义务这种意义上的责任。

责任履行说同样受到批评。根据责任履行说的观点，强制规定是促使行为人履行责任的手段。之所以不处罚中止，是因为行为人任意的（归责可能的）行为履行了自己的责任，即回复不法（避免被禁止的结果发生）的责任，因而就没有必要通过强制规定（刑法规定）来促使其履行责任。但是，如果这样的话，那么由于在未遂的场合行为人并没有通过任意的行为来履行其回复不法的责任，所以按照他的学说，促使行为人履行责任的刑法规定当然是必要的。然而，无论是未遂还是中止，由于结果都没有发生，所以都没有必要通过刑法规定来促使行为人履行避免所禁止的结果发生的这种责任（只要结果没有发生，事实上就谈不上所谓的避免结果发生）。于是，未遂中的刑法规定也是不必要的，这就难以说明为何仅在中止的情况才不处罚的理由。而且，应当承担责任的不法行为的事实，并不会因为损害回复而完全消失。

在日本，基本没有人采用这种学说。责任履行说认为由于行为人亲自履行了责任所以不处罚，因此对于仅仅规定对中止犯进行刑的减免的日本来说，采用这种学说是困难的。因为如果中止行为履行了责任的话，刑罚就是不必要的，因而不应当予处罚。①

六、单独的处罚解放事由说

单独的处罚解放事由说又被称为“危殆化的逆转说”，是德国学者雅戈尔（Jäger）的观点。其主要内容是将中止行为定位为与犯罪成立的构成要件相反的“从处罚加以解放的构成要件”，与通过“危殆化的实现”成立犯罪相反，是以“危殆化的逆转”为内容，即考察作为处罚解放事由的构成要件。雅戈尔主张中止必须是行为人实现单独的处罚解放的构成要件。他认为，既然立法者能够创设犯罪构成要件来认定犯罪，那么在其评价特权的范围内，也可以创设出《德国刑法典》第24条那样的处罚解放的构成要件。

---

① ［日］町田行男：《中止未遂的理论》，现代人文社2005年版，第33页。

单独的处罚解放事由说面临的主要批评是：作为完全成立犯罪的可罚性，为何因为防止了将来的危险，而可以作为行为人的“功绩”，让行为人从处罚中解放出来。雅戈尔说对此并未作出说明。而且本说在使用“危殆化的逆转”这一解释学概念的同时，又以犯罪论之外的处罚解放要件作为根据，这在方法论上明显是错误的。①

七、危险消灭说

危险消灭说是日本学者山口厚提出的见解，与雅戈尔的观点有相似之处。此说认为中止犯的规定，是因为救济了因未遂犯的成立而招致危险的具体的被害法益，从而消灭了“引起既遂结果的危险”，因此作为奖励而设立纯粹政策的、与一般犯罪“反方向的”构成要件。根据这种见解，未遂犯中“引起既遂结果的危险”在产生未遂的可罚性的时点就已经确定。因此，危险的“消灭”，并不溯及消灭已经存在的所有危险，而不过是消灭面向将来的危险，即存在作为可罚性条件的危险，作为犯罪完全完成的行为，由于此后的危险被消灭而在政策上承认刑的减免。②

对危险消灭说，山中敬一教授提出了批评，他指出：“此说的问题是，虽然认为在犯罪论中发生了‘既遂结果的危险’，但为何因行为人的中止行为而事后消灭并未作出说明。此说作为‘犯罪成立要件论的概念’与处罚减少、阻却要件论的结合，不能不说在体系论上是混乱的。”③

第二节　中止犯的成立条件

一、任意性

所谓任意性，是指中止行为是基于行为人自己的意志。关于任意性判断的学说主要有以下几种。

（一）主观说

主观说认为，基于外部的障碍以外的事由而中止的场合就是“基于自己的意思”的中止。主观说关于任意性的判断标准可以用“弗兰克公式”来表示，即“欲达目的而不能者”为障碍未遂，“能达目的而不欲者”为中止未遂。此说面临的主要批评是：

第一，弗兰克公式中的“能”与“不能”，指的是伦理的可能性还是心理的、物理的可能性，这一点并不明确。“这种‘能够’，一般可以区分为两种意义。其一，指‘行为的伦理的可能性’；其二，指心理的物理的可能性。于是，弗兰克公

① ［日］山中敬一：《中止未遂的研究》，成文堂2001年版，第58页。

② ［日］山口厚：《刑法总论》（第2版），有斐阁2007年版，第279~280页。

③ ［日］山中敬一：《刑法总论》（第3版），成文堂2015年版，第802~803页。

式中的‘能够成功’或者‘不能够成功’中‘能够’指的是上述哪种含义呢？例如，孩子向父母亲开枪，在心理上、物理上是可能的，而在伦理上则是不可能的。因此，如果不能将对弗兰克公式中‘能够’的理解限制在一定含义之内的话，那么就很难将其视为解决问题的标准。如果仅从这一点来看，弗兰克公式并不一定能发挥作用。”① 不过，有的学者认为这一批判意见并不正确。因为，弗兰克公式认为任意性并不一定必须出于伦理的动机（如后悔），所以“能够”应当是指心理的、物理的可能性而不是伦理的可能性。②

第二，即使将弗兰克公式中的“能”与“不能”限定为心理的、物理的可能性，也存在问题。“首先，就物理上不可能的场合而言，它又有必要区分为：(1) 对谁而言都不可能的情况；(2) 对行为人本人的身体、精神的能力而言不可能的情况；(3) 受具体情况、特定目的或行为计划的限制而不可能的情况。于是，如果考虑受特定目的或行为计划的限制的情况，那么是否会增加不可能的情况就成为问题。例如，打算窃取钻石指环的行为人由于发现金库中只有蓝宝石指环而未加以盗窃，如果从窃取钻石的计划来看，窃取行为就是不可能的，从而属于不能盗窃的情况。如果将心理上不可能的情况也包含在内的话，那么行为人的怜悯心越强就越不具有任意性，在行为人因为对方可怜而认为‘不能’继续实施行为的场合，就不具有任意性。因此，考虑心理的不可能性，是不妥当的。”③

第三，本说将行为人因对客体的价值失望而停止犯罪的情况也认定为中止，扩大了中止犯的成立范围。例如，行为人打算盗窃价值500万元的宝石但发现只有价值50万元的宝石，因而没有实施窃取行为。本说认为，由于行为人能够盗窃价值50万元的宝石，所以属于任意的中止。但反对本说的学者则认为这种结论不合理。④

虽然对主观说存在上述批评意见，但主观说仍然存在较强的影响力。

（二）规范的主观说

规范的主观说，又被称为规范说或限定的主观说。它主张只有基于某种规范的感情，即悔悟、惭愧、不安、恐怖等广义的否定自己行为价值的意思而放弃犯罪的，才是任意的中止。规范的主观说在日本属于少数说，而且在审判实践中也没有出现明确采用规范的主观说的判例。

对于规范的主观说的批评意见主要有：它将任意性与伦理性混为一谈。而且在日本现行刑法中，中止犯不是必要的减免事由，因而作这种限定性的解释没有文理上的理由。而且，也违反刑法的谦抑主义，它会使中止犯的成立范围极度狭窄。况且，基于这样的动机而实施中止行为，即使在结果发生的场合也应当同样地处理。

---

① ［日］木村龟二：《中止未遂的概念》，载《刑法的基本概念》，有斐阁1949年版，第254页。

② ［日］町田行男：《中止未遂的理论》，现代人文社2005年版，第204页。

③ ［日］山中敬一：《刑法总论》（第3版），成文堂2015年版，第823页。

④ ［日］山中敬一：《刑法总论》（第3版），成文堂2015年版，第824页。

但是现行法只是将中止作为未遂犯的一种，因而在达到既遂的场合类推适用这一规定是有困难的。[①]

（三）客观说

主观说对于任意性的判断以行为人为标准。相反，客观说则不是以行为人，而是从一般人的角度进行判断，即将外部的事态是否使行为人丧失中止的余地为判断标准，并将这一标准求之于一般人观念的评价。换言之，即根据社会的一般经验，如果认为对行为人的意思施加了强制性影响时，就不具有任意性；反之则具有任意性。由于强调以社会的一般经验作出的客观评价为标准，所以称为客观说。客观说是德国判例所采取的立场，但德国理论界采用该说的则很少。相反，客观说在日本理论界则占据了支配地位。

客观说面临的主要批评是：

第一，客观说将外部的事实是否达到强制行为人的程度作为决定任意性有无的标准，这不妥当。“我们所有的行为都是由某种外部的事实所产生并通过各种各样的感知而引起的。这种感知对人会施加什么样的影响，会因人而异……然而，对于基于这些动机所产生的精神的强制，并不存在测定其自由的决意会在哪一阶段转变为被强制的意思的测量器。只能在对实行所意图的行为没有选择可能性时，即实行变得不可能时，才能划分界限。”[②] 如果根据中止的量的指标来决定任意性的话，在行为人因为良心上过不去而不得不断绝犯罪念头的情况下，就会否定任意性。[③] 也就是说，对因为在无法抵抗的、强有力的伦理动机支配下而停止犯罪者，不承认任意性；相反，对于未达此程度而停止者承认任意性，这就产生了不合理的结论。

第二，有学者对作为客观说任意性判断标准的“通常的生活经验（观）”提出批评。首先，是否存在这样一种生活观还是个问题。[④] 其次，如果根据通常的生活观来判断任意性，有时会产生不合理的结论。例如，母亲因万念俱灰而想和孩子一起死，打算在掐死孩子后自杀，但是行为人在掐孩子的过程中，孩子因感到自己要被杀死而哭喊，母亲可怜自己的孩子，因而停止了行为。对这种情况，一般的母亲听到孩子哭都会因怜悯而停止。如果这样的话，因为母亲的中止是与通常的生活观相符合的态度，所以应否定任意性。但否定这种情况下的任意性是否妥当，还需要进一步商榷。

第三，客观说在判断“自己的意思”这一主观要件时将行为人的意思置之度外，这在方法论上是不妥当的。[⑤]

---

① ［日］山中敬一：《刑法总论》（第3版），成文堂2015年版，第825页。

② Dohna, Die Freiwilligkeit des Rücktritts vom Versuch im Lichte der Judikatur des Reichsgericht, ZStW, Bd. 59, 1940, S. 544.

③ Bockelmann, Wann ist der Rücktritt vom Versuch freiwilling, in: Strafrechtliche Untersuchungen, 1957, S. 174.

④ Ulsenheimer, Grundfragen des Rücktritts vom Versuch in Theorie und Praxis, 1976, S. 300.

⑤ ［日］山中敬一：《刑法总论》（第3版），成文堂2015年版，第824页。

（四）客观的主观说

客观的主观说又被称为折中说或新客观说。该说以主观说为基础，“对外部事实感知的结果即行为人感到能够实施还是不能实施这一行为人现实意识的过程作客观的判断。如果感到能够继续实施而停止的话，就是基于自己的意思的中止”。[①] 由于该说主张对基于主观认识的动机形成过程作客观的判断，所以被称为客观的主观说。[②] 该说实质上是从客观上运用弗兰克公式，即弗兰克公式原本以行为人的主观认识为基础进行能与不能的判断，而该说则从客观上进行能与不能的判断。

例如，福田平指出，“基于行为人的意志”是行为人的意志如何的问题，因此，必须讨论对有关外部事情认识的结果对行为人的意志产生了什么影响。所以，将行为人的意志作为问题所在的主观说，在这一点上是正确的。但是，主观说主张通过行为人的主观判断来决定是否基于自己的意志，这是有疑问的。既然将“基于行为人的意志”这一主观要素作为使违法性减少的违法性要素来理解，那么，其判断就必须是客观的，即客观地判断行为人的现实认识过程，对外部事实认识的结果，行为人是感到能够既遂还是感到不能既遂，如果感觉到能够既遂却放弃，就应理解为基于自己意志的放弃。福田平还认为，由于“基于自己的意志”属于行为人的主观意志问题，故当外部事实与行为人的认识不一致时，应以行为人的认识为基础。例如，以为风声是警察的脚步声便担心被捕而放弃犯罪，就不是中止犯；反之，实际上存在外部障碍，但行为人没有认识到这一点，基于外部自己的意志而放弃犯罪时，则成立中止。[③]

客观的主观说也受到了一些批评。例如，山中敬一认为，“对自己的意思这一本来主观的范畴，为何有必要要以客观的一般人为标准进行判断？这一点不明确。而且，本说与主观说一样，都无法克服由于采用心理的任意性概念所带来的问题。也就是说，即使对行为人的动机过程进行客观的判断，也不存在对下述情况，即行为人对客体价值失望而中止的场合、因认错人而中止的场合、中止对行为人而言更为有利的场合，作为中止犯减免刑罚的根据”。[④]

（五）犯罪者理性说

犯罪者理性说是德国学者罗克辛提出的学说，他将任意性的判断标准求之于“犯罪者的理性”或“犯罪者同伙间的规则”，认为应将任意性理解为向合法性的复归。

罗克辛认为，犯罪者的理性，是指“冷静地比较、考量、计算具体犯罪行动计划的得失的、狡猾的犯罪者的理性”。“这是‘一种不知悔改的、冷静地权衡具体构成行为计划所具有的风险与机会的违法者的理性’，一个人发现自己被察觉了，并

---

① ［日］香川达夫：《刑法讲义（总论）》，成文堂 1995 年版，第 310 页。

② ［日］山中敬一：《刑法总论》（第 3 版），成文堂 2015 年版，第 825 页。

③ ［日］福田平：《全订刑法总论》（第 4 版），有斐阁 2004 年版，第 234 页。

④ ［日］山中敬一：《刑法总论》（第 3 版），成文堂 2015 年版，第 825 页。

且这时中止的，就是在这种‘理性的’意义上的行为，在这里，虽然是从个别的构成行为计划中出发的，但是，这种用来安置中止的标准，还是应当一般地在其基础上加以确定。这样一种对罪犯手艺规则的服从，自然不能赢得这个法律制度的褒奖，从而，对这种中止就必须作为非自愿的来评价。与此相反，一个人在其盗窃过程中，没有具体缘由地突然被剧烈的恐惧攫住而离开的，根据他的行业标准，这就是一件‘不理性’的（因为一个‘正式的’罪犯是不会没有根据地害怕的）事情。因此，这个中止就是自愿的，因为这个法律制度奖励对罪犯理性规则的背离。”①

“在这种场合，心理动机的强弱不是决定性的问题。前一种情况（认为被发觉而停止——译者注）中的行为人，即使他认为还存在可以继续完成犯罪而不被处罚的充分的机会，但没有因为风险的增大让犯罪人感到心理强制的情况下中止，也是不任意的中止。与此相对，在后者的场合（感到不安而停止犯罪——译者注），即使行为人无法克服这种不安的心理，也存在任意性。这样，对于为何经常不处罚基于羞耻心、后悔及类似的动机而中止的情况，就很容易加以说明。这是因为，屈从于这种感情的人——与犯罪计划的重要相比较——是进行极度‘不合理’行为的人。由于它很容易受人的心情的影响（即不合理之处表现在犯罪计划很容易就受人的心情的影响——笔者注），因此可以不处罚。心理的观察方法则无法说明这一点。”②

对犯罪者理性说的主要批评有：

第一，犯罪者的理性这一概念缺乏严密性。因为，一般而言，使用“犯罪者同伙间的规则”这一概念，易让人想起诸如冷血的暗杀者、与拙劣的初犯不同的常习惯犯等，而罗克辛使用的“犯罪者的理性”，仅指冷酷的、冷静计算的犯罪者，这两个概念内容不一致、不明确。此外，对于犯罪者的理性，应当按照盗窃犯、强奸犯、杀人犯等各个构成要件来加以理解。再者，即使在杀人犯这种类型中，还有利欲杀人、暗杀、纠纷杀人等多种类型，并不能一概地使用这一概念。

第二，罗克辛观点的中心理念不明确，具有恣意性。“众所周知，并不存在所谓的‘平均的犯罪者’，此外，事实在历史上的存在也只有一次，不能将某人的态度与其他人的反应抽象地同等看待。由此，‘犯罪者同伙的规则’不仅很难确定、非常暧昧，而且还是拟制的标准。这种基准被判断者的确信所左右，难以克服其主观性与不安定性……迷信与狡猾的犯罪者无缘，那么基于迷信动机的中止，是否‘违反同伙间规则’呢？冷血的杀人犯是否会因为被第三者看见而逃跑呢？”③。即使存在被承认的社会伦理原则，但也不存在“犯罪者同伙间的规则”。

第三，犯罪者的理性这一标准对于实行终了的未遂的中止不起作用。因为，实

---

① ［德］克劳斯·罗克辛：《德国刑法学总论》（第2卷），王世洲主译，法律出版社2013年版，第451页。

② Roxin, Rezension von Alexander Peter Gutmann, Die Freiwilligkeit beim Rücktritt vom Versuch und bei der tätigen Reue, ZStW, Bd. 77, 1965, S. 97f.

③ Ulsenheimer, Grundfragen des Rücktritts vom Versuch in Theorie und Praxis, S. 310.

行终了未遂的中止，需要有积极的避免结果发生的行为，而这种积极的避免行为会使构成要件的实现概率丧失。而且，会出现因为救助被害者而使行为人被发觉、被逮捕的危险提高，因此，在这种场合实施避免行为，并非理性的。所以，终了未遂的中止，如果适用罗克辛的公式的话，就没有不是任意的场合。[①]

（六）不合理决断说

不合理决断说是日本学者山中敬一提出的观点。他认为，“以实行犯罪时基于目的合理性而行动的人类冷静的理性为基础，当（行为人）不合理地决定中止犯罪的实行时，就可以说是基于自己意思的中止”。[②] 也就是说，着手实行犯罪的行为人，为了实现犯罪目的而统制自己的行为。在这个阶段，行为人的理性判断应该是：当放弃实行犯罪的利益超过继续实行的利益时，就可以放弃之前追求犯罪目的的行为。而违反这种理性的判断，不合理地放弃犯罪，则是脱离这种价值的自由的决断。因此，所谓基于自己意思的中止，就是脱离这种价值的不合理的决断。

山中敬一认为，不合理决断说需要注意两个问题。

其一，合理性判断的对象。对此存在两种情况：第一种情况是，与犯罪的实现有着客观联系的事实的利弊权衡。此时，根据对犯罪行为状况的认识，在冷静判断继续实施犯罪对自己是有利还是不利之后加以中止，这是合理的判断，不是基于自己的意思的停止。例如，由于犯罪行为被发现，认为中止犯罪更有利的场合是合理的决断。第二种情况是，由于状况的变化，行为人面临将实现犯罪的价值与实现其他价值进行衡量的情况。例如，意图杀害对母亲施加暴行的父亲而对其进行殴打时，因母亲得了疾病，为了将母亲送到医院而停止杀害父亲行为的；或者为了强奸而对被害人施加暴行，在准备奸淫时，被害者的伙伴掉入河中；或者自己喜欢的小狗掉入河中，为了救助小狗而停止犯罪的场合等都是如此。这时，伦理的义务感的价值衡量就变得必要，在母亲急病的场合，与后两个事例不同，应当说是价值衡量中的合理的决断的结果，因而应否定任意性。选择对本人来说属于高层次的价值的行动，不是不合理的决断。

其二，作为合理性判断标准的人。在实行行为过程中的行为人，应以理性的冷静的具有实行力的人作为判断基准。为何要以这种人为标准呢？这是因为，刑法以目的合理的敌对规范的人作为标准，根据行为人偏离这种模式的程度来减轻刑罚。刑法以此种思维作为基础。因此，将理性的、合目的的行动作为模式，也为市民法秩序的根据奠定基础。[③]

山中敬一自己也承认，这种不合理决断说受到了罗克辛见解的影响。[④] 罗克辛由于对犯罪者的理性，使用了“犯罪者同伙间的规则”这种本身就存在疑问的拟制

---

① Ulsenheimer, Grundfragen des Rücktritts vom Versuch in Theorie und Praxis, S. 312f.

② ［日］山中敬一：《中止未遂的研究》，成文堂2001年版，第94页。

③ ［日］山中敬一：《刑法总论》（第3版），成文堂2015年版，第826页。

④ ［日］山中敬一：《中止未遂的研究》，成文堂2001年版，第41页。

的概念，因此遭到了批判。所以，山中教授以作为刑法减刑基础的模式，即从实定法引出其标准，回避了上述批判。此外，将作为判断标准的人物模型也明确规定为“具有理性的、冷静的实行能力”的人，避免了对犯罪者理性的批判，即对罗克辛学说中的概念之内容的暧昧性进行批判。

二、中止行为

所谓中止行为，是指阻止犯罪完成的行为。具体而言，它包括以下几方面的内容：

（一）着手中止与实行中止

根据中止行为的形态，可以将中止犯区分为着手中止与实行中止。《意大利刑法典》第56条第3款、第4款对此作了明文规定，而德、日等国的刑法虽然没有明文规定，但理论上一般均认可这种分类。

所谓着手中止，是指已着手实行犯罪，在实行行为终了前放弃实行的情况。所谓实行中止，是指犯罪实行行为已实施终了，在结果发生之前防止了结果发生的情况。着手中止时，行为人只要不继续实施实行行为即可，即中止行为表现为不作为。实行中止时，行为人则必须积极地防止结果的发生，即表现为作为。着手中止与实行中止的划分与实行行为终了时期的认定问题是密切相连的。

（二）实行行为终了的认定

关于如何判断实行行为的终了时点，德国刑法理论中存在行为计划说、个别行为说以及全部行为说三种不同学说，日本理论上则存在主观说、修正的主观说、客观说、遮断说以及折中说等不同见解。日本的主观说基本对应德国的行为计划说，客观说基本对应个别行为说，而折中说则基本对应全部行为说。

1. 主观说。主观说认为，应以行为人的计划、认识内容为标准来决定实行行为的终了时期。例如，在用手枪杀人的场合，如果行为人计划开一枪的话，那么开一枪后实行行为就终了；而如果行为人计划开两枪，那么，只有开完第二枪才是实行行为的终了。因此，基于杀意开枪，第一发未中，行为人在可以开第二枪时停止下来，根据主观说，如果行为人是计划开一枪的话，其实行行为就已经终了，没有中止成立的可能性，只能成立障碍未遂。但如果行为人是计划开两枪的话，则有中止的可能性。对主观说的主要批评是：根据此说，即使第一枪已经命中，使对方身负濒临死亡的重伤，但只要行为人主观上认为行为还未完了，就属于着手未遂。行为人只要不实施接下来的攻击（开第二枪），就能成立中止。这一结论显然是不合理的。[①]

2. 修正的主观说。修正的主观说认为，如果行为人已经实施的实行行为没有引起结果发生的危险，那么着手中止与实行中止的区别在于行为人的主观；如果已经

① ［日］山中敬一：《刑法总论》（第3版），成文堂2015年版，第809页。

实施的实行行为引起了结果发生的危险，那么无论行为人的主观如何，都属于实行未遂。行为人要成立中止犯，必须以实施积极的结果防止行为为必要。例如，佐伯千仞认为“犯罪是否在实行中应由行为人的主观加以决定”,① 同时还应考虑客观的“行为续行可能性”以及“结果发生的危险”。也就是说，即使行为人主观上还有继续实施行为的计划，但如果客观上没有续行可能性的话，实行就已经终了。“此外，即使行为人打算反复、继续实施行为，但如果他此前的行为已经设定了发生结果的可能性的话，那么仅仅停止继续实施行为是不成立中止的。”②

3. 客观说。客观说主张以行为的外部形态或发生结果的现实危险性为标准区分实行行为是否终了。例如，手枪中有八发子弹，行为人只开了一枪，并导致被害人极为轻微的伤害。客观说认为，向被害人开一枪的行为本身就属于足以致人死亡的行为，具有发生结果的现实危险性，故不管行为人主观上如何考虑，该杀人行为已经实行终了。仅仅在“如果放置就当然地会达到既遂的情况”下行为人通过行为加以防止时，才“例外地允许比照固有的中止犯类推适用刑罚的减免规定”。③ 客观说也受到了批评。例如，曾根威彦说，X 打算发射两枪杀害 A，但开第一枪后便放弃了开第二枪。“根据客观说，即使第一发子弹没有击中，但是只要出现了结果发生的危险（实行未遂），其实行行为便终了，成立障碍未遂。但是，如果 A 被击中因而负伤，则存在成立中止未遂的可能性，这就有失均衡。”④ 山中敬一也指出，客观说认为在达到了终了未遂但并未产生“结果发生的危险”的场合，由于已经是障碍未遂，因此，不允许类推适用中止的规定。而对于在最初的行为产生了更大的危险的行为人却允许类推适用中止减免刑罚的规定。这种对于产生较小危险的行为人，反而没有中止（类推）的余地的结论显然是不合理的。⑤

4. 遮断说。遮断说也被称为第二客观说，⑥ 主张以是否引起了“不遮断因果关系就发生结果”这种状态为标准区分实行行为是否终了。如果引起了不遮断因果关系就发生结果的这种状态，实行行为就终了；反之，实行行为则没有终了。根据遮断说，如果第一枪就击中，给被害人造成了倘若放任不管就会死亡的重伤，那么，就属于“不遮断因果关系就发生结果”的状态，故实行行为终了；如果第一枪没有击中，实行行为就还没有终了；如果第一枪没有击中，接着开第二枪，但也没有打中被害人，实行行为也还没有终了；如果第一枪没有击中，接着开第二枪，给被害人造成了倘若放任不管就会死亡的重伤，实行行为就终了。对遮断说的主要批评是：根据此说，只要没有产生结果发生的危险，实行行为就没有终了。如果行为人明知自己的手枪中只有一发子弹而发射却没有命中，那么无论何时实行行为都没有终了，

---

① ［日］佐伯千仞：《刑法讲义总论》，有斐阁 1968 年版，第 325 页。

② ［日］佐伯千仞：《刑法讲义总论》，有斐阁 1968 年版，第 326 页。

③ ［日］植松正：《刑法概论 I》（总论），劲草书房 1974 年版，第 330 页。

④ ［日］曾根威彦：《刑法总论》（第 4 版），弘文堂 2008 年版，第 228~229 页。

⑤ ［日］山中敬一：《中止未遂的研究》，成文堂 2001 年版，第 200~201 页。

⑥ ［日］山中敬一：《刑法总论》（第 3 版），成文堂 2015 年版，第 810 页。

这显然不合适。①

5. 折中说。折中说又被称为构成要件单一说，该说主张将行为时的客观事实与行为人的主观内容综合起来进行客观判断，以决定实行行为的终了时期。例如，对于连续开枪的案例，此说认为，在第一枪命中被害人时，如果没有积极的防止结果的行为的话就不成立中止犯。在第一枪没有命中时，如果开第二枪在客观上是可能的，而行为人在主观上也认识到这一点，但仍然放弃了开第二枪的话，就可以视为中止犯。折中说的主要问题在于：第一，此说在实行行为的问题上以折中说为前提，认为实行行为是包括主观、客观在内的整体的构造。如果不认可这一前提，此说也就不具有说服力。第二，此说中所谓“命中”的含义，究竟指的是使对方身负有可能死亡的重伤，还是也包括皮外伤在内，这一点不明确。②

在德国，行为计划说、个别行为说以及全部行为说三种观点势均力敌。从日本典型判例对上述学说的采用情况来看，几乎很少有采取主观说的，有部分判例采取客观说，但是大多数判例采取的是折中说。

（三）结果未发生

成立中止犯，是否需要犯罪结果未发生，在刑法理论上是个有争议的问题。德日刑法理论界的通说认为，只要发生了既遂结果就不能承认中止的成立。例如，藤木英雄指出：“实施了中止行为但未能阻止结果的发生，不是中止未遂。理论上有一种见解认为此种情况应和中止未遂同样处理。此种见解虽然有倾听的必要，但在现行法上则是不可能的。即使作为立法论，也只需要考虑到努力防止结果发生这一点的情况就够了。”③ 大塚仁也认为：“为了成立中止犯，必须有中止行为，而且必须防止了结果的发生。有的见解重视中止者的主观方面，认为只要真挚地实施了中止行为，即使发生了结果，也成立中止犯。但是，因为现行刑法中是把中止犯规定为广义的未遂犯的一种形式，所以只要发生了结果，就不能成立中止犯。”④

本来，如果对中止犯的法律性质持责任减少说的话，应当认为只要具有中止行为，就可以肯定责任的减少，结果的发生与否并不重要。例如，香川达夫为了保持理论上的一致性，认为在结果发生的场合也可以成立中止。⑤ 不过大多数学者根据法律的规定而持相反的主张。例如，前田雅英认为：“如果彻底贯彻责任减少说，在发生了结果的场合也能够承认责任的减少，也应承认在此基础上的刑罚的减免。然而，条文明确限定为‘未遂’，因而在已经既遂的场合是无法承认中止犯的效果的。中止犯不仅是责任的减少，还出于政策的考虑。在结果发生的场合，就没有给

---

① ［日］山中敬一：《刑法总论》（第 3 版），成文堂 2015 年版，第 810 页。

② ［日］山中敬一：《刑法总论》（第 3 版），成文堂 2015 年版，第 809~810 页。

③ ［日］藤木英雄著、船山泰范补订：《刑法》（第 3 版补订 2 版），有斐阁 2008 年版，第 74 页。

④ ［日］大塚仁：《刑法概说（总论）》（第 4 版），有斐阁 2008 年版，第 262 页。

⑤ ［日］香川达夫：《中止未遂的法的性格》，有斐阁 1963 年版，第 128 页。

予‘褒奖’的政策意义。”①

这样看来，中止犯是否必须成立于结果未发生的场合，与学者们对中止犯的法律性质所持的不同见解基本无对应关系。② 主流的观点均依据法条的规定而否定结果发生时中止犯的成立。但是，仍然有一部分学者主张，只要行为人真挚地实施了中止行为，即使结果发生了也成立中止犯。例如，川端博认为，“的确，只要发生了结果，则仅以客观的侧面为理由来承认违法性减少是困难的。但通过放弃作为主观违法要素的故意而减少行为无价值，基于此而有肯定违法性减少的余地。又由于在与法的义务的合致这一点上使法的敌对意思弱化，可以认可责任的减少。考虑两者，在刑的减轻限度上，可以肯定类推适用中止犯规定”。③

近年来，更有学者认为，虽然以条文的配置、法律用语等形式的根据，将中止犯认定为未遂犯的一种符合严格解释的要求以及立法者的意思。但是“以条文的配置、法律用语等形式的根据来封闭一切实质性思考，会导致僵硬的解释，不能够根据个案得出合理的结论。因此，拘泥于这种解释并不能说是合适的解释方法”。④ 以此为出发点，通过考察法益侵害危险的质与量、因果性的有无和质与量、障碍未遂同中止未遂的个别性与一体性等因素，该学者认为“以特定犯罪为前提，即使发生了既遂的结果，但只要能够承认基于行为人任意的中止行为使危险结果的危险性减少火灾消灭时，或者阻止了终局结果时，就应该适用中止犯的规定”。⑤

（四）中止行为与犯罪结果未发生之间的因果关系

成立中止犯是否必须要求中止行为与犯罪结果未发生之间具有因果关系，理论上看法不一。

肯定说认为，只有当中止行为与结果的不发生之间具有因果关系时，才能认定成立中止犯，如果行为人的行为从一开始就不可能发生结果，或者结果的不发生是由于他人的防止行为所致时，则不成立中止犯。例如，大谷实指出，对现行法规定的“基于自己的意思”而中止犯罪，应理解为“中止行为和未发生结果之间必须具有因果关系”。⑥

否定说认为，行为人实施了中止行为，结果没有发生，即使中止行为与结果不发生之间没有因果关系，也成立中止犯。“如果要求必须具有因果关系的话，那么在由与中止行为无关的其他原因（例如，他人的行为）防止结果发生的场合，以及

---

① ［日］前田雅英：《刑法总论讲义》（第4版），东京大学出版社2006年版，第167页。

② 参见［日］关哲夫：《障碍未遂·中止未遂中的点与线》，载《曾根威彦先生、田口守一先生古稀祝贺论文集》（上卷），成文堂2014年版，第758页。

③ ［日］川端博：《刑法总论讲义》（第2版），成文堂2006年版，第481页。

④ 参见［日］关哲夫：《障碍未遂·中止未遂中的点与线》，载《曾根威彦先生、田口守一先生古稀祝贺论文集》（上卷），成文堂2014年版，第759页。

⑤ 参见［日］关哲夫：《障碍未遂·中止未遂中的点与线》，载《曾根威彦先生、田口守一先生古稀祝贺论文集》（上卷），成文堂2014年版，第769页。

⑥ ［日］大谷实：《刑法总论》，黎宏译，中国人民大学出版社2008年版，第356页。

结果的发生从一开始就是不可能的场合，就不能成立中止犯。但是，当（我们）尤其是将行为时存在结果发生可能性的场合与最初开始就不可能的场合进行比较的话，就会产生不均衡的结论。例如，对于盗窃犯在打开金库的过程中改变了心意而任意地中止的情况，如果金库中放有财物就是中止犯，如果没有财物则不是中止犯。又如，让被害者服用达到致死量的毒药后，基于任意的中止行为防止了结果的发生，属于中止犯。而如果该毒药并没有达到致死量，因为客观上不存在死亡的危险，即使行为人为了防止结果发生尽了全力，也不能成立中止犯。为了避免这种（不合理的）结论，现在多数学说主张中止行为与犯罪结果未发生之间不需要具有因果关系。”① 否定说是日本的通说。大塚仁、曾根威彦、团藤重光、福田平、前田雅英、山中敬一、井田良等均持此说。《日本改正刑法草案》第24条第2款也采取了否定说的观点：“行为人作出了足以防止结果发生的努力时，即使由于其他情况使得结果没有发生的，也与前项同。”

《德国刑法典》第24条第2款明确规定：“在数人共同犯罪中，其中主动阻止犯罪完成的，不因未遂而处罚。如该犯罪没有中止犯的行为也不能完成的，或犯罪的未遂与中止犯以前参与的行为无关，只要行为人主动努力阻止该犯罪完成，应免除其刑罚。”据此，德国刑法理论也普遍否认中止行为与犯罪结果未发生之间必须存在因果关系。“若行为即便没有行为人的所为也无法既遂（例如，犯罪行为手段的不适合或者第三人的救助），只要行为人自愿、认真努力阻止既遂的，则亦可成立不受处罚的中止。要在这种毫无希望的（aussichtslos）（或者误以为可既遂的）力图中成立中止，前提条件是（1）力图已经终了，但尚未失败；（2）不可能既遂；（3）行为人认真、自愿地努力，以阻止既遂。”②

（五）中止行为的真挚性

中止行为原则上应当由行为人亲自实施。但不以行为人单独实施为必要，行为人可以借助包括被害人在内的第三者。那么能够在多大程度上允许行为人借助第三者的力量呢？这就是中止行为的真挚性问题。

“‘真挚性’是一个容易招致误解的词汇。它基本的含义是：在行为人借助他人之手实施中止行为时，不是完全依赖他人……而是自己实施导致结果不会发生的概率很高的行为。”③ 日本的判例曾经认为，真挚性是指“行为人至少应付出与自己独立防止结果发生同等程度的努力”。不过这一表述在犯罪理论上的含义并不明确。④ 德、日学者一般根据以下不同情况分别加以讨论。

第一，中止者利用了第三者帮助性的行为。例如，行为人基于杀意重伤被害人

---

① ［日］井田良：《讲义刑法学·总论》，有斐阁2008年版，第425~426页。

② ［德］乌尔斯·金德霍伊泽尔：《刑法总论教科书》（第6版），蔡桂生译，北京大学出版社2015年版，第316页。

③ ［日］井田良：《讲义刑法学·总论》，有斐阁2008年版，第426页。

④ ［日］林干人：《刑法总论》（第2版），东京大学出版会2008年版，第367页。

后意图救治被害人，在施救的同时请第三者帮助购买药品，最终使用该药物避免了被害人死亡结果的发生。对此，学者们认为犹如正犯实施正犯行为时，即使利用了帮助者也不能否定其正犯性一样。因此，行为人的中止行为即使利用第三者帮助性的行为，也不应否定其中止行为的性质。

第二，中止者与第三者一起实施类似共同正犯式的中止行为。例如，行为人对他人房屋放火，此后为了灭火而与第三者合作，共同实施灭火行为将火扑灭。学者们认为，在共同正犯中，即使没有实施全部的实行行为，但只要亲自实施一部分实行行为就应肯定其正犯性。同样，就中止者与第三者共同实施防止结果发生的行为而言，即使中止者只实施了防止结果发生的一部分行为，也应当承认其行为是中止行为。①

第三，中止者对第三者实施了类似于教唆的中止行为。例如，行为人对某座建筑物安装了定时炸弹，此后基于后悔而驾车返回现场意图取出炸弹，但因塞车无法在炸弹爆炸之前到达，为了阻止爆炸发生，行为人于是打电话给警察请其排除炸弹。这种情况与上述第一、二两种情况不同，即行为人并没有直接参与防止结果发生的行为。能否将这种情况肯定为中止行为，在德国存在肯定说与限制肯定说两种主张。李斯特主张肯定说，认为“即使在第三者实施决定性的协力的场合，只要是由行为人的努力所引起的就可以视为‘他自己的活动’。例如，行为人为了给被毒杀者解毒而呼叫医生的场合就是如此”。② 韦塞尔斯（Wessels）持限定肯定说，认为“依据主流的意见，决定回撤的行为人有意识地和有所意愿地启动一个新的因果链，对于既遂的没有发生至少是成为了共同的原因的，足以成立阻止既遂……对这个意见可以赞同，但要加以限制……他现在的举止指向阻止将要发生的结果，以这种方式作出行动，以至于在请求他人帮助的情况中对行为既遂的阻止至少也可以是归属系‘他的作用’”。③ 日本的理论则认为“仅仅呼叫救护车或将受害者委托给他人而自己逃走的行为，由于实际上救助被害人的确实性很低，所以还不足以成为中止行为。只有将被害人运往医院，将伤害的过程向医生进行说明，从而使被害人得到治疗的，才满足中止行为的要件”。④

问题在于，在诸如“A给她的丈夫Z投了毒，剂量达到威胁生命的地步。当毒药开始发作并麻痹Z的呼吸中枢时，A叫了急诊医生Y。她没有告诉医生Y案件事实情况，而是谎称，Z在喝咖啡的时候，服下了一种蓝色的药。尽管如此，Y还是救活了Z”的情况下，中止者对第三者（医生Y）实施了类似于教唆的中止行为，但又有所保留，此时能否认定A成立中止？如果认为要成立阻止既遂只需要因果的贡献即可，那么，A就成立中止。按照德国的主流观点，“即对行为人阻止既遂类

① ［日］町田行男：《中止未遂的理论》，现代人文社2005年版，第139~140页。

② v. Lisit/Schmidt, Lehrbuch des deutschen Strafrechts, 26. Aufl., 1932, S. 317f.

③ ［德］约翰内斯·韦塞尔斯：《德国刑法总论》，李昌珂译，法律出版社2008年版，第647页。

④ ［日］井田良：《讲义刑法学·总论》，有斐阁2008年版，第426页。

比适用参加规则（Beteilgunngsregeln）来认定，就显得更为容易且易为人所赞同。依据这种见解，要认定成立该种类型的中止，中止犯必须像‘正犯’那样（若有第三人，则要像‘共同正犯’、‘间接正犯’或者‘教唆犯’）阻止既遂。进而，从该处法条的字面意思看，这里并不需要第 24 条第 1 款第 2 句中的那种认真的努力，才能成立阻止（既遂）”。那么，由于 A 已经参加进来，于是 A 也成立中止。但假如人们将阻止（既遂）定义为认真的努力的话，则 A 不能成立中止，因为她没有说明毒药的名字，因而，显然并没有将救助的机会最大化。①

① 参见［德］乌尔斯·金德霍伊泽尔：《刑法总论教科书》（第 6 版），蔡桂生译，北京大学出版社 2015 年版，第 315~316 页。

第二十章 犯罪参与体系的争鸣

第一节 单一正犯体系

对于数人共同参与实施犯罪的情形应该如何进行立法规制，各国刑法都在长期的实践过程中不断调整改良并形成了具有各国自身特色的犯罪参与体系。这种参与体系整体而言可以分为两大类，即对参与犯罪事实的人进行正犯与共犯（教唆犯、帮助犯）区分的所谓二元参与体系（正犯、共犯分离体系）和不区分参与的一元参与体系（单一的正犯体系）。

一、单一正犯体系的概念与发展脉络

（一）单一正犯体系的概念

单一正犯体系，又称统一的正犯概念或单一的正犯概念。这一概念是二战后德国刑法所使用的术语，但实际上作为一种立法现象，其存在历史相当久远。① 单一的正犯体系将所有为犯罪的成立赋予条件者都视为正犯，并规定一个同一的法定刑，各犯罪行为者的量刑在同一的刑罚范围内根据各犯罪行为者的具体的犯罪参与程度而确定。各个正犯者都是直接实施犯罪行为，不重视教唆帮助这样的类型上的区别。对各个正犯者的行为，应个别地、独立地考察是否成立。一般认为，单一的正犯体系具有如下特征：第一，对犯罪的成立赋予条件者，都是正犯。第二，不重视行为形态的区别。第三，就犯罪的成立而言，针对每个正犯者进行个别的考察。第四，对各个正犯适用同一的法定刑。第五，量刑时根据各个正犯的参与程度、性质来加以确定。②

（二）单一正犯体系的发展脉络

在刑法理论上首先提出单一正犯体系概念的是德国学者、近代学派的代表人物李斯特。他认为，1871 年《德意志帝国刑法典》第 47 条以下关于共犯的规定，无论是在方法论还是在实践方面都是值得怀疑的。在李斯特看来，正犯与共犯之处罚

① 参见［日］木村龟二：《包括的正犯者概念》，载［日］木村龟二编：《体系刑法事典》，青林书院新社 1966 年版，第 264 页。

② ［日］高桥则夫：《共犯体系与共犯理论》，成文堂 1988 年版，第 38~39 页。

的理想体系，必须从刑事政策的角度加以考虑。1882年，在《刑法中的目的思想》中，李斯特对刑事政策的一般性基础进行了探讨，此后他又提出了“新见解对于刑法上基础概念的影响”的问题。在1893年召开的国际刑法学会大会上，李斯特发表了题为《论社会学、人类学的研究对刑法基础概念的影响》的演讲，充分表达了从刑事政策角度研究刑法基本概念的思想。对于“混乱的共犯论”，李斯特指出，采用简单的命题——为发生的结果设定条件的人应当对该结果承担责任，就可以消除共犯论中各种杂乱无章的争议，因此，对这个简单的命题没有认识的论文根本是不必要的。对于这种观点，李斯特在其教科书的最后一版中，从解释论上进行了整理，即“作为从原因这一概念中产生的结果，第一，通过为产生的结果设定条件来参与结果之引起的人，就是引起该结果的人；第二，产生结果的所有条件都是等价的，因此，参与引起结果的各人之间在概念上没有区别；第三，因此，不同的处罚只有在同一法定刑内部方才可以得到正当化”。①

单一正犯概念广为人知，是在1895年国际刑法学会的林茨会议上。而对于单一正犯概念具有重要意义的是1902年国际刑法学会会议，这次会议对于单一正犯概念的讨论是在更宽泛的法学理论和法学方法论的基础上展开的，该会议的决议在以下几点上对于单一正犯概念具有重要意义：第一，认为单一正犯概念不只是形式的单一正犯概念，也可以在维持参与类型的前提下对各参与类型适用同一法定刑；第二，对于犯罪参与体系，强调从空洞理论的概念建构的优位转向实质正义；第三，有鉴于此，必须反思传统的法定刑和量刑体系。在1903年的国际刑法学会会议上，德国分会对1902年的会议决议提出了如下回应：第一，在多人故意实施犯罪行为的情况下，对于各参与者（正犯、共同正犯、教唆犯、帮助犯），适用法律预先宣告的刑罚；第二，对于责任较轻的参与者的刑罚，应当赋予法官根据法律上规定的刑罚予以减轻的权限。但是，这些国际刑法学会会议的讨论并没有改变《德国刑法典》上关于正犯和共犯的规定。到了20世纪30年代，随着纳粹在德国的兴起，单一正犯概念被其利用，与“意思刑法”和“具体的秩序思想”一起成为专制统治的工具，因而在战后也受到了严厉的批判。②

从立法上看，在近代大陆法系国家中，1902年《挪威刑法典》被部分学者认为首先采用了单一正犯体系，但对这一点理论上还存在不同意见。第一个公认的单一正犯体系立法是1930年的《意大利刑法典》，此后，1939年《丹麦刑法典》、1940年《巴西刑法典》也采用了单一正犯体系。二战后，德国在修改刑法过程中对单一正犯体系持否定态度，《德国刑法典》最终维持了传统的正犯与共犯区分的二元体系。但德国的《秩序违反法》则接受了单一正犯体系。该法第14条第1款第1句规

① 参见［日］高桥则夫：《共犯体系和共犯理论》，冯军等译，中国人民大学出版社2010年版，第7~8页。

② 参见江溯：《单一正犯体系研究》，载《刑事法评论》2009年第24卷；［日］高桥则夫：《共犯体系和共犯理论》，冯军等译，中国人民大学出版社2010年版，第8~9页。

定："多人参与一个违反秩序行为的，其中的每个人都是违反秩序的。"① "在现行的德国刑法中也存在'向单一实行人发展的倾向'。这首先是指立法者，并且首先是在有组织犯罪与经济刑法的领域中。例如，在第 29 条（组织犯罪组织）中，单纯支持这种组织或者为其做宣传的人也会像其成员一样，也就是作为实行人被惩罚的。由此，帮助人、实行人与教唆人之间的身份区分就被消除了。隐匿投保物品，在保险诈骗中帮助欺骗保险公司的，不是作为诈骗罪的帮助人，而是根据第 265 条（保险滥用）作为实行人受惩罚的。在'麻醉剂法'中，司法判决也作了类似的处理。在这里，任何具有使与麻醉剂有关的活动成为可能或者促进该活动的目的的行为，都会被理解为'从事交易'（《麻醉剂流通法》第 29 条第 1 款第 1 项），由此实行人与帮助人之间的区分就在很大程度上被填平了。"② 与德国刑法最为接近的奥地利刑法则完全接受了单一正犯体系，并成为建构单一正犯体系代表性的国家。

二、单一正犯体系的类型

单一的正犯体系根据表现形式的不同，可以具体分为以下几类：

1. 形式的单一正犯体系。这种体系不承认正犯和共犯的区别，以及在共犯内部不同的行为形态之间的区别，由法典统一规定一切犯罪参与者的责任，至于各犯罪行为者的具体责任则在量刑中解决。1930 年《意大利刑法典》第 110 条规定："当多人共同参与同一犯罪时，对于他们当中的每一人，均处以法律为该犯罪规定的刑罚，以下各条另有规定者除外。"这便是典型的形式的单一正犯体系的规定。"意大利刑法典第 110 条采用的是统一性正犯体系，即不区分正犯和共犯，采用某种方法共动于可罚性行为的人都被视为共动者，按同一法定刑处理。可以说，该法典是一部采用了在概念上完全不区分共动者种类的形式的统一性正犯体系的立法。该法典中所言的共动者，与多数的正犯者同义。第 41 条关于所有的原因都具有相同价值的规定，是将全部参与者都同等对待的正当化根据。但是，统一的法定刑并不意味着统一的刑罚。事实上，意大利的共犯规定还对参与者的处罚设有例外规定，没有严格贯彻参与者同罚的原则，由此可见，取代构成要件上的解释论层面的范畴性类型化，进行了极其类型化的量刑规定。"③ 此外，《巴西刑法典》第 25 条以下的规定也属于这种类型。

2. 功能的单一正犯体系。这种体系对共犯内部的行为形态只在概念上进行区别，而在刑法典规定上将一切犯罪参与者都作为正犯规定（在总则部分只规定一些场合下的减轻事由）。《挪威刑法典》第 58 条、《丹麦刑法典》第 23 条、《阿根廷刑

---

① 参见［德］克劳斯·罗克辛：《德国刑法学总论》（第 2 卷），王世洲主译，法律出版社 2013 年版，第 8 页。

② ［德］克劳斯·罗克辛：《德国刑法学总论》（第 2 卷），王世洲主译，法律出版社 2013 年版，第 10 页。

③ ［日］高桥则夫：《共犯体系和共犯理论》，冯军等译，中国人民大学出版社 2010 年版，第 28~29 页。

法典》第45条以下、《奥地利刑法典》第12条等就属于这一类。功能性单一正犯体系的代表性立法是《奥地利刑法典》，该法第12条规定："自己实施可罚的行为，或者通过他人实施可罚的行为，或者为可罚行为的实施给予帮助的，均为正犯。"据此，奥地利刑法学说一般将犯罪参与者分为直接正犯、诱发正犯和援助正犯。当然，这些正犯形态在法律上具有等价值性。基于各正犯的等价值性，在刑事诉讼法上，被告人不得因其正犯类型的判定错误（如本来应该被判定为直接正犯，却被判定为诱发正犯或援助正犯）而提出判决无效的申请。"机能的统一性正犯体系与形式的统一性正犯体系的本质差异，就在于这种犯行形式的细分化。形式的统一性正犯体系是单一正犯体系、单一类型体系，而机能的统一性正犯体系是复数正犯体系、复数类型体系。"①

3. 包括的正犯体系。这一体系虽然区别正犯和共犯，但不区别共犯内部的行为形态。前苏联刑法第17条、前东德刑法第22条、前匈牙利刑法第12条以下、前保加利亚刑法第20条以下等规定，就是属于此种情况。② 日本学者认为这类规定虽然"名称上是包括的共犯概念，实质上则与包括的正犯者概念属于同一类"，③ 因为它虽然将共犯区分为实行犯、组织犯、教唆犯、帮助犯，但在量刑时并不以实行犯为转移，而是按照每一个人实际参与犯罪的性质和程度来加以决定，这与统一的正犯概念有共同之处。④

三、单一正犯体系的理论基础

（一）条件说

单一正犯体系的理论基础，首先是建构在因果关系中的条件说之上的。条件说认为，所有导致结果发生的条件都是原因，这些原因都是等价值的。因此，在多人共同参与犯罪的情况下，一切共犯参与人包括二元参与体系所称的正犯、共同正犯、教唆犯与帮助犯，均是对结果予以原因者，都应当受到同等处罚，所以没有区别正犯与参与犯的必要。但是，与条件说所受到的批判一样，以条件说为基础的单一正犯体系，也容易受到处罚范围过宽的批评。

不过，虽然单一正犯体系产生时的基础是因果关系理论，而且是条件说，"但是，这并不意味着仅凭条件说就为其奠定了基础。例如，通过行为形态的限定以及危险性的导入等，也可能限定统一性正犯原理，这样的话，相当因果关系说也许能

---

① 参见［日］高桥则夫：《共犯体系和共犯理论》，冯军等译，中国人民大学出版社2010年版，第23页。

② 参见［日］西原春夫：《刑法总论》（改订准备版）（下卷），成文堂1993年版，第356页。

③ ［日］木村龟二：《包括性正犯者概念的比较法意义》，载《法律论丛》第39卷第4～6号。

④ 参见［日］高桥则夫：《共犯体系与共犯理论》，成文堂1988年版，第38～39页。

为其提供基础。因此，作为统一性正犯原理的根据，提出‘因果关系’即已足够”。[①]

（二）共同合作的二重性（Doppelmatur der Mitwirkung）

在奥地利林茨任教的奇纳普菲尔（Kienapfel）是当代单一正犯体系的主要提倡者，他甚至支持在德国也采用这种体系。[②] 他指出，犯罪参与者的法律规制有两个基本问题：首先是构成要件的范围问题，即在多种多样的参与者中谁是可罚的问题；其次是量刑的问题，即根据各参与者的不法和罪责对之进行适当的量刑、实现刑罚个别化的问题。他将这两个基本问题称为“共同合作的二重性”。

在奇纳普菲尔看来，单一正犯体系能够较之于二元的区分制更好地解决上述两个问题。首先，就构成要件的范围即可罚性的问题而言，单一的正犯体系放弃了正犯与共犯的两分法，所有的参与者均为正犯。不过，从指称的角度看，可以把实施刑法分则构成要件行为的人称为“直接正犯”，而区分制下的间接正犯、教唆犯和帮助犯则称为“间接正犯”。在单一正犯体系之下，“间接正犯”不仅是与“直接正犯”并列的第二个中心形态，而且是其他所有当罚的参与正犯的上位概念。在单一正犯体系中，由于在解释论的层面将直接正犯与其他参与者同等对待，因此可以推导出各参与者仅仅对自身固有的不法和罪责承担责任的原理，即参与者自身的责任或参与者独立的可罚性。因此，从属性原理完全没有存在的余地。其次，就量刑问题而言，应当如何处罚直接正犯和间接正犯？特别是对于直接正犯以外的其他参与者，是适用分离的、位阶的法定刑，还是适用与直接正犯同样的法定刑？从刑事政策的目的出发，单一正犯体系采用后者。但是，相同的法定刑并不意味着同等处罚，单一正犯体系同时设置细致的量刑规定。换言之，单一正犯体系并不试图在解释论层面实现个别化，而是力图在量刑阶段实现刑罚的个别化。[③]

据此，奇纳普菲尔认为，单一正犯体系解决了犯罪参与者法律规制的基本问题，是值得选择的犯罪参与体系。

四、单一正犯体系的优势

较之于正犯、共犯分离的二元参与体系而言，单一正犯体系具有一些自己的优势，这是二元参与体系论者也都不否认的事实。

（一）避免区分正犯与共犯的烦琐与困难

如后所述，对于正犯、共犯分离的二元参与体系而言，如何给两者划出清晰的界限，是困扰很多代刑法研究者的复杂问题。无数的学者为之殚精竭虑，却仍然无

---

① ［日］高桥则夫：《共犯体系和共犯理论》，冯军等译，中国人民大学出版社 2010 年版，第 11 页。

② ［德］克劳斯·罗克辛：《德国刑法学总论》（第 2 卷），王世洲主译，法律出版社 2013 年版，第 18 页注 3。

③ 参见［日］高桥则夫：《共犯体系与共犯理论》，成文堂 1988 年版，第 17~19 页。

法取得完美的结果。而在单一正犯体系下，不需要考虑共同正犯与教唆犯、帮助犯的区别问题，“单一实行人的概念追求的目标是，让对实行人、教唆人与帮助人非常困难的界定工作的三分法在很大程度上成为多余的，由此简化法律的运用”。[①]

（二）避免正犯与共犯区分所带来的其他难题

二元参与体系区分共犯与正犯，首先带来的就是共犯的处罚根据难题。这一问题迄今观点对立，莫衷一是。

此外，另一个令人头痛的就是共犯从属性与独立性的问题。在单一正犯体系中，由于在解释论的层面将直接正犯与其他参与者同等对待，因此可以推导出各参与者仅仅对自身固有的不法和罪责承担责任的原理，即参与者自身的责任或参与者独立的可罚性。因此，从属性原理完全没有存在的余地。首先，质的从属性（从属性程度）即正犯行为需要具备哪种程度的犯罪要件的问题，在单一正犯体系下完全不会出现。例如，甲不知道乙是无责任能力者而唆使其杀人，最终乙杀人既遂，在肯定质的从属性的区分制之下，这种以教唆的意思却产生间接正犯之结果的情形会非常难以处理，对于甲的刑事责任存在既遂犯的教唆犯说、教唆未遂说和间接正犯的既遂说等各种学说。根据单一正犯体系，乙由于无责任能力而不受处罚，对于甲的责任问题并不重要。因为甲对其固有的不法和罪责承担责任，因此乙不受处罚的理由对甲不产生影响，可以直接认定甲构成杀人罪的既遂。其次，量的从属性（实行从属性）即参与的可罚性是否从属于他人的实行行为，在单一正犯体系下也不会成为问题。这是因为，在单一正犯体系下，各参与者就其固有的未遂和固有的既遂承担责任，其他参与者是否实施在法律上可以评价为未遂或者既遂的分担行为，对其没有影响。例如，甲教唆乙射杀丙，虽然乙产生杀人决意并从家里取出手枪，但在前往丙的住处之前改变了主意，放弃了犯罪的实行。在这种情况下，根据区分制，既然乙只是产生了犯罪的决意而没有实行，那么甲和乙均不构成犯罪。与此不同，在单一正犯体系下，如果甲对乙的教唆是甲固有的实行行为的着手，那么甲构成（间接的）杀人未遂。[②]

（三）避免体系之间的矛盾

对于区分制体系而言，其理论内部其实蕴含着与理论前提不一致的矛盾因素。例如，间接正犯这一概念中就内含着单一正犯思想，德国所谓的“正犯背后的正犯”、日本所谓的“共谋共同正犯”都是对区分制体系基本原则的妥协。而德、日通说认为过失犯中不需要划分正犯与狭义共犯，事实上实行的就是单一正犯体系。

以间接正犯为例，从历史渊源上看，间接正犯这一概念原本是一个补充性概念，即按照通说的限制的正犯概念，只有亲自实施符合构成要件行为的人才是正犯。而

---

① ［德］克劳斯·罗克辛：《德国刑法学总论》（第2卷），王世洲主译，法律出版社2013年版，第8页。

② 参见［日］高桥则夫：《共犯体系和共犯理论》，冯军等译，中国人民大学出版社2010年版，第19~20页。

按照曾经处于通说地位的极端从属性说，教唆犯、帮助犯等狭义共犯的成立以正犯的行为具备构成要件符合性、违法性和有责性为条件。这样就会产生一个处罚的空白地带，即如果利用无责任能力的人实施犯罪，那么由于他并非亲自实施符合构成要件的行为所以不是正犯，而对方又无责任能力所以不成立共犯。但不处罚该种行为则不符合人们的法律感情。为了满足这一处罚要求，理论上就提出了间接正犯的概念。但间接正犯并非自己亲自动手实施构成要件行为，而是利用他人的行为引起危害结果。与直接正犯相比，其侵害法益的间接性十分明显，更相似于共犯，却不以共犯论处，而要作为正犯来对待。这无疑与传统的区分正犯与共犯的形式客观理论不符，是对区分制的一大冲击。而从实质上论证间接正犯正犯性的各种观点，如后所述也都有缺陷。相反，单一正犯体系则能简单明了地处理所谓间接正犯的问题。

五、对单一正犯体系的质疑

尽管单一正犯体系论者主张自己的体系具有诸多优势，但这并没有动摇正犯、共犯分离的二元参与体系在大多数欧洲国家、东亚国家和地区等的优势地位。因为，从二元参与体系的角度来看，单一正犯体系存在致命的缺陷。

（一）行为人刑法的嫌疑

单一正犯体系由近代学派的李斯特等学者所提倡，因此一般认为该体系的基础是行为人刑法或意思刑法。在行为刑法占据支配地位的今天，单一正犯体系难免受到质疑。但也有学者指出，区分制与单一正犯体系之间的对立，之所以被归结为行为刑法与行为人刑法之间的对立，乃是因为主张区分制的学者仅仅看到单一正犯体系不区分参与类型这一形式上的特征，而完全无视单一正犯体系也是以“行为”为基础的。换言之，批判单一正犯体系的学者认为，“犯罪是行为”，在犯罪参与下的“行为”体现为形形色色的或者特定的参与形态，只要考虑行为，就不得不区分参与形态。在此，仅仅具有量的差异的行为刑法与行为人刑法之间的争论变成了如何理解犯罪参与构成这一质的问题的契机，在这个意义上，无可否认的是，这种争论是很重要的。但是，问题是单一正犯体系并不必然与行为人刑法相关联，并不存在只要主张行为刑法就必须排斥单一正犯体系的道理，这里的关键问题在于如何理解犯罪参与中的“行为”。①

事实上，犯罪参与是共同合作的现象，犯罪参与理论必须根据这种共同合作现象的特点来建立。构成要件行为、教唆行为和帮助行为这些概念，在犯罪是多人共同的作品的场合，都只具有行为样态的类型的意义。这正是在概念上、类型上对行为样态进行区别的功能的单一正犯体系所采用的思考方法，与行为刑法之间没有任何矛盾。进言之，如果将犯罪参与内部各参与者的行为视为各人的态度，那么仅仅区分行为样态就不是行为刑法的要求，只要共同合作中各人的态度并不违反“犯罪

---

① 参见［日］高桥则夫：《共犯体系和共犯理论》，冯军等译，中国人民大学出版社 2010 年版，第 10 页。

是行为”这一原则，那么与行为刑法就没有任何矛盾。[①] 这样看来，单一正犯体系未必能与行为人刑法画上等号。

（二）违反法治国思想

批评意见认为，在单一正犯体系下，各个行为人参与程度的评价与量刑由法官来加以判断，使通过对构成要件的严格解释来限定犯罪成立范围的刑法的“法治国家机能”不可能得到真正的发挥，即它会使构成要件行为无法定型化，也抹杀了正犯不法与共犯不法之间的本质区别。因此，与法治国家的思想相矛盾。这是对单一正犯体系最常见的批评。

（三）扩大处罚范围

由于单一正犯体系溯源于因果关系理论中的条件说，同时又对所有参与者都是根据其自身的不法和罪责来判断其是否具有可罚性，而不存在定罪和处罚从属于他人行为的问题，因此，容易导致处罚范围扩大化。例如，对处罚未遂的犯罪而言，可能使所有参与犯罪的人都会因未遂而受处罚，即会使教唆未遂与帮助未遂变成可罚的行为，导致处罚范围的扩大，这明显不具有合理性。单一的正犯体系仅从因果性、引起法益侵害的角度来理解犯罪，被认为是只重视结果无价值，而轻视行为无价值。[②]

（四）难以区分既未遂

根据各国刑法的规定，开始着手实施犯罪的实行行为就进入了未遂阶段。着手之前的行为充其量属于预备行为。但在单一正犯体系中，直接正犯的实行行为固然比较容易判断，但协助他人实施行为的，即事实上的教唆、帮助等行为，都被视为正犯。他们对于直接正犯也没有从属性。这样的话，他们开始自己的教唆、帮助行为，就应该属于犯罪的实行行为，既遂与未遂的判断就失去了标准。

（五）对身份犯等特别犯的处理存在障碍

在身份犯与目的犯的场合，参与犯罪的无身份者与无目的者，因其缺乏“正犯”的要件，为了处罚他们，还是有必要设定特别的规定。在自手犯与举动犯的场合，也有类似的问题。而且，因不作共同正犯的规定，在无法辨别各人的行为与结果之间的因果关系的时候，就不得不作类似日本刑法中“同时伤害的特例”这样的更扩大范围的规定。

---

① 参见［日］高桥则夫：《共犯体系和共犯理论》，冯军等译，中国人民大学出版社 2010 年版，第 58~59 页。

② Roeder, Die Erschinungsformen des Verbrechens, 1953, S. 65.

第二节　正犯、共犯分离体系

一、正犯、共犯分离体系的基本内涵

正犯、共犯分离体系，是以基本的犯罪构成为前提，对多数人参与实施犯罪的情形，在总则中设立一般规定，使其成为分则各本条规定的基本犯罪构成要件的组成部分或者必要的补充。换言之，共犯是基本犯罪构成的修正形态。这是以德、日为代表的大陆法系国家刑法所采纳的立法例。例如，《德国刑法典》“以‘正犯与共犯’标题规定了共犯的所有形式，并以一般的要素描述之。正如第25条至第27条条文直接表明的那样，正犯与共犯并不处在同一层次”。[①]

在这种分离形式的立法例中，正犯和共犯的区分问题成为首要课题，理论上存在诸多争议，各学派、各学者之间很难求得共识。大陆法系国家刑法共犯理论的复杂性就是这种共犯立法例直接导致的结果。这正是“正犯、共犯分离体系”不可避免的局限性。但是，这种分离体系是建立在以“构成要件为中心”的基础之上的，有利于贯彻罪刑法定原则，因此世界上多数国家都采纳这种方式。“今天，在实行人、教唆人与帮助人之间加以区分的制度，在欧洲仍然还居于主流地位。除了在奥地利之外……单一的实行人概念只适用于丹麦与意大利，然而，即使是这些在共同作用形式上采纳一种分类的国家也作出了一些确定的妥协。替德曼因而正确地保证，三分法是欧洲传统的共同精神财富，根据法治国（行为构成有约束力）的观点来看，也是值得优先考虑的。1995年7月，在一部‘保护欧洲共同体的财政利益’的国际法协议中，规定了多人参与对欧盟诈骗（EG-Betrug）（第2条第1款，第3条）的情况，并且，就是从区别实行人、教唆人与帮助人出发的。那部在1997年公布的、受欧洲议会委托制定的为在统一的欧洲法域（Rechtsraum）中保护欧盟财政利益的法典，在第2条中只定义了三种参与形式（在法国影响下的教唆人有点与德国法不一样）。在进一步推进这个规定的过程中，替德曼为未来欧洲刑法典的模式提出了一个具体的建议。这个建议同样是以三分法制度为基础，与现行的德国法完全一致。人们因此可以得知，这个区分也将主导未来的德国法与欧洲法。在国际刑法中，实行人与参与人的区分也被承认了，并且，在很大程度上会借助本书所代表的行为控制理论（Tatherrschaftslehre）而得到贯彻。”[②]

---

① ［德］汉斯·海因里希·耶赛克、托马斯·魏根特：《德国刑法教科书》（总论），徐久生译，中国法制出版社2001版，第778页。

② ［德］克劳斯·罗克辛：《德国刑法学总论》（第2卷），王世洲主译，法律出版社2013年版，第9页。

二、正犯的概念与种类

（一）正犯的概念

在正犯、共犯分离体系中，正犯的概念是一个重要的问题。对此，又存在限制的正犯概念、扩张的正犯概念与二元的正犯概念等不同观点。

“限制的正犯”与“扩张的正犯”这两个不同的概念是20世纪20年代由德国学者修米特（E. Schmidt）所提出的。这两个概念反映了学者们对教唆犯、帮助犯规定的不同理解。

限制的正犯概念认为，自己亲自实现构成要件的是正犯。教唆犯、从犯的规定，是对本来的“正犯”以外的行为所作的规定，将处罚范围扩大到正犯以外的共犯，是“刑罚的扩张事由”。

扩张的正犯概念认为，所有犯罪的参与者都是正犯，教唆犯、帮助犯的规定不过是对需要减轻刑罚或根据实行从属性需要限定处罚范围的情况所作的特殊规定，是“刑罚限制事由”。如果没有这种规定，那么教唆犯、从犯就应当作为本来的正犯加以处理。

限制的正犯概念与扩张的正犯概念在以下问题上存在分歧：

第一，是否承认故意正犯背后的过失正犯问题。例如，对于虽然预见到女儿会杀死婴儿而仍然外出不防止犯罪发生的母亲；对并无用于杀人用途的认识而给情人毒药的人，能否认定成立过失致死罪。扩张的正犯概念，认为故意犯与过失犯在正犯的客观要件上是相同的。以此为出发点，认为教唆帮助本来是正犯行为，因为刑罚减轻等理由而特别作了另外的规定。因此，在故意的场合，相当于教唆帮助的行为，是本来的正犯行为，故意犯与过失犯在“正犯”的客观要件上没有区别，因而承认“故意正犯背后的过失正犯”。与此相对，限制的正犯概念内部有两种不同立场。一种观点维持“溯及禁止”的原则，否认“故意正犯背后的过失正犯”，认为由过失进行的教唆、帮助不可罚。另一种观点认为，可以采用“故意正犯背后的过失正犯”的概念，但必须论证在某种形式下，过失“正犯”比故意“正犯”的范围更广泛。这首先需要从分则条文即“构成要件”的法律用语上着手。例如，日本刑法中过失致死罪的“致人死亡”的用语比杀人罪的“杀害他人”的用语范围更广，可以包括以任何形式引起他人死亡的行为。[①] 但是，对此有学者批判说，这种法律用词上的不同，只不过是说明前者是基于故意而后者不是，若非如此，在单独犯的场合，故意的“致他人死亡”的人，则既不成立杀人罪也不成立过失致死罪。因此，这种观点很少有人支持。

第二，对间接正犯的认识不同。从学说史来看，限制的正犯概念与扩张的正犯概念都是围绕着间接正犯是正犯还是共犯而展开的学说。不过两种正犯概念本身也在不断发生变化。基于限制的正犯概念，现在也有不少学者对构成要件进行规范的

---

① ［日］前田雅英：《刑法总论讲义》（第4版），有斐阁2006年版，第116页。

或者实质的解释，从而广泛承认间接正犯，因此两种正犯概念的结论在故意犯的情况下就已经没有大的区别了。即使按照“扩张的正犯概念”，在身份犯与自手犯的场合，非身份者与非自手者也没有理由成为正犯。宁可说，这是由身份犯、自手犯范围界定而决定的问题（德国认为自手犯的典型例子是伪证罪，日本则有认为伪证罪不是自手犯的观点）。但是在过失犯的领域，两种正犯概念仍有明显的不同。扩张的正犯概念对过失犯也不区分正犯与共犯，所有为实现过失犯的构成要件而以过失行为提供原因者都按照过失正犯处理。这样在故意的场合，只不过是教唆或者帮助的行为，在过失的情况下，也以正犯处罚之。而限制的正犯概念如果承认过失的共同犯罪，则认为与故意犯的情况一样，需要区分正犯、教唆犯、帮助犯等不同的类型。

扩张的正犯概念因为把所有的参与者都认定为本来的“正犯”，因而受到激烈的批判。鉴于此，便产生了一种新的正犯概念，即在故意（作为）犯的场合使用限制的正犯概念，而在过失犯的情况下，则承认扩张的正犯概念，这就是所谓的“二元的正犯概念”。例如，韦尔策尔认为，正犯与共犯的区别只存在于故意作为犯。换句话说，不作为犯与过失犯都是“正犯”。现在，德国的判例与通说都认为不作为犯可能成立共犯，但对于过失犯，则多数依据“二元的正犯概念”或者“扩张的正犯概念”，承认比故意犯更为广泛的扩张的“正犯”，并且不适用包括共同正犯在内的一切的共犯规定（与此相反，主张对过失犯也适用限制的正犯概念的学者主要有雅科布斯等）。

（二）正犯的种类

正犯根据人数的单复以及正犯人之间意思联络的有无，可以分为单独正犯、共同正犯与同时犯。① 所谓单独正犯，是指行为人一人实现构成要件的全部要素的情况。所谓共同正犯，是指两人以上基于共同的意思共同实行犯罪的情况。所谓同时犯，也称同时正犯，是指复数的正犯人在没有意思联络的情况下同时针对同一客体独立地实行犯罪的情况。对于同时犯而言，各个正犯人应当对自己的行为所产生的结果承担刑事责任。如果无法证明结果是由谁的行为所导致的话，那么对于故意犯而言，所有的行为人都只应负未遂的责任。对于过失犯而言，各行为人则不成立犯罪。例如，甲、乙两人在没有意思联络的情况下分别向丙开枪，如果甲的子弹命中丙致其死亡而乙的子弹没有命中，那么甲成立杀人既遂罪，乙成立杀人未遂罪。如果无法证明是谁的子弹导致丙死亡，那么甲、乙两人均只成立杀人未遂罪。不过，有的国家对于伤害罪的同时犯作了例外规定。例如，《日本刑法典》第 207 条规定，“二人以上实施暴行伤害他人的，在不能辨别个人暴行所造成的伤害的轻重或者不能辨认何人造成了伤害时，即使不是共同实行的，也依照共犯的规定处断”。这被称为“同时伤害的特例”。

此外，以行为人是否直接通过自己身体的动静来实现犯罪为标准，正犯可以分

---

① ［日］川端博：《刑法总论讲义》（第 2 版），成文堂 2006 年版，第 510 页。

为直接正犯与间接正犯。直接正犯是指自己亲自实施实行行为的情况。间接正犯是指将他人作为犯罪工具来实现犯罪的情况。①

关于间接正犯与共同正犯，本书将在后文中详述，在此不赘。

三、共犯的概念与种类

（一）共犯的概念

对共犯的概念有最广义、广义和狭义等不同理解。

最广义的共犯是指两人以上共同实施犯罪的情况。它又包括必要的共犯与任意的共犯两类。所谓必要的共犯，是指在构成要件上以两人以上的行为人的共同行为为必要的犯罪类型。所谓任意的共犯，是指法律上预定为单独犯的犯罪由两人以上的行为人共同实现的犯罪类型。②

广义的共犯是指任意的共犯中的共同正犯、教唆犯、帮助犯三者的总称。《日本刑法典》第1编第11章的章名“共犯”指的就是广义的共犯。③

由于共同正犯往往被认为是正犯的一种类型，因而狭义的共犯是指教唆犯与帮助犯的总称。

（二）共犯的种类

如前所述，共犯可以分为必要的共犯与任意的共犯。其中必要的共犯又可以分为对向犯与集团犯。

1. 对向犯。

所谓对向犯，是指将具有相互对向关系的共同行为类型化所形成的犯罪类型。对向犯包括三种类型：第一，对参与者双方处以同一法定刑的类型，如重婚罪。第二，对参与者双方处以不同的法定刑的类型，如受贿罪与行贿罪。第三，法律只处罚对向行为中的一方的犯罪类型，这又被称为片面的对向犯，如贩卖淫秽物品罪。至于像藏匿犯人罪那样，以犯人的“存在”为必要而不以犯人的“行为”为必要的犯罪类型，是否包含在对向犯的范围之内，理论上存在一定争议，但通说将其排除在对向犯范围之外。④

问题在于，在第三种类型即片面的对向犯中，能否直接根据刑法总则的规定将分则未作出处罚规定的另一方（如贩卖淫秽物品罪中的购买者）作为共犯（教唆犯或帮助犯）予以处罚？理论上对此有不同看法。

立法者意思说认为，“在具有对向犯性质的a、b两个行为中，法律仅将a行为规定为犯罪定型时——由于当然地能够被预想到的定型形式的b行为在立法时付之不问——b行为就应当被解释为不是犯罪。因此，即使b行为相当于a罪的教唆行

---

① ［日］浅田和茂：《刑法总论》（补正版），成文堂2007年版，第403页。

② ［日］川端博：《刑法总论讲义》（第2版），成文堂2006年版，第499页。

③ ［日］井田良：《讲义刑法学·总论》，有斐阁2008年版，第439页。

④ ［日］川端博：《刑法总论讲义》（第2版），成文堂2006年版，第500页。

为或者帮助行为，但只要是对 a 罪的定型的参与形式，就不允许作为 a 罪的教唆犯或者帮助犯加以处罚”。① 按照此说，立法者在规定对向犯的时候当然预料到了对方的行为，既然立法者不设处罚对方的规定，就表明立法者认为对方的行为不具有可罚性。如果将对方以教唆犯或者帮助犯处罚，不符合立法者的意图。立法者意思说虽然认为在一般情况下不能处罚未规定一方的行为，但该说强调对向犯的行为以定型性为基础，因而不予处罚的只是在定型性范围内的行为，如果对方的参与行为超出了定型性的范围，则仍然应予处罚。例如，在贩卖淫秽物品的情况下，如果买方仅是要求卖给自己，那么其行为不可罚；但如果买方积极地鼓动劝说卖方将淫秽物品卖给自己，那么这种行为就已经超出了定型性的范围，应当肯定教唆犯的成立。

个别的实质说认为，应从实质上考察不处罚对向犯的一方的理由。这种实质的理由，“其一是作为‘被害者’的地位。例如，在贩卖淫秽物品罪的场合，该罪的保护法益是每个个人的性的道德，因此，买方就是受害人，其行为不可罚。其二是参与者没有责任。例如，犯人自身的藏匿行为不会被作为窝藏罪处罚，因其没有期待可能性。都不具有正犯的期待可能性，当然不会具有共犯的期待可能性。因此，在片面的对向犯的场合，不具有共犯者的违法性或不具有责任，不可罚”。②

可罚的规范目的说认为，之所以不处罚片面的对向犯的对方行为，从犯罪论的实质的理由以及处罚的必要性角度分析，实际上是一种政策性的判断。“因为在法益受到侵害或者威胁的情况下，即使法律的规定有保护被害人的目的，但被害人自身的行为并非完全没有‘违法性’，而只不过是欠缺‘可罚的违法性’；在缺乏责任的场合，也只是欠缺可罚的责任。这些行为被排除在构成要件之外，原本就是立法者政策的当罚性判断。因此，片面的对向犯的另一方行为不受刑罚处罚，是立法者从规范的目的出发，从刑事政策上所作出的该行为不具有可罚的违法性或可罚的责任的判断所致。”③

2. 集团犯。

集团犯，又称多众犯，是指将指向同一方向的多数人的共同行为类型化所形成的犯罪类型。例如，内乱罪、骚乱罪等。

对于集团犯集团内部的各参与人，应按照其参与犯罪的形态分别加以处罚，没有适用共犯规定的余地。问题是，对于集团外部的参与行为能否根据总则共犯的规定进行处罚？对此存在两种不同的观点。

不可罚说认为，集团犯原本就是因为考虑到集团犯罪或群众犯罪的特质，而在一定的形态和限度内处罚参与集团行动的行为人。因此，以构成要件所规定的形态以外的形态实施的参与行为，即使在外表上相当于教唆犯、帮助犯，也应当认为是

---

① ［日］团藤重光：《刑法纲要总论》，创文社 1990 年版，第 432 页。

② ［日］西田典之：《必要的共犯》，载［日］阿部纯二等编：《刑法基本讲座》（第 4 卷），法学书院 1992 年版，第 260 页。

③ ［日］山中敬一：《刑法总论》（第 3 版），成文堂 2015 年版，第 839 页。

不可罚的。[①]

可罚说认为，刑法将构成集团的人的行为类型化而设立特别的处罚规定，因此对于构成该集团的行为人不适用共犯的规定。但对于集团外给予协助的行为人适用共犯的规定则没有任何的问题。[②]

四、正犯与共犯的区别

如何区分正犯与狭义共犯，理论上存在多种学说。

（一）主观说

主观说，又称为同等说、等价说、平等原因说。它以因果关系理论中的条件说为基础，认为一切先行行为对结果的发生都具有原因力，在价值上应该是等同的。因此，依据因果关系不可能区别正犯和共犯，必须按照行为者的意思、目的、动机等主观的基准来区别正犯和共犯。主观说又分为意思说和利益说。

意思说是一种纯粹主观说，以意图公式为理论基础，认为以正犯者意思，即以实现自己犯罪的意思而实施行为者就是正犯；以共犯意思，即以参与他人犯罪意思而实施行为者就是共犯。[③] 德国刑法学者布黎是这一学说的代表人物。在他的极力倡导下，德国帝国法院于 1871 年以后采用意思说作为判决的依据，后来联邦法院在判例中也采纳了这种学说。但意思说也受到批评。因为，所谓正犯意思和共犯意思，必须先以正犯概念和共犯概念为前提，这就导致了循环论证，不符合逻辑规则。[④] 而且，“是正犯的意思还是共犯的意思”这一公式很难说是合理的可以检验证明的标准。[⑤]

利益说认为，为了自己的利益（或者目的）实行犯罪就是正犯，而为他人的利益（或者目的）实行犯罪就是共犯。其实利益说并非具有超越意思说的独自的意义，它不过是为了进一步明确参加犯罪者之间的意思而提出的观点。利益说的理论前提是认为从犯对引起的结果而言，不可能具有独自的利益或目的。[⑥] 利益说也受到批评。因为一方面行为人在为他人的利益而实施犯罪行为时，也有可能具有正犯性；另一方面德、日刑法分则将一些为他人利益而实施的犯罪行为，如受嘱托杀人，为第三者利益的盗窃、抢劫、诈欺、恐吓、背任等规定为正犯，而按照利益说这些行为只能构成从犯。

---

① ［日］团藤重光：《刑法纲要总论》，创文社 1990 年版，第 434 页；［日］大塚仁：《刑法概说（总论）》（第 4 版），有斐阁 2008 年版，第 276 页。

② ［日］平野龙一：《刑法总论Ⅱ》，有斐阁 1975 年版，第 380 页；［日］西原春夫：《刑法总论》（改订准备版）（下卷），成文堂 1993 年版，第 372 页。

③ ［日］川端博：《刑法总论讲义》（第 2 版），成文堂 2006 年版，第 511 页。

④ ［韩］李在祥：《韩国刑法总论》，韩相敦译，中国人民大学出版社 2005 年版，第 374 页。

⑤ ［日］山中敬一：《刑法总论》（第 3 版），成文堂 2015 年版，第 845 页。

⑥ ［日］齐滕金作：《共犯理论的研究》，有斐阁 1955 年版，第 8 页。

（二）客观说

客观说又分为形式的客观说和实质的客观说。

1. 形式的客观说。

形式的客观说又称为形式说，它以犯罪构成要件为基础，认为直接实施符合构成要件的定型的实行行为者是正犯，除此之外的行为加功者都是共犯。例如，甲、乙共谋盗窃丙家财物，乙进屋行窃，甲在屋外望风，乙作为亲自实施构成要件的盗窃行为者构成正犯，甲则构成共犯（帮助犯）。贝林还认为应把构成要件行为即实行行为的意义，按照日常生活的用语加以理解。例如，甲给乙匕首，乙用这把匕首刺入了被丙抓住的丁的胸膛，这时，仅仅只有乙的行为才是构成要件的行为，① 不过后来的学者多不持这种观点。形式的客观说以犯罪构成要件为标准来认定正犯的成立，因此它所主张的正犯概念只能是限制的正犯概念。

形式的客观说主要存在以下几个难点。首先，将实行行为归结为构成要件的行为，那么如何界定构成要件行为就是一个难题。其次，如果按照形式的客观说的正犯理论，在背后操纵犯罪活动的犯罪集团的头目因为不亲自实施实行行为，就无法认定为正犯，这不符合人们的法感情。

2. 实质的客观说。

实质的客观说根据判断标准的不同，又分为以下几种观点：

第一，必要说。此说认为某一行为对结果的发生来说是必不可少的原因时，其行为者为正犯；如果某一行为对结果的发生来说只是一种条件时，其行为者为共犯。必要说以因果关系论中的原因说为基础，随着原因说的衰落，必要说也不再有支持者。

第二，同时说。此说以实施犯罪行为的时间为标准，认为在犯罪行为实行之时共同地起作用者是对结果造成原因的正犯，在犯罪行为实行之前的参与者是对结果只造成单纯条件的共犯。同时说虽然简单明了，但过分拘泥于犯罪行为的实行时间，无视共犯形态的多样性和具体性，因而不可能正确地把握正犯和共犯的实质。例如，按照该观点，行为人伪造货币时，向他提供工具的人构成共同正犯；但 A、B 共谋绑架，A 负责把被害者引诱到犯罪现场使得 B 实现绑架行为时，A 却只能构成帮助犯。

第三，重要作用说。此说认为对犯罪的实现起了重要作用的是正犯，只起从属性作用的是从犯。而判断是否起重要的作用，则需要以共同者内部的地位、对实行行为加功的有无、态样、程度等为标准。这是日本的通说。

第四，危险性程度说。主张在形式的客观说的基础上，从实质的角度考虑行为对实现法益侵害的危险性程度。认为正犯者行为的危险性程度大于共犯者。

---

① ［日］木村龟二主编：《刑法学词典》，顾肖荣等译，上海翻译出版公司 1991 年版，第 322 页。

（三）行为支配论

1. 一元正犯原理的行为支配论。

简单而言，行为支配论是指以是否具有行为支配作为区分正犯与共犯的指导原理的理论。最初使用“行为支配”术语的学者是黑格勒（Hegler），最先将“行为支配”用于界定正犯与共犯者，则是布伦斯（Bruns）。不过真正使行为支配概念具有作为正犯要素的重要意义的学者是韦尔策尔，他被后人称为行为支配论的奠基人。

早期的行为支配论追求的目标在于为各种正犯形态的正犯性奠定基础，因此这些理论又统称为一元正犯原理的行为支配论。

第一，韦尔策尔的目的行为支配论。

作为行为支配理论首先登场的是“目的的行为支配理论”，其代表人物是韦尔策尔。韦尔策尔认为，要构筑正犯的概念，不能像以前的学说那样严格地区分主观的要素与客观的要素，只从一方面加以论述；也不能简单地将主观要素与客观要素相堆积，而应视其为不可分的统一体，从目的的行为论的角度均衡地对待主观的要素与客观的要素，在此基础上进行综合的评价。这里的均衡与综合，意味着将正犯行为置于其本来的存在构造基础之上，而不是从规范的角度加以组合。

韦尔策尔首先将正犯特征分为一般的正犯特征与特殊的正犯特征。一般的正犯特征，是全部构成要件共通的正犯特征，韦尔策尔将其定位为行为支配。据此，可以认为，行为支配是某个行为者被视为正犯的必要条件，但不是充分条件。

韦尔策尔在犯罪论中，将犯罪分为故意犯与过失犯两类。他所说的正犯指的是故意犯的正犯。过失犯是由指向在构成要件上并不重要的结果的目的行为所产生的构成要件的结果，对过失犯而言，扩张的正犯概念是妥当的，因不注意而引起结果发生的人都是给结果发生赋予条件的人，因而都是正犯。由于很难说过失犯的行为人对构成要件的结果及因果关系能有支配关系。所以韦尔策尔只是将故意犯定位为“支配犯”，并不用“目的的行为支配”来说明过失犯的正犯性。

韦尔策尔的目的行为支配论，直接引用目的行为论的观点，认为行为支配的实质在于：在认识自然的因果法则的基础上，采用适当的手段与行为方式，根据一定的意图，有目的地统制行为的发展。具有这种支配的即为正犯，而共犯仅对其所参与的行为具有支配，对于犯罪事实本身则无目的的行为支配。综合韦尔策尔的观点，要成立正犯必须具备如下条件：其一，目的的行为支配；其二，客观之行为人条件；其三，主观之行为人条件；其四，亲自实现犯罪事实。如果不能完全具备以上条件，则充其量只能成立狭义的共犯。①

韦尔策尔的行为支配论是以目的行为论作为基础，将有行为支配者理解为正犯，② 而目的行为论作为行为理论就不科学，因为它只能说明故意行为，不能说明过失行为，以此学说为基础说明正犯与共犯的区别，也就很难提出科学的根据。同

① 转引自［日］桥本正博：《行为支配论与共犯理论》，有斐阁 2000 年版，第 6~8 页。

② ［日］川端博：《刑法总论讲义》（第 2 版），成文堂 2006 年版，第 513 页。

时，韦尔策尔的理论虽然追求主客观的协调，但在确定目的的行为支配的内容时，重点仍放在“共同的犯行决意”上，表现出主观的倾向。

第二，毛拉赫（Maurach）的客观的行为支配论。

韦尔策尔以后，对行为支配论的展开作出了重要贡献的是毛拉赫。与韦尔策尔的行为支配论表现出主观主义的倾向相对，毛拉赫的理论具有更多的客观的色彩。如果韦尔策尔的理论可以被称为“主观的目的的行为支配论”的话，毛拉赫的行为支配论则可被称为“客观的目的的行为支配论”。

毛拉赫的目的的行为支配，一方面，反映出“支配”概念的主观的色彩；另一方面，又将支配的对象“行为”即“Tat”明确化。简单地说，对“Tat”的支配，是超越了已经实行的行为，是对被客观化的“事态”的支配。毛拉赫认为，正犯所支配的不是行为，而是事态。

毛拉赫认为，故意的犯罪行为，其特征是占统制地位的“目的的”意思与被统制的“因果的”结果的发生。因此，作为故意犯的目的的统制要素的行为的意思，故意以外别无他物。而且，在有意识的与无意识的共动中实现同一故意的犯罪行为的场合，正犯与共犯的区别，由行为支配这一客观的特征来区分。明确地将行为支配视为客观的标志，是其学说的特征。以此为前提，毛拉赫认为，所谓行为支配，是“将涵盖于故意中之构成要件符合性的事态经过握在手中，也就是指行为人所意识的（目的性的）构成要件实行上的统制可能性”。为了承认有行为支配，必须各个共同行为者现实地并且有意识地，以其本身之意思，促进、妨碍、中止构成要件的实现。这是直接正犯（自手的正犯）、间接正犯（他手的正犯）、共同正犯以及故意的同时犯等正犯形式的基础。以统一的原理为正犯理论奠定基础是毛拉赫基本的态度。

毛拉赫所说的行为支配概念的实质，是对客观的事态经过具有统制可能性。“掌握于手中，并不仅仅是意味着有意识的、主观的意欲与保留的态度。意思应理解为故意，与此对应，行为支配具有客观的事态的性质。”换句话说，行为支配本身是排除了意思的要素的概念，指的是对事实状态的行为支配。

本来，这样的行为支配，必须要包括故意。以目的的行为论为基础的事实的故意，就是实现构成要件的意思，包括目的的统制的事实。在此意义上，与韦尔策尔同样，毛拉赫的行为支配的基础，也是主观与客观的统一。毛拉赫所说的行为支配，虽然是尽可能包括客观的内容的概念，但作为正犯理论，即作为行为支配“论”而言，是不能排除意思的侧面，而宁可说是一种统合、均衡的理论。[①]

从上可见，将行为支配的概念与作为正犯理论的行为支配论明确地加以区分，是毛拉赫行为支配理论的关键。

毛拉赫的学说，与韦尔策尔的主观的倾向形成对比，坚持客观的行为支配概念，但是在结果上，他认为又需要从社会的、规范的视角进行实质的考察，而一旦进行

---

① 转引自［日］桥本正博：《行为支配论与共犯理论》，有斐阁2000年版，第16~18页。

实质的考察，就不可避免地产生判断的随意性与不确定性。这便偏离了毛拉赫所追求的判断基准的客观性。①

2. 多元正犯原理——罗克辛的行为支配论。

行为支配论的集大成者是罗克辛。罗克辛的行为支配论有如下特征：第一，正犯论所规定的是构成要件所记述的犯罪主体是谁的问题。以亲自实施构成要件该当行为作为正犯性判断基准的形式的客观说为出发点。第二，导入行为支配论，从而缓和形式的客观说所提出的（实现构成要件该当行为）“自手性”的要件。第三，在以上理解基础上，同时考虑“主观的要件”即故意与成为亲自支配基础的对全部事态的认识。根据行为支配论划定正犯性时同等考虑主观的要素与客观的要素。

罗克辛的行为支配论与前述韦尔策尔、毛拉赫理论的区别在于其方法上的特征。罗克辛认为，行为支配论并非定义记述的要素、提供决定性的公式，也不是对构成要件的行为简单地进行分类。相反，行为支配论，是指明正犯是什么的指导原理。具体的正犯的概念规定，则应区分直接正犯、间接正犯、共同正犯等各种正犯形态，各有不同的特征。罗克辛以前的行为支配论，力求原样维持实行行为等基本的概念，按照统一的原理给正犯的三种形态奠定基础，与此相反，罗克辛则从正面肯定了行为支配论的相对化。他将行为支配论本身定位为指导原理，加以抽象化。“直接正犯中的行为支配、间接正犯中的行为支配、共同正犯中的行为支配、都有不同的标志与特征。而且，即使对间接正犯，也有各种不同的形式，这些对象，无法还原成间接正犯这样的同一的要素，而只能逐一地加以记述。”②

罗克辛指出：“行为支配，并非毫无例外的，对所有的构成要件而言，都是决定正犯性的普遍原理。对于构成要件中的两种类型，即义务犯与自手犯，正犯性需要从别的观点来加以判断。”③

对自手犯而言，自己亲自实施犯罪行为是构成要件该当性判断的决定性标志。因此，与其由行为支配来判断其正犯性，还不如直接从形式上，根据其是否亲自实施犯罪行为来判断其正犯性。当然，这并不是说，用行为支配无法说明自手犯的正犯性，而只因为既然存在明确的判断标准，就没有必要援用不明确的原理了。

义务犯，是指负有某种义务的人，违反其义务，而实现构成要件该当性的犯罪类型。罗克辛认为，对义务犯而言，应以法律上所承认的某种义务的有无来判断构成要件符合性，进而决定正犯性。因此，在义务犯的场合，只根据义务的有无，无须使用行为支配原理，就可以判断正犯性。

对于直接正犯，罗克辛认为其正犯性的标志是行为的支配。罗克辛指出，行为者并非支配自己实施的行为，而是由自己亲自实施行为这一点对作为事实的犯罪事态进行支配。直接正犯（不是单独正犯），正是由自己实施实行行为对犯行进行支

① ［日］桥本正博：《行为支配论与共犯理论》，有斐阁2000年版，第27页。

② 转引自［日］桥本正博：《行为支配论与共犯理论》，有斐阁2000年版，第60页。

③ 转引自［日］桥本正博：《行为支配论与共犯理论》，有斐阁2000年版，第60页。

配。“直接正犯并非以充足全部的构成要件为前提。实现本来的构成要件的行为，以及法律规定以复数的行为者为前提，其中一人实行行为，都已足够。因此，在抢劫罪的场合，无论是暴行还是夺取财物，只要自己亲自实施一个，就是直接正犯。”①

对于间接正犯，罗克辛认为，其正犯性的标志是意思的支配。“能将构成要件的行为归之于没有参与实行的背后者，是因为背后者以其优越的意思对事态进行支配，即其将结果的引起掌握在自己的手中。于是，与直接正犯‘行为的支配’相对，作为支配犯的间接正犯，其共通的基准是‘意思的支配’。对间接正犯的各种形态，需要根据这个指导原理，考虑到法律上价值的判断以及各种情况的特殊性来加以论述。”②

对于共同正犯，罗克辛认为其正犯性的标志是机能的行为支配。罗克辛指出，由于共同正犯并不需要每个参与者都实现全部的构成要件要素，因此，是一种没有必要亲自实行的正犯形式，“共同实行”，就意味着“共同行使行为支配”。“判断有无共同的行为支配的标准，在于实行阶段分工的共动。”“各共同正犯者，在实现构成要件时，必须对犯罪计划的实行发挥本质的机能。”③ 因此，共同正犯中行为支配的实际内容在于各参与者对犯罪实现所发挥的本质的作用。罗克辛将“机能的行为支配”与直接正犯中的“行为的支配”、间接正犯中“意思的支配”并列，作为共同正犯中行为支配概念的内容。也就是说，正犯的标准在于实施犯罪时所发挥的本质的机能，这就是机能的行为支配。

罗克辛正式完成了行为支配论，使其成为德国的通说。④ 但他的理论仍然受到批评：第一，罗克辛的观点使行为支配本身的概念空洞化。以往的行为支配论，都以构筑统一的正犯理论为目标，而罗克辛放弃了这一点，这使行为支配论作为正犯理论的地位受到怀疑。毕竟，各种正犯形态之所以都是正犯，应当有其共通的基础。第二，罗克辛从机能的行为支配的角度来加以考虑共同正犯，被认为是卓越的构想。但是，对机能的行为支配的具体规定及其理论归结，仍有疑问。如对望风行为的处理，“附加的共同正犯”与“择一的共同正犯”的正犯性等问题上，都受到批判。第三，教唆犯、帮助犯中也被认为有行为支配。因而行为支配无法区分正犯与教唆犯、帮助犯，这便丧失了行为支配论的存在价值。⑤

---

① 转引自［日］桥本正博：《行为支配论与共犯理论》，有斐阁2000年版，第63页。
② 转引自［日］桥本正博：《行为支配论与共犯理论》，有斐阁2000年版，第64页。
③ 转引自［日］桥本正博：《行为支配论与共犯理论》，有斐阁2000年版，第79页。
④ ［日］山中敬一：《刑法总论》（第3版），成文堂2015年版，第846页。
⑤ ［日］川端博：《刑法总论讲义》（第2版），成文堂2006年版，第514页。

第二十一章 共犯基础理论的建构

第一节 共犯的处罚根据论

共犯的处罚根据论，研究的是“共犯为什么要受到处罚”的问题。[①] 在德、日等大陆法系刑法理论研究中，这一问题原本被认为是一个边缘性的问题，少有人专门论述。韦尔策尔对此曾感叹过“以前的文献都没有论述，实在令人惊讶”。[②] 1967年，德国学者吕德森（Lüderssen）与瑞士学者陶莱库塞鲁（Trechsel）在德国与瑞士分别发表各自的论文集，[③] 不约而同地批评了共犯理论的混乱，意识到研究共犯的处罚根据论的重要性，在刑法史上第一次自觉地展开对共犯处罚根据论的研究。他们指出共犯理论之所以成为“黑暗之章”，是因为过去都是对共犯论所涉及的各个问题作个别化研究，缺乏统一的考量。事实上，共犯论是一个整体，应当以统一的理论来掌握共犯内部的诸问题，而为了找出共犯之关联性，就必须溯本追原——为什么要处罚共犯？这就是共犯的处罚根据论。这两篇论文面世以后，在学术界影响很大，围绕共犯处罚根据论的议论日益活跃。在今日德、日的共犯理论中，共犯处罚根据论已经被视为最基本的理论，“目前，已处在不论及共犯的处罚根据论，就无法研究共犯的状况”。[④]

共犯处罚根据论又可以进一步分为共同正犯的处罚根据论和狭义的共犯的处罚根据论。是否有必要作这些划分，取决于对共同正犯性质的认定。

一、共同正犯的处罚根据

如后所述，对于共同正犯究竟是正犯还是共犯，各国学者之间的认识并不一致。德国学者一般认为，共同正犯是正犯，因而其处罚根据超出了共犯处罚根据论所能涵盖的范畴，必须通过其正犯构造的论证来加以说明。日本多数学者认为共同正犯

---

① ［日］川端博：《刑法总论讲义》（第2版），成文堂2006年版，第505页。

② 转引自［日］高桥则夫：《共犯体系与共犯理论》，成文堂1988年版，第94页。

③ Lüderssen，Zum Strafgrund der Teilnahme，1967；Trechsel，Zum Strafgrund der Teilnahme，1967.

④ ［日］高桥则夫：《共犯处罚根据论的新样相》，载《现代刑事法》2003年第9号，第31页。

是共犯，因而其处罚根据需要从共犯处罚根据中加以细化；还有的学者认为共同正犯既有正犯性，也有共犯性，那么其处罚根据需要结合正犯性与共犯性两方面加以说明。

1. 将共同正犯视为正犯的角度。

认为共同正犯是正犯的学者认为，共犯处罚根据论仅适用于狭义的共犯，即教唆犯与帮助犯，而无法适用于共同正犯。他们认为，共同正犯的处罚根据（部分行为全部责任的法理根据）在于机能的行为支配。

罗克辛是机能的行为支配说的倡导者，他认为，“共同正犯的行为支配，是指由其对犯罪行为的分担，而对全部犯罪实现支配。也就是说，如果缺少一人的行为，对其他人来说就意味着计划的挫折”。[①] 各个行为人，对自己所分担的部分，毫无疑问具有行为的支配，如果其行为，对整个犯罪的成功与否可以加以左右，那其行为就可以被认为对整个犯罪具有支配。因此，对犯行全体的支配，就是共同正犯中的行为支配。因此，各个共同者即使只实施了行为的一部分，也要对全部行为承担责任。例如，甲、乙就抢劫银行达成合意，甲用手枪威胁银行工作人员，乙则夺取财物。如果分别考察单个行为，则甲不过实施了胁迫，乙不过实施了盗窃，但是从整个犯罪计划来看，甲、乙是由行为的分担而完成犯罪，甲、乙任何一人放弃犯罪都会使犯罪计划受到挫折，因此，甲、乙都对全部犯罪具有行为的支配。

罗克辛认为，要认定存在机能的行为支配，需要具备以下要件：

第一，作为共同正犯主观的要件，必须有共同的犯罪计划或者共同的犯行决意。行为支配论批判了过去的主观的共犯论，认为这种主观的要件，并非纯主观的构成。罗克辛认为，设立这样的主观的要件，是因为“给机能的行为支配奠定基础的分工的共动，各个个人所发挥作用的‘机能’正是从这个计划中产生，因此，侵害的全计划是必要的”。对于机能，如前所述，必须与犯罪的全部计划相应，从分工的共动的意义上加以判断。但是，“计划成立时的共动是不必要的”，计划本身并非犯罪事实，因此，对计划成立所发挥的作用对正犯性而言并无决定性的重要性。

第二，必须是“实行阶段”。这里的实行阶段并非指形式的客观说所确定的那种严格意义上的实行行为（构成要件该当行为）阶段，而是在预备——实行的着手——实行的终了——既遂——犯罪的实质终了的全部行为过程中，实行阶段是指从接近于实行着手的预备阶段到犯罪尚未实质终了的既遂后阶段这一广阔的范围。而且，虽然不在实行阶段，但对实行阶段有某种形式的强烈的影响，能够左右实行的完成的，也可以包括在内。[②]

关于预备阶段的共动。罗克辛从限制的正犯概念出发，认为必须在实现构成要件时才能肯定正犯性。因此“共同正犯性，无非是在实现构成要件行为，也就是在实行时的共同支配。仅仅参与预备的，其影响可能及于实行但不能说有支配”。

---

① 转引自［日］桥本正博：《行为支配论与共犯理论》，有斐阁2000年版，第79页。

② ［日］高桥则夫：《共犯体系与共犯理论》，成文堂1988年版，第300页。

作为纯粹的价值判断，决定是否是“发挥重要作用的人”或“关键人物”，其标准是不一样的。罗克辛认为，行为支配，指的不是规范的价值的支配而是实体的支配。因此，实施自由的并且自己负责的行为的实行者，多是对事实进行支配，这以外的人不能说对同一事实进行了支配。据此，预备阶段的共动不能说是对犯罪事实进行了支配。

但是“分工”这一事实，因为强化了实行者的犯罪意思，也可能存在对犯罪事实进行现实的支配的情况。现在的德国判例对此表现出明显的倾向。罗克辛对最近的一个判例进行了批判。该判例认为，如果有万一的情况下使用武器这种推定的合意，在实行阶段并没有发挥任何的作用，共犯者在已经开枪以后才参与的，也成立谋杀共同正犯。罗克辛认为，这一判例是回归了极端的主观说，应予否定。“正犯性指的是实现构成要件。因此，共同正犯也必须在实现构成要件，换句话说，即实行行为时有共同的支配才成立。”

罗克辛认为，为了成立共同正犯，并无必须在犯罪现场的必要。通过电话等对实行行为进行指示、指挥、协同的也可以成立共同正犯。发挥重要作用的事实上的参与只要及于实行阶段，那么是否在现场便无大的意义。因此，在形式上并未发挥共同作用，所谓集团犯罪的首领也可以肯定其共同正犯性。

第三，必须对结果有“本质的共动”。是否具有本质的共动，不能进行事后的追溯式的因果的考察，而应当从计划阶段就开始考虑，看其分工对于犯罪的实现来说是否被赋予重要的地位。罗克辛认为即使缺少德国判例所重视的“正犯者的意思”，只要发挥了本质的作用，就是正犯。①

2. 将共同正犯视为共犯的角度。

第一，准用共犯处罚根据论。

有的学者认为，共同正犯既是共犯的一种，那么共犯的处罚根据论对共同正犯而言就具有十分的意义。具体而言，与教唆帮助不同、共同正犯需要有正犯性。但是这种正犯性与单独正犯的正犯性不同，始终是一种扩张的正犯性。因为，在共同正犯的场合，不以单独实现全部构成要件为必要。另外，如在其他共同者侵入住宅进行盗窃的时候，在屋外望风的人，也有可能成立盗窃罪的共同正犯，可见，共同正犯的因果关系，也比单独犯的因果关系更为扩张。因此，对共同正犯来说，扩张的因果性与扩张的正犯性是必要的。而作为正犯性前提的扩张的因果性便与共犯的处罚根据论有关。

教唆、帮助是通过正犯行为来引起法益的侵害，属于法益侵害的间接引起类型。与此相对，共同正犯则是共同引起类型。由此，教唆、帮助的成立要件便与共同正犯的成立要件相区别。教唆、帮助始终是间接引起构成要件该当事实，是第二次的责任类型，而共同正犯则是共同引起构成要件该当事实，是第一次的责任类型，这

---

① ［日］高桥则夫：《共犯体系与共犯理论》，成文堂 1988 年版，第 300 页。

便是两者成立要件不同的原因。①

第二，集团主义原理与个人主义原理的解释方法。

有的学者虽然认为共同正犯是共犯的一种，但是并不从对构成要件的结果（法益侵害）的因果性的角度来解释共同正犯的处罚根据（部分行为全部责任的法理），而是从各共同正犯者相互之间的关系的角度来说明共同正犯的处罚根据。② 根据学者们立场的不同，又分为集团主义原理的解释方法和个人主义原理的解释方法。

首先，集团主义原理。所谓集团主义原理，简单地说，就是认为集团中的某一人如果实施了犯罪，那么集团的全体成员对这个结果承担责任是理所应当的。这种思想理论化后的主要学说是共同意思主体说。

所谓共同意思主体说，是指多数的行为人，如果形成了共同实行犯罪行为的意思，就会产生一个超越了各个个人的别个的存在的共同意思主体。只要其中有一人实施犯罪，那么各个人都是共同正犯。不过，共同意思主体说受到了广泛的批判：

其一，根据社会生活的常识与刑法的规定，要成立共同正犯，两人是最低标准。共同意思主体说对超过两人以上的多人的情况尚可以认为其形成另一个独立的集团，但是在行为人只有两人的情况下，形成超越这两人存在的共同意思主体是难以想象的。也就是说，共同意思主体说只能解释三人以上的情况，对两人的情况则无能为力。

其二，共同意思主体说认为，现实地实施犯罪的是共同意思主体，但科处刑罚的却是各个行为人。于是实施犯罪者与承担刑事责任被科处刑罚者并不一致，即犯罪主体与受刑主体发生了偏离。

其次，个人主义原理。如前所述，集团主义的原理在解释共同正犯的处罚根据（部分行为全部责任的法理）时存在问题。于是有的学者便强调从个人主义原理的角度来加以说明。但各种解释论之间仍有一定的差异。

第一种观点认为，共同正犯是以共同正犯者相互意思的联络（共谋）为根据，共同地实施该当于一定的基本构成要件的实行行为。简言之，出于一个共同的故意，相互协力共同完成一个犯罪。因此，其中的一部行为必须对所造成的犯罪结果承担全部的责任。例如，日本有判例指出："刑法第 60 条规定二人以上共同实行犯罪的都是正犯，行为者各自虽只实行犯罪要素的一部分，但其不仅应对其所实行的部分承担责任，而且应对全部犯罪承担责任。因为共同正犯与单独正犯不同，行为者相互之间存在意思联络，即对共同犯行的认识，互相利用对方的行为，全员协作完成犯罪事实。如果行为者之间缺少意思的联络，即使其中一人以与他人共同实行犯罪的意思参加犯罪，也不能说是全员协力实现犯罪，不能认为成立共同正犯。"③ 又如中野次雄认为："共同正犯的场合，为何需要对其他的分担者的行为承担责任，这

① ［日］山口厚：《刑法总论》（第 2 版），有斐阁 2007 年版，第 300 页。

② ［日］川端博：《共犯论序说》，成文堂 2001 年版，第 9 页以下。

③ 日本大审院 1923 年 2 月 25 日判决，载《大审院刑事判例集》（第 1 卷），第 79 页。

是因为，如前例所言（甲、乙共同抢劫，甲实施暴力行为，乙则分担取财行为等——笔者注），甲所实施的行为，不仅是甲自身的实行行为，同时也可被评价为是共同者乙的实行行为，所以甲对乙的实行行为也要承担责任。那么为什么甲的实行行为可以被评价成乙的实行行为呢？这是因为在实施实行行为时，甲乙之间存在合意。其结果是，甲的实行行为，不是仅基于自己单独的意思，而是与乙的意思合并起来而实现的（反过来，乙也是一样），所以不仅是甲自身的实行行为，也同时具有乙的实行行为的性质。"① 这种观点强调的是各共同正犯者所形成的一体性。事实上是后面所说的犯罪共同说的观点。

第二种观点认为，共同正犯的处罚根据（部分实行全部责任的根据）并不在于共同实行的意思联络之中，而强调行为的共同或因果关系的共同，认为各共同正犯者通过共同的行为与因果进程所具有的相互补充机能与心理促进机能才是处罚根据之所在。② 这种观点强调共同正犯是"各个行为者的共同关系"。事实上是行为共同说的观点。

3. 认为共同正犯具有共犯性与正犯性的角度。

认为共同正犯既具有正犯性也具有共犯性的观点，以因果性（共犯性）以及共同正犯的构造（正犯性）为前提，认为共同正犯的处罚根据应求之于基于共谋的相互作用、相互补充所形成的行为归属。也就是说，将他人的行为及结果作为共同正犯归属于自己的行为，其根据仅依靠自己的行为与犯罪整体结果之间具有因果关系这一点是不够的（仅以这一点为根据的学说可以称之为因果的结果归属论），还在于他人的行为可以与自己的行为互相归属这一点上。例如，在甲实施暴力、乙实施夺取财物行为的抢劫罪中，甲的暴力行为可以归属于乙的行为，乙的夺取财物的行为也可以归属于甲的行为，这种相互的行为归属通过共谋的存在而使个别的行为结合成集体的行为。③

二、狭义共犯的处罚根据

狭义共犯处的罚根据论，主要分为责任共犯论、不法共犯论与因果共犯论三类。在因果共犯论内部，以从属性的程度为标准，可以再分为纯粹引起说与混合引起说。

（一）责任共犯论

责任共犯说认为，共犯之所以要受到处罚，是因为他让正犯实施该当构成要件的违法有责的行为，使正犯堕落，陷于罪责。按照这个学说，杀人罪的正犯是因为实施了杀人行为而受到处罚，杀人罪的共犯则是因为制造出了杀人者所以受到处罚。

需要指出的是，责任共犯论也不是完全无视共犯行为与法益侵害结果之间的关

---

① ［日］中野次雄：《刑法总论概要》，成文堂 1992 年版，第 124~125 页。

② ［日］山中敬一：《共同正犯的诸问题》，载《刑法理论现代的展开》（总论Ⅱ），日本评论社 1990 年版，第 197 页。

③ ［日］高桥则夫：《刑法总论》（第 3 版），成文堂 2015 年版，第 440 页。

系。责任共犯说的着眼点在于，在日本现行法上，教唆犯被处以正犯之刑，可是教唆者在与法益侵害的关系上，处于比正犯更远的位置，与正犯相比，关系更加间接。但是仍要处以正犯之刑，说明他与正犯具有相同程度的可罚性。按照这个观点，教唆制造出了正犯这个犯罪者，这一点作为附加的要素，使本来不过与法益侵害处于间接关系的教唆的可罚性得到补充。

但是在德、日，现在几乎没有人支持责任共犯论，因为按照责任共犯论，要成立共犯，必须正犯的行为具备构成要件符合性，违法性和有责性，也就是说，在共犯成立的问题上，责任共犯说采用了极端从属性说，而现在的通说是采用限制从属性说，也就是只要正犯行为具备构成要件符合性和违法性，就可以成立共犯，不需要正犯具备有责性。由于这一点，责任共犯说逐渐失去了支持。

按照责任共犯说，未遂的教唆是可罚的。因为它同样是使正犯实施了该当构成要件的违法有责行为。

责任共犯论所针对的是狭义的共犯，尤其是教唆犯，所以无法引申适用于共同正犯。

（二）违法共犯论

违法共犯论认为，共犯的处罚根据在于它使正犯实施了符合构成要件的违法行为，而并不需要正犯行为具备有责性。在这一点上，它与通说的限制从属性说一致。本说也称为不法加担说或正犯的行为无价值引起说，是因目的行为论和人的不法论的倡导者韦尔策尔明确主张而引人注目的。

违法共犯论认为，教唆犯之所以被处罚，其实质根据在于，使正犯产生实行犯罪的决意，并基于此而实施行为，引起了违法事态，重视教唆行为与正犯行为之间的因果关系。但认为这种因果关系只要求在教唆与正犯的违法行为之间存在，不需要与结果引起之间存在关联。在限制从属形式下，包括对故意的从属，表现出强烈的对正犯的从属倾向。此外，强调正犯与共犯性质的不同，因此，主张两者的处罚根据应予以分离。对未遂的教唆，因为它使正犯在未遂的范围内，实施了符合构成要件的违法行为，所以无条件地加以肯定。

根据违法共犯论，只要正犯实施了违法行为，就成立共犯，于是他在事实上肯定了违法的连带性。所谓违法的连带性，是指正犯行为违法的话，共犯行为也违法，正犯的违法性与共犯的违法性具有连带关系。但是，这可能导致并不妥当的结论。例如，A 教唆 B 杀死自己，而 B 虽然实施了杀人行为，但是并没有达到既遂。在这里，B 毫无疑问成立嘱托杀人未遂罪，那么 A 是否成立嘱托杀人未遂罪的教唆罪呢？按照违法共犯论，正犯实施了嘱托杀人这个违法行为，而这个行为正是 A 所教唆的，正犯行为的违法性连带到共犯行为，当然 A 应当作为教唆罪被处罚。可是这个结论显然违反了一般人的法感情，并不合理。

为了弥补以上缺陷，主张违法共犯论的学者对违法的连带性作了理论上的修正：当教唆者是被害法益的主体的时候，导入违法相对性的概念，从而否定教唆者成立教唆犯。也就是说，即使正犯的嘱托杀人未遂行为是违法的，教唆者因为是被害法益的主体，其教唆行为并不违法。

但是，从违法共犯论为了维护结论的合理性而不得不对其学说的理论归结作出修正来看，这一学说本身就具有局限性。而且，正是由于违法共犯论作出了重大理论修正，使它与因果共犯论之间的界限变得暧昧。

违法共犯论如果不作修正，也只能适用于狭义的共犯，无法适用于共同正犯。如果作出修正，一般认为，就已经变成因果共犯论。

（三）因果共犯论

因果共犯论认为，共犯的处罚根据在于，它通过正犯的行为，引起法益侵害或者构成要件该当事实。

既然共犯是通过正犯来引起法益侵害，那么这个法益相对于共犯者来说是否受到保护就成为问题。也就是说，在考虑法益侵害的时候，必须考虑法益侵害主体的地位。如前所述，教唆他人杀死自己，而被教唆者虽然实施了杀人行为，但是并没有实现既遂的情况下，正犯虽然成立嘱托杀人未遂罪，但是教唆者并不成立教唆罪。因为考虑到法益主体的地位，嘱托杀人未遂这个未遂结果，并不能为教唆者的行为赋予违法性。如果说违法共犯论通过引入违法相对性的概念，作为例外来解释为什么教唆者不成立教唆罪的话，因果共犯论则是从正面来加以说明，即自己侵害自己的法益不是违法。同样，通过他人来侵害自己的法益，也不应该是违法，处罚共犯的根据从一开始便不存在。

因果共犯论，在如何理解共犯的成立要件上存在分歧。也就是说，为了成立共犯，正犯行为是否需要构成要件该当性。对这一点存在不同意见。为什么会出现这种区别呢？关键在于是否否定间接正犯这个概念。否定间接正犯的见解认为，正犯行为不需要具备构成要件该当性，这样，通说认为是间接正犯的事例，都作为共犯来加以处罚。关于这一点，虽然存在两种观点的对立，但是在因果共犯论的核心部分，即需要引起成为构成要件该当性的核心的法益侵害这一点上，并没有分歧。区别是，在此基础上，作为共犯的成立要件，是否需要正犯引起构成要件该当事实。

1. 纯粹引起说。

又称“违法结果引起说”、“独立性志向引起说”。本说在德国处于少数说，认为共犯的处罚根据，在于引起正犯的结果，从属性不过具有“事实的性质”罢了。在日本，也有人认为，共犯的处罚根据在于，共犯通过介入正犯的行为引起违法的正犯结果。因此，纯粹引起说，在观念上，可以分为行为无价值型的纯粹引起说，承认违法的相对性；与结果无价值型的纯粹引起说，从违法的结果来判断行为的违法性。①

按照纯粹引起说，共犯的成立要件，并不需要正犯引起构成要件该当事实。当然，持该说的学者也认为，要成立共犯，共犯者的行为必须引起修正的构成要件事实，但是并不需要正犯引起构成要件该当事实。采用这一学说的学者，其目的在于

① ［日］山中敬一：《刑法总论》（第3版），成文堂2015年版，第861页。

限制正犯的概念，否定间接正犯。也就是说，采用纯粹引起说的学者，都采用的是限制的正犯概念，并且对其作了很严格的解释。纯粹引起说的实际意义在于以下两点：第一，限定共同正犯的成立范围。由于这一见解都是在形式上理解正犯概念，也就是根据是否分担实行行为来判断是否正犯，反对正犯概念的实质化，也就反对共谋共同正犯的概念。第二，限定未遂的成立时期。根据共犯的实行从属性原则，共犯的处罚时期由正犯的处罚时期来决定。正犯是未遂，共犯也是未遂。而间接正犯，以前的通说是，背后者在实施鼓动行为时成立未遂，也就是说，间接正犯的处罚时期，比共犯早。此说不承认间接正犯的概念，此种行为都作为共犯处理，所以会限定未遂的处罚范围。但是这一点现在已经失去了实际意义。因为现在间接正犯的通说是，在发生既遂的具体危险的时候肯定未遂的成立，所以从背后者的处罚时期的观点来看，无论是将哪种行为作为共犯，还是作为间接正犯，都没有变化。①

纯粹引起说，最大的问题在于肯定所谓的“无正犯之共犯”。也就是说，根据纯粹引起说，为了成立共犯，并不需要正犯行为具有构成要件符合性，因此，即使并不存在正犯，也可以肯定教唆、帮助的成立，这就是所谓的没有正犯的共犯。

所谓无正犯之共犯主要存在于以下几种情况：第一，在身份犯中，身份者参与非身份者的行为时，非身份者虽然不成立正犯，身份者则成立无正犯之共犯。例如，《日本刑法典》第134条规定了秘密泄示罪，其主体是医生，行为是泄露因为职业而知道的他人的秘密。那么护士应该不能成立此罪。由于医生、护士是一起工作，护士当然也有知道患者秘密的机会。如果医生A教唆护士B泄密的时候，应当如何处理？由于护士不是此罪的主体，便不成立该罪。而按照没有正犯的共犯的观点，医生仍然成立教唆。于是纯粹引起说，虽然希望限制正犯的范围，结果却未必如此。在身份犯的场合，反而会扩张处罚范围。第二，在消极的责任身份犯中，非身份者参与身份者的行为时，非身份者虽然不成立正犯，身份者则成立无正犯之共犯。例如，犯人教唆他人毁灭自己的罪证的情况。第三，对不可罚的自伤、自损行为的参与，在法益主体对参与者并未放弃法益时，会成立无正犯之共犯。第四，正犯存在及于一身的违法阻却事由（如公务员因其职务行为而阻却违法），对参与者（如对公务员的职务执行给予鼓励者）也成立无正犯之共犯。②

纯粹引起说也被认为与法律规定相违背。因为法律规定教唆犯是“教唆他人使实行犯罪”，因此要成立教唆，正犯至少要具备构成要件符合性。帮助犯法律规定的是“帮助正犯”，自然也需要正犯具有构成要件符合性。③

由于纯粹引起说在结论上存在上述缺陷，持纯粹引起说的学者也对自己的观点作了修正。例如，有的学者认为，原则上并不需要正犯的行为是符合构成要件的行

---

① ［日］山口厚：《共犯论的现状与课题》，载《法学教室》2002年第11期。

② ［日］山口厚：《刑法总论》（第2版），有斐阁2007年版，第298~299页。

③ ［日］山口厚：《刑法总论》（第2版），有斐阁2007年版，第298页。

为，而只要是“单纯的违法行为”就可以了。[①] 有的学者进而提出“可罚的不法从属性说”，认为“共犯的处罚，应当解释为从属于正犯的‘可罚的不法’。它并不要求正犯的构成要件符合性，而要求是可罚的违法行为。因此，教唆自伤行为、自损行为的教唆者的罪责，也会因为正犯行为不具有‘可罚的不法’，而不能处罚共犯”。[②] 但批评者认为这种修正“无外乎是承认（即使是部分承认）共犯责任的‘二次责任’性”。[③]

2. 修正引起说。

又称为“正犯不法引起说”、“从属性志向引起说”，这在德国是通说。其基本观点是，共犯者的不法并不在于其行为本身，而是从正犯者的不法所导出。也就是说，之所以处罚共犯者，是因为其引诱、促进了正犯的行为。共犯没有独立的违法性，共犯的不法，从属于正犯的不法。按照这种见解，共犯并非直接引起正犯的结果，而是通过对正犯行为的引诱、促进间接地引起正犯结果。该说否定“人的违法相对性”而肯定“违法之连带性”，既否定“无正犯之共犯”（若没有正犯的不法，则亦没有共犯的不法），也否定“无共犯之正犯”（若存在正犯的不法，则也存在共犯的不法）。由于违法连带性之主张来源于否定人的不法的传统的客观违法性论，本说所以基本上倾向于结果无价值论。又因为主张违法连带性，故也有限制从属性说之倾向。

批评者认为，修正引起说对于未遂教唆或陷害教唆问题难以自圆其说。因为持修正引起说的学者，大多以教唆者不具有教唆之故意（引起构成要件结果之故意），而否定未遂教唆、陷害教唆的可罚性。但是根据其理论主张，即使仅仅引起正犯之未遂，也构成违法，因此若按违法连带性之主张，则陷害教唆（或未遂教唆）也有可罚性。之所以出现这种矛盾，是因为修正引起说强调违法连带性之结果，而忽视共犯所具有的独立不法。

3. 折中引起说。

本说虽立足于引起说，但对于正犯与共犯违法的连带性，并不像正犯不法引起说那样作严格的解释，而是肯定违法的相对性，从共犯独自的不法与正犯的不法这样的二元论来给不法奠定根据。因此，也称为混合引起说、二元的不法引起说、从属的法益侵害说。本说部分肯定共犯不法与正犯不法的相对性。即否定“无正犯之共犯”而肯定“无共犯之正犯”。

折中引起说一方面承认共犯不法的独立性；另一方面从限制正犯概念的立场出发，又强调共犯本身并不能直接侵害法益，它必须通过正犯的行为，才能侵害法益。即认为由共犯行为所引起的法益侵害的危险性是抽象的危险性或预备行为的危险性，必须有正犯行为所引起的法益侵害的具体危险存在之后，才能形成共犯的结果无价

---

① ［日］佐伯千仞：《刑法讲义（总论）》，有斐阁 1981 年版，第 338 页。
② ［日］山中敬一：《刑法总论》（第 3 版），成文堂 2015 年版，第 862 页。
③ ［日］山口厚：《刑法总论》（第 2 版），有斐阁 2007 年版，第 299 页。

值。可见，正犯的不法限定着共犯不法的上下限。在这一意义上共犯从属于正犯。这种从属性不是单纯事实上的依存性，而是具有法律上的决定性。它使分则构成要件的内容限制总则共犯规定的成立范围，从而有效地防止了刑罚的过度扩张。因此，折中引起说得到了不少学者的赞同。

第二节 共犯的本质

围绕共犯的本质，形成了如下学说的对立：

一、犯罪共同说与行为共同说

（一）概述

推本溯源，犯罪共同说和行为共同说由来于法国刑法学，但是正式将共犯的本质问题归结为犯罪共同说与行为共同说的对立则是日本学者牧野英一的首创。“共犯以什么为其‘共同’呢？这个问题是由牧野博士提出来的。”“在西方近代刑法学中，通说认为共犯是指一个犯罪存在数个当事人或者参与者的情形。这种观念至今在英、美及法国仍然占支配地位（在德国，这一点不明确，但仍残留着这种思想是不容争议的）。这种观点最终是承认数人一罪，但是数人一罪是与刑法中的个人责任原则相矛盾的。牧野博士的行为共同说批评了这一点，而把刑法中的个人责任原理在共犯理论上加以明确。”① 在二战前，日本刑法理论界一般认为犯罪共同说的理论基础是客观主义，而行为共同说的理论基础是主观主义。因此，犯罪共同说和行为共同说的对立折射出主观的犯罪论和客观的犯罪论之间的论争。例如，日本的旧派多以犯罪构成要件的客观的定型性为依据主张犯罪共同说，而新派则多以犯罪是反社会的恶行的征表的主观犯罪论为依据主张行为共同说。战后，随着主观主义思想的衰退，以近代学派的主观主义为基础，强调行为人“主观恶性”的行为共同说已不再有支持者。因此，现在所说的行为共同说，也是立足于客观主义的立场，以行为共同或因果共同为前提，认为共同正犯是指各人各自依据“行为之共同”来实现各自的犯罪。犯罪共同说与行为共同说的对立成为客观主义内部的分歧。

此外，也有学者认为，犯罪共同说是以责任共犯论为基础，立足于行为无价值。行为共同说则是以违法共犯论为基础，立足于结果无价值。② 但是这种对应并不具有必然的意义。由于责任共犯论已不再具有支持者，现在很多学者是分别以违法共犯论或因果共犯论来支持犯罪共同说与行为共同说。

犯罪共同说和行为共同说是否属于共同正犯特有的问题，日本学者对此有不同意见。木村龟二、福田平、香川达夫等学者认为是共同正犯特有的问题。例如，木

① ［日］小野清一郎：《犯罪构成要件理论》，中国人民公安大学出版社 1991 年版，第 85 页。

② ［日］中山研一：《刑法总论》，成文堂 1982 年版，第 443 页。

村龟二认为，“刑法虽然将共同正犯与教唆犯、从犯并列起来作了规定，是广义的共犯，但它具有同教唆犯和从犯等狭义的共犯（与正犯相对的共犯）完全不同的意义，是正犯的共同，不能忘记他是正犯的一种。根据对共同正犯的不同解释，即共同正犯是指两人以上者共同实施一个犯罪才能成立，还是只要共同实施实行行为，不受犯罪的个数的限制即可成立，有犯罪共同说和行为共同说的区别”。[①] 藤木英雄也认为，“关于共同正犯的本质，有犯罪共同说与行为共同说的对立”。[②] 但是，另有一些学者认为广义的共犯也会涉及这一问题，如山中敬一指出“包括共同正犯在内的广义的共犯，在与其他的参与者在共同参与‘什么’的问题上存在两个基本学说的对立，即犯罪共同说与行为共同说的对立”。[③] 川端博也认为，“从来犯罪共同和行为共同是只与共同正犯有关的问题，但应当作为共犯的全体问题来考察”。[④]

（二）犯罪共同说

传统的犯罪共同说主张共犯是数人共同实施犯罪，这种犯罪必须是符合客观的构成要件的特定犯罪，简言之，传统的犯罪共同说主张的共犯是“数人一罪”。这在数人实施完全相同的犯罪的情况下很好理解。问题在于数人实施的犯罪多少有一些差别的情况下如何处理。例如，A 以杀人的故意，B 以伤害的故意，共同对 C 实施犯罪的情况下，是否成立共犯？如果成立，那么成立什么样的共犯？根据处理原则的不同，可以把犯罪共同说分为以下几类。

1. 严格的完全犯罪共同说。

严格的完全犯罪共同说认为，这里的共同指的是共同故意实施同一犯罪。数人实施的犯罪必须完全一样才成立共同犯罪，如果有差别，即使两罪之间存在基本派生关系、身份的加重减轻关系或者构成要件之间存在重合部分也不成立共同犯罪。上述的案例，便只不过是故意杀人罪和故意伤害罪的同时犯而已。

严格的完全犯罪共同说对“犯罪的共同性”作了最严格的认定。也就是说，只有在各个行为人实施的犯罪罪名完全相同的情况下才能成立共同犯罪，如果行为人实施的犯罪的罪名不同，就不可能构成共同犯罪，而只是同时犯而已。但是，如果严格贯彻这种理论，可能在司法实践中会导致很多犯罪得不到公正的处理。例如，行为人分别以杀人、伤害的故意向被害人开枪，导致被害人死亡，但是无法证明是谁的子弹命中。按照该说，成立同时犯，行为人分别承担杀人未遂和伤害未遂的责任，这显然会轻纵犯罪。因此，此说现在在日本、德国等国已经没有支持者。

2. 完全犯罪共同说。

完全犯罪共同说认为，如果数个犯罪的构成要件之间存在重合的部分，那么成立重罪的共犯，但是对于只实施了轻的犯罪的行为人，处以轻罪之刑。上述案例，

---

① ［日］木村龟二著、阿部纯二增补：《刑法总论》，有斐阁 1972 年版，第 404 页。

② ［日］藤木英雄：《刑法》，弘文堂 1961 年版，第 144 页。

③ ［日］山中敬一：《刑法总论》（第 3 版），成文堂 2015 年版，第 848 页。

④ ［日］川端博：《刑法总论讲义》（第 2 版），成文堂 2006 年版，第 502 页。

便成立故意杀人罪的共同正犯，不过对B只处以故意伤害罪的刑罚。又如，A以抢劫的故意入室抢劫，B以盗窃的故意在外边望风的场合，成立抢劫罪的共同正犯，不过对B处以盗窃罪的刑罚。这样，没有杀人、抢劫故意的行为人也成立故意杀人、抢劫罪。

根据完全犯罪共同说，没有重罪故意的行为人也成立重罪，带有浓厚的古典客观主义和结果责任的色彩，而且，处以重罪而刑罚却按照轻罪处理，意味着罪与刑的分离，违背了现代刑法的基本原则。①

3. 部分的犯罪共同说。

部分的犯罪共同说认为，如果数个犯罪的构成要件之间存在重合部分，那么在重合的限度内可以成立共犯，但成立的是轻罪的共犯。“A、B两罪构成要件有重合的时候（杀人罪、伤害罪等），在重合的限度内，承认有共同的实行行为，因此承认共同正犯的成立。甲以杀人的意思，乙以伤害的意思，共同殴打丙，在伤害罪的限度内成立共同正犯，即使丙是因为甲的行为而死亡，乙也要承担伤害致死罪的责任。”②

部分的犯罪共同说得到了不少学者的支持。不过该说内部仍然存在一些不明确的部分，导致同样主张该说的学者内部也有很大分歧，也因此受到主张行为共同说学者的批判。举例而言：A以杀人的故意，B以伤害的故意，共同向C开枪：

第一，如果是A的子弹导致被害人死亡，那么在伤害罪的范围内A、B成立共同正犯，A另外还单独成立杀人罪的既遂。这一点学者之间不存在分歧。问题在于，如果是B的子弹导致被害人死亡，如何处理？主张部分犯罪共同说的学者有的认为A、B在伤害罪范围内成立共同正犯，最终A承担故意杀人罪既遂的罪责，B承担故意伤害致死的罪责；有的则认为A、B成立伤害罪的共同正犯，同时A还成立故意杀人罪的未遂，最终，B成立故意伤害罪（致死）的共同犯罪，A成立杀人罪的未遂。③ 可见，部分犯罪共同说内部意见也不统一。如果采用后种观点，那么与不认定为共犯的处理结果完全一样。而且为何最终死亡的结果由只具有轻罪故意的B承担，为何具有杀人故意的A最终反而只承担未遂的责任？这种处理结果难免给人不公平的感觉。而无论采用何种观点，对A而言，如何认识故意杀人既遂（或未遂）与故意伤害罪之间的关系，也是一个难题，有的学者认为成立想象竞合，有的认为是法条竞合，还有的认为是包括的一罪。④

第二，如果A、B的子弹都命中并都给予致命伤，那么A是成立杀人既遂罪（单独犯）与伤害致死罪的共同正犯，还是说，由于A不可能两次杀死C，所以至

---

① ［日］山中敬一：《刑法总论》（第3版），成文堂2015年版，第889页。

② ［日］团藤重光：《刑法纲要总论》，创文社1990年版，第390页。

③ ［日］山口厚、井田良、佐伯仁志：《理论刑法学的最前线》，岩波书店2001年版，第220页。

④ ［日］山口厚、井田良、佐伯仁志：《理论刑法学的最前线》，岩波书店2001年版，第220页。

少有一次“死的结果”不能归责于他。[①]

第三，主张行为共同说的学者批判道：就 A 而言，故意杀人罪与故意伤害罪（或者故意伤害致死罪）本来就是一罪，为何要予以分解，承认数罪的成立？[②]

（三）行为共同说

行为共同说认为共犯的共同指的是行为的共同，也就是说，只要行为人实施了共同的行为，就可以成立共犯，不要求必须是同一或者特定的犯罪。“数人数罪”是这一学说的本质特征。

1. 传统的行为共同说。

行为共同说最早由主观主义的学者所提倡。其行为，指的是与构成要件无关的前法律的自然的行为。因为只要实施这样的行为，就可以表现出犯罪人的危险性。

传统的行为共同说受到很多批评。例如，团藤重光认为，“按照行为共同说，只要是实施前构成要件的——也就是前法律的、自然的行为，就成立共同正犯”。这样，教唆犯、帮助犯也可以说是和共同正犯一样实施了共同的行为，“教唆帮助是用基本构成要件的实行行为以外的行为进行加功，按照行为共同说，它也是共同的行为”“导致共同正犯与教唆犯、帮助犯的界限不清，现行法的基础上无法接受”。[③] 随着主观主义刑法理论的衰落，传统的行为共同说也退出了历史的舞台。

2. 现代的行为共同说。

现代意义上的行为共同说建立在客观主义的基础之上。“行为共同说，与其名称相应，是行为层次的问题。是以共犯中行为责任的存在论作为基础的理论。因此行为共同说与把行为当作犯罪人主观恶性的表现的犯罪征表说是不同的问题。”[④]

现在主张行为共同说的学者都认为，行为共同说讨论的问题既然是共同犯罪的问题，那么当然不能离开犯罪的构成要件，共同的行为，也必须是符合构成要件的实行行为，而不是实行行为以外的行为。只不过这一行为，始终是从各个共犯人自己的观点出发来看待的实行行为。因此，这里共同的行为可能分别是不同犯罪的实行行为。“现代的行为共同说，认为共犯的本质是各个参与者共同实施各自的犯罪，所以也能够认为各个参与者共同实施的是违法的构成要件该当行为，并不是共同实施某种前构成要件的自然的行为。行为共同说并非与构成要件理论不相容。狭义的共犯自身当然需要违法的共犯构成要件该当行为，而且共同正犯也要求所有的加担者实施构成要件该当行为。因此，立足于古典学派而采用行为共同说的学说（植田重正、中义胜、川端博、野村稔），并非不具有理论上的一贯性。”[⑤]

---

① ［日］山中敬一：《共同正犯论的现在》，载《现代刑事法》2001 年第 8 号，第 47 页。

② ［日］山中敬一：《共同正犯论的现在》，载《现代刑事法》2001 年第 8 号，第 48 页。

③ ［日］团藤重光：《刑法纲要总论》，创文社 1990 年版，第 391 页。

④ ［日］金泽文雄：《刑法的基本概念再检讨》，冈山商科大学出版会 1999 年版，第 179 页。

⑤ ［日］山中敬一：《刑法总论》（第 3 版），成文堂 2015 年版，第 849~850 页。

二、共犯的从属性说与共犯的独立性说

（一）概说

所谓共犯的从属性说与共犯的独立性说的争论，指的是狭义共犯（教唆犯、帮助犯）的成立是否以从属于正犯为必要。一般认为，共同正犯本身不涉及这一问题。①

传统的观点认为，共犯的独立性说原则上由近代学派所采用，其基本含义是指狭义的共犯也因共犯者固有的行为而成立并具有可罚性。共犯的从属性说则是古典学派所采用的共犯理论，其基本含义是认为狭义共犯以正犯者实施了一定的行为为成立条件和可罚性前提。换言之，古典学派认为正犯是独立的犯罪，而狭义的共犯是从属于正犯的犯罪。与此相对，近代学派认为教唆行为、帮助行为本身就反映了行为人反社会的性格，对犯罪结果具有原因力，因而是独立的犯罪。

然而，现在的刑法理论一般认为，共犯的独立性说与共犯的从属性说的理论对立，与近代学派同古典学派的理论对立并没有必然的联系。它们之间的差异仅在于应当谦抑的处罚主义还是积极的处罚主义。即使是古典学派的学者，如果将行为无价值论彻底化，就有可能认为即使正犯还没有实行着手，只要实施了共犯行为就具有可罚性。相反，即使是近代学派的学者，只要不拘泥于理论的彻底性，在考虑到处罚或处分的必要性的基础上就可能采用共犯从属性说。②

从德、日目前的理论状况来看，共犯从属性说占据了绝对的通说地位。

（二）共犯从属性说

共犯从属性说认为狭义的共犯从属于正犯。至于从属性的具体内容，以前的学说多是仅考虑其有无和程度问题。③ 但现在的学者则主张应作更细致的探讨。一般认为，从属性具体而言包含着实行从属性、要素从属性和罪名从属性三方面的内容。④

1. 实行从属性。

实行从属性是指共犯的处罚从属于正犯的实行，即只有当正犯实施实行行为之后，才可以处罚共犯。

例如，对于所谓“教唆的未遂”，即教唆者实施了教唆行为而被教唆者并没有着手实施实行行为的情况，共犯从属性说认为不可罚。“教唆或者帮助杀人的行为，不是杀人行为本身，两者在定型性上具有差异。处罚杀人未遂的规定，不能适用于杀人教唆的未遂。将教唆行为、帮助行为与实行行为同等看待，违反了罪刑法定主义……教唆行为、帮助行为不是基本构成要件的实行行为，所以教唆、帮助的未遂

---

① ［日］山口厚：《刑法总论》（第2版），有斐阁2007年版，第308页。

② ［日］山中敬一：《刑法总论》（第3版），成文堂2015年版，第850页。

③ ［日］团藤重光：《刑法纲要总论》，创文社1990年版，第375页。

④ ［日］平野龙一：《刑法总论Ⅱ》，有斐阁1975年版，第345页。

也不成立基本构成要件的未遂罪。因此，要处罚单纯的教唆、帮助行为，必须有特别的规定。如果没有特别的规定，则只能在具有正犯行为之后，才能够成立教唆犯与帮助犯。”①

就实行从属性与共犯处罚根据论的关系而言，责任共犯论、违法共犯论以正犯的不法、责任为前提，因而当然肯定共犯的实行从属性。因果共犯论（引起说）将共犯的处罚根据求之于引起结果发生的具体危险，由于在正犯着手的时点才存在这种具体的危险，所以只有在该时点共犯才可罚。因此，因果共犯论也同样肯定共犯的实行从属性。②

2. 要素从属性。

所谓要素从属性，是指为了成立共犯（教唆、帮助），需要正犯具备犯罪成立的那些要件。对此，德国学者 M. E. 迈尔提出了四种从属形式，即最小从属形式、限制从属形式、极端从属形式和夸张从属形式。日本学者一般是遵照 M. E. 迈尔的分类加以论述，但近年来也有学者提出了第五种从属形式即“一般违法从属形式”。

第一，最小从属性说。

最小从属性说认为，共犯的成立只需要正犯的行为符合构成要件，即使正犯的行为缺乏违法性和有责性，也不影响帮助者或教唆者成立共犯。

对最小从属性说的主要批评是：如果行为人教唆对方实施符合构成要件的正当行为，如上级命令法警执行死刑命令，按照最小从属性说，该行为属于可罚的杀人罪的教唆，这显然不合理。③ M. E. 迈尔自己也认为，最小从属性说在立法上难以被采用。④ 因此，在很长一段时间里，没有学者支持最小从属性说。

不过最近几十年，从共犯关系中的违法相对性角度支持最小从属性说的学者在不断增加。例如，平野龙一从结果无价值论的立场出发，认为最小从属性说有一定合理性。“违法原则上是客观的、连带的，但例外情况下也可能具有一身专属性。因此，可能出现正犯的行为合法而共犯的行为违法的情况；也可能出现正犯的行为违法而共犯的行为合法的情况。例如，如果认为正当防卫以防卫的意思为必要，那么当 A 教唆 B 去殴打 C，同时又教唆不知情的 C 在遭到 B 殴打时实施正当防卫时，A 由于没有正当防卫的意思所以违法，C 由于具有正当防卫的意思，其行为合法。又如，当同意伤害属于违法时，甲委托医生乙切除自己的手指，乙的伤害行为属于违法，而甲的教唆行为则不受处罚……严格地说，共犯只从属于正犯的符合构成要件的行为，至于是否违法则需要对正犯和共犯作分别的讨论。这样理解的话，最小从属性说或者（与违法共犯论相区别的）因果共犯论是最妥当的。然而，由于这些都是极其例外的情况，所以也不妨碍在一般情况下可以采取限制从属性说，对这种

---

① ［日］团藤重光：《刑法纲要总论》，创文社 1990 年版，第 379 页。

② ［日］浅田和茂：《刑法总论》（补正版），成文堂 2007 年版，第 409~410 页。

③ ［日］山中敬一：《刑法总论》（第 3 版），成文堂 2015 年版，第 856 页。

④ ［日］川端博：《刑法总论》（第 2 版），成文堂 2006 年版，第 530 页。

情况再例外地加以考虑。”①

佐伯仁志更彻底地指出，“违法的连带性，是法益侵害的连带性。关于违法性阻却的有无，则应当根据该违法性阻却事由的意旨对各个行为人分别进行判断……处于法益纠葛状态中的违法性阻却，应根据其具体状况来加以合适地解决。而什么是合适的解决则因各行为人的状况而异。在这个意义上，违法性阻却有的情况下只是相对地起作用。作为共犯成立必要条件意义上的从属性以最小限度从属性为妥当”。②

前田雅英也认为最小从属性说有无法否定的优点。为了回避对最小从属性说的批评，合理说明“教唆他人杀人，当他人实质上实施的是正当防卫的情况，教唆者不可罚”的理由，前田雅英指出，“当直接的杀人行为被正当化时，在此范围内刑法否定将死亡结果归责于杀人行为者，因此将该结果归责于共犯者也是不妥当的。教唆行为的违法性，只有在与正犯行为所引起的结果的关系上才能成立。被正当化的结果，就没有归责于其‘远因’的共犯者的必要”。③

大谷实原本采用限制从属性说，但现在也转而支持最小从属性说。他认为，共犯的处罚根据在于通过正犯的实行行为而间接地引起了法益侵害或侵害危险，所以“共犯的成立，以正犯的行为符合构成要件，侵害或威胁法益为要件，并不一定要求正犯行为具有违法性”。④

对于重新兴起的最小从属性说，也有学者批评道：为了合理解释正当防卫的教唆行为的正当化理由，没有采用最小从属性说的必要。“从因果的共犯论的立场，引起正犯的正当防卫结果的教唆犯的行为，本来就是正当行为。”⑤ 而大谷实观点的改变，也被批评为会导致“将命令执行死刑的法官认定为杀人的教唆犯……这种只见树木不见森林的改说，可以说是导致更加不合理结论的绝好例证”。⑥

第二，限制从属性说。

限制从属性说认为，共犯的成立以正犯的行为符合构成要件且具有违法性为必要。根据限制从属性说，“构成要件符合性以及违法性显示了行为的客观属性，如果不具备这两者就不会产生刑法介入的必要性。即使存在构成要件符合性但违法性被阻却的话，由于该行为并非违法，所以也不成为刑法禁止、抑制的对象……在这个意义上，正犯行为具备构成要件符合性及违法性，对于追究背后的具有因果性的共犯的‘第二次性’责任，是必要的”。⑦

---

① ［日］平野龙一：《刑法总论Ⅱ》，有斐阁 1975 年版，第 358 页。

② ［日］佐伯仁志：《对共同正犯基本问题的评论》，载《理论刑法学的最前线》，岩波书店 2001 年版，第 236 页。

③ ［日］前田雅英：《刑法总论讲义》（第 4 版），东京大学出版会 2006 年版，第 425 页。

④ ［日］大谷实：《刑法总论》，黎宏译，中国人民大学出版社 2008 年版，第 371 页。

⑤ ［日］山中敬一：《刑法总论》（第 3 版），成文堂 2015 年版，第 856 页。

⑥ ［日］山中敬一：《刑法总论》（第 3 版），成文堂 2015 年版，第 857 页。

⑦ ［日］山口厚：《刑法总论》（第 2 版），有斐阁 2007 年版，第 311 页。

M. E. 迈尔曾经认为限制从属形式从理论上讲最为合理，但由于当时的德国刑法规定教唆犯、从犯的成立以正犯的可罚行为的存在为必要，因而无法采用限制从属性说。不过，1943 年德国刑法作了修改，其第 48 条第 1 款、第 49 条第 1 款规定教唆犯、从犯的成立要件以正犯实施了“受刑法威吓的行为”为必要；第 50 条规定，共犯者只应按照其自己的责任进行处罚，与他人的责任无关。由此，限制从属性说成为德国刑法理论的通说。[①] 现行《德国刑法典》第 26 条、第 27 条规定教唆犯、从犯是教唆、帮助他人“故意实施违法行为”；第 29 条规定对共犯者“依其责任予以处罚，不考虑他人的责任”。这就更明确地采用了限制从属性说的立场。

限制从属性说在日本也是通说，团藤重光、平野龙一、大塚仁、曾根威彦、川端博、山口厚、林干人等均支持此说。其主要理由在于：其一，《日本刑法典》第 61 条规定“教唆他人使之实行犯罪的……”，在对其的文理解释上重视“使之实行犯罪”这一表述，从而认为刑法只要求教唆犯等共犯从属于“实行行为”而并非从属于“犯罪”。[②] 其二，“犯罪”这一用语有的时候用于指不具有责任的情况，这在日本有法律上的依据。例如，《日本犯罪被害者等给付金支给法》第 2 条第 2 款即是如此。其三，在“违法是连带的、责任是个别的”这一标志性口号之下，人们从违法统一性的角度认为，正犯与共犯在违法性上是共通的，责任判断因为是对个人的非难所以才应当个别地加以判断。[③]

限制从属性说也受到一些批评：首先，限制从属性说将共犯成立的要件求之于正犯的规范意识，这不合理。其次，对于教唆陷于违法性阻却事由的错误的行为人或缺乏违法性意识的可能性的行为人的情况，限制从属性说肯定它们的工具性；对于所谓利用“无身份有故意的工具”的事例（如作为公务员的丈夫指使知情的妻子收受贿赂），限制从属性说认为虽然是利用有责任能力的人但仍然成立间接正犯，这就违反了以是否存在规范的障碍来区分间接正犯与共犯的共犯从属性说的根本思想。最后，限制从属性说过分拘泥于犯罪概念要素的有无及从属的形态问题，并将其作了形式主义的适用。[④] 诸如被害人承诺这样的情况究竟是阻却构成要件符合性还是阻却违法，理论上就存在不同看法。因此，“对要素从属性作形式的议论显然是不能合理地处理问题的”。[⑤]

随着共犯处罚根据论研究的进展，现在限制从属性说内部也在进行着理论的深化。有的学者认为，正犯的违法虽然是共犯违法的必要条件，但并非充分条件，正犯违法并不必然导致共犯违法，即肯定了违法的相对性。这也使得限制从属性说与

---

① 参见［日］川端博：《刑法总论》（第 2 版），成文堂 2006 年版，第 530 页。

② ［日］川端博：《刑法总论》（第 2 版），成文堂 2006 年版，第 531 页。

③ ［日］浅田和茂：《刑法总论》（补正版），成文堂 2007 年版，第 411 页。

④ ［日］只木诚：《要素・罪名从属性的新样相》，载《现代刑事法》2003 年第 9 号，第 39 页。

⑤ ［日］前田雅英：《刑法总论讲义》（第 4 版），东京大学出版会 2006 年版，第 424 页。

最小从属性说的区别相对化。①

限制从属性说的这种演变也影响到了间接正犯的认定。通说的立场历来是坚持限制的正犯概念并采用限制从属性说。但现在对于是否应将传统认定为间接正犯的案例解消在共犯的概念之中，存在着不同的看法。纯粹引起说将限制的正犯概念彻底化，对此持肯定态度，承认“无正犯的共犯”；而修正引起说则持否定态度。②

第三，极端从属性说。

极端从属性说认为，共犯的成立以正犯行为具备构成要件符合性、违法性和有责性为条件。即只有正犯的行为构成犯罪时，帮助者或教唆者才能成立共犯。

如前所述，在 M. E. 迈尔的时代，德国刑法规定教唆犯、从犯的成立以正犯的可罚行为的存在为必要，因此极端从属性说也是理论上的通说。不过随着 1943 年刑法的修改，限制从属性说取代了极端从属性说成为通说。

在日本，极端从属性说也曾经是通说。这是因为《日本刑法典》第 61 条规定“教唆他人使之实行犯罪的……”当时的学者们重视“犯罪”这一条文上的表述，认为只有当正犯行为具备了构成要件符合性、违法性、有责性才属于犯罪。③

极端从属性说受到的主要批评是：其一，“根据此说，教唆不满 14 周岁的人实施犯罪都成立间接正犯，这不妥当。因为即使是 14 周岁以下的未达刑事责任年龄的未成年人，也可能具备相当程度的规范意识，能充分理解自己行为的犯罪意义。对于这些人的利用行为不应理解为间接正犯而应当解释为教唆犯”。④ 其二，假使上述情况成立间接正犯，那么就会认为在实施劝说行为时就是实行着手，这过早地认定了实行着手的时间。其三，按照极端从属性说，帮助无责任能力者实施犯罪的情况，由于不属于间接正犯，就无法对之进行处罚。⑤ 其四，极端从属性说立足于责任共犯论，要求责任的连带，这违反了个人责任的原则。“只要无责任能力的人能够成为规范的障碍，正犯者就没有必要必须具备刑法意义上的责任。”⑥

对上述批评意见，也有学者反驳说，首先，第二点批评意见是不成立的。因为关于间接正犯的着手时期有各种不同的学说。其次，第四点意见也不具有理论上的必然性。最后，虽然第一点、第三点批评意见有一定的道理，但这是刑法在考虑到少年的可塑性的基础上所作的特殊政策性规定，如《日本刑法典》第 41 条的不可避免的“附产品”。综合考虑刑法的规定，将间接正犯与教唆犯的区别求之于被利

---

① ［日］林干人：《刑法总论》（第 2 版），东京大学出版会 2008 年版，第 423 页。

② ［日］只木诚：《要素·罪名从属性的新样相》，载《现代刑事法》2003 年第 9 号，第 40 页。

③ ［日］大场茂马：《刑法总论》（下卷），中央大学 1917 年版，第 1017 页；［日］泷川幸辰：《犯罪论序说》，王泰译，法律出版社 2005 年版，第 144 页。

④ ［日］川端博：《刑法总论》（第 2 版），成文堂 2006 年版，第 531 页。

⑤ ［日］只木诚：《要素·罪名从属性的新样相》，载《现代刑事法》2003 年第 9 号，第 38 页。

⑥ ［日］曾根威彦：《刑法总论》（第 4 版），有斐阁 2008 年版，第 249 页。

用者是有规范意识的人还是缺乏规范意识的工具的极端从属性说基本上是正确的。①

值得注意的是，现在也有少数学者主张对极端从属性说作合理的修正或消极的把握。“极端从属形式，正确地理解应该是‘使被利用者实行故意犯罪（符合构成要件的违法的有责的故意行为）时，不成立间接正犯而只成立共犯……正是基于此主张（消极的）极端从属形式的合理性。”②

第四，夸张从属性说。

夸张从属性说认为，共犯的成立不仅要求正犯行为具备构成要件符合性、违法性和有责性，而且还要求具备一定的可罚条件。例如，如果将《日本刑法典》第197条第2款事前受贿罪中“成为公务员”理解为客观的处罚条件的话，夸张从属性说认为共犯的成立还要求正犯具备这种专属于一身的事由。

由于现行德、日刑法明确规定，正犯的加减身份不具有连带性，因此夸张从属性说与现行法相违背，在理论上已经没有了支持者。

第五，一般违法从属性说。

一般违法从属性说，③ 有的学者也称为“可罚的不法从属性说”。④ 此说认为，共犯的成立并不要求正犯的行为一定要符合构成要件，但至少必须是违法的。“从自杀参与罪来看，现行法认为即使正犯（自杀者）的行为不符合构成要件，其教唆、帮助也是可罚的。由此可见，认为共犯的成立以正犯的行为（不必要符合构成要件，但至少）违法为要件，是最合适的。”⑤ “应当认为，共犯的处罚从属于正犯的‘可罚的不法’。它不要求正犯的构成要件符合性，只要求是可罚的违法行为。因此，关于教唆自伤行为、自损行为场合下教唆者的罪责，只要正犯的行为不具有‘可罚的不法’，就不能处罚共犯。”⑥

3. 罪名从属性。

所谓罪名从属性，是指共犯的罪名从属于正犯的罪名，即共犯和正犯的罪名必须是同一的。关于共犯是否具有罪名从属性，犯罪共同说和行为共同说的观点曾经截然对立。不过，随着犯罪共同说和行为共同说内容的变化，现在“部分的犯罪共同说和柔软的行为共同说的具体结论上的差异，正在逐渐缩小”。⑦

（三）共犯的独立性说

共犯的独立性说认为，共犯行为本身已经具有完整的犯罪性乃至可罚性，因此

---

① ［日］只木诚：《要素・罪名从属性的新样相》，载《现代刑事法》2003年第9号，第39页。

② ［日］齐藤信治：《刑法总论》（第5版），有斐阁2003年版，第263页。

③ ［日］浅田和茂：《刑法总论》（补正版），成文堂2007年版，第411页。

④ ［日］山中敬一：《刑法总论》（第3版），成文堂2015年版，第862页。

⑤ ［日］浅田和茂：《刑法总论》（补正版），成文堂2007年版，第411页。

⑥ ［日］山中敬一：《刑法总论》（第3版），成文堂2015年版，第862页。

⑦ ［日］只木诚：《要素・罪名从属性的新样相》，载《现代刑事法》2003年第9号，第42页。

共犯的成立并不以正犯着手于犯罪的实行为必要。“共犯的犯罪性与可罚性不从属于正犯，因此也就与正犯的犯罪性及可罚性无关，而是共犯所固有的、独立的犯罪性与可罚性。在这个意义上共犯独立性的理论是妥当的……关于共犯的行为，只要其属于实行的着手就可以在未遂犯处罚规定的限度内成立未遂犯。据此，正犯未遂及预备的场合自不待言，即使共犯行为即教唆、帮助行为以失败告终的场合也成立未遂，应按照未遂犯的处罚规定进行处罚。”①

如前所述，传统上人们一般将共犯的独立性说视为近代学派的刑法理论。但现在的学者则认为，两者没有必然的联系。共犯的独立性说只是积极的处罚主义的一种体现。即使是古典学派的学者，如果将行为无价值论彻底化，就有可能认为即使正犯还没有实行着手，只要实施了共犯行为就具有可罚性。②

① ［日］木村龟二著、阿部纯二增补：《刑法总论》，有斐阁 1978 年版，第 294 页。

② ［日］山中敬一：《刑法总论》（第 3 版），成文堂 2015 年版，第 850 页。

第二十二章　间接正犯理论的突围

第一节　夹缝中的间接正犯理论

一、间接正犯概念的补救性

所谓间接正犯，是指利用他人作为犯罪工具来实现犯罪的一种正犯形态。有的国家刑法对间接正犯作了明文规定，如《德国刑法典》第 25 条规定："自己实施犯罪，或通过他人实施犯罪的，依正犯论处。"《日本改正刑法草案》第 26 条第 2 款也规定"利用非正犯之他人实行犯罪的，也是正犯。"然而，日本等多数国家的现行刑法并没有对间接正犯作出规定，那么为什么理论上会提出间接正犯这一概念呢？这主要是为了弥补传统理论可能带来的处罚空白。

如前所述，从学说史来看，限制的正犯概念与扩张的正犯概念都是围绕着间接正犯是正犯还是共犯而展开的学说。限制的正犯概念认为，自己亲自实现构成要件的是正犯。教唆犯、从犯的规定，是对本来的"正犯"以外的行为所作的规定，是将处罚范围扩大到正犯以外的共犯，是"刑罚扩张事由"。扩张的正犯概念认为，所有犯罪的参与者都是正犯，教唆犯、帮助犯的规定不过是对需要减轻刑罚或根据实行从属性需要限定处罚范围的情况所作的特殊规定，是"刑罚限制事由"。如果没有这种规定，那么教唆犯、从犯就应当作为本来的正犯加以处理。限制的正犯概念与二元参与体系相吻合，因而成为区分制国家在故意犯领域内的通说。由于区分正犯与共犯，正犯才是犯罪的中心人物，那么共犯对正犯的从属性自然成为问题。德、日曾经的通说是极端从属性说。根据这种学说，共犯的成立必须是正犯完全具有构成要件该当性、违法性和有责性三个要件。但是，这样就会产生一个处罚的空白地带。即如果利用无责任能力的人实施犯罪，那么由于他并非亲自实施符合构成要件的行为所以不是正犯，而对方又无责任能力所以不成立共犯。但不处罚该种行为，则意味着放任比普通的教唆犯、帮助犯情节更为严重的犯罪人，不符合人们的法律感情。为了满足这一处罚要求，理论上就提出了间接正犯的概念。这意味着"'间接正犯'是'极端的'共犯从属性说的产物。提出这个概念的目的，是为了在犯罪的直接实行人不具有可罚性的情况下，让犯罪行为的操纵人为自己实施的不具备构成要件的行为承担刑事责任，从而堵塞‘从属性’理论中这一明显的‘漏洞’”。①

在限制从属性说取代极端从属性说成为主流学说之后，间接正犯理论仍被保留下来。其根据何在呢？学者们一般认为有积极的根据和消极的根据两方面。

就积极的根据而言，被利用而实施了符合构成要件且违法行为的人，不过是幕后支配者的工具而已。幕后者在支配和操纵直接行为人，这与犯罪人使用工具实施犯罪行为没有本质差别。换言之，间接正犯这一概念之所以必要，是因为当在间接行为人在规范上应该与直接行为人同等看待的场合，就其作为正犯处理才符合该犯罪的本质。这是从犯罪本质论处罚的一种认识。

就消极的根据而言，间接正犯概念的存在，原本是对于依据共犯从属性理论（极端从属性说）不能成立共犯的行为，不得已而将之认定为正犯，是补救性的概念。但这种补救性作用的要求，逐步超越了工具理论这样的积极论证的框架，而不断肥大化。② 也就是随着正犯概念的日益实质化、规范化，间接正犯概念也越发扩张。

现在的间接正犯概念，已经超越了工具理论的范畴，而从实质上将利用者的利用行为解释成正犯行为。即将形式上的唆使或帮助他人犯罪的行为，从所谓实质的、规范的立场理解为符合构成要件的正犯行为。这显然与传统的从行为形式上区分正犯与共犯的观念相悖。这是正犯概念实质化理解的结果，是为了弥补区分制立法下正犯概念既决定定罪又决定量刑所可能带来的处罚不均衡的缺陷。从这个意义上说，间接正犯仍然是一个补救性的概念，只不过其所需要补救的已不再是定罪的空白而是刑罚的公平。

二、间接正犯否定论

从间接正犯概念产生以后，否定该概念的学说就如影随形一直存在。这些学说从不同的角度指向同一个结论，应取消间接正犯这一理论。

（一）基于共犯独立说的否定说

从主观主义来提倡共犯独立性说的观点认为，区分教唆犯与间接正犯是不正确地混淆了事物的性质，是没有用的讨论。③ 因为犯罪不过是个人表现出自己的危险性格，教唆或帮助无责任能力人或者无犯罪意思人的行为实施犯罪的，就是通常意义的共犯，自应按共犯负责，丝毫没有承认间接正犯的必要。

（二）基于扩张的正犯概念的否定说

扩张的正犯概念认为，所有犯罪的参与者都是正犯，教唆犯、帮助犯的规定不

① ［意］杜里奥·帕多瓦尼：《意大利刑法原理》（注评版），陈忠林译，中国人民大学出版社 2004 年版，第 348 页。

② ［日］山中敬一：《刑法总论》（第 3 版），成文堂 2015 年版，第 865～866 页。

③ ［日］牧野英一：《日本刑法》（上卷）（重订版），有斐阁 2001 年版，第 461～466 页。

过是对需要减轻刑罚或根据实行从属性需要限定处罚范围的情况所作的特殊规定，是“刑罚限制事由”。如果没有这种规定，那么教唆犯、从犯就应当作为本来的正犯加以处理。据此，即使按照极端从属性说无法作为共犯处理的所谓间接正犯行为，也毫无疑问就是本来的正犯行为，为其专门创造间接正犯的概念没有任何必要。

（三）基于纯粹引起说的否定说

现在，主张否定间接正犯概念的学者主要基于共犯处罚根据的纯粹引起说。如前所述，采用纯粹引起说的学者，其目的就在于限制正犯的概念，否定间接正犯。也就是说，采用纯粹引起说的学者，采用的都是限制的正犯概念，并且对其作了很严格的解释。他们不承认间接正犯的概念，把诸如利用他人无过失的行为或者不知情的行为都作为共犯处理，而不是所谓的间接正犯。

以上这些否定间接正犯的学说，都是为了解决间接正犯概念所带来的问题而提出来的。但正如前面所述，在区分制的二元参与体系下，间接正犯概念承担着补救者的角色，要完全否定其存在并不现实。而且，上述几种否定说，其所植根的理论都受到了强烈质疑而或者消亡，如主观主义的共犯独立性说；或者沦为少数说，如扩张的正犯概念与纯粹引起说。所以其对间接正犯的否定性意见也未能在区分制的二元参与体系下成为通说。目前，采用区分制的二元参与体系的刑法理论主流观点，在于论证间接正犯的正犯性，为其的存在寻找根据，进而合理界定其范围。

第二节　间接正犯的正犯性

现在各国刑法理论的通说均承认间接正犯这一概念，这就意味着必须论证间接正犯作为固有的正犯所具有的正犯性。“（间接正犯）不成为共犯所以才是正犯，这种思考顺序是不妥当的。有必要积极地为间接正犯的正犯性奠定根据。”① 对此，主要存在以下一些学说：

一、工具理论

此说认为，可以将被利用者的行为视同为机械等工具。既然利用各种机械实施犯罪的行为是正犯行为，那么也应肯定利用他人实施犯罪的行为是正犯行为。德国的凯斯特林、M. E. 迈尔、日本的泷川幸辰等持这种观点。“正像利用工具或自然力不妨碍其属于行为人自己的行为一样，利用没有责任的人也不妨碍其属于行为人自己的行为。从法律的角度来观察，利用具有灵魂的工具与利用没有灵魂的工具没有差异，因此它们都可以被称为单纯的工具。”②

对工具理论的主要批评意见是：“人成为与刀、枪同等意义上的工具，这是不

---

① ［日］高桥则夫：《刑法总论》（第3版），成文堂2016年版，第423页。

② 转引自［日］大塚仁：《间接正犯研究》（复刻版），有斐阁2003年版，第47页。

可能的。充其量只能说类似于利用邮差（送达员）这样的情况。”① “其工具性的判断究竟具有什么样的内容并不明确。也就是说，它存在是事实的判断还是规范的判断的问题。”② “工具理论中有一些仅抽象论述被利用者的性格而抛开与利用者关系的倾向。工具性的存在与否应当通过背后的利用者对被利用者的利用关系才能够加以认识，这一点已被人指出。工具理论本身只停留在朴素的直观层面。”③

二、实行行为性说

实行行为性说认为，间接正犯的正犯性根据在于存在与直接正犯性质上相同的实行行为性。“也就是说，从背后利用者的行为中，可以看出主观上具备实行的意思，客观上具有利用被利用者实现一定犯罪的‘现实的危险性’。”④

实行行为性说是日本传统的通说，团藤重光、大塚仁、福田平、佐久间修、川端博等持这种观点。但此说也受到批评。“对这一见解，如果不能明确其实行行为性的内容，那么就可能被批判为不过是以问答问而已。因此，（此说）有必要提示实质的解释基准。但这又是极其困难的课题。”⑤

三、行为支配说

行为支配说长期以目的行为论为基础，认为间接正犯的正犯性根据在于利用者对被利用者行为的目的性支配与统制。“他人的举动为什么能被视为自己的行为，是因为（行为人）将他人的举动作为自己的行为的一部分进行利用支配。”⑥ “为了实现自己的犯罪意思而亲自操纵事态的演变（行为支配）的人，就应当承担正犯的责任，这就是符合事理的正犯观。从这一观点出发，能够认为间接正犯也是正犯。”⑦

不过，现在更多的学者是从反对目的行为论的角度主张行为支配说。例如，罗克辛认为，间接正犯的正犯性标志是意思的支配。“能将构成要件的行为归之于没有参与实行的背后者，是因为背后者以其优越的意思对事态进行支配，即其将结果的引起掌握在自己的手中。于是，与直接正犯‘行为的支配’相对，作为支配犯的间接正犯，其共通的基准是‘意思的支配’。对间接正犯的各种形态，需要根据这个指导原理，考虑到法律上价值的判断以及各种情况的特殊性来加以论述。”⑧ 林干

---

① ［日］林干人：《刑法总论》（第2版），东京大学出版会2008年版，第413页。

② ［日］高桥则夫：《规范论与刑法解释论》，成文堂2007年版，第139页。

③ ［日］大塚仁等编：《大注解刑法》（大コンメンタール刑法）（第5卷）（第2版），青林书院1999年版，第35页。

④ ［日］大塚仁：《刑法概说（总论）》（第4版），有斐阁2008年版，第160页。

⑤ ［日］高桥则夫：《规范论与刑法解释论》，成文堂2007年版，第139页。

⑥ ［日］平场安治：《刑法总论讲义》，有信堂1952年版，第150页。

⑦ ［日］藤木英雄：《刑法讲义总论》，弘文堂1975年版，第276页。

⑧ 转引自［日］桥本正博：《行为支配论与共犯理论》，有斐阁2000年版，第64页。

人也指出，“支配这一概念更适于表现人与人之间的这种（间接正犯）关系。因此我认为应以行为支配作为间接正犯性的根据。不过，‘行为支配’的内容仍然是不明确的，恐怕应当在考虑背后者与直接行为者的精神关系的基础上，认为直接行为者遵从背后者的意思而行为有很高的事实上的可能性时，能够认可行为支配”。①

对行为支配说的主要质疑是：第一，行为支配的概念不明确。“‘行为支配’的观念过于漠然，无论如何也无法像论者所意图的那样成为正犯性的一般标志。”②“（行为支配的概念）同样会产生是以‘事实的’行为支配为志向还是以‘规范的’行为支配为志向的问题。”③ 第二，行为支配说具有和工具理论同样的缺陷。“论者们经常认为由于被利用者欠缺‘行为支配’，所以背后者就是间接正犯。这实际上就是根据中介者的性格而直接决定背后者的正犯性，与曾经的工具理论一样具有独断性。”④ 第三，行为支配说具有和实行行为性说一样的缺陷。“然而，（此说）还残留有何种情况下具有‘支配’的问题。结果就不得不同样展开利用者是否具有实行行为性的议论。”⑤ 第四，行为支配论的具体结论不尽合理。“按照意思支配（的观点），被利用者存在被强制、具有错误、存在故意等场合都会成为间接正犯，其具体的妥当性大有疑问。”⑥

四、规范的障碍说

所谓规范的障碍，是指“对于有违法性辨识能力的人，只要其对犯罪事实有认识，法秩序就能期待他避免实施该违法行为而实施合法行为（规范的责任论）。从法秩序的角度看，这种期待可能的人对于实现犯罪而言，就是‘规范的障碍’”。⑦

规范的障碍说认为，间接正犯与共犯相类似但又是正犯的一种形态，所以间接正犯的成立范围应当从“非共犯性与正犯性”两个方面加以探讨，并且其成立界限应在两者相一致的范围内。划定这种界限的标准就在于从规范的角度看，意图利用之他人是否成为犯罪实现的障碍。“从规范的角度看，意图利用之他人（被利用者）不成为犯罪实现的障碍，在这一点上可以区分间接正犯与共犯。”⑧ 西原春夫、曾根威彦、野村稔、山中敬一等持这种观点。“规范的障碍说基准明确，具有分析可能

---

① ［日］林干人：《刑法总论》（第2版），东京大学出版会2008年版，第413页。

② ［日］大塚仁等编：《大注解刑法》（大コンメンタール刑法）（第5卷）（第2版），青林书院1999年版，第40~41页。

③ ［日］高桥则夫：《规范论与刑法解释论》，成文堂2007年版，第139页。

④ ［日］大塚仁等编：《大注解刑法》（大コンメンタール刑法）（第5卷）（第2版），青林书院1999年版，第40~41页。

⑤ ［日］前田雅英：《刑法总论讲义》（第4版），东京大学出版会2006年版，第427页。

⑥ ［日］山中敬一：《刑法总论》（第3版），成文堂2015年版，第846页。

⑦ ［日］曾根威彦：《刑法总论》（第4版），有斐阁2008年版，第236页。

⑧ ［日］曾根威彦：《刑法总论》（第4版），有斐阁2008年版，第236页。

性，下位基准也有体系化可能，是妥当的。”①

对规范的障碍说的主要批评是：第一，即使存在规范的障碍，但如果像帮助的工具那样只有单方的支配、利用关系，也不妨碍间接正犯的成立。第二，规范的障碍说实质上以极端的从属性说为前提，不过是将重点放在利用行为的非共犯性上而已。② 第三，所谓规范障碍的判断，其内容不明确。此见解虽然希望以规范的责任论来区分正犯与共犯，但作为其区分标准则只列举了规范责任论，显然是不充分的。③

五、自律的决定论

自律的决定论，有的学者也称之为溯及禁止论。这是日本最近由岛田聪一郎提出的观点，受到了很多学者的关注。山口厚也据此修改了自己的教材，更明确地采用了这种学说。④

岛田聪一郎认为，被利用者对该构成要件的结果存在自律的决定时，应否定背后者的间接正犯性。如果不存在自律的决定，那么只要具备相当因果关系，背后者就是间接正犯。⑤ 此说将间接正犯的正犯性作为结果归属的程度、因果关系的强度问题加以把握。根据背后者“行为后介入的情况”的性质进行事后判断，决定间接正犯性的有无。过去的学说往往只着眼于背后者的行为性质，而此说根据自己答责原理、溯及禁止论从结果出发进行考察，这是此说的特色。

山口厚也认为，要承认正犯性，行为人必须对引起构成要件结果的原因具有支配。这种正犯性的基本理解是，充分认识、预见并直接引起构成要件的结果的人是正犯，而只是对于结果的发生给予间接的原因性、因果性的背后的行为人原则上不具有正犯性。这种理解意味着不能追究故意行为之前的引起结果的正犯责任，因而可以被称为溯及禁止论。不过，如果对直接引起结果的故意行为人具有强制性时，也例外地有追溯承认故意行为之后行为的正犯性的余地。据此，在介入他人的行为而引起结果发生的场合，应分析他人对结果的答责性（自律性）。如果介入者对于结果的发生能够排除他人的支配，即具有答责性的话，则属于介入者自己引起的结果。⑥

对于这种观点，有学者批评说，它与行为支配说未必矛盾，因为行为支配说也

---

① ［日］山中敬一：《刑法总论》（第3版），成文堂2015年版，第866页。

② ［日］大塚仁等编：《大注解刑法》（大コンメンタール刑法）（第5卷）（第2版），青林书院1999年版，第41页。

③ ［日］高桥则夫：《规范论与刑法解释论》，成文堂2007年版，第139页。

④ 对此可以对比山口厚所著《刑法总论》2001年第1版（第64~70页）与2008年第2版（第67~73页）的内容。

⑤ ［日］岛田聪一郎：《正犯·共犯论的基础理论》，东京大学出版会2002年版，第117页以下。

⑥ ［日］山口厚：《刑法总论》（第2版），有斐阁2007年版，第67~73页。

可以提示出下位标准，如自我答责性的标准。因此，最终也只能是对个案进行个别判断，陷入了自己所批评的那种状态。①

第三节　间接正犯的类型

一、利用他人非刑法上的行为

一般认为，刑法上的行为是基于自由意思决定的行为，反射性举动、睡梦中的举动以及受绝对强制下的身体动静由于缺乏自由意思决定，所以不属于刑法上的行为。利用他人这种非刑法上的行为，即利用所谓“死的工具”能否成立间接正犯，理论上有不同看法。一种观点认为，“如果对方的行动不属于行为，那么就应当视为直接正犯。例如，将对方推出去造成第三者受伤的情况就是如此”。② 另一种观点认为，“利用所谓‘死的工具’或强制下的行为，基本上（成立间接正犯）没有什么问题。虽然也包括作为直接正犯加以评价的情况，但根据利用他人的实际行为形态，能够包含间接正犯的范畴”。③

实际上，将利用他人非刑法上的行为评价为直接正犯或是间接正犯并没有太大的差异。“直接正犯与间接正犯的区别，完全是理论上的差别而已，实践中不会产生任何的差异。”④

二、利用无故意的行为者

利用无故意的行为者可以分为以下三种情形：

（一）利用他人无过失的行为

行为人利用他人无过失的行为实施犯罪，如让不知情的他人将有毒的咖啡端给被害人喝致其死亡的情况，少数学者认为行为人成立教唆犯。⑤ 但被教唆者并未因此产生任何的“犯罪意思”，将行为人视为教唆犯显然是根本性地改变了共犯的概念。⑥ 因此，多数学者认为，这种情况下由于被利用者具有高度的工具性，因此利用者应成立间接正犯。

如果不知情的被利用者在中途了解到了实情之后，仍然按照自己的意思继续实施行为，此时应如何处理呢？例如：

甲出于杀害乙的目的让不知情的丙将有毒的水果送往乙家，丙在前往乙家途中

① ［日］高桥则夫：《刑法总论》（第3版），成文堂2016年版，第424页。
② ［日］林干人：《刑法总论》（第2版），东京大学出版会2008年版，第416页。
③ ［日］高桥则夫：《刑法总论》（第3版），成文堂2016年版，第425页。
④ ［日］林干人：《刑法总论》（第2版），东京大学出版会2008年版，第416页。
⑤ ［日］佐伯千仞：《刑法讲义（总论）》，有斐阁1984年版，第346页。
⑥ ［日］山中敬一：《刑法总论》（第3版），成文堂2015年版，第873页。

偶然得知水果有毒，但丙也十分憎恨乙，因而最终还是将毒水果送给了乙。甲的行为成立间接正犯吗？

理论上对此问题存在不同的意见：

第一，间接正犯说。此说认为利用者的利用行为属于实行行为，不是教唆犯而成立间接正犯。在此说看来，被利用者途中知情后仍然继续实施犯罪行为，因而只是因果过程的轻微偏离，属于轻微的错误，不值得特别考虑。① 不过批评者认为，这种情况下被利用者已经失去了工具性，因而其错误已经脱离了相当因果关系的范围。而且，由于介入了规范的障碍，所以无法认为成立间接正犯的既遂。再者，介入了规范的障碍之后仍然认为存在利用行为的实行着手，也存在问题。②

第二，间接正犯未遂说。此说认为，被利用者在知情后仍然基于自己的意思继续实施行为，这一点通常是难以预测到的，因此欠缺相当因果关系，属于间接正犯的未遂。③ 对此，批评者认为，这种情况下利用者的行为不是实行行为，因而也就不可能是间接正犯的未遂。④

第三，教唆犯说。此说认为，被利用者在知情后仍然基于自己的意思继续实施行为，这就已经脱离了相当因果关系的范围，不再属于间接正犯的因果过程了。利用者的间接正犯意思，实质上包含了教唆犯的故意，因而完全可以认定教唆的故意，利用者成立教唆犯。⑤ “这种情况，客观上是教唆犯……主观上是间接正犯……在两者重合的限度内应认定为教唆。”⑥ 此说是现在日本的通说。

（二）利用他人的过失行为

利用他人的过失行为是否成立间接正犯理论上存在不同看法。例如：

医生将毒药谎称为治疗药物让护士给病人注射。护士因为疏忽未履行注意义务结果导致病人死亡。此时医生的行为能否成立间接正犯？

否定说认为这种情况应成立教唆犯。其理由是：第一，完全可以认可对过失犯的教唆。⑦ 第二，当被利用者具有过失时，存在规范的障碍，不能将被利用者等同为工具，因而不能成立间接正犯，而只能是教唆犯。⑧

肯定说认为这种情况下仍然成立间接正犯。其理由是：第一，此时不妨碍被利用者的工具性。⑨ 第二，不应承认对过失犯的教唆。“虽然纯粹从理论上考察，的确可能存在唆使过失行为之观念。因为对于符合构成要件且违法的过失行为而言，在

---

① ［日］团藤重光：《刑法纲要总论》，创文社 1990 年版，第 429 页。
② ［日］山中敬一：《刑法总论》（第 3 版），成文堂 2015 年版，第 875 页。
③ ［日］内田文昭：《刑法Ⅰ》（总论），青林书院 1997 年版，第 334 页。
④ ［日］山中敬一：《刑法总论》（第 3 版），成文堂 2015 年版，第 875 页。
⑤ ［日］川端博：《刑法总论》（第 2 版），成文堂 2006 年版，第 601 页。
⑥ ［日］浅田和茂：《刑法总论》（补正版），成文堂 2007 年版，第 460 页。
⑦ ［日］佐伯千仞：《刑法讲义（总论）》，有斐阁 1984 年版，第 355 页。
⑧ ［日］中义胜：《讲述犯罪总论》，有斐阁 1980 年版，第 224 页。
⑨ ［日］团藤重光：《刑法纲要总论》，创文社 1990 年版，第 158 页。

使他人决意实施该种行为的意义上可以称之为教唆。然而，它已经与教唆的日常用语的意义相去甚远了。因此作为实践上的问题，应将教唆限定为对故意犯的教唆……如果承认对过失犯的教唆并将其作为故意犯来处罚的话，那么正犯是轻的过失犯，而应从属于其的教唆犯反而作为故意犯受到较重的刑罚，这会产生不均衡。"[①] 第三，从规范的障碍说的角度也可以认可间接正犯的成立。"不能说过失行为者不成立规范的障碍，但在被利用者已经陷入过失而实现了犯罪事实的场合，可以认可利用者对被利用者的单方的利用关系。于是，认可利用过失者的行为成立间接正犯的通说观点是正确的。"[②] 第四，从行为支配说的角度看完全可以认可间接正犯的成立。"背后者具有故意，其结果是应肯定其对被利用者的优越性，于是我认为能够认可优越的支配这种犯罪事实支配，因而可以肯定背后者成立杀人的间接正犯。"[③]

（三）利用有不同犯罪故意者的行为

利用有不同犯罪故意者的行为应如何处理？

例如，甲以杀屏风后的乙为目的，命令不知情的丙向屏风开枪。丙虽有毁损器物的故意，却无杀人的故意。又如，甲以烧死仓库中的乙为目的，命令不知情的丙放火烧仓库，丙虽有非现住建筑物放火罪的故意，但无现住建筑物放火罪的故意。此时如何处罚甲的行为？

通说认为，在这种情况下利用者应成立间接正犯。即前例中甲成立杀人罪的间接正犯；后例中甲成立杀人罪的间接正犯与非现住建筑物等放火罪的教唆犯（观念竞合），丙成立非现住建筑物等放火罪（根据情况还可能成立过失致死罪）。其理由是：第一，被利用者（丙）对于重罪而言只不过相当于被利用的工具，利用者（甲）存在优越的支配。[④] 第二，由于利用者（甲）并未使被利用者（丙）产生诸如杀人的故意，将其行为评价为教唆显得不自然。第三，教唆的最低限度应当是使正犯实施所成立的教唆犯罪的构成要件行为，这种情况显然没有达到这一要求。[⑤] 第四，被利用者是否成为规范的障碍应按照不同罪名逐一讨论。以屏风案为例，丙的行为对于毁损器物罪而言属于规范的障碍，对于杀人罪而言则不成立规范的障碍。[⑥]

此外，也有少数学者认为在这种情况下应否定间接正犯的成立。其主要理由仍然是认为在这种情况下，被利用者对于间接正犯的成立而言属于规范的障碍，因而只能成立教唆犯。[⑦] 由此可见，即使在规范的障碍说内部，对于被利用者的工具性

---

① ［日］川端博：《刑法总论》（第2版），成文堂2006年版，第522页。
② ［日］西原春夫：《刑法总论》（改订准备版）（下卷），成文堂1993年版，第360页。
③ ［日］高桥则夫：《规范论与刑法解释论》，成文堂2007年版，第142页。
④ ［日］高桥则夫：《规范论与刑法解释论》，成文堂2007年版，第142页。
⑤ ［日］前田雅英：《刑法总论讲义》（第4版），东京大学出版会2006年版，第432页。
⑥ ［日］曾根威彦：《刑法总论》（第4版），有斐阁2008年版，第237页。
⑦ ［日］西原春夫：《刑法总论》（改订准备版）（下卷），成文堂1993年版，第360页。

评价也不相同。

三、利用有故意的工具

利用有故意的工具的情况又包括不同的形态：

（一）利用无身份而有故意的工具

所谓利用无身份而有故意的工具，是指利用欠缺成立身份犯所必需的身份者的故意行为的情况。例如：

公务员甲利用无公务员身份的妻子乙收受贿赂。

对此，理论上有不同看法。

1. 间接正犯说。此说是通说的观点，它认为作为公务员的丈夫甲成立受贿罪的间接正犯，妻子乙属于从犯（帮助犯）。其主要理由是：无身份的妻子乙的行为不符合受贿罪的构成要件，不能成为正犯，因而从实行从属性的观点来看，背后的丈夫甲不可能成为共犯，而只能是间接正犯。①

2. 教唆犯说。此说认为，将知情的被利用者视为工具没有道理。当公务员甲利用无公务员身份的妻子乙收受贿赂时，妻子乙的行为虽然不符合构成要件但违法，而且妻子乙也属于规范的障碍。因此，利用者即丈夫甲应当是受贿罪的教唆犯，被利用者妻子乙则是帮助犯。

教唆犯说面临的主要问题是承认了“没有正犯的共犯”这一概念。因为在此说看来，被利用者的行为属于帮助犯，利用者是教唆犯，那么就不存在正犯，而德、日刑法理论的通说则认为教唆犯、帮助犯等狭义共犯应从属于正犯。为了化解这一矛盾，持此说的学者也提出了各种解释理由。

有的学者主张将实行行为的概念相对化。被利用者即非身份者的行为本身虽然是帮助，但从背后的利用者的角度来看，则属于“实行行为”，因而仍然能够维持实行从属性的基本立场。② 这种观点实质上意味着对正犯性的拟制，因而也受到批评。

有的学者则根据《日本刑法典》第 65 条第 1 款的规定来进行论证。《日本刑法典》第 65 条第 1 款规定：“对于因犯罪人身份而构成的犯罪行为进行加功的人，虽不具有这种身份的，也是共犯。”该学者认为，这里的“犯罪行为”不仅指正犯，也包括共犯。尽管《日本刑法典》在很多条文中使用了“正犯”或“实行行为”的表述，但在第 65 条第 1 款中则用的是“犯罪行为”。这就意味着，真正身份犯中的身份者利用无身份者的行为实施犯罪时，无身份者实施的是帮助这一“犯罪行为”，而有身份者则从属于这一行为成立教唆犯。这样便能解释“没有正犯的共犯”的问题了。③

---

① ［日］团藤重光：《刑法纲要总论》，创文社 1990 年版，第 159 页。

② ［日］中义胜：《间接正犯》，有斐阁 1963 年版，第 17 页。

③ ［日］山中敬一：《刑法总论》（第 3 版），成文堂 2015 年版，第 878 页。

3. 共同正犯说。此说认为，无身份者对犯罪事实有充分理解，不应将其视为被利用的工具。事实上利用者与被利用者有可能成立共同正犯，这就需要对无身份者参与犯罪的形态作认真的考察。如果有身份者单方地支配无身份者的话，那么有身份者成立间接正犯，无身份者成立帮助犯。如果两者是合力完成犯罪的话，则成立共同正犯。[①]“丈夫的行为如果对妻子所实现的犯罪事实具有优越的支配，那就能够肯定丈夫成立间接正犯。如果两者存在奠定共同正犯基础的共谋的话，则成立共同正犯。”[②]

（二）利用无目的而有故意的工具

所谓利用无目的而有故意的工具，是指利用欠缺成立目的犯所必需的目的者的故意行为的情况。例如：

甲使印刷工人乙误信是印刷电影道具而伪造货币。

由于在德、日刑法中，伪造货币罪必须以“行使为目的”，因此对上例也存在两种不同意见。一种观点认为，此时难以认为知情的被利用者具有工具性，因而应当成立教唆犯。另一种观点认为，这种情况实质上与利用不知情者的情况没有差异，能够承认利用者对被利用者单方的利用关系，因而应成立间接正犯。后一观点是德、日的通说。

（三）利用有故意的帮助工具

所谓利用有故意的帮助工具，是指被利用者虽然具有实施该犯罪的故意但缺乏正犯者意思，而是以帮助他人的意思实施犯罪。例如：

职员明知是老板贿赂政府官员的款项，仍然听从老板的安排将该贿赂款送交给该官员。

对此，理论上存在以下观点：

1. 间接正犯说。此说认为，利用者成立间接正犯。“有故意的帮助工具，虽然是亲自实施实行行为，但由于只是作为机械地处理事务的人，被利用人单方面地加以利用的工具而已，因此，在多数场合下，应作为间接正犯中的被利用人。这种场合的被利用人是帮助犯。”[③]

2. 共同正犯说。此说认为，被利用者具有构成要件的故意并实施了符合构成要件的行为，将其视为帮助犯，将背后者视为间接正犯，显然不妥当，应当认为这种情况成立共同正犯。具体而言，第一，间接正犯说是有关正犯与共犯区别的主观说的忠实反映，而主观说的合理性存疑。“从对结果实现的利害关系的大小来看，只有根据主观说才有可能认为直接行为者是帮助犯，背后者是正犯。”[④]“关于正犯与

---

① ［日］前田雅英：《刑法总论讲义》（第4版），东京大学出版会2006年版，第433页。

② ［日］高桥则夫：《规范论与刑法解释论》，成文堂2007年版，第144页。

③ ［日］大谷实：《刑法讲义总论》，黎宏译，中国人民大学出版社2007年版，第146～147页。

④ ［日］井田良：《讲义刑法学·总论》，有斐阁2008年版，第450页。

共犯的区别采用主观说是有疑问的。"[①] 第二，根据有关正犯与共犯区别的客观说，可以将背后起重要作用者视为共同正犯。第三，有时背后指示者的行为比直接机械动作的行为更符合刑法相关处罚规定的用语以及构成要件所预定的行为性质，在此限度内应将背后者视为正犯。[②]

3. 教唆犯说。此说认为，由于被利用者具有故意，属于规范的障碍，因而利用者应成为教唆犯。[③]

四、利用无责任能力者的行为

利用精神病患者、未成年人等无责任能力者的行为原则上成立间接正犯。不过，现在日本理论多认为，即使是十二三岁的未成年人，但如果具有违法的辨识能力，对于背后的利用者而言属于规范的障碍的话，则背后者的行为不属于间接正犯而是共犯（教唆犯）。[④] 日本的判例则对利用无责任能力者的行为是否成立间接正犯并不作统一的规定，而是"考虑背后者强制的有无以及程度、刑事未成年人意思压抑的有无以及程度等因素进行实质的判断"。[⑤] "现在判例的立场是，如果达到了意思压制的程度就是间接正犯，否则就是（共谋）共同正犯。"[⑥] 例如：

被告人 X 企图抢劫自己工作的快餐店的经营者甲（女）的财物，命令自己的长子 Y（当时 12 岁 10 个月）采用蒙面胁迫的办法夺取甲的财物。Y 虽不情愿但被 X 所劝服，并领取了 X 事先准备好的蒙面用塑料袋等。Y 携带上述物品前往该快餐店，在使用 X 所教的蒙面、胁迫等方法之外，根据自己的判断，将快餐点各出入口的门放下，并威胁甲说"到厕所去，不然杀了你"，将甲赶进厕所并锁上门，从而抑制了甲的反抗，抢劫了甲所有的 40 万日元现金。Y 回家后 X 领取了金钱并将之用于生活费。

对此案，2001 年日本最高法院判决认为，被告人 X 不成立抢劫罪的间接正犯或教唆犯，而成立共同正犯。"本案当时 Y 具有辨别是非的能力，X 的指示不足以抑制 Y 的意思，Y 基于自己的意思决意实施抢劫，并随机应变地完成了抢劫罪。根据这些情况，不能认为 X 成立本案的抢劫罪的间接正犯。X 为了获取生活费而策划了本次抢劫，教示 Y 犯罪方法，提供其犯罪工具，对本件抢劫罪的实行发布指示命令并将 Y 所抢劫到的金钱全部收归己有，X 不成立本案的教唆犯而是共同正犯。"

这一判决被日本学者认为具有三个重要意义：（1）这是利用（没有错误）的刑事未成年人而不成立间接正犯的第一个判决。（2）这是承认成年人与未成年人成立共同正犯的第一个判决。（3）这是揭示间接正犯与共同正犯关系的一个重要判决。

---

① ［日］高桥则夫：《规范论与刑法解释论》，成文堂 2007 年版，第 144 页。

② ［日］井田良：《讲义刑法学·总论》，有斐阁 2008 年版，第 450 页。

③ ［日］山中敬一：《刑法总论》（第 3 版），成文堂 2015 年版，第 879 页。

④ ［日］曾根威彦：《刑法总论》（第 4 版），有斐阁 2008 年版，第 238 页。

⑤ ［日］高桥则夫：《规范论与刑法解释论》，成文堂 2007 年版，第 143 页。

⑥ ［日］浅田和茂：《刑法总论》（补正版），成文堂 2007 年版，第 432 页。

五、利用合法行为者的行为

（一）利用国家机关的合法行为

利用国家机关的合法行为，是指诸如误导法院或者其他国家机构逮捕了有关人员，或者在诉讼欺诈中使有关人员遭受其他不利处置等行为。[①] 例如：

行为人指着无辜的人大喊“小偷、小偷”导致巡警将其误认为是现行犯而拘捕；或者向法官提出虚假的证据使其将无罪的人宣判有罪。[②]

对此种情况的处理，学术界存在不同的观点。

1. 间接正犯说。此说认为，利用国家机关的合法行为的情况成立间接正犯。因为幕后操纵之人通常在认识上具有优势，而且通过内容不真实的指控或者虚假的证据欺骗国家机关，将其作为“工具”加以利用。[③] “虽然犯罪工具是依据现行法律规定行为的，但此等行为正是恶意的幕后操纵者所期望的。”[④] 当然，如果行为人告发的事实是真实的，告发者即使出于使他人受惩罚的动机，也不成立间接正犯。“至少有一点非常清楚，不论出于何种理由，只要所作陈述符合事实，即使因此而导致他人受到审判，他的行为都不构成犯罪。”[⑤] “一个真实的告发，即使是出于恶劣的动机，在一个法治国家永远不可能构成间接正犯，其原因是控告人自己是合法的行为。”[⑥] 间接正犯说是德、日刑法理论的通说。

2. 教唆犯说。此说认为，利用国家机关的合法行为的情况成立教唆犯。此说面临的最大问题是，按照德、日处于通说地位的限制从属性说，教唆犯的成立以正犯的行为符合构成要件且具备违法性为前提，而这里国家机关的行为是合法的行为。为了合理解释这一难题，持此说的学者提出了不同的解决思路。其一，以违法相对性为理由，主张教唆犯说。例如，对于欺骗警察使其拘捕他人的情况，警察的行为虽然合法，但唆使者的行为则是违法的。[⑦] 有的学者进而指出，在警察或法官受欺骗的情况下，其是否真正地履行了各自职权所蕴含的职责值得怀疑，因为他完全可

---

① ［德］冈特·施特拉腾韦特、洛塔尔·库伦：《刑法总论 I——犯罪论》，杨萌译，法律出版社 2006 年版，第 299 页。

② ［日］山中敬一：《刑法总论》（第 3 版），成文堂 2015 年版，第 880 页。

③ ［德］冈特·施特拉腾韦特、洛塔尔·库伦：《刑法总论 I——犯罪论》，杨萌译，法律出版社 2006 年版，第 299 页。

④ ［德］汉斯·海因里希·耶赛克、托马斯·魏根特：《德国刑法教科书》，徐久生译，中国法制出版社 2001 年版，第 807 页。

⑤ ［德］冈特·施特拉腾韦特、洛塔尔·库伦：《刑法总论 I——犯罪论》，杨萌译，法律出版社 2006 年版，第 299 页。

⑥ ［德］汉斯·海因里希·耶赛克、托马斯·魏根特：《德国刑法教科书》，徐久生译，中国法制出版社 2001 年版，第 807~808 页。

⑦ ［日］佐伯千仞：《刑法讲义（总论）》，有斐阁 1984 年版，第 356 页。

以对行为人的谎言提出质疑并拒绝其要求。[①] 其二，从事后看，诸如警察的误认逮捕等行为属于违法行为而并非合法行为，因而利用者成立教唆犯。[②]

（二）利用正当防卫行为

利用防卫者的正当防卫行为对攻击者实施犯罪。例如：

甲出于杀害丙的目的，明知乙随身携带了匕首而唆使丙去杀乙，结果乙在正当防卫中将丙杀死。

在上述情况下，利用者能否成立间接正犯，理论上有不同的学说。

1. 间接正犯说。此说是德、日的通说。在上例中，甲成立间接正犯。理由是，甲利用的是乙的正当防卫这种合法的行为，而根据限制从属性说，利用合法行为不能成立共犯。由于甲隐瞒了自己违法的意图，所以不知情的乙属于甲利用的工具。因此，甲成立利用工具的间接正犯。

对间接正犯说，有学者批评说，在这种情况中必须讨论诱发乙正当防卫行为的丙的行为是否具有工具性。丙虽然被唆使去杀死乙，但由于丙知道自己杀人行为的性质因而属于规范的障碍。这就意味着甲与丙之间是教唆犯的构造，丙并不是被利用的工具。由于乙的正当防卫行为是由丙的攻击行为所诱发的，所以间接正犯说认为乙的行为是被自动引导的，其前提就有错误。[③]

2. 教唆犯说。此说认为，甲唆使丙去杀死乙的行为是杀人罪的教唆行为，由于丙实施了实行行为，所以在该时点甲的教唆行为就已经从属于实行行为而可罚。至于甲的教唆行为是既遂还是未遂，则应考虑由乙的反击行为所导致的丙死亡结果能否在客观上归属于甲的教唆行为。上例中甲应当成立杀人教唆的既遂，其理由正如甲将向后发射的手枪交给不知情的丙让其用该枪射杀乙，结果丙在开枪时将自己打死，甲成立杀人教唆的既遂一样。[④]

（三）利用紧急避险行为

利用紧急避险的行为。例如：

被告人受孕妇嘱托对其实施堕胎，堕胎过程中孕妇的身体出现异常，如果不请医生来实施堕胎手术的话，孕妇就会有生命危险。此时被告人被迫将医生请来实施堕胎手术。

对此案件，日本法院判决认为，医生的行为属于紧急避险，是正当行为。但被告人的行为不能被正当化，“利用医生上述的正当业务行为来实施堕胎者应以堕胎罪的间接正犯论处”。[⑤]

---

① ［日］林干人：《刑法的现代的课题》，有斐阁 1991 年版，第 127 页。

② ［日］浅田和茂：《刑法总论》（补正版），成文堂 2007 年版，第 434 页。

③ ［日］山中敬一：《刑法总论》（第 3 版），成文堂 2015 年版，第 881 页。

④ ［日］浅田和茂：《刑法总论》（补正版），成文堂 2007 年版，第 434 页；［日］植田重正：《共犯的基本问题》，三和书房 1952 年版，第 102 页。

⑤ 日本大审院 1921 年 5 月 7 日判决，载《大审院刑事判决录》第 27 卷，第 257 页。

不过，对上述判决，日本理论界有不同看法。有学者认为，由于被告人已经开始着手实施堕胎罪的实行行为，所以是因果关系（介入第三者的行为）的问题，不是间接正犯的问题。[①] 还有学者认为，正是被告人堕胎的实行行为才招致了医生的正当行为并最终导致堕胎结果的发生，因此堕胎结果可以归属于被告人的实行行为。此时，没有必要将被告人的行为称为间接正犯。因为医生的行为不属于可罚的规范的障碍，所以被告人的行为毫无疑问就是正犯。[②]

六、利用被害者自身的行为

行为人实施行为之后，被害人基于自己自由的没有瑕疵的意思而实施有意识的自损行为、自伤行为、自杀行为，最终导致法益侵害结果发生时，不能认为行为人的行为成立间接正犯。[③] 但是，下面两种情况则值得研究：

1. 利用被害者的错误。

利用被害者的错误与利用第三者的错误一样，也存在法益关系的错误说与重大错误说等不同的学说，其中法益关系的错误说是通说。此说认为，被害人对与法益有关的事实发生错误，因而作出的承诺无效。而如果仅仅是动机方面的错误，则承诺有效。[④]

利用被害者的错误有可能成立间接正犯。例如，将高压线说成是铁丝欺骗被害人触摸致其被电死；或者谎称死后能复生欺骗愚蠢的被害人上吊自杀，等等。不过欺骗被害人说其自杀后自己也会跟着自杀的情况，由于被害人的错误只是单纯的动机错误而不是法益关系的错误，因而不成立间接正犯而只是教唆自杀。

2. 以暴力、胁迫方式迫使被害人自杀。

以暴力、胁迫方式迫使被害人自杀的情况是否成立间接正犯，关键看行为人的行为是否剥夺了被害人的意思自由。“如果使被害人陷入了无法选择其他行为的精神状态，就应肯定正犯性。”[⑤] 不过，日本法院关于判断被害人是否被剥夺意思自由的标准并不明确。例如，丈夫对妻子施加暴行与胁迫，长期从肉体、精神方面对其进行打击，最终导致妻子自杀。广岛高院认为成立教唆自杀罪。[⑥] 最近，对于行为人以暴行与胁迫反复逼迫被害人自杀但被害人并未形成自杀的决意。最终行为人迫使被害人驾车从悬崖上坠海，被害人落海后被他人救起的案件。日本最高法院认为

---

① ［日］平野龙一：《刑法总论Ⅱ》，有斐阁 1975 年版，第 362 页。

② ［日］山中敬一：《刑法总论》（第 3 版），成文堂 2015 年版，第 880 页。

③ ［日］山口厚：《刑法总论》（第 2 版），有斐阁 2007 年版，第 70 页。

④ ［日］平野龙一：《刑法总论Ⅱ》，有斐阁 1975 年版，第 257 页；［日］浅田和茂：《刑法总论》（补正版），成文堂 2007 年版，第 208 页。

⑤ ［日］山口厚：《刑法总论》（第 2 版），有斐阁 2007 年版，第 70 页。

⑥ 广岛高等法院 1954 年 6 月 30 日判决，载《高等裁判所刑事判例集》第 7 卷第 6 号，第 944 页。

成立杀人未遂罪。[①]

第四节　正犯后正犯与间接正犯

一、正犯后正犯概念的提出

正犯之后是否还存在正犯，这是德国司法实务界所提出的问题，其实质关系到如何理解间接正犯、共同正犯、同时犯、教唆犯等犯罪形态之间的关系。因此，对该概念的妥当与否，也曾经存在激烈的争议。

（一）所谓猫王事件的判决

被告人 H、P、R 是狂热的邪教信徒，共同生活在一起。R 是一名警察，非常爱 H。H 与 P 则将 R 视为自己的工具加以利用。H 与 P 一道使 R 相信所谓的“猫王”的存在。1986 年，H 听到自己以前的男友 N 与他人结婚的消息，非常愤怒，决心杀死 N 的夫人。P 对此也有暗默的了解。H 和 P 对 R 说，恶魔正在找 N 的妻子做祭品，如果不杀死 N 的妻子，那么不仅 R 不得不和 H 分手，人类也会灭亡。R 认为杀人会违背自己的戒律，H 与 P 则劝说 R 这是神的意志，即使破戒也不要紧。反之，如果 R 不行动的话，其灵魂会永远受到诅咒。由此，R 在杀死 N 的妻子这种有罪的意识与拯救数百万人生命的意识之间反复斟酌，开始了杀人行为，但最终未遂。

联邦法院认为，作为工具的行为陷入了回避可能的禁止的错误的状态，R 自己实施了实行行为，成立杀人罪。问题是，背后者是应当作为间接正犯处罚还是仅仅成为教唆犯。联邦法院认为，被告人 H、P 施加影响力，支配了 R 的行为。H、P 有意识的让 R 按照自己的意思实施客观的构成要件行为，企图使自己逃避惩罚。他们不是共犯，而是对构成要件的结果具有支配的正犯。[②]

（二）国防委员会案件判决

原东德 2 名士兵射杀了企图越过柏林墙逃亡西德的市民。德国统一后，这 2 名士兵以杀人罪被起诉。柏林地方法院对一人认定为故杀，判处 3 年 6 个月的自由刑，另一人认定为故杀未遂，判出 2 年自由刑（缓刑）。此后，柏林检察厅根据当时东德的国防委员会的决议：允许以任何手段阻止越境行为，其中逃亡者的死亡是可以容忍的。因而起诉了东德国防委员会的 3 名成员。[③]

此案，州法院认为报告人构成谋杀的教唆犯。检察官则抗诉认为被告人属于直接开枪的士兵们的共同正犯。联邦最高法院则将被告人的行为评价为杀人罪的间接正犯。

---

① 日本最高法院 2004 年 1 月 20 日判决，载《最高裁判所刑事判例集》第 58 卷第 1 号，第 1 页。

② BGHSt. 35. 3479（1988 年 9 月 15 日判决）。

③ BGHSt. 40. 218（1994 年 7 月 26 日判决）。

在“猫王案”中，德国联邦最高法院认可了“具有限定的答责性的正犯背后的正犯”，而在“国防委员会案”中则承认了“具有完全答责性的正犯背后的正犯”。[①] 此外，德国联邦最高法院还通过一系列的案件，指出了除在国家、毒品组织犯罪之外，企业犯罪中也具有适用正犯后正犯概念的可能性。[②]

二、正犯后正犯的学说

理论上对于如何处理所谓正犯后正犯的问题，存在多种见解。

（一）共同正犯说

耶赛克、魏根特指出：“近来，一些学者还认为存在有组织的权力机关的行为支配……（大屠杀、警察恐怖主义、黑手党、原东德边境上的开枪命令等），因此，有关组织实施的‘渎职犯罪’……总是以间接正犯的面目出现……只有当行为实施者自身不被视为一个负完全责任的正犯时（如依据《军事刑法》第5条第1款），该观点始能得到赞同。如果行为的实施者是负有完全责任的正犯，处于中心之人——因为是他控制着该组织——是正犯。全部行为决意都是由领导者和实施者的意志决者的指示实施的。特定的行为或多个同种类行为，均应当是根据领导者的指示实施的。”[③]

奥托（Otto）也认为，“基于自己答责地实行犯罪命令的人，不存在对其的支配。毋宁说他是通过自己的行为对各种各样的犯罪计划进行了默示的合意。因此，直接行为者与权力者应被看成共同正犯”。[④] 雅科布斯也放弃了自己的观点，支持共同正犯说。[⑤]

（二）教唆犯说

持教唆犯观点的学者，如赫茨贝格提出，从《德国刑法典》第26条的用语来看，“希特勒、希姆莱和昂纳克（Honecker）不是作为实行人去实施由其命令的杀人犯罪的，而是作为教唆人引发了这些犯罪”。罗奇也认为，在保卫柏林墙的案件中，认定教唆人是“没有困难”的。克勒也指出，希特勒虽然强力地支配着整个事态，但并不是个人直接去实施行为，他不是间接正犯也不是共同正犯，而是教唆犯。伦齐考夫斯基也以自律性原则来展开教唆犯说。[⑥]

---

① ［日］后藤启介：《间接正犯论的新展开》，载《庆应法学》2012年第10期。

② ［日］川口浩一：《由组织的支配构成的间接正犯适用于企业、环境犯罪的可能性》，载《姬路法学》1999年第27·28合并号。

③ ［德］汉斯·海因里希·耶赛克、托马斯·魏根特：《德国刑法教科书》，徐久生译，中国法制出版社2001年版，第811页。

④ 转引自［日］后藤启介：《间接正犯论的新展开》，载《庆应法学》2012年第10期。

⑤ 参见［日］后藤启介：《间接正犯论的新展开》，载《庆应法学》2012年第10期。

⑥ 参见［日］后藤启介：《间接正犯论的新展开》，载《庆应法学》2012年第10期。

（三）间接正犯说

如前所述，对于“猫王案”和“国防委员会案”，德国联邦最高法院都采取了间接正犯的观点。罗克辛基于其“意识的支配”的理论，也赞成间接正犯说。

罗克辛首先批评了共同正犯说。他认为，第一，行为人缺失《德国刑法典》第25条第2款对共同正犯所要求的共同行为决意；第二，背后者没有共同实行行为；第三，间接正犯是一种垂直结构，共同正犯则是一种水平结构。如果采用共同正犯的观点，那么两者之间结构性差距就被夷平。这两种正犯形式之间的区分界限，就会以在法治国中令人忧虑的方式消失。[①]

罗克辛接着批评了教唆犯说。他认为，“实际上，肯定教唆人至少比肯定共同实行人更近了一步。教唆人与共同实行人一样，呈现出一种垂直的结构，并且与共同实行人一样，存在于单纯地引发借助他人之手去完成的事件。但是，关键的区别在于，教唆人并没有控制这个构成行为的实施，在于这个行为构成的实现并不依赖于其意志。在办公桌上的实行人的场合，则与此不同：他是由其命令实施的犯罪的控制性核心人物，同时，具体实施的行刑人虽然同样凭借其行为控制而作为实行人承担责任，但是，对于这个发布命令者来说，由于其从操纵这架机器而产生的更高层级的意志控制，是不会造成什么争议的。在希特勒或斯大林（Stalin）让人杀死他们的敌人时，那是他们的作品（即使不仅仅是他们的作品）。必须指出，如果他们把这件事交给下属，让他们决定是否实施所命令的构成行为，那就违反了社会的、历史的、还有司法的对实行人归责的理性原则。在这种关系结构中的其他区别，也证明了办公桌上的实行人的控制，这种控制正好是教唆人所没有的：教唆人必须自己先去寻找一个实行人，办公桌上的实行人只需要发布命令即可；教唆人必须与潜在的实行人接触，让对方赞同自己的计划，还有在必要时克服对方的反对在政权机器的等级制度中发布命令的人则不需要做这些”。[②]

在此基础上，罗克辛基于行为支配论指出，“凭借有组织的国家机关的意志支配”也是间接正犯的一种类型。“‘组织控制’作为间接实行人独立的‘新’形式，最早是由我在1963年提出来的。我的基本观点是，在行为控制作为实行人决定性标准的基础上，只存在着三种理想的类型形式。在这些形式中，人们能够在没有插手实施过程的情况下控制这个事件人们能够强迫实施人；人们能够欺骗实施人；或者，人们能够——这是一种新的想法——命令国家机器，国家机器在没有强制与欺骗的情况系下，也要确保命令得到实施，因为这种机器本身就保障了执行。命令者可以不对直接实行人进行强迫或者欺骗，因为这种机器即使在没有强迫或者欺骗时，自己也能够使他人来接管他的功能。因此，幕后人大多根本不认识直接实施人，也是

---

① 参见［德］克劳斯·罗克辛：《德国刑法学总论》（第2卷），王世洲主译，法律出版社2013年版，第41~42页。

② ［德］克劳斯·罗克辛：《德国刑法学总论》（第2卷），王世洲主译，法律出版社2013年版，第43页。

这种形式的间接实行人的特征。在谈到这种间接实行人的发展时，我眼前出现的历史实例就是纳粹的暴力控制……根据我的方案，在这里，间接行为人是指各种处在操作国家机器位置上——不管处于这个等级中的哪层——通过发布指示而能对犯罪行为产生影响的人。在这样的犯罪行为中，实施人是谁是无关紧要的。这就是'可替换性'，直接实行人不受限制的可替代性。这就向幕后人保证了构成行为的实施，并且，使幕后人能够控制这个事件。这个直接行为人只是一个在运行的国家机器中可以更换的'螺丝钉'。那个最终亲手实施杀人的人，作为直接实行人是应受刑事惩罚的这一点，并不会改变这种情况。这名处在操作国家机器位置上的命令发布者，仍然是间接实行人，因为与教唆直接实行人作出决定不同，这种构成行为的实行并不具有依赖性。由于这个实施人的直接实行人的身份与这个幕后人的间接性，处于不同条件的基础之上——一个是在亲手性的基础上，另一个是在操纵国家机器的基础之上——因此，它们在逻辑上与目的上是与一种流行意见不同而完全并列地存在的。这里说明的这种间接实行人的表现形式，是对'办公桌上的实行人'这种现象在法学上的恰当表达，这种人在不损害自己行为控制的情况下，仍然依赖于直接实行人。"①

经由组织的支配的理论，罗克辛将正犯后的正犯视为间接正犯的一种类型。德国联邦最高法院也采取了同样的态度。但在日本，正犯后的正犯则没有被当作一个重要的问题单独论述。人们一般使用"共谋共同正犯"的理论来解决背后者的责任问题。"至少——如日本的文献经常看到的那样——德国基于组织的支配而构成的间接正犯基本没有成为讨论的对象。人们只是参考德国共同正犯的讨论，来与日本的（共谋）共同正犯的理论相连接。"② 这是因为，与德国不同，日本刑法没有规定间接正犯，理论界一般也认为间接正犯论没有德国那么重要。无论是作为共同正犯处理还是作为间接正犯处理，"都是作为正犯的结论没有差异。无视我国判例长期来的功绩，专门展开不同的解释论，或为了进行特别立法的立法论。无论作为解释论还是立法论，都没有实践的意义"。③

不过，这并不意味着正犯后的正犯概念在日本刑法学中完全没有讨论的价值。因为除了组织的支配之外，正犯后的正犯还存在其他一些形式。比如，德国学者经常讨论的所谓"多纳设例"。格拉夫·Z. 多纳为了处理"利用已经决意实施犯罪活动者进行犯罪的人的罪责问题"而设计了以下案例：

C 知道 A 准备于特定的夜晚埋伏在 B 经常散步的偏僻处将 B 射杀，于是，C 为杀死其敌人 D，给 D 发了假电报（以 D 恋人的名义），将其引诱至该场所。结果，A 误将 D 当成 B，杀害了 B。

---

① ［德］克劳斯·罗克辛：《德国刑法学总论》（第 2 卷），王世洲主译，法律出版社 2013 年版，第 37～38 页。

② ［日］后藤启介：《间接正犯论的新展开》，载《庆应法学》2012 年第 10 期。

③ ［日］岛田聪一郎：《间接正犯与共同正犯》，载［日］齐藤丰治等编：《神山敏雄先生古稀祝贺论文集》（第 1 卷），成文堂 2006 年版，第 453 页。

对此，日本学者一般也认为构成间接正犯。此时如何理解背后者 C 和实行者 A 之间的关系就非常重要。作为正犯者的 A 认识到了杀人罪构成要件中抽象的“人”而引发了结果，作为背后者 C 则认识到了具体的“人”而引发了结果。因此，可以认为，背后者具有更优越的行为支配。构成要件虽然是抽象的概念形象，但行为支配则是遵从具体的事态来进行判断的概念。因此，背后者构成杀人既遂的间接正犯。①

第五节　间接正犯的实行着手

关于间接正犯实行着手的认定，存在下面几种学说：

一、利用者标准说

利用者标准说主张以利用者开始实施诱使被利用者实行犯罪行为的时期作为间接正犯实行着手的时期。形式的客观说、主观说以及折中说的部分学者持这种主张。

利用者标准说曾经是日本的通说。其主要理由是：间接正犯的实行行为终究还是利用者的行为，被利用者的行为不过是单纯的因果经过，所以间接正犯实行行为的着手不应该在利用者行为终了后再加以认定。

在德国，与利用者标准说较为相近的是所谓“个别解决说”。“根据主流学说所主张的修正的个别性方案，在幕后操纵者对（不知情或知情的）行为媒介施加影响后，一旦放手让事实按照他的设想来发生（即随后实现构成要件），则算作幕后操纵者的力图的开始。”② 但此时现在德国不能说是有力的学说。③

对此说，批评者认为“如通说那样经常以利用者行为的时点作为实行着手的时点，明显是扩大了实行行为的概念，而且在非常早的时间点上认定实行的着手时期，是不正确的”。④ 因为，对行为人亲自实行犯罪的直接正犯而言，只有当法益侵害在时间上具有迫切性的阶段才视为实行着手，而在间接正犯的场合如果认为背后者实施诱致行为时就已经是实行的着手，这是很可笑的。例如，就医生利用护士实施注射毒药的案例而言，如果认为医生实施诱致行为时就是实行着手，那么当医生亲自为病人注射毒药时，只有在现实的注射时点（结果发生具有时间上的迫切性的时点）才是实行的着手，两者之间显然具有不均衡感。但持利用者标准说的学者则反驳说：“与行为人亲自实施注射行为不同，利用护士实施犯罪的间接正犯形态中，行为人诱致行为终了之时就已经将促使结果发生的所有该实施的行为都实施完毕

① ［日］高桥则夫：《刑法总论》（第 3 版），成文堂 2016 年版，第 430~431 页。

② ［德］乌尔斯·金德霍伊泽尔：《刑法总论教科书》（第 6 版），蔡桂生译，北京大学出版社 2015 年版，第 422~423 页。

③ 参见［日］佐藤拓磨：《未遂犯与实行的着手》，庆应义塾大学出版会株式会社 2016 年版，第 243 页。

④ ［日］西原春夫：《刑法总论》（改订准备版）（下卷），成文堂 1993 年版，第 366 页。

……因而，只要能够肯定结果发生的自动性就可以承认实行的着手。”[①]

二、被利用者标准说

被利用者标准说认为，当被利用者开始实施行为时才会具有结果发生的具体危险性，所以应以此作为间接正犯实行着手的认定标准。其主要理由有：

第一，实行行为必须是有实现犯罪的现实危险性的行为，所以应当以被利用者的行为来认定实行着手。例如，A 让不知情的 B 将毒咖啡端给 C 喝，“处罚对象的确应该是利用行为，然而，实行的着手时点却只能是出现了结果发生的具体性危险之时，也就是，B 正要让 C 喝下咖啡之时。而且，要认定构成间接正犯，必须是因为行为人的行为整体上支配着构成要件的实现，但这并非要求一定要将利用行为本身作为实行的着手……因此，被利用行为说更为正确”。[②]

第二，如果实质地、规范地理解实行行为，那么被利用者的行为也完全可以认为是利用者行为的一部分。“整体性方案人们可以将幕后操纵者和实际执行者视为一个整体，这样，力图开始的时间点，便是实际执行者着手直接实现构成要件的时点（所谓整体性方案）。”例如，A 给了 B 一把枪，并与 B 说枪中无弹，希望 B 用该枪于次日吓唬一下 C 其实枪中有子弹。但 B 枪法不准，没有打中 C。对此案，“开始的时间点，乃是 B 用武器瞄准 C，并开枪的时候。这样说的理由还在于，行为媒介的启动，是有别于利用通常的（犯罪）行为工具（Tatmittel）的。更确切地说，在这里，由于需将他人的举止规范地归属给幕后操纵者，这样，其（即他人）举止也就对认定构成要件之实现的开始起着决定性作用”。[③]

第三，利用者的利用行为是先行行为，会产生阻止结果发生的作为义务，从而构成不作为犯。因为，可以将被利用者的行为的开始作为实行的着手。

被利用者说是日本判例的观点，但在德、日的理论中都属于少数说。反对此说的学者指出，间接正犯并非仅限于利用“有故意的工具”这种具有共犯性的犯罪。在间接正犯具有正犯性的场合，将被利用者的行为视为间接正犯的实行着手，失之过迟。[④] 而且，将实行行为与实行着手加以分离，会导致丧失区分预备行为与实行行为的价值。再者，被利用者实施行为时，利用者完全可能不具有作为可能性与作为义务，以不作为犯来加以说明是行不通的。[⑤]

---

① ［日］井田良：《讲义刑法学·总论》，有斐阁 2008 年版，第 404 页。

② ［日］西田典之：《日本刑法总论》，刘明祥、王昭武译，中国人民大学出版社 2007 年版，第 273 页。

③ ［德］乌尔斯·金德霍伊泽尔：《刑法总论教科书》（第 6 版），蔡桂生译，北京大学出版社 2015 年版，第 422~423 页。

④ ［日］黑木忍：《实行的着手》，信山社 1998 年版，第 86 页。

⑤ ［日］关哲夫：《讲义刑法总论》，成文堂 2015 年版，第 394 页。

三、个别化说

个别化说，也称为折中说，它认为，一般情况下被利用者开始实施行为时就具有结果发生的危险性，因而属于实行的着手。但如果利用者的行为与被利用者的行为在时间上接近，被利用者又几乎确定会实施行为，那么实施利用行为时就是实行的着手。“间接正犯的形态中，有的情况下开始实施利用行为时属于实行的着手，有的情况下被利用者开始实施行为属于实行的着手，不能一律地以利用者或被利用者哪一方的行为作为标准。”①

在德国，“个别解决说与整体解决说存在激烈的对抗，但最近将两者折中的见解也被有力地加以主张”。例如，韦塞尔斯认为，“在判断间接正犯的未遂时，应该优先着眼于利用者自身的行为。如果在他放手后，设想到被利用者还需要进行一些准备行为，但法益的危殆化在什么时点产生则不明确的场合，应该认为在被利用者直接开始犯罪实行的时点认定未遂的成立。这一见解，原则上在对事态的放手时点认可未遂的开始，但例外的情况则着眼于被利用者的行为”。②

对个别化说的主要批评意见是：如果对实行着手的时期采用复数的标准，就意味着放弃关于实行行为的统一的原理。③

四、实行行为、实行着手分离说

此说将实行行为与实行着手分开加以理解（参见本书第八章），认为无论是利用者的行为还是被利用者的行为，只要发生了引起犯罪结果的现实危险性时，就是实行着手。④ 其理由是，正犯的实行行为，是认可正犯的标志，而实行着手，则是划定未遂处罚阶段的标志，实行行为与实行着手不需要同一认定。

对此说的主要批评意见也集中在对实行行为与实行着手分离这一出发点上。⑤

---

① ［日］川端博：《刑法总论讲义》（第2版），成文堂2006年版，第466页。

② ［日］佐藤拓磨：《未遂犯与实行的着手》，庆应义塾大学出版会株式会社2016年版，第256页。

③ ［日］关哲夫：《讲义刑法总论》，成文堂2015年版，第394页。

④ 参见［日］山口厚：《刑法总论》（第2版），有斐阁2007年版，第270页以下。

⑤ ［日］关哲夫：《讲义刑法总论》，成文堂2015年版，第394页。

第二十三章　共同正犯的实质化

第一节　共同正犯的概述

一、共同正犯的概念与性质

（一）共同正犯的概念

在德、日等国，共同正犯是法定的共犯种类，如《德国刑法典》第 25 条（正犯）规定“自己实施犯罪，或通过他人实施犯罪的，依正犯论处。数人共同实施犯罪的，均依正犯论处（共同正犯）”。《日本刑法典》第 60 条规定“二人以上共同实行犯罪的，皆为正犯”。因此，学者们多根据法条的规定来给共同正犯下定义。

与正犯概念一样，有的学者将共同正犯理解为一种犯罪形态，有的学者则理解为一种犯罪人。例如，山中敬一认为：“共同正犯是二人以上共同实行犯罪的情形。”[①] 野村稔则直接根据《日本刑法典》第 60 条前半段的用语，认为“共同正犯是两人以上共同实行犯罪者”。[②]

（二）共同犯罪的性质

关于共同正犯的性质，即共同正犯是正犯的一种还是共犯的一种，德日刑法作了截然不同的规定。《德国刑法典》在第 25 条“正犯”中规定，“数人共同实施犯罪的，均以正犯论处（共同正犯）”，而《日本刑法典》却在第十一章“共犯”第 60 条规定共同正犯“两人以上共同实行犯罪的，都是正犯”。由于两国法律对同样性质的行为在分类上作了不同的处理，引起了学术界对于共同正犯究竟是正犯还是共犯的激烈争论。

一种观点认为，共同正犯始终是正犯的一种，不是共犯。例如，德国的耶赛克、魏根特等认为，“与间接正犯一样，共同正犯也是正犯的一种形式”。[③] 日本的木村龟二也认为，“刑法上规定的‘共同正犯’、‘教唆犯’、‘从犯’，虽然说是‘广义

① ［日］山中敬一：《刑法总论》（第 3 版），成文堂 2015 年版，第 885 页。

② ［日］野村稔：《刑法总论》，查理其、何力译，法律出版社 2001 年版，第 396 页。

③ ［德］汉斯·海因里希·耶赛克、托马斯·魏根特：《德国刑法教科书》，徐久生译，中国法制出版社 2001 年版，第 815 页。

的共犯'，但是，正确的理解应当说共同正犯是正犯的共同，即正犯的一种，因为在与正犯相对应的'共犯'的场合，应当理解为只有教唆犯和从犯这种狭义的共犯"。[①]

另一种观点则认为，共同正犯是共犯的一种而不是正犯。例如，日本学者西田典之认为，"如果不把共同正犯理解为共犯，那么就不能很好的说明，单纯正犯集合的形式，为什么要对他人行为的结果承担责任"。[②] 西原春夫也认为，"共同正犯是共犯，多数学说对共同正犯使用单独正犯的理论加以论述，但不能完全贯彻始终，这是无视共同正犯共犯性的缘故"。[③]

二、共同正犯的成立条件

共同正犯的成立包括以下要件：

（一）两人以上

必须是两人以上才能成立共同正犯，这被有的学者视为共同正犯的共犯性的表现。[④] 至于两人以上的行为人是否都必须具备责任能力，学术界有不同看法。一般认为，无责任能力者在法律上与自然力相同，即使与之共同犯罪，也与利用自然力犯罪无异，因而认为责任能力者与无责任能力之间不能成立共同正犯。有责任能力者与无责任能力者之间的共同行为，应当视为有责任能力者利用无责任能力者的间接正犯。

但是也有学者认为，应当区分是非辨别能力与责任能力，对心神丧失者等完全缺乏是非辨别能力的无责任能力者应当否认有共同实行的故意，但是对刑事未成年人等，则可以视为有共同实行的意思。[⑤] 对此，反对者指出，"有学者认为，是非辨别能力与责任能力不一定等同，十二三岁的人也可以成立共犯。但是为了保证判断的统一性，作为共犯要件的是非辨别能力，应当与作为有责性要素的责任能力重叠。因此，要成立共犯，必须以 14 岁以上未处于心神丧失状态的人的参与为必要。心神丧失者与未满 14 岁者即使担当一部或者全部实行行为，对此部分，也应由其他人承担间接正犯的责任"。[⑥]

（二）主观要件

德、日刑法学界一般认为，成立共同正犯，各行为人之间必须具有共同实行的

---

① ［日］木村龟二著、阿部纯二增补：《刑法总论》，有斐阁 1978 年版，第 404 页。

② ［日］西田典之等：《共同正犯论的课题与展望》，载《现代刑事法》2001 年第 8 号，第 26 页。

③ ［日］西原春夫：《犯罪实行行为论》，成文堂 1998 年版，第 315 页。

④ ［日］曾根威彦：《刑法总论》（第 4 版），有斐阁 2008 年版，第 230 页。

⑤ ［日］江家义男：《刑法总论》，东山堂书房 1950 年版，第 380 页。

⑥ ［日］西原春夫：《刑法总论》（改订准备版）（下卷），成文堂 1993 年版，第 383 页。

意思。所谓“共同实行的意思，是指两人以上共同实现构成要件该当事实的意思”。[①]

1. 共同实行意思的含义。

第一，共同实行的意思是否应限定为故意。犯罪共同说认为，需要行为人对特定的犯罪，有共同的故意。行为共同说则认为，只要有共同行为的意思就足够了。因此，前者一般认为共同正犯只存在于故意犯之中，后者则承认过失犯的共同正犯以及故意犯与过失犯的共同正犯。同理，前者否定片面的共同正犯，而后者认为共同实行的意思只需要一方具有就已足够，因而肯定片面的共同正犯。

第二，共同实行的意思，必须是与其他的实行者共同实行的意思。即在实施某个犯罪时，各行为者相互依存，协力实现犯罪的意思。

第三，共同实行的意思必须存在于行为人相互之间，但不以意思的明确交换为必要，行为人相互之间默认也足以成立。也可以以某种举动来成立意思联络。

第四，对犯罪不知情的人不认为有共同实行的意思。例如，不知情而收受诈骗犯罪被害人的财物，不能认为与诈骗犯人有共同实行的故意。在报纸上刊登毁损他人名誉的文章，执笔的记者构成名誉毁损罪，而发行人、印刷人、编辑人等，如果不知情，不成为共同正犯。[②]

第五，共同实行的意思，不要求在数人之间直接发生，可以以某人为中介间接的形成。日本判例认为，要成立数人的共谋，不需要上述数人在同一场所会面，或者数人间成立一个共谋。对于同一犯罪，甲与乙共谋，然后乙与丙共谋，如此这般，数人间依次共谋的情况，应当认为所有的人都对该犯行进行了共谋。

第六，对他人的犯罪行为进行单纯的旁观，不能认为有共同实行的意思。例如，在某人伤害他人时，只站在旁边围观，未实施行为阻止犯罪的人，不能认为与犯罪人有共同实行的故意。

第七，共同实行的意思，只要求在行为时存在，不要求必须有事前的共谋。在实施之际，偶然产生意思的联络的，是偶然的共同正犯。在行为者已经实行了一部分实行行为后，他人以共同实行的故意参与实行的被称为承继的共同正犯。

第八，共同实行的意思必须是各行为人对特定的全部犯罪事实具有意思的联络，仅就犯罪事实的一部分具有共同的意思，不成立全体犯罪的共同正犯。例如，甲乙共谋教训某人，但甲抱有杀人的故意，乙则仅有伤害的故意，那么只能在伤害的范围内成立共同正犯，而不应就杀人罪成立共同正犯。不过对此，因采用犯罪共同说还是采用行为共同说，结论有所不同。

第九，共同实行的意思，可以是未必的意思。由于共同实行的意思可能以默示的、间接的、瞬间的等多种方式发生，因此只要行为人相互之间有互相利用的意思，

---

① ［日］大塚仁：《注解刑法》（增补第2版），青林书院新社1977年版，第442~443页。

② 日本大审院1938年2月28日判决，载《大审院刑事判例集》第17卷，第141页。

就没有理由排除共同意思形成中的不确定因素。①

2. 共同实行的意思与共谋。

在日本，学者们一般认为共同正犯的主观要件是共同实行的意思。判例将这种意思联络称为“共同犯行的认识”、“共同犯罪的认识”或“共同行为的认识”。另外，在日本又存在所谓共谋共同正犯的问题，对于共谋共同正犯的共谋，判例使用“通谋”、“谋议”、“凝议”、“共同犯行的认识”等不同用语。这就产生了共同实行的意思与共谋是否是一个含义的问题。

对此，多数学者和日本判例都未严格区分两者，即将其等同使用。但也有学者认为应作区分，即共同犯行的认识是所有共同正犯的成立要件，而共谋只涉及共谋共同正犯的问题，即因为共谋的存在而将没有实施实行行为的人也认定为共同正犯。“只要作严密考察，共谋和共同犯行的认识在理论上就是不同的概念。”②

（三）客观要件

要成立共同正犯，还必须具备客观的要件，即两人以上共同实行犯罪的“共同实行的事实”。

所谓共同实行的事实，是指两人以上共同实施实行行为。即各行为者分担实行行为，互相利用和补充其他共同者的行为，合作完成特定的犯罪。

首先，各行为人分担的应当是实行行为。以实行行为以外的行为进行协力，不成立共同正犯。即使是分担与实行行为密切相连的行为，严格来讲也不是实行行为。因此，实行行为和与之密切相连的行为的区分就成为问题。

例如，甲、乙、丙三人基于盗窃的共谋，甲将被害人引诱出旅馆到他处同宿，乙则潜入旅馆内被害人的房间窃取财物并交付给丙，丙拿着财物离去。对此案，日本大审院1908年判决认为，甲的行为是完成盗窃所必需的分担行为，因而将三人认定为共同正犯。对同样的诱出被害人的行为，日本大审院1936年判决说，数人基于犯强盗罪的共谋，各自分担实行行为或与实行行为密切相连的行为时，其分担的行为是完成共谋者全体意思的行为，从而认为诱出被害人的行为是与强盗实行密切相连的行为。对以上判例，也有学者批判说过于放宽了实行行为的观念，并不妥当。③

其次，共同实行的事实，是指共同者各自分担实行行为。但是实行行为，虽然是具有实行构成要件危险性的行为，但对一个具体的行为，是否是实行行为，需要根据具体的事实，对构成要件作具体的解释。因此，某一个行为，在单独犯的场合，可能不能成为符合构成要件的实行行为，而在共同正犯的场合，就可能成为实行行为。这就需要对两个以上的行为作整体的考察，判断其是否具有实现构成要件的危险性。例如，甲、乙共谋抢劫，甲用手枪胁迫被害人时，乙仅仅是站在一边，乙的

① ［日］团藤重光：《注释刑法》（2），有斐阁1981年版，第726页。

② ［日］下村康正：《论共犯》，载日本刑法学会编：《刑法讲座》（4），有斐阁1973年版，第94~95页。

③ ［日］团藤重光：《注释刑法》（2），有斐阁1981年版，第726页。

行为也应当是强盗罪的实行行为。[①]

由此可以看出，共同正犯的特色在于将两人以上互相补充、配合的行为作为整体，进行刑法上的评价。这正说明共同正犯的构成要件是对单独正犯的基本构成要件作出的修正[②]。

最后，共同实行的事实一般表现为各人都分担一部分实行行为。这种所有共同者各自都分担实行行为的情形被称为实行共同正犯。此外，有的学者认为，共同实行还有另外一种表现形式，即数人就特定犯罪进行共谋，形成共同意思，而共谋者中一部分人将共同意思付诸实行的情况。这在理论上被称为共谋共同正犯。是否承认共谋共同正犯，是日本刑法学争议的一个重要问题。关于这个问题，将在后面详述。

三、共同正犯的种类概说

（一）原始的共同正犯与承继的共同正犯

原始的共同正犯，又称预谋的共同正犯，指二人以上在着手实施犯罪实行行为之前，已经就共同实行犯罪形成了意思的联络。这又可以分为两种情况，一种是各行为人在实施实行行为之前，就已经具有共同实行的故意。另一种是各行为人在着手实施实行行为之际，才产生共同实行的意思联络。有的学者又称后者为偶然的共同正犯。

承继的共同正犯，又称相续的共同正犯，是指对某一个犯罪，先行行为者着手实行后，在行为尚未全部实行终了阶段，与他人（后行行为者）之间产生了共同实施犯罪的意思，此后共同实施犯罪的实行行为的情形。

在承继的共同正犯的理论领域，所论及的问题包括以下几点：一是是否应当承认承继的共同正犯概念，二是如何把握承继的共同正犯的成立的要件，三是承继的共同正犯成立的前提下的责任归属问题。

（二）实行的共同正犯与共谋的共同正犯

实行的共同正犯，是指二人以上基于共同实行的故意，各行为人都着手实施了犯罪的实行行为。这是共同正犯的典型形态。[③]

共谋的共同正犯，是指二人以上共谋实现一定的犯罪，但实际上只有一部分共谋者实行了该犯罪时，其余的未担当实行行为的共谋者也应当成立共同正犯的情况。共谋共同正犯的概念起源于日本大审院时代的司法判例，此后逐渐为学术界所接受，影响逐渐扩大到韩国等国家和地区。

日本学者认为，共谋共同正犯概念的思想渊源来自中国古代刑法中“造意者为

---

① 日本最高法院有类似判例。参见日本最高法院 1949 年 6 月 22 日判决，载《最高裁判所刑事判例集》第 2 卷第 7 号，第 711 页。

② 参见［日］大塚仁：《注解刑法》（增补第 2 版），青林书院新社 1977 年版，第 396 页。

③ ［日］井田良：《讲义刑法学 · 总论》，有斐阁 2008 年版，第 462 页。

首”的观念,[1] 这种观念的具体化即认为“在共犯关系中起主要作用的应当被认为是正犯”，更具体的表现就是所谓的“黑幕重罚论”。

(三) 故意的共同正犯与过失的共同正犯

故意的共同正犯，是指各行为人基于共同的实行故意而共同实施犯罪实行行为的情形。这是世界各国都承认的共同正犯类型。

过失的共同正犯，是指二人以上的行为者在共同实施一定的行为时，由于全体成员的不注意导致引起危害结果的发生，对这些人也认定为过失犯的共同正犯的情形。

有的刑事立法明确承认过失的共同正犯。有的刑事立法则明确规定共同犯罪由两人以上共同故意构成，排除过失犯罪成立共同犯罪的可能性。但大多数国家的刑法刑法条文既不明确肯定，也不明确否定过失共同正犯与过失共同犯罪，这就使是否应当承认过失犯的共同正犯，成为这些国家刑法理论的一个热点问题。

(四) 相互的共同正犯和附加的共同正犯

相互的共同正犯，是指各共同行为者的行为单独都无法实现犯罪构成客观方面的结果，必须互相联系互相配合才能实现构成要件结果的情况。

附加的共同正犯，是指不同的共同正犯者各自努力充足构成要件的情况。例如，“20 人的共谋者计划实施暗杀，为了提高成功率，20 人决定同时发射，结果被害人中弹死亡。调查结果，被害人身中多弹，但仍有未射中的子弹。因此，每一个暗杀者，都有可能没有打中目标”。[2]

相互的共同正犯与附加的共同正犯是德国学者赫茨贝格（Herzberg）提出来的共同正犯类型。他提出这种共同正犯分类主要是为了批判罗克辛的机能的行为支配论。根据罗克辛的理论，机能的行为支配就像齿轮一样互相咬合。为了不致失败，不能缺少任何一人。而附加的共同正犯的情况，即使某人不参加，结果也十分可能还是一样。赫茨贝格因此认为，要认定共同实正犯，不应建立在分工的观点之上，而应建立在构成行为贡献的同等重要性以及对《德国刑法典》第 25 条第 2 款的制定法命令的基础之上。罗克辛则反驳说，从事前来看，各人的行为具有相互依存关系，因而也存在机能的行为支配。[3] 罗克辛认为，赫茨贝格的观点“是一种对功能性分工太过狭窄的看法。在所要求的事前考虑中，每个枪手在实施中都具有重要的功能；每一枪都在保证这次成功，对结果就可能是决定性的。事后，有些枪由于没有击中而表明是多余的这一点，并不会改变什么。正确的肯定是，在附加的共同实行人中，每一个的贡献，与大多数情形一样，不是交错进行的，而是通过同时进行

---

① ［日］川端博、西田典之、日高义博：《共同正犯论的课题与展望》，载《现代刑事法》2001 年第 8 号，第 25 页。

② ［日］高桥则夫：《共犯体系与共犯理论》，成文堂 1988 年版，第 302 页。

③ ［日］高桥则夫：《共犯体系与共犯理论》，成文堂 1988 年版，第 302 页以下。

的行为累积起来，加强了结果出现的前景。但是，这仍然是功能性控制的一种形式”。①

日本学者对此问题也展开了研究，如山口厚认为，附加的共同正犯的正犯性在于“由于复数行为人的共同行动，减少了失败的风险，提高了行为阶段构成要件实现的危险。因此，共同引起这种被提升的危险性的人，可以视为共同引起了构成要件该当事实”。② 但是有的学者则批判说，这与强调“违法性判断的事后判断”的山口说存在矛盾的地方。③

（五）累积的共同正犯和择一的共同正犯

累积的共同正犯，是指从最初开始各共同行为人都有可能引起构成要件结果的情况。

择一的共同正犯，是指从最初开始行为人中就只有一人的行为能引起构成要件结果的情况。例如，A、B 两人共同计划杀人，分别埋伏在不同的小道的情况。被害人如果经过 A 所埋伏的道路，那么 A 就可以杀害被害人，反之，如果被害人从 B 埋伏的道路走，则 A 对 B 的杀害行为没有发挥共同作用，一般认为 A 也成为杀人罪的共同正犯。

这是德国学者鲁道菲（Rudolphi）提出的共同正犯分类类型，他提出这种分类也主要是为了批判罗克辛的机能的行为支配论。在鲁道菲看来，前者存在机能的行为支配，而后者不存在。因此机能的行为支配无法说明后者的正犯性。罗克辛则反驳说，没有必要对机能的行为支配作狭义的理解。根据事前判断，各人对犯罪计划的成功都发挥了本质的作用。当然，如果埋伏行为被评价为预备的话，那么就欠缺“实行阶段”这一要件，可以否定其共同正犯性。“在这里，人们必须进行区分。如果一幢房子的各条出路或者在一个树林里的所有逃生道路都被谋杀枪手们所占领，那么，他们之中的每一个人都是共同实行人，即使只有一个人射中了。通过封锁所有脱逃的可能性，在实施的那一刻里，每个人都是与那个被害人身陷其中的死亡之网相联系的：被害人必然处于其中一名枪手的枪口之下，因为其他的路都被封锁了。这是一个在实施阶段共同作用的传统例子，就像他与处于一个团伙的成员公开围攻中的被害人一样。在实施阶段的这种择一贡献没有发挥作用时，情况就有所不同。潜在的暗杀者，为了杀死被害人，已经潜伏在被害人应当出现的各个城市之中了，那么，只有实际开枪的人，才是实行人。剩下的人在这个过程中并没有发挥作用。在择一贡献被分级排列依次出现时，也不存在共同实行人：如果暗杀者甲首先进行

① ［德］克劳斯·罗克辛：《德国刑法学总论》（第 2 卷），王世洲主译，法律出版社 2013 年版，第 71 页。

② ［日］山口厚、井田良、佐伯仁志：《理论刑法学的最前线》，岩波书店 2001 年版，第 212 页。

③ ［日］山口厚、井田良、佐伯仁志：《理论刑法学的最前线》，岩波书店 2001 年版，第 228 页。

谋杀性攻击，在未成功的情况下，由乙实施进一步的攻击，那么，甲与乙都只是为各自所干的承担责任。”①

在日本，择一的共同正犯也是考验强调学者们观点一贯性的一个重要问题。由于不少学者在说明附加的共同正犯时，强调在实施行为阶段，复数人的共同行动，提高了结果实现的危险性。但是在择一的共同正犯的情况下，危险性的提高不是在实行行为阶段，而是在各自埋伏这种预备阶段。在实施杀人行为时，由于只有一人能够引起构成要件的结果发生，便无所谓提升结果实现的危险。

鉴于此，日本学者佐伯仁志认为，对择一的共同正犯，不应当从提高构成要件实现的危险性的角度来加以解释，而应当着眼于共同正犯的基础。共同正犯是通过相互间心理的沟通，而共同引起构成要件的结果，由于行为人各自分担不同的行为，从而强化、维持了心理的因果性，这才是择一的共同正犯成为共同正犯的类型之一的原因。②

第二节　共谋共同正犯

一、由判例衍生的共谋共同正犯概念

所谓共谋共同正犯是指二人以上共谋实现一定的犯罪，但实际上只有一部分共谋者实行了该犯罪时，其余的未担当实行行为的共谋者也应当成立共同正犯的情况。共谋共同正犯的概念起源于日本大审院时代的司法判例，此后逐渐为学术界所接受，影响逐步扩大。

一般认为，共同正犯是指两人以上共同实行犯罪，因此必须存在共同实行的事实。而所谓共谋共同正犯，认为没有实施实行行为的人也成立共同正犯，这与共同正犯的一般理论显然相违背，那么为什么会产生这种理论呢？

日本学者认为，共谋共同正犯概念的思想渊源来自中国古代刑法中“造意者为首”的观念，③ 这种观念的具体化即认为“在共犯关系中起主要作用的应当被认为是正犯”，更具体的表现就是所谓的“黑幕重罚论”。日本刑法规定教唆犯处以正犯之刑。因此，将未实施实行行为的人作为教唆犯处理，可以处以与正犯同样的刑罚，不会轻纵犯罪嫌疑人。但是，实务上的感觉仍然认为，操纵实行行为者的幕后人物，是犯罪的中心人物，应当作为正犯处理。在实行者的背后筹划犯罪、发出指令、指挥、监督的大人物比实行者无形中起更重要的作用，如果将他们作为教唆或者帮助

① ［德］克劳斯·罗克辛：《德国刑法学总论》（第2卷），王世洲主译，法律出版社2013年版，第71页。

② ［日］山口厚、井田良、佐伯仁志：《理论刑法学的最前线》，岩波书店2001年版，第236页。

③ ［日］川端博、西田典之、日高义博：《共同正犯论的课题与展望》，载《现代刑事法》2001年第8号，第25页。

犯处理，难以处以与正犯同样或更重的刑罚。作为“主犯”的背后者应当是正犯。另外，在数人参与犯罪的场合，现实的犯意形成与其说是教唆、帮助、实行的形态，不如说是“共谋”的形态更多一些。“实行、教唆、帮助这些类型，在现实的犯意形成过程中并非必然清晰。实行、教唆、帮助的区别在于，教唆者事先怀有犯意，正犯因教唆而产生犯意，正犯产生犯意以后，其他人强化这种犯意是帮助，这是理论的模型。但是现实中，在交谈中互相影响而形成犯意的情况很多，也就是说存在很多所谓相互教唆、相互精神的帮助的复合的类型。说明这种实际情况，‘共谋’这一概念最为合适。”①

有关共谋共同正犯的判例最早可以溯及日本旧刑法时代的大审院判例。1896 年 3 月 3 日的大审院的判例中认为：“数人既有共谋的事实，其共谋者中不论何人实行之，均为共谋者全体的行为。”② 当时的判例中判定的共同正犯行为主要是指为实施强盗或者放火而望风的行为。到了日本现行刑法的时代，犯罪被分为智能犯与实力犯，前者强调精神的加功，后者则强调身体的加功。判例首先只对前者适用共谋共同正犯的理论，随后扩大到赌博罪与放火罪。

1936 年 5 月 28 日，日本大审院联合部判决对智能犯与实力犯完全不作区分，全面适用共谋共同正犯的理论，并采用所谓的共同意思主体说，从团体责任的角度说明了共谋共同正犯的成立根据，被认为是判例史上具有重要意义的判决之一。③由此判例，共谋共同正犯在日本判例上固定下来，并且该理论也为后来的最高法院继续沿用。

1958 年日本最高法院在练马事件判决中虽然沿袭以往判例的结论，继续肯定共谋共同正犯。但它承认共谋共同正犯的并非基于共同意思主体说，而是采用间接正犯类似说，在认定共谋者的正犯性上下了很大工夫，并严格限定“共谋”的内容，使共谋共同正犯论的适用得到了一定的限制，因而被视为特别重要的判例。④

1952 年 11 月，位于东京都练马区的造纸株式会社东京工厂内围绕工资与劳动合同的缔结，第一劳动组合与第二劳动组合产生对立与纷争。12 月 24 日、25 日，A、B、C 互相谋划，决定对练马警察署的巡警印藤胜郎（当时 32 岁，为了调查第二组合的组合长甲及第一组合的成员被伤害事件经常出入工厂）施加暴行，以打击第二组合，开展权力斗争，并确定由 B 对实行进行指导与联络。26 日，第一组合的 D、E、F 与东京教育大学的学生 G 在 D 处集合，B 也参加，商议袭击印藤的方法。同时，同为第一组合成员的 H、I、J 在 H 处集合，准备殴打甲，但因不明甲的方位，无法实施。在从 D 处赶来的 B 的指示下，H、I 等决定与 D 合流，一起攻击印

① ［日］平野龙一：《刑法总论Ⅱ》，有斐阁 1975 年版，第 400 页。

② 日本大审院 1896 年 3 月 3 日判决，载《刑事判决录》第 2 卷第 3 号，第 10 页。

③ 日本大审院联合部 1936 年 5 月 28 日判决，载《大审院刑事判例集》第 15 卷，第 715 页。

④ 日本最高法院 1958 年 5 月 28 日判决，载《最高裁判所刑事判例集》第 12 卷第 8 号，第 1718 页。

藤。此外，K 通过 B，让 L 也参与行为。这样，A、B、D、E、F、G、H、I、K、L 等就对袭击印藤依次进行了共谋。同夜 11 时，被告人 D、E、F、G、I、K、L 等一起赶往现场，诈称有人倒在地上，将印藤骗出，然后使用铁管、木棍等对之进行袭击，导致其因脑损伤而当场死亡。日本法院将未参与实施的 A、B 也包括在内，都判决为伤害致死罪的共同正犯。

在练马判决之后，日本司法系统基本沿袭练马判决的精神，在肯定共谋共同正犯成立的基础上，开始试图将共谋共同正犯限定在合理的范围之内，以正确地区分共同正犯和教唆犯以及帮助犯。

二、从否定到肯定的通说变迁

在练马判决后，日本学术界的主流观点仍然是激烈批判共谋共同正犯理论，从根本上否定共谋共同正犯的成立，理论界与实务界的分歧越来越大。这一状况一直延续到 1983 年。该年以学术泰斗身份而担任最高法院法官的团藤重光改变了以前强烈反对共谋共同正犯的立场，将注意力不再放在批判共谋共同正犯本身，而致力于防止判例中共谋共同正犯范围的扩大。“我本来对共谋共同正犯的判例持强烈的否定态度……但是，考虑到社会生活的现实，司法部门执着于承认共谋共同正犯，至少在一定限度内，是有其理由的。一般来说，作为法的基础推动法律前进的社会因素同样适用于刑法的领域……执着于共谋共同正犯的判例的实务的感觉，即深深植根于这种社会现象中，单纯的否定以前的判例并不能解决问题……我们的选择应当是在正当的限度内承认共谋共同正犯，并防止其过度的使用。”① 团藤重光思想的转变对日本学术界给予了决定性的冲击，对日本共谋共同正犯学说的动向产生了巨大的影响。此后，日本刑法理论的主流观点开始认可共谋共同正犯的概念，并试图对其进行解释和限定。这些说又包括共同意思主体说、间接正犯类似说、行为支配说与实质的正犯论等多种学说。

（一）共同意思主体说

该说认为共犯是一种特殊的社会心理现象。在共谋的基础上，本来异心别体的个人为了实现一定的犯罪的共同目的就变成同心一体，这便成立了共同意思主体。如果其中一人将共同意思付诸实行，那么这个行为就应当被当作共同意思主体整体的行为。因此，实行担当者的行为就是未分担实行的其他共谋者的行为。但是，在责任的归属上，因为共同意思主体是为了实现犯罪目的的违法的一时的存在，不能让其承担责任。因此，根据民法组合理论的推论以及刑法将刑罚科以个人的原则，应由构成共同意思主体的各个个人承担全面的责任。共同意思主体说由当时在大审院担任判事的草野豹一郎博士创立，此后作为草野学生的齐藤金作、下村康正、西原春夫等继承和发扬了共同意思主体说。

---

① 日本最高法院 1982 年 7 月 16 日判决，载《最高裁判所刑事判例集》第 36 卷第 6 号，第 695 页。

对以共同意思主体说为根据的共谋共同正犯肯定说，反对者们进行了激烈的批判，其要点有：（1）《日本刑法典》第60条将共同正犯的要件规定为“二人以上共同实行犯罪”，换言之，即在共同实行的意思之下，要求有共同实行的事实，承认共谋共同正犯则不适当地扩大了共同正犯的概念，违反了罪刑法定原则。（2）共同意思主体说立足于团体责任的原理，违反近代刑法所确定的个人责任原理。（3）犯罪是由超个人存在的共同意思主体来实施，而承担责任的则是个人，这是转嫁责任，违反刑法的责任论。（4）承认共谋共同正犯，就会使共同正犯与教唆犯、从犯的概念失去区别。（5）将共谋者作为正犯处罚，既缺少实质性的根据，也缺少必要性。[①]

（二）间接正犯类似说

间接正犯类似说认为，共谋者之间就实行犯罪达成合意，在互相利用实现犯罪结果的意义上，与间接正犯中的利用行为是同一性质的，因而应当承认共谋共同正犯。也就是说，基于共谋而实施实行行为者，是受到共同意志的心理的约束，而共谋者正是通过这种心理的约束对实行者施加影响，即共谋者是利用实行者来实现自己的犯罪意志。间接正犯类似说代表性的学者是藤木英雄。藤木英雄早逝后，川端博成为现在提倡间接正犯类似说的最著名的学者。他认为共犯的本质在于共犯者之间存在的“相互的利用关系”，在共谋共同正犯中也可以认定该存在。这种利用关系作为整体来考虑，无非就是犯罪的“分业、分担”，共谋者因为也分担自己的任务，因此，在共谋共同正犯中可以认定正犯性。川端博对“相互利用关系”的解释是“这种相互利用关系，对各构成人员而言就是类似于作为单独正犯的间接正犯中的利用关系”。[②]

间接正犯类似说的特色在于，试图用间接正犯的模式来说明共谋者的正犯性，从而在共同正犯中也维持作为共同正犯客观的成立要件的实行行为性。对于实行行为的内容，它不以传统的构成要件为出发点，而是以行为支配这种实质的概念为标准。本说的意义在于，“认为各共同正犯就是正犯即实行行为者，从而不变更通说的基本思想——即维持限制的正犯概念，通过个人责任的原理——给共谋共同正犯的可罚性奠定基础”。[③]

但间接正犯类似说也受到批判。第一，从共同意思主体说的立场来看，共犯与单独犯不同，刑法之所以在单独犯之外还要规定共犯，就是因为无法用单独犯的法理来说明共犯。第二，“间接正犯中利用者与被利用者直接的关系，与共谋共同正犯中单纯的共谋者与实行行为者之间的关系是有明显差别的。前者的内容是对被利用者的工具性身体活动的支配与被支配关系，后者则是以本来在法律上即处于平等

---

① ［日］大塚仁等编：《大注解刑法》（大コンメンタール刑法）（第5卷）（第2版），青林书院1999年版，第326页。

② ［日］川端博：《刑法总论讲义》（第2版），成文堂2006年版，第557页。

③ ［日］西原春夫：《判例刑法研究》（第2卷），有斐阁1981年版，第133页。

关系的同伙者的共谋关系为基础”。[①] 第三，“把‘其他的共同者’作为工具支配、制约是不可能的，如果真的能够进行支配与制约，那就已经不是共同正犯，而是单独的间接正犯。这一理论事实上是在否定共同正犯”。[②] 第四，共谋共同正犯有两种形态：一是就像犯罪组织中体现的上下主从、支配制约型的形态（支配型共谋共同正犯）；二是对等，平等的相互利用依存型的形态（分担型共谋共同正犯）。因此，在后者的场合，按照间接正犯类似说的观点进行解释是显然不妥当的。第五，如果承认对有责任能力人的利用可以成立间接正犯的话，那么也就可以承认对教唆犯的行为支配，这就会使教唆犯与共同正犯的概念无法加以区分。[③]

（三）行为支配说

1. 目的的行为支配说。

目的的行为支配说认为，要成立正犯，只要对构成要件的行为有目的的支配就足够，没有必要亲自实施实行行为。因此，在共同正犯的场合，只要对全体的构成要件的实行行为有共同的行为支配，就可以肯定具备了共同实行的要件。所以，共谋共同正犯即使是自己不亲自实施，也能通过支配他人的行为而完成犯罪。“从极端上说，即使自己根本没有亲自下手实行，只要支配他人的行为，能认为是自己的犯罪，就可以成立共同正犯。”[④] 目的的行为支配说的代表人物是平场安治。

目的的行为支配说也受到了猛烈的批评：第一，什么情况下具有行为支配，其判断标准不明确。“行为支配的概念原本就不明确，根据不同立场，教唆行为、帮助行为也不能说就没有行为支配。”[⑤] 第二，在参与者关系对等的情况时，判断谋议者及望风行为的行为支配极其困难。第三，行为支配是一个“开放的概念”，具有多重含义。“行为支配这一概念本身具有非常多的含义，即使在以行为支配作为共谋共同正犯根据的学者之间，也没有共通的含义。总之，行为支配概念的伸缩自在虽然具有诸多便利，但却没有实际内容。”[⑥]

2. 优越的支配共同说。

优越的支配共同说主张，将一般认为成立共谋共同正犯的情况抽出一部分，不称之为“共谋共同正犯”而命名为“优越支配共同正犯”，并以此展开自己的学说。此说认为，在实行行为者背后存在着大人物，将这些大人物作为正犯处罚是正当的。但是，如果这些人物，仅仅是单纯的共谋，那就不能理解为刑法第 60 条所规定的“共同实行犯罪”，因此，应当否定共谋共同正犯的观念。“没有担当实行的共谋者，当其在社会观念上对实行担当者而言处于压倒的优越地位，对实行担当者给予了强

---

① ［日］大塚仁：《犯罪论的基本问题》，有斐阁 1982 年版，第 338~339 页。

② ［日］中义胜：《刑法总论》，有斐阁 1971 年版，第 254 页以下。

③ ［日］西原春夫：《犯罪实行行为论》，成文堂 1997 年版，第 299 页。

④ ［日］平场安治：《刑法总论讲义》，有斐阁 1952 年版，第 155~157 页。

⑤ ［日］大塚仁：《刑法概说》（第 4 版），有斐阁 2008 年版，第 280 页。

⑥ ［日］村井敏邦：《共谋共同正犯》，载《刑法杂志》第 31 卷第 3 号，第 66~67 页。

烈的心理约束，使其实行时，从规范的观点就可以说存在共同实行，可以肯定为共同正犯。”①

对优越的支配共同说的主要批评意见是：共谋共同正犯和优越支配共同正犯之间不存在值得说明的明确的区别。共谋共同正犯并非是“共同实行犯罪人”，因此就优越支配共同正犯而言，亦属于同样的情况。再说，优越行为支配者对实行行为者施加强大的心理制约，使其实施实行行为，因之这里就存在支配、被支配的关系，不适合以对等关系为特征的共同正犯的本质。

（四）实质的正犯论

1. 意思方向说。

意思方向说由平野龙一提出。此说认为，不应一味地批评承认共谋共同正犯的判例，“学者们认为（自己的）学说才是‘正确的’刑法解释，而批评判例是将‘立法论与解释论混同’。但是说法院几十年来都不依法审判，难以想象”。此说主张从主客观两个方面来明确与限定共谋共同正犯的成立范围。作为共谋共同正犯的成立要件，首先，需要有作为意思疏通的共谋。共谋共同正犯不仅仅要有意思的疏通，并且还要求其是实行行为建立在共同意思基础上的被称为有“意思方向”的人。而且，这个意思方向并非仅仅是主观的，而必须对犯罪的实行有客观的重要的影响力。其次，共谋者中至少有一人实行了实行行为（共同正犯的实行从属性）。在这时，其他的共谋者，也需要有能成为正犯者的正犯行为。对共同正犯来说，正犯行为是与实行行为分离而论的。②

2. 修正实行行为的形式性、统一性说。

修正实行行为的形式性、统一性说由前田雅英提出。此说认为，在共谋共同正犯的场合，共谋者内部只要有一人有客观的实行行为，那么要把该客观的行为归责于其他未实施实行行为的人，如果该行为者有作为正犯者的意思以及关于犯罪计划的共谋，那么唯一成为问题的就是该共谋是否充分。只要认为共同正犯对并非自己所引起的结果之所以承担责任，是重视的是关与者相互之间心理的影响。那么以强烈的心理的因果性为基础，对并未实施实行行为的人也可以将客观的实行行为归责于他。为了成立共谋共同正犯，第一，需要参加共谋的人中有人着手实施了实行行为。第二，要认定共同实行性，唯一的要件是看其是否发挥了重要的作用，而是否发挥了重要的作用，要根据谋议时发言的内容及其后的行为等，从客观上加以判断。第三，参与者必须有正犯者的意思。按照前田的观点，问题的重点，不在于是否有共谋，而在于是否发挥了重要的作用。即使有共谋，并且共谋者内部有人着手实施了行为，但如果不存在发挥重要作用的人，便仍然不成立共谋共同正犯。③

---

① ［日］大塚仁：《刑法概说》（第4版），有斐阁社2008年版，第307页。

② ［日］平野龙一：《刑法总论Ⅱ》，有斐阁1975年版，第401页。

③ ［日］前田雅英：《刑法总论讲义》（第4版），东京大学出版会2006年版，第440页。

3. 准实行共同正犯论。

准实行共同正犯论由西田典之提出。此说认为，共同正犯明显是与单独正犯不同的共犯，所以其处罚根据应当在与犯罪结果之间的物理性、心理性的因果关系中寻找。因此，从处罚共犯的具体的妥当性的观点出发，从共谋者（非实行者）与实行分担者之间的支配关系、作用分担关系来判断，可以把共同正犯的范围扩展到对犯罪的实现起了与实行相当的重要的作用的共谋者。而如果仅仅是参加共谋而以，并不能直接作为共同正犯处理，否则就是把共谋的所谓共犯原理直接置换为正犯原理，是不妥当的。共谋共同正犯的基础是，实现了与实行相当的重要的作用。①

4. 自己的犯罪、他人的犯罪区别说。

自己的犯罪、他人的犯罪区别说由松本时夫提出。此说认为，共谋共同正犯之所以成为正犯，是因为通过“共谋”，设定相互的利用关系与依存关系，将他人的行为作为自己的手段，即实行行为化。这与间接正犯类似说的区别在于，对判例作出分析后，至少现在，在实务上，对二人以上加功于一个犯罪，其中有人未实施实行行为的情况，是应该认定为共谋共同正犯，还是认定为教唆犯、帮助犯，其判断基准并非共同意思主体说，而是看未分担实行行为者，将该犯罪是视为自己的犯罪还是他人的犯罪。而自己的犯罪与他人的犯罪的区别在于，在意思联络的过程中，如果各自持有自己的犯罪的意识，并相互认识到这种意识的存在，那么全部成员就都是共谋共同正犯，而在如果有人持有他人的犯罪的意识，他人亦了解这一点的情况下，那便不是共谋共同正犯。②

5. 系统论的共谋共同正犯论。

系统论的共谋共同正犯论由松村格提出。此说认为，需要引入系统论的思想，考虑单独犯与共同正犯共通的正犯性。例如，伪造货币罪，单独犯是“人—机系统”而共同正犯则是“人—人系统”。需要考虑的是，支配、驾驭该系统的人就是正犯，单独犯也好，共同正犯也好，行为主体都是系统。在共同正犯的场合，第一，对社会的外界，如果系统自身存在违法行为，那么系统自身就是责任主体。第二，与系统内部构成者的地位、作用相应，确定个人的责任，立足于限制的正犯概念，对共同正犯，也应当与单独正犯作共通的系统的思考。于是，在共谋共同正犯的场合，形成“共谋系统”是必要的，共谋者为了取得正犯性，必须分担系统全体的现实的实行行为。共谋者的谋议，对系统全体的态度决定以及态度的方向奠定基础，或者说，对态度必须具有支配的影响力。为了能称之为共谋，需要有对犯罪目的、犯罪计划的认识与了解，从而对自身所需起的作用有认识并接受该作用，进而作为

① ［日］西田典之：《关于共谋共同正犯》，载《平野龙一先生古稀祝贺论文集》（上卷），有斐阁 1990 年版，第 366~367 页。

② ［日］松本时夫：《共谋共同正犯与判例 · 实务》，载《刑法杂志》第 31 卷第 3 号，第 315 页。

客观要件，还需要实现该作用。[①]

以上实质的正犯论中的各种学说，都强调行为人要成立共同正犯，必须在犯罪中起重要的作用，同时，基于因果的共犯论，都强调“有力的事实的、心理的因果关系”，以弥补行为人缺少共同实行的事实这一缺陷。但批评者认为，这类学说，在正犯概念实质化的名义下，都无视“行为至少要实行部分实行行为的事实的重要性”。[②] 而且，这类学说，其核心在于给对等型的共谋共同正犯奠定理论的基础，从而能够对幕后的大人物以外的人也给予处罚。因此，从此类学说所举的具体事例来看，其最终从重处罚的，并非是幕后的支配者、指挥者等大人物，而是将本来不过只构成从犯的人升格为正犯加以处罚，这一做法的合理性值得怀疑。[③]

三、成为少数说的否定说

在日本，尽管共谋共同正犯的肯定论已在司法机关占据绝对主导地位，在学说上也渐占上风。但共谋共同正犯否定论的影响仍然很大。共谋共同正犯否定说的基本立场是：只要共同正犯也属于正犯的一种类型，那么各成员就必须分担实行行为。所谓共谋共同正犯的场合，共谋者并没有分担实行行为，所以不是正犯，也就不可能是共同正犯。换言之，其否定共谋共同正犯的前提是坚持以下三个命题：（1）共同正犯是正犯；（2）正犯是担当实行行为的人；（3）单纯的共谋者不是实行行为者。[④]

共谋共同正犯否定说论者的立场也不尽相同。有的学者，如香川达夫、福田平从犯罪共同说的立场，基于对现行法的解释否定共谋共同正犯。[⑤] 有的学者，如中山研一、浅田和茂、山中敬一等从行为共同说的立场，基于个人责任的原则否定共谋共同正犯。[⑥] 还有的学者，如曾根威彦从共同意思主体说的立场，认为从法益侵害的直接性观点来看，没有实施实行行为的人，不能被视为起了重要作用的人而作为正犯（共同正犯）。[⑦]

如果否定共谋共同正犯，那么应如何处理肯定说所称的“共谋共同正犯”的情

---

① ［日］松村格：《共谋共同正犯》，载［日］阿部纯二等编：《刑法基本讲座》（第 4 卷），法学书院 1992 年版，第 201 页。

② ［日］中山研一：《共谋共同正犯》，载［日］中山研一等编：《现代刑法讲座》（第 3 卷），成文堂 1979 年版，第 204 页。

③ 参见［日］平场安治等：《刑法改正的诸问题：竹田直平博士、植田重正博士还历祝贺》，有斐阁 1967 年版，第 95 页。

④ ［日］曾根威彦：《刑法总论》（第 4 版），有斐阁 2008 年版，第 253 页。

⑤ ［日］香川达夫：《刑法讲义（总论）》，成文堂 1995 年版，第 374 页；［日］福田平：《全订刑法总论》（第 4 版），有斐阁 2004 年版，第 273 页。

⑥ ［日］中山研一：《刑法总论》，成文堂 1982 年版，第 467 页；［日］浅田和茂：《刑法总论》（补正版），成文堂 2007 年版，第 418 页；［日］山中敬一：《刑法总论》（第 3 版），成文堂 2015 年版，第 936 页。

⑦ ［日］曾根威彦：《刑法总论》（第 4 版），有斐阁 2008 年版，第 255 页。

况。对此，主导性的意见是既要将共同实行进行可能范围内的扩大，又要严格设定扩大的幅度，确保实行共同正犯形式的明确性，维持近代刑法的基本原则。①

对于日本刑法理论中的共谋共同正犯问题，德国一般是根据主观说或者依据正犯后的正犯理论来扩张间接正犯的范围，将犯罪中的幕后人物（中心人物）作为正犯加以处理。

第三节　片面的共同正犯

一、片面的共同正犯的概念

成立共同正犯，主观上必须有共同实行的意思。那么这种共同实行的意思，是必须存在于各个共同行为者之间，还是仅仅一方具有就已足够，这就是所谓片面的共同正犯的问题。

例一：Y 在实施强盗之际，X 在与 Y 无意思联络的情况下介入并夺取财物。

例二：X 知道 Y 要射杀 A，X 以共同的意思和没有共同意思的 Y 一起，同时向 A 开枪，A 中了 Y 的子弹死亡。

例三：X 看到 Y 打算放火烧 A 宅，基于与 Y 一起烧掉 A 宅的思想，在 Y 不知道的情况下，与 Y 同时，从 A 宅的另一面点火，结果，火从两面同时燃烧，A 宅被毁。

例四：强盗犯人 B 对行人 C 实施强盗行为，A 在 B 不知道的时候，从别处拿枪瞄准被害人从而抑制其反抗意思，A 的行为与 B 的暴行胁迫相加，促成了强盗行为的完成。

例五：以入室抢劫为目的侵入 X 家的 A，恰巧发现手持木棒的主人 X 正在悄悄地接近先前入室欲行窃的 B，A 为了成全 B 的盗窃行为，便用手枪逼迫 X 不许动，不知情的 B 因此实行了盗窃目的，并从窗户逃走。

例六：A 事先知道 B 打算侵入 C 的住宅进行盗窃，为了使 B 实行犯罪，A 先侵入 C 的住宅，对 C 施加暴行胁迫，限制其自由，不知情的 B 此后侵入住宅，完成了犯罪。

是否承认片面的共同正犯，理论上存在肯定说和否定说两种不同的观点。在肯定说内部对于上述诸例是否都构成片面的共同正犯也有不同看法。

二、片面的共同正犯否定说

持共同意思主体说的学者当然否定片面的共同正犯。因为共同意思主体说则把共犯解释为一种特殊的社会心理现象，认为二人以上由于共同的犯罪意思而结为同心一体，共同犯罪是共同意思主体的活动，所以，共同正犯之成立，无须全体共同

① 参见［日］山中敬一：《刑法总论》（第 3 版），成文堂 2015 年版，第 936~938 页。

者均有分担实行行为的客观事实，只要共同意思体其中之一人实施了实行行为，即可视为全体实行。但要成立共同意思体，不仅要求二人以上的共同行为人首先存在一定的共同犯罪目的，而且要求各方行为人要有对共同犯罪行为的认识和相互利用他方的行为而实施犯罪的意思。换言之，共同意思主体说主张的观点是“一主体一罪”，即共同实行的意思是以一个故意犯为主而结合形成的。因此，在共同意思主体说的理论中，在片面共同正犯自当无存在的余地。“只要是采用共同意思主体说，那么所谓共犯，即是二人以上异心别体的个人，在实现犯一罪的共同目的下，成为同心一体。既然如此，自然否认片面的共犯。”①

持犯罪共同说的学者及部分行为共同说的学者也否定片面的共同正犯。犯罪共同说主张的是“数人一罪”的原则，所以对各自的犯罪不能予以个别的认定。共同者的一方若是共同正犯，那么另一方也必须是共同正犯，否则共同正犯不能成立。片面共同正犯正是违背了这种原则。“共同正犯者应当限于互相利用对方的行为，补充对方行为的不足，共同实行犯罪的人。只有是这样的同伴关系，才有对其他共同者实施的行为也要追究正犯责任的合理性。因此，如果共同者之间只有片面的认识，就处于无法充分利用对方行为的状态，追究这样的人的共同正犯的责任，就有失妥当。所以必须否定片面的共同正犯的概念。”② 行为共同说强调行为的共同，只要有协力关系，即使相互之间没有意思的联络，也可以成立共同正犯，所以行为共同说一般肯定片面的共同正犯。但也有部分学者，如木村龟二、江家义男、金泽文雄、野村稔、中山研一等，虽主张行为共同说，但出于控制处罚范围的考虑，而持否定的见解。

三、片面的共同正犯肯定说

持行为共同说的学者一般肯定片面的共同正犯。因为从行为共同说的立场上看，可以把各自的犯罪作为各自的共同正犯来处理，所以理论上不存在否定片面共同正犯的理由。

不过也有学者，如山中敬一基于“共同因果过程说”认为应对片面的共同正犯的成立范围作出限制。山中认为，前面三个学者所认为的片面的共同正犯的事例均不能成立。例一中被认为是强盗罪的片面的共同正犯的可能是 X，例二、例三中被认为是片面的共同正犯的也可能是 X 的行为。但是，上述任何一个事例，X 的行为，对 Y 的行为，都没有施加任何因果的影响，也就是说，X 与 Y 并无共同的因果过程，本来就不存在共同实行的事实，不能成立共同正犯。一方仅仅利用另一方的行为并非共同正犯，要成立共同正犯，必须对另一方的行为产生因果的影响，有共同的因果过程。

对于例四，有的学者认为 A 不过是胁迫罪或者恐吓罪的片面的从犯。但是山中

① ［日］齐藤金作：《刑法总论》，有斐阁 1955 年版，第 232 页。

② ［日］大塚仁：《犯罪论的基本问题》，有斐阁 1982 年版，第 326 页以下。

敬一认为，即使按照这种见解，如果存在意思联络的话，那么A有强盗的故意，并且实施了作为实行行为一部分的胁迫行为，应当成立强盗罪的共同正犯。这种场合，不同的只是B是否知道A的参与。这种认识，对决定A的罪责的意义在于，这种认识，对B的行为具有心理的、因果的影响。但是，即使B不知道A的参与，A的行为，也对B的行为产生了物理的、因果的促进作用，可以说是有因果的共同。对于例五，山中认为，A的行为阻断了作为阻碍要因的因果流，促进了B的行为的实行，应当承认是片面的共同正犯。至少说，站在行为共同说的立场，没有理由否定这种情况下片面的共同正犯的成立。但对于例六，山中指出，的确从行为共同说的观点出发，罪名不同的犯罪之间成立共同正犯是理所应当的。理论上对B成立盗窃罪、A成立强盗罪也没有疑问。但是这种事例中，是否存在因果的共同还是有疑问的。的确，A事先施加暴力，对B的行为的完成给予了因果的影响，但是，要有因果过程的共同，两者的行为必须在客观上是同时的相互依存的关系，缺少任何以一方的行为，犯罪实现就很困难。而本事例，事先施加的暴力行为，虽然是建立在对事后的事情经过的预测基础之上的，但对全部事象的推移并无机能的相互依存关系（机能的行为支配）。因此，这种没有相互依存关系的行为不能被评价为实行行为的一部分，对与此类似的事例，不能认定为片面的共同正犯，而只不过是片面的帮助。①

第四节　过失的共同正犯

一、问题之所在

过失共同正犯的问题，是指两人以上的行为者在共同实施一定的行为时，由于全体成员的不注意导致引起过失犯的该当构成要件的结果，对这些人是应当认定为过失犯的共同正犯进行处罚，还是仅仅只作为过失犯的同时犯进行处理的问题。换言之，即究竟是“过失的共同”还是“过失的竞合”的问题。例如：

两人在建筑现场，没有给予任何警告就往楼下扔木头，导致过路行人死亡；又如，把人误认为是野兽，甲、乙基于意思的联络，共同开枪，只有甲的子弹命中导致对方死亡。

在瑞士还发生了著名的“滚石案”：两个在一起的年轻人临时起意，各自将一块岩石从高处推下，使之沿斜坡滚到河里，一位坐在河边钓鱼的人被其中的一块石头砸中致死。事后查明，两位当事人因疏忽而没有先确定斜坡下无人，也无法确定那块致命的石头究竟是哪一位推落下去的。②

对这个问题的解答与如何理解“共同正犯”与“过失犯”的本质直接相关，不

---

① ［日］山中敬一：《刑法总论》（第3版），成文堂2015年版，第900页。

② 参见［德］乌尔斯·金德霍伊泽尔：《刑法总论教科书》（第6版），蔡桂生译，北京大学出版社2015年版，第403页。

同的理解会直接导致不同的结论。

那么这种研究是否有实际意义呢？有学者认为探讨过失的共同正犯问题没有任何意义，因为被作为过失的共同正犯的问题而加以研究的事例，包括两类，一类是共同行为者各自都有过失，另一类是一方负有决定性的不注意义务，而另一方的共同行为者对其负有监督、警告的注意义务，却未尽义务。不管是上述哪种情况，事实上都可以作为单独的过失犯来处理，没有必要研究共同正犯的成立与否的问题。[①]

对此，主张研究过失共同正犯的学者提出了反驳，“对于各个过失（行为）与结果之间的因果关系无法特定的场合，以及在实施高度危险的共同行为时，虽然作为单独犯的过失都属于轻微过失但引起了重大犯罪结果时，从‘当罚感情’、‘处罚的适正’、‘犯罪预防’等角度来看，承认过失犯的共同正犯是妥当的”。[②] 确实，如果否定过失共同正犯成立，那么诸如滚石案的两个当事人都必须被宣告无罪。因为单独而论，无法证明是谁推下去的石头导致的钓鱼人死亡；而如果肯定过失共同正犯成立，那就可以把另一人的行为当作他自己的行为一样而予以归责，结果是哪怕只要确定其中一人的行为造成了钓鱼人的死亡，就足以对这两个人都按过失致死罪定罪处罚。瑞士联邦法院对本案正是如此判决的。[③] 因此，不宜认为过失的共同正犯的研究没有意义。

承认过失的共同正犯，还会产生是否承认故意犯与过失犯的共同正犯的问题。对此，犯罪共同说与行为共同说也有尖锐的对立。

二、过失的共同正犯肯定说

（一）基于行为共同说的肯定说

按照传统的行为共同说的理论，共同正犯是以行为的共同作为必要的要件，所以只要具有共同实施犯罪行为的意思即可成立。因此，完全可以认定过失共同正犯的成立。“共同实行只需要单纯的行为的共同，犯意的关系不是共犯关系的要件”，“数人共同实行一定行为时，数人可以成为过失犯的共同正犯”[④]。

最近，在行为共同说中产生了“不真正不作为犯说”的理论。例如，山口厚认为，过失的共同正犯负有使其他的共同行为者遵守注意义务的作为义务，该义务是由不真正不作为犯的过失共同正犯而产生的“共同作为义务”。共同者对于所共同实施的全部行为，都产生了课以各人共同回避结果的作为义务的状态。因此，“由共同的先行行为、共同排他的支配等，发生共同正犯所固有的‘共同作为义务’”，

① ［日］西原春夫：《刑法总论》（改订准备版）（下卷），成文堂 1993 年版，第 385 页。

② ［日］大塚仁等编：《大注解刑法》（大コンメンタール刑法）（第 5 卷）（第 2 版），青林书院 1999 年版，第 162 页。

③ 参见［德］普珀：《反对过失共同正犯》，王鹏翔译，载《东吴法律学报》第 17 卷第 3 期。

④ ［日］牧野英一：《刑法总论》（上），有斐阁 2001 年版，第 458 页、第 460 页。

根据该学说，如果能够肯定对结果的因果性以及预见可能性，对作为犯也可以肯定过失共同正犯。①

对这一理论，批判者认为，“其出发点就有疑问。也就是说，该说将过失的共同正犯理解为不真正不作为犯，其前提是认为所有的过失犯都是不真正不作为犯。但这一前提并不正确。这里所说的‘共同作为义务’的前提，是单独作为义务。即，在建筑现场，一人从事将钢材向下扔的作业，当然，对这人具有先行行为、排他的支配，并由此产生作为义务。如果两个人共同实施，从同样的发生根据产生‘共同作为义务’。如果这样，对一人而言，也应当是不真正不作为犯，即从事危险的作业或危险的运输或危险的旅店经营，都是先行行为，都有排他的支配的根据。这意味着所有的过失作为犯都由不作为犯来构成。如果认为对其他的共同者有监督义务，那么这种监督义务的根据就不应当求之于先行行为或排他的支配。论者否定这样的监督义务，但其真正含义十分暧昧。过失犯中，并无‘作为全体的结果回避的作为义务’，而是禁止各行为者引起结果的行为”。②

还有学者认为，“在实务上，过失作为犯、过失不作为犯都存在结果回避义务。对过失作为犯而言，当然可以想定有结果回避义务的共同”，从而批判该说对不作为的构造理解不正确。③

（二）基于犯罪共同说的肯定说

按照传统的共同正犯理论，犯罪的共同说是反对过失的共同正犯。但是，近年来从犯罪共同说的立场上出发，支持过失共同正犯的肯定说日益增多。其主要依据就是“共同义务共同违反说”。共同义务共同违反说认为，在二人以上共同实施了具有高度危险性行为的场合，各自都负有共同防止结果发生的注意义务。

对共同义务共同违反说，反对者提出了批评：第一，所谓“共同义务”，是因为犯罪共同说认为共犯是一个犯罪，因而设想出的义务。从行为共同说的立场出发，根本没有必要设定这种义务。④ 第二，共同义务共同违反说违反了犯罪共同说的基本原则。“该说是违反犯罪共同说定义的结论。这是因为所谓的犯罪共同说终归还是将共同实行某种犯罪的主观意思作为成立共同正犯的主观要件。再说，根据犯罪共同说的理论来看，在具有共同实行违反‘客观的注意义务’的行为意思的场合，与其相对应成立的犯罪是抽象的危险犯。”⑤ 第三，对处在对等地位的各共同行为者

---

① ［日］山口厚：《关于过失犯的共同正犯的备忘录》，载《西原春夫古稀祝贺论文集》（第2卷），成文堂1998年版，第399页以下。

② ［日］山中敬一：《刑法总论》（第3版），成文堂2015年版，第905~906页。

③ ［日］杉田宗久：《过失犯的共同正犯》，载［日］大塚仁、佐藤文哉编：《新实例刑法（总论）》，青林书院2001年版，第347页。

④ ［日］山中敬一：《刑法总论》（第3版），成文堂2015年版，第904页。

⑤ ［日］芝原邦尔等编：《刑法理论的现代的展开·总论》（Ⅱ），日本评论社1990年版，第205页。

之间认定存在“相互监督的关系”值得怀疑。[①]

三、过失的共同正犯否定说

该说认为共同正犯只能在故意的情况下才能成立，所谓的过失的共同正犯应解释为过失犯的同时犯。在过失犯的场合，意思联络并非是关于犯罪的意思联络，因此将其作为共同实行犯罪的意思是不充分的，不符合过失犯的本质属性。而且，过失行为是事后的评价概念，所以在过失行为中不可能存在“共同”的法律问题。该说还具体分为以下几种理论：

（一）基于犯罪共同说的否定说

犯罪共同说的传统观点认为，共同正犯的意思的相互了解只存在于故意之中，因而否认过失的共同正犯。犯罪共同说还认为共同正犯所共同实行的犯罪必须是特定的犯罪，因此只有在故意和故意之间成立共同正犯，而故意和过失之间，则不能成立共同正犯。[②]

（二）基于共同意思主体说的否定说

共同意思主体说认为，共同正犯的意义就在于共同者的行为一致指向了一个共同目的，并在此基础之上相互之间才有了“相互的了解”。但在过失犯的场合，不可能形成这种“共同意思主体”，所以应当否定过失的共同正犯的成立。[③]

（三）基于机能的行为支配说犯否定说

该说主张共同正犯的本质在于机能的行为支配。所谓机能的行为支配就是指共同参加犯行的各行为人机能地分工、共同地发挥作用的场合。这种行为支配意味着“共同的分业”，因此在不可能形成犯行决意的过失犯的场合，共同正犯就连成立的余地都没有。此外，在过失犯的场合，如果只根据“共同的过失”认定共同正犯，就会与责任原则发生不可避免的冲突。按照行为支配说的观点，即使存在“共同的过失”，由于并非是共同的犯行决意，所以只能认定为各自的同时犯。

（四）过失单独正犯解消说

此说的代表人物是前田雅英。他认为，虽然在观念上并非不可以认为存在过失的共同正犯，但考虑到现行刑法以处罚故意犯为原则的精神，因此应尽可能地将其认定为过失单独正犯。而且，即使否定过失的共同正犯而以过失同时犯论处，在结论上也不会有什么差别。因为可以以行为人违反了监督、监视义务为理由来追究其过失责任，即将所有的过失共同正犯都解消为同时犯。[④]

---

① ［日］山中敬一：《刑法总论》（第3版），成文堂2015年版，第905页。

② 参见［日］泷川幸辰：《刑法讲义》，弘文堂书房1930年版，第263页以下。

③ 参见［日］西原春夫：《刑法总论》（改订准备版）（下卷），成文堂1993年版，第385~386页。

④ ［日］前田雅英：《刑法总论讲义》（第4版），东京大学出版会2006年版，第453页。

对前田的观点，浅田和茂批评说："肯定过失的共同正犯的判例，都是在共同作业中的事故，所以即使按照过失的同时犯定罪也是有可能的。然而，在并非共同作业的场合，能否仅以违反监督、监视义务而直接认定过失的正犯是存在疑问的。"按照该学者的观点，能够被认为过失的共同正犯的情况，都可以作为过失同时犯加以处理。"问题在于，无法证明是谁的过失行为导致结果发生的场合。例如，X与Y从屋顶往下面扔砖头造成路人受伤，但不能确定是谁扔的情况。此时，只要不能证明是同时犯，就不能扔任何一个人承受对他不利的后果（不利益），所以只能是无罪。"①

井田良也认为，"如果对之进行处罚，就必须回答认可（无法还原为单独正犯的情况）的连带责任的根据。我认为它并没有提供上述根据。对于不能认为是过失的单独正犯的情况，承认其是共同正犯，就意味着承认没有过失的情况的刑事责任"。"按照本文的考虑，对于由谁的过失行为导致结果发生不明的案件，不允许追究过失结果犯的责任。"②

前田雅英、浅田和茂、井田良的观点在论证理由上虽有不同，但都否认过失的共同正犯，因而也有学者将他们的观点都统称为"过失同时犯解消说"或"同时犯解消说"。③

在德国，大部分学者否认过失的共同正犯。司法判决也否定过失的共同正犯。"这种一般拒绝过失共同实行人的根据是，在过失的构成行为中，缺少以故意为条件的一种共同犯罪计划，并且，在没有追求共同结果的情况下，人们也不能谈论一种通过分工实施而实现的行为构成。"④ 但不可否定的是，支持过失的共同正犯的学者日益增多。例如，德国的罗克辛教授关于过失的共同正犯的观点虽几经反复。⑤但也认为"毫无疑问，在这个领域中的学术发展还在进行之中，并且，在个别点上也还不清楚（例如这些问题，人们是否要求一个'共同的行为项目'，或者借助在客观上相互连接的各种过失性构成行为的贡献就应当足够了）。但是，过失共同实行人在法律角色上的基本根据，不应再受到怀疑"。⑥

---

① ［日］浅田和茂：《刑法总论》（补正版），成文堂2007年版，第427页。

② ［日］井田良：《讲义刑法学·总论》，有斐阁2008年版，第476页。

③ ［日］山中敬一：《刑法总论》（第3版），成文堂2015年版，第904页。

④ ［德］克劳斯·罗克辛：《德国刑法学总论》（第2卷），王世洲主译，法律出版社2013年版，第73页。

⑤ 参见［日］桥本正博：《行为支配论与正犯理论》，有斐阁2000年版，第85~86页。

⑥ ［德］克劳斯·罗克辛：《德国刑法学总论》（第2卷），王世洲主译，法律出版社2013年版，第74页。

第五节　承继的共同正犯

一、承继的共同正犯的概念

承继的共同正犯，又称相续的共同正犯，是指对某一个犯罪，先行行为者着手实行后，在行为尚未全部实行终了阶段，与他人（后行行为者）之间产生了共同实施犯罪的意思，此后共同实施犯罪的实行行为的情形。[①] 例如：

甲着手实施伪造货币行为，在中途，觉得一个人完成犯罪十分困难，于是向友人乙说明情况，邀请参加，乙同意并合作完成犯罪。

承继的共同正犯主要涉及以下问题：

第一，是否承认承继的共同正犯概念。一般认为，既然后行者与先行行为人之间有共同的犯罪意思，并共同实施行为，那么自然成立共同犯罪。所以通说大多承认承继的共犯概念。不过如后所述，也有学者反对承继的共同正犯这一概念。

第二，后行为人承担责任的范围。这是承继的共同正犯的实质性问题，即后行行为者，在什么范围内对先行行为者所实施的行为及由该行为所产生的结果承担共同正犯的责任。各国学说与判例对此意见都不一致。总的来说，分为三种学说，即后行者对自己介入前的行为、结果也要承担责任（积极说、肯定说）与后行者只对自己介入后的行为结果承担责任（消极说、否定说）以及限定的肯定说。

二、判例中的承继的共同正犯

在日本，过去的大审院曾经在 1911 年针对诉讼诈骗承认了诈骗罪承继的共同正犯的成立；[②] 1938 年针对抢劫杀人罪的案件承认了承继的帮助犯，[③] 但从下级法院的判例来看，持积极说与消极说的判决都存在。基本上二战前的判例以积极说为主，二战后限定的肯定说的判例逐渐成为主流。最高法院长期以来并无有关承继的共同正犯的判例，但 2012 年 11 月最高法院首次针对有关是否成立故意伤害罪的承继的共同正犯的问题作出了决定。

该案的大致案情为：A 与 B 在对 C、D 施加暴行后，又用车将 C、D 载往本案发生的现场。在途中，B 将这一情况告诉了正在搜寻 C 的被告人，让被告人也到现场来。到达本案现场后，A 与 B 再次对 C、D 施加暴行，在被告人到达本案现场之前，C、D 已经受伤。被告人到达现场后，在认识到对 C、D 应受到之前 A、B 的暴行而已经处于难以逃走或者抵抗的状态的情况下，仍与 A 等共谋，继续对 C、D 施加暴

① ［日］大塚仁等编：《大注解刑法》（大コンメンタール刑法）（第 5 卷）（第 2 版），青林书院 1999 年版，第 221 页。

② 参见日本大审院 1911 年 11 月 20 日判决，载《刑事判决录》第 17 卷，第 2014 页。

③ 参见日本大审院 1938 年 11 月 18 日判决，载《大审院刑事判例集》第 17 卷，第 839 页。

行。而且被告人在共谋参与之后实施的暴力比A、B此前实施的暴力更为激烈。最终，由于受到被告人加入前后的一系列暴行，C受到了需要安静治疗六周的全身摔打伤以及头部切削伤。D受到了需要安静治疗三周的头部外伤等伤害。

原二审判决认为，被告人对A、B的行为及其结果存在认识与接受，并且在将此作为实现自己犯罪——亦即出于制裁目的的暴力——的手段而加以利用的意思之下，经过共谋而参与了属于一罪的伤害行为，且实际上将上述行为作为制裁手段加以利用，因此，对于包括被告共谋参与之前由A、B的暴力所造成的伤害在内的整个伤害结果，被告应作为承继的共同正犯承担罪责。

最高法院接受被告的上告之后，作出了判决："被告人对于参加共谋前A等已经造成的伤害结果，由于与被告人的共谋以及基于共谋的行为之间没有因果关系，所以不承担作为伤害罪共同正犯的责任。而应仅仅对于参与共谋之后通过足以引起伤害结果的暴力行为对C等人的伤害发生起到作用的这一事实，承担作为伤害罪之共同正犯的罪责。这样理解是恰当的……原判决的判旨认为，C等因受到A等的暴力而受伤，处于难以逃跑或者抵抗的状态，被告利用这一状态进一步实施了暴行，但即便存在这样的事实，它也只不过是被告人在参与共谋之后进一步实施暴行的动机或者契机，而不能成为对其参与共谋之前的伤害结果追究刑事责任的理由。伤害罪的共同正犯的成立范围不能受上述判断的左右。"①

在日本最高法院作出这一判决之前，日本下级法院往往比较容易地以后行者"积极利用"先行者已经引起的状态而在参与共谋后实施行为为理由认定成立承继的共同正犯。但这一最高法院判决，至少针对伤害罪而言对上述作出敲响了警钟。由此也引发了学术界新一轮的关于承继的共同正犯的讨论。

三、承继的共同正犯的肯定说

德、日的刑法学界围绕承继的共同正犯的责任范围问题展开了激烈的争论，各种学说观点应运而生，形成了各具特色的理论体系。这种学说的对立曾经以犯罪共同说对行为共同说的形式表现出来。犯罪共同说要求共同正犯者共同实施同一犯罪，在承继的共犯领域也要求所有参与者对同一犯罪归责，因此先行者的犯罪和后行者的犯罪必须是同一个罪，否则不能成立共同正犯。在后行者介入先行者的行为的场合，尽管后行者自己未亲自实施，但必须对先行者所实施的行为承担责任。行为共同说则认为，只要有行为的共同，可以就各自的行为成立共犯，因此，后行行为者可以在比先行行为者更窄的自己行为的范围内承担责任。

但是，现在的部分犯罪共同说承认在构成要件重合的范围内可以成立共同正犯，因此，不再要求各行为人的最终成立的罪名必须同一。"至少在现时点，因为是犯

① 参见日本最高法院2012年11月6日判决，载《最高裁判所刑事判例集》第66卷第11号，第1281页。

罪共同说所以必须承认承继已不再具有说服力。”① 承继的共同正犯问题的学说对立不再直接和犯罪共同说与行为共同说的对立一一对应。主张承认承继的共同正犯的理由也呈现出多样化的状况。

1. 强调一罪性、不可分割性。这种观点认为实体法上的一罪是不可分割的一个犯罪，所以参加其实行行为一部分的后行者是介入以前的包括先行者行为结果在内的全部犯罪的共同正犯。此说的代表性人物是小野清一郎与植松正。小野清一郎针对强盗（抢劫）罪指出，“强盗罪绝对不是暴行、胁迫与盗窃的简单相加。不能如2+3=5这样认为暴行+盗窃=强盗。同理，认为强盗-暴行=盗窃也是错的。法律说‘以暴行或者胁迫方法强取他人财物’时，是将暴行、胁迫与财物的盗取作为不可分割的一个行为进行评价”。② 因此，小野认为对仅仅参与取财行为的后行者，也成立强盗罪的共同正犯。植松正也认为：“因为单纯的一罪是不可分割的，所以意思联络即使是后产生的，也对全体行为成立共同正犯。”③

2. 强调后行者对先行者意思与事态的利用。这种观点认为，后行者了解先行者的意思，并且利用先行者已经造成的事态，这表明后行者与先行者就整个行为形成了共同意思，因此，应当行为整体成立共同正犯。德国的毛拉赫、日本的西原春夫、福田平与木村龟二是这种观点的代表人物。例如，木村龟二认为“问题是，后来参加者应在什么行为范围内与最初的行为者之间成立共同正犯。有的学说认为，后来参加者只应对参加以后的行为承担共同正犯的责任。其理由是刑法不能对（以前的事情）进行追认，或者不能承认事后的故意。但是如果后行者了解先行者的意思，并且利用先行者已经造成的事态，那么无论对后来的参加者还是对最初的行为者。都存在关于行为全体的共同意思。因此，认为两者都对行为全体成立共同正犯是妥当的结论”。④ 西原春夫指出“后行者如果对先行者的行为及其所生的结果存在认识、认容并在此基础上介入，那就应当解释为对全部行为承担责任”。⑤

3. 强调“共犯成立上的一体性，共犯处罚上的个别性”。这是由冈野光雄提出的观点。他认为，“在共同正犯的成立问题上应持肯定的观点，而处罚与责任问题和共同正犯的成立范围的问题是不同的问题。考虑以下事例：先行者基于强盗的目的对被害者施加暴行抑制其反抗（或者，发生了死伤的结果）之后，知道情况的后行者在与先行者意思联络之下共同进行了夺取行为。后行者认识、容认先行者所造成的既成事实，而且在加以利用的基础上共同进行夺取行为。这时将后行者的行为评价为单纯的窃取行为过于形式主义。后行者只要对以上的事情具有认识，就应当将其作为与先行者之间的强盗罪或者强盗致死罪的共同正犯加以把握。但是责任的范围则需要另外进行考察。共同正犯必须同时具有主观的要件与客观的要件才能够

---

① ［日］前田雅英：《刑法总论讲义》（第4版），东京大学出版会2006年版，第443页。

② ［日］小野清一郎：《刑事判例评释集》（第1卷），有斐阁1938年版，第417页以下。

③ ［日］植松正：《刑法概论（总论）》，劲草书房1974年版，第354~355页。

④ ［日］木村龟二著、阿部纯二增补：《刑法总论》，有斐阁1978年版，第408页。

⑤ ［日］西原春夫：《刑法总论》（改订准备版）（下卷），成文堂1993年版，第336页。

适用‘部分行为全部责任’的法理。因此，虽然可以将这种社会现象作为共同正犯加以把握，但是因欠缺要件不能适用‘部分行为全部责任’的法理，对介入之前的行为、结果的责任应当依照个人责任的原则进行处理。问题是如何把握个人责任的范围，就前例而言，后行者夺取财物所需要的先行者的行为、结果是先行者所引起的压制被害人反抗的状态（不利用这种状态便不容易实施夺取行为。相反，死伤的结果则是不必要的），因此只应追究强盗罪的责任”。[①]

在对结合犯的处理问题上，冈野光雄的观点事实上已经接近于后述的限定的肯定说。不过由于他全面肯定承继的共同正犯的成立，而不仅局限于某类犯罪，所以一般仍将其归类于肯定说之中。

四、承继的共同正犯的否定说

否定说认为，后行者仅仅对介入之后的共同行为承担共同正犯的责任。例如，像强盗罪那样的结合犯的场合，后行者只对共同实施的夺取行为承担责任，即承担盗窃的罪责。学者们的理由也不相同：

1. 从行为共同说的立场上考虑，即使后行者认识到了先行者的行为，但因后行者并没有参与实施先行者的行为，所以不应当回溯先前的行为来认定共犯关系。例如，牧野英一认为“共同加功的意思并不一定要在共同行为着手之前成立。一人着手实行犯罪之后，他人中途参加也无妨。但只应对意思成立之后的行为所发生的结果承担共同责任”。[②] “对于在强盗实施中途对单纯的财物夺取行为进行加功者，即使知道暴行、胁迫的行为，但因没有对暴行、胁迫行为进行加功，不能认为要对之承担责任。”[③]

2. 从目的的行为支配说的立场上考虑，后行者对先行者的实施的行为事实不可能有目的的行为支配，所以不承担共同正犯的罪责。例如，平场安治认为“在承继的共犯的场合，例如，A 以强盗的意思胁迫 B 以后，知道此情形而与 A 共同强取财物的 C，因对 A 的胁迫没有行为支配，所以只承担单纯的盗窃罪的罪责。”[④]

3. 从行为支配论的立场考虑，后行者对先行者的实施的行为事实不可能有行为支配，所以不承担共同正犯的罪责。德国的罗克辛认为，“（后行者对先行者的行为）有认识的场合虽然可以认为存在故意，但这作为共同正犯的条件是不充分的。根据行为支配理论，只有共同支配犯罪事实，才承担共同正犯的责任”。[⑤]

4. 从犯罪共同说的立场考虑，共同正犯的成立不仅要有共同实行的意思，而且还必须存在共同实行的事实。因此，后行者尽管认识先行者已实施的实行行为的意

---

① ［日］冈野光雄：《承继的共犯》，载《刑法基本讲座》（第 4 卷），法学书院 1992 年版，第 187 页。

② ［日］牧野英一：《刑法总论》（上），有斐阁 2001 年版，第 446 页。

③ ［日］牧野英一：《刑法总论》（下），有斐阁 2001 年版，第 745 页。

④ ［日］平场安治：《刑法总论讲义》，有信堂 1961 年版，第 156 页。

⑤ Roxin，LK，§25Rdn. 135. 136.

义，并出于利用的意图而介入，但这一点不足以成为追究其介入之前的行为责任的根据。例如，团藤重光认为“意思的联络，可以在实施了一部分实行行为之后才产生。但这种场合——虽应根据具体案件——只应对意思联络之后的事实成立共同正犯。”① 团藤在这里留了余地，即要“根据具体案件”，但他并未作出明确的解释。

5. 从因果共犯论的立场考虑，后行者的行为对之前的行为没有因果的影响力，因而不能对此前的行为承担共同正犯的责任。例如，曾根威彦认为“先行行为并非基于共同加功的意思，而且，基于共同意思的后行者的行为对先行行为也没有因果性，因而否定论是正确的”。② 前田雅英、山口厚、山中敬一也持此说。德国学者罗得（Lode）也认为：“自己的行为只能对未来的事实具有原因力，因此，无论对过去的行为具有何种理解或利用的意思，都不能认为日后成立的行为对过去的事实具有原因力。”③

6. 从主观的=部分犯罪共同说的立场考虑，否定承继的共同正犯概念。这是香川达夫的见解。他认为，承继的共同正犯中的意思联络并非是真正的共同正犯意义上的意思联络，即不具备共同正犯成立要件意义上的意思联络的特征，而且从承继的共同正犯的行为来看，也没有表现出“承继”的行为的特征。因此，用不着特别设立承继的共同正犯的概念。

7. 否定说中还有观点认为，虽然只能对合意之后的行为才能认定共同正犯，但后行者的行为对包含先行者行为的“单一不可分割的构成要件的实现起帮助作用”的场合，该后行者同时作为承继的从犯，承担帮助先行者犯罪的刑事责任。比如，诈欺罪、恐吓罪等单纯的一罪的场合，因正犯的实现行为尚未终了，所以介入取得财物行为的后行者应当构成诈欺罪或恐吓罪的从犯。④

否定说在德国属于具有压倒性优势的学说。⑤ 在日本也是非常有力的学说。目前否定说中主流的见解是基于因果共犯理论，认为正犯要对全部违法事实具有因果关系，因而否定承继的共同正犯。同时由于帮助犯与正犯不同，不需要与所有的构成要件要素之间具有因果关系，因此认可承继的帮助犯。

五、限定的肯定说及其课题

限定的肯定说认为，在一般情况下后行者不能对先行者的行为承担责任，只有在例外的情况下才承认对全部事实成立共同正犯。可见，本说的基本态度是不承认后行者对先行行为及其结果要承担共同正犯的罪责。因此，有的学者认为其基本立

---

① ［日］团藤重光：《刑法纲要总论》，创文社 1979 年版，第 366 页。

② ［日］曾根威彦：《刑法总论》（第 4 版），弘文堂 2008 年版，第 258 页。

③ Lode, Leipziger Kommentar, Aufl. , 1929. S. 245.

④ ［日］山口厚、井田良、佐伯仁志：《理论刑法学的最前线》，岩波书店 2001 年版，第 233 页。

⑤ 参见［日］照沼亮介：《体系的共犯论与刑事不法论》，弘文堂 2005 年版，第 249 页以下。

场是否定说，而称之为修正否定说或限制的否定说。①

限定的肯定说认为对全部事实成立共同正犯是例外。那么究竟在何种条件下出现这种例外情况。学者们的着眼点也不尽相同。

1. 结合犯是例外。大塚仁是这种观点的代表人物。他采取犯罪共同说的立场，原则上否定后行者应对之前的行为及其结果承担责任。但是，对结合犯他则采取了肯定的态度。“不过，既然先行者与后行者的共同实行是承继、利用先行者单独实施的部分而进行的，当然就必须受到包括该部分的刑法评价。例如，甲以强盗的目的对乙施加暴行、胁迫，抑制了乙的反抗后，产生了与丙共同实行的意思，与丙共同夺取了乙的财物时，甲、丙是强盗罪的共同正犯。关于这一点，也有见解认为，甲是强盗罪，丙是盗窃罪，应该承认其间是共同正犯。但是，像强盗罪这种结合犯，不允许轻易地分解为暴行、胁迫罪和盗窃罪。后行者只不过参加了盗取行为时，既然是在认识、利用先行者实施的暴行、胁迫行为的意思之下，与先行者共同盗取了被害者的财物，那就不外乎是作为强盗罪的实行行为的强取。”②

但是，大塚仁又认为，由先行者施加的暴行产生了被害人的死伤时，对其后在共同实行的意思之下共同实施了强取行为的后行者，当然不应追究强盗致死伤罪的罪责。

2. 具有持续性效果的犯罪是例外。这种观点根据行为共同说和因果的共犯论，认为对参与前的行为，后行者原则上没有因果力。但如果介入以前的行为在介入之后继续具有效果的场合，对后行者可以追究介入以前的行为的责任。平野龙一、内田文昭、川端博、西田典之等持这种观点。平野龙一认为“所谓承继的共犯，是共犯行为因果性成为问题的一种情况。承继的共犯，是指在正犯实行行为途中，共犯参与进来的场合。这种情况，共犯只对参与以后正犯的行为及其结果承担责任。对参与以前的行为，不能说共犯行为具有因果性”。但是在“强奸的场合，乘抗拒不能进行奸淫的行为是准强奸罪（《刑法典》第178条），对后来才参与利用抗拒不能而强奸T的丙无论如何都可以追究强奸罪的责任。然而，从不能抵抗者那里夺取财物是盗窃而不是强盗。因此，A使C抗拒不能后B加入进来共同取得财物时，B只承担盗窃罪的责任是有疑问的。A的行为因其暴行伤害可以构成强盗行为，B也共同实施，因此我认为追究B的强盗责任是可能的。又如，A以骗取的目的欺骗C后，B加入，与A一起接受陷入错误的C所交付的财物。单纯从陷入错误的人手中接受财物不是犯罪，但可以认为有共同的欺诈行为。在这个意义上，后行者对全体行为要承担责任”。③

3. 具有相互利用、相互补充关系是例外。大谷实持这种观点，他强调后行者积

① ［日］冈野光雄：《承继的共犯》，载《刑法基本讲座》（第4卷），法学书院1992年版，第187页。

② ［日］大塚仁：《刑法概说（总论）》（第4版），有斐阁2008年版，第295页。

③ ［日］平野龙一：《刑法总论Ⅱ》，有斐阁1975年版，第382页。

极利用的意思，“正如先行者利用后行者的行为，后行者也利用先行者的行为一样，先行者和后行者相互利用、相互补充，来实现一定犯罪也是可能的，因此，只要相互具有共同实行的意思和实行行为共同的事实，在后行者继承了先行者的行为和结果的时候，就应当说二者成立共同正犯。相反地，在后行者的行为与先行者的行为和结果无关的时候，由于不能认可相互利用、相互补充的关系，所以，肯定说不妥当。后行者出于将先行者的行为等作为自己实现犯罪的手段而积极加以利用的意思，中途加入犯罪，在利用先行者的行为等的场合，应当说具有相互利用、相互补充的关系，所以，部分肯定说妥当”。①

4. 对实行行为的重要部分具有因果性是例外。这种观点认为，在一般情况下，对参与前的行为，后行为者不负刑事责任。但是，如果后行为者的行为虽然对全体实行行为并不具有因果性，但对实行行为的重要部分具有因果性，而这种因果性对犯罪的完成又起了决定性作用，那么可以例外承认后行为者对全体行为承担责任。例如，先行为者 X 出于强盗的目的对被害人 A 实施暴力，但受到被害人顽强的抵抗，X 最后虽然抑制住了 A 的反抗，但也受了重伤无法继续实施强盗行为，这时后行为者 Y 与 X 达成合意参与犯罪夺取了财物。对此种情况，没有后行为者 Y 的行为，强盗罪就不可能最终完成，因此可以认为后行为者的行为对构成要件的实现有着本质的贡献，后行为者对强盗罪承担刑事责任。②

作为二战后唯一有关承继的共同正犯的判例，2012 年日本最高法院的决定显然否定了全面肯定说的观点。但它是立于全面否定说，还是限定的肯定说则不明确。但从其判决主文来推理，在并非只停留在“动机或者契机”的场合，显然存在成立承继的共同正犯的余地。最高法院的这一决定，虽然针对的是故意伤害罪，并且是后行为人使得先行为人已经所造成的伤害程度更加严重的案件。但它当然也能够涵盖到其他类型的案件。对这一点，千叶胜美法官的补充意见，更是明确地提示了抢劫、恐吓、诈骗等犯罪具有成立承继的共同正犯的可能性。因此，有不少学者认为它采取的是限定的肯定说。③

在最高法院的决定中，对被告人归责的究竟是其参与之前的伤害的加重部分，还是整个伤害结果，也可以作出不同理解。千叶胜美法官的补充意见认为行为人仅仅对于被加重程度的那部分伤害承担共犯之责，但从判决书的表述来看，也可以认为是对于由先行为人的暴力所引起，并由后行为人的暴力加重了程度的、作为最终结果的整个伤害。在这个意义上，可以认为最高法院的决定是从因果性的角度限定性地修正了限定的肯定说。

学界也有学者在分析最高法院的决定的基础上认为，承继的共同正犯的否定说和判例中的限定肯定说各有其基本路径。否定说除了因果共犯论之外，另一个基础

① ［日］大谷实：《刑法总论》，黎宏译，中国人民大学出版社 2008 年版，第 381 页。
② ［日］井田良：《共同正犯的构成要件》，载《现代刑事法》2002 年第 4 号，第 113 页。
③ ［日］高桥则夫：《刑法总论》（第 3 版），成文堂 2016 年版，第 466 页。

是将共同正犯理解为单独正犯的应用型、亚种，即认为共同正犯归根到底是正犯，需要每个正犯与最终结果之间具有因果关系（所谓一阶段说）。而限定的肯定说则将共同正犯视为一个整体，只要全体行为与结果之间具有因果关系即可，将集合体的犯罪与个别行为人的归责问题分断理解（所谓两阶段说）。因此，限定的肯定说也有其合理性。但限定的肯定说，在给予后行为人以共同正犯的评价时，如何能够在量刑时对诸如抢劫罪中的暴力、胁迫部分不进行问责，则还需要进一步说明。①

第六节　不作为的共同正犯

一、不作为的共同正犯的概念

不作为共同正犯主要涉及如下问题：第一，不作为能否成立共犯。有的学者从目的行为论的立场出发，认为不作为犯应当与过失犯一样，适用统一的正犯概念，因而不存在适用刑法总则共犯规定的余地。而有的学者则反对这一观点。认为过失犯不适用共犯规定是因为有法律的明文限制，而不作为犯则并不存在这一问题。第二，不作为与不作为之间能否成立共同正犯。对此，有的学者持全面肯定的态度，有的学者则作具体的考量。第三，作为与不作为之间能否成立共同正犯。对此，亦有学者认为，需要根据不同的作为义务发生根据作出不同的处理，有的成立共同正犯，有的不作为者只能成立作为犯的帮助犯，这就涉及不作为中正犯与帮助犯的区别问题。

在德、日，既存在从正面承认不作为共同正犯的判例，也有从侧面肯定不作为共同正犯存在可能性的判决。

二、不作为的共同正犯的全面否定说

德国的考夫曼（Kaufmann）全面否定不作为的狭义的共犯，也否定不作为的共同正犯。他否定不作为犯的共同正犯的理由是：不作为没有故意，所以不可能形成共同行为的决心，而且又没有实行行为，因此也不存在分工的可能性。例如，在发生灾难时，同住的两人只有共同行为才能够防止有害结果发生，如果两人都不作为，那么两人是作为共同者实施不作为，而非共同正犯中的不作为。② 韦尔策尔虽未说明理由，也与考夫曼的不作为论同样，否定不作为共同正犯的存在。从采取目的行为论的立场上考虑，在不作为的场合因不存在以作为为前提的故意行为，所以得出没有共同行为决心的结论是当然的。从物理的行为构造上考察，不作为确实不可能像作为那样存在分工。这两点，即使不采用目的行为论结论也是如此。但是德国的

① 参见［日］井田良：《关于承继的共同正犯的备忘录》，载井田良等编：《山中敬一先生古稀祝贺论文集》（上卷），成文堂 2017 年版，第 631~646 页。

② ［日］神山敏雄：《不作为共犯论》，成文堂 1994 年版，第 309 页。

判例与通说对不真正不作为犯都考虑规范的、价值的要素，很难接受像考夫曼这样单纯从存在的、物理的行为构造来理解不作为犯，无视不作为和作为的同价值性的观点。

格伦瓦尔德（Grunwald）认为，不真正不作为是比帮助还要下位的第三犯罪形态，因此没有存在正犯概念的余地。他在《不作为的参与》论文中，论述了不作为的正犯、帮助、教唆、间接正犯、自杀不阻止等，但完全没有论及不作为的共同正犯。他的理论强调不作为存在的构造，不承认不作为的正犯，自然不会承认不作为的共同正犯。但是他将不真正不作为犯的所有形态都定位为不作为的参与这种第三犯罪形态，认为是比作为的正犯、帮助犯更轻的犯罪类型，这无法让人接受。格伦瓦尔德的理论，有利于被告人，这是其长处。但忽略刑法的法益保护机能、无视存在保证人与作为正犯同等的场合，缺乏违法与责任实质的平等。①

德国的学者罗克辛批判全面否定说，提出“虽然不存在不作为故意，但如果不作为的单独正犯能够存在，为何就不能同样存在共同正犯”的疑问，并认为“无法单独回避结果发生的场合，只要能够认定违反了共同作为的义务，就可以认定为不作为犯的共同正犯”②。布塞（Busse）也批判说，刑法上的故意并非仅仅是目的行为论所说的故意，而是包括作为的故意与不作为的故意。作为和不作为只是在行为的构造上具有不同的特点，从规范的价值上考虑两者应当是平行的犯罪形态。

三、不作为的共同正犯的全面肯定说

一些德、日学者认为，因不作为而成立的共同正犯可以分为两类，一类是不作为和不作为结合而成的共同正犯形态（又可以分为“形式的共同正犯”与“实质的共同正犯”。前者是指复数的不作为者中只要有一人履行其作为义务就可以防止结果发生的情形。后者是指复数的不作为者必须都履行其作为义务，互相配合才能避免结果发生的情形）；另一类是不作为和作为结合而成的共同正犯形态。全面肯定说就是承认该两种形态的理论。德国的判例一贯主张不作为犯的共同正犯，因此可以说该学说承袭了判例的观点。

1. 毛拉赫（Maurach）主张全面的肯定说。他认为两种形态的不作为共同正犯都是可以成立的。比如，两亲使孩子饿死的场合，每人对法益而言都具有保证人的地位，他们的共同不作为有可能威胁法益。此外，不作为者对其他人作为所引起的危险状态也可能处于具有防止义务的保证人地位，也可能成立共同正犯。前者是根据复数不作为而成立的共同正犯，负有义务的二人或者二人以上者，作出共同不履行其义务的决心时，复数不作为之间就成立共同正犯。例如，父亲和母亲相互沟通意思，对自己的孩子不进行保护，各不作为者就是遵照事前的决心，支持他方的同时，亦得到他方的支持。这样，在共同实施的行为不法范围之内，不仅对自己的行

---

① ［日］神山敏雄：《不作为共犯论》，成文堂 1994 年版，第 309 页。

② ［日］松宫孝明：《刑法总论讲义》（第 4 版），成文堂 2009 年版，第 273 页。

为，而且对他人的行为，也应当负责任。后者则是根据作为和不作为而成立的共同正犯，不作为者是由不作为而构成的承继的共同正犯。比如，未制止未成年儿子犯罪行为的父亲可以构成共同正犯，这就是由一方的作为和他方的不作为而结合形成的不作为共同正犯。特伦德勒（Tröndle）也认为，存在多数人互相了解的不作为所构成的共同正犯以及一方的作为与另一方的不作为构成的共同正犯。以后者为例，不阻止未成年的儿子的犯罪行为的父亲是共同正犯。

2. 布塞（busse）认为，在自手犯与举动犯构成要件中，是没有共同正犯的。这只能以同时正犯的形式才能实现。只有以法益构成要件为基础的不作为才可能成立共同正犯。可以考虑如下事例：共同的作为义务与不同的作为义务下，复数的保证人了解应当进行作为而不作为的情况与不作为者与作为者互相了解，对同一结果负有责任的情况。布塞认为，参与者各自均承担正犯的责任。A与B，是监狱的看守。在必须把犯人押解到监狱时，A打开犯人的手铐，B遵从提议不阻止A的行为，这就侵害了共同的义务。成立以义务为构成要件的共同正犯，即A由作为、B由不作为构成共同正犯。又如，A、B意图杀死自己的小孩，小孩自己拿了装有砒霜的瓶子，A、B在相互了解之下并不阻止，小孩因服用砒霜而死亡。A、B共同违反了对小孩的共同保护义务，因而成立共同正犯。①

3. 韦尔纳（Woerner）认为，首先，复数的不作为之间，或者作为与不作为之间，都可以成立共同正犯。对于前者，负有义务的二人或二人以上者，对于不履行其义务有共同的决心，如父母在互相了解的基础上不履行对小孩的保护义务，各人自己的决心得到他人的支持，同时又强化他人的决心，各人对对方不会遵守义务有信赖，由此，各人在共同实施的不法的范围内，不仅对自己的行为，也对他人的行为产生责任。两个不作为由其相互性而取得共同性。其次，关于作为与不作为的共同正犯。对由积极的作为产生的侵害结果不加防止，表明不作为者（保证人）的行为，是由作为的精神的帮助。但对此后的保证人的不作为不能排除共同正犯的成立。理由是：由作为的精神的帮助比违反为防止结果，介入该事态的义务这样的不作为的重要性更低。因此，不作为与作为之间的共同正犯，存在二种形态：第一，对一定法益的侵害，是由负有结果防止义务的不作为所主导的。例如，农家因雷击而着火，主人为了得到保险金，想就让房屋被烧掉。佣人了解主人的意思，因而阻止附近的人前来灭火。第二，行为事态的重点在积极的作为的情况，即对法益的侵害是由积极的作为来进行的情况。例如，A是流氓团伙的成员，这个团伙计划杀死A的父亲，A保证不加以干涉，结果谋杀成功。这种情况，共同正犯与帮助犯的区别成为问题。不作为的共同正犯，在不作为者想要履行保证人义务就能够履行的情况下，如果其他作为行为的同伴无法妨碍该不作为者的义务履行，那么在不作为者与积极的作为的同伴的共动之间就可以成立共同正犯。②

---

① 参见［日］神山敏雄：《不作为共犯论》，成文堂1994年版，第309页。
② 参见［日］神山敏雄：《不作为共犯论》，成文堂1994年版，第309页。

日本的大塚仁、香川达夫、内田文昭、大谷实都支持全面肯定说，但各自的观点不尽相同。大塚仁认为："具有共通义务的二人以上者，互相联络犯罪意思，进行了违反其义务的不作为时，就可以说存在共同实行，能够成立共同正犯。甲、乙两名外销员在丙那里就商品的贩卖交涉时，丙说'不要这东西，请你们回去'，但是甲、乙互相用眼光示意，缠着要丙购买，不退去，这时，甲、乙就是不退去罪的共同正犯。父、母在商量要杀害自己的婴儿之后，都不授乳放置在那里，结果婴儿死亡时，两人就应该是杀人罪的共同正犯。"① 香川达夫教授也认为："比如，夫妇共谋不给自己的孩子食物，使之饿死的场合一样，负有共同的作为义务者应当履行其义务，但是如果不履行其义务，那么，这种所谓的未履行不作为，既然可以看作是实行行为的共同，就没有理由否定两者之间成立共同正犯。"② 大谷实则举例说："像母亲 X 和其情人 Y 共谋，不给年幼的 X 孩子食物，使其饿死这样的情况，就不作为犯而言，有作为义务者和没有该义务者通过相互利用、补充，使得犯罪结果发生是可能的，因此出于与作为犯场合同样的理由，应当认定不作为犯共同正犯的成立。"③ 对此种说法，神山敏雄持反对意见，认为该案例不属于共同正犯的问题，Y 只是构成教唆犯或者帮助犯而已。

四、不作为的共同正犯的限定肯定说

本说从共同正犯的本质出发，在批判全面肯定说的基础上，将不作为共同正犯的成立范围限定在具有实际上法的意义的范围之内。

1. 德国的耶赛克和博克尔曼（Paul Bockelmann）对全面肯定理论所提倡的复数不作为"形式的共同正犯"的形态展开了批判，认为该形态对认定不作为共同正犯的成立不具有意义。博克尔曼并没有直接肯定不作为的共同正犯，但从其论述中可以推断出不作为的共同正犯在构造上并非不可能。由于博克尔曼的理论具有承认"实质的共同正犯"的余地，因而不将其归类到全面否定说。

按照博克尔曼的观点，在"形式的共同正犯"场合，复数不作为者可以作出共同的决心，如夫妇可以共同作出不关照新生儿，使其死亡的决心。但是，该决心并非是依靠二个不作为者之间的分工来实施，而是由各不作为者亲自实现了违法有责的全部构成要件。因此，两者构成同时犯。

耶赛克认为参与者一方以积极的作为完成行为的分工，而另一方则违反法的义务，不阻止该作为者的作为时，虽然认定成立共同正犯未尝不可，但是在该场合下将不作为者认定为帮助犯更加符合行为支配理论。

对于复数的不作为，他认为完全不存在共同正犯的特征，即因行为的分担而导

---

① ［日］大塚仁：《犯罪论的基本问题》，冯军译，中国政法大学出版社 1993 年版，第 269 页。

② ［日］香川达夫：《刑法讲义（总论）》，成文堂 1995 年版，第 412 页。

③ 转引自［日］神山敏雄：《不作为共犯论》，成文堂 1994 年版，第 318 页。

致的相互归责，因为各个行为者本来对全部结果就负有责任，因而也没有必要考虑部分行为全部责任的原理。与此相对，作为共同正犯的固有事例只存在于共同行为才能履行共同义务的场合。例如，夫妻共同进行所得税申报等。另外，在缺乏共同义务的场合也有可能成立共同正犯，即对同一构成要件该当事实复数的作为义务者共同决心不作为的场合。例如，交通事故的肇事者们共同决定不将被害人送往医院。但是这里各人都可以单独将被害人送往医院，所以没有承认共同正犯的必要。

2. 德国学者罗克辛在其著作《正犯和行为支配》一书中谈到了有关不作为共同正犯的问题。他主张只有在存在共同的义务的场合，才能考虑不作为的共同正犯问题。对考夫曼所说的五十名游泳者不营救落水的儿童的不作为的例子，罗克辛认为因缺乏共同的义务，只能成立同时正犯。罗克辛认为不作为共同正犯主要适合两种情况：一种是法律上被规范化的义务犯罪，如两名公务员对一名囚犯负有共同监视的任务，当两人违反该义务，在囚犯逃跑时，相互约定采取旁观的不作为态度，使囚犯得以逃走的场合，两人构成因不作为而成立的共同正犯。又如，两名负有财产保护义务者在互相了解之下，对他们被共同委托保管的财产不予保护的情况也构成不作为的共同正犯。另一种是未被记述的不作为犯的情况。例如，两名登山向导根据契约共同承担一个旅行团的向导义务，当该两名向导计划在危险场合对旅行团的成员采取见死不救的态度，并得以实现的场合，根据情况可能分别成立遗弃、故意伤害或者故意杀人的不作为共同正犯。

罗克辛在另一著作中,① 又认为在复数的不作为者合意的基础上，侵害同一结果防止义务时可以存在共同正犯。这意味着即使一人就可以阻止结果发生，仍然成立不作为的共同正犯。但随后，他又认为只有在一定场合共同正犯才有存在意义。如处在重合的相互依存关系中的复数的不作为者，对所要求的作为只有共同实施才能实现的情况。例如，夫妻共同不进行纳税申报，各持一把钥匙只有共同才能打开金库门等。从这可以看出，只有在参与者共同行为才能防止法益侵害的场合才承认共同正犯。罗克辛的观点之间被认为有矛盾之处。

罗克辛在两篇论文中，都认为作为者与不作为者之间，只有在义务犯罪的场合，才有可能成立共同正犯。例如，两个看守之间基于合意，一人将牢门钥匙交给犯人，另一人违反其义务不锁上外面的门使犯人得以出逃的情况，两人都成立《德国刑法典》第120条第2项所规定的释放犯人罪的共同正犯。在这里，个人单独的作为或者不作为都不能使犯人出逃，只有共同行动才能实现结果。

至于如何区分不作为的正犯与帮助犯，罗克辛原则上认为不作为犯应当适用统一的正犯概念，因此，不存在正犯与共犯的区分问题。但是，对于“身份犯”、“目的犯”、“亲手犯”等，要成立正犯，必须有特别的“身份”、“目的”或“亲自实行”，如果不作为犯只能是正犯的话，那么不满足上述正犯要件的不作为者，既不能作为正犯处理，又不能作为帮助犯处理。这一结论并不合适，因而认为，对这几

---

① Claus Roxin, Strafgesetzbuch, Leipziger Kommentar, 2. Lieferung § §25-29, 1978, S. 76.

类犯罪，成立不作为的帮助。

3. 在日本，植田重正认为，“例如，要救助就必须除去障碍物，而一人之力无法办到必须两人协力才能实现时，两个义务者共谋不除去该障碍物，导致被害人死亡的情况”成立共同正犯。[①] 他对“形式的共同正犯”并没有加以论述，不过由于其只承认实质的共同正犯，所以采用的是限定的肯定说。齐藤诚二也认为在“形式的共同正犯”的场合，认定为共同正犯没有特别的意义，作为同时犯处理就可以了，因而结论是只有在实质的共同正犯的场合才有承认共同正犯的实益。至于作为与不作为之间是否承认共同正犯，齐藤没有明言。[②]

4. 神山敏雄也持限定的肯定说。他分类别加以论述。

第一，因不作为而成立的共同正犯。

对同一法益复数的保证人共同决定不救助该法益而采用不作为的态度时，就产生了是否承认不作为共同正犯的问题。而该问题解决的关键在于不作为的共同态度与作为的共同正犯的场合是否等价。作为的共同正犯，适用一部实行全部责任的原理，行为人即使只实施一部行为，也要对结果承担全部责任。一部实行是共同正犯与狭义共犯区别的标志。

而复数的保证人共同决定不防止一定结果发生时，如果个人能够单独阻止结果的发生，那么即使有精神的共同也不是与一部实行全部责任相等价的行为形态。各人根据全部实行全部责任而取得正犯性。所以没有必要认为是共同正犯。

据此，神山敏雄认为，只有在各个保证人共同行为才能阻止结果发生的情况下，才能成立不作为的共同正犯。

那么，如何确定复数的保证人的共同义务？神山敏雄认为，父母只要形成了家族共同体，那么就有各自单独保护子女的权利与义务，同时也就具有合作保护的权利与义务。这是因为民法确定父母对子女共同行使亲权，以此为基础，在刑法上课以共同作为义务才能全面保护子女的身心安全。另外，游泳池的监视人基于契约或者事实上的相互协力，也具有同样的义务。

如果复数的保证人单独负有防止结果发生的义务，但在法律、契约、事实上并没有确立共同防止结果发生的义务时，应当如何处理？这种情况，各个保证人为了救助法益，尽管没有要求非保证人协力的义务，但对其他的保证人则有要求协力的义务。因此，也可以认为各个保证人具有共同防止结果发生的义务。

第二，作为与不作为的共同正犯。

第一种形态：作为者 A 实施侵害，对该侵害结果具有防止义务的保证人 B 不予阻止的时候，A、B 是否成立共同正犯。两者在协商基础上各自采取以上态度，在共谋共同正犯肯定论者看来，就是作为的共谋共同正犯。而从共谋共同正犯否定论

---

① ［日］植田重正：《不作为与狭义的共犯》，载《法学论集》第 13 卷第 4 · 5 号，第 270 页。

② ［日］齐藤诚二：《不作为与共犯》，载《法学教室》（Law school）第 14 号，第 24 页。

者看来，B 的罪责，可能是教唆犯、帮助犯、共同正犯、单独正犯等。

第二种形态：B 受 A 所托，在 A 杀害 B 的子女时不加阻止，这是不作为的帮助犯还是不作为的共同正犯？如果认为在共同决心之下，各人采取作为或不作为的态度就是共同实行行为的话，就可以认为是共同正犯。但神山敏雄认为这种观点没有充分考虑一部实行全部责任的法理。如果承认 B 的正犯实行行为，那若 B 能够阻止 A 的犯罪行为，就适用全部实行全部责任的法理，没有必要认定为共同正犯。但在这之前，必须澄清 B 能否被认为是正犯的实行行为的问题。这里的法益，在 A 侵害之前，处于平稳状态，刑法对 B 不发出保护命令。刑法在应当由 B 进行保护的法益发生异常时，首先向 B 发出救助命令。当这种异常状态是由禁止规范所不及的自然现象或动物侵袭引起的场合，与虽然在禁止规范的范围内但无法遵守的精神病人或幼儿引起的场合，刑法命令 B 全面的保护法益。因为在规范的世界只有 B 才能保护法益。在这种情况，B 的行为具有正犯性。相反，如果异常状态是由能够遵守规范的人所引起的，那么刑法首先要求该作为者不侵害该法益。法益保护的作用首先在于 A，而 B 的作用与 A 相反，是第二次、补充性的。从外部、客观面来观察法益侵害，A 具有正犯性全无问题，B 即使能够阻止 A 的作为或防止结果发生，但始终只是不阻止 A 的法益侵害，是辅助性的，根据这种作用的区别，B 应当是不作为的帮助。

这样，即使在主观、精神的方面具有共同的决心，但从外部客观规范的面来考察不作为，还是不能认为具有正犯所需要的一部实行，无法成立共同正犯。另外，如果 B 对 A 具有教唆的精神的关系，那么就是作为的教唆。这以外的精神的关系不过是精神的支援或者精神的强化（通说无批判的承认精神的帮助）。这样，尽管 A 与 B 在意思疏通下互相协力侵害法益，也只能认为 A 是正犯，B 是帮助犯。

第三种形态：作为例外，如果作为者与不作为者之间能够被评价为与一部实行全部责任等价，那么就存在认定共同正犯的余地。罗克辛所说的释放犯人案，就只能认定为共同正犯。

第四种形态：如果 B 不是法益的保证人，但根据一定人的关系或其他事由而具有犯罪阻止义务时，B 与作为者 A 能否成立共同正犯？犯罪阻止义务，按照现在的学说、判例还无法根据一致的标准进行类型化，德国的判例通说认为违反犯罪阻止义务可以成立不真正不作为犯。犯罪阻止义务具有四种形态：（1）法令上被课以监督义务者。这是阻止被监督者的犯罪行为的义务。亲权者与担当教师即是如此。（2）根据法令，在职务范围内被科以阻止犯罪义务者，这是阻止部下或者一般人犯罪的义务。例如，刑务官、税关官员等。（3）契约上被科以监督义务者。例如，根据契约照顾小孩或精神病人的人。（4）对部下的职务上的违反行为具有阻止义务的上司。例如，设有两罚规定的犯罪中，法人的机关、业务主等。

第一、第二、第三种形态，作为者事实上不能遵照规范进行行为，犯罪阻止义务者原则上是不作为的间接正犯，这以外，存在意思疏通的情况时，可以成立作为的教唆或者不作为的帮助。而第四种形态，也只能是作为的教唆或不作为的帮助。

5. 山中敬一也对不作为的共同正犯发表了自己独特的观点。①

第一，不作为之间成立的共同正犯。

从保证人义务履行的可能性或作为可能性的形态来考虑，又可以分为两个类型：第一类型是复数行为者的作为义务完全可以只依靠义务者中一人来履行，只要一人履行义务可以防止结果发生的场合。比如，父亲或者母亲，不管是任何一方，只要履行哺乳的义务，就可以避免婴儿饿死的结果。第二类型是复数的不作为者必须协力才能履行其义务，以避免结果发生的场合。例如，父母需要协力才能把压在小孩身上的木头移开，才能救助小孩的情况。

在第二类型中因为因果关系的共同特征非常明显，可以认定共同正犯的成立。第一种类型，虽然各自都具备了必要充分条件，但互相之间有物理的、心理的因果的影响，也应认为是不作为犯的共同正犯。

此外，有的学者认为，只有具有作为义务者，才能够构成不作为犯的共同正犯。(大塚仁)。有的学者则认为无作为义务者与有作为义务者，共同实现违反作为义务的不作为，也可能成立不作为犯的共同正犯（大谷实、川端博)。按照后一见解，认为母亲与第三者在同意之下互相利用、补充一同不给婴儿授乳使之死亡的场合，也能成立共同正犯。理由是，不作为犯是真正身份犯，作为义务者可以被视为有身份者，根据《日本刑法典》第 65 条“虽不具有这种身份的，也是共犯”可得出上述结论。山中敬一反对这一见解，认为第 65 条是关于狭义共犯的规定，不适用于共同正犯，第三者只不过是帮助。对于前田雅英所说的“在共同正犯的处罚根据中，相互的心理影响是重要的，一部分参与者即使没有外观上客观的实行行为性，即没有作为义务，也可以成立共同正犯”。山中敬一也批判说，这种观点，轻视共同正犯中共同实行的事实，即轻视实行行为性。相互的心理影响在正犯、从犯、教唆犯中都存在，而他们与共同正犯的区别在于是否实施（一部分）实行行为。自己单独不能成为正犯的，不可能成为共同正犯。

第二，作为和不作为而成立的共同正犯。

山中敬一赞成日本通说的观点，即肯定说。他引用大塚仁所举之例“甲和乙相互联络意思计划杀害乙的孩子丙，甲将不会游泳的丙投进河里，但正因为乙采取放任态度，未实施救助行为，导致了丙的死亡结果。甲是作为的杀人罪，具有作为义务的乙的不作为也是杀人罪的实行行为，这便是作为与不作为杀人罪的共同正犯”。山中认为，在这个事例中，甲将小孩投入河里的时点就成立共同正犯的见解是正确。

但是，山中认为，如果作为义务不是基于法益监护义务，而是基于危险源管理监督义务，结论就会不同。例如，饲养危险动物的人，看到第三者驱赶该动物去侵害被害人，能够很容易的阻止这种侵害却置之不理，不构成正犯而是不作为的伤害罪的帮助犯。但是，如果关押危险动物的铁笼已经被打开，饲养人在现场可以阻止该动物对他人的侵袭而不阻止的，成立伤害罪的正犯。

---

① ［日］山中敬一：《刑法总论》（第 3 版），成文堂 2015 年版，第 919 页以下。

第二十四章　教唆犯的成立

第一节　教唆犯的概念与成立条件

一、教唆犯的概念

教唆犯是指通过教唆他人使之实施犯罪的犯罪形态。而所谓教唆，是指“唆使尚未决定实行犯罪的人产生实行犯罪的决意”。[①] 当然，罪名从属性说与罪名独立性说对于教唆含义的理解也不相同。罪名从属性说认为，教唆意味着使正犯实施正犯的犯罪。而罪名独立说认为，教唆意味着通过唆使他人实施犯罪的方式实现教唆犯自己所固有的犯罪。[②]

教唆犯在德、日等国的刑法中都有明文规定。例如，《德国刑法典》第 26 条规定：“故意教唆他人故意实施违法行为的是教唆犯，对教唆犯的处罚与正犯相同。”《日本刑法典》第 61 条规定：“教唆他人实行犯罪的，判处正犯的刑罚。”

教唆犯不分担犯罪的实行行为，从而不同于共同正犯。教唆犯是诱发他人犯罪而非单纯地帮助他人实行犯罪，因而也不同于帮助犯。按照德、日通说的共犯从属性说，教唆犯属于狭义的共犯，应当从属于正犯。

二、教唆犯的成立条件

成立教唆犯，不仅需要教唆者实施教唆他人犯罪的行为，而且需要被教唆者（正犯）实行犯罪。因此，教唆犯的成立条件包括以下三方面的内容：

（一）教唆的故意

德、日的通说认为，教唆犯的成立以具有教唆的故意为必备条件。而且这种故意可以是未必的故意。“教唆的故意，可以是未必的故意，这一点不存在不同意

---

① ［日］井田良：《讲义刑法学 · 总论》，有斐阁 2008 年版，第 487 页。

② ［日］山中敬一：《刑法总论》（第 3 版），成文堂 2015 年版，第 942 页。

见。”[①] 与此相对，俄罗斯的刑法理论则认为，教唆犯的主观方面的特点是具有直接故意。[②]

关于教唆故意的内容，理论上存在很大分歧，主要表现为实行认识说与结果认识说的对立。

实行认识说也被称为单一故意说。[③] 此说认为，所谓教唆的故意，是指教唆者认识到由于自己的教唆行为会使被教唆者决意实施特定的犯罪，并对被教唆者的实行行为有认识或容认。实行认识说的主要理由是，“教唆行为不是符合基本构成要件的实行行为，而是符合被修正的教唆犯的构成要件的行为，也就是使他人实行犯罪的行为。因此，教唆犯的故意没有必要及于基本构成要件的全部内容，而只要认识、容认到被教唆者会实施实行行为就够了”。[④]

结果认识说也被称为二重故意说。[⑤] 此说认为，教唆犯除了上述实行认识之外，还必须认识到教唆行为的结果，即认识到被教唆者会实现基本的犯罪构成要件。结果认识说的主要理由是，教唆犯的故意也是一种犯罪的故意，因此教唆者应当认识到能够通过被教唆者的行为实现基本的构成要件，尤其是发生犯罪的结果。[⑥]

实行认识说与结果认识说原本是共犯从属性说与共犯独立性说在教唆犯问题上对立的一种体现。不过，现在随着共犯处罚根据论中因果共犯论势力的增强，不少主张共犯从属性说的学者从因果共犯论的角度支持结果认识说。“现在我认为这种共犯从属性说=二重故意说已经成为了多数说。”[⑦]

（二）教唆的行为

成立教唆犯还需要教唆者实施了教唆行为。根据前述对教唆故意问题实行认识说与结果认识说的不同，教唆行为也可以分为狭义的教唆行为与广义的教唆行为。所谓狭义的教唆行为，是指使他人产生犯罪的决意。犯罪共同说认为这种引起他人犯罪的决意指的是引起他人犯罪的“故意”。行为共同说则认为是“唤起实施违法行为的动机”或者“诱发他人实施违法行为的意思（决意）”。两说的区别在于是否承认对过失犯的教唆。广义的教唆行为指的是使被教唆者实行犯罪并实现基本的构成要件。[⑧]

---

① ［日］大塚仁等编：《大注解刑法》（大コンメンタール刑法）（第5卷）（第2版），青林书院1999年版，第478页。

② ［俄］斯库拉托夫等主编：《俄罗斯联邦刑法典释义》（上），黄道秀译，中国政法大学出版社2000年版，第80页。

③ ［日］香川达夫：《刑法讲义（总论）》，成文堂1995年版，第383页。

④ ［日］川端博：《刑法总论》（第2版），成文堂2006年版，第562页。

⑤ ［日］香川达夫：《刑法讲义（总论）》，成文堂1995年版，第383页。

⑥ ［日］井田良：《讲义刑法学·总论》，有斐阁2008年版，第489页。

⑦ ［日］大塚仁等编：《大注解刑法》（大コンメンタール刑法）（第5卷）（第2版），青林书院1999年版，第477页。

⑧ ［日］山中敬一：《刑法总论》（第3版），成文堂2015年版，第943页。

关于教唆的手段和方法，德国[①]和日本的现行刑法均没有作特别限制。一般认为，劝告、忠告、命令、指挥、嘱托、欺骗、威胁、强迫、诱导、哀求、指示、怂恿、提供利益方法均可能成为教唆的方法。教唆的方法可以是明示的，也可以是暗示的。但是，如果欺骗、威胁超过了一定限度，则成立间接正犯而不是教唆犯。[②]

教唆行为必须使被教唆者产生实行特定犯罪的决意。单纯漫不经心地劝告对方去“实施犯罪吧”不成立教唆犯。不过，教唆行为没有必要特定到犯罪的日期、场所、方法等具体的特定事项。即使教唆当时并不存在犯罪行为的客体，但以该客体的出现为条件进行教唆也属于教唆行为。例如，唆使孕妇在分娩后杀害婴儿的行为也是教唆犯的行为。[③]

教唆行为所教唆的对象必须是特定的人。只要被教唆者是特定的，那么即使教唆者不认识被教唆者，也不妨碍教唆行为的成立。被教唆者不一定是单个人，可以是特定的两个以上的多数。以不特定的人为对象进行唆使时，属于“煽动”而非“教唆”。“教唆行为主要是诉之于对方的理性使其产生实行一定犯罪的决意，由此区别于主要诉之于对方感情的煽动行为。”[④]

被教唆对象是否必须具备刑事责任能力，不同的学说会得出不同的结论。(1) 极端从属性说认为，被教唆者必须具有刑事责任能力。因此，唆使无责任能力者实施犯罪行为的情况属于间接正犯。[⑤] (2) 限制从属性说以及最小从属性说认为，被教唆者不以具有刑事责任能力为必备条件。因为未成年人中也有不少人接近刑事责任年龄的起点，具有相当程度的规范意识。利用这些具有是非辨别能力者的行为成立教唆犯，而利用缺乏是非辨别能力的幼儿或高度精神病患者的行为成立间接正犯。[⑥] 这种观点是现在理论上的通说。(3) 还有的学者认为，在司法实务中要区分无刑事责任能力人哪些有是非辨别能力哪些没有，这是非常困难的。因此，应统一地理解刑事责任能力，所有利用无责任能力人的行为都成立间接正犯。[⑦] (4) 另有学者认为，利用无行为能力者的行为可以说是物理的利用，应视为直接正犯。而超越物理利用范围的情况则都是教唆犯。[⑧]

(三) 被教唆者实行犯罪

虽然共犯独立性说认为教唆行为本身就是一种独立的实行行为，所以成立教唆犯不以被教唆者实施实行行为为必要。但按照通说的共犯从属性说，教唆犯的行为

---

① 旧《德国刑法典》第48条曾经明确列举了教唆的方法。

② [日] 大塚仁等编：《大注解刑法》(大コンメンタール刑法)(第5卷)(第2版)，青林书院1999年版，第463页。

③ [日] 川端博：《刑法总论》(第2版)，成文堂2006年版，第563页。

④ [日] 曾根威彦：《刑法总论》(第4版)，有斐阁2008年版，第259页。

⑤ 日本大审院1899年3月14日判决，载《大审院刑事判例录》第5辑第3卷，第64页。

⑥ [日] 曾根威彦：《刑法总论》(第4版)，有斐阁2008年版，第258页。

⑦ [日] 西原春夫：《刑法总论》(改订准备版)(下卷)，成文堂1993年版，第365页。

⑧ [日] 佐伯千仞：《刑法讲义（总论）》，有斐阁1981年版，第345页。

必须从属于正犯的实行行为。因而只有被教唆者实行犯罪，教唆犯才能成立。

如何理解被教唆者“实行犯罪”？一种观点认为，所谓实行犯罪是指着手实施符合基本构成要件的行为；另一种观点则认为，实施符合预备罪等修正的构成要件的行为也是实行行为。[①] 两种观点的主要分歧在于是否承认预备罪（阴谋罪）的教唆。

被教唆者的实行行为应当具备何种程度的犯罪性，是一个直接与共犯实行从属性程度相关的问题，理论上的见解自然也不一致。按照德、日现在处于通说地位的限制从属性说，被教唆者的实行行为应当是“符合构成要件的违法行为”。[②]

根据共犯从属性说，教唆行为与被教唆者的实行行为之间必须存在因果关系。如果教唆者虽然实施了教唆行为，但被教唆者的犯意形成与教唆行为无关的话，不成立教唆犯。“对于已经有犯罪决意的人，强化其这种犯罪意思，只是帮助的问题而已。”[③] 值得注意的是，最近日本最高法院在 2006 年的判决中认为，被教唆者即使在教唆者实施教唆行为之前已经积极地就犯罪的具体方法向教唆者提出建议，但只要是教唆犯通过自己的教唆行为使被教唆者确定了照其提案来实施犯罪的意思，也属于教唆。[④]

同样，如果被教唆者所实施的实行行为与教唆行为之间不存在相当因果关系，也不能成立教唆犯。

问题在于，教唆行为与被教唆者（正犯）实行行为的结果之间是否必须具有因果关系。对此，一种观点认为，只要教唆行为与实行行为之间具有相当因果关系就已足够。[⑤] 另一种观点则认为，“教唆行为与被教唆者的决意、实行行为以及正犯结果之间必须具有因果关系，在客观上具有归属可能性”。[⑥]

第二节 教唆犯的类型

一、过失的教唆与对过失犯的教唆

（一）过失的教唆

所谓过失的教唆，是指由于不注意而使他人产生了实行犯罪的决意。例如，

---

① ［日］大塚仁等编：《大注解刑法》（大コンメンタール刑法）（第 5 卷）（第 2 版），青林书院 1999 年版，第 487 页。

② ［日］川端博：《刑法总论》（第 2 版），成文堂 2006 年版，第 564 页。

③ ［日］大塚仁等编：《大注解刑法》（大コンメンタール刑法）（第 5 卷）（第 2 版），青林书院 1999 年版，第 473 页。

④ 日本最高法院 2006 年 11 月 21 日判决，载《最高裁判所刑事判例集》第 60 卷第 9 号，第 770 页。

⑤ ［日］大塚仁：《刑法概说（总论）》（第 4 版），有斐阁 2008 年版，第 316 页。

⑥ ［日］山中敬一：《刑法总论》（第 3 版），成文堂 2015 年版，第 951 页。

“某位政治组织的负责人在血气方刚的成员面前发表演讲点名批评首相说：‘只要现在的首相还在总理的位置上，日本就没有前途。诸君应当去做自己能够做的事情。’结果一名听众因此而刺杀了首相。这就是过失的教唆的例子。”①《德国刑法典》第26条明确规定：“故意教唆他人故意实施违法行为的是教唆犯。”所以在德国不存在所谓过失的教唆犯。由于《日本刑法典》第61条仅规定“教唆他人实行犯罪的……”是教唆犯，没有对教唆犯的主观罪过作出限定，因而日本刑法理论界对于过失能否成立教唆犯产生了激烈的争论。传统上犯罪共同说对此持否定态度，行为共同说对此持肯定态度。不过，现在随着犯罪共同说与行为共同说自身思想的变化，这一对立的图式也发生了变化，出现了多视角讨论的趋势。

1. 肯定说。

肯定说认可过失的教唆犯。牧野英一、木村龟二、宫本英脩、佐伯千仞、内田文昭、松生光正等持这种观点。其主要理由有：

第一，过失的教唆这一概念不违背刑法理论。因为对过失行为可以进行正犯与共犯这种阶段的评价。②虽然通说对于过失犯领域采用扩张的正犯概念，即所有对结果具有因果关系的过失行为都应当被评价为正犯。但肯定说不赞成这种通说。这一立场甚至有的反对过失的教唆概念的学者也加以赞成。例如，平野龙一反对过失的教唆，但他指出：“我并不认为在故意的场合属于教唆、帮助的行为，如果是过失就马上定为正犯……过失犯也应当适用限制的正犯概念。”③

第二，承认过失的教唆具有现实的必要性与价值。例如，医生错误地将某种毒药当作治疗药物交给护士让其为患者注射，护士明知该药有毒仍然出于杀害患者的意图注射了该药物导致患者死亡。对此，肯定说认为护士成立杀人罪的正犯，而医生则是过失的教唆犯，应处以业务上过失致死罪的刑罚。④

第三，过失的教唆犯符合刑法的规定。肯定说的学者认为，日本刑法与德国刑法在规定方式上明显不同。既然刑法没有明文将教唆犯限定为故意，那么就没有否定过失的教唆犯的理由。否定过失的教唆犯的见解都是无分析地照搬德国刑法的理论，是不正确的。⑤

2. 否定说。

否定说的观点与肯定说针锋相对，是现在日本压倒性的通说。团藤重光、大塚仁、福田平、平野龙一、西原春夫、中山研一、大谷实、川端博、曾根威彦、前田雅英、山中敬一、浅田和茂、井田良等均持此说。其主要理由是：

第一，过失的教唆这一概念不符合教唆的本意。“‘教唆’这一用语，在日常用语中只限于故意地唆使他人的情况。如果认为教唆包括过失的教唆的话，就完全偏

① ［日］山中敬一：《刑法总论》（第3版），成文堂2015年版，第953页。

② ［日］内田文昭：《刑法Ⅰ》（总论），青林书院1997年版，第309页。

③ ［日］平野龙一：《刑法总论Ⅱ》，有斐阁1975年版，第393页。

④ ［日］松生光正：《过失的共犯》，载《法学论丛》第117卷第5号，第51页。

⑤ ［日］佐伯千仞：《刑法讲义（总论）》，有斐阁1981年版，第354页。

离了日常用语的含义。"①

第二，过失的教唆犯不符合现行法律的规定。根据《日本刑法典》第38条第1款的规定，"没有犯罪故意的行为，不处罚，但法律有特别规定的，不在此限"。可见处罚过失犯必须有法律的明文规定。而《日本刑法典》第61条并没有明文承认过失的教唆犯，因而不能认可过失的教唆犯。"'教唆'这一用语所预定的就是故意的情况。而且即便按照刑法第38条第1款的意旨，在没有特别规定的情况下也不能将过失行为包括在（教唆犯）之中。"②

第三，没有承认过失的教唆的现实必要性与价值。"过失的教唆，不具有使被教唆者产生实行犯罪决意的定型性，引起正犯实施行为的危险性微弱……应当认为刑法不允许将过失的教唆作为教唆犯进行处罚。"③ 而且，即使不承认过失的教唆犯也不妨碍司法上对犯罪的处理。例如，前述医生的案例，可以直接以业务上过失致死罪的正犯论处，没有必要借助过失的教唆的理论。"对于（所谓）过失的教唆的情况……有以过失犯的单独正犯进行处罚的可能性。"④

总之，"作为现行法的解释，立足于限制的正犯概念，考虑过失的例外处罚（《日本刑法典》第38条第1款），应否定过失的教唆犯的处罚"。⑤

（二）对过失犯的教唆

对过失犯的教唆是指，引起他人不注意而实施过失犯的行为。例如，医生意图杀害患者而故意利用护士的不注意使其为患者注射毒药。这种行为是否成立教唆犯，罪名独立性说与罪名从属性说意见不一。

罪名从属性说（犯罪共同说）否认对过失犯的教唆成立教唆犯。因为按照从属性说，共犯的罪名从属于正犯的罪名。如果正犯是过失犯，对故意的共犯也以过失犯论处，显然是不可思议的。罪名从属性说认为对行为人应以间接正犯论处。上述案例中医生即成立杀人罪的间接正犯。

罪名独立性说（行为共同说）认为正犯与共犯的罪名相互独立，因而承认对过失犯的教唆成立教唆犯。上述案例中护士成立业务上过失致死罪，医生成立杀人罪的教唆。

罪名从属性说（犯罪共同说）是通说的见解，对过失犯的教唆属于利用过失犯的间接正犯。⑥

二、片面的教唆

所谓片面的教唆，是指教唆人基于教唆的故意实施了教唆行为，但被教唆人并

---

① ［日］平野龙一：《刑法总论Ⅱ》，有斐阁1975年版，第393页。
② ［日］井田良：《讲义刑法学·总论》，有斐阁2008年版，第488页。
③ ［日］川端博：《刑法总论》（第2版），成文堂2006年版，第567页。
④ ［日］曾根威彦：《刑法总论》（第4版），有斐阁2008年版，第261页。
⑤ ［日］山中敬一：《刑法总论》（第3版），成文堂2015年版，第953页。
⑥ ［日］川端博：《刑法总论》（第2版），成文堂2006年版，第569页。

不知道自己是在被他人教唆而决意实施犯罪的情况。例如，有赞成片面的教唆成立教唆犯的学者举例说：

“冲动性格的丈夫经常怀疑自己的妻子与他人有不正当关系，多次扬言如果抓住了就会杀死妻子。知道这一消息的第三人，意图利用这一点杀死该人的妻子，于是在不挑明实情的情况下，编造借口故意让丈夫前往妻子通奸的现场，结果导致妻子被自己的丈夫杀死。”①

是否认可片面的教唆犯，学术界存在分歧。肯定说承认片面的教唆，但其中有的学者全面承认片面的共犯；有的学者否定片面的共同正犯而承认片面的教唆犯与片面的帮助犯，因此肯定说论者的理由也不尽相同。概括而言主要是认为：（1）刑法对教唆犯的规定与对共同正犯的规定不一样，共同正犯以两人以上“共同实行”为要件，而教唆犯无此规定。教唆行为只要求行为人基于教唆的故意实施教唆行为并导致对方决意实施犯罪即可，不要求被教唆者意识到自己被教唆的事实。“没有意识到被教唆与被教唆者心理上受到影响，这两者是可以并存的。”②（2）如果认为所列举的片面的教唆的案例不可罚，则失去实践中的合理性。③ 肯定说在日本的影响力逐渐增大，可以说是现在日本的通说。

否定说的主要理由是：（1）共犯者相互之间具有意思联络，是共犯本质上的要求。教唆犯虽然与共同正犯不同，在法律上并无明文规定需要有意思的联络，但从共犯的本质上当然可以推断出教唆者与被教唆者之间必须有意思上的联络（相互了解）。（2）与普通的教唆相比，片面的教唆的场合正犯实行的可能性具有不确定性，因而缺少当罚性。（3）即使在若干案例中就当罚性存在疑问，也应考虑到整个共犯理论的一致性、协调性而否定片面的共犯。④（4）从教唆的概念来看，就不存在被教唆者没有认识到自己被教唆的情况。⑤（5）讨论片面的教唆问题没有实际价值。学者们所列举的片面的教唆的例子，或者是一方具有故意另一方具有过失，或者是两方都有故意但一方重一方轻，它们都可以作为间接正犯加以处理，没有必要提出片面的教唆的概念。⑥

三、共同教唆

所谓共同教唆，是指二人以上共同教唆他人并使之实施犯罪行为的情况。是否承认共同教唆，关键在于是否认为刑法关于共同正犯的规定也能适用于教唆犯。日

---

① ［日］山中敬一：《刑法总论》（第3版），成文堂2015年版，第949页。

② ［日］山中敬一：《刑法总论》（第3版），成文堂2015年版，第949页。

③ ［日］齐藤诚二：《教唆犯的周边》，载《法学教室》（Law School）第48号，第25页。

④ ［日］植松正：《片面的共犯否定之道标》，载《齐藤金作博士还历祝贺·现代的共犯理论》，有斐阁1964年版，第275页。

⑤ ［日］平野龙一：《刑法总论Ⅱ》，有斐阁1975年版，第390页。

⑥ ［日］植田重正：《片面的共犯》，载《齐藤金作博士还历祝贺·现代的共犯理论》，有斐阁1964年版，第234页。

本通说对此持否定态度。“共同者是各自实施教唆行为，因而各自应承担教唆犯的罪责。这种情况下不成立教唆的共同正犯，各人单独成立教唆犯。”① 共同教唆主要涉及以下两个疑难问题。

第一，两人以上就教唆行为进行共谋并由其中一部分人实施教唆行为，对于未实施教唆行为的人能否按照共谋共同正犯的理论成立共谋共同教唆犯。例如，甲与乙就教唆丙盗窃进行共谋，此后乙对丙实施了教唆行为并导致其实施了盗窃罪的行为。乙的行为毫无疑问构成教唆犯，问题是甲的行为能否认定为教唆犯？日本判例对此持肯定态度，认为甲与乙是共谋共同教唆犯，因此甲也成立盗窃教唆罪。② 学术界的意见则不相同。一部分学者赞成判例的看法，认为乙的教唆行为是在甲、乙相互利用、相互补充下实施的，可以视为两人共同实现的教唆行为。“数人共谋实施教唆犯的行为时，与共谋共同正犯一样，没有直接实施教唆行为的人也成立教唆犯。”③ 庄子邦雄、西原春夫、大谷实等持这种观点。另一部分学者则持否定态度，认为应严格区分正犯行为与教唆行为，教唆始终只是教唆，将刑法关于共同正犯的规定加以扩张而承认所谓的共谋共同正犯，是不正确的做法，应当认为甲是教唆教唆犯的间接教唆。“单纯共谋者一般还是应当作为教唆教唆者加以处理。教唆行为是符合教唆犯这种修正的构成要件的行为，鉴于其上述的从属性质，不应将其与作为基本构成要件内容的实行行为等同对待。因此将其称为实行行为有招致混乱之虞，是不恰当的。”④ 团藤重光、福田平、大塚仁、川端博、山中敬一等持这种观点。

第二，一个人的教唆行为不足以使被教唆者实施实行行为，而他与其他教唆者的教唆行为相叠加导致被教唆者实施实行行为的情况；或者两人以上实施了教唆行为，但被教唆者实施实行行为是由谁的教唆所导致无法证明，如正犯者在实行犯罪后死亡无法获取其证言的情况，此时能否追究各教唆人的教唆犯罪责？一般认为，如果各教唆者之间存在意思联络，各自通过对方给正犯以因果性影响，那么不适用刑法关于共同正犯的规定也能追究各教唆者对结果的责任。如果没有意思联络，则属于教唆的同时犯。⑤

四、未遂的教唆与教唆的未遂

（一）未遂的教唆

1. 概说。

所谓未遂的教唆，是指教唆者从一开始就以使被教唆者的实行行为终于未遂的意思而进行教唆的情形。例如：

① ［日］川端博：《刑法总论》（第2版），成文堂2006年版，第568页。

② 日本大审院1908年5月18日判决，载《大审院刑事判决录》第14辑，第563页。

③ ［日］西原春夫：《刑法总论》（改订准备版）（下卷），成文堂1993年版，第401页。

④ ［日］大塚仁：《刑法概说（总论）》（第4版），有斐阁2008年版，第314页。

⑤ ［日］山中敬一：《刑法总论》（第3版），成文堂2015年版，第948页。

甲明知乙穿了防弹衣而唆使丙去开枪射杀乙，丙听从甲的教唆实施了射杀行为但未能既遂。

此时，丙的行为毫无疑问成立杀人罪的未遂，那么应如何处理甲的教唆行为呢？这就是未遂的教唆的问题。在未遂的教唆的场合，教唆犯实施了实行行为，被教唆者也因此产生犯意并实施了实行行为，完全具备了教唆犯成立的客观要件。问题在于如何理解教唆的故意。

如前所述，对于教唆的故意存在着实行认识说与结果认识说的不同观点。实行认识说认为，教唆犯的故意没有必要及于基本构成要件的全部内容，而只要认识、容认到被教唆者会实施实行行为就够了。因此，未遂的教唆成立教唆犯，可罚。结果认识说则认为，教唆犯除了上述实行认识之外，还必须认识到教唆行为的结果。因此，未遂的教唆不可罚。不过，实行认识说与结果认识说的对立只是表象，对未遂的教唆之所以会产生不同的看法归根结底在于学者们不同的刑法立场。

2. 新旧两派的理论与未遂的教唆。

传统上新派主张共犯独立性说，认为未遂的教唆属于没有犯罪故意的教唆行为，因而不可罚。这是因为新派强调犯罪人的人身危险性，教唆者既然没有发生危害结果的意思，就不具有性格上的危险性。

与此相对，旧派主张共犯从属性说。认为只要正犯着手实行了犯罪行为，共犯就可罚。因此，教唆的意思指的是使被教唆者产生实行犯罪的决意。据此，当然应当处罚未遂的教唆。

随着学派之争的结束，现在共犯从属性说已经在德、日占据了绝对的通说地位。但共犯从属性说中也出现了主张未遂的教唆不可罚的观点。同时主张未遂的教唆可罚的观点也提出了不同的理由。这就涉及共犯的处罚根据的问题。“如何理解教唆的故意，与从来的从属性说、独立性说的视角相比，是将共犯理解为‘使正犯者卷入犯罪的行为’（责任共犯论），或理解为‘通过正犯者引起结果的发生’（引起说），重视两者之间的差异即重视共犯因果性的程度的视角更为重要。”①

3. 共犯的处罚根据论与未遂的教唆。

责任共犯说认为，共犯之所以要受处罚，是因为它让正犯实施了符合构成要件的违法有责的行为，使正犯堕落。在未遂的教唆中，如果正犯的行为未遂，就属于符合构成要件的违法、有责的行为。因而只要教唆者预见到了正犯会陷于罪责和刑罚，未遂的教唆就可罚。② 不过，责任共犯说被认为混淆了法与伦理的关系，现在基本上已经失去了支持者。

行为无价值类型的违法共犯论认为，共犯的处罚根据在于它使正犯实施了符合构成要件的违法行为，而并不需要正犯行为具备有责性。因此，教唆的故意只包括

① ［日］前田雅英：《刑法总论讲义》（第4版），东京大学出版会2006年版，第459页。

② ［日］庄子邦雄：《刑法总论》（旧版），青林书院新社1969年版，第717页。

对正犯实施实行行为的认识与预见。这样，未遂的教唆就是可罚的。[①]

结果无价值型的违法共犯论与因果共犯论对于未遂的教唆的认识则不尽相同。

第一，修正引起说认为，共犯者的不法并不在于其行为本身，而是从正犯者的不法所导出。也就是说，共犯没有独立的违法性，共犯的不法，从属于正犯的不法。按照这种见解，共犯并非直接引起正犯的结果，而是通过对正犯行为的引诱、促进间接的引起正犯结果。该说否定“人的违法相对性”而肯定“违法之连带性”。因此，持修正引起说的学者，大多以教唆者不具有教唆之故意（引起构成要件结果之故意）为理由而否定未遂的教唆的可罚性。不过，按照修正引起说的理论，即使仅仅引起正犯之未遂，也构成违法，因此若按违法连带性之主张，则未遂的教唆也有可罚性。可见，修正引起说在未遂的教唆问题上存在自相矛盾之处。

第二，折中引起说认为，共犯本身并不能直接侵害法益，它必须通过正犯的行为才能侵害法益。即共犯行为所引起的法益侵害的危险性是抽象的危险性或预备行为的危险性，必须有正犯行为所引起的法益侵害的具体危险存在之后，才能形成共犯的结果无价值。据此，教唆犯也以结果发生的意思为必要，未遂的教唆不可罚。[②]

第三，纯粹引起说认为，共犯的处罚根据在于，共犯通过介入正犯的行为引起违法的正犯结果。教唆的故意必须包括对结果发生的预见，未遂的教唆欠缺教唆的故意，因而不可罚。[③]

4. 陷害教唆。

陷害教唆的概念，来源于法语“agentprovocateur”一词。它原指法国大革命前路易十四逮捕革命党员所使用的特务手段，后来逐步演变为“挑发犯罪的工作人员（警察线民）”，即引人入罪的意思。在刑法学上指的是“以使他人因犯罪而落网的目的，教唆他人实施一定犯罪的情况”。也被称为陷阱教唆，是毒品犯罪等犯罪中警察机关经常使用的一种诱惑侦查手段。

关于陷害教唆与未遂的教唆的关系，学者们一般认为陷害教唆“多数是从最初开始就以使被教唆者的行为终于未遂的意图而实施教唆行为，因而成为了未遂的教唆问题”。[④] 不过，也有学者认为，毒品犯罪往往是实施实行行为的同时犯罪就既遂，因而不同于所谓的未遂的教唆，还不如直接论述“诱惑侦查”的合法性问题。[⑤]

对于诱惑侦查，虽然有学者曾经认为其违法，“不管是以怎样的理由，任何人都没有权力为了让他人受刑事处罚而把他引入犯罪……‘禁止诱惑人们！’为了刑事审判的尊严，必须遵守这一格言”。[⑥] 但现在主流的意见认为应区分不同情况分别

---

① ［日］大塚仁：《刑法概说（总论）》（第4版），有斐阁2008年版，第311页。

② ［日］松宫孝明：《刑法总论讲义》（第4版），成文堂2009年版，第288、320页。

③ ［日］中山研一：《刑法总论》，成文堂1982年版，第473页。

④ ［日］山中敬一：《刑法总论》（第3版），成文堂2015年版，第956页。

⑤ ［日］藤木英雄著、船山泰范补订：《刑法》（第3版补订2版），有斐阁2008年版，第85页。

⑥ ［日］泷川幸辰：《犯罪论序说》，王泰译，法律出版社2005年版，第158~159页。

处理。“诱惑的犯罪侦查方法，一般而言欠缺公正妥当性。尤其当教唆的结果是被教唆人所实施的犯罪包括直接侵害第三者的生命、身体、财产的内容时，视其为违法是具有相当性的。不过，如果犯罪的性质是反复继续隐秘地实施，又不包括直接的被害者，通常不会留下犯罪证据的情况，使用通常的方法取得或保存能够处罚犯人的客观证据非常困难时（例如，毒品犯罪），那么就应当认为其属于合法行为。而且，麻药以及精神药物取缔法第 58 条规定……对违反麻药以及精神药物取缔法的行为进行诱惑侦查是合法的。此外，即使诱惑侦查不合法，导致相当于教唆正犯实施犯罪时，只要是根据上级看似合法的命令且相信自己的行为是正当的，就存在以缺乏适法行为的期待可能性为理由否定责任的余地。”①

对于被诱惑者（被教唆者）应如何处理，主流意见认为，“被诱惑侦查的结果如果仅是使被教唆者决意实施犯罪，那么就没有否定被教唆者刑事责任的理由。但除了涉及危害生命身体的犯罪内容之外，实施诱惑侦查的人有意识地告知被教唆者虚假事实使其足以相信自己的行为未被法律所禁止；或者是使本无犯罪打算的被教唆者因此产生了犯罪的高度危险；或者使用诱导的手段，那么应否定被教唆者的刑事责任。”② 不过，也有学者认为“如果没有特别法上的根据（例如，麻药以及精神药物取缔法等），国家机关仍然对国民实施诱惑侦查。此时发动国家的刑罚权是存在疑问的，应当放弃公诉或免诉。”③

5. 未遂的教唆的错误。

所谓未遂的教唆的错误，是指教唆者确信被教唆者的实行行为会以未遂告终而进行教唆，但出乎其意料的是被教唆者的行为竟然既遂的情况。例如，

甲明知乙穿了防弹衣而唆使丙去开枪射杀乙，丙听从甲的教唆实施了射杀行为，结果乙所穿的防弹衣没有起到防护效果，最终乙被丙杀死。

此时应如何认定教唆者的罪责呢？围绕着是否承认未遂的教唆的可罚性以及是否认可过失的教唆，理论上对此问题也展开了激烈的争论。

第一，对教唆故意采用实行认识说的学者认为未遂的教唆可罚，如果同时否定过失的教唆的话，则主张未遂的教唆的错误属于共犯的错误问题，一般成立未遂罪的教唆犯。就上例而言，甲成立杀人未遂罪的教唆犯。“由于教唆的故意是认识到自己的行为会使被教唆人实施实行行为，所以其属于以杀人未遂罪的故意造成了杀人既遂的结果。这属于事实的错误，由于两者在杀人未遂的限度内实现了法定的重合，因而根据（日本）刑法第 38 条第 2 款④不能成立重的杀人罪的教唆犯，而只能

① ［日］藤木英雄：《刑法》（第 3 版补订 2 版），船山泰范补订，有斐阁 2008 年版，第 86 页。

② ［日］藤木英雄：《刑法》（第 3 版补订 2 版），船山泰范补订，有斐阁 2008 年版，第 86 页。

③ ［日］山中敬一：《刑法总论》（第 3 版），成文堂 2015 年版，第 956 页。

④ 《日本刑法典》第 38 条第 2 款规定：“实施了本应属于重罪的行为，但行为时不知属于重罪的事实的，不得以重罪处断。”

成立杀人未遂罪的教唆犯。”[①] 大塚仁、大谷实、香川达夫、川端博等持这种观点。不过，也有学者对这种观点提出批评：“（按照实行认识说）既然教唆的故意只需要认识到正犯实施行为，那么基于杀人教唆的故意实施了杀人教唆的行为，不存在任何的错误。同一犯罪的既遂或未遂，根据故意的内容而发生变化是不自然的。无论是既遂还是未遂，杀意就是杀意。”[②]

第二，对教唆故意采用结果认识说的学者认为未遂的教唆不可罚，如果同时否定过失的教唆的话，则认为在被教唆者达到既遂时，应探讨教唆者是否存在过失。如果存在过失，则教唆者应当负过失正犯的责任。上述案例中甲即应承担过失致死罪的责任。[③] 福田平、山中敬一、前田雅英等持这种观点。

第三，对教唆故意采用结果认识说认为未遂的教唆不可罚，同时又肯定过失的教唆的话，则主张如果教唆者存在过失即成立过失罪的教唆犯。上例中甲即为过失致死罪的教唆犯。[④]

（二）教唆的未遂

“教唆的未遂”与“未遂的教唆”并非单纯的同一反复式的法律用语问题，而是存在重大区别的两个不同概念。

一般认为，教唆的未遂指的是教唆者虽然实施了教唆行为，但被教唆者并未因此着手于犯罪的实行的情况。具体而言，教唆的未遂又包括以下几种不同的类型：(1) 教唆者实施教唆行为之后，被教唆者仅仅只是决意实施犯罪而未真正实施；(2) 被教唆者虽然实施了行为，但没有达到可罚的行为的程度；(3) 被教唆者虽然实施了实行行为，但该行为与教唆行为之间没有因果关系。(4) 教唆者虽然实施了教唆行为，但被教唆者没有决意实施犯罪。其中前三种情况又被统称为“无效的教唆”；最后一种被称为“失败的教唆”。[⑤]

按照共犯独立性说，共犯行为本身已经彰显出行为人的反社会危险性，正犯实行行为的有无对此没有影响。因此，无论是所谓“无效的教唆”还是“失败的教唆”，所有的教唆的未遂都应成立教唆犯，适用未遂犯的规定进行处罚。[⑥]

按照共犯从属性说，共犯行为对于法益侵害而言仅有潜在的、抽象的或部分的危险性，因此共犯的成立必须从属于正犯的行为。教唆的未遂缺乏正犯的实行行为，

---

① ［日］川端博：《刑法总论》（第 2 版），成文堂 2006 年版，第 566 页。

② ［日］前田雅英：《刑法总论讲义》（第 4 版），东京大学出版会 2006 年版，第 460 页。山中敬一也持同样观点，参见［日］山中敬一：《刑法总论》（第 3 版），成文堂 2015 年版，第 955 页。

③ ［日］山中敬一：《刑法总论》（第 3 版），成文堂 2015 年版，第 955 页。

④ ［日］木村龟二著、阿部纯二增补：《刑法总论》，有斐阁 1978 年版，第 415 页。

⑤ ［日］川端博：《刑法总论》（第 2 版），成文堂 2006 年版，第 564 页。

⑥ ［日］木村龟二著、阿部纯二增补：《刑法总论》，有斐阁 1978 年版，第 418 页。

不具有足以作为未遂犯处罚的结果发生的具体危险性，因此不可罚。①

问题在于，教唆他人犯罪，被教唆者也因此实施了实行行为但以未遂告终，此时如何称呼教唆者的行为，是“教唆的未遂”还是“未遂的教唆”？基于不同的立场会对这个问题给出不同的回答。一种观点将实行独立性说与实行从属性说进行对比，认为根据实行独立性说，这种情况属于教唆的未遂，而根据实行从属性说，这种情况属于未遂的教唆。② 另一种观点将犯罪共同说与行为共同说对置，认为根据犯罪共同说这种情况属于未遂的教唆，根据行为共同说这种情况属于教唆的未遂。“根据犯罪共同说，以正犯为基准，那么如果正犯是杀人未遂那么教唆者就是杀人‘未遂的教唆’，这样未遂的教唆就包括两种类型。如果根据行为共同说，教唆者以教唆这种方法实施了杀人罪但以未遂告终，因而称之为杀人‘教唆的未遂’更为合适。这样的话，教唆的未遂就包括两种类型。”③

对于上述分歧，有学者认为，“通过教唆行为使被教唆者着手实施犯罪行为但最终失败时，毫无疑问作为未遂犯是可罚的，因此将其称为教唆的未遂或未遂的教唆，仅是用语的不同而已”。④ 也有学者为了避免称呼上的混淆，将这种情况直接称为“未遂犯之教唆”。

五、不作为的教唆与教唆不作为犯

（一）不作为的教唆

教唆是引起他人犯罪决意的行为，它能否以不作为的方式加以实施，这就是不作为的教唆问题。

肯定说认为实践中存在不作为的教唆的事例。例如，第一，行为人因为自己不注意的言行而诱发他人的犯罪意思，此后虽然认识到该事实但仍然放置不理，导致他人实施犯罪；第二，教唆者甲本打算教唆乙对丙实施暴行而轻率地说“去揍丙”，但被教唆者乙将其误解为教唆自己去实施杀人行为。此后甲虽然认识到该事实但置之不理，结果乙对丙实施了杀人罪的行为；⑤ 第三，具有犯罪阻止义务的某监督者知道被监督者在实施犯罪行为，而被监督者也明白对方不会干预（存在暗中的相互了解即默契），因此下定了犯罪的决意而实施犯罪行为；第四，结果保证人（法益监护义务者）默认第三者对被保护者马上实施犯罪行为，因而诱使第三者产生犯罪决意并实施犯罪行为；第五，虽然本应成立不作为犯的共同正犯，但一方的不作为

---

① ［日］佐伯仁志：《教唆的未遂》，载《刑法基本讲座》（第4卷），法学书院1992年版，第210页。

② ［日］西田典之：《未遂的教唆》，载《刑法的争点》（新版），有斐阁1987年版，第145页。

③ ［日］浅田和茂：《刑法总论》（补正版），成文堂2007年版，第435页。

④ ［日］佐伯仁志：《教唆的未遂》，载《刑法基本讲座》（第4卷），法学书院1992年版，第214页。

⑤ ［日］植田重正：《共犯论上的诸问题》，成文堂1985年版，第189页。

者由于缺少作为可能性而无法成为正犯，该不作为者的不作为诱发了另一方不作为者的犯罪决意。[①]

否定说则认为，“教唆行为是积极地劝诱他人使其产生犯罪意思，因而不可能以不作为的方式加以实施”。[②] 具体而言，首先，第一、第二个案例中正犯已经产生了犯罪的决意，仅仅不阻止的行为能否说成是以不作为方式诱发的犯罪决意，存在疑问。[③] “第二个案例中，如果甲一开始就持有乙即使杀死丙也无所谓的未必的故意，那么根据甲对乙杀意形成以及杀人的准备行为了解的状况，很多情况下可以认为在该时点甲具有杀人的默示的教唆。”[④] 其次，第三至第五个案例能否说成是“不作为”的教唆也有疑问。从不实施阻止行为的保障义务者的“态度”来看，如果正犯已经决意实施犯罪，那么该态度就是默示的教唆，是具有因果力的作为。如果重视不阻止已经产生的决意这一点，那么与第一、第二个案例一样，并非诱发犯罪的情况。行为人具有保障义务的话，可能成为不作为的帮助的问题，而从教唆的定义上看难以认为是不作为的教唆。因此，“只要以通常的教唆类型为标准，就应当否定不作为的教唆”。[⑤]

（二）教唆不作为犯

所谓教唆不作为犯，是指通过教唆行为使他人决意实施不作为犯的实行行为。能否承认不作为犯的教唆犯，存在肯定说与否定说两种不同见解。

否定说认为，教唆、帮助是以作为犯为前提的，不适用于不作为犯。因此，不存在所谓不作为犯的教唆犯，对不作为犯的教唆、帮助行为应视为作为犯的正犯。

肯定说则认为，教唆、帮助并非一定以作为犯为前提，对不作为犯也可以成立教唆犯。首先，存在真正不作为犯的教唆犯。例如，对被要求退出他人住宅的人，怂恿其拒不退出，即成立不退去罪的教唆犯。其次，对不真正不作为犯也可以成立教唆犯。例如，教唆本欲救助落水的亲生幼儿的父亲放弃救助行为的情况，该父亲成立不作为的杀人罪，教唆者则成立不作为杀人罪的教唆犯。[⑥] 肯定说是通说。

六、对预备罪、阴谋罪的教唆

所谓对预备罪、阴谋罪的教唆，是指教唆他人实施犯罪行为但被教唆者停留在预备、阴谋阶段，且该预备、阴谋可罚的情况。对此，能否以预备罪的教唆犯或阴谋罪的教唆犯处罚？

共犯独立性说认为，这种情况当然应当按照前述“教唆的未遂”加以处罚，不

---

① ［日］神山敏雄：《不作为共犯论》，成文堂1994年版，第409页。

② ［日］川端博：《刑法总论》（第2版），成文堂2006年版，第568页。

③ ［日］山中敬一：《刑法总论》（第3版），成文堂2015年版，第948页。

④ ［日］大塚仁等编：《大注解刑法》（大コンメンタール刑法）（第5卷）（第2版），青林书院1999年版，第467页。

⑤ ［日］山中敬一：《刑法总论》（第3版），成文堂2015年版，第948页。

⑥ ［日］山中敬一：《刑法总论》（第3版），成文堂2015年版，第950页。

存在任何理论上的难题。共犯从属性说对此的看法则大不相同，基本上可以区分为以下四种观点：

第一，否定说。此说认为不成立预备（阴谋）罪的教唆犯，不可罚。大塚仁、香川达夫、中山研一、曾根威彦等持这种观点。其主要理由是：(1)《日本刑法典》第 61 条规定："教唆他人实行犯罪的，判处正犯的刑罚。"这里的"实行"与刑法第 43 条关于未遂规定中的"实行"是一个意思，即符合基本构成要件的行为。因此，被教唆者的行为停止在实行着手之前的预备阶段时，不成立教唆犯。(2) 从实质上看，预备（阴谋）罪的教唆对于基本构成要件犯罪的实现而言处于极端间接的位置，因而没有必须处罚预备（阴谋）罪的教唆的理由。

第二，折中说。此说认为，预备罪可以分为两类，一类是如伪造货币准备罪（《日本刑法典》第 153 条）这样的法律条文明确规定独立的构成要件的独立预备罪；另一类是如杀人预备罪这样的以构成要件的修正形式规定处罚预备的从属预备罪。前者的构成要件行为有定型的、限定的规定，存在实行行为的观念；后者的预备行为则是无定型、无限定的，不存在实行行为的观念而只是实行行为的前阶段行为。因此，教唆前者可以作为该独立预备罪的教唆犯加以处罚；教唆后者则不能成立教唆犯。[①] 福田平、西原春夫等持这种观点。

第三，肯定说。此说认为对预备罪、阴谋罪的教唆成立教唆犯。平野龙一、大谷实、前田雅英、川端博、山中敬一等持这种观点。此说的主要理由是：(1) 预备罪虽然与基本构成要件相比属于修正的构成要件，但其本身由刑法各本条以构成要件的形式加以规定，因而也可以视为实行行为（即承认实行行为概念的相对性）。(2)《日本刑法典》第 61 条关于教唆犯规定中的"实行"不像第 43 条未遂规定中的"实行"那样严格，应当解释为包括符合修正的构成要件的行为在内。(3) 只要被教唆者产生了值得作为预备加以处罚程度的危险性，教唆犯即应比照其进行处罚。这是从属性原则的自然推论。(4) 将正犯作为预备罪加以处罚，而将教唆犯置于处罚范围之外，这从实质上看是不妥当的。[②]

第四，预备（阴谋）的正犯说。此说认为，预备（阴谋）的教唆，就是预备（阴谋）行为。当该预备（阴谋）行为可罚时，应作为预备（阴谋）罪或其共同正犯加以处罚。藤木英雄、板仓宏等持这种观点。

七、间接教唆与再间接教唆

（一）间接教唆

所谓间接教唆，一般认为是指教唆教唆者的情况。例如，甲教唆乙，让乙教唆丙实行犯罪，甲的行为就是间接教唆。又如，甲教唆乙实行犯罪，但乙没有亲自实

① ［日］福田平：《全订刑法总论》（第 4 版），有斐阁 2004 年版，第 255 页。

② ［日］平野龙一：《刑法总论Ⅱ》，有斐阁 1975 年版，第 350 页。

现犯罪而是教唆丙实施甲所教唆的犯罪，甲的行为也是间接教唆。[①] 之所以后一种情况甲的行为也属于间接教唆，是因为甲具有教唆的故意，虽然最终产生的是教唆的教唆这一结果，但这并非重大的错误，这种错误不阻却教唆故意的成立。因而只要正犯实施了实行行为，间接教唆者也成立教唆犯。[②] 由此可见，间接教唆也从属于正犯。

对于间接教唆，一些国家的立法有明文规定。例如，《日本刑法典》第 61 条规定，“教唆教唆犯的，与前项同”，即间接教唆犯同教唆犯一样，按照正犯论处。

不过，理论界对于间接教唆的概念其实是存在争议的。例如，团藤重光认为：“‘间接教唆’——更广义地说‘间接共犯’（mittelbare teilnahme）——这一用语是非常多义的，正确的用法是应当限定在与‘间接正犯’相对应的场合——例如，将教唆犯罪的信件委托不知情的人转交给被教唆者。这种意义上的间接教唆当然成立教唆犯。”[③] 不过，团藤重光的这一观点虽然得到了柏木千秋等少数学者的赞同，[④] 但并没有被日本学术界广泛认同。此外，平野龙一认为，由于间接教唆有可能被理解为团藤重光所主张的那种含义，因而还不如使用“顺次教唆”这一用语。但平野龙一的观点也没有被普遍接受。因此，现在理论上所说的间接教唆，指的还是教唆教唆者的情况。

（二）再间接教唆

再间接教唆，是指教唆间接教唆者的情况。再间接教唆以及更多层次的间接教唆被日本刑法理论称为连锁教唆、顺次教唆或相次教唆。[⑤] 不过，德国刑法理论则将间接教唆也包括在连锁教唆的范围之内，山中敬一等少数日本学者也采纳了德国的观点。[⑥]

再间接教唆以及更多层次的连锁教唆是否可罚，德国的判例和通说持肯定态度。虽然德国刑法没有类似《日本刑法典》第 61 条的规定，但一般认为再间接教唆中每一个教唆者都通过自己的作用共同地教唆正犯实行犯罪，因而都应作为正犯的教唆犯而受处罚。

日本学术界对再间接教唆的处罚问题意见不一。否定说认为不可罚。其主要理由有：第一，从文理解释上看，《日本刑法典》第 61 条第 1 款规定“教唆他人实行犯罪的，判处正犯的刑罚”，其中“实行”指的是实施符合基本构成要件的行为即正犯行为，而不包括教唆行为。因此，第 61 条第 2 款“教唆教唆犯的，与前款同”

---

① 日本最高法院 1953 年 6 月 12 日判决，载《最高裁判所刑事判例集》第 7 卷第 6 号，第 1278 页。

② ［日］山中敬一：《刑法总论》（第 3 版），成文堂 2015 年版，第 956 页。

③ ［日］团藤重光：《刑法纲要总论》，创文社 1990 年版，第 411 页。

④ ［日］柏木千秋：《刑法总论》，有斐阁 1982 年版，第 297 页。

⑤ ［日］大塚仁等编：《大注解刑法》（大コンメンタール刑法）（第 5 卷）（第 2 版），青林书院 1999 年版，第 520 页。

⑥ ［日］山中敬一：《刑法总论》（第 3 版），成文堂 2015 年版，第 957 页。

中的教唆犯，仅指的是第1款意义上的教唆犯即教唆正犯的人，不包括再间接教唆者。[①] 第二，从实质上看，“连锁的教唆中的因果性是非常微弱和间接的”，[②] “无限追溯正犯的背后关系，有害于法律的确实性。”[③] 团藤重光、泷川幸辰、大塚仁、福田平、香川达夫、中山研一、曾根威彦、野村稔、川端博、浅田和茂等持否定说。

肯定说则认为再间接教唆以及更多层次的连锁教唆可罚。其主要理由有：第一，从文理解释上看，教唆行为也属于修正的构成要件的实行行为，因而没有理由不包括在《日本刑法典》第61条第1款所规定的“实行”含义之内。这样的话，第2款的规定就是一种确认性规定而非限制性规定。此外，第2款规定“与前款同”，意味着间接教唆者与教唆者的处理是一样的，那么再间接教唆者也可以说是教唆教唆者的情况。第二，从实质上看，追究犯罪责任“以符合刑事诉讼法所要求的证明为前提，在此限度内追究正犯背后的关系，并非不当而是恰当的”。[④] 而且，“根据因果共犯论，教唆是通过正犯者的行为实现正犯结果。刑法第61条第2款肯定了间接教唆的可罚性，明确表示间接教唆者通过直接教唆者的教唆行为而实现正犯结果也就是实行了正犯结果。这就意味着对教唆而言，重要的是实现正犯结果。即使中间存在教唆的连锁，只要通过这些教唆者而实现的正犯结果具有客观归属可能性，就具备教唆犯的处罚根据。基于以上理由，刑法第61条第2款的‘教唆犯’可以解释为包括‘间接教唆者’，因而能够肯定再间接教唆以后的连锁教唆的可罚性”。[⑤] 牧野英一、小野清一郎、木村龟二、平野龙一、庄子邦雄、藤木英雄、西原春夫、大谷实、前田雅英、山中敬一、西田典之等持肯定说。肯定说属于日本的通说，日本的判例从很早开始也持肯定说的立场。

八、独立教唆犯

所谓独立教唆犯，是指教唆者实施了教唆行为之后，只要被教唆者因此产生了实行犯罪的决意，教唆者即成立教唆犯而不以被教唆者实施实行行为为必要的教唆犯。

独立教唆犯与德、日等国通说所持的共犯从属性说不吻合，因而只有在法律有特别规定的情况下才能认可这种特殊的教唆犯。例如，日本《破坏活动防止法》第38条至第41条、《爆炸物取缔罚则》第4条等即规定了独立教唆犯。

日本理论界一般认为，独立教唆犯以被教唆者产生了犯罪决意作为成立的必备条件。“从保障表现自由的观点来看，要成立教唆犯至少需要被教唆者产生犯罪决意。”[⑥] 但日本最高法院的判例则认为，独立教唆犯的成立并不以被教唆者产生了犯

① ［日］曾根威彦：《刑法总论》（第4版），有斐阁2008年版，第262页。
② ［日］川端博：《刑法总论》（第2版），成文堂2006年版，第571页。
③ ［日］团藤重光：《刑法纲要总论》，创文社1990年版，第410页。
④ ［日］井田良：《讲义刑法学·总论》，有斐阁2008年版，第489页。
⑤ ［日］山中敬一：《刑法总论》（第3版），成文堂2015年版，第958页。
⑥ ［日］曾根威彦：《刑法总论》（第4版），有斐阁2008年版，第260页。

罪决意作为必备条件。只要教唆者实际实施了教唆行为，无论被教唆者是否产生犯罪决意，也无论被教唆者是否实施实行行为，教唆者都成立教唆犯。[①]

在日本，与独立教唆犯相类似的概念还有特别刑法、附属刑法所规定的“煽动罪”（如《破坏活动防止法》第4条）、“蛊惑罪”（如《国家公务员法》第110条第1款第17项）。所谓煽动、蛊惑，是指使不特定或多数人产生实施特定犯罪的决意，或者对已经产生犯罪决意的人给予进一步刺激的行为。煽动、蛊惑是比独立教唆更为缓和的概念。[②]

独立教唆犯的成立不以被教唆者着手实施犯罪为必要，但如果被教唆者着手实施了犯罪行为，那么其与刑法总则所规定的教唆犯是一种什么样的关系呢？日本有的法律对此作了明文规定。例如，《破坏活动防止法》第41条规定：“本法所规定的教唆，在被教唆者实行了被教唆的罪时，不排除刑法总则所规定的教唆之适用。此时应比较其刑并以重刑处断。”通说认为这采用的是想象竞合犯的处理原则。[③]

在法律没有类似明文规定的场合，理论上的见解很不一致。第一种观点认为，如果成立刑法总则所规定的教唆犯时，独立教唆犯就被吸收。[④] 第二种观点认为，两者属于想象竞合的关系。[⑤] 第三种观点认为，应比较法定刑，根据具体情况决定其属于法条竞合（吸收关系或择一关系）或者想象竞合。[⑥]

---

① 日本最高法院1954年4月27日判决，载《最高裁判所刑事判例集》第8卷第4号，第555页。

② ［日］川端博：《刑法总论》（第2版），成文堂2006年版，第571~572页。

③ ［日］大塚仁：《特别刑法》，有斐阁1959年版，第51页。

④ ［日］大塚仁：《特别刑法》，有斐阁1959年版，第51~53页。

⑤ ［日］福田平：《行政刑法》，有斐阁2004年版（复刻版），第147~148页。

⑥ ［日］臼井滋夫：《特别刑法与共犯》，载《注释特别刑法》（第1卷），立花书房1985年版，第530~531页。

第二十五章　帮助犯的成立

第一节　帮助犯的概念与成立条件

一、帮助犯的概念

帮助犯，又称从犯，是指帮助正犯使之实行犯罪的犯罪形态。而所谓帮助，是指“使已经决定实行犯罪的人（正犯）的实行行为变得容易的一切行为”。[①] 由于理论上对于帮助犯的内涵存在诸多争议，因而“要给从犯下一个更详细的定义，就有慎重考虑理论上诸多分歧的必要”。[②]

帮助犯在德、日等国的刑法中都有明文规定。例如，《德国刑法典》第27条第1款规定：“对他人故意实施的违法行为故意予以帮助者，是帮助犯。”《日本刑法典》第62条第1款规定：“帮助正犯的，是从犯。”

帮助犯不分担犯罪的实行行为，从而不同于共同正犯。帮助犯是帮助他人犯罪而非诱发他人实行犯罪，因而也不同于教唆犯。按照德、日通说的共犯从属性说，帮助犯属于狭义的共犯，应当从属于正犯。

二、帮助犯的成立条件

成立帮助犯，不仅需要帮助者实施帮助他人犯罪的行为，而且需要被帮助者（正犯）实行犯罪。因此，帮助犯的成立条件包括以下三个方面的内容：

（一）帮助的故意

德、日的通说认为，帮助犯的成立以具有帮助的故意为必备条件。而且这种故意可以是未必的故意。与教唆的故意一样，关于帮助的故意的内容理论上也存在很大分歧，主要表现为以下三个问题：

第一，如何界定帮助故意的认识内容。对此，一种观点认为，帮助的故意，是指帮助者认识到正犯的实行行为并对自己的行为会使正犯的行为变得容易这一事实

---

① ［日］川端博：《刑法总论》（第2版），成文堂2006年版，第572页。

② ［日］大塚仁等编：《大注解刑法》（大コンメンタール刑法）（第5卷）（第2版），青林书院1999年版，第537页。

有认识或容认。另一种观点认为，帮助犯除了上述认识之外，还必须对正犯的实行行为所实现基本的构成要件有认识。这两种观点的对立主要体现在是否承认所谓“未遂的帮助”（帮助者从一开始就以使被帮助者的实行行为终于未遂的意思而进行帮助的情形）的问题上，前者会认为未遂的帮助成立对未遂犯的帮助犯，可罚；而后者会认为未遂的帮助不可罚。

第二，故意是否是成立帮助犯的唯一一种主观罪过形式。换言之，能否认可所谓“过失的帮助”。一般而言，行为共同说的学者持肯定态度，犯罪共同说的学者则持否定态度。但需要注意的是，两者并无直接的对应关系。持行为共同说的学者，有的也反对过失的帮助概念。《德国刑法典》第27条明确规定：“对他人故意实施的违法行为故意予以帮助者，是帮助犯。”因而德国理论界普遍反对过失能够构成帮助犯。日本刑法对帮助犯的主观罪过无具体规定，但总体而言，日本否定过失的帮助的观点属于通说的观点。

第三，帮助的意思只需要存在于帮助者单方即可，还是必须帮助犯与被帮助的正犯人之间具有意思联络。这就是所谓“片面的帮助”的问题。持共同意思主体说的学者认为，共同犯罪以意思的相互联络为必要，从而否定片面的帮助犯。但日本的通说及判例肯定片面的帮助犯。即使是否定片面的共同正犯概念的学者也有不少承认片面的帮助犯。其主要理由是：第一，使正犯的行为变得容易的行为不以正犯意识到自己得到他人援助为必要；第二，刑法条文关于帮助犯的规定也没有说必须要帮助者与被帮助者之间具有意思联络。不过，“如果是精神的帮助的场合，由于正犯如果没有意识到帮助行为的存在就难以说使犯罪行为变得容易，因此不成立片面的从犯”。① 但也有学者认为，“以不知道是谁的行为这种形式强化正犯者的犯罪意思，提供关于犯罪的情报，这并非不可能。因此也不能说不存在对无形从犯的片面的从犯”。②

（二）帮助的行为

成立帮助犯还需要帮助者实施了帮助行为。根据前述对帮助故意认识的不同，帮助行为也可以分为狭义的帮助行为与广义的帮助行为。所谓狭义的帮助行为，是指通过实行行为之外的行为使正犯的实行行为变得容易的行为。广义的帮助行为还包括引起正犯结果的内容在内。

帮助行为是否必须是对正犯的实行而言不可缺少的行为。日本的判例对此持否定的态度，理论上则存在不同看法。这主要涉及后述的帮助的因果关系问题。

帮助的方法可以是借用犯罪的工具、提供犯罪场所和犯罪所必需的资金等有形的、物质的方法，也可以是激励、提示等无形的、精神的方法。前者所构成的帮助犯被称为有形的帮助犯或物质的帮助犯，后者所构成的帮助犯被称为无形的帮助犯或精神的帮助犯。

---

① ［日］川端博：《刑法总论》（第2版），成文堂2006年版，第578页。

② ［日］大塚仁：《刑法概说（总论）》（第4版），有斐阁2008年版，第320页。

就帮助行为的时间来看，帮助行为既可以先于正犯的实行行为实施，也可以与正犯的实行行为同时实施。前者所构成的帮助犯被称为预备的帮助犯或事前帮助犯，后者所构成的帮助犯被称为伴随的帮助犯。预备的帮助犯只需要对正犯的预备行为提供帮助，但以正犯后来实施了实行行为为处罚的必要条件。在正犯实行行为已经终了之后给予帮助的被称为所谓的“事后帮助犯”。“大陆法系已经否定了事后帮助犯的概念，而将这些犯罪都规定为独立罪名。”①

（三）被帮助者实行犯罪

虽然共犯独立性说认为帮助行为本身就是一种独立的实行行为，所以成立帮助犯不以被帮助者实施实行行为为必要。但按照通说的共犯从属性说，帮助犯的行为必须从属于正犯的实行行为。因而只有被帮助者实行犯罪，帮助犯才能成立。

如何理解被帮助者“实行犯罪”？一种观点认为，所谓实行犯罪是指着手实施符合基本构成要件的行为；另一种观点则认为，实施符合预备罪等修正的构成要件的行为也是实行行为。② 两种观点的主要分歧在于是否承认预备罪（阴谋罪）的帮助。

被帮助者的实行行为应当具备何种程度的犯罪性，是一个直接与共犯实行从属性程度相关的问题，理论上的见解自然也不一致。按照德、日现在处于通说地位的限制从属性说，被帮助者的实行行为应当是“符合构成要件的违法行为，不以具有有责性为必要”。③

帮助行为与正犯的实行行为（或结果）之间是否必须具备因果关系，如果需要的话是一种什么样的因果关系，理论上分歧很大。

第二节　帮助犯的因果关系

帮助行为是使正犯的实行行为变得容易的行为，即协助行为。④ 问题是什么样的情况才能说协助了犯罪。举例而言：

例一：甲知道乙意图盗窃丙的住宅而将自己配制的丙的房门钥匙交给乙，但是因为丙外出时忘记锁门，乙没有使用钥匙就实施了盗窃。

例二：甲知道乙欲杀死他人而为其提供了砒霜，但乙在实施杀人行为时并未使用砒霜而是直接用匕首刺死对方。

例三：甲、乙合谋盗窃，甲盗窃时乙在外望风。但当时并无任何人路过或察觉，甲顺利地完成了盗窃。

---

① ［日］川端博：《刑法总论》（第2版），成文堂2006年版，第574页。

② ［日］大塚仁等编：《大注解刑法》（大コンメンタール刑法）（第5卷）（第2版），青林书院1999年版，第571页。

③ ［日］川端博：《刑法总论》（第2版），成文堂2006年版，第574页。

④ ［日］立石二六：《刑法总论》（第2版），成文堂2006年版，第306页。

以上案例都涉及帮助犯的帮助行为与正犯的实行行为（或结果）之间的因果关系问题。问题的核心在于，关于因果关系，无论采取何种学说，行为与结果之间具有条件关系都是存在因果关系的前提。条件关系的判断通常通过“没有前者（行为）就没有后者（结果）”（conditio sine qua non）这一条件关系公式来加以判断。正犯行为与结果之间的因果关系判断当然遵循这一前提。那么帮助犯与正犯的行为或结果之间是否需要具有这种条件关系呢？以上面几个例子而言，则基本不存在条件关系。这就使帮助犯因果关系的判断应遵循的原则产生了争议。

一、因果关系不要说

因果关系不要说认为，帮助犯的成立不以帮助行为与正犯行为及结果之间具有因果关系为必要条件。在此说看来，实施帮助行为本身是帮助犯的重要标志。而所谓帮助行为，是一般认为会使正犯的实行行为变得容易的行为，并不以实际上使正犯的实行行为变得容易为要件。

因果关系不要说内部又可进一步分为抽象危险犯说与具体危险犯说。前者认为，帮助犯的行为是“帮助”，这表明了立法者的本意是禁止任何一种对犯罪的加工行为，因为任何形式的帮助原则上都会提高法益侵害的风险，即使是多余的、没有实际帮助效果的加工行为也是可罚的。就例一而言，此说认为，在甲将钥匙交给乙的时点，就已经存在使用该钥匙的可能性，因而就具有可罚性。不过，为了与帮助犯的实行从属性相协调，此说又认为，帮助属于为他人犯罪作预备的行为，即他人预备行为，与自己预备行为相比危险性更小，因而必须被帮助者着手实行犯罪之后，才有必要处罚帮助者。也就是说，正犯实施实行行为，属于帮助犯的处罚条件。[①]该说最早的提倡者为德国学者赫茨贝格（Herzberg），[②] 在日本，中野次雄、野村稔等教授也持此观点。此说面临的主要批评意见是：第一，此说原本应是共犯独立性说的观点，而论者从因果共犯论的角度加以提倡，体系上缺乏一致性。[③] 第二，此说将帮助行为视为他人预备行为，而与自己预备行为具有平衡关系。问题在于德、日的现行法律极其例外地处罚自己预备行为，即只限于重大的犯罪，而对于帮助犯则原则上予以处罚。按照此说的思路无法解释这一规定。只能认为“现行法的立场是拒绝将帮助犯视为抽象的危险犯”。[④] 第三，此说缺乏判断危险的明确的标准。例如，给正在实施犯罪的正犯一杯饮料的行为，直接认定为帮助不合适。[⑤]

具体的危险犯说为德国刑法学者萨拉姆（Salamon）和施卡福斯泰因

---

① ［日］野村稔：《刑法总论》（补订版），成文堂1998年版，第424页。

② 转引自［德］罗可辛：《刑法总论》（第2卷：犯罪的特别现象形态），［日］山中敬一监译，信山社2011年版，第250页。

③ ［日］山中敬一：《刑法总论》（第3版），成文堂2015年版，第984页。

④ ［日］立石二六编著：《刑法总论30讲》，成文堂2007年版，第301页。

⑤ 参见［德］罗可辛：《刑法总论》（第2卷：犯罪的特别现象形态），［日］山中敬一监译，信山社2011年版，第250页。

(Schaffstein) 所提倡，认为帮助行为之所以可罚，是因为帮助行为使正犯实行侵害法益的危险增加，提高了正犯行为成功的机会。但此说的问题在于按照这种学说，在侵害犯情况下只要发生了危险，即使没有发生侵害法益结果，帮助犯也构成既遂，从而导致所谓的“侵害犯的危险犯化”的缺陷。

二、正犯结果引起说

正犯结果引起说也被称为条件关系必要说。此说认为，帮助犯的成立以帮助行为与正犯结果之间具有因果关系为必要条件。至于这种因果关系的内容，则应理解为条件关系，即如果没有该帮助行为，就没有该正犯结果。不过如果严格遵循这一思路，那么会产生解释上的难题。例如，对于前述例三的情况，如果原样使用条件公式的话，由于并不存在没有望风行为就没有盗窃结果发生这一关系，因而应否定条件关系。即使认为甲的望风行为为乙的盗窃行为提供了心理上的支持，也无法认为存在没有望风行为就没有盗窃结果发生这一条件关系。但如果不将甲作为帮助犯加以处罚，显然不合适。因此。主张此说的学者都认为在共犯的情况下，应对条件关系作出修正。这种修正的主要思路是，只要该帮助行为影响到了正犯的实行行为及结果的形态，就应承认帮助犯的成立。也就是说，帮助行为必须对法律上重要的具体结果产生变更。其标准则是对帮助行为至结果发生之间的因果过程作事后的判断，看帮助行为是否导致了危险的增加。因而也被称为“事后的危险增加说”。[①]“对于帮助的因果关系，如果从事后看帮助行为增加了既遂的危险，而这种危险又实现为结果，就应肯定因果关系。”[②] 例如，前述例三，如果没有望风行为，正犯的犯罪行为及结果的形态都有可能发生变化，因而应承认因果关系的存在。浅田和茂、大越义久、山中敬一、曾根威彦等持这种观点。

三、促进的因果关系说

促进的因果关系说认为，帮助行为与正犯结果之间没有必要具备条件关系，而只需具有“促进或使其变得容易”的关系即可。促进至少包括强化犯罪行为及结果、援助犯罪行为及结果、使犯罪行为及结果变得可能、变得容易四种情况。所谓强化，是指诸如怂恿正犯尽可能多地窃取财物这样的情况；援助，是指诸如望风这样的情况；使犯罪变得可能，是指诸如给正犯提供很难检测出或很难从其他途径获取的毒药，使其得以实施犯罪的情况；使犯罪变得容易，是指为正犯提供犯罪工具等情况。[③] 据此，对于例二的情况，此说认为，甲提供砒霜的行为本身并不构成帮助犯，但如果由此强化了正犯的决意的话，就应认可帮助犯的成立。[④]

---

① ［日］山中敬一：《刑法总论》（第 3 版），成文堂 2015 年版，第 984 页。

② ［日］浅田和茂：《刑法总论》（补正版），成文堂 2007 年版，第 446 页。

③ 参见［德］罗可辛：《刑法总论》（第 2 卷：犯罪的特别现象形态），［日］山中敬一监译，信山社 2011 年版，第 259 页。

④ ［日］平野龙一：《刑法总论Ⅱ》，有斐阁 1975 年版，第 381 页。

促进的因果关系说受到的主要批评是对其方法论的批判。“帮助的因果关系中的‘因果关系’问题，是单独正犯、共同正犯及教唆犯共通的问题。虽然帮助的情况比较典型，但并非帮助的特殊问题。为了解决这一问题而变更‘因果关系’的概念，从规范体系论上看存在疑问。”①

四、实行行为促进说

实行行为促进说认为，帮助行为与正犯的实行行为之间必须具有因果关系，而与正犯的结果之间则无需因果关系的存在。此说所说的因果关系，指的是从心理或物理的方面促进正犯的行为或使其变得容易。此说认为，现行法律对于帮助犯的规定就是“帮助正犯”，因而对条文的直接解释就是通过援助正犯的行为使其变得容易。大塚仁、大谷实、川端博、藤木英雄等持这种观点。

此说以共犯处罚根据论中的违法共犯论为基础，因而支持因果共犯论的学者认为此说忽视了帮助行为与正犯结果之间的因果关系。其实“促进了正犯行为的场合当然也会被评价为促进了正犯的结果。因而（与促进的因果关系说）不过是学说表现上的差异而已”。②

五、心理的因果关系说

心理的因果关系说认为，共犯的因果性并非条件关系而是心理的因果性，即以意思沟通为理由的因果性。只要帮助犯与正犯之间具有意思的联络，就具有促进正犯行为的效果，也就具有心理的因果性。换言之，共犯的因果性是一种拟制的因果性。对帮助犯成立与否的限定，不能通过心理的因果关系，而应通过是否具有物理意义上的“帮助行为”来加以限定。③ 林干人、町野朔等持这种观点。

此说的出发点是，由于难以对心理的因果关系进行法则性的认定，因而只要有意思的联络就拟制具有因果关系，进而通过客观的帮助行为的存在与否来限定帮助犯的成立。但这一思路会导致矛盾的结果，即如果比较宽泛地认定客观的帮助行为，那么只要具有意思联络就成立帮助犯；而如果严格地认定客观的帮助行为，那么就无法处罚诸如言语支持等帮助行为。“这一见解忽视了帮助的因果关系问题是物理的因果关系与心理的因果关系所共通的问题。”④

---

① ［日］山中敬一：《刑法总论》（第3版），成文堂2015年版，第985页。

② ［日］大塚仁等编：《大注解刑法》（大コンメンタール刑法）（第5卷）（第2版），青林书院1999年版，第576页。

③ ［日］町野朔：《引起说的整备·点检——共犯中的违法从属与因果性》，载《内藤谦先生古稀祝贺·刑事法学现代的状况》，有斐阁1994年版，第142页。

④ ［日］山中敬一：《刑法总论》（第3版），成文堂2015年版，第986页。

第三节　帮助犯的类型

一、过失的帮助与对过失犯的帮助

（一）过失的帮助

所谓过失的帮助，是指违反注意义务而实施使正犯的实行变得容易的行为。是否承认过失的帮助，各国学者看法不一。《德国刑法典》第 27 条明确规定："对他人故意实施的违法行为故意予以帮助者，是帮助犯。"因而德国理论界普遍反对过失能够构成帮助犯的观点。日本刑法对帮助犯的主观罪过无具体规定，因而理论上分歧较大。一般而言，行为共同说的学者，如宫本英脩、木村龟二、植田重正等持肯定态度；犯罪共同说的学者，如团藤重光、大塚仁、大谷实、福田平等持否定态度。但需要注意的是，两者并无直接的对应关系。持行为共同说的学者，如山中敬一、前田雅英等也反对过失的帮助概念。

概言之，是否承认过失的帮助主要涉及以下三个问题：第一，刑法理论能否认可过失的帮助；第二，如果理论上能够予以认可，那么司法实践中是否有认可的必要性与现实价值；第三，如果司法实践有认可的必要性与现实价值，根据对现行刑法的解释能否认可过失的帮助。

对于第一、第二个问题，赞成或反对过失的帮助的学者意见虽有分歧，但总体倾向于肯定态度。主要的不同在于第三点。赞成过失的帮助的学者认为，日本刑法并未像德国刑法那样明确地将帮助犯的主观罪过形式限定为故意，"既然没有明文要求必须是故意实施的，就没有否定过失的共犯的理由"。① "完全可以考虑'过失的帮助'……（即使肯定过失的帮助）也不用担心会导致处罚范围的不当扩大。因为至少不会将其作为'正犯'来加以处罚。"② 反对过失的帮助的学者认为，刑法以处罚故意犯为原则，以处罚过失犯为例外，即处罚过失犯必须有法律的明文规定。"要处罚以'过失'形式所实施的作为扩张的构成要件的'从犯'，必须有'明示的规定'，但（日本刑法）并没有这种规定。"③

总体而言，日本否定过失的帮助的观点属于通说的观点。

（二）对过失犯的帮助

是否承认对过失犯的帮助犯，理论上存在肯定说与否定说两种不同观点。一般而言，对"过失的帮助"持肯定态度的学者也承认"对过失犯的帮助犯"，而对"过失的帮助"持否定态度的学者也否定"对过失犯的帮助犯"。不过，也有越来越多的学者，如大塚仁、大谷实、川端博、佐久间修、山中敬一等虽然对"过失的帮

---

① ［日］木村龟二著、阿部纯二增补：《刑法总论》，有斐阁 1978 年版，第 412 页。

② ［日］内田文昭：《刑法Ⅰ》（总论），青林书院 1997 年版，第 309 页。

③ ［日］山中敬一：《刑法总论》（第 3 版），成文堂 2015 年版，第 979~980 页。

助”持否定态度，但认可“对过失犯的帮助犯”。同时，也有学者如大塚仁、大谷实、川端博等，否定“对过失犯的教唆犯”但承认“对过失犯的帮助犯”。

在通常情况下，持行为共同说的学者承认对过失犯的帮助犯，而持犯罪共同说的学者否定对过失犯的帮助犯。但也有持行为共同说的学者，如中山研一、前田雅英否定对过失犯的帮助犯；亦有持犯罪共同说的学者，如大塚仁、大谷实、川端博等承认对过失犯的帮助犯。因此，不能将犯罪共同说与行为共同说的独立绝对化。①

是否应承认对过失犯的帮助犯，学者们围绕以下案例来论证自己的观点。

第一，甲、乙两人相约狩猎，视力不好的乙误将丙认作野兽准备开枪。甲虽然发现了乙的错误但因为跟丙有仇，而故意鼓励乙“射准点，别让它跑了”，结果乙将丙射杀。② 肯定说认为，甲是对乙所构成的业务上过失致死罪的故意帮助行为，应认定为杀人罪的从犯或业务上过失致死罪的从犯。与此相对，否定说则认为，甲是积极地利用乙的错误来杀害丙，应理解为杀人罪的间接正犯。不过如果乙具有杀人的故意的话甲只成立杀人罪的从犯，因而将这种情况认定为间接正犯有失均衡。因此否定说的学者认为，如果无法认可间接正犯的成立，就应作无罪处理。

第二，汽车驾驶员在驾驶时打瞌睡，坐在副驾驶上的同乘者虽然感到了危险但却置之不理，结果汽车撞伤了过路的行人。③④ 肯定说认为，驾驶员成立业务上过失致死伤罪，同乘者至少成立基于未必的故意的业务上过失致死伤罪的帮助犯。否定说则认为，这种情况下如果同乘者具有作为义务，应成立伤害罪的间接正犯。

二、片面的帮助犯与共同的帮助犯

（一）片面的帮助犯

是否承认片面的帮助犯，理论上存在分歧。持共同意思主体说的学者，如草野豹一郎、齐藤金作、西原春夫等认为，共同犯罪以意思的相互联络为必要，从而否定片面的帮助犯。但日本的通说及判例肯定片面的帮助犯。即使是否定片面的共同正犯概念的学者也有不少承认片面的帮助犯。其主要理由是：第一，使正犯的行为变得容易的行为不以正犯意识到自己得到他人援助为必要；第二，刑法条文关于帮助犯的规定也没有说必须要帮助者与被帮助者之间具有意思联络。不过，“如果是精神的帮助的场合，由于正犯如果没有意识到帮助行为的存在就难以说使犯罪行为变得容易，因此不成立片面的从犯”。⑤ 但也有学者认为，“以不知道是谁的行为这

---

① ［日］川端博：《刑法总论》（第2版），成文堂2006年版，第578页。

② ［日］齐藤信治：《刑法总论》（第3版），有斐阁1999年版，第570页。

③ ［日］大塚仁：《刑法概说（总论）》（第4版），有斐阁2008年版，第323页。

④ 日本学者山中敬一认为，此例属于对过失犯的不作为的从犯的例子，应以同乘者具有作为义务为前提。因此，并不适于作为对过失犯的故意的作为从犯的典型事例。准确的例子诸如，汽车驾驶员与同乘者边交谈边驾驶，同乘者发现可能会撞到行人仍积极地与驾驶员交谈助长了事故发生的情况。

⑤ ［日］川端博：《刑法总论》（第2版），成文堂2006年版，第578页。

种形式强化正犯者的犯罪意思，提供关于犯罪的情报，这并非不可能。因此也不能说不存在对无形从犯的片面的从犯”。[①]

(二) 共同的帮助犯

所谓共同的帮助犯，是指两人以上基于共同实施帮助行为的意思而实施使他人犯罪变得容易的行为。与共同的教唆犯一样，一般认为这种情况下各个共同者是各自实施帮助行为，因而各自应承担帮助犯的罪责，即不成立帮助的共同正犯，各人单独成立帮助犯。

如果两人以上就帮助行为进行共谋并由其中一部分人实施帮助行为，对于未实施帮助行为的人能否按照共谋共同正犯的理论成立共谋共同帮助犯？例如，甲与乙就帮助丙盗窃进行共谋，此后乙在丙实施盗窃行为时进行了帮助。乙的行为毫无疑问构成帮助犯，问题是甲的行为能否认定为帮助犯？日本判例对此持肯定态度，认为甲与乙是共谋共同帮助犯，因此甲也成立盗窃罪的帮助犯。[②] 学术界的意见则不相同。一部分学者赞成判例的看法，认为乙的帮助行为是在甲、乙相互利用、相互补充下实施的，可以视为两人共同实现的帮助行为。[③] 庄子邦雄、西原春夫、大谷实等持这种观点。另一部分学者则持否定态度，认为应严格区分正犯行为与帮助行为，将刑法关于共同正犯的规定加以扩张而承认所谓的共谋共同帮助犯，是不正确的做法。团藤重光、福田平、大塚仁、川端博、山中敬一等持这种观点。

三、未遂的帮助与帮助的未遂

(一) 未遂的帮助

所谓未遂的帮助，是指帮助者从一开始就以使被帮助者的实行行为终于未遂的意思而进行帮助的情形。

与未遂的教唆一样，如何处理未遂的帮助问题也与学者们如何理解帮助的故意内容有关。如果认为帮助的故意是指帮助者认识到正犯的实行行为并对自己的行为会使正犯的行为变得容易这一事实有认识或容认，那么未遂的帮助成立对未遂犯的帮助犯，可罚。团藤重光、大塚仁、藤木英雄、大谷实、川端博等持这种观点。如果认为帮助犯除了上述认识之外，还必须认识到帮助行为的结果，那么未遂的帮助不可罚。木村龟二、平野龙一、福田平、立石二六、前田雅英、井田良、浅田和茂、山中敬一等持这种观点。

(二) 帮助的未遂

所谓帮助的未遂，是指帮助者虽然实施了帮助行为，但被帮助者并未因此着手于犯罪的实行的情况。

---

① ［日］大塚仁：《刑法概说（总论）》（第4版），有斐阁2008年版，第320页。

② 日本大审院1935年10月29日判决，载《大审院刑事判决集》第14卷，第1267页。

③ ［日］西原春夫：《刑法总论》（改订准备版）（下卷），成文堂1993年版，第401页。

按照共犯独立性说，共犯行为本身已经彰显出行为人的反社会危险性，正犯实行行为的有无对此没有影响。因此，只要实施了帮助行为，即使正犯并没有着手实行犯罪，也成立帮助犯的未遂。[①]

按照共犯从属性说，共犯行为对于法益侵害而言仅有潜在的、抽象的或部分的危险性，因此共犯的成立必须从属于正犯的行为。帮助的未遂缺乏正犯的实行行为，不具有足以作为未遂犯处罚的结果发生的具体危险性，因此不可罚。

此外，如果行为人帮助他人犯罪，被帮助者也因此实施了实行行为但以未遂告终，此时行为人成立帮助犯的未遂犯，可罚。不过，如果认为帮助行为与正犯行为或正犯结果之间必须具有因果关系，那么即使行为人实施了帮助行为，正犯也实施了实行行为并达到了犯罪既遂，但帮助行为与实行行为之间不具有因果关系的话，帮助者不成立帮助犯。如果帮助行为与既遂的结果之间不存在因果关系，则只能在未遂限度内处罚帮助犯。[②]

四、不作为的帮助与帮助不作为犯

（一）不作为的帮助

帮助行为可以以不作为的方式加以实施。此时，又可以区分正犯是作为犯或不作为犯这两种情况。正犯是不作为犯的情况，如小孩在自己养的狗侵袭他人时能够阻止而不阻止，此时能够劝止小孩行为的母亲的不作为就是对不作为犯的不作为帮助。

人们通常所讨论的是对作为犯的不作为帮助的问题。此时不作为要构成犯罪，当然需要具有作为义务。因此，不作为的帮助也以作为义务的存在为前提。问题在于，这种作为义务是不帮助正犯这种作为义务，还是与正犯同样的防止正犯结果发生的义务。持不法共犯论的学者赞成前一种看法，而持因果共犯论的学者则赞成后一种看法。如果以后者为前提，就需要区分正犯的作为义务与帮助者的作为义务。[③]此一问题在不作为的共同正犯中已有论述，此处不再重复。

（二）帮助不作为犯

所谓帮助不作为犯，是指通过自己的帮助行为而使不作为犯的实行变得容易。

德、日有少数学者否定可以通过作为形式来对不作为犯进行帮助。其主要理由是，不作为是不实施一定行为的状态，不可能对其给予支援。因而不存在对不作为犯的帮助犯，行为人的行为只成立作为的正犯。[④]

---

① ［日］木村龟二：《犯罪论的新构造》（下），有斐阁1968年版，第366页。

② ［日］大塚仁等编：《大注解刑法》（大コンメンタール刑法）（第5卷）（第2版），青林书院1999年版，第582页。

③ ［日］山中敬一：《刑法总论》（第3版），成文堂2015年版，第961页。

④ 转引自［日］大塚仁等编：《大注解刑法》（大コンメンタール刑法）（第5卷）（第2版），青林书院1999年版，第568页。

不过德、日的通说都肯定对不作为犯的帮助犯，但由于帮助包括有形的帮助与无形的帮助，是否这两种形式都可以构成对不作为犯的帮助犯，理论上还是有不同看法。一种观点肯定对不作为犯的有形帮助犯，而否定无形帮助犯。其主要理由是，如果正犯的不作为意思还存在暧昧阶段，则行为人的激励等言行应视为教唆。如果正犯的不作为意思已经完全确定下来，则行为人的激励言行在刑法上没有价值。[①]另一种观点则肯定对不作为犯的无形帮助犯，而否定有形帮助犯。“不作为犯主要的行为是不作为。因而通过对其的物理支援而参与犯罪是不可能的，只能够考虑促进或强化不作为者决心的帮助形态。”[②] 第三种观点既肯定对不作为犯的无形帮助犯，也肯定有形帮助犯。“对不作为犯的帮助，不限于无形的方法，有形的方法也是可能的。以无形的方法实施的场合，是指激励、强化已经有不作为决意的作为义务者这样的情况。以有形的方法实施的场合，是指受已经决意实施不作为的作为义务者之托而提供有助于其不作为实施的安眠药这样的情况。”[③]

五、对预备罪、阴谋罪的帮助

所谓对预备罪、阴谋罪的帮助，是指帮助他人实施犯罪行为但被帮助者停留在预备、阴谋阶段，且该预备、阴谋可罚的情况。对此，能否以预备罪的帮助犯或阴谋罪的帮助犯处罚？

共犯独立性说认为，处罚帮助犯不以正犯实施了实行行为为必要，因而对预备罪、阴谋罪的帮助也属于帮助犯的未遂。[④]

共犯从属性说对此问题的看法存在分歧，基本上可以区分为以下四种观点：

第一，否定说。此说认为，不成立预备（阴谋）罪的帮助犯，不可罚。大塚仁、香川达夫、中山研一、曾根威彦等持这种观点。其主要理由是：（1）《日本刑法典》第 62 条规定：“帮助正犯的，是从犯。”这里的“正犯”指的是《日本刑法典》第 60 条“实行犯罪”含义上的正犯，不包括预备罪与阴谋罪。（2）从实质上看，预备（阴谋）罪的实行行为及帮助行为是无限定、无定型的，如果处罚预备（阴谋）罪的帮助犯，是对处罚范围的扩张，有害于法的安定性。

第二，折中说。此说认为，预备罪可以分为两类：一类是如伪造货币准备罪（《日本刑法典》第 153 条）这样的法律条文明确规定独立的构成要件的独立预备罪；另一类是如杀人预备罪这样的以构成要件的修正形式规定处罚预备的从属预备罪。前者的构成要件行为有定型的、限定的规定，存在实行行为的观念；后者的预备行为则是无定型、无限定的，不存在实行行为的观念而只是实行行为的前阶段行为。因此，帮助前者可以作为该独立预备罪的帮助犯加以处罚；帮助后者则不能成

---

① ［日］中义胜：《对不作为犯的共犯》，载《关西大学法学论集》第 37 卷第 2、3 合并号，第 160 页。

② 参见［日］神山敏雄：《不作为共犯论》，成文堂 1994 年版，第 598 页。

③ ［日］山中敬一：《刑法总论》（第 3 版），成文堂 2015 年版，第 981 页。

④ ［日］木村龟二著、阿部纯二增补：《刑法总论》，有斐阁 1978 年版，第 396 页。

立帮助犯。① 福田平、西原春夫等持这种观点。

第三，肯定说。此说认为，对预备罪、阴谋罪的帮助成立帮助犯。平野龙一、大谷实、前田雅英、川端博、山中敬一等持这种观点。此说的主要理由是：（1）预备罪虽然与基本构成要件相比属于修正的构成要件，但其本身由刑法各本条以构成要件的形式加以规定，因而也可以视为实行行为。（2）《日本刑法典》第 62 条关于帮助犯规定中的"正犯"应当解释为包括符合修正的构成要件的预备罪、阴谋罪在内。（3）只要被帮助者产生了值得作为预备加以处罚程度的危险性，帮助犯即应比照其进行处罚。这是从属性原则的自然推论。（4）将正犯作为预备罪加以处罚，而将教唆犯置于处罚范围之外，这从实质上看是不妥当的。

第四，预备（阴谋）的正犯说。此说认为，预备（阴谋）的帮助，就是预备（阴谋）行为。当该预备（阴谋）行为可罚时，应作为预备（阴谋）罪或其共同正犯加以处罚。正田满三郎、藤木英雄等持这种观点。

六、间接帮助、再间接帮助与教唆犯的帮助

（一）间接帮助

所谓间接帮助，是指帮助帮助犯的情况。日本刑法对于间接教唆有明文规定，但对间接帮助则没有作出规定，因而理论上就是否能够认可间接帮助犯存在否定说与肯定说两种不同的见解。

否定说认为，《日本刑法典》第 62 条规定："帮助正犯的，是从犯。"这就意味着帮助帮助犯的，不是帮助犯。而且，帮助行为不是作为基本构成要件内容的实行行为，帮助者不是正犯，所以，既然没有关于间接帮助犯的规定，就应该认为不处罚它才是刑法的本意。② 团藤重光、大塚仁、西原春夫、川端博、野村稔、佐久间修等持否定说。

肯定说则认为，《日本刑法典》第 62 条的规定并非意味着仅仅处罚直接帮助正犯的行为人，完全可以认为它包含着处罚直接帮助从犯而间接帮助正犯的行为人的意思。至于刑法有关于间接教唆的处罚规定而无间接帮助的处罚规定，应当理解为关于间接教唆的规定属于注意规定。正因为有了关于间接教唆的规定，就没有必要再重复地对相同含义的间接帮助作出规定。而且，从实质上看，不处罚间接从犯也不合理。③ 小野清一郎、木村龟二、庄子邦雄、平野龙一、大谷实、前田雅英、山中敬一等持肯定说。日本的判例也承认间接帮助的可罚性。

（二）再间接帮助

再间接帮助，是指帮助间接帮助者的情况。再间接帮助以及更多层次的间接帮

---

① ［日］福田平：《全订刑法总论》（第 4 版），有斐阁 2004 年版，第 255 页。

② ［日］大塚仁：《刑法概说（总论）》（第 4 版），有斐阁 2008 年版，第 327 页。

③ ［日］山中敬一：《刑法总论》（第 3 版），成文堂 2015 年版，第 992 页。

助被日本刑法理论称为连锁帮助、顺次帮助或相次帮助。[①] 不过，德国刑法理论则将间接帮助也包括在连锁帮助的范围之内，山中敬一等少数日本学者也采纳了德国的观点。[②]

再间接帮助是否可罚，不同的学者给出了不同的回答。一般而言，否定间接帮助可罚性的学者自然会否定再间接帮助的可罚性。但即使肯定间接帮助可罚性的学者也有的认为再间接帮助不可罚。“由于帮助犯本来就没有定型性，加上再间接帮助在很多场合下和正犯的关系不明，所以，原则上不应认可再间接帮助犯”[③]。

肯定再间接帮助可罚性的观点则认为，对帮助而言重要的是实现正犯结果。即使中间存在帮助的连锁，只要通过这些帮助者而实现的正犯结果具有客观归属可能性，就具备帮助犯的处罚根据。[④]

（三）教唆犯的帮助

所谓教唆犯的帮助，是指帮助教唆行为使其容易实行的情况。如何看待教唆犯的帮助犯，理论上存在争议。

可罚说认为，教唆行为是符合修正的构成要件的实行行为，所以应当承认对教唆犯的帮助犯。同样，也应当承认对间接教唆的帮助犯。[⑤]

不可罚说认为，教唆行为不是实行行为，而帮助犯只限于帮助正犯，因而所谓教唆犯的帮助犯不可罚。[⑥]

第四节　中立行为与帮助犯

对于通过在外形上看上去是中立的（不具有犯罪意义）的行为而从客观上促进正犯行为实施的人，是否成立帮助犯，是现在德、日刑法学中激烈争论的问题之一。例如，五金店的店员将螺丝刀卖给打算侵入住宅的人，如果该店员知道顾客的意图仍然卖出的话，是否成立侵入住宅罪的帮助犯；又如，对于通过账户间资金转移而偷税的案件，知道对方偷税的意图仍然为之办理开设账户或转移资金业务的银行工作人员，是否成立偷税罪的帮助犯。

一、典型判例

有关中立行为是否成立帮助犯，日本的三级法院曾经在所谓 Winny 案中给出了自己的标准。Winny 是一种共享软件，其开发者 X 对此反复进行了版本更新完善并

① ［日］川端博：《刑法总论》（第 2 版），成文堂 2006 年版，第 582 页。
② ［日］山中敬一：《刑法总论》（第 3 版），成文堂 2015 年版，第 994 页。
③ ［日］大谷实：《刑法总论》，黎宏译，中国人民大学出版社 2008 年版，第 407 页。
④ ［日］山中敬一：《刑法总论》（第 3 版），成文堂 2015 年版，第 994 页。
⑤ ［日］大谷实：《刑法总论》，黎宏译，中国人民大学出版社 2008 年版，第 407 页。
⑥ ［日］川端博：《刑法总论》（第 2 版），成文堂 2006 年版，第 582 页。

将其无偿地公开在自己的网站上，通过网络向不特定的多数人提供。A、B 两人利用 Winny 软件，在未经得著作权的授权的情况下，下载游戏软件和电影。X 被指控认识到这种违法行为广泛存在仍然公开提供自己的 Winny 软件，属于违反著作权犯罪行为的帮助犯。

第一审京都地方法院 2006 年 12 月 13 日判决认为，互联网上广泛存在利用包括 Winny 在内的软件下载侵犯著作权内容的文件的行为，被告人认识到这些文件共享软件，尤其是 Winny 的现实利用状况，并期待由此产生新的商业模式，于是容认了上述利用状况，不断提供软件的各种版本，致使正犯能够下载该 Winny 软件，对于正犯者们能够更为容易地进行犯罪行为提供了帮助，所以可以评价为构成帮助犯，从而判处被告人成立犯罪，处罚金 150 万日元。

第二审大阪高等法院 2007 年 10 月 8 日判决认为，“被告人，将价值中立的软件——本案中的 Winny 软件在互联网上公开和提供之时，对于会出现侵害著作权的人的可能性，盖然性是有认识的，也可以认为对之有容认。但是，并不能认为被告人将 Winny 软件上传到互联网上，存在劝导他人将该软件仅用作侵害著作权的用途或者以侵害他人著作权为主要用途进行使用，因而被告人不能够被认为成立帮助犯”。因此，改判被告人无罪。

最高法院支持了二审的结论。判决指出 Winny 是一种价值中立的软件，既可用于合法用途，也可用于侵害著作权的违法用途。到底如何使用完全取决于具体的使用者。像本案被告人这样，将正在开发过程中的软件放到互联网上，提供给他人免费下载使用，以便听取他人使用该软件后的意见，进而对软件进行完善，这种软件开发方法并无不当。新开发的软件理应在社会上得到广泛的评价，且考虑到软件开发行为所要求的时效性，避免对开发行为产生过度的萎缩效果，就不能仅仅因为软件提供者认识到了该软件具有被他人用于侵害著作权的一般可能性，还予以容认，并继续公开提供，就简单的认定他构成了侵害著作权的帮助行为。因此，“相关软件的提供行为，要成立帮助犯的话，需要有超过一般的可能性的具体的侵害利用状况。此外，还需要提供者认识和容认这一点”，在此基础上，“软件的提供者对于利用该软件已经实际实施的具体的著作权侵害有认识和容忍时，进行公开和提供，并实际使该著作权侵害被实施的场合；以及参照该软件的性质、客观的利用状况、提供方法等，如果能够认为入手该软件的人群中，并非属于例外范围的人会利用该软件实施著作权侵害的盖然性很高的场合，提供者在对此也有认识和容认时，将该软件予以公开、提供，实际上该软件也被用于正犯实施著作权侵害的限度范围内，将该软件的公开和提供的行为解释为是对著作权侵害犯罪的帮助行为，是合适的”。基于这一原则，判决对本案作了主观与客观要件的分析。

首先，在客观面上，因为时间及统计方法的不一样，本案没有证据能够确切证明 Winny 软件当时的客观使用状况。根据相关证据，也只能是推断，Winny 系统中流通文件的四成左右是没有获得著作权人授权的著作物。从被告人提供 Winny 软件的具体方法来看，被告人也没有对下载者未作任何限制，而是无偿、持续地把

Winny 软件在网站上公开。“从这些情况来看，被告人对本案 Winny 的公开和提供行为，客观而言不能否认属于在并非例外范围内的使用者利用该软件实施著作权侵害具有高度盖然性的情况下的公开和提供的行为。”

其次，在主观面上，“虽然被告人在公开、提供 Winny 软件时，认识到了有人会利用 Winny 软件实施侵犯著作权的行为，而且这种人数在增加。但是，对于被告人目前还难以认为其公开、提供本件 Winny 的场合，被告人认识到了获取 Winny 的人员当中不属例外的人员具有使用该软件实施侵犯著作权行为的高度盖然性”。因为，第一，虽然被告人在他发表“开发宣言”的帖子中，有许多可以被认为是想利用 Winny 实施侵犯著作权行为的人员的留言，被告人对此有认识，但被告人自己也在留言中指出，随便传输别人享有著作权的东西是违法的，希望参与测试的人不要逾越这个范围。第二，关于被告人是否知道 Winny 网络传输、下载的文件中有大量著作物。从现有证据来看，证明被告人把握了 Winny 软件的整体使用状况的证据比较薄弱。“被告人在公开和提供包括本案 Winny 在内的 Winny 软件时，附加了不要用它获取互联网上的违法文件的注意书，在开发线程中也写入了这一要旨，从而经常对利用者发出不要利用 Winny 来实施著作权侵害的警告。”

考虑到以上两方面，最高法院认为，被告人欠缺著作权法违反罪帮助犯的故意。[①]

二、理论学说

（一）主观说

主观说认为应立足于行为的主观要素来划定帮助犯的处罚范围。其中又包括不同的观点。

1. 促进意思有无标准说。

此说认为，为了成立帮助犯，不仅需要认识正犯的行为，而且还必须具有促进他人犯罪行为的认识与意思。在缺乏这种犯罪行为促进意思的情况下，就不成立帮助犯。

德国法院的判例很早就采用这种观点。例如，对律师因法律水平不足而错误地向被羁押人的亲属提供帮助脱逃不构成犯罪的咨询意见，结果导致其家属帮助被羁押人脱逃的案件，德国帝国法院推翻了原审有罪的判决，认为提供法律上的咨询意见只是律师职务上的义务，从一开始就能推定该律师是基于律师的意识并遵照业务上的义务而提供的咨询意见，因而不构成犯罪。而只有当其超越业务范围，以促进犯罪实施的意思提供意见，才能成立帮助犯。[②] 理论界也有学者支持德国帝国法院

① 日本最高法院 2011 年 12 月 19 日判决，载《最高裁判所刑事判例集》第 65 卷第 9 号，第 1380 页。

② 转引自［日］松生光正：《由中立的行为所进行的帮助（一）》，载《姬路法学》1999 年第 27、28 合并号，第 207 页。

的这种看法。

对于德国判例的这种主观倾向，理论上有学者认为直至今天也基本上没有变化。[①] 不过，事实上“以促进意思的有无为标准的德国帝国法院的看法，并没有被德国联邦法院所继承。德国联邦法院虽然沿袭了考虑参与行为人主观方面的态度，但在判断方法上并不要求具有促进的意思”。[②] “德国联邦法院的判断方法是同时考虑客观面和主观面，以其参与行为是否具有同该犯罪同义的关联为标准。”[③] 它已经是后述的折中说了。

2. 未必的故意否定说。

此说同样主张通过主观的标准来限定帮助犯的成立，但强调应立足于参与者的故意。如果行为人仅有未必的故意就不成立帮助犯。

例如，巴尔认为不能处罚基于未必的故意所实施的帮助行为。否则的话，即使行为人实施的是没有恶意的行为，但只要抱有可能被他人利用来实施犯罪的想法，就会受到处罚，这不合理。举例而言，军火商人将武器卖给他认为看起来很奇怪的顾客时，不能认为如果该顾客实施犯罪军火商就构成帮助犯，因为顾客实施犯罪并非商人贩卖行为的必然结果。如果认为军火商构成犯罪的话，那所有贩卖武器的商人都必须负有逐一确认买主身份和可信赖程度的义务，这事实上不可能。[④]

克勒（Köhler）也指出，对于帮助犯的成立而言，仅有未必的故意是不充分的。行为人必须具有通过其行为援助正犯的意图，即预见到正犯行为不可避免，并致力于此。例如，仆人明知自己的雇主早上准备去实施某种犯罪，并明知雇主不会不刷鞋、不吃饭就出门。对此，克勒提出一个问题，即能否要求仆人不去实施成为犯罪结果发生前提的刷鞋、准备早餐行为而选择辞职？克勒给出了否定的答案。即只要行为人是基于实施职务行为的意思而实施行为，即使同时知道自己的行为会对他人的犯罪行为起促进作用，也不能认为有帮助犯罪的意图，不成立帮助犯。[⑤]

主观说面临很多批评。第一，主观说与德国现行刑法规定不一致。《德国刑法典》第 27 条规定：“对他人故意实施的违法行为故意予以帮助者，是帮助犯。”可见除了故意之外并没有规定任何特殊的主观要素，不应附加其他的目的或动机因

---

① ［日］丰田兼彦：《中立行为的帮助与共犯的处罚根据——关于共犯论与客观归属论交错领域的考察》，载《神山敏雄先生古稀祝贺论文集》（第 1 卷），成文堂 2006 年版，第 553 页。

② ［日］曲田统：《日常的行为与从犯——以德国的议论为素材》，载《法学新报》第 111 卷第 2、3 号，第 149 页。

③ ［日］曲田统：《日常的行为与从犯——以德国的议论为素材》，载《法学新报》第 111 卷第 2、3 号，第 152 页。

④ 转引自［日］松生光正：《由中立的行为所进行的帮助（一）》，载《姬路法学》1999 年第 27、28 合并号，第 208 页。

⑤ 转引自［日］曲田统：《日常的行为与从犯——以德国的议论为素材》，载《法学新报》第 111 卷第 2、3 号，第 146 页。

素。[①] 第二，未必的故意也是故意的种类之一，没有将其作特别对待的理由。[②] 第三，从理论上看，只以主观的标准来论述犯罪成立条件是错误的。在行为是否符合客观的构成要件尚未确定之时首先否定主观的构成要件，有循环论证之嫌。第四，过早地关注主观方面，可能会将本来正当的行为因其具有反价值的意图而视为反价值的行为，即符合构成要件的行为。这与刑法规制外部行为的任务相矛盾，可能导致心情刑法。[③]

（二）社会相当性说

社会相当性说主张通过社会相当性理论来解决中立行为是否构成可罚的帮助犯的问题。由韦尔策尔所倡导的社会相当性理论认为，在社会生活中历史地形成的社会伦理秩序的范围内，被这种秩序所允许的行为，即使发生了法益侵害的结果也不违法。进而言之，构成要件是违法行为的类型，也就是不具有社会相当性的行为的类型，因而在类型上符合社会相当性的行为，阻却构成要件符合性。

毫无疑问，韦尔策尔提出社会相当性理论时并没有意识到中立的帮助问题。但他的理论被后来的学者视为解决中立的帮助问题的一种代表性学说，即中立行为所进行的帮助，通常属于历史形成的日常生活秩序范围之内，因而不属于《德国刑法典》第 27 条规定的帮助犯。

例如，菲利波夫斯基（Philipowski）在论述银行工作人员知道对方偷税的意图仍然为之办理开设账户的行为是否成立偷税罪的帮助犯时，认为它实际上是一个是否脱离社会相当性范围的问题。在菲利波夫斯基看来，社会相当性的边界应由国家的法规范及谨慎诚实的参与者所制定的规则两方面来决定，即遵守经过了正当程序所制定的法规范和业务规则的行为，就具有社会相当性。据此，银行工作人员的行为遵守了法律和业务规定而实施的正当的业务行为，处于社会相当性范围之内，不违法。

韦塞尔斯与博伊尔克（Wessels and Beulke）也认为，只要行为没有超出通常的日常行为形态，尤其是行为没有超出单纯的职务行为的框架，如卖面包给意图侵入他人住宅的人、卖斧头给意图伤害妻子的丈夫等，都应当被排除在刑法的帮助犯范围之外，即这些行为都是具有社会相当性的行为。

社会相当性说受到的主要批评是：社会相当性这一标准本身具有暧昧性和不明确性。什么样的行为处于社会秩序范围之内，答案并不确定。用这种不确定的概念

---

① ［日］松生光正：《由中立的行为所进行的帮助（一）》，载《姬路法学》1999 年第 27、28 合并号，第 209 页。

② ［日］山中敬一：《由中立的行为所进行的帮助的可罚性》，载《关西大学法学论集》1999 年第 56 卷第 1 号，第 72 页。

③ ［日］松生光正：《由中立的行为所进行的帮助（一）》，载《姬路法学》第 27、28 合并号，第 209 页。

去划定可罚性的范围，显然会丧失法的安定性，导致社会相当性标准的任意解释与适用。①

（三）职业的相当性说

职业的相当性说以社会的相当性说为基础，对其作了进一步的精致化努力，试图消除社会相当性说的缺陷。职业的相当性说是德国学者哈塞默（Hassemer）提出的学说。

哈塞默认为，社会的相当性说所考虑的规范、规则、规范领域及规范限制等概念，实际上是不可能根据该说所依据的“社会的”概念加以具体化。这是因为社会的领域本身并不存在规范，只有根据具体的状况、具体的行为领域、具体的集团才会产生“社会的规范”。因此，哈塞默主张根据各种职业领域来判断中立行为是否具有相当性。他指出，“‘中立的、为社会所允许的、遵守规则的业务行为’是‘职务上具有相当性的行为（职务的相当行为）’。这种行为不是刑法所关心的对象，不构成帮助犯。这种职业只要是为了实现国家和社会所承认的任务，并且公示了行为规范，那么这种公示了的职业规则非但不与刑法上的规则矛盾，而且毋宁说是刑法规则的补充、延长和具体化。照此而实施的行为，不能认为是违反刑法禁止规范的行为。即使这种行为实现了犯罪的构成要件，侵害了法益，这种行为也不为刑法所关心，不构成从犯”。② 根据哈塞默的观点，行为人对他人的犯罪行为是否知情以及知情的程度，这些主观方面的内容对于帮助犯的成立而言根本不重要。

职业的相当性说在一定程度上弥补了社会的相当性说不明确的缺陷，但此说仍然存在一些问题：第一，职业规范的创立并非是为了将刑法规范具体化。虽然原则上大多数职业规范也符合刑法的规定，但不能将两者等同。即使是符合职业规范的行为，也未必就是符合刑法规范的行为。因此，应当从刑法规范的角度来判断职业规范是否合法，而不是相反。第二，如果将职业规范视为一种免罪符的话，那么即使行为人基于明确的犯罪目的而实施帮助行为，也可能以职业通例为理由来否定刑法的有罪评价，这不合理。第三，有的犯罪集团冒充合法企业开展活动，其所制定的职业规范可能就是为了规避法律。将遵照这种规范所实施的行为都认定为无罪，显然不合理。第四，采用职业的相当性说，意味着对职业上的行为进行特殊对待，不符合刑法的平等原则。③

（四）利益衡量说

利益衡量说主张从利益衡量的角度对中立行为构成帮助犯的范围进行限制。其

---

① ［日］松生光正：《由中立的行为所进行的帮助（一）》，载《姬路法学》1999年第27、28合并号，第216页。

② 转引自［日］曲田统：《日常的行为与从犯——以德国的议论为素材》，载《法学新报》第111卷第2、3号，第159页。

③ ［日］曲田统：《日常的行为与从犯——以德国的议论为素材》，载《法学新报》第111卷第2、3号，第179~180页。

内部又有不同主张。

罗兰德·黑芬德尔（Roland Hefendehl）认为，应基于立法论的考量从利益衡量的角度对帮助犯的客观要件进行限制解释，从而对中立行为所实施的帮助的可罚性加以限制。具体而言，应通过“一般的行为自由”与“法益保护”之间的衡量而从构成要件上对中立的行为进行限定。犯罪越重即犯罪行为的无价值性越大，对国民行动自由的限制就应越强。不过，这种观点被批评为过于抽象，难以在实践中发挥作用。①

勒韦·克拉尔（Löwe-Krahl）主张通过“比例性原则”来对中立行为所实施的帮助的可罚性进行限制。他认为刑法的解释应遵循比例性原则，比例性原则由三个要素组成。第一，适当性，即手段是否是达到目的的适当手段；第二，必要性，即达到该目的应选择对个人负担最小的手段；第三，相当性，即行为所追求的目的与为此个人或社会所必须忍受的侵害应具有理性的关系。中立的行为是否成立帮助犯也应当遵循这一原则。②

对利益衡量说，学者们批评说该观点过于抽象，难以在实践中发挥作用。

（五）共犯的构造论

共犯的构造论主张从共犯的处罚根据论等共犯的一般构造论的角度探讨由中立行为所进行的帮助行为的可罚性。其中最具有代表性的是德国学者舒曼（Schumann）的观点。

舒曼观点的出发点是认为共犯的不法不同于正犯的不法，即法益侵害结果即使能够为正犯的不法奠定根据，也不足以为共犯的不法奠定根据。他认为共犯的不法及处罚根据不仅在于引起结果，还在于共犯具有特别的行为无价值，即“与他人不法的连带”。

舒曼认为，帮助者自身的行为是否与正犯行为具有连带性对帮助犯的成立而言非常重要。首先“与正犯行为之间的距离”是决定日常的行为是否构成帮助犯的重要标准。这种“与正犯行为之间的距离”是指从客观角度看该行为是在正犯实行着手之前还是之后实施的。如果是之后实施的，即具有“与正犯行为的接近性”，由此会产生社会心理学上的危险印象，即具有“与正犯行为的连带”。但并非只从时间上确定“与正犯行为的连带”，还必须考虑帮助行为对正犯行为的促进是否影响到正犯不法的核心。因此，肯定可罚的帮助的实质根据在于“促进行为影响到了正犯行为的核心”，与正犯行为距离的远近（接近性）是用来征表这种事实的。总之，在正犯着手后所实施的促进的帮助行为。原则上是可罚的帮助行为。

进而言之，是否承认与正犯行为的连带，也需要看该行为是否脱离了通常的生

① ［日］山中敬一：《由中立的行为所进行的帮助的可罚性》，载《关西大学法学论集》第56卷第1号，第74页。

② ［日］松生光正：《由中立的行为所进行的帮助（一）》，载《姬路法学》1999年第27、28合并号，第224~225页。

活方式获日常的职业规则。只要在通常的生活方式或职业规则范围之内，就不需要考虑行为的主观面而将该行为排除在与正犯行为具有连带性的行为之外。不过，在这种行为中也还有几种成立帮助犯的行为。第一，客观上适于他人犯罪计划的行为。例如，明知对方购买面包用于下毒仍进行贩卖的行为。第二，被告知该物品是实施犯罪所必要的物品后仍予以提供的。例如，顾客在购买扳手时已经明言是用于入室盗窃仍进行贩卖的行为。第三，该行为被解释为违反刑法法规时。例如，顾客虽然出示了允许持有武器的证明，但武器商知道其是为了犯罪而购买武器仍进行贩卖的行为。这并非是以武器商主观因素为标准所得出的结论，而是从客观标准分析《德国武器法》第34条不允许实施这样的贩卖行为，即应解释为只允许出于正当目的的购买行为。

对于舒曼的观点，罗克辛批评说，为什么“与正犯行为的接近性”能对帮助犯的成立与否起决定性作用，该观点并未给出有力的解释。而且，对于帮助犯的成立而言重要的应是行为的促进效果或危险增加效果，而非实施时间。①

（六）客观归属论

客观归属论主张从客观归属的角度论述由中立行为所进行的帮助行为的可罚性。

1. 溯及禁止说。

溯及禁止说是雅科布斯提出的观点。雅科布斯认为，只有行为人的态度与他人的实行行为相符合，并且成为他人所实施的实行行为的归属根据，即具有规范的“共同性”时才成立从属共犯。只有在这种情况下，参与者的态度才被视为“不被允许”，才归属于结果。

这种共同性，并不是由相互的意思联络或片面的意思而形成。因为意思本身并不能确定行为的社会接触的意义。因此，正犯者恣意地将他人的定型性的社会相当态度与犯罪相连接，不能奠定共同性的基础。例如，恐怖分子将审判同伙的诉讼作为刺杀司法部长的机会加以利用，其杀人行为当然属于恐怖分子的行为，与推进诉讼工作的法院之间没有共同性。也就是说，自身无害的态度，就是被他人作犯罪性的关联，也不能视为犯罪组织的一部分（新的溯及禁止论）。

同样，在多数人共同行动的场合也是如此。随着高度复杂化的信息交换、物品交换，在现代这种分工社会中，必须严格区分社会接触的客观的意义与人们主观追求的意义。换言之，主观的意味与他人无关。日常交易（中立的行为）所进行的帮助问题，也应定位于此。例如，食品贩卖者只要是进行正当的食品贩卖，即使知道购买者意图用该食品对他人下毒，也不构成杀人的帮助。的士司机即使知道乘客打算前往目的地犯罪仍加以运送，也不能追究其罪责。

相反，在参与者的行为与正犯的实行行为在客观上一体化时，即它形成了与犯罪特别适合的关联时，就应当认为有共同性。这里重要的也不是参与者是否认识到

① 转引自［日］曲田统：《日常的行为与从犯——以德国的议论为素材》，载《法学新报》第111卷第2、3号，第183~184页。

这种适合性，而是他是否交付了这种适合物。例如，向意图侵入住宅者贩卖螺丝刀并不成为帮助犯，但如果贩卖配套的钥匙就成立帮助犯。而且，态度的意义也依存于社会的文脉。例如，园林工具贩卖店贩卖锄头当然无害，但如果是在店门口发生了激烈的打斗，负伤的人跑进来要求买锄头的话，情况就不一样了。在这种情况下，就应当成立帮助犯。①

雅科布斯的观点也受到批评。第一，雅科布斯认为一般的日常生活行为都应从刑罚中解放出来。例如，即使知道他人入室盗窃的意图仍出售螺丝刀的行为不具有可罚性。但罗克辛批评说，出售者既然知道自己的行为会促进对方犯罪目的的实现，就无法否定其帮助行为的性质。奥托（Otto）也指出，雅科布斯之所以认定该种行为不可罚，是因为他将共犯的处罚根据求之于正犯者与帮助者之间的犯罪“共同关系”，求之于属于共同正犯下位概念的当罚的“共同组织”。但法律并没有规定这种要件。第二，知道他人迫在眉睫的犯罪行为还加以促进，是对规范的无视，应当进行处罚。②

2. 犯罪的意义关联说。

犯罪的意义关联内部有多种不同见解。其中影响最大的是罗克辛的学说。

罗克辛将解决中立行为的帮助问题的出发点放在制造法所不允许的危险这一要件上。他确立了如下原则，即要认可可罚的帮助行为，不仅需要结果的因果引起及危险增加，而且它还必须是法律“所不允许的”。在此基础上，他将帮助行为是否为法律所允许的，划分为：(1) 帮助者确实地认识到正犯者的犯罪计划的场合（具有确定的故意的场合）；(2) 仅认识到自己的帮助行为可能被犯罪行为所利用的场合（只有未必的故意的场合）。在 (1) 的场合，罗克辛认为只有是对犯罪行为的参与具有“犯罪的意义关联”（参与是正犯者所计划的犯罪的前提条件，而且参与者也知道这一点）时，才能认可属于法所不允许的帮助。在 (2) 的场合，根据信赖原则，如果相信自己的行为不会被犯罪所利用的话，就不发生法所不允许的危险，从而否定客观的归属。但在正犯具有“客观上有可能认识的犯罪倾向”时，不适用信赖原则，而成立帮助犯。

例如，五金店的店员明知顾客打算购买螺丝刀用于侵入住宅仍然对之加以贩卖的情况，以及的士司机明知乘客将赶往目的地实施犯罪，仍然载之前往的情况，因而都能认为有犯罪的意味关联，所以成立帮助犯。而对卖淫场所的面包及肉类贩卖，不具有犯罪的意味关联，所以不成立卖淫中介罪的帮助犯。另外，在只有未必的故意的场合，一般可以根据信赖原则否定帮助犯的成立。但诸如在道路上发生激烈争执的人跑入店内准备购买武器时，售货员如果知道其正在与他人发生争执，仍进行

① 转引自［日］丰田兼彦：《中立行为的帮助与共犯的处罚根据——关于共犯论与客观归属论交错领域的考察》，载《神山敏雄先生古稀祝贺论文集》（第1卷），成文堂2006年版，第557页。

② ［日］山中敬一：《由中立的行为所进行的帮助的可罚性》，载《关西大学法学论集》第56卷第1号，第83~84页。

贩卖的话，虽然此时仅有这种武器可能会在争议过程中使用的未必的认识，但由于顾客已经表现出客观上认识可能的犯罪倾向，所以成立帮助犯。①

罗克辛的观点也受到批评：第一，以确定的故意与未必的故意为标准来区分不可罚的中立行为与可罚的帮助，这种思路存在根本性缺陷。第二，以帮助者认识到正犯者的犯罪决意即存在必要的犯罪关联性作为处罚的理由，在判断基准上并不明确。第三，将犯罪关联性的判断基准求之于正犯者的目的，然而对于第三者来说，很难判断、证明这种主观倾向。日常的业务行为，在具有为犯罪所利用的违法侧面的同时，也当然具有适法的侧面。因此，认为某种行为即使具有犯罪关联性，但只要正犯告知适法利用的目的，就属于日常无害的行为；相反，即使日常被视为无害的行为，只要认识到正犯者具有不法目的，就认为该行为为法律所否定。这种结论是错误的，不具有说服力。第四，认为参与者即使仅具有未必的故意，但只要正犯者存在明显的犯罪倾向，就可以肯定参与者的可罚性，这存在疑问。首先，共犯规定中并没有预定确定故意与未必故意的区分，用这种难以确定的基准划分可罚性的界限，其可行性值得怀疑。其次，在直接故意的场合，认为不具有犯罪关联性时排除其可罚性。但在犯罪性更低的未必的故意的场合，却只要正犯者具有明显的犯罪倾向就要受处罚，这存在问题。最后，对于认识可能的行为倾向这一基准本身，也存在为什么过失的要素对于故意犯的处罚具有决定意义的疑问。②

3. 由业务通常性导致行为规范后退说。

此说由日本学者松生光正所主张。他认为，在判断中立行为是否成立帮助犯时，行为“在具体的行为状况中是否具有对正犯行为的促进意义”这一点非常重要。贩卖螺丝刀的行为，通常很难说不是帮助行为。但是，“对于他人行为的援助、促进行为本身，常常会表现为本来中立的、日常的合法世界的行为”。业务上或组织体中的行为是基于法的义务或至少受到社会的约束。因此，对于行为人实施这样的行为存在“规范的行为预期”，即存在与其他（正犯）的行为完全无关行为预期。与此相对，帮助犯所违反的行为规范是不得促进正犯行为的补充性行为规范。因此，帮助犯的行为规范规范违反，必须包含促进正犯行为的内容，如果存在与他人行为隔断的行为预期的话，就必须从促进正犯行为的意义上后退。“对于业务行为这种存在社会通常的行为预期的行为，只要该行为在实施的具体状况中没有脱离通常的业务行为，就不属于帮助犯。不过，如果该业务行为违反了某种规则或脱离了通常的业务形态，那么就存在成立帮助犯的可能。”③

---

① 转引自［日］丰田兼彦：《中立行为的帮助与共犯的处罚根据——关于共犯论与客观归属论交错领域的考察》，载《神山敏雄先生古稀祝贺论文集》（第1卷），成文堂2006年版，第555页。

② ［日］松生光正：《由中立的行为所进行的帮助（二）》，载《姬路法学》1999年第31、32合并号，第280页。

③ ［日］松生光正：《由中立的行为所进行的帮助（一）》，载《姬路法学》1999年第27、28合并号，第294页。

对此说，反对者提出以下批评意见：第一，什么是“具体的行为状况”，其含义不明。第二，从共犯的处罚根据论来看，难以认为关于共犯行为与正犯行为的行为规范是主规范与补充规范的关系，是不同的规范。根据因果共犯论，它们违反的都是禁止引起结果的规范。① 第三，此说中业务通常性的范围不明确，其具体要件没有展开。②

4. 假定的代替原因考虑说。

此说由日本学者岛田聪一郎所主张。此说认为，应从共犯行为是否升高了正犯行为引起具体结果的危险性的角度加以判断。“在判断共犯行为是否升高了正犯行为发生该具体结果的危险性时，将现实的事实与除去该行为的状况加以对比是不可欠缺的。”也就是应在一定范围内考虑假定的代替原因。在考虑假定的代替原因时，原则上应设想有介入的高度盖然性的事实。不过他人的犯罪行为不能作为假定的代替原因，因为完全可以期待他人不实施犯罪行为。例如，五金商店的店主明知对方有入室盗窃的计划仍然将扳手贩卖给他的行为，由于对方可以轻易地从其他商店购买扳手，所以考虑这一假定的代替原因，店主贩卖扳手的行为并没有提高正犯行为的危险性，因而不成立帮助犯。③

此说面临的主要批评是：第一，此说将中立行为是否成立帮助犯的问题还原为一般的因果关系问题，是不合理的。虽然关于帮助犯的因果关系问题存在诸多学说，但都以不考虑假定的条件为原则。第二，即使考虑假定的代替原因，能否解决中立行为与帮助犯关系的问题也存在疑问。例如，就上例而言，此说以其他商店仍然可能贩卖扳手为理由否定店主的行为构成帮助犯。但如果犯罪现场附近只有这一家五金店的话，能否认为提高了危险而成立帮助犯呢？第三，此说设想具有高度盖然性的假定的代替原因的介入，会否定危险的增加（共犯的因果性），但什么样的场合能够说有高度的盖然性，还是不明确的。对不同案例的规范性评价也不一致。④ 第四，此说禁止将犯罪行为作为代替原因加以考虑，其理由也缺乏说服力。⑤

5. 以印象说为基础的主观说。

此说是受舒曼的观点启发而提出的学说，由日本学者曲田统所提出。

此说认为，犯罪的本质在于义务违反性、规则违反性，即如果引起了一般人认为对社会生活共同体存在一定的危险性的印象，也就产生了可客观归属的不被允许的危险。

---

① ［日］山中敬一：《由中立的行为所进行的帮助的可罚性》，载《关西大学法学论集》第56卷第1号，第96页。

② ［日］山中敬一：《刑法总论》（第3版），成文堂2015年版，第972页。

③ ［日］岛田聪一郎：《正犯·共犯论的基础理论》，东京大学出版会2002年版，第360页。

④ ［日］佐久间修：《共犯的成立范围与归属原理》，载《曾根威彦先生、田口守一先生古稀祝贺论文集》（上卷），成文堂2014年版，第886页。

⑤ ［日］山中敬一：《由中立的行为所进行的帮助的可罚性》，载《关西大学法学论集》第56卷第1号，第99~100页。

具体而言，这种观点的基本见解是，基于确定的故意所实施的行为具有从犯性，基于不确定的故意所实施的行为则应否定从犯性。所谓确定的故意是指知道对方的犯罪计划后仍然实施行为的情况。所谓不确定的故意则是指不知道对方的犯罪计划而实施的行为。不过，两者都存在例外。前者的例外指的是提供饮食、衣物等生活必需品这样的不会产生对直接犯罪行为起作用的印象的物品的情况。后者的例外指的是，行为人的行为从客观上看被犯罪所利用的盖然性很高且行为人对此有认识的情况。例如，在门外争吵的人闯进来借锤子，行为如果提供给对方即构成帮助犯。[①]

对此说，批评者认为，第一，此说以行为无价值论为基础，不合理。第二，是否知道犯罪计划并非是划分确定故意与不确定故意的标准。第三，从确定还是不确定的故意的角度进行帮助行为的客观归属的判断，从方法论上看是不合理的。[②]

6. 事例类型说。

此说是日本学者山中敬一的观点。山中敬一也立足于客观归属论来解决中立行为是否成立帮助犯的问题，但主张对事例作详细的类型化。

首先，应对帮助行为的实施时间作出区分。帮助行为包括预备的帮助与伴随的帮助。伴随的帮助行为会使正犯行为及正犯结果变得容易和可行，因而没有否定其成立可罚帮助犯的理由。需要探讨的是预备的帮助在哪些情况下不可罚。

其次，根据正犯者与帮助者之间意思联络的有无，可将帮助区分为有意思联络的帮助和片面的帮助。有意思联络的帮助较之于片面的帮助，对正犯而言往往具有心理上的帮助作用。只要肯定了这种心理的帮助就应当原则上认为成立可罚的帮助犯。至于片面的帮助又包括真正片面的帮助和不真正片面的帮助。前者指正犯者完全不知道存在帮助者客观的帮助行为的情况。后者指正犯者知道帮助者客观的帮助行为，但不知道其主观的帮助故意的情况。由中立的行为所进行的帮助就属于后面这种情况。

再次，不真正片面帮助犯的事例又包括两种类型。第一类是帮助者偶然的机会从别的地方听说了行为人的犯罪计划，或者偶然听到正犯者与第三者的谈话，即从正犯者以外的来源获得了特别的消息。第二类是帮助者只是从正犯者的行为举止、携带物品等方面预测、估计到行为人的犯罪计划。在通常情况下，显然前者对犯罪行为可能性的认识要比后者高。

最后，在第二种类型中，如果正犯的实行已经非常迫切，达到谁看了都明白其会去实施犯罪的程度，那么行为人的帮助行为成立可罚的帮助。如果正犯的实行尚未达到明朗化的程度，则有必要进行类型化的考虑。

第一，犯罪实现可以清楚明白地预测的类型。例如，放火犯使用假名电话订购

---

① ［日］曲田统：《日常的行为与从犯——以德国的议论为素材》，载《法学新报》第111卷第2、3号，第195页。

② ［日］山中敬一：《由中立的行为所进行的帮助的可罚性》，载《关西大学法学论集》第56卷第1号，第101页。

汽油桶，店员从新闻报道中得知近来不断有放火事件发生，觉得这位顾客很可疑。但仍然按其要求将汽油桶送到指定地点，结果有蒙面衣衫不正的男子手持打火机前来取货付款。此时，任何人碰到这种情况都会明白对方打算实施放火行为，因而应肯定可罚的帮助犯的成立。这种正犯的实行行为已经通过各种征兆明白地接近真实地表现于外部的情况下，不存在所谓“中立行为”。

第二，如果行为人与正犯者之间没有意思联络，与正犯的犯罪行为也存在场所上的、时间上的间隔，即在对方是否会犯罪实行犯罪难以准确预测的情况下，有必要进行类型化分析可以分为提供物品、情报的类型与提供劳务的类型两类。提供物品、情报的类型又包括提供犯罪构成物、提供法律禁止物、提供日常使用危险物、提供日常使用物、提供情报等。提供劳务的类型又包括一义的犯罪行为促进类型和并存的日常行为类型。

就提供犯罪构成物类型而言，如果行为人认识到该物品是正犯犯罪行为的一部分仍予以制造、提供，就成立可罚的帮助犯。例如，印刷卖淫场所的宣传册的行为等便是如此。

就提供法律禁止物类型而言，因为法律禁止拥有这类物品，因而只要所提供的物品对犯罪行为客观上起到作用，就成立可罚的帮助犯。

就提供日常使用危险物类型而言，提供匕首、菜刀、安眠药等容易被用来犯罪的危险物品，应根据行为人是否知道对方将用来犯罪，或能否从客观上推测其用于犯罪的盖然性程度，或将用作犯罪的情报的确实性程度等，来具体判断是否成立可罚的帮助犯。

就提供日常使用物的类型而言，除非有仅用于犯罪目的的确切情报，否则不应认定为可罚的帮助。例如，面包店卖面包给顾客的行为，除非确切知道对方将用于犯罪，否则应属于“制造法律所允许的危险的行为”。

就一义的犯罪行为促进类型而言，这种类型指的是偶然知道乘客抢劫犯罪计划的的士司机仍将该乘客运送至犯罪地点这样的情况。一般而言，只要行为人遵守了已经制度化了的日常交易内部的行为模式，即使该行为属于事前的制造危险的行为，也没有在客观上增加危险。知情后的特殊的制造危险的行为，不能认为实现了促进正犯行为这一结果，因而应否定帮助犯的成立。换言之，上述案例中应以的士司机的行为是否在通常的业务范围之内来判断是否属于可罚的帮助。

就并存的日常行为类型而言，这是指行为人的行为在客观促进正犯行为实施的同时，也同时且必然属于对社会有益的日常行为的情况。例如，公汽司机将抢劫犯送到离犯罪现场最近的车站的情况即是如此。此时，司机的运送行为属于一般的生活危险，是被允许了的危险，不成立帮助犯。[①]

---

① ［日］山中敬一：《刑法总论》（第3版），成文堂2015年版，第978页。

第二十六章　共犯与身份、错误论的交错

第一节　共犯与身份

一、共犯与身份概说

如前所述，刑法中的身份“不局限于男女的性别、本国人与外国人的区别、亲属关系、公务员的资格等关系，泛指与一定的犯罪行为有关的作为犯罪人的人的关系的特殊地位或者状态”。①

根据身份对犯罪的影响，理论上一般将其分为三种：第一，构成的身份，即这种身份是一定犯罪的构成要件，只有具有该身份才能构成该犯罪。以构成的身份为要件的犯罪称之为真正身份犯。例如，受贿罪。第二，加减的身份，即虽然没有此身份也可以成立犯罪，但是可以依据此身份加重或者减轻刑罚。由于一定身份而影响刑罚轻重的犯罪称之为不真正身份犯。第三，消极的身份，即因身份关系而阻却犯罪的成立或者阻却刑罚的适用的情况。消极的身份分为三个类型，即违法阻却身份（一些学者称为“不构成的身份”）、责任阻却身份以及刑罚阻却身份。

问题在于如何划分上述三种身份，《日本刑法典》第 65 条第 1 款规定：“对于因犯人身份而构成的犯罪行为进行加功的人，虽不具有这种身份的，也是共犯。”第 65 条第 2 款规定：“因身份而特别加重或者减轻刑罚时。对于没有这种身份的人，判处通常的刑罚。”围绕这两款之间的关系，学术界展开了激烈的讨论，形成了多种观点。

第一种观点认为，第 65 条第 1 款是关于真正身份犯的规定，第 2 款是关于不真正身份犯的规定。此说是日本的通说，小野清一郎、木村龟二、西原春夫、川端博、曾根威彦等都持这种观点。

第二种观点认为，第 65 条第 1 款规定的是“违法的连带性”，第 2 款规定的是有关责任身份的“责任的个别性”。平野龙一、西田典之、山口厚、井田良等持这种观点。此说否定通说对于真正身份犯与不真正身份犯的形式的划分，认为第 1 款

---

① 日本最高法院 1952 年 9 月 19 日判决，载《最高裁判所刑事判例集》第 6 卷第 8 号，第 1083 页。

是承认关于真正、不真正违法身份的连带作用的规定，第2款是承认关于责任身份的个别作用的规定。

第三种观点认为，第65条第1款是规定真正身份犯与不真正身份犯所共通的共犯成立的问题，第2款则是规定有关不真正身份犯的量刑的问题。团藤重光、福田平、大塚仁等持这种观点。

第四种观点认为，第65条第1款仅是对禁止的内容作主体性限定，而并非对受命者作出限定，因而具有连带作用。第2款则是根据身份而对受命者自身作出限定，只具有个别的作用。植田重正、中义胜等持这种观点。

第五种观点认为，第65条第1款规定的是非身份者的“法益”侵害的可能性，而第2款规定的是非身份者对身份者的“期待”不可侵性。这是山中敬一的观点。

共犯与身份的理论，主要涉及下面三个问题：第一，无身份者与有身份者共同加功真正身份犯时，二者是否成立共犯关系？第二，不真正身份犯中无身份者加功于有身份者时，对无身份者应如何处罚？第三，有身份者因消极身份而阻却犯罪或者刑罚，当无身份者加功于有身份者时，对于无身份者如何处理？

二、真正身份犯与共犯

无身份者与有身份者共同加功真正身份犯时，二者是否成立共犯关系？对此，一些大陆法系国家的刑法有专门的规定。例如，《日本刑法典》第65条第1款规定：“对于因犯人身份而构成的犯罪行为进行加功的人，虽不具有这种身份的，也是共犯。”《德国刑法典》第28条第1款规定：“正犯的刑罚取决于特定的个人特征（第14条第1款）。共犯（教唆犯或帮助犯）缺少此等特征的，依第49条第1款减轻处罚。”此外，奥地利、瑞士等国家的刑法，也有共犯与身份问题的规定。

（一）非身份者加功于身份者的场合

一般认为，非身份者加功于身份者时能够成立共犯，但对于这里共犯的具体含义，理论上看法不一。日本学术界围绕着《日本刑法典》第65条第1款中的“共犯”的含义，产生了以下四种学说：

第一种学说认为，第65条1款之中的“共犯”专指共同正犯。因为教唆犯、帮助犯从属于正犯，教唆、帮助行为不是实行行为，非身份者当然是指附随于身份者的正犯行为的教唆犯和帮助犯，不需要作出特别的规定。因此，第65条1款规定应解释为关于共同正犯的特别规定。泉二新雄、内田文昭等持这种观点，日本大审院很早（1911年）就采用这种学说。但是，有学者批判说，将理所当然的事情在注意规定中加以规定也并非没有意义，因此没有必要将教唆犯、从犯从这里的共犯中排除出去。

第二种学说认为，第65条1款之中的“共犯”除共同正犯之外，还包括教唆犯和从犯。这是通说的观点。西原春夫、大谷实、前田雅英、川端博等学者都持这种观点。日本的判例后来也采取了这一观点。

第三种学说认为，第65条1款之中的“共犯”只包括教唆犯和从犯。平场安治、中义胜、吉川经夫、中山研一等学者采用此说。

第四种学说认为，不真正身份犯包括共同正犯。在此说看来，第 65 条第 1 款是规定真正身份犯与不真正身份犯所共通的共犯成立的问题。在真正身份犯的场合，应当排除共同正犯。但是在不真正身份犯的场合，可以成立非身份者的共同正犯。因此，在不真正身份犯的限度内，应当解释为“共犯”包括共同正犯。团藤重光、福田平、大塚仁等都主张这一观点。

（二）身份者加功于非身份者的场合

身份者加功于非身份者，如公务员利用非公务员的妻子收受贿赂时，属于“利用无身份而有故意的工具”的情况。对此，一种观点认为应成立间接正犯，另一种观点主张成立共同正犯，还有的观点主张成立教唆犯。各种观点的具体分析已在间接正犯一节中有详细的论述，在此不再重复。

三、不真正身份犯与共犯

（一）非身份者加功于身份者

真正身份犯中非身份者加功于有身份者时，对非身份者应如何处罚？对此，一些国家的刑法也有专门的规定。例如，《德国刑法典》第 28 条第 2 款规定：“法定刑因行为人的特定的个人特征而加重、减轻或者免除的，其规定只适用于具有此等特征的行为人（正犯或共犯）。”《日本刑法典》第 65 条第 2 款规定：“因身份而特别加重或者减轻刑罚时，对于没有这种身份的人，判处通常的刑罚。”

关于《日本刑法典》第 65 条第 2 款“判处通常的刑罚”的含义，理论上也有不同意见。第一种观点认为，非身份者成立通常的犯罪并应处以通常的刑罚。平野龙一、中山研一、西原春夫、前田雅英等持这种观点。第二种观点认为，这种情况应成立有身份者犯罪的共犯，但对非身份者处以通常犯罪的刑罚。

例如，有身份者甲与无身份者乙共同侵占共同占有的财物，根据第一种观点，甲成立业务侵占罪，乙成立单纯侵占罪。根据第二种观点，甲与乙成立业务侵占罪的共同正犯，但对乙仅处以单纯侵占罪之刑。①

（二）身份者加功于非身份者

有身份者加功于非身份者的犯罪，如赌博常习者教唆、帮助非常习者时，能否适用《日本刑法典》第 65 条第 2 款也存在争议。一种观点认为应适用 65 条第 2 款，加功者成立常习赌博罪的教唆犯、帮助犯。这是日本的通说，小野清一郎、平野龙一、中山研一、西原春夫、大谷实、川端博、曾根威彦、前田雅英等持这种观点。另一种观点从罪名从属性的立场出发，认为不应适用《日本刑法典》第 65 条第 2 款，加功者成立单纯赌博罪的教唆犯、帮助犯。团藤重光、大塚仁、福田平、佐久间修等持这种观点。

---

① ［日］立石二六编著：《刑法总论 30 讲》，成文堂 2007 年版，第 308 页。

日本的判例最初认为不应适用《日本刑法典》第 65 条第 2 款，赌博常习者帮助非常习者的赌博行为时，成立单纯赌博罪的帮助犯。此后，判例转而认为，在惯犯性被看作教唆或者帮助的体现时，应根据第 65 条第 2 款而适用第 186 条第 1 款（常习赌博罪）。此外，对子女教唆第三者杀害自己的父亲的案件，判例认为符合《日本刑法典》第 61 条第 1 款以及第 200 条的规定，从而根据《日本刑法典》第 65 条第 2 款的规定，认定成立杀害尊亲属罪的教唆犯。①

四、消极的身份犯与共犯

如前所述，消极的身份可以分为三个类型，即违法阻却身份、责任阻却身份以及刑罚阻却身份。下面分别论述其与共犯的关系。

（一）违法阻却身份与共犯

违法阻却身份意味着行为人只要具有该身份其行为就合法。因此，当非身份者加功于身份者时不产生共犯与身份的问题。例如，没有医生资格的人即使加功于医生的医疗行为也不构成犯罪。

不过，对于身份者加功于非身份者的行为时应如何处理，日本刑法理论上存在不同看法。例如，对于医生加功于无医生资格者的非法行医行为的案件，一种观点认为应适用《日本刑法典》第 65 条第 1 款，② 另一种观点则认为不应适用《日本刑法典》第 65 条第 1 款。③ 不过，这两种观点在结论上并没有实质性差异。“无论是认可还是不认可第 65 条第 1 款的适用，总而言之对于作为加功者的身份犯，都成立教唆犯或帮助犯。”④

（二）责任阻却身份与共犯

对于责任阻却身份而言，当非身份者加功于身份者的行为时，虽然身份者的行为不具有责任，但由于具有违法性，而违法又具有连带性，因此非身份者原则上成立共犯。不过，加功于无责任能力者中诸如幼儿这样不具有规范的障碍的人的行为时，应例外地成立间接正犯。

另外，当具有责任阻却身份的人加功于不具有责任阻却身份者的行为时，通说认为成立共犯。例如，教唆他人毁灭自己的刑事被告案件证据或者犯人教唆他人藏匿自己，分别应成立隐灭证据罪的教唆犯与藏匿犯人罪的教唆犯。⑤ 不过，也有学者认为，这种消极的身份是只及于自身的、个别地起作用的身份，因此根据《日本

---

① ［日］川端博：《刑法总论》（第 2 版），成文堂 2006 年版，第 592 页。

② ［日］平野龙一：《刑法总论Ⅱ》，有斐阁 1975 年版，第 369 页。

③ ［日］川端博：《刑法总论》（第 2 版），成文堂 2006 年版，第 593 页。

④ ［日］山中敬一：《刑法总论》（第 3 版），成文堂 2015 年版，第 1010 页。

⑤ 日本最高法院 1965 年 9 月 16 日判决，载《最高裁判所刑事判例集》第 19 卷第 6 号，第 679 页。

刑法典》第 65 条第 2 款的宗旨，身份者不可罚。[①]

（三）刑罚阻却身份与共犯

刑罚阻却的身份，是指尽管行为人的行为已构成犯罪，但由于其具备一定的身份而阻却刑罚的情况。刑罚阻却身份只及于自身，不及于加功于身份者行为的非身份者。例如，第三者教唆他人去窃取该人父母的财产时，实施盗窃行为的人因其亲属关系阻却刑罚，但该第三者成立盗窃罪的教唆犯。

如果是身份者加功于非身份者的行为，如子女教唆第三者窃取自己父母的财产，那么就如责任阻却身份的情况一样，应免除共犯的刑罚。[②]

第二节　共犯与错误

一、同一共犯形式内的错误

（一）共同正犯的错误

所谓共同正犯的错误，是指行为人在与他人共同故意实行犯罪的过程中，对本人或者他人行为的事实情况的主观认识与客观事实不符。这种错误又可以分为同一构成要件内的错误和不同构成要件间的错误。

1. 同一构成要件内的错误。

同一构成要件内的错误，是指共同正犯者意图实行的犯罪与实际发生的犯罪事实虽不完全一致，但都属于同一构成要件。这种错误主要有以下几种表现形式：

第一种是客体错误。

所谓客体错误，即共同正犯者中的一人或几人弄错了具体侵害对象，但不同对象在构成要件上等价。这既包括所有共同正犯者都发生错误的情况，如 A、B 共谋杀 C，但二人误把 D 当作 C 杀害了，也包括部分共同正犯者发生错误的情况，如 A、B 分头追杀 C，结果 B 误把 D 当作 C 予以杀害。

对于同一构成要件内的对象错误，法定符合说与具体符合说结论基本一致，即认为所有共同正犯者都应对实际发生的结果承担故意犯罪的责任。这是“部分行为全部原则”的体现。

第二种是打击错误。

打击错误，即共同正犯者中的一人或数人，在对预定对象实施侵害行为时，由于失误而导致对另一未预料到的对象造成了侵害，但两者在构成要件上等价。例如，A、B 为了杀 C 而同时开枪，却打中了 C 旁边的 D。对这种打击错误应如何处理？存在具体符合说（具体的法定符合说）与法定符合说（抽象的法定符合说）的

① ［日］立石二六编著：《刑法总论 30 讲》，成文堂 2007 年版，第 312 页。

② ［日］丸山雅夫：《共犯与身份》，载《受验新报》1992 年第 10 号，第 57 页。

对立。

具体符合说认为前例中A和B所认识并意图杀害的人是C，而不是D，因此认识的事实和发生的事实具体地不符合。所以，A和B对意图侵害的对象C来说构成故意杀人罪未遂的共同正犯，对实际侵害的对象D构成过失致人死亡罪，如果承认过失的共同正犯，那么A、B就构成过失致死罪的共同正犯，如果否认过失的共同正犯，那么实际造成D死亡的人成立过失致人死亡罪。故意杀人未遂与过失致人死亡则属于想象的竞合关系。平野龙一、内田文昭、中山研一、曾根威彦等学者持这种观点。

法定符合说认为A和B意图杀害C，而且现实中已经发生了D死亡的结果，因此两者在法律所规定的“构成要件的概念的范围内”相符合、相一致，符合杀人既遂的特征，A和B应成为故意杀人既遂的共同正犯。法定符合说内部也有分歧：

第一，数故意犯说，认为对两对象都成立故意犯，即A和B对C来说构成杀人未遂，对D来说则构成杀人既遂罪。如果是C和D都死亡的场合，应当认定为是两个杀人既遂罪的观念的竞合。团藤重光、中野次雄、大谷实等持这种观点。此说在日本审判实践中也占主导地位。

第二，一故意犯说，认为一个构成要件内部只有一个故意，因此A和B只对D构成杀人既遂罪。例如，香川达夫认为该案例中A和B对D成立杀人罪是法定符合说的必然归结，至于A和B对C而言构成何罪，香川达夫主张因为只能认定“一个故意”，所以就很自然地不能追问与C之间是否构成犯罪的关系。大塚仁基于“一个故意”的立场，主张A和B对C而言构成过失伤害罪（指造成伤害的场合），对D而言则构成杀人罪的既遂。接着，他又否认了包括的一罪，即数罪的事实可能性。

第三种是因果关系的错误。

因果关系的错误是指共同正犯者所预期的危害结果虽已经发生，但其因果关系的发展进程，与一个或数个共同者所预见的不一致。例如，A和B共谋杀害C，二人将C装在麻袋里从桥上扔进河中。二人以为C是被淹死的，但实际上C是因头部碰在桥墩上引起脑震荡而死亡的场合。通说的观点认为因果关系的错误并不阻却故意，因此行为者构成既遂犯的共同正犯。

2. 不同构成要件之间的错误。

不同构成要件之间的错误是指共同正犯所意图实行的犯罪与实际发生的犯罪，在犯罪构成要件上不相同的情况。对此，虽然也存在具体符合说、构成要件符合说、罪质符合说、合一的评价说等有关错误的学说。但是，近来日本学者基本上不再使用错误论的学说而直接根据有关共同正犯本质的犯罪共同说与行为共同说直接进行处理。日本最高法院1979年对以下案件：X等7名行为人共谋对A实施暴行、伤害，但其中只有X因为冲动以“未必的故意”杀害了A，判决说“X……与没有杀人故意的Y等6名行为人之间，在杀人罪的共同正犯和伤害致死罪的共同正犯的构成要件的重合的限度内成立轻的伤害致死罪的共同正犯"。① 这一判决在日本学术界引起了很大的争论。有的学者认为，这表明判例采用了部分犯罪共同说的观点，因为判决认为两罪在重合部分成立轻罪的共同正犯。② 而有的学者则认为，这是采用构成要件的行为共同说的判决。因为判决分别承认了"杀人罪的共同正犯"与"伤害罪的共同正犯"。③

（二）教唆犯的错误

教唆犯的错误是指教唆者在实施教唆行为时所认识的事实与被教唆者实际实现的事实不一致的情况。

1. 同一构成要件内的错误。

如果教唆者所认识的事实与被教唆者实际实现的事实虽不一致，但都属于同一构成要件范围之内时，属于教唆犯的具体的事实错误。根据通说的法定符合说，不阻却教唆犯的故意，应成立教唆犯。也就是说，即使教唆者在教唆时指定了犯罪行为的时间、场所、方法，而被教唆者并没有严格遵照此实施犯罪，只要两者之间处于同一构成要件之范围，且教唆行为与被教唆行为之间具有因果关系，仍成立教唆犯。④ 例如，即使伪证者伪证的内容与教唆者教唆的内容之间多少有些出入，仍不妨碍教唆者成立伪证罪的教唆犯。又如，教唆者教唆行为人侵入甲家窃取财物，但行为人却误入乙家窃取了衣物，此时教唆者仍然成立盗窃罪的教唆犯。

除了通说的法定符合说之外，理论上也有部分学者，如平野龙一、西田典之、浅田和茂等对此持具体符合说的立场。但具体符合说受到不少批评。"例如，甲教唆乙侵入 A 家窃取财物，但行为人却误入 B 家窃取了财物，由于对甲而言产生了方法的错误，所以根据具体符合说甲不可罚（由于没有侵入 A 家所以不成立盗窃未遂的教唆，刑法也没有关于盗窃罪过失犯的规定）。此外，甲教唆乙去杀死 A，乙却误将 B 当作 A 加以杀害。如果认为此时对甲而言产生了方法的错误（也有见解认为对甲而言属于客体的错误，关于这一点具体符合说内部存在观点的对立），根据具体符合说，甲不过是成立重过失致死罪（乙还没有对 A 着手实施杀人的实行行为，不成立杀人未遂的教唆。而根据过失犯也应适用限制的正犯概念的观点，就不可罚。如果承认过失的教唆，则是过失的杀人教唆。）这种结论显然不妥当。"⑤

2. 不同构成要件之间的错误。

当教唆者所认识的事实与被教唆者实际实现的事实不一致，且属于不同构成要

---

① 日本最高法院 1979 年 4 月 13 日判决，载《最高裁判所刑事判例集》第 33 卷第 3 号，第 179 页。

② ［日］井田良：《讲义刑法学·总论》，有斐阁 2008 年版，第 466 页。

③ ［日］前田雅英：《刑法总论讲义》（第 4 版），东京大学出版会 2006 年版，第 421 页。

④ ［日］大塚仁等编：《大注解刑法》（大コンメンタール刑法）（第 5 卷）（第 2 版），青林书院 1999 年版，第 496 页。

⑤ ［日］大塚仁等编：《大注解刑法》（大コンメンタール刑法）（第 5 卷）（第 2 版），青林书院 1999 年版，第 497 页。

件时，属于教唆犯的抽象的事实错误，原则上阻却教唆犯的故意。这是因为只要构成要件出现了差异，通常就很难认为符合了构成要件。例如，甲教唆了乙去盗窃，但乙却实施了放火行为，甲既不成立盗窃罪的教唆犯，也不成立放火罪的教唆犯。

不过，如果两个构成要件是同质的、互相重合时，在其互相重合的限度内应成立教唆犯。例如，甲教唆了乙侵入丙家入室盗窃，但乙却侵入丁家实施了抢劫，甲应该成立侵入住居盗窃罪的教唆犯。①

3. 结果加重犯的错误。

教唆他人实施结果加重犯的基本犯罪，结果他人却造成了严重的后果，这就是教唆犯的结果加重犯的错误问题。通说认为，教唆者应成立该结果加重犯的教唆犯。② 不过也有学者认为，教唆行为本身不是实行行为，所以即使教唆者在教唆行为人实施基本犯罪行为时能够预见重结果的发生，也不成立结果加重犯的教唆犯而只能成立基本犯罪的教唆犯。③

（三）帮助犯的错误

帮助犯的错误可以比照教唆犯的错误进行处理。例如，甲出于帮助乙入室盗窃的故意在外面望风，结果乙实际实施的是入室抢劫，此时甲应成立侵入住居盗窃罪的帮助犯。又如，甲认识到乙可能用之于伤害而仍然将匕首借给乙，结果乙用该匕首实施了杀人行为，甲应成立伤害致死罪的帮助犯。

二、不同共犯形式内的错误

共犯之间只是犯罪实现形态的不同，这种差异不涉及犯罪类型的本质。换言之，共犯只是其犯罪形式上存在差异，罪质则没有差别。因此，当错误跨越不同的共犯形式时，应成立其中轻形式的共犯。④

首先，就教唆的意思而发生了帮助的结果的情况而言。行为人误认为他人没有犯罪决意而实施教唆行为，实际上他人已经决意犯罪，行为人的教唆不过起到强化他人犯罪决意的作用时，理论上一致认为应成立帮助犯。这是因为缺乏教唆的结果，不能作为教唆犯处罚。但教唆犯的意思中实质上也包含着帮助的意思，因此应认定为帮助犯。

其次，就帮助的意思而发生了教唆的结果的情况而言。行为人误认为他人已经具有犯罪决意而意图进一步强化其犯意，实际上他人是由于行为人的行为而产生犯罪决意时，理论上也一致认为应成立帮助犯。这是因为行为人既然不具有教唆的故意，就不能作为教唆犯加以处罚。但教唆行为从实质上看，也可以认为包括可视为帮助行为的部分，所以应成立帮助犯。

---

① ［日］川端博：《刑法总论》（第2版），成文堂2006年版，第597页。

② ［日］大塚仁：《刑法概说（总论）》（第4版），有斐阁2008年版，第341页。

③ ［日］团藤重光：《刑法纲要总论》，创文社1990年版，第428页。

④ ［日］川端博：《刑法总论》（第2版），成文堂2006年版，第599页。

最后，就教唆的意思而发生了间接教唆的结果的情况而言。行为人教唆他人实行犯罪，但被教唆者并没有亲自实施实行行为而是教唆第三者实施犯罪时，理论上一般认为由于这种错误在教唆这种共犯形式范围之内，所以不阻却教唆的故意，应成立教唆犯。①

三、狭义共犯与间接正犯之间的错误

所谓狭义共犯与间接正犯之间的错误，既包括基于教唆、帮助的故意而客观上产生间接正犯事实的情况，也包括基于间接正犯的故意而产生教唆犯、帮助犯事实的情况。由于间接正犯与教唆犯之间的错误以及间接正犯与帮助犯之间的错误，在处理方法上没有区别，所以在这里只论述间接正犯与教唆犯之间的错误问题。

（一）以间接正犯的意思而实施了教唆行为

这是指行为人由于认识上的错误，以间接正犯的意思而实际实施了相当于教唆的行为的情况。例如，医生出于杀害患者的意思指示护士为患者注射毒药，他认为护士并不知道所注射的是毒药，但实际上护士已经察觉到这一点而仍按医生的指示加以注射。又如，利用者误认为被利用者未达刑事责任年龄而让其去实施杀人行为，实际上被利用者已经达到刑事责任年龄，利用者的行为起到的是教唆的作用。

对这种情况应如何处理，理论上存在着间接正犯说与教唆犯说的对立。

1. 间接正犯说。

间接正犯说又称主观说。此说就上述设例认为，即使被利用者知情，由于背后者的行为相当于杀人罪的实行行为，所以与被利用者的行为相竞合，成立杀人罪的正犯。在此说看来，虽然背后者的行为也成立杀人的教唆，但应被正犯行为所吸收。② 此说受到的主要批评是，持本说的学者一方面强调教唆犯属于修正的构成要件，而正犯属于基本的构成要件，两者之间有本质的区别；另一方面又认为即使行为人没有实现间接正犯的结果，仍然成立间接正犯的既遂。这两者之间显然存在矛盾。③

针对上述批评，持本说的学者也有的认为，由于背后者具有实行行为，因而应成立间接正犯。但既然被利用者已经知情，他所实施的实行行为就已经超出了相当因果关系的范围，因而应成立间接正犯的未遂。④ 不过，也有批评意见认为，“既然背后者利用从一开始就知情的被利用者时应成立教唆犯，那么即使误认为被利用者不知情，也不会丧失因果关系的相当性。因此，本说的观点也不妥当。”⑤

---

① ［日］大塚仁等编：《大注解刑法》（大コンメンタール刑法）（第5卷）（第2版），青林书院1999年版，第504页。

② ［日］团藤重光：《刑法纲要总论》，创文社1990年版，第429页。

③ ［日］山中敬一：《刑法总论》（第3版），成文堂2015年版，第1016页。

④ ［日］中义胜：《讲述犯罪总论》，有斐阁1980年版，第265页。

⑤ ［日］山中敬一：《刑法总论》（第3版），成文堂2015年版，第1017页。

2. 教唆犯说。

教唆犯说也称折中说。此说认为，间接正犯与教唆犯在客观上具有不同的构成要件形式，其故意内容也不相同。但是，间接正犯的故意可以被教唆犯的故意所包摄，因而基于错误理论应肯定教唆犯的故意。根据此说，间接正犯的故意包含着自己亲自直接触犯法规范的意识，而教唆犯的故意则仅包括通过他人触犯法规范的意识，两者之间具有明显的差异。不过，由于间接正犯的故意包含轻的教唆的故意，所以应在客观所成立的轻的教唆犯的限度内认定故意的成立。换言之，“间接正犯的故意指的是将他人作为工具加以利用而实现特定犯罪的意思，因而在广义上可以包括教唆的故意，这时的错误可以视为法定的符合。因此，以间接正犯的故意而引起教唆的事实，由于间接正犯比教唆犯的罪责更重”，所以应成立轻的教唆犯。[①]“被指使去实施故意行为的行为者完全具有行为责任能力，而幕后人却错误地认为他对被指使去实施的行为不担负责任（schuldlos），所构成的从幕后人的角度看是间接正犯，客观上却是《刑法典》第26条意义上的教唆。这里也要因对相关行为的教唆既遂（vollendete Anstiftung）论处，因为教唆的故意连同包含在幕后人的进一步的行为支配的意志之中，且与间接正犯相比，教唆也是较轻一些的参加形式。”[②] 教唆犯说是现在德国、日本的通说。

（二）以教唆犯的意思而实施了间接正犯的行为

这是指行为人由于认识上的错误，以教唆犯的意思而实施了实际上属于间接正犯行为的情况。少数学者认为应成立间接正犯，[③] 但德国学者一般认为应成立教唆犯。“幕后人错误地认为被他指使的去实施故意行为的行为者，是具有责任（schuldhaft）的人，而实际上却非如此（例如：某A说服从外表上看不出患有精神病的某G去杀害某X），这里就要考虑构成的是教唆既遂（vo11endete Anstiftung）（《刑法典》第26、212、211条），因为某A作为行为的发起人只是动了教唆的故意，并没有认识到将使得他在客观上成为行为发生的主人的情况。”[④] 日本压倒性的通说也认为，因为行为人虽然实施了重的间接正犯的行为，但只具有轻的教唆犯的故意，根据《日本刑法典》第38条第2款，应成立教唆犯。[⑤]

---

① ［日］川端博：《刑法总论》（第2版），成文堂2006年版，第600页。

② ［德］约翰内斯·韦塞尔斯：《德国刑法总论》，李昌珂译，法律出版社2008年版，第308页。

③ ［日］竹田平直：《间接正犯》，载《立命馆法学论丛》第5卷第2号，第102页。

④ ［德］约翰内斯·韦塞尔斯：《德国刑法总论》，李昌珂译，法律出版社2008年版，第308页。

⑤ ［日］川端博：《刑法总论》（第2版），成文堂2006年版，第602页。

第二十七章　罪数论的演变

第一节　罪数论与竞合论的异同

一、罪数论的意义

罪数，是指犯罪的个数。罪数论是日本刑法学对触犯数个罪名的犯罪现象的理论概括。日本学者认为："一定的行为该当构成要件，没有阻却事由（违法阻却、责任阻却、可罚性阻却），就成立犯罪。但是，现实的犯罪形态是多种多样的，也存在同时或者接连触犯数个犯罪的情况，存在不同时间、场所触犯数个犯罪的情况。在这些场合，是应该作为一个犯罪仅适用刑法各本条的法定刑，还是应该作为数个犯罪加重法定刑，到底该怎么处理就成为问题。于是，论述犯罪的单复的，就是刑法总论中的罪数论。"①

日本刑法理论一般将罪数论放在犯罪论的最后部分加以论述，于是罪数论就处在犯罪论与刑罚论的夹缝之中。那么，罪数论本质上究竟是犯罪论还是刑罚论呢？学者们的看法也不一致。有的学者指出，罪数论的位置历来有三种观点：一是作为横跨犯罪论与刑罚论的问题而被放在犯罪论的最后一章；二是在犯罪的一般成立要件论述完之后加以论述，与未遂犯、共犯相并列而作为犯罪的类型、形态的一种加以论述；三是在犯罪的一般成立要件中论述罪数（又可以细分为作为责任问题、作为违法性阶段的问题、作为构成要件或者行为的违法性阶段的问题、作为构成要件定型性的问题四种观点）。在批评前两种观点的基础上，赞成在犯罪的一般成立要件中论述罪数（作为构成要件或者行为的违法性阶段的问题）。② 但也有的学者认为，错误论会影响到罪数论，而且将罪数论作为构成要件或者行为的违法性阶段的问题，会导致无责任的行为也成为罪数论的对象，不符合经济原则。因此"罪数论还是应该在犯罪的最终阶段，即刑罚论之前加以论述才适当"。③ 还有的学者认为，

---

① ［日］高桥则夫：《刑法总论》（第3版），成文堂2016年版，第510页。

② ［日］中山善房：《罪数论的现状》，载《中野次雄判事还历祝贺·刑事裁判的课题》，1972年版，第185页。

③ ［日］阿部纯二：《刑事法学的动向》，载《法律时报》第47卷第3号，第96页。

“罪数论，是关于一罪与数罪区分标准的理论，所以属于犯罪论的一部分；但在成立数罪的情况下决定对之如何进行处理，则是属于作为刑罚论一部分的量刑论的问题。所以罪数论和量刑论，是不可分的关系”。①

二、罪数决定的标准

基于对犯罪的本质认识上的不同，关于罪数的判断标准也存在着不同的学说。

（一）犯意标准说

犯意标准说，也称意思说，认为犯罪是行为人犯罪意思的实现，因而应当以行为人的犯罪意思的个数作为罪数的决定标准，即具有一个犯罪意思的就成立一罪，具有数个犯罪意思的就成立数罪。例如，行为人基于一次杀死两人的意思同时杀死两人属于一罪，而行为人在杀死一人后又决意杀死另一人的，属于两个犯罪。牧野英一、木村龟二、江家义男等学者持此说。

犯意标准说受到了很多学者的批评：第一，根据此说，只要是出于一个犯罪意思，即便犯罪行为和侵害法益有数个，也只能作为一罪处罚，这是不合理的。② 第二，根据此说，观念的竞合和牵连犯都只是基于一个犯罪意思，应完全作为一罪处理，这也不合理。③

（二）行为标准说

行为标准说，又称行为说，认为犯罪是人的行为，因而应以犯罪行为的个数为标准来决定罪数。山冈万之助、冈田庄作、岛田武夫、大竹武七郎等主张此说。

问题在于，什么是一个行为，什么是数个行为？对此，存在从自然意义考察的自然行为说、④ 从社会见解上考察的社会行为说⑤和构成要件上考察的构成要件行为说。⑥ 严格意义上的行为标准说应当指的是自然意义上的行为，即作为身体举动的行为。但这种意义上的行为标准说受到批评：第一，按照行为标准说，开一枪打死两人时也只成立一罪，这忽视了作为犯罪本质要素的侵害法益，是不妥当的。⑦ 第二，根据此说，行为人出于杀死对方全家的意图将毒药放入汤碗中构成一罪；但如果是逐一投入个人的饭碗，则成了数罪，这存在疑问。⑧

（三）法益标准说

法益标准说，又称结果标准说，认为犯罪的可罚性在于法益侵害，因此应当以

① ［日］高桥则夫：《刑法总论》（第 3 版），成文堂 2016 年版，第 510 页。
② ［日］川端博：《刑法总论》（第 2 版），成文堂 2006 年版，第 611 页。
③ ［日］山中敬一：《刑法总论》（第 3 版），成文堂 2015 年版，第 1032 页。
④ ［日］吉川经夫：《刑法总论》，法律文化社 1996 年版，第 278 页。
⑤ ［日］大塚仁：《刑法概说（总论）》（第 4 版），有斐阁 2008 年版，第 497 页。
⑥ ［日］铃木茂嗣：《刑法总论（犯罪论）》，成文堂 2001 年版，第 256 页。
⑦ ［日］川端博：《刑法总论》（第 2 版），成文堂 2006 年版，第 611 页。
⑧ ［日］山中敬一：《刑法总论》（第 3 版），成文堂 2015 年版，第 1032 页。

被侵害的法益个数尤其是所发生的结果的个数，作为区分罪数的标准。泉二新熊、宫本英脩、泷川幸辰、植田重正等支持此说。

法益标准说认为在计算法益的个数时应考虑法益的性质。法益可以分为专属法益和非专属法益。生命、身体、名誉、自由、人的秘密等属于专属法益，不允许与其他法益一起进行概括评价，因此应按照被侵害法益的个数即被害人的个数计算犯罪的成立。财产等属于非专属法益，可以在某种程度上允许进行概括评价。例如，同时盗窃数人所有的财物，如果处于一个管理状态下的话是一罪，如果在复数的管理之下则应当按照所有者（被害者）的个数加以计算。国家法益、社会法益应当按照具体被侵害的法益的个数加以计算。①

法益标准说受到的主要批评是：第一，完全无视犯罪成立所不可欠缺的行为和构成要件而单独地以法益的个数来决定罪数，不妥当。② 第二，法益标准说忽视了对同一法益的各种不同侵害形态，无视犯罪定型，也不合适。③ 第三，根据法益标准说，对同一法益的侵害即使存在意思的中断、方法的变更或者时间的隔绝，仍然成立一罪，这不妥当。④ 例如，对同一被害人，间隔数日而进行了二次伤害，应当成立两罪，但此说认为只是一罪。⑤

（四）构成要件标准说

构成要件标准说，也称为构成要件说、构成要件充足说、构成要件符合次数说、构成要件规准说。此说认为犯罪是充足构成要件的行为，因此应以构成要件为标准来决定罪数。犯罪事实充足一个构成要件的，是一罪；犯罪事实充足数个构成要件的，是数罪，即罪数应根据构成要件评价的次数来加以决定。此说实际上是将犯罪意思、犯罪行为、法益等综合起来进行构成要件上的评价。

构成要件标准说是日本刑法理论的通说，小野清一郎、团藤重光、佐伯千仞、福田平、大塚仁、大谷实、川端博、野村稔等众多学者都支持这一学说。日本的判例也采纳此说。在德国，耶赛克等学者也支持此说，“对于确定是行为单数还是行为复数起决定作用的，可能是各自被破坏的法定构成要件的意义”。⑥ 但在德国，构成要件标准说属于少数说。

由于构成要件包含了诸多要素，所以在进行罪数判断时，以哪个要素作为核心就成为问题。持构成要件标准说的学者多认为，“由于构成要件是为了保护法益而设计的，所以应以该构成要件所预定的被害法益的单一性为中心，综合考虑指向法益侵害的犯意的单一性或连续性、实行行为的单一性或连续性以及被害利益的同一

① ［日］曾根威彦：《刑法总论》（第4版），有斐阁2008年版，第278页。
② ［日］川端博：《刑法总论》（第2版），成文堂2006年版，第612页。
③ ［日］曾根威彦：《刑法总论》（第4版），有斐阁2008年版，第278页。
④ ［日］山中敬一：《刑法总论》（第3版），成文堂2015年版，第1032页。
⑤ ［日］浅田和茂：《刑法总论》（补正版），成文堂2007年版，第472页。
⑥ ［德］汉斯·海因里希·耶赛克、托马斯·魏根特：《德国刑法教科书（总论）》，徐久生译，中国法制出版社2001年版，第863页。

性等，判断几次符合了构成要件”。①

构成要件标准说虽然是日本的通说，但也受到了一些批评。第一，它难以合理说明包括的一罪的一罪性。② 第二，根据此说，在同一场所分两次盗窃或者对同一人连续进行两次殴打，都属于两罪，但这并不一定合适。③

（五）个别化说

个别化说认为，构成要件标准说虽然在划分是否属于单纯一罪的问题上是合适的，但无法很好地说明包括一罪、科刑上一罪的一罪性。因此应根据不同的犯罪情况采取不同的标准来解决罪数的判断问题。具体而言，应以构成要件标准说为前提，区分包括一罪、科刑上的一罪，分别适用不同的标准。在判断包括一罪的罪数时，应以“行为与结果”的“一个性”为标准；而在科刑上一罪的场合，应以“行为”的“一个性”为标准。④ 平野龙一、西原春夫、前田雅英等支持此说。

个别化说受到的批评在于，它只是根据各个不同的情况来决定罪数，恐怕已不配被称为罪数理论了。⑤

（六）可罚类型的不法评价说

可罚类型的不法评价说是山中敬一提出的观点。此说认为，构成要件标准说的意义不在于是决定一罪性、数罪性的标准，而只是论述什么是一罪的最低要件。因此，区分一罪与数罪的标准，不是形式上充足构成要件的次数，而是该构成要件所预定的实质的可罚类型的不法所作的整体的评价次数。构成要件是被类型化了的不法，其类型化又有基本类型、派生类型等体系。然而，成为此类型的中心的，是统一的违法评价。例如，贿赂的“要求”、“约束”、“收受”，各自行为类型不同但实质上的不法评价是统一的。此外，基于同一机会的同一决意对同一被害人实施数次殴打的行为，虽然各自是符合构成要件的行为，但作为其规范违反行为的不法，是将一连串的行为统一评价后成为制裁对象的不法。因此，决定一罪性的，是为了科处与该不法相适应的制裁而被合理要求的实质的不法评价的统一性。⑥

（七）犯罪标准说

犯罪标准说认为，既然犯罪是符合构成要件的违法、有责的行为，那么决定罪数的标准最终自然也应是对犯罪的成立要件作综合的考虑。即在构成要件的层面上能够进行判断的，就按照构成要件标准说进行处理。如果不可能的话，就应当考虑违法性（法益侵害或危险），进而在有必要的情况下考虑责任，进行阶段的考察。⑦

---

① ［日］川端博：《刑法总论》（第2版），成文堂2006年版，第612页。
② ［日］曾根威彦：《刑法总论》（第4版），有斐阁2008年版，第278页。
③ ［日］浅田和茂：《刑法总论》（补正版），成文堂2007年版，第472页。
④ ［日］平野龙一：《刑法总论Ⅱ》，有斐阁1975年版，第408页。
⑤ ［日］团藤重光：《注释刑法》（2），有斐阁1981年版，第534页。
⑥ ［日］山中敬一：《刑法总论》（第3版），成文堂2015年版，第1034页。
⑦ ［日］浅田和茂：《刑法总论》（补正版），成文堂2007年版，第472页。

犯罪标准说是浅田和茂提出的观点，林干人也持类似的看法。“犯罪的个数应当根据犯罪的实质加以决定。犯罪的实质是有责地实现了不法的事实。因此，其个数应由事实的不法、责任的内容的个数加以决定。即使是数个事实，如果不法、责任的内容密切关联成为一体的，就是一罪。否则的话就是数罪。”①

三、竞合论的含义

竞合论是德国刑法理论使用的概念，德国学者根据德国刑法的规定指出，“在现行法中分为三个事例组。一行为数次违反同一刑法法规的，行为人只是根据数次违反的法律受一次处罚（第 52 条第 1 款）。如果一行为触犯数个不同的刑法法规，则根据结合原则将不同法律的刑罚构成一个总和刑（第 52 条第 2 款至第 4 款）。相反，如果同一行为人的数个行为同时被判决，部分适用加重原则、部分适用并科原则（第 53 条至第 55 条）。在法律未规定的其他事例组，数次触犯刑法法规只在表面上存在，而实际上由于相关刑法法规的关系存在这样的情况，即只能适用其中的一个法规，其他的法规不得适用之。第一事例组被称为想象竞合（Idealkonkurrenz），第二事例组被称为实质竞合（Realkonkurrenz），第三事例组则被称之为法规竞合（Gesetzeskonkurenz）（或者叫做表面上的竞合，seheinbare konkurrenz）。法律和判例对想象竞合使用‘行为单数’概念（第 52 条），对实质竞合使用‘行为复数’的表述（第 53 条）。”②

德国刑法中的想象竞合与实质竞合，是一个行为单数与行为复数的问题。而法条竞合，则是一个法条单一的问题。由于想象竞合、实质竞合和法条竞合都是一种竞合，无论是真实的竞合还是假象的竞合。因此，德国刑法教科书一般都把罪数论称为竞合论。

四、罪数论与竞合论的比较

罪数论与竞合论究竟有无区别，日本学者曾作过比较研究，但观点也不尽一致。有的学者区分罪数论与犯罪的竞合论，将后者称为竞合论。③ 而有的学者则认为并没有这种区分的必要，所涉及的内容其实都可以纳入广义的罪数论之中。④ 有的学者进一步展开认为，“罪数论的体系有两个侧面，即一方面是探寻到底成立几个具体的犯罪，即所谓狭义的罪数论，另一方面是研究具体成立的犯罪处在什么样的关

---

① ［日］林干人：《刑法总论》（第 2 版），东京大学出版会 2008 年版，第 450 页。

② ［德］汉斯·海因里希·耶赛克、托马斯·魏根特：《德国刑法教科书（总论）》，徐久生译，中国法制出版社 2001 年版，第 860~861 页。

③ 参见［日］中山善房：《罪数论的现状》，载《中野次雄判事还历祝贺·刑事裁判的课题》，1972 年版，第 185 页。

④ 参见［日］铃木茂嗣：《罪数论》，载［日］中山研一等编：《现代刑法讲座》（第 4 卷），成文堂 1979 年版，第 284 页。

系之中，即所谓竞合论”。[①] 这种观点是折中了前两种观点，即一方面狭义的罪数论与竞合论研究内容不同，另一方面它们又都属于广义的罪数论的内容。

按照一部分区分竞合论和罪数论的观点，“罪数论所讨论的是，某个事实成立几个犯罪。犯罪竞合论所讨论的是，在一个人成立数个犯罪的场合，应当科处什么样的刑罚”。[②] 这似乎意味着，罪数论旨在解决行为成立犯罪的数量问题，属于犯罪论的问题；而竞合论则是在成立数个具体犯罪之后解决如何适用法条、如何科处刑罚的问题，因而属于刑罚论的问题。

但如前所述，日本学界对于罪数论究竟属于犯罪论还是刑罚论是有不同看法的，而且现在主流的观点认为罪数论既有犯罪论的内容，也有刑罚论的内容，即虽然一罪与数罪的区分属于犯罪论的内容，但成立数罪时决定对之如何进行处理，则明显是刑罚论的内容。日本的罪数论原则上先讨论一罪与数罪的区分标准，然后分为本来的一罪、科刑上的一罪与并合罪等展开讨论，所有涉及一罪与数罪的问题都要归入这些属概念加以讨论中。事实上，德国刑法理论在竞合论所探讨的问题，日本学者都会在罪数论中加以探讨，如法条竞合及其适用规则，又如想象竞合与牵连犯。由此看来，日本的罪数论实际上包含德国竞合论中的法条竞合、想象竞合与实质竞合的内容。

而德国的竞合论同样涉及罪数问题。例如，德国在竞合论中首先讨论行为单数（或行为单一）与行为复数问题。而行为单数与行为复数的区分实际上是一罪与数罪的区分。

正因如此，有的日本学者虽然认为罪数论与竞合论存在区别，但也同时指出：“‘一罪’这个单位也不是绝对的……因为‘一罪’中除了单纯一罪外，还有包括一罪与科刑上一罪这样的形态或单位。因此，罪数论与犯罪竞合论的区别是相对的。二者常常会发生交错。”[③] 正因如此，有的学者将传统的罪数论改称为“罪数论、犯罪竞合论”；有的学者则使用广义的罪数论概念，在其中研究狭义的罪数论和竞合论。[④]

事实上，罪数论与竞合论应该只是研究角度和方法的不同，其实质内容并无本质差异。罪数论的研究逻辑是首先确定行为人所犯的罪是一罪还是数罪，然后评价行为人所触犯的数罪。竞合论的研究逻辑则是，先确定行为的数量，即行为是单数还是复数，然后研究行为符合刑法分则法条的数量以及法条之间的关系。两者各有侧重。例如，德国学者普遍在论述“行为单数与行为复数”之后在论述各种具体罪数类型。又如，施特拉腾韦特等所著的教科书在“竞合”的题目下讨论罪数论的问题，其将罪数论体系划分为不纯正竞合（即法条竞合）和纯正竞合这两个部分，纯

---

① 参见［日］只木诚：《罪数论研究》，成文堂2009年版，第180页。

② ［日］松原芳博：《刑法总论》，日本评论社2013年版，第443页。

③ ［日］松原芳博：《刑法总论》，日本评论社2013年版，第443页。

④ ［日］只木诚：《罪数论研究》，成文堂2009年版，第1页以下。

正竞合又被分为想象竞合和实质竞合。[①] 韦塞尔斯在所著教科书中同样在“竞合理论”下探讨罪数问题，其将竞合分为想象竞合、实质竞合、法规单数、共罚的事前行为和事后行为。[②] 日本学者对罪数的分类也不一致，对有些概念，如“本来的一罪”、“包括一罪”的使用也因人而异，但比较多地倾向于将罪数分为本来的一罪、科刑上的一罪和并合罪三类，分别加以论述。总体而言，日本学者多是直接论述罪数的各种具体类型，很少单独用一章或一节的篇幅来论述“行为单数与行为复数”。不过，这种差异只是说明顺序的问题。因为日本学者同样在罪数的划分标准或具体的罪数类型中探讨行为的单复数问题。

可以认为，如果采用广义的罪数论概念和狭义的竞合论概念，则罪数论包括竞合论；如果采用广义的竞合论和狭义的罪数论概念，则竞合论涵盖罪数论。它们对具体问题的处理结论基本相同，个别不同之处主要源于各国法条规定的差异和文化上的差别，与体系本身并无直接关联。

第二节　本来的一罪

一、本来的一罪的概念

本来的一罪，是指犯罪成立上的一罪，即符合一次构成要件符合性评价的事实。本来的一罪包括哪些类型，学者们看法也不一样。有的认为，本来的一罪可以划分为单纯一罪、法条竞合和包括一罪；有的认为，可以划分为单纯一罪和包括一罪，将法条竞合视为单纯一罪；[③] 有的将其分为认识上一罪和评价上一罪。认识上一罪即单纯一罪，而评价上一罪又包括法条竞合和包括一罪。[④] 有的分为构成要件上一罪和罚条上一罪，其含义基本与认识上一罪和评价上一罪相同。[⑤] 这些观点的主要分歧在于法条竞合、集合犯等的性质，我们将在下面详述。

二、单纯一罪

单纯一罪，也称认识上一罪，是指非常明白地一次符合一个构成要件的情况，即一个行为一个结果不存在法条上重合的情况。例如，甲以杀人的故意向乙打一枪，致乙死亡。甲的犯意、行为、被侵害的乙的法益都是一个，明显地只是一次符合杀人罪的构成要件，无疑只成立一罪。

---

① ［德］冈特·施特拉腾韦特、洛塔尔·库伦：《刑法总论Ⅰ——犯罪论》，杨萌译，法律出版社2006年版。

② ［德］约翰内斯·韦塞尔斯：《德国刑法总论》，李昌珂译，法律出版社2008年版，第457页以下。

③ ［日］川端博：《刑法总论》（第2版），成文堂2006年版，第613页。

④ ［日］前田雅英：《刑法总论讲义》（第4版），东京大学出版会2006年版，第496页。

⑤ ［日］井田良：《讲义刑法学·总论》，有斐阁2008年版，第523页。

结合犯、多行为犯、结果加重犯、继续犯是否属于单纯的一罪，理论上有不同看法。

所谓结合犯，是指作为独立犯罪的数个行为被刑法规定结合成一个犯罪的情况。例如，强盗罪中的暴行、胁迫与夺取财物，单独来看都属于独立犯罪，但刑法将其规定为一个犯罪类型。

所谓多行为犯，是指刑法将数个不能独立成罪的行为规定为一个犯罪的情况。例如，诈欺罪中的欺诈行为和取得财物行为，单独不能构成犯罪，但刑法将其组合在一起成为一个犯罪类型。行为人只有既实施诈欺行为又实施取得财物行为才构成诈欺罪。

所谓结果加重犯，是指实施了符合基本构成要件的行为而发生了某种加重结果，刑法对此规定了更重的法定刑的犯罪类型。

关于继续犯的概念，如前所述存在争议。一般认为，继续犯是指法益侵害的行为及其状态在继续过程中，犯罪就未终了的犯罪类型。

有的学者认为结合犯、多行为犯、结果加重犯、继续犯都属于单纯的一罪。“结合犯……多行为犯都是单纯一罪。结果加重犯也是单纯一罪，不过在基本犯的着手不意味着结果加重犯的着手这一点上，与多行为犯、结合犯不同。继续犯也是单纯一罪。即使行为人在监禁过程中采取了不同的监禁形态，整个监禁行为还是应当被视为一罪。”① 有的学者则认为它们属于包括的一罪。“集合犯、结合犯都不是单纯一罪，而包含在包括一罪之中。”②

三、法条竞合

（一）法条竞合的概念与性质

所谓法条竞合，又称法规竞合或法条单一，是指一个事实看起来有适用数个法条的可能性，但从构成要件相互间的逻辑关系分析最终只能适用一个法条的情况。③在法条竞合的情况下，虽然形式上是数个刑法条文之间发生竞合，但实际上是一个刑法条文排除了其他刑法条文。在这个意义上，法条竞合与真正的犯罪竞合，如观念竞合、牵连犯等存在很大差异。因此，法条竞合也被称为“不真正的竞合”（unechte Konkurrenz）。④

关于法条竞合的性质，一种观点认为它属于单纯一罪。“法条竞合是根据各法条逻辑的关系只成立一罪的情况，不是犯罪的单复的问题，因而无外乎是单纯一罪。”⑤ 平野龙一、中山研一、大谷实、川端博等持这种观点。另一种观点认为它属

---

① ［日］浅田和茂：《刑法总论》（补正版），成文堂2007年版，第473页。

② ［日］井田良：《讲义刑法学·总论》，有斐阁2008年版，第522页。

③ ［日］立石二六编著：《刑法总论30讲》，成文堂2007年版，第322页。

④ ［日］山中敬一：《刑法总论》（第3版），成文堂2015年版，第1048页。

⑤ ［日］川端博：《刑法总论》（第2版），成文堂2006年版，第614页。

于评价上的一罪。“法条竞合无论如何在犯罪类型上是可能被认为成立数罪的，应当与作为认识上一罪的单纯一罪加以区别论述。”[①] 山中敬一、前田雅英、铃木茂嗣等持这种观点。

（二）法条竞合的种类

在大陆法系刑法理论中，法条竞合包括哪些类型，学者们的认识还不一致。德国刑法理论的通说是将法条竞合划分为特别关系、补充关系和吸收关系三类。[②] 日本刑法理论的通说将法条竞合划分为特别关系、补充关系、吸收关系和择一关系四类。[③] 为了尽可能全面地分析法条竞合的类型，本书按照日本通说的四分法进行论述，并在其中就具体类型所涉及的争论加以介绍。

1. 特别关系。

所谓特别关系（Sprzialität），是指发生竞合的两个以上法条属于一般法与特别法的关系。“某项刑法条文在概念上必然也包含另一条文的所有特征，以至于实现了特别的犯罪构成要件的，也就必然是实现了进入考虑的一般构成要件。”[④]

特别关系的法条竞合既可以存在于普通法律与特别法律之间，也可以存在于同一部法律中的普通条款与特别条款之间。特别关系主要体现在基本的犯罪类型和加重、减轻的犯罪类型之间。例如，杀人罪与同意杀人罪、侵占罪与业务上侵占罪、盗窃罪与盗窃森林罪、背任罪与特别背任罪等。

当法条具有特别关系时，应按照“特别法优于普通法”的原则进行处理，即只适用特别法。有的国家刑法还专门就此作出了规定。例如，《意大利刑法典》第15条规定：“当不同的法律或同一刑事法律中的不同条款调整同一问题时，特别法或法律中的特别条款优于普通法或法律中的一般条款，法律另有规定的除外。”这一规定的特色是除了明确特别法优于一般法原则以外，还考虑到了该原则的例外情形。

2. 补充关系。

所谓补充关系（Subsidiarität），是指发生竞合的两个以上法条具有基本法与补充法的关系。“一刑法条文只是补充性质地可以适用，即只是对于没有已有其他条文介入的情况适用。”[⑤] 补充关系的逻辑构造不是包含关系，而是交叉关系。补充关系的实质基础在于，复数的刑法规范在不同的攻击阶段保护同一法益。[⑥]

---

① ［日］铃木茂嗣：《刑法总论（犯罪论）》，成文堂2001年版，第244页。

② ［德］约翰内斯·韦塞尔斯：《德国刑法总论》，李昌珂译，法律出版社2008年版，第477页。

③ ［日］川端博：《刑法总论》（第2版），成文堂2006年版，第614~617页；［日］井田良：《讲义刑法学·总论》，有斐阁2008年版，第523页。

④ ［德］约翰内斯·韦塞尔斯：《德国刑法总论》，李昌珂译，法律出版社2008年版，第478页。

⑤ ［德］约翰内斯·韦塞尔斯：《德国刑法总论》，李昌珂译，法律出版社2008年版，第479页。

⑥ ［日］山中敬一：《刑法总论》（第3版），成文堂2015年版，第1049页。

补充关系又可以分为明示的补充关系与默示的补充关系。明示的补充关系是指法律直接在条文中作了规定。例如，《日本刑法典》首先规定对现住建筑物等放火罪（第108条）、对非现住建筑物等放火罪（第109条），然后在第110条规定“对前两条规定物以外之物”的放火罪，即对建筑物以外之物放火罪。这样第108条、第109条与第110条之间就形成了明示的补充关系。

暗示的补充关系是指法律没有直接规定，但从论理解释上可以明确的补充关系。例如，《日本刑法典》第155条规定伪造公文书罪，第159条规定“伪造他人文书”的犯罪，该条并未明示必须是“公文书以外的文书”，虽然在文理上可认为包括公文书而形成法条竞合的情况。然而，第159条是补充第155条的条款，所以应只适用于公文书以外的文书即私文书，这就是暗示的补充关系。

当法条具有补充关系时，应按照“基本法排斥补充法”的原则进行处理，即优先适用基本法，只有当基本法无法适用时才考虑适用补充法。例如，能够适用伤害罪的条款时就不适用暴行罪。

3. 择一关系。

所谓择一关系（Alternativität），是指发生竞合的两个以上法条具有排他的关系。即外表看起来能够同时适用于一个行为的数个构成要件处于互不两立的关系，适用其中一个则排除另一个的适用。例如，日本刑法中规定的侵占罪与背信罪即互相排斥，适用侵占罪就不能适用背信罪，反之亦然。

择一关系是否属于法条竞合的一种类型，理论上存在激烈争议。德国刑法理论通说否定择一关系能成立法条竞合。主要理由是，法条竞合至少以构成要件行为的部分重叠为先决条件，而择一关系在逻辑上互相排斥，因而不属于法条竞合。① 日本的否定说的主要理由是，择一竞合只是事实认定的问题，而非各法条本身的竞合。② 肯定说则认为，如同诱拐未成年人罪与营利诱拐罪那样，当行为人以营利目的拐取未成年人时，还有承认择一关系的余地。“特别关系、补充关系好比是一个大圆圈（一般法、补充法）全面包摄小圆圈（特别法、基本法），择一关系则是两个圆圈交叉（以营利的目的诱拐未成年人时）的关系。”③ 肯定说在日本仍是多数说。

4. 吸收关系。

所谓吸收关系（Konsumtion），是指发生竞合的两个以上法条在构成要件的评价上具有一方被他方所包括（吸收）的关系。“即某一构成要件行为的不法、责任内容，包含其他行为的不法、责任内容，能够依此穷尽整体事件的法律评价。那么，其他行为的评价就被此行为所吸收。这就是吸收关系。”④ 吸收关系的处理原则是

---

① ［德］汉斯·海因里希·耶赛克、托马斯·魏根特：《德国刑法教科书（总论）》，徐久生译，中国法制出版社2001年版，第895页。

② ［日］大塚仁：《刑法概说（总论）》（第4版），有斐阁2008年版，第495页。

③ ［日］平野龙一：《刑法总论Ⅱ》，有斐阁1975年版，第411页。

④ ［日］山中敬一：《刑法总论》（第3版），成文堂2015年版，第1052页。

“吸收法排除被吸收法”或称“完全法排斥不完全法”。

附随犯是否成立吸收关系，存在争议。肯定说认为，所谓附随犯，是指附随主犯罪而成立的犯罪。附随的犯罪为主犯罪所吸收，不给予独立的评价。例如，实施杀人行为时损坏了被害人的衣服，此时损坏器物罪就被杀人罪所吸收而无独立评价之必要。① 否定说则认为，这种所谓的伴随犯的情况，伴随的犯罪与基本的犯罪并不是以同一法益侵害为内容的犯罪，所以不是吸收关系，而应当理解为包括一罪。②

不可罚的事后行为是否成立吸收关系，也存在争议。所谓不可罚的事后行为，是指预想到某种犯罪完成后伴随该犯罪的违法状态仍会继续，在该种违法状态继续时所实施的行为，只要能被该状态犯的构成要件全部评价，就被状态犯所吸收。例如，盗窃他人财物后毁坏该财物的，其毁坏行为就属于不可罚的事后行为。关于不可罚的事后行为的法律性质，一种观点认为它属于法条竞合中的吸收关系。另一种观点则认为事后的行为也成立犯罪，只是被重罪所吸收而已，因而属于包括一罪。

事实上，对于吸收关系是否属于法条竞合的一种类型，学术界也有不同看法。德日通说持肯定态度，但也有不少学者认为它应当属于包括一罪。

四、包括一罪

（一）概念

包括一罪的概念在罪数论中非常不清晰。③ 换言之，包括一罪（包括的一罪）概念非常多义。④ 一种主流的观点认为，广义的包括一罪是指行为数次符合一个构成要件或者符合数个构成要件但被一个刑法法规（法条）进行一次概括性评价的情况。它又可以包括同质的包括一罪与异质的包括一罪。同质的包括一罪是指对符合同一构成要件的数个行为进行一次包括性评价的情况，如集合犯、接续犯、狭义的包括一罪；异质的包括一罪是指符合数个构成要件但被一个刑法法规进行一次概括性评价的情况，即吸收一罪。具体又包括附随犯、不可罚的事前、事后行为。⑤ 事实上，对于同质的包括一罪的具体内涵，也有学者的看法更宽泛。⑥ 此外，也有学者直接将包括一罪划分为吸收一罪（法条竞合的吸收关系以外的吸收关系的统称）与狭义的包括一罪。⑦ 由于吸收一罪的具体内容与争议我们已经在法条竞合中作过

① ［德］汉斯·海因里希·耶赛克、托马斯·魏根特：《德国刑法教科书（总论）》，徐久生译，中国法制出版社 2001 年版，第 898 页。

② ［日］山口厚：《刑法总论》（第 2 版），有斐阁 2007 年版，第 373 页；［日］前田雅英：《刑法总论讲义》（第 4 版），东京大学出版会 2006 年版，第 498 页；［日］平野龙一：《刑法总论Ⅱ》，有斐阁 1975 年版，第 411 页。

③ ［日］前田雅英：《刑法总论讲义》（第 4 版），东京大学出版会 2006 年版，第 498 页。

④ ［日］山中敬一：《刑法总论》（第 3 版），成文堂 2015 年版，第 1038 页。

⑤ ［日］井田良：《讲义刑法学·总论》，有斐阁 2008 年版，第 526~527 页。

⑥ ［日］川端博：《刑法总论》（第 2 版），成文堂 2006 年版，第 619 页。

⑦ ［日］浅田和茂：《刑法总论》（补正版），成文堂 2007 年版，第 476 页。

论述，所以这里只介绍几种典型的包括一罪的情况。

（二）集合犯

所谓集合犯，是指作为构成要件的行为本身就预定有数个同种类行为的犯罪。它包括常习犯、职业犯与营业犯。

常习犯是指预定以具有常习性的行为人的反复行为作为构成要件的犯罪。例如，常习赌博罪中，赌博常习者无论进行了多少次赌博行为，这些行为都被常习赌博罪的构成要件进行概括性评价，因而只成立一罪。

职业犯是指构成要件上预定行为人不以营利为目的而作为一种业务反复实施一定犯罪行为的犯罪。例如，即使对数人散布淫秽物品，也只构成一个散布淫秽物品罪。

营业犯是指构成要件上预定行为人以营利为目的而反复实施一定犯罪行为的犯罪。例如，没有医师资格的人以营利为目的对多人实施医疗行为，也只构成一个无许可行医罪。

职业犯与营业犯的主要区别在于，前者主观上不要求以营利为目的，而后者则要求以营利为目的。

（三）指向一个犯罪完成的数个行为

为了完成一个犯罪而在同一机会里实施的数个行为，属于包括一罪。例如，出于杀人的目的连续刺杀被害人身体数刀致其死亡时，并非各次捅杀行为都成立杀人未遂罪而最后一次捅杀成立杀人既遂罪，而是整个行为包括性地成立一个杀人既遂罪。① “数个相同种类的行为动作，构成行为单数，如果这些动作是基于一个同一的意志决意，在同一个流程中以直接的前后顺序在逐步或者是反复地实现（包括其加重性和特殊化变异在内的）同一个犯罪行为构成要件，即只是加重性质地上升了在一定的行为情形里的不法……如果A在把某L强拉进房屋的时候为了打消她的反抗连续打了她几拳……这里，只能认为是……一个身体伤害。”②

如果各行为之间具有相当的时间、地点上的隔离，那么原则上应是数罪。不过，如果能够证明这些行为是在行为人为了完成一个犯罪的一个意思活动支配下所实施的，也成立包括一罪。例如，被告人从某年6月到10月间，在东京与桦太两个地方，5次用毒药对同一被害人实施杀人行为，但都没有成功，最后在11月用刀将被害人杀死。日本大审院判决认定被告人只犯有一个杀人既遂罪。对此虽然也有学者认为应成立数罪，但多数学者认为基于被害法益的同一性、杀意的继续性，应将整个行为评价为一个行为。③

相反，即使各行为之间在时间、地点上相连，但如果不能认为是行为人一个同

① ［日］川端博：《刑法总论》（第2版），成文堂2006年版，第621页。

② ［德］约翰内斯·韦塞尔斯：《德国刑法总论》，李昌珂译，法律出版社2008年版，第465页。

③ ［日］川端博：《刑法总论》（第2版），成文堂2006年版，第621页。

质的意思活动的表现时，不构成一罪。例如，行为人误以为被害人是熊而连开 2 枪，命中对方下腹部造成濒临死亡的重伤。此后行为人发现了自己的错误，但又故意地开 1 枪命中对方胸部导致被害人当场死亡。这种情况由于存在过失行为与故意行为两个异质的行为，所以不可能评价为一个行为，行为人构成业务上过失致伤罪与杀人罪的并合罪。①

（三）狭义的包括一罪

狭义的包括一罪指的是，当一个构成要件所规定的数种行为之间存在手段与目的、原因与结果的关系时，行为人对同一法益依次实施了这些行为，可以将这些行为包括地评价为一罪的情形。例如，按照日本刑法的规定，对同一犯人进行藏匿既而使其隐蔽时，成立一个藏匿犯人罪；又如，当行为人对同一人要求、约定贿赂进而收受贿赂时，就只成立一个受贿罪，

（四）接续犯

所谓接续犯，是指基于同一故意在场所、时间接近的状态下对同一法益实施侵害的数个同种行为。例如，行为人在一个晚上的 2 个小时内，分 3 次从同一仓库盗窃大米，每次偷得 3 袋，共计窃得 9 袋，这就是典型的接续犯，只成立一个盗窃罪。②

接续犯被作为一个犯罪的实质根据是，单一的不法即一个不法只是单纯的量的增加以及单一的责任即意思的存在只有一个。在日本，由于刑法条文删除了连续犯的规定，因而理论上重新审视和认可了接续犯。③

（五）连续犯

所谓连续犯，是指虽然不具有场所、时间上的接近性，但行为人基于一个故意指向一个法益侵害连续实施符合同一构成要件的行为。

事实上早在中世纪，意大利刑法学界就已经提出了连续犯的概念。现行《意大利刑法典》第 81 条第 2 款也规定，“如果某人为执行同一犯罪计划，以数个作为或者不作为，造成包括在不同的时间中造成对同一法律或者该法律的不同条款的数项触犯”，是连续犯。德国 19 世纪时的特别刑法也曾对连续犯作出过规定，但此后的德国刑法典没有类似规定。不过德国刑法理论与判例长期以来承认连续犯概念。现在，德国学者所说的连续犯，是指同一行为人实施了数个行为，虽然每一个都实现了同一种性质的不法，但因为这些行为之间紧密的内部和外部联系而被视为一个犯罪行为。其目的首先是想避免判处对单个行为单独处理时的不合理的重刑。④ 但理论上对这一概念的批评也越来越多，它被认为与法治国思想相冲突，从刑事政策上

① ［日］川端博：《刑法总论》（第 2 版），成文堂 2006 年版，第 621 页。

② 日本大审院 1917 年 10 月 11 日判决，载《大审院刑事判决录》第 23 辑，第 1057 页。

③ ［日］立石二六编著：《刑法总论 30 讲》，成文堂 2007 年版，第 323 页。

④ ［德］冈特・施特拉腾韦特、洛塔尔・库伦：《刑法总论 I——犯罪论》，杨萌译，法律出版社 2006 年版，第 432 页。

看也存在问题，即不当规避了数罪处理规则的适用。当然，如果还想继续维护这个概念，其原因无非是因为它对于刑事追诉机关而言具有减轻负担的效果，这样，在严重的系列犯罪中，就不用像对这些行为进行独立评价时那样必须查清同一个行为人实施的每一个具体行为。① 考虑到反对承认作为“法行为单数”的连续行为的所有理由，德国联邦法院大刑事审判委员会在判例中不断压缩连续行为的适用范围，至少在诈骗和性滥用方面不再承认连续行为。同时，联邦法院还对逃税拒绝适用连续关系。② 因此，有学者认为，“由于1994年时大刑事审判庭的决议，连续行为这一法律概念在相当程度上被抛弃了。因而，在专业鉴定中，基本不需要再讨论连续行为了”。③

《日本刑法典》第55条曾将连续犯作为科刑上一罪进行了规定，“连续实施数个行为触犯同一罪名时，作为一罪处断”。这一规定被学者们视为对本来的连续犯的规定，即将原本的数罪规定为科刑上的一罪。但是，日本判例对法条中的“触犯同一罪名”作了不当的扩大解释，即认为“触犯同一罪名的行为，不限于同一名称的犯罪，还包括名称不同但在同一章条所规定的具有同一罪质的犯罪”。据此，连续实施盗窃罪与抢劫罪也被认为是连续犯，只以一罪处断。这样的话，由于刑事诉讼法上存在一事不再理的原则，就容易导致不合理的结论。例如，对被告人所实施的几个较轻的盗窃行为确定了较轻的刑罚之后，又发现被告人在此期间还犯有较重抢劫罪。但由于对一个犯罪作出确定判决之后，必须肯定该判决的效力，不能再更改。于是，对较重的抢劫罪也不能再定罪。二战后，日本修改了刑事诉讼法，对司法机关的搜查权进行了限制，从而导致难以在短时间内发现连续犯的全部犯罪事实并一次性提起诉讼，这种不合理现象更为突出。因此，1947年日本删除了刑法中连续犯规定的条文。然而，如果将所有的连续犯都作为数罪进行处理，又带来了诉讼程序上的麻烦。所以，刑法理论上仍然认为，在一定范围内承认连续犯是必要的。日本判例逐渐形成了新的连续犯概念，理论上也支持这种做法。④

第三节　科刑上的一罪

一、科刑上的一罪的概念和性质

一人成立数罪被称为犯罪竞合，而科刑上的一罪是指在犯罪竞合中作为一罪处

---

① ［德］冈特·施特拉腾韦特、洛塔尔·库伦：《刑法总论Ⅰ——犯罪论》，杨萌译，法律出版社2006年版，第432~433页。

② ［德］汉斯·海因里希·耶赛克、托马斯·魏根特：《德国刑法教科书（总论）》，徐久生译，中国法制出版社2001年版，第869页。

③ ［德］乌尔斯·金德霍伊泽尔：《刑法总论教科书》（第6版），蔡桂生译，北京大学出版社2015年版，第479页。

④ ［日］川端博：《刑法总论》（第2版），成文堂2006年版，第622页。

断的情况。科刑上的一罪也被称为处断上的一罪。理论上相对一致地认为，科刑上的一罪包括观念的竞合以及牵连犯。

科刑上的一罪在实体上是数罪，为什么在科刑时被视为一罪呢？关于这一点，理论上存在不同学说。第一种观点认为，这是因为违法评价具有重复性。① 第二种观点认为，这是因为只具有一个意思活动，所以减少责任。② 第三种观点认为，观念的竞合是因为只有一个同时的意思，所以减少责任。牵连犯是因为重的一方犯罪的法益侵害通常伴随着其他轻的犯罪，所以在制定重罪的法定刑时已经考虑了这一点，由此而减少了不法。③ 第四种观点认为，只进行一次处罚符合刑罚适用上的合目的性要求。④ 第五种观点认为，从违法性和责任两个方面都能够对科刑上的一罪进行较轻的评价。⑤ 第六种观点认为，这是因为可罚的责任的减少。即由于行为的一个性或牵连性导致意思活动的一次性，从而减少了非难可能性。以及通常具有目的与手段、原因与结果关系的复数的行为，由于一方的犯罪与另一方的犯罪在客观上具有很强的关联性，期待不实施另一个犯罪的可能性降低，所以减少了可罚的责任。⑥ 第七种观点认为，这是因为可罚的违法和可罚的责任都减少了，即在观念的竞合中，因为只是一个行为导致被害的范围受到限制，而且只有一个意思。在牵连犯中，因为这是通常相伴的行为，而且具有连续的意思。所以两者都比并合罪在不法、责任方面有减少。⑦

二、观念的竞合

（一）概念

观念的竞合，又称为想象的竞合、一行为数法，是指一个行为触犯两个以上罪名的情况。不少国家的刑法对观念的竞合作了规定。例如，《日本刑法典》第54条第1款规定：“一个行为同时触犯两个以上的罪名……按照其最重的刑罚处断。”《瑞士刑法典》第68条第1款规定：“一行为……触犯数自由刑之罪者，从一重处断并适当加重刑期。”《德国刑法典》第52条的规定，也包括了观念的竞合。

（二）成立条件

观念的竞合的成立条件有二，即一个行为（行为单数）与触犯数个罪名。

---

① ［日］中野次雄：《共犯与罪数》，载《齐藤金作博士还历祝贺·现代的共犯理论》，有斐阁1964年版，第352页。

② ［日］平野龙一：《刑法总论Ⅱ》，有斐阁1975年版，第420页。

③ ［日］林干人：《罪数论》，载［日］芝原邦尔等编：《刑法理论的现代的展开·总论》（Ⅱ），日本评论社1990年版，第273页。

④ ［日］中山善房：《关于观念的竞合中的“一个行为”》，载《刑法杂志》第21卷第2号，第141页。

⑤ ［日］川端博：《刑法总论》（第2版），成文堂2006年版，第627页。

⑥ ［日］山中敬一：《刑法总论》（第3版），成文堂2015年版，第1057页。

⑦ ［日］浅田和茂：《刑法总论》（补正版），成文堂2007年版，第479页。

1. 一个行为。

观念的竞合必须是一个行为。但什么是一个行为，如何判断行为是否只有一个，理论上存在不同的学说。第一种观点主张根据自然的观察来认定。[①] 第二种观点主张根据社会的见解来认定。[②] 第三种主张以构成要件为标准来认定。[③] 第四种观点主张综合第一、第二种观点，即从自然的、社会的见解来加以认定。例如，日本1974的判例变更了过去的判例，认为“所谓一个行为，应认为是在抛开法律评价、舍弃构成要件的观点，在自然的观察下，行为人的动态在社会的见解上受一个行为评价的情况”。[④] 第五种观点则认为应综合第一、第二、第三种观点进行判断，即以自然的、社会的判断为基础，再加上从构成要件的角度进行的规范判断，进行综合的判断。“是观念的竞合还是并合罪，不应当离开对行为的构成要件的评价来考虑，而应从其构成要件的评价与‘科刑’的均衡这一观点来决定……例如，不法持有手枪的人用该枪实施强盗行为，此时能否认为不法持有手枪罪与强盗罪是基于一个行为实施的，并不一定明确。此时仅进行自然的理解来解决问题是困难的，而不得不以符合什么‘构成要件’的行为作为问题。这时‘规范的判断’就成为必要。”[⑤]

在进行规范判断时，构成要件的重合范围就是一个问题。这主要涉及继续犯、即成犯或者状态犯中的行为与其他犯罪中的行为，在什么范围内能够被视为“一个行为”的问题。例如，在醉酒状态下驾驶汽车误将他人撞死时，醉酒驾驶罪是继续犯，业务上过失致死伤罪是结果犯，这是基于“一个行为”实施的吗？又如，不法持有枪炮的人偶尔用持有的该武器实施强盗行为，能够认为是“一个行为”吗？这就涉及行为之间具有何种程度的重合时，才能认为是一个行为的问题。

对此，理论上存在四种学说：（1）主要部分重合说。此说认为，符合数个构成要件的各自然行为至少主要部分要有重合，才属于一个行为。据此，如果行为人使用以前所持有的手枪来实施强盗行为，那么不法持有枪支的行为与强盗行为就是完全不同的两个行为，其主要部分不重合。相反，如果行为人为了实施强盗行为而购买手枪，并用之实施了强盗行为，那么主要部分就是重合的，可以视为是一个行为的观念竞合。[⑥] 福田平、大塚仁、川端博等持此说。此说面临的主要批评是，什么是主要部分，其范围如何，这些此说都没有加以明确。[⑦]（2）一部重合说。此说认为，各自然行为只要在某一点上重合，就可以认为是一个行为。伊达秋雄持这种观

---

① ［日］吉川经夫：《刑法总论》，法律文化社1996年版，第298页。

② ［日］大塚仁：《刑法概说（总论）》（第4版），有斐阁2008年版，第497页。

③ ［日］铃木茂嗣：《关于观念的竞合》，载《刑法杂志》第21卷第2号，第127页。

④ 日本最高法院1974年5月29日判决，载《最高裁判所刑事判例集》第28卷第4号，第114页。

⑤ ［日］川端博：《刑法总论》（第2版），成文堂2006年版，第628页。

⑥ ［日］大塚仁：《刑法概说（总论）》（第4版），有斐阁2008年版，第498页。

⑦ ［日］山中敬一：《刑法总论》（第3版），成文堂2015年版，第1059页。

点。[1] 但此说被批评为过于扩大了一个行为的范围。[2]（3）着手一体说。此说认为，在实行着手阶段各自然行为一体化时，就是一个行为。植松正、大谷实持这种观点。据此，不法持有枪炮并用之实施杀人强盗行为的，由于实行着手阶段不同，所以不是观念的竞合而是并合罪。而开始不法持有枪炮是杀人等的实行行为时，属于观念竞合。[3] 对此说的主要批评是，为什么能够在实行着手阶段进行这种限制，此说没有说明其根据。[4]（4）不能分割说。此说以为，实施一种自然行为就必然实施另一种自然行为时，才是一个行为。中野次雄持这种观点。[5] 对此说的主要批评是，行为是否分割可能，应根据具体情况下行为人的选择可能性进行判断，这导致其判断标准暧昧，难以得出统一的结论。[6]

2. 触犯两个以上的罪名。

成立观念的竞合必须是一个行为触犯两个以上的罪名。所谓触犯两个以上的罪名，指在构成要件的评价中实质上符合两个以上的构成要件，成立两个以上犯罪的情况。只是外观上触犯两个以上的罪名的是法条竞合而不是观念的竞合。

关于“两个以上罪名”的含义，也存在两种不同的观点。第一种观点认为指的是不同种罪名。此说以犯意标准说为依据，认为如果触犯的是相同的罪名，那么即使存在多个被害法益也只能认为仅有一个犯意，因而是本来的一罪而非观念的竞合。[7] 第二种观点认为，这里的两个以上罪名不仅指不同种罪名，也包括同种罪名。此说原则上以构成要件标准说为依据，是德、日的通说。据此通说，观念的竞合可以分为异种类的观念的竞合和同种类的观念的竞合。

所谓异种类的观念的竞合，是指一个行为符合了数个不同的构成要件。例如，一个行为同时符合损坏器物罪与伤害罪。日本判例中认可的异种类的观念竞合主要有：以杀人的目的侵入他人住宅的，构成杀人预备罪与侵入住宅罪的观念的竞合；基于杀意强奸妇女致其死亡的，构成强奸致死罪与杀人罪的观念的竞合；散布一个虚伪的事实导致被害人名誉与信用受到毁损的，构成名誉毁损罪与信用毁损罪的观念的竞合；对正在执行职务的警察实施暴力使之受伤的，构成妨碍执行公务罪与伤害罪的观念的竞合；等等。

所谓同种类的观念的竞合，是指一个行为数次实现同一构成要件。例如，开一枪打死两人的情况。日本判例中认可的同种类的观念竞合主要有：同时在同一场所监禁数人的，是数个监禁罪的观念的竞合；同一报纸中刊载毁损数人的名誉的文章的，构成数个名誉毁损罪的观念的竞合；同时给数个公务员行贿的，构成数个行贿

---

① ［日］伊达秋雄：《刑法入门》，青林书院 1960 年版，第 168 页。

② ［日］川端博：《刑法总论》（第 2 版），成文堂 2006 年版，第 629 页。

③ ［日］大谷实：《刑法总论》，黎宏译，中国人民大学出版社 2008 年版，第 443 页。

④ ［日］川端博：《刑法总论》（第 2 版），成文堂 2006 年版，第 629 页。

⑤ ［日］中野次雄：《刑法总论概要》（第 3 版），成文堂 1992 年版，第 179 页。

⑥ ［日］川端博：《刑法总论》（第 2 版），成文堂 2006 年版，第 629 页。

⑦ ［日］牧野英一：《日本刑法》（上卷）（重订版），有斐阁 2001 年版，第 507 页。

罪的观念的竞合；等等。

（三）处罚

1. 关于观念的竞合处罚的立法例。

关于观念的竞合的处罚，存在三种类型的立法例：（1）从一重处断，即按照所触犯的数罪中最重的刑罚处断。例如，《日本刑法典》第 54 条规定："一个行为触犯两个以上罪名……时，按照其最重的刑罚处断。"（2）从一重处断并适当加重刑罚，即以所触犯的数个犯罪中最重的刑罚为基础，并适当加重刑罚。例如，《意大利刑法典》第 81 条第 1 款规定对观念的竞合，"按照对最严重的侵害行为本应科处的刑罚处罚，并且可在 3 倍的幅度内增加刑罚"。（3）从一重处断但对可能判处的最低刑加以限制，即按照所触犯的数罪中最重的刑罚处断，但是就其最低刑则有最低限制。例如，《德国刑法典》第 52 条第 2 款规定："触犯数个刑法法规的，依规定刑罚最重的法规为准。所判刑罚不得轻于数法规中任何一个可适用法规的刑罚。"

2."最重的刑罚"的含义。

上述各种处罚例中都涉及"最重的刑罚"，那么应如何理解这一概念呢？二战前日本大审院的判例认为，它指的是数个罪名中规定最重法定刑的刑法条文。二战后日本最高法院的判例则认为，它指的是上限和下限都规定最重法定刑的刑法条文。日本的通说也赞成这一看法。同时，日本通说认为观念的竞合属于数罪实实在在的竞合，因而在广义上属于并合罪，应适用《日本刑法典》第 72 条关于加重减轻顺序的规定。因此，最重的刑罚指的是各个罚条规定的法定刑经过再犯加重和法律上的减轻之后，上限、下限都最重的情况。①

当然，如果涉及同种类的观念的竞合，就不存在刑罚轻重的比较问题。此时，德国学者指出，有罪判决必须表明被告人因数次触犯同一个刑法法规而被判刑，如"A 因谋杀三人被科处终身自由刑"。在法定刑上限的范围内，数次触犯同一刑法法规这一事实通常能在加重刑罚方面考虑。数次触犯同一刑法法规首先可认为是构成特别严重的情况。②

三、牵连犯

（一）概念

所谓牵连犯，指数个行为作为犯罪的手段或者结果的行为触犯其他罪名的情况，即数个行为虽然各自符合不同的构成要件而成立数罪，但各个犯罪之间存在一个行为是另一个行为的手段，或一个行为是另一个行为的结果的关系，因而在科刑上作为一罪处理。

与想象竞合犯不同，牵连犯在绝大多数国家刑法中都没有明文规定，理论上作

① ［日］团藤重光：《刑法纲要总论》，创文社 1990 年版，第 461 页。

② ［德］汉斯·海因里希·耶赛克、托马斯·魏根特：《德国刑法教科书（总论）》，徐久生译，中国法制出版社 2001 年版，第 882 页。

为一种独立类型进行探讨的也不多。不过《日本刑法典》在第54条第1款将牵连犯和想象竞合犯放一起，作了如下规定：“一个行为同时触犯两个以上罪名，或者作为犯罪的手段或者结果的行为触犯其他罪名的，按照其最重的刑罚处断。”日本刑法的这一规定被有的日本学者认为是日本的独创。“牵连犯的规定，从比较法角度看，是我国现行刑法首次采用的，在外国法中见不到类似例子的独特的立法例。”① “在比较法上几乎没有例证。”② 但也有学者指出这种看法并不正确。“现行刑法立法当时据说是参照了《西班牙刑法典》第90条。”③ 这种观点可以从西班牙现行立法中得到佐证。因为《西班牙刑法典》第77条第1款规定：“当同一行为构成两个或者两个以上罪行，或者某一犯罪是实施另一犯罪行为的必要时，不适用以上两条规定。”这里的“以上两条规定”是有关数罪并罚的规定。这一规定与日本的立法几乎一致。

日本刑法之所以规定牵连犯，主要是因为，日本旧刑法将公文书伪造行使罪、私印伪造使用罪、侵入住宅盗窃罪、携带凶器侵入住宅罪等规定为一罪。而现行刑法将其分为不同的罪名，为了能让新旧刑法在处理上保持一致，而有必要采用牵连犯的规定。④

（二）牵连性的判断标准

如何判断数个行为之间存在手段与目的、原因与结果的关系即牵连关系呢？理论上有如下几种学说：

第一，主观说。此说主要是近代学派所提倡的学说，在罪数划分上采用犯意标准说。此说认为数行为之间有无牵连关系应以行为人的主观意思为标准，即行为人在主观上有以手段或者结果之关系使其与本罪发生牵连的意思，就存在牵连关系；反之则无牵连关系。主观说实质上是认为牵连犯并非科刑上的数罪，而是本来的一罪。日本学者牧野英一、木村龟二等持此说。主观说面临的主要批评是，以行为人偶然性的认识为基础来决定牵连犯的成立范围，是不合适的。⑤

第二，客观说。此说认为，应从客观观察上判断数行为之间有无牵连关系。其中影响最大的观点认为，数行为在通常情况下，一行为是某种犯罪的普通方法，或者一行为是某种犯罪的当然结果，即存在牵连关系。这实际上指的是“经验上的类型性”。据此，如果某种犯罪通常并非另一种犯罪的手段，或者某种犯罪通常并非另一种犯罪的结果，即使行为人将其作为另一种犯罪的手段而实施时，或者将其作为另一种犯罪的结果而实施时，根据此说也不能认为是牵连犯。客观说是日本判例采用的观点，也是理论上的通说。小野清一郎、泷川幸辰、团藤重光、福田平、大

① ［日］川端博：《刑法总论》（第2版），成文堂2006年版，第642页。

② ［日］浅田和茂：《刑法总论》（补正版），成文堂2007年版，第485页。

③ ［日］山中敬一：《刑法总论》（第3版），成文堂2016年版，第1066页。

④ ［日］浅田和茂：《刑法总论》（补正版），成文堂2007年版，第485页。

⑤ ［日］大塚仁：《刑法概说（总论）》（第4版），有斐阁2008年版，第503页。

塚仁、大谷实、植松正、川端博、山中敬一等均支持此说。不过，也有学者批评说，判例（客观说）对于牵连犯的肯否标准并不明确，从而讽刺性地说“所谓牵连犯，可以说是判例认为是牵连犯就是牵连犯”。其实判例否定成立牵连犯的情况大多都应当认为成立牵连犯。①

第三，折中说。此说认为，数个行为之间是否具有牵连关系，必须从主客观两个方面进行考察。只有在客观上数行为通常具有手段或结果的关系，在主观上行为人具有牵连的意思，才能认为具有牵连关系。平野龙一、西原春夫、浅田和茂等持此说。日本判例事实上也有持折中说的例子。最高法院 1969 年的判例认为：“牵连犯的数罪之间，在罪质上通常一方要具有是另一方的手段或结果的关系，而且犯人具体地在有关关系上实施了数罪的场合……在科刑上特别作为一罪处理。”② 但也有学者对此说在客观的牵连性之外还加入主观的牵连意思的必要性表示怀疑。③

（三）成立条件

对牵连关系采用不同判断标准的学者自然对牵连犯的成立条件的认识也不一致。这里按照日本通说的客观说的观点加以论述。

1. 作为手段或结果的行为。

成立牵连犯，必须满足某种行为在通常情况下属于其他行为的手段或者其他行为通常是某种行为的结果。

日本判例认可具有手段与目的关系的情况有：（1）与侵入住宅有关的情况，如侵入住宅罪和放火罪、侵入住宅罪和强奸罪、侵入住宅罪和盗窃罪、侵入住宅罪和伤害罪等。（2）与伪证有关的情况，如伪证罪与诉讼诈骗罪、伪证教唆罪与诉讼诈骗罪。（3）其他类型，如监禁罪与恐吓罪、妨害业务与恐吓罪等。日本判例否定牵连关系的情况主要有：放火罪和保险金诈骗罪、监禁罪和强奸致伤罪、监禁罪和伤害罪、非法使用公印罪和受贿罪等。

日本判例认可具有原因与结果关系的情况有：伪造公文书罪和使用该公文书罪、公证书原本不实记载罪和使用该公证书罪、伪造公文书行使罪和诈骗罪等。没有认可牵连关系的情况有：强盗杀人罪和为毁灭罪迹的放火罪、强盗杀人罪和遗弃尸体罪、杀人罪和损坏尸体罪、杀人罪和遗弃尸体罪等。

值得注意的是，对于监禁罪和恐吓罪，判例从大审院时代开始就认为存在牵连关系，但 2005 年日本最高法院改变了立场，判定二者属于并合罪。④

---

① ［日］浅田和茂：《刑法总论》（补正版），成文堂 2007 年版，第 487 页。

② 日本最高法院 1969 年 6 月 18 日判决，载《最高裁判所刑事判例集》第 23 卷第 7 号，第 950 页。

③ ［日］山中敬一：《刑法总论》（第 3 版），成文堂 2015 年版，第 1067 页。

④ 日本最高法院 2005 年 4 月 14 日判决，载《最高裁判所刑事判例集》第 59 卷第 3 号，第 283 页。

2. 触犯其他罪名。

所谓触犯其他罪名，是指数个行为分别符合不同的构成要件而成为犯罪。如果作为犯罪的手段或结果的行为属于不可罚的事前行为或者不可罚的事后行为，那么就会被主要的犯罪所吸收而不成立独立的犯罪，因而也不构成牵连犯。例如，盗窃财物后又搬运赃物的行为，通说认为是不可罚的事后行为，而不成立牵连犯。

在日本，关于“其他罪名”是否限于同种罪名的问题，有的判例认为是指不同的犯罪，而有的判例则认为不需要作出这样的限定。理论上对此也存在同样的争议。有的学者认为没有必要作出限制，牵连犯可以分为异种类的牵连犯与同种类的牵连犯。[①] 但也有学者认为，现实中难以设想同种类构成要件的牵连关系，如作为伪造某种文书的手段而伪造其他文书时，按照单纯一罪或观念的竞合处理就行了，没必要认为是牵连犯。[②]

（四）处罚

日本刑法对于牵连犯的处罚作了与观念的竞合完全相同的规定，即“按照其最重的刑罚处断”。《西班牙刑法典》第 77 条第 2 款规定：“在此一情况下，法院得就有关罪行判处最高等、最严重之刑，直到法律所允许之最高范围，并就其触犯之罪分别判刑。”该条第 3 款规定：“如果所判之刑按照此一方式计算超过最高限制，则就其所触犯之罪分别处罚之。”

（五）牵连犯存废之争

在日本，关于是否应当废除牵连犯的规定一直存在争议。主张废止说的学者认为，牵连犯缺乏合理的根据，其存在理由也值得怀疑。因此作为立法论而言应废除牵连犯的规定，而将类似的情况作为包括一罪或并合罪进行处理。牧野英一、平野龙一、大谷实等持这种观点。《日本刑法改正草案》也没有设置牵连犯的规定，其在解释理由中说：“成为牵连犯的数罪中，作为手段的行为与成为结果的行为之间有相当的时间间隔，对一方的既判力及于他方有时也不适当。判例虽然以立于通常手段、结果的关系的数罪为牵连犯，但其具体的适用上未必一贯。在现行法之下被认为牵连犯的情况中，很多可能解释为观念的竞合，删除牵连犯的规定也不会对被告人那么不利。”[③]

主张保留牵连犯规定的学者则认为，第一，在现行刑法之下，牵连犯在实务中已经被认可并固定下来了，不能忽视这一事实。第二，在存在类型化的手段与结果等关系下，将数行为进行一体的评价存在一定的合理性。第三，科刑上的一罪之所以进行一次性处罚，并非与规范意识的觉醒这种责任问题相关联，而是与违法行为（不法）的评价有密切的联系。从这一观点来看，废除牵连犯的规定属于对行为人

---

① ［日］大塚仁：《刑法概说（总论）》（第 4 版），有斐阁 2008 年版，第 504 页。

② ［日］山中敬一：《刑法总论》（第 3 版），成文堂 2015 年版，第 1069 页。

③ ［日］改正刑法草案说明书第 137 页，转引自［日］川端博：《刑法总论》（第 2 版），成文堂 2006 年版，第 641~642 页。

不利的法律修改。①

四、钩环现象

所谓钩环现象（Klammerwirkung；Verklammerung），也称钩环作用，是指本来应当是并合罪的数罪，由于各与其他罪具有观念的竞合或牵连犯的关系，而将整个数罪作为科刑上的一罪加以处理的情况。②

“钩环”现象有如下几种情况：（1）由于观念的竞合的场合，如骚乱罪中的行为人侵入住宅实施恐吓、杀人行为。（2）由于牵连犯的场合，如行为人侵入住宅犯强盗杀人罪后又实施放火。（3）由于观念的竞合及牵连犯的场合，如占有他人股票的行为人，为了给自己债务提供担保，伪造改写股票名义的委任状及处分承诺书，将之与股票一起交给债权人。在这个实例中，判例以股票侵占罪与伪造私文书罪、行使伪造的私文书罪属于观念的竞合的关系为理由认为全部是一罪。然而有学者主张，应当认为由于伪造私文书罪与行使伪造的私文书罪是牵连犯、行使伪造的私文书罪与侵占罪是观念的竞合而成为一罪。③

承认“钩环”现象，也会带来一些问题。首先，会产生刑罚过轻而不平衡的问题。例如，侵入住宅罪与3个杀人罪成为牵连犯的事例：杀3个人，如果在住宅之外实施，3个杀人罪是并合罪，选择有期徒刑时，处断刑为3年以上20年以下；如果侵入住宅实施，附加侵入住宅罪成为牵连犯。这时作为“最重刑”，在3年以上15年以下处断，显然有失权衡。其次，“钩环”作用的理论在既判力上也存在问题。例如，当初只被发现集合犯A罪与另一个别的B罪，判决确定后，又发现了C罪。由于A罪的“钩环”作用，不仅仅B罪，而且包含C罪在内都应作为观念的竞合而成为一罪，既判力也及于C罪，因而就不可能对C罪进行起诉、处罚，这不合理。④

为了纠正上述“钩环”现象带来的不公平现象，德国的雅科布斯、施米德霍伊泽等学者完全否定“钩环”现象。⑤日本不少学者也在作摆脱“钩环”现象的努力。其中代表性观点有：（1）当甲、乙、丙罪依次牵连，如果甲罪最重、乙罪次重、丙罪最轻时，丙罪与甲罪、丙罪与乙罪的两个牵连关系是择一的关系，只有重的一方成立牵连一罪，并与另一罪成立并合罪。宫本英脩持这种看法。（2）只有甲罪和丙罪是科刑的一罪，与乙罪成立并合罪。内田文昭持这种看法。（3）在罪数上因为“钩环”现象而成立一罪，但其处断刑则应以甲乙的并合刑与丙的刑罚中较重的罪为基准来加以确定。中野次雄持这种观点。（4）丙罪与甲罪的观念竞合同丙罪与乙罪的观念竞合是并合罪。中山善房持这种观点。不过，日本理论上的通说仍然

---

① ［日］川端博：《刑法总论》（第2版），成文堂2006年版，第642~643页。

② ［日］山中敬一：《刑法总论》（第3版），成文堂2015年版，第1074页。

③ ［日］川端博：《刑法总论》（第2版），成文堂2006年版，第639页。

④ ［日］山中敬一：《刑法总论》（第3版），成文堂2015年版，第1076页。

⑤ ［德］约翰内斯·韦塞尔斯：《德国刑法总论》，李昌珂译，法律出版社2008年版，第474页。

认为作为对现行法律的解释，应当全面承认“钩环”现象。

第四节　并合罪

一、并合罪的概念

所谓并合罪（Realkonkurrenz；Zusammentreffen mehrerer Verbrechen），又称为实在的竞合、实质竞合、数罪俱发，是指没有经过确定裁判的两个以上的犯罪。

德国刑法理论将并合罪分为同种类的实在竞合与异种类的实在竞合。同种类的实在竞合，是指在数个同种犯罪之间所存在的实在竞合；异种类的实在竞合，是指在数个异种犯罪之间所存在的实在竞合。

《日本刑法典》第45条规定：“未经确定判决的两个以上的罪，是合并罪。如果某罪已经确定判决判处监禁以上刑罚时，则只是该罪与其判决确定前所犯的罪是并合罪。”据此，理论上将并合罪划分为同时的并合罪和事后的并合罪。所谓同时的并合罪，是指作为数罪的犯罪事实都未经确定裁判的并合罪。例如，行为人依次犯了甲、乙、丙、丁、戊五个罪，且都没有经过确定的裁判时，这五个罪就是同时的并合罪。所谓事后的并合罪，是指在被判处监禁以上刑罚的犯罪和该罪的判决确定之前所犯的罪之间所成立的并合罪。例如，行为人依次犯了甲、乙、丙、丁、戊五个罪，其中丙罪已经被判处禁锢以上的确定刑罚，那么甲、乙、丙三罪是并合罪（当然基于一事不再理原则，丙罪不再成为审判对象），丁、戊两罪是并合罪。

为什么一旦介入确定裁判就不承认其前后犯罪之间的并合关系呢？第一种观点认为，这是因为并合罪的确立根据是同时审判的可能性这种诉讼法上的考虑，因此一旦介入确定裁判，就没有成为并合罪的理由。[①] 第二种观点认为，从人格责任论的立场看，数个行为虽然不是一个人格态度的表现，但如果其根基与一连串的人格形成有关，那么就应该进行概括评价。确定裁判作为并合罪的界限，是因为期待行为人因受到国家有罪的生效判决而对其人格产生重大影响并形成新的人格。[②] 第三种观点认为，追究行为责任时，应考虑行为人的素质和环境。在同时审判时，素质、环境已经被各自的行为进行了二重评价。此外，在存在有罪判决的情况下，应考虑的素质、环境因素已经被考虑过了，所以同时审判的余罪，就必须特别考虑刑罚的适用。[③] 第四种观点认为，确定判决是考虑到它之前的背景情况而裁量的刑罚，所以此后应加以区分而进行量刑。[④]

---

① ［日］平场安治：《刑法总论讲义》，有斐阁1952年版，第176页。

② ［日］团藤重光：《刑法纲要总论》，创文社1990年版，第449页。

③ ［日］川端博：《刑法总论》（第2版），成文堂2006年版，第649页。

④ ［日］平野龙一：《刑法总论Ⅱ》，有斐阁1975年版，第434页。

二、并合罪的处理原则

综观世界各国的刑事立法，并合罪的处理原则大致有以下几类：

第一，并科主义。并科主义，也称相加原则、累加原则或合并原则，是指对有并合关系的数个犯罪分别定罪量刑，然后将各罪所判的刑罚进行绝对相加，合并执行的处理原则。

第二，吸收主义。吸收主义，是指以数罪所应判处的刑罚中最重的刑罚为宣告刑，以重刑吸收轻刑、轻刑不予处断的并合处理原则。日本旧刑法原则上采用的就是吸收主义。

第三，限制加重主义。限制加重主义，又称加重主义，是指以数罪中最重的刑罚为基础，在一定限度内适当加重对犯罪人的处罚的原则。

限制加重主义可以分为加重单一刑主义和加重综合刑主义。日本刑法采用的是加重单一刑主义，德国刑法采用的是加重综合刑主义。

所谓加重单一刑主义，是指以数罪所规定的刑罚中的最重者为基准，再根据刑法规定的一定比例确定加重的幅度，在此范围内决定实际应执行的刑罚。在采取加重单一刑主义时，并不需要对每一个犯罪都分别量刑。例如，《日本刑法典》第 47 条规定："并合罪中有两个以上判处有期惩役或者有期监禁的犯罪时，应将最重的罪所规定的刑罚的最高刑期加其二分之一作为最高刑期；但不得超过对各罪所规定的刑罚的最高刑期的总和。"该法第 48 条第 2 款规定："并合罪中有两个以上的罪判处罚金时，应当在各罪所规定罚金的最高数额的总和以下处断。"

所谓加重综合刑主义，是指在数罪科处的总和刑期以下，数罪中最高刑期以上，确定实际应执行的刑期。《德国刑法典》第 54 条第 1 款规定："总和刑由提高所判处的最高刑构成，刑罚种类不同的，由提高其最重刑构成。审判时应综合考虑犯罪人人身和各罪的情况。"该条第 2 款规定："总和刑应在数罪刑罚的总和以下。判处自由刑的，不得超过 15 年；判处罚金刑的，不得超过 720 单位日金额……"在采取加重综合刑主义时，需要对每一个犯罪都分别量刑。

事实上，不少国家在处理并合罪时是综合采用以上原则。例如，日本刑法在死刑、无期徒刑与其他刑罚之间，采用吸收主义；有期徒刑之间是加重主义；财产刑与其他刑罚之间以及财产刑相互之间，基本上是并科主义。

第二十八章　刑罚理论的时代性

第一节　刑罚正当化根据论的对立

只要有刑罚制度，就必须要探讨这一制度赖以存在的正当化的根据。当然，由于在奴隶、封建制国家中，强权即真理，暴力的实体加上君权神授等玄幻的思想，让刑罚权成为不容置疑的存在。因此，这些时代充其量存在一些预防或报应的朴素法律思想，而不可能形成系统科学的理论。真正意义上的刑罚理论只有在近代资产阶级国家产生后才得以发展，因为只有在这一阶段人们才可以理性地思考国家权力的边界，也才有理性思考刑罚意义的空间。

一、报应刑论的基本思想

（一）报应刑理论的内涵

“报应理论（die Vergeltungstheorie）不是在追求任何对社会有用的目的中考虑刑罚的意义，而是通过让罪犯承担痛苦的方法，使行为人由于自己的行为而加于自身的罪责，在正义的方式下得到报应、弥补和赎罪。”①

报应刑起源于古代同态复仇的报复思想。在国家产生之前，原始族群以复仇回应对自己的侵害。国家成立之后，国家垄断了刑罚权，但并没有完全与原始的同态复仇划清界限，而是将对犯罪人的报复披上了国家意志和上天旨意的外衣，神意报应理论因为大行其道。

一般认为，真正科学意义上的报应刑理论肇始于以康德和黑格尔为代表的绝对理论。康德认为，法不是为了国民的福祉，而是追求作为自律的自由。当这种自由受到妨害时，有必要加以抑制，这就需要具有强制力的法，这也是刑罚权的根据。依照康德的观点，人是目的，而不是达到其他目的手段。因此，刑罚只能是因为犯罪者犯了罪而加以科处，不能成为为达到其他善良目的而采取的手段。“法院的惩罚绝对不能仅仅作为促进另一种善的手段，不论这是对犯罪者本人或者公民社会都

① ［德］克劳斯·罗克辛：《德国刑法学总论》（第1卷），王世洲译，法律出版社2005年版，第36页。

如此。惩罚在任何情况下，必须只是由于一个人已经犯了一种罪行，才加刑于他。”① 康德特别强调刑罚与犯罪的等价，“任何一个人对别人所作的恶行，可以看作他对他自己作恶。因此，也可以这样说：‘如果你诽谤别人，你就是诽谤了自己；如果你偷了别人的东西，你就是偷了你自己的东西；如果你打了别人，你就是打了你自己；如果你杀了别人，你就杀了你自己。’这就是报复的权利”。② 他主张，支配公共法庭的唯一准则就是刑罚与犯罪的等价，法庭在科处刑罚时，只能考虑刑罚与犯罪的对等，不能够考虑其他标准。因为除了罪刑对等标准之外的其他各项标准均不能够保证始终如一。而一旦标准出现摇摆，就无法保证在任何情况下都可以对犯罪作出公正的判决。

康德理解的罪刑对等是指刑罚与犯罪的侵害方式对等，尤其是刑罚与犯罪的危害结果对等。强调刑罚报应与犯罪的等量是康德报应性理论的显著特征。但是，由于很难找到能够衡量犯罪行为与刑罚等量的更好标尺，等量报应难免会沦为“同害报复”，典型的表现就是“以牙还牙”、“以眼还眼”、“以血还血”。康德关于死刑的主张正是其报应刑理论的最佳体现。

在康德看来，死刑制度符合报应刑的需要，因此，他旗帜鲜明地赞成死刑，认为死刑是正义的要求，是行为人危害行为的必然结果。“谋杀人者必须处死，在这种情况下，没有什么法律的替换品或代替物能够用它们的增或减来满足正义的原则……甚至假定有一个公民社会，经过它所有成员的同意，决定解散这个社会，并假定这些人是住在一个海岛上，决定彼此分开散居到世界各地，可是，如果监狱里还有最后一个谋杀犯，也应该处死他以后，才执行他们解散的决定。应该这样做的原因是让每一个人都可以认识到自己言行有应得的报应，也认识到不应该把有血债的人留给人民。如果不这样做，他们将被认为是参与了这次谋杀，是对正义的公开违犯。”③

总而言之，报应是刑罚的根据，均等原理是科刑的原理，同等报复的法（以眼还眼，以牙还牙）是康德刑罚论的特征，这就是绝对的报应刑论。康德的刑罚论，具有保障人权的要素与严罚主义的要素的两面性。

与康德不同，黑格尔主张，犯罪是恣意否定法律的行为，而刑罚则是对该种否定的再否定。所以，积极地恢复被动摇的国家与法的权威是国家的权力。同时，接受刑罚也表明犯罪者是作为理性者、具有责任能力者而实施行为，因此接受刑的宣告与执行也是犯罪者的权利。处罚犯人“正是尊敬尊重他是理性的存在”。④ 黑格尔认为不存在绝对的平等，他追求的是一种价值上的等同。“犯罪的扬弃是报复，因为从概念说，报复是对侵害的侵害，又按定在说，犯罪具有在质和量上的一定范围，

① 《西方法律思想史资料选编》，北京大学出版社 1983 年版，第 424 页。

② 《西方法律思想史资料选编》，北京大学出版社 1983 年版，第 425 页。

③ 《西方法律思想史资料选编》，北京大学出版社 1983 年版，第 425 页。

④ ［德］黑格尔：《法哲学原理》，范扬、张企泰译，商务印书馆 1961 版，第 103 页。

从而犯罪的否定，作为定在，也是同样具有在质和量上的一定范围。但是这一基于概念的同一性，不是侵害行为特种性状的等同，而是侵害行为自在地存在的性状的等同，即价值的等同。"① 黑格尔成功地用等价报应理论替代了康德的等量报应刑理论，他的这种刑罚论被称为辩证法的、绝对的报应刑论。

康德、黑格尔的思想为后来一部分德国学者所继承，形成了后期古典学派带有强烈的绝对报应、赎罪报应色彩的绝对报应刑理论。例如，后期旧派的重要代表性人物比克迈尔认为，刑罚是对犯罪行为所给予的报应，没有报应也就没有刑罚。报应刑思想与法律发展的历史和国民的法律信仰相符合，并且报应的本质在各国都被保存下来，已经成为一个不可动摇的法的信念。报应刑主义的内容有三方面：无罪责则无刑罚、罪责充足则不可不有刑罚、刑罚应与罪责成比例。贝林亦认为："预防将来的犯罪与对犯罪的报应，不论在理论上或在实际上都迥然不同。预防的条件是危险，报应的条件是行为，二者决不一致。用刑罚一词表示两者，是词的滥用。刑罚是'因为犯了什么'而被科处，从而当然是报应的一种。"②

（二）报应刑理论的优劣

报应刑理论有几个明显的优点：第一，它从社会心理方面具有给人深刻印象的力量；第二，能够为刑罚提供明确的界限。例如，罗克辛就指出，报应刑理论能够"为刑罚的严厉性提供了一个限度原则（Massprinzip）。当刑罚应当与罪责的程度相适应时，它在任何情况下都禁止采用对很小的过错适用严厉处罚的方法来以儆效尤。因此，报应思想现在就为国家的刑罚威力规定了一个界限，在这个范围内，它具有一种自由的和维护自由的功能。虽然，人们不能像数学那么精确地确定，多么严厉的刑罚才能与多么严重的罪责相适应，但是，借助法律规定的量刑规则（第46条!）和通过学术加以优化了的量刑理论，总还是能够得到比较好计算的刑罚幅度的"。③ 第三，报应刑理论也符合人们的经验常识。因为当国家选择忍耐和宽容而不进行报应，那么事实上就降低了侵犯者实施侵害行为的预期成本，会导致更多的侵害行为发生。

但是，报应刑理论也存在弊端。首先，犯罪黑数的存在使得有罪必罚的报应刑思想实际上不可能实现。"警方获悉并记录在案的犯罪行为只是'实际犯罪行为'的那座冰山露出水面的尖顶。"④ 其次，报应刑论完全排斥刑罚目的的考虑。但是，在今天的社会里，人们难以理解并支持一种不追求目的的刑罚理论。"那种认为人们能够对一种痛苦（Übel）（犯罪行为）通过附加另外一种痛苦（承担刑罚的痛

---

① ［德］黑格尔：《法哲学原理》，范扬、张企泰译，商务印书馆1961版，第104页。

② 转引自［日］《泷川幸辰刑法著作集》（第5卷），世界思想社1981年版，第543页。

③ ［德］克劳斯·罗克辛：《德国刑法学总论》（第1卷），王世洲译，法律出版社2005年版，第38页。

④ ［德］汉斯·约阿希姆·施奈德：《犯罪学》，吴鑫涛、马君玉译，中国人民公安大学出版社1990年版，第204页。

苦)，从而使其得以弥补或者消除的思想，只有在一种宗教信仰中才是可以理解的。”①

二、目的刑论的基本思想

(一) 目的刑理论的内涵

目的刑思想可以一直回溯到刑法思想的起源。“在塞尼加（死于公元65年）援引由柏拉图传下来的普洛塔高勒斯（大约公元前485年至前415年）的观点中，就可以找到各种预防理论的古典表现形式……那么，如柏拉图所说：‘聪明人不会因为触犯了戒律而进行惩罚，而是将由此使戒律不再被违背……’”② 柏拉图的思想显然表明的就是预防的思想。

此后，刑事古典学派和近代学派的学者各自从不同的侧面推进了目的刑思想的理论化。尤其是近代学派的学者在与绝对报应刑主义论争时，旗帜鲜明地提倡刑罚的目的理论，从而使目的刑理论得到大发展。例如，新派刑法学的旗手李斯特受到边沁的社会功利主义、达尔文的进化论以及耶林（Ihering）的目的合理主义的影响，认为刑罚只要是国家所实施的，就不可能是原始的本能与冲动，其本身必然具有必要性和合目的性。③ 他主张刑罚应从对犯罪的盲目的反动所施加的报应刑向有意识的目的刑进化，从而提倡目的刑主义。④ 目的刑理论又进而可以分为特殊预防理论与一般预防理论。

(二) 一般预防理论的利弊

一般预防理论认为，“刑罚的目的既不是报应，也不是对行为人的影响，而是对一般公众的影响。通过刑罚的威胁和刑罚的执行，公众应当掌握法律的禁止性规定并且避免违反这些规定。在这里就涉及一种以预防犯罪为目标的（并且由此属于预防和相对的）理论，根据这种理论，刑罚不应当特别地作用于被判刑人，而应当一股地作用于一般公众。因此，人们称这种理论为一般预防的理论”。⑤ 一般预防的思想更为源远流长。《圣经·新约》中就曾提到：“犯了罪的人，应当在公众面前受到谴责，只有这样其他的人才能受到威慑。”⑥ 及至近代，孟德斯鸠、贝卡里亚、边沁等都论及了刑罚对社会公众的威慑效果。而费尔巴哈的心理强制说更是为一般预

---

① ［德］克劳斯·罗克辛：《德国刑法学总论》（第1卷），王世洲译，法律出版社2005年版，第38页。

② ［德］克劳斯·罗克辛：《德国刑法学总论》（第1卷），王世洲译，法律出版社2005年版，第39页。

③ ［日］大塚仁：《刑法中的新旧两派理论》，日本评论社1957年版，第18页。

④ ［德］李斯特：《德国刑法教科书》，徐久生译，法律出版社2006年版，第402页。

⑤ ［德］克劳斯·罗克辛：《德国刑法学总论》（第1卷），王世洲译，法律出版社2005年版，第41页。

⑥ Neues Testament, 1. Timotheus, Kap. 5, Vers 20.

防思想赋予了理论的根据。

费尔巴哈立足于理性的人类观，考虑刑法的合理的目的，主张通过刑罚预告来阻止犯罪行为，给予心理的强制。他指出，“人欲求快乐，所以努力得到一定的快乐。人又想逃避一定的痛苦。这是因为一般而言，不快感既然与人的本性相矛盾，人就不能不逃避它。因而人在可能获得较大的快乐时，就断绝较小快乐的意念；而可能避免较大的痛苦时，就会忍耐较小的不快乐。基于欲望不满足的不快乐，使他因而去避免这种不快乐，刺激他要满足欲望”。[①] “因此，国家所残留的手段，只有通过感性来对感性加以影响。而且，对违法的精神动向的发展通过相反的精神动向来加以阻止，对违法行为的感性动机形成源通过其他感性动机形成源来加以阻止，国家唯一有的就是这样的手段。这种通过感性来影响感性的事情是很容易理解的。”[②] 在费尔巴哈看来，正是追求犯罪时快乐的感性冲动推动人犯罪的。为阻止犯罪，就要抑制、防止这种感性冲动。科处作为害恶的刑罚，使得“犯罪带来的痛苦远远大于犯罪带来的快乐”这一观念铭刻在人们的心中，才能有效地扼杀人们心中犯罪意念的萌芽。心理强制说被认为是缜密构建的天才的历史性理论，[③] 它呈现出的就是十分明确的一般预防思想。费尔巴哈的心理强制说在刑罚理论领域造成了深远的影响。罗克辛指出，“以费尔巴哈为根据主张一般预防的刑罚理论的还有叔本华，最近，他的理论又重新受到重视……屈佩特（Küpper）也借助叔本华的方案指向与本书所赞同的预防性综合理论”。[④]

一般预防理论具有其长处：第一，目标明确。报应理论直接指向刑法的保护任务不同，它以阻遏犯罪为目标。第二，符合罪刑法定主义。要进行有效的一般预防，就必须让国民预先知道行为的法律后果，这意味着法律条文必须明确公开。事实上，费尔巴哈正是因为其一般预防理论而奠定了罪刑法定原则的理论基础。第三，能够说明为什么在行为人并没有再犯危险的情况下，也不允许完全放弃刑罚。因为如果犯罪不受处罚，就容易激起模仿的兴趣。第四，符合人们对实践经验的理解。一般预防理论虽然建立在社会心理的假设之上，但它在实践中很少受到批驳。尽管反对的意见认为，各种犯罪行为就证明了一般预防的无效性，然而，人们总是可以反驳，一般预防的有效性表现在，尽管发生了各种犯罪行为，人民中的大多数仍然保持了自己的对法律的忠诚感。国家的刑罚实践在这其中具有重要意义的假定，是很难伪造的。[⑤]

---

① ［日］山口邦夫：《19世纪德国刑法学研究》，八千代出版股份公司1979年版，第26~28页。

② ［日］庄子邦雄：《近代刑法思想史研究》，NTT出版1994年版，第21页。

③ ［日］庄子邦雄：《近代刑法思想史研究》，NTT出版1994年版，第21页。

④ ［德］克劳斯·罗克辛：《德国刑法学总论》（第1卷），王世洲译，法律出版社2005年版，第41页注26。

⑤ 参见［德］克劳斯·罗克辛：《德国刑法学总论》（第1卷），王世洲译，法律出版社2005年版，第43页。

但一般预防理论也被认为存在缺陷：

第一，将人工具化。通过威慑来进行一般预防，意味着犯罪人不是因为犯罪而受到处罚，而是为了别人不犯罪才受到处罚。显然，他就只被当作了预防犯罪的工具。而且，如同黑格尔对费尔巴哈理论的批评那样，通过威慑进行预防是不正当的，因为这损害了应受威慑的人的尊严。“如果以威吓为刑罚的根据，就好像对着狗举起杖来，这不是对人的尊严和自由予以应有的重视，而是像狗一样对待他。”①

第二，适用前提存疑。对于一般预防而言，“除非特定的基本前提性条件被满足，威慑效果可能就不存在。首先，威慑对象必须知道用以取得影响个人行为效果的法律规则。第二，威慑目标必须能够而且愿意从其自身利益出发计算行为的成本和收益——也就是说，他们必须能够并且愿意考虑包含于以威慑为基础的规则当中的制裁威胁，并且将其用于决定其将来的行为。第三，作了上述计算之后，威慑目标还必须得出预期犯罪的代价，即刑罚，超过了犯罪之收益的结论。所有这三个前提性条件都被满足的情况是任何威慑作用的必备前提，但这是例外而不是一般的情况”。② 但是，犯罪人通常不知道法律规则，即使他们认为自己知道，也经常是错误的。而且，最有可能成为犯罪人的人，也最有可能是那些不合格的计算者，或者漠视行为未来结果的人。他们很有可能受到酒精、毒品、愤怒、恐惧、群体性激发、群体性认同转变、过分冲动、精神疾病，或者其他各种可能使其在算计过程中失调的因素的影响。再者，纵然威慑目标知道法律规则并且属于理性的算计者，但考虑到惩罚的可能性，刑罚的强度（刑罚量）和刑罚的及时性（犯罪所招致的刑罚的延迟），较之确立犯罪代价问题上的这些困难——刑罚可能性低和长时间的刑罚延迟——与犯罪收益的认知，后者往往被认为具有很高的收益可能性（因为抓获概率低），而且这种收益很有可能被认为是唾手可得的。③

第三，不能划定刑罚的期间。与特殊预防相比，一般预防理论中没有包含刑罚期间的界限。这样，至少对于消极性一般预防来说，就总是存在一种转变为国家恐怖的危险。因为这种更高和更严厉的刑罚也具有更大的威慑作用的思想，尽管极有可能是不正确的，在历史上，却经常是造成“无节制”刑罚的原因。④ “要取得一般预防的效果，刑罚的威慑就必须严厉。”⑤

（三）特殊预防理论的优劣

特殊预防理论将刑罚的目的从对一般人的威慑转向了对具体犯罪人的改造，从

---

① ［德］黑格尔：《法哲学原理》，范扬、张企泰译，商务印书馆 1961 年版，第 102 页。

② ［美］保罗·H. 罗宾逊：《进行中的刑罚理论革命：犯罪控制意义上的公正追求》，王志远译，载《当代法学》2012 年第 2 期。

③ 参见［美］保罗·H. 罗宾逊：《进行中的刑罚理论革命：犯罪控制意义上的公正追求》，王志远译，载《当代法学》2012 年第 2 期。

④ 参见［德］克劳斯·罗克辛：《德国刑法学总论》（第 1 卷），王世洲译，法律出版社 2005 年版，第 42 页。

⑤ ［日］山中敬一：《刑法总论》（第 3 版），成文堂 2015 年版，第 60 页。

特定个人着手考虑通过刑罚预防犯罪的可能性。主张刑罚的目的是预防犯罪人重新再犯罪，因而提倡针对具体的犯罪人通过消极的剥夺与控制、积极的治疗与改善来消除其再犯的危险。刑事人类学派的龙勃罗梭、菲利等为这一思想作了理论上的铺垫。例如，龙勃罗梭反对一般预防，主张根据犯罪人的不同情况，采取不同的刑罚执行措施。举例而言，对于生来犯罪人，应当科处终身监禁刑或死刑；对于其他类型犯罪人，则应当科处罚金刑、不定刑期或送到精神病院。除此之外，针对轻微犯罪，他提出采取叱责、断食、冷水浴、身体刑、自宅拘禁等一些处置措施。[①] 李斯特于1882年通过著名的“马尔堡计划”系统地提出了特殊预防理论，将刑罚的焦点更多地转向了特定的行为人。他主张，按照以社会学的观点进行分类的犯罪人的类型来加以选择刑罚的内容。对机会犯进行威吓，对改善可能的有改善必要的状态犯进行教育，对改善不能的状态犯人进行长期或者终身的隔离（无害化），这些都是合目的的手段。[②] 李斯特的特殊预防观念通过国际刑法学会等国际组织的努力，对战后刑法学的发展也发生了影响。尤其是其“再社会化”观念，深刻影响了美国、斯堪的纳维亚国家。德国部分刑法学者针对1962年刑法修改草案，而在1966年公布的《刑法典反建议案》中继承了李斯特的预防理论，该建议案“多数的部分，与一般预防相比更重视特殊预防，即由于刑罚的一般预防效果存疑，所以不能够因为顾虑这种不确定的效果，而以已经犯罪者的社会复归做牺牲的代价。因此，刑罚必须是为了犯罪人人格的改善，为其复归社会服务”。[③] 在1969年以后的联邦德国立法改革中，特殊预防理论的影响也随处可见。

特殊预防理论的优势在于，帮助犯罪人再社会化。特殊预防所主张的并不是要把犯罪人赶出社会并在他身上打上耻辱的烙印，而是要使他与社会融为一体，这比其他各种理论更加公正。特殊预防要求在刑罚执行的项目中，安排社会化的训练和有帮助性的处置，从而使特殊预防有可能进行结构性改革和避免报应原则在实践中的无效果。“社会复归可能是一种非常合理的矫正政策。换句话说，人们可能希望监狱看守和缓刑、假释官尽可能多地对具有现实矫正可能的犯罪和犯罪人适用社会复归计划。在合适的情况下加以运用，社会复归计划可能成为良性的社会投入。除了其犯罪控制可能性，社会复归计划可能具有特殊的价值。大多数人都会同意，社会复归计划在帮助人们改变自己，以最大限度地过上令人满意的生活方面具有内在的价值。”[④]

但特殊预防理论也存在问题：

第一，没有为刑罚提供一种限制原则。特殊预防理论可能推导出这样的结论，

---

① ［意］切萨雷·龙勃罗梭：《犯罪人论》，黄风译，中国法制出版社2000年版，第319页。

② ［德］李斯特：《德国刑法教科书》，徐久生译，法律出版社2006年版，第402页。

③ ［日］中村悠人：《关于刑罚正当化根据的考察——日本与德国刑罚理论的展开（1）》，载《立命馆法学》2012年第1号。

④ 参见［美］保罗·H. 罗宾逊：《进行中的刑罚理论革命：犯罪控制意义上的公正追求》，王志远译，载《当代法学》2012年第2期。

即可以把一个被判刑人关押到其已经重新社会化为止，这就导致了不定期刑，严重违背罪刑法定主义和侵犯人权。

第二，危险性评估的难度很大。特殊预防理论的前提是准确评估行为人的再犯危险性。但是，这一点恰恰是非常困难的。

第三，适用对象出现偏差。按照特殊预防理论，在某些极端情况下，即使行为人没有犯罪，但只要表现出人身危险性，就可以对其进行预防。“同时还会导致这种情况：当一种轻微的违法行为表现为一种深刻的人格障碍症状时，也能够对其施加长期的自由刑。是的，如果证明一个人具有严重的犯罪危险性，那么，在不需要证明他已经实施了一个具体的犯罪行为时，一种（重新）社会化的处理方法也会是应当予以考虑的。这样做而发生的对人的侵犯，就远远超过了根据报应理论所允许的范围，这样做对个人自由产生的限制，就会超过在自由的法治国中值得追求和允许的范围。”①

第四，对某些犯罪不予处罚的问题。对于某些没有再犯可能性的人，即使其所犯之罪再严重，也可能根据特殊预防理论不予处罚，这无法满足一般国民的处罚感情。②“如果刑罚的目的真的在于特殊预防，那么一旦对于行为人来说缺少特别预防的需要——比如，行为人已无法再去实施他曾经犯下的罪行，或者说该罪行是在某种独一无二、不可重复的情境下产生的——则不存在动用刑罚的余地。显而易见，世界上没有任何一个国家采纳了这一结论。尤其是对于十分严重的犯罪，该结论就更没有获得过赞同。而且，该结论也不可能为人们所接受。因为，即便在这类情形中，行为人也通过其犯行对举动秩序的效力提出了质疑，而且如果我们不容许在此情形下相关举动规范遭受侵蚀，那就不能简单地对行为人的行为加以容忍。”③

第五，处罚权力来源的问题。再社会化，是强制具有不同价值观的少数人去接受和适应多数人的价值观。国家进行这种强制的依据是什么，是否违反人的尊严，是否违背民主主义和自由主义？④

第六，实际效果的问题。“通过刑罚来进行改善、矫正的社会复归思想，特别导致了刑罚的长期化和监狱深刻的收容过剩的问题……将作为国家强制手段的刑罚的内容定位为矫正，意图在监狱等设施中进行改善、再社会化的尝试，并没有实现有意义的结果。”⑤

---

① 参见［德］克劳斯·罗克辛：《德国刑法学总论》（第1卷），王世洲译，法律出版社2005年版，第40页。

② ［日］山中敬一：《刑法总论》（第3版），成文堂2015年版，第60页。

③ ［德］沃尔夫冈·弗里施：《变迁中的刑罚、犯罪与犯罪论体系》，陈璇译，载《法学评论》2016年第4期。

④ 参见［德］克劳斯·罗克辛：《德国刑法学总论》（第1卷），王世洲译，法律出版社2005年版，第40页；［日］山中敬一：《刑法总论》（第3版），成文堂2015年版，第60页。

⑤ ［日］中村悠人：《关于刑罚正当化根据的考察——日本与德国刑罚理论的展开（1）》，载《立命馆法学》2012年第1号。

（四）综合预防理论

综合预防理论，同时承认特殊预防和一般预防，但对两种预防的内涵外延的理解因学者而有不同。

罗克辛认为，今天各种有代表性的刑罚理论，都一定是以这样的认识为出发点：刑罚的目的只能是预防性的。刑法规范只有以保护个人自由和为其服务的社会秩序为目标，刑罚目的才能被认为是有正当化根据的，同时，具体刑罚追求的也仅仅是预防犯罪的目的。人们可以由此进一步得出结论：由于犯罪行为在这里不仅是通过对个人的作用，而且是通过对一般公众的作用而得到遏制的，所以，特殊预防和一般预防作为刑罚的目的就必须同时存在。因此，一般预防和特殊预防这两种途径都服从于相互交织的最终目的，并且都是符合法律的。

在罗克辛看来，综合预防理论的优点在于，即使不是从各个方面都同时需要预防时，刑罚的预防目的也会得到保持。如果一个判决能够同时追求特殊预防和一般预防的目的，那当然最符合综合理论的设定；如果在具体案件中，行为人没有再犯危险性，这个时候就可以根据一般预防理论来对其进行处罚；在被判刑的人难以进行再社会化时，一般预防理论的必要就能为刑罚奠定基础。“预防性的综合理论接受了特殊预防和一般预防的观点，尽管在这里出现了一会优先考虑这样的观点，一会又优先考虑那样的观点的情况，然而，在两种目标出现相互矛盾时，特别预防的重新社会化的目的就挪到了第一位的位置。但是，一般预防控制着刑罚的威胁，并且，在缺乏特殊预防目的或者在特殊预防目的失败的情况下，单独为刑罚的正当化提供基础。与此同时，尽管社会化目标在刑罚执行中具有绝对的优势，但是，如果各种一般预防的意图不能存在，那么特殊预防的刑罚也就不能存在。这样的综合理论与本书所代表的观点一样，并不宣告特殊预防和一般预防观点的轻率随意使用是合理的，而是将两种观点带入一种经过仔细认真地斟酌的体系之中，而正是这个体系为国家刑事惩罚基本要素的交叉组合，提供了一个理论基础。”①

三、并合刑论的基本思想

由于报应刑论和目的刑论各自都存在一些问题，因而在理论上出现了将两者结合或者将一般预防与特殊预防结合的并合刑理论。其中根据其基本立足点的不同，也有不同的类型：

有的学者主张，报应刑和目的刑即一般预防、特殊预防的并合。例如，德国学者冈特·施特拉滕韦特等认为，罪责刑相适应的范围内考虑一般预防，因为刑罚的目的在于有节制地处理违法行为造成的冲突。他认为只有这才是能够从头至尾贯彻的刑罚正当化根据的表述。至于报应理论、一般预防论和特殊预防论相互关系，他也认为在不同的案件中可能有不同的排序和需求，应根据每个目标的等级尽量合理

① ［德］克劳斯·罗克辛：《德国刑法学总论》（第1卷），王世洲译，法律出版社2005年版，第47页。

地平息冲突。①

有的学者主张报应刑与特殊预防的综合。例如，德国的韦塞尔斯教授指出："犯罪行为之所有的法律后果，必须与法治国家原则和比例性原则相一致……'刑'以负有法律意义上的责任为前提条件……责任原则禁止对不承担责任行为科处刑罚和刑罚超过责任程度……与这个责任原则（Schuldprinzip）具有同等地位的社会化原则（Resozialisierungsprinzip），也是刑罚处罚体系的一个构建基础。刑罚的目的是使行为人能重新融入法制共同体；通过被科处刑罚，行为人将受到惩肃威慑，产生对社会负有责任的意识，在今后的生活中不再违法。"②

还有的学者主张分配理论，即根据刑罚所处的不同形态确立不同的正当化根据。这一理论最早由 M. E. 迈尔所提出。其大体思路是区分立法、刑罚裁量以及刑罚执行三个阶段，然后在不同的阶段分别讨论刑罚的正当化根据。③ 由于这种观点注意到了刑罚制度不同阶段的特征，因而也为不少学者所接受。例如日本的团藤重光也赞成分配说，他指出，立法阶段应考虑一般预防、量刑阶段考虑一般预防与特殊预防、行刑阶段考虑特殊预防，而它们又都以报应为基础。④

并合理论试图综合报应刑论与各种目的刑论的长处，这种思维方式是可取的。但如何扬各种理论之长而避各种理论之短，是并合刑论最大的难题。同时，报应、一般预防、特殊预防等各种因素在刑罚正当化依据中的地位与位阶，分配理论在各阶段进行分配的依据等，也都是并合刑论必须解决的问题。

第二节　积极的一般预防理论的兴起

近年来，刑罚正当化根据研究领域中最引人瞩目的现象就是积极的一般预防理论的兴起。"积极的一般预防"这一术语迟至 1979 年才开始出现，但其产生后直到 20 世纪 90 年代末，迅速成为德国刑法学界讨论最为热烈的话题之一。

一、积极的一般预防理论的内涵

（一）积极的一般预防理论的概念

积极的一般预防理论的称谓，显然是为了与传统的一般预防概念划清界限。因应积极的一般预防理论的出现，过去的一般预防理论也就被被对置性地称为消极的一般预防理论。

---

① 参见［德］冈特·施特拉滕韦特、洛塔尔·库伦：《刑法总论 I——犯罪论》，杨萌译，法律出版社 2006 年版，第 18 页。

② ［德］约翰内斯·韦塞尔斯：《德国刑法总论》，李昌珂译，法律出版社 2008 年版，第 9 页。

③ 参见［日］团藤重光：《刑法纲要总论》，创文社 1990 年版，第 39 页。

④ 参见［日］团藤重光：《刑法纲要总论》，创文社 1990 年版，第 544~545 页。

积极的一般预防理论有很多版本，其数量如此之多以至于事实上可以不提积极的一般预防理论，而称之为积极的一般预防的理论群。

根据米夏埃尔·鲍里曼（Michael Baurmann）的观点，积极的一般预防理论可以分为两大类：

第一种是广义的积极的一般预防理论。它是通过刑罚使人们学习养成遵守规范的意识，即承认刑罚的教育效果，这种效果可以直接或者间接地对人们性格的形成产生作用。换言之，人们在日常生活中的行动，素质与气质倾向起了重要的作用。人们对规范的遵守，并不是简单地视情况而定，而是素质（人格、性格）与规范的结合的结果。这种素质本身是受外部环境显著的影响而形成，也会随之外部环境的变化而变化。当外部的强化与刺激停止时，素质就会被破坏，从而呈现出不稳定性。所以刑罚的作用，不是对人们某个时刻的行为决定的刑罚短期的威吓效果，而是在人们日常的学习成长过程中的累积的长久的影响，即国家刑罚制度是促进人们养成对法律忠诚的长久的行为战略与生活方式。它不是教育人们犯罪是没有价值的行为，而是教育大家不要成为犯罪者。因此，国家的刑罚也要具有一定的安定性、连贯性，预测可能性。这种广义的积极的一般预防理论也被称为综合预防论。

另一种是狭义的积极的一般预防理论。它认为，刑罚是对人们意识形态的形成及道德的确信产生影响，或者说是唤起作为人们的洞察力。与广义的理论不同，人们原本就是基于正当性理论而实施行为的存在，规范的对象在他确信规范的正当性和妥当性时，就有了遵守规范的根据。在这里，对规范的同意与肯定成为问题。刑罚不是工具，而具有象征性或表现性的意义。狭义的积极的一般预防理论认为，刑罚具有两个意义：一个是通过刑罚来对法律的妥当性进行象征性表明；另一个是通过刑罚来满足法律感情，强化对法秩序持续力贯彻力的信赖，进而对维持法律忠诚与法律情感的安定发挥作用。①

两种积极的一般预防理论的差别的根据在于对人的形象设定上的差异。广义的积极一般预防理论认为，人是通过刑罚而被教育的存在。狭义的积极一般预防理论认为，人是基于自己所判断的具有正当性的信念而行动的存在。具体而言：

---

① Michael Baurmann, Vorüberlegungen zu einer empirischen Theorie der positiven Generalprävention, GA 1994, S. 375. 参见［日］中村悠人：《关于刑罚正当化根据的考察——日本与德国刑罚理论的展开（1）》，载《立命馆法学》2012 年第 1 号。

	广义的积极一般预防理论	狭义的积极一般预防理论
行动模式	基于素质而行为	基于正当性理念而行为
说明模式	素质与规范的结合。即规范的对象（接收人），在具有遵守规范的素质（气质倾向）时，就具备遵守规范的根据	规范认可，即规范的对象（接收人），在确信规范的正当性妥当性时，具备遵守规范的根据
效果机制	学习	确信的形成
作为理论前提的假说	刑法是通过养成和维持素质，来使素质与规范相结合	刑法是通过对法律信赖的保障来使人们承认规范，这包括对平均正义的信赖和对规范贯彻的信赖

虽然积极的一般预防理论存在多种多样的形态，但概括而言也有一些共通之处：积极的一般预防理论认为，法律必须被遵守，而不能对其加以破坏。刑罚的作用在于通过确保规范被遵守，从而使社会大众确信法规范的不容破坏性。所以，刑罚是维护法规范的手段，通过刑罚的威吓效应，达到尊重规范的目的，并通过对破坏规范者的处罚，强化社会大众的规范意识，以达到信赖规范的目的。

（二）积极的一般预防理论的发展史

早在19世纪就出现了积极的一般预防理论的萌芽。例如，韦尔克（Welcke）认为，犯罪是削弱对法律与国家的“尊敬和神圣”，刺激人的感性去实施侵害法律，从而引起“知的损害”（Intellectuellen Schaden），因此必须通过刑罚来对其加以抑制。因此，刑罚的目的在于，“第一，犯罪者的道德改善；第二，犯罪者的政治改善；第三，使同胞恢复对犯罪者的尊重和信赖；第四，全体市民中法律意识的风气的回复及市民在道德和政治上的对法律尊重的回复；第五，被害者名誉与尊重的回复；第六，被害者法律意识的风气的回复；第七，将全体有害的成员从国家中加以清理”。当然，韦尔克只是将上述刑罚目的加以罗列，并没有充分考察其相互关系。但他通过刑罚来回复对法律的尊重和法律意识风气的回复，体现出与消极的一般预防论和特殊预防论不同的视角。①

进入20世纪以后，H. 迈尔提出，“刑罚，本质上是与形成社会伦理的基本路线相关，使所禁止的行为形成禁忌”，其思想背后蕴含着对刑罚的道德形成力的期待。韦尔策尔也认为，刑法是通过刑罚来显示“这种积极的行为的价值的妥当性”，使“市民社会伦理的判断得以形成，强化其对法律忠诚的心情”。H. 迈尔和韦尔策尔的思想都包含了通过刑罚来进行柔软的国民教育的构想。按照他们的观点，规范不是从市民中自发产生的，而是通过刑罚来进行启蒙和教育的。通过刑罚的教育，使

---

① 参见［日］中村悠人：《关于刑罚正当化根据的考察——日本与德国刑罚理论的展开（1）》，载《立命馆法学》2012年第1号。

人们形成伦理判断，并奠定依此行动的动机。这种国民教育的思想，已经接近于现在的积极的一般预防理论。[①]

积极的一般预防理论的核心概念，如法忠诚的要求、法秩序的维护、规范效果的强化等基本成型于20世纪70年代早期。此时，不少学者的刑罚理论中实质上已经呈现出了积极一般预防理论的基本轮廓。但理论界还没有正式提出积极一般预防这一概念，也没有人将其视为一种独立的理论。直到1979年，“积极一般预防”这一术语才正式诞生。直接提出这一概念的是海因里希·贝克曼（Heinrich Beckmann），他认为刑罚服务于促成对法秩序的信赖，通过它的行为掌控效果达成由国家保证的安全（法信赖的确立）。由此完成了新理论与传统的消极的一般预防理论的分离，并将其正式命名为“积极的一般预防”。此后，德国刑法学界迅速关注并接受了这一术语及其内涵。雅科布斯在1983年就曾指出，当时已经存在独立的积极一般预防理论了。自1985年起，积极的一般预防成为《莱比锡刑法评论》中的关键词之一。同年，阿图尔·考夫曼就已意识到，积极的一般预防理论是多数青年学者优先采纳的立场，雅科布斯、罗克辛、托马斯·魏根特（Thomas Weigend）、耶塞克等著名学者也陆续接受或部分接受了积极的一般预防理论。当然，也仍有一些学者反对积极的一般预防理论，如沃尔夫（E. A. Wolff）、普利特维茨（Prittwitz）、帕夫利克（Pawlik）等。[②]

（三）积极的一般预防理论的特征

学界对于积极的一般预防理论的核心内涵有各种不同的表述，如按照雅科布斯经典教科书式的表述，“刑罚的接收人本来就不是作为潜在犯罪人的人，而是所有的人。这么说，是因为人们都不能离开社会的相互作用而生活，因此都必须对此有所预知。在这个意义上的刑罚，是对‘规范信赖的训练’。另外，刑罚是使违反规范的行为承担相应代价，由此来提高人们学习这种行为一般而言是不应该被选择行为的机会，这个意义上的刑罚是指向‘对法律忠诚感的训练’。再者，至少对于无视规范的学习而加以违反的行为，可以通过刑罚来让他学习什么样的行为应该承担什么样的义务。这种‘接受后果的训练’也很重要。这三种效果作用，就可以说是规范认可训练的概括。在论述国家刑罚的任务时，‘通过学习认可规范的一般预防’（所谓积极的或者一般的即不是单纯威吓的一般预防）就是主要课题”。[③] 据此，刑罚具有以下三方面的任务：（1）训练规范信赖；（2）训练法忠诚感；（3）接受违规后果的训练。

罗克辛认为，“在积极的一般预防中，还可以区分出三个既相互区别又相互交叉的目标和作用：受社会教育动机推动的学习效果，也就是通过刑事司法活动在人

---

① 参见［日］中村悠人：《关于刑罚正当化根据的考察——日本与德国刑罚理论的展开（1）》，载《立命馆法学》2012年第1号。

② 参见陈金林：《积极一般预防理论研究》，武汉大学出版社2013年版，第1页以下。

③ Günther Jakobs, Strafrecht AT, 2. Aufl., 1991, S. 13 f., Rn. I/15.

民中号召‘学会法律忠’；国民通过看见法律得到贯彻执行而产生的忠诚效果；最后是满足的效果，即一般公众基于对违法行为的惩罚从而使法律意识得到抚慰，以及他们与违法行为人的冲突被看作已经得到了结而出现的效果。(Integrationsprävention)。这个术语下，作为刑法反应的正当化根据得到考虑。”①

虽然学者表述各有不同，但积极的一般预防的基本特征可以说还是非常清楚的。第一，它是“一般的”。因为它不是特殊预防，也就不考虑通过针对特定犯罪规定刑罚来威慑具体的犯罪行为人，所以是一般预防。第二，它是“积极的”。因为它并不想通过威慑潜在的犯罪行为人，而是通过增强其他民众对法律的忠诚来预防犯罪，所以它又是积极的。第三，它是“预防的”。与之紧密相连的是预防，这样就与威慑划清了界限，也就不可能让人想到像“积极的威慑”之类的说法。②

二、积极的一般预防理论的利弊

（一）积极的一般预防理论的长处

积极的一般预防理论毫无疑问具有其优点。

第一，避免将人工具化。积极的一般预防不是将民众作为刑法威吓的对象，它不想对任何人进行威慑，无论是公众还是受刑者。它的目的是在总体上强化民众的“一般的法律意识”。这就避免了消极的一般预防理论所经常受到的批评。

第二，积极的一般预防在经验论上不可证伪。犯罪的不断发生往往被人们视为消极的一般预防理论的失败。因为尽管有刑罚的威胁、科处和执行，依然会有人实施犯罪行为。而积极的一般预防理论则成功地回避了这一难题。“积极的一般预防是这样来追求其积极性的：毕竟有谁能知道，刑罚的威胁、处刑和行刑，对守法者的法忠诚——而不是对犯罪行为人的法背叛——可能会有什么积极的效果？仅仅存在无所畏惧的犯罪行为人这一事实还不足以证明：不存在这样一些人，他们从未考虑过犯罪，恰恰是因为——或者是部分因为——他们增强了对‘自己的’国家规范的权威的信任，哪怕这些规范不断地而且是经常性地遭到违反。显然并非所有的人都在不间歇地进行犯罪，甚至是惯犯也会偶尔稍事休息。为什么这就不可能是通过刑罚进行积极的一般预防的效果？当然，如果这种考虑证明了什么，那么除了积极的一般预防的经验上的正确性，以及每一种预防性的处罚形式的正确性外，还包括威慑的正确性。稍夸张地说，积极的一般预防正因为如此可能显得非常有吸引力，因为它的效果是无法通过经验加以证明的——或者更准确地说，是因为其效果在经验上是不可证明的。就所有的目的而言，积极的一般预防在经验论上是免疫的；它

---

① ［德］克劳斯·罗克辛：《德国刑法学总论》（第1卷），王世洲译，法律出版社2005年版，第42~43页。

② 参见［美］马库斯·德克·达博：《积极的一般预防与法益理论——一个美国人眼里的德国刑法学的两个重要成就》，杨萌译，载《刑事法评论》第21卷，第443页。

基本上是‘不可反驳的’（不是可以证伪的）。”①

（二）对积极的一般预防理论的质疑

作为刑罚正当化根据的理论，积极的一般预防理论也受到了广泛质疑。具体而言：

第一，可能导致重刑化。积极的一般预防理认为，刑罚的目的就是要稳定因负有责任的行为（犯罪行为）而受破坏的秩序、信赖，通过罪责的归属以及刑罚的施加，使信赖法规范的正当性得到确认，使大众因为规范的有效而安心，将因犯罪所破坏的规范效果再度巩固起来，借以维持大众对规范的信赖。刑罚的功能是在于以这种积极（正面）的方式来维护法秩序的稳定。② 那么刑罚就可能完全成为满足国民处罚感情、确保规范效力的手段，这毫无疑问会走向重刑主义。③

第二，与报应刑论的界限模糊。“事实上或许很难将积极的一般预防与一种绝对的刑罚理论加以区别。毕竟主张古典的报应理论者意图通过刑罚增强国家权威，或者至少是增强刑事法律（或者社会的，道德的或者法律的）规范的效力。与现代支持积极的一般预防论的人不同，当时他们虽然并非肯定地想过，国家权威的确认之外还需要另外一个要达到的目的——比如降低犯罪率。然而，如果达到这个目的是无关紧要、可以忽略的，以至于不需要任何经验证明，那么积极的一般预防与绝对的刑罚理论之间的界限很快就会消失。”④ 例如，雅科布斯认为：“刑法的功效存在于，反对违反社会确定的与自己同一的规范。也就是说，刑法确认社会的同一性……在这个理解中，刑罚不仅是维护社会同一性的一种手段，而且已经是这种维护本身。”这最近已经越来越接近黑格尔意义上的绝对理论了。⑤ 于是，批评意见认为，积极的一般预防理论究竟与报应刑理论在哪些方面不一样，这一点并不明确。⑥“雅科布斯在《国家刑罚》中将自己的刑罚理论称为‘积极的一般预防论’。但在规定刑量时，雅科布斯着眼于犯罪行为的社会重大意义，从而使他的刑罚理论难以否定地带有相当的报应色彩。而且雅科布斯还认为潜在的犯罪者的犯罪倾向有时也影响刑量的规定，但这始终应该限定在由该犯罪行为（所引起的规范的危殆化）的结果范围之内。这一点也已经是报应思想了。”⑦

---

①［美］马库斯·德克·达博：《积极的一般预防与法益理论——一个美国人眼里的德国刑法学的两个重要成就》，杨萌译，载《刑事法评论》第 21 卷，第 448 页。

②［德］雅科布斯：《罪责原则》，许玉秀译，载《刑事法杂志》第 40 卷第 2 期，第 69 页。

③［日］松原芳博：《刑法总论》，日本评论社 2013 年版，第 7 页。

④［美］马库斯·德克·达博：《积极的一般预防与法益理论——一个美国人眼里的德国刑法学的两个重要成就》，杨萌译，载《刑事法评论》第 21 卷，第 448 页。

⑤ 参见［德］克劳斯·罗克辛：《德国刑法学总论》（第 1 卷），王世洲译，法律出版社 2005 年版，第 43 页。［德］沃尔夫冈·弗里施：《变迁中的刑罚、犯罪与犯罪论体系》，陈璇译，载《法学评论》2016 年第 4 期。

⑥［日］山中敬一：《刑法总论》（第 3 版），成文堂 2015 年版，第 61 页。

⑦［日］川端博等：《理论刑法学的探究》（6），成文堂 2013 年版，第 53~54 页。

第三，不可证伪也同时意味着其不科学性。积极的一般预防理论在经验上无法证伪，这容易走向形而上学，最终沦为一种象征性或思想性的理论而已，而有损其实践性。

第四，强调对规范的维护乃至新的规范的创出，同样有对人不尊重之嫌。积极的一般预防理论意图通过刑罚来影响人们对规范心理，从而对人们的行为加以规则来实现预防。这种对行为规制的预防，即包括对现有规范的遵守，也包括形成、创设出新的规范。“在既存的规范中并未被视为‘恶’的行为会因违反新的法律而受到处罚。这种反复处罚会使人们习以为常，从而产生这种行为就是‘恶’的所以被处罚的意识。处罚在这种情况下就形成和创设出新的社会规范。”① 但这与其说是将社会上的民众视为自律的主体，不如说是将其视为行为统制的客体。② 在这方面具有与消极的一般预防同样的缺陷。

第五，积极的一般预防理论难以单纯成为刑罚正当化根据或刑罚目的。“通过严格意义上的积极的一般预防理论来为国家的刑罚赋予独自的正当化根据与正当性并没有获得成功，这一点被一般性地认可了。认为刑罚不是其他报应或手段（工具）预防的手段的学者，谁也不会认为刑罚是自发地遵守规范的根据。即使积极的一般预防意义上的刑罚效果实际上存在，刑罚的正当化也还得依存于其他的刑罚目的，或者说刑罚至少依存于对这些目的所起作用的表象（观念）的正当评价。”③

积极的一般预防理论出现后引发了剧烈的反响，“在过去几十年中，刑罚理论——在悄然抛弃其他一些学说之后——已经完全转到了上文最后所论述的发展方向上”。④ 但是，积极的一般预防理论能否完全脱离报应刑理论和特殊预防理论、消极的一般预防理论而单独成为刑罚正当化的根据，仍值得研究。

第三节　死刑制度的争议

一、死刑的概念与死刑犯罪

死刑是剥夺受刑人生命的刑罚，也被称为“生命刑”。在人类历史上，死刑曾是刑罚的中心，其种类也多种多样，十分残酷。诸如被剥皮、钉在尖桩上、喂昆虫或野兽、沉水、石击、钉在十字架上、焚烧、肢解、勒死、活埋、压死、水煮、车

---

① ［日］所一彦：《抑止刑再论》，载［日］芝原邦尔、西田典之、井上正仁编：《松尾浩也先生古稀祝贺论文集（上卷）》，有斐阁 1998 年版，第 111 页。

② 参见［日］中村悠人：《关于刑罚正当化根据的考察——日本与德国刑罚理论的展开（4）》，载《立命馆法学》2012 年第 4 号。

③ ［日］田中久智等：《积极的一般预防论最新的动向（1）》，载《比较法制研究》1997 年第 20 号。

④ ［德］沃尔夫冈·弗里施：《变迁中的刑罚、犯罪与犯罪论体系》，陈璇译，载《法学评论》2016 年第 4 期。

裂、枪杀、饿死和做炮灰等。[①] 现代各国的死刑执行方法通常有枪决、电刑、绞首、注射等较为平和的方式。

什么样的犯罪可以被判处死刑，《公民权利和政治权利国际公约》规定："在未废除死刑的国家，判处死刑只能是作为对最严重的罪行的惩罚。"但什么是"最严重的罪行"，各国理解不一。

在日本刑法中，刑法典规定的可以适用死刑的犯罪有 12 种，特别刑法中规定了 7 种可以适用死刑的犯罪。刑法典中的死刑罪名是：内乱罪（第 77 条第 1 款第 1 项）、诱致外患罪（第 81 条）、援助外患罪（第 82 条）、对现住建筑物等放火罪（第 108 条）、使爆炸物破裂罪（第 117 条）、侵害现住建筑物等罪（第 119 条）、颠覆汽车等致死罪（第 126 条第 3 款）、往来危险致使汽车颠覆等罪（第 127 条）、将毒物等混入水道致死罪（第 146 条）、杀人罪（第 199 条）、强盗致死罪（第 240 条）、强盗强制性交致死罪（第 241 条，2017 年修改）。特别刑法中规定的死刑罪名是：使用爆炸物罪（取缔爆炸物罚则第 1 条）、决斗杀人罪（关于决斗罪的文件第 3 条）、劫持航空器等致死罪（关于处罚劫持航空器等的法律第 2 条）、使航空器坠落致死罪（关于处罚导致产生航空危险的行为的法律第 2 条第 3 款）、杀害人质罪（关于处罚强要人质行为等的法律第 4 条）、有组织的杀人罪（关于有组织犯罪处罚及犯罪收益规制的法律第 3 条第 1 款第 3 项），海盗行为等致死罪（关于海盗行为处罚与海盗行为对策的法律第 4 条第 1 款）。在日本刑法中，除了诱致外患罪规定了绝对的死刑，其余的犯罪都在死刑之外有其他刑种供法官选择。从日本的实际情况看，"近年来，实际宣告死刑的，只有杀人及强盗致死罪（包括强盗杀人）"。[②]

《俄罗斯刑法典》第 134 条第 1 款规定："死刑作为极刑只能对侵害生命的特别严重的犯罪适用。"其刑法分则规定对以下 4 种犯罪可以适用死刑：杀人罪（第 105 条第 2 款）、侵害国务活动家和社会活动家的生命罪（第 277 条）、侵害法律保护机关工作人员的生命罪（第 317 条）以及灭绝种族罪（第 357 条）。

此外，作为英美法系中保留死刑的代表性国家，美国刑法中的死刑罪名相对较多。美国联邦法律中的死刑罪约 46 个条文、60 个罪名。如果将保留死刑的各州法律中类似的罪名作一个罪名看待，则州法层面上有 13 个死刑罪名。此外，统一军事审判法中还规定有 15 个死刑罪名。总之"美国死刑罪名合起来约有 88 个"。[③]

二、死刑的存废与死刑的适用状况

自贝卡里亚提出废除死刑的主张之后，死刑存废就成为世界范围内的一个争议问题。在这场扩日持久的死刑存废论争中，死刑废除论者和死刑存置论者都充分展

---

① [加拿大] 西莉亚·布朗奇菲尔德：《刑罚的故事》，郭建安译，法律出版社 2006 年版，第 4 页；[日] 川端博：《刑法总论》（第 2 版），成文堂 2006 年版，第 658 页。

② [日] 浅田和茂：《刑法总论》（补正版），成文堂 2007 年版，第 499 页。

③ 王云海：《国际比较中的日本生命刑》，载《犯罪与非行》2009 年第 2 号，第 144 页。

示了自己的论据。

死刑废除论列举的应当废除死刑的理由主要有：（1）死刑是违反人道感情的野蛮的刑罚。（2）死刑没有威吓力。（3）死刑以复仇为基础，违反改善主义的理念。（4）在出现误判的场合，死刑一旦执行就无法恢复。（5）死刑的存在与国家禁止杀人之间存在矛盾。（6）死刑给犯人的家属造成了沉重的负担。（7）死刑导致人们对生命的轻视，助长了人的残忍。（8）往往有贫困者容易被判处死刑的倾向，具有不平等的身份刑的性质。（9）无期刑就可以达到将犯罪人与社会加以隔离的效果，而且用无期刑代替死刑还可以使加害者对被害者家属进行补偿。（10）死刑违反宪法。（11）死刑可以被犯罪人作为满足自我牺牲的冲动的工具。如果没有了死刑制度，就可以消除为满足这类欲望而杀人的情况。① （12）民意调查不能正确地反映民意，剥夺生命这样的重大问题实行多数决定制也存在问题。②

死刑存置论则针锋相对地提出了自己的论据：（1）“杀人者死”是国民的一种法确信；（2）民意调查表明多数民众希望保留死刑；（3）对犯罪人判处死刑能够满足社会的报应情感；（4）如果废除死刑就有增加私刑之虞；（5）对被害者家属而言，只有犯罪人以死赎罪才能满足他们的报复情感；（6）死刑的威吓力对于法秩序的维持而言是有效的；（7）死刑是一种必要的恶；（8）死刑的成本小于无期刑；（9）从优生学的角度来看，对无法改善的犯罪人判处死刑是合适的；（10）不能否认杀人犯的死亡权利；（11）从作为法律基础的绝对的正义的角度看，故意杀人犯科处死刑是最正确的刑罚。③

由于死刑的问题不仅是一个法律问题，还必须从思想、宗教、国民意识等多维角度来加以考察，因而上述两种观点很难绝对地说孰优孰劣。在这个意义上，也有主张认为，对死刑的讨论，不应局限于进行死刑存废的对立性讨论，而应该着眼于我们要创造什么样的社会、我们所期望的社会是什么样的，从整个社会的视角来思考死刑是否必要的问题。④

但从现实情况来看，废除死刑的国家在逐渐增多，全球有影响的国际组织主张废除死刑的立场也日趋强硬。在联合国大会批准《公民权利和政治权利国际公约》之时的1966年，仅有26个国家废除了死刑。而此后，越来越多的国家在立法上废除了所有犯罪的死刑，也有的国家废除了普通犯罪的死刑（军事犯罪除外），还有部分国家事实上废除了死刑（立法上虽有死刑，但已连续10年没有执行，而且确信该国将来也不会执行死刑），三者加在一起的国家已经远超保留死刑的国家。在保留死刑的国家中，诸如美国这样的联邦制国家也有很多州废除了死刑。

---

① 例如，日本近年来连续发生恶性杀人案件，杀人者的动机就是希望获得死刑判决。

② ［日］藤本哲也：《刑事政策概论》（全订第6版），青林书院2008年版，第126~127页。

③ ［日］藤本哲也：《刑事政策概论》（全订第6版），青林书院2008年版，第126页。

④ 参见日本律师联合会网站：https://www.nichibenren.or.jp/library/ja/publication/booklet/data/shikeihaishi_more_pam_2014.pdf#search=%27%E6%AD%BB%E5%88%91+%E5%BB%83%E6%AD%A2%27。

完全废除死刑的国家①

年份	1960	1970	1980	1990	2000	2010	2011	2012	2013	2014	2015	2016
数量	8	13	23	46	75	96	96	97	98	98	102	104

法律上或事实上废除死刑的国家②

年份	2000	2006	2007	2008	2009	2010	2011	2012	2013	2014	2015	2016
数量	108	128	134	138	139	139	140	140	140	140	140	141

即使在保留死刑的国家中，对于死刑的宣告和执行也日趋谨慎。例如，新加坡在 1996 年至 2000 年期间，执行死刑近 112 起；2002 年至 2006 年，这一数据下降为约 45 起。白俄罗斯在 1996 年至 2000 年执行死刑 130 起，而在 2002 年至 2006 年仅执行死刑 12 起。③ 美国 1999 年执行 98 例死刑，但 2001 年这一数据下降到了 66 例。2016 年美国有 5 个州共执行了 20 例死刑，13 个州宣告了 32 例死刑判决。两方面数字都在下降，判决数是 1973 年以来最少，执行数则是 1991 年以来最少。自 2006 年以来，美国死刑的执行人数已经在世界各国中不属于前 5 名。④

不过，死刑判决数和执行数的减少并非是不可逆的。有的国家由于犯罪率的上升，近年来死刑判决和执行数又开始增加。例如，日本 1999 年前判处死刑的人数多为个位数，1999 年后则上升为两位数。同样，日本实际执行死刑的数字也在上升。从最近 10 年间就任的 11 位日本法务大臣的执行情况来看，几乎所有的大臣在就任期间所执行的死刑人数均在 5 人以下，有 2 位大臣一件死刑执行命令也没有签发。相反地，自 2007 年 8 月鸠山邦夫上任以来，已经对 10 人签发了执行死刑的命令。⑤ 日本 2008 年的绞刑人数已达 15 人——紧随 1975 年之后，在那一年有 17 名犯人被送上了绞刑架。“从近年来死刑适用、执行的情况看，可以说现在我国已经进入了大量宣告死刑、大量执行死刑的时代。”⑥ 但从下表可知，最近 10 年，日本死刑的宣告和执行又呈现出稳中有降的趋势。

---

① 参见国际特赦组织网站：http://www.amnesty.or.jp/human-rights/topic/death_penalty/statistics.html。

② 参见国际特赦组织网站：http://www.amnesty.or.jp/human-rights/topic/death_penalty/statistics.html。

③ ［英］罗杰·胡德：《在全球视角下看死刑废除之路上的发展》，载《北京师范大学刑事法律科学研究院“死刑立法改革问题学术座谈会”论文集（2007 年）》，第 17~31 页。

④ 参见国际特赦组织网站：http://www.amnesty.or.jp/library/report/pdf/statistics_death_penalty_2017.pdf。

⑤ ［日］《读卖新闻》2008 年 4 月 10 日。

⑥ ［日］守山正、安部哲夫编著：《初学者刑事政策》，成文堂 2008 年版，第 133 页。

日本死刑第一审宣告数、执行数①

年份	宣告数	执行数	年份	宣告数	执行数	年份	宣告数	执行数
1956	24	11	1977	9	4	1998	7	6
1957	35	39	1978	6	3	1999	8	5
1958	25	7	1979	7	1	2000	14	3
1959	28	30	1980	9	1	2001	10	2
1960	12	39	1981	2	1	2002	18	2
1961	29	6	1982	11	1	2003	13	1
1962	12	26	1983	5	1	2004	14	2
1963	12	12	1984	6	1	2005	13	1
1964	12	0	1985	9	3	2006	13	4
1965	16	4	1986	5	2	2007	14	9
1966	14	4	1987	6	2	2008	5	15
1967	6	23	1988	10	2	2009	9	7
1968	15	0	1989	2	1	2010	4	2
1969	9	18	1990	2	0	2011	10	0
1970	9	26	1991	3	0	2012	3	7
1971	4	17	1992	1	0	2013	5	8
1972	3	7	1993	4	7	2014	2	3
1973	4	3	1994	8	2	2015	4	3
1974	6	4	1995	11	6	2016	4	3
1975	5	17	1996	1	6	2017年	?	2
1976	4	12	1997	3	4			

第四节　死刑适用的具体标准——日本的实务经验

现代各国刑法如果规定有死刑，那么对于死刑的适用普遍也采取较严格的态度。各国往往从死刑适用的主体、程序等方面对死刑的适用作出限制。例如，《日本少

① 2006年前数据引自［日］佐伯仁志：《刑事制裁、处遇的现状》，载《法学家》（Jurist）2008年特集《刑法典百年》（No.1348），第82页。2007年至2017年数据由笔者收集整理自日本历年《犯罪白皮书》等公开资料。其中2017年数据截至7月31日。因宣告数难以汇总，只记载死刑执行数。

年法》第51条规定，犯罪时未满18周岁的人不得科处死刑。《蒙古国刑法典》第53条第4款明确规定，60周岁以上的人和犯罪时未满16周岁的人不得适用死刑。

在司法实践中，各国也纷纷采取措施以限制死刑的适用。例如，美国赋予行政长官对死刑犯减刑的权力。日本在死刑的审理程序上，最高法院在对上诉审中判处死刑的案件以及维持一审死刑判决结果的上诉审判决进行三审的场合，习惯上都会进行公开辩论，在判决书中，详细地说明判处死刑的原委和理由。这些措施，不仅在客观上对于死刑的适用有限制作用，在观念上也向社会传递了对死刑问题的慎重和克制态度。

那么在司法实践中究竟应该如何判断一个案件是否应当适用死刑呢？这也是规定有死刑的国家非常关注的问题。作为保留有死刑的国家，日本在这方面通过判例做出了不少的努力。

一、所谓永山基准

关于适用死刑的标准问题，日本是通过所谓“永山事件”的判决来加以明确的。该案件的大致案情是：

1968年10月至11月，19岁的永山则夫窃取了驻日美军基地内的手枪，并使用该枪在东京和京都枪杀执勤中的保安，在函馆和名古屋抢劫并杀害出租车司机。短短不到1个月的时间，永山则夫杀死了4名与其毫无关联的被害人。此后永山则夫返回东京，在某学校实施盗窃行为时被保安发现，永山再次开枪但未命中而被逮捕。

一审的东京地方法院判处其死刑。永山则夫提起上诉，负责二审的东京高等法院改判无期徒刑。对此，东京高等检察院以违反先例和量刑不当为理由提出抗诉，最高法院决定将该案发回重审。负责重审的东京高等法院驳回永山的上诉，永山不服继续上诉，最高法院于1990年驳回其上诉，判处其死刑。1997年，永山则夫被执行死刑。

1983年7月8日日本最高法院在此案的第一次上诉审判决中，初次表明了对死刑适用标准的一般态度：“在综合考虑了犯罪行为的罪质、动机、形态特别是杀害手段方法的执拗性、残虐性，结果的重大性特别是被杀害的被害者人数、被害者家属的被害感情、社会的影响、犯人的年龄、前科、犯罪后的情节等各种情况之后，认为其罪责确实重大，无论是从罪刑均衡还是从一般预防的角度出发，都不得不处以极刑的时候，可以选择死刑。”① 该解释被认为为死刑的选择适用提供了一般的、指导性的标准，即所谓的“永山基准”。从永山事件及此后的一些判例来看，可以得出如下结论：

首先，应考虑案件中反映的影响死刑裁量的因素：（1）结果的重大性（被害者的数）。被杀害者的人数一直是决定是否适用死刑的一项极为重要考察因素。通常

---

① 日本最高法院1983年7月8日判决，载《最高裁判所刑事判例集》第37卷第6号，第609页。

情况下，被杀害者为3人以上时，犯罪人原则上被判处死刑。例如，3人以上死亡的21件抢劫杀人案件，没有例外地都判处了死刑。[①] 当然，被杀害者为3人并非决定是否适用死刑的一个绝对的标准，即使被杀害者不足3人，也可以根据对其他因素的考察，而决定死刑的适用。[②] (2) 犯罪的罪质。对于有确定的杀人故意的杀人勒赎犯罪；为被害人投保，杀害被保险人骗保的犯罪；强盗杀人的犯罪；以杀人作为手段来满足性欲的强奸杀人犯罪；事先就准备并携带凶器以杀人手段实现的强盗杀人犯罪，上述性质的犯罪往往容易被判处死刑。(3) 犯罪行为的计划性。在杀人案件中，如果是勒赎杀人，必须在犯罪计划中就有杀死被害人的内容，即有确定的杀人故意。在强盗杀人案件中，犯罪人实施犯罪行为必须有周密的犯罪计划。上述情况均极有可能被判处死刑。[③] (4) 共犯关系中的主导性。在存在共犯关系的案件中，事实上的地位与作用成为关键。“处于从属的地位或单纯的参加者地位”的人被判处无期惩役，而处于“主导的地位或者首谋者的地位”被处死刑。在存在“对等关系”，即共同正犯者成为一体，一起实施犯罪行为，难以区分罪责轻重时，则都处死。(5) 犯罪行为的形态（杀害手段方法的执拗性、残虐性）。对于数次实施刺杀行为且持续时间长的、刺杀部位怪异，如咽喉等部位的，容易被判死刑。(6) 犯罪的动机。对于“为了不劳而获或者为得到游乐费用”的动机而实施的强盗杀人案件，往往会适用死刑。[④]

其次，考虑与犯罪预防相关联的影响死刑裁量的因素：(1) 犯人的年龄。对于18周岁以上20周岁以下的少年犯罪，往往会考虑其年龄而从特别预防的角度减轻刑罚。(2) 前科。前科的存在会作为维持或者提升刑罚的因素发挥作用，而不存在前科则会成为减轻刑罚的因素。(3) 犯罪后的状况等。犯罪后的状况，从一般预防与特殊预防两方面都会作为刑罚减轻因子发挥作用。[⑤]

最后，应考虑被害者的感情与社会的影响。关于被害者的感情，如果是以刑罚的报应性质为前提，则可以成为刑罚责任非难的基础而与量刑相关联，进而在行为人为缓和被害者的感情而作出努力的场合（谢罪、支付损害赔偿金等），不仅从特殊预防方面，而且对积极的一般预防也具有影响。关于社会的影响，只有当其作为犯罪行为重大性的前提时，才对量刑也具有影响。[⑥]

---

① ［日］冈上雅美：《关于裁判员裁判时代中的死刑事件判断》，载［日］井田良等编：《山中敬一先生古稀祝贺论文集》（下卷），成文堂2017年版，第573页。

② ［日］对马直纪：《关于最高裁判所最近死刑判决的动向》，载《现代刑事法》2001年第5期，第42页。

③ ［日］日高义博：《关于死刑的适用基准》，载《现代刑事法》2001年第5期，第42页。

④ ［日］对马直纪：《关于最高裁判所最近死刑判决的动向》，载《现代刑事法》2001年第5期，第47页。

⑤ ［日］日高义博：《关于死刑的适用基准》，载《现代刑事法》2001年第5期，第40页。

⑥ 日本最高法院2006年6月20日判决，载《判例时报》第1213号，第89页。

二、“光市母子杀害案件”与永山基准

永山事件之后，在对 1999 年发生的“光市母子杀害案件”的一系列判决中，最高法院是否改变了死刑适用的标准，也成为学界激烈讨论的问题。

此案中被告人以强奸之目的杀害了当时年仅 23 岁的主妇和刚出生 11 个月的婴儿。而被告人犯罪时刚满 18 岁（根据当时《日本少年法》第 51 条之规定，犯罪当时未满 18 岁的人，应该科处死刑时，科处无期惩役）。

第一审山口地方法院以被告人刚年满 18 周岁、有悔改表现与改善可能、杀害行为没有计划性为理由判处被告人无期惩役。第二审广岛高等法院维持了一审判决。对一、二审的判决结论，被害者丈夫进行了猛烈地抨击，媒体也进行了大量的报道，日本民众也都倾向同情遗属。检察官以量刑不当为理由，向日本最高法院提出上诉。日本最高法院第三小法庭认为，在本案中真正值得斟酌的情节是被告人当时刚年满 18 周岁，可塑性较强，具有改善更生的可能性。所以，根据 2000 年修改之前的《日本少年法》第 51 条对于不满 18 周岁少年不适用死刑的规定，对于行为时刚年满 18 周岁是否可以适用死刑就成为了应该考虑的情节。但是，如果不存在不适用死刑的决定性情节，从本案犯罪行为的犯罪性质、动机、样态、结果的重大性以及遗属的被害感情等方面进行比较和综合判断，被告人刚年满 18 周岁，也仅仅是可以考虑的情节而已。因此，对本案被告人不适用死刑的理由并不充分，从而撤销了二审判决，将案件发回广岛高等法院重审。广岛高等法院重审后认为，“即使对有利于被告人的情节进行最大限度的考虑，从罪责均衡的立场出发也好，从一般预防的立场出发也好，只能处以极刑”，从而宣告判决被告人死刑。日本最高法院也驳回了被告方的上诉，维持死刑判决。①

本案改变了对未成年人不能判处死刑的立场。学术界也有观点认为，永山基准可以说是“例外地判处死刑”的标准，而本案虽然以永山基准为前提，但采取的是“原则上判处死刑”的标准，即对于恶劣的犯罪原则上适用死刑，只有在特别值得斟酌的情况下才例外地避免适用死刑。② 不过，也有学者认为，考虑到本案被害人的人数和被告人的年龄等因素，应该认为本案不能简单地被认为是实现了“原则与例外的逆转”的案件。③ 但无论如何，最高法院在本案中的判断，是否是对永山基准中尤其是“被害者遗族情感”特别重视，难免有这样的推测。

三、裁判员时代的死刑适用标准

在 2009 年日本实行裁判员参与审判的制度之后，非法律专业背景的普遍民众担

---

① ［日］日高义博：《关于死刑的适用基准》，载《现代刑事法》2001 年第 5 期，第 40 页。

② 参见［日］平川宗信：《光市母子杀害事件上告审判决》，载《法学家》2007 年第 1332 期。

③ ［日］高桥则夫：《刑法总论》（第 3 版），成文堂 2016 年版，第 537 页。

任裁判员后能否理解参与审判案件的严重性程度，对量刑轻重尤其是先前类似案件量刑的分布能否理解等也一度引发了担忧。从裁判员参与审判的死刑案件审理过程和判决结果来看，死刑判断的基准原则上沿袭了永山基准。日本最高法院也基本尊重裁判员所作出的死刑判决。但 2016 年 2 月 3 日最高法院第二小法庭针对两个上诉案件作出的两个决定，都针对的是一审由裁判员参与判处死刑而二审改判的案件，最高法院决定都维持了二审无期惩役的结论。

(一) 南青山事件

该案案情大致是：被告人基于抢劫的目的侵入被害人住宅，被 74 岁的男性被害人发觉，被告人决定杀死被害人夺取金银等财物，于是用匕首刺入被害人颈部导致其死亡。

一审裁判员参与的审判判决被告人死刑，判决中特别重视的因素是：(1) 杀意的强固；(2) 基于抢劫的目的，尤其是对没有反抗能力的被害人一击致命，杀人的形态冷酷无情；(3) 结果重大；(4) 被告人有前科，即因杀害 2 人被以杀人罪判处了 20 年有期惩役，在出狱后仅半年就犯下了此罪行。①

二审则改判被告人无期惩役。理由是：(1) 被害者只有 1 人；(2) 在侵入住宅时尚未确立杀意，事前也没有计划杀人；(3) 被告人的前科，与本案抢劫事件不相类似。而且，被告人也想重新做人，但因为有前科而无法就业因而自暴自弃，所以不应该过于重视前科。②

最高法院针对此案，重申死刑适用应该慎重，作为判决结果的量刑应该确保普遍公平性，因而应考虑过去积累的判例。在此基础上，认为：(1) 并非从一开始就具有杀害的决意，对于杀人行为事前也没有计划；(2) 被告人的前科，是因为与妻子发生口角而杀死妻子，又因为对女儿的将来感到绝望而杀死女儿并欲一并自杀，与本案抢劫杀人关联性很淡，因为有前科而就业困难导致自暴自弃而实施的本案行为。据此不能认为本案属于不得不判处死刑的情况。③

(二) 松户事件

该案案情大致是：被告人出于夺取财物的目的侵入 21 岁女性居住的公寓住所，恰好该女回家，被告人持匕首将被害人捆绑，夺取财物后基于杀意用匕首连刺被害人胸部 3 次，被害人因出血性休克死亡。此后，被告人 2 次试图用被害人的信用卡取款，一次成功一次未遂。同时，为了掩盖罪行，被告人放火烧毁犯罪现场知识被害人遗体被损坏。而且，被告人还有 5 件同类型的前科经历。在本案实施 2 个月前，被告人实施了：(1) 3 次盗窃案；(2) 使 76 岁被害女性留下后遗症的抢劫致伤案；(3) 使 61 岁被害女性留下后遗症的抢劫致伤案和对 31 岁女性实施的抢劫强奸、利

① 东京地方法院 2011 年 3 月 15 日判例集，未刊载 LEX/DB 25472437。

② 东京高等法院 2013 年 6 月 20 日判例集，未刊载 LEX/DB 25501724。

③ 日本最高法院 2016 年 2 月 3 日判决，载《最高裁判所刑事判例集》第 69 卷第 1 号，第 1 页。

用抢劫来的信用卡取款案；（4）对22岁女性的抢劫致伤案；（5）侵入住宅及对30岁女性的抢劫强奸未遂。

第一审裁判员参与的审判，以下列5个理由判处被告人死刑：（1）杀意极其强固，杀害样态执拗且冷酷无比，包括放火在内，本案后果重大；（2）本案之外的犯罪行为也是重大和性质恶劣的，对被害人的生命身体造成了严重的危害；（3）尽管因同种类的前科入狱服刑，但在出狱后仅仅3个月就实施了上述犯罪行为，被告人反社会的性格根深蒂固；（4）本案虽然没有计划性，但在短期内连续实施多起重大犯罪，每一个案件都危及了被害人的生命身体，被告人的性格倾向可见一斑；（5）被告人没有反省，被害人的处罚情感极其强烈。①

第二审则改判被告人无期惩役。理由是：（1）本案没有杀害的计划性；（2）本案以外的案件都没有剥夺人的生命，各案件的法定刑都不包括死刑，不能将这些事件累积在一起来判处死刑。在此基础上，第二审认为第一审的判断与历来的量刑倾向不同，但没有给出合理的、有说服力的理由。②

最高法院再次重申死刑适用应慎重的观点，以及应与其他案件之间确保公平的观点。在此基础上指出，在被杀害者为一人的案件中，如果杀害行为没有计划性的话，惯例是选择无期惩役。第一审列举了本案以外的案件的恶劣性质、被告人的前科、被告人反社会的性格等因素，但这都不是杀人的犯罪案件，被告人的性格倾向也只是附带性的考虑要素而已。而且，被告人的前科也不是夺取人性命的犯罪，因此这些都不能为死刑的选择提供根据。第一审并没有为不得不选择死刑提供具体的、有说服力的判决根据。③

（三）死刑适用标准的走向

从上述两案的判决来看，日本最高法院提出了几个特别需要重视的因素，对今后下级法院的判决会起到重要作用。

第一，关于前科。在南青山事件中，判决认为仅有前科且该前科与正在审理的案件属于同种犯罪类型，并不足以成为判处死刑的依据。还需要考察前科与新实施的犯罪之间的关联性，再次实施犯罪的原因经过等进行个案判断。在松户事件中，则表明不能将其他不够判处死刑的案件累积到一起作为判处死刑的根据。轻视被害人生命身体的性格、犯罪人的危险性等理由，也不能成为死刑的根据。

第二，关于主观。仅有杀人的强固、确定的故意并不足以判处死刑。如果缺乏非难程度的关联性，杀害行为之前的计划性，不属于从一开始就基于杀意实施的行为，则作为死刑的根据都是不充分的。

第三，关于之前判决的约束力。作为成文法国家，先例固然没有拘束力。而且

---

① 千叶地方法院2011年6月30日判例集，未刊载LEX/DB 25471822。

② 东京高等法院2013年10月8日判例集，未刊载LEX/DB 25502257。

③ 日本最高法院2016年2月3日判决，载《最高裁判所刑事判例集》第69卷第1号，第99页。

由于裁判员制度是新设的制度，如果完全拘泥于先例，那么也就丧失了裁判员制度设立的意义。但这并不意味着裁判员判案可以完全不考虑先例。最高法院在2015年的判决中指出，“裁判员审判中，既不要求对其制度导入前的量刑倾向作严密的调查、分析，也不要求必须遵照其来进行判决。但即使是裁判员审判，也必须是与其他的裁判结果保持公平性的适当的结果，这一点不言而喻。在进行评议时，应对迄今之前的大致的量刑倾向形成裁判体的共通认识，并以此作为出发点来对该案件进行合适的深入讨论”。① 而在这两个案件中，最高法院反复强调判决与其他案件结论的公平性，较之于2015年的判决，在死刑案件中有更加重视先例的倾向。②

第五节　死刑替代刑罚的设想

一、死刑替代刑罚提出的必要性

在保留死刑的国家中，普遍存在“死刑废止尚早论”。“死刑废止尚早论”的主要依据在于国民感情，即认为“现在国民的感情还没有达到肯定废止死刑的程度。只要存在这种法确信，实现死刑的废止是很困难的，得不到国民支持的政策不是好的政策，是不被允许的。此外，在议会制民主主义下也不可能违反国民的法感情来废止死刑。在这个意义上，只有我国的国民感情发生变化，认为死刑不再符合通常的人的情感而感受到其残虐性时，死刑才有可能被废止”。③ 在这种背景下，为了逐步改变民意，一部分学者展开了对死刑替代措施的研究。希望通过提出替代死刑的刑罚，来消除民众对于死刑废止的恐惧，以最终达到废除死刑的目的。

为什么需要探讨死刑的替代刑罚的问题，这主要是因为不少国家死刑与其他自由刑之间在强度上差别太大。一旦废除死刑，容易导致不公平的现象。例如，日本如果废止死刑又不考虑代替刑的话，那么最高刑当然就是无期刑。日本现行法制下的无期惩役及无期禁锢，在理论上是可以拘禁终身的刑罚。但《日本刑法典》第28条规定：“被判处惩役或者禁锢的人，如果有悔改表现，在有期刑的执行经过三分之一、无期刑的执行经过十年后，可以根据行政机关的决定准许假释。”在现实中，大部分服刑人在服刑20年后被假释，20年后仍在监狱中拘禁致死的事例非常少。“在现代这种节奏极快的社会中，10年或者15年已经是非常漫长的时间了，然而还是有很强烈的意见认为作为代替剥夺生命的死刑的刑罚，其拘禁时间仍然过短。”④

---

① 日本最高法院2014年7月24日判决，载《最高裁判所刑事判例集》第68卷第6号，第925页。

② 参见［日］冈上雅美：《关于裁判员裁判时代中的死刑事件判断》，载［日］井田良等编：《山中敬一先生古稀祝贺论文集》（下卷），成文堂2017年版，第565~583页。

③ ［日］大谷实：《死刑制度的走向》，载《法律时报》第69卷第10号，第7页。

④ ［日］铃木义男：《死刑》，载［日］大塚仁、宫泽浩一编：《演习刑事政策》，东京书院新社1972年版，第229~230页。

“作为死刑制度问题议论的前提，关于‘代替死刑的最高刑’的调查研究和具体的提案是当务之急。我国就刑罚制度而言，在死刑与无期刑之间存在巨大差距。死刑是剥夺生命的极刑。而与此相对，无期刑仅仅经过10年就可以假释，这的确有巨大的差距。这种巨大差距的存在，使关于死刑制度的讨论偏离正轨。提出能够被广泛接受的代替死刑的最高刑，在此基础上来讨论死刑制度问题，也能够促使国民意识的变化。”①

学者们提出的作为代替刑的基本上都是比现行无期刑更重的刑罚，其方案也多种多样。

二、绝对的无期刑

绝对的无期刑，即所谓的终身刑，它是将受刑人一直监禁到死为止的刑罚。在这种制度当中，犯人除了根据恩赦可能获得减刑或者释放之外，在制度上并没有给予他们其他获得假释的机会。日本国会中于1994年成立的跨党派的“推进死刑废止之议员联盟”，在2011年公布了《关于创设重无期刑及死刑裁判的评决特例等的法律案》。该法案主张创设介于死刑和现行的无期刑之间的不承认假释的“重无期刑”；主张死刑的宣告，要创设由裁判团的构成人员全体一致的评议和表决的特例；提议在国会中设置死刑调查制度会议，任期为3年，对包括死刑存废在内的死刑制度实施调查；主张从本法施行之日起，4年内停止死刑的执行。显然，这是一个意图以绝对的无期刑替代死刑的提案。②

绝对的无期刑制度的优点在于在误判的场合还有挽回的余地，但由于它直接导致犯人没有复归社会的希望，会使受刑者经常陷于精神上的绝望和肉体上的疲弊，使犯人自暴自弃，因而被多数学者认为属于《宪法》第36条所禁止的残虐的刑罚。而且，它在监狱管理方面也会遇到诸多问题。

不过，也有学者认为尽管绝对的无期刑存在上述缺陷，但作为达到完全废除死刑目标的一种手段，也不是不可以被容忍。例如，日本著名刑法学家团藤重光认为：“不能假释的绝对的无期刑（终身刑），本来就不能被承认……然而，尽管如此，从权宜之计上考虑我也不吝于承认终身刑……为了废止死刑，必须考虑一切可能性。在这个意义上，我认为绝对的终身刑的思路也具有充分的参考价值……然而，按照我的想法，在这种情况下也必须具有恩赦的可能性……于是，将来如果在立法、制度上承认绝对的无期刑作为死刑的替代刑罚，那么虽然不承认假释，但还必须使其具有享受个别恩赦的恩惠……因此，作为立法上的一个妥协，还是有充分可能认可

① ［日］日本律师联合会：《关于死刑制度问题的提案》（2002年），第20~21页，载http://www.nichibenren.or.jp/ja/opinion/report/data/2002_45.pdf。

② https://ja.wikipedia.org/wiki/%E6%AD%BB%E5%88%91%E5%BB%83%E6%AD%A2%E3%82%92%E6%8E%A8%E9%80%B2%E3%81%99%E3%82%8B%E8%AD%B0%E5%93%A1%E9%80%A3%E7%9B%9F.

绝对的终身刑。”① “现在有一种很强烈的意见，即无期刑的受刑者——无论是无期惩役还是无期禁锢——都过于容易被假释，所以不能废止死刑，这种意见也完全可以理解。因此，如果设计新的绝对的无期刑，换取死刑的废止。那么本来应当判处死刑的人就会被判处绝对的终身刑，根据此后的状况，还有恩赦的可能。这也是可以被接受的一种方法。”②

三、相对的无期刑

相对的无期刑即对原本应当判处死刑的罪犯判处无期徒刑，但这种无期刑和上述绝对无期刑不同，受刑者经过一定期限之后，能够获得假释。由于日本现行刑法当中的无期刑在执行10年以后就可能获得假释，被学者们认为难以发挥其作为死刑替代刑的作用。因此，必须给无期刑确定一个合适的执行期限。对此，理论上存在两种方案：一种是主张将无期刑的服刑期限延长为15年后方能假释的方案，另一种是主张将无期刑的服刑期限延长为20年后才能获得假释的方案。

主张15年方案的学者认为，“在设计以终身拘禁刑来替代死刑的场合，首先有必要将刑法中的假释许可期限从10年延长到15年。此外，必须要排除对这种犯人适用恩赦的可能。原本恩赦就是封建制度的残余，和犯罪预防处遇无关。假释具有促进犯人努力改悔、积极向上的作用，相反，恩赦则是将尚未改悔的危险犯人释放，具有矛盾。特别是对应当处以死刑的凶恶犯人，必须排除恩赦的适用”。③

主张20年方案的学者则认为，“现行刑法第12条、第13条规定的‘无期刑’，在‘有悔改表现时’‘经过10年后’（第28条）可以假释。于是，如果审判期间很长，判决前羁押天数长的话，实质上就可能更早得到假释，这样就会难以满足‘被害者的报应感情’。例如，在20岁左右被判处无期刑的话，在30岁左右就有可能被假释。的确，在无期受刑者假释时，由于刑期是无期，所以会终身进行保护观察。然而，对如果有死刑制度会被判处死刑的凶恶案件的犯罪者仅仅判处无期刑，而这种无期刑实质上经过15、16年就可以假释的话，那么对于被害者一方而言，自然会有刑罚过轻之感。因而，应当新设刑法第28条第2款，‘特别无期刑经过20年后’才许可假释。当然，伴随着死刑废止，刑法中的‘并合罪’也应当进行根本性的改造。特别是在死刑废止后，刑法第46条‘并合罪与刑的吸收’、第47条‘并合罪与刑的加重’、第51条‘对并合罪有数个裁判时的执行’等都有修改之必要。也就是说，在考虑将‘特别无期自由刑’作为死刑的代替刑罚时，在犯数个时间地点不同的杀人罪时（例如，如爱犬家杀人事件那样的案件，或者联合赤军14人杀人事件等应个别审查的案件，或者现在正在审理中的奥姆真理教干部事件），不应当按照现行刑法第46条第2款被一个‘无期刑’所吸收，而应当一个一个事件地进行

---

① ［日］团藤重光：《死刑废止论》（第6版），有斐阁2000年版，第86~87页。

② ［日］团藤重光：《死刑废止论》（第6版），有斐阁2000年版，第323~324页。

③ ［日］正木亮：《现代的耻辱》，矫正协会1968年版，第144页。

个别审理而各自科刑。我在立法论上认为，应考虑将作为死刑代替刑罚的‘特别无期自由刑’（执行20年后才能假释，在有上述几个可能判处无期刑的案件时应分别进行个别审查，可以并科无期刑）与一般自由刑（与现行的无期刑一样）并科。”①

“在‘特别无期自由刑’的场合，将‘刑罚执行20年后’作为假释的起算日期，而且将‘社会感情’作为承认假释的必要条件……然而，不应当将‘被害人同意’作为必要条件。”“最近，有意见轻易地将‘被害人同意’作为必要条件，然而，经过20年以上的时间，让被害人的家属或有关人员再度介入审查杀害自己亲人的犯人的假释，是让意图忘记噩梦一样的案件的被害人家属再次想起已经发生的事情，这是在另一种意义上的对被害人感情的伤害，即二次被害。”②

四、不定期刑

这一见解由牧野英一、木村龟二、市川秀雄等主张。例如，木村龟二认为“死刑违反宪法应当被废止，但对代替死刑的处置犯人的方法必须作深入的思考。过去形式中的自由刑，作为代替死刑的刑罚既不合目的，也没有效果。必须考虑最符合目的也具有效果的制度。我们认为这就是长期以来存在的不定期刑制度”。③ 吉川经夫教授也认为“如果废止死刑的话，那么如何确定替代刑罚就是一个最大的难题。基于常识考虑应当是无期刑，那么如同特别部会考虑的那样，加重假释条件是否妥当？如果设置这种‘重无期刑’的话，受刑者会自暴自弃，对受刑者的管理会极为困难，不能无视这种来自矫正当局的声音。因而还是只能期待假释制度的弹性的运用”。④

五、有期刑

这种提案主张废除死刑和无期刑，改为有期刑。该观点从《日本刑法典》第32条规定的“死刑的行刑时效为30年”的角度出发，认为死刑的效果实际上和三十年的自由刑的效果是一样，因此，主张废除死刑，将自由刑延长至30年。这种观点的代表人物是花井卓藏。他认为：“死刑，无论在我国刑法还是在外国刑法当中，尽管存在于法条中，但并未被真实承认。换言之，死刑在刑法条文中是仅有其形而无其神。我的理由源于时效论。国家推测遗忘和现实痛苦，在宣告刑罚之后的30年间没有执行时，根据时效，刑罚全部被免除……30年间，根据巧妙的隐匿，连死刑犯也不再承担责任。这无论是基于推定30年的逃匿会导致遗忘，还是推定行为人遭受了与死亡同样的痛苦，都没有理由认为30年的隔离不能产生同样的推定。逃匿30年——我们称之为自由隔离，隔离30年——我们称之为强制隔离。在此之间，

① ［日］加藤久雄：《关于死刑的替代刑》，载《现代刑事法》2001年第5号，第54页。

② ［日］加藤久雄：《后现代的刑事政策》，有斐阁1995年版，第76页。

③ ［日］木村龟二：《新宪法与刑事法》，法文社1950年版，第188页。

④ ［日］吉川经夫：《刑法改正23讲》，日本评论社1979年版，115页。

国家对于遗忘与现实的痛苦的推定，难道有任何的区别吗？诉之于常识的判断也是可以理解这一点的。杀人被判处死刑，如果执行的话就会丧失生命，而如果越狱逃跑的话反而可以保住生命。我们之所以说以 30 年的自由刑替代死刑，理由就在于此。刑法上时效 30 年的规定，从实质上看，就是死刑相当于 30 年的有期刑。”①

六、死刑执行延期制度

这种见解是受中国的死刑缓期执行制度的启发而提出来的。持这种观点的学者认为，死刑废止论者轻视了死刑所具有的威慑力和一般预防效果，此外，如果将死刑仅仅理解为单纯的淘汰刑的话，那么在忽视刑罚的改造、教育目的这一点上犯有根本性的错误。只要死刑是一种刑罚，那么就不应当将改造犯人的性格这一目的置之度外。死刑虽然是淘汰刑，但在发挥死刑所具有一般预防效果的基础上，如果犯人明显具有性格改善的可能性时，就不应当将死刑囚犯单纯地加以处刑，而应当采取特别预防措施，为其开辟回归社会的道路，这也与刑罚的本质和目的相吻合。因此，必须考虑能够同时满足死刑废止论所主张的“从人道的立场来看，死刑是罪恶，同时误判执行后没有挽回余地”的积极理由，和死刑保留论所主张的“死刑威吓力”和“要求存置死刑的国民感情”的刑罚制度。而同时能够满足这两者的，就是死刑缓期执行制度。②

日本在审议《刑法改正草案》的过程中，曾经有过设立死刑执行延期制度的提案。其内容是，法院对应当判处死刑的案件，根据裁量，可以判处死刑，但缓期 5 年执行，实行矫正处置，5 年期限过后再进行审查，除了仍有必要执行死刑的之外，改为无期惩役或无期监禁。判决确定后，20 年内不得假释。③ 但是该提议没有被采用。

韩国虽然因为多年来未实际执行死刑而被视为事实上废除死刑的国家。但韩国死刑的停止执行实际上是违反实定法规定的，死刑执行的停止不过是种临时性的措施而已。为此，韩国也在积极探讨死刑的替代刑罚。于是，韩国也有不少学者主张参考中国的死缓制度，引入死刑执行缓期制度。虽然对其具体设计存在多种意见，但从特殊预防的角度活用死刑执行缓期制度的想法则是一致的。对于死缓的范围，有的主张应包括全部死刑判决，也有的主张只适用于部分案件。关于死刑缓期的时间，有 3~5 年、5 年、5~7 年等多种意见。对于缓期考验期满后的处置，有的主张直接变更为无期徒刑，有的主张参照其情况变为终身刑，有的主张只有在经过至少一年一次的死刑执行审查委员会审查后认为确实改善的才减为无期刑。④

---

① ［日］花井卓藏：《刑法俗论》，博文社 1922 年版，第 202 页以下。

② ［日］饭田忠雄：《中华人民共和国的刑罚思想和死刑缓期执行制度》，载《刑法杂志》第 13 卷第 2、3、4 号，第 111 页以下。

③ ［日］大谷实：《刑事政策学》，黎宏译，法律出版社 2000 年版，第 114 页。

④ 参见［韩］赵炳宣：《韩国的死刑制度——过去现在未来》，方海日译，载［日］井田良等编：《山中敬一先生古稀祝贺论文集》（下卷），成文堂 2017 年版，第 605 页。

由此看来，在尚有死刑的国度里，以什么样的刑种来替代死刑，抑或死刑的废除是否需要代替刑，都还是一个未解决的问题。就目前情况而言，不能假释的绝对终身刑看起来有处于上风之势。“专家们基于长期拘禁会带来人格崩溃的科学知识，认为其是非人道的。实务界也有人以此为基础表达自己的见解。但最近在严罚主义的社会思潮的形势下，刑事法学家和实务家中也有很多人不再提出这些问题而毋宁说是无视这些问题。尽管无期刑已经在实质终身刑化，但仍然出现了为了减少死刑不得不引入终身刑的动向。在保持人的尊严和禁止残酷刑罚的意义上，仍期待着在理论上能有所作为。”①

① ［日］生田胜义：《死刑与生命权（再论）——死刑违反宪法13条的违宪论能否在死刑废止中起作用》，载《立命馆法学》2016年第1号。

主要参考文献

1. ［日］井田良等编：《山中敬一先生古稀祝贺论文集》（上、下卷），成文堂2017年版。

2. ［日］高桥则夫：《刑法总论》（第3版），成文堂2016年版。

3. ［日］上田正基：《这种行为是真的应该处罚吗——宪法的刑事立法论序说》，弘文堂2016年版。

4. ［日］佐藤拓磨：《未遂犯与实行的着手》，庆应义塾大学出版会株式会社2016年版。

5. ［日］山中敬一：《刑法总论》（第3版），成文堂2015年版。

6. ［日］关哲夫：《讲义刑法总论》，成文堂2015年版。

7. ［日］日高义博：《刑法总论》，成文堂2015年版。

8. ［日］高山佳奈子、岛田聪一郎编：《山口厚先生献呈论文集》，成文堂2014年版。

9. ［日］井田良等编：《川端博先生古稀祝贺论文集》（上、下卷），成文堂2014年版。

10. ［日］高桥则夫等编：《曾根威彦先生田口守一先生古稀祝贺论文集》（上、下卷），成文堂2014年版。

11. ［日］松宫孝明编译：《雅科布斯著作集》（第1卷），成文堂2014年版。

12. ［日］松原芳博：《刑法总论》，成文堂2013年版。

13. ［日］仲道祐树：《行为概念的再定位——犯罪论中行为特定的理论》，成文堂2013年版。

14. ［日］金尚均等编：《刑罚论与刑罚正义——日本德国刑事法对话》，成文堂2012年版。

15. ［日］赖川晃等编：《大谷实先生喜寿祝贺论文集》，成文堂2011年版。

16. ［日］川端博等编：《立石二六先生古稀祝贺论文集》（上、下卷），成文堂2010年版。

17. ［日］船山泰范：《刑法学讲话（总论）》，成文堂2010年版。

18. ［日］佐久间修：《刑法总论讲义》，成文堂2009年版。

19. ［日］佐伯仁志：《制裁论》，有斐阁2009年版。

20. ［日］只木诚：《罪数论研究》，成文堂2009年版。

21. ［日］松宫孝明：《刑法总论讲义》（第4版），成文堂2009年版。

22. ［日］井田良：《讲义刑法学·总论》，有斐阁2008年版。

23. ［日］曾根威彦：《刑法总论》（第4版），有斐阁2008年版。

24. ［日］林干人：《刑法总论》（第2版），东京大学出版会2008年版。

25. ［日］藤木英雄著、船山泰范补订：《刑法》（第3版补订2版），有斐阁2008年版。

26. ［日］大塚仁：《刑法概说（总论）》（第4版），有斐阁2008年版。

27. ［日］曾根威彦、松原芳博编集：《重点课题刑法总论》，成文堂2008年版。

28. ［日］浅田和茂：《刑法总论》（补正版），成文堂2007年版。

29. ［日］山口厚：《刑法总论》（第2版），有斐阁2007年版。

30. ［日］前田雅英：《刑法总论讲义》（第4版），东京大学出版会2006年版。

31. ［日］川端博：《刑法总论讲义》（第2版），成文堂2006年版。

32. ［日］西原春夫：《刑法总论》（改订版）（上卷），成文堂1993年版。

33. ［日］西原春夫：《刑法总论》（改订准备版）（下卷），成文堂1993年版。

34. ［日］团藤重光：《刑法纲要总论》，创文社1990年版。

35. ［日］平野龙一：《刑法总论Ⅰ》，有斐阁1972年版。

36. ［日］平野龙一：《刑法总论Ⅱ》，有斐阁1975年版。

37. ［日］井上宜裕：《紧急行为论》，成文堂2007年版。

38. ［日］关哲夫：《刑法解释研究》，成文堂2006年版。

39. ［日］井田良：《刑法总论的理论构造》，成文堂2005年版。

40. ［日］曾根威彦：《刑法的重要问题（总论）》（第2版），成文堂2005年版。

41. ［日］日高义博：《违法性的基础理论》，成文堂2005年版。

42. ［德］乌尔斯·金德霍伊泽尔：《德国刑法教科书》，蔡桂生译，北京大学出版社2015年版。

43. ［德］埃里克·希尔根多夫：《德国刑法学——从传统到现代》，江溯等译，北京大学出版社2015年版。

44. ［德］克劳斯·罗克辛：《德国刑法学总论》（第2卷），王世洲主译，法律出版社2013年版。

45. 梁根林、［德］埃里克·希尔根多夫主编：《中德刑法学者的对话　罪刑法定与刑法解释》，北京大学出版社2013年版。

46. ［日］大谷实：《刑法总论》，黎宏译，中国人民大学出版社2008年版。

47. ［日］西田典之：《日本刑法总论》，刘明祥、王昭武译，中国人民大学出版社2007年版。

48. ［日］大塚仁：《刑法概说》（第3版），冯军译，中国人民大学出版社2003年版。

49. ［德］约翰内斯·韦塞尔斯：《德国刑法总论》，李昌珂译，法律出版社2008年版。

50. ［德］克劳斯·罗克辛：《德国刑法学总论》（第1卷），王世洲译，法律出版社2005年版。

51. ［德］汉斯·海因里希·耶赛克、托马斯·魏根特：《德国刑法教科书（总论）》，徐久生译，中国法制出版社2001年版。

52. ［德］冈特·施特拉藤韦特、洛塔尔·库伦：《刑法总论Ⅰ——犯罪论》，杨萌译，法律出版社2006年版。

53. ［意］杜里奥·帕多瓦尼：《意大利刑法学原理》（注评版），陈忠林译，中国人民大学出版社2004年版。

54. ［法］卡斯通·斯特法尼等：《法国刑法总论精义》，罗结珍译，中国政法大学出版社1998年版。

55. ［俄］斯库拉托夫等主编：《俄罗斯联邦刑法典释义》（上册），黄道秀译，中国政法大学出版社2000年版。

56. ［俄］Н. ф. 库兹涅佐娃、И. М. 佳日科娃主编：《俄罗斯刑法教程（总论）》（上卷），黄道秀译，中国法制出版社2002年版。

57. ［美］乔治·弗莱彻：《反思刑法》，邓子滨译，华夏出版社2008年版。

58. ［德］乌尔里希·贝克：《世界风险社会》，吴英姿、孙淑敏译，南京大学出版社2004年版。

59. ［德］乌尔里希·贝克：《风险社会》，何博强译，译林出版社2004版。